Edmund Wetter

Schau nach, schreib richtig!

Schülerwörterbuch Deutsch
für weiterführende Schulen

in 9 Teilen

Mildenberger

Der Autor dankt allen, die an diesem Werk mitgearbeitet haben, ganz besonders aber Frau Gerlinde Häckell.

Bestell-Nr. 1400-81 · ISBN 978-3-619-14810-3

© 2006 Mildenberger Verlag GmbH, 77652 Offenburg
Internetadresse: www.mildenberger-verlag.de
E-Mail: info@mildenberger-verlag.de

Erw. Auflage   10   9   8   7
Jahr   2019   2018   2017   2016

Umschlaggestaltung: Klaus Hermann, 59427 Unna-Massen
Satz: EH-Druck, 77716 Haslach i. K.
Druck: Grafisches Centrum Cuno GmbH & Co. KG
         39240 Calbe

Gedruckt auf umweltfreundlichen Papieren

Umschlag: Offsetfolie mit DOTP-Weichmacher (phthalatfrei), zugelassen für Kinder unter 3 Jahren gemäß EN71. Erfüllt die strengen Richtlinien der REACH-Verordnung, die ab 2017 gelten sollen.

Bezugsmöglichkeiten
Alle Titel des Mildenberger Verlags erhalten Sie unter: www.mildenberger-verlag.de oder im Buchhandel. Jede Buchhandlung kann alle Titel direkt über den Mildenberger Verlag beziehen.
Ausnahmen kann es bei Titeln mit Lösungen geben: Hinweise hierzu finden Sie in unserem aktuellen Gesamtprogramm.

Inhaltsverzeichnis

Teil I
Wörterverzeichnis

„Schau nach, schreib richtig!" – ein Schülerhandbuch

Das Wörterbuch „Schau nach, schreib richtig!" ist in erster Linie ein Nachschlagewerk, in dem den Schülerinnen und Schülern ein umfangreicher Wortschatz zur Verfügung gestellt wird.
Das Buch ist aber weit mehr als ein Nachschlagewerk, denn im Anhang finden die Schülerinnen und Schüler die Wort- und Satzlehre in einfacher Sprache dargestellt.
Sie finden Regeln zur Zeichensetzung und Rechtschreibung sowie Wortfelder und ein kleines Lexikon für den Computerbereich, den Geldverkehr und die Telekommunikation.
Im Hinblick auf die Zukunftsbedeutsamkeit des Lehr- und Lernstoffes wurden in einem besonderen Abschnitt die für den Umgang mit dem Computer wichtigsten Begriffe in einer für den Schüler verständlichen Sprache erläutert.
Dieses Werk kann also mit Recht ein Schülerhandbuch genannt werden.

> Nimm das Buch zur Hand, schau nach und schreib richtig!

Auswahl der Stichwörter

In diesem Schülerwörterbuch sind die für Schülerinnen und Schüler der weiterführenden Schulen bedeutsamen Wörter (ca. 35 000) erfasst.
Der Wortschatz enthält *Erbwörter, Lehnwörter* und *Fremdwörter*. Der Ursprung der Lehnwörter und Fremdwörter ist in Kursivschrift angegeben.

> **ada|gio** *ital.* [ada̲dscho]: (sanft, langsam; das **Ada|gio** (langsames Tempo, Musikstück)
> **Ge̲|nus** *lat.,* das: des -, die Genera (Gattung, Grammatik: das Geschlecht der Nomen)

Mit Lehnwörtern werden die Wörter bezeichnet, die aus anderen Sprachen stammen, aber so vollkommen in unsere Sprache aufgenommen worden sind, dass sie nicht mehr als Fremdwörter empfunden werden. Fremdwörter dagegen haben Eingang in unsere Sprache gefunden, werden häufig gebraucht, sind aber immer noch als Fremdwort zu erkennen. Als Erbwörter werden die Wörter angesehen, die ihren Ursprung in der deutschen Sprache haben.

Wörter aus der Fachsprache, aus Gruppen- oder Sondersprachen, dazu gehören z. B. die relevanten Wörter aus den Gebieten der Medizin und Chemie sowie der Jagd, des Sports und der Telekommunikation, sind ebenfalls in diesem Wortschatz berücksichtigt.

> **te̲|le...** *griech.:* (fern…); das **Te|le|ob|jek|tiv** (Gerät zur Fernsicht)
> **Te̲|le|fax** *griech.,* das: des -, die Telefaxe (Fernkopie); **fa̲|xen**
> **Te̲|le|fon** *griech.,* das: des -s, die Telefone; der **Te|le|fon|an|ruf**; das **Te|le|fo|na̲t**; die
> **Te|le|fo|ni̲s|tin**; die **Te|le|fon|für|sor|ge**; die **Te|le|fon|zel|le**; **te|le|fo|nisch**;
> **te|le|fo|nie̲|ren**

Dem ständigen Anwachsen und der unentwegten Veränderung des Sprachgebrauchs wurde durch die Aufnahme wichtiger „Neuwörter" in die Wortsammlung Rechnung getragen.

Com|pu|ter *engl.* [kompjuter], der: des -s, die Computer (elektronischer Rechner)
Con|tai|ner *engl.* [kontener], der: des -s, die Container (genormter Großbehälter);
das **Con|tai|ner|schiff;** der **Müll|con|tai|ner**
Bit, das: des -(s), die Bit(s) (kleinste Informationseinheit im Computer in der Datenverarbeitung)

Große Aufmerksamkeit wurde darauf verwendet, für möglichst viele Stichwörter treffende Definitionen und/oder Anwendungsbeispiele anzuführen. Dadurch werden den Schülern Hilfen an die Hand gegeben, wenn sie Schwierigkeiten haben, ein Wort oder eine Redewendung treffend einzusetzen.

bar: (nackt, bloß); bares Geld; in bar; gegen bar; bar bezahlen; barer Unsinn; etwas für bare Münze nehmen (blind glauben); **bar|fuß** gehen; **bar|geld|los;** die **Bar|schaft** (Bargeld); der **Bar|scheck;** die **Bar|zah|lung**

In diesem Zusammenhang wird auf die Besonderheiten in der Getrennt- und Zusammenschreibung sowie der Groß- und Kleinschreibung hingewiesen.

Leid, das: des -es, die Leiden; schweres, tiefes Leid; es tut mir leid; jemandem etwas zuleide/zu Leide tun; **lei|den;** du leidest, du littest, er litt, sie hat gelitten, leide!; an einer Krankheit leiden; ich kann ihn gut leiden; Freud und Leid miteinander teilen; geteiltes Leid ist halbes Leid, aber ich bin es leid, das immer wieder zu hören; das **Au|gen|lei|den;** die **Lei|den|schaft** (Begehren); der/die **Leid|tra|gen|de;** die leidtragende Zivilbevölkerung

Manche Wörter erlauben eine unterschiedliche Rechtschreibung (**Bio|gra|fie/Bio|gra|phie**) oder Silbentrennung (**Chry|san|the|me/Chrys|an|the|me**). Bei diesen Wörtern sind beide Wörter nebeneinandergeschrieben. So können sich die Schüler die Wörter besser einprägen. Die Sprachebene der Schüler findet Berücksichtigung durch die Aufnahme umgangssprachlicher Ausdrücke und landschaftlich verbreiteten Wortgutes.

Substantive (Namenwörter)

Im Wörterverzeichnis erscheinen die Substantive, wenn sie Stichwort sind, im Nominativ, Genitiv (Singular) und im Nominativ (Plural).

Abend, der: des -s, die Abende
Aas, das: des -es, die Aase
Ab|ge|ord|ne|te, der/die: des/der -n, die Abgeordneten
Bus, der: des -ses, die Busse

Der Genitiv Singular wird mit dem Artikel „*der*" oder „*des*" gebildet. An manche Substantive werden im Genitiv Singular die Buchstaben *-s, -es, -n* oder *-ses* angehängt.

Adjektive (Eigenschaftswörter)

Ein Adjektiv, das als Stichwort im Wörterverzeichnis steht, wird bei schwieriger Schreibweise mit seinen Steigerungsformen angegeben.

alt: älter, am ältesten – **arm:** ärmer, am ärmsten

Verben [Tätigkeitswörter, Zeitwörter, Tu(n)wörter]

Die Verben werden im Hinblick auf ihre Konjugationsform in *schwach gebeugte* und in *stark gebeugte Verben* unterteilt.

Für die *schwach gebeugten Verben* brauchen im Allgemeinen keine Konjugationsformen angegeben zu werden, weil sie regelmäßige Formen (gleiche Formen) aufweisen. Im Imperfekt (Präteritum, erste Vergangenheit) enden sie auf -te, d.h. an den Wortstamm wird -te angehängt. Im Partizip Perfekt (Mittelwort der Vergangenheit) enden sie auf -t und werden mit der Vorsilbe ge- gebildet. Die *stark gebeugten Verben* weisen eine Änderung in ihrem Stammvokal auf, wenn sie konjugiert werden. Das Partizip Perfekt wird aus dem Infinitiv mit der Vorsilbe ge- gebildet.

Wenn also ein stark gebeugtes Verb Stichwort in dem Wörterverzeichnis ist, werden wegen der schwierigen Beugung die folgenden Personalformen angegeben: 2. Person Präsens (Gegenwart) Indikativ, 2. Person Präsens Konjunktiv, 3. Person Präteritum (Vergangenheit) Indikativ, 3. Person Perfekt (vollendete Gegenwart) und der Imperativ (Befehlsform).

> **wie|gen:** du wiegst, du wogst, du wögest, er wog, sie hat gewogen, wieg(e)!
> **win|den:** du windest, du wändest, er wand, sie hat gewunden, wind(e)!

Wenn ein Verb, das Stichwort im Wörterverzeichnis ist, mit einem Zischlaut oder auf -s endet, wird es wegen seiner schwierigen Konjugationsform auch in der 2. Person Präsens (Indikativ) angegeben.

> **rau|schen:** du rauschst
> **müs|sen:** du musst, du müsstest, er musste, sie hat gemusst

Wörter mit doppelter Bedeutung

Diese Wörter werden, wenn sie Stichwort im Wörterverzeichnis sind, in ihren verschiedenen Bedeutungen als gesonderte Stichwörter aufgeführt.

> **band:** → binden
> **Band,** das: des -es, die Bänder (Bänder aus Stoff, Tonband); ein Band anhören; auf Band sprechen; am laufenden Band; die **Band|sä|ge;** der **Band|wurm;** der **Bän|der|riss**
> **Band,** das: des -es, die Bande (Verbindung, Verknüpfung, Fessel); außer Rand und Band (außer Fassung) geraten; das Band der Ehe; zarte Bande knüpfen (eine Liebesbeziehung eingehen); **bän|di|gen** (zähmen)
> **Band,** der: des -es, die Bände (einzelnes Buch); Abk. Bd.; ein Band Kurzgeschichten; ein Gedichtband; das spricht Bände! (sagt alles)
> **Band** *engl.* [bänt], die: der -, die Bands (Gruppe von Musikern); die **Jazz|band;** der **Band|lea|der** (Leiter einer Band)

Wörter mit unterschiedlicher Schreibweise

Der Pfeil → vor einem Wort bedeutet, dass auch bei diesem Stichwort nachgelesen werden kann. *Wörter mit unterschiedlicher, anerkannter Schreibweise* bei gleicher Bedeutung stehen als Stichwort nebeneinander und werden entweder mit dem Wort „auch" verbunden oder ein Pfeil → weist auf das andere Wort hin.

> **Fan|ta|sie** *auch* **Phan|ta|sie,** die: der -, die Fantasien (Musikstück, Vorstellung)
> **Phan|ta|sie** *griech.,* die: der -, die Phantasien; → Fantasie

Silbentrennung – Worttrennung

Bei mehrsilbigen Stichwörtern ist die Silben- oder Worttrennung durch einen roten senkrechten Strich gekennzeichnet.

> **ge|neh|mi|gen:**
> **Bak|te|rie,** die:

Da es auch unterschiedliche Trennungsmöglichkeiten gibt, besonders bei Fremdwörtern, werden beide Varianten nebeneinander geschrieben und durch einen Schrägstrich abgegrenzt.

> **Pä|da|go|ge/Päd|a|go|ge** *griech.,* der:
> **auf|ein|an|der/auf|ei|nan|der:**

Die Betonung der Vokale in den Stichwörtern

Wird ein Vokal kurz und betont gesprochen, so steht ein Punkt unter diesem Vokal. Wird dagegen ein Vokal lang und betont gesprochen, so steht ein Strich unter diesem Vokal. Diese Kennzeichnung trifft auf das Stichwort zu und kann analog bei den anderen Wörtern, die unter diesem Stichwort aufgeführt sind, angewendet werden.

> **Le|xi|kon** *griech.,* das: des -s, die Lexika/Lexiken (Nachschlagewerk);
> das **Kon|ver|sa|ti|ons|le|xi|kon; le|xi|ka|lisch**

Die *Aussprache* der Fremdwörter und auch vieler Lehnwörter ist in Lautschrift hinter dem Stichwort angegeben. Wenn allerdings in der Lautschrift die Kennzeichnung des betonten Vokals erfolgt ist, erscheint sie im Stichwort nicht mehr.

> **Ge|nie** *franz.* [scheni], das: des -s, die Genies (höchste Begabung); er ist ein Genie
> **ge|nie|ren** *franz.* [scheniren]: sich genieren (sich schämen, sich zieren)

9

Abkürzungsverzeichnis

Abk.	Abkürzungen	Mask.	Maskulin
afrikan.	afrikanisch	malai.	malaiisch
ägypt.	ägyptisch		
Akk.	Akkusativ	Neutr.	Neutrum
amerik.	amerikanisch	niederl.	niederländisch
arab.	arabisch	Nom.	Nominativ
		nordamerik.	nordamerikanisch
bzw.	beziehungsweise		
bes.	besonders	o.	oder
		o. Ä.	oder Ähnliches
chin.	chinesisch	österr.	österreichisch
		o. a.	oben angeführt
Dat.	Dativ	o. g.	oben genannt
d. h.	das heißt		
dt.	deutsch		
		peruan.	peruanisch
engl.	englisch	Pl.	Plural
eskim.	eskimoisch		
etc.	et cetera (und so weiter)	russ.	russisch
Femi.	Femininum	S.	Seite
finn.	finnisch	semit.	semitisch
franz.	französisch	schwed.	schwedisch
		serb.	serbisch
Gen.	Genitiv	skand.	skandinavisch
griech.	griechisch	slaw.	slawisch
		span.	spanisch
hebr.	hebräisch		
		tschech.	tschechisch
ind.	indisch	türk.	türkisch
indian.	indianisch		
ital.	italienisch	Umstandsb.	Umstandsbestimmung
		U. O.	Umstandsbestimmung des Ortes
Jägerspr.	Jägersprache (…spr., …sprache)	U. Z.	Umstandsbestimmung der Zeit
jmd.	jemand	U. A.	Umstandsbestimmung der Art und Weise
jidd.	jiddisch		
karib.	karibisch	U. Zw.	Umstandsbestimmung des Zweckes oder Grundes
kath.	katholisch		
Kurzw.	Kurzwort		
landsch.	landschaftlich	Zool.	Zoologie
lat.	lateinisch		

A

A: erster Buchstabe des Alphabets; von
A bis Z; das A und O einer Sache
(das Wesentliche); vom Anfang bis zum
Ende; „Alpha" und „Omega"
(der Anfangs- und Endbuchstabe im
griech. Alphabet)

Aal, der: des -(e)s, die Aale (schlangen-
förmiger Fisch); sich winden wie ein Aal
(sich aus einer schwierigen Lage zu
befreien suchen); **aal|glatt;** sich **aa|len,**
aber: **Äl|chen**

Aas, das: des -es, die Aase (Tierkadaver);
aa|sen: mit Geld und der Gesundheit
verschwenderisch umgehen

ab: der Bart ist ab; ab mit dir (weg); ab
Berlin; ab zehn Euro (ausgehend von);
ab und zu (manchmal)

ab|bau|en: Kohle abbauen; der **Ab|bau**

Ab|bé, der: des -s, die Abbés

ab|bei|ßen: → beißen

ab|bie|gen: → biegen

Ab|bil|dung, die: der -, die Abbildungen;
Abk. Abb.; **ab|bil|den**

Ab|bit|te, die: der -, die Abbitten; Abbitte
tun/leisten (um Verzeihung bitten); etwas
ab|bit|ten

ab|blen|den: Scheinwerfer abblenden;
das **Ab|blend|licht**

ab|blit|zen: bei jemandem abblitzen
(keinen Erfolg haben); jemanden abblit-
zen lassen (abweisen)

ab|bre|chen: ein Gebäude abbrechen; wir
wollen hier das Gespräch abbrechen
(aufhören); der **Ab|bruch;** → brechen

Abc, das: (Alphabet); der **Abc-Schüt|ze**

ab|che|cken *engl.* [ạbtschäken]: (überprü-
fen, kontrollieren)

ab|de|cken: das Dach/den Tisch abde-
cken (abräumen); eine Grube abdecken
(zudecken)

ab|dre|hen: das Wasser abdrehen

Ab|druck, der: des -(e)s, die Abdrucke;
der **Bild|ab|druck;** der **Fuß|ab|druck;**
ab|dru|cken

Abend, der: des -s, die Abende; am
Abend; gegen Abend; Heiliger Abend;
gestern Abend; guten/Guten Abend
sagen; zu Abend essen; es wird Abend;
der **Diens|tag|abend** (den einen
Abend); das **Abend|brot;**
das **Abend|land;** das **Abend|mahl;**
noch ist nicht aller Tage Abend

abends; dienstags abends oder
dienstagabends (immer wiederkehrend);
spätabends

Aben|teu|er, das: des -s, die Abenteuer;
sich in ein Abenteuer stürzen;
der **Aben|teu|rer; aben|teu|er|lich;**
der **Aben|teu|er|fim**

aber: er kommt gern, aber er darf nicht;
das war aber gut; tausend und abertau-
send, *auch* Tausend und Abertausend;
das Wenn und Aber

Aber|glaube, der: des -ns (falscher
Glaube: Glaube außerhalb der Religion);
aber|gläu|bisch

aber|mals: noch einmal

Ab|fahrt, die: der -, die Abfahrten;
die Abfahrt des Busses;
der **Ab|fahrts|lauf** (Skisport)

ab|fah|ren: wir fahren heute ab; ihm
wurde der Fuß abgefahren; den Schutt
abfahren (wegschaffen, beseitigen);
→ fahren

Ab|fall, der: des -s, die Abfälle;
die **Ab|fall|be|sei|ti|gung;** Recycling;
ab|fäl|lig über jemanden sprechen

ab|fal|len: die Äpfel fallen ab; der Hang
fällt steil ab; ob etwas für mich abfällt
(übrig bleibt)?

ab|fer|ti|gen: ein Flugzeug abfertigen;
die **Ab|fer|ti|gung**

ab|fin|den: sich mit etwas abfinden
→ finden

ab|flau|en: der Wind flaut ab (wird
schwächer)

Ab|fluss, der: des -es, die Abflüsse;
das **Ab|fluss|rohr**

Ab|fuhr, die: der -, die Abfuhren;
die Abfuhr des Bauschutts; jemandem
eine Abfuhr erteilen (ihn zurückweisen)

Ab|gang, der: des -(e)s, die Abgänge;
der **Ab|gän|ger** von einer Schule;
das **Ab|gangs|zeug|nis**

Ab|gas, das: des -es, die Abgase (bei
Verbrennungsprozessen entweichendes
Gas); **ab|gas|arm**

ab|ge|ben: seine Stimme für jemanden
abgeben; die **Ab|ga|be** (Steuer, Miete);
→ geben

ab|ge|brannt: ich bin abgebrannt (kein
Geld mehr haben); das Gebäude ist
abgebrannt

ab|ge|brüht: (abgestumpft, kaltschnäu-
zig); → brühen

ab|ge|feimt: (durchtrieben)

ab|ge|le|gen: abseits, weit entfernt

ab|ge|mer|gelt: (abgemagert)

ab|ge|neigt: ich bin deinem Vorschlag
nicht abgeneigt; → neigen

ab|ge|nutzt: → nutzen

Ab|ge|ord|ne|te, der/die: des/der -n,
die Abgeordneten (Mitglied eines Parla-
ments, Volksvertreter); **ab|ge|ord|net**

Ab|ge|sand|te, der/die: des/der -n,
die Abgesandten (Person, die mit einem
bestimmten Auftrag an jemand geschickt
wird)

ab|ge|se|hen: er hat es auf mich abgese-
hen; abgesehen von …

ab|ge|spannt: müde sein

ab|ge|stan|den: lange stehend, z. B.
abgestandenes Wasser

ab|ge|stumpft: (träge, gefühllos);
ab|stump|fen

ab|ge|tra|gen: (lange getragen); alter
Mantel

ab|ge|wirt|schaf|tet: (heruntergekom-
men); ein abgewirtschafteter Gutshof

ab|ge|wöh|nen: das Rauchen abgewöh-
nen

ab|gren|zen: sich gegen den Nachbarn
abgrenzen

Ab|grund, der: des -s, die Abgründe; am
Rande eines Abgrunds stehen;
ab|grün|dig; ab|grund|tief

ab|gu|cken: er hat bei … abgeguckt

ab|ha|ken: etwas abhaken (als erledigt
betrachten)

ab|hal|ten: jemanden von der Arbeit
abhalten; eine Versammlung abhalten;
→ halten

ab|han|den: abhandenkommen (verloren
gehen);

Ab|hang, der: des -(e)s, die Abhänge; ein
steiler/flacher Abhang

ab|hän|gen: ein Bild abhängen, das hängt
ganz vom Wetter ab, den Gegner beim
Wettlauf abhängen (hinter sich lassen);
ab|hän|gig (unselbständig);
die **Ab|hän|gig|keit**

ab|här|ten: den Körper gegen Erkältung
abhärten; **ab|ge|här|tet**

ab|hau|en: von der Schule abhauen
(fortlaufen); mit der Axt einen Ast
abhauen (abschlagen)

Ab|hil|fe, die: der -, die Abhilfen; Abhilfe
schaffen; → helfen

ab|ho|len: er holt mich ab

Ab|i|tur *lat.,* das: des -s, die Abiture
(Reifeprüfung); der **Ab|i|tu|ri|ent;**
die **Ab|i|tu|ri|en|tin**

ab|kan|zeln: (jemanden scharf tadeln)

ab|kap|seln: sich abkapseln; sich vor
anderen Menschen verschließen

Ab|kehr, die: der -; **ab|keh|ren** (sich
abwenden)

Ab|klatsch, der: des -es, die Abklatsche
(Nachahmung ohne besonderen Wert)

ab|kom|men: vom Weg abkommen;
der **Ab|kömm|ling** (Kind)

Ab|kom|men, das: des -s, die Abkommen;
ein Abkommen (Vertrag) schließen

ab|kür|zen: die **Ab|kür|zung**

ab|la|gern: Schutt ablagern

ab|las|sen: Flüssigkeit/Dampf ablassen;
mir etwas ablassen (abgeben); von einer
Tätigkeit ablassen (aufhören); → lassen

Ab|la|tiv, der: des -s, die Ablative (lateini-
scher Fall)

ab|le|gen: die Jacke ablegen; legen Sie bitte
den Mantel ab!; ein Bekenntnis ablegen;
eine Prüfung ablegen; Rechenschaft von
etwas ablegen; die **Ab|la|ge;**
der **Ab|le|ger** einer Pflanze

ạb|leh|nen: ein Angebot ablehnen; die **Ab|leh|nung**

ạb|lei|ten: einen Fluss ableiten; ein Wort von einem Stammwort ableiten (Wortfamilie)

ạb|luch|sen: jemandem etwas abluchsen (geschickt abhandeln); so schlau wie ein Luchs

ạb|ma|chen: ein Schild abmachen; das ist abgemacht; die **Ab|ma|chung**

ạb|ma|gern: (an Gewicht verlieren)

ạb|murk|sen: (grausam umbringen, töten)

ạb|neh|men: einen Spiegel von der Wand nehmen; jemandem eine Arbeit abnehmen (wegnehmen); er hat abgenommen (Gewicht verloren); abnehmender Mond; die **Ab|nah|me;** der **Ab|neh|mer**

Ạb|nei|gung, die: der -, die Abneigungen; **ab|ge|neigt**

ab|nọrm: (abnormal, von der Norm abweichend), die Abnormität

ạb|nut|zen, *auch* **ạb|nüt|zen:** ein abgenutzter Polstersessel; die Schuhsohlen nutzen sich ab; die **Ab|nut|zung;** der **Ab|nut|zungs|ef|fekt**

Abon|ne|ment *franz.* [abonmạng], das: des -s, die Abonnements (Dauerbezug von Theaterkarten u. Ä.); Kurzw. Abo; der **Abon|nent;** das **The|a|ter|abon|ne|ment;** eine Zeitung **abon|nie|ren**

Ab|ọrt *lat.,* der: des -s, die Aborte (Toilette, Fehlgeburt)

ạb|pfei|fen: ein Spiel abpfeifen (beenden); der **Ab|pfiff**

ạb|pral|len: der Ball ist von der Torlatte abgeprallt; der **Ab|pral|ler**

ạb|ra|ckern: (sich plagen); er rackert sich bei der Arbeit ab

ạb|räu|men: den Tisch abräumen; der **Ab|raum** (Erdschicht)

ạb|rech|nen: mit jemandem abrechnen; die **Ab|rech|nung;** er bezahlt die Rechnung; er nimmt Rache für eine Tat

ạb|rei|sen: die **Ab|rei|se**

ạb|rei|ßen: ein Gebäude abreißen; der **Ab|riss**

Ạb|ruf, der: auf Abruf; **ab|ruf|bar; ab|ruf|be|reit**

ab|rupt: (plötzlich, jäh, sofort)

ạb|rüs|ten: Amerika und Russland rüsten ab; die **Ab|rüs|tung** (Verringerung von Waffensystemen und militärischen Einrichtungen)

ABS: Antiblockiersystem

ạb|sa|cken: der Ballon sackt ab; in den Leistungen absacken (nachlassen)

Ạb|sa|ge, die: der -, die Absagen; eine Absage erteilen; **ab|sa|gen** (nicht stattfinden lassen); eine Versammlung absagen

Ạb|satz, der: des -es, die Absätze; der Treppenabsatz; der Absatz eines Schuh(e)s; der Absatz in einem gedruckten Text; der Absatz (Verkauf) der Ware

ạb|schaf|fen: etwas abschaffen

ạb|schal|ten: den Strom abschalten; er hat abgeschaltet (nicht mehr zuhören)

ạb|schät|zen: den Wert einer Sache abschätzen; **ab|schät|zig** (reden)

ab|scheu|lich: eine abscheuliche Tat; der/die **Ạb|scheu;** jemandem Abscheu einflößen; etwas **ver|ab|scheu|en;** die **Ab|scheu|lich|keit**

Ạb|schied, der: des -(e)s, die Abschiede; Abschied nehmen; der **Ab|schieds|brief;** die **Ab|schieds|fei|er;** sich **ver|ab|schie|den**

ạb|schla|gen: einen Ast abschlagen; eine Bitte abschlagen (verweigern); der **Ab|schlag;** der Abschlag vom Tor (beim Sport); eine Abschlagszahlung erhalten (Teil der Gesamtsumme)

ạb|schlep|pen: der **Ab|schlepp|dienst;** das **Ab|schlepp|seil**

ạb|schlie|ßen: zuschließen; beenden; die **Ab|schluss|fei|er;** das **Ab|schluss|zeug|nis**

ạb|schmir|geln: (mit Schmirgelpapier glätten)

ạb|schnei|den: Blumen abschneiden; den Weg abschneiden (abkürzen); das Wort abschneiden (nicht ausreden lassen); gut

abschneiden (bei einer Prüfung);
→ schneiden

Ab|schnitt, der: des -s, die Abschnitte;
abschnittsweise

ab|schot|ten: (dichtmachen)

ab|schre|ckend

ab|schrei|ben: eine Geschichte abschrei-
ben; wir müssen leider abschreiben
(absagen); die **Ab|schrift;** → schreiben

ab|schüs|sig: (steil von oben nach unten)

ab|se|hen: von etwas absehen (verzich-
ten); das Ende war nicht abzusehen (zu
erkennen); **ab|ge|se|hen** von;
ab|seh|bar; → sehen

ab|seits: abseits des Weges; er steht
abseits, aber: er steht im Abseits;
das **Ab|seits;** der Schiedsrichter pfeift
Abseits; **ab|seits|sit|zen;**
ab|seits|ste|hen; Der Stürmer steht im
Abseits, wenn er z. Zt. der Ballabgabe
von der eigenen Mannschaft zwischen
dem Tor und dem letzten Feldspieler der
gegnerischen Mannschaft steht.

Ab|sen|der, der: des -s, die Absender;
Abk. Abs.; **ab|sen|den**

ab|set|zen: die Mütze absetzen; einen
Minister absetzen; Waren absetzen
(verkaufen); sich absetzen (weggehen);
der **Ab|satz** (einer Ware, eines Schuhs)

Ab|sicht, die: der -, die Absichten; mit/
ohne Absicht; ernste Absichten haben;
ab|sicht|lich

Ab|sinth, der: (Wermutbranntwein)

ab|so|lut: absolute Herrschaft (uneinge-
schränkte Herrschaft); absolutes (unbe-
dingtes) Vertrauen; das ist absolut (völlig)
falsch; die **Ab|so|lu|ti|on** (Lossprechung
von allen Sünden); der **Ab|so|lu|tis|mus**
(Alleinherrschaft eines Monarchen, der
über sämtliche Gewalten verfügt);
der **Ab|sol|vent**

ab|son|dern: die Pflanzen sondern einen
weißen Saft ab; er sondert sich von
seinen Freunden ab;
die **Ab|son|de|rung; ab|son|der|lich**
(seltsam)

ab|sor|bie|ren: (aufsaugen, gänzlich

beanspruchen), die **Ab|sorp|ti|on**

ab|spens|tig: jemanden abspenstig
machen (weglocken)

ab|sper|ren: die **Ab|sper|rung**

Ab|spra|che, die: der -, die Absprachen
(Vereinbarung)

ab|stam|men: er stammt von einer
Adelsfamilie ab; die **Ab|stam|mung**
(Herkunft)

Ab|stand, der: des -(e)s, die Abstände;
Abstand halten, auf der Rennbahn
starten sie in Abständen von vier Minu-
ten

ab|stat|ten: einen Besuch abstatten

Ab|ste|cher, der: des -s, die Abstecher;
einen Abstecher machen

ab|stim|men: bei der Wahl seine Stimme
abgeben (wählen); Farben aufeinander
abstimmen; die **Ab|stim|mung**

ab|sti|nent lat.: (enthaltsam); alkoholische
Getränke meiden; die **Ab|sti|nenz**

Ab|stoß, der: des -es, die Abstöße; Ballab-
stoß vom Tor; jemanden **ab|sto|ßend**
(ekelhaft) finden; **ab|sto|ßen:** jemanden
abstoßen; Waren abstoßen (billig verkau-
fen); sich die Hörner abstoßen (austoben
in der Jugend); → stoßen

ab|strakt/abs|trakt lat.: (etwas nicht
anschaulich darstellen); Gegens.: konkret;
die **Ab|s|trak|ti|on; ab|s|tra|hie|ren**

ab|stür|zen: der **Ab|sturz**

ab|stüt|zen, sich: einen Ast abstützen

ab|surd lat.: (unvernünftig); eine absurde
Idee haben

Abs|zess/Ab|szess, der: des -es,
die Abszesse (eitrige Geschwulst)

Abs|zis|se/Ab|szis|se, die: die Abszissen
(mathematischer Ausdruck)

Abt, der: des -(e)s, die Äbte (Vorsteher
eines Klosters); die **Ab|tei;**
die **Äb|tis|sin**

Ab|teil, das: des -(e)s, die Abteile:
das Abteil im Zug; die **Ab|tei|lung**
(Textilabteilung im Kaufhaus);
ab|tei|len (aufgliedern)

ab|tö|nen: die **Ab|tö|nung**

ab|träg|lich: (schädlich); das ist meinem

Ansehen abträglich

ạb|trei|ben: du treibst ab, sie trieb ab, du
triebst ab, sie hat abgetrieben; ein Kind
abtreiben (die Schwangerschaft abbre-
chen); die Strömung hat das Boot
abgetrieben; die **Ab|trei|bung;**
der **Ab|trieb** (das Vieh vor dem Winter
von der Weide treiben)

ạb|tre|ten: jemandem eine Ware abtreten
(überlassen); von der Bühne abtreten;
der **Ab|tre|ter** (Fußmatte)

ạb|trün|nig: (treulos); er ist abtrünnig
geworden (er hat die Gruppe verlassen);
der **Ab|trün|ni|ge**

ạb|wä|gen: du wägst ab, er wöge ab,
du wogst ab, du hast abgewogen;
die **Ab|wä|gung**

Ạb|wahl, die: der -, die Abwahlen;
ab|wäh|len

ạb|wärts: einen Hügel abwärtsgehen; mit
der Firma ging es abwärts (wurde es
schlechter); abwärtsfahren

Ạb|was|ser, das: des -s, die Abwässer
(verunreinigtes Wasser)

ạb|wech|seln: einander bei der Führung
abwechseln; die **Ab|wechs|lung;** er
liebte die Abwechslung (Veränderung);
ab|wech|selnd

ạb|wen|den: sich von dem schrecklichen
Anblick abwenden; ein Unheil abwenden

ạb|we|send: (nicht am Ort sein);
die **Ab|we|sen|heit**

ạb|win|ken: (als lästig abweisen)

ạb|zah|len: die **Ab|zah|lung**

Ạb|zei|chen, das: des -s, die Abzeichen

ạb|zie|hen: Bettwäsche abziehen; Texte
abziehen (vervielfältigen); der **Ab|zug;**
ab|züg|lich (vermindert um)

ạb|zwei|gen: die Straße zweigt ab; etwas
für sich abzweigen (Geld wegnehmen);
die **Ab|zwei|gung**

A-cap|pel|la-Chor, der: (Musik ohne
Begleitung von Instrumenten)

Ac|ces|soire, das: des -s, die Accessoires
(modisches Zubehör, z. B. Gürtel,
Schmuck)

ạch!: ach ja!; mit Ach und Krach; Ach und

Weh schreien

Achat, der: des -(e)s, die Achate (Halb-
edelstein)

Achil|les|fer|se, die: (verwundbare Stelle)

Ạch|se, die: der -, die Achsen;
die **Wa|gen|ach|se;** der **Zwei|ach|ser;**
ein|ach|sig; auf Achse sein (wandern)

Ạch|sel, die: der -, die Achseln (Schulter);
etwas mit einem Achselzucken abtun
(gleichgültig sein)

ạcht: die ersten acht; acht Uhr; halb acht;
acht und zwei ist zehn; in acht Tagen; ein
Viertel vor acht; **ach|ter|lei; (8-fach);**
acht|jäh|rig (8-jäh|rig); acht|mal
(8-mal); acht|zehn; acht|zig;
der **ach|te** April; beim **ach|ten** Mal;
ạcht|sei|tig, achtprozentig, achtmal (bei
besonderer Betonung auch acht Mal);
Mitte achtzig; die achtziger Jahre; er fährt
mit der Linie **acht;** Menschen über
achtzig

Ạcht, die: der -, die Achten; die Zahl Acht;
eine Acht im Rad haben; mit der Acht
fahren (Straßenbahn); die **Ach|ter|bahn;**
er ist der **Ach|te;** eine **Acht** schreiben;
der **Ạcht|ton|ner** (8-Tonner); der
Achtzylinder; der/die Achtjährige

Ạcht, die: der; die **Äch|tung;** in Acht und
Bann schlagen; **äch|ten;** nimm dich in
Acht; gib auf ihn Acht/acht!;
Ạcht ge|ben/achtgeben; Acht haben/
achthaben; außer Acht lassen

ạch|te; der/die/das Achte; (in Eigen-
namen) Heinrich der Achte; (in festen
Verbindungen) das achte Weltwunder

ạch|tel: ein **ach|tel** Liter (gemeint ist
die Menge), aber: ein **Ach|tel|li|ter**
(gemeint ist das Maß); ein **Ach|tel**
Rotwein, das Achtelfinale (Sport)

ạch|ten: eine Person achten (hoch schät-
zen); auf den Verkehr achten;
die **Ach|tung; acht|los;**
ach|tungs|voll; hoch|ach|tungs|voll

Ạch|ter, der: (Ruderboot); die Achter-
packung; **ach|tern** (Seemannssprache:
nach hinten)

ạcht|fach: 8-fach; das Achtfache

acht|ge|ben: Acht geben; **acht|ha|ben;** Acht haben

acht|zig: achtzig werden; im Jahre achtzig; mit achtzig (Jahren); auf achtzig bringen; Mitte der achtzig; der Mensch über achtzig; die Zahl Achtzig

Acht|zi|ger: Achtzigerjahre; 80er-Jahre

äch|zen: du ächzt, du ächztest, er ächzte, sie hat geächzt (Stöhnen vor Schmerzen)

Acker, der: des -s, die Äcker; **Acker|bau** betreiben; **ackern** (auf dem Acker arbeiten, sich besonders anstrengen)

Ac|tion, *auch* **Ak|ti|on** *engl.* [äktschen], die: der -, die Actions (spannende Situationen schaffen durch Handlungen); → Aktion

a.D.: außer Dienst

ADAC: Allgemeiner Deutscher Automobil-Club

ada|gio *ital.* [adadscho]: (sanft, langsam); das **Ada|gio** (langsames Tempo, Musikstück)

Ad|ap|ter, der: (der Überbrücker)

ad|die|ren *lat.*: (hinzuzählen); die **Ad|di|ti|on**

Adel, der: des -s (früher hoher gesellschaftlicher Stand mit besonderen Vorrechten); von altem Adel sein (von hoher Herkunft sein)

Ader, die: der -, die Adern (Blutgefäß); eine künstlerische Ader haben (begabt sein); die **Erz|ader;** die **Was|ser|ader**

Adi|eu, das: Adieu sagen/adieu sagen (Lebewohl)

Ad|jek|tiv, das: -(e)s, die Adjektive (Eigenschaftswort, Wiewort)

Ad|ler, der: des -s, die Adler (großer Raubvogel)

Ad|mi|ral, der: die Admiräle

ad|op|tie|ren *lat.*: (als Kind annehmen); die **Ad|op|ti|on**

Ad|res|se, die: der -, die Adressen (Anschrift); das **Ad|ress|buch;** **ad|res|sie|ren**

ad|rett: (nett, hübsch)

Ad|ria *ital.,* die: der -; das Adriatische Meer

A-Dur; aber: a-Moll

Ad|vent, der: des -s, die Advente (Zeit, vier Wochen vor Weihnachten); die **Ad|vents|ker|ze;** die **Ad|vents|zeit;** der **Ad|vents|ka|len|der**

Ad|verb, das: des -s, die Adverbien (Umstandswort)

Ad|vo|kat, der: des -en, die Advokaten (Rechtsanwalt)

Ae|ro|dy|na|mik, die: (Lehre von der Bewegung gasförmiger Stoffe)

Af|fä|re *franz.,* die: der -, die Affären (negatives gesellschaftliches Ereignis, früher Liebschaft, Streitsache); sich aus der Affäre ziehen (aus etwas herauskommen wollen)

Af|fe, der: des -n, die Affen; die **Af|fen|lie|be** (übertriebene Liebe); jemanden **nach|äf|fen** (nachahmen); **af|fig**

Af|fekt, der: des -s, die Affekte (starke Erregung); etwas im Affekt tun (ohne nachzudenken)

Af|fix *lat.,* das: des -es, die Affixe (an den Wortstamm angefügte Nachsilbe)

Af|ri|ka: der **Af|ri|ka|ner;** **af|ri|ka|nisch**

Af|ro|look, der: (aus dichten Locken bestehende Frisur)

Af|ter; der: des -s, die After (Mastdarmausgang)

Af|ter|shave *engl.,* das: des -s, die After-Shaves (Rasierwasser)

AG: (Aktiengesellschaft, Arbeitsgemeinschaft, Amtsgericht)

Aga|ve, die: (tropische Pflanze)

Agent, der: des -en, die Agenten (Vertreter, Spion); die **Agen|tur** (z.B. Versicherungsagentur)

Ag|gre|gat|zu|stand, der: des -es, die Aggregatzustände (feste, flüssige, gasförmige Erscheinungsform einer Materie)

Ag|gres|si|on *lat.,* die: der -, die Aggressionen (Überfall, Angriffsverhalten); **ag|gres|siv** (angriffslustig, streitbar)

agil: (flink, wendig, beweglich)

Agi|ta|ti|on *lat.,* die: der -, die Agitationen

(Werbetätigkeit, politische Hetze);
der **Agi|ta|tor; agi|tie|ren** (hetzerisch,
politisch aufklären)

Ag|rar|wirt|schaft, die: der - (Landwirt-
schaft); die Agrarreform

Ag|ree|ment, das: (formlose Überein-
kunft)

Ägyp|ten: (arabische Republik);
der **Ägyp|ter; ägyp|tisch**

Ah|le, die: die Ahlen (nadelartiges Werk-
zeug)

Ahn, der: des -(e)s/-en, die Ahne;
die Ahnen (Vorfahren)

ahn|den (strafen, rächen)

ah|nen: im Voraus ahnen; ich ahne nichts
Gutes; die **Ah|nung;** ich habe keine
Ahnung; **ah|nungs|los**

ähn|lich: du bist deiner Mutter ähnlich; es
geht mir ähnlich; etwas **Ähn|li|ches;**
jemandem **äh|neln; o. Ä.** Abk. für „oder
Ähnliches"

ahoi: Schiff ahoi (Anruf eines Schiffes)

Ahorn, der: die Ahorne (Laubbaum)

Äh|re, die: der -, die Ähren;
die **Rog|gen|äh|re;** die **Äh|ren|le|se**

Aids *engl.* [edß], das: des - (gefährliche
Infektionserkrankung, die Aidsviren
werden beim Geschlechtsverkehr oder
durch Blut übertragen)

Air|bag *engl.* [ärbek], der: des -s,
die Airbags (Luftkissen im Auto, das sich
beim Aufprall automatisch aufbläst)

Air|bus *engl.* [ärbus], der: des -s,
die Airbusse (Großraumflugzeug)

Air|port *engl.* [ärport], der: des -s,
die Airports (Flughafen)

Aka|de|mie *griech.,* die: der -, die Akade-
mien (wissenschaftliche Gesellschaft,
Hochschule); der **Aka|de|mi|ker**
(Person mit Hochschulbildung)

Aka|zie, die: die Akazien (tropischer
Laubbaum)

Ak|kord, der: des -s, die Akkorde (Zusam-
menklang von Tönen, Stücklohn im
Gegensatz zum Stundenlohn); einen
Akkord anschlagen; im Akkord arbeiten;
der **Ak|kord|ar|bei|ter**

Ak|kor|de|on, das: des -s, die Akkordeons
(Handharmonika)

Ak|ku|mu|la|tor, der: des -s, die Akkumu-
latoren (Stromspeicher); Akku (Bezeich-
nung für ein elektr. Batterieladegerät)

Ak|ku|sa|tiv, der: des -s, die Akkusative
(4. Fall, Wenfall)

Ak|ne *griech.,* die: der -, die Aknen (Haut-
ausschlag)

Ak|ro|bat, der: des -en, die Akrobaten
(Turnkünstler); die **Ak|ro|ba|tik;**
die **Ak|ro|ba|tin; ak|ro|ba|tisch**

Akt, der: des -s, die Akte (Handlung,
Vorgang); einen Akt zeichnen (Darstel-
lung des nackten menschlichen Körpers);
ein Drama mit fünf Akten (Aufzügen)
spielen

Ak|te, die: der -, die Akten (Geschäfts-
papiere, Schriftstücke); zu den Akten
legen; nach Aktenlage (Gericht);
die **Ak|ten|ta|sche**

Ak|tie *niederl.,* die: der -, die Aktien
(Wertpapiere, Anleihen); die Aktien
steigen/fallen im Wert;
die **Ak|ti|en|ge|sell|schaft;**
der **Ak|ti|o|när**

Ak|ti|on, *auch* **Ac|tion,** die: der -,
die Aktionen (Handlung); eine Aktion
starten

ak|tiv: (tätig, geschäftig); aktiv sein;
aktives Wahlrecht haben (selbst wählen
können); aktiver Sportler;
die **Ak|ti|vi|tät**

ak|tu|ell: (zeitnah); die **Ak|tu|a|li|tät**

Akus|tik, die: der - (Lehre vom Schall);
der Saal hat eine gute/schlechte Akustik;
akus|tisch

akut: (plötzlich auftretend, heftig); eine
akute Erkrankung; ein akutes Problem

Ak|zent, der: des -s, die Akzente
(Betonungszeichen); mit ausländischem
Akzent sprechen; einen Akzent setzen
(besondere Betonung auf etwas legen);
ak|zen|tu|ie|ren (betonen)

ak|zep|ta|bel (annehmbar)

Alarm, der: des -s, die Alarme (Warnung
bei Gefahr); Alarm schlagen;

der **Feu|er|alarm; alar|mie|ren** (um Hilfe rufen)

Alb, der: des -s, die Alben (gespenstisches Wesen); der **Alb|traum,** *auch* **Alp|traum**

Alb, die: der -; Schwäbische Alb, Fränkische Alb (Gebirge)

Al|ba|ni|en: (Staat auf dem Balkan); der **Al|ba|ner;** die **Al|ba|ne|rin; al|ba|nisch**

al|bern: (kindisch, lustig ohne Grund); sei nicht so albern!; die **Al|bern|heit**

Al|bi|no, der: die Albinos (Mensch, Tier oder Pflanze mit fehlender Farbstoffbildung)

Al|bum *lat.,* das: des -s, die Alben (Sammelmappe); das **Fo|to|al|bum;** das **Po|e|sie|al|bum**

Al|ge, die: der -, die Algen (Wasserpflanze, Tang)

Al|ge|bra *arab.,* die: der - (Rechnen mit Buchstaben; Mathematische Gleichungslehre); **al|ge|bra|isch**

Ali|bi *lat.,* das: des -s, die Alibis (Nachweis der Abwesenheit vom Tatort); ein Alibi haben

Al|ko|hol *arab.,* der: des -s, die Alkohole (Weingeist); der **Al|ko|ho|li|ker; al|ko|hol|süch|tig;** der **Al|ko|hol|test;** der **An|ti|al|ko|ho|li|ker; al|ko|hol|freie** Getränke

Ali|men|te, die: (Unterhaltsbeiträge)

all: alle; alles; all das Schöne/Neue; alle hatten sich eingefunden; alle paar Wochen; ohne alle Gefahr; ist das alles?; alles Gute; der Arzt hat alles Mögliche getan; alles in allem; alles und jedes; alles oder nichts; vor allem; trotz allem; mein Ein und Alles; **al|le|mal,** aber: ein für **al|le Mal(e); al|len|falls; al|lent|hal|ben;** am **al|ler|bes|ten; al|ler|hand; al|ler|lei** Aufregendes; du wirst so allerlei hören, aber: ein buntes Allerlei; **all|jähr|lich; al|ler|seits; al|le|zeit; all|zeit**

All, das: des -s (Weltall)

Al|lah *arab.:* Name für Gott

al|le: allesamt; alleweil; allezeit

Al|lee *franz.,* die: der -, die Alleen (Straße mit Bäumen auf beiden Seiten)

al|le|g|ro *ital.:* (schnell, lebhaft); das **Al|le|g|ro** (schnelles lebhaftes Tempo bei einem Musikstück); das **Al|le|g|ret|to** (mäßig schnelles Musikstück)

al|lein: allein sein, aber: das Alleinsein; jemanden allein lassen; eine Arbeit allein ausführen; allein stehen (ohne Hilfe); alleinstehen (im Alter); von alleine; ganz allein; allein verantwortlich; allein erziehend/alleinerziehend; allein gültig/alleingültig; der **Al|lein|er|be; al|lei|nig**

al|ler|dings: (Zweifel anmelden); ich meine allerdings, dass du …; allerhand; allerseits; allerbeste; der/die/das Allerbeste; am allerbesten; allerletzte; der/die/das Allerletzte

Al|ler|gie, die: der -, die Allergien (Überempfindlichkeit gegen bestimmte Stoffe); eine Allergie haben; **al|ler|gisch**

Al|ler|hei|li|gen: (kath. Feiertag, der am 1. November gefeiert wird)

all|ge|mein: allgemeine Wehrpflicht; er ist allgemein bekannt; **all|ge|mein gül|tig/ all|ge|mein|gül|tig; all|ge|mein bil|den|de/all|ge|mein|bil|den|de Schu|len;** im **All|ge|mei|nen;** die **All|ge|mein|bil|dung; ver|all|ge|mei|nern; all|ge|mein ver|ständ|lich/ all|ge|mein|ver|ständ|lich**

Al|li|anz *lat.,* die: der -, die Allianzen (Interessengemeinschaft; Bündnis); die **Al|li|ier|ten** (Staatenbündnis, z. B. die gegen Deutschland verbündeten Staaten im 1. und 2. Weltkrieg)

All|macht, die: der -; der **All|mäch|ti|ge** (Gott); **all|mäch|tig;** die Kraft der Liebe ist allmächtig

all|mäh|lich: (langsam); das allmähliche Nachlassen der Kraft; so allmählich gewöhne ich mich daran

All|tag, der: des –s; die **All|tags|spra|che; all|täg|lich; all|tags:** an den Arbeitstagen, dagegen feiertags: an den Feiertagen

all|zu: allzu bald; allzu gern; allzu lange; allzu viel; das dürfte dir doch nicht allzu schwer fallen

Alm, die: der -, die Almen (Bergwiese)

Al|mo|sen *griech.,* das: des -s, die Almosen (mildtätige Gaben an die Armen)

Alp|druck, der: des -s, die Alpdrücke, *auch* Albdrücke, die Alp (Bergweide), *auch* Alb

Al|pen, die: der - (Gebirge); die Alpenrose; das Alpenglühen; **al|pin;** der **Al|pi|nist** (Bergsteiger); alpines Skifahren

Al|pha|bet, das: des -(e)s, die Alphabete (festgelegte Reihenfolge der Schriftzeichen einer Sprache); „Alpha“ und „Beta“, die ersten Buchstaben im *griech.* Alphabet; der **An|al|pha|bet** (Mensch, der nicht lesen und schreiben kann); **al|pha|be|ti|sie|ren** (buchstabieren)

Alp|traum, der: des -s, die Alpträume, *auch* Albträume

als: Bernd läuft schneller als Kurt, aber: er läuft so schnell wie Inge; Ute kam sofort, als sie gerufen wurde; als ob; **als|bald; als|dann**

al|so: du kommst also am Sonntag

alt: älter, am ältesten; ein altes Haus; ein alter Schlager; ein alter (bewährter) Freund; er ist immer der Alte geblieben; ein Fest für Alt(e) und Jung(e); **alt|ba|cken; alt|klug; alt|mo|disch;** das Alte Testament; die Alte Welt; beim **Al|ten** bleiben

Alt, der: des -s, die Alte (tiefe Frauen- oder Knabenstimme; Sängerin mit dieser Stimme; Chorstimme)

Al|tar *lat.,* der: des -s, die Altäre; zum Altar führen (heiraten); das Altar(s)sakrament

Al|ter, das: des -s, die Alter; das **Alt|glas;** die **Alt|last;** das **Al|ters|heim;** das **Al|ter|tum;** von **al|ters** her; **al|tern;** er altert, sie altert, gealtert

al|ter|na|tiv: (zwischen zwei Möglichkeiten wählen können); die **Al|ter|na|ti|ve** (die andere, zweite Möglichkeit)

ALU: Arbeitslosenunterstützung

Alu|mi|ni|um, das: des -s; die **Alu|fo|lie;**

die **Alu|fel|ge**

am: (an dem); am Sonntag, dem oder den 6. April; am besten; am angegebenen Ort; Abk. a. a. O

Amal|gam, das: des -s, die Amalgame (Quecksilberlegierung für Zahnfüllungen)

Ama|teur *franz.* [amatör], der: des -s, die Amateure (jemand, der eine Beschäftigung, z. B. Kunst oder Sport, aus Liebhaberei ausübt); der **Ama|teur|fuß|ball**

am|bi|va|lent *lat.:* (doppelwertig, zwiespältig)

Am|boss, der: des -es, die Ambosse; der **Schmie|de|am|boss**

am|bu|lant *lat.:* (umherziehend, nicht stationär); das ambulante Gewerbe, der Patient muss nicht ins Krankenhaus; die **Am|bu|lanz** (Krankenwagen; Aufnahmeabteilung einer Klinik)

Amei|se, die: der -, die Ameisen; der **Amei|sen|hau|fen;** die **Amei|sen|säu|re**

Amen *lat.,* das: des -s, die Amen (feierliche Bekräftigung); zu allem ja und amen sagen, *auch* Ja und Amen; das ist so sicher, wie das Amen in der Kirche (ganz gewiss)

Ame|ri|ka: der **Ame|ri|ka|ner;** die **Ame|ri|ka|ne|rin; ame|ri|ka|nisch**

Am|nes|tie, die: der -, die Amnestien (Erlass der Strafe); der Strafgefangene fällt unter die Amnestie; das **Am|nes|tie|ge|setz; Am|nes|ty In|ter|na|ti|o|nal** *engl.,* (internationale Organisation zum Schutz der Menschenrechte, Abk. ai)

Amok, der: des –s; Amok laufen (geistig durchdrehen und dabei Menschen töten); der **Amok|läu|fer**

a-Moll-Tonleiter, die: (Tonart)

Amor: (römischer Liebesgott)

Am|pel, die: der -, die Ampeln (Verkehrssignal, Hängelampe); die **Ver|kehrs|am|pel**

Am|pere, das: des -(s), die Ampere

(Einheit der elektrischen Stromstärke)

Am|phi|bie, die: der -, die Amphibien (ein Lebewesen, das im Wasser und auf dem Lande leben kann);
das **Am|phi|bi|en|fahr|zeug** kann sich auf dem Wasser und auf dem Land fortbewegen

Am|phi|the|a|ter, das: (meist dachloses Theatergebäude mit stufenweise aufsteigenden Sitzen), die Amphitheater

Am|pul|le, die: der -, die Ampullen (Glasröhrchen mit Lösung zum Einspritzen)

am|pu|tie|ren: (durch eine Operation ein Körperglied abtrennen); die **Am|pu|ta|ti|on;** der **Arm|am|pu|tier|te**

Am|sel, die: der -, die Amseln (großer Singvogel)

Amt, das: des -es, die Ämter; ein Amt (Beruf, Pflicht) ausüben; der Amtmann; die Amtfrau; der **Amts|arzt;** die **Amts|hand|lung;** das **Ar|beits|amt; amt|lich; am|tie|ren;** der amtierende Minister

amü|sie|ren: (sich erfreuen); ihn oder sie **amü|sant** finden

an: an seinem Geburtstag; von jetzt an; an einer Krankheit leiden; von hier an; Präposition für den Dativ (wo?) oder Akkusativ (wohin?); die Bank steht an (wo?) der Mauer, aber: ich stelle die Bank an (wohin?) die Mauer

ana|log: (entsprechend); die **Ana|lo|gie** (Ähnlichkeit)

An|al|pha|bet, der: des -en, die Analphabeten (Mensch, der nicht lesen und schreiben kann)

Ana|ly|se, die: der -, die Analysen (systematische Untersuchung, Zergliederung); **ana|ly|sie|ren**

Ana|nas, die: der -, die Ananasse (tropische Frucht)

An|ar|chie griech., die: der -, die Anarchien (Gesetzlosigkeit, politisches, wirtschaftliches Chaos); der **An|ar|chist** will Ordnung vernichten

Ana|to|mie griech., die: der -, die Anatomien (Lehre vom Körperbau

der Lebewesen); **ana|to|misch;** anatomisches Institut

an|be|hal|ten: ich behalte meine Jacke an

an|bie|dern: (einschmeicheln)

An|blick, der: des -s, die Anblicke; **an|bli|cken**

An|dacht, die: der -, die Andachten (Gebetsstunde); **an|däch|tig** (vertieft sein im Gebet)

an|dan|te ital.: (langsam); das **An|dan|te** (langsames musikalisches Tempo)

an|dau|ernd: (ununterbrochen, immer wieder)

An|den|ken, das: des -s, die Andenken (jemandem ein Andenken bewahren); ein Andenken zur Erinnerung schenken

an|de|re, and|re: der andere; die andere; das andere; alle and(e)ren; ein and(e)rer; niemand anders; etwas, nichts **an|de|res;** der/die/das **An|de|re;** alles Andere; (etwas) Anderes; die Einen und die Anderen, unter **an|de|rem:** Abk. **u.a.; an|de|ren|falls,** auch **an|dern|falls; an|de|rer|seits,** auch **an|drer|seits;** ein **an|der|mal,** aber: ein **an|de|res Mal; an|ders|ar|tig; an|ders den|kend/ an|ders|den|kend; an|ders|wo**

än|dern: es lässt sich nicht ändern; das ändert die Sachlage; die **Än|de|rung; ver|än|derlich**

an|dert|halb: (eineinhalb)

an|ein|an|der/an|ei|nan|der: aneinanderreihen; aneinandergeraten; aneinanderstoßen; aneinandergrenzen; aber: aneinander denken

An|ek|do|te griech., die: der -, die Anekdoten (lustige Geschichte über eine Person, die sie charakterisiert)

An|fall, der: des -s, die Anfälle; die **An|fäl|lig|keit; an|fäl|lig**

An|fang, der: des -s, die Anfänge; der **An|fän|ger;** im **An|fang; an|fäng|lich;** von Anfang an; **an|fangs; an|fan|gen**

an|fas|sen: ein Tier anfassen; jemanden verkehrt anfassen (falsch behandeln); **an|ge|fasst;** → fassen

an|ge|ben: den Ort oder die Zeit angeben; die **An|ga|be;** der **An|ge|ber** (der Aufschneider); **an|ge|be|risch; an|geb|lich** (die Aussage wird angezweifelt)

an|ge|hen: eine Aufgabe angehen (beginnen); dagegen werde ich angehen (kämpfen); das geht euch nichts an; der angehende Direktor (der künftige); das kann nicht angehen (das kann nicht sein)

an|ge|hö|ren: der/die **An|ge|hö|ri|ge;** die Angehörigen

An|ge|klag|te, der/die: des/der -en, die Angeklagten

An|gel, die: der -, die Angeln; der **An|gel|ha|ken;** die **Tür|an|gel** (1. Gerät zum Fischfang, 2. Türhalter in der Türleibung); der **Ang|ler; an|geln**

An|ge|le|gen|heit, die: der -, die Angelegenheiten

an|ge|nehm: eine angenehme Temperatur

An|ge|sicht, das: des -(e)s, die Angesichte/ Angesichter; **an|ge|sichts;** angesichts der Tatsachen

An|ge|stell|te, der/die: des/der -en, die Angestellten (in einer Firma oder Behörde); **an|ge|stellt** sein (abhängiges Arbeitsverhältnis)

An|gi|na, die: der - (Rachen- oder Mandelentzündung); **An|gi|na pec|to|ris** (Herzkrampf)

An|go|ra|kat|ze, die: der -, die Angorakatzen; die **An|go|ra|wol|le**

an|grei|fen: jemanden angreifen (bekämpfen); die Vorräte angreifen (vermindern); die Gesundheit ist angegriffen (geschwächt); der **An|grei|fer;** der **An|griff**

Angst, die: der -, die Ängste; Angst haben; Angst verbreiten; jemandem Angst und Bange machen, aber: mir ist angst und bange; der **Angst|ha|se;** die **Ängst|lich|keit; angst|voll; ängst|lich** sein; **ängs|ti|gen**

an|ha|ben: sie haben moderne Anzüge an; er kann mir nichts anhaben (mir nichts tun)

an|hal|ten: ein Fahrzeug anhalten (stoppen); der Regen hält an (dauert fort); als **An|hal|ter** mitgenommen werden

an|hand: anhand der Beschreibung; anhand des Buches

An|hang, der: des -s; der **An|hän|ger** (angekuppeltes Fahrzeug); das **An|häng|sel;** die **An|häng|lich|keit; an|häng|lich; an|hän|gen** (jemanden beschuldigen); der Verstorbene hatte keinen Anhang (Angehörige)

an|heu|ern: sich auf einem Schiff anstellen lassen

An|hieb, der: auf Anhieb (sofort)

ani|ma|lisch *lat.:* (tierisch)

Ani|ma|teur *franz.,* der: des -s, die Animateure (Spielleiter in einem Freizeitzentrum); Animation: 1. organisierte Freizeitaktivität für Urlauber; 2. Bewegung und Belebung der Figuren im Stummfilm

ani|mie|ren *lat.:* (anregen, ermuntern)

An|ker, der: des -s, die Anker; vor Anker gehen; die Anker lichten; **an|kern; ver|an|kern** (stark befestigen)

an|kla|gen: die/der **An|ge|klag|te** vor Gericht; der **An|klä|ger**

an|kom|men: es kommt auf einen Versuch an; es kommt mir auf eine Mark nicht an; die **An|kunft;** → kommen

An|la|ge, die: der -, die Anlagen; die Musikanlage; die Erbanlage; die Geldanlage; die Anlagen im Park

An|lass, der: des -es, die Anlässe; ohne jeden Anlass; aus Anlass der Geschäftseröffnung; der **An|las|ser; an|läss|lich; an|las|sen;** den Motor anlassen

An|lauf, der: des -s, die Anläufe; der Weitspringer nimmt Anlauf

An|lie|ger, der: des -s, die Anlieger (Anwohner, Nachbarn)

an|ma|ßen: er maßt sich ein Urteil an (das ihm nicht zusteht); ein **an|ma|ßen|der** (überheblicher) Mensch

an|mel|den: die **An|mel|dung**

An|mer|kung, die: der -, die Anmerkungen; Abk. Anm.; **an|mer|ken**

An|mut, die: der - (Liebreiz, Schönheit, Ausstrahlung); an|mu|tig (eine anmutige Bewegung)

An|nah|me, die: der -, die Annahmen; in der Annahme, dass …; an|neh|men; die An|nah|me|stel|le

an|nek|tie|ren: (sich etwas mit Gewalt aneignen); die An|ne|xi|on (gewaltsame Besetzung eines Landes)

An|non|ce *franz.* [anongße], die: der -, die Annoncen (Zeitungsanzeige); an|non|cie|ren

an|nul|lie|ren: (für ungültig erklären, z. B. einen Vertrag)

an|o|mal: (gegen die Regeln); die An|o|ma|lie

an|o|nym: (ungenannt); die An|o|ny|mi|tät (ohne Namensangabe)

an|pas|sen: sich einem Menschen oder einer Situation anpassen; einen Anzug anpassen; die An|pas|sung; an|pas|sungs|fä|hig

an|re|gen: (ermuntern, vorschlagen); die An|re|gung; an|re|gend

an|rei|chern: z. B. mit Gold angereichertes Metall; die An|rei|che|rung

An|rich|te, die: der -, die Anrichten (Tisch zum Anrichten von Speisen)

an|rü|chig: schlecht riechend; schlechter Ruf; eine anrüchige (verrufene) Straße

an|rüh|ren: einen Kuchenteig anrühren; rühre (fasse) mich nicht an; sein Elend rührte mich an (innerlich ergriffen)

An|ruf; der: des -s, die Anrufe; der An|ruf|be|ant|wor|ter (beim Telefon); an|ru|fen

An|sa|ge, die: der -, die Ansagen; die An|sa|ge|rin; der An|sa|ger; die Fern|seh|an|sa|ge; die Rund|funk|an|sa|ge; seinen Besuch an|sa|gen (ankündigen)

an|säs|sig sein: (wohnen); orts|an|säs|sig

An|satz, der: des -es, die Ansätze; der Ansatzpunkt

an|schaf|fen: (kaufen, erwerben)

an|schau|en: die An|schau|ung; das An|schau|ungs|ma|te|ri|al; die Welt|an|schau|ung (die Welt unter einem bestimmten Aspekt sehen); an|schau|lich

An|schein, der: des -s; allem Anschein nach; an|schei|nend (offensichtlich); schein|bar (nur dem Schein nach)

An|schlag, der: des -s, die Anschläge; der Anschlag am schwarzen/Schwarzen Brett; einen Anschlag planen (jemandem etwas Böses zufügen wollen); der Kos|ten|vor|an|schlag; an|schla|gen; er ist ein bisschen angeschlagen (er wirkt müde); der Hund schlägt an (bellt)

an|schlie|ßen: ein TV-Gerät an die Antenne anschließen; sich der Meinung eines anderen anschließen; der An|schluss: Anschluss finden (von einer Gruppe aufgenommen werden); den Anschluss verpassen (bei der DB); an|schlie|ßend: (hinterher, danach); → schließen

an|schmie|gen, sich: an|schmieg|sam

An|schrift, die: der -, die Anschriften (Adressen)

an|schwär|zen: jemanden verraten, beschuldigen (z. B. beim Vorgesetzten)

an|se|hen: sich eine Stadt ansehen; man sieht ihm sein Alter nicht an (er sieht jünger aus); das An|se|hen (in der Öffentlichkeit großes Ansehen genießen); die An|sicht; die An|sichts|kar|te

an|sei|len: z. B. Bergsteiger seilen sich an

an|spie|len: jemandem den Ball zuspielen; die An|spie|lung, z. B. dezent auf sein Alter hindeuten

An|sporn, der: des –s; der Anreiz; der Antrieb; jemanden zu etwas an|spor|nen (ermutigen)

An|spra|che, die: der -, die Ansprachen; eine Ansprache halten; an|sprech|bar; an|spre|chend (gut aussehend); an|spre|chen; → sprechen

An|stalt, die: der -, die Anstalten; Anstalten machen (Vorbereitungen treffen, z. B. für eine Reise); die Ba|de|an|stalt;

die **Lehr|an|stalt;** die **Pfle|ge|an|stalt;**
die **Heil|an|stalt** (Heilstätte)

An|stand, der: des -s, die Anstände; den
Anstand (Benehmen) wahren; auf einem
Anstand sitzen (Hochsitz eines Jägers);
an|stän|dig; an|stands|hal|ber;
an|stands|los (ohne weitere Umstände)

an|statt: anstatt eines Mantels zog er die
Jacke an (an Stelle); anstatt zu arbeiten
lag er im Bett

an|ste|chen: ein Fass Bier anstechen;
der **An|stich**

an|ste|cken: sich eine Brosche anstecken;
eine Zigarre anstecken; mit seiner guten
Laune anstecken; eine Scheune anstecken
(in Brand setzen); die **An|steck|na|del;**
die **An|ste|ckung;** eine ansteckende
Krankheit

an|ste|hen: um Eintrittskarten in einer
Schlange anstehen; eine Klassenarbeit
steht an (wird bald geschrieben)

an|stel|len: eine Leiter anstellen; das TV
anstellen; etwas Dummes anstellen;
jemanden als Verkäuferin anstellen; stell
dich nicht so an! (zögere nicht so lange);
die **An|stel|lung; an|stel|le/an Stel|le**
ihres Vaters erschien sie selbst zum
Gespräch

an|stif|ten: zu einer bösen Tat anstiften;
der **An|stif|ter**

an|stim|men: einen Kanon anstimmen

an|sto|ßen: mit dem Kopf anstoßen; beim
Trinken die Gläser anstoßen (zuprosten);
der **An|stoß;** den Anstoß haben (Fuß-
ball); Anstoß erregen (Ärgernis bereiten);
an|stö|ßig (peinlich, auffallend sein)

an|strei|chen: der **An|strei|cher;**
der **An|strich**

an|stren|gen, sich: (alle Kräfte einsetzen);
die **An|stren|gung; an|stren|gend**

Ant|ark|tis *griech.,* die: der - (Eisgebiet um
den Südpol); **ant|ark|tisch**

An|teil, der: des -(e)s, die Anteile;
die Anteile an einem Vermögen; Anteil
nehmen (Teilnahme an den Freuden und
Leiden eines anderen Menschen);
die **An|teil|nah|me; an|tei|lig**

An|ten|ne *lat.,* die: der -, die Antennen;
die **Fern|seh|an|ten|ne;**
die **Funk|an|ten|ne**

An|tho|lo|gie *griech.,* die: der -, die Antho-
logien (gesammelte Gedichte oder
Prosastücke)

An|th|ra|zit, das: des -s (hochwertige,
schwarz glänzende Steinkohle)

an|ti … *griech.:* (gegen);
der **An|ti|al|ko|ho|li|ker** (gegen Alko-
hol); der **An|ti|fa|schis|mus;**
An|ti|au|to|ri|tät

An|ti|bi|o|ti|kum *griech.,* das: des -s,
die Antibiotika (ein Wirkstoff gegen
Krankheitserreger)

an|tik *lat.:* (altertümlich); die **An|ti|ke**
(die griechisch-römische Kultur)

An|ti|lo|pe *franz.,* die: der -, die Antilopen
(Huftier mit Hörnern)

An|ti|pa|thie, die: (Abneigung, Wider-
wille)

An|ti|qui|tät, die: der -, die Antiquitäten
(alter, kostbarer Gegenstand);
der **An|ti|qui|tä|ten|händ|ler;**
der **An|ti|quar** (Händler mit alten
Kunstwerken oder Gebrauchsgegenstän-
den); **an|ti|qua|risch** (alt); **an|ti|quiert**
(veraltet, überholt)

Ant|litz, das: des -es, die Antlitze
(das Gesicht, das Angesicht)

An|trag, der: des -es, die Anträge; einen
Antrag stellen; das „Du" antragen;
der **Hei|rats|an|trag**

an|trei|ben: der **An|trieb**

an|tre|ten: der **An|tritt**

an|tun: das willst du mir doch nicht antun

Ant|wort, die: der -, die Antworten; eine
freundliche Antwort geben; die Antwort
schuldig (nicht geben) bleiben;
ant|wor|ten; be|ant|wor|ten

An|walt, der: des -es, die Anwälte;
der **Rechts|an|walt;**
die **Rechts|an|wäl|tin**

An|wär|ter, der: des -s, die Anwärter;
die **An|wär|te|rin;**
der **Lehr|amts|an|wär|ter;**
die **Lehr|amts|an|wär|te|rin**

an|wen|den: sie wandte/wendete eine Regel an; die **An|wen|dung;** → wenden

An|we|sen, das: des -s, die Anwesen (bebauter Grundbesitz)

an|we|send: der **An|we|sen|de;** die **An|we|sen|heit**

an|wi|dern: seine Handlungen und seine Denkart widern mich an

An|zahl, die: der -; eine große Anzahl

An|zah|lung, die: der -, die Anzahlungen; eine Anzahlung leisten (Teil des Preises im Voraus bezahlen)

An|zei|chen, das: des -s, die Anzeichen; die Anzeichen einer Krankheit erkennen

An|zei|ge, die: der -, die Anzeigen; Anzeige bei der Polizei erstatten; eine Anzeige (in der Zeitung) aufgeben; **an|zei|gen**

an|zie|hen: einen Mantel anziehen; eine Schraube anziehen (festdrehen); die **An|zie|hungs|kraft** der Erde; der **An|zug;** eine **an|züg|li|che** (negative) Bemerkung machen

an|zet|teln: (einen Streit anzetteln)

AOK: Allgemeine Ortskrankenkasse

AP: Associated Press (eine Nachrichten- agentur)

apart *franz.:* (reizvoll, geschmackvoll, nicht alltäglich)

Apart|heid, die: der - (Rassentrennung)

Apart|ment *engl.* [epartment], das: des -s, die Apartments (kleine Wohnung in einem Mietshaus); → Appartement

apa|thisch *griech.:* (ohne inneren Antrieb, teilnahmslos, passiv); die **Apa|thie**

Ap|fel, der: des -s, die Äpfel (Obst, Baum- frucht)

Ap|fel|si|ne, die: der -, die Apfelsinen

Apho|ris|mus *griech.,* der: des -, die Aphorismen (geistreicher, knapp formu- lierter Gedanke)

Apo|ka|lyp|se *griech.,* die: der - (Offenba- rung des Johannes über das Weltende); **apo|ka|lyp|tisch**

Apo|s|tel, der: des -s (Sendbote, die 12 Jünger Jesu); das Apostolische Glaubens- bekenntnis

Apo|s|t|roph *griech.,* der: des -s, die Apostrophe (Auslassungszeichen: er will's, statt er will es); **apo|s|t|ro|phie|ren** (bezeichnen)

Apo|the|ke *griech.,* die: der -, die Apothe- ken; der **Apo|the|ker;** die **Apo|the|ke|rin**

Ap|pa|rat, der: des -(e)s, die Apparate (technisches Gerät); der **Ver|wal|tungs|ap|pa|rat** (negativ für große Verwaltung)

Ap|par|te|ment *franz.* [apartemang], das: des -s, die Appartements (Zimmerflucht in einem Hotel, komfortable Wohnung); → Apartment

Ap|pell *franz.,* der: des -s, die Appelle (Aufforderung, Mahnruf); **ap|pel|lie|ren** an (jemanden auffordern etwas zu tun)

Ap|pe|tit *lat.,* der: des -(e)s (Esslust); die **Ap|pe|tit|lo|sig|keit;** **ap|pe|tit|an|re|gend;** **ap|pe|tit|los**

ap|plau|die|ren *lat.:* (durch Händeklat- schen Beifall spenden); der **Ap|plaus**

Ap|ri|ko|se, die: Aprikosen; die Apriko- senmarmelade

Ap|ril *lat.,* der: des -s, der Aprilscherz; das Aprilwetter

ap|ro|pos *franz.:* (nebenbei bemerkt, übrigens)

Ap|sis *griech.,* die: der - (halbrunde Altar- nische als Abschluss des Raumes)

Aqua, *lat.:* (Wasser); das **Aqua|pla|ning** (Wasserglätte); das **Aqua|ri|um:** die Aquarien (Glasbehälter zur Ausstellung und Züchtung von Wassertieren); das **Aqua|rell** (mit Wasserfarben gemaltes Bild); die **Aqua|rell|far|be**

Äqua|tor *lat.,* der: des -s (größter Breiten- kreis um die Mitte der Erdkugel); **äqua|to|ri|al**

Ar, das/der: des -s, die Are (Flächenmaß: 1a = 100 m²), aber: Aar (Fluss)

Ära, die: der -, die Ären (Zeitalter, Zeitab- schnitt)

Ara|ber, der: des -s, die Araber (Bewohner Arabiens); **ara|bisch**

Ar|beit, die: der -, die Arbeiten; der **Ar|bei|ter;** die **Ar|bei|te|rin;**

der **Ar|beit|neh|mer;**
das **Ar|beits|amt;**
die **Ar|beits|ge|mein|schaft** (AG);
die **Ar|beits|lo|sen|un|ter|stüt|zung;**
die **Ar|beits|lo|sig|keit;**
die **Ar|beits|zeit; ar|beit|sam;**
ar|bei|ten; ar|beits|un|fä|hig;
ar|beits|los; ar|beits|wil|lig
Ar|chäo|lo|gie *griech.*, die: der - (wissen-
schaftliche Altertumskunde, bes. auf
Grund von Ausgrabungen);
der **Ar|chäo|lo|ge;** die **Ar|chäo|lo|gin;**
ar|cha|isch (aus der Frühzeit stammend,
altertümlich)
Ar|che *lat.*, die: der -, die Archen (schiffs-
ähnlicher Kasten); die Arche Noah
Ar|chi|tẹkt, der: des -en, die Architekten
(Entwurf von Bauten, Baumeister);
die **Ar|chi|tek|tin;** die **Ar|chi|tek|tur**
Ar|chiv, das: des -s, die Archive (Urkun-
densammlung); der **Ar|chi|var** (Archiv-
beamter); **ar|chi|vie|ren** (in ein Archiv
aufnehmen, bewahren)
ARD: Arbeitsgemeinschaft der öffentlich-
rechtlichen Rundfunkanstalten der BRD
Are|na *lat.*, die: der -, die Arenen (Kampf-
platz, Zirkusmanege, Sportplatz)
arg: ärger, am ärgsten; im Argen liegen;
ich denke mir nichts Arges; dabei das
Ärgste befürchten; der **Arg|wohn;**
arg|lis|tig; arg|los; arg|wöh|nen;
arg|wöh|nisch; ver|ar|gen (übel
nehmen)
Ar|gen|ti|ni|en: (südamerikanischer Staat);
die Argentinische Republik;
der **Ar|gen|ti|ni|er;**
die **Ar|gen|ti|ni|e|rin; ar|gen|ti|nisch**
Ạ̈r|ger, der: des -s; seinem Ärger Luft
machen; das **Ạ̈r|ger|nis;** jemandem
Ärger bereiten; **ạ̈r|ger|lich; ạ̈r|gern;** ich
ärgere dich; ich ärgere mich über meine
Eltern; **ver|ạ̈r|gern;** er ist sehr verärgert
Ar|gu|mẹnt, das: des -es, die Argumente
(Beweisgrund, fundierte Entgegnung);
ar|gu|men|tie|ren
Arie *ital.*, die: der -, die Arien (Solo-
gesangsstück)

Arith|mẹ|tik *griech.*, die: der - (Zahlen-
lehre); **arith|me|tisch**
Ạrk|tis, die: der - (Eisregion um den
Nordpol)
ạrm: ärmer, am ärmsten; Arm und Reich
(jedermann); der Arme und Reiche; wir
Armen; arm im Geiste (dumm);
ạ̈rm|lich; arm|se|lig; die **Ar|mut;**
ver|ar|men
Ạrm, der: des -es, die Arme; jemandem
unter die Arme greifen (helfen); jeman-
dem in die Arme fallen; das **Ạrm|band;**
die **Ạrm|brust** (eine alte Schusswaffe mit
Pfeilen)
Ar|ma|da, die: der -, die Armaden/Arma-
das (Flotte)
Ar|ma|tur, die: der -, die Armaturen
(Messgeräte als Zubehör zu Maschinen);
das **Ar|ma|tu|ren|brett** (Messgeräte und
Schalter von Maschinen und Fahrzeugen
in einer Einheit)
Ạrm|band, das: des -es, die Armbänder;
die **Ạrm|band|uhr**
Ar|mee *franz.*, die: der -, die Armeen
(größte Einheit beim Militär)
Ạ̈r|mel, der: des -s, die Ärmel; etwas aus
dem Ärmel schütteln (erledigen)
Ạr|ni|ka *franz.*, die: der -, die Arnikas
(Heilpflanze)
Aro|ma *griech.*, das: des -s, die Aromas/
Aromen (Duft, Geschmacksstoff);
aro|ma|tisch
ar|ran|gie|ren *franz.*, [arangschiren]: sich
einigen; etwas schnell arrangieren (z.B.
ein Fest ausrichten); sich mit seinen
Mitarbeitern arrangieren (übereinkom-
men); das **Ar|ran|ge|ment**
Ar|rẹst, der: des -(e)s, die Arreste (Frei-
heitsentzug); die **Ar|rest|zel|le**
ar|ro|gạnt *lat.*: (überheblich, anmaßend);
die **Ar|ro|ganz**
Ạrsch, der: des -es, die Ärsche (in der
Vulgärsprache für Gesäß)
Ar|sẹn, das: des -s (chem. Stoff, Gift)
Ạrt, die: der -, die Arten; Pflanzen jeder
Art; aus der Art schlagen; die Art und
Weise; **ab|ạr|tig; bös|ạr|tig; der|art;**

der|ar|tig; ei|gen|ar|tig; er hat mich derart beleidigt, dass …

Ar|te|rie *griech.,* die: der -, die Arterien (Schlagader);
die **Ar|te|ri|en|ver|kal|kung**

ar|tig: (lieb, folgsam); sich benehmen nach guter Art; **un|ar|tig**

Ar|ti|kel, der: des -s, die Artikel; der, die, das (Geschlechtswort, Begleiter); einen Artikel für die Zeitung; Artikel (Ware) in einem Geschäft

ar|ti|ku|lie|ren: (deutlich etwas sagen)

Ar|til|le|rie *franz.,* die: der -, die Artillerien (Truppeneinheit mit Geschützen);
der **Ar|til|le|rist**

Ar|ti|scho|cke *ital.,* die: der -, die Artischocken (Gewürz- und Zierpflanze)

Ar|tist, der: des -en, die Artisten (Varietee- oder Zirkuskünstler); die **Ar|tis|tin;**
ar|tis|tisch

Arzt, der: des -es, die Ärzte (Mediziner);
die **Ärz|tin; ver|arz|ten**

aß: → essen

As|best *griech.,* der: des -(e)s, die Asbeste (feuerfestes Material);
der **As|best|an|zug;**
der **As|best|staub**

Asche, die: der -, die Aschen;
die **Aschen|bahn;** der **Ascher|mitt|woch;**
ein|äschern (verbrennen); **asch|fahl,**
das **Aschen|brö|del**

äsen: (fressen); die Rehe äsen

asep|tisch *griech.:* (keimfrei)

As|ke|se *griech.,* die: der - (enthaltsame Lebensweise); der **As|ket; as|ke|tisch**

aso|zi|al: (gemeinschaftsschädigend)

As|pekt *lat.,* der: des -(e)s, die Aspekte (Betrachtungsweise, Gesichtspunkt)

As|phalt, der: die Asphalte;
as|phal|tie|ren; die **As|phalt|stra|ße**

Ass *franz.,* das: des -es, die Asse (Spielkar- te); er ist ein Ass in unserer Mannschaft (hervorragender Spieler)

As|ses|sor *lat.,* der: des -s, die Assessoren (Anwärter der höheren Beamten- laufbahn); die **As|ses|so|rin**

As|sis|tent *lat.,* der: des -en, die Assisten-

ten (Helfer); die **As|sis|ten|tin;**
der **As|sis|tenz|arzt; as|sis|tie|ren** (zur Hand gehen, mithelfen)

As|so|zi|a|ti|on *lat.,* die: der -, die Assozia- tionen (gedankliche Verknüpfung)

Ast, der: des -(e)s, die Äste; **ver|äs|telt;** den Ast absägen, auf dem man sitzt (sich selber schaden); **ast|rein** (ohne Mängel)

As|ter, die: die Astern (Blume)

Äs|the|tik *griech.,* die: der -, die Ästhetiken (Lehre vom Schönen); **äs|the|tisch**

Asth|ma *griech.,* das: des -s (Atemnot);
asth|ma|tisch

As|t|ro|lo|gie *griech.,* die: der -;
der **As|t|ro|lo|ge** (Sterndeuter);
die **As|t|ro|lo|gin; as|t|ro|lo|gisch**

As|t|ro|nau|tik, die: der -;
der **As|t|ro|naut** (Weltraumfahrer);
die **As|t|ro|nau|tin**

As|t|ro|no|mie, die: der -; (Stern-, Him- melskunde); der **As|t|ro|nom;**
die **As|t|ro|no|min; as|t|ro|no|misch**

Asyl *griech.,* das: des -s, die Asyle (Zu- fluchtsort, Heim, das politische Asyl);
der **Asy|lant;** das **Asyl|recht;** jeman- dem Asyl gewähren

A.T.: Altes Testament

Ate|li|er *franz.* [atelje], das: des -s, die Ateliers (Künstlerwerkstätte, Filmstudio, Modegeschäft)

Atem, der: des -s; Atem holen; einen langen Atem haben (ausdauernd sein);
die **At|mung; atem|los; at|men**

Athe|ist *griech.,* der: des -en, die Atheisten (Gottesleugner); der **Athe|is|mus;**
athe|is|tisch

Äther *griech.,* der: des -s (Himmel, Betäu- bungsmittel); **äthe|ri|sche** Öle (duftend)

Ath|let *griech.,* der: des -en, die Athleten (Kraftmensch, Wettkämpfer);
die **Ath|le|tin;** die **Leicht|ath|le|tik;**
ath|le|tisch

At|lan|tik *griech.,* der: des -s (Atlantischer Ozean); der **Nord|at|lan|tik;**
at|lan|tisch

At|las, der: des -ses, die Atlasse/Atlanten (Kartenwerk)

At|mo|sphä|re *griech.,* die: der -, die Atmosphären (Gashülle); es herrscht eine angenehme Atmosphäre (Stimmung); **at|mo|sphä|risch;** → Sphäre

Atoll *griech.,* das: des -s, die Atolle (ringförmige Koralleninsel)

Atom *griech.,* das: des -s, die Atome (kleinster Teil der Materie); die **Atom|bom|be;** die **Atom|ener|gie;** der **Atom|kern;** der **Atom|geg|ner;** das **Atom|kraft|werk** (AKW); die **Atom|ra|ke|te;** der **Atom|re|ak|tor;** der **Atom|waf|fen|sperr|ver|trag;** ato|mar

At|ta|cke *franz.,* die: der -, die Attacken (Angriff, Anfall); **at|ta|ckie|ren**

At|ten|tat *franz.,* das: des -(e)s, die Attentate (politischer Anschlag); der **At|ten|tä|ter**

At|test *lat.,* das: des -(e)s, die Atteste (Rezept, Bescheinigung); **at|tes|tie|ren**

At|trak|ti|on *lat.,* die: der -, die Attraktionen (Anziehung, Sehenswürdigkeit); die **At|trak|ti|vi|tät; at|trak|tiv**

At|trap|pe *lat.,* die: der -, die Attrappen (ähnliche Nachbildung)

At|tri|but *lat.,* das: des -(e)s, die Attribute (Beifügung, Eigenschaft); der **At|tri|bu|tiv|satz**

ät|zen: (mit Säuren oder Laugen behandeln); das ist ja ätzend (sehr schlecht)

au!; auweh!: (Ausruf, Interjektion)

Au, Aue, die: der -, die Auen (feuchte Niederung)

Au|ber|gi|ne *franz.* [oberschine], die: der -, die Auberginen (Pflanze)

auch: ich gehe jetzt auch (ebenso); auch (sogar) der Dümmste kann das; kommst du auch wirklich? (tatsächlich)

au|dio|vi|su|ell *lat.:* (hör- und sichtbare Medien)

auf: (Präposition); auf (wo?) der Bank sitzen; auf (wohin?) die Bank gehen; auf Raten kaufen; auf der Suche sein; **auf ein|mal;** auf und davon, aber: das Auf und Ab; auf Grund/aufgrund; von klein

auf; auf- und abspringen

auf|bau|en: ein Gebäude wieder aufbauen; jemanden aufbauen (ermutigen); er baut sich drohend vor mir auf; der **Auf|bau;** die **Auf|bau|ar|beit**

auf|bäu|men: sich aufbäumen gegen sein Schicksal (wehren)

auf|be|wah|ren: die **Auf|be|wah|rung** (verwahren)

auf|bin|den: jemandem einen Bären aufbinden (vorlügen); → binden

auf|bre|chen: eine Tür aufbrechen; plötzlich aufbrechen (abreisen); der **Auf|bruch;** → brechen

auf|drän|gen: jemandem etwas aufdrängen; sich aufdrängen (lästig werden); **auf|dring|lich**

auf|ein|an|der/auf|ei|nan|der: aufeinander achten; aufeinanderfahren; aufeinanderfolgen; aufeinanderstapeln; aufeinandertreffen; aufeinander warten

Auf|ent|halt, der: des -(e)s, die Aufenthalte; der Zug hat zehn Minuten Aufenthalt; der Aufenthalt bei euch war angenehm; sich **auf|hal|ten**

auf|fah|ren: der **Auf|fahr|un|fall;** → fahren

auf|fal|len: auf|fal|lend; auf|fäl|lig; → fallen

auf|fas|sen: die **Auf|fas|sung;** die **Auf|fas|sungs|ga|be;** das ist **Auf|fas|sungs|sa|che**

auf|fors|ten: Bäume neu anpflanzen; die **Auf|fors|tung**

auf|ge|ben: ein Paket aufgeben; ein Rätsel aufgeben; eine Stellung aufgeben; den Geist aufgeben (sterben); die **Auf|ga|be;** → geben

auf|ge|bläht: ein aufgeblähtes Segel; ein aufgeblähter (angeberischer) Typ

auf|ge|bla|sen: ein aufgeblasener (großspuriger) Mensch; einen Ballon aufblasen

auf|ge|dun|sen: geschwollen (Gesicht)

auf|ge|hen: die Sonne geht auf; die Rechnung geht nicht auf (stimmt nicht); die Augen gehen mir auf (von nun an habe ich begriffen); er geht ganz in seiner Arbeit auf; der **Auf|gang**; → gehen

auf|grund/auf Grund: aufgrund ihrer Aussage; aufgrund ihrer Entscheidung

auf|ha|ben: sie hat einen Hut auf; er hat heute Hausaufgaben auf

auf|hän|gen: die Wäsche aufhängen; der **Auf|hän|ger**; die **Auf|hän|gung**

auf|he|ben: einen Gegenstand aufheben; ein Urteil aufheben; ein Geschenk gut aufheben (verwahren); gut aufgehoben sein (sich wohlfühlen); → heben

auf|klä|ren: jemanden aufklären (belehren); das Wetter klärt sich auf (wird besser); die **Auf|klä|rung** (z. B. über Sexualität)

Auf|lauf, der: des -s, die Aufläufe; der **Men|schen|auf|lauf**; der **Ge|mü|se|auf|lauf**

auf|le|gen: den Telefonhörer auflegen; ein Buch neu auflegen (veröffentlichen); die Hand auflegen; die **Auf|la|ge**; → legen

auf|leh|nen: den Arm auflehnen (aufstützen); sich gegen etwas auflehnen (empören); die **Auf|leh|nung**

auf|ma|chen: die Tür aufmachen; eine Ware schön aufmachen (dekorieren); die Nachricht erscheint in großer **Auf|ma|chung** (mit großer Schlagzeile); sich auf und davon machen (fliehen, davonlaufen)

auf|merk|sam: jemanden auf etwas aufmerksam machen; **auf|mer|ken**; die **Auf|merk|sam|keit**

auf|raf|fen: sich zu einer Arbeit aufraffen (durchringen)

auf|räu|men: das Zimmer aufräumen; die **Auf|räum|ar|beit**

auf|recht: aufrecht (gerade) gehen; aufrecht sitzen; aufrechterhalten; er hat sein Angebot aufrechterhalten; das Aufrechtgehen

auf|rei|zen: (ermuntern, ermutigen); zum Widerspruch aufreizen; aufreizende Kleidung

auf|rich|ten: einen Menschen wieder aufrichten (trösten, ermutigen); eine Stütze aufrichten; **auf|rich|tig** (ehrlich)

Auf|riss, der: des -es, die Aufrisse (Zeichnung beim Bau)

Auf|ruhr, der: des -(e)s (Protest); in Aufruhr geraten; **auf|rüh|re|risch**

aufs: (auf das); sie steigt aufs Fahrrad; sie ist **aufs bes|te/aufs Bes|te** vorbereitet; aufs Neue (erneut)

auf|säs|sig: (widerspenstig, trotzig); die **Auf|säs|sig|keit**

Auf|satz, der: des -es, die Aufsätze

auf|schie|ben: die **Auf|schie|bung**; der **Auf|schub**; → schieben

auf|schla|gen: der **Auf|schlag** (beim Tennisspiel); der **Preis|auf|schlag** (den Preis erhöhen)

auf|schlie|ßen: die Tür aufschließen; nach einem System aufschließen; → schließen

Auf|schluss, der: des -es, die Aufschlüsse; Aufschluss erhalten, geben; **auf|schluss|reich**; **auf|schlüs|seln**

auf|schnei|den: die Wurst aufschneiden; schneid' nicht so auf! (prahl nicht so!); der **Auf|schnei|der**; der **Auf|schnitt**

Auf|schub, der: des -s, die Aufschübe; sie bekommt für ihre Hausaufgaben noch einen Aufschub (weitere Zeit)

Auf|se|hen, das: des -s; Aufsehen erregen; Aufsehen erregend/aufsehenerregend; der **Auf|se|her**; die **Auf|sicht**; der Aufsicht führende Lehrer

auf|sei|ten/auf Sei|ten

Auf|stand, der: des -(e)s, die Aufstände; ein Aufstand bricht aus; **auf|stän|disch**

auf|ste|hen: morgens aufstehen; → stehen

auf|stei|gen: auf etwas steigen; befördert werden

auf|stö|bern: (aufspüren); den Dieb aufstöbern

auf|ta|keln: (ein Schiff mit Masten, Tauen und Segeln versehen); sich auftakeln (übertrieben kleiden); **auf|ge|ta|kelt** (besonders auffällig und geschmacklos zurechtgemacht)

Auf|trag, der: des -(e)s, die Aufträge; einen Auftrag erhalten; **auf|trags|ge|mäß**

auf|trump|fen: mit etwas auftrumpfen (die eigene Stärke herausstellen)

auf|wa|chen: nach dem Schlaf

auf|wärts: aufwärtsfahren; mit der Gesundheit ist es aufwärtsgegangen

auf|wen|dig/auf|wän|dig: der **Auf|wand** (Kosten); aufgewendet

auf|we|cken: → wecken

auf|wer|fen: eine Frage aufwerfen (stellen)

auf|wie|geln: zum Aufstand aufwiegeln (aufhetzen)

auf|zäu|men: das Pferd am oder beim Schwanz aufzäumen

Au|ge, das: des -s, die Augen; ein Auge zudrücken (etwas nicht so hart beurteilen wollen); die **Äug|lein;** der **Au|gen|blick;** die **Au|gen|braue;** das **Au|gen|lid; äu|gen; lieb|äu|geln;** unter vier Augen sprechen; jemandem die Augen öffnen (aufklären); das passt wie die Faust aufs Auge (passt überhaupt nicht); ins Auge stechen (etwas sehen, das besonders gefällt)

Au|gust, der: (Monatsname, Vorname)

Auk|ti|on, die: der -, die Auktionen (Versteigerung); der **Auk|ti|o|na|tor**

Au|la, die: der -, die Aulen/Aulas (Festsaal)

au pair *franz.* [opär]: (ohne Bezahlung, nur gegen Unterkunft und Verpflegung); das **Au-pair-Mäd|chen**

aus: ein und aus gehen; aus einem Becher trinken; das Gemälde stammt aus dem vorherigen Jahrhundert; aus alten Zeiten; weder aus noch ein wissen; aus diesem Anlass; das Spiel ist aus (zu Ende); der Ball ist im Aus

aus|bes|sern: (Schäden beseitigen, reparieren)

aus|beu|ten: jemanden ausbeuten (die Arbeitskraft über alle Maßen ausnutzen); die **Aus|beu|te;** die **Aus|beu|tung**

aus|bil|den: Lehrlinge ausbilden; die **Aus|bil|dung;** der **Aus|bil|dungs|ver|trag;** der/die **Aus|zu|bil|den|de** (Azubi)

aus|bre|chen: der Häftling bricht aus dem Gefängnis aus; ein Feuer bricht aus;

der **Aus|bruch;** → brechen

aus|brei|ten: das Feuer breitet sich weiter aus; er breitet die Sachen im Zimmer aus

Aus|dau|er, die: der -; **aus|dau|ernd**

Aus|druck, der: des -(e)s, die Ausdrücke; den Dank zum Ausdruck bringen; **aus|drück|lich; aus|drucks|los; aus|drucks|stark;** sein Bedauern **aus|drü|cken**

aus|ein|an|der/aus|ei|nan|der: **aus|ei|n|an|der|ge|hen;** eine Sache **aus|ei|n|an|der|neh|men;** **aus|ei|n|an|der|di|vi|die|ren;** sich mit jemandem **aus|ei|n|an|der|set|zen** (streiten); aber: **aus|ei|n|an|der ent|wi|ckeln;** die **Aus|ei|n|an|der|set|zung**

aus|fer|ti|gen: eine Bescheinigung ausfertigen (ausstellen)

aus|fin|dig machen: (etwas aufspüren)

Aus|flug, der: des -(e)s, die Ausflüge; das **Aus|flugs|ziel;** der **Aus|flugs|ort**

Aus|fuhr, die: der -, die Ausfuhren (Verkauf von Waren ins Ausland, der Export)

aus|führ|lich: ein ausführliches Schreiben

Aus|ga|be, die: der -, die Ausgaben; Geld ausgeben; die **Abend|aus|ga|be** (einer Zeitung); **aus|ge|ben:** eine Fanta ausgeben (spendieren); sich **ver|aus|ga|ben** (überanstrengen)

aus|ge|hen: wir wollen zum Essen ausgehen; das Licht ist ausgegangen; der **Aus|gang;** → gehen

aus|ge|fal|len: (merkwürdig, ungewöhnlich); etwas **Aus|ge|fal|le|nes**

aus|ge|zeich|net: (hervorragend); **aus|zeich|nen**

Aus|gleich, der: des -s, die Ausgleiche; einen Ausgleich (zwischen zwei Parteien) schaffen; **aus|ge|gli|chen; aus|glei|chen**

aus|gra|ben: einen Stein ausgraben; die **Aus|gra|bung**

Aus|guss, der: des -es, die Ausgüsse

aus|hal|ten: Schmerzen aushalten; jemanden aushalten (versorgen); es ist nicht zum Aushalten; → halten

aus|hän|di|gen: eine Urkunde aushändigen (übergeben)

Aus|hang, der: des -(e)s, die Aushänge; ein Aushang am schwarzen/Schwarzen Brett; **aus|hän|gen;** Waren im Schaufenster aushängen

aus|hel|fen: die **Aus|hilfs|kraft; aus|hilfs|wei|se**

aus|ho|len: in seiner Rede weit ausholen

aus|kom|men: mit jemandem gut auskommen (vertragen); mit Geld auskommen; er hat sein **Aus|kom|men** (verdient gut)

Aus|kunft, die: der -, die Auskünfte; Auskunft geben;
der **Aus|kunfts|be|am|te;**
das **Aus|kunfts|bü|ro;**
die **Aus|kunfts|stel|le**

aus|la|chen: (verhöhnen)

Aus|land, das: des -(e)s; ins Ausland gehen; der **Aus|län|der;**
die **Aus|län|de|rin;**
der **Aus|lands|kor|res|pon|dent;**
aus|län|disch

aus|las|sen: keine Zeile auslassen (alles lesen); seinen Zorn an jemandem auslassen; ein **aus|ge|las|se|ner** (fröhlicher) Junge; → lassen

aus|lee|ren: eine Flasche ausleeren

Aus|lei|he, die: der -, die Ausleihen; die **Buch|aus|lei|he; aus|lei|hen**

aus|lo|sen: (durch das Los bestimmen); die **Aus|lo|sung**

aus|ma|len: mit Farbe eine Fläche bemalen

aus|mer|zen: einen Fehler ausmerzen (wegstreichen, vermeiden)

Aus|nah|me, die: der -, die Ausnahmen; eine Ausnahme machen; mit Ausnahme von ...; **aus|nahms|los;**
aus|nahms|wei|se

aus|pa|cken: ein Paket auspacken

aus|pro|bie|ren: (versuchen)

Aus|puff, der: des -(e)s; das **Aus|puff|rohr**

Aus|re|de, die: der -, die Ausreden; eine Ausrede (Entschuldigung) vorbringen; er ist nie um eine Ausrede verlegen; **aus|re|den;** einen Gesprächspartner ausreden lassen

aus|rei|chend: die Prüfung mit „ausreichend" (Zensur) bestehen; ausreichend (genug) zu essen haben; ausreichende Kenntnisse haben

aus|rei|sen: von einem Land in ein anderes ausreisen; die **Aus|rei|se** (Grenzübertritt)

aus|rei|ßen: Unkraut ausreißen; sie ist von zu Hause ausgerissen (weggelaufen); der **Aus|rei|ßer;** → reißen

aus|rot|ten: eine Art ganz und gar ausrotten (vernichten); die **Aus|rot|tung**

aus|ru|fen: (rufen, schreien);
der **Aus|ru|fe|satz;**
das **Aus|ru|fe|zei|chen,** auch Rufzeichen; → rufen

aus|ru|hen; sich nach einer Anstrengung ausruhen

Aus|sa|ge, die: der -, die Aussagen;
der **Aus|sa|ge|satz;** vor Gericht **aus|sa|gen**

Aus|satz, der: des -es (Hautkrankheit); der **Aus|sät|zi|ge**

aus|schei|den: einen Duftstoff ausscheiden; aus dem Dienst/Wettkampf ausscheiden; die **Aus|schei|dung;** → scheiden

aus|schen|ken: Bier ausschenken, auch ausschänken; der **Aus|schank**

aus|schla|gen: die Bäume schlagen aus; ein Angebot ausschlagen; das Pferd schlägt aus; einen Zahn ausschlagen; der **Aus|schlag** (Hautentzündung, der Ausschlag des Pendels); **aus|schlag|ge|bend** (entscheidend); → schlagen

aus|schlie|ßen: jemanden aus der Mannschaft ausschließen (entfernen); der **Aus|schluss; aus|schließ|lich;** ausschließlich mit einer Sache beschäftigen; → schließen

aus|se|hen: das **Aus|se|hen;** → sehen

au|ßen: eine Tür von außen streichen; der **Au|ßen|sei|ter;** das außer Acht lassen; außer, dass ...; **a. D.** außer Dienst; außer Fassung geraten; außer Gefahr sein; außer Landes gehen; **au|ßer|stan|de/au|ßer Stan|de** sein;

au|ßer|ge|wöhn|lich; au|ßer|dem; au|ßer|or|dent|lich; das **Äu|ße|re;** Wert auf sein Äußeres legen; **au|ßer|halb** des Schulhofs; **äu|ßer|lich;** die **Äu|ßer|lich|keit**

äu|ßern: seine Meinung äußern; sich zu etwas äußern; die **Äu|ße|rung**

äu|ßerst: äußerst zornig sein; äußerst erregt sein; am äußersten Ende der Schlange stehen; das **Äu|ßers|te;** aufs Äußerste/aufs äußerste; äußerst erschrocken sein; er treibt es bis zum Äußersten; sie war auf das Äußerste gefasst

aus|set|zen: eine Verhandlung aussetzen (aufschieben); ein Tier aussetzen (hilflos zurücklassen)

Aus|sicht, die: der -, die Aussichten; die Aussicht aufs Gebirge; keine guten Aussichten (Chancen) haben; **aus|sichts|los**

Aus|sied|ler, der: des -s, die Aussiedler (jemand, der sein Land für immer verlässt)

aus|span|nen: (ausruhen, einem Pferd das Geschirr abnehmen)

Aus|spra|che, die: der -, die Aussprachen; die Aussprache eines Wortes; eine Aussprache mit jemandem haben; **aus|spre|chen**

aus|stat|ten: eine Wohnung ausstatten (einrichten); die **Aus|stat|tung**

aus|stei|gen: aus dem Bus aussteigen; aus dem Geschäft aussteigen (ausscheiden); der **Aus|stei|ger** (aus der Gesellschaft ausgestiegen)

Aus|steu|er, die: der - (Mitgift bei der Heirat)

aus|su|chen: (auswählen)

aus|to|ben: sich austoben

aus|tre|ten: (auf die Toilette gehen; das Feuer austreten)

aus|wär|tig: aus|wärts; das Auswärtige Amt; Abk. AA; das **Aus|wärts|spiel**

aus|wei|den: (Eingeweide beim Tier entfernen)

aus|wei|sen: jemanden ausweisen (des Landes verweisen); sich ausweisen; der **Aus|weis;** die **Aus|wei|sung**

aus|wen|dig: ein Gedicht auswendig (aus dem Gedächtnis) lernen

aus|zeich|nen: Waren auszeichnen (mit Preisschildern versehen); sich durch Fleiß auszeichnen; die **Aus|zeich|nung**

aus|zie|hen: den Tisch ausziehen; aus der Wohnung ausziehen; sich ausziehen (sich seiner Kleidung entledigen)

au|then|tisch *griech.:* eine authentische (zuverlässige, glaubwürdige) Auskunft

au|to… *griech.:* (selbst…); aus eigenem Antrieb, der Autodidakt

Au|to, das: des -s, die Autos; Auto fahren, aber: das Autofahren; die **Au|to|bahn;** der **Au|to|bus**

Au|to|bio|gra|phie/Au|to|bio|gra|fie *griech.,* die: der -, die Autobiografien (literarische Darstellung des eigenen Lebens)

au|to|gen: (selbstständig); autogenes Training (Entspannungsübung)

Au|to|gramm *griech.,* das: des -s, die Autogramme (der eigenhändig geschriebene Name)

Au|to|mat, der: des -en, die Automaten (selbstständig funktionierender Apparat); **au|to|ma|tisch**

au|to|nom *griech.:* (unabhängig); die **Au|to|no|mie**

Au|tor, der: des -s, die Autoren (Verfasser, Schriftsteller); die **Au|to|rin**

Au|to|ri|tät, die: der -, die Autoritäten; Autorität (Ansehen) haben; eine Autorität (ein Fachmann) sein; **au|to|ri|tär** (herrschsüchtig)

Avo|ca|do, die: die Avocados (Frucht)

axi|al (längs der Achse)

Axt, die: der -, die Äxte; der **Axt|hieb**

Azu|bi, der: des -s, die Azubis; (der/die Auszubildende; früher Lehrling)

Azur, der: des -s (das Himmelsblau); **azur|blau**

B

B = Bundesstraße; z. B., B 70

B, das: wer A sagt, der muss auch B sagen

bab|beln: (schwätzen, ohne Inhalt)

Ba|by *engl.* [bebi], das: des -s, die Babys; der **Ba|by|sit|ter; ba|by|sit|ten**

Bach, der: des -(e)s, die Bäche (kleines, fließendes Gewässer); die **Bach|stel|ze** (Vogelart)

Ba|che, die: der -, die Bachen (weibliches Wildschwein)

Back|bord, das: des -(e)s (linke Schiffsseite); nicht Steuerbord; die **Back|bord|sei|te**

Ba|cke, die: der -, die Backen (Wange, Gesäßhälfte); die **Ba|cken|brem|se;** der **Ba|cken|zahn;** der **Ba|cken|kno|chen;** die **Back|pfei|fe** (Ohrfeige)

ba|cken: du backst/bäckst, du backtest, er backte, sie hat gebacken, back(e)!; kleine Brötchen backen (sich bescheiden); der **Bä|cker;** die **Bä|cke|rei;** der **Back|fisch** (heranwachsendes Mädchen); der **Back|ofen;** der **Back|stein;** die **Back|wa|ren;** das **Ge|bäck**

Back|ground *engl.* [bäkgraunt], der: des -s (Hintergrund, Herkunft)

Bad, das: des -(e)s, die Bäder; der **Ba|de|meis|ter; ba|den;** man soll das Kind nicht mit dem Bade ausschütten (mit dem Schlechten nicht zugleich das Gute beseitigen); in ein Bad (Kurort) reisen

Ba|den-Würt|tem|berg: (Land der BRD); der **Ba|den-Würt|tem|ber|ger; ba|den-würt|tem|ber|gisch**

Bad|min|ton *engl.* [bädminten] das: des - (Federballspiel)

baff: baff sein (verblüfft, überrascht, sprachlos)

Ba|ga|tel|le *franz.,* die: der -, die Bagatellen (unbedeutende Kleinigkeit); der **Ba|ga|tell|scha|den**

Bag|ger, der: des -s, die Bagger; **an|bag|gern** (in der Vulgärsprache: ein Gespräch beginnen)

Ba|guette, das: die Baguettes (französisches Stangenweißbrot)

Bahn, die: der -, die Bahnen; sich Bahn brechen; Bahn fahren; der **Bahn|hof; an|bah|nen;** eine **bahn|bre|chen|de** (besondere) Erfindung

Bah|re, die: der -, die Bahren; die **Trag|bah|re** (Liege für Kranke); einen Toten **auf|bah|ren;** das **Bahr|tuch**

Bai, die: die Baien (Meeresbucht), aber: Bei, Bey (türkischer Titel)

Ba|jo|nett *franz.,* das: des -(e)s, die Bajonette (Stichwaffe)

Bak|te|rie *griech.,* die: der -, die Bakterien (Krankheitserreger); **bak|te|ri|ell;** der **Bak|te|rio|lo|ge**

Ba|lan|ce *franz.,* die: der - (Gleichgewicht); **ba|lan|cie|ren** (das Gleichgewicht halten)

bald: eher; am ehesten; möglichst bald; in **Bäl|de**

Bal|da|chin *ital.,* der: des -s, die Baldachine (Stoffdach, prunkvoller Traghimmel)

Bald|ri|an/Bal|dri|an, der: des -s (Heilpflanze)

Balg, der/das: des -(e)s, die Bälge (Tierhaut, ausgestopfter Körper einer Puppe, unartiges Kind); der **Bla|se|balg; bal|gen,** sich **bal|gen** (sich mit anderen Kindern spielerisch raufen); die **Bal|ge|rei**

Bal|kan, der: des -s (Gebirge und Staaten in Osteuropa); die **Bal|kan|halb|in|sel**

Bal|ken, der: des -s, die Balken

Bal|kon, der: des -s, die Balkons/Balkone (offener Vorbau)

Ball, der: des -(e)s, die Bälle; der **Ball|abend** (Tanzveranstaltung); das **Ball|spiel;** Ball spielen, aber: das Ballspielen; am Ball bleiben (eine Sache mit Eifer verfolgen); das **Fuß|ball|spiel;** die **Ball|ab|ga|be;** der **Ball|jun|ge;** das **Ball|kleid**

Bal|la|de, die: der -, die Balladen (Erzählgedicht)

Bal|last, der: des -(e)s, die Ballaste (schwere Last, Bürde); Ballast abwerfen;

die **Bal|last|stof|fe**

Bal|len, der: des -s, die Ballen (Hand- und Fußballen, verpackte Ware, z. B. mehrere Ballen Stoff); **bal|len:** die Faust ballen; eine geballte Ladung

bal|lern: (knallen, schießen); der **Bal|ler|mann** (Revolver)

Bal|lett, das: des -(e)s, die Ballette (Bühnentanz, Tanzgruppe); der **Bal|lett|meis|ter;** die **Bal|lett|tän|ze|rin** (Ballerina)

Bal|lon *franz.,* der: des -s, die Ballons/ Ballone; (mit Gas, Heißluft gefüllter Behälter; bauchiger Glasbehälter); der **Bal|lon|fah|rer;** der **Heiß|luft|bal|lon;** der **Luft|bal|lon**

Bal|sam *hebr.,* der: des -s (Gemisch von Harzen und ätherischen Ölen); **bal|sa|mie|ren** (einsalben)

Balz, die: der -, die Balzen (Paarungsspiel der Vögel); **bal|zen**

Bam|bus *malai.,* der: des -ses, die Bambusse (tropisches Riesengras); das **Bam|bus|rohr;** der **Bam|bus|stab**

Bam|mel, der: des -s; Bammel (Angst) haben

ba|nal: (alltäglich, geistlos); die **Ba|na|li|tät; ba|na|li|sie|ren**

Ba|na|ne *afrik.,* die: der -, die Bananen; der **Ba|na|nen|ste|cker;** das **Ba|na|nen|split** (Eisspeise)

Ba|nau|se, der: des -n, die Banausen (Mensch ohne Sinn für Kunst oder geistige Dinge)

Ba|nat, das: des -s (Gebiet zwischen Donau, Theiß und Maros)

band: → binden

Band, das: des -es, die Bänder (Bänder aus Stoff, Tonband); ein Band anhören; auf Band sprechen; am laufenden Band; die **Band|sä|ge;** der **Band|wurm;** der **Bän|der|riss**

Band, das: des -es, die Bande (Verbindung, Verknüpfung, Fessel); außer Rand und Band (außer Fassung) geraten; das Band der Ehe; zarte Bande knüpfen (eine Liebesbeziehung eingehen); **bän|di|gen** (zähmen)

Band, der: des -es, die Bände (einzelnes Buch); *Abk.* Bd.; ein Band Kurzgeschichten; ein Gedichtband; das spricht Bände! (sagt alles)

Band *engl.* [bänt], die: der -, die Bands (Gruppe von Musikern); die **Jazz|band;** der **Band|lea|der** (Leiter einer Band)

Ban|da|ge *franz.* [bandasche], die: der -, die Bandagen (Stütz- und Schutzverband); **ban|da|gie|ren;** den Fuß bandagieren

Ban|de, die: der -, die Banden; die **Räu|ber|ban|de** (organisierte Verbrecherschar)

Ban|de, die: der -, die Banden (Einfassung eines Spielfeldes); die **Ban|den|wer|bung**

Ban|de|ro|le, die: der -, die Banderolen (Klebestreifen); die Steuerbanderole an Zigarettenschachteln

bän|di|gen: ein wildes Tier bändigen (zähmen); die **Bän|di|gung;** sich **un|bän|dig** freuen

Ban|dit, der: des -en, die Banditen (Straßenräuber)

ban|ge, *auch* **bang:** banger/bänger; am bangsten/am bängsten; mir wird bange; bange sein; die **Bang|büx** (Angsthase); mir ist angst und bange, aber: du machst mir Angst und Bange; mir ist nicht bange vor dir; Bangemachen/Bange machen gilt nicht; nur keine Bange!

Bank, die: der -, die Bänke (Sitzgelegenheit); etwas auf die lange Bank schieben (hinausschieben); durch die Bank (ohne Ausnahme); **Bän|kel|lied** (Moritat in Liedform)

Bank, die: der -, die Banken (Geldinstitut); die **Bank|leit|zahl;** Abk. BLZ; der **Ban|ker** *engl.* (der Bankier); das **Bank|kon|to;** die **Bank|no|te**

Bän|kel|lied, das: die Bänkellieder; der Bänkelsänger

Ban|kett *franz. und ital.,* das: des -s, die Bankette (1. Festmahl; 2. Randstreifen neben einer Straße)

ban|k|rott *ital.:* (zahlungsunfähig); bankrott sein; bankrottgehen; der **Ban|k|rott** (Pleite); Bankrott machen

Bann, der: des -(e)s (Ausschluss aus einer Gemeinschaft, Verzauberung); die **Bann|mei|le;** die **Bann|bul|le** (päpstliche Urkunde über Ausschluss aus der Kirche); der **Bann|wald** (Schutzgebiet gegen Lawinen); eine Gefahr **ban|nen** (abwenden)

Ban|tam: (Ort auf Java); **Ban|tam|ge|wicht** (Gewichtsklasse in der Schwerathletik)

bar: (nackt, bloß); bares Geld; in bar; gegen bar; bar bezahlen; barer Unsinn; etwas für bare Münze nehmen (blind glauben); **bar|fuß** gehen; **bar|geld|los;** die **Bar|schaft** (Bargeld); der **Bar|scheck;** die **Bar|zah|lung**

Bar *engl.,* die: der -, die Bars (kleines Lokal, Schanktisch); die **Bar|da|me;** der **Bar|mix|er**

Bär, der; des -en, die Bären; stark wie ein Bär; der Große Bär, der Kleine Bär (Sternbilder); einen Bärendienst erweisen (schlechten Dienst erweisen); **bär|bei|ßig; bä|ren|stark;** auf der Bärenhaut liegen (faulenzen); jemandem einen Bären aufbinden (etwas vorlügen)

Ba|ra|cke, die: der -, die Baracken (Behelfsheim aus Holz)

Bar|bar, der: des -en, die Barbaren (roher, ungesitteter Mensch); die **Bar|ba|rei; bar|ba|risch** (roh)

Bar|be|cue, das: die Barbecues (Gartenfest mit Spießbraten)

Ba|rett *lat.,* das: des -(e)s, die Barette/Baretts (flache Kopfbedeckung)

Ba|ri|ton *ital.,* der: des -s, die Baritone (Stimmlage der Männer zwischen Tenor und Bass)

Bar|kas|se *span.,* die: der -, die Barkassen (Motorboot, Beiboot)

barm|her|zig: barmherzige Menschen; Barmherzige Brüder, Schwestern (Orden für Krankenpflege); die **Barm|her|zig|keit**

Ba|rock *franz.,* der/das: des -s (Kunststil); die **Ba|rock|kir|che, ba|rock** (verschnörkelt, überladen); ein barocker Bau

Ba|ro|me|ter *griech.,* das: des -s, die Barometer (Luftdruckmesser); das Barometer fällt/steigt

Ba|ron, der: des -s, die Barone (Freiherr); die **Ba|ro|ness;** die **Ba|ro|nin**

Bar|rel *engl.* [bärel], das: des -s, die Barrels (Hohlmaß, Fass, Tonne)

Bar|ren, der: des -s, die Barren (Turngerät, gegossene Stangen aus Metall); der **Gold|bar|ren**

Bar|ri|e|re *franz.,* die: der -, die Barrieren (Schranke, Sperre); eine Barriere errichten

Bar|ri|ka|de, die: der -, die Barrikaden (Straßensperre); auf die Barrikaden gehen (sich heftig gegen etwas auflehnen); sich **ver|bar|ri|ka|die|ren** (sich durch Sperren schützen)

barsch: (unfreundlich, unwirsch, grob); ein barscher Ton

Bart, der: des -es, die Bärte; der **Schnurr|bart;** die **Bart|stop|peln; bart|los;** etwas in den Bart murmeln (undeutlich sprechen)

Ba|salt *griech.,* der: des -s, die Basalte (Vulkangestein)

Ba|sar/Ba|zar *pers.,* der: des -s, die Basare (orientalischer Markt, Warenverkauf für wohltätige Zwecke)

Ba|se, die: der -, die Basen (Cousine/Kusine, chemische Verbindung, die mit Säuren Salze bildet)

Base|ball *engl.* [besboll], der: des -s (amerikanisches Schlagballspiel)

BASIC *engl.* [besik]: (einfache Programmiersprache)

Ba|si|li|ka *griech.,* die: der -, die Basiliken (altrömische Markt- und Gerichtshalle, altchristliche Kirchenbauform)

Ba|sis *griech.,* die: der -, die Basen (Grundlage, Grundlinie); auf etwas **ba|sie|ren** (etwas zur Grundlage haben; eine feste Basis haben)

Bas|ke, der: des -n, die Basken (Angehöriger eines Pyrenäenvolkes);

die **Bas|ken|müt|ze**

Bas|ket|ball *engl.,* der: des -s,
die Basketbälle (Korbspiel)

Bass *ital.,* der: des -es, die Bässe (tiefe
Männerstimme, Streichinstrument);
der **Bas|sist**; die **Bass|gei|ge**

Bas|sin *franz.* [baßäng], das: des -s,
die Bassins (künstlich angelegtes
Wasserbecken)

Bast, der: des -(e)s, die Baste (Pflanzen-
faser)

bas|ta *ital.:* (genug, Schluss); und damit
basta

Bas|tard, der: des -(e)s, die Bastarde
(Pflanze oder Tier als Ergebnis von
Kreuzungen, *auch* Schimpfwort für
Mischlinge)

Bas|tei, die: der -, die Basteien (Teil einer
Festung, Bollwerk)

bas|teln: die **Bas|te|lei;** der **Bast|ler;**
die **Bas|tel|ar|beit**

Ba|tail|lon *franz.,* das: des -s, die Bataillone
(Truppenabteilung)

Ba|tik, der/die: des -s, der -, die Batiken
(Textilfärbeverfahren unter Verwendung
von Wachs);

Ba|tist *franz.,* der: des -(e)s, die Batiste
(feines Gewebe)

Bat|te|rie *franz.,* die: der -, die Batterien
(Stromquelle, Geschützabteilung)

Bat|zen, der: des -s, die Batzen (frühere
Münze); er hat einen schönen Batzen
(Haufen) Geld verdient

Bau, der: des -(e)s, die Bauten (Gebäude);
der **Bau|ar|bei|ter;** der **Bau|kas|ten;**
der **Bau|meis|ter;** der **Bau|spa|rer;**
das **Bau|werk;** das **Ge|bäu|de;**
bau|fäl|lig; bau|liche Veränderungen
(am Haus) vornehmen

Bauch, der: des -(e)s, die Bäuche;
der **Bauch|la|den;**
die **Bauch|lan|dung;**
der **Bauch|na|bel;** der **Bauch|red|ner;**
der **Bauch|tanz;** das **Bauch|weh;**
bau|chig; bauchreden

bau|en: eine Straße bauen; ein Haus
bauen; ein Nest bauen; auf jemanden

bauen (vertrauen)

Bau|er, das: des -s, die Bauer (Vogelkäfig)

Bau|er, der: des -n, die Bauern (Landwirt);
die **Bäu|e|rin; bäu|er|lich;**
die **Bau|ern|fän|ge|rei** (plumper Be-
trug); der **Bau|ern|hof**

Baum, der: des -(e)s, die Bäume;
die **Baum|schu|le;** die **Baum|wol|le;**
auf einen Baum steigen; **auf|bäu|men;**
das Pferd bäumt sich auf; er kann Bäume
ausreißen (ist sehr stark); er sieht den
Wald vor lauter Bäumen nicht mehr
(sieht vor lauter Einzelheiten das Ganze
nicht mehr)

bau|meln: an einem Ast baumeln; mit den
Beinen baumeln

Bausch, der: des -(e)s, die Bausche/
Bäusche; der **Wat|te|bausch;**
bau|schig; etwas **auf|bau|schen;**
in Bausch und Bogen (ganz und gar)

bau|spa|ren: (Geld sparen für ein Haus)

Bau|xit, der: des -s, die Bauxite (ein
Aluminiummineral)

bauz!: (Ausruf)

Bay|ern: (Land der BRD); der **Bay|er;**
bay|e|risch, *auch* **bay|risch:** Bayerische
Motorenwerke Abk. BMW; der Bayeri-
sche Wald, aber: die **bay|e|ri|sche**
Lebensart

Ba|zar/Basar *pers.,* der: des -s, die Bazare
(oriental. Händlerviertel, Verkauf von
Waren bei Wohltätigkeitsveranstaltun-
gen)

Ba|zil|lus *lat.,* der: des -, die Bazillen
(Krankheitserreger);
der **Ba|zil|len|trä|ger**

Bd.: Buchband; Bde. Bände

be|ab|sich|ti|gen: eine Reise beabsichti-
gen (etwas vorhaben)

be|ach|ten: die **Be|ach|tung;**
be|ach|tens|wert; be|acht|lich (für
sehr wichtig halten)

Be|am|te, der: des -n, die Beamten;
ein **Be|am|ter;** die **Be|am|tin;**
be|am|tet (Inhaber eines öffentlichen
Amtes)

be|an|spru|chen: (auf etwas Anspruch

haben); die **Be|an|spru|chung**

be|an|stan|den: einen Fehler beanstan-
den; Mängel beanstanden;
die **Be|an|stan|dung**

be|an|tra|gen: (einen Urlaub beantragen)

be|ant|wor|ten: (Antwort geben)

be|ar|bei|ten: ein Stück Holz bearbeiten;
ein Aufsatzthema bearbeiten; jemanden
mit Nachdruck bearbeiten;
der **Be|ar|bei|ter;** die **Be|ar|bei|tung**

Beat *engl.,* [bit], der: des -(s) (Musik mit
starkem Schlagrhythmus);
die **Beat|mu|sik;** die Beatles

be|auf|sich|ti|gen:
die **Be|auf|sich|ti|gung**

be|auf|tra|gen: die **Be|auf|tra|gung**

be|ben: das **Be|ben** (Erdbeben, Erschütte-
rung)

Be|cher, der: des -s, die Becher; **be|chern**
(viel trinken)

be|cir|cen/be|zir|zen: (umwerben)

Be|cken, das: des -s, die Becken (Vertie-
fung, Mulde, Kessel, Beckenknochen,
Schlaginstrument); der **Be|cken|bruch;**
der **Be|cken|rand;**
der **Be|cken|schlä|ger** (Musiker, der
das Becken schlägt)

be|dacht: (überlegt, besonnen); auf seinen
Vorteil bedacht sein; mit **Be|dacht;**
be|däch|tig; be|dacht|sam

be|dan|ken: (Danke sagen)

Be|darf, der: des -s;
die **Be|darfs|hal|te|stel|le;**
der **Be|darfs|ar|ti|kel**

be|dau|ern: jemanden bedauern (bemitlei-
den); das **Be|dau|ern;** zu meinem
Bedauern; **be|dau|er|lich;**
be|dau|er|li|cher|wei|se;
be|dau|erns|wert

be|den|ken: (überlegen, erwägen);
Bedenken (Zweifel) haben;
das **Be|den|ken**

be|dep|pert: (ratlos, bedrückt)

be|deu|ten: das bedeutet mir alles (ist mir
sehr wichtig); sich bedeutend (sehr)
ändern; etwas Bedeutendes vollbringen;
be|deut|sam; be|deu|tungs|los

be|die|nen: die Gäste bedienen; er
bedient mich; sich einer Sache bedienen;
der **Be|diens|te|te;** die **Be|die|nung;**
die **Be|die|nungs|an|lei|tung;**
der **Be|die|nungs|feh|ler**

Be|din|gung, die: der -, die Bedingun-
gen; **be|dingt** (eingeschränkt) tauglich
sein; die Bedingungen (Gegebenheiten)
anerkennen; **be|din|gungs|los;**
un|be|dingt

be|drän|gen: jemanden unter Druck
setzen; die **Be|dräng|nis;** in Bedrängnis
sein

be|dro|hen: die **Be|dro|hung;**
be|droh|lich

be|drü|cken: es bedrückt mich (traurig
machen)

Be|du|i|ne *arab.,* der: des -n, die Bedui-
nen (arab. Nomade)

be|dür|fen: der Ruhe bedürfen;
eines Rates bedürfen; das **Be|dürf|nis;**
die **Be|dürf|nis|an|stalt** (öffentliche
Toilette)

Beef|steak *engl.* [bifstek], das: des -s,
die Beefsteaks (gebratene Rinderlende;
deutsches Beefsteak: gebratener Fleisch-
kloß)

be|ei|len: sich beeilen; die **Be|ei|lung**

be|ein|dru|cken: das beeindruckt mich
sehr (hinterlässt ein tiefes Nachdenken)

be|ein|flus|sen: die **Be|ein|flus|sung;**
be|ein|fluss|bar

be|en|den: **be|en|di|gen;**
die **Be|en|di|gung**

be|er|di|gen: die **Be|er|di|gung**

Bee|re, die: der -, die Beeren;
das **Bee|ren|obst;** die **Brom|bee|re;**
die **Him|bee|re**

Beet, das: des -(e)s, die Beete; ein Beet
umgraben

be|fan|gen: (gehemmt, schüchtern,
voreingenommen); das weite Meer
machte das Kind ganz befangen; in
einem Irrtum befangen sein; einen
Richter/Zeugen als befangen ablehnen;
die **Be|fan|gen|heit**

be|fas|sen: er hat sich mit einer Sache

befasst

be|fẹh|len: du befiehlst, er befähle, er befahl, er hat befohlen

be|fịn|den: du befindest; du befandest; er befand, sie hat befunden; sich im Zimmer befinden; einen Plan für schlecht befinden; sich auf einer Reise befinden; darüber habe ich nicht zu befinden (entscheiden); das **Be|fịn|den**; **be|fịnd|lich**: die in der Klasse befindlichen Möbel

be|fọl|gen: einen Rat befolgen (danach handeln)

be|fọr|dern: ein Brief wird befördert; ein Beamter wird befördert; jemanden an die frische Luft befördern (hinauswerfen); die **Be|fọr|de|rung**

be|fra|gen: den Zeugen befragen

be|frei|en: der **Be|frei|er**; die **Be|frei|ung**

be|frẹm|den: seine Aussagen befremden mich, weil sie nicht richtig sind; das **Be|frẹm|den**; die **Be|frẹm|dung**; **be|frẹmd|lich**

be|freun|den: sich mit jemandem befreunden; **be|freun|det** sein

be|frie|di|gen: (zufrieden stellen); die **Be|frie|di|gung**

be|frịs|ten: die Verträge sind befristet (nur für eine bestimmte Zeit gültig)

Be|ga|bung, die: der -, die Begabungen; der **Be|gab|te**; die **Be|gab|ten|fọr|de|rung**; **be|gabt** sein; ein begabter (talentierter) Schüler

be|ge|ben: sich auf eine Reise begeben; es begab sich vor vielen Jahren; sich auf die Wanderschaft begeben; die **Be|ge|ben|heit**

be|gẹg|nen: jemanden treffen; die **Be|gẹg|nung**

be|gẹh|ren: (sich wünschen, erbitten); das **Be|gẹh|ren**; **be|gẹh|rens|wert**; **be|gẹhr|lich**; sie hat alles, was ihr Herz begehrt

be|geis|tern: er ist hell begeistert; ich begeistere mich für ihn; sich für etwas begeistern; begeisterte Zustimmung

finden; die **Be|geis|te|rung**; **be|geis|te|rungs|fä|hig**

Be|gier|de, die: der -, die Begierden (leidenschaftliches Verlangen); **be|gie|rig**

be|gịnn: → beginnen

be|gịn|nen: du beginnst, du begannst, du begännest, er begann, sie hat begonnen, beginn(e)!; der **Be|gịnn** (Anfang); von Beginn an

be|glau|bi|gen: eine Unterschrift beglaubigen (bestätigen, bezeugen) lassen; eine Urkunde als echt beglaubigen lassen; die **Be|glau|bi|gung**

be|glei|chen: seine Schulden begleichen (bezahlen)

be|glei|ten: jemanden zu seinem Ziel begleiten; der **Be|glei|ter**; die **Be|glei|te|rin**; die **Be|glei|tung**; das **Be|gleit|schrei|ben**; die **Be|gleit|per|son**

be|glụ̈|cken: beglückt (glücklich) aussehen; **be|glụ̈ck|wün|schen**; die **Be|glụ̈|ckung**

be|gna|di|gen: der Strafgefangene wird begnadigt; die **Be|gna|di|gung**; **be|gna|det** (besonders begabt) sein

be|gnụ̈|gen: sich mit weniger Verdienst begnügen (zufrieden sein)

Be|gọ|nie, die: die Begonien (Zierpflanze)

be|gra|ben: die Toten begraben; seine Hoffnung begraben (aufgeben); das **Be|grạ̈b|nis**

be|gra|di|gen: eine Straße gerade machen; die **Be|gra|di|gung**

be|grei|fen: du begreifst, du begriffest, er begriff, sie hat begriffen, begreif(e)!; **be|greif|lich**; **be|greif|li|cher|wei|se**

Be|grịff, der: des -es, die Begriffe; sich eine Vorstellung von etwas machen; im Begriff(e) sein (etwas wollen); **be|griffs|stut|zig**

be|grụ̈n|den: der **Be|grụ̈n|der**; die **Be|grụ̈n|dung**

be|grụ̈|ßen: die **Be|grụ̈|ßung**; **be|grụ̈|ßens|wert**

be|gut|ach|ten: (fachmännisch beurteilen); der **Be|gut|ach|ter**

be|hä|big: (schwerfällig); er ist sehr
  behäbig (bequem) geworden;
  die **Be|hä|big|keit**
be|ha|gen: deine Verhaltensweise behagt
  (gefällt) mir nicht; das **Be|ha|gen;**
  mit **Wohl|be|ha|gen; be|hag|lich**
  (gemütlich, bequem)
be|hal|ten: du behältst, du behieltest,
  er behielt, sie hat behalten, behalt(e)!;
  sein Geld behalten; ein Geheimnis für
  sich behalten; etwas im Auge behalten;
  alle Namen behalten können (Gedächt-
  nis); der **Be|häl|ter**
be|hän|de, *auch* be|händ: (flink, schnell,
  gewandt, geschickt);
  die **Be|hän|dig|keit;** → Hand
be|han|deln: einen Kranken/ein Thema
  behandeln; die **Be|hand|lung;**
  die **Be|hand|lungs|wei|se**
be|har|ren: auf seiner Meinung beharren
  (bestehen); die **Be|harr|lich|keit;**
  die **Be|har|rung;**
  das **Be|har|rungs|ver|mö|gen;**
  be|harr|lich (hartnäckig)
be|haup|ten: das Gegenteil behaupten;
  etwas behaupten; sich behaupten können
  (durchsetzen); eine Stellung behaupten;
  die **Be|haup|tung;** eine Behauptung
  aufstellen
be|he|ben: einen Schaden beheben
  (beseitigen); Zweifel beheben
be|hel|fen: sich in der Not behelfen;
  das **Be|helfs|haus; be|helfs|mä|ßig;**
  der **Be|helf** (Notlösung)
be|hel|li|gen: (belästigen, stören)
be|her|ber|gen: (ein Nachtlager geben);
  die **Her|ber|ge**
be|herr|schen: sich gut beherrschen;
  ein Land beherrschen; eine Sprache/
  Technik beherrschen (eine Sache gut
  können); der **Be|herr|scher;**
  die **Be|herr|schung;** er ist **be|herrscht**
  (ruhig, sicher)
be|her|zi|gen: (befolgen);
  die **Be|her|zi|gung;**
  be|her|zi|gens|wert; be|herzt: (mutig,
  unerschrocken)

be|hilf|lich: (helfen); jemandem behilflich
  sein
be|hin|dert: (körperlich oder geistig
  eingeschränkt); der/die **Be|hin|der|te;**
  die **Be|hin|de|rung;**
  das **Be|hin|der|ten|heim;**
  be|hin|der|ten|ge|recht
Be|hör|de, die: der -, die Behörden;
  be|hörd|li|che Anordnung
be|hü|ten: (schützen, helfen);
  die **Be|hut|sam|keit; be|hut|sam**
bei: bei Berlin; er wohnt bei mir; bei
  meiner Schule; Vorsicht beim Aussteigen;
  ich habe kein Geld bei mir; bei schlechter
  Laune sein; bei der Arbeit sein; beim
  besten Willen nicht; bei weitem; bei Tag
  und Nacht
bei|be|hal|ten: (an einer Gewohnheit
  festhalten)
bei|brin|gen: jemanden etwas lehren
beich|ten: die Sünden beichten;
  die **Beich|te;** das **Beicht|ge|heim|nis;**
  der **Beicht|stuhl;** der **Beicht|va|ter**
bei|de: wir beide; beides; alles beides; alle
  beide; es geht uns beide an; einer von
  beiden; diese beiden Mädchen; unser
  beider Leben ist in Gefahr; keiner von
  beiden; für uns beide; beide Mal; beide
  Male; **beid|ar|mig; bei|der|lei:** Men-
  schen beiderlei Geschlechts;
  bei|der|sei|tig; bei|der|seits der
  Straße; **beid|hän|dig**
bei|ein|an|der/bei|ei|nan|der:
  (beisammen, zusammen); er ist gut
  beieinander (gesund); beieinander
  aushalten; beieinander sein; beieinander-
  stehen; beieinanderliegen
Bei|fah|rer, der: des -s, die Beifahrer;
  der **Bei|fah|rer|sitz**
Bei|fall, der: des -s; Beifall klatschen;
  bei|fäl|lig: die Rede wurde beifällig
  aufgenommen (zustimmend)
bei|ge *franz.* [besch]: (sandfarben);
  das **Bei|ge**
Beil, das: des -(e)s, die Beile
Bei|la|ge, die: der -, die **Bei|la|gen;**
  die Beilage zu einer Zeitung; die Beilage

zu einem Fleischgericht

bei|läu|fig: (nebenbei); eine beiläufige (nebensächliche) Bemerkung

bei|lei|be: beileibe nicht (auf keinen Fall)

Bei|leid, das: des -(e)s; Beileid bekunden, aussprechen; die **Bei|leids|kar|te**

beim: alles beim Alten lassen; beim besten Willen

Bein, das: des -s, die Beine; der **Bein|bruch;** die **Ge|bei|ne;** auf eigenen Beinen stehen (selbstständig sein); er reißt sich kein Bein aus (strengt sich nicht an); jemandem Beine machen (antreiben); jemandem einen Knüppel zwischen die Beine werfen (ihm etwas erschweren)

bei|nah, *auch* **bei|na|he:** fast, nahezu; der **Bei|na|he|zu|sam|men|stoß**

bei|sam|men: fröhlich beisammen (miteinander) sein; **bei|sam|men|sit|zen; bei|sam|men|ste|hen;** das **Bei|sam|men|sein**

Bei|schlaf, der: des -(e)s (Geschlechtsverkehr)

bei|sei|te: etwas beiseitestellen; etwas beiseitelegen (sparen)

Bei|spiel, das: des -(e)s, die Beispiele; zum Beispiel; Abk. z.B.; **bei|spiels|wei|se**

bei|ßen: du beißt, du bissest, er biss, sie hat gebissen, beiß(e)!; der Hund biss mir ins Bein; ich habe mir auf die Zunge gebissen; beißender Schmerz; sich das Lachen verbeißen; nichts zu beißen haben (arm sein); die **Beiß|zan|ge;** der **Beiß|korb**

bei|ste|hen: jemandem beistehen (helfen); jemandem **Bei|stand** leisten; der **Bei|stands|pakt**

Bei|strich, der: des -s, die Beistriche (Komma)

Bei|trag, der: des -(e)s, die Beiträge; Beiträge (Geld) für einen Verein; **bei|tra|gen;** → tragen

bei|tre|ten: einem Verein beitreten

bei|zei|ten: (rechtzeitig); sich beizeiten auf den Weg machen

be|ja|hen: eine Tatsache bejahen; die **Be|ja|hung**

be|kämp|fen: eine Krankheit bekämpfen; die **Be|kämp|fung**

be|kannt: eine bekannte Persönlichkeit; es ist mir bekannt, dass …; wir sind gut bekannt; ich bin hier gut bekannt; wir sind bekannt; **be|kannt|lich** (wie wir alle wissen); der/die **Be|kann|te;** der **Be|kann|ten|kreis; be|kannt ge|ben/be|kannt|ge|ben; be|kannt ma|chen/ be|kannt|ma|chen; be|kannt wer|den/be|kannt|wer|den:** die Sache darf ruhig bekannt werden

be|keh|ren: er ließ sich bekehren; die **Be|keh|rung**

be|ken|nen: seine Sünden, seine Schuld, die Wahrheit bekennen; das **Be|kennt|nis**

be|kla|gen: sich über einen Tatbestand beklagen

be|kle|ckern: (Flecken machen)

be|klei|den: sich bekleiden; ein Amt bekleiden (ausüben); die **Be|klei|dung**

be|klom|men: (ängstlich, bedrückt); ihm ist beklommen zumute/zu Mute

be|kom|men: du bekommst, du bekamst, du bekämest, er bekam, sie hat bekommen; Geld, Besuch, einen Brief bekommen; das Essen ist mir nicht bekommen (ich habe Bauchschmerzen danach); **be|kömm|lich;** der Wein ist bekömmlich

be|krit|zeln: auf die Tafel kritzeln

be|küm|mern: (Sorgen machen); er war über den Verlust sehr bekümmert (traurig)

Be|lag, der: des -s, die Beläge; der **Fuß|bo|den|be|lag;** der **Zahn|be|lag**

be|läm|mert: (betreten, eingeschüchtert, dumm); **be|läm|mern** (belästigen); → Lamm

be|lan|gen: was mich belangt (angeht); jemanden wegen einer Angelegenheit belangen (zur Rechenschaft ziehen); das ist nicht von Belang (nicht wichtig);

be|lang|los (ohne Bedeutung)

be|läs|ti|gen: (lästig fallen);
die **Be|läs|ti|gung**

be|le|gen: den Boden belegen; Ausgaben belegen; die Zunge ist belegt; eine belegte Stimme; alle Zimmer sind belegt;
der **Be|leg** (Quittung);
die **Be|leg|schaft;** die **Be|le|gung;**
der **Fuß|bo|den|be|lag**

be|leh|ren: jemanden belehren;
die **Be|leh|rung**

be|lei|di|gen: die **Be|lei|di|gung;**
die **Be|lei|di|gungs|kla|ge**

be|leuch|ten: die Straße ist schlecht beleuchtet; ein Problem von allen Seiten näher beleuchten (betrachten);
die **Be|leuch|tung**

be|leum|den: gut beleumdet sein (gut angesehen sein); der **Leu|mund**

be|lie|ben: wie es dir beliebt (gefällt); er beliebt zu scherzen; das **Be|lie|ben;** nach Belieben; es steht in seinem Belieben;
die **Be|liebt|heit;** be|liebt: ein beliebter Lehrer; sich bei allen beliebt machen

be|lie|big: ein beliebiges Spiel; x-beliebig, aber x-Beliebige; das **Be|lie|bi|ge;** alles Beliebige; etwas Beliebiges

bel|len: der Hund bellt; das **Ge|bell**

be|loh|nen: jemanden für seine Arbeit belohnen; die **Be|loh|nung**

be|mäch|ti|gen: sich jemandes bemächtigen; sich des Geldes bemächtigen

be|män|geln: etwas bemängeln (beanstanden, kritisieren); die **Be|män|ge|lung**

be|mer|ken: die **Be|mer|kung;**
be|merk|bar; be|mer|kens|wert; er bemerkt mich in der Menge; sie hatte noch etwas zu bemerken; nebenbei bemerkt (gesagt)

be|mit|lei|den: die **Be|mit|lei|dung** (das Leid mittragen)

be|mo|geln: (betrügen)

be|mü|hen: sich um einen Kranken bemühen; die **Be|mü|hung;** er bemühte sich um eine gute Note; jemanden bemühen (in Anspruch nehmen)

be|nach|rich|ti|gen: (in Kenntnis setzen)

be|nach|tei|li|gen: (zurücksetzen)

be|neh|men: sich schlecht benehmen;
das **Be|neh|men;** gutes Benehmen; sich mit jemandem ins Benehmen setzen (sich verständigen)

be|nei|den: auf jemanden neidisch sein;
be|nei|dens|wert

Be|ne|lux: (*Kurzw.* die in einer Zollunion zusammengefassten Länder Belgien, Niederlande, Luxemburg);
die **Be|ne|lux|staa|ten**

Ben|gel, der: des -s, die Bengel (frecher Junge)

be|nom|men: er war von dem Schlag ganz benommen; die **Be|nom|men|heit**

be|nö|ti|gen: (dringend brauchen)

be|nut|zen, *auch* be|nüt|zen: (gebrauchen); die **Be|nut|zung/Be|nüt|zung;**
be|nutz|bar

Ben|zin *arab.,* das: des -s, die Benzine (Treibstoff); der **Ben|zin|ka|nis|ter**

Ben|zol, das: des -s, die Benzole (flüssiger Kohlenwasserstoff)

be|ob|ach|ten (feststellen);
der **Be|ob|ach|ter;**
eine **Be|ob|ach|tung** machen

be|quem: zum Arbeiten zu bequem (zu faul); ein bequemer Stuhl; ein bequemes Leben führen; die Jacke sitzt bequem;
die **Be|quem|lich|keit;** sich zu etwas bequemen (zu etwas bereit sein)

be|ra|ten: du berätst, du berietest, er beriet, sie hat beraten, berate!;
be|rat|schla|gen (besprechen);
der **Be|ra|ter;** die **Be|ra|tung;**
der **Be|ra|tungs|aus|schuss;**
das **Be|ra|tungs|ge|spräch**

be|rech|nen: die Kosten berechnen;
die **Be|rech|nung;** be|re|chen|bar;
be|rech|nend: eine be|rech|nen|de (nur auf den eigenen Vorteil bedachte) Person

Be|rech|ti|gung, die: der -, die Berechtigungen; berechtigte (begründete) Zweifel;
der/die **Be|rech|tig|te;**
der **Be|rech|ti|gungs|schein;**
be|rech|tig|ter|wei|se; be|rech|ti|gen

be|re|den: (besprechen); beredt sein;
die **Be|red|sam|keit; be|red|sam,**
aber: die **Be|redt|heit**

Be|reich, der: des -s, die Bereiche

be|rei|chern: (Geld vermehren); sich
bereichern; die **Be|rei|che|rung**

be|rei|fen: (mit Reifen versehen); be|reift
(mit Reifen); die **Be|rei|fung**

be|reit: zu etwas bereit sein; sich zu einer
Sache bereit erklären/bereiterklären;
be|reit|wil|lig; be|rei|ten: ein Bad
bereiten; die **Be|reit|schaft;**
der **Be|reit|schafts|dienst;**
die **Be|reit|schafts|po|li|zei;**
be|reit|stel|len; Geld bereitstellen;
sich bereitfinden

be|reits: (schon); jetzt

be|reu|en: (tief bedauern)

Berg, der: des -(e)s, die Berge (hohes
Gebirge); **berg|stei|gen,**
die **Berg|bahn;** der **Berg|mann;**
das **Berg|werk; berg|ab; berg|an;**
berg|auf; ber|gig; die Haare stehen ihm
zu Berge; er ist längst über alle Berge
(weit weg); mit seiner Meinung hinter
dem Berg halten (sie verschweigen); über
den Berg sein (seine Schwierigkeiten
überwunden haben), bergaufwärts fahren

ber|gen: du birgst, du bargst, du bärgest,
er barg, sie hat geborgen, birg!; Tote und
Verunglückte bergen; die Erde birgt viele
Schätze; sich geborgen fühlen;
die **Ge|bor|gen|heit;** die **Ber|gung**

be|rich|ten: über eine Reise berichten;
der **Be|richt;** der **Be|richt|er|stat|ter;**
be|rich|ti|gen: einen Fehler berichtigen
(beseitigen); die **Be|rich|ti|gung**

Ber|lin: (Hauptstadt und Land der BRD);
der **Ber|li|ner;** die **Ber|li|ne|rin;**
ber|li|ne|risch; der Berliner Bär (Wap-
pen)

Bern|stein, der: des -s, die Bernsteine
(versteinertes Harz);
der **Bern|stein|schmuck**

Ber|ser|ker, der: des -s, die Berserker
(kämpferischer Mensch)

bers|ten: du birst, du barstest, er barst,
sie ist geborsten, birst!; zum Bersten voll
(übervoll)

be|rüch|tigt: (im schlechten Sinne be-
kannt, verrufen)

be|rück|sich|ti|gen: den Vorschlag eines
anderen berücksichtigen;
die **Be|rück|sich|ti|gung**

Be|ruf, der: des -s, die Berufe; einen Beruf
ausüben; die **Be|rufs|be|ra|tung;**
die **Be|rufs|schu|le;** die **Be|rufs|wahl;**
die **Be|ru|fung:** Beschwerde (Wider-
spruch) gegen ein Urteil ankündigen;
be|ruf|lich; be|rufs|fremd;
be|rufs|tä|tig; be|ru|fen: sich auf einen
Beweis berufen

be|ru|hen: auf einem Irrtum beruhen;
das beruht auf Tatsachen; etwas auf sich
beruhen lassen

be|ru|hi|gen: das Wetter beruhigt sich,
die **Be|ru|hi|gung;**
die **Be|ru|hi|gungs|sprit|ze**

be|rühmt: ein berühmter (sehr bekannter)
Künstler; die **Be|rühmt|heit**

be|sagt: das besagt (bedeutet) nichts; sein
Gesichtsausdruck besagt (verrät) alles

be|schä|di|gen: (schadhaft machen)

be|schaf|fen: sich Arbeit beschaffen
(besorgen); so beschaffen (geartet) sein;
die **Be|schaf|fen|heit**

be|schäf|ti|gen: sich beschäftigen; viele
Arbeiter beschäftigen;
die **Be|schäf|ti|gung;**
be|schäf|ti|gungs|los

be|schä|men: jemanden beschämen
(Scham empfinden lassen)

be|schat|ten: (überwachen)

Be|scheid, der: des -s, die Bescheide;
Bescheid wissen; Bescheid geben

be|schei|den: ein bescheidenes Kind; sich
mit etwas bescheiden (zufrieden geben)

be|schei|ni|gen: (bestätigen);
die **Be|schei|ni|gung**

be|sche|ren: beschert (beschenkt) werden;
jemandem etwas bescheren; sich besche-
ren lassen; die **Be|sche|rung;** das ist ja
eine schöne Bescherung! (unangenehme
Überraschung)

be|scheu|ert: (dumm, verrückt)

be|schimp|fen: (gemeine Wörter sprechen gegen einen anderen);
die **Be|schimp|fung**

be|schla|gen: ein Pferd wird beschlagen; das Fenster beschlägt; auf einem Gebiet gut beschlagen sein; jemanden mit Beschlag belegen

be|schlag|nah|men: (behördlich wegnehmen); die **Be|schlag|nah|me**

be|schleu|ni|gen: das Tempo beschleunigen; die **Be|schleu|ni|gung**

be|schlie|ßen: das Fest beschließen (beenden); einen **Be|schluss** fassen;
die **Be|schluss|fas|sung**;
be|schluss|fä|hig sein;
eine **be|schlos|se|ne** Sache

be|schrän|ken: (einengen);
die **Be|schränkt|heit;**
die **Be|schrän|kung; be|schränkt:**
seine Zeit ist beschränkt; ein eingeschränkter (engstirniger) Mensch;
be|schrankt (mit Schranken geschützt)

be|schrei|ben: einen Vorgang beschreiben (erzählen); die **Be|schrei|bung**

be|schrif|ten: (mit Schrift versehen); z. B. Bilder unterschreiben, betexten

be|schul|di|gen: jemanden eines Verbrechens beschuldigen;
die **Be|schul|di|gung**

be|schwe|ren: sich über jemanden beschweren; einen Brief beschweren (Gewicht auflegen);
der **Brief|be|schwe|rer;**
die **Be|schwer|den;** Beschwerde führen über einen Vorgang; die **Be|schwer|den** (Schmerzen); **be|schwer|lich** (nicht leicht)

be|schwich|ti|gen: (beruhigen, besänftigen)

be|schwingt: (locker, fröhlich);
die **Be|schwingt|heit**

be|schwipst: (leicht angetrunken)

be|schwö|ren: etwas vor dem Richter beschwören; ich beschwöre dich, es nicht zu tun (anflehen); Geister beschwören (herbeirufen); die **Be|schwö|rung;**

der **Schlan|gen|be|schwö|rer**

be|sei|ti|gen: (wegräumen);
die **Be|sei|ti|gung**

Be|sen, der: des -s, die Besen;
der **Be|sen|stiel**

be|ses|sen: von einer Idee besessen (vollkommen erfüllt) sein; wie besessen (wahnsinnig) toben;
der/die **Be|ses|se|ne;**
die **Be|ses|sen|heit**

be|set|zen: eine Stadt besetzen; alle Plätze sind schon besetzt (belegt); ein Kleid mit einer Borde besetzen;
das **Be|setzt|zei|chen** (beim Telefon);
die **Be|set|zung;** die **Be|sat|zung** (Mannschaft, Truppe beim Militär)

be|sich|ti|gen: eine Stadt besichtigen;
die **Be|sich|ti|gung**

be|sie|deln: ein Gebiet besiedeln (bewohnbar machen); dünn besiedelt/ dünnbesiedelt; die **Be|sie|de|lung,** *auch* **Be|sied|lung**

be|sie|geln: mit einem Siegel (Stempel) versehen

be|sie|gen: einen Gegner besiegen;
der **Sie|ger;** der **Be|sieg|te**

be|sin|nen: sie hat sich besonnen; auf etwas besinnen; die **Be|sin|nung;**
die **Be|son|nen|heit; be|sinn|lich:** eine besinnliche Stunde verbringen;
be|sin|nungs|los; be|son|nen: er ist ein besonnener (vernünftiger) Mensch

be|sit|zen: er besitzt ein Haus; er besitzt mein Vertrauen; etwas in seinen Besitz bringen (einem anderen wegnehmen);
der **Be|sitz;** der **Be|sit|zer;**
die **Be|sit|ze|rin;** das **Be|sitz|tum;**
be|sitz|los (ohne Besitz)

be|sol|den: sie wird nicht schlecht besoldet; die **Be|sol|dung** (Gehalt)

be|son|de|re: die besondere Verwendung; insbesondere; das **Be|son|de|re;** etwas/ nichts Besonderes (Außergewöhnliches);
die **Be|son|der|heit; be|son|ders:** Abk. bes.; darauf müsst ihr besonders achten

be|sor|gen: sich ein Buch besorgen (beschaffen); die Mutter ist um ihr Kind

besorgt (befürchtet etwas Schlimmes);
die **Be|sor|gung; Be|sorg|nis
er|re|gend,** *auch* höchst
be|sorg|nis|er|re|gend

be|spie|len: ein Tonband bespielen;
be|spiel|bar; der Sportplatz ist bespiel-
bar

be|spre|chen: (beraten im Gespräch);
→ sprechen

be|sprit|zen: (nass machen)

bes|ser: besser früh bedacht als spät; auf
diesem Weg kann ich besser gehen; ihm
wird es bald besser gehen/bessergehen,
du musst es besser wissen; jemanden
eines Besseren belehren; eine Wendung
zum Besseren nehmen; ich habe nichts
Besseres zu tun; die **Bes|se|rung;**
der **Bes|ser|wis|ser;** sich **bes|sern**
(mehr Einsicht zeigen), besserstellen
(sozial verbessern)

Be|stand, der: des -s, die Bestände;
die Freundschaft wird Bestand haben
(von Dauer sein); von Bestand sein;
einen Bestand (Vorrat) anlegen;
die **Be|stands|auf|nah|me;**
der **Be|stand|teil; be|stän|dig**
(zuverlässig)

be|stä|ti|gen: die Nachricht bestätigen;
den Empfang eines Paketes bestätigen;
jemanden in seinem Amt bestätigen;
die Aussage hat sich bestätigt;
die **Be|stä|ti|gung**

be|stat|ten: (beerdigen);
die **Be|stat|tung**

be|stäu|ben: die **Be|stäu|bung**

be|stau|nen: ein Kunstwerk bestaunen

bes|te: am besten sein; eine Sache am
besten machen; der beste Freund; er hat
den besten Willen; nach bestem Wissen
handeln; am besten; das **Bes|te;** es steht
nicht zum Besten mit ihr; jemanden zum
Besten halten (ihn an der Nase herum-
führen); einen Witz zum Besten geben;
auf das Beste hoffen; er ist in seiner
Klasse der Beste; er hat sein Bestes getan;
etwas Besseres; **bes|ten|falls;** bestinfor-
miert; die **Best|leis|tung**

be|ste|chen: mit Geld bestechen (eine
Entscheidung durch Schmiergeld beein-
flussen); die **Be|ste|chung;**
be|stech|lich; → stechen

Be|steck, das: des -s, die Bestecke (ein
Satz Messer, Gabel und Löffel)

be|ste|hen: du bestehst, du beständest,
er bestand, sie hat bestanden, besteh(e)!;
eine Prüfung bestehen; der Verein besteht
schon seit zehn Jahren; auf seiner Forde-
rung bestehen; dieser Gegenstand besteht
aus Holz; die bestehenden Gesetze;
das **Be|ste|hen; be|stän|dig** (von
Dauer); → stehen

be|steh|len: ein Dieb stiehlt; → stehlen

be|stel|len: (herbeizitieren); ein Taxi
bestellen; das Feld bestellen (z. B. die Saat
einbringen); jemanden zu sich bestellen;
der **Be|stell|schein;** eine **Be|stel|lung**
ausliefern

Bes|tie, die: der -, die Bestien (wildes
Tier); eine Bestie in Menschengestalt;
die **Bes|ti|a|li|tät; bes|ti|a|lisch** (grau-
sam)

be|stim|men: (festlegen); einen Nachfol-
ger, einen Zeitpunkt, Pflanzen bestim-
men; die **Be|stimmt|heit:** mit Bestimmt-
heit etwas vortragen; die **Be|stim|mung;**
be|stimm|bar

be|stra|fen: einen Verbrecher bestrafen;
die **Be|stra|fung**

be|strah|len: (mit Strahlen behandeln);
die **Be|strah|lung**

be|strei|ten: eine Behauptung bestreiten
(in Frage stellen, zurückweisen)

Best|sel|ler *engl.,* der: des -s, die Bestseller
(Buch mit großem Verkaufserfolg)

be|stürzt: bestürzt (fassungslos) sein;
die **Be|stür|zung**

Be|such, der: des -s, die Besuche;
zu Besuch kommen; der **Be|su|cher;**
be|su|chen

be|täu|ben: (taub, bewusstlos machen);
den Schmerz betäuben;
die **Be|täu|bung;**
das **Be|täu|bungs|mit|tel**

be|tei|li|gen: er beteiligt sich an den

Kosten (übernimmt einen Teil davon);
die **Be|tei|li|gung**

be|ten: zu Gott beten; das **Ge|bet**

be|teu|ern: seine Unschuld beteuern;
die **Be|teu|e|rung**

Be|ton, der: des -s (Baustoff aus Zement,
Wasser und Sand);
die **Be|ton|misch|ma|schi|ne;**
die **Be|ton|de|cke; be|to|nie|ren**

be|to|nen: ein Wort betonen (herausstel-
len); die **Be|to|nung;**
das **Be|to|nungs|zei|chen**

be|tö|ren: (bezaubern); **be|tö|rend**
(zauberhaft); ein betörendes (hinreißen-
des) Lächeln

Be|tracht: in Betracht ziehen, kommen;
be|trächt|lich

be|trach|ten: jemanden als seinen Freund
betrachten (für einen Freund halten); er
betrachtet sie; ich betrachte mir das Bild;
der **Be|trach|ter;** die **Be|trach|tung**

Be|trag, der: des -(e)s, die Beträge (Geld-
summe); das **Be|tra|gen;**
be|an|tra|gen: er beantragt Sozialhilfe;
die Kosten betragen eintausend Euro

be|trau|en: (mit einer Aufgabe beauftra-
gen)

be|tref|fen, der **Be|treff** (Abk.: Betr.),
be|tref|fend, be|treffs (Abk.: betr.)

be|tre|ten: du betrittst, du beträtest, er
betrat, sie hat betreten, betritt!; ein Haus
betreten; betreten (verlegen) schauen

be|treu|en: du betreust, er betreute, er hat
betreut

Be|trieb, der: des -(e)s, die Betriebe; einen
Betrieb leiten; die Maschine ist in Betrieb
(läuft); er ist im Betrieb (hält sich auf);
der **Be|triebs|aus|flug;**
das **Be|triebs|kli|ma;**
der/die **Be|triebs|rats|vor|sit|zen|de;**
der **Be|triebs|un|fall; be|trieb|sam**

be|trin|ken: (Alkohol zu sich nehmen);
be|trun|ken sein

be|trü|ben: betrübt (traurig, still) sein;
jemanden betrüben (traurig machen);
die **Be|trüb|nis; be|trüb|lich**

be|trü|gen: du betrügst, du betrügest, er

betrog, er hat betrogen, betrüge!;
der **Be|trug;** die **Be|trü|ge|rei**

Bett, das: des -(e)s, die Betten; ins Bett
gehen; das **Bett|tuch;** das **Bett|la|ken;**
bett|lä|ge|rig; das Bett hüten (krank
sein); ans Bett gefesselt sein (durch
Krankheit)

bet|teln: (um eine Spende bitten); um
Almosen betteln; der **Bett|ler;** an den
Bettelstab bringen (arm machen)

be|tu|lich: betulich (gemächlich) arbeiten;
eine betuliche (besorgte, freundliche) Art

beu|gen: sich der Gewalt beugen; vor der
Gewalt zurückweichen; sich aus dem
Fenster beugen; den Arm beugen; das
Recht beugen (willkürlich auslegen); ein
Nomen/Substantiv beugen (flektieren);
die **Knie|beu|ge**

Beu|le, die: der -, die Beulen; etwas
ver|beu|len

be|ur|lau|ben: (jemandem Urlaub geben)

be|ur|tei|len: (bewerten);
die **Be|ur|tei|lung**

Beu|te, die: der -; Beute machen; auf Beute
ausgehen; der **Beu|te|zug;**
beu|te|gie|rig; jemanden **aus|beu|ten;**
etwas **er|beu|ten**

Beu|tel, der: des -s, die Beutel;
das **Beu|tel|tier;** der **Geld|beu|tel;**
der **Wind|beu|tel;** vom Schicksal
gebeutelt (geplagt); jemanden **beu|teln**
(rütteln); tief in den Beutel (Geldbeutel)
greifen

Be|völ|ke|rung, die: der - (alle Bewohner
eines Gebietes);
die **Be|völ|ke|rungs|dich|te;**
die **Be|völ|ke|rungs|ex|plo|si|on;**
über|be|völ|kert; be|völ|kern

be|vor: bevor (ehe) er kommt;
be|vor|mun|den; be|vor|ste|hen;
be|vor|zu|gen (begünstigen)

be|wa|chen: ein Haus bewachen;
der **Be|wa|cher**

be|waff|nen: (mit Waffen ausrüsten)

be|wah|ren: jemanden vor Gefahren
bewahren; etwas im Herzen bewahren;
Stillschweigen bewahren

be|wäh|ren: sich in der Gefahr
bewähren; das Rezept hat sich bewährt;
die **Be|wäh|rung:** jemanden zu
Gefängnis auf Bewährung (Probe eines
ordentlichen Lebens) verurteilen;
die **Be|wäh|rungs|frist;**
der **Be|wäh|rungs|hel|fer;**
die **Be|wäh|rungs|pro|be**

be|wäl|ti|gen: du bewältigst, er bewältigt,
er hat bewältigt; die **Be|wäl|ti|gung**

be|wäs|sern: (mit Wasser versehen)

be|we|gen: die Arme und Beine bewegen;
jemanden zu etwas bewegen; ein beweg-
tes (abwechslungsreiches) Leben führen;
in einer bewegten Zeit leben;
die **Be|we|gung;** sich in Bewegung
setzen; **be|weg|lich; be|we|gungs|los;**
be|we|gungs|un|fä|hig

be|wei|sen: der Beweis seiner Schuld;
eine Behauptung beweisen; seinen guten
Willen beweisen; einen **Be|weis** antre-
ten; die **Be|weis|auf|nah|me;**
das **Be|weis|stück; be|weis|bar;**
be|weis|kräf|tig

be|wer|ben: sich um eine freie Stelle
bewerben; die **Be|wer|bung;**
das **Be|wer|bungs|ge|spräch;**
das **Be|wer|bungs|schrei|ben;**
die **Be|wer|bungs|un|ter|la|gen**

be|wer|ten: (beurteilen);
die **Be|wer|tung**

be|wil|li|gen: (zusagen); einen Urlaubsan-
trag bewilligen; die **Be|wil|li|gung**

be|wir|ken: (etwas tun, ausführen mit
Folgen);

be|wir|ten: (einem Gast zu essen und zu
trinken geben)

be|woh|nen: in einer Wohnung leben,
darin wohnen: als Wohnung nutzen

be|wun|dern: die **Be|wun|de|rung;**
be|wun|derns|wert

be|wusst: bewusst werden/bewusst-
werden (klar werden); das ist das bewuss-
te (bekannte) Haus; eine bewusste
Irreführung; ich bin mir keiner Schuld
bewusst; das habe ich nicht bewusst
getan; **be|wusst|los;**

die **Be|wusst|heit;** das **Be|wusst|sein**

bez.: (bezahlt, bezüglich)

be|zah|len: (Geld geben);
die **Be|zah|lung; be|zahl|bar;**
be|zahlt: die Mühe macht sich bezahlt
(lohnt sich); die Stellung ist gut/schlecht
bezahlt; **un|be|zahl|bar**

be|zäh|men: sich bezähmen;
die **Be|zäh|mung**

be|zau|bern: (mit Zauber versehen);
be|zau|bernd

be|zeich|nen: (kennzeichnen);
die **Be|zeich|nung; be|zeich|nend**

be|zeu|gen: (Zeugnis ablegen);
die Wahrheit bezeugen

be|zich|ti|gen: jemanden eines Verbre-
chens bezichtigen; die **Be|zich|ti|gung**

be|zie|hen: einen Stuhl mit Stoff beziehen;
eine Zeitung beziehen; das Bett beziehen;
das Gehalt, die Prügel beziehen;
die **Be|zie|hung;** gute Beziehungen
haben; der **Be|zug;** Bezug nehmen; mit/
in Bezug auf; die **Be|zugs|per|son;**
be|zie|hungs|wei|se; Abk. bzw.;
be|züg|lich; be|zie|hungs|los;
→ ziehen

Be|zirk, der: des -s, die Bezirke;
der **Amts|be|zirk;**
der **Re|gie|rungs|be|zirk;**
der **Wohn|be|zirk**

Be|zug nehmen: im/in/mit Bezug auf

be|zwe|cken: etwas bezwecken

be|zwei|feln: (Zweifel haben)

be|zwin|gen: auf den Boden zwingen;
→ zwingen

BGB: Bürgerliches Gesetzbuch

BH: Büstenhalter

Bi|ath|lon *lat.,* der : des -s, die Biathlons
(Kombination aus Scheibenschießen und
Skilanglauf)

bib|bern: (vor Kälte, Angst) zittern

Bi|bel, die: der -, die Bibeln (Heilige
Schrift); **bib|lisch:** die Biblische Ge-
schichte; ein biblisches (hohes) Alter

Bi|ber, der: des -s, die Biber;
der **Bi|ber|pelz**

Bi|blio|thek/Bib|lio|thek *griech.,* die: der -,

die Bibliotheken (Bücherei);
die **Bi|b|lio|the|ka|rin**

bie|der: (schlicht, rechtschaffen, ehrlich);
die **Bie|der|keit;** der **Bie|der|mann;**
das **Bie|der|mei|er** (Kunstrichtung im
19. Jahrhundert); sich **an|bie|dern**
(einschmeicheln)

bie|gen: du biegst, du bögest, er bog,
sie hat gebogen, bieg(e)!; die **Bie|gung;**
die **Bieg|sam|keit; bieg|sam;** das geht
auf Biegen und Brechen (um alles)

Bie|ne, die: der -, die Bienen;
der **Bie|nen|fleiß;** der **Bie|nen|stock;**
die **Bie|nen|kö|ni|gin;**
das **Bie|nen|volk;** die **Bie|nen|wa|be**

Bier, das: des -es, die Biere (alkoholisches
Getränk)

Biest, das: des -es, die Biester (Vieh,
gemeiner Mensch); die **Bies|te|rei**
(Gemeinheit)

bie|ten: du bietest, du bötest, er bot, sie
hat geboten, biet(e)!; bieten lassen/
bietenlassen, dem Feind die Stirn bieten;
dem Angreifer keine Blöße bieten; mehr
bieten (Geld geben) als der andere

Bi|ki|ni, der: des -s, die Bikinis (zweiteiliger
Badeanzug); Inseln, Atoll im Pazifik

Bi|lanz, die: der -, die Bilanzen (Ergebnis);
die Bilanz ziehen (abrechnen);
die **Bi|lan|zie|rung** (Abrechnung erstel-
len)

bi|la|te|ral *lat.:* (zweiseitig); ein bilateraler
Vertrag (Vertrag zw. zwei Staaten)

Bild, das: des -(e)s, die Bilder; sich ein Bild
von etwas machen (eine Meinung
bilden); das **Bild|nis; bild|haft; bild|lich**

bil|den: sich bilden (im Wissenserwerb
weiterkommen); sich eine Meinung,
ein Urteil, einen Kreis, einen Satz bilden;
die **Bil|dung**

Bil|lard *franz.* [biljart], das: (Kugelspiel auf
einem tuchbespannten Tisch);
die **Bil|lard|ku|gel;**
das/der **Bil|lard|queue** (Billardstock)

bil|lig: billige Ware; billiger (preiswerter)
Stoff; eine billige (schlechte) Verarbei-
tung; eine billige (einfache) Ausrede; das

ist recht und billig (angemessen, gerecht);
bil|li|gen

Bim|mel, die: der -, die Bimmeln (kleine
Glocke); **bim|meln**

bim|sen: bimsen (heftig arbeiten) für die
nächste Klassenarbeit; der **Bims|stein**

bin: ich bin; → sein

bin|den: du bindest, du bändest, er band,
sie hat gebunden, bind(e)!; einen Kranz
binden; eine Schnur binden; die **Bin|de;**
das **Bin|de|glied;** die **Bin|de|haut;**
der **Bin|de|strich;** das **Bin|de|wort;**
der **Bind|fa|den;** die **Bin|dung;** es
regnet Bindfäden (sehr stark)

Bin|go, das: (ein Glücksspiel)

bin|nen: binnen einem Monat/eines
Monats (innerhalb eines Monats); binnen
zwei Tagen/zweier Tage; binnen kurzem/
Kurzem, binnen drei Minuten;
der **Bin|nen|ha|fen;** das **Bin|nen|land;**
das **Bin|nen|meer**

bi|no|misch: binomische Formel (mathe-
matisch: zweigliedrig)

Bin|se, die: der -, die Binsen (grasähnliche
Sumpfpflanze); in die Binsen gehen
(verloren, schief gehen);
die **Bin|sen|weis|heit** (allgemein
bekannte Wahrheit)

Bio|che|mie *griech.,* die: der - (Lehre von
den chem. Vorgängen im Organismus,
heilkundlich angewandte Chemie);
der **Bio|che|mi|ker**

Bio|gra|fie/Bio|gra|phie *griech.,* die: der -,
die Biografien (Lebensbeschreibung);
der **Bio|graf; bio|gra|fisch/
bio|gra|phisch**

Bio|la|den, der: des -s, die Bioläden
(Geschäft, in dem Waren ohne chem.
Zusätze verkauft werden)

Bio|lo|gie, die: der - (Wissenschaft von
den Lebewesen); der **Bio|lo|ge;**
die **Bio|lo|gin;**
der **Bio|lo|gie|un|ter|richt; bio|lo|gisch**

Bio|top, der/das: des -s, die Biotope
(Lebensraum einer Tier- oder Pflanzen-
art)

Bir|ke, die: der -, die Birken (Laubbaum)

bis: bis hierher; bis heute; bis jetzt; bis dahin; bis Mittwoch; bis Hamburg; zwei bis drei Euro; Kinder bis zu vierzehn Jahren; alle bis auf einen; ich warte, bis du kommst; er überlegt so lange, bis es zu spät ist; bisher

Bi|sam *hebr.,* der: des -s, die Bisame/Bisams (Pelztier)

Bi|schof, der: des -s, die Bischöfe; der **Bi|schofs|stab**

Bis|kuit *franz.* [biskwịt], das/der: des -(e)s, die Biskuits/Biskuite (leichtes Gebäck); der **Bis|kuit|teig**

Bi|son, der: die Bisons (nordamerikanisches Wildrind)

Biss, der: des -es, die Bisse; der Biss einer Schlange; das Bisschen (kleiner Biss); der **Bis|sen;** der **Im|biss; bis|sig**

biss: → beißen

biss|chen: ein bisschen (ein wenig, etwas); ein bisschen Verständnis; ein klein bisschen mehr Zeit

Bis|tro/Bist|ro, das: die Bistros (Ausschank)

Bis|tum, das: die Bistümer (Amtsbezirk eines katholischen Bischofs)

bis|wei|len

Bit, das: des -(s), die Bits (kleinste Informationseinheit); Zeichen: bit

bit|ten: du bittest, er bittet, er bat, er hat gebeten

bit|ter: die Medizin schmeckt bitter; bitterer Tee; er hat das Geld bitter nötig; ein bitterkalter Winter; es ist bitterkalt; **bit|ter|lich;** die **Bit|ter|keit**

Bi|wak *franz.,* das: des -s, die Biwaks/Biwake (Nachtlager im Freien)

bi|zarr *franz.:* (seltsam, wunderlich)

Bi|zeps *lat.,* der: des -(es), die Bizepse (Oberarmmuskel)

Black|box/Black Box *engl.* [blạckbocks], die: (Flugschreiber zur Ermittlung von Unglücksursachen)

Black-out/Black|out *engl.* [blạckaut], das/der: die Blackouts (plötzliche Bewusstseinsstörung, plötzliches Dunkelwerden der Bühne)

blä|hen: der Wind bläht die Segel; sich **auf|blä|hen;** die **Blä|hung**

bla|mie|ren *franz.:* sich blamieren; die **Bla|ma|ge**

blank: das Silber blank polieren/blankpolieren; blitzblanke Schuhe; er ist blank (hat kein Geld); blanken (reinen) Unsinn reden, blankliegen/blank liegen (Nerven)

blan|ko *ital.:* (leer, unausgefüllt); der **Blan|ko|scheck;** die **Blan|ko|voll|macht** (unbegrenzte Vollmacht)

bla|sen: du bläst, du bliesest, er blies, sie hat geblasen, blas(e)!; die **Bla|se;** der **Blä|ser;** jemandem den Marsch blasen (energisch zurechtweisen); Trübsal blasen (sehr traurig sein); sich aufblasen (prahlen)

bla|siert: (hochnäsig, eingebildet, überheblich); die **Bla|siert|heit**

blass: blasser/blässer, am blassesten/blässesten, blass sein/werden; eine blasse Haut; die **Bläs|se; er|blas|sen;** blass werden vor Neid; keinen blassen Schimmer haben (nichts wissen); das Blässhuhn/Blesshuhn

Blatt, das: des -(e)s, die Blätter; ein rotes Blatt; einige Blatt Papier; der **Blät|ter|teig;** das **Blatt|grün;** vierblätterig; **ab|blät|tern; blät|tern;** kein Blatt vor den Mund nehmen; das Blättchen hat sich gewendet

Blat|tern, die: der - (Krankheit, Pocken); die **Blat|ter|nar|be**

blau: der blaue/Blaue Brief; etwas blau färben/blaufärben; eine Fahrt ins Blaue; die blaue Blume; **blau|äu|gig; blau|grün; bläu|lich;** das **Blau;** die **Blau|bee|re;** die **Bläue;** das **Blau|licht; blau|ma|chen** (nicht arbeiten); jemandem das Blaue vom Himmel versprechen

Bla|zer *engl.* [blẹser], der: des -s, die Blazer (Jacke)

Blech, das: des -s, die Bleche (dünn ausgewalztes Metall); die **Blech|mu|sik;** der **Blech|scha|den; ble|chern** (klingt wie Blech); **ble|chen** (zahlen)

ble|cken: die Zähne blecken (zeigen, entblößen)

Blei, das: des -(e)s; der **Blei|stift; blei|ern; blei|frei**

blei|ben: du bleibst, du blieb(e)st, er blieb, sie ist geblieben, bleib(e)!; **blei|ben las|sen:** du kannst die Kinder noch bei uns bleiben lassen; bleibenlassen (unterlassen); die **Blei|be** (Unterkunft); bei Laune bleiben; ein bleibendes Andenken

bleich: ein bleiches (fahles) Gesicht; bleich vor Schreck; bleich wie der Tod; **bleich|süch|tig;** das **Bleich|ge|sicht; blei|chen:** die Wäsche bleichen (weiß machen)

blen|den: die Sonne blendet; jemanden blenden (blind machen); ein blendender (hervorragender) Redner; die **Blen|de;** der **Blen|der** (jemand, der mehr scheint, als er ist); der **Blend|schutz;** die **Blen|dung;** das **Blend|werk** (Schein, Vorspiegelung, Täuschung)

Bles|se, die: der -, die Blessen (weißer Stirnfleck bei Tieren); das Blesshuhn/Blässhuhn

bli|cken: (kurz schauen); der **Blick;** das **Blick|feld;** der **Blick|punkt;** der **Blick|win|kel;** Liebe auf den ersten Blick; das lässt tief blicken; sich nicht blicken lassen/blickenlassen

blieb: → bleiben

blies: → blasen

blind: eine blinde Frau; blinder Alarm; der blinde Passagier; **blind|lings; blind|wü|tig;** der **Blind|darm;** der/die **Blin|de;** der **Blind|flug;** die **Blind|heit;** die **Blind|schlei|che; er|blin|den**

blin|ken: (Zeichen geben durch Ein- und Ausschalten); der **Blin|ker;** das **Blink|feu|er;** das **Blink|licht**

blin|zeln: er blinzelt mir zu; in die Sonne blinzeln

Blitz, der: des -(e)s, die Blitze; der **Blitz|ab|lei|ter; blitz|ar|tig; blitz|blank; blitz|sau|ber; blit|zen:** wie

ein Blitz aus heiterem Himmel (völlig überraschend); jemanden abblitzen lassen (nicht empfangen)

Bliz|zard, *engl.* [blisert], der: des -s, die Blizzards (heftiger Schneesturm in Nordamerika)

Block, der: des -s, die Blöcke/Blocks; Blöcke von/aus Marmor; die **Blo|cka|de** (Sperre); die **Block|flö|te;** das **Block|haus;** die **Block|schrift;** der **Wohn|block;** der **Zei|chen|block; ab|blo|cken:** (abwehren, verhindern); **blo|ckie|ren** (absperren, unterbrechen)

blöd(e): ein blöder (törichter) Junge; **blöd|sin|nig;** die **Blö|de|lei;** die **Blöd|heit;** der **Blöd|sinn; blö|deln** (Unsinn reden)

blö|ken: das Schaf blökt (schreit)

blond: blond gefärbtes Haar; blond gelocktes/blondgelocktes Haar; **blond|haa|rig; blond|lo|ckig; blon|die|ren** (blond färben/blond-färben); der **Blond|schopf**

bloß: ich habe bloß (nur) noch drei Euro; geh da bloß nicht hin; mit bloßen (nackten) Füßen herumlaufen; auf der bloßen Erde liegen; mit bloßem (ohne Sehhilfe) Auge erkennen; die **Blö|ße; bloß|le|gen/bloß le|gen; bloß|stel|len** (etwas Peinliches über andere sagen); sich **bloß stram|peln**

Blou|son *franz.* [blusong], der: des -s, die Blousons (Jacke mit Bündchen)

blub|bern: (glucksen, sprudeln)

Blue|jeans/Blue Jeans *amerik.* [bludschins], die: der -, die Blue Jeans (Hose aus blauem Baumwollstoff)

Blues *amerik.* [blus], der: des -, die Blues (schwermütiges Tanzlied der nordamerikanischen Schwarzen, Tanzform)

Bluff *engl.* [blöf], der: des -s, die Bluffs (Täuschung, Irreführung); **bluf|fen:** etwas Falsches vortäuschen

blü|hen: die Wiese blüht; das Geschäft blüht (geht gut); mir blüht etwas (steht etwas bevor)

Blu|me, die: der -, die Blumen;

der **Blu|men|kohl;**
der **Blu|men|strauß; blu|mig;** etwas
durch die Blume sagen (nicht direkt,
nicht wahrheitsgemäß); etwas
un|ver|blümt (direkt) sagen

Blu|se, die: der -, die Blusen (von Frauen
getragen); **blu|sig**

Blut, das: des -es; der **Blut|egel;**
der **Blut|er|guss;** die **Blut|grup|pe;**
der **Blut|spen|der;** die **Blut|spur;**
der **Bluts|trop|fen;** der **Blut|sturz;**
die **Blut|trans|fu|si|on** (Blutübertra-
gung); der **Blu|ter;** die **Blu|tung;**
Blut|ar|mut; blu|tig; blut|jung;
blut|leer; blut|rüns|tig; blut|still|end;
bluts|ver|wandt; blut|un|ter|lau|fen;
blu|ten; Blut lecken (Gefallen an etwas
finden); Blut und Wasser schwitzen
(Angst haben); das ist mir in Fleisch und
Blut übergegangen; böses Blut (Unwil-
len, Streit) erregen

Blü|te, die: der -, die Blüten; die Blüte der
Bäume und Sträucher;
der **Blü|ten|ho|nig;** der **Blü|ten|kelch;**
der **Blü|ten|staub; blü|ten|weiß** (so
weiß wie eine Blüte); eine blütenweiße
Weste haben (nichts Böses getan haben)

BLZ: Bankleitzahl

BMX-Rad, das: des -(e)s, die BMX-
Räder; von _engl._ bicycle moto-cross
(kleines, geländegängiges Fahrrad)

Bö, _auch_ **Böe,** die: der -, die Böen (heftiger
Windstoß); **bö|ig**

Bob, der: des -s, die Bobs (steuerbarer
Rodelschlitten); die **Bob|bahn;**
der **Bob|fah|rer**

Bob|by, der: des -s, die Bobbys (Bezeich-
nung für engl. Polizisten)

Boc|cia _ital._ [botscha], das/die: des -s/der -
(ital. Kugelspiel im Sand)

Bock, der: des -(e)s, die Böcke;
das **Bock|bier** (Starkbier);
der **Bocks|beu|tel** (bauchige Flasche für
Frankenwein); der **Bock|sprung;**
die **Bock|wurst; bock|bei|nig;**
bo|ckig; bo|cken: den Bock zum
Gärtner machen (einen ungeeigneten

Menschen mit einer Aufgabe betrauen);
einen Bock schießen (einen Fehler
machen); sich nicht ins Bockshorn jagen
lassen (sich nicht einschüchtern lassen);
Bockmist (Unsinn) machen; null Bock
(keine Lust) haben

Bod|den, der: (Strandsee, Ostseebucht)

Bo|den, der: des -s, die Böden; fruchtba-
rer/unfruchtbarer Boden; Erinnerungs-
stücke auf dem Dachboden lagern;
Boden gewinnen; der **Bo|den|be|lag;**
der **Bo|den|satz;** die **Bo|den|schät|ze;**
das **Bo|den|tur|nen; bo|den|los;**
bo|den|stän|dig; den Boden umgraben;
festen Boden unter den Füßen haben
(eine wirtschaftliche Grundlage); ihm
brennt der Boden unter den Füßen (er
muss fliehen); eine bodenlose (ungeheu-
re) Frechheit

Bo|dy|buil|ding _engl._ [bodibilding], das:
des -s (Muskeltraining);
der **Bo|dy|guard**

Böe, _auch_ **Bö,** die: die Böen (kräftiger
Windstoß)

bog: → biegen

Bo|gen, der: des -s, die Bogen/Bögen;
mit Pfeil und Bogen; einen Bogen Papier;
den Bogen heraus haben (eine Sache
ausgezeichnet verstehen);
die **Bo|gen|lam|pe;** der **Tor|bo|gen;**
in Bausch und Bogen (alles in allem);
bo|gen|för|mig (gekrümmt)

Boh|le, die: der -, die Bohlen (starkes Brett,
Dielenbelag)

Boh|ne, die: der -, die Bohnen (Gemüse);
der **Boh|nen|kaf|fee;**
der **Boh|nen|sa|lat;** blaue **Boh|nen**
(Gewehrkugeln)

boh|nern: (glänzend machen);
der **Boh|ner|be|sen;**
das **Boh|ner|wachs**

boh|ren: nach Erdöl bohren; ein bohren-
der, durchdringender Blick; bohrende
Fragen

Boi|ler _engl._ [beuler], der: des -s, die Boiler
(Warmwasserbereiter u. -Speicher)

Bo|je, die: der -, die Bojen (verankertes

Seezeichen)

Böl|ler, der: des -s, die Böller (Feuerwerks-
körper)

Boll|werk, das: des -s, die Bollwerke
(Befestigung, Bastion)

Bol|sche|wis|mus *russ.,* der: des - (kom-
munistische Weltanschauung)

Bol|zen, der: des -s, die Bolzen (Metallstift,
Verbindungsstift); der **Bolz|platz;**
bol|zen (grob, regelwidrig spielen);
einen Bolzen schießen (Fehler machen)

Bom|be *franz.,* die: der -, die Bomben;
eine Bombe schlägt ein;
der **Bom|ben|an|griff;**
die **Bom|ben|dro|hung;**
der **Bom|ben|er|folg** (überragender
Erfolg); die **Bom|ben|stim|mung;**
der **Bom|ber** (Flugzeug mit Bomben,
starker Boxer); **bom|ben|fest:**
ein bombenfester Unterstand; er behaup-
tet bombenfest (mit vielen Beweisen);
bom|ben|si|cher: er weiß es bombensi-
cher (ganz genau); **bom|bar|die|ren**

Bom|mel, die: der -, die Bommeln
(Quaste)

Bon *franz.* [bong], der: des -s, die Bons
(Gutschein); **bon|gen:** das ist gebongt
(wird erledigt, ist abgemacht);
der **Bo|nus** (Rabatt)

Bon|bon *franz.* [bongbong], der/das: des -s,
die Bonbons; die **Bon|bon|nie|re/**
Bon|bo|ni|e|re (Pralinenpackung)

Bo|nus, der: die Boni (Vergütung, Rabatt)

Bon|ze, der: des -n, die Bonzen (buddhisti-
scher Mönch, engstirniger, einflussrei-
cher Parteifunktionär); das **Bon|zen|tum**

Boo|gie-Woo|gie, der: (Tanz)

Boom *engl.* [bum], der: des -s, die Booms
(Aufschwung in der Wirtschaft, Hoch-
konjunktur)

Boot, das; des -(e)s, die Boote; gemeinsam
im gleichen Boot sitzen (eine Aufgabe
gemeinsam meistern); der **Boots|mann;**
die **Boots|fahrt;** das **Boots|haus;**
der **Boots|steg; Boot fah|ren**

Boots *engl.* [buts], die: der - (hoher Schnür-
schuh)

Bord, das: des –s, die Borde (Bücherregal,
Schiffsrand); etwas über Bord werfen
(endgültig aufgeben); das **Bord|buch;**
an Bord gehen; Mann über Bord;
der **Bord|fun|ker;** der **Bord|stein**

Bör|de, die: der -, die Börden (fruchtbare
Ebene)

Bor|dell, das: des -s , die Bordelle (Haus,
in dem Prostituierte ihr Gewerbe aus-
üben, Freudenhaus)

bor|gen: sich Geld borgen (leihen);
Borgen macht Sorgen

Bor|ke, die: der -, die Borken;
der **Bor|ken|kä|fer; bor|kig** (rau)

bor|niert *franz.:* (eingebildet, unbelehrbar);
die **Bor|niert|heit**

Bör|se *niederl.,* die: der -, die Börsen
(Geldbeutel, Portmonee, Handel von
Wertpapieren); eine dicke Börse haben;
an der Börse mit Aktien spekulieren

Bors|te, die: der -, die Borsten (steifes,
kurzes Tierhaar); das **Bors|ten|vieh;**
bors|tig

Bö|schung, die: der -, die Böschungen
(befestigter Abhang)

bö|se: ein böser Mensch; eine böse
(schlimme) Sache; auf jemanden böse
sein (ärgerlich); nichts Böses tun;
bös|ar|tig; bos|haft; bös|wil|lig;
der **Bö|se|wicht;** die **Bos|heit;** jenseits
von Gut und Böse; böses Blut machen;
im Bösen wie im Guten

Boss *amerik.,* der: des -es, die Bosse (der
Oberste, Betriebsleiter, Chef, Chefin)

Bo|ta|nik *griech.,* die: der - (Pflanzenkunde);
der **Bo|ta|ni|ker;** die **Bo|ta|ni|ke|rin;**
bo|ta|nisch: botanische Gärten, aber:
der Botanische Garten in München

Bo|te, der: des -n, die Boten;
die **Bot|schaft;** der **Bot|schaf|ter;** eine
Nachricht durch einen Boten schicken

Bot|tich, der: des -s, die Bottiche (großes
Gefäß aus Holz); der **Bött|cher**
(Fassbinder)

Bot|tle|par|ty, die: (Party, zu der die
Gäste die Getränke mitbringen)

Bouil|lon *franz.* [buljong], die: der -, die

Bouillons (Fleischbrühe)

Bou|le|vard *franz.* [bulew<u>a</u>r], der: des -s,
die Boulevards (Prachtstraßen)

Bou|tique/Bu|ti|ke *franz.* [but<u>i</u>k], die: der -,
die Boutiquen (kleiner Modeladen)

Bow|le *engl.* [b<u>o</u>le], die: der -, die Bowlen
(alkoholisches Getränk aus Wein, Zucker
und Früchten)

Bow|ling *engl.* [b<u>o</u>ling], das: des -s,
die Bowlings (Kegelspiel);
die **Bow|ling|bahn**

Box, die: der -, die Boxen (Fach, Kasten,
Abteil im Pferdestall oder der Auto-
garage, Behälter, einfache Kamera);
die **Laut|spre|cher|box**

bo|xen: *engl.* Sportart; der **Bo|xer;**
der **Box|kampf**

Boy *engl.* [b<u>eu</u>], der: des -s, die Boys (Lauf-,
Botenjunge, jugendliche Diener im
Hotel); der **Boy|friend**

Boy|kott *engl.* [beuk<u>o</u>t], der: des -(e)s,
die Boykotts/Boykotte (Abbruch von
Beziehungen, Waren-, Liefersperren);
eine Veranstaltung **boy|kot|tie|ren**
(nicht an ihr teilnehmen);
die **Boy|kott|maß|nah|me**

brach: der Acker liegt brach (nicht ge-
pflügt); die **Bra|che** (unbestelltes Land);
der **Brach|vo|gel; brach|lie|gen**

bra|chi|al: (mit rücksichtsloser, roher
Körpergewalt); die **Bra|chi|al|ge|walt**

Brack|was|ser, das: des -s (mit Salzwas-
ser vermischtes nicht trinkbares Wasser)

Bran|che *franz.* [br<u>a</u>ngsche], die: der -, die
Branchen (Geschäfts-, Wirtschaftszweig,
Fachgebiet)

Brand, der: des -(e)s, die Brände; in Brand
stecken (anzünden); den Brand löschen;
die **Brand|bla|se;** das **Brand|mal;**
der **Brand|stif|ter;** die **Brand|stät|te;**
brand|ei|lig; brand|mar|ken (öffentlich
bloßstellen); **brand|neu;**
brand|schat|zen (plündern, Feuer
legen)

bran|den: die Wellen branden an den
Strand; die **Bran|dung; brand|mar|ken**

Bran|den|burg: (Land der BRD);

der **Bran|den|bur|ger;**
bran|den|bur|gisch

Brannt|wein, der: des -s, die Branntweine
(alkoholisches Getränk); der **Bran|dy**

bra|ten: du brätst, du briet(e)st, er briet,
sie hat gebraten; brat(e)!;
der **Brat|ap|fel;** der **Bra|ten;**
das **Brat|hähn|chen;** den Braten riechen
(etwas rechtzeitig bemerken)

Brat|sche, die: der -, die Bratschen
(Streichinstrument); der **Brat|schist**
(Bratschenspieler)

Brauch, der: des -(e)s, die Bräuche; nach
altem Brauch; **brauch|bar; brau|chen**

Braue, die: der -, die Brauen;
die **Au|gen|braue**

brau|en: Bier brauen; es braut sich etwas
zusammen (kündigt sich etwas an);
der **Brau|er;** die **Brau|e|rei;**
das **Brau|haus**

braun: ein braun gebrannter/braunge-
brannter Körper; **braun|äu|gig;**
braun|haa|rig; das **Braun** (Farbe);
der **Brau|ne** (Pferd); die **Bräu|nung;**
bräu|nen (durch die Sonne die Haut
braun werden lassen)

Brau|nel|le, die: die Braunellen (Vogel);
die Braunelle, *auch* Brunelle, die Braunel-
len (Pflanze)

Brau|se, die: der -, die Brausen (Dusche);
das **Brau|se|bad;**
die **Brau|se|li|mo|na|de;** das **Brau|sen:**
das Brausen des Sturmes; **brau|sen:**
das Meer braust; **brau|sen:** sich brausen
(duschen)

Braut, die: der -, die Bräute;
das **Braut|paar;** das **Braut|kleid;**
der **Bräu|ti|gam**

brav: (gehorsam); **bra|vo!** (gut gemacht);
die **Bra|vour/Bra|vur** *franz.* [braw<u>u</u>r]:
(Tapferkeit); mit Bravour etwas schaffen;
bra|vou|rös (meisterhaft)

BRD: Bundesrepublik Deutschland

Break|dance, der: (Tanz zu moderner
Popmusik)

bre|chen: du brichst, du brächest, er
brach, sie hat gebrochen, brich!; ich muss

brechen (mich übergeben); sich den Fuß brechen; einen Eid brechen; den Widerstand brechen; den Stab über jemanden brechen (ihn verurteilen); einen Streit vom Zaune brechen (mit jemandem einen Streit anfangen); jemandem das Herz brechen; der **Bre|cher** (sich überstürzende Wellen);
das **Brech|mit|tel;** die **Brech|stan|ge;** der **Brech|reiz;** auf **Bie|gen** und **Bre|chen**

Brei, der: des -(e)s, die Breie; **brei|ig;** eine breiige, dickflüssige Masse

breit: das breite Brett; breite Schultern; der Stoff liegt 140 cm breit; weit und breit bekannt sein; die breite Straße; **breit|bei|nig; breit|ran|dig; breit|spu|rig;** die **Brei|te;** nördliche Breite (Breitengrad); in die Breite gehen (korpulent werden); **brei|ten:** eine Decke über den Tisch breiten; sich **aus|brei|ten; sich breit|ma|chen** (viel Platz beanspruchen); sich **breit|schla|gen** (überreden) lassen, aber: einen Nagel **breit schla|gen/ breit|schla|gen** (verbreitern)

Bre|men: (Stadt und Land der BRD); der **Bre|mer; bre|misch**

Brem|se, die: der -, die Bremsen (ein Insekt); die **Brem|sen|pla|ge;** der **Brem|sen|stich**

Brem|se, die: der -, die Bremsen (Hemm-vorrichtung); die **Brems|ba|cke;** der **Brems|he|bel;** der **Brems|klotz;** das **Brems|licht;** die **Brems|ra|ke|te;** die **Brems|spur**

brem|sen: du bremst

bren|nen: du brennst, du branntest, er brannte, sie hat gebrannt; brenn(e)!; das Holz brennt; die Wunde brennt (tut sehr weh); sie brennt vor Neugier (ist sehr neugierig); der **Bren|ner;** die **Brenn|nes|sel;** der **Brenn|stoff; brenn|bar; brenz|lig/brenz|lich:** eine brenzlige/brenzliche (gefährliche) Situation; **brand|mar|ken**

Bre|sche, die: der -, die Breschen; eine

Bresche (Lücke) schlagen; in die Bresche springen (für jemanden eintreten)

Brett, das: des -(e)s, die Bretter; die **Bret|ter|bu|de;** das **Brett|spiel;** ein Brett vor dem Kopf haben (dumm, töricht sein); bei jemandem einen Stein im Brett haben (gut angesehen sein); die Brettl (Skier)

Bre|vier *lat.,* das: des -s, die Breviere (Gebetbuch)

Bre|zel/Bret|zel, die: der-, die Brezeln (Backwerk), *auch* Bretzeln

Brief, der: des -(e)s, die Briefe; jemandem Brief und Siegel auf etwas geben (etwas fest versprechen); die **Brief|mar|ke;** der **Brief|freund;** das **Brief|ge|heim|nis;** der **Brief|trä|ger;** der **Brief|wech|sel;** der **Brief|kas|ten**

Brigg, die: die Briggs (2-mastiges Segel-schiff)

Bri|kett *franz.,* das: des -s, die Briketts/ Brikette (Presskohle)

Bril|lant *franz.* [briljant], der: des -en, die Brillanten (geschliffener Edelstein); das **Bril|lant|feu|er|werk;** die **Bril|lanz** (Geschicklichkeit); **bril|lie|ren:** (glänzen, hervortun); das ist brillant (großartig)

Bril|le, die: der -, die Brillen

brin|gen: du bringst, du brächtest, er brachte, sie hat gebracht; bring(e)!; eine Ware bringen; etwas an sich bringen; alles auf einen Nenner bringen (zusammenfassen); etwas hinter sich bringen; jemanden in seine Gewalt bringen; das Geschäft bringt viel Geld; die Zeitung bringt nichts Neues

bri|sant: (hoch aktuell, aufregend); die **Bri|sanz**

Bri|se, die: der -, die Brisen (sanfter Wind)

Bro|cken, der: des -s, die Brocken; **bröck|lig,** *auch* **brö|cke|lig; brö|ckeln; bro|cken; ein|bro|cken**

bro|deln: (schäumen, kochen, Unruhe ausbreiten)

Bro|kat *ital.,* der: des -(e)s, die Brokate (schwerer Seidenstoff)

Brok|ko|li/Broc|co|li, der: des -s, die Broccolis (Kohlart)

Brom|bee|re, die: der -, die Brombeeren

Bron|chie *griech.,* die: der -, die Bronchien (Hauptast der Luftröhre); der **Bron|chi|al|ka|tarrh;** die **Bron|chi|tis** (Erkältungskrankheit)

Bron|ze *franz.* [brongße], die: der - (Kupfer-Zinnlegierung); die **Bron|ze|me|dail|le;** die **Bron|ze|zeit**

Bro|sa|me, die: der -, die Brosamen (Brotkrümel); der **Brö|sel; brö|seln** (bröckeln)

Bro|schü|re *franz.,* die: der -, die Broschüren (leicht gebundene Druckschrift)

Brot, das: des -(e)s, die Brote; das **Bröt|chen;** die **Brot|krus|te;** der **Brot|laib;** das **Brot|mes|ser;** der **Brot|neid;** die **Brot|schei|be;** sein Brot verdienen; eine brotlose Kunst (eine vergebliche Angelegenheit)

Bruch, das/der: des -(e)s, die Brüche (Moor, Sumpfland)

Bruch, der: des -es, die Brüche; der **Be|cken|bruch;** die **Brü|chig|keit;** die **Bruch|lan|dung;** die **Bruch|rech|nung;** die **Bruch|stel|le;** der **Wort|bruch; brü|chig;** die Freundschaft ging in die Brüche; der Bruch des Deiches; gleichnamige Brüche; **bruch|rech|nen**

Brü|cke, die: der -, die Brücken; eine Brücke über den Fluss; die Brücken hinter sich abbrechen (alle Verbindungen lösen); jemandem goldene Brücken bauen (Versöhnung erleichtern, Widerstände aus dem Weg räumen)

Bru|der, der: des -s, die Brüder; die **Brü|der|lich|keit;** der **Bru|der|krieg;** die **Bru|der|schaft; brü|der|lich;** etwas brüderlich (gerecht) teilen; unter Brüdern (ehrlich) besprechen

brü|hen: die **Brü|he;** der **Brüh|wür|fel;** die **Brüh|wurst; brüh|warm**

brül|len: der **Brüll|af|fe;** das **Ge|brüll**

brum|men: der **Brum|mer;** der **Brum|mi**

(scherzhaft für LKW/Lkw); **brum|mig**

Brunch *engl.* [brantsch], der: des -(e)s, die Brunche/Brunches (reichhaltiges Frühstück, das auch als Mittagessen dient)

brü|nett: (bräunlich, braunhaarig); ein brünetter Typ; die **Brü|net|te**

Brun|nen, der: des -s, die Brunnen; das **Brünn|lein**

Brunst, die: die Brünste (Paarungsbereitschaft bei einigen Tieren), *auch* Brunft

brüsk (schroff, barsch)

Brust, die: der -, die Brüste; die **Brüs|tung;** die **Brust|war|ze;** sich **brüs|ten;** das **Brust|schwim|men; Brust schwim|men/ brust|schwim|men;** er ist schwach auf der Brust (wenig Geld, geringe Kenntnisse haben)

Brut, die: der -, die Bruten; **brü|ten;** die Glucke brütet; Eier ausbrüten; über einer Aufgabe brüten; brütende Hitze; der **Atom|brü|ter** (Kernreaktor)

bru|tal *lat.:* (gewalttätig, roh); die **Bru|ta|li|tät**

brü|tend (heiß)

bru|tto: (mit Verpackung, ohne Abzug von Kosten); das **Brut|to|ge|wicht;** der **Brut|to|ver|dienst**

brut|zeln: (in hocherhitztem Fett braten)

Btx: Bildschirmtext

Bub, der: des -en, die Buben; das **Büb|chen;** das **Büb|lein**

Buch, das: des -es, die Bücher; der **Buch|bin|der;** der **Buch|druck;** die **Bü|che|rei;** das **Bü|cher|bord;** die **Buch|hand|lung;** der **Buch|sta|be;** die **Bu|chung:** Buch führen (etwas genau festhalten); **buch|stäb|lich; bu|chen:** eine Reise buchen

Bu|che, die: der -, die Buchen; die **Buch|eckern;** das **Bu|chen|holz;** der **Buch|fink**

Buchs|baum, der: des -(e)s, die Buchsbäume

Buch|se, die: der -, die Buchsen (Steckdose)

Büch|se, die: der -, die Büchsen (Hohl-

zylinder, Dose, Schusswaffe);
die **Büch|sen|milch;**
der **Büch|sen|öff|ner;**
der **Büch|sen|ma|cher**

Buch|sta|be, der: des -n, die Buchstaben;
buch|sta|bie|ren; buch|stäb|lich
(regelrecht)

Bucht, die: der -, die Buchten (Meeresbucht)

Bu|ckel, der: des -s, die Buckel (Höcker,
Rücken)

buck|lig, *auch* **bu|cke|lig**

bü|cken: sich bücken; der **Bück|ling**
(Verbeugung, geräucherter Fisch)

Bud|dha: (indischer Religionsstifter);
der **Bud|dhis|mus** (Lehre Buddhas);
bud|dhis|tisch

Bu|de, die: der -, die Buden (Studenten-
zimmer); Kinder bauen sich eine Bude
(Bretterverschlag); ich gehe zur Bude
(Verkaufsladen)

Bü|fett *franz.* [büfet], das: des -s, die
Büfetts/Büfette (Anrichte-, Geschirr-
schrank); das Büfett (kaltes Büfett, kalte
Speisen zur Selbstbedienung angerichtet)

Büf|fel, der: des -s, die Büffel

büf|feln: (lange, intensiv lernen)

Bug, der: des -es, die Buge (Schiffsvorder-
teil); die **Bug|wel|le; bug|sie|ren** (an
einen anderen Ort schleppen)

Bü|gel, der: des -s, die Bügel;
das **Bü|gel|ei|sen;** die **Bü|gel|fal|te;**
bü|gel|frei; bü|geln

Bug|gy *engl.* [bagi], der: des -s, die Buggys
(zusammenklappbarer Kinder-
sportwagen)

bug|sie|ren: (ein Schiff ins Schlepptau
nehmen)

Buh|mann, der: des -s, die Buhmänner
(böser Mann, Schreckgespenst)

Buh|ne, die: der -, die Buhnen (Damm für
den Uferschutz)

Büh|ne, die: der -, die Bühnen; zur Bühne
gehen (Schauspieler werden); von der
Bühne abtreten (sich von der Öffentlich-
keit zurückziehen); das **Büh|nen|bild;**
das **Büh|nen|stück**

Bu|let|te *franz.,* die: der -, die Buletten

(gebratenes Fleischklößchen)

Bul|ga|ri|en: (Staat in Südosteuropa);
der **Bul|ga|re;** die **Bul|ga|rin;**
bul|ga|risch

Bull|au|ge, das: des –s, die Bullaugen
(rundes Schiffsfenster)

Bull|dog|ge, die: der -, die Bulldoggen
(Hunderasse)

Bull|do|zer *engl.* [buldoser], der: des -s,
die Bulldozer (schwere Planierraupe)

Bul|le, der: des -n, die Bullen (männliches
Rind); **bul|lig**

Bul|le *lat.,* die: der -, die Bullen (Urkunde,
Kirchenerlass)

bul|lern: (kochen, klopfen, wallen); ein
bullernder Ofen

Bu|me|rang, der: des -s, die Bumerangs/
Bumerange (gekrümmtes Wurfholz, das
zum Werfer zurückkehrt)

bum|meln: (schlendern, spazieren gehen);
der **Bum|mel;** der **Bum|mel|streik;**
der **Bum|mel|zug; bum|me|lig** (lang-
sam, träge)

Bund, der: des -(e)s, die Bünde; mit
jemandem im Bunde sein (verbündet
sein); den Bund fürs Leben schließen
(heiraten); der **Bun|des|kanz|ler;**
die **Bun|des|li|ga;**
der **Bun|des|prä|si|dent;**
der **Bun|des|rat;**
die **Bun|des|re|gie|rung;**
die **Bun|des|stra|ße;** der **Bun|des|tag;**
die **Bun|des|wehr;** das **Bünd|nis;**
sich **ver|bün|den**

Bund, das: des -es, die Bunde; ein Bund
Möhren; das **Bün|del;**
der/das **Schlüs|sel|bund; bün|dig** (kurz
und bündig); ein bündiger (überzeugen-
der) Beweis; **bün|deln**

BUND: Bund für Umwelt und Natur-
schutz Deutschland

Bun|ga|low *engl.* [bungalo], der: des -s, die
Bungalows (einstöckiges Wohnhaus)

Bun|ker, der: des -s, die Bunker (Behälter
für Massengüter, betonierter Schutz-
raum); **bun|kern** (speichern)

bunt: ein buntes Tuch; ein bunter Abend;

bunt bemalen; wie ein bunter Hund (sehr) bekannt sein; euer Geschrei wird mir zu bunt (zu laut); **bunt ge|fie|dert/ bunt|ge|fie|dert; bunt ge|streift/ bunt|ge|streift; kun|ter|bunt;** der **Bunt|film;** die **Bunt|heit,** der **Bunt|specht;** der **Bunt|stift; bunt fär|ben/bunt|fär|ben**

Bür|de, die: der -, die Bürden (Sorge, Last); **auf|bür|den**

Burg, die: der -, die Burgen; die **Rit|ter|burg**

Bür|ge, der: des -n, die Bürgen; er ist mein Bürge; die **Bürg|schaft;** für jemanden **bür|gen** (für jemanden einstehen, für das Geld eines anderen die Verantwortung übernehmen)

Bür|ger, der: des -s, die **Bür|ger|in|i|ti|a|ti|ve;** der **Bür|ger|meis|ter;** die **Bür|ger;** das **Bür|ger|recht;** der **Spieß|bür|ger; bür|ger|lich**

Bur|gun|der: (Einwohner von Burgund; Weinsorte)

bur|lesk *franz.:* (possenhaft); die Burleske (Posse)

Bü|ro, das: des -s, die Büros; das **Bü|ro|haus;** der **Bü|ro|krat;** die **Bü|ro|kra|tie; bü|ro|kra|tisch** (genau nach Vorschrift)

Bur|sche, der: des -n, die Burschen (Junge); ein toller Bursche; das **Bürsch|chen;** der **Hand|werks|bur|sche; bur|schi|kos** (ungezwungen)

Bürs|te, die: der -, die Bürsten; der **Bürs|ten|schnitt;** der **Bürs|ten|bin|der; bürs|ten**

Bus, der: des -ses, die Busse; der **Bus|bahn|hof;** der **Bus|fah|rer;** die **Bus|fah|re|rin;** die **Bus|hal|te|stel|le**

Busch, der: des -es, die Büsche; das **Bü|schel;** das **Busch|land;** das **Busch|mes|ser; bu|schig; bü|schel|wei|se**

Bu|sen, der: des -s, die Busen (Brust einer Frau); der **Bu|sen|freund**

Bus|sard *franz.,* der: des -s, die Bussarde (Greifvogel)

bü|ßen: die **Bu|ße** (Strafe); Buße tun; der **Bü|ßer;** der **Buß- und Bet|tag**

Büs|te, die: der -, die Büsten (Oberkörper); der **Büs|ten|hal|ter:** Abk. BH

Bu|ti|ke: → Boutique

But|ler *engl.* [batler], der: des -s, die Butler (ranghöchster Diener)

But|ter, die: der -; das **But|ter|brot;** die **But|ter|milch; but|tern;** alles in Butter (in Ordnung)

But|ton *engl.* [baten], der: des -s, die Buttons (Anstecknadel)

bye-bye! *engl.* [bai-bai]: (auf Wiedersehen)

bzw.: beziehungsweise

C

C das: (Buchstabe, Tonbezeichnung, Abk. für Celsius); das hohe C

ca.: circa (ungefähr, etwa)

Ca|brio/Cab|rio, *auch* **Ka|brio/Kab|rio,** das: des -s, die Cabrios (Pkw mit zurückklappbarem Verdeck)

Ca|fé *franz.* [kafe], das: des -s, die Cafés (Kaffeehaus, Konditorei); die Cafeteria (Café, Imbissstube mit Selbstbedienung)

Ca|mem|bert *franz.* [kamämbär], der: des -s, die Camemberts (Weichkäse aus Frankreich)

Cam|ping *engl.* [kämping], das: des -s; die **Cam|ping|aus|rüs|tung;** der **Cam|ping|platz; cam|pen** (im Zelt, Wohnwagen leben)

Ca|ñon, der: die Canons (tief eingeschnittenes Tal)

Ca|nos|sa|gang, der: *auch* der Kanossagang

Cape *engl.* [kep], das: des -s, die Capes (Umhang); das **Re|gen|cape**

Cap|puc|ci|no, der: die Cappuccinos (besonderes Kaffeegetränk)

Car|port, der: die Carports (überdachter Stellplatz für Autos)

Ca|ra|van, der: des -s, die Caravans (Wohnwagen, kombinierter Personen- und Lastwagen)

Ca|ri|tas *lat.,* die: der - (Nächstenliebe, Bezeichnung für Deutscher Caritasverband), aber **ka|ri|ta|tiv** (für andere etwas tun)

Car|toon *engl.* [kartun], der: des -s, die Cartoons (Karikatur, Witzzeichnung)

cash *engl.* [käsch]: (bar); **das Cash**

cat|chen: (Ringersportart)

CD, die: der -, die CDs; Abk. für Compact Disc; die **CD-Schei|be;** der **CD-Play|er;** die **CD-ROM**

CDU: Christlich-Demokratische Union

Cel|lo *ital.* [(t)schälo], das: des -s, die Cellos/Celli (Kniegeige); der **Cel|list**

Cel|lo|phan, das: des -s, die Cellophane (Kunststoff, durchsichtige Folie)

Cel|si|us: (Wärmegradeinteilung); Zeichen C; 5 Grad Celsius, 5° C

Cem|ba|lo *ital.* [tschämbalo], das: des -s, die Cembalos/Cembali (altes Tasteninstrument)

Cent *engl.* [sänt], der: des -s, die Cent(s) (Münze als Untereinheit von Dollar und Euro); Abk. c oder ct

Cen|ter *amerik.* [sänter], das: des -s, die Center (Einkaufszentrum)

Cer|ve|lat, Servelat, der: die Cervelats, *auch* Servelatwurst, Zervelatwurst

Ce|vap|ci|ci: (gegrillte Hackfleischröllchen)

Cham|pag|ner/Cham|pa|gner: (ein Schaumwein); **cham|pag|ner|far|big**

Cham|pi|g|non *franz.* [schampinjong], der: des -s, die Champignons (Edelpilz)

Cham|pi|on *engl.* [tschämpien], der: des -s, die Champions (Meister in einer Sportart)

Chan|ce *franz.* [schangße], die: der -, die Chancen (günstige Gelegenheit); seine Chancen wahrnehmen; die **Chan|cen|gleich|heit**

Chan|son *franz.* [schanßong], das: des -s, die Chansons (Kabarettlied)

Cha|os *griech.* [kaoß], das: des - (Durcheinander, Wirrwarr); **cha|o|tisch**

Cha|rak|ter *griech.,* der: des -s, die Charaktere (Wesensart, sittliches Verhalten); der Charakter einer Landschaft (Eigenart); Charakter beweisen; das **Cha|rak|te|ris|ti|kum** (typisches Kennzeichen); **cha|rak|ter|los; cha|rak|te|ri|sie|ren** (kennzeichnen, bezeichnen)

Cha|ris|ma *griech.* [karisma], das: des -s, die Charismen/Charismata (hohe Ausstrahlungskraft eines Menschen)

Charme/Scharm *franz.* [scharm], der: des -s; **char|mant** (liebenswürdig, bezaubernd)

char|tern *engl.* [tschartern]: (ein Schiff oder ein Flugzeug mieten); das **Char|ter|flug|zeug**

Charts *engl.* [tscharts], die: der - (Liste der beliebtesten Schlager)

Chas|sis *franz.* [schaßi], das: des -, die Chassis (Fahrgestell eines Autos)

Chauf|feur *franz.* [schoför], der: des -s, die Chauffeure (Kraftfahrer)

che|cken *engl.* [tschäken]: (kontrollieren, nachprüfen); der **Check|point** (Kontrollpunkt an der Grenze)

Cheer|lea|der, der: die Cheerleader (Frauen, die das Publikum zum Anfeuern einer Mannschaft ermuntern sollen)

Cheese|bur|ger, der: (Hamburger mit Käse)

Chef, der: des -s, die Chefs; die **Che|fin;** der **Chef|arzt;** der **Chef|pi|lot;** die **Chef|se|kre|tä|rin**

Che|mie *arab.,* die: der - (Lehre von den Stoffen und ihren Verbindungen); der **Che|mi|ker;** die **Che|mi|ke|rin;** die **Che|mo|the|ra|pie; che|misch**

chic: *franz.* [schik]: (schick)

Chif|fre/Chiff|re *franz.* [schifre], die: der -, die Chiffren (Ziffer, Geheimschrift, Kennwort); **chif|f|rie|ren** (verschlüsseln)

Chi|na: (Land in Ostasien); der **Chi|ne|se;** die **Chi|ne|sen;** die **Chi|ne|sin; chi|ne|sisch:** die chinesische Sprache; das Chinesisch (Sprache); die Chinesische Mauer

Chi|nin *india.,* das: des -s (ein Fiebermittel)

Chip *engl.* [schip], der: des -s, die Chips (Spielmarke, dünne in Fett gebackene Kartoffelscheiben, Computerteilchen)

Chir|urg/Chi|rurg *griech.,* der: des -en, die Chirurgen (Facharzt für Operationen); die **Chi|r|ur|gie; chi|r|ur|gisch**

Chlor *griech.* [klor], das: des -s (chem. Grundstoff); das **Chlo|ro|form** (Betäubungsmittel); das **Chlo|ro|phyll** (Blattgrün); **chlo|ren**

Cho|le|ra *griech.* [kolera], die: der - (schwere Infektionskrankheit)

cho|le|risch: (leicht aufbrausend); der **Cho|le|ri|ker**

Cho|les|te|rin, das: (in tierischen Geweben vorkommende organische Verbindung)

Chor *griech.* [kor], der: des -(e)s, die Chöre (Mehrstimmiger Gesang, größere Sängergruppe); im Chor singen; der **Chor** (erhöhter Kirchenraum mit Altar); der **Chor|ge|sang;** der **Chor|sän|ger**

Cho|ral *griech.* [koral], des -s, die Choräle (Kirchenlied)

Christ, der: des -en, die Christen (Anhänger des Christentums); **Chris|tus** (Jesus Christus); der **Christ|baum;** das **Chris|ten|tum;** die **Chris|ten|ver|fol|gung;** das **Christ|kind;** die **Christ|ro|se; christ|lich;** vor Christi Geburt, *Abk.* v. Chr.; nach Christi Geburt; Abk. n. Chr.

Chrom *griech.* [krom], das: des -s (chem. Grundstoff)

Chro|mo|som *griech.* [kromosom], das: des -s, die Chromosomen (Erbanlagen im Zellkern)

Chro|nik *griech.* [kronik], die: der -, die Chroniken (Bericht über geschichtliche Vorgänge nach der Zeitfolge); der **Chro|nist** (Verfasser einer Chronik); **chro|no|lo|gisch** (zeitlich geordnet); **chro|nisch:** eine chronische (langsam verlaufende, langandauernde) Krankheit

Chry|san|the|me/Chrys|an|the|me, die: die Chrysanthemen (Blume mit großen strahligen Blüten)

ciao, ital. [tschau]: (Abschiedsgruß)

cir|ca/zir|ka *lat.:* (ungefähr); Abk. ca.

Ci|ty *engl.* [ßiti], die: der -, die Citys (Innenstadt, Geschäftszentrum)

clean *engl.* [klin]: (sauber, nicht mehr drogenabhängig)

cle|ver *engl.:* (klug, gewitzt, geschäftstüchtig); die **Cle|ver|ness**

Clinch *engl.* [klintsch], der: (Umklammerung, Streit); im Clinch liegen (streiten)

Cli|que *franz.* [klike], die: der -, die Cliquen (Bande, Gruppe mit gemeinsamen Zielen); die **Cli|quen|wirt|schaft**

Clou *franz.* [klu], der: des -s, die Clous (Glanzstück, Höhepunkt)

Clown *engl.* [klaun], der: des -s, die Clowns (Spaßmacher)

Club/Klub *engl.,* der: des -(e)s, die Clubs

Coach *engl.* [kotsch], der: des -(e)s, die Coachs (Trainer, Betreuer); **coa|chen** (betreuen, trainieren)

Cock|pit *engl.,* das: des -s, die Cockpits (Pilotenkabine im Flugzeug)

Cock|tail *engl.* [koktel], der: des -s, die Cocktails (Mixgetränk); die **Cock|tail|par|ty**

Code/Kode *franz.* [kod], der: des -s, die Codes (vereinbartes Zeichensystem)

co|die|ren: (Nachricht verschlüsseln)

Co|i|tus, der: (Geschlechtsakt)

Co|la, die: der -, die Colas (Coca-Cola, Getränk, Anregungsarzneimittel)

Col|la|ge *franz.* [kolasche], die: der -, die Collagen (zusammengestelltes Bild)

Colt, der: des -s, die Colts (Revolver)

Come-back/Come|back *engl.* [kambäk], das: des -s, die Comebacks (Wiederauftreten eines bekannten Künstlers, Sportlers, Politikers u. Ä. nach längerer Pause)

Co|mic *amerik.,* der: des -s, die Comics; Kurzwort für Comicstrip (ausgezeichnete Bildergeschichte)

Com|mon|wealth, das: (ehemals britisches Weltreich)

Com|pact Disc, Compact Disk, die:

C

Comp
C
D

(Abkürzung CD)

Com|pi|ler, der: die Compiler (Über-
setzungsprogramm in die Maschinen-
sprache eines Computers)

Com|po|ser, der: (halbautomatische
Schreibsatzmaschine)

Com|pu|ter *engl.* [kompjuter], der: des -s,
die Computer (elektronischer Rechner)

Con|tai|ner *engl.* [kontener], der: des -s,
die Container (genormter Großbehälter);
das **Con|tai|ner|schiff;**
der **Müll|con|tai|ner**

con|t|ra *lat.:* (gegen); → kontra

cool *amerik.* [kul]: (ruhig, überlegen,
kaltschnäuzig); ein cooler Typ

Cord/Kord, der: des -s, die Corde/Cords
(gerippter Baumwollstoff)

Cor|don bleu, das: (mit Käse gefülltes
Fleischstück)

Cor|ned Beef, Cornedbeef, das: (gepökel-
tes Rindfleisch); Cornedbeefbüchse, *auch*
Corned-Beef-Büchse, *auch* Cornedbeef-
Büchse

Corn|flakes *amerik.* [kornfleks], die: der -
(Maisflocken)

Couch *engl.* [kautsch], die: der -, die
Couches/Couchen (gepolsterte Liege);
die **Couch|gar|ni|tur**

Count-down/Count|down *amerik.*
[kauntdaun], der: des -(s) (bis zum
Startpunkt Null rückwärts schreitende
Zählung)

Coun|try|mu|sic/Count|ry|mu|sic, die:
der Countrysong (amerikanische Volks-
musik)

Cou|pé/Ku|pee *franz.* [kupe], das: des -s,
die Coupes (sportlicher, geschlossener
Pkw)

Cou|ra|ge *franz.* [kurasche], die: der -
(Mut); **cou|ra|giert** (beherzt, tapfer)

Cou|sin *franz.* [kusäng], der: des -s, die
Cousins (Vetter); die **Cou|si|ne/Ku|si|ne**
(Base)

Co|ver, das: (Titelbild von Tonträgern und
Büchern)

Cow|boy *engl.* [kaubeu], der: des -s, die
Cowboys (nordamerik. Rinderhirt zu

Pferde)

Co|yo|te/Kojote, der: die Coyoten
(nordamerikanischer Präriewolf)

Creme, *auch* **Krem** oder **Kre|me** *franz.,*
die: der -, die Cremes (feine Süßspeise,
Salbe zur Hautpflege, Paste für die
Schuhe); **cre|men;** die Hände eincremen

Crew *engl.* [kru], die: der -, die Crews; eine
gute Crew (Mannschaft/Besatzung) haben

CSU: Christlich-Soziale Union

Cup *engl.* [kap], der: des -s, die Cups
(Pokal, Ehrenpreis)

Cur|sor *engl.* [körser], der: des -s, die
Cursors (Eingabezeichen auf dem
Computerbildschirm)

cut|ten: cuttern (schneiden)

CVJM: Christlicher Verein Junger Men-
schen

D

D: römisches Zahlenzeichen für 500

da: da ist mein Auto; da sein; hier und da;
da und dort; da kommt sie endlich; da
draußen vor dem Haus; da (weil) er kein
Geld hatte, blieb er bei den Eltern wohnen

da|bei: er ist immer dabei; was ist denn
schon dabei?; **da|bei|blei|ben/da|bei
blei|ben:** sie ist lange dabeigeblieben;
trotz aller Einwände will sie dabei (ihrer
Behauptung) bleiben: **da|bei sein;**
da|bei sit|zen/da|bei|sit|zen: er
möchte gern dabeisitzen (daneben), aber:
du kannst dabei sitzen (bei der Tätigkeit
sitzen); **da|bei|ste|hen/da|bei ste|hen;**
bei einem Unfall untätig dabeistehen,
aber: er kann besser sägen, wenn er
da|bei steht

da|blei|ben: willst du noch lange dablei-
ben?, aber: du musst da (dort) bleiben,
wo du jetzt bist

Dach, das: des -es, die Dächer;
der **Dach|bo|den;** der **Dach|de|cker;**
der **Dach|first** (obere Kante des Da-
ches); **über|da|chen:** ein Dach über

dem Kopf haben; etwas unter Dach und Fach bringen (abschließen); jemandem aufs Dach steigen (ihn tadeln)

Dachs, der: des -es, die Dachse (große Marderart); der **Dachs|bau**

Da|ckel, der: des -s, die Dackel (Hunderasse)

da|durch: dadurch, dass du weitergefahren bist, ist alles noch schlimmer geworden, aber: du musst da durch

da|für: dafür sein; sich dafür einsetzen; dafür bekommst du etwas; **da|für kön|nen:** dafür können wir nichts, aber: **da|für|kön|nen:** nichts dafürkönnen

da|ge|gen: sie hat nichts dagegen; dagegen sein

da|ge|gen|hal|ten: eine andere Meinung haben; etwas einwenden, aber: etwas dagegen halten (gegen die Wand halten)

da|heim: daheimbleiben (zu Hause/ zuhause); daheimsitzen; aber: daheim arbeiten

da|her: ich sehe sie daherkommen, aber: daher (deswegen) kommen wir nicht

da|hin: er ist dahingegangen (gestorben), aber: er wird dahin (dorthin) gehen; **da|hin|fah|ren; da|hin|ge|stellt; da|hin|schlep|pen,** aber: dahin (dorthin) fahren, stellen, schleppen

da|hin|ten: dahinten (dort hinten) auf dem Schulhof

da|hin|ter: da|hin|ter kom|men (räumlich); **da|hin|ter|kom|men;** der Vater darf nicht dahinterkommen (nichts erfahren); **da|hin|ter|ste|hen** (unterstützen), aber: dahinter stehen ein paar Bäume

Dah|lie, die: die Dahlien (Blume)

da|lie|gen: ich sah ihn hilflos daliegen, aber: lass die Schokolade da (dort) liegen!

da|mals: (früher, einst); der damalige Lehrer

Da|me, die: der -, die Damen; das **Da|me|spiel; da|men|haft** (sich wie eine Dame benehmen)

Dam|hirsch, der: des -(e)s, die Damhirsche (Hirschart); das **Dam|wild**

da|mit: sie konnte damit nichts anfangen; ich komme, damit wir die Arbeit erledigen können

däm|lich: (dumm, albern); der **Däm|lack** (Dummkopf); die **Däm|lich|keit**

Damm, der: des -(e)s, die Dämme; der **Damm|bruch;** der **Dämm|stoff** (Isolierstoff); der **Fahr|damm;** der **Stau|damm; däm|men; ein|däm|men:** einen Fluss eindämmen

Däm|me|rung, die: der -, die Dämmerungen (Übergang von Tag und Nacht und Nacht und Tag); **dämm|rig; däm|mern:** es dämmert; es dämmert mir (es wird mir langsam klar); die **Mor|gen-/Abend|däm|me|rung**

Dä|mon *griech.,* der: des -s, die Dämonen (böser Geist, Teufel); **dä|mo|nisch**

Dampf, der: des -(e)s, die Dämpfe; der **Damp|fer;** der **Dämp|fer:** jemandem einen Dämpfer aufsetzen (bremsen, zügeln, mäßigen); die **Dampf|ma|schi|ne;** die **Dampf|wal|ze;** der **Schall|dämp|fer; damp|fen; dämp|fen:** ein Geräusch dämpfen; Dampf machen (eine Angelegenheit beschleunigen, dazu antreiben)

da|nach: danach fragen

Dan|dy *engl.* [dändi], der: des -s, die Dandys (Angeber)

da|ne|ben: das musste ja danebengehen (misslingen), aber: er wollte daneben gehen (nebeneinander gehen); der daneben Stehende/der Danebenstehende

Dä|ne|mark: (Staat in Nordeuropa); der **Dä|ne;** die **Dä|nin; dä|nisch**

dank: danke!; danke schön!; dank Ihrer Hilfe; nein danke; der **Dank:** vielen Dank!; Gott sei Dank!; Dank(e) sagen; danksagen; die **Dank|bar|keit;** das **Dank|schrei|ben; dank|bar; dan|ken**

dann: bis dann; dann und wann (manchmal)

da|ran/dar|an: daran teilnehmen; ich denke daran/dran; ich glaube nicht daran/dran; drauf und dran

da|rauf/dar|auf: draufgehen (sterben); draufschlagen, aber: darauf schlagen; darauf hoffen; darauf eingehen

dar|aus/da|raus: daraus wird nichts; er macht sich nichts daraus/draus; daraus lernen; daraus folgern

dar|ben: (Mangel haben; Not leiden)

dar|bie|ten: die **Dar|bie|tung** (Aufführung)

dar|ein/da|rein: sich darein ergeben (sich darein schicken); sich **da|rein|fin|den; da|rein|mi|schen**

dar|in/da|rin: darin hat er Recht; darin sitzen, aber: drinstecken; darin wohnen

Dar|le|hen, das: des -s, die Darlehen (gegen Zinsen geliehenes Geld)

Dar|ling, der: die Darlings (Liebling)

Darm, der: des -s, die Därme; das **Ge|därm**

dar|über/da|rü|ber: darüber stolpern

dar|um/da|rum: er ist darum (deswegen) gekommen, aber: darumkommen (etwas nicht bekommen); **da|r|um|le|gen**

dar|un|ter/da|run|ter: darunter (unter dem Auto) liegen; darunter (hierunter) leiden; **drun|ter; drun|ter|stel|len**

dar|stel|len: die **Dar|stel|lung**

das: (Artikel und Relativpronomen); das Kind; ich lese ein Buch, das ich mir geliehen habe

Da|sein, das: des -s; da sein (anwesend, vorhanden sein); der **Da|seins|kampf**

das heißt: Abk. d.h.

dass: (Konjunktion); so dass, *auch* sodass; der **dass-Satz**

das|sel|be: desselben; dieselben

Date *amerik.* [däit], das: des -s (Verabredung, Treffen)

Da|tiv *lat.,* der: des -s, die Dative (3. Fall, Wem-Fall); das **Da|tiv|ob|jekt**

Dat|scha, Datsche, die: (Wochenendhaus)

Dat|tel, die: der -, die Datteln (sehr süße Frucht); die **Dat|tel|pal|me**

Da|tum *lat.,* das: des -s, die Daten (Zeitangabe); **da|tie|ren** (mit einem Datum versehen)

Dau|be, die: die Dauben (Seitenbrett eines Fasses)

dau|ern: es dauert lange; es dauert mich (tut mir leid); die **Dau|er;** der **Dau|er|lauf;** die **Dau|er|wel|le;** der **Dau|er|zu|stand; an|dau|ernd; dau|ernd**

Dau|men, der: des -s, die Daumen; der **Dau|men|druck;** der **Däum|ling;** um **Dau|mes|brei|te** (im Abstand von einem Daumen); **dau|men|dick;** jemandem den Daumen halten (an ihn denken, ihm Glück wünschen); etwas über den Daumen peilen (ungefähr schätzen)

Dau|ne, die: der -, die Daunen (Flaumfeder); das **Dau|nen|bett;** die **Dau|nen|de|cke; dau|nen|weich**

da|von: auf und davon; davon abgesehen; sie will viel davon haben; davon will er nichts hören und sehen; nicht weit davon; **da|von|kom|men:** sie ist noch einmal davongekommen, **da|von kom|men:** davon kommen viele Leiden; **da|von|lau|fen:** (heimlich weglaufen); **da|von|tra|gen:** er hat den Sack davongetragen; **da|von tra|gen:** wie viele Säcke kannst du davon tragen?

da|vor: davor bewahren; lange davor; davor hat er keine Angst; ein Haus mit einer Wiese davor; einen Riegel davorschieben (etwas verbieten); **da|vor|ste|hen; da|vor|stel|len**

da|wi|der: (dagegen) sein; **da|wi|der|re|den**

da|zu: er will dazugehören (dabei sein); dazu gehört viel Mut; **da|zu|ler|nen; da|zu|ver|die|nen; da|zu|kom|men;** er möchte auch **da|zu|ge|hö|ren** (daran teilnehmen), aber: dazu gehört viel Mut; ich möchte mich nicht **da|zu|set|zen** (daneben), aber: wir müssen uns **da|zu set|zen;** ich bin **da|zu|ge|kom|men** (hinzu), aber: ich bin noch nicht **da|zu ge|kom|men** (hatte noch keine Zeit)

da|zwi|schen: ich weiß, dass nichts mehr dazwischenkommt (nichts passiert), aber: **da|zwi|schen kommt** noch der Bach; du sollst nicht **da|zwi|schen|re|den** (du

sollst ruhig sein), aber: wir können
da|zwi|schen re|den (in den Pausen);
er muss **da|zwi|schen|fah|ren** (eingrei-
fen), aber: **da|zwi|schen fah|ren** wir
(zwischen zwei Autos); du darfst nicht
da|zwi|schen|ru|fen, aber:
da|zwi|schen rufen (zwischen zwei
Reden) wir den Kellner

Deal, der: die Deals (Handel, Überein-
kunft)

DDR: ehemalige Deutsche Demokratische
Republik; der **DDR-Bür|ger**

De|bat|te *franz.,* die: der -, die Debatten
(lebhafte Diskussion, Erörterung);
de|bat|tie|ren

De|bü|tant, der; die Debütanten;
De|bü|tan|tin; die: die Debütantinnen
(Anfänger/in)

De|chant, der: die Dechanten;
De|chan|tin, die: die Dechantinnen
(kirchlicher Vorgesetzter)

Deck, das: des -(e)s, die Decks (Stockwerk
im Schiff)

De|cke, die: der -, die Decken;
die **De|cken|be|leuch|tung;**
das **De|cken|ge|mäl|de;** in **De|ckung**
gehen (sich schützen), die **Tisch|de|cke;**
die **Woll|de|cke; de|cken;**
be|de|cken; de|ckungs|gleich (z.B.
zwei Dreiecke); sich **zu|de|cken;** an die
Decke gehen (aufbrausen); sich nach der
Decke strecken (sich den Verhältnissen
anpassen)

De|ckel, der: des -s, die Deckel (Topf-
deckel); die **De|cke|lung** (Kosten
konstant halten)

De|fekt *lat.,* der: des -s, die Defekte
(Fehler, Schaden);
der **Ma|schi|nen|de|fekt;**
etwas ist **de|fekt** (beschädigt)

De|fen|si|ve *lat.,* die: der -, die Defensiven
(Verteidigung, Abwehr); sich **de|fen|siv**
in der Fahrweise (vorsichtig) verhalten

De|fi|ni|ti|on *lat.,* die: der -, die Definitio-
nen (Begriffsbestimmung); **de|fi|ni|tiv**
(endgültig); **de|fi|nie|ren** (genau bestim-
men)

De|fi|zit *lat.,* das: des -s, die Defizite
(Fehlbetrag, Verlust, Mangel); **de|fi|zi|tär**

De|fla|ti|on *lat.,* die: der -, die Deflationen
(Verminderung des Geldumlaufs)

De|flo|ra|ti|on, die: (Entjungferung)

De|fros|ter *engl.,* der: des -s, die Defroster
(Heizvorrichtung, die das Beschlagen
und Vereisen der Windschutzscheibe
verhindert, Vorrichtung zum Abtauen
des Gefrierfachs im Kühlschrank)

def|tig: (derb, nahrhaft, kräftig)

De|gen, der: des -s, die Degen (Stich- und
Hiebwaffe)

De|ge|ne|ra|ti|on *lat.,* die: der- (Entartung,
Rückbildung); **de|ge|ne|rie|ren**

deh|nen: (sich weit erstrecken, weiten,
länger machen); die **Aus|deh|nung;**
die **Deh|nung; dehn|bar:** ein dehnbarer
(vieldeutiger) Begriff

Deich, der: des -(e)s, die Deiche (Schutz-
damm); der **Deich|bruch; ein|dei|chen**

Deich|sel, die: der -, die Deichseln (Teil
eines Wagens); etwas **deich|seln** (etwas
geschickt zu Stande bringen)

dein: dein Strumpf; du musst das Deine/
deine auch dazu tun; **dei|ner:** ich
gedenke deiner; **dei|ner|seits;**
dei|nes|glei|chen; dei|net|we|gen;
um **dei|net|wil|len**

dei|ner: (Personalpronomen zu du)

dei|ner|seits

dei|nes|glei|chen: deinesteils

dei|net|hal|ben: deinetwegen,
deinetwillen

De|ka|de, die : die Dekaden (zehn Stück,
Zeitraum von zehn Einheiten)

De|kan *lat.,* der: des -s, die Dekane (geistli-
cher Würdenträger, Vorsteher einer
Universität)

de|kla|rie|ren *lat.:* die **De|kla|ra|ti|on**
(Erklärung über den Wert und Inhalt)

de|klas|sie|ren *lat.:* (herabsetzen, besser
als ein Gegner sein)

de|kli|nie|ren *lat.:* (Nomen/Substantive,
Adjektive, Pronomen beugen);
die **De|kli|na|ti|on:** (Grammatik: Beu-
gung von Wörtern)

de|ko|die|ren: (entschlüsseln)

De|kolle|tee/De|kol|le|té *franz.* [dekolte]
das: des -s, die Dekolletees (Kleiderausschnitt)

de|ko|rie|ren *lat.:* (schmücken, auszeichnen); einen Tisch dekorieren;
die **De|ko|ra|ti|on;** die **De|ko|rie|rung**

de|le|gie|ren *lat.:* die **De|le|ga|ti|on**
(Abordnung); der **De|le|gier|te;** eine
Aufgabe delegieren (von einem anderen
erledigen lassen)

Del|fin/Del|phin *griech.,* der: des -s, die
Delfine; Delfinschwimmer

de|li|kat *franz:* ein delikates Essen (lecker,
wohlschmeckend); eine delikate (heikle)
Angelegenheit; die **De|li|ka|tes|se;**
das **De|li|ka|tes|sen|ge|schäft,** *auch*
De|li|ka|tess|ge|schäft

De|likt *lat.,* das: des -s, die Delikte (Straftat, Vergehen); der **De|lin|quent** (Angeklagter, Verbrecher)

Del|le, die: der -, die Dellen (leichte
Einbeulung, Beule)

Del|phin/Del|fin *griech.,* der: des -s, die
Delphine (Zahnwal)

Del|ta *griech.,* das: des -(s), die Deltas/
Delten (mehrarmige Flussmündung);
del|ta|för|mig

dem: [3. Fall, Dativ von **der** (maskulin)];
dem|ent|spre|chend;
dem|ge|gen|über

Dem|a|go|ge/De|ma|go|ge *griech.,* der:
des -n, die Demagogen (Volksaufhetzer);
de|m|a|go|gisch

de|mas|kie|ren: (die Maske vom Gesicht
reißen, bloßstellen)

dem|ent|ge|gen: (dagegen)

De|men|ti *lat.,* das: des -s, die Dementi
(offizielle Berichtigung); **de|men|tie|ren**

De|me|ter: (Göttin des Ackerbaus)

dem|ge|gen|über: (andererseits)

dem|nächst: (bald)

De|mo|kra|tie *griech.,* die: der -, die
Demokratien (eine Staatsform, Volksherrschaft); der **De|mo|krat;**
de|mo|kra|tisch

de|mo|lie|ren *franz.:* die Wohnung demo-
lieren (mutwillig zerstören);
die **De|mo|lie|rung**

De|mons|t|ra|ti|on *lat.,* die: der -, die
Demonstrationen (Massen-, Protestkundgebungen, eine Sache vorführen);
das **De|mons|t|ra|tiv|pro|no|men**
(hinweisendes Fürwort);
de|mons|t|ra|tiv (betont, auffällig);
de|mons|t|rie|ren: anschaulich etwas
zeigen

De|mon|ta|ge *franz.* [demontasche], die:
der -, die Demontagen (Abbruch);
de|mon|tie|ren

De|mo|s|ko|pie *griech.,* die: der -, die
Demoskopien (Meinungsumfrage);
de|mo|s|ko|pisch

De|mut, die: der -; der **De|mü|ti|ge;**
die **De|mü|ti|gung; de|mü|tig;**
de|muts|voll; de|mü|ti|gen (erniedrigen, beschämen)

den: [Artikel, 4. Fall, Akkusativ von **der**
(maskulin) und 3. Fall, Dativ, Plural]

de|nen: aber: dehnen

den|ken: du denkst, du dächtest, er
dachte, sie hat gedacht, denk(e)!;
das **An|den|ken** (daran denken);
der **Denk|feh|ler;** das **Denk|mal;**
der **Denk|zet|tel; denk|bar; denk|faul;**
denk|wür|dig

denn: er lief schnell weg, denn das Wasser
kam immer näher; mehr denn je

den|noch: (trotzdem)

Den|tist *lat.,* der: des -en, die Dentisten
(Zahnarzt); die **Den|tis|tin**

de|nun|zie|ren *lat.:* (jemanden aus niederen Beweggründen anzeigen, verraten,
anschwärzen); der **De|nun|zi|ant;**
die **De|nun|zi|an|tin**

De|o|do|rant, das: des -s, die Deodorante/
Deodorants (geruchstilgendes Mittel);
Abk. De̱o

De|pen|dance, die: die Dependancen
(Zweigstelle)

De|pe|sche *franz.,* die: der -, die Depeschen (Telegramm, Eilnachricht, E-Mail)

de|por|tie|ren *lat.:* die **De|por|ta|ti|on**
(Zwangsverschickung, Verbannung);

der **De|por|tier|te**

De|po|nie *lat.,* die: der -, die Deponien
(Müllabladeplatz)

De|pot *franz.* [depo], das: des -s, die Depots
(Aufbewahrungsort, Sammelstelle);
de|po|nie|ren (lagern, hinterlegen)

Depp, der: des -s, die Deppen (einfältiger
Mensch)

De|pres|si|on *lat.,* die: der -, die Depressio-
nen (Niedergeschlagenheit); **de|pres|siv**
(bedrückt); **de|pri|miert** (mutlos)

der: (Artikel, Begleiter, Geschlechtswort)

der|art: er war derart traurig, dass er …;
der|ar|tig: eine derartige Frechheit, aber:
etwas Derartiges habe ich noch nicht
gesehen

derb: ein derbes Leder; ein derber Stoß;
die **Derb|heit**

Der|by *engl.* [därbi], das: des -s, die Derbys
(Pferderennen); das **Lo|kal|der|by**

der|ge|stalt: so sein; dereinst; (später,
einst); derart; **de|rent|hal|ben;**
de|rent|wil|len

der|glei|chen: ich habe nichts dergleichen
getan; Abk. dgl.

der|je|ni|ge: desjenigen; diejenigen

der|ma|ßen: ich bin dermaßen erschro-
cken, dass …

Der|ma|to|lo|gie, die: (Lehre von den
Hautkrankheiten)

der|sel|be: dieselben; ein und derselbe;
derselbe Mann

des: (Artikel, 2. Fall, Genitiv von **der/
das**)

De|sas|ter *franz.,* das: des -s, die Desaster
(Zusammenbruch, großes Missgeschick)

De|ser|teur *franz.* [desertör], der: des -s,
die Deserteure (fahnenflüchtiger Soldat);
de|ser|tie|ren

des|glei|chen: Abk. desgl.

des|halb: (daher, darum)

De|sign *engl.* [disain], das: des -s, die
Designs (Plan, Muster, Entwurf);
der **De|sig|ner** (Formgestalter für
Verbrauchsgüter); die **De|sig|ne|rin**

Des|in|fek|ti|on *lat.,* die: der -, die Desin-
fektionen (Vernichtung von Krankheits-

erregern, Entseuchung);
des|in|fi|zie|ren: eine Wunde keimfrei
machen

Des|in|ter|es|se/Des|in|te|res|se *franz.,*
das: des -s (Gleichgültigkeit);
des|in|te|r|es|siert

de|so|lat *lat.:* (trostlos, kraftlos)

Des|pot *griech.,* der: des -en, die Despoten
(Gewaltherrscher, Tyrann);
des|po|tisch; der **Des|po|tis|mus**

des|sen: mein Freund, dessen Frau
verunglückt ist; mein Hund und dessen
Hütte; dessen ungeachtet; statt dessen
Einwilligung, aber: stattdessen

Des|sert *franz.* [deßär], das: des -s,
die Desserts (Nachtisch)

Des|sous, die: (Unterwäsche)

De|s|til|la|ti|on *lat.,* die: der -, die Destilla-
tionen (Verdampfung und Wieder-
verflüssigung gasförmiger Stoffe, z. B.
Branntweinbrennerei); **de|s|til|lie|ren;**
destilliertes Wasser (chem. reines Wasser)

des|to: je eher, desto besser; je mehr du
übst, desto schneller lernst du es

des|we|gen: wegen meines Bruders und
dessen Freund; deswegen bin ich gekom-
men

De|tail *franz.* [detaij], das: des -s, die Details
(Einzelheit, Einzelteil); etwas im Detail
besprechen; **de|tail|lie|ren:** detaillierte
Beschreibung einer Situation

De|ter|mi|na|ti|on, die: (Begriffsbestim-
mung)

De|tek|tiv *lat.,* der: des -s, die Detektive
(Ermittler); die **De|tek|tei** (Ermittlungs-
büro)

De|to|na|ti|on *lat.,* die: der -, die Detona-
tionen (Knall, Explosion); **de|to|nie|ren**

deu|ten: einen Traum deuten (auslegen);
mit dem Finger auf jemanden deuten;
an|deu|ten; be|deu|ten;
der **Traum|deu|ter;** die **Deu|tung;**
deut|bar; ein|deu|tig; zwei|deu|tig;
deut|lich; die **Deut|lich|keit**

deutsch: die deutsche Einheit; das deut-
sche Volk; die deutsche Sprache; die
deutsche Staatsangehörigkeit; der Deut-

sche Bundestag; Deutsche Bahn (DB); Deutsche Post (DP); das Deutsche Rote Kreuz (DRK); das **Deutsch:** er versteht kein Wort Deutsch; er hat deutsch gesprochen; sie spricht ein gutes Deutsch; er hat eine Eins in Deutsch; wir lernen Deutsch; der **Deut|sche:** ich bin ein Deutscher; alle Deutschen;
deutsch|freund|lich;
deutsch|feind|lich;
deutsch|spra|chig; Deutsch|land;
Deutsch|land|lied

De|vi|se *franz.* [dewi̱se], die: der -, die Devisen (Wahlspruch, Zahlungsmittel in ausländischer Währung)

de|vot *lat.:* (ergeben, unterwürfig)

De|vo|ti|o|na|li|en, Mz. (Gegenstände, die der religiösen Andacht dienen)

De|zem|ber, der: des -s, die Dezember (Monatsname)

de|zent *lat.:* (anständig, unaufdringlich, gedämpft); dezente Kleidung; dezentes Benehmen; dezente (leise) Musik

de|zi|mal *lat.:* (auf die Zahl Zehn bezogen); das **De|zi|bel** (Maßeinheit für die Lautstärkemessung);
der **De|zi|mal|bruch;**
das **De|zi|mal|sys|tem;**
die **De|zi|mal|waa|ge;**
der/das **De|zi|me|ter; de|zi|mie|ren** (stark verringern, durch Verluste schwächen)

DFB: Deutscher Fußballbund

DGB: Deutscher Gewerkschaftsbund

Dia *lat.,* das: des -s, die Dias; (Kurzwort für Diapositiv)

Di|a|be|tes, die: (Zuckerkrankheit)

di|a|bo|lisch *griech.:* (teuflisch, wild)

Di|a|dem *griech.,* das: des -s, die Diademe (kostbarer Stirnreif)

Di|a|gno|se *griech.,* die: der -, die Diagnosen (Erkennung einer Krankheit);
di|a|gnos|ti|zie|ren

Dia|go|na|le *griech.,* die: der -, die Diagonalen (Strecke, die zwei nicht benachbarte Ecken eines Vielecks verbindet);
dia|go|nal (schräg laufend)

Dia|gramm *griech.,* das: des -s, die Diagramme (Schaubild)

Di|a|kon *griech.,* der: des -s, die Diakone (Pfarrhelfer); die **Di|a|ko|nis|se/**
Di|a|ko|nis|sin (evang. Gemeinde- und Krankenschwester)

Di|a|lekt *griech.,* der: des -(e)s, die Dialekte (Mundart)

Di|a|log *griech.,* der: des -s, die Dialoge (Zwiegespräch); einen Dialog führen; → Monolog

Di|a|mant, der: des -en, die Diamanten (Edelstein)

Di|a|po|si|tiv *griech.,* das: des -s, die Diapositive (durchsichtiges Lichtbild); Abk. Dia

Di|a|spo|ra/Di|as|po|ra, die: (religiöse oder nationale Minderheit in einem Gebiet)

Di|ät *griech.,* die: der -, die Diäten (Schonkost); Diät kochen, leben; die **Di|ät** (Krankenkost); die **Di|ät|kost;** der **Di|ät|plan**

Di|ä|ten Mz. *lat.,* die: der - (Tagegelder für Abgeordnete, Aufwandsentschädigung)

dich: (4. Fall, Akkusativ von **du**)

dicht: dichter Nebel; dichter Wald; die Fenster und Türen schließen dicht; sie stand dicht daneben; **luft|dicht;** **was|ser|dicht;** die **Dich|te;** die **Dich|tung** (z.B. eines Wasserhahns); **ab|dich|ten; dich|ten** (dicht, undurchlässig machen); er hat **dicht|ge|hal|ten** (nichts verraten), aber: der Verschluss hat **dicht ge|hal|ten** (undurchlässig)

dich|ten: (ersinnen, verfassen, ausdenken, schreiben); der **Dich|ter;** die **Dicht|kunst;** das **Ge|dicht**

dick: dick|fel|lig; dick|köp|fig; dick|lei|big; dick ma|chen/ dick|ma|chen; der **Dick|darm;** der **Di|cke;** die **Di|cke;** der **Dick|häu|ter;** der **Dick|schä|del;** eine dicke (geschwollene) Backe/Wange; dicke Luft (Gefahr); durch dick und dünn gehen; eine dicke (enge) Freundschaft; das dicke Ende kommt noch; er hat es faustdick hinter den Ohren

die: (Artikel, Begleiter, Geschlechtswort)

Dieb, der: des -es, die Diebe;
die **Die|bes|ban|de;** der **Dieb|stahl;**
die|bes|si|cher; die|bisch: sich die-
bisch (sehr) freuen; diebisches Gesindel;
diebisch wie die Elster (viel stehlen)

die|je|ni|ge; derjenige; dasjenige

Die|le, die: der -, die Dielen (Fußboden-
brett, Flur, Vorraum)

die|nen: der **Die|ner;** die **Die|ne|rin;**
der **Dienst;** der **Dienst|bo|te;**
das **Dienst|ge|heim|nis;**
die **Dienst|leis|tung; dienst|eif|rig;**
dien|lich; dienst|lich

Diens|tag, der: des -s, die Dienstage; am
Dienstag; eines Dienstags; wir treffen uns
jeden Dienstagabend; **diens|tä|gig;**
diens|täg|lich; diens|tags;
diens|tag|abends (immer am Diens-
tag), *auch* dienstags abends; dienstags
nachts

dies: diese; dieses; **dies|be|züg|lich;**
die|sel|be; dies|jäh|rig; dies und das;
dieser und jener; dieses hohe Haus;
dieses Jahr; dieses Mal; **dies|mal;**
dies|seits: diesseits des Kanals, aber:
das Diesseits

Die|sel|mo|tor, der: des -s, die Dieselmo-
toren; Abk. der Diesel; das **Die|sel|öl**

die|sig: (dunstig, neb(e)lig)

Diet|rich, der: des -s, die Dietriche (Nach-
schlüssel)

Dif|fe|renz *lat.,* die: der -, die Differenzen
(Unterschied); **dif|fe|ren|zie|ren** (unter-
scheiden); **dif|fe|rie|ren** (abweichen)

di|gi|tal (EDV in Stufen erfolgend)

Dik|tat *lat.,* das: des -s, die Diktate;
dik|tie|ren; der **Dik|ta|tor** (unum-
schränkter Herrscher); die **Dik|ta|tur**
(Alleinherrschaft)

Di|let|tant *ital.,* der: des -en, die Dilettan-
ten (Nichtfachmann, Laie);
di|let|tan|tisch (laienhaft)

Dill, der: *auch* Dil|le, die (Gewürzpflanze)

Di|men|si|on *lat.,* die: der -, die Dimensio-
nen (Ausdehnung, Ausmaß);

di|men|si|o|nal; über|di|men|si|o|nal;
di|men|si|o|nie|ren (abmessen)

Dim|mer, der: des -s, die Dimmer (stufen-
loser Helligkeitsregler)

DIN: Deutsche Industrienorm; ein
DIN-A5-Blatt

Di|ner *franz.* [dinee], das: des -s, die Diners
(Festessen)

Ding, das: des -es, die Dinge;
der/die/das **Dings|da/Dings|bums**
(Begriff, dessen Name einem nicht
einfällt); **ding|lich;** jemanden **ding|fest**
machen (verhaften); das ist der Lauf der
Dinge; aller guten Dinge sind drei; das
geht nicht mit rechten Dingen zu; ein
Ding drehen (einen Einbruch, einen
Diebstahl); unverrichteter Dinge wieder
gehen; guter Dinge sein (gute Laune)

Din|ner *engl.,* das: des -s, die Dinner(s)
(Hauptmahlzeit in England)

Di|no|sau|ri|er, Dinosaurus, der: (aus-
gestorbene Riesenechse)

Di|ö|ze|se *griech.,* die: der -, die Diözesen
(Amtsbereich eines Bischofs)

Diph|the|rie *griech.,* die: der -, die Diphthe-
rien (Infektionskrankheit);
die **Diph|the|rie|schutz|imp|fung**

Di|ph|thong *griech.,* der: des -s, die
Diphthonge (Doppellaut)

Di|plom/Dip|lom *griech.,* das: des -s, die
Diplome (amtliche Urkunde, Zeugnis
über eine Prüfung an einer Hochschule
oder Universität); *Abk.* Dipl.;
die **Di|p|lom|ar|beit; Dipl.-Chem.**
(Diplomchemiker); **Dipl.-Ing.** (Diplom-
ingenieur); **Dipl.-Kfm.** (Diplomkauf-
mann); **Dipl.-Phys.** (Diplomphysiker);
der **Di|p|lo|mat** (Staatsmann);
die **Di|p|lo|ma|tie; di|p|lo|ma|tisch**
(geschickt, vorsichtig)

dir: (3. Fall, Dativ von **du**); dir bringe ich
etwas mit

di|rekt: (gerade, unmittelbar); er geht
direkt ins Büro; der Ball flog direkt ins
Tor; die direkte (wörtliche) Rede; ein
direkter Freistoß;
die **Di|rekt|über|tra|gung** (vom Ort des

Geschehens aus)

Di|rek|tor *lat.,* der: des -s, die Direktoren; die **Di|rek|ti|on,** die Direktrice

Di|ri|gent *lat.,* der: des -en, die Dirigenten (Leiter eines Chors oder Orchesters); die **Di|ri|gen|tin; di|ri|gie|ren;** der **Di|ri|gis|mus** (Lenkung der Wirtschaft durch den Staat)

Dirndl, das: des -s, die Dirndln (junges Mädchen); das **Dirndl|kleid**

Dir|ne, die: der -, die Dirnen (früher Mädchen, Bauernmagd, heute Prostituierte)

Disc|jo|ckey/Disk|jo|ckey *engl.* [dißkschoke], der: des -s, die Discjockeys (jemand, der mit CDs Musik macht)

Dis|count|la|den *engl.* [dißkaunt …], der: des -s, die Discountläden (einfach eingerichteter Laden); der **Dis|count|preis** (niedriger Preis)

Dis|ket|te, die: der -, die Disketten [Datenträger für elektronische Datenverarbeitung (EDV)]

Dis|kont *ital.,* der: des -s, die Diskonte (Zinsabzug); **dis|kon|tie|ren**

Dis|ko|thek, die: der -, die Diskotheken (Tanzlokal); *Abk.* Disko/Disco

dis|kret *lat.:* (rücksichtsvoll, verschwiegen); die **Dis|kre|ti|on**

Dis|kus *griech.,* der: des -/-ses, die Disken/ Diskusse (Wurfscheibe); der **Dis|kus|wer|fer**

Dis|kus|si|on *lat.,* die: der -, die Diskussionen (Aussprache, Meinungsaustausch); der **Dis|kus|si|ons|bei|trag;** der **Dis|kus|si|ons|lei|ter; dis|ku|ta|bel** (erwägenswert); **dis|ku|tie|ren:** (erörtern)

dis|po|nie|ren *lat.:* (ordnen, einteilen, planen); die **Dis|po|si|ti|on**

dis|qua|li|fi|zie|ren *lat.:* (für untauglich erklären, von einem Wettkampf wegen Verstoßes gegen die Regeln ausschließen); die **Dis|qua|li|fi|ka|ti|on**

Dis|si|dent, *lat.,* der: des -en, die Dissidenten (jemand, der von einer vorgegebenen politischen Meinung abweicht)

Dis|so|nanz *lat.,* die: der -, die Dissonan-

zen (Missklang, Unstimmigkeit)

Dis|tanz *lat.,* die: der -, die Distanzen (Abstand, Entfernung); **dis|tan|zie|ren** (jemanden im Wettkampf überbieten, hinter sich lassen); sich distanzieren (von jemandem abrücken)

Dis|tel, die: der -, die Disteln (Pflanze mit Stacheln)

Dis|zi|p|lin *lat.,* die: der -, die Disziplinen (Zucht, Ordnung, Fach im Sport oder in der Wissenschaft); **dis|zi|p|li|na|risch; dis|zi|p|li|niert** (an Ordnung gewöhnt)

di|vers *lat.:* (diverse, verschiedene, mehrere) Gegenstände; **Di|ver|ses** (Vermischtes, was man nicht einordnen kann)

Di|vi|den|de *lat.,* die: der -, die Dividenden (Gewinnanteil)

di|vi|die|ren *lat.:* (teilen); die **Di|vi|si|on;** der **Di|vi|dend** (die zu teilende Zahl)

d. J.: dieses Jahres

DJH: Deutsche Jugendherberge

DLRG: Deutsche Lebens-Rettungs-Gesellschaft

dm: Dezimeter (10 cm)

DM: Deutsche Mark

doch: das ist doch nicht wahr!; das Wasser ist kalt und doch angenehm; du bist doch nicht arm; wir trainieren hart, doch es nützt uns wenig

Docht, der: des -s, die Dochte (Faden zum Brennen in einer Kerze oder Lampe)

Dock *engl.,* das: des -s, die Docks (Anlage zum Ausbessern oder Bau von Schiffen)

Dog|ge, die: der -, die Doggen (Hunderasse)

Dog|ma *griech.,* das: des -s, die Dogmen (Lehrmeinung der Kirche, Glaubenssatz); der **Dog|ma|ti|ker; dog|ma|tisch**

Doh|le, die: die Dohlen (Vogel)

Do-it-your|self-Bewegung: (Ausdruck für die eigene Ausführung handwerklicher Tätigkeit)

dok|tern: der **Dok|tor;** die **Dok|to|rin;** der **Dok|to|rand;** die **Dok|to|ran|din;** die **Dok|trin** (Lehrsatz, Lehrmeinung)

Do|ku|ment *lat.,* das: des -(e)s, die Dokumente (Urkunde, amtlich als Beweis

Dire

D

dienendes Schriftstück);
der **Do|ku|men|tar|fim;**
die **Do|ku|men|ta|ti|on** (Ordnung nach Zusammenstellung von Dokumenten und Materialien)

Dolch, der: des -(e)s, die Dolche (Stichwaffe)

Dol|lar, der: des -(s), die Dollars (Währungseinheit in den USA); Zeichen: $

Dol|met|scher *türk.,* der: des -s, die Dolmetscher (Übersetzer); **dol|met|schen**

Dom, der: des -s, die Dome (Bischofs-, Hauptkirche)

Do|mä|ne *lat.-franz.,* die: der -, die Domänen (Staatsgut, besonderes Arbeitsgebiet)

do|mi|nie|ren *lat.:* (herrschen, beherrschen); **do|mi|nant**

Domp|teur *franz.,* der: des -s, die Dompteure (Tierbändiger, der wilde Tiere im Zirkus vorführt); die **Domp|teu|se**

Don|ner, der: des -s, die Donner; das **Don|ner|wet|ter; don|nern** (es blitzt und donnert)

Don|ners|tag, der: des -s, die Donnerstage; **am Don|ners|tag;** der **Don|ners|tag|abend;** (an einem Donnerstagabend); **don|ners|tags; don|ners|tag|abends** (immer wiederkehrend), *auch* donnerstags abends

doof: (dumm); die **Doof|heit**

do|pen *engl.* (Gebrauch verbotener Anregungsmittel, um Höchstleistungen zu erzielen); das **Do|ping;** die **Do|ping|kon|trol|le**

Dop|pel, das: des -s (Doppelspiel von je zwei Spielern gegeneinander, z. B. beim Tennis); der **Dop|pel|gän|ger;** der **Dop|pel|kopf** (Kartenspiel); der **Dop|pel|punkt; dop|pel|deu|tig; dop|pelt; ver|dop|peln; dop|pel|zün|gig** (unaufrichtig, nicht bei einer Aussage bleiben)

Dorf, das: des -(e)s, die Dörfer; der **Dorf|be|woh|ner; dörf|lich** (das dörfliche Leben)

Dorn, der: des -(e)s, die Dornen; die **Dor|nen|he|cke;**

das **Dorn|rös|chen; dor|nig**

dör|ren: (trocknen, dürr machen); **aus|dör|ren** (austrocknen); das **Dörr|obst**

Dorsch, der: des -es, die Dorsche (Fisch)

dort: dortbleiben (nicht zurückkommen); dort bleiben (nicht weiterreisen, übernachten); dort draußen; da und dort; von dort aus; dort drüben; dort hinten/vorn; dort oben/unten; bald hier, bald dort; **dort|her; dort|hin; dort|hin|auf, dort|zu|lan|de; dort zu Lan|de**

Do|se, die: der -, die Dosen; die **Do|sen|milch;** der **Do|sen|öff|ner; do|sen|fer|tig**

dö|sen: (im Wachen träumen)

Do|sis *franz.,* die: der -, die Dosen (zugemessene Arzneigabe, kleine Menge); die **Do|sie|rung; do|sie|ren** (genau einteilen, abmessen)

do|tie|ren: (eine genaue Summe zuteilen)

Dot|ter, der/das: des -s, die Dotter (Eigelb); die **Dot|ter|blu|me; dot|ter|gelb; dot|ter|weich**

Dou|ble *franz.* [dubel], das: des -s, die Doubles (Ersatzperson für einen Schauspieler); **dou|beln** (für einen anderen spielen)

down *engl.* [daun]: down sein (niedergeschlagen, erschöpft sein)

Do|zent *lat.,* der: des -en, die Dozenten (Hochschullehrer); **do|zie|ren** (lehren)

Dr.: Doktor

Dra|che, der: des -n, die Drachen (Fabeltier aus der Sage)

Dra|chen, der: des -s, die Drachen (Fluggerät aus Papier und Holz); das **Dra|chen|flie|gen** (Sportart)

Dra|gee/Dra|gée *franz.* [drasche], das: des -s, die Dragees (Arzneipille, überzuckerte Frucht)

Draht, der: des -es, die Drähte; die **Draht|seil|bahn;** die **Draht|zan|ge;** der **Draht|zie|her** (ein Mann im Hintergrund, der die Fäden für eine Handlung zieht); **drah|tig;** auf Draht sein (tüchtig, flink, gesund sein)

Dral
D

Drall, der: des -(e)s, die Dralle (Richtung, Drehbewegung, Windung); der **Rechts-/ Links|drall; drall** (stramm, fest)

Dra|ma *griech.,* das: des -s, die Dramen (Schauspiel, trauriger Vorgang); die **Dra|ma|tik;** der **Dra|ma|ti|ker; dra|ma|tisch** (erregend, spannend); **dra|ma|ti|sie|ren** (aufbauschen)

dran: (daran); dran sein; drauf und dran; das ganze Drum und Dran; **dran|blei|ben; dran|kom|men**

Drä|na|ge/Drai|na|ge *franz.* [dränasche], die: der -, die Dränagen (Entwässerung)

drän|gen: (antreiben); jemanden zu einer Handlung drängen; **ver|drän|gen;** sich **vor|drän|gen;** der **Drang;** die **Drang|sal;** die **Drän|ge|lei;** jemanden **drang|sa|lie|ren** (quälen); **drän|geln**

dras|tisch *griech.:* (deutlich, derb, ernergisch)

drauf: (darauf); drauf und dran (nahe daran) sein; gut drauf (sich wohlfühlen) sein; **drauf|los;** der **Drauf|gän|ger; drauf|los|re|den; drauf|los|schla|gen; drauf|los|wirt|schaf|ten**

drau|ßen: draußen bleiben/sein

drech|seln: der **Drechs|ler** (Kunsthandwerker)

Dreck, der: des -(e)s; die **Dreck(s)|ar|beit;** der **Dreck|fink;** das **Dreck|schwein;** der **Dreck|spatz; dre|ckig;** die Karre aus dem Dreck ziehen (etwas in Ordnung bringen)

dre|hen: mit dem Auto drehen (umkehren); das Rad drehen; sich im Kreis drehen; das **Dreh|buch;** die **Dreh|or|gel;** die **Dre|hung**

drei: drei|fach; drei|jäh|rig; drei|mal; drei|er|lei; (dreimal kommen, *auch* 3-mal, aber die ersten drei Male); **drei|ßig; drei|zehn;** die **Drei:** eine Drei in der Prüfung schreiben; die Note Drei; das **Drei|eck;** die **Drei|ei|nig|keit;** der **Drei|sprung;** die **Drei|tei|lung;** der **Drei|vier|tel|takt;** das **Drei|fa|che; drei|ar|mig; drei|blät|te|rig/**

drei|blätt|rig; drei|eckig; drei|kan|tig; drei|ßig|jäh|rig: eine dreißigjährige Frau, aber: der Dreißigjährige Krieg; **drei|stim|mig; drei|stö|ckig;** der Zuschauerraum war erst drei viertel voll, aber: drei Viertel der Summe; aller guten Dinge sind drei; er kann nicht bis drei zählen (ist dumm); die **Drei|vier|tel|stun|de**

dreist: (frech); die **Dreis|tig|keit**

dre|schen: du drischst, du drosch(e)st, er drosch, sie hat gedroschen; drisch!; das Korn wird gedroschen; leeres Stroh dreschen (unnützen Blödsinn reden); die **Dre|sche** (Prügel); Dresche beziehen

Dress *engl.,* der: des -es, die Dresse (Sportkleidung); der **Dress|man**

dres|sie|ren *franz.:* (streng abrichten, lehren); der **Dres|seur** [dreßör]; die **Dres|sur;** die **Dres|sur|num|mer;** das **Dres|sur|rei|ten**

drib|beln: (Fußball: den Ball durch kleine Stöße vorantreiben); das **Dribb|ling** (Umspielen eines Gegners)

Drift, die: der -, die Driften (Meeresströmung); **drif|ten** (mit der Strömung treiben)

dril|len: (einüben, exerzieren, in Reihen säen); der **Drill;** die **Drill|ma|schi|ne** (landwirtschaftliches Gerät); der **Dril|ling** (Jagdgewehr)

drin: (darin); das ist nicht mehr drin (nicht möglich); drinnenbleiben

drin|gen: du dringst, du drängest, er drang, sie ist gedrungen, dring(e)!; die **Dring|lich|keit;** der **Dring|lich|keits|an|trag; drin|gend:** aufs dringendste/Dringendste; **dring|lich**

Drink *engl.,* der: des -s, die Drinks (alkoh. Mischgetränk)

drin|nen: (darinnen)

dritt: zu dritt sein; der dritte Versuch; **Drit|te:** sie war **Drit|te;** wenn sich zwei streiten, freut sich der Dritte; rede zu keinem Dritten darüber; der Dritte im Kreise; die Dritte Welt; das Dritte Reich;

drit|teln; das **Drit|tel;** ein **drit|tel** Liter, aber: ein Drittel der Flasche; **drit|tens;** der **Dritt|letz|te**

DRK: Deutsches Rotes Kreuz

Dro|ge *franz.,* die: der -, die Drogen (zu Arzneien verwendeter Rohstoff, auch das daraus gewonnene Präparat); die **Dro|ge|rie; dro|gen|süch|tig** (von Rauschgiftdrogen abhängig sein)

dro|hen: einen Menschen bedrohen; der **Droh|brief;** die **Dro|hung; be|droh|lich**

Droh|ne, die: der -, die Drohnen (männliche Biene)

dröh|nen: dröhnender Lärm; mit dröhnender Stimme; es dröhnen mir die Ohren

drol|lig: (lustig, komisch); die **Drol|lig|keit**

Dro|me|dar, das: des -s, die Dromedare (einhöckeriges Kamel)

Drops *engl.,* der/das: des -, die Drops (Fruchtbonbon)

Drosch|ke *russ.,* die: der -, die Droschken (Kutsche, Taxi, Mietwagen)

Dros|sel, die: die Drosseln (Vogel)

dros|seln: ab|dros|seln; er|dros|seln; die **Dros|se|lung**

drü|ben: (auf der anderen Seite)

drü|ber: (darüber); es geht drunter und drüber (Unordnung); das Drunter und Drüber

dru|cken: ein Buch drucken; sich vor einer Aufgabe drücken; der **Druck;** der **Dru|cker;** der **Drü|cke|ber|ger;** der **Druck|knopf; druck|emp|find|lich**

druck|sen: sie druckste eine Zeit lang/ Zeitlang herum (zögerte eine Zeit), aber: eine kurze Zeit lang

Drud, die: die **Dru|de** (Zauberin): die Druden, der Drudenfuß (Zeichen gegen Zauberei)

drum: (darum); das Drum und Dran; **drum|he|rum;** das **Drum|he|rum**

Drum|mer *engl.* [drạmer], der: des -s, die Drummer (Schlagzeugspieler); die **Drums** [drạms]: (die Trommeln)

drun|ten: (da unten)

drun|ter: (darunter)

Drü|se, die: der -, die Drüsen (Körperorgan)

Dschun|gel, der: des -s, die Dschungels (tropischer Urwald)

Dschun|ke, die: (Segelschiff)

dt.: deutsch

Dtzd.: Dutzend

du: du warst hier; du zueinander sagen; jemandem das Du anbieten; jemanden mit Du anreden; auf Du und Du sein; in Briefen: du oder Du

Dü|bel, der: des -s, die Dübel (Zapfen zum Verankern von Schrauben); **dü|beln**

du|bi|os: dubiös (geheimnisvoll)

du|cken: sich ducken; der **Duck|mäu|ser** (feiger Mensch)

Du|del|sack, der: des -s, die Dudelsäcke (Blasinstrument)

Du|ell, das: des -s, die Duelle (Zweikampf); **du|el|lie|ren**

Du|ett *ital.,* das: des -es, die Duette (Zweigesang; Musikstück für zwei Singstimmen oder zwei gleiche Instrumente); → Duo

Duft, der: des -es, die Düfte; **duf|tig; duf|ten;** das ist **duf|te** (gut)

Du|ka|ten *ital.,* der: des -s, die Dukaten (frühere Geldmünze)

dul|den: (etwas ertragen)

dumm: dümmer, am dümmsten; **dumm|dreist; dümm|lich;** der **Dumm|kopf;** dumm reden; sich dumm stellen; jemandem dumm kommen (mit Worten angreifen); sich nicht für dumm verkaufen lassen (täuschen lassen); so was Dummes!; das wird mir zu dumm (die Geduld verlieren)

Dum|my *engl.* [dạmi], der: des -s, die Dummys (große Menschenpuppe für Unfalltests)

dumpf: ein dumpfes (unheimliches) Gefühl; **dump|fig**

Dum|ping *engl.* [dạmping], das: des -s (Preise unterbieten); der **Dum|ping|preis**

Dü|ne, die: der -, die Dünen;

der **Dü|nen|sand;** die **Dü|nung** (Wellenbewegung des Meeres nach dem Sturm)

Dün|ger, der: des -s, die Dünger;
die **Dün|gung; dün|gen;**
das **Dün|ge|mit|tel**

dun|kel: dunkler; am dunkelsten; eine dunkle (finstere Straße); im **Dun|keln** der Nacht; die **Dun|kel|heit;**
die **Dun|kel|kam|mer;** etwas im Dunkeln (unklar) lassen

dünn: sich dünn machen (wenig Platz einnehmen); durch dick und dünn gehen; **dünn be|völ|kert/ dünn|be|völ|kert; dünn|flüs|sig**

Dunst, der: des -es, die Dünste;
die **Dunst|glo|cke; duns|tig; duns|ten** (ausströmen); **düns|ten** (in wenig Wasser und Fett gar machen);
ver|duns|ten: Wasser verdunsten lassen

Duo _ital.,_ das: des -s, die Duos (zwei Personen singen; Musikstück für zwei verschiedene Instrumente); → Duett

Du|pli|kat _lat.,_ das: des -s, die Duplikate (Doppel)

Dur _lat.,_ das: des - (Tongeschlecht); die A-Dur-Tonleiter

durch: durch mich; durch euch; sie ging durch den Fluss, **durch|aus; durch|ei|n|an|der; durch und durch; durch|weg; durch|ar|bei|ten** (ohne Pause arbeiten), **durch|at|men**

Durch|blick, der: des -s; **durch|bli|cken;** er blickt nicht durch (versteht nicht); etwas durchblicken lassen (andeuten)

durch|blu|ten: gut durchblutete Haut;
die **Durch|blu|tung;**
die **Durch|blu|tungs|stö|rung**

durch|bre|chen: sie hat einen Stock durchgebrochen; die **Durch|bre|chung;** der **Durch|bruch**

durch|che|cken: (prüfen, berechnen, genau überlegen; vom Arzt den Gesundheitszustand genau untersuchen lassen; das Auto durchchecken)

durch|dre|hen: Fleisch durch den Wolf drehen; du bist ja völlig durchgedreht (verwirrt, kopflos)

durch|drin|gen: er konnte mit seiner Ansicht nicht durchdringen (die anderen nahmen seine Meinung nicht an); sie haben den Urwald durchdrungen

durch|ein|an|der/durch|ei|nan|der: alles durcheinandertrinken; durcheinanderreden, durcheinanderbringen; aber: die Zahlen durcheinander eingeben; durcheinander sein; das **Durch|ei|n|an|der**

Durch|fall, der: des -s, die Durchfälle;
durch|fal|len (in der Prüfung)

durch|füh|ren: (ausführen);
die **Durch|füh|rung; durch|führ|bar**

durch|gän|gig: durch|ge|hend;
durch|ge|hen (eine Rechnung Punkt für Punkt durchgehen)

durch|grei|fen: (Ordnung schaffen)

Durch|lass, der: des -es, die Durchlässe;
die **Durch|läs|sig|keit; durch|läs|sig;**
durch|las|sen

durch|lau|fen; das Wasser ist durchgelaufen, aber: **durch|lau|fen:** eine Prüfung durchlaufen; der **Durch|lauf;**
der **Durch|lau|fer|hit|zer**

durch|le|sen: beim **Durch|le|sen**

durch|que|ren: (den Fluss durchqueren)

durch|rei|ßen: (das Papier durchreißen)

Durch|sa|ge, die: der -, die Durchsagen;
durch|sa|gen

Durch|schlag, der: des -es, die Durchschläge; die **Durch|schlags|kraft;**
durch|schla|gen; durch|schla|gend;
ein durchschlagender Erfolg

durch|schnei|den: der **Durch|schnitt** (der Mittelwert);
das **Durch|schnitts|al|ter;**
das **Durch|schnitts|ein|kom|men;**
durch|schnitt|lich: durchschnittliche, überdurchschnittliche Leistungen vollbringen

durch|set|zen: eine Sache durchsetzen (zum Erfolg führen); er hat seinen Willen durchgesetzt (behauptet);
das **Durch|set|zungs|ver|mö|gen**

durch|sich|tig: die **Durch|sicht;**
die **Durch|sich|tig|keit;** das ist allzu durchsichtig (Täuschung wird erkannt)

durch|strei|chen: (entwerten, ausstreichen)

durch|su|chen: das Reisegepäck durchsuchen; die **Durch|su|chung;**
der **Durch|su|chungs|be|fehl**

durch|trie|ben: (gerissen, verschlagen, böse)

durch|wäh|len: (beim Telefonieren direkt den Teilnehmer ohne Vermittlung anwählen); die **Durch|wahl**

durch|weg(s): er hat durchwegs (überall) gute Noten

Durch|zug, der: des -s, beim Durchzug der Landsknechte wurde geplündert; der Luftdurchzug

dür|fen: du darfst, du dürftest, er durfte; sie hat gedurft; das darf ich tun; das dürfte genug sein; darf ich bitten! (zum Tanzen auffordern)

dürr: dürres Holz; in dürren Worten; die **Dür|re;** die **Dür|re|pe|ri|o|de**

Durst, der: des -es, die **Durst|stre|cke** (Mangel); **durs|tig; durst|stil|lend; dürs|ten,** *auch* **durs|ten; ver|durs|ten** (sterben)

du|schen: (brausen); die **Du|sche;** eine warme/heiße Dusche

Dü|se, die: der -, die Düsen (Austrittsöffnung); der **Dü|sen|an|trieb;**
das **Dü|sen|flug|zeug;**
der **Dü|sen|jä|ger; dü|sen** (sausen)

Du|sel, der: des -s; er hat Dusel (Glück) gehabt

dus|se|lig: (töricht, dumm);
in ihrer **Dus|se|lig|keit** (Schlafmützigkeit)

düs|ter/dus|ter: (finster); die **Düs|ter|nis**

Du|ty-free-Shop *engl.* [djutifrischop], der: des -s, die Duty-free-Shops (früher zollfreier Verkauf am Flughafen oder auf Schiffen)

Dut|zend, das: des -s, die Dutzende (12 Stück); die **Dut|zend|wa|re** (billige Massenware)

du|zen: sich duzen (du zueinander sagen); der **Duz|freund**

Dy|na|mit *griech.,* das: des - (Sprengstoff)

Dy|na|mo *griech.,* das: des -s, die Dynamos (Maschine zum Erzeugen von Strom)

D-Zug: Durchgangszug

E

E: (Eilzug); E 3 (Europastraße 3)

Ea|sy Ri|der, der: (Film)

Eau de Co|lo|gne/Eau de Co|log|ne, (Kölnischwasser)

Eb|be, die: der -, die Ebben (Zurückweichen des Meeres im Wechsel der Gezeiten); Ebbe und Flut

eben: ebenes (flaches) Land; **eben|er|dig** (zu ebener Erde); die **Ebe|ne; eb|nen** (den Weg ebnen)

eben: er ist eben (soeben, gerade) gekommen; das eben erwähnte Gespräch

eben|bür|tig: die Sache ist der hier gezeigten ebenbürtig (ebenso gut wie); **eben|dann; eben|da|r|um; eben|der|sel|be; eben|des|halb; eben|des|we|gen; eben|dort**

eben|falls: (auch)

Eben|holz, das: des -es, die Ebenhölzer (dunkles Holz)

eben|so: er kann das ebenso gut wie ich; sie hat ebenso lange Haare wie ich; er hat ebenso viel Geld wie ich; er weiß ebenso wenig über den Unfall wie ich

Eber, der: des -s, die Eber (männliches Schwein)

Eber|esche, die: der -, die Ebereschen (Laubbaum)

EC: Eurocity-Zug

Echo *griech.,* das: des -s, die Echos (Widerhall); das **Echo|lot** (Messgerät)

Ech|se, die: der -, die Echsen (Schuppenkriechtier)

echt: echte Zähne; echtes Haar; der Ring ist echt golden; die **Echt|heit; wasch|echt**

Ecke, die: der -, die Ecken; das **Eck;** der **Eck|ball;** die **Eck|fah|ne;** der **Eck|zahn; eckig;** an allen Ecken

und Enden; jemanden um die Ecke
bringen (töten)

edel; edler, am edelsten; ein edler
Mensch; der **Edel|mann;**
das **Edel|me|tall;** der **Edel|stein;**
die **Edel|tan|ne;** das **Edel|weiß;**
edel|mü|tig

Edikt *lat.,* das: des -(e)s, die Edikte (Ver-
ordnung, Erlass vom Kaiser oder König)

EDV: elektronische Datenverarbeitung

Efeu, das: (immergrünes Rankengewächs)

Ef|fekt *lat.,* der: des -(e)s, die Effekte
(Wirkung, Ergebnis);
die **Ef|fekt|ha|sche|rei** (auf Wirkung
bedacht); **ef|fek|tiv** (wirksam);
ef|fekt|voll, ef|fi|zi|ent

EG: Europäische Gemeinschaft

egal: (gleich, gleichgültig); das ist mir egal

Eg|ge, die: der -, die Eggen (landw. Gerät)

Ego|is|mus *lat.,* der: des -, die Egoismen
(Ichsucht); der **Ego|ist; ego|is|tisch**
handeln (nur an sich denken)

Ehe, die: der -, die Ehen; die **Ehe|leu|te;**
der Ehemann; die Ehefrau;
die **Ehe|schlie|ßung; ehe|lich;**
ehe|li|chen (heiraten)

ehe: eh; seit eh und je; **ehe|dem** (vor-
mals); **eher:** je eher er abreist; **eher:** je
eher er geht, desto besser; **ehe|ma|lig;**
ehe|mals

ehern: (unveränderliches Gesetz)

Eh|re, die: der -, die Ehren; der Ehre
halber; einem Verstorbenen die letzte
Ehre erweisen; das **Eh|ren|mal;**
die **Eh|ren|run|de;** das **Eh|ren|tor;**
das **Ehr|ge|fühl;** der **Ehr|geiz;**
die **Eh|rung; eh|ren|amt|lich;**
eh|ren|haft; eh|ren|voll; ehr|fürch|tig;
ehr|gei|zig; ehr|lich; eh|ren;
ehr|wür|dig; ver|eh|ren

Ei, das; des -(e)s, die Eier;
der **Ei|er|be|cher;** das **Ei|gelb;** wie auf
Eiern (sehr vorsichtig) gehen; sie gleichen
sich wie ein Ei dem anderen; er sieht aus
wie aus dem Ei gepellt (sehr gut angezo-
gen); ihn wie ein rohes Ei behandeln
(ganz vorsichtig); das Ei des Kolumbus

(die einfachste Lösung in einem schwieri-
gen Fall)

Ei|be, die: die Eiben (Laubbaum)

Ei|che, die: der -, die Eichen (Laubbaum);
die **Ei|cheln;** das **Ei|chen|laub;**
das **Eich|hörn|chen; ei|chen** (Eichen-
holz)

ei|chen: (auf das gesetzlich vorgeschriebe-
ne Maß einstellen und kennzeichnen);
geeichte Fässer, Gewichte, Gläser, Maße
und Waagen

Eid, der: des -(e)s, die Eide; an Eides statt
versichern; einen Eid ablegen; schwören;
unter Eid aussagen; **be|ei|den;**
ei|des|statt|lich; der **Mein|eid**

Ei|dech|se, die: der -, die Eidechsen
(Kriechtier)

Ei|fer, der: des -s, die **Ei|fer|sucht;**
der **Ei|fe|rer** (Fanatiker);

ei|gen: ein eigenes Haus; das eig(e)ne
Auto; das **Ei|gen:** es ist mein Eigen;
etwas zu Eigen machen (etwas kaufen
oder aneignen); die **Ei|gen|art;**
der **Ei|gen|bröt|ler** (Sonderling);
das **Ei|gen|heim;** das **Ei|gen|lob;**
die **Ei|gen|schaft;**
das **Ei|gen|schafts|wort;**
das **Ei|gen|tum; ei|gen|ar|tig;**
ei|gen|hän|dig; ei|gen|nüt|zig;
ei|gen|sin|nig; ei|gen|tüm|lich

ei|gent|lich: (ursprünglich, wirklich); was
meinst du eigentlich?

eig|nen: sich für eine Tätigkeit eignen;
die **Eig|nung;** die **Eig|nungs|prü|fung**

Ei|land, das: des -(e)s, die Eilande (Insel)

ei|len: eilt sehr (dringend); der **Eil|brief;**
die **Ei|le;** der **Eil|zug; eil|fer|tig;** in die
Schule eilen; nichts Eiligeres (Wichtige-
res) zu tun haben; **ei|lends**

Ei|mer, der: des -s, die Eimer;
ei|mer|wei|se

ein: ein Baum; eine Blume; ein Hund; ein
jeder; es ist ein Uhr nachts; er ist mein
Ein und Alles; sie weiß nicht ein noch
aus (weiß keinen Rat mehr)

ein|an|der/ei|nan|der (gegenseitig); wir
helfen einander

ein|ar|mig: (der mit einem Arm)

Ein|bahn|stra|ße, die: der -, die Einbahn-
straßen

Ein|band, der: des -(e)s, die Einbände;
ein|bin|den

ein|bil|den: die **Ein|bil|dung;**
ein|ge|bil|det (stolz) sein; sich einbilden
krank zu sein (irrtümlich meinen)

ein|bläu|en: jemandem Lernstoff einbläu-
en (beibringen, gewaltsam einprägen)

ein|blen|den: die **Ein|blen|dung**

ein|bre|chen: der **Ein|bre|cher;**
der **Ein|bruch; ein|bruch(s)|si|cher**

ein|bür|gern: einen Ausländer einbürgern;
die **Ein|bür|ge|rung**

ein|bü|ßen: (weniger); seinen guten
Namen einbüßen (verlieren);
die **Ein|bu|ße**

ein|deu|tig: (klar, unmissverständlich)

ein|drin|gen: der **Ein|dring|ling;**
ein|dring|lich; → dringen

Ein|druck, der: des -s, die Eindrücke; er
machte einen schlechten Eindruck auf
mich

ei|ner: ei|ne; ei|nes; er tut einem Leid;
jemandem eins auswischen; immer eins
nach dem anderen; einer von beiden;
der **Ei|ner** (Zahl, Ruder- oder Paddel-
boot); **ei|nes|teils, ei|ner|seits**
...an|de|rer|seits, *auch* **an|drer|seits**

ei|ner|lei: (gleichgültig, egal);
das **Ei|ner|lei;** das Einerlei der täglichen
Arbeit

ein|fach: die **Ein|fach|heit;**
es ist am **ein|fachs|ten;**
es ist das **Ein|fachs|te** von der Welt

ein|fä|deln: einen Faden in die Nadel
einfädeln; eine Sache einfädeln (vorsich-
tig oder schlau anfangen); sich in den
Verkehr einfädeln (einordnen)

ein|fah|ren: die **Ein|fahrt**

ein|fal|len: mir fällt etwas ein (etwas in
den Sinn kommen); die Hütte fällt ein;
der **Ein|fall; ein|falls|reich**

ein|fäl|tig: (schlicht, beschränkt);
die **Ein|falt;** die **Ein|fäl|tig|keit;**
der **Ein|falts|pin|sel**

ein|fas|sen: (begrenzen, umranden)

ein|flö|ßen: Medizin einflößen; Angst
einflößen

Ein|fluss, der: des -es, die Einflüsse; er hat
großen Einfluss; **ein|fluss|reich**

ein|frie|den: (umzäunen);
die **Ein|frie|dung;** begrenzen durch
Hecken u. Ä.

ein|frie|ren: (Temperatur auf unter null
Grad setzen)

ein|füh|len: (hinein versetzen);
ein|fühl|sam;
das **Ein|füh|lungs|ver|mö|gen**

ein|füh|ren: die **Ein|fuhr;**
die **Ein|füh|rung**

Ein|gang, der: des -s, die Eingänge;
wie **ein|gangs** (anfangs) erwähnt

ein|ge|ben: die **Ein|ga|be;**
die **Ein|ge|bung** (plötzlich auftauchender
Gedanke)

Ein|ge|bo|re|ne, der/die: des/der -n, die
Eingeborenen

ein|ge|hen: auf jemanden eingehen; seine
Gedanken anerkennen; die Pflanze geht
ein (stirbt)

ein|ge|ste|hen: du gestehst ein; du
gestehst ein; er gestand ein; sie hat
eingestanden, gestehe!;
das **Ein|ge|ständ|nis**

Ein|ge|wei|de, das: des -s, die Eingeweide
(innere Organe)

ein|ge|weiht: sie ist eingeweiht (Bescheid
wissen)

ein|hei|misch: die Einheimischen; Lob
einheimsen (erlangen); Geld einheimsen
(sammeln)

Ein|heit, die: der -, die Einheiten;
ein|heit|lich

ein|hel|lig: (übereinstimmend);
die **Ein|hel|lig|keit**

ein|ho|len: er holt mich ein (beim Laufen);
Auskunft einholen (sich geben lassen);

ei|nig: einig sein; die **Ei|nig|keit;**
ei|ni|gen; ver|ei|ni|gen

ei|ni|ge: einige (mehrere) Monate; es
kamen nur einige Besucher; einige Male;
bei einigem guten Willen;

E

ei|ni|ger|ma|ßen

ein|kau|fen: der **Ein|kauf;**
die **Ein|kaufs|ta|sche;**
das **Ein|kaufs|zen|trum**

ein|keh|ren: die **Ein|kehr**

ein|klem|men: sich den Daumen einklemmen

Ein|kom|men, das: des -s, die Einkommen; das **Über|ein|kom|men**

Ein|künf|te, Mz. die: der -; keine Einkünfte (Einnahmen) haben

ein|la|den: die **Ein|la|dung**

ein|las|sen: er lässt ein, du ließest ein, sie ließ ein, sie hat eingelassen, lasse ein!; jemanden einlassen; sich auf eine Sache einlassen; der **Ein|lass**

ein|lau|fen: die Mannschaft läuft auf dem Sportplatz ein; die Jacke ist eingelaufen (eng geworden); der Einlauf (Darmentleerung)

ein|len|ken: das **Ein|len|ken**

ein|leuch|ten: das leuchtet mir nicht ein (kann ich nicht einsehen)

ein|ma|chen: Obst einmachen (einwecken, einkochen); das **Ein|mach|glas;** das **Ein|ge|mach|te**

ein|mal: nicht einmal; noch einmal; alles auf einmal; ein bis zweimal; das **Ein|mal|eins; ein|ma|lig;** das **ei|ne Mal**

ein|mi|schen: sich einmischen (z. B. in ein Gespräch)

ein|mum|meln: (warm einhüllen)

ein|mü|tig: die **Ein|mü|tig|keit** (gleichgesinnt)

Ein|nah|me, die: der -, die Einnahmen; Geld **ein|neh|men** (an sich nehmen); ich bin für sie eingenommen (finde sie gut)

Ein|öde, die: der -, die Einöden (abgelegene Gegend): der **Ein|öd|bau|er**

ein|ord|nen: (in den Verkehr einordnen)

ein|pa|cken: (in einen Behälter packen); es ist eingepackt; du kannst einpacken (deine Niederlage zugeben, z.B. beim Sport)

ein|prä|gen: sich etwas einprägen;

die **Ein|prä|gung; ein|präg|sam**

ein|ras|ten: (Verbindung herstellen)

ein|räu|men: ein Zimmer einräumen (mit Möbeln einrichten); Rechte einräumen (zugestehen, gewähren)

ein|rei|sen: in ein Land einreisen; die **Ein|rei|se;** die **Ein|rei|se|er|laub|nis**

ein|rei|ßen: ein Gebäude einreißen; das darf aber nicht einreißen (nicht zur Gewohnheit werden)

ein|ren|ken: den Arm einrenken

ein|rich|ten: die **Ein|rich|tung**

eins: sie kam um ein Uhr zur Übungsstunde; es schlägt eins; das Spiel steht eins zu drei; ihm ist alles eins (gleichgültig); ein Viertel vor eins; die Zahl **Eins;** sie hat eine Eins in Mathe geschrieben: er würfelte drei Einsen; der **Ein|ser**

ein|sam: (völlig allein); die **Ein|sam|keit**

Ein|satz, der: des -es, die Einsätze; **ein|satz|be|reit;** sich für Schwächere einsetzen (helfen)

ein|schal|ten: die **Ein|schalt|quo|te**

ein|sche|ren: in den laufenden Verkehr einfädeln

ein|schla|gen: einen Nagel einschlagen; der Film hat eingeschlagen (ist ein großer Erfolg); der **Ein|schlag** der Granate; **ein|schlä|gig** (einschlägig vorbestraft)

ein|schleu|sen: (jemanden oder eine Sache heimlich hineinbringen)

ein|schlie|ßen: die **Ein|schlie|ßung; ein|schließ|lich** (enthalten sein)

ein|schrän|ken: die **Ein|schrän|kung**

ein|schrei|ben: der **Ein|schreib|brief,** *auch* der **Ein|schrei|be|brief;** das **Ein|schrei|ben** (eingeschriebene Postsendung)

ein|schüch|tern: jemanden einschüchtern (entmutigen); die **Ein|schüch|te|rung**

ein|schu|len: (in der Schule aufnehmen)

ein|se|hen: seine Fehler einsehen; einen Irrtum einsehen; die Bücher einsehen (kontrollieren); das **Ein|se|hen;** ein Einsehen haben; die **Ein|sicht; ein|sich|tig**

ein|sei|tig: (nur von einer Seite betrachtet); die **Ein|sei|tig|keit**

ein|sen|den: der **Ein|sen|der;**
die **Ein|sen|dung**

ein|set|zen: die **Ein|set|zung**

Ein|sied|ler, der: des -s, die Einsiedler (für
sich allein und abgeschieden leben);
der **Ein|sied|ler|krebs;**
ein|sied|le|risch

ein|sper|ren: (einschließen)

Ein|spruch, der: des -s, die Einsprüche

einst: (füher); **einst|mals; einst|wei|len;**
einst|wei|lig

ein|stel|len: Arbeiter einstellen (beschäfti-
gen); die Arbeit einstellen (aufhören); das
Fernglas scharf einstellen; den Wagen
einstellen (in die Garage fahren); sich auf
etwas einstellen (konzentrieren);
die **Ein|stel|lung;**
das **Ein|stel|lungs|ge|spräch**

ein|stel|lig: eine einstellige Summe

Ein|topf, der: des -es, die Eintöpfe;
der **Möh|ren|ein|topf**

Ein|tracht, die: der -; **ein|träch|tig** (einig,
harmonisch)

ein|trai|nie|ren: (durch dauernde Übung
lernen)

ein|trich|tern: (einflößen, gewaltsam und
dauernd einüben)

ein|tre|ten: in einen Club eintreten; für
jemanden oder eine Sache eintreten
(helfen); der **Ein|tritt;**
das **Ein|tritts|geld**

ein|tru|deln: (langsam zu verschiedenen
Zeiten ankommen)

ein|ver|stan|den: sein **Ein|ver|ständ|nis**
erklären

ein|wan|dern: der **Ein|wan|de|rer;**
die **Ein|wan|de|rung**

ein|wand|frei: (ohne Beanstandung)

ein|wärts|bie|gen: einwärtsgehen

ein|we|cken: (Obst und Gemüse in
Gläser einkochen)

Ein|weg|fla|sche, die: der -, die Einweg-
flaschen

ein|wei|hen: die Kirche einweihen;
jemanden in ein Geheimnis einweihen
(aufklären)

ein|wei|sen: in ein Krankenhaus einwei-
sen (einliefern); die **Ein|wei|sung**

ein|wen|den: der **Ein|wand** (Einspruch,
Widerspruch, Gegendarstellung)

Ein|woh|ner, die: des -s, die Einwohner;
die **Ein|woh|ner|schaft;**
die **Ein|woh|ner|zahl**

ein|wer|fen: einen Brief einwerfen;
der **Ein|wurf**

Ein|zahl, die: der - (Singular)

ein|zah|len: Geld einzahlen;
die **Ein|zah|lung;**
der **Ein|zah|lungs|schal|ter**

Ein|zel, das: des -s, die Einzel (Spiel zweier
Spieler gegeneinander);
der **Ein|zel|gän|ger;** die **Ein|zel|heit;**
das **Ein|zel|zim|mer, ein|zei|lig**

ein|zel|lig: einzellige Lebewesen (Amöbe);
der **Ein|zel|ler**

ein|zeln (stehen): der, die, das **Ein|zel|ne;**
als Einzelner; jeder Einzelne; bis ins
Einzelne; im Einzelnen

ein|zie|hen: in ein Haus einziehen; Geld
einziehen (kassieren); der **Ein|zug**

ein|zig: unsere einzige Tochter; einzig
(einmalig) in seiner Art; kein **Ein|zi|ger;**
ein|zig|ar|tig; etwas **Ein|zig|ar|ti|ges**

Eis, das: des -es; Eis schlecken; zwei Eis
bestellen; es herrschte eisiges Schweigen;
eis|lau|fen; die **Eis|bahn;** der **Eis|bär;**
das **Eis|bein** (gekochtes Bein vom
Schwein); die **Eis|creme/Eis|krem(e);**
die **Eis|hei|li|gen;** das **Eis|ho|ckey;**
der **Eis|lauf;** die **Eis|zeit; eis|frei;**
ei|sig; eis|kalt

Ei|sen, das: des -s, die Eisen; **ei|sern** (hart
wie Eisen); ein eiserner Wille; der eiserne
Bestand; mehrere Eisen im Feuer haben
(mehrere Chancen); das ist ein heißes
Eisen (schwierige Aufgabe); jemanden
zum alten Eisen werfen (nicht mehr für
arbeitsfähig halten); die **Ei|sen|bahn**

ei|tel: (stolz); sich selber in den Mittel-
punkt stellen; die **Ei|tel|keit**

Ei|ter, der: des -s (Flüssigkeit bei Entzün-
dungen); die **Ei|ter|beu|le; ei|te|rig/**
eit|rig; ei|tern

Ei|weiß, das: des -es, die Eiweiße;
ei|weiß|hal|tig

Eja|ku|la|ti|on, die: (Samenerguss)

EKD: Evang. Kirche Deutschland

Ekel, der: des -s; **Ekel er|re|gend;
ekel|haft; ek|lig;** sich **ekeln**

EKG: Elektrokardiogramm (elektrische
Aufzeichnung der Herzmuskelbewegung)

Eks|ta|se/Ek|sta|se *griech.,* die: der -, die
Ekstasen (Verzückung); **ekstatisch**

Ek|zem *griech.,* das: des -s, die Ekzeme
(Hautausschlag)

Elan *franz.* [elạn], der: des -s (Schwung,
Begeisterung)

elạs|tisch *griech.:* (federnd, dehnbar,
anpassungsfähig); die **Elas|ti|zi|tät**

Elch, der: die Elche (Hirschart mit großem
Geweih)

Ele|fạnt, der: des -en, die Elefanten
(großes Rüsseltier)

ele|gạnt *franz.:* (vornehm, modisch,
geschickt); die **Ele|ganz**

Elekt|ri|zi|tät/Elek|tri|zi|tät *griech.,* die:
der -; der **Elẹk|t|ri|ker;**
das **Elek|t|ri|zi|täts|werk; elek|t|risch;
elek|t|ri|sie|ren; elek|t|ri|fi|zie|ren**
(auf elektrischen Betrieb umstellen)

Elek|t|ron *griech.,* das: des -s, die Elektro-
nen (negativ geladenes Elementarteil-
chen); die **Elek|t|ro|nen|rö|hre** (Gerät
zum Erzeugen, Verstärken und Gleich-
richten elektrischer Schwingungen);
die **Elek|t|ro|nik** (Gebiet der Elektro-
technik); **elek|t|ro|nisch**

Ele|mẹnt *lat.,* das: des -(e)s, die Elemente
(Urstoff, chem. Grundstoff; Naturge-
walt); **ele|men|tar** (ein elementarer,
grundlegender Begriff);
die **Ele|men|tar|ge|walt**

elend: eine elende (ärmliche) Wohnung;
mir ist elend (schlecht, übel); das **Elend;**
das **Elends|vier|tel; elen|dig** (krank,
ärmlich); **elen|dig|lich**

Ele|ve *franz.,* der: des -n, die Eleven
(Schüler einer Ballett- oder Theater-
schule); die **Ele|vin**

Ẹl|fe, die: der -, die Elfen (Märchen-

gestalt); **el|fen|haft** (zart)

Ẹl|fen|bein, das: des –s; **el|fen|bei|nern**

eli|mi|nie|ren: (ausschließen)

Eli|te, die: der -, die Eliten (Auslese unter
den Besten)

Eli|xier *griech.,* das: des -s, die Elixiere
(Zaubertrank)

Ẹl|le, die: der -, die Ellen (Unterarm-
knochen, altes Längenmaß);
der **El|len|bo|gen; el|len|lang** (sehr
lang)

El|lip|se *griech .,* die: der -, die Ellipsen
(Kegelschnitt); **el|lip|tisch**

Ẹls|ter, die: der -, die Elstern (Rabenvogel)

Ẹl|tern, die: der - (Vater und Mutter);
ein **El|tern|teil;** die **El|tern|ver|tre|tung**

Email/Email|le *franz.* [emại/emạlje], das/
die: des/der -s (Schmelz-, Schutzüberzug
auf Metallgegenständen); **email|lie|ren**

E-Mail *engl.,* (elektronische Post);
emailen, *auch* **e-mailen**

Eman|zi|pa|ti|on, die: der- (Gleichstel-
lung); die **Emạn|ze** (abwertend für
emanzipierte Frau); **eman|zi|piert** (frei,
ungebunden, selbstständig);
sich **eman|zi|pie|ren** (sich unabhängig
machen)

Emi|grạnt *lat.,* der: des -en, die Emigran-
ten (Auswanderer); die **Emi|gra|ti|on;
emi|grie|ren** (ins Ausland gehen)

Emo|ti|on *lat.,* die: der -, die Emotionen
(Gefühl, Gemütsbewegung);
emo|ti|o|nal (gefühlsbetont);
die **Emo|ti|o|na|li|tät**

emp|fạn|gen: du empfängst, du empfin-
gest, er empfing, sie hat empfangen,
empfange!; der **Emp|fang;**
die **Emp|fäng|nis;**
die **Emp|fäng|nis|ver|hü|tung**

emp|fẹh|len: du empfiehlst, du
empfählest, er empfahl, sie hat empfoh-
len, empfiehl!; die **Emp|feh|lung;**
das **Emp|feh|lungs|schrei|ben;
emp|feh|lens|wert**

emp|fịn|den: du empfindest, du empfän-
dest, er empfand, sie hat empfunden,
empfinde!; die **Emp|fin|dung;**

emp|find|lich; emp|find|sam

em|pi|risch: (aus der Erfahrung gewonnen, erfahrungsgemäß); die Em|pi|rie

em|por: (hinauf, nach oben);
die Em|po|re (hochgelegene Fläche);
der Em|por|kömm|ling;
sich em|por|ar|bei|ten; em|por|ra|gen

em|pö|ren: sich empören (sich ärgern);
die Em|pö|rung

em|sig: (fleißig, unruhig, betriebsam);
die Em|sig|keit

Emu, der: die Emus (straußenähnlicher Vogel)

En|de, das: des -s, die Enden; am Ende sein; zu Ende gehen; letzten Endes; Ende nächsten Jahres; der End|ef|fekt; das End|er|geb|nis; der End|lauf; die End|run|de; der End|spurt: be|en|den; be|en|di|gen; end|lich; end|los; end|gül|tig

En|di|vie, die: (Salatpflanze)

Ener|gie griech., die: der -, die Energien (Fähigkeit Arbeit zu leisten; Tatkraft, Nachdruck); ener|gie|be|wusst; ener|gisch

eng: eng|her|zig; die En|ge; jemanden in die Enge treiben; enge Straße; eng befreundet sein; eine eng begrenzte/ engbegrenzte Fläche

En|gel, der: des -s, die Engel (überirdisches Wesen)

En|ger|ling, der: des -s, die Engerlinge (Larve des Maikäfers)

Eng|land: (Land in Nordwesteuropa); der Eng|län|der; die Eng|län|de|rin; eng|lisch

En|kel, der: des -s, die Enkel; die En|ke|lin

enorm: (ungeheuer, außerordentlich)

En|sem|b|le franz. [angßangbel], das: des -s, die Ensembles (eine Gruppe von Künstlern); das En|sem|b|le|spiel

ent|beh|ren: die Ent|beh|rung; ent|behr|lich

ent|bin|den: die Ent|bin|dung (Geburt eines Kindes); von einer Aufgabe entbinden

ent|blö|ßen: sich entblößen (ausziehen); er entblößte sein Haupt;
die Ent|blö|ßung

ent|de|cken: (finden); der Ent|de|cker; die Ent|de|ckung (von Amerika)

En|te, die: der -, die Enten; der En|te|rich

ent|eig|nen: (das Grundstück, den Besitz wegnehmen); die Ent|eig|nung

ent|ei|sen: (vom Eis befreien)

en|tern: (im Kampf auf ein Schiff klettern und es erobern)

En|ter|tai|ner engl. [entertener], der: des -s, die Entertainer (Unterhalter, Vortragskünstler)

ent|fa|chen: (ein Feuer entzünden)

ent|fer|nen: die Ent|fer|nung; der Ent|fer|nungs|mes|ser; ent|fernt

ent|flech|ten: (etwas Verbundenes wieder in Einzelteile auflösen);
die Ent|flech|tung

ent|frem|den: sich einander entfremden (sich fremd werden); die Ent|frem|dung

ent|füh|ren: eine Person entführen;
der Ent|füh|rer; die Ent|füh|rung

ent|ge|gen: er ging dem Feind entgegen; er handelte entgegen seinem Rat;
ent|ge|gen|ge|setzt;
die Ent|geg|nung;
das Ent|ge|gen|kom|men;
ent|ge|gen|neh|men;
ent|ge|gen|stel|len;
ent|ge|gen|tre|ten; ent|geg|nen (erwidern)

ent|ge|hen: du entgehst, du entgingst, er entging, sie ist entgangen (der Gefahr)

ent|geis|tert: (bestürzt)

ent|gel|ten: (bezahlen, belohnen); du entgiltst, du entgältest, er entgalt, sie hat entgolten, entgelte!; das Ent|gelt; etwas gegen Entgelt/ohne Entgelt tun; un|ent|gelt|lich

ent|glei|sen: der Zug entgleist;
die Ent|glei|sung

ent|hal|ten: der Brief enthält nichts Besonderes; sich des Alkohols enthalten (keinen Alkohol mehr trinken); sich der Stimme enthalten;
die Ent|halt|sam|keit;

die **Ent|hal|tung;** enthaltsam leben

ent|hül|len: ein Denkmal enthüllen;
die **Ent|hül|lung;** Pläne enthüllen

En|thu|si|as|mus *griech.,* der: des - (Begeis-
terung); der **En|thu|si|ast;**
en|thu|si|as|tisch

ent|kom|men: du entkommst, er entkam,
sie ist (dem Feind) entkommen;
→ kommen

ent|lang: die Straße entlang; an der Wand
entlanggehen; entlang dem Bach/des
Baches

ent|lar|ven: einen feindlichen Agenten
entlarven; die **Ent|lar|vung**

ent|las|sen: sie entlässt ihn; du entlässt,
du entließest, er entließ, sie hat entlassen,
entlass(e)!; die **Ent|las|sung**

ent|lau|fen: der Gefangene ist entlaufen;
→ laufen

ent|le|di|gen: (befreien, wegwerfen); sich
einer Last entledigen

ent|le|gen: (fern, abseits gelegen)

ent|leh|nen: (leihen)

ent|mün|di|gen: (jemandem seine persön-
lichen Rechte entziehen);
die **Ent|mün|di|gung**

ent|pup|pen: sich entpuppen (entblößen);
er entpuppte sich als Betrüger

ent|rich|ten: eine Gebühr entrichten
(bezahlen)

ent|rin|nen: einer Gefahr entrinnen;
→ rinnen

ent|rüm|peln: (altes Gerümpel wegräu-
men)

ent|rüs|ten: (sich empören);
die **Ent|rüs|tung**

ent|sa|gen: (freiwillig auf etwas verzich-
ten); dem Alkohol entsagen;
die **Ent|sa|gung**

ent|schä|di|gen: (einen Schaden erset-
zen); die **Ent|schä|di|gung**

ent|schei|den: du entscheidest, du
entschiedest, er entschied, sie hat ent-
schieden, entscheide!; sich für eine Sache
entscheiden; die **Ent|schei|dung;**
nicht **ent|schie|den; un|ent|schie|den**

ent|schlie|ßen: du entschließt, du ent-

schlössest, er entschloss, sie hat ent-
schlossen, entschließe!;
die **Ent|schlie|ßung;**
die **Ent|schlos|sen|heit**

Ent|schluss, der: die Entschlüsse (Ent-
scheidung); **ent|schluss|freu|dig**

ent|schul|di|gen: (um Verzeihung bitten);
sich entschuldigen;
die **Ent|schul|di|gung**

ent|set|zen: sich entsetzen; über eine Tat
entsetzt sein; das **Ent|set|zen;**
ent|setz|lich

ent|sin|nen: er entsann sich einer Sache
(erinnern)

ent|sor|gen: den Müll, das Auto entsor-
gen (beseitigen, umwandeln)

ent|span|nen: (lockern); sich entspannen;
die **Ent|span|nung; ent|spannt** sein

ent|spre|chen: einer Bitte entsprechen
(sie erfüllen); die **Ent|spre|chung;**
ent|spre|chend seiner Erwartung
(gemäß)

ent|sprin|gen: der Rhein entspringt in der
Schweiz; der Gefangene ist entsprungen
(ausgebrochen)

ent|ste|hen: Kosten entstehen (Geld muss
einkalkuliert werden); die **Ent|ste|hung**

ent|täu|schen: (eine Erwartung nicht
erfüllen); enttäusche mich bitte nicht!;
die **Ent|täu|schung**

ent|we|der: entweder oder, aber:
das **Ent|we|der-o|der**

ent|wei|hen: die **Ent|wei|hung** (Miss-
brauch mit einem heiligen Gegenstand)

ent|wen|den: (wegnehmen, stehlen); er
hat Geld entwendet

ent|wer|fen: den Plan eines Hauses
entwerfen; der **Bau|ent|wurf** (Bauzeich-
nung für ein Vorhaben)

ent|wer|ten: einen Fahrschein entwerten;
die **Ent|wer|tung;**
die **Geld|ent|wer|tung**

ent|wi|ckeln: sich zu einer angesehenen
Persönlichkeit entwickeln; einen besonde-
ren Stil entwickeln; ein anderes Verfahren
entwickeln; sich früh, gut, langsam
entwickeln; der Motor entwickelt Abga-

se; die Stadt entwickelt (entfaltet) sich;
die **Ent|wick|lung;**
die **Ent|wick|lungs|hil|fe;**
das **Ent|wick|lungs|ge|biet;**
ent|wick|lungs|fä|hig
ent|wi|schen: (entkommen)
Ent|wurf, der: die Entwürfe (Plan)
ent|zie|hen: ich darf mich dieser Aufgabe
nicht entziehen (verweigern); ihm mein
Vertrauen entziehen (wegnehmen);
jemandem das Wort entziehen; das
entzieht sich meiner Kenntnis (das weiß
ich nicht); die **Ent|zie|hungs|kur;**
der **Ent|zug;** der **Frei|heits|ent|zug**
ent|zif|fern: (entschlüsseln);
die **Ent|zif|fe|rung; ent|zif|fer|bar**
ent|zü|cken: (begeistern);
die **Ent|zü|ckung; ent|zü|ckend**
(hübsch)
ent|zün|den: (Feuer legen/fangen);
die **Ent|zün|dung; ent|zünd|lich;** leicht
entzündlich
ent|zwei: entzwei (zerbrochen) sein;
ent|zwei|bre|chen; sich **ent|zwei|en;**
ent|zwei|ge|hen; ent|zwei|schla|gen
En|zy|k|lo|pä|die *griech.,* die: der -, die
Enzyklopädien (großes Nachschlage-
werk)
Epi|de|mie *griech.,* die: der -, die Epidemi-
en (ansteckende Massenerkrankung);
epi|de|misch (als Seuche auftretend)
Epi|lep|sie *griech.,* die: der - (Fallsucht,
Krankheit mit plötzlich auftretenden
Krämpfen); der **Epi|lep|ti|ker;**
epi|lep|tisch
Epi|skop/Epis|kop, das: des –s, die
Episkope (Bildwerfer für nicht durchsich-
tige Bilder)
Epi|so|de *griech.,* die: der -, die Episoden
(nicht lange dauerndes Ereignis, Zwi-
schenstück); **epi|so|disch**
Epis|tel *griech.,* die: der -, die Episteln
(Brief, Strafpredigt)
Epo|che *griech.,* die: der -, die Epochen
(bedeutungsvoller Zeitabschnitt, Zeital-
ter); **epo|chal; Epo|che ma|chend/
epo|che|ma|chend** (sehr bedeutend für

eine lange Zeit)
Epos *griech.,* das: des -, die Epen (erzählen-
de Dichtung in Versen, Heldengedicht)
er: er kommt, aber: ein Er (eine Person
oder ein Tier männlichen Geschlechts);
ein Er und eine Sie
er|bar|men: sich erbarmen; er erbarmt
sich meiner (ich tue ihm leid):
das **Er|bar|men; er|bärm|lich:** im
erbärmlichen (armseligen) Zustand sein;
er|bar|mungs|los
er|bau|en: ein Haus erbauen; sich an
schönen Dingen erbauen (erfreuen);
der **Er|bau|er;** die **Er|bau|ung;**
er|bau|lich (erfreulich, entzückend)
er|ben: ein Vermögen erben; der **Er|be;**
die **Er|bin;** der gesetzmäßige Erbe;
das **Er|be; erb|lich**
Erb|se, die: der -, die Erbsen (Hülsen-
frucht)
er|beu|ten: (unrechtmäßig erwerben)
er|bost sein: (böse, verärgert sein)
Er|de, die: der -; die fruchtbare/unfrucht-
bare Erde; die **Erd|ach|se;**
der **Erd|ap|fel;** die **Erd|at|mo|sphä|re;**
das **Erd|be|ben;** die **Erd|bee|re;**
das **Erd|gas;** die **Erd|dre|hung;**
die **Erd|kun|de;** die **Erd|nuss;**
der **Erd|rutsch; erd|nah; erd|fern;**
erd|ver|bun|den; er|den (mit der Erde
verbinden, z.B. Antenne)
er|denk|lich: sich alle erdenkliche (mögli-
che) Mühe geben
er|dros|seln: (erwürgen); mit bloßen
Händen die Luftzufuhr absperren
er|drü|cken: die Sorgen erdrücken mich
fast; **er|drü|ckend**
er|ei|fern: sich über eine Sache ereifern
(aufregen)
er|eig|nen: sich ereignen; der Unfall
ereignete sich um …; das **Er|eig|nis;**
er|eig|nis|reich
Erek|ti|on, die: der -, die Erektionen
(Versteifung des Penis); **eri|gie|ren**
Ere|mit *griech.,* der: des -en, die Eremiten
(Einsiedler)
er|fah|ren: eine Neuigkeit erfahren; ein

erfahrener Fachmann; die **Er|fah|rung;**
er|fah|rungs|ge|mäß

er|fas|sen: (verstehen, in eine Liste
aufnehmen); die **Er|fas|sung**

er|fin|den: (sich ausdenken);
der **Er|fin|der;** die **Er|fin|de|rin;**
er|fin|de|risch; er|fin|dungs|reich

Er|folg, der: des -s, die Erfolge;
er|folg|reich; er|folg|los; Er|folg
ver|spre|chend/
er|folg|ver|spre|chend; er|fol|gen

er|for|der|lich: das **Er|for|der|nis;**
er|for|dern (das erfordert, kostet,
verlangt viel Kapital und Mühe)

er|for|schen: (danach forschen)

er|freu|en: über ein Geschenk erfreut sein;
sich einer guten Gesundheit erfreuen;
er|freu|lich

er|fri|schen: ein erfrischendes Getränk;
sich durch ein Bad erfrischen;
die **Er|fri|schung;**
das **Er|fri|schungs|ge|tränk**

er|fül|len: eine Bitte erfüllen;
die **Er|fül|lung; er|füll|bar**

er|gän|zen: den Lagerbestand ergänzen;
die **Er|gän|zung**

er|gat|tern: (erwischen); einen guten Platz
ergattern

er|ge|ben: das ergibt (bringt) nicht viel; es
hat sich so ergeben; der Gegner musste
sich ergeben (die Waffen abgeben);
die **Er|ge|ben|heit** unseres Dieners;
er|geb|nis|los; er|gie|big (ergibt viel)

er|ge|hen: sich im Wald ergehen (spazie-
ren gehen); Gnade vor/für Recht ergehen
lassen (gnädig sein); dort wird es dir
schlecht ergehen; → gehen

er|gie|big: (erfolgreich)

er|go *lat.:* (also, folglich)

er|göt|zen: sich ergötzen (erfreuen) an
dem Lustspiel; das **Er|göt|zen;**
er|götz|lich

er|grei|fen: seine Hand ergreifen; einen
Beruf ergreifen; die Flucht ergreifen; das
Wort ergreifen; die **Er|grif|fen|heit;**
er|grei|fend; ein ergreifendes Drama;
er|grif|fen: von einem Film ergriffen

(gerührt) sein; → greifen

er|ha|ben: (erhöht); er ist über jeden
Verdacht erhaben (ist so hoch angesehen,
dass nie ein Verdacht auf ihn fällt);
die **Er|ha|ben|heit**

er|hal|ten: (bekommen); einen Brief, ein
Geschenk erhalten; das Buch ist noch gut
erhalten (in gutem Zustand); einen
Betrag dankend erhalten; der **Er|halt;**
den Empfang bestätigen;
die **Er|hal|tung;** für die Erhaltung (den
Unterhalt) des Gebäudes sorgen;
er|hält|lich; → halten

er|he|ben: die **Er|he|bung; er|heb|lich**
(groß, beträchtlich); → heben

er|hit|zen: heiß machen

er|ho|len: sich erholen; die **Er|ho|lung;**
er|hol|sam

er|in|nern: sich an die Kindheit erinnern;
sich des Vorfalls erinnern;
die **Er|in|ne|rung;**
das **Er|in|ne|rungs|ver|mö|gen;**
er|in|ner|lich; das ist mir erinnerlich

er|käl|ten: sich erkälten; die **Er|käl|tung;**
er|käl|tet sein

er|ken|nen: nichts erkennen (wahrneh-
men); sich als Betrüger zu erkennen
geben; das **Er|ken|nen;**
das **Er|ken|nungs|zei|chen;**
er|kenn|bar; er|kennt|lich; sich
erkenntlich (dankbar) zeigen; → kennen

Er|ker, der: des -s, die Erker (Vorbau am
Haus)

er|klä|ren: einen Plan, einen Zustand
erklären; den Krieg erklären; jemanden
für schuldig erklären; die **Er|klä|rung;**
eine Erklärung zum Vorfall abgeben;
er|klär|lich; un|er|klär|lich

er|kun|den: sich **er|kun|di|gen;**
die **Er|kun|di|gung;** die **Er|kun|dung**

er|lah|men: seine Kraft erlahmt (lässt
nach)

er|lan|gen: (erreichen); die **Er|lan|gung**

er|las|sen: eine Schuld, eine Strafe erlas-
sen (geschenkt); ein Gesetz erlassen
(verkünden); der **Er|lass; un|er|läss|lich**
(unbedingt notwendig); → lassen

erfa
E

er|lau|ben: (gewähren); die **Er|laub|nis**

er|läu|tern: (erklären); die **Er|läu|te|rung**

Ęr|le, die: die Erlen (Labbaum)

er|le|ben: das **Er|leb|nis**

er|le|di|gen: (ausführen);
die **Er|le|di|gung**

er|le|gen: ein Tier bei der Jagd erlegen
(erschießen); die **Er|le|gung**

er|leich|tern: von einer Last erleichtern
(befreien); jemanden erleichtern (bestehlen); die **Er|leich|te|rung; er|leich|tert**

er|lo|gen: das ist erstunken und erlogen
(entspricht nicht der Wahrheit); → lügen

er|lö|schen: es erlischt, es erlöscht, es
erlosch, es ist erloschen, erlösche!; das
Feuer erlischt; die Mitgliedschaft erlosch
beim Tode

er|lö|sen: der **Er|lö|ser**; die **Er|lö|sung**;
der **Er|lös**

er|mah|nen: die **Er|mah|nung**

er|mä|ßi|gen: den Fahrpreis ermäßigen;
die **Er|mä|ßi|gung**

er|mes|sen: (begreifen, beurteilen); ich
kann das nicht ermessen;
das **Er|mes|sen** (Urteil, Gutdünken);
nach meinem Ermessen; **er|mess|lich,
un|er|mess|lich** (sehr groß); → messen

er|mit|teln: (die Wahrheit aufspüren);
die **Er|mitt|lung**

er|mor|den: die **Er|mor|dung**

er|mü|den: die **Er|mü|dung**

er|mun|tern: (auffordern, ermutigen)

er|mu|ti|gen: (bestärken); ermutigende
Worte sagen; die **Er|mu|ti|gung**

er|näh|ren: (Nahrung zuführen);
die **Er|näh|rung**

er|nie|dri|gen: (demütigen);
die **Er|nie|dri|gung**

ęrnst: eine ernste Frage; eine Sache ernst
nehmen; ernst sein; ernsthaft; ernstlich;
ernst meinen, ernst gemeint/ernstgemeint,
aber: allen Ernstes; er meint es im Ernst;
er macht Ernst (in die Tat umsetzen); aus
Spaß wurde Ernst; der **Ernst;**
der **Ernst|fall**

Ęrn|te, die: der -, die Ernten;
das **Ern|te|dank|fest;**

der **Ern|te|wa|gen; ern|ten**

er|obern: (eine Stadt einnehmen, ein Herz
im Sturm gewinnen); der **Er|obe|rer;**
die **Er|obe|rung**

er|ör|tern: die **Er|ör|te|rung** (Gesprächs-,
Aufsatzform)

Eros *griech.,* der: des - (Gott der Liebe)

Ero|tik, die: der - (Liebeskunst, das vergeistigte Liebesleben, Sinnlichkeit); **ero|tisch**

Ero|si|on *lat.,* die: der -, die Erosionen
(Abtragung der Erdoberfläche durch
Wasser und Luft)

Ęr|pel, der: des -s, die Erpel (männliche
Ente)

er|picht: auf eine Sache erpicht sein
(besessen, begierig darauf sein)

er|pres|sen: (unter Druck setzen);
der **Er|pres|ser;** die **Er|pres|sung;
er|press|bar; er|pres|se|risch**

er|qui|cken: (beleben, erfrischen, stärken);
die **Er|qui|ckung; er|quick|lich;
un|er|quick|lich** (unerfreulich)

er|re|gen: Freude, Anstoß erregen; sich
er|re|gen; der **Er|re|ger** (z. B. einer
Krankheit); die **Er|re|gung;**
der **Er|re|gungs|zu|stand; er|reg|bar**

er|rei|chen: er ist nicht zu erreichen
(finden); **er|reich|bar,** aber:
das bisher **Er|reich|te**

er|rich|ten: ein Gebäude errichten (bauen); die **Er|rich|tung**

er|rö|ten: (rot werden); vor Scham erröten

Er|satz, der: des -es (Abfindung, Entschädigung, Ausgleich); der **Er|satz|dienst;**
der **Er|satz|mann;** das **Er|satz|teil;
er|set|zen**

er|schaf|fen: (ins Leben rufen, etwas
entstehen lassen);
die **Er|schaf|fung** der Erde

er|schau|dern, *auch* er|schau|ern:
(erschrecken, erregt sein); einen Schauer
empfinden

er|schei|nen: zur Arbeit erscheinen
(kommen); die Sonne erscheint (wird
sichtbar); dieser Roman erscheint in
Kürze; das erscheint mir möglich;
die **Er|schei|nung;** → scheinen

er|schlie|ßen: neue Regionen erschließen
(Infrastruktur schaffen); einen Test
erschließen (verstehen)

er|schöp|fen: (kraftlos, abgespannt);
die **Er|schöp|fung; er|schöpft** (müde)

er|schre|cken: du erschrickst, du
erschräk(e)st, er erschrak, sie ist erschro-
cken; erschrick nicht!; du hast einen
Schreck bekommen; ich erschrak über
seine Ansichten; ich habe ihn erschreckt;
sie ist leicht zu erschrecken;
das **Er|schre|cken; er|schre|ckend**
(erschreckende Nachrichten)

er|schüt|tern: das Erdbeben erschütterte
(ließ ihn schwanken) den Boden; er war
vom Tode seines Freundes erschüttert
(berührt, schockiert);
die **Er|schüt|te|rung**

er|spa|ren: das ist erspartes Geld; sich die
Mühe ersparen; die **Er|spar|nis**

er|sprieß|lich: eine ersprießliche (gute,
nützliche) Zusammenarbeit;
un|er|sprieß|lich

erst: erst (zunächst) einmal; erst heute;
nun erst recht; er ist erst vierzehn Jahre
alt; nun ging es erst richtig los; es ist erst
(nicht mehr als) einige Wochen her; die
erstbeste Gelegenheit

er|stat|ten: Kosten erstatten (bezahlen);
Schaden erstatten (ersetzen); Bericht
erstatten (berichten); die **Er|stat|tung**

er|staunt: (verwundert sein);
er|staun|lich; das **Er|stau|nen;**
er|stau|nen

ers|te: die ersten beiden in der Reihe; das
erste Programm (Fernsehen); der erste
Beste; die erste Hilfe; das erste Mal;
beim/zum ersten Mal(e); **ers|tens;**
erst|klas|sig; das ist das Erste, was ich
sehe; er ging als Erster durch das Ziel;
fürs Erste wird das reichen; er ist Erster
in der Klasse; zum Ersten aufhören; das
Erste und das Letzte; das Erste Deutsche
Fernsehen (ARD); der Erste Mai; der
Erste Weltkrieg; Kaiser Otto der Erste;
der **Erst|ge|bo|re|ne;**
die **Erst|kom|mu|ni|on;**

die **Erst|ver|öf|fent|li|chung;**
erst|mals (zum ersten Mal)

er|ste|hen: ein Haus erstehen (kaufen,
erwerben)

er|sti|cken: ein Feuer ersticken (durch
Abdeckung löschen); die **Er|sti|ckung;**
der **Er|sti|ckungs|tod** (sterben durch
Luftnot)

er|tap|pen: jemanden auf frischer Tat
ertappen (erwischen)

Er|trag, der: des -s, die Erträge (Einnah-
men; Gewinn); **er|träg|lich;**
er|trag|reich; er|tra|gen

er|trän|ken: jemanden ertränken

er|trin|ken: du ertrinkst, du ertränkest,
er ertrank, sie ist ertrunken, ertrinke ja
nicht!; der **Er|trun|ke|ne;** → trinken

Erup|ti|on *lat.,* die: der -, die Eruptionen
(Vulkanausbruch)

er|wach|sen: ein erwachsener Mensch;
daraus können Zweifel erwachsen
(auftreten); der/die **Er|wach|se|ne;**
die **Er|wach|se|nen|bil|dung**

er|wä|gen: du erwägst, du erwögest, er
erwog, sie hat erwogen, erwäg(e)!; alle
Möglichkeiten erwägen (durchdenken);
etwas in Erwägung ziehen;
die **Er|wä|gung; er|wä|gens|wert**

er|wäh|nen: (nennen, bemerken); das
wurde erwähnt; jemanden namentlich
erwähnen; die **Er|wäh|nung;**
er|wäh|nens|wert

er|war|ten: (hoffen auf); wider
Er|war|ten; die **Er|war|tung;**
er|war|tungs|ge|mäß;
er|war|tungs|voll; un|er|war|tet

er|wei|sen: er hat mir einen Dienst
erwiesen; die Aussagen haben sich als
falsch erwiesen; einen **Er|weis** erbrin-
gen; → weisen

er|wei|tern: (ausbauen);
die **Er|wei|te|rung**

er|wer|ben: du erwirbst, du erwürbest,
er erwarb, sie hat erworben, erwirb!;
der **Er|werb;** das **Er|werbs|stre|ben;**
die **Er|werbs|tä|tig|keit; er|werbs|los**

er|wi|dern: (antworten); seinem Ge-

sprächspartner erwidern;
die **Er|wi|de|rung** (Gegenrede)

er|wi|schen: jemanden beim Diebstahl
erwischen; den Zug noch erwischen

Erz, das: des -es, die Erze (metallhaltiges
Gestein); die **Erz|ader; das Ei|sen|erz;**
der **Erz|berg|bau;** das **Erz|ge|bir|ge;**
erz|hal|tig

Erz.: (Vorsilbe); der **Erz|bi|schof;**
der **Erz|en|gel;** der **Erz|feind;**
der **Erz|gau|ner; erz|faul** (sehr faul)

er|zäh|len: eine Geschichte erzählen;
der **Er|zäh|ler;** die **Er|zäh|le|rin;**
die **Er|zäh|lung;**
die **Er|zähl|per|spek|ti|ve**

er|zeu|gen: (herstellen); der **Er|zeu|ger;**
das **Er|zeug|nis;** die **Er|zeu|gung**

er|zie|hen: du erziehst, du erzögest, er
erzog, sie hat erzogen, erziehe!; einen
Jugendlichen erziehen; der **Er|zie|her;**
die **Er|zie|he|rin;** die **Er|zie|hung;**
die **Er|zie|hungs|be|ra|tungs|stel|le;**
der/die **Er|zie|hungs|be|rech|tig|te;**
er|zieh|bar; er|zie|he|risch (erzieheri-
sche Maßnahmen)

er|zür|nen: sich über einen Vorgang
erzürnen (in Zorn geraten)

es: es geht; ich bin es satt; es sei denn,
dass …

Esche, die: der -, die Eschen (Laubbaum)

Esel, der: des –s, die Esel; die **Ese|lei**

es|ka|lie|ren *franz.:* die Gewalt eskaliert
(nimmt zu, steigert sich);
die **Es|ka|la|ti|on**

Es|ki|mo, der: des -s, die Eskimos (Bewoh-
ner der Arktis)

Es|kor|te, die: die Eskorten (Begleitschutz)

Eso|te|rik, die: (Geheimlehre);
eso|te|risch

Es|pe, die: der -, die Espen (Laubbaum);
das **Es|pen|laub**

Es|pres|so *ital.,* der: des -s, die
Espresso(s)/Espressi (starkes Kaffee-
getränk)

Es|say *engl.* [ess_e_], der/das: des -s, die
Essays (kurze Abhandlung)

Es|se, die: der -, die Essen (Schornstein,
Schmiedefeuer, Schmiedeherd)

es|sen: du isst, du äßest, er aß, sie hat
gegessen, iss!; das **Es|sen;**
das **Ess|be|steck;** die **Ess|kas|ta|nie;**
das **Ess|zim|mer; ess|bar**

Es|senz *lat.,* die: der -, die Essenzen
(Auszug, Extrakt); die **Es|sig|es|senz;**
es|sen|ti|ell/es|sen|zi|ell

Es|sig, der: des -s, die Essige;
die **Es|sig|gur|ke**

Es|ta|b|lish|ment *engl.* [eßtäblischment],
das: des -s, die Establishments (gesell-
schaftliche Gruppe der Einflussreichen);
eta|b|lie|ren: sich etablieren (einen
sicheren gesellschaftl. Platz anstreben)

Est|rich, der: des -s, die Estriche (fugen-
loser Fußboden aus Lehm, Stein, Zement
usw.)

Eta|ge *franz.* [etasche], die: der -, die Etagen
(Stockwerk); die **Eta|gen|woh|nung**

Etap|pe *franz.,* die: der -, die Etappen
(Abschnitte, Teilstrecke, Gebiet hinter
der Front); **etap|pen|wei|se**

Etat *franz.* [eta], der: des -s, die Etats
(Haushaltsplan); den Etat verabschieden;
das **Etat|jahr**

etc.: et ce|te|ra (und so weiter)

ethisch *griech.:* (sittlich); das **Ethos**
(sittlich-moralische Haltung, Sittlichkeit)

Eti|kett *franz.,* das: des -(e)s, die Etiketten/
Etiketts (Aufklebeschildchen mit Preis-
und anderen Angaben); **eti|ket|tie|ren;**
die **Eti|ket|tie|rung**

Eti|ket|te *franz.,* die: der - (feine Sitte,
gesellschaftliche Umgangsformen);
sich nach der Etikette richten

et|li|che: (einige, mehrere); etliche Tage,
Personen; ich habe etliche Schrammen
abbekommen; etliche Male

Etui, das: des -s, die Etuis (kleiner Behäl-
ter); das **Fe|der|etui;**
das **Schmuck|etui**

et|wa: (ungefähr); in etwa; **et|wa|ig**

et|was: etwas anderes; etwas mehr;
ich will dir etwas sagen; etwas Gutes;
ein gewisses **Et|was**

Ety|mo|lo|gie, die: Geschichte der Wörter)

EU, die: der -, Europäische Union

euch: das gehört euch

Eu|cha|ris|tie, die: (kath. Kirche, Abend-
mahl)

eu|er: euer Auto hatte einen Unfall; die
euren/Euren; das eure/Eure;
eu|res|glei|chen; eu|ret|wil|len;
eu|ret|we|gen (in Briefen klein- oder
großgeschrieben)

Eu|le, die: der -, die Eulen

Eu|pho|rie *griech.,* die: der -, die Euphorien
(Wohlbefinden); **eu|pho|risch** (etwas zu
positiv)

Eu|ro, der: des -s, die Euros (europ.
Währungseinheit); Zeichen €;
Währungscode EUR; 1 Euro = 100 Cent

Eu|ro|pa: der **Eu|ro|pä|er;** eu|ro|pä|isch;
der **Eu|ro|scheck;** der **Eu|ro|pa|rat;**
die **Eu|ro|vi|si|on** (Organisation zum
Austausch von Fernsehprogrammen)

Eu|ter, das: des -s, die Euter (milch-
gebendes Organ bei Säugetieren)

ev.: evangelisch

E.V./e.V.: Eingetragener Verein

eva|ku|ie|ren: (ein Gebiet von Bewohnern
räumen)

Evan|ge|li|um *lat.,* das: des -s, die Evange-
lien (Heilsbotschaft Christi, die ersten
Bücher im Neuen Testament);
der **Evan|ge|list; evan|ge|lisch**

even|tu|ell *franz.:* (vielleicht, möglicher-
weise); evtl.; die **Even|tu|a|li|tät;**
der **Even|tu|al|fall**

evi|dent *lat.:* (offenbar, einleuchtend)

Evo|lu|ti|on *lat.,* die: der - (allmähliche
Entwicklung)

E-Werk: Elektrizitätswerk

EWG: Europäische Wirtschaftsgemeinschaft

ewig: das ewige (ständige, sich wiederho-
lende) Einerlei; das ewige Leben; ewiger
Schnee; die Ewige Stadt (Rom);
ewig|lich; die **Ewig|keit**

ex: (aus, tot, vorbei); vorher z. B. Exkaiser,
Exehemann

ex|akt (genau); die **Ex|akt|heit**

Ex|a|men *lat.,* das: des -s, die Examina/
Examen (Prüfung); ein Examen ablegen;

ex|a|mi|nie|ren (prüfen)

exe|ku|tie|ren *lat.:* (vollziehen, hinrichten,
erschießen); die **Exe|ku|ti|on;**
die **Exe|ku|ti|ve** (vollziehende Gewalt)

Ex|em|pel *lat.,* das: des -s, die Exempel
(Aufgabe, Beispiel); zum Exempel; ein
Exempel statuieren (ein warnendes,
abschreckendes Beispiel geben);
das **Ex|em|p|lar** (Einzelstück);
ex|em|p|la|risch (musterhaft, beispielge-
bend, warnend, abschreckend); jeman-
den exemplarisch bestrafen

Exil *lat.,* das: des -s, die Exile (Verban-
nungsort); ins Exil gehen

exis|tie|ren *lat.:* (vorhanden sein, beste-
hen); ich kann davon existieren (damit
auskommen); die **Exis|tenz;**
die **Exis|tenz|grund|la|ge; exis|tent**
(vorhanden sein)

ex|klu|siv: (nicht allen, nur bestimmten
Personen zugänglich, vornehm)

exo|tisch *griech.:* (ausländisch, fremdartig);
exotische Musik; die **Exo|tik**

Ex|pan|si|on *lat.,* die: der - (Ausdehnung,
Ausbreitung); die **Ex|pan|si|ons|kraft;**
die **Ex|pan|si|ons|po|li|tik; ex|pan|siv**
(sich ausdehnend); **ex|pan|die|ren**

Ex|pe|di|ti|on *lat.,* die: der -, die Expeditio-
nen (Forschungsreise, das Verschicken,
das Absenden)

Ex|pe|ri|ment *lat.,* das: des -s, die Experi-
mente (Versuch);
ex|pe|ri|men|tier|freu|dig;
ex|pe|ri|men|tie|ren

Ex|plo|si|on *lat.,* die: der -, die Explosio-
nen; die **Ex|plo|si|ons|ge|fahr;**
ex|plo|die|ren

Ex|port *engl.,* der: des -s, die Exporte
(Ausfuhr); **ex|por|tie|ren**

Ex|press, der: des -es, die Expresse
(Schnellzug)

Ex|pres|si|o|nis|mus *lat.,* der: des -
(Kunstrichtung); der **Ex|pres|si|o|nist;**
die **Ex|pres|si|o|nis|tin;**
ex|pres|si|o|nis|tisch

ex|tern: (außerhalb, auswärtig);
der/die **Ex|ter|ne**

e̱x|tra/ext|ra: ein extra (besonderes,
zusätzliches, außergewöhnliches) Trink-
geld; es wird extra berechnet;
das **Ex|t|ra;** das **Ex|t|ra|blatt;** extra
(eigens) für dich; **ex|t|ra|va|gant**
(überspannt)

Ex|tra̱kt *lat.,* der: des -es, die Extrakte
(Auszug aus Büchern, aus einem pflanz-
lichen oder tierischen Stoff, Hauptinhalt,
kurz gefasste Inhaltsangabe);
der **Fleisch|ex|trakt**

ex|tre̱m/ext|rem *lat.:* (äußerst krass,
radikal); extreme Werte; eine extreme
Aussage; das **Ex|t|rem;** von einem
Extrem ins andere fallen;
der **Ex|t|re|mi̱s|mus;**
die **Ex|t|re|mi|tä̱|ten** (Arme, Beine) eine
extreme Richtung

E̱x-und-hopp-Fla|sche (Einwegflasche)

ex|zel|le̱nt *lat.:* (ausgezeichnet, hervorra-
gend); die **Ex|zel|lenz** (hoher Titel,
Abk. Exz.)

ex|ze̱n|t|risch *lat.:* außerhalb des Mittel-
punkts liegend, überspannt, verschroben;
exzentrische Kreise; der **Ex|zen|t|ri|ker**
(völlig überspannter Mensch);
die **Ex|zen|t|ri|ke|rin**

Ex|ze̱ss *lat.,* der: des -es, die Exzesse
(Ausschreitung, Ausschweifung);
ex|zes|si̱v

F

Fa.: Firma

Fa̱|bel, die: der -, die Fabeln (kurze Erzäh-
lung, oft mit einer Lehre);
das **Fa|bel|buch;** das **Fa|bel|tier**
(erfundenes Lebewesen); **fa|bu|lie̱|ren;**
fa|bel|haft (ausgezeichnet)

Fa|bri̱k/Fab|rik, die: der -, die Fabriken
(Industriebetrieb); der **Fa|b|ri|ka̱nt;**
die **Fa|b|ri|kan|tin;**
der **Fa|b|rik|ar|bei|ter;** das **Fa|b|ri|ka̱t;**
fa|b|rik|neu; fa|b|ri|zie̱|ren

Fa̱ch, das: des -(e)s, die Fächer; das leere

Fach im Schrank; das Fach Sprache; der
Mann vom Fach; der **Fach|mann;**
der **Fach|arzt;** das **Fach|ge|schäft;**
fach|kun|dig; fach|lich;
fach|män|nisch; fach|sim|peln
(Fachgespräche führen)

Fä̱|cher, der: des -s, die Fächer (Luft-
wedel); **fä|cher|för|mig; fä|cheln**

Fa̱|ckel, die: der -, die Fackeln;
der **Fa|ckel|zug; fa|ckeln** (abbrennen);
wir wollen nicht lange fackeln (zögern,
zaudern)

fa̱|de, *auch* **fad** *franz.:* (langweilig, schlecht
gewürzt)

Fa̱|den, der: des -s, die Fäden; **ein|fä̱|deln;**
eine Sache, einen Faden richtig einfädeln;
fa|den|schei̱|nig (nicht sehr glaubhaft);
ich habe keinen trockenen Faden mehr
am Körper; sein Leben hing am seidenen
Faden; einem roten Faden (zusammen-
hängenden Gedanken) folgen; den Faden
verlieren (beim Reden durcheinander
kommen)

Fa̱|gott, das: des -(e)s, die Fagotts/Fagotte
(Holzblasinstrument); der **Fa|got|tist**
(Fagottbläser); die **Fa|got|tis|tin**

fä̱|hig: ein fähiger Kopf; zu allem fähig
sein; die **Fä|hig|keit; be|fä̱|hi|gen**

fa̱hl: ein fahles Licht (bleich, farblos)

fa̱hn|den: nach dem Täter fahnden
(suchen); die **Fahn|dung**

Fa̱h|ne, die: der -, die Fahnen;
die **Fah|nen|flucht;** der **Fäẖn|rich**
(Fahnenträger, Offiziersanwärter);
fah|nen|flüch|tig (sich von der Truppe
entfernen)

fa̱h|ren: du fährst, du führest, er fuhr, sie
hat gefahren, fahr(e)!; Auto fahren; Rad
fahren; die **Fäẖ|re** (Schiff zum Überset-
zen); der **Fah|rer;** die **Fah|rer|flucht;**
das **Fahr|ge|stell;** die **Fahr|kar|te;**
der **Fahr|plan;** das **Fahr|rad;**
der **Fahr|stuhl;** die **Fahrt;**
der **Fahr|ten|schwim|mer;**
das **Fahr|zeug; fahr|bar; fah|rig;**
fahr|läs|sig (die Gefahr nicht beachten);
fah|ren|las|sen/fah|ren las|sen

(aufgeben); fahrlässige Tötung; man könnte aus der Haut fahren (sich sehr aufregen)

Fähr|te, die: der -, die Fährten (Spuren)

fair *engl.* [fär] (ehrlich, anständig, bes. bei Wettkämpfen); fair spielen; die **Fair|ness** (anständiges Verhalten); das **Fair|play/ Fair Play** (faires Spiel)

Fa|kir, der: des -s, die Fakire (asiatischer Büßer, Zauberkünstler)

fak|tisch: (in der Tat); der **Fakt;** das **Fak|tum** (Tatsache, Ereignis, Vorgang); nach den Fakten urteilen

Fak|tor *lat.,* der: des -s, die Faktoren (Malnehmerzahl, mitwirkender Umstand); ein maßgebender Faktor; dabei wirkten viele Faktoren mit

Fal|ke, der: des -n, die Falken (Raubvogel); der **Falk|ner** (Falkenabrichter)

fal|len: du fällst, du fielest, er fiel, sie ist gefallen, fall(e)!; auf den Boden fallen; die Preise fallen; ihm ins Wort fallen; der **Fall;** von Fall zu Fall; im Falle, dass ...; jemanden zu Fall bringen (scheitern, stürzen lassen); ein schwieriger Fall; erster Fall (Kasus); die **Fal|le;** der **Fall|schirm; fall|wei|se; ge|ge|be|nen|falls;** das ist nicht mein Fall (gefällt mir nicht); die Würfel sind gefallen (es ist entschieden)

fäl|len: einen Baum fällen; ein Urteil fällen; der **Holz|fäl|ler**

fäl|lig: eine Rechnung wird fällig (muss gezahlt werden); der **Fäl|lig|keits|ter|min**

Fall|reep, das: (äußere Schiffsleiter)

falls: falls (wenn) es schneit; falls möglich

falsch: falsch liegen (am falschen Ort); falschliegen (sich irren); falschspielen (betrügen); falsch spielen (eine Melodie); falsches Geld; falsche Zähne; eine falsche Anschuldigung; falsch schreiben; falsch schwören; spaßige Bemerkung in die falsche Kehle bekommen (missverstehen); aber: ohne Falsch; **fäl|schen;** (Geld, eine Unterschrift fälschen); **fälsch|lich:** (irrtümlich); der **Fäl|scher;**

der **Falsch|fah|rer;** die **Falsch|heit;** die **Fäl|schung;** fäl|schungs|si|cher

fal|ten: (zusammenlegen); die **Fal|te;** das **Falt|blatt;** der **Fal|ten|rock;** die **Stirn|fal|ten;** fal|ten|los; fal|ten|reich; fal|tig

Fal|ter, der: des -s, die Falter (Schmetterling)

fal|zen: du falzt, du falzest, er falzte; sie hat gefalzt, falze!; der **Falz;** die **Fal|zung**

Fa|mi|lie, die: der -, die Familien; die Heilige Familie (Maria, Josef und das Jesuskind); das **Fa|mi|li|en|buch;** die **Fa|mi|li|en|fei|er;** der **Fa|mi|li|en|na|me; fa|mi|li|är** (eine familiäre Angelegenheit)

fa|mos: (ausgezeichnet, besonders, großartig)

Fan *engl.* [fän], der: des -s, die Fans (begeisterter Anhänger, z. B. Fußballfan); der **Fan|club/Fan|klub**

Fa|na|ti|ker *lat.,* der: des -s, die Fanatiker (jemand, der starrsinnig etwas vertritt); der **Fa|na|tis|mus; fa|na|tisch**

Fan|go, der: (heilkräftiger Mineralschlamm)

Fan|fa|re *franz.,* die: der -, die Fanfaren (Blasinstrument); der **Fan|fa|ren|blä|ser;** die **Fan|fa|ren|blä|se|rin;** der **Fan|fa|ren|zug**

fan|gen: du fängst, du fingest, er fing, sie hat/ist gefangen, fang(e)!; einen Dieb fangen; sich fangen (das Gleichgewicht wiederherstellen); der **Fang;** der **Fän|ger;** die **Fang|fra|ge; ver|fäng|lich:** eine verfängliche (nicht ehrliche) Frage stellen

Fan|ta|sie, *auch* **Phan|ta|sie,** die: der -, die Fantasien (Musikstück, Vorstellungskraft); **fan|ta|sie|be|gabt; fan|ta|sie|voll; fan|tas|tisch; fan|ta|sie|ren** (Unsinn reden, träumen)

Far|be, die: der -, die Farben; die **Far|ben|blind|heit;** der **Fär|ber;** der **Far|bi|ge;** die **Fär|bung; farb|echt; far|big; farb|lich;** Farbe bekennen (ehrlich sein, etwas zugeben); etwas in glänzenden Farben schildern (übertrieben erzählen); **fär|ben**

Far|ce [fạrs], die: der -, die Farcen (Verhöhnung, lächerliche, aber: als wichtig dargestellte Angelegenheit)

Fạrm, die: der -, die Farmen (landwirtschaftlicher Betrieb); der **Far|mer;** die **Far|mers|frau**

Fa|sạn, der: des -(e)s, die Fasane(n) (bunter Hühnervogel)

Fạ|sching, der: des -s, die Faschinge/ Faschings; die **Fạ|schings|zeit** (Fastnacht, Karneval); der **Fạ|schings|ball;** der **Fạ|schings|zug**

Fa|schịs|mus *ital.,* der: des - (antidemokratische, nationalistische Staatsauffassung); der **Fa|schịst; fa|schịs|tisch**

fạ|seln: (Blödsinn reden); die **Fạ|se|lei**

Fạ|ser, die: der -, die Fasern (dünner Faden); die **Fạ|se|rung; (aus)fa|sern; fạ|ser|nackt** (völlig nackt)

Fạ|shion, die: (Mode)

Fạss, das: des -es, die Fässer; ein Fass Wein; das **Fạss|bier; fạss|wei|se;** das schlägt dem Fass den Boden aus! (das ist die Höhe!); ein Fass ohne Boden (etwas ohne Ende)

Fas|sạ|de, die: der -, die Fassaden (Außenseite, Vorderansicht); der **Fas|sạ|den|klet|te|rer**

fạs|sen: ein Eimer fasst zehn Liter; er kann das Geschehen immer noch nicht fassen; sich ein Herz fassen (sich entschließen); die Fassung (Geduld) verlieren; die **Fạs|sung; fạss|bar; un|fạss|lich; fạs|sungs|los**

fạst: (beinahe); wir haben es fast (beinahe) geschafft

fạs|ten: (wenig oder nichts essen); das **Fạs|ten;** die **Fạs|ten|kur;** die **Fạs|ten|zeit;** die **Fạst|nacht,** *auch* **Fạ|se|nacht** (Vorabend der Fastenzeit); der **Fạst|tag**

Fast Food/Fast|food, das: (Schnellgericht)

Fas|zi|na|ti|on, die: der -, die Faszinationen (Bezauberung); **fas|zi|nie|ren** (begeistern)

fa|tạl: (unangenehm, verhängnisvoll); fatale Folgen

Fạta Mor|gạ|na *ital.,* die: der -, die Fata Morganen/Morganas (eine durch Luftspiegelung verursachte Sinnestäuschung, bes. über Wüsten)

fau|chen: der Löwe faucht; die Dampflokomotive faucht

faul: ein fauler Schüler; faule Eier; faules Obst; fauler Zauber [an der Sache ist etwas faul (nicht in Ordnung)]; am Abend wird der Faule fleißig; die **Fäul|nis;** der **Fau|len|zer;** die **Faul|heit;** das **Faul|tier; fau|lig; fau|len; fau|len|zen**

Fau|na *lat.,* die: der -, die Faunen (Tierwelt)

Faust, die: der -, die Fäuste; es faustdick hinter den Ohren haben; mit der Faust auf den Tisch schlagen; das passt wie die Faust aufs Auge (überhaupt nicht); etwas auf eigene Faust tun; der **Faust|hand|schuh;** der **Faust|kampf;** der **Fäust|ling;** das **Faust|recht;** die **Faust|re|gel; faust|groß; faus|ten**

Fa|vo|rịt *lat.,* der: des -en, die Favoriten (voraussichtlicher Sieger); **fa|vo|ri|sie|ren** (begünstigen)

Fạx, das: des -, die Faxe; Kurzw. für Telefax (Fernkopie); **fa|xen**

Fạxen Mz., die: der -; Faxen machen (Späße)

Fa|zịt *lat.,* das: des -s, die Fazits/Fazite (Ergebnis); das Fazit aus etwas ziehen (das Ergebnis feststellen)

FBI: *engl.* [ef bi ai], das: Bundespolizei der USA

FCKW: Fluorchlorkohlenwasserstoff

FDP: Freie Demokratische Partei

Fe|bru|ar/Feb|ru|ar, der: des -s, die Februare (Monatsname)

fẹch|ten: du fichst, du föchtest, er focht, sie hat gefochten, ficht!; mit dem Degen fechten (kämpfen); fechten gehen (bet-

teln); etwas **ver|fech|ten;** der **Fech|ter;**
die **Fech|te|rin;** der **Fecht|kampf**

Fe|der, die: der -, die Federn; mit spitzer
Feder schreiben (alles genau aufschrei-
ben); nicht viel Federlesens machen
(nicht lange zögern); sich mit fremden
Federn schmücken; der **Fe|der|fuch|ser**
(übergenauer Mensch);
das **Fe|der|ge|wicht** (Gewichtsklasse
beim Boxen, Ringen u. a.);
die **Fe|de|rung; fe|dern**

Fee *franz.,* die: der -, die Feen (weibliche
Sagengestalt); **feen|haft**

Feed-back/Feed|back *engl.,* das: des -s,
die Feed-backs (Echo, Rückmeldung)

Fee|ling *engl.* [fīling], das: des -s, die
Feelings (Gefühl, Einfühlungsvermögen)

fe|gen: (kehren mit dem Besen); der Wind
fegt die Dachziegeln herunter; durch die
Straßen fegen (rasen); das **Fe|ge|feu|er**

Feh|de, die: der -, die Fehden (Feindschaft,
Unfrieden); sich **be|feh|den;** jemandem
den **Feh|de|hand|schuh** hinwerfen
(Streit, Feindschaft erklären)

feh|len: in der Klasse fehlen; was fehlt
dir?; ohne Fehl (makellos); **fehl|lei|ten;**
fehl|schla|gen; ver|feh|len;
der **Fehl|be|trag;** der **Feh|ler;**
der **Fehl|griff;** der **Fehl|pass;**
der **Fehl|start;** fehl: hier bist du fehl am
Platz; **feh|ler|frei; feh|ler|haft;**
feh|ler|los

Fei|er, die: der -, die Feiern; ein Fest feiern;
den Sieger feiern; der **Fei|er|abend;**
die **Fei|er|lich|keit;** der **Fei|er|tag;**
fei|er|lich; fei|ern

Fei|ge, die: der -, die Feigen (süße Süd-
frucht); das **Fei|gen|blatt**

fei|ge: (ängstlich); die **Feig|heit;**
der **Feig|ling**

Fei|le, die: der -, die Feilen (Werkzeug zum
Glätten); **fei|len**

fein: ein feines Sieb; feine Fäden; ein feiner
Regen; eine feine Gesellschaft; feine
Sitten; sich fein anziehen; fein machen/
feinmachen, **fein|füh|lig; fein|sin|nig;**
die **Fein|ar|beit;** die **Fein|ein|stel|lung;**

das **Fein|gold;** der **Fein|me|cha|ni|ker**

Feind, der: des -es, die Feinde; viele Feinde
(Gegner) haben; die **Feind|schaft;**
feind|lich; feind|se|lig; jemandem
feind sein, *auch* jemandes **Feind sein**

fei|xen: (schadenfroh grinsen)

Feld, das: des -es, die Felder; das Feld
beackern; das Feld behaupten; das Feld
räumen (nachgeben); auf dem Feld
(Gebiet) der Wissenschaft;
die **Feld|ar|beit;** die **Feld|blu|me;**
der **Feld|herr**

Fel|ge, die: der -, die Felgen; Reifen auf die
Felgen ziehen; die **Fel|gen|brem|se;**
der **Felg|um|schwung** (Übung am Reck)

Fell, das: des -(e)s, die Felle (behaarte
Tierhaut); ein dickes Fell haben; jeman-
dem das Fell über die Ohren ziehen
(jemanden ausnehmen); jemandem das
Fell gerben (durchprügeln)

Fel|la|che, der: die Fellachen (Bauer im
Niltal)

Fel|sen, der: des -s, die Felsen; der **Fels;**
das **Fel|sen|mas|siv;** die **Fels|wand;**
fel|sen|fest (unerschütterlich); **fel|sig**

Fe|me, die: der -, die Femen (heimliches
Gericht)

fe|mi|nin *lat.:* (weiblich);
das **Fe|mi|ni|num** (weibliches Nomen);
die **Fe|mi|nis|tin** (Frauenrechtlerin)

Fen|chel, der: des -s (Gewürz und Heil-
pflanze); der **Fen|chel|tee**

Fens|ter, das: des -s, die Fenster; sein Geld
zum Fenster hinauswerfen (leichtfertig
ausgeben); weg vom Fenster sein (nicht
mehr gefragt sein)

Fe|ri|en, die: der -, die großen Ferien;
die **Herbst|fe|ri|en;** die **Os|ter|fe|ri|en;**
der **Fe|ri|en|job**

Fer|kel, das: des -s, die Ferkel
(Jungschwein); die **Fer|ke|lei**

Fer|ment *lat.,* das: des -s, die Fermente
(Gärstoff)

fern: ferne (weit entfernte) Länder; aus
ferner (alter) Zeit; von fern her; er
rangierte unter „ferner liefen" (ohne
Siegeschancen); **fern|blei|ben** (wegblei-

ben); **fern|hal|ten** (Abstand halten);
fern|se|hen, aber: ich konnte ihn nur
von ganz **fern se|hen; fern|steu|ern;**
der Ferne Osten; die **Fer|ne;**
der **Fern|fah|rer;** das **Fern|rohr;**
das **Fern|se|hen;** der **Fern|spre|cher;**
der **Fern|ver|kehr; fer|ner** (außerdem)

Fer|se, die: der -, die Fersen (hinterer Teil
des Fußes); **Fer|sen|geld** geben (fliehen)

fer|tig: das Haus ist fertig; etwas fertig
machen (zu Ende bringen), ich bin für
die Abreise fertig (bereit); fix und
fertig; das **Fer|tig|haus;**
die **Fer|tig|keit;** die **Fer|tig|stel|lung;**
an|fer|ti|gen; eil|fer|tig; fer|ti|gen;
fertig werden/fertigwerden (mit der
Arbeit)

Fes, Fez, der: (arabische Kopfbedeckung)

fesch: (schick, hübsch)

Fes|sel, die: der -, die Fesseln; die Hände
fesseln; die Zuhörer fesseln (begeistern);
die **Fes|se|lung; fes|seln**

Fest, das: des -es, die Feste; ein Fest geben
(feiern); der **Fest|tag;** das **Fes|ti|val**
engl. [festiwell]; **fest|lich**

fest: ein fester (dauernder) Wohnsitz;
fester (haltbarer) Stoff; eine feste Ansicht;
feste (beständige) Preise; etwas fest
versprechen; **fest an|ge|stellt;** ein fest
angestellter Fachmann; die **Fes|te**
(Festung); die **Fes|tig|keit** (beim Materi-
al); das **Fest|land;** die **Fes|tung;**
fest|blei|ben (nicht nachgeben);
fest|le|gen; fest|schnal|len (anschnal-
len); **fest|stel|len;** ein Ergebnis schrift-
lich **fest|hal|ten,** aber: du musst dich
ganz **fest hal|ten**

fest|ste|hen: (es ist gewiss); es muss
feststehen, dass …

Fe|te *franz.,* die: der -, die Feten (Fest, Party)

Fe|tisch, der: die Fetische (magischer
Gegenstand)

Fett, das: des -/-es, die Fette; das Fett
abschöpfen (das Beste heraussuchen);
er hat sein Fett (Strafe) weg;
das **Fett|au|ge;** der **Fett|fleck; fett:** ein
fettes Essen; ein fetter (fruchtbarer)

Boden; **fett|arm; fet|tig; fett|lei|big;**
ein|fet|ten; fett gedruckt/fettgedruckt

Fe|tus, *auch* **Fö|tus** *lat.,* der: des -(e)s, die
Fetusse (Leibesfrucht ab dem 3. Monat
Schwangerschaft); → Fötus

Fet|zen, der: des -s, die Fetzen; **fet|zig**
(toll, rhythmisch); **fet|zen** (streiten);
zer|fetzt

feucht: feuchte Luft; **feucht|fröh|lich;**
feucht|kalt; das **Feucht|bio|top;**
die **Feuch|tig|keit; an|feuch|ten;**
be|feuch|ten

feu|dal *lat.* (prunkvoll); die
Feudalherrschaft (Vorherrschaft des
Adels); der **Feu|da|lis|mus**

Feu|er, das: des -s, die Feuer; etwas aus
dem Feuer reißen (etwas noch zu einem
guten Ende bringen); der **Feu|er|alarm;**
die **Feu|ers|brunst;**
der **Feu|er|lö|scher;** die **Feu|e|rung;**
die **Feu|er|wehr;** das **Feu|er|zeug;**
feu|er|si|cher; feu|rig; feu|ern; einen
Schuss abfeuern

Feuil|le|ton, das: (literarischer Teil einer
Zeitung)

Fi|as|ko *ital.,* das: des -s, die Fiaskos
(Misserfolg)

Fi|bel, die: der -, die Fibeln (Lesebuch)

Fi|ber, die: der -, die Fibern (Faser)

Fich|te, die: der -, die Fichten (Nadel-
baum)

fi|del: (lustig, vergnügt)

Fie|ber, das: des -s (Erhöhung der Körper-
temperatur über 37°);
das **Fie|ber|ther|mo|me|ter; fie|be|rig,**
auch **fieb|rig; fie|bern; fie|ber|frei;**
fie|ber|haft (hastig, erregt)

Fie|del, die: der -, die Fiedeln (Geige,
Violine); der **Fied|ler; fie|deln**

fiel: → fallen

fies: (ekelhaft, widerwärtig, äußerst
gemein)

Fies|ta, die: (Volksfest)

Fight *engl.* [fait], der: des -s, die Fights
(Kampf); der **Figh|ter, figh|ten**

Fi|gur *lat.,* die: der -, die Figuren; eine
schlanke Figur (Gestalt); **fi|gür|lich**

Fik|ti|on *lat.*, die: der -, die Fiktionen (rein Erdachtes, Einbildung, Unterstellung); **fik|tiv** (nur gedacht)

Fi|let *franz.* [fileː], das: des -s, die Filets (Lenden-, Rücken- oder Bruststück vom Vieh, Wild oder Fisch); der **Fi|let|bra|ten**

Fi|li|a|le *lat.*, die: der -, die Filialen (Zweitgeschäft, Zweigstelle)

Film *engl.*, der: des -s, die Filme, sich den Film ansehen; ein öliger Film (eine dünne Schicht aus Öl); das **Film|ar|chiv**; die **Film|ka|me|ra**; das **Film|pla|kat**; der **Film|pro|du|zent**; der **Film|star**; das **Film|the|a|ter**; der **Film|ver|leih**; die **Film|vor|füh|rung**

Fil|ter, der: des -s, die Filter; der **Fil|ter|kaf|fee**; das **Fil|ter|pa|pier**; **fil|tern**; **fil|trie|ren**

Filz, der: des -es, die Filze (Stoff aus Fasern oder Haaren); der **Filz|hut**; der **Filz|schrei|ber**; **fil|zig**; **fil|zen** (genau durchsuchen)

Fim|mel, der: des -s (Trick, Spleen)

Fi|na|le *lat.*, das: des -s, die Finale (Schlussteil, Endrunde, Endspiel); der **Fi|nal|satz** (Musik)

Fi|nan|zen, die: der - (Geld); das **Fi|nanz|amt**; **fi|nan|zi|ell** (geldlich); finanziell geht es mir gut; **fi|nan|zie|ren** (Geld geben)

Fin|del|kind, das: („gefundenes", angenommenes Kind)

fin|den: du findest, du fändest, er fand, sie hat gefunden, find(e)!; der **Fin|der**; der **Fin|der|lohn**; der **Find|ling** (Felsstein); **fin|dig** (pfiffig, schlau)

fing: → fangen

Fin|ger, der: des -s, die Finger; keinen Finger rühren (nicht helfen); sich die Finger an einer Sache verbrennen (zu viel wagen); sich in die Finger schneiden (sich selbst schaden); man kann sie um den Finger wickeln (sie ist nachgiebig, leicht lenkbar); der **Fin|ger|ab|druck**; der **Fin|ger|zeig**; **fin|ger|breit**; ein fingerbreiter Rand, aber: einen Finger breit; **fin|ger|fer|tig**

fin|gie|ren *lat.*: eine fingierte (vorgetäuschte, eingefädelte) Botschaft

Fi|nish *engl.* [finisch], das: des -s, die Finishs (Endkampf, Endphase)

Fink, der: des -en, die Finken (Singvogel); der **Fin|ken|schlag**

Fin|ne, der: die Finnin; (Bewohner Finnlands); **fin|nisch**

fins|ter: eine finstere Nacht; eine finstere Gegend; eine finstere Kneipe; finster (drohend) schauen

Fin|te, die: der -, die Finten (Täuschung, Vorwand); **fin|ten|reich** (listig)

Fir|le|fanz, der: des - (Albernheit, wertloser Kram)

firm *lat.*: (fest, sicher); in etwas firm (erfahren, gut) sein; die **Fir|mung** (kath. Sakrament)

Fir|ma, die: der -, die Firmen; Abk. Fa. (Geschäft, Betrieb); der **Fir|men|chef**

Fir|ma|ment *lat.*, das: des -(e)s, die Firmamente (Himmelsgewölbe)

Firn, der: des -s, die Firne (Altschnee)

First, der: des -(e)s, die Firste (oberste Kante des Daches); die **First|zie|gel**

first class *engl.* [förstklas]: (zur Spitzenklasse gehörig); das **First-Class-Ho|tel**; die **First La|dy**

Fisch, der: des -es, die Fische; Fische fangen; die Fisch verarbeitende Industrie; das sind kleine Fische (unbedeutende Sachen); im Trüben fischen (etwas Unsauberes tun); das **Fi|scher|boot**; **fi|schen**

Fis|kus, der: (Staatskasse)

Fis|tel, die: der -, die Fisteln (Geschwür); die **Fis|tel|stim|me** (ganz hohe Stimme)

fit *engl.* (leistungsfähig, gut trainiert, gesund, sich wohlfühlend); sich fit halten; **Fit|ness**

fix *lat.*: (fest, feststehend, flink, aufgeweckt); eine fixe (törichte) Idee; das Fix (feststehende Kosten); fix und fertig sein

Fjord *skand.*, der: des -(e)s, die Fjorde (schmale Meeresbucht, Meeresarm in Skandinavien)

FKK: Freikörperkultur

flach: ein flaches Dach; ein flaches Gewässer; ein flaches Gelände; **flä|chen|haft; flä|chig; ober|fläch|lich;** die **Flä|che;** das **Flach|land;** die **Flach|zan|ge;** einen Karton flachdrücken/flach drücken

Flachs, der: des -es (Faserpflanze, Scherz); **flachs|blond; flach|sen** (scherzen, necken)

fla|ckern: ein flackerndes (unruhiges) Feuer; **fla|cke|rig,** *auch* **flack|rig**

Fla|den, der: des -s, die Fladen (flache Backware); das **Fla|den|brot;** der **Kuh|fla|den**

Flag|ge, die: der -, die Flaggen (viereckige Fahne); unter falscher Flagge segeln; der **Flag|gen|mast;** das **Flagg|schiff; flag|gen**

Flair *franz.* [flär], das: des -s (Atmosphäre, die persönliche Note)

Fla|min|go *span.,* der: des -s, die Flamingos (Wasservogel)

Flam|me, die: der -, die Flammen; die Flammen der Begeisterung; das **Flämm|chen; zwei|flam|mig; auf|flam|men; flam|men; flam|bie|ren**

Fla|nell, der: des -s, die Flanelle (Gewebe, weicher Wollstoff)

Flan|ke, die: der -, die Flanken; die Flanken (Seiten) des Pferdes; der Außenstürmer gab eine Flanke herein; eine Flanke (seitlicher Sprung) über den Barren machen; **flan|ken**

Fla|sche, die: der -, die Flaschen (Glasbehälter, Dummkopf, Schwächling); das **Fla|schen|bier;** der **Fla|schen|hals;** der **Fla|schen|öff|ner;** das **Fla|schen|pfand;** der **Fla|schen|zug**

flat|tern: mit den Flügeln flattern; **flat|ter|haft; flat|te|rig,** *auch* **flatt|rig**

flau: flauer, am flauesten; mir ist flau (nicht gut) zumute; die **Flau|te** (Windstille)

Flaum, der: des -(e)s (zartes Haar); **flau|mig; flaum|weich**

Flau|sen, die: der - (dumme Einfälle, Ideen)

Flech|te, die: der -, die Flechten (niedrige Pflanze, Hautausschlag, Zopf)

flech|ten: du flichst, du flöchtest, er flocht, sie hat geflochten, flicht!; das Haar in Zöpfen flechten

Fleck, der: des -(e)s, die Flecke; das Herz auf dem rechten Fleck haben; er kommt mit seiner Arbeit nicht vom Fleck (nicht weiter); das **Fle|cken|was|ser;** das **Fleck|fie|ber; fle|cken|los; fle|ckig**

Fle|cken, der: des -s, die Flecken (Ortschaft); der **Markt|fle|cken**

Fle|der|maus, die: der -, die Fledermäuse

Fleet, das: des -(e)s, die Fleete (Kanal, Graben)

Fle|gel, der: des -s, die Flegel (großer frecher Junge); die **Fle|ge|lei;** die **Fle|gel|jah|re; fle|gel|haft;** sich **fle|geln**

fle|hen: zu Gott flehen; **fle|hent|lich**

Fleisch, das: des -es; sie schneidet sich ins eigene Fleisch (schadet sich selbst); der **Flei|scher;** die **Flei|sche|rei; flei|schig**

Fleiß, der: des -es; die **Fleiß|ar|beit; flei|ßig**

flen|nen: (weinen); die **Flen|ne|rei**

flet|schen: die Zähne fletschen

Fle|xi|on *lat.,* die: der -, die Flexionen; **fle|xi|bel** (biegsam, anpassungsfähig); **flek|tie|ren** (z. B. Nomen beugen)

fli|cken: die Hose flicken; die **Flick|ar|beit;** der **Fli|cken;** der **Fli|cken|tep|pich;** die **Fli|cke|rei**

Flie|der, der: des -s; der **Flie|der|strauch;** der **Flie|der|tee; flie|der|far|ben**

Flie|ge, die: der -, die Fliegen; der **Flie|gen|fän|ger;** das **Flie|gen|ge|wicht** (Gewichtsklasse); **flie|gen:** du fliegst, du flögest, er flog, sie hat geflogen; flieg(e)!; die **Flie|ge|rei;** der **Flie|ger**

flie|hen: du fliehst, du flöhest, er floh, sie ist geflohen, flieh(e)!; die **Flieh|kraft** (Zentrifugalkraft)

Flie|se, die: der -, die Fliesen (Wand- und
 Bodenplatten); der **Flie|sen|le|ger;**
 flie|sen (mit Fliesen belegen)

flie|ßen: es fließt, es flösse, es floss, es ist
 geflossen, fließ(e)!; das **Fließ|band;**
 flie|ßend

flim|mern: es flimmert mir vor Augen;
 der **Flim|mer;** die **Flim|mer|kis|te**
 (Fernsehgerät)

flink: flinker, am flinksten (rasch, schnell);
 die **Flink|heit**

Flin|te, die: der -, die Flinten (Jagdge-
 wehr); die Flinte ins Korn werfen (etwas
 aufgeben, den Mut verlieren)

Flirt _engl._ [flört], der: des -s, die Flirts
 (Liebelei); **flir|ten**

Flit|ter, der: des -s, die Flitter;
 der **Flit|ter|glanz;** das **Flitt|chen;**
 die **Flit|ter|wo|chen; flit|tern** (glänzen)

flit|zen: (rennen, sausen);
 der **Flitz|bo|gen**

Flo|cke, die: der -, die Flocken;
 die **Ha|fer|flo|cken;**
 die **Schnee|flo|cke; flo|ckig** (weich
 und leicht wie Schnee)

flog: → fliegen

floh: → fliehen

Floh, der: des -s, die Flöhe; jemandem
 einen Floh ins Ohr setzen (jemanden zu
 etwas anregen); der **Floh|markt** (Trödel-
 markt)

Flop _engl.,_ der: des -s, die Flops (Fehl-
 schlag, Misserfolg)

Flor, der: des -s, die Flore (Seidengewebe);
 der **Trau|er|flor; flo|rie|ren** (blühen);
 das Geschäft **flo|riert** (hat gute Umsätze)

Flos|kel _lat.,_ die: der -, die Floskeln
 (Redensart); **flos|kel|haft** (Aussage ohne
 Bedeutung)

Floß, das: des -es, die Flöße; der **Flö|ßer;**
 die **Floß|fahrt; ein|flö|ßen** (in den
 Körper geben); **flö|ßen**

floss: → fließen

Flos|se, die: der -, die Flossen

Flö|te, die: der -, die Flöten (Musikinstru-
 ment); das **Flö|ten|spiel; Flö|tist;**
 flö|ten

flott: (flink, rasch); das Geschäft geht flott;
 den Wagen, das Schiff wieder flottma-
 chen (fahrtüchtig machen), aber: die
 Arbeit flott machen (schnell machen)

Flot|te, die: der -, die Flotten (Anzahl von
 Schiffen, Seemacht)

Flöz, das: des -es, die Flöze (abbaufähige
 Schicht, Kohleablagerung)

flu|chen: laut fluchen (schelten);
 der **Fluch;** die Flüche

flüch|ten: die Flucht; die **Flüch|tig|keit;**
 der **Flüch|tig|keits|feh|ler;**
 der **Flücht|ling; flucht|ar|tig; flüch|ten**

Flug, der: des -es, die Flüge;
 der **Flug|ha|fen;** das **Flug|zeug;**
 flug|be|reit; flugs (schnell)

Flü|gel, der: des -s, die Flügel; mit den
 Flügeln fliegen; auf dem Flügel spielen;
 der linke Flügel (Anbau) des Hauses;
 flü|gel|lahm; flüg|ge

Flun|der, die: der -, die Flundern (Fisch)

flun|kern: (aufschneiden, schwindeln);
 die **Flun|ke|rei**

Flur, die: der -, die Fluren (nutzbare
 Landfläche, Felder, Wiesen);
 die **Feld|flur;** die **Flur|be|rei|ni|gung;**
 der **Flur|scha|den**

Flur, der: des -(e)s, die Flure (Gang mit
 Türen); der **Haus|flur** (Korridor)

Fluss, der: des -es, die Flüsse;
 das **Flüss|chen;** das **Fluss|bett;**
 die **Fluss|mün|dung;** das **Fluss|ufer;**
 die **Fluss|schiff|fahrt;**
 fluss|ab(wärts); fluss|auf(wärts);
 aber: den Fluss aufwärts

flüs|sig: die **Flüs|sig|keit;** flüssig machen
 (Wachs); flüssigmachen (Geld)

flüs|tern: (leise, betont sprechen);
 die **Flüs|ter|stim|me**

Flut, die: der -, die Fluten; Ebbe und Flut
 (Wasserstand bei Gezeitenwechsel);
 die **Flut|ka|ta|s|tro|phe;** das **Flut|licht;**
 die **Flut|war|nung:** die **Flut|wel|le;**
 flu|ten; über|flu|ten

Foh|len, das: des -s, die Fohlen (junges
 Pferd)

Föhn, der: des -s, die Föhne (warmer

trockener Fallwind, elektrischer Haar-
trockner); **föh|nen**

Föh|re, die: der -, die Föhren (Kiefer)

Fol|ge, die: der -, die Folgen; einer Auffor-
derung folgen; das wird Folgen haben; in
der Folge; die **Fol|ge|rung;**
dem|zu|fol|ge; Folgendes wurde ihm
erklärt; das Folgende;
fol|gen|der|ma|ßen;
fol|gen|der|wei|se; folg|lich;
folg|sam; in|fol|ge|des|sen;
fol|gen (hinterhergehen, gehorchen);
fol|gern (Schlüsse ziehen)

Fo|lie, die: der -, die Folien (dünnes Blatt,
z. B. Gold-, Plastikfolie);
die **fo|li|en|ver|pack|te** Ware;
der **Fo|li|ant** (großes Buch)

Fol|k|lo|re, die: der - (Volkskunst);
fol|k|lo|ris|tisch

Fol|ter, die: der -, die Foltern;
die **Fol|ter|kam|mer;** die **Fol|ter|qual;**
fol|tern jemanden auf die Folter span-
nen (quälen, lange warten lassen)

Fon *griech.:* → Phon

Fön®, der: sonst Föhn (Haartrockner)

Fonds *franz.* [fongs], der: des -s, die Fonds
(Geldreserve); die **Ak|ti|en|fonds**

Fon|due *franz.* [fongdü], das: des -s, die
Fondues (auf dem Tisch gegartes Gericht
aus Käse oder Fleisch)

Fon|tä|ne, die: der -, die Fontänen (Spring-
brunnen)

fop|pen: (necken, zum Narren halten);
die **Fop|pe|rei**

För|de, die: (schmale Meeresbucht); die
Förden

for|dern: an|for|dern; her|aus|for|dern;
die **For|de|rung**

för|dern: Kohle fördern; einen armen
Studenten fördern; das **För|der|band;**
der **För|de|rer;** der **För|der|schacht;**
die **För|de|rung;**
der **För|der|un|ter|richt** (besonderer
Unterricht zur Förderung der Leistung);
för|der|lich

Fo|rel|le, die: der -, die Forellen (Raub-
fisch); die **Fo|rel|len|zucht**

for|men: eine Schale (aus Ton) formen; die
Form (Anstand) wahren; gut/schlecht in
Form sein; **for|mu|lie|ren** (einen Brief);
die **Form;** das **For|mat;** das **Form|blatt;**
die **For|mel** (Mathematik);
die **Förm|lich|keit** (in aller Form);
das **For|mu|lar** (Vordruck);
die **For|mu|lie|rung; form|bar;**
förm|lich; form|los; form|voll|en|det

for|mal lat.: (nur der Form nach);
der **For|ma|lis|mus** (Überbetonung der
Form, den Inhalt vernachlässigen)

forsch: (mutig, selbstbewusst);
die **Forsch|heit**

for|schen: (suchen); **er|for|schen;**
der **For|scher;** die **For|schung**

Forst, der: des -(e)s, die Forste(n) (Wald);
das **Forst|amt;** der **Förs|ter;**
die **Förs|te|rei;** das **Forst|re|vier;**
die **Forst|wirt|schaft**

For|sy|thie, die: (früh blühender Strauch)

fort: fort (abwesend) sein; und so fort
(immerzu); Abk. usf.; weiter fort;
fort|ab; fort|an; fort|set|zen;
fort|wäh|rend; im|mer|fort;
fort|blei|ben

Fort|bil|dung, die: der -, die Fortbildungen
(Weiterbildung);
der **Fort|bil|dungs|kurs;** sich **fort|bil|den**

fort|brin|gen: (wegschaffen); → bringen

for|te *ital.* (laut, stark): **for|tis|si|mo** (sehr
laut)

fort|ent|wi|ckeln: eine Erfindung fortent-
wickeln; die **Fort|ent|wick|lung**

fort|fah|ren: (wegfahren); in der Arbeit
fortfahren (weitermachen)

fort|füh|ren: (weg-, weiterführen);
die **Fort|füh|rung**

Fort|gang, der: des -(e)s; **fort|ge|hen**
(weggehen, andauernd)

Fort|kom|men, das: des -s;
fort|kom|men (Erfolg haben)

fort|lau|fen: (weglaufen); **fort|lau|fend**
(aufeinander folgend)

fort|pflan|zen: (Nachkommen zeugen);
die **Fort|pflan|zung**

fort|schrei|ten: der **Fort|schritt;**

fort|ge|schrit|ten; fort|schritt|lich

fort|set|zen: (weiterführen);
die **Fort|set|zung; fort|ge|setzt**

For|tu|na, die: (Glücksgöttin)

Fo|rum *lat.,* das: des -s, die Foren (Markt-
und Gerichtsplatz im alten Rom);
das **Fo|rums|ge|spräch** (Gesprächskreis)

Fo|to/Pho|to, das: des -s, die Fotos;
die **Fo|to|gra|fie/Pho|to|gra|phie;**
der **Fo|to|ap|pa|rat;** die **Fo|to|ko|pie;**
die **Fo|to|mon|ta|ge; fo|to|gra|fie|ren;**
fo|to|ko|pie|ren; fo|to|gra|fisch

Fö|tus/Fe|tus *lat.,* der: des -/-ses, die
Fötusse, *auch* Föten (Leibesfrucht ab dem
3. Monat Schwangerschaft); → Fetus

foul *engl.* [faul]: (regelwidrig, unfair);
das **Foul; fou|len**

Fracht, die: der -, die Frachten (Ladung);
der **Frach|ter** (Frachtschiff)

Frack, der: (festlicher Anzug); das Frack-
hemd

fra|gen: du fragst, du fragtest, er fragte, sie
hat gefragt (landsch.: frägst, frägt, frug),
frage!; das **Fra|ge-und-Ant|wort-Spiel;**
die **Fra|ge|stel|lung;**
das **Fra|ge|zei|chen; frag|lich; frag|los;**
frag|wür|dig; in Frage/infrage stellen

Frak|ti|on *lat.,* die: der -, die Fraktionen
(Vertretung einer Partei im Parlament)

Frak|tur *lat.,* die: der -, die Frakturen
(Knochenbruch); die **Frak|tur|schrift**

Fran|ken, der: des -s, die Franken (schwei-
zerische Münze); das **Fran|ken|land**
(Land der Franken)

fran|kie|ren: (einen Brief freimachen);
fran|kiert

Frank|reich: (Staat in Westeuropa);
der **Fran|zo|se;** die **Fran|zö|sin;**
fran|zö|sisch

Fran|se, die: der -, die Fransen;
aus|fran|sen; aus|ge|franst; fran|sig

Frä|se, die: der -, die Fräsen (Werkzeug);
frä|sen

fraß: → fressen

Fraß, der: des -es, die Fraße (Futter für
Tiere, schlechtes Essen)

Frat|ze, die: der -, die Fratzen (verzerrtes

Gesicht); Fratzen schneiden;
frat|zen|haft

Frau, die: der -, die Frauen; das **Fräu|lein;**
Abk. Frl.; **frau|lich**

Freak *amerik.* [friːk], der: des -s, die Freaks
(begeisteter Anhänger, Fan);
der **Bas|ket|ball|freak**

frech: frech sein; der **Frech|dachs;**
die **Frech|heit**

frei: frei leben; frei lebende/freilebende
Tiere; freies Geleit; freier Eintritt; freie
Wahlen; aus freiem Willen; die Freie
Hansestadt Bremen; die Freie Demokrati-
sche Partei; jemanden bei Gericht
freisprechen, aber: hier kannst du ganz
frei sprechen; **frei|ge|big; frei|hän|dig;**
frei|heit|lich; frei|lich; das **Freie;**
im Freien; ins Freie; das **Frei|bad;**
die **Frei|heits|stra|fe;** die **Frei|kar|te;**
die **Frei|licht|büh|ne;**
der **Frei|schwim|mer;** der **Frei|spruch;**
der **Frei|stoß;** die **Frei|zeit; frei|hal|ten**
(Termin)/**frei hal|ten** (Parkplatz);
frei|le|gen/frei le|gen; frei|ma|chen;
aber: die Leitungen frei machen; frei
bekommen/freibekommen (Urlaub); frei
geben/freigeben (Unterricht); frei haben/
freihaben (Zeit); frei lassen/freilassen
(Gefangene)

Frei|tag, der: des -s, die Freitage (Wochen-
tag); der Freitagabend; freitagabends, *auch*
freitags abends (jeden Freitag); **frei|tags**

fremd: ein fremdes (unbekanntes) Land;
sich an fremdem Eigentum vergreifen;
ich bin hier fremd; **fremd|ar|tig;**
fremd|spra|chig; der **Frem|de;**
der **Frem|den|füh|rer;**
der **Frem|den|le|gi|o|när;**
die **Fremd|spra|che;** das **Fremd|wort**

Fre|quenz *lat.,* die: der -, die Frequenzen
(Häufigkeit; Besucherzahl, Schwingungs-
zahl pro Sekunde)

Fres|ke *ital.,* die: der -, die Fresken, *auch*
das Fresko; (Wandmalerei auf feuchtem
Kalkputz)

fres|sen: du frisst; du fräßest, er fraß, sie
hat gefressen; friss!; der Ärger frisst in

mir; das war ein gefundenes Fressen für
ihn (darauf hatte er gewartet); sie hat
einen Narren an ihm gefressen (ist
vernarrt in ihn); er hat etwas ausgefres-
sen (etwas Schlimmes getan);
das **Fres|sen;** der **Fres|ser**

Frett|chen, das: (Iltisart); **fret|ten** (sich
abmühen)

Freu|de, die: der -, die Freuden; **freu|en:**
ich freue mich; es freut mich; Freud und
Leid miteinander teilen;
der **Freu|den|schrei;** die **Freu|dig|keit;**
freu|de|strah|lend; freu|dig; freud|los

freu|en: sich freuen: du freust dich, erfreut
sich, er freute sich, er hat sich gefreut

Freund, der: des -(e)s, die Freunde;
die **Freun|din,** die **Freund|schaft;**
freund|lich; freund|schaft|lich: mit
jemandem gut Freund sein; jemandes
Freund sein; Freund und Feind

Fre|vel, der: des -s, die Frevel (Entheili-
gung); die **Fre|vel|tat;** der **Frev|ler;**
fre|vel|haft; fre|veln

Frie|de(n), der: des -ns;
die **Frie|dens|be|we|gung;**
der **Frie|dens|schluss;**
die **Fried|fer|tig|keit;** der **Fried|hof;**
fried|fer|tig; fried|los (unruhig,
streitlustig)

frie|ren: du frierst, du frörest, er friert, sie
hat gefroren, frier(e)!; es friert mich; mich
friert; ich friere an den Füßen; mir frieren
die Finger; **er|frie|ren**

fri|gid *lat.:* sie/er ist frigid (sexuell nicht
erregbar)

Fri|ka|del|le *franz.,* die: der -, die Frikadel-
len (gebratener Fleischkloß);
das **Fri|kas|see** (Gericht aus klein
geschnittenem Fleisch, Hühner-, Kalbsfri-
kassee)

frisch: frisches Gemüse; frische Eier;
etwas frisch halten; sich frisch machen;
frische Luft schöpfen; frisch gestrichen;
jemanden auf frischer Tat ertappen;
die **Fri|sche;** das **Frisch|ge|mü|se;** das
frischgebackene/frisch gebackene Brot;
auf|fri|schen; er|fri|schen

Frisch|ling, der: des -s, die Frischlinge
(Ferkel vom Wildschwein)

fri|sie|ren: (Haare zurechtmachen);
der **Fri|seur/Fri|sör;** die **Fri|seu|rin;**
die **Fri|sö|rin;** die **Fri|sur**

Frist, die: der -, die Fristen (ein fester
Zeitraum); die **Gna|den|frist;**
frist|ge|mäß; frist|los; fris|ten; sein
Leben fristen (unter Mühsal)

Frit|teu|se *franz.* [fritöse], die: der -, die
Fritteusen (elektrisches Gerät zum Braten
in Fett)

frit|tie|ren: (in schwimmendem Fett braten
oder backen); die **Pom|mes fri|tes**

fri|vol *franz.:* (zweideutig, schlüpfrig, frech);
die **Fri|vo|li|tät**

froh: froh gelaunt; eine frohe Nachricht,
aber: die Frohe Botschaft (das Evangeli-
um); **fröh|lich;** die **Fröh|lich|keit;**
der **Froh|sinn; froh|lo|cken** (aus Freude
jubeln)

fromm: frommer/frömmer, am frommsten/
frömmsten (gottesfürchtig);
die **Fröm|mig|keit**

Fron, die: der - (Dienst für eine Herrschaft,
mühsame schwere Arbeit);
der **Fron|dienst;** der **Fron|herr;**
frö|nen; einer Leidenschaft, einem
Laster frönen (sich hingeben)

Fron|leich|nam, der: des -(e)s (des Herrn
Leib); katholisches Fest;
die **Fron|leich|nams|pro|zes|si|on**

Front, die: der -, die Fronten; an der Front
sein (kämpfen); gegen etwas Front
machen (sich widersetzen);
der **Front|an|trieb;** die **Vor|der|front;**
fron|tal (von vorn)

Frosch, der: des -es, die Frösche;
der **Frosch|mann** (Taucher)

Frost, der: des -es, die Fröste (Temperatur
unter 0°); der **Fros|ter** (Tiefkühlfach);
fros|tig; frös|teln; fros|ten (einfrieren)

Frot|tee/Frot|té *franz.,* das/der: des -s, die
Frottees (Stoff mit rauer, gekräuselter
Oberfläche); das **Frot|tee|hand|tuch;**
frot|tie|ren (abreiben)

frot|zeln: jemanden frotzeln (aufziehen,

necken); die **Frot|ze|lei**

Frucht, die: der -, die Früchte; eine unreife
Frucht; die Frucht (Folge) deiner Erzie-
hung; die **Frucht|bar|keit;**
das **Frucht|eis;** der **Frucht|saft;**
frucht|bar; fruch|tig; fruch|ten
(nützen); das fruchtet nichts (hat keinen
Erfolg)

früh: früher, am früh(e)sten; heute, ges-
tern, morgen früh; früh am Morgen;
morgens früh, aber: frühmorgens; allzu
früh; von früh auf; von früh bis spät; ein
früher Sommer; **früh|reif; früh|zei|tig;**
der **Früh|auf|ste|her;** in aller **Frü|he;**
das **Früh|jahr;** der **Früh|ling;**
das **Früh|stück; früh|stü|cken**

Frus|tra|ti|on/Frust|ra|ti|on, die: der -,
die Frustrationen (Erlebnis der Zurück-
setzung); der **Frust; frus|t|riert;** ich bin
enttäuscht; **frus|t|rie|ren** (jemanden
schwer enttäuschen)

Fuchs, der: des -es, die Füchse (Raubtier,
rotbraunes Pferd); **fuch|sig; fuchs|rot;**
fuchs|teu|fels|wild; fuch|sen: das hat
mich gefuchst (geärgert)

Fuch|sie, die: (Blume)

fuch|teln: (mit den Armen herumfuchteln)

Fu|der, das: des -s, die Fuder (Mengen-
maß); ein Fuder Heu; **fu|der|wei|se**

Fu|ge, die: der -, die Fugen (Ritze, Spalt im
Mauerwerk, Musikform des 17. Jahrhun-
derts); **fu|gen|los**

fü|gen: sich fügen; die **Fü|gung; füg|sam**

füh|len: der **Füh|ler;**
die **Füh|lung|nah|me; fühl|bar**

fuhr: → fahren

Fuh|re, die: der -, die Fuhren (Wagenla-
dung); das **Fuhr|werk**

füh|ren: jemanden führen; einen Krieg
führen; ein Fahrzeug führen (steuern);
der **Füh|rer|schein;** die **Füh|rung;**
füh|rungs|los

Fül|len, das: des -s, die Füllen (Fohlen)

fül|len: die Fülle; in Hülle und Fülle
(reichlich); der **Fül|ler** (Füllfederhalter);
das **Füll|sel;** die **Fül|lung; fül|lig;**
über|füllt

Full|time|job, der: *auch* Fulltime-Job
(Ganztagsarbeit)

fum|meln: (mit den Händen fühlen);
die **Fum|me|lei**

Fund, der: des -es, die Funde;
das **Fund|bü|ro;** die **Fund|gru|be;**
der **Fund|ort;** er ist **fün|dig** geworden
(etwas gefunden haben)

Fun|da|ment *lat.,* das: des -es, die Funda-
mente (Unterbau); **fun|da|men|tal**
(grundlegend)

Fun|dus, der: (Bestand an Requisiten)

fünf: der **Fünf|kampf;** er kann nicht bis
fünf zählen; fünf gerade sein lassen
(etwas nicht allzu genau nehmen); eine
Fünf würfeln; **fünf|zehn; fünf|zig**

Funk, der: des -s (drahtlose Übertragung);
der **Funk|ama|teur;** der **Fun|ker;**
das **Funk|haus;** der **Funk|spruch;**
der **Funk|turm; fun|ken** (drahtlos
übertragen)

Fun|ke, der: die Funken; der **Fun|ken|flug**
(Feuer)

Funk|ti|on *lat.,* die: der -, die Funktionen
(Amt, Aufgabe, Tätigkeit, Wirksamkeit);
der **Funk|ti|o|när** (Beauftragter einer
Gruppe); **funk|ti|ons|fä|hig;**
funk|ti|o|nie|ren

für: für seine Familie sorgen; ein Geschenk
für den Vater; er wurde für seinen
Einsatz belohnt; es sprach für ihn; für
jemanden einspringen; jeder bezahlt für
sich; Tag für Tag; das Für und Wider;
die **Für|bit|te;** die **Für|sor|ge;**
die **Für|spra|che; für|ei|n|an|der** da sein

Für|wort, das: des -s, die Fürwörter
(Pronomen)

Fur|che, die: der -, die Furchen; **fur|chig;**
fur|chen

Furcht, die: der - (Angst); ein furchterre-
gender Anblick; **furcht|bar;**
fürch|ter|lich; furcht|sam; fürch|ten:
(sich fürchten vor dem Tod); furchtein-
flößend/Furcht einflößend

Fu|rie *lat.,* die: der -, die Furien (Rachegöt-
tin); **fu|ri|os** (wütend, hitzig)

Fur|nier *franz.,* das: des -s, die Furniere

(dünne Holzauflage); das **Fur|nier|holz;
fur|nie|ren**

fürs: für das; fürs Erste

Fürst, der: des -en, die Fürsten;
die **Fürs|tin; fürst|lich**

Furt, die: der -, die Furten (flache Stelle in
einem Fluss)

Fu|run|kel, der: *auch* das Furunkel (Ge-
schwür)

Fu|sel, der: (schlechter Schnaps)

Fu|si|on *lat.*, die: der -, die Fusionen
(Zusammenschluss)

Fuß, der: des -es, die Füße; zu Fuß gehen;
kalte Füße kriegen (Bedenken haben); auf
etwas fußen; mit beiden Füßen (fest) im
Leben stehen; in einem fremden Land
Fuß fassen; der **Fuß|ball;**
der **Fuß|bo|den;** der **Fuß|gän|ger;**
die **Fuß|gän|ger|zo|ne; fu|ßen**

Fut|ter, das: des -s; die **Füt|te|rung;
fut|tern; füt|tern**

Fut|te|ral, das: (Schutzhülle)

Fu|tur *lat.*, das: des -s (Zeitform des Verbs)

G

G, das: (Tonbezeichnung); **g:** (Gramm)

gab: → geben

Ga|be, die: der -, die Gaben

Ga|bel, die: der -, die Gabeln; mit Messer
und Gabel essen; die **Ga|be|lung;**
sich **ga|beln;** der Weg gabelt sich;
der **Ga|bel|stap|ler** (fahrbares Gerät
zum Stapeln und Transportieren von
Lasten)

ga|ckern: das Huhn gackert

gaf|fen: der Gaf|fer (abwertend zuschauen)

Gag *engl.-amerik.* [gäg], der: des -s, die Gags
(witziger Einfall)

Ga|ge *franz.* [gasche], die: der -, die Gagen
(Gehalt eines Künstlers)

gäh|nen: müde gähnen; der Raum ist
gähnend leer; der gähnende Abgrund

ga|lant: (höflich, ritterlich)

Ga|la|xie *griech.*, die: der -, die Galaxien

(großes Sternensystem); **ga|lak|tisch**

Ga|lee|re, die: der -, die Galeeren (mittelal-
terliches Ruderschiff);
der **Ga|lee|ren|skla|ve**

Ga|le|rie, die: der -, die Galerien (Lauf-
gang in Kirchen und alten Schlössern,
Kunstausstellung, Brüstung)

Gal|gen, der: des -s, die Galgen;
die **Gal|gen|frist** (letzte Frist);
der **Gal|gen|hu|mor**

Gal|le, die: der -, die Gallen (Organ,
Absonderung der Leber); **gal|lig;
ver|gäl|len;** ihr läuft vor Wut die Galle
über (sie ärgert sich sehr)

Ga|lopp, der: des -s, die Galopps/Galoppe
(Gangart beim Pferd); **ga|lop|pie|ren;**
sich **ver|ga|lop|pie|ren** (einem Irrtum
unterliegen)

gam|meln: (herumlungern, nichts tun);
der **Gamm|ler; gam|me|lig** (faulig)

Gäm|se/Gams, die: der -, die Gämsen
(Wildtier in den Hochalpen);
der **Gams|bock;** der **Gams|jä|ger**

Gang, der: des -es, die Gänge; der Gang
(Flur) ist breit; einen Spaziergang ma-
chen; die Mahlzeit hat fünf Gänge; einen
Gang einschalten; ein Gespräch in Gang
bringen; gang und gäbe (allgemein
üblich); die **Gang|art;**
die **Gang|schal|tung; gang|bar**

gän|geln: (bevormunden);
am **Gän|gel|band** führen

Gangs|ter *engl.-amerik.* [gängster], der:
des -s, die Gangster (Mitglied einer
Verbrecherbande)

Gang|way *engl.* [gängwe], die: der -, die
Gangways (Laufsteg zum Schiff oder
Flugzeug)

Gans, die: der -, die Gänse (Schwimm-
vogel); eine **Gän|se|haut** bekommen;
im **Gän|se|marsch** gehen (alle
hintereinander);
der **Gan|ter** (Gänserich)

ganz: die ganze Familie; er ist ganz begeis-
tert; ganz und gar; im Großen und
Ganzen; aufs Ganze gehen (entschlossen
auf ein Ziel zugehen); **gänz|lich;**

die **Ganz|tags|schu|le**

gar: das Essen ist gar (fertig gekocht): gar kochen/garkochen

gar: ganz und gar (sehr); gar kein; gar nicht; gar nichts; jemandem den **Gar|aus** machen (töten)

Ga|ra|ge *franz.* [garasche], die: der -, die Garagen

ga|ran|tie|ren: (verbürgen, zusichern); die **Ga|ran|tie** (Versicherung); **ga|ran|tiert**

Gar|be, die: der -, die Garben (Getreidebündel)

Gar|de, die: (Elitetruppe), der -, die Garden

Gar|de|ro|be *franz.,* die: der -, die Garderoben (Kleidung, Kleiderständer, Umkleideraum)

Gar|di|ne, die: der -, die Gardinen (Fenstervorhänge); hinter schwedischen Gardinen sitzen (im Gefängnis)

gä|ren: es gärt, es gor/gärte, es hat gegoren/gegärt; die **Gä|rung**

Garn, das: des -(e)s, die Garne (Fäden); das **See|manns|garn** (Lügengeschichten); jemanden **um|gar|nen** (für sich einnehmen)

Gar|ne|le, die: der -, die Garnelen (Krebstier)

gar|nie|ren *franz.:* (verzieren, ausschmücken); die **Gar|ni|tur;** eine Wäschegarnitur; eine Sitzgarnitur; Besatz

gars|tig: (hässlich, ungezogen); die **Gars|tig|keit**

Gar|ten, der: des -s, die Gärten; der **Gärt|ner;** die **Gärt|ne|rin;** die **Gärt|ne|rei**

Gas, das: des -es, die Gase; Gas geben; mit Gas heizen; die **Gas|fla|sche;** die **Gas|hei|zung;** der **Ver|ga|ser**

Gas|se, die: der -, die Gassen (schmale Straße); das **Gäss|chen**

Gast, der: des -es, die Gäste; zu Gast sein; ein ungebetener Gast; die **Gast|freund|schaft;** das **Gast|haus;** die **Gast|stät|te;** der **Gast|wirt;** **gast|lich**

Gas|tri|tis/Gast|ri|tis, die: die Gastritiden (Magenschleimhautentzündung)

Gat|te, der: des -n, die Gatten (Eheleute); die **Gat|tin;** die **Gat|tung** (Gruppe)

Gat|ter, das: des -s, die Gatter (Gitter, Zaun)

Gauk|ler, der: des -s, die Gaukler (Zauberkünstler); die **Gau|ke|lei;** etwas **vor|gau|keln**

Gau|men, der: des -s, die Gaumen; die Zunge klebt mir am Gaumen

Gau|ner, der: des -s, die Gauner (Betrüger); die **Gau|ne|rei**

Ga|ze *pers.* [gase], die: der -, die Gazen (durchsichtiges, schleierartiges Gewebe, Verbandsmaterial)

Ga|zel|le, die: der -, die Gazellen (Antilopenart)

Ge|bäck, das: des -(e)s, die Gebäcke (Backwaren)

Ge|bär|de, die: der -, die Gebärden (Bewegung, die etwas ausdrückt); die **Ge|bär|den|spra|che;** sich **ge|bär|den**

ge|bä|ren: du gebärst, du gebärest, sie gebar, sie hat geboren, gebär(e)!; sie hat ein gesundes Mädchen geboren; die **Ge|bär|mut|ter** (Organ)

Ge|bäu|de, das: des -s, die Gebäude; der **Ge|bäu|de|teil**

ge|ben: du gibst, du gäbest, er gab, sie hat gegeben, gib!; die Hand geben; ein Konzert geben; sich gelassen geben; sich Mühe geben (anstrengen)

Ge|bet, das: des -(e)s, die Gebete; das **Ge|bet|buch**

ge|bie|ten: du gebietest, er gebot, sie hat geboten, gebiete!; das **Ge|biet;** der **Ge|bie|ter** (Herrscher); **ge|bie|te|risch**

ge|bil|det: (belesen, gelehrt); der/die **Ge|bil|de|te**

Ge|bir|ge, das: des -s, die Gebirge; das **Hoch|ge|bir|ge;** das **Mit|tel|ge|bir|ge**

Ge|biss, das: des -es, die Gebisse (Gesamtheit der Zähne); ein Gebiss (einen Zahnersatz) haben

ge|bo|ren: Abk. geb.; sie ist eine geborene

Wetter; Frau Lättgen, geb. Wetter

Ge|bot, das: des -(e)s, die Gebote; die göttlichen Gebote

ge|brau|chen: (benutzen, verwenden); der **Ge|brauch;** die **Ge|brauchs|an|wei|sung; ge|bräuch|lich**

Ge|bre|chen, das: des -s, die Gebrechen (Leiden, Körperbehinderung); **ge|brech|lich**

Ge|bühr, die: der -, die Gebühren; nach Gebühr (angemessen); über Gebühr (zu sehr); **ge|büh|ren|pflich|tig**

Ge|burt, die: der -, die Geburten; die **Ge|bur|ten|kon|trol|le;** der **Ge|burts|tag; ge|bür|tig**

Ge|büsch, das: des -(e)s, die Gebüsche (Buschwerk)

Ge|dächt|nis, das: des -ses, die Gedächtnisse (Erinnerungsvermögen); ein gutes/ schlechtes Gedächtnis haben

Ge|dan|ke, der: des -ns, die Gedanken; die Gedanken sind frei; sich Gedanken über jemanden machen; in Gedanken versunken sein; jemanden auf andere Gedanken bringen (ablenken); **ge|dan|ken|los**

Ge|deck, das: des -(e)s, die Gedecke; **ge|deckt;** der Tisch ist gedeckt; eine gedeckte (matte) Farbe

ge|dei|hen: du gedeihst, du gediehest, er gedieh, er ist gediehen, gedeih(e)!; das **Ge|dei|hen; ge|deih|lich;** jemandem auf Gedeih und Verderb (total) ausgeliefert sein

ge|den|ken: wir gedenken der Toten; die **Ge|denk|mün|ze;** die **Ge|denk|fei|er;** die **Ge|denk|stät|te**

Ge|dicht, das: des -(e)s, die Gedichte

ge|die|gen: (rein, verlässlich, solide); gediegene (solide) Ansichten; gediegenes (reines) Gold

Ge|drän|ge, das: des -s (dichte Menschenmenge); **ge|drängt** (kurz, knapp, eng)

ge|drun|gen: von gedrungener (untersetzter) Gestalt sein

Ge|duld, die: der -; Geduld heißt Liebe; sich in Geduld fassen; bald reißt mir die Geduld; meine Geduld ist zu Ende; **ge|dul|dig; ge|dul|den;** gedulde dich ein Weilchen

ge|eig|net: ein geeigneter (passender) Zeitpunkt; geeignete Maßnahmen ergreifen

Geest, die: der -, die Geesten (hoch gelegtes Küstenland)

Ge|fahr, die: der -, die Gefahren; eine Gefahr (ein Unheil) droht; der Gefahr trotzen; sich in Gefahr begeben; die **Ge|fah|ren|quel|le;** die **Ge|fähr|lich|keit; ge|fähr|lich;** jemanden **ge|fähr|den;** gefahrbringend, *auch* Gefahr bringend

Ge|fährt, das: des -(e)s, die Gefährte (Fahrzeug)

Ge|fähr|te, der: des -n, die Gefährten (Begleiter); die **Ge|fähr|tin**

Ge|fäl|le, das: des -s, die Gefälle; die Straße hat ein Gefälle von 10 %

ge|fal|len: du gefällst, du gefielest, er gefiel, sie hat gefallen, gefall(e)!; die Erzählung gefällt mir; er ist im Krieg gefallen (zu Tode gekommen); er ist gefallen (gestürzt); der **Ge|fal|len;** jemanden um einen Gefallen bitten; **ge|fäl|lig** sein; die **Ge|fäl|lig|keit**

Ge|fan|ge|ne, der/die: des/der -n, die Gefangenen; das **Ge|fäng|nis; ge|fan|gen hal|ten; ge|fan|gen neh|men** (festsetzen); **ge|fan|gen|neh|men** (Zuhörer in seinen Bann ziehen)

Ge|fäß, das: des -es, die Gefäße (Behälter)

Ge|fecht, das: des -(e)s, die Gefechte (Kampf); im Eifer des Gefechtes

Ge|fie|der, das: des -s, die Gefieder (Federkleid); **ge|fie|dert**

Ge|fil|de, das: die Gefilde (Gegend, Landschaft)

ge|flis|sent|lich: (absichtlich)

Ge|flü|gel, das: des -s; die **Ge|flü|gel|zucht;** das **ge|flü|gel|te** Wort (oft gebrauchtes Sprichwort)

Ge|flüs|ter, das: des -s (leises Sprechen)

Ge|fol|ge, das: des -s, die Gefolge (Begleitung einer Persönlichkeit);
die **Ge|folg|schaft**

ge|frä|ßig: ein gefräßiges Tier; der **Viel|fraß**

ge|frie|ren: tief|ge|fro|ren;
die **Ge|frier|an|la|ge;**
das **Ge|frier|fleisch;** → frieren

Ge|fü|ge, das: des -s, die Gefüge;
das **Satz|ge|fü|ge; ge|fü|gig** (gehorsam, nachgiebig, willig)

Ge|fühl, das: des -s, die Gefühle; ein unbehagliches Gefühl haben;
ge|fühl|los; ge|fühl|voll;
ge|fühls|mä|ßig

ge|gen: gegen einen Antrag stimmen;
gegen einen Feind kämpfen; das ist gegen die Vereinbarung; zuvorkommend gegen einen Kunden sein; gegen Quittung bezahlen; gegen Abend wird es kühler;
ge|gen|ei|n|an|der; gegeneinanderstellen; gegeneinanderdrücken, aber: gegeneinander spielen; gegeneinander antreten; **ge|gen|sei|tig; ge|gen|über;**
ge|gen|über|lie|gen;
ge|gen|über|sit|zen, aber: die dort gegenüber sitzen; der **Ge|gen|satz;**
das **Ge|gen|teil;** der **Geg|ner**

Ge|gend, die: der -, die Gegenden (Gebiet)

Ge|gen|stand, der: des -(e)s, die Gegenstände; **ge|gen|stands|los;**
ge|gen|ständ|lich

Ge|gen|wart, die: der -; in Gegenwart von meiner Frau; die **Ge|gen|warts|form**
(Präsens); **ge|gen|wär|tig**

ge|ges|sen: → essen

Geg|ner, der: die Gegner; die **Geg|ne|rin**

Ge|halt, das: des -(e)s, die Gehälter (Lohn); Gehalt beziehen

Ge|halt, der: des -(e)s, die Gehalte (Inhalt); **ge|halt|voll; ge|halt|lich**

ge|han|di|kapt, *auch* **ge|han|di|capt** *engl.*
[gehändikäpt]: (behindert, eingeschränkt, benachteiligt)

Ge|he|ge, das: des -s, die Gehege (Einfriedung, Revier); jemandem ins Gehege (in die Quere) kommen

ge|heim: (öffentlich nicht bekannt);

ge|heim|nis|voll; ins|ge|heim;
das **Ge|heim|nis; ge|heim blei|ben;**
ge|heim hal|ten; einen Plan geheim halten

ge|hemmt: → hemmen

Ge|heiß, das: des -es; auf Geheiß (Befehl) des Vorgesetzten

ge|hen: du gehst, du gingest, er ging, sie ist gegangen, geh!; auf Reisen gehen; zur Arbeit gehen; einen Weg zu Fuß gehen; es sich gut gehen lassen; in sich gehen (etwas einsehen); nach Hause gehen;
schla|fen ge|hen; sich **ge|hen las|sen/**
ge|hen|las|sen

ge|heu|er: das ist mir nicht geheuer (sehr unsicher)

Ge|hil|fe, der: des -n, die Gehilfen;
die **Ge|hil|fin**

Ge|hirn, das: des -s, die Gehirne;
die **Ge|hirn|er|schüt|te|rung**

Gehöft, das: die Gehöfte (Bauernhof)

ge|hol|fen: → helfen

Ge|hör, das: des -s; der **Ge|hör|gang;**
kein Gehör (keine Beachtung finden);
ge|hör|los

ge|hor|chen: (eine Anordnung befolgen);
der **Ge|hor|sam;** den Gehorsam verweigern; **ge|hor|sam**

ge|hor|chen → horchen

ge|hö|ren → hören

ge|hö|rig

ge|hor|sam

Gei|er, der: des -s, die Geier (Greifvogel)

Gei|ge, die: der -, die Geigen (Streichinstrument); die erste Geige spielen;
der **Gei|gen|bau|er**

geil: (triebhaft, wild, sehr gut, wunderbar)

Gei|sel, die: der -, die Geiseln;
die **Gei|sel|nah|me** (einen Menschen gefangen nehmen, um seine Forderungen durchzusetzen)

Geiß, die: der -, die Geißen (Ziegen);
das **Geiß|lein**

Gei|ßel, die: der -, die Geißeln (Peitsche, Plage), **gei|ßeln** (schlagen)

Geist, der: des -es, die Geister; seinen Geist anstrengen; seinen Geist aufgeben

(sterben); der Geist (Meinung) der Zeit;
der **Geis|ter|fah|rer;** der **Zeit|geist;**
der **Geist|li|che** (Priester);
geis|tes|ge|gen|wär|tig; geist|reich

Geiz, der: des -es (krankhaft sparsam);
der **Geiz|hals; gei|zig;** mit etwas **gei|zen**

ge|klun|gen: → klingen

Gel, das: des -s, die Gele (gallertartige
Masse)

Ge|län|der, das: des -s, die Geländer;
das **Trep|pen|ge|län|der**

ge|lan|gen: es gelingt, es gelänge, es
gelang, es ist gelungen; der Aufbau ist
mir gut gelungen; ans Ziel gelangen
(hinkommen)

Ge|lass, das: (enger Raum), die Gelasse

ge|las|sen: (ruhig, gleichmäßig); einen
Schicksalsschlag gelassen aufnehmen;
die **Ge|las|sen|heit**

Ge|la|ti|ne *franz.* [schelatine], die: der -
(Knochenleim)

ge|läu|fig: der Vorgang ist mir nicht
geläufig (bekannt)

gelb: die gelbe Farbe; der Pulli ist gelb;
gelb|lich; die vergilbte (alte) Zeitung;
grün und gelb werden vor Neid

Geld, das: des -es, die Gelder; Geld und
Gut; das Geld unter die Leute bringen;
das Geld aus dem Fenster werfen (nutzlos
ausgeben); Geld auf die hohe Kante legen
(sparen); Geld wie Heu (sehr reich sein);
eine Menge Geld; Geld stinkt nicht;
der **Geld|beu|tel;** die **Geld|bu|ße;**
geld|gie|rig

Ge|lee *franz.* [schele], das/der: des -s, die
Gelees (eingedickter Frucht- oder Fleisch-
saft)

Ge|le|gen|heit, die: der -, die Gelegenhei-
ten; eine günstige Gelegenheit;
der **Ge|le|gen|heits|kauf;** die Gelegen-
heit (Möglichkeit) ergreifen; **ge|le|gen;**
ge|le|gent|lich (manchmal);
un|ge|le|gen (unpassend)

ge|lehrt: eine gelehrte (gebildete) Frau;
der/die **Ge|lehr|te; ge|leh|rig** sein

Ge|lei|se, das: des -s, die Geleise/Gleis

ge|lei|ten: über die Straße geleiten;

das **Ge|leit** (bei der Beerdigung); jeman-
dem freies Geleit zusichern

Ge|lenk, das: des -es, die Gelenke;
ge|len|kig; die **Ge|len|kig|keit**

Ge|lieb|te, die/der: der/des -n, die Gelieb-
ten

ge|lin|gen: es gelingt, es gelänge, es
gelang, es ist gelungen

gel|len: (laut tönen); **gel|lend** (laut, hoch,
hell); ein gellendes Gelächter

ge|lo|ben: Treue geloben; ein **Ge|löb|nis**
(feierliches Versprechen) ablegen

gel|ten: es gilt, du gältest, es galt, es hat
gegolten; diese Münze gilt heute nicht
mehr (ist ungültig); das gilt mir; Angst
machen gilt nicht; sich **Gel|tung**
verschaffen

Ge|lüb|de, das: des -s, die Gelübde (ein
feierliches Versprechen ablegen)

Ge|mach, das: des -(e)s, die Gemächer
(Zimmer, Raum)

ge|mäch|lich: (bedächtig, ohne Eile);
gemächlich (langsam) daherkommen

Ge|mahl, der: des -s (Ehemann);
die **Ge|mah|lin** (Ehefrau)

Ge|mäl|de, das: des -s, die Gemälde;
die **Ge|mäl|de|samm|lung**

ge|mäß: den Vorschriften gemäß;
wunsch|ge|mäß; zeit|ge|mäß

Ge|mäu|er, das: des -s, die Gemäuer
(Ruine)

ge|mein: gemeinsprachlich, gemeinver-
ständlich

Ge|mein|de, die: (Kirchengemeinde)

Ge|mein|schaft, die: der -, die Gemein-
schaften;
die **Fa|mi|li|en|ge|mein|schaft;**
ge|mein|schaft|lich

Ge|met|zel, das: des -s, die Gemetzel
(grausame Tötung von Tieren und
Menschen)

Ge|misch, das: des -es, die Gemische
(Mischung aus verschiedenen Bestandtei-
len); **ge|mischt;** das gemischte Doppel

Ge|mü|se, das: des -s, die Gemüse;
frisches Gemüse; die **Ge|mü|se|sup|pe;**
der **Ge|mü|se|gar|ten**

Ge|müt, das: des -(e)s, die Gemüter; ein weiches Gemüt haben; zu Gemüte führen (beherzigen); erregte Gemüter; die **Ge|müt|lich|keit; ge|müt|lich; ge|müt|voll; ge|müts|arm**

Gen, das: des -s, die Gene (Träger der Erbanlagen); die **Gen|tech|nik;** die **Gen|for|schung**

ge|nannt → nennen

ge|nant → genieren

ge|nau: genau (pünktlich) um 7 Uhr abfahren; genaue Angaben machen; er nimmt es nicht so genau mit der Wahrheit; die Uhr geht genau; **ge|nau ge|nom|men/ge|nau|ge|nom|men; ge|nau|so** viel; die **Ge|nau|ig|keit;** auf das/aufs Genau(e)ste

ge|nehm: (angenehm, passend)

ge|neh|mi|gen: eine **Ge|neh|mi|gung** erteilen; **ge|neh|mi|gungs|pflich|tig**

Ge|ne|ral, der: des -s, die Generale/ Generäle (hoher Offizier); die **Ge|ne|ral|ver|samm|lung; ge|ner|al|über|ho|len**

Ge|ne|ra|ti|on *lat.,* die: der -, die Generationen (Geschlechterfolge durch Generationen hindurch); die alte Generation; der Generationskonflikt; der **Ge|ne|ra|ti|ons|wech|sel**

Ge|ne|ra|tor *lat.,* der: des -s, die Generatoren (Stromerzeuger)

Ge|ne|se, die: (Entstehung, Entwicklung)

ge|ne|sen: du genest, du genäsest, er genas, sie ist genesen, genese!; die **Ge|ne|sung;** von der Krankheit genesen

Ge|ne|tik, die: (Vererbungslehre)

ge|ni|al *lat.:* (hoch begabt, großartig); eine geniale Idee; die **Ge|ni|a|li|tät**

Ge|nick, das: des -s, die Genicke (Nacken); sich das Genick brechen

Ge|nie *franz.* [scheni], das: des -s, die Genies (höchste Begabung); er ist ein Genie

ge|nie|ren *franz.* [scheniren]: sich genieren (sich schämen, sich zieren)

ge|nie|ßen: du genießt, du genössest, er genoss, sie hat genossen, genieß(e)!; in vollen Zügen genießen; die Ruhe voll genießen; der **Ge|nie|ßer;** der **Ge|nuss; ge|nieß|bar; ge|nie|ße|risch**

Ge|ni|ta|li|en Mz. *lat.,* die: der - (Geschlechtsteile)

Ge|ni|tiv, der: des -s, die Genitive (2. Fall, Wesfall)

Ge|nos|se, der: des -n, die Genossen; die **Ge|nos|sen|schaft**

Gen|t|le|man *engl.* [dschäntlmän], der: des -s, die Gentlemen (Mann von vornehmer Gesinnung); gentlemanlike

ge|nug: genug Geld haben; genug zu essen haben; es ist genug für dich; **ge|nüg|sam;** ich kenne ihn zur **Ge|nü|ge** (bis zum Überdruss); **ge|nü|gen**

Ge|nus *lat.,* das: des -, die Genera (Gattung, Grammatik: das Geschlecht der Nomen)

Ge|nuss, der: des -es, die Genüsse; das **Ge|nuss|mit|tel; ge|nüss|lich; ge|nie|ßen**

Geo|gra|phie/Geo|gra|fie, die: der - (Erdkunde); **geo|gra|phisch/ geo|gra|fisch**

Geo|lo|gie, die: der - (Erdgeschichte); der **Geo|lo|ge; geo|lo|gisch**

Geo|me|t|rie, die: der - (Raumlehre); der **Geo|me|ter** (Feldmesser)

Ge|päck, das: des -(e)s; die **Ge|päck|an|nah|me;** die **Ge|päck|auf|be|wah|rung;** der **Ge|päck|trä|ger**

Ge|pard, der: die Geparden (katzenartiges Raubtier)

Ge|plän|kel, das: des -s, die Geplänkel (leichte Kabbelei); das **Wort|ge|plän|kel**

Ge|plap|per, das: des -s (anhaltendes Reden)

ge|ra|de, *auch* **gra|de:** der Weg ist gerade (ändert seine Richtung nicht); ein gerader Mensch; du kommst mir gerade recht; nun gerade nicht; **ge|ra|de|aus; ge|ra|de(n)|wegs; ge|ra|de|zu; un|ge|ra|de; ge|ra|de ste|hen;** aber:

dafür **ge|ra|de|ste|hen** (die Folgen auf
sich nehmen); die **Ge|ra|de**
Ge|ra|nie, die: die Geranien (Blume)
ge|rannt: → rennen
Ge|rät, das: des -(e)s, die Geräte;
das **Ge|rä|te|tur|nen;**
die **Ge|rät|schaf|ten**
ge|ra|ten: du gerätst, du gerietest, er
geriet, sie ist geraten; der Auflauf ist gut
geraten; sie ist an den Falschen geraten;
aufs **Ge|ra|te|wohl** (auf gut Glück)
ge|räu|mig: eine geräumige Wohnung;
nach **ge|rau|mer** (längerer) Zeit
Ge|räusch, das: des -(e)s, die Geräusche
(Laut, Ton, Schall); ein verdächtiges
Geräusch; der **Ge|räusch|pe|gel;**
ge|räusch|voll
ger|ben: (aus Tierhaut Leder herstellen);
einem das Fell gerben (ihn verprügeln);
der **Ger|ber;** die **Gerb|säu|re**
Ger|be|ra, die: die Gerberas (Blume)
ge|recht: (ausgewogen); Geld gerecht
verteilen; der gerechte Richter; der
gerechte Lohn; der/die **Ge|rech|te;**
die **Ge|rech|tig|keit**
Ge|richt, das: des -(e)s, die Gerichte; die
Gerichtsbarkeit (Befugnis Recht zu
sprechen); Gericht halten; mit jemandem
ins Gericht gehen;
ein **ge|richt|liches** Verfahren einleiten
ge|ring: (niedrig); **ge|ring ach|ten/**
ge|ring|ach|ten; ge|ring schät|zen/
ge|ring|schät|zen;
nicht im **Ge|rings|ten;** das **Ge|rings|te;**
das geht dich nicht das Geringste an
(überhaupt nichts); **ge|ring|fü|gig**
Ge|rinn|sel, das: des -s, die Gerinnsel;
das **Blut|ge|rinn|sel; ge|rin|nen**
(dickflüssig werden)
Ge|rip|pe, das: des -s, die Gerippe (Ske-
lett); zum Gerippe abmagern
ge|ris|sen: ein gerissener (durchtriebener,
erfahrener) Geschäftsmann;
die **Ge|ris|sen|heit**
ge|rit|ten: → reiten
Ger|ma|ne, der: des -n, die Germanen;
die **Ger|ma|nin; ger|ma|nisch**

gern(e): lieber, am liebsten; gern gesche-
hen; ein gern gesehener/gerngesehener
Freund; gernhaben; ich möchte gern
wissen; **all|zu gern;** der **Ger|ne|groß**
(Wichtigtuer)
Ge|röll, das: des -s, die Gerölle;
die **Ge|röll|hal|de**
Gers|te, die: der -, die Gersten (Getreide-
pflanze); das **Gers|ten|korn;**
der **Gers|ten|saft** (Bier)
Ger|te, die: der -, die Gerten (Stock);
die **Reit|ger|te;** sie ist **ger|ten|schlank**
(sehr schlank)
Ge|ruch, der: des -(e)s, die Gerüche;
die **Ge|ruchs|be|läs|ti|gung;**
der **Ge|ruchs|sinn; ge|ruch|los**
Ge|rücht, das: des -(e)s, die Gerüchte
(unbelegbare Behauptung); Gerüchte in
Umlauf setzen
ge|ru|hen: er geruht (sich bereit finden);
ge|ruh|sam
Ge|rüm|pel, das: des -s (Unbrauchbares);
altes Gerümpel
Ge|rüst; das: des -(e)s, die Gerüste (Trag-
gestell); das **Bau|ge|rüst**
ge|samt: die gesamte (ganze) Belegschaft,
aber: das Gesamte; im Gesamten (insge-
samt) gesehen; **ins|ge|samt;**
die **Ge|samt|heit;**
die **Ge|samt|an|sicht;**
die **Ge|samt|schu|le**
Ge|sand|te, der/die: des/der -n, die
Gesandten; die **Ge|sandt|schaft**
Ge|sang, der: des -s, die Gesänge; der
Gesang der Kinder;
der **Ge|sang|ver|ein; ge|sang|lich**
Ge|säß, das: des -es, die Gesäße (Sitzfläche
des Menschen); die **Ge|säß|ta|sche**
ge|schä|digt: der/die **Ge|schä|dig|te;**
schä|di|gen (zu Schaden kommen)
Ge|schäft, das: des -(e)s, die Geschäfte;
ein Geschäft (Unternehmen) betreiben;
ein Geschäft abschließen;
der **Ge|schäfts|be|ginn;**
ge|schäfts|tüch|tig; ge|schäf|tig
(fleißig)
ge|sche|hen: es geschieht, es geschähe, es

geschah, es ist geschehen; ihr geschieht (widerfährt) Unrecht; es muss etwas geschehen; das **Ge|sche|hen**

ge|sch**ei**t: (klug, clever); ein gescheiter Plan; ich werde daraus nicht gescheit (durchschaue etwas nicht)

Ge|sche**nk,** das: des -s, die Geschenke (Gaben); kleine Geschenke erhalten die Freundschaft

Ge|schi**ch|te,** die: der -, die Geschichten (Vergangenheit, Angelegenheit); die Geschichte der Neuzeit; eine Geschichte erzählen; das **Ge|schichts|buch**

Ge|schi**ck,** das: des -(e)s, die Geschicke; er hat kein Geschick (Talent); ein gutes Geschick (Schicksal) hat ihn vor dem Unglück bewahrt;
die **Ge|schick|lich|keit, ge|schickt** (gewandt)

ge|sch**ie**|den: er ist von seiner Frau geschieden; der/die **Ge|schie|de|ne;**
die **Schei|dung; schei|den** (trennen)

Ge|schi**rr,** das: des -s, die Geschirre;
das **Ess|ge|schirr;**
die **Ge|schirr|spül|ma|schi|ne;**
das **Pfer|de|ge|schirr**

Ge|schle**cht,** das: des -(e)s, die Geschlech-ter; das männliche/weibliche Geschlecht; das adelige Geschlecht;
das **Ge|schlechts|or|gan;**
der **Ge|schlechts|trieb;**
der **Ge|schlechts|ver|kehr;**
das **Ge|schlechts|wort** (Begleiter, Artikel); **ge|schlecht|lich**

ge|schl**o**s|sen: → schließen

Ge|schma**ck,** der: des -(e)s, die Ge-schmäcker/die Geschmäcke; einen schlechten Geschmack im Munde haben; sich mit Geschmack kleiden; auf den Geschmack kommen (das Angenehme herausfinden); einen guten Geschmack (Sinn für das Schöne) haben;
ge|schmack|los; ge|schmack|voll

ge|schm**ei**|dig: (biegsam, anpassungsfä-hig, gelenkig); das **Ge|schmei|de** (Schmuck); die **Ge|schmei|dig|keit**

ge|schm**i**s|sen: → schmeißen

ge|schn**ie**|gelt: geschniegelt und gebügelt (tadellose Kleidung)

ge|schn**i**t|ten: → schneiden

Ge|schö**pf,** das: des -(e)s, die Geschöpfe (Lebewesen); ein reizendes/ein undank-bares Geschöpf

Ge|scho**ss,** das: des -es, die Geschosse; im ersten Geschoss (Etage) wohnen;
das **Ar|til|le|rie|ge|schoss**

ge|sch**o**s|sen: →schießen

Ge|schü**tz,** das: des -es, die Geschütze (Feuerwaffen); ein schweres Geschütz auffahren

Ge|schwä**tz,** das: des -es (dummes Reden); **ge|schwät|zig;**
die **Schwatz|haf|tig|keit**

ge|schw**ei**|ge: geschweige denn (noch viel weniger als ...); geschweige denn, dass ...

ge|schw**i**nd: die **Ge|schwin|dig|keit;**
die **Ge|schwin|dig|keits|be|gren|zung**

Ge|schwi**s|ter,** die: der - (Kinder der-selben Eltern); ich habe noch zwei Geschwister

ge|schw**o**l|len: ein geschwollener Fuß; so ein geschwollenes (überhebliches) Gerede: → schwellen

ge|schw**o**m|men: → schwimmen

Ge|schwo**|re|ne,** der/die: des/der -n, die Geschworenen (Laienrichter)

Ge|schwu**lst,** die: der -, die Geschwülste (Verdickung); eine gutartige/bösartige Geschwulst; die **Krebs|ge|schwulst**

Ge|schwü**r,** das: des -(e)s, die Geschwüre (Entzündung)

Ge|se**l|le,** der: des -n, die Gesellen (Gehil-fe, Gefährte); die **Ge|sel|lin;**
die **Ge|sel|len|prü|fung; ge|sel|lig;**
sich zu einer Gruppe **ge|sel|len**

Ge|se**ll|schaft,** die: der -, die Gesellschaf-ten (Vereinigung von Menschen); die Reisegesellschaft; Gesellschaft mit beschränkter Haftung; Abk. GmbH; ihm Gesellschaft leisten;
die **Ge|sell|schafts|schicht**

ge|s**e**s|sen: → sitzen

Ge|se**tz,** das: des -es, die Gesetze; gegen ein Gesetz verstoßen; die Gesetze

(Regeln) der Mathematik;
der **Ge|set|zes|text;** der **Ge|setz|ge|ber;**
die **Ge|setz|mä|ßig|keit;**
ge|setz|ge|bend; ge|setz|lich;
ge|setz|mä|ßig; ge|setz|wid|rig (gegen
das Gesetz)

Ge|sicht, das: des -(e)s, die Gesichter
(Antlitz); ein freundliches Gesicht
machen; Gesichter schneiden; sein
wahres Gesicht (seinen wahren Charak-
ter) zeigen; der **Ge|sichts|aus|druck;**
der **Ge|sichts|punkt**

Ge|sin|de, das: des -s (Dienerschaft,
Personal auf Gutshöfen)

Ge|sin|del, das: (abwertend für Men-
schen)

ge|sinnt: gut/übel gesinnt sein; ein gut
gesinnter (fröhlicher) Mensch;
die **Ge|sin|nung;**
der **Ge|sin|nungs|wan|del;**
ge|sin|nungs|los (ohne innere Grund-
sätze)

ge|sof|fen: → saufen

ge|son|dert: (außerhalb); gesondert
liefern

ge|son|nen: ich bin nicht gesonnen (habe
nicht die Absicht) das zu tun; ich bin ihm
gut gesonnen (kann ihn leiden)

Ge|spenst, das: des -es, die Gespenster
(Geist, Spuk); er sieht Gespenster;
ge|spens|tig; ge|spens|ter|haft

Ge|spräch, das: des -(e)s, die Gespräche;
ein Gespräch führen; ein Gespräch unter
vier Augen; ein Gespräch abhören;
der **Ge|sprächs|part|ner;**
der **Ge|sprächs|ver|lauf; ge|sprä|chig;**
ge|sprächs|be|reit;
ge|sprächs|wei|se

ge|spren|kelt: ein gesprenkeltes Fell
(getupft)

ge|spro|chen: → sprechen

Ge|sta|de, das: die Gestade (Küste, Ufer)

Ge|stalt, die: der -, die Gestalten (Erschei-
nung, eine wuchtige Gestalt); von
schlanker Gestalt; eine Gestalt aus einem
Drama von Goethe; der Plan nimmt
langsam Gestalt an; **ge|stal|te|risch;**

wohl|ge|stal|tet; ge|stal|ten

ge|stän|dig: (seine Schuld zugeben);
das **Ge|ständ|nis**

ge|stat|ten: (erlauben); sie gestatten mir
alles; gestatten sie bitte

Ges|te *lat.,* die: der -, die Gesten (Gebär-
den); eine Geste der Höflichkeit;
die **Ges|ti|ku|la|ti|on; ges|ti|ku|lie|ren:**
(mit Armen und Beinen sprechen);
die **Ges|tik**

ge|ste|hen: du gestehst, du geständest, er
gestand, sie hat gestanden, gesteh(e)!; ein
Verbrechen gestehen; das **Ge|ständ|nis**

Ge|stein, das: des -s, die Gesteine;
die **Ge|steins|art;** die **Ge|steins|pro|be**

Ge|stell, das: des -(e)s, die Gestelle
(Unterbau, Ablage, Regal)

ges|tern: gestern Abend; Ansichten von
gestern; das **Ges|tern** (die Vergangen-
heit); **gest|rig; vor|ges|tern** (von
gestern)

Ge|stirn, das: des -(e)s, die Gestirne
(Himmelskörper); der **ge|stirn|te** (mit
Sternen übersäte) Himmel

Ge|stö|ber, das: des -s, die Gestöber;
das **Schnee|ge|stö|ber**

ge|stoh|len: → stehlen

ge|stor|ben: → sterben

ge|streift: ein blau gestreiftes/blau-
gestreiftes Kleid

Ge|strüpp, das: des -(e)s, die Gestrüppe
(dichtes Buschwerk)

Ge|stüt, das: des -(e)s, die Gestüte (abge-
leitet von Stute, Pferdezuchtanstalt)

Ge|such, das: des -(e)s, die Gesuche
(Bittschrift, Anfrage)

ge|sund: gesund/gesünder; am gesundes-
ten/gesündesten; gesund (nicht krank)
sein; eine gesunde Luft; gesundes Ausse-
hen haben; gesund pflegen/gesund-
pflegen; gesund werden;
ge|sund|heit|lich;
ge|sund|heits|be|wusst;
der/die **Ge|sun|de;** die **Ge|sund|heit;**
ge|sun|den; ge|sund|schrei|ben;
sich **ge|sund|sto|ßen** (gut verdienen auf
Kosten anderer Menschen); gesund

machen/gesundmachen

ge|sun|gen: → singen

ge|sun|ken: → sinken

ge|tan: → tun

Ge|tö|se, das: des -s (Lärm, Krach);
das Getose (Tosen des Sturms)

Ge|tränk, das: des -s, die Getränke;
der **Ge|trän|ke|au|to|mat**

Ge|trei|de, das: des -s, die Getreide
(Körnerfrucht); die **Ge|trei|de|sor|ten**

ge|trennt: ein getrennt lebendes Paar;
etwas getrennt schreiben;
die **Ge|trennt|schrei|bung**

ge|trof|fen: → treffen

ge|trun|ken: → trinken

Get|to, *auch* **Ghet|to,** das: des -s, die
Gettos (abgeschlossenes Stadtviertel für
eine Bevölkerungsgruppe, früher beson-
ders für Juden)

Ge|viert, das: des -s, die Gevierte (Vier-
eck); **ge|vier|teilt**

Ge|wächs, das: des -es, die Gewächse

ge|wählt: er ist gewählt; er drückt sich
gewählt (gepflegt) aus

Ge|währ, die: der - (Sicherheit);
die Gewähr dafür übernehmen;
der **Ge|währs|mann; ge|wäh|ren**
(bewilligen); gewährleisten/Gewähr
leisten

Ge|wahr|sam, der: des -s, die Gewahr-
same; etwas in Gewahrsam nehmen
(Obhut, Haft); das **Ge|wahr|sam**
(Gefängnis)

Ge|walt, die: der -, die Gewalten; die Tür
mit Gewalt öffnen; richterliche Gewalt;
ein Fall von höherer Gewalt; sich in der
Gewalt (unter Kontrolle) haben;
die **Ge|walt|an|dro|hung;**
die **Ge|walt|an|wen|dung; ge|wal|tig;**
ge|walt|tä|tig; ge|walt|sam;
ver|ge|wal|ti|gen (Geschlechtsakt
erzwingen)

Ge|wand, das: des -es, die Gewänder
(Kleidungsstück)

ge|wandt: (geschickt); ein gewandter
(wendiger) Tänzer; im Sprechen gewandt
sein; ein gewandtes (sicheres) Auftreten

besitzen

Ge|wäs|ser, das: des -s, die Gewässer
(Ansammlung von Wasser);
ein **ge|wäs|ser|ter** Salzhering

Ge|we|be, das: des -s, die Gewebe;
baumwollenes Gewebe; das Muskel-
gewebe; das Lügengewebe

Ge|wehr, das: des -s, die Gewehre
(Schusswaffe mit langem Lauf)

Ge|weih, das: des -s, die Geweihe;
der Hirsch wirft das Geweih ab

Ge|wer|be, das: des -s, die Gewerbe;
ein Gewerbe ausüben; **ge|werb|lich;**
ge|werbs|mä|ßig

Ge|werk|schaft, die: der -, die Gewerk-
schaften (Vereinigung von Arbeitneh-
mern); der **Ge|werk|schaf|ter** (Mitglied
einer Gewerkschaft),
der **Ge|werk|schafts|bund** (Deutscher
Gewerkschaftsbund, Abk. DGB);
ge|werk|schaft|lich

Ge|wicht, das: des -s, die Gewichte;
er legt Gewicht auf unsere Freundschaft;
das **Schwer|ge|wicht; ge|wich|tig**
(schwer)

ge|wieft: ein gewiefter (gewandter,
erfahrener) Bursche

ge|win|nen: du gewinnst, du gewönnest,
gewännest, er gewann, sie hat gewonnen,
gewinn(e)!; ein Spiel gewinnen;
die Herzen der Zuhörer gewinnen;
der **Ge|winn;** der **Ge|win|ner;**
ein **Ge|winn brin|gen|des** Unterneh-
men, *auch* **ge|winn|brin|gend**

ge|wiss: er ist sich seiner Sache gewiss
(sicher); die **Ge|wiss|heit**

Ge|wis|sen, das: des -s; die Stimme des
Gewissens; ein ruhiges/schlechtes Gewis-
sen haben; etwas auf sein Gewissen
nehmen; ihm ins Gewissen reden;
die **Ge|wiss|heit;**
die **Ge|wis|sens|bis|se;**
ge|wis|sen|haft; ge|wis|sen|los;
ge|wis|ser|ma|ßen

Ge|wit|ter, das: des -s, die Gewitter;
ge|wit|te|rig, *auch* **ge|witt|rig;**
es **ge|wit|tert**

ge|witzt

ge|wo|gen → wiegen

ge|wöh|nen: ihn an Sauberkeit gewöhnen; sich an das Klima gewöhnen; ich bin ihn gewöhnt/gewohnt (kenne ihn schon); die **Ge|wöh|nung; ge|wöhn|lich** (alltäglich); ein gewöhnlicher (ungehobelter) Bursche

Ge|wöl|be, das: des -s, die Gewölbe (Kuppel); das **Him|mels|ge|wöl|be;** das **Kel|ler|ge|wöl|be; ge|wölbt** (gebogen)

ge|wor|fen: → werfen

Ge|würz, das: des -es, die Gewürze; **wür|zig; wür|zen;** die **Ge|würz|gur|ke**

Ge|zei|ten, die: der - (Wechsel von Ebbe und Flut)

ge|wusst: → wissen

ge|zo|gen: → ziehen

ge|zwun|gen: → zwingen

Ghet|to: → Getto

Gie|bel, der: des -s, die Giebel (Vorderseite) am Haus; das **Gie|bel|fens|ter**

Gier, die: der -; **gie|rig;** auf etwas gierig (besonders erpicht) sein; **gie|ren;** nach etwas gieren (heftig begehren)

gie|ßen: du gießt, du gössest, er goss, sie hat gegossen, gieß(e)!; Tee in die Tasse gießen; Blei gießen; es gießt in Strömen; die **Gie|ße|rei;** die **Gieß|kan|ne**

Gift, das: des -(e)s, die Gifte (ein für den Körper tödlicher Stoff); Gift und Galle spucken; darauf kannst du Gift nehmen; die **Gift|müll|de|po|nie; gif|tig;** sich **an|gif|ten** (heftig streiten); **ver|gif|ten**

Gi|gant, der: des -en, die Giganten (Riese); **gi|gan|tisch**

Gil|de, die: der -, die Gilden (Vereinigung von Berufsgenossen, früher Zunft); die **Hand|werks|gil|de;** die **Kauf|manns|gil|de**

Gim|pel, der: des -s, die Gimpel (Singvogel, einfacher Mensch);

ging: → gehen

Gins|ter, der: des -s, die Ginster (Strauch)

Gip|fel, der: des -s, die Gipfel (die Spitze)

des Berges; der Gipfel der Unverschämtheit; die **Gip|fel|kon|fe|renz; gip|feln**

Gips, der: des -es, die Gipse (Kalkart); der **Gip|ser;** der **Gips|ver|band; gip|sen**

Gi|raf|fe, die: der -, die Giraffen (langhalsiges Säugetier)

Girl *engl.* [görl], das: des -s, die Girls (Mädchen)

Gir|lan|de, die: der -, die Girlanden (langes Blumengewinde)

Gi|ro *ital.* [schiro], das: des -s, die Giros (bargeldlose Überweisung); das Girokonto

Gischt, die: der - (Schaum der Wellen, Sprühwasser)

Gi|tar|re, die: der -, die Gitarren; der **Gi|tar|rist;** die **Gi|tar|ren|sai|te**

Git|ter, das: des -s, die Gitter (zaunartige Abgrenzung); die **Git|ter|stä|be**

Glace, die: (Zuckerglasur)

Gla|cé, Gla|cee, der: (glänzendes Gewebe)

gla|cie|ren: (mit Glace überziehen, zum Gefrieren bringen)

Gla|di|a|tor, der: die Gladiatoren (Schwertkämpfer)

Gla|di|o|le, die: die Gladiolen (Blume)

Gla|mour, der und das: (betörende Aufmachung)

Glanz, der: des -es; auf **Hoch|glanz** polieren; eine glänzende Rede halten; es geht mir glänzend (besonders gut); **glän|zen**

Glas, das: des -es, die Gläser; farbige Gläser

glatt, glatter, am glattesten/glättesten; eine glatte Straße; eine glatte Lüge; das habe ich glatt (einfach) vergessen; die **Glät|te; glät|ten;** ihn aufs **Glatt|eis** führen (reinlegen); glatt hobeln/glatthobeln

Glat|ze, die: der -, die Glatzen (haarloser Kopf); **glatz|köp|fig**

glau|ben: an Gott glauben; ich glaube nicht, dass du das getan hast; daran glauben müssen (umgebracht werden); der **Glau|be;** der **Gläu|bi|ge;** der **Gläu|bi|ger** (zur Eintreibung der Schuld berechtigt); **glaub|haft;**

gläu|big; glaub|wür|dig

gleich: gleich sein; gleich (unverändert)
bleiben; ein Gleicher unter Gleichen; ich
komme gleich (bald); zwei gleichgesinnte
Freunde; der/die/das **Glei|che;** es kommt
auf das Gleiche heraus; Gleich und
Gleich gesellt sich gern; **gleich|al|te|rig,**
auch **gleich|alt|rig; gleich|ar|tig;**
gleich|be|rech|tigt; gleich|gül|tig;
gleich|schen|ke|lig, *auch*
gleich|schenk|lig; gleich|falls;
glei|cher|ma|ßen;
die **Gleich|be|rech|ti|gung;**
das **Gleich|nis; glei|chen**

Gleis, das: des -es, die Gleise → die
Geleise

glei|ßen: (glänzen, glitzern)

glei|ten: du gleitest, du glittest, er glitt, sie
ist geglitten, gleit(e)!; **aus|glei|ten;**
der **Gleit|flug**

Glet|scher, der: des -s, die Gletscher
(dicke Eisschicht)

Glied, das: des -es, die Glieder (Teil eines
Ganzen); die Glieder des Körpers; das
männliche Glied (Penis);
die **Glie|de|rung;** die **Glied|ma|ßen;**
das **Mit|glied; glie|dern;** einen Aufsatz
gliedern

glim|men: (schimmern, schwach glühen);
du glimmst, es glömme, es glimmte,
etwas glimmte/glomm, es hat geglimmt/
geglommen; die Asche glimmt noch nach

glimpf|lich: glimpflich (besser als erwar-
tet) davonkommen;
ihn **ver|un|glimp|fen** (seine Ehre
herabsetzen)

glit|schig: ein glitschiger (schlüpfriger)
Boden

glit|zern: glitzernde (funkelnde) Sterne;
der Schnee glitzert; der **Glit|zer**

glo|bal: (weltweit umfassend);
der **Glo|be|trot|ter** (Weltenbummler)

Glo|bus *lat.,* der: des -ses, die Globen/
Globusse (Weltkugel)

Glo|cke, die: der -, die Glocken;
der **Glöck|ner; glo|ckig;** etwas an die
große Glocke hängen (überall als wichti-

ge Nachricht erzählen); er weiß noch
nicht, was die Glocke geschlagen hat (er
hat nicht mehr viel Zeit)

Glo|rie, die: der -, die Glorien (Ruhm,
Glanz); das **Glo|ria;**
der **Glo|ri|en|schein; glor|reich**

glot|zen: (anstarren); blöde glotzen;
glotz|äu|gig

Glück, das: des -(e)s; Glück (Erfolg)
wünschen; Glück im Unglück; sein
Glück probieren; er hat mehr Glück als
Verstand; das **Glücks|kind;**
der **Glück|wunsch; glück|lich;**
ein **Glück brin|gen|der/**
glück|brin|gen|der Talisman; **glü|cken**

Glu|cke, die: der -, die Glucken (Huhn auf
Eiern oder Küken): **glu|cken**

glu|ckern: das Wasser gluckert (plät-
schert) im Bach

glü|hen: das glühende (rot leuchtende)
Eisen; die glühende Begeisterung; es war
glühend heiß; die **Glüh|lam|pe;**
das **Glüh|würm|chen**

Glut, die: der -, die Gluten (heißes Feuer);
die Glut der Sonne

Gly|ze|rin, Gly|ce|rin, das: die Glyzerinen

GmbH: Gesellschaft mit beschränkter
Haftung

Gna|de, die: der -, die Gnaden; Gnade
(Nachsicht, Milde, Straferlass) erbitten;
Gnade vor/für Recht ergehen lassen; sein
Gnadenbrot bekommen;
die **Be|gna|di|gung; gnä|dig;**
be|gna|di|gen

Gnom, der: des -en, die Gnomen (Kobold)

Gnu, das: des -s, die Gnus (Antilopenart)

Goal, das: (Tor); das Golden Goal

Go|ckel, der: des -s, die Gockel;
der **Go|ckel|hahn**

Gold, das: des -es; dieses Geschäft ist eine
Goldgrube (bringt viel Geld ein); die
Worte auf eine Goldwaage legen (ganz
genau nehmen); die **Gold|me|dail|le;**
gol|den; der goldene Ring; **gol|dig**

Golf, der: des -s, die Golfe (größere
Meeresbucht); der **Golf|strom;** das **Golf**
(Rasenspiel)

Gon|del, die: der -, die Gondeln (langes Ruderboot, Heißluftballon-Hängekorb); durch die Welt **gon|deln** (ziellos reisen)

Gong *malai.* der/das: des -s, die Gongs (asiatisches Schlaginstrument); **gon|gen**

gön|nen: ich gönne ihm sein Glück; sich einen Tag Ruhe gönnen (erlauben); der **Gön|ner; gön|ner|haft**

Gör, das: des -s, die Gören/Göre (kleines Kind)

Go|ril|la, der: des -s, die Gorillas (Menschenaffe)

Gos|pel|song, der: (religiöses Lied der Afroamerikaner)

goss: → gießen

Gos|se, die: der -, die Gossen (Regenrinne am Bordstein); das Regenwasser fließt in die Gosse

Go|tik, die: der - (Kunststil); **go|tisch**

Gott, der: des -es, die Götter; an Gott glauben; Gottes Wort; um Gottes willen; Gottes Name; im Namen Gottes; Gott sei Dank; grüß Gott!; leider Gottes; der **Got|tes|dienst;** das **Got|tes|haus;** die **Göt|ter|spei|se** (Süßspeise); **gött|lich; gott|los; gott|ver|las|sen**

Göt|ze, der: des -n, die Götzen (falscher Gott, Abgott); das **Göt|zen|bild;** der **Göt|zen|dienst**

Gou|da, der: **Gou|da|kä|se**

Gou|ver|neur, der: die **Gou|ver|neu|rin** (Statthalter/in der Regierung)

gra|ben: du gräbst, du grübest, er grub, sie hat gegraben, grab(e)!; das **Grab;** sich sein eigenes Grab schaufeln (sehr unvorsichtig sein); mit einem Fuß im Grabe stehen (sehr alt oder in großer Gefahr sein); der **Gra|ben;** die **Grä|ben;** das **Grab|mal;** die **Gra|bung**

Gracht, die: der -, die Grachten (schiffbarer Straßenkanal)

Grad, der: des -s, die Grade; 30° Celsius (30 °C); das ist eine Gleichung zweiten Grades; ein Winkel von 30 Grad; im gewissen Grade hat er Recht; der **Brei|ten|grad;** das ist **hoch|gra|dig** (sehr) gefährlich

Gra|fik/Gra|phik, die: der -, die Grafiken (Schreib- und Zeichenkunst; einzelnes Blatt mit Darstellung); der **Gra|fi|ker;** die **Gra|fi|ke|rin; gra|fisch**

Gral, der: des -s (Wunder wirkende Schale in der Sage); der **Grals|rit|ter;** die **Grals|sa|ge**

Gram, der: des -s; vom Gram gebeugt sein; der **Gries|gram** (schlecht gelaunt); ihm Gram sein (ihm zürnen); sich **grä|men** (sich Sorgen machen, trauern); **gram|voll**

Gramm, das: des -s, die Gramme [(Gewichtseinheit); ein **Ki|lo|gramm** (kg) hat 1000 Gramm (g)]

Gram|ma|tik, die: der -, die Grammatiken (Sprachlehre); **gram|ma|tisch**

Gra|na|te *ital.,* die: der -, die Granaten (Geschoss)

gran|di|os *ital.:* (großartig, überwältigend)

Gra|nit, der: des -s, die Granite (Gesteinsart); hart wie Granit; auf Granit beißen

gran|tig: (verdrießlich, mürrisch)

Grape|fruit *engl.* [grepfrut], die: der -, die Grapefruits (Pampelmuse)

Graphik: → Grafik

grap|schen: (schnell nach etwas greifen); der **Bu|sen|grap|scher**

Gras, das: des -es, die Gräser; das Gras wachsen hören (überklug sein); ins Gras beißen (sterben); über die Sache ist Gras gewachsen (ist vergessen); **gra|sig; gra|sen**

gras|sie|ren: eine Seuche grassiert (greift um sich)

gräss|lich: (abscheulich); ein grässlicher Anblick; eine grässliche Kälte

Grat, der: des -(e)s, die Grate (Bergkamm, Kante); das **Rück|grat**

Grä|te, die: der -, die Gräten (Fischknochen); die **Fisch|grä|te; grä|ten|los**

Gra|ti|fi|ka|ti|on, die: die Gratifikationen (feierliche Gratulation mit Geldgeschenk)

gra|tis: (kostenlos); die **Gra|tis|pro|be**

Grät|sche, die: der -, die Grätschen (Turnübung); eine Grätsche über den Kasten; **grät|schen**

gra|tu|lie|ren: (Glück wünschen); ihm gratulieren; der **Gra|tu|lant;** die **Gra|tu|la|ti|on**

grau: eine graue Farbe; grau gestreift; graue Haare bekommen; in grauer Vorzeit; der Morgen graut (bricht an)

grau|en: (Angst haben); mir graut es vor dem Examen; das **Grau|en** des Krieges; großes **Grau|en** erregen; äußerst **grau|en|er|re|gend; grau|en|haft**

gräu|lich: (schrecklich); das **Gräu|el;** das **Gräu|el|mär|chen;** sich **grau|en**

Grau|pe, die: der -, Graupen (meist Plural); die Graupensuppe

Grau|pel, die: der -, die Graupeln (kleine Hagelkörner); es **grau|pelt**

grau|sam: eine grausame (schlimme) Kälte; die **Grau|sam|keit; grau|sen;** mir graust vor dieser Arbeit

gra|vie|rend: (schwer wiegend)

Gra|zie, die: (römische Göttin, Anmut); **gra|zil** (zierlich); **gra|zi|ös** (anmutig)

Green|horn, das: (Anfänger, Neuling)

Green|peace *engl.* [grinpis], (internationale Organisation zum Schutz der Umwelt)

grei|fen: du greifst, du griffest, er griff, sie hat gegriffen, greif(e)!; etwas mit der Hand greifen (erfassen); nach den Sternen greifen; das Feuer greift um sich; **greif|bar;** das Ziel ist in greifbare Nähe gerückt; **grif|fig**

Greis, der: des -es, die Greise (alter Mensch); die **Grei|sin; grei|sen|haft**

grell: (sehr hell); grelles Sonnenlicht; ein greller (durchdringender) Schrei

Gren|ze, die: der -, die Grenzen; eine Grenze zwischen zwei Gärten; über die Grenze gehen; du bist an die Grenze meiner Gefühle gegangen; der **Grenz|ver|kehr; gren|zen|los**

Grie|che, der: des -n, die Griechen; die **Grie|chin** (Bewohner Griechenlands); **grie|chisch**

Gries|gram, der: des -es, die Griesgrame (übellauniger Mensch); **gries|grä|mig**

Grieß, der: des -es (Getreideprodukt);

der **Grieß|brei;** der **Grieß|kloß**

griff: → greifen

Griff, der: des -(e)s, die Griffe; der Griff an der Tür; das **Griff|brett** der Gitarre; die **Grif|fig|keit; griff|be|reit**

Grill *engl.,* der: des -s, die Grills (Bratrost); **gril|len** (rösten)

Gril|le, die: der -, die Grillen (Heuschre-cke); die Grillen zirpen; **gril|len|haft** (merkwürdig, komisch, launisch)

Gri|mas|se *franz.,* die: der -, die Grimassen (Fratze); der **Gri|mas|sen|schnei|der**

Grimm, der: des -s (Wut, Ärger); **grim|mig; in|grim|mig** (voller Zorn)

Grimm: die Brüder Jakob und Wilhelm Grimm (Märchensammler)

grin|sen: unverschämt grinsen (breit, boshaft); sie grinst ihn höhnisch an

Grip|pe, die: der -, die Grippen (Erkäl-tungskrankheit)

Grips, der: des -es, die Gripse (Auffas-sungsgabe, Verstand)

Gris|li|bär, *auch* **Grizz|ly|bär,** der: (großer, brauner Bär)

grob: gröber, am gröbsten; grobes Leinen; grober Betrug; grober Unfug; grob gemahlen; grob gegen jemanden sein; jemanden aufs Gröbste/aufs gröbste beleidigen; die **Grob|heit;** der **Gro|bi|an; ver|grö|bern**

Grog, der: des -s, die Grogs (heißes Getränk aus Rum, Zucker und Wasser)

grö|len: (laut schreien, lärmen); das **Ge|grö|le;** die **Grö|le|rei**

grol|len: der Donner grollt; jemandem grollen (nicht gut auf ihn zu sprechen sein); der **Groll**

Gros, das: (zwölf Dutzend), *auch* Gros (überwiegender Teil)

Gro|schen, der: des -s, die Groschen (Zehnpfennigstück)

groß: größer, am größten; du musst dieses Wort **groß|schrei|ben** (mit großem Anfangsbuchstaben); die Wörter werden **groß|ge|schrie|ben,** aber: du sollst nicht so **groß schrei|ben** (in so großer Handschrift); die große Pause; die große (vornehme) Welt; im Großen und Ganzen; Groß und Klein (jedermann); etwas, nichts, viel Großes; der große Bär (Sternenbild); Karl der Große; eine große Dummheit begehen; auf großem Fuße leben (reich sein); **groß|ar|tig; groß|städ|tisch; groß|zü|gig; größ|ten|teils;** die **Groß|in|dus|t|rie;** die **Groß|macht;** die **Groß|mut|ter;** die **Groß|schrei|bung; ver|grö|ßern**

gro|tesk *franz.:* (wunderlich, komisch)

Grot|te, die: der -, die Grotten (Felsenhöhle, Gewölbe)

gru̱b: → graben

Gru|be, die: der -, die Gruben (tiefe Mulde, tiefes Loch); in eine tiefe Grube fallen; die **Grüb|chen**

grü|beln: (nachdenken); über eine Sache grübeln; die **Grü|be|lei;** der **Grüb|ler**

Gruft, die: der -, die Grüfte (Familiengrabstätte)

grün: die grüne Wiese; er ist mir nicht grün (mag mich nicht); der grüne (unerfahrene) Junge; die grüne Welle; etwas Grünes; Grün steht dir nicht; dasselbe in grün; die **Grün|an|la|ge;** der **Grün|don|ners|tag;** die **Grü|nen** (Partei, die sich besonders für den Umweltschutz einsetzt); der **Grün|span; grü|nen;** im Frühling grünt es

Grund, der: des -es, die Gründe; bis auf den Grund des Wassers sehen; Grund und Boden unter den Füßen; im Grunde genommen; **zu|grun|de/zu Grun|de** gehen; **auf|grund/auf Grund;** der **Grund|be|sit|zer;** der **Grün|der;** das **Grund|ge|setz; gründ|lich; grund|los; grund|sätz|lich; grün|den**

grun|zen: das Schwein grunzt

Grup|pe, die: der -, die Gruppen; die **Grup|pie|rung; grup|pen|wei|se**

gru|seln: mir/mich gruselt (schaudert) es; **gru|se|lig,** *auch* **grus|lig**

grü|ßen: jemanden grüßen; grüß Gott! sagen; **be|grü|ßen;** die **Be|grü|ßung;** der **Gruß;** mit herzlichen Grüßen; das **Gruß|wort; gruß|los**

Grüt|ze, die: der -, die Grützen (Brei); rote Grütze; Grütze (Verstand) im Kopf haben

gu|cken: (sehen, blicken); jemanden **an|gu|cken;** in die Röhre gucken (das Nachsehen haben); der **Aus|guck;** das **Guck|loch**

Guil|lo|ti|ne; die: (Fallbeil)

Gu|lasch *ungar.* der/das: des -(e)s, die Gulasche (ungar. Fleischgericht); die **Gu|lasch|sup|pe**

Gul|ly *engl.* [guli], der/das: des -s, die Gullys (Einlaufstelle für Straßenwasser)

gül|tig: (anerkannt); eine gültige Fahrkarte; die **Gül|tig|keit**

Gum|mi, der/das: des -s, die Gummis (elastisches Kautschukprodukt, Kondome); der **Gum|mi|schuh;** der **Ra|dier|gum|mi; gum|mie|ren**

Gunst, die: der -, die Günste; die Gunst des Augenblicks; zu meinen Gunsten; **güns|tig; zu|guns|ten/zu Guns|ten; be|güns|ti|gen**

Gur|gel, die: der -, die Gurgeln (Organ); jemandem an die Gurgel gehen; **gur|geln**

Gur|ke, die: der -, die Gurken (Gemüse); das **Gürk|chen;** der **Gur|ken|sa|lat**

Gurt, der: des -(e)s, die Gurte; der **Gür|tel;** der **Si|cher|heits|gurt;** sich **gür|ten**

Guss, der: des -es, die Güsse; der **Re|gen|guss;** aus einem Guss; ein kalter Guss (heftiger Regenschauer)

gut: besser, am besten; gute Manieren haben; gute Noten haben; ein gutes Herz haben; gute Musik hören; Guten Tag/ guten Tag sagen; ich sage es ihr im Guten; gut und gern; zu guter Letzt; Böses mit Gutem vergelten; jemandem etwas Gutes tun; zu viel des Guten; **gut|ar|tig; gut ge|launt; gut|ge|launt; güt|lich; gut|mü|tig;** das **Gut|ach|ten;** die **Gü|te;** das **Gut|ha|ben;** ich kann **gut ge|hen,** aber: das kann gutgehen; etwas **gut|hei|ßen;** etwas wieder **gut|ma|chen;** sich etwas **gut|schrei|ben** lassen, aber: er kann

gut schrei|ben; die frische Luft wird mir **guttun**

Gut, das: des -es, die Güter; das Hab und Gut; der **Gü|ter|bahn|hof;** der **Guts|hof**

Gym|na|si|um *griech.,* das: des -s, die Gymnasien; der **Gym|na|si|ast**

Gym|nas|tik *griech.,* die: der - (Körper- übung); die **Heil|gym|nas|tik; gym|nas|tisch**

Gy|nä|ko|lo|gie, die: (Frauenheilkunde)

Gy|ros, das: (griechisches Fleischgericht)

H

ha: Abk. Hektar (10000 m²; 100 m² x 100 = 10000 m²)

Haar, das: des -(e)s, die Haare; die Haare kämmen; um Haaresbreite (nur so eben); sich in den Haaren liegen (streiten); kein gutes Haar an ihm lassen; Haare auf den Zähnen haben (zu allem Widerworte finden); ein Haar in der Suppe finden (kleinlich sein); sich keine grauen Haare wachsen lassen (sich nicht so leicht ärgern); die Haare stehen dir zu Berge; die **Haar|far|be;** der **Haar|schnitt;** die **Haar|spal|te|rei** (Streit um Worte); das **Här|chen; haa|rig; haar|scharf; haa|ren**

ha|ben: du hast, du hättest, er hatte, sie hat gehabt; Geld haben (besitzen); Durst haben (verspüren, bekommen); das Hab und Gut; noch zu haben sein (ungebunden sein); etwas gegen ihn haben; für etwas nicht zu haben sein; was hast du denn? (fehlt dir was?); die **Ha|be;** der **Ha|be|nichts;** die **Hab|gier;** die **Hab|se|lig|kei|ten;** die **Hand|ha|be;** das **Vor|ha|ben; hab|gie|rig; hab|süch|tig**

Ha|bicht, der: des -s, die Habichte (Greifvogel)

Hạch|se/Hạ|xe, die: der -, die Hachsen; die Kalbshachse

Hạ|cke, die: der -, die Hacken (Werkzeug);

---

der **Hack|bra|ten;** der/das **Häck|sel** (Schnittstroh); **ha|cken**

Hạ|cke, die: der -, die Hacken (Ferse), *auch* der **Ha|cken;** der **Ha|cke|pe|ter**

Hạ|cker, der: des -s, die Hacker (jemand, der sich Zugang in fremde Programme verschafft)

Ha|der, der: des -s (Zwietracht); mit sich und der Welt **ha|dern** (unzufrieden sein)

Ha|fen, der: des -s, die Häfen; die **Ha|fen|rund|fahrt;** die **Ha|fen|stadt;** einen Hafen anlaufen

Ha|fer, der: des -s (Getreideart); die **Ha|fer|flo|cken;** ihn sticht der Hafer (er ist übermütig)

Hạff, das: des -s, die Haffe/Haffs (durch Nehrungen vom offenen Meer abgetrenn- te Küstenbucht); das Frische Haff; das Kurische Haff

Hạft, die: der -; sich in Haft befinden; seine Haft verbüßen; der **Haft|be|fehl;** der **Häft|ling; ver|haf|ten**

hạf|ten: die Fliesen haften gut (kleben); Eltern haften für ihre Kinder (sind verantwortlich); die **Haft|pflicht;** die **Haf|tung; haft|bar;** ihn für einen Schaden haftbar (verantwortlich) machen; **haf|ten blei|ben/haf|ten|blei|ben**

Ha|ge|but|te, die: der -, die Hagebutten (Frucht der Heckenrose); der **Ha|ge|but|ten|tee**

Ha|gel, der: des -s (Niederschlag von Eiskörnern); das **Ha|gel|korn; ha|geln**

ha|ger: (dünn, knochig); eine hagere Gestalt

Hä|her, der: des -s, die Häher (Rabenvogel)

Hahn, der: des -(e)s, die Hähne (männli- ches Huhn); das **Hähn|chen;** der **Hah|nen|schrei;** der **Was|ser|hahn**

Hai, der: des -(e)s, die Haie (Raubfisch); der **Hai|fisch**

Hain, der: des -(e)s, die Haine (kleiner, lichter Wald); die **Hain|bu|che** (Laub- baum)

hä|keln: (Handarbeit); die **Hä|kel|na|del**

Ha|ken, der: des -s, die Haken; einen
  Haken schlagen (der Hase); die Sache hat
  einen Haken (eine Schwierigkeit);
  der **Kinn|ha|ken;** der **Klei|der|ha|ken;**
  ver|hakt

halb: ein halber/halbes Meter; halb und
  halb; ein halbes Jahr (sechs Monate);
  er ist noch ein halbes Kind (fast noch ein
  Kind); mit halber Kraft fahren; auf
  halbem Weg umkehren; eine halbe
  Stunde; das ist nichts Halbes und nichts
  Ganzes; **an|dert|halb; halb|amt|lich;**
  halb|fett; halb|lang; halb|wüch|sig;
  halb fer|tig/halb|fer|tig; halb leer/
  halb|leer; halb links/halb|links;
  halb voll/halb|voll; halb so vie|le;
  halb|her|zig; die **Halb|heit;**
  die **Halb|in|sel;** der **Halb|star|ke;**
  die **Halb|tags|ar|beit;** die **Halb|zeit;**
  die **Hälf|te; hal|bie|ren** (in zwei gleiche
  Teile teilen)

Hal|de, die: der -, die Halden;
  die **Koh|len|hal|de**

half: → helfen

Hälf|te, die: der -, die Hälften

Half|ter, das/der: des -s, die Halfter (Zaum
  ohne Gebiss); **ab|half|tern**

Hall, der: des -(e)s (Schall);
  der **Wi|der|hall; hal|len**

Hal|le, die: der -, die Hallen (großer Saal);
  das **Hal|len|bad;** die **Mes|se|hal|len**

Hal|le|lu|ja hebr., das: (jubelnder Gebets-
  ruf); **hal|le|lu|ja!** (lobe den Herrn)

Hal|lig, die: der -, die Halligen (nicht
  eingedeichte Nordseeinsel)

Hal|li|masch, der: die Hallimasche (Pilz)

hal|lo: das **Hal|lo**

Hal|lu|zi|na|ti|on, die: (Sinnestäuschung)

Halm, der: des -s, die Halme;
  das **Hälm|chen**

Ha|lo|gen|lam|pe, die: der -, die Halogen-
  lampen (ganz helle Lampen)

Hals, der: des -es, die Hälse; sich den Hals
  brechen; der Hals-Nasen-Ohren-Arzt;
  Hals über Kopf; bis an den Hals in
  Schulden stecken; sich die Lungen aus
  dem Hals schreien; sich etwas vom Halse

schaffen; der Bissen blieb ihm im Halse
  stecken; Hals- und Beinbruch (Flieger-
  gruß für einen guten Flug);
  der **Geiz|hals;** die **Hals|ket|te;**
  hals|bre|che|risch (sehr gefährlich);
  hals|star|rig (eigensinnig auf seiner
  Meinung beharren)

halt: du bist halt (eben) noch zu jung; halt/
  Halt rufen; Halt haben; ich mache Halt;
  Halt machen/haltmachen; **halt|bar;**
  halt|los; der **Halt**

hal|ten: du hältst, du hieltest, er hielt, sie
  hat gehalten, halt(e)!; an sich halten
  (beherrschen); sich aufrecht halten;
  bereithalten; die Hand halten; die
  Stellung halten; Gänse halten; eine
  Zeitung halten (abonniert haben); eine
  Rede halten; den Mund halten; etwas für
  falsch/richtig halten; die **Hal|tung;** eine
  aufrechte Haltung (Gesinnung);
  die **Hal|te|stel|le;** die **Hal|te|rung;**
  das **Hal|te|ver|bot; halt|bar; halt|los;**
  nach|hal|tig

Ha|lun|ke, der: des -n, die Halunken
  (Verbrecher)

Ham|burg: (Land der BRD);
  der **Ham|bur|ger** (Einwohner der Stadt
  Hamburg); die **Ham|bur|ge|rin;**
  ham|bur|gisch

Ham|bur|ger engl. [hämbörger], der:
  des -s, die Hamburger (Brötchen mit
  gebratenem Rinderhackfleisch und
  anderen Zutaten)

Ham|mel, der: des -s, die Hammel
  (kastrierter Schafsbock)

Ham|mer, der: des -s, die Hämmer;
  häm|mern

Ham|mond|or|gel, die: (elektroakustische
  Orgel)

Hä|mor|rho|i|de: auch **Hä|mor|ri|de,** die:
  die Hämorriden (Venenknoten im
  Mastdarm)

ham|peln: der **Ham|pel|mann**

Hand, die: der -, die Hände;
  die **Hand|ar|beit;** der **Hand|ball;**
  die **Hand|brem|se;** ein **Händ|chen**
  hal|ten|des/händ|chen|hal|ten|des

Paar; die **Hand|schrift**; **al|ler|hand**; **an|hand** von Unterlagen; **hand|breit** (ein handbreiter Saum, aber: der Streifen ist eine Hand breit); **hand|fest**; **hand|greif|lich**; **hand|lich**; **kur|zer|hand**; **ab|han|den kom|men**; **aus|hän|di|gen**; **hand|ha|ben**; **über|hand neh|men**; **vor|han|den** sein; zu treuen Händen; von Hand zu Hand; eine Hand voll Kirschen; alle Hände voll zu tun haben; freie Hand haben (alles tun können); mit leeren Händen kommen; einem Verbrecher das Handwerk legen; die Arbeit geht mir gut von der Hand (fällt mir leicht)

Han|del, der: des -s; der **Händ|ler**; der **Groß|händ|ler**; der **Un|ter|händ|ler**; **Han|del** treiben; **han|deln**

Han|di|kap/Han|di|cap *engl.* [hạndikäp], das: des -s, die Handikaps (Behinderung, Benachteiligung)

Hand|lung, die: der -, die Handlungen; die Handlung des Dramas; die **Buch|hand|lung**; die **Hand|lungs|frei|heit**; **hand|lungs|fä|hig**; **han|deln**

Han|dy *engl.* [hạndi], das: des -s, die Handys (schnurloses, handliches **Funk|te|le|fon**)

Han|gar *franz.*, der: des -s, die Hangars (Halle für Flugzeuge)

Hang, der: des -es, die Hänge; der **Um|hang**; der **Vor|hang**; der **Hang** (Vorliebe) zur Übertreibung

hän|gen: 1. du hängst, du hingest, er hing, sie hat gehangen, häng(e)!; die Jacke hängt am Haken; 2. du hängst, du hängtest, er hängte, sie hat den Mantel an den Haken gehängt, häng(e)!; **hän|gen blei|ben/hän|gen|blei|ben**; **hän|gen las|sen/hän|gen|las|sen**; der **An|hän|ger**; die **Hän|ge|brü|cke**; das **Hän|ge|schloss**; mit Hängen und Würgen hat er bestanden

Han|se, die: der - (mittelalterlicher Kaufmanns- und Städtebund); der **Han|se|at**; die **Han|se|stadt**; **han|se|a|tisch**

Han|tel, die: der -, die Hanteln (Handsportgerät); **han|teln**

han|tie|ren: (handhaben, etwas benutzen, beschäftigt sein)

ha|pern: es hapert an allem (Mangel); es hapert ein wenig (klappt nicht so recht)

Hap|pen, der: des -s, die Happen; das **Häpp|chen**

hap|pig: (unbescheiden); happige (sehr hohe) Preise

Hap|pe|ning, das: (Kunstveranstaltung)

Hap|py|end/Hap|py End *engl.* [häpiänd], das: des -s, die Happyends (glücklicher Ausgang)

Hard|ware *engl.* [hạdwär], die: der -, die Hardwares (Geräteteil einer datenverarbeitenden Anlage)

Ha|rem *arab.*, der: des -s, die Harems (1. die Frauen eines Herrschers, 2. die Frauenräume eines mohammedanischen Hauses)

Har|fe, die: der -, die Harfen (Saiteninstrument); das **Har|fen|spiel**; die **Har|fe|nis|tin**

Har|ke, die: der -, die Harken; **har|ken**

Har|le|kin, der: des -s, die Harlekins (Clown)

harm|los: (unbedeutsam)

Har|mo|nie *griech.*; die: der -, die Harmonien (angenehmer Einklang, Übereinstimmung von Form und Farbe); **har|mo|nisch**; **har|mo|nie|ren** (in Einklang bringen)

Har|mo|ni|ka, die: der -, die Harmonikas (Musikinstrument); das **Har|mo|ni|um**; die **Zieh|har|mo|ni|ka**

Harn, der: des -s, die Harne (Urin); die **Harn|bla|se**

Har|nisch, der: (Brustpanzer); in Harnisch (Wut) geraten

Har|pu|ne *niederl.*, die: der -, die Harpunen (Wurfgeschoss mit Widerhaken); **har|pu|nie|ren**

har|ren: (lange warten); **aus|har|ren**; **ver|har|ren**

hart: härter, am härtesten; hart auf hart; hart wie Eisen; harte Arbeit; harte

Währung (stabil); hart im Nehmen sein
(viel aushalten können); ein hartes Herz
haben (nichts für andere übrig haben);
**hart ge|fro|ren/hart|ge|fro|ren;
hart|her|zig; hart ge|kocht/
hart|ge|kocht; hart|lei|big;
hart|nä|ckig;** die **Här|te;**
die **Hart|fa|ser|plat|te; ver|här|ten**

Harz, das: des -es, die Harze; **har|zig;
har|zen** (Harz absondern)

Ha|schisch *arab.*, das/der: des -(s)
(Rauschgift); das **Hasch; ha|schen**
(Haschisch rauchen)

Ha|se, der: des -n, die Hasen; die **Hä|sin;**
ein alter Hase (erfahrener Fachmann);
der Angsthase; da liegt der Hase im
Pfeffer (das ist das entscheidende Prob-
lem)

Ha|sel|nuss, die: der -, die Haselnüsse;
der **Ha|sel|nuss|strauch**

has|sen: der **Hass; ge|häs|sig;
häss|lich; ver|hasst;** einen Menschen
bis auf den Tod hassen

has|ten: die **Hast; has|tig** (eilig)

hat: → haben

hat|te: → haben

Hau|be, die: der -, die Hauben (Kopfbe-
deckung); unter die Haube bringen,
kommen (heiraten)

Hauch, der: des -(e)s, die Hauche;
**hauch|dünn; hauch|zart; hau|chen;
hauch|fein**

hau|en: du haust, er haute/hieb, sie hat
gehauen, hau(e)!; Holz hauen (Bäume
fällen); die **Haue** (Prügel); der/die
Hau|er (ein Mann, der Kohle aus dem
Flöz haut, Eckzähne beim Eber); sich
aufs Ohr hauen (schlafen legen); auf die
Pauke hauen (angeben); in dieselbe
Kerbe hauen (unterstützen); jemanden
übers Ohr hauen (ihn betrügen)

Hau|fen, der: des -s, die Haufen;
das **Häuf|chen;** die **Häu|fig|keit;
hau|fen|wei|se; häu|fig; zu|hauf;
an|häu|fen; häu|feln** (Haufen machen);
sich **häu|fen** (zunehmen, überhand
nehmen); **über|häu|fen;** ein Häufchen

Elend; etwas über den Haufen werfen
(umstoßen, vereiteln); das kostet einen
Haufen Geld

Haupt, das: des -(e)s, die Häupter; das
Haupt (den Kopf) bedecken, verhüllen;
der **Haupt|bahn|hof;** der
Haupt|dar|stel|ler; die **Haupt|sa|che;**
die **Haupt|schu|le;** die **Haupt|stadt;
haupt|amt|lich; haupt|säch|lich**

Haus, das: des -es, die Häuser; **hau|sen;
häus|lich;** mit dem Geld Haus
halten (*auch* haushalten); von Haus
zu Haus; die **Haus|ver|wal|tung;
zu Hau|se,** *auch* **zu|hau|se**

Haut, die: der -, die Häute; mit Haut und
Haaren (ganz und gar); nur noch Haut
und Knochen sein; sich seiner Haut
wehren; mit heiler Haut davonkommen;
sich auf die faule Haut legen; eine straffe,
runzelige, trockene, zarte Haut;
die **Haut|far|be;** die **Haut|pfle|ge;**
die **Häu|tung** (der Schlange);
die **Haut|ver|pflan|zung; haut|eng**
(sehr eng)

Ha|va|rie, die: (schwerer Unfall z. B. bei
Schiffen)

Ha|xe, die: der -, die Haxen → Hachse

Hbf.: Hauptbahnhof

He|b|am|me, die: der -, die Hebammen
(Geburtshelferin)

He|bel, der: des -s, die Hebel; alle Hebel in
Bewegung setzen (alles tun, was möglich
ist); den Hebel richtig ansetzen;
der **He|bel|arm;** das **He|bel|ge|setz**

he|ben: du hebst, du höbst, er hob, sie
hat gehoben, heb(e)!; einen Stein heben;
be|he|ben; er|he|ben; die **Er|he|bung;
er|heb|lich;** jemanden in den Himmel
heben (übermäßig loben); seine Stimme
erheben; in gehobener (sehr guter)
Stimmung sein

he|cheln: (kurzes, heftiges Atmen)

Hecht, der: des -(e)s, die Hechte (Raub-
fisch); der **Hecht|sprung; hech|ten**

Heck, das: des -(e)s, die Hecke/Hecks
(hinterer Teil eines Fahrzeugs);
der **Heck|an|trieb;** der **Heck|mo|tor;**

H

Heck

115

das **Heck|fens|ter**

He̱|cke, die: der -, die Hecken (Umzäu-
nung aus Sträuchern und Büschen);
die **Dor|nen|he|cke;**
die **He|cken|ro|se;** die **He|cken|sche|re;**
der **He|cken|schüt|ze** (schießt aus dem
Hinterhalt)

Heer, das: des -(e)s, die Heere;
der **Heer|füh|rer;** das **Heer|la|ger;**
die **Heer|stra|ße**

He̱|fe, die: der -, die Hefen (Backmittel);
der **He|fe|teig**

Heft, das: des -es, die Hefte;
das **Schreib|heft;** das Heft des Messers
(der Handgriff)

he̱f|ten: ein Buch heften; sich jemandem
an die Fersen heften;
die **Heft|klam|mer;**
die **Heft|ma|schi|ne;** das **Heft|pflas|ter**

he̱f|tig: ein heftiges (starkes) Gewitter;
heftig (unwillig, unbeherrscht) reagieren

He|ge|mo̱|ni̱e *griech.,* die: der -, die
Hegemonien (Vorherrschaft)

he̱|gen: (pflegen); das **Ge|he|ge;**
die **He|ge;** der **He|ger;** hegen und
pflegen; einen Verdacht gegen jemanden
hegen (sich tragen mit)

He̱hl, das/der: des -s, kein/keinen Hehl
daraus machen (nichts verbergen);
der **Heh|ler** (Verkäufer von Diebesgut);
ver|heh|len

Hei̱|de, der: des -n, die Heiden (Nicht-
christ); das **Hei|den|tum; heid|nisch**

Hei̱|de, die: der -, die Heiden (sandige
Landschaft); die Lüneburger Heide;
das **Hei|de|kraut;** die **Hei|del|bee|re;**
Heid|schnu|cke

hei̱|kel: (bedenklich, schwierig); eine
heikle Sache

Hei̱l, das: des -(e)s; Heil bringend; Ski Heil;
sein Heil in der Flucht suchen (davonlau-
fen); für sein Heil sorgen; die Zeit heilt
alle Wunden; die Wunde heilt rasch;
der **Hei|land** (Jesus); der **Hei|lig|abend;**
das **Heil|mit|tel** (z. B. Salben);
die **Heil|pflan|ze;** der **Heil|prak|ti|ker;**
die **Heil|quel|le;** das **Heil|ver|fah|ren;**

der **Heil|butt; heil; heil|bar; heil|los;**
heil|sam; hei|len

hei̱|lig: heilig sein; der Heilige Abend;
die Heilige Schrift; die **Hei|lig|keit;**
das **Hei|lig|tum;** etwas hoch und heilig
versprechen; **hei|lig|spre|chen**

Hei̱m, das: des -es, die Heime (Gebäude);
das **Al|ters|heim;** das **Ei|gen|heim;**
die **Heim|kehr;** die **Heim|lich|keit;**
das **Heim|spiel; heim|brin|gen;**
heim|fah|ren; heim|leuch|ten (abwei-
sen); **heim|su|chen; heim|zah|len;**
ver|heim|li|chen; hei|me|lig;
heim|lich; un|heim|lich; heim|wärts

Hei̱|mat, die: der - (Geburtsort, Her-
kunftsland); der **Hei|mat|dich|ter;**
die **Hei|mat|lie|be;**
der/die **Hei|mat|ver|trie|be|ne;**
hei|mat|lich; hei|mat|los (ohne
Heimat)

heim|tü̱|ckisch: (hinterlistig, unaufrich-
tig); die **Heim|tü|cke**

hei̱|ra|ten: die **Hei|rat** (Eheschließung)

hei̱|ser: eine heisere (raue, belegte) Stim-
me; die **Hei|ser|keit**

hei̱ß: heißer, am heißesten; ein heißes Bad;
ein heißer (sehnlicher) Wunsch; ein
heißer Draht (telefonische Direktverbin-
dung); der Boden wird ihm zu heiß unter
den Füßen (er muss fliehen); es ging heiß
her; was ich nicht weiß, macht mich
nicht heiß; heiß machen/heißmachen
(erhitzen)

hei̱|ßen: du heißt, du hießest, er hieß, sie
hat geheißen, heiß(e)!; ich heiße Ed-
mund; ich heiße dich willkommen; was
soll das heißen (bedeuten)

hei̱|ter: heit(e)rer, am heitersten; eine
heitere (lustige) Geschichte; heiteres
(sonniges, klares) Wetter;
die **Hei|ter|keit**

hei̱|zen: den Ofen heizen; der **Hei|zer;**
die **Hei|zung**

He̱k|tar *lat.,* der/das: des -s, die Hektare;
Abk. ha = 10000 m² = 100 a

He̱k|tik, die: der - (Unruhe, Betriebsam-
keit); **hek|tisch**

hek|to... *griech.:* (hundert);
der/das **Hek|to|li|ter**;
hek|to|gra|phie|ren/hek|to|gra|fie|ren
(vervielfältigen)

Held, der: des -en, die Helden; wie ein
Held kämpfen; der Held des Romans;
der Held des Tages; du bist mir ein
schöner Held; die **Hel|den|tat**;
das **Hel|den|tum**

hel|fen: du hilfst, du hülfest, er half, sie
hat geholfen, helf(e)!; jemandem aus der
Verlegenheit helfen; sich zu helfen
wissen; die **Hel|fe|rin**; die **Hil|fe**;
hilf|reich

He|li|ko|pter/He|li|kop|ter *engl.,* der:
des -s, die Helikopter (Hubschrauber)

He|li|um *griech.,* das: des -s (chem. Ele-
ment, Gas)

hell: hell (leuchtend) strahlend/hell-
strahlend; die helle Sonne; ein heller
(schlauer) Kopf; die helle (hohe) Stimme;
die helle (große) Freude; **hell|blau**;
hell|hö|rig; am **hell|lich|ten** Tage;
hell|wach; die **Hel|lig|keit** (Licht);
der **Hell|se|her** (Ahner von Ereignis-
sen); **hell|auf** (sehr) begeistert

Hel|ler, der: des -s (alte Münze); auf Heller
und Pfennig zahlen; keinen Heller
(nichts) wert sein

Helm, der: des -(e)s, die Helme (Kopf-
schutz); der **Feu|er|wehr|helm**;
der **Kopf|helm**; der **Mo|tor|rad|helm**

Hemd, das: des -es, die Hemden;
hemds|är|me|lig; jemanden bis aufs
Hemd ausziehen (alles wegnehmen)

He|mi|sphä|re, die: (Erd- oder Himmels-
halbkugel); **hä|mi|sphä|risch**

hem|men: (aufhalten); das **Hemm|nis**;
der **Hemm|schuh**; die **Hem|mung**;
hem|mungs|los; **un|ge|hemmt**

Hengst, der: des -es, die Hengste (männli-
ches Pferd)

Hen|kel, der: des -s, die Henkel (Tragegriff
eines Topfes); **zwei|hen|ke|lig**, *auch*
zwei|henk|lig

Hen|ker, der: des -s, die Henker (Voll-
strecker einer Todesstrafe); **hen|ken** (an

den Galgen hängen)

Hen|na, die: (gelbroter Farbstoff)

Hen|ne, die: der -, die Hennen (Huhn)

her: (Richtung auf den Sprechenden zu);
Gegens. hin; **her|ab**; **her|an**; **her|auf**;
her|aus; **her|bei**; **her|ein**; **her|über**;
her|vor, *auch* **he|rab**; **he|ran**; **he|rauf**;
he|raus; **he|rein**; **he|rüber**;
he|r|un|ter; **her|vor|ra|gend**;
die **Her|fahrt**; **he|r|ab|las|sen**;
he|r|an|zie|hen; **he|r|auf|hel|fen**;
he|r|aus|fin|den; **he|r|aus|kom|men**;
he|r|ein|fal|len; **he|r|kom|men**;
he|r|um|sit|zen; **her|vor|ho|len**

He|ral|dik, die: (Wappenkunde)

herb: (säuerlich); ein herber Geschmack;
die **Herb|heit** (beim Wein)

Her|ba|ri|um, das: des -s, die Herbarien
(Pflanzensammlung)

Her|ber|ge, die: der -, die Herbergen
(Unterkunft); die **Ju|gend|her|ber|ge**;
be|her|ber|gen

Herbst, der: des -es, die Herbste;
die **Herbst|mes|se**; der **Herbst|tag**;
herbst|lich; es **herbs|tet**

Herd, der: des -es, die Herde; auf dem Herde
kochen; der Herd des Erdbebens, des
Feuers, der Krankheit; der **Elek|t|ro|herd**

Her|de, die: der -, die Herden (eine Herde
Elefanten); der **Her|den|trieb**;
her|den|wei|se

He|ring, der: des -s, die Heringe (Fisch,
Zeltpflock); der **He|rings|sa|lat**; wie die
Heringe zusammengepresst sein

Her|kunft, die: der -, die Herkünfte; die
Herkunft eines Menschen (Abstammung)

her|me|tisch: (total, abriegeln); etwas
hermetisch (luftdicht) verschließen

her|nach: (nachher, dann)

He|ro|in, das: (Rauschgift);
he|ro|in|süch|tig;
der/die **He|ro|in|süch|ti|ge**

He|rold, der: des -(e)s, die Herolde (Bote)

Her|pes, der: des - (Krankheit mit
Bläschenbildung)

Herr, der: des -n, die Herren; Herr im
Hause sein; sein eigener Herr sein; den

großen Herren spielen; nicht mehr Herr seiner Sinne sein (nicht mehr wissen, was man tut); die **Her|ren|mo|de;** die **Her|rin;** die **Herr|schaft;** der **Herr|scher; her|ren|los; her|risch; herr|lich; herr|schen**

Herz, das: des -ens, die Herzen; ein Herz und eine Seele sein; jemandem etwas ans Herz legen; sich ein Herz fassen (mutig sein); sein Herz ausschütten (alles sagen); Hand aufs Herz legen (sei ehrlich); ein gesundes, kräftiges, schwaches Herz; ein reines, warmes, gutes Herz; die **Herz|be|schwer|den;** der **Herz|feh|ler;** die **Her|zens|gü|te;** der **Herz|in|farkt;** der **Her|zens|wunsch; be|herzt; herz|er|grei|fend** (traurig); **herz|haft; herz|er|fri|schend; herz|krank; herz|lich; herz|los**

Her|zog, der: des -s, die Herzöge (Heerführer); die **Her|zo|gin; her|zog|lich**

Hes|sen: (Land der BRD); der **Hes|se; hes|sisch**

het|zen: aufhetzen durch Falschaussagen (jemanden schlechtmachen); **ver|het|zen;** die **Het|ze;** mit allen Hunden gehetzt

Heu, das: des -(e)s (getrocknetes Gras); die **Heu|ern|te;** der **Heu|scho|ber;** die **Heu|schre|cke;** Geld wie Heu (viel Geld) haben

heu|cheln: (vortäuschen); die **Heu|che|lei;** der **Heuch|ler; heuch|le|risch**

Heu|er, die: der -, die Heuern (Löhne der Schiffsmannschaft); **an|heu|ern** (Matrosen anwerben, an Bord gehen)

heu|len: das **Ge|heul**

heu|te: heute früh; heute Abend; heute Morgen; heute Mittag; **heu|ti|gen|tags; heut|zu|ta|ge;** die Jugend von heute

He|xe, die: der -, die Hexen (Zauberin, hässliches Weib); der **He|xer;** die **He|xe|rei; be|hext; he|xen; ver|hext**

Hieb, der: des -(e)s, die Hiebe (Schläge)

hielt: → halten

hier: hier und da; hier entlang; hier unten;

hier oben; **hier|auf/hie|rauf** (danach); **hier|durch; hier|für; hier|ge|gen; hier|her** (fahren); **hier|hin; hier|mit; hier|nach; hier|zu|lan|de/hier zu Lande** (hier bei uns); **hier|blei|ben**

Hie|rar|chie/Hi|er|ar|chie *griech.,* die: der -, die Hierarchien (Rang, Ordnung und Stufenfolge); **hi|e|r|ar|chisch**

Hi|e|ro|gly|phe, die: der -, die Hieroglyphen (ägyptische Bilderschriftzeichen, rätselhafte Schrift)

hieß: → heißen

hie|sig: (im Ort wohnend); der/die **Hie|si|ge** (Einheimische)

high *engl.* [hai]: (in gehobener Stimmung, oft nach Genuss von Rauschmitteln); die **High|fi|de|li|ty** [haifideliti]; (Gütebezeichnung für hohe Klangwiedergabetreue); Abk. Hi-Fi; Hi-Fi-Anlage; das **High|life** [hailaif]; (glanzvolles Leben der reichen Gesellschaftsschicht); die **High So|ci|e|ty** [hai ßeßaieti]: (vornehme Gesellschaft, große Welt)

High|tech *engl.* [haitek], das/die: des -s (Spitzentechnologie); die **High|tech|in|dus|t|rie**

Hil|fe, die: der -, die Hilfen, die Hilfeleistung; der/die Hilfesuchende/Hilfe suchende; der **Hil|fe|ruf;** die **Hilfs|be|reit|schaft; hilf|los; hilf|reich; hel|fen;** hilf!; jemandem zu Hilfe kommen; erste Hilfe leisten; mithilfe/mit Hilfe von

Him|bee|re, die: der -, die Himbeeren

Him|mel, der: des -s, die Himmel; das **Him|mel|reich;** die **Him|mels|rich|tung;** die **Him|mel|fahrt; him|mel|blau; him|mel|hoch|jauch|zend; him|mel|schrei|end;** in den Himmel kommen; unter freiem Himmel; aus heiterem Himmel; den Himmel auf Erden haben; das Blaue vom Himmel lügen; es ist mir himmelangst (ich habe große Angst); um Himmels willen

hin: (auf etwas zu); hin und zurück; alles ist hin; hin und her (planlos) laufen, aber: das Hin und Her; hin- und herlaufen (hin- und wieder zurücklaufen); **hin|ab; hin|auf; hin|aus; hin|ein; hin|ü|ber; hin|un|ter; hin|zu;** *auch* **hi|nab; hi|nauf; hi|naus; hi|nein; hi|nü|ber; hi|nun|ter; hin|fäl|lig; hi|n|ab|bli|cken; hi|n|auf|stei|gen; hi|n|aus|ja|gen; hi|n|ein|trei|ben; hin|fal|len; hin|füh|ren;** sich **hin|set|zen; hi|n|ü|ber|fah|ren; hi|n|un|ter|stür|zen; hin|zu|kom|men**

hin|dern: das **Hin|der|nis; hin|der|lich; ver|hin|dern; be|hin|dert;** der **Hin|de|rungs|grund;** der **Be|hin|der|te**

hin|durch: all die langen Jahre hindurch; **hin|durch|flie|ßen;** sich **hin|durch|zwän|gen**

hing: → hängen

hin|ge|ris|sen: (begeistert)

hin|ken: (humpeln, lahmen); der Verletzte hinkt; der Vergleich hinkt (trifft nicht zu)

Hin|rich|tung, die: der -, die Hinrichtungen (das Töten eines Menschen)

Hin|sicht, die: in Hinsicht auf

hin|ten: (am Ende, an letzter Stelle); **hin|ten|drauf; hin|ten|über|fal|len**

hin|ter: hinter dem Zaun stehen; ich stehe hinter dir; ich stelle mich hinter dich; **hin|ter|drein; hin|ter|ei|n|an|der;** hintereinandergehen; hintereinanderlegen; aber: hintereinander weggehen; **hin|ter|her; hin|ter|rücks;** die **Hin|ter|blie|be|nen;** der **Hin|ter|grund;** der **Hin|ter|halt; hin|ter|ge|hen** (täuschen); jemanden hinters Licht führen (betrügen); hinterher sein (kümmern); **hin|ter|her|ge|hen; hin|ter|las|sen** (vererben, zurücklassen)

Hin|tern, der: des -, die Hintern (Gesäß)

Hi|obs|bot|schaft, die: der -, die Hiobsbotschaften (Schreckensbotschaft)

Hirn, das: des -s, die Hirne; das **Hirn|ge|spinst** (Einbildung); **hirn|ver|brannt** (unsinnig)

Hirsch, der: des -es, die Hirsche

Hir|se, die: der -, die Hirsen (Getreideart); der **Hir|se|brei**

Hir|te, der: des -n, die Hirten

his|sen: du hisst, du hisstest, er hisste, sie hat gehisst, hisse!; die Flagge, das Segel hissen

his|to|risch *griech.:* (geschichtlich); die **His|to|rie** (Geschichte, Erzählung); der **His|to|ri|ker** (Geschichtsforscher)

Hit *engl.,* der: des -s, die Hits (Verkaufsschlager, etwas Tolles); die **Hit|lis|te;** die **Hit|pa|ra|de; hit|ver|däch|tig**

Hit|ze, die: der -, die Hitzen (große Wärme); eine drückende Hitze; in Hitze geraten (sich aufregen); das Hitzefrei; hitzefrei haben; der **Hitz|kopf;** die **Hit|ze|wel|le; hit|zig; über|hitzt;** hitzebeständig

hob: → heben

Hob|by *engl.,* das: des -s, die Hobbys (Liebhaberei, Steckenpferd); der **Hob|by|kel|ler**

Ho|bel, der: des -s, die Hobel; die **Ho|bel|bank; ho|beln**

hoch: höher, am höchsten; das Wasser steigt zwei Meter hoch; hoch und niedrig; ein hoher Berg; ein hohes Alter; höhere Gewalt; **hoch|deutsch; hoch|ge|bil|det; hoch|gra|dig; hoch|mü|tig;** die **Hoch|ach|tung;** der **Hoch|mut;** die **Hoch|schu|le;** jemanden **hoch ach|ten/hoch|ach|ten** etwas **hoch|he|ben; hoch|rech|nen;** die Nase hoch tragen; er will hoch hinaus; jemandem etwas hoch anrechnen; bei Hoch und Niedrig (bei jedermann); ein Hoch (Hochdruckgebiet) zieht näher

Hoch|zeit, die: der -, die Hochzeiten

Ho|cke, die: der -, die Hocken; der **Ho|cker; ho|cken**

Hö|cker, der: des -s, die Höcker (Buckel); **hö|cke|rig,** *auch* **höck|rig**

Ho|ckey *engl.* [hoke/hoki], das: des -s (Rasenballspiel)

Ho|den, der: des -s, die Hoden (männliche Samendrüse)

Hof, der: des -es, die Höfe; einen Hof (bäuerlicher Betrieb) bewirtschaften;

der **Schul|hof;** jemandem den Hof machen (um ihn werben)

Hof|fart, die: der - (Hochmut, Übermut); **hof|fär|tig**

hof|fen: (erwarten); die **Hoff|nung;** **hof|fent|lich; hoff|nungs|voll**

höf|lich: höflich (zuvorkommend, aufmerksam) sein

Hö|he, die: der -, die Höhen; der **Hö|he|punkt; er|hö|hen;** auf der Höhe sein (voll leistungsfähig); **ho|he;** ein hoher Gewinn; auf hoher See sein; das hohe Haus (Parlament), aber: der Hohe Priester; der Höhepunkt des Abends

Ho|heit, die: der -, die Hoheiten; das **Ho|heits|ge|biet;** das **Ho|heits|zei|chen** (Zeichen einer Staatsgewalt)

hohl: (leer); ein hohler Zahn; ein hohler Kopf; ein hohles Glas; **hohl|äu|gig;** die **Höh|le;** das **Hohl|maß;** der **Hohl|weg; aus|höh|len;** sich in die Höhle des Löwen wagen (in große Gefahr begeben); ein hohles (inhaltlich leeres) Gerede

Höh|le, die: die Höhlen

Hohn, der: des -s; Hohn und Spott ernten; **höh|nisch; höh|nen; ver|höh|nen; ver|hoh|ne|pi|peln** (verspotten)

Ho|kus|po|kus, der: des - (Zauberformel, Täuschung)

hold: (lieb, gut); ein holdes (anmutiges) Mädchen; **hold|se|lig** (sehr schön und zufrieden); die **Hol|den** (Feen); der **Un|hold** (böser Geist, Wüstling); das Glück ist ihm hold (bleibt ihm treu)

ho|len: den Arzt holen (rufen); **ab|ho|len;** Luft holen; dabei ist nichts zu holen (kein Gewinn)

hol|la!: (fröhlicher Ausruf)

Hol|land: (europäischer Staat, Niederlande); der **Hol|län|der; hol|län|disch**

hol|pern: der Wagen holpert (rumpelt) über das Pflaster; er liest holpernd (stockend); **hol|pe|rig,** *auch* **holp|rig**

Ho|lun|der, der: (Beerenstrauch), *auch* Holder, Holler; der Schwarze Holunder

Holz, das: des -es, die Hölzer; das **Ge|hölz;** das **Holz|la|ger; höl|zern; hol|zig:** ein holziges Gemüse; **ab|hol|zen;** auf dem Holzweg sein (sich irren); ein hölzernes Spielzeug (aus Holz)

ho|mo|gen *griech.:* (gleichmäßig zusammengesetzt)

Ho|möo|pa|thie, die: Naturheilkunde)

Ho|mo|se|xu|a|li|tät *griech.,* die: der - (gleichgeschlechtliche Liebe)

Ho|nig, der: des -s, die Honige (Honigsorten); der **Hei|de|ho|nig; ho|nig|süß**

Ho|no|rar, das: des -s, die Honorare (Bezahlung in freien Berufen)

Hoo|li|gan, der: die Hooligans (Randalierer)

Hop|fen, der: des -s, die Hopfen; die **Hop|fen|stan|ge;** bei ihm ist Hopfen und Malz verloren (ihm ist nicht zu helfen)

hopp!; hopp|la!; hop|sen (springen); der **Hop|ser;** er ist hops (verloren)

hop|peln: der Hase hoppelt (hüpft)

hor|chen: an der Tür horchen (lauschen); der **Hor|cher;** das **Horch|ge|rät**

hö|ren: etwas Neues hören (erfahren); ein Konzert hören; auf jemanden hören (seinem Rat folgen); **an|hö|ren; er|hö|ren; ver|hö|ren;** der **Hö|rer;** das **Hör|spiel;** das **Ver|hör;** der **Zu|hö|rer;** vom Hörensagen; sich gern reden hören; das Gras wachsen hören (eine Vorahnung haben); wer nicht hören will, muss fühlen; etwas von sich hören lassen (Nachricht geben)

hö|rig: (abhängig, unfrei); jemandem hörig sein; **zu|ge|hö|rig;** die **Hö|rig|keit**

Ho|ri|zont *griech.,* der: des -(e)s, die Horizonte (Grenzlinie, Gesichtskreis); **ho|ri|zon|tal** (waagerecht); (von links nach rechts); Gegens. vertikal (von oben nach unten); das geht über seinen Horizont (das kann er nicht verstehen)

Hor|mon, das: des -s, die Hormone (von den Drüsen abgegebener Wirkstoff zur Regelung von Körperfunktionen)

Horn, das: des -s, die Hörner; die Hörner der Kuh; die **Horn|bril|le;**

die **Horn|haut; der Hor|nist** (Horn-
bläser); den Stier bei den Hörnern
packen (eine Aufgabe anpacken)

Hor|nis|se, die: der -, die Hornissen
(Wespenart)

Ho|ro|skop/Ho|ros|kop *griech.,* das: des -s,
die Horoskope (Schicksalsdeutung aus
der Stellung der Sterne); jemandem ein
Horoskop stellen

Hor|ror, der: des -s (Schauder, Abscheu);
der **Hor|ror|film; hor|ren|de** Summen
(überaus große Summen)

Horst, der: des -es, die Horste;
der **Ad|ler|horst** (Nest)

Hort, der: des -es (Ort, Raum, Schatz);
die Horte; der **Kin|der|hort; hor|ten**
(anhäufen)

Hor|ten|sie, die: (Blume)

Ho|se, die: der -, die Hosen (Kleidungs-
stück); die **Ho|sen|trä|ger;**
der **Ho|sen|rock; das Hös|chen;** sich
auf den Hosenboden setzen (arbeiten)

Hos|pi|tal *lat.,* das: des -s, die Hospitale/
Hospitäler (Krankenhaus)

Hos|piz *lat.,* das: des -es, die Hospize
(Herberge)

Hos|tess *engl.* [hoßtäß], die: der -, die
Hostessen (Begleiterin, Betreuerin)

Hos|tie *lat.,* die: der -, die Hostien
(Abendmahlsbrot)

Hot|dog/Hot Dog *amerik.,* der: des -s, die
Hotdogs (Würstchen in einem Brötchen)

Hotel *franz.,* das: des -s, die Hotels;
der **Ho|te|li|er** [hotälje]; Hotel garni
(Hotel für Übernachtung und Frühstück)

hrsg.: herausgegeben; **Hrsg.:** Herausgeber

Hub, der: des -(e)s, die Hübe;
der **Hub|raum; der Hub|schrau|ber;**
die Hübe (Hebung)

hü|ben: hüben und drüben

hübsch: hübscher, am hübschesten;
hübsch aussehen

Huf, der: des -es, die Hufe;
das **Huf|ei|sen; huf|ei|sen|för|mig;**
der Hufschmied

Huf|lat|tich, der: des -s, die Huflattiche
(eine Heilpflanze)

Hüf|te, die: der -, die Hüften;
das **Hüft|ge|lenk**

Hü|gel, der: des -s, die Hügel;
das **Hü|gel|land; hü|ge|lig**

Huhn, das: des -(e)s, die Hühner (Henne);
mit den Hühnern aufstehen (sehr früh);
mit jemandem ein Hühnchen zu rupfen
haben (ihn zur Rechenschaft ziehen)

Hül|le, die: der -, die Hüllen (Kapsel,
Verpackung); alles in Hülle und Fülle
haben (im Überfluss); die **Um|hül|lung;
hül|len|los; ein|hül|len; ver|hül|len**

Hül|se, die: der -, die Hülsen (Behälter);
die **Hül|sen|früch|te**

hu|man *lat.:* (menschlich, menschen-
freundlich); der **Hu|ma|nis|mus;**
die **Hu|ma|ni|tät**

Hum|bug *engl.,* der: des -s (Unsinn,
dummes Zeug); er redet Humbug

Hum|mel, die: der -, die Hummeln
(bienenartiges Insekt)

Hum|mer, der: des -s, die Hummer
(großer Krebs)

Hu|mor *engl.,* der: des -s (Heiterkeit,
Gelassenheit); der **Hu|mo|rist;
hu|mo|ris|tisch**

hum|peln: (hinken)

Hum|pen, der: des -s, die Humpen
(Trinkgefäß)

Hu|mus, der: (fruchtbarer Boden-
bestandteil); der **Hu|mus|bo|den**

Hund, der: des -(e)s, die Hunde (Haustier);
die **Hün|din; hun|de|elend;
hun|de|mü|de; hün|disch** (unterwür-
fig); wie Hund und Katze zusammenle-
ben (sich oft streiten); bekannt sein wie
ein bunter Hund (überall); vor die
Hunde gehen (sterben); damit lockt man
keinen Hund hinterm Ofen hervor

hun|dert: bis hundert zählen; Tempo
hundert; **hun|der|ter|lei;
hun|dert|fach; hun|dert|jäh|rig;
hun|dert|mal; hun|dert|pro|zen|tig;
100-pro|zen|tig** (100%ig);
der **Hun|der|ter** (Hundertmarkschein);
das **Hun|dert|fa|che;** die hundertstel
Sekunde/die Hundertstelsekunde;

Hunderte/hunderte von Menschen;
einige Hundert/hundert Leute; die
Hundertschaft; der Hundertmeterlauf/
Hundert-Meter-Lauf/100-m-Lauf

Hü|ne, der: des -n, die Hünen (Riese);
das **Hü|nen|grab; hü|nen|haft**

Hun|ger, der: des -s; die **Hun|gers|not;**
der **Hun|ger|streik; hung|rig;**
hun|gern

Hu|pe, die: der -, die Hupen; **hu|pen**
(Lärm erzeugen); das **Hup|kon|zert**

hüp|fen: vor Freude hüpfen (in die Luft
springen); das ist gehupft wie gesprungen
(völlig gleich); der **Hüp|fer;** ein junger
Hüpfer (Anfänger)

Hür|de, die: der -, die Hürden;
der **Hür|den|läu|fer;**
das **Hür|den|ren|nen**

Hu|re, die: der -, die Huren (Dirne,
Prostituierte)

hur|ra!: (Ausruf der Freude); Hurra/hurra
schreien

Hur|ri|kan *indian.* [hạriken], der: des -s, die
Hurrikans/Hurrikane (Wirbelsturm)

hur|tig: (flink); die **Hur|tig|keit**

hu|schen: eine Eidechse huscht über den
Weg

Hus|ky *engl.* [hạßki], der: des -s, die
Huskys (Eskimohund)

hus|ten: hüs|teln; der **Hus|ten;**
der **Keuch|hus|ten**

Hut, der: des -(e)s, die Hüte;
der **Fin|ger|hut;** da geht einem ja der
Hut hoch (etwas ist empörend)

Hut, die: (vorsichtig); der -; die Hüter;
hü|ten; auf der Hut sein; sich vor
jemandem hüten; der **Hü|ter** des
Gesetzes

Hüt|te, die: der -, die Hütten;
das **Hüt|ten|werk** (Bergwerk);
die **Schi|hüt|te/Ski|hüt|te**

Hy|ä|ne *griech.,* die: der -, die Hyänen
(Raubtier)

Hy|a|zin|the, die: der -, die Hyazinthen
(Zwiebelpflanze)

Hy|drạnt/Hyd|rant *griech.,* der: des -en,
die Hydranten (Wasserzapfstelle)

hy|drau|lisch/hyd|rau|lisch: die hydrau-
lische Bremse (durch Flüssigkeit bewegt);
die **Hy|d|rau|lik**

Hy|gi|e|ne *griech.* [hygjẹne], die: der -
(Gesundheitslehre); **hy|gi|e|nisch**

Hym|ne *griech.,* die: der -, die Hymnen
(feierliches Gedicht; Loblied)

Hy|pẹr|bel *griech.,* die: der -, die Hyper-
beln (Kegelschnitt)

Hyp|no|se *griech.,* die: der -, die Hypnosen
(schlafähnlicher Zustand);
hyp|no|ti|sie|ren

Hy|po|te|nu|se, die: der -, die Hypotenu-
sen (Seite, dem rechten Winkel im
rechtwinkligen Dreieck gegenüberlie-
gend)

Hy|po|thek *griech.,* die: der -, die Hypothe-
ken (Grundschuld)

hys|te|risch *griech:* eine hysterische
(aufgeregt, leicht erregbar) Frau;
die **Hys|te|rie** (Nervenkrankheit,
abnorme seelische Verhaltensweise);
der **Hys|te|ri|ker;** die **Hys|te|ri|ke|rin**

I

i. A.: im Auftrag

IC: Intercity; ICE Abk. Intercityexpresszug

ịch: ich lese; **ịch|be|zo|gen; ịch|süch|tig;**
die **Ịch|form;** sein zweites Ich;
die **Ịch|sucht** (Eigenliebe)

ide|ạl *griech.:* ein idealer (bestmöglicher)
Plan; das wäre der ideale (vollkommene)
Ferienort; diese Lösung ist ideal (die
beste); **ide|a|lịs|tisch** (nicht realistisch);
das **Ide|al** (Vorbild, Wunschvorstellung);
das **Ide|al|bild;** der **Ide|al|fall;**
der **Ide|a|lịs|mus:** der **Ide|a|list:**
ide|a|li|sie|ren (etwas besser sehen, als
es in Wirklichkeit ist)

Idee *griech.,* die: der -, die Ideen (Gedanke,
Einfall); eine Idee (eine Vorstellung) von
etwas haben; das ist eine fixe Idee
(Einbildung); **ide|ẹll** (geistig, nur ge-
dacht); **ide|en|los; ide|en|reich;**

der **Ide|en|reich|tum**

iden|tisch *lat.:* ihre Interessen sind iden-
tisch (übereinstimmend, völlig gleich);
die **Iden|ti|fi|ka|ti|on** (Gleichsetzung,
Feststellung der Identität);
iden|ti|fi|zie|ren: einen Dieb identifizie-
ren (wieder erkennen); sich mit etwas
identifizieren (in gleicher Form denken)

Ideo|lo|gie, die: der -, die Ideologien
(Weltanschauung, politische Theorie);
der **Ideo|lo|ge; ideo|lo|gisch**

Idi|om *griech.,* das: des -s, die Idiome
(Mundart, feste Redewendung)

Idi|ot *griech.,* der: des -en, die Idioten
(Schimpfwort, Schwachsinniger);
die **Idi|o|tie;** der **Idi|o|tis|mus; idi|o|tisch**

Idol *griech.,* das: des -s, die Idole (Götzen-
bild, Publikumsliebling)

Idyll *griech.,* das: des -s, die Idylle (Wunsch-
vorstellung, glückliches, einfaches Leben)

IG: Industriegewerkschaft

Igel, der: des -s, die Igel (Stacheltier)

Ig|lu *eskim.,* der/das: des -s, die Iglus (runde
Schneehütte der Eskimos)

Ig|no|rant *lat.,* der: des -en, die Ignoranten
(Nichtwisser, Dummkopf);
die **Ig|no|ranz;** etwas **ig|no|rie|ren**
(nicht beachten)

IHK: Industie- und Handelskammer

ihm: ich schenke ihm etwas (Wemfall von
„er")

ihr: ich helfe ihr (Wemfall von „sie"); **Ihr;**
Großschreibung in der Briefanrede: Ihr
Lieben!; ich habe Ihren Brief erhalten

i. J.: im Jahre

Ike|ba|na, das: (Kunst des Blumen-
steckens)

Iko|ne, die: die Ikonen (Kultbild in der
Ostkirche)

il|le|gal *lat.:* (ungesetzlich);
die **Il|le|ga|li|tät; il|le|gi|tim**

il|lu|mi|nie|ren: festlicht beleuchten;
die **Il|lu|mi|na|ti|on** (Festbeleuchtung)

Il|lu|si|on *lat.,* die: der -, die Illusionen
(Wunsch, Sinnestäuschung);
der **Il|lu|si|o|nist** (Träumer, Schwärmer,
Zauberkünstler); **il|lu|si|ons|los;**

il|lu|so|risch (trügerisch)

Il|lus|tra|ti|on/Il|lust|ra|ti|on die: der -,
die Illustrationen (Bebilderung, bildliche
Erklärung); die **Il|lus|t|rier|te;**
il|lus|t|rie|ren; der **Il|lus|t|ra|tor**

Il|tis, der: des -ses, die Iltisse (Marderart)

im: (in dem); im Keller; im Grunde; im
Großen und Ganzen

Image *engl.* [imidsch], das: des -(s), die
Images; ein gutes Image haben (Ansehen)

Im|biss, der: des -es, die Imbisse (kleine
Zwischenmahlzeit); die **Im|biss|stu|be**

imi|tie|ren: (nachahmen); die **Imi|ta|ti|on**

Im|ker, der: des -s, die Imker (Bienenzüch-
ter); der **Im|ker|ho|nig;**
die **Im|me** (Biene)

im|mens *lat.:* immens reich (unermess-
lich)

im|mer: (stets, ewig, jederzeit, jedes Mal);
im|mer|dar; im|mer|fort; im|mer|hin;
im|mer mehr; im|mer noch; im|mer
wäh|rend; im|mer wie|der;
im|mer|zu; das **Im|mer|grün**

Im|mi|grant, der: des -en, die Immigran-
ten (Einwanderer); die **Im|mi|gra|ti|on;**
im|mi|grie|ren

im|mo|bil: (unbeweglich);
die **Im|mo|bi|li|en** (Grundstücke)

im|mun: (unempfindlich gegen Krank-
heit); die **Im|mu|ni|tät** (Unantastbarkeit)

Im|pe|ra|tiv, der: des -s, die Imperative
(Befehlsform des Verbs, Aufforderung)

Im|per|fekt, das: des -s, die Imperfekte
(Präteritum, einfache Vergangenheitsform
des Verbs)

Im|pe|ri|um, das: (Weltreich)

im|per|ti|nent: (unverschämt, frech)

imp|fen: (dem Körper einen Schutzstoff
zuführen); der **Impf|schein;**
die **Imp|fung;** der **Impf|pass**

im|po|nie|ren: (Eindruck schinden);
das **Im|po|nier|ge|ha|be**

Im|port, der: des -(e)s, die Importe (Ein-
fuhr); der **Im|por|teur** [importör];
im|por|tie|ren

im|po|sant: (eindrucksvoll, großartig);
eine imposante Theateraufführung;

I

eine imposante Erscheinung

im|po|tent: (unfähig, nicht zeugungsfä-
hig); die **Im|po|tenz**

im|prä|gnie|ren/im|präg|nie|ren: ein
imprägnierter (wasserdichter) Mantel;
imprägniertes Holz (mit Flüssigkeits-
stoffen widerstandsfähig gemacht);
die **Im|prä|g|nie|rung**

im|pro|vi|sie|ren: (etwas aus dem Augen-
blick heraus, ohne Vorbereitung tun);
die **Im|pro|vi|sa|ti|on**

Im|puls, der: des -es, die Impulse (Anstoß,
innerer Antrieb); **im|pul|siv** (plötzlich
handeln)

im|stan|de sein/**im Stan|de** sein: (fähig
sein); zu einer großen Tat imstande (im
Stande) sein

im Üb|ri|gen: und im Übrigen (außerdem)
meine ich, dass …

im Vor|aus: im Voraus herzlichen Dank

in: er ist (wo?) in dem Haus; er geht
(wohin?) in das Haus; in natura (in
Wirklichkeit)

In|be|griff, der: des -(e)s, die Inbegriffe
(Musterbeispiel, absolute Verkörperung)

in Be|zug auf; **mit Be|zug auf**

In|brunst, die: der -; etwas mit ganzer
Inbrunst (Innigkeit, Hingabe) tun;
in|brüns|tig

in|dem: sie fand die Lösung, indem
(wobei) sie im Wörterbuch nachschaute,
aber: der Raum, in dem ich wohne

in|des (aber, immerhin); **in|des|sen:**
(währenddessen, jedoch)

In|di|a|ner, der: des -s, die Indianer
(Urbevölkerung Amerikas); der **In|dio**
(süd- und mittelamerik. Indianer)

In|di|ka|tiv, der: des -s, die Indikative
(Aussageform des Verbs)

in|di|rekt: (auf Umwegen);
die **in|di|rek|te** (nichtwörtliche) Rede

in|dis|kret: (nicht verschwiegen, taktlos);
die **In|dis|kre|ti|on** (Vertrauensbruch)

in|dis|ku|ta|bel: das ist für mich indisku-
tabel (darüber braucht man nicht zu
diskutieren)

In|di|vi|du|um *lat.,* das: des -s, die Indivi-

duen (Einzelwesen, einzelne Person,
verächtlich Lump); der **In|di|vi|du|a|list**
(Einzelgänger, eigenständig denkender
Mensch); die **In|di|vi|du|a|li|tät** (Persön-
lichkeit, Eigenart); **in|di|vi|du|ell** (rein
persönlich)

In|diz *lat.,* das : des -es, die Indizien
(Hinweis, verdächtiges Zeichen, Merk-
mal); der **In|di|zi|en|be|weis;**
der **In|di|zi|en|pro|zess**

In|duk|ti|on *lat.,* die: der -, die Induktionen
(Schlussfolgerung, Erzeugung einer
elektrischen Spannung durch Magnetfel-
der)

In|dus|trie/In|dust|rie *franz.,* die: der -, die
Industrien (maschinelle Massenherstel-
lung); die **In|dus|t|rie|a|li|sie|rung;**
die **In|dus|t|rie|an|la|ge;**
der **In|dus|t|ri|el|le** (Inhaber eines
Industriebetriebes); **in|dus|t|ri|ell;**
in|dus|t|rie|a|li|sie|ren

in|ein|an|der/in|ei|nan|der; ineinander-
schieben; ineinanderfließen; aber:
ineinander (der eine in den anderen)
verliebt sein

in|fam *lat.:* eine infame (gemein, nieder-
trächtig) Lüge; die **In|fa|mie**

in|fan|til: *lat.:* kindlich, unreif

In|farkt *lat.,* der: des -(e)s, die Infarkte
(Arterienverstopfung); der **Herz|in|farkt**

In|fek|ti|on *lat.,* die: der -, die Infektionen
(Ansteckung durch Krankheitserreger),
auch der **In|fekt; in|fi|zie|ren**

In|fer|no *lat.,* das: des -s, die Infernos
(entsetzliches Ereignis); **in|fer|na|lisch**
(teuflisch)

In|fi|ni|tiv *lat.,* der: des -s, die Infinitive
(Grundform des Verbs);
der **In|fi|ni|tiv|satz**

In|fla|ti|on *lat.,* die: der -, die Inflationen
(Geldentwertung); **in|fla|ti|o|när;**
in|fla|to|risch

in|fol|ge: infolge (wegen) des Unfalls;
infolge von Hitze; **in|fol|ge|des|sen**

in|for|mie|ren *lat.:* jemanden informieren
(benachrichtigen, in Kenntnis setzen);
der **In|for|mand** (jemand, der informiert

impo
I

wird); der **In|for|mant** (jemand, der Informationen liefert); **in|for|mẹll; in|for|ma|tiv**

Ịn|f|ra|rot, das: des -s (nicht mehr sichtbare Wärmestrahlen); die **In|f|ra|struk|tur**

In|ge|ni|eur *franz.* [inscheniör], der: des -s, die Ingenieure (an Hochschulen ausgebildeter Techniker); die **In|ge|ni|eu|rin**

In|ha|ber, der: des -s, die Inhaber (Besitzer); die **In|ha|be|rin**

in|haf|tie|ren: (verhaften, einsperren)

in|ha|lie|ren: (Dämpfe von medizinischen Heilmitteln einatmen, in Lungenzügen rauchen); die **In|ha|la|ti|on**

Ịn|halt, der: des -s, die Inhalte; die **In|halts|an|ga|be;** das **In|halts|ver|zeich|nis; in|halts|los; in|halts|reich**

in|hu|man: (unmenschlich); die **In|hu|ma|ni|tät**

Ini|ti|a|ti|ve *lat.* [iniziatiwe], die: der-, die Initiativen (Entschlusskraft); die Initiative ergreifen; die **Bür|ger|ini|ti|a|ti|ve** (Zusammenschluss von Bürgern zur Erreichung eines Zieles); der **Ini|ti|a|tor** (Anreger); **ini|ti|a|tiv; ini|ti|ie|ren** (etwas in Gang setzen)

In|jek|ti|on *lat.,* die: der -, die Injektionen (Einspritzung)

in|klu|si|ve: (einschließlich)

in|kọ|gni|to/in|kog|ni|to *ital.:* (Deckname, unter anderem Namen, unerkannt)

in|kom|pe|tent sein, *lat.:* (nicht zuständig, nicht befugt sein); die **In|kom|pe|tenz**

in|kon|se|quent *lat.:* (nicht folgerichtig, wankelmütig, widersprüchlich); die **In|kon|se|quenz**

Ịn|lett, das: des -(e)s, die Inlette/Inletts (Bezugsstoff bei Federbetten)

in|mịt|ten: inmitten der Stadt (mitten drin)

in|ne|ha|ben: eine Stellung innehaben

in|ne|hal|ten: (unterbrechen); er hat mitten im Rennen innegehalten

in|nen: von innen; der **In|nen|ar|chi|tekt;** das **In|nen|le|ben;** der **In|nen|mi|nis|ter;** die **In|nen|po|li|tik;**

die **In|nen|stadt** (Zentrum einer Stadt)

ịn|ner…: die innere Medizin; **in|ner|be|trieb|lich; in|ner|halb; in|ner|lich;** aber: das Innere; im Inneren des Hauses; im innersten Asiens, aber: das Innerste des Landes; bis ins Innerste vordringen

In|ne|rei|en, die: der - (Herz, Magen, Nieren, Leber, Lunge von Lebewesen)

ịn|nig: ein innerliches (herzlich, tiefes) Gefühl; **in|nig|lich;** die **In|nig|keit**

In|no|va|ti|on *lat.,* die: der -, die Innovationen (Erneuerung)

Ịn|nung, die: der -, die Innungen (Handwerkerzusammenschluss)

in|of|fi|zi|ẹll *lat.:* (nicht öffentlich, vertraulich, außerdienstlich)

Ịn|put *engl.,* der/das: des -s, die Inputs (Eingabe bei der elektronischen Datenverarbeitung)

In|qui|si|ti|on *lat.,* die: der -, die Inquisitionen (strenges, grausames Verhör, Gericht der katholischen Kirche gegen Ketzer, meist mit Folterungen); der **In|qui|si|tor**

ịns: (in das); ich gehe ins Haus; ins Gerede kommen

Ịn|sas|se, der: des -n, die Insassen (Person, die sich in einem Fahrzeug, einem Heim, einer Anstalt o. Ä. befindet)

ins|be|sọn|de|re: insbesondere (vor allem) die …, aber: im Besonderen

Ịn|schrift, die: der -, die Inschriften; die Inschrift auf einem Grabstein

In|sẹkt *lat.,* das: des -(e)s, die Insekten (sechsbeiniges Kerbtier, z.B. Käfer, Fliege); der **In|sek|ten|stich;** das **In|sek|ti|zid** (Insektenvertilgungsmittel)

Ịn|sel *lat.,* die: der -, die Inseln

In|se|rat *lat.,* das: des -(e)s, die Inserate (Zeitungsanzeige, Annonce); der **In|se|rent** (Aufgeber eines Inserats); **in|se|rie|ren**

ins|ge|heim: insgeheim (heimlich) beneidete er die anderen

ins|ge|sạmt: (im Ganzen)

In|si|der *engl.* [insaider], der: des -s, die Insider (jemand, der interne Kenntnisse

I

Insi

hat, Eingeweihter); auf diesem Gebiet bin ich kein Insider

In|sig|ni|en/In|si|gni|en, die: (Symbole der Macht)

in|so|fern: (in dieser Hinsicht, was das betrifft)

in|so|weit: insoweit es möglich ist; insoweit hat er Recht; insoweit du zustimmst

In|s|pek|ti|on, die: der -, die Inspektionen (Prüfung, Kontrolle); der **In|s|pek|tor** (Verwaltungsbeamter); **in|s|pi|zie|ren** (kontrollieren)

In|spi|ra|ti|on/Ins|pi|ra|ti|on lat., die: der -, die Inspirationen (Eingebung); jemanden **in|s|pi|rie|ren** (anregen)

in|sta|bil lat.: (unbeständig)

in|stal|lie|ren franz.: einbauen, anschließen); die **In|stal|la|ti|on** (Einbau von technischen Anlagen); der **In|stal|la|teur** [instalatör]

in|stand/in Stand: instand/in Stand halten, setzen (reparieren); die **In|stand|hal|tungs|kos|ten**

in|stän|dig: (eindringlich, flehend)

in|s|tant engl. [instent]; der **In|s|tant|kaf|fee** (sofort löslich)

In|s|tanz lat., die: der -, die Instanzen (die zugehörige Stelle bei Behörden); den **In|s|tan|zen|weg** einhalten

In|s|tinkt/Ins|tinkt lat., der: des -(e)s, die Instinkte (Naturtrieb, sicheres Gefühl für etwas); **in|s|tink|tiv** (gefühlsmäßig); **in|s|tinkt|los** (ohne Rücksichtnahme)

In|s|ti|tut lat., das : des -(e)s, die Institute (öffentliche Anstalt, Unternehmen) ; die **In|s|ti|tu|ti|on** (wissenschaftliche Einrichtung); **in|s|ti|tu|ti|o|na|li|sie|ren** (zu einer festen Einrichtung machen)

In|s|truk|ti|on lat., die: der -, die Instruktionen (Anleitung, Vorschrift); **in|s|truk|tiv** (lehrreich); jemanden **in|s|tru|ie|ren** (anweisen)

In|s|tru|ment lat., das : des -(e)s, die Instrumente (technisches Hilfsmittel, Werkzeug); die Instrumente im Flugzeug, eines Arztes, eines Musikers;

der **In|s|tru|men|ta|list;**
das **In|s|tru|men|ta|ri|um;**
das **Mu|sik|in|s|tru|ment;**
die **In|s|tru|men|tal|mu|sik**

In|su|la|ner, der: des -s, die Insulaner (Inselbewohner)

In|su|lin, das: des -s (Hormon der Bauchspeicheldrüse)

in|sze|nie|ren lat.: (einrichten, ins Werk setzen, eine Bühnenaufführung); die **In|sze|nie|rung**

in|takt lat.: (in Ordnung, funktionsfähig); die Natur ist intakt (unversehrt)

in|te|ger lat.: (unversehrt, unbescholten); die **In|te|gri|tät;** ein integrer Mann

In|te|gra|ti|on lat., die: der -, die Integrationen (Eingliederung, Zusammenschluss); die **In|te|g|rier|te Ge|samt|schu|le:** Abk. IGS (Zusammenschluss verschiedener Schularten); **in|te|g|rie|ren** (einbeziehen)

In|tel|lekt lat., der: des -(e)s (Verstand, Denkvermögen); der **In|tel|lek|tu|el|le** (geistig Arbeitender, geistig Geschulter); **in|tel|lek|tu|ell**

in|tel|li|gent lat.: (klug, begabt); die **In|tel|li|genz** (Begabung); der **In|tel|li|genz|quo|ti|ent;** Abk. IQ (Maß für die geistige Leistungsfähigkeit)

In|ten|dant franz., der: des -en, die Intendanten (Leiter eines Theaters, einer Rundfunk-, Fernsehanstalt); die **In|ten|dan|tin**

in|ten|siv lat.: einen Menschen intensiv (eindringlich, gründlich) ermahnen; die **In|ten|si|tät** (Stärke); die **In|ten|si|vie|rung** (Steigerung); die **In|ten|siv|sta|ti|on** (in einem Krankenhaus)

In|ten|ti|on lat., die: der -, die Intentionen (Absicht); **in|ten|ti|o|nal** (zweckbestimmt)

in|ter ... lat.: (zwischen)

In|ter|ci|ty engl.-amerik. [interßiti], der: des -s, die Intercitys (Zug zwischen Großstädten); Abk. IC;

der **In|ter|ci|ty|ex|press|zug;** Abk. ICE (schnellste Verbindung zwischen den Großstädten mit der Bahn)

In|ter|es|se/In|te|res|se *lat.,* das: des -s, die Interessen (Neugier, Vorliebe); seine Interessen (Vorteile) vertreten; kein Interesse (keine Beachtung) finden; das Interesse wecken;
die **In|te|r|es|sen|lo|sig|keit;**
der **In|te|r|es|sent; in|ter|es|sant; in|te|r|es|siert;** jemanden für etwas **in|te|r|es|sie|ren**

in|ter|ga|lak|tisch *lat.-griech.:* (zwischen mehreren Galaxen gelegen)

In|ter|jek|ti|on, die: der -, die Interjektionen (Ausrufewort, z.B.: au!)

in|ter|kon|ti|nen|tal: (zwischen den Erdteilen)

in|tern: (im inneren Bereich, vertraulich); interne Angelegenheit; das **In|ter|nat;** der **In|ter|nist** (Facharzt für innere Krankheiten); **in|ter|nie|ren** (in Gewahrsam nehmen, isolieren)

in|ter|na|ti|o|nal: (über den Staat hinaus, zwischenstaatlich)

In|ter|pol, die: der - (Internationale Polizei)

in|ter|pre|tie|ren: ein Gedicht interpretieren (auslegen, erklären); der **In|ter|pret;** die **In|ter|pre|tin;** die **In|ter|pre|ta|ti|on**

In|ter|punk|ti|on, die: der -, die Interpunktionen (Zeichensetzung)

In|ter|re|gio, der: des -s, die Interregios der Bahn (Regionalzug); Abk. IR

In|ter|ro|ga|tiv|pro|no|men, das: des -s, die Interrogativpronomen (Fragefürwort)

In|ter|vall *lat.,* das: des -s, die Intervalle (Zeitabstand, Zwischenraum, Abstand zwischen zwei Tönen)

In|ter|ven|ti|on *lat.,* die: der -, die Interventionen (Einmischung eines Staates in die Angelegenheit eines anderen, sich vermittelnd einmischen, einschreiten); **in|ter|ve|nie|ren**

In|ter|view *engl.* [interwju], das: des -s, die Interviews (Befragung, Gespräch); der **In|ter|vie|w|er; in|ter|vie|w|en** (z. B. einen Sportler interviewen)

in|tim *lat.:* (vertraut, innig); die **In|tim|sphä|re** (persönlicher Bereich)

in|to|le|rant: (unduldsam, ohne Rücksicht auf Mitmenschen); die **In|to|le|ranz**

In|tri|ge/Int|ri|ge *franz.,* die: der -, die Intrigen (hinterlistige Handlung, Verleumdung, Arglist); der **In|t|ri|gant;** das **In|t|ri|gen|spiel; in|t|ri|gant** (hinterhältig); **in|t|ri|gie|ren**

In|tu|i|ti|on *lat.* [intuizjon], die: der -, die Intuitionen (unmittelbares Erfassen, Eingebung); **in|tu|i|tiv;** er handelte rein intuitiv (ohne langes Nachdenken)

In|va|li|de *franz.,* der: des -n, die Invaliden (Körperbehinderter); die **In|va|li|di|tät** (Erwerbs-, Arbeitsunfähigkeit)

In|va|si|on *franz.,* die: der -, die Invasionen (feindliches Eindringen in ein anderes Land)

In|ven|tar, das: des -s, die Inventare (Besitzverzeichnis, Einrichtungsgegenstände); die **In|ven|tur** (Bestandsaufnahme aller Waren); **in|ven|ta|ri|sie|ren** (einordnen)

in|ves|tie|ren *lat.* [inweßtiren]: (Kapital anlegen); die **In|ves|ti|ti|on** (Kapitalanlage), *auch* das **In|vest|ment**

in|wen|dig: etwas in- und auswendig (sehr gründlich) kennen

in|wie|fern: er weiß nicht, inwiefern (in welchem Maße) er an der Finanzierung beteiligt werden soll, *auch* **in|wie|weit**

In|zest, der: des -es, die Inzeste (Geschlechtsverkehr zwischen engsten Blutsverwandten)

In|zucht, die: der -, die Inzuchten (Zucht durch Kreuzung von nahe verwandten Lebewesen)

in|zwi|schen: (mittlerweile, unterdessen)

IOK: Internationales Olympisches Komitee

Ion *griech.,* das: des -s, die Ionen (elektrisch geladenes Teilchen im Atom)

IR: Interregio (Zug für ein bestimmtes Gebiet)

Irak, der: (Staat im Nahen Osten);

der **Ira|ker; ira|kisch**

Iran, der: (Staat im Nahen Osten);
der **Ira|ner; ira|nisch**

ir|gend: ir|gend|ein, aber: **ir|gend so
ein; ir|gend|et|was,** aber: irgend so
etwas; **ir|gend|je|mand; ir|gend|wann;
ir|gend|was; ir|gend|wer; ir|gend|wo**

Iris, die: der -, die Iris (Regenbogenhaut
des Auges, Schwertlilie)

IRK: Internationales Rotes Kreuz

Ir|land: (Staat, nordwesteuropäische Insel);
der **Ire; ir|län|disch; irisch**

iro|nisch: die **Iro|nie** (verdeckter Spott,
das Gegenteil von dem, was gesagt wird,
ist gemeint); **iro|ni|sie|ren**

ir|ra|ti|o|nal *lat.:* (verstandesmäßig nicht
fassbar, ohne Vernunft, unberechenbar)

irr(e): (verwirrt, geistesgestört); **irr|sin|nig;
irr|tüm|lich;** der/die **Ir|re** (Verrückte);
der **Irr|gar|ten;** das **Irr|licht;**
der **Irr|tum; ir|re|füh|ren; ir|re|lei|ten;
ir|re|ma|chen;** sich **ir|ren** (fehlgehen,
sich vertun, falsch beurteilen);
sich **ver|ir|ren;** sich in jemandem irren
(ihn falsch einschätzen); an einer Sache
irre werden (verzweifeln); das ist ja irre!

ir|re|al: (unwirklich); irreale Wünsche
(nicht erfüllbar)

ir|re|gu|lär: (regelwidrig)

ir|ri|tie|ren *lat.:* (jemanden reizen, erregen,
stören); die **Ir|ri|ta|ti|on** (Reiz, Erregung)

Is|chi|as *griech.,* der/das: des - (Entzün-
dung des Ischiasnervs)

Is|lam *arab.,* der: des -s (von Mohammed
begründete Religion); **is|la|misch**
(mohammedanisch)

Iso|la|ti|on *franz.,* die: der -, die Isolationen
(Abkapselung, Abdichtung, Getrennt-
haltung); die **Iso|la|ti|ons|haft;**
der **Iso|la|tor;** das **Iso|lier|band;**
die **Iso|lie|rung; iso|lie|ren;** eine
Leitung isolieren; Kranke isolieren (von
anderen wegen Ansteckung absondern)

Is|ra|el, das: (Volk der Juden, Staat in
Vorderasien); der **Is|ra|e|li** (Staatsbürger
von Israel); der **Is|ra|e|lit; is|ra|e|lisch**

ist: sie ist gesund

isst: sie isst gern Nachtisch; → essen

Ita|li|en: (Staat in Südeuropa);
der **Ita|li|e|ner; ita|li|e|nisch**

i.V.: in Vertretung

J

ja: ja natürlich; ja freilich; ja und nein/Ja
und Nein sagen; zu allem Ja und Amen/ja
und amen sagen; mit Ja oder Nein
stimmen; der **Ja|sa|ger;** das **Ja|wort;**
etwas **be|ja|hen**

Jacht/Yacht, die: der -, die Jachten
(schnelles, großes Segelboot);
der **Jacht|club**

Ja|cke, die: der -, die Jacken;
das **Jäck|chen;** das **Ja|ckett** (Jacke,
Sakko); die **Ja|cken|ta|sche**

Jagd, die: der -, die Jagden (Weidwerk/
Waidwerk); auf die Jagd gehen;
der **Jagd|hund;** das **Jagd|ge|wehr;**
das **Jagd|re|vier;** der **Jä|ger; ja|gen;**
dem Gelde nachjagen

Ja|gu|ar *indian.,* der: des -s, die Jaguars/
Jaguare (große Raubkatze)

jäh: jäh|lings (plötzlich); **jäh|zor|nig;**
der **Jäh|zorn** (unbeherrschte Wut)

Jahr, das: des -es, die Jahre; in diesem
Jahr; er ist 14 Jahre alt; vierjährig/
4-jährig; sie kommt in die Jahre; ein gutes
neues Jahr wünschen; die **Jah|res|zeit;**
das **Jahr|hun|dert;** der **Jahr|markt;
all|jähr|lich; jahr|aus, jahr|ein** (immer-
zu); **jah|re|lang,** aber: zwei Jahre lang;
voll|jäh|rig; ein Ereignis **jährt** sich;
ver|jäh|ren (eine Strafe erlischt)

Jak, der: die Jaks, *auch* Yak (asiatisches
Hochgebirgsrind)

Ja|lou|sie *franz.* [schalusi], die: der -, die
Jalousien (Rollladen, Sonnenblende);
die **Ja|lou|set|te;** die Jalousetten

Jam|mer, der: des -s (großes Leid);
der **Jam|mer|lap|pen** (Selbstbemitleider,
feiger Mensch); **jäm|mer|lich;
jam|mer|scha|de; jam|mer|voll;**

jam|mern

Ja|nu|ar, der: des -s, die Januare

Ja|pan: (Staat und Insel im Pazifik);
der **Ja|pa|ner;** die **Ja|pa|ne|rin;**
ja|pa|nisch

jap|sen: (nach Luft schnappen)

Jar|gon *franz.* [schargong], der: des -s, die
Jargons (Ausdrucksweise, Eigensprache
einer Berufsgruppe oder einer sozialen
Schicht)

jä|ten: (Unkraut entfernen)

Jau|che, die: der -, die Jauchen (flüssiger
Dünger)

jauch|zen: der **Jauch|zer;** vor Freude
jauchzen (lauter, freudiger Aufschrei)

Jau|se, die: (Vesper); die Jausen

Jazz *amerik.* [dschäß/jaz], der: (Musikstil,
der sich aus der Volksmusik der amerik.
Schwarzen entwickelte); die **Jazz|band;**
der **Jazz|fan;** das **Jazz|fes|ti|val;**
jaz|zen

je: jeweils fünf Flaschen in einem Karton;
das Schönste, das ich je gesehen habe;
seit je; je länger; je nachdem; je größer,
desto besser; **je|mals; je|weils**

Jeans *engl.* [dschins], die: der -, die Jeans;
meine Jeans sind alt

je|den|falls: (unter allen Umständen)

je|der: jeder Beliebige; auf jeden Fall, aber:
in jedem Falle; jeder Einzelne; das weiß
ein jeder; alles und jedes (alles ohne
Ausnahme); **je|der|mann; je|der|zeit,**
aber: zu jeder Zeit; **je|des Mal**

je|doch: sie jedoch (indessen, aber) sagte

Jeep *amerik.* [dschip], der: des -s, die Jeeps
(geländegängiges Auto)

je|mand: irgendjemand; jemand ander(e)s;
jemand Fremdes; ein gewisser Jemand

je|ner: in jener fernen Stadt; er sagte dieses
und jenes

Je|sus *griech.,* (übersetzt „Gott hilft"), der:
des -, **Je|sus Chris|tus;**
das **Je|sus|kind;** der **Je|su|it** (Mitglied
eines kath. Ordens)

Jet *engl.* [dschät], der: des -s, die Jets
(Düsenflugzeug); **jet|ten** (mit dem Jet
fliegen)

jetzt: bis jetzt; von jetzt an; jetzt und heute;
das Jetzt (Gegenwart); die **Jetzt|zeit**

je|weils: jeweils (immer) am Morgen

Jiu-Jit|su *japan.* [dschiu-dschizu],
auch **Ju-Jut|su;** das: des -(s) (Kunst der
waffenlosen Selbstverteidigung)

Job *engl.-amerik.* [dschob], der: des -s, die
Jobs (Tätigkeit, Gelegenheitsarbeit,
Stellung); **job|ben** (Geld verdienen)

Job|sha|ring *engl.-amerik.*
[dschobschering], das: des -s, die
Jobsharings (Aufteilung des
Arbeitsplatzes auf mehrere Personen)

Joch, das: des -(e)s, die Joche (Teil des
Gespanns für Ochsen, Tragebalken,
Traggestell, Bergsattel); **un|ter|jo|chen**
(unterdrücken)

Jo|ckei/Jo|ckey *engl.* [dschoki], der: des -
s, die Jockeis (Rennreiter)

Jod, das: des -s (chem. Grundstoff);
die **Jod|tink|tur** (Arznei)

jo|deln: der **Jod|ler;** die **Jod|le|rin**

Jo|ga/Yo|ga der/das: des - (Übungs-
programm zur Konzentration und
Beherrschung)

Jog|ging *amerik.* [dschoging], das: des -s
(lockeres Laufen, um sich körperlich fit
zu halten); **jog|gen**

Jo|ghurt/Jo|gurt *türk.,* der/das: des -s, die
Joghurt(s) (gegorene Milch)

Jo|han|nis|bee|re, die: der -, die Johannis-
beeren

joh|len: das **Ge|joh|le**

Joint *engl.* [dschoint], der: des -s, die Joints
(Zigarette, deren Tabak mit Rauschgift
vermischt ist)

Joint Ven|ture *engl.* [dschointwentscher],
das: des -s, die Joint Ventures
(Gemeinschaftsunternehmen)

Jo|ker *engl.* [dschoker], der: des -(s), die
Joker (höchste Spielkarte]

Jon|gleur/Jong|leur *franz.* [schonglör],
der: des -s, die Jongleure
(Geschicklichkeitskünstler); **jon|g|lie|ren**

Joule *engl.* [dschul], das: des -(s), die Joule
(Maßeinheit für die Energie); Zeichen: J

Jour|na|list *franz.* [schurnalißt], der:

J

Jour

des -en, die Journalisten (Berichterstatter); das **Jour|nal** (Zeitung, Zeitschrift, Tagebuch); der **Jour|na|lis|mus** (Pressewesen); **jour|na|lis|tisch**

jo|vi|al *lat.:* (leutselig, gönnerhaft, gutmütig)

Joy|stick, der: (Steuerknüppel für Computerspiele)

ju|beln: vor Freude jubeln; **ju|bi|lie|ren;** der **Ju|bel;** der **Ju|bi|lar;** das **Ju|bi|lä|um** (Gedenktag)

ju|cken: es juckt (brennt, beißt, kitzelt am Körper); es juckt mich in den Fingern; es juckt mich nicht (interessiert mich nicht); der **Juck|reiz**

Ju|de, der: des -n, die Juden; das **Ju|den|tum;** die **Ju|den|ver|fol|gung; jü|disch**

Ju|do, das: des -s (Kampfsportart, sportliche Durchführung des Jiu-Jitsu); der **Ju|do|griff**

Ju|gend, die: der -; das **Ju|gend|amt;** die **Ju|gend|her|ber|ge;** der/die **Ju|gend|li|che;** die **Ju|gend|li|te|ra|tur;** das **Ju|gend|zen|t|rum; ju|gend|frei; ju|gend|lich**

Ju|go|sla|wi|en/Ju|gos|la|wi|en: (Staat auf dem Balkan); der **Ju|go|s|la|we; ju|go|s|la|wisch**

Ju|li, der: des -s, die Julis (Monatsname)

Jum|bo *engl.-amerik.,* der: des -s, die Jumbos; Kurzw. für Jumbojet (Großraumflugzeug)

jung: jünger, am jüngsten; Jung und Alt; der jüngste Sohn; mein Jüngster; er ist nicht mehr der Jüngste; **blut|jung**

Jun|ge, der: des -n, die Jungen/Jungs/Jungens; das **Jun|ge** (eines Tieres), die Jungen; der **Jün|ger** Jesu; die **Jung|frau;** der **Jung|ge|sel|le** (nicht verheirateter junger Mann); die **Jun|gen** (Junge werfen); sich **ver|jün|gen**

Ju|ni, der: des -s (Monatsname), die Junis

Ju|ni|or *lat.,* Abk. jr. oder jun., der: des -s (der Jüngere); die Junioren; Müller

junior; der **Ju|ni|or|chef;** die **Ju|ni|o|ren|mann|schaft;** der **Ju|ni|or|part|ner**

Jun|kie *engl.* [dschanki], der: des -, die Junkies (Drogenabhängiger)

Ju|pi|ter, der: des -s (Planet)

Ju|ra, der: des -s (Gesteinsschicht, Gebirge); der Schwäbische Jura

Ju|ra, die: (Rechtswissenschaft); der **Ju|rist; ju|ris|tisch**

Ju|ry *franz.-engl.* [schüri], die: der -, die Jurys (Preisgericht)

Jus|tiz, die: der - (Rechtspflege); der **Jus|tiz|be|am|te;** die **Jus|tiz|be|am|tin;** die **Jus|tiz|be|hör|de;** der **Jus|tiz|mord** (Verurteilung und Tötung eines Unschuldigen)

Ju|te *engl.,* die: der - (Bast, Faserpflanze); die **Ju|te|ta|sche;** der **Ju|te|sack**

Ju|wel *niederl.,* der/das: des -s, die Juwelen; der **Ju|we|lier** (Schmuckhändler); die **Ju|we|lie|rin**

Jux, der: des -es, die Juxe (Spaß); einen Jux machen; **ju|xen** (scherzen)

K

Ka|ba|rett *franz.,* das: des -s, die Kabaretts/Kabarette (Bühne für Unterhaltungs- und Kleinkunst); der **Ka|ba|ret|tist;** die **Ka|ba|ret|tis|tin; ka|ba|ret|tis|tisch**

Ka|bel *franz.,* das: des -s, die Kabel (Tau, Stahlseil, Seil, isolierte elektrische Leitung, Überseetelegramm); das **Ka|bel|fern|seh|en;** die **Ka|bel|strän|ge**

Ka|bel|jau *niederl.* der: des -s, die Kabeljaus/Kabeljaue (Fisch)

Ka|bi|ne *franz.,* die: der -, die Kabinen (kleiner Raum, Schlafraum auf Schiffen);

Ka|bi|nett *franz.,* das: des -s, die Kabinette (Gesamtheit der Minister, kleines Zimmer); der **Ka|bi|netts|be|schluss;** das **Ka|bi|nett|stück** (Kunststück, gut gelungenes Vorhaben)

Ka|bri|o|lętt/Ca|bri|o|lett, *auch*
Kab|ri|o|lett/Cab|ri|o|lett *franz.,* das:
des -s, die Kabrioletts; Kurzw. Kabrio
(Pkw mit aufklappbarem Verdeck)

Ka|chel, die: der -, die Kacheln (Fliese);
der **Ka|chel|ofen**

Ka|da|ver *lat.,* der: des -s, die Kadaver
(Aas, toter Tierkörper)

Ka|di, der: des -s, die Kadis (Richter);
jemanden vor den Kadi bringen

Kä|fer, der: des -s, die Käfer (Insekt)

Kaff *Zigeunerspr.,* das: des -s, die Kaffs/
Kaffe (armselige Ortschaft)

Kaf|fee *arab.,* der: des -s, die Kaffees;
die **Kaf|fee-Ern|te/Kaf|fee|ern|te;**
der **Kaf|fee-Ex|trakt/Kaf|fee|ex|trakt;**
die **Kaf|fee|ma|schi|ne;**
das **Kaf|fee|ser|vice;** das **Kaf|fee|trin|ken**

Kä|fig, der: des -s, die Käfige

kahl: kahl|köp|fig; der **Kahl|schlag**
(baumlose Waldfläche); **kahl fres|sen/**
kahl|fres|sen

Kahn, der: dcs -s, die Kähne (kleines
Schiff)

Kai *auch* **Quai** *niederl.* [kę], der: des -s, die
Kais (Ufermauer)

Kai|man, der: (Krokodil); die Kaimane

Kai|ser, der: des -s, die Kaiser (oberster
Herrscher)

Ka|jak *eskim.,* der: des -s, die Kajaks (Boot
der Eskimos, Sportpaddelboot)

Ka|jü|te, die: der -, die Kajüten (Wohn-
raum auf Schiffen)

Ka|kao *span.* [kakau̯/kakao], der: des -s;
der **Ka|kao|baum;** das **Ka|kao|pul|ver**

ka|keln: (belangloses, dummes Zeug
reden)

Ka|ki/Kha|ki *engl.,* der: des -(s) (gelbbrau-
ner Stoff); **ka|ki|far|ben;**
die **Ka|ki|ja|cke**

Kak|tus, der: des -, die Kakteen

Ka|la|mi|tät *lat.,* die: der -, die Kalamitä-
ten (Verlegenheit, Notlage)

Ka|lau|er, der: des -s, die Kalauer (nicht
sehr geistreicher, alberner Witz)

Kalb, das: des -s, die Kälber (junges Rind);

das **Kälb|chen;** das **Kalb|fleisch;**
die **Kalbs|ha|xe,** *auch* **Kalbs|hach|se;**
kal|ben (ein Kalb werfen)

Ka|len|der *lat.,* der: des -s, die Kalender;
ka|len|da|risch

Ka|li|ber, das: des -s, die Kaliber (Durch-
messer von Waffenrohren und Geschos-
sen); der ist vom gleichen Kaliber (von
der gleichen Sorte)

Ka|lif *arab.,* der: des -en, die Kalifen
(Sultan)

Kalk, der: des -(e)s, die Kalke;
der **Kalk|stein; kalk|hal|tig; kalk|weiß**

kal|ku|lie|ren: (Kosten berechnen);
die **Kal|ku|la|ti|on**

Ka|lo|rie *lat.,* die: der -, die Kalorien
(Maßeinheit für die Wärmemenge und
für den Energieumsatz des Körpers);
→ Joule

kalt: kälter, am kältesten; kaltes Wasser;
kalt|blü|tig; kalt|schnäu|zig (ohne
Mitgefühl); die **Käl|te;** sich **er|käl|ten;**
etwas **er|kal|tet; kalt blei|ben** (sich
nicht aufregen); die Milch **kalt stel|len,**
aber: den Gegner **kalt|stel|len** (einfluss-
los machen)

kam: → kommen

Ka|mel, das: des -s, die Kamele (Wüsten-
tier mit zwei Höckern)

Ka|mel|le, die: der -, die Kamellen (Bon-
bons); olle Kamellen (für Altbekanntes)

Ka|me|ra, die: der -, die Kameras;
die **Ka|me|ra|ein|stel|lung;**
der **Ka|me|ra|mann;** das **Ka|me|ra|team**

Ka|me|rad *franz.,* der: des -en, die Kamera-
den; die **Ka|me|rad|schaft;**
der **Ka|me|rad|schafts|geist**

Ka|mil|le, die: der -, die Kamillen (Heil-
pflanze, Arznei); der **Ka|mil|len|tee**

Ka|min *griech.,* der: des -s, die Kamine
(Schornstein, offenes Herdfeuer)

Kamm, der: des -(e)s, die Kämme (mit
dem Kamm frisieren);
der **Ge|birgs|kamm; käm|men;** alles
über einen Kamm scheren (gleich behan-
deln)

Kam|mer, die: der -, die Kammern

(kleiner Raum); die **Han|dels|kam|mer;**
der **Käm|me|rer** (Finanzverwalter einer
Stadt oder Gemeinde);
die **Kam|mer|mu|sik;** der **Kam|mer|ton**
(Normalton zum Einstimmen der Instru-
mente); das **Kam|mer|spiel** (kleines
Theater)

Kam|pa|gne/Kam|pag|ne *franz.*
[kampanje], die: der -, die Kampagnen
(Presse-, Wahlfeldzug, politische Aktion,
Vorgehen); eine Kampagne starten

Kampf, der: des -es, die Kämpfe;
der **Kämp|fer;** die **Kämp|fe|rin;**
die **Kampf|hand|lung;**
der **Kampf|rich|ter;**
die **Kampf|rich|te|rin;**
der **Ka|ra|te|kämp|fer; kämp|fe|risch;**
kampf|un|fä|hig; kampf|los;
kämp|fen

Ka|na|di|er, der: die **Ka|na|di|e|rin;**
(Bewohner Kanadas)

Ka|nal, der: des -s, die Kanäle;
die **Ka|na|li|sa|ti|on;**
die **Ka|nal|ge|bühr; ka|na|li|sie|ren**

Ka|na|ri|en|vo|gel, der: des -s, die Kanari-
envögel

Kan|di|dat, der: des -en, die Kandidaten
(Prüfling, Bewerber, Anwärter);
die **Kan|di|da|tur** (Bewerbung);
kan|di|die|ren

Kan|dis, der: des -; der **Kan|dis|zu|cker;**
kan|dier|te Früchte; **kan|die|ren**
(durch Zucker haltbar machen)

Kän|gu|ru *austral.,* das: des -s, die Kängu-
rus (Beuteltier)

Ka|nin|chen, das: des -s, die Kaninchen;
das **Ka|nin|chen|fell;** das **Kar|ni|ckel**

Ka|nis|ter *ital.,* der: des -s, die Kanister
(Behälter für Flüssigkeit)

kann: → können

Kan|ne, die: der -, die Kannen (Gefäß);
das **Känn|chen**

Kan|ni|ba|le *span.,* der: des -n, die Kanni-
balen (Menschenfresser);
kan|ni|ba|lisch (wild, grob, grausam)

kann|te: → kennen

Ka|non, der: des -s, die Kanons (Richt-

schnur, Norm, Gesang mit nacheinander
einsetzenden Stimmen)

Ka|no|ne *ital.,* die: der -, die Kanonen
(schweres Geschütz)

Kan|ta|te *lat.,* die: der -, die Kantaten
(Chorwerk, Gesangsstück, das mit
Instrumenten begleitet wird);
der **Kan|tor** (Leiter eines Kirchenchors)

Kan|te, die: der -, die Kanten (Rand einer
Fläche); **kan|tig** (ein Eisen); **kan|ten;**
etwas auf die hohe Kante legen (sparen)

Kan|ti|ne, die: der -, die Kantinen (Speise-
saal)

Ka|nu *karib.,* das: des -s, die Kanus (ausge-
höhlter Baumstamm als Boot, Paddel-
boot); der **Ka|nu|te** (Kanufahrer);
die **Ka|nu|tin**

Ka|nü|le *franz.,* die: der -, die Kanülen
(hohle Nadel, Röhrchen)

Kan|zel, die: der-, die Kanzeln (erhöhter
Platz für Prediger);
jemanden **ab|kan|zeln** (ausschelten)

Kanz|ler, der: des -s, die Kanzler;
der **Bun|des|kanz|ler**

Kap *niederl.,* das: des -s, die Kaps (Vorge-
birge); das Kap der Guten Hoffnung

Ka|pa|zi|tät *lat.,* die: der -, die Kapazitäten
(Fassungsvermögen, hervorragender
Fachmann); das übersteigt seine Kapazi-
tät (maximale Leistung)

ka|pern *niederl.:* ein Schiff kapern (erbeu-
ten); die **Ka|pe|rei** (Seeräuberei)

ka|pie|ren: er kapiert es nicht (begreifen,
verstehen)

Ka|pil|la|re *lat.,* die: der -, die Kapillaren
(Haarröhrchen, kleinstes Blutgefäß)

Ka|pi|tal *lat.,* das: des -s, die Kapitale/
Kapitalien (Vermögen);
der **Ka|pi|ta|lis|mus** (Wirtschaftssystem,
dessen treibende Kraft das Gewinnstre-
ben ist); der **Ka|pi|ta|list;**
das **Ka|pi|tal|ver|bre|chen**

Ka|pi|tän *ital.,* der: des -s, die Kapitäne
(Kommandant, Mannschaftsführer)

Ka|pi|tel, das: des -s, die Kapitel (Ab-
schnitt eines Textes)

Ka|pi|tu|la|ti|on *lat.,* die: der -, die Kapitulationen (kampflose Übergabe einer Truppe); **ka|pi|tu|lie|ren** (sich ergeben, aufgeben)

Ka|plan/Kap|lan, der: des -s, die Kapläne (kath. Geistlicher)

Kạp|pe, die: der -, die Kappen (Kopfbedeckung); etwas auf die eigene Kappe nehmen (selber verantworten)

kạp|pen: eine Halteleine kappen (abschneiden)

Ka|pri|o|le/Kap|ri|o|le *ital.,* die: der -, die Kapriolen (tolle Sprünge, lustige Einfälle, ausgefallene Streiche)

Kạp|sel, die: der-, die Kapseln (Hülle); sich **ab|kap|seln**

ka|pụtt *franz.:* kaputt sein (entzwei, matt, zerschlagen); etwas **ka|putt|ma|chen/ ka|putt ma|chen;** sich **ka|putt|la|chen**

Ka|pu̱|ze, die: der -, die Kapuzen (Kopfbedeckung)

Ka|ra|bi̱|ner *franz.,* der: des -s, die Karabiner (Gewehr); der **Ka|ra|bi|ner|ha|ken** (Verschlusshaken); der **Ka|ra|bi|ni|e̱|re** (ital. Polizist)

Ka|rạf|fe *arab.,* die: der -, die Karaffen (bauchige Glasflasche)

Ka|ram|bo|la̱|ge *franz.* [karambolạsche], die: der -, die Karambolagen (Zusammenstoß)

Ka|ra|mẹll, der: des -s (gebrannter Zucker); die **Ka|ra|mẹl|len** (Bonbon)

Ka|ra̱t, das: des -s, die Karate (Gewichtseinheit von Gold und Edelsteinen); **hoch|ka|rä̱|tig; ein|ka|rä̱|tig**

Ka|ra̱|te *japan.,* das: des -(s) (waffenlose Selbstverteidigung); der **Ka|ra|te|kämp|fer**

Ka|ra|wa̱|ne *pers.,* die: der -, die Karawanen (Reisegesellschaft mit Tieren, Autos o.Ä. in Wüsten)

Kar|di|nạl, der: des -s, die Kardinäle (höchster Würdenträger der kath. Kirche nach dem Papst)

Kar|dio|grạmm, das: des -s, die Kardiogramme (aufgezeichnete Kurve der Herzbewegung)

Ka|rẹnz *lat.,* die: der -, die Karenzen (Wartezeit, Sperrfrist); die **Ka|renz|zeit**

Kar|frei|tag, der: des -s, die Karfreitage (Klagefreitag; Freitag vor Ostern, hoher Feiertag)

kạrg: karger/kärger, am kargsten/kärgsten (knapp, spärlich); eine karge Mahlzeit; **kärg|lich;** die **Karg|heit**

ka|ri̱ert: (gewürfelt); eine karierte Bluse; → Karo

Ka̱|ri|es, die: der - (Zahnfäule); **ka|ri|ös** (angefault)

Ka|ri|ka|tu̱r *ital.,* die: der -, die Karikaturen (Spottzeichnung, satirische Darstellung); der **Ka|ri|ka|tu|rịst; ka|ri|ki̱e|ren** (lächerlich machen)

Ka̱|ri|tas/Ca̱|ri|tas *franz.,* die: der - (Nächstenliebe, Wohltätigkeit); **ka|ri|ta|tiv**

Kạr|ne|val *ital.,* der: des -s, die Karnevals/ Karnevale (Fastnacht, Fasching); der **Kar|ne|vals|zug;** der **Kar|ne|va|lịst**

Kar|nị|ckel, das: des -s, die Karnickel (Kaninchen)

Ka̱|ro *franz.,* das: des -s, die Karos (Viereck); das **Ka̱|ro|ass** (Spielkarte)

Ka|ros|se|ri̱e *franz.,* die: der -, die Karosserien (Wagenoberbau)

Ka|rọt|te *niederl.,* die: der -, die Karotten (Möhre/Mohrrübenart)

Kạrp|fen, der: des -s, die Karpfen (Fisch); der **Karp|fen|teich;** die **Karp|fen|zucht**

Kạr|re, die: der -, die Karren; der Karren (kleiner Wagen); **kar|ren**

Kar|ri|e̱|re *franz.* [kariere], die: der -, die Karrieren (erfolgreiche Laufbahn); er hat Karriere gemacht (ist aufgestiegen in seinem Werdegang)

Kạrst, der: des -(e)s, die Karste (Gebirgslandschaft aus Kalkstein); die **Karst|höh|le**

Kạr|te, die: der -, die Karten; das **Kar|ten|haus;** die **Kar|tei;** die **Land|kar|te; kar|to|gra|fisch/ kar|to|gra|phisch;** die **Post|kar|te;** die **Spiel|kar|te;** ein abgekartetes Spiel treiben (hinterhältig, verabredet etwas tun); Karten spielen; mit offenen Karten spielen (etwas offen aussprechen); alles auf eine Karte setzen (alles riskieren); sich nicht in die Karten sehen lassen (seine Absichten geheim halten)

Kar|tell, das: (Interessenvereinigung); die Kartelle

Kar|tof|fel, die: der -, die Kartoffeln; der **Kar|tof|fel|chip;** die **Kar|tof|fel|puf|fer;** das **Kar|tof|fel|pü|ree**

Kar|ton *franz.*, der: des -s, die Kartons (Behälter aus leichter Pappe); **kar|to|nie|ren** (in Pappe einbinden); der Karton (dickes gesteiftes Papier)

Ka|rus|sell *franz.*, das: des -s, die Karussells/Karusselle

Kar|wo|che, die: (Woche vor Ostern)

Ka|sack *türk.*, der: des -s, die Kasacks (Frauengewand)

ka|schen: (ergreifen, verhaften); der Dieb wurde gekascht

Kä|scher, der: des -s, die Käscher: → Kescher

Kä|se, der: des -s; **kä|sig;** du siehst käsig aus (sehr blass)

Ka|ser|ne, die: der -, die Kasernen (Unterkunft); die **Miets|ka|ser|ne** (großer Wohnblock); **ka|ser|nie|ren** (Soldaten wohnen in der Kaserne)

Ka|si|no, das: des -s, die Kasinos (Gesellschaftshaus); das **Spiel|ka|si|no;** das **Of|fi|ziers|ka|si|no**

Kas|ko *span.*, der: des -s, die Kaskos (die Kaskoversicherung eines Fahrzeuges); **Teil|kas|ko; Voll|kas|ko** (Ersatz des selbstverschuldeten Schadens, Versicherung)

Kas|per, *auch* **Kas|per|le** der: des -s, die Kaspers; die **Kas|pe|rei; her|um|kas|pern;** das **Kas|per|le|the|a|ter,** *auch* **Kas|per|the|a|ter**

Kas|se, die: der -, die Kassen (Geldkassette, Raum); Geld in der Kasse haben; Geld zur Kasse (Bank) bringen; der **Kas|sen|arzt;** die **Kas|sie|re|rin;**

kas|sie|ren; er ist nicht gut bei Kasse (er hat kein Geld mehr); er muss tief in die Kasse greifen (viel zahlen); sie hat eine gute Kasse gemacht (viel Geld eingenommen)

Kas|set|te *franz.*, die: der -, die Kassetten (verschließbare kleine Behälter, Magnetband); der **Kas|set|ten|re|cor|der/ Kas|set|ten|re|kor|der**

Kas|ta|gnet|te/Kas|tag|net|te *span.* [kaßtanjäte], die: der -, die Kastagnetten (Rhythmusinstrument aus zwei Holzschälchen, die mit einer Hand aneinandergeschlagen werden)

Kas|ta|nie *griech.*, die: der -, die Kastanien (Baumart und Frucht des Baumes)

kas|tei|en: (sich züchtigen, sich Bußübungen auferlegen)

Kas|tell, das: des -s, die Kastelle (Burg, Festung)

Kas|ten, der: des -s, die Kästen

Ka|sus, der: des -, die Kasus (die vier Fälle der Nomen)

Kat, der: des -s, die Kats; Kurzw. für Katalysator

Ka|ta|kom|be *ital.*, die: der -, die Katakomben (unterirdische Begräbnisstätte)

Ka|ta|log, der: des -s, die Kataloge (Verzeichnis); **ka|ta|lo|gi|sie|ren** (einordnen)

Ka|ta|ly|sa|tor *griech.*, der: des -s, die Katalysatoren (Abgasreiniger)

Ka|ta|pult, der/das: des -s, die Katapulte (Schleudergerät); **ka|ta|pul|tie|ren** (wegschleudern)

Ka|tarrh/Ka|tarr *griech.*, der: des -s, die Katarrhe (Schleimhautentzündung)

Ka|ta|stro|phe/Ka|tas|tro|phe *griech.*, die: der -, die Katastrophen (großes Unglück, Verhängnis); **ka|ta|s|tro|phal** (sehr schlimm, schrecklich)

Ka|te|chis|mus *griech.*, der: des -, die Katechismen (Lehrbuch der christlichen Religion); der **Ka|te|chet** (Religionslehrer)

Ka|te|go|rie *griech.*, die: der -, die Kategorien (Art, Einstellung, Gattung); **ka|te|go|risch** (unbedingt ohne Wider-

spruch); etwas kategorisch ablehnen;
ka|te|go|ri|sie|ren

Ka|ter, der: des -s, die Kater

Ka|the|dra|le/Ka|thed|ra|le, die: der -, die
Kathedralen (bischöfliche Hauptkirche)

ka|tho|lisch *griech.:* Abk. kath.;
der **Ka|tho|lik;** die **Ka|tho|li|kin;**
der **Ka|tho|li|zis|mus**

Kat|ze, die: der -, die Katzen;
das **Kätz|chen;** die Katze lässt das Mausen
nicht (alte Gewohnheiten werden beibe-
halten); die Katze im Sack kaufen (ohne
zu überprüfen); die Katze aus dem Sack
lassen (etwas verraten); das ist nur ein
Katzensprung (eine kurze Strecke)

Kau|der|welsch, das: des -(s) (verworre-
nes Deutsch); Kauderwelsch sprechen
(schwer verstehbar)

kau|en: der/das **Kau|gum|mi;** gut gekaut
ist halb verdaut

kau|ern: (hocken) am Boden

kau|fen: sich ein Auto kaufen; er ist nicht
käuflich (unbestechlich); etwas in Kauf
nehmen (hinnehmen); dich kaufe ich mir
(nehme ich mir vor); **ein|kau|fen;**
ver|kau|fen; der **Kauf;** der **Käu|fer;**
die **Kauf|frau;** das **Kauf|haus;**
die **Kauf|kraft;** der **Kauf|mann;**
der **Kauf|preis;** der **Kauf|ver|trag;**
käuf|lich; kauf|kräf|tig (zahlungsfähig,
wohlhabend)

Kaul|quap|pe, die: der -, die Kaulquappen
(Froschlarve)

kaum: das ist kaum (fast nicht) zu glauben

kau|sal: (ursächlich, begründet, zusam-
menhängend, dem Grunde nach)

Kau|ti|on *lat.,* die: der -, die Kautionen
(Sicherheit)

Kau|tschuk/Kaut|schuk *indian.,* der:
des -s, die Kautschuke (Rohstoff zur
Gummiherstellung);
der **Kaut|schuk|baum**

Kauz, der: des -es, die Käuze (Eulenart,
sonderbarer Mensch); **kau|zig** (seltsam,
wunderlich); das **Käuz|chen**

Ka|va|lier *franz.,* der: des -s, die Kavaliere

Ka|ver|ne, die: (Hohlraum); die Kavernen

Ka|vi|ar *türk.,* der: des -s, die Kaviare
(Rogen des Störs)

Ke|bab *türk.,* der: des -(s), die Kebabs (am
Spieß gebratene Fleischstückchen)

keck: (dreist, witzig, lustig, froh),
die **Keck|heit**

Ke|gel, der: des -s, die Kegel; Kegel
schieben (Freizeitsport);
die **Ke|gel|bahn; ke|gel|för|mig;**
ke|geln; mit Kind und Kegel (mit der
ganzen Familie); der **Ke|gel** (geometri-
sche Figur)

Keh|le, die: der -, die Kehlen;
der **Kehl|kopf;** etwas in die falsche Kehle
bekommen (falsch verstehen); aus voller
Kehle singen; jemandem an die Kehle
(Gurgel) gehen

Keh|re, die: der -, die Kehren (Biegung,
Kurve, turnerische Übung);
der **Kehr|reim** (Refrain);
die **Kehr|sei|te;** die **Kehrt|wen|dung;**
ein|keh|ren; kehrt|ma|chen;
um|keh|ren; ver|keh|ren

keh|ren: (fegen); der **Keh|richt**
(zusammengefegter Abfall);
die **Kehr|schau|fel;** jeder kehre vor
seiner Tür (kümmere sich um seine
Angelegenheiten); der **Kehr|aus** (Schluss
einer Veranstaltung)

kei|fen: (mit ganz hoher Stimme schimp-
fen); die **Kei|fe|rei**

Keil, der: des -(e)s, die Keile (Spaltwerk-
zeug); die **Kei|le|rei;** das **Keil|kis|sen;**
die **Keil|schrift;** sich **kei|len** (prügeln);
an|kei|len (bei Pferden)

Keim, der: des -es, die Keime (Trieb einer
Pflanze); das **Keim|blatt;**
der **Keim|ling;** die **Keim|zel|le;**
keim|frei; kei|men (zu wachsen anfangen)

kein: kei|ner|lei (nicht das Geringste);
kei|nes|falls; kein|mal; aber: kein
einziges Mal

Keks *engl.,* der/das: des -es, die Kekse;
die **Keks|do|se**

Kelch, der: des -es, die Kelche (Trink-
gefäß); **kelch|för|mig**

Kel|ler, der: des -s, die Keller;

das **Kel|ler|ge|schoss;** die **Kel|ler|tür;** die **Kel|le|rei** (Lagerräume einer Weinhandlung)

Kell|ner, der: des -s, die Kellner (Bedienung); die **Kell|ne|rin**

ken|nen: du kennst, er kannte, sie hat gekannt, kenne!; **er|ken|nen;** jemanden **ken|nen ler|nen/ken|nen|ler|nen** (etwas) **kenn|zeich|nen;** der **Ken|ner;** der **Ken|ner|blick;** die **Kenn|kar|te;** die **Kenn|num|mer;** das **Kenn|zei|chen;** sich **er|kennt|lich** zeigen (jemanden belohnen); jemanden **er|kannt** haben

ken|tern: (umkippen eines Schiffes)

Ke|ra|mik *griech.,* die: der -, die Keramiken (Kunsttöpferei, Töpferwaren)

Ker|be, die: der -, die Kerben (Einschnitt); **ker|ben;** etwas auf dem Kerbholz (angestellt) haben; in die gleiche Kerbe schlagen (die gleiche Auffassung vertreten); einkerben

Ker|ker, der: des -s, die Kerker; **ein|ker|kern**

Kerl, der: des -s, die Kerle

Kern, der: des -(e)s, die Kerne; die Apfelkerne; der Kern der Sache; die **Kern|ener|gie** (Atomkraft); der **Kern|re|ak|tor;** die **Kern|waf|fen; kern|ge|sund; ent|kernt;** das trifft den Kern der Sache

Ke|ro|sin *griech.,* das: des -s (Treibstoff)

Ker|ze, die: der -, die Kerzen; **ker|zen|ge|ra|de;** eine Kerze (Turnübung) machen

kess: kesser, am kessesten; ein kesser (dreister, lustiger) Junge

Kes|sel, der: des -s, die Kessel; die **Kes|sel|pau|ke;** das **Kes|sel|trei|ben; ein|kes|seln**

Ket|sch|up/Ket|ch|up *malaiisch-engl.* [kätschap], der/das: des -(s) die Ketchups (Würzsoße aus Tomaten)

Ket|te, die: der -, die Ketten; die **Hals|ket|te;** die **Ket|ten|re|ak|ti|on; an|ket|ten; ket|teln** (kettenähnlich verbinden)

Ket|zer *griech.,* der: des -s, die Ketzer

(Glaubensabtrünniger, Irrgläubiger); die **Ket|ze|rei; ket|ze|risch** (gegen die allgemeine Meinung); jemanden **ver|ket|zern** (böse beschuldigen)

keu|chen: (mühsam atmen); der **Keuch|hus|ten**

Keu|le, die: der -, die Keulen; **keu|len|för|mig**

keusch: (rein, unberührt); die **Keusch|heit;** ein keusches (unberührtes) Mädchen

Key|board *engl.* [kibord], das: des -s, die Keyboards (Tasteninstrument)

Kfz.: Kraftfahrzeug; die **Kfz-Werk|statt**

kg.: Kilogramm

Kha|ki, Kaki, das: (Erdfarbe); **kha|ki|far|ben**

Kib|buz, der: (Gemeinschaftssiedlung in Israel)

ki|chern: (leise lachen)

ki|cken *engl.:* (stoßen, Fußball spielen); der **Ki|cker** (Fußballspieler)

kid|nap|pen *engl.* [kidnäpen]: (entführen); der **Kid|nap|per;** das **Kid|nap|ping**

Kie|bitz, der: des -es, die Kiebitze (Sumpfvogel); **kie|bit|zen** (abschauen); **kie|big** (zänkisch)

Kie|fer, die: der -, die Kiefern (Nadelbaum)

Kie|fer, der: des -s, die Kiefer (Schädelknochen)

Kiel, der: des -(e)s, die Kiele; der **Fe|der|kiel;** der **Schiffs|kiel; kiel|oben** treiben; die Stadt **Kiel**

Kie|me, die: der -, die Kiemen (Atmungsorgan bei Fischen)

Kies, der: des -es, die Kiese; der **Kie|sel|stein;** die **Kies|gru|be;** der **Kie|sel**

kif|fen *arab.-amerik.:* (Haschisch oder Marihuana rauchen); der **Kif|fer**

kil|len *engl.:* (töten); der **Kil|ler** (der Mörder)

Ki|lo|gramm, das: des -s, die Kilogramme (1000 Gramm); Abk. kg

Ki|lo|hertz, das: des - (Maßeinheiten für Frequenz); Abk. kHz

Ki|lo|joule *engl.* [kilodschul], das: des -s (Maßeinheit für Energie); Abk. kJ

Ki|lo|me|ter, der: des -s, die Kilometer (1000 m); **ki|lo|me|ter|lang; ki|lo|me|ter|weit;** aber: noch drei Kilometer weit; Abk. km; (Maßeinheit für Entfernung)

Ki|lo|watt, das: des -s (1000 Watt); Abk. kW (Maßeinheit für elektrische Leistung)

Kilt, der : die Kilts (Rock der Berg-schotten)

Kim|me, die: der -, die Kimmen (Kerbe, Einschnitt); Kimme und Korn

Ki|mo|no *japan.,* der: des -s, die Kimonos (Seidengewand mit weiten Ärmeln)

Kind, das: des -es, die Kinder; von Kind auf; an Kindes statt;
der **Kin|der|gar|ten;**
die **Kin|der|gärt|ne|rin;**
die **Kin|der|ta|ges|stät|te;**
die **Kind|heit; kin|der|feind|lich/ freund|lich; kin|disch** (albern); **kind|lich** (ein kindliches Gesicht)

Kinn, das: des -(e)s, die Kinne;
der **Kinn|ha|ken;** die **Kinn|la|de**

Ki|no, das: des -s, die Kinos (Lichtspiel-theater)

Ki|osk, der: des -(e)s, die Kioske (Verkaufs-häuschen)

kip|pen: Sand vom Lkw kippen (von einer schräg gestellten Ladefläche);
die **Kip|pe** (Turnübung, Zigarettenstum-mel); der **Kip|per** (Lkw); **kip|pe|lig,** *auch* **kipp|lig;** er steht auf der Kippe mit seinen Noten (weiß nicht, ob er das Ziel erreicht)

Kir|che, die: der -, die Kirchen (Gottes-haus); der **Kir|chen|chor;**
der **Kirch|gän|ger;** der **Kirch|hof;**
die **Kirch|weih; kirch|lich;** man muss die Kirche im Dorf lassen (man sollte nicht übertreiben); zur Kirche (zum Gottesdienst) gehen

Kir|mes, die: der -, die Kirmessen (Jahr-markt, Kirchweih, Messe)

Kir|sche, die: die Kirschen (Obstfrucht)

Kis|sen, das: des -s, die Kissen;
der **Kis|sen|be|zug**

Kis|te, die: der -, die Kisten;
kis|ten|wei|se

Kitsch, der: des -(e)s, **kit|schig** (sentimen-tal, geschmacklos)

Kitt, der: des -(e)s, die Kitte (Dichtungs-masse); **kit|ten; ver|kit|ten**

Kit|tel, der: des -s, die Kittel;
die **Kit|tel|schür|ze**

Kitz, das: des -es, die Kitze (Junges von Reh, Ziege oder Gämse)

kit|zeln: der **Kit|zel;** der **Kitz|ler** (Klito-ris); **kit|ze|lig,** *auch* **kitz|lig**

KKW: Kernkraftwerk

Kla|bau|ter|mann, der: des -s, die Kla-bautermänner (Schiffskobold)

Klad|de, die: der -, die Kladden (Schmier-heft)

Klad|de|ra|datsch, der: des -es, die Kladderadatsche (Krach, Misserfolg, Blödsinn)

klaf|fen: eine klaffende (weit offen stehen-de) Wunde

kläf|fen: (bellen); der Hund kläfft

kla|gen: über Schmerzen/vor Gericht klagen; **an|kla|gen; ver|kla|gen;**
die **Kla|ge;** der **Klä|ger; kläg|lich**

Kla|mauk, der: des -s (Lärm, Geschrei, Ulk)

Klamm, die: der -, die Klammen (tiefe Felsenschlucht); **klamm** (feuchtkalt); **klamm|heim|lich:** (ganz heimlich)

Kla|mot|te, die: der -, die Klamotten (altes Kleidungsstück, minderwertiges Theater-stück, Steinbrocken)

Klang, der: des -es, die Klänge; **klang|lich;** sang- und klanglos (ohne etwas zu sagen, verschwand er);
→ klingen

Klap|pe, die: der -, die Klappen; die Klappe (den Deckel) schließen;
die **Herz|klap|pe;** der **Klapp|sitz; klap|pen;** ich klappe das Buch zu; das hat gut geklappt; er ist zusammenge-klappt (zusammengesunken)

klap|pern: vor Kälte mit den Zähnen klappern; die **Klap|per; klap|pe|rig,**

auch **klapp|rig;** ein klappriges (nicht mehr sehr stabiles) Auto fahren; das Heulen und Zähneklappern

Klaps, der: des -es, die Klapse (leichter Schlag); die **Klaps|müh|le** (scherzh. für Nervenheilanstalt); **klap|sen**

klar: klares (reines, ungetrübtes) Wasser trinken; ein klarer Himmel; ein klarer Kopf; über etwas im Klaren sein; die **Klar|heit;** die **Klar|sicht|fo|lie;** die **Klä|rung; auf|kla|ren** (das Wetter klart auf); etwas **klä|ren; auf|klä|ren** (den Mord aufklären); **klar|kom|men** (zurechtkommen); **klar|ma|chen** (deutlich machen); **klar den|ken; klar|se|hen,** aber: ich kann klar sehen; **klar sein; klar wer|den/klar|wer|den**

Klär|an|la|ge, die: der -, die Kläranlagen (Abwasserreinigungsanlage); **klä|ren** (Missverständnisse beseitigen)

Kla|ri|net|te *ital.,* die: der -, die Klarinetten (Holzblasinstrument); der **Kla|ri|net|tist;** die **Kla|ri|net|tis|tin**

Klas|se *lat.,* die: der -, die Klassen; die zehnte Klasse; der Wagen ist Klasse; das ist eine klasse Sache; die **Klas|sen|ar|beit;** der **Klas|sen|spre|cher; erst|klas|sig; klas|si|fi|ziert**

Klas|sik *lat.,* die: der - (Kunstepoche); der **Klas|si|ker; klas|sisch;** ein klassisches (mustergültiges, typisches) Beispiel

klat|schen: in die Hände klatschen; über jemanden klatschen (reden); jemandem eine klatschen (Ohrfeige geben); der **Klatsch;** die **Klatsch|tan|te; klatsch|nass**

Klaue, die: der -, die Klauen (Zehe, Kralle); er lässt mich nicht aus den Klauen; er hat eine Klaue (schlechte Schrift); **klau|en:** Geld klauen (stehlen)

Klau|se, die: der -, die Klausen (Gaststätte, enger Raum, Klosterzelle)

Klau|sel *lat.,* die: der -, die Klauseln (Einschränkung, Nebenbestimmung, Vorbehalt)

Klau|sur, die: (abgeschlossener Gebäude-teil); **Klau|sur|ar|beit**

Kla|vier, das: des -s, die Klaviere; das **Kla|vier|kon|zert**

kle|ben: den Riss kleben (kitten, leimen); **auf|kle|ben; kle|ben blei|ben** (an der Wand), aber: **kle|ben|blei|ben** (sitzenbleiben); der **Kle|ber;** der **Kleb|stoff; kleb|rig** (schmierig, pappig)

Klecks, der: des -es, die Kleckse (Fleck); **kle|ckern; kleck|sen** (Flecken machen)

Klee, der: (Viehfutter); das Kleeblatt

Kleid, das: des -es, die Kleider (Kleider für Frauen und Mädchen); die **Klei|dung; kleid|sam;** sich **klei|den;** das kleidet mich gut

Kleie, die: der -, die Kleien (gemahlene Hülsen des Getreidekorns)

klein: ein kleines Haus; von klein auf; klein beigeben; das sind kleine Fische (das ist einfach); bis ins Kleinste vorbereitet; die Großen und Kleinen; das Wort musst du kleinschreiben, aber: du sollst nicht so klein schreiben (in kleiner Schrift); Verben werden kleingeschrieben; **klein|ka|riert** (engstirnig), aber: das Muster ist klein kariert; **klein|laut; klein|lich;** das **Klei|ne;** die **Klei|nig|keit;** das **Klein|od** (Kostbarkeit); die **Klein|schrei|bung;** etwas **klein ma|chen/klein|ma|chen**

Kleis|ter, der: des -s, die Kleister (Kleber)

klem|men: das Schloss klemmt; er hat sich den Daumen geklemmt; die **Klem|me;** er sitzt in der Klemme (ist in Schwierigkeiten); sich hinter etwas klemmen (sich eifrig bemühen)

Klemp|ner, der: des -s, die Klempner (Installateur)

Klep|to|ma|nie *griech.,* die: der - (krankhafter Trieb zum Stehlen); der **Klep|to|ma|ne; klep|to|ma|nisch**

Kle|rus *griech.,* der: des - (kath. Geistlichkeit); der **Kle|ri|ker** (kath. Priester)

Klet|te, die: der -, die Kletten (Pflanze); wie eine Klette an einem Menschen hängen

klet|tern: (steigen); in den Bergen klet-

tern; er kletterte, sie hat geklettert;
das **Klet|ter|ge|rüst;** der **Klet|te|rer**

Kli|ent *lat.,* der : des -en, die Klienten
(Auftraggeber, Kunde) ; das **Kli|en|tel**

Kliff, das: die Kliffe (steiler Abfall einer
Küste)

Kli|ma *griech.,* das: des -s, die Klimas/
Klimate; ein gesundes Klima; ein trocke-
nes, heißes Klima; die **Kli|ma|an|la|ge;**
das **Mit|tel|meer|kli|ma; kli|ma|tisch;
kli|ma|ti|sie|ren;** das **Be|triebs|kli|ma**

klim|men: du klimmst, du klömmest, er
klomm/klimmte, sie ist geklommen/
geklimmt, klimm(e)! (klettern);
der **Klimm|zug** (Turnübung)

klim|pern: auf dem Klavier klimpern
(gedankenlos spielen);
der **Klim|per|kas|ten**

Klin|ge, die: der -, die Klingen (scharfer
Teil eines Schmiedewerkzeugs); die
Klinge des Messers

klin|geln: es hat laut geklingelt (geläutet);
die **Klin|gel** (Glocke)

klin|gen: du klingst, du klängest, er klang,
es hat geklungen, klinge!; der **Klang**

Kli|nik *griech.,* die: der -, die Kliniken
(Krankenhaus); **kli|nisch**

Klin|ke, die: der -, die Klinken;
die **Tür|klin|ke** (Türöffner);
der **Klin|ken|put|zer** (Vertreter)

Klin|ker, der: des -s, die Klinker (hart
gebrannter Ziegel)

Klipp *engl.,* der: des -s, die Klipps (Ohr-
schmuck, Klemme)

Klip|pe, die: der -, die Klippen (Felsenvor-
sprung); eine Klippe umschiffen (auf See)

klir|ren: klirrende (eisige) Kälte; die Gläser
klirren

Kli|schee, das: des -s, die Klischees
(Druckstock, weit verbreitete Meinung,
Abklatsch); die **Kli|schee|vor|stel|lung;
kli|schee|haft**

Klis|tier, das: des -s, die Klistiere (Einlauf
in den Körper)

Kli|to|ris *griech.,* die: der -, die Klitoris/
Klitorides (Teil der weiblichen Ge-
schlechtsorgane)

klit|schig: (feucht, breiig, klebrig);
klit|sche|nass, *auch* **klitsch|nass** (ganz
nass)

klit|ze|klein: (ganz klein)

Klo, das: des -s, die Klos; Kurzw. für
Klosett

Klo|a|ke *lat.,* die: der -, die Kloaken
(Dunggrube, Abwasserkanal, schlecht
gereinigter Fluss)

klo|big: (derb, grob, zu groß für den
Zweck)

klö|nen: (gemütlich beieinandersitzen und
miteinander reden)

klop|fen: (hämmern, schlagen);
an|klop|fen; aus|klop|fen;
der **Klop|fer** (an der Haustür); bei
jemandem auf den Busch klopfen (vor-
sichtig ausfragen)

Klöp|pel, der: des -s, die Klöppel (Knüp-
pel, Schwengel, Spule zum Klöppeln);
die **Klöp|pe|lei** (Handarbeit); **klöp|peln**

Klops, der: des -es, die Klopse (Fleisch-
kloß); die **Kö|nigs|ber|ger Klop|se**

Kloß, der: des -es, die Klöße

Klos|ter, das: des -s, die Klöster

Klotz, der: des -es, die Klötze (Stück
Holz); **klot|zig; klot|zen**

Klub *auch* **Club** *engl.,* der: des -s, die Klubs
(Vereinigung); der **Klub|ses|sel;**
der **Fuß|ball|club/Fuß|ball|klub** Abk. FC

Kluft, die: der -, die Kluften (Kleidung)

Kluft, die: der -, die Klüfte (Spalte, Zwi-
schenraum; Meinungsverschiedenheit);
zer|klüf|ten; zer|klüf|tet

klug: klüger, am klügsten (gescheit); er ist
der **Klügs|te; alt|klug; klu|ger|wei|se;**
die **Klug|heit;** der **Klug|red|ner;** aus
jemandem nicht klug werden (ihn nicht
verstehen)

Klum|pen, der: des -s, die Klumpen;
der **Klump|fuß** (Missbildung des
Fußes); **klum|pig; klum|pen;** der
Pudding klumpt

Klün|gel, der: des -s, die Klüngel (Sipp-
schaft, Clique, Vetternwirtschaft)

km: Kilometer (1000 m);
km/h, Kilometer je Stunde; Stundenkilo-

meter

knab|bern: (mit den Vorderzähnen kauen); an etwas zu knabbern haben (sich schwer tun mit etwas)

Kna|be, der: des -n, die Knaben (Junge)

kna|cken: Nüsse knacken; ein Rätsel knacken; knackende Geräusche; **knack|sen;** der **Knacks;** die Schüssel hat einen Knacks (Riss); der **Knack|punkt;** die **Knack|wurst; kna|ckig; knack|frisch** (Brötchen)

knal|len: in die Luft knallen (schießen); mit der Peitsche knallen (platschendes, lautes Geräusch erzeugen); der **Knall;** der **Knall|ef|fekt** (Überraschung); **knall|rot** (ganz rot)

knapp: knapper, am knapp(e)sten; knapp sein; knapp werden

Knar|re, die: der -, die Knarren (Gewehr)

knar|ren; die Tür knarrt (ist nicht geölt, ächzt)

Knast, der: des -(e)s, die Knaste/Knäste (Freiheitsstrafe, Gefängnis)

knat|tern: (ohne Geräuschdämpfer mit dem Motorrad fahren)

Knäu|el, das/der: des -s, die Knäuel; das Wollknäuel

Knauf, der: des -(e)s, die Knäufe (runder Griff)

knau|se|rig: (übertrieben sparsam, geizig); der **Knau|ser; knau|sern**

knaut|schen: (knittern); die **Knautsch|zo|ne**

Kne|bel, der: des -s, die Knebel; **kne|beln** (den Mund verstopfen)

Knecht, der: des -(e)s, die Knechte; **knech|ten** (unterdrücken); die **Knecht|schaft**

knei|fen: du kneifst, du kniffest, er kniff, sie hat gekniffen, kneif(e)!; jemanden in den Arm kneifen (zwicken); vor einem Wettkampf kneifen (sich drücken); die **Kneif|zan|ge**

Knei|pe, die: der -, die Kneipen (einfache Gastwirtschaft)

Kneipp|kur, die: der -, die Kneippkuren (Wasserkur nach Pfarrer Kneipp);

kneip|pen

kne|ten: die **Knet|mas|se** (bearbeiteter Teig); die **Knet|ma|schi|ne**

kni|cken: (falten, umbiegen) einen Ast abknicken; der **Knick;** der **Knicks; knick|sen**

kni|cke|rig: (geizig); **kni|ckern** (wenig Geld ausgeben)

Knie, das: des -s, die Knie (Gelenk zwischen Ober- und Unterschenkel); weiche Knie haben (Angst); die **Knie|beu|ge;** die **Knie|keh|le;** die **Knie|schei|be;** der **Knie|scho|ner; knien;** nichts übers Knie brechen (nichts Unüberlegtes tun); jemanden in die Knie zwingen (unterdrücken, besiegen); sich in seine Arbeit hineinknien

Kniff, der: des -(e)s, die Kniffe (Falte, Trick); **knif|fe|lig,** *auch* **kniff|lig** (schwierig); **knif|fen** (falten)

knip|sen: (fotografieren, lochen); der **Knip|ser**

Knirps, der: des -es, die Knirpse (kleiner Junge, Regenschirm)

knir|schen: der Schnee knirscht; mit den Zähnen knirschen

knis|tern: das Lagerfeuer knistert; es knistert im Gebälk

knit|tern: der Stoff knittert; **knit|ter|frei; knit|ter|fest**

kno|beln: (würfeln, losen, lange nachdenken)

Knob|lauch, der: des -(e)s (Gewürz- und Heilpflanze); die **Knob|lauch|but|ter;** die **Knob|lauch|ze|he**

Kno|chen, der: des -s, die Knochen; der **Knö|chel; kno|chen|hart; knö|che|rig,** *auch* **knöch|rig; kno|chig;** der **Kno|chen|bruch**

Knock-out/Knock|out *engl.* [nokaut], der: des -(s), die Knock-outs (Niederschlagen beim Boxkampf); er ist knock-out, k.o. (kampfunfähig, müde); der **K.-o.-Schlag**

Knö|del, der: des -s, die Knödel (Kloß)

Knol|le, die: der -, die Knollen, *auch* der **Knol|len** (verdickter Pflanzenteil); der **Knol|len|blät|ter|pilz**

Knopf, der: des -es, die Knöpfe (Klingel-
oder Schaltknopf); das **Knopf|loch;**
zu|ge|knöpft sein (unnahbar sein);
auf|knöp|fen (die Jacke); **knöp|fen**

Knor|pel, der: des -s, die Knorpel (festes
Bindegewebe); **knor|pe|lig,** *auch*
knorp|lig

knor|rig: (knotig verwachsen)

Knos|pe, die: der -, die Knospen; **knos|pen**

Kno|ten, der: des -s, die Knoten;
der **Kno|ten|punkt** (Vereinigung
verschiedener Linien);
der **Ver|kehrs|kno|ten|punkt; kno|tig;**
etwas **ver|kno|ten;** die Sache hat einen
Kno|ten (ist schwierig)

Know-how *engl.* [nohau], das: des -s, die
Know-hows (Wissen um praktische
Verwirklichung einer Sache)

knül|len: (knittern, zusammendrücken)

Knül|ler, der: des -s, die Knüller; das ist
ein Knüller (Neuheit, Erfolg, Schlager)

knüp|fen: Fäden knüpfen; an eine Erinne-
rung anknüpfen; Beziehungen knüpfen

Knüp|pel, der: des -s, die Knüppel;
die **Knüp|pel|schal|tung;** es kommt
knüppeldick (sehr schlimm)

knur|ren: der knurrende (brummende)
Hund; **knur|rig**

knus|pern: (gräuschvoll essen);
knus|pe|rig, *auch* **knusp|rig** (knackig);
das **Knus|per|ge|bäck**

Knu|te, die: der -, die Knuten (Leder-
peitsche; Gerte); **knu|ten** (knechten,
unterdrücken)

knut|schen: (sich küssen, liebkosen);
die **Knut|sche|rei**

k.o.: knock-out; jemanden k.o. schlagen
→ Knock-out

Ko|a|li|ti|on, die: der -, die Koalitionen
(Zusammenschluss, Vereinigung, Bünd-
nis); **ko|a|lie|ren:** (z.B. in einer Regie-
rung gehen zwei Parteien zusammen)

Ko|bel, der: des -s, die Kobel (kleiner Stall,
Eichhörnchennest)

Ko|bold, der: des -(e)s, die Kobolde
(lustiger Geist, Klabautermann)

Kob|ra/Ko|bra, Ko|bra, die: die Kobras

(Brillenschlange)

ko|chen: der **Koch;** die **Kö|chin;**
die **Koch|ni|sche;** der **Ko|cher** (Gerät
zum Kochen); **koch|fer|tig;** heißes
Wasser kochen

Kö|cher, der: des -s, die Köcher (Pfeiltasche)

Kode/Code *engl.* [kot], der: des -s; die
Kodes (Schlüssel für Geheimsprache);
der **Ko|dex** (Gesetzbuch, Handschriften-
sammlung); die **Ko|die|rung; ko|die|ren**
(einen Code eingeben)

Kö|der, der: des -s, die Köder (Lockmittel);
kö|dern (jemanden anlocken)

Ko|edu|ka|ti|on *engl.*, die: der - (gemeinsa-
me Erziehung von Mädchen und Jungen)

Ko|exis|tenz, die: der - (friedliches
Nebeneinander, miteinander leben)

Kof|fe|in/Cof|fe|in *arab.*, das: des -s
(Wirkstoff des Kaffees); **kof|fe|in|frei**

Kof|fer, der: des -s, die Koffer (Behälter für
die Reise); das **Kof|fer|ra|dio;**
der **Kof|fer|raum;** der **Kof|fer|schlüs|sel**

Kog: *auch* Koog, der: die Köge (dem Meer
abgerungenes Land)

Ko|gel, der: die Kogel (Bergkuppe)

Kog|ge, die: die Koggen (Schiff)

Kog|nak/Ko|gnak: aber: Cognac, der:
(Weinbrand)

Kohl, der: des -(e)s; der **Kohl|ra|bi;**
die **Kohl|rü|be;** der **Rot|kohl;**
der **Wir|sing|kohl;**
jemanden **ver|koh|len** (anführen, anlügen);
der **Kohl|weiß|ling** (Schmetterling)

Koh|le, die: der -, die Kohlen (Brennstoff);
das **Koh|len|di|oxid;**
die **Koh|len|hal|de;** die **Koh|len|hei|zung;**
das **Koh|le(n)|hy|d|rat** (Verbindung von
Kohlenstoff, Sauerstoff und Wasserstoff);
die **Koh|len|säu|re;** der **Köh|ler;** wie auf
heißen Kohlen sitzen (geduldig warten
müssen); er hat keine Kohle (kein Geld)

Ko|i|tus/Co|i|tus, der: des -, die Koitusse
(Geschlechtsakt); **ko|i|tie|ren** (den
Geschlechtsakt ausführen)

Ko|je *niederl.*, die: der -, die Kojen (Schlaf-
stelle auf Schiffen, Ausstellungsstand)

Ko|ka|in *indian.*, das: des -s (Betäubungsmittel, Rauschgift)

ko|keln: (mit Feuer spielen)

ko|kett *franz.:* (eitel); **ko|ket|tie|ren**

Ko|ko|lo|res: er redet Kokolores (Unsinn)

Ko|kon *franz.,* der: des -s, die Kokons (Hülle von Insektenpuppen)

Ko|kos|nuss, die: der -, die Kokosnüsse (Frucht); die **Ko|kos|nuss|pal|me**

Koks *engl.,* der: des -es, die Kokse (Brennstoff, Unsinn; Geld), *auch* Kurzw. für Kokain; **kok|sen:** (Kokain nehmen, schlafen, schnarchen, Unsinn reden)

Kol|ben, der: des -s, die Kolben (Teil des Motors, dicke Frucht des Maises)

Ko|lik *griech.,* die: der -, die Koliken (krampfartige, heftige Schmerzen im Bauchraum)

Kol|laps *lat.,* der: des -es, die Kollapse (Schwächeanfall); **kol|la|bie|ren**

Kol|le|ge *lat.,* der: des -n, die Kollegen (Mitarbeiter); die **Kol|le|gin;** **kol|le|gi|al**

Kol|lek|te *lat.,* die: der -, die Kollekten (Spendensammlung); die **Kol|lek|ti|on** (Mustersammlung, Zusammenstellung von Waren)

Kol|lek|tiv *lat.,* das: des -s, die Kollektive (Arbeitsgemeinschaft, Team, Produktionsgemeinschaft); **kol|lek|tiv** (gemeinschaftlich); **kol|lek|ti|vie|ren** (enteignen)

Kol|ler, der: des -s, die Koller (Wutausbruch)

kol|lern: der Ball kollert (rollt) ins Tor

kol|li|die|ren: (zusammenstoßen); die **Kol|li|si|on**

Ko|lo|nie, die: der -, die Kolonien (auswärtige Niederlassung, meist überseeische Besitzung eines Staates, Ansiedlung); der **Ko|lo|ni|a|lis|mus** (auf den Erwerb, Erschließung und Ausbeutung von Kolonien ausgerichtete Politik)

Ko|lon|na|de *franz.,* die: der -, die Kolonnaden (Säulengang)

Ko|lon|ne *franz.,* die: der -, die Kolonnen (Abteilung, lange Reihe, Gruppe)

Ko|lo|ra|tur *ital.,* die: der -, die Koloraturen (Verzierung beim Gesang, Triller); der **Ko|lo|ra|tur|so|p|ran**

ko|lo|rie|ren: (färben, ausmalen); das **Ko|lo|rit** (Farbgebung, Klangfarbe)

Ko|loss *griech.,* der: des -es, die Kolosse (Riesenstandbild); **ko|los|sal** (riesig)

Ko|lum|ne *lat.,* die: der -, die Kolumnen (senkrechte Reihe, Abschnitt, Spalte in einer Zeitung); der **Ko|lum|nist**

Ko|ma *griech.,* das: des -s, die Komas/ Komata (tiefe Bewusstlosigkeit)

kom|bi|nie|ren: (etwas verbinden, berechnen, planmäßig zusammenstellen); die **Kom|bi|na|ti|on;** die Kombination im Fußball (planvolles Zusammenspiel); der **Kom|bi|wa|gen;** Abk. Kombi; die **Kom|bi|zan|ge**

Ko|met *griech.,* der: des -en, die Kometen (Schweifstern); **ko|me|ten|haf|ter** Aufstieg (steiler Aufstieg)

Kom|fort *engl.* [komfor], der: des -s (Bequemlichkeit, Luxus); **kom|for|ta|bel** (wohnlich, gemütlich)

ko|misch: (zum Lachen reizend); die **Ko|mik;** der **Ko|mi|ker**

Ko|mi|tee *franz.,* das: des -s, die Komitees (leitender Ausschuss)

Kom|ma *griech.,* das: des -s, die Kommas/ Kommata (Beistrich); die **Kom|ma|set|zung;** der Kommafehler

Kom|man|dant *franz.,* der: des -en, die Kommandanten; der **Kom|man|deur;** das **Kom|man|do** (Weisung, Befehl); **kom|man|die|ren** (befehlen)

kom|men: du kommst, du kämest, er kam, sie ist gekommen, komm(e)!; sich ein Getränk kommen lassen (bestellen); der Zug kommt bald; er kommt zu Fuß; etwas kommt an den Tag; das **Kom|men;** es war ein Kommen und Gehen; ich warte auf sein Kommen; wir sind noch einmal davongekommen; kommen lassen/kommenlassen; **an|kom|men; aus|kom|men; ver|kom|men** (schlecht); **vor|kom|men**

Kom|men|tar *lat.,* der: des -s, die Kommentare (Erklärung, Auslegung); der **Kom|men|ta|tor;** die **Kom|men|ta|to|rin;**

koke
K

kom|men|tie|ren
kom|mer|zi|ell *lat.:* der **Kom|merz**
(Wirtschaft, Handel und Verkehr);
kom|mer|zi|a|li|sie|ren
Kom|mis|sar *lat.,* der: des -s, die Kommis-
sare (Beauftragter); die **Kom|mis|sa|rin;**
der **Po|li|zei|kom|mis|sar;**
kom|mis|sa|risch (im Auftrag)
Kom|mis|si|on *lat.,* die: der -, die Kommis-
sionen (Ausschuss, Auftrag)
Kom|mo|de *franz.,* die: der -, die Kommo-
den (Schrank mit Schubkästen)
Kom|mu|ne *lat.,* die: der -, die Kommunen
(Gemeinde, Wohngemeinschaft);
die **Kom|mu|nal|wahl; kom|mu|nal**
Kom|mu|ni|ka|ti|on *lat.,* die: der -,
die Kommunikationen (Mitteilung,
Verbindung, Informationsaustausch);
die sprachliche Kommunikation;
das **Kom|mu|ni|ka|ti|ons|mit|tel;**
das **Kom|mu|ni|qué** (amtliche Mittei-
lung); **kom|mu|ni|zie|ren**
Kom|mu|ni|on *lat.,* die: der -, die Kommu-
nionen (Empfang des Abendmahls);
die Erste Heilige Kommunion
Kom|mu|nis|mus *lat.,* der: des - (Gesell-
schaftsordnung, in der Klassengegensätze
aufgehoben und damit alle gleich sein
sollten); der **Kom|mu|nist**
Ko|mö|die *griech.,* die: der -, die Komödien
(Lustspiel, lustiges Ereignis);
der **Ko|mö|di|ant** (Schauspieler)
kom|pakt *franz.:* (dicht gedrungen, fest);
die **Kom|pakt|an|la|ge;**
die **Kom|pakt|bau|wei|se**
Kom|pa|ra|tiv *lat.,* der: des -s, die Kompa-
rative (Grammatik: Steigerungsstufe der
Adjektive)
Kom|pass *ital.,* der: des -es, die Kompasse
(Gerät zur Bestimmung der Himmels-
richtung), die **Kom|pass|na|del**
kom|pa|ti|bel *engl.:* (vereinbar, kombinier-
bar, austauschbar);
die **Kom|pa|ti|bi|li|tät**
kom|pen|sie|ren *lat.:* (ausgleichen);
die **Kom|pen|sa|ti|on** (Abfindung,
Ausgleich)

kom|pe|tent *franz.:* (zuständig, sachver-
ständig, urteilsfähig); die **Kom|pe|tenz**
kom|plett *franz.:* (vollständig);
kom|plet|tie|ren (ergänzen)
Kom|plex *lat.,* der: des -es, die Komplexe;
die Häuser bilden einen Komplex
(Einheit); er hat einen Komplex (seelisch
bedrückende Furchtvorstellung in Bezug
auf sich selbst);
der **Min|der|wer|tig|keits|kom|plex;**
kom|plex (umfassend, vielfältig)
Kom|pli|ment *franz.,* das: des -(e)s, die
Komplimente (Bezeugung von Höflich-
keit, Freundlichkeit); jemandem ein
Kompliment machen
Kom|pli|ze *lat.,* der: des -n, die Komplizen
(Mittäter); die **Kom|pli|zin;**
die **Kom|pli|zen|schaft**
kom|pli|ziert *lat.:* (schwierig);
die **Kom|pli|ka|ti|on** (Erschwerung,
Verwicklung)
Kom|plott *franz.,* der/das: des -(e)s, die
Komplotte (Verschwörung, heimlicher
Anschlag)
Kom|po|nen|te *lat.,* die: der -, die Kompo-
nenten (ein Bestandteil, ein Teil eines
Ganzen)
kom|po|nie|ren: (zusammensetzen, die
Noten für ein Musikstück schreiben);
die **Kom|po|si|ti|on;** der **Kom|po|nist**
Kom|post *franz.,* der: des -(e)s, die Kom-
poste (Naturdünger); der
Kom|post|hau|fen; kom|pos|tie|ren
(verrotten lassen)
kom|pri|mie|ren *franz.:* (zusammenpres-
sen, verdichten, kürzen);
die **Kom|pres|se** (feuchter Umschlag);
die **Kom|pres|si|on** (Druck beim Motor);
der **Kom|pres|sor; kom|pri|miert**
Kom|pro|miss *lat.,* der: des -es, die
Kompromisse; einen Kompromiss
schließen (eine Übereinkunft, einen
Vergleich); **kom|pro|miss|be|reit;**
kom|pro|miss|los
kom|pro|mit|tie|ren: (in der Gesellschaft
bloßstellen)
kon|den|sie|ren *lat.:* (verdichten, eindi-

cken, verflüssigen); das **Kon|den|sat**
(Niederschlagswasser);
die **Kon|den|sa|ti|on;**
der **Kon|den|sa|tor** (Gerät zum Spei-
chern von Elektrizität); die **Kon|dens|milch**

Kon|di|ti|on *lat.,* die: der -, die Konditio-
nen (Bedingung, körperliche Verfassung);
das **Kon|di|ti|ons|trai|ning**

Kon|di|tor *lat.,* der: des -s, die Konditoren;
die **Kon|di|to|rei**

kon|do|lie|ren: (Beileid aussprechen);
die **Kon|do|lenz|kar|te**

Kon|dom *engl.,* das/der: des -s, die Kondo-
me (für den Mann ein Mittel zur Emp-
fängnisverhütung, Präservativ)

Kon|fekt *lat.,* das: des -(e)s, die Konfekte
(Süßigkeit)

Kon|fek|ti|on *franz.,* die: der -, die Konfek-
tionen (Fertigkleidung)

Kon|fe|renz *lat.,* die: der -, die Konferen-
zen (Beratung); **kon|fe|rie|ren** (eine
Sitzung abhalten)

Kon|fes|si|on *lat.,* die: der -, die Konfessio-
nen (Bekenntnis, Glaubensgemeinschaft);
kon|fes|si|o|nell; kon|fes|si|ons|los

Kon|fet|ti *ital.,* das: des -s (bunte Papier-
schnitzel); die **Kon|fet|ti|pa|ra|de**

Kon|fir|ma|ti|on *lat.,* die: der -, die Konfir-
mationen (Empfang des ersten Abend-
mahls, Aufnahme in die evang. Kirche);
der **Kon|fir|mand; kon|fir|mie|ren**

Kon|fi|tü|re *franz.,* die: der -, die Konfitü-
ren (Marmelade, Fruchtmus)

Kon|flikt *lat.,* der: des -(e)s, die Konflikte
(Streit, Zwiespalt); die **Kon|flikt|lö|sung**

kon|form: konformes (übereinstimmen-
des) Denken; ich gehe konform mit ihr
(einer Meinung sein)

kon|fron|tie|ren: (gegenüberstellen);
jemanden mit dem Geschehen konfron-
tieren; die **Kon|fron|ta|ti|on** (Auseinan-
dersetzung, Gegenüberstellung)

kon|fus *lat.:* konfuses (verwirrtes, unkla-
res) Reden; die **Kon|fu|si|on**

Kon|gress *lat.,* der: des -es, die Kongresse
(größere Versammlung, Tagung);
der **Kon|gress|saal**

kon|gru|ent: (übereinstimmend, de-
ckungsgleich); die **Kon|gru|enz;** das
kongruente Dreieck (in Seiten und
Winkeln deckungsgleich)

Kö|nig, der: des -s, die Könige;
die **Kö|ni|gin; kö|nig|lich;**
das **Kö|nig|reich;** die **Kö|ni|gin|pas|te|te**

ko|nisch *griech.:* (kegelförmig); der **Ko|nus**

Kon|ju|ga|ti|on *lat.,* die: der -, die Konju-
gationen (Beugung des Verbs);
kon|ju|gie|ren (beugen)

Kon|junk|ti|on *lat.,* die: der -, die Kon-
junktionen (Bindewort)

Kon|junk|tiv *lat.,* der: des -s, die Konjunk-
tive (die Möglichkeitsform des Verbs)

Kon|junk|tur *lat.,* die: der -, die Konjunk-
turen (Wirtschaftslage);
die **Hoch|kon|junk|tur;**
kon|junk|tu|rell;
kon|junk|tur|be|dingt

kon|kav: (nach innen gewölbt, hohl);
Gegens. konvex; der **Kon|kav|spie|gel**

Kon|kor|dat *lat.,* das: des -(e)s, die Kon-
kordate (Vertrag zwischen Staat und
Kirche)

kon|kret: (gegenständlich, anschaulich);
kon|kre|ti|sie|ren

Kon|kur|renz *lat.,* die: der -, die Konkur-
renzen (Wettbewerb); der **Kon|kur|rent**
(Mitbewerber); **kon|kur|rie|ren**

Kon|kurs *lat.,* der: des -es, die Konkurse
(Zahlungsunfähigkeit); einen Konkurs
anmelden; der **Kon|kurs|ver|wal|ter;**
die **Kon|kurs|mas|se**

kön|nen: du kannst, du könntest, er
konnte, sie hat gekonnt; er kann gut
reimen; der **Kön|ner**

Kon|rek|tor *lat.,* der: des -s, die Konrekto-
ren (Vertreter des Rektors);
die **Kon|rek|to|rin;**
die **Kon|rek|to|rin|nen**

Kon|sens *lat.,* der: des -es, die Konsense
(Übereinstimmung); einen Konsens
(Einigung) erzielen

kon|se|quent *lat.:* (folgerichtig, zielbe-
wusst); die **Kon|se|quenz;** die Konse-
quenzen (Folgerung) ziehen

kon|ser|va|tiv *lat.:* (das Gute aus der Vergangenheit bewahren, Anhänger einer konservativen Partei);
der **Kon|ser|va|tis|mus**

Kon|ser|ve *lat.,* die: der -, die Konserven; **kon|ser|vie|ren** (haltbar machen, festhalten, erhalten)

Kon|so|nant *lat.,* der : des -en, die Konsonanten (Mitlaut)

kon|s|tant *lat.:* (gleichbleibend, fest, stetig); die **Kon|s|tan|te;**
die **Kon|s|tanz; kon|s|ta|tie|ren**

Kon|stel|la|ti|on/Kons|tel|la|ti|on *lat.,* die: der -, die Konstellationen (Lage, Stellung der Planeten zueinander)

kon|s|ti|tu|ie|ren *lat.:* (festsetzen, bilden, gründen); ein Verein konstituiert sich; die **Kon|s|ti|tu|ti|on** (Verfassung eines Staates, allgemeine körperliche Verfassung); **kon|s|ti|tu|ti|o|nell** (verfassungsgemäß)

kon|s|tru|ie|ren *lat.:* (bauen, entwerfen); der **Kon|s|truk|teur;**
die **Kon|s|truk|ti|on; kon|s|truk|tiv** (gut aufbauend)

Kon|sul *lat.,* der: des -s, die Konsuln (Vertreter eines Staates in einem anderen Staat); das **Kon|su|lat**

kon|sul|tie|ren *lat.:* (einen Fachmann zu Rate ziehen); die **Kon|sul|ta|ti|on**

Kon|sum *ital.,* der: des -s (Verbrauch, Verzehr); der **Kon|sum|ar|ti|kel;**
der **Kon|su|ment;**
die **Kon|sum|ge|sell|schaft** (Wohlstandsgesellschaft); **kon|su|mie|ren** (verbrauchen)

Kon|takt *lat.,* der: des -(e)s, die Kontakte (Verbindung, Berührung, Fühlungnahme); die **Kon|takt|an|zei|ge;**
die **Kon|takt|lin|se; kon|takt|arm; kon|takt|freu|dig;**
die **Kon|takt|ad|res|se**

kon|tern: (widersprechen, im Fußball ein Gegenangriff)

Kon|text *lat.,* der: des -(e)s, die Kontexte (Zusammenhang, umgebender Text)

Kon|ti|nent *lat.,* der : des -(e)s, die Konti-nente (Erdteil, Festland);
das **Kon|ti|nen|tal|kli|ma**

kon|ti|nu|ier|lich: (ununterbrochen)

Kon|to *ital.,* das: des -s, die Konten/Konti/Kontos (Aufstellung über Einnahmen und Ausgaben); der **Kon|to|aus|zug**

kon|t|ra/con|t|ra *lat.:* (wider, gegen)

Kon|t|rast *franz.,* der: des -, die Kontraste (Gegensatz); **kon|t|ras|tie|ren** (voneinander abheben, gegenüberstehen)

Kon|t|rol|le *franz.,* die: der -, die Kontrollen (Überprüfung); der **Kon|t|rol|leur** [kontrolör]; die **Kon|t|rol|leu|rin;**
kon|t|rol|lie|ren (überprüfen); sich kontrollieren (beherrschen)

kon|tro|vers/kont|ro|vers *lat.:* (strittig, gegeneinander gerichtet);
die **Kon|t|ro|ver|se** (Streit, Meinungsverschiedenheit)

Kon|tur *franz.,* die: der -, die Konturen (Umrisse)

Ko|nus, der: des -, die Konusse (Kegel)

Kon|ven|ti|on *franz.,* die: der -, die Konventionen (Vereinbarungen, Umgangsregeln); **kon|ven|ti|o|nell** (nach alten Regeln üblich)

Kon|ver|sa|ti|on *franz.,* die: der -, die Konversationen (förmliche Gespräche)

kon|vex *lat.:* (nach außen gekrümmt)

Kon|voi *engl.,* der : des -s, die Konvois (Geleitzug)

Kon|zen|tra|ti|on/Kon|zent|ra|ti|on *lat.,* die: der -, die Konzentrationen (geistige Sammlung, Zusammenballung); er hat keine Konzentration mehr (Aufmerksamkeit);
die **Kon|zen|t|ra|ti|ons|fä|hig|keit;**
das **Kon|zen|t|ra|ti|ons|la|ger** (Todeslager unter Hitler); **kon|zen|t|riert;** konzentrierter Fruchtsaft (verdichtet);
sich **kon|zen|t|rie|ren** (genau zuhören, arbeiten usw.)

kon|zen|trisch/kon|zent|risch: (mit gemeinsamem Mittelpunkt); konzentrische Kreise

Kon|zept *lat.,* das: des -(e)s, die Konzepte (Entwurf, Rohfassung); aus dem Konzept

(Fassung) geraten; jemandem das Kon-
zept verderben (Pläne verderben)

Kon|zern *engl.,* der: des -(e)s, die Konzer-
ne (Zusammenschluss von Wirtschafts-
unternehmen); die **Kon|zern|lei|tung**

Kon|zert *ital.,* das: des -(e)s, die Konzerte
(öffentliche Musikaufführung);
kon|zer|tie|ren (miteinander musizie-
ren)

Kon|zes|si|on *lat.,* die: der -, die Konzes-
sionen (Erlaubnis, Genehmigung); keine
Konzessionen (Zugeständnisse) machen;
kon|zes|si|o|niert (behördlich geneh-
migt)

Kon|zil, das: die Konzile, *auch* Konzilien
(Versammlung der Kardinäle und
Bischöfe in der kath. Kirche)

Koog → Kog

Ko|ope|ra|ti|on *lat.,* die: der -, die Koope-
rationen (Zusammenarbeit);
ko|ope|ra|tiv (zur Gemeinsamkeit
bereit); **ko|ope|rie|ren**

Kopf, der: des -(e)s, die Köpfe; pro Kopf
einen Euro; er ist ein heller Kopf; das
wächst mir über den Kopf (damit werde
ich nicht fertig); er ist nicht auf den Kopf
gefallen (nicht dumm);
die **Kopf|schmer|zen;**
das **Kopf|stein|pflas|ter;**
das **Kopf-an-Kopf-Ren|nen; kopf|los;**
kopf|über; köp|fen; (jemandem den
Kopf abschlagen); den Ball ins Tor
köpfen; **kopf|ste|hen;** ich stehe kopf;
kopf|rech|nen; das **Kopf|rech|nen**

Ko|pie *lat.,* die: der -, die Kopien (Nachbil-
dung, Abschrift, Abzug eines Films);
das **Ko|pier|ge|rät; ko|pie|ren** (nach-
machen, vervielfältigen)

Ko|pi|lot *engl.,* der: des -en, die Kopiloten
(zweiter Flugzeugführer, zweiter Fahrer);
die **Ko|pi|lo|tin**

kop|peln: (verbinden); das **Kop|pel**
(Gürtel); die **Kop|pel** (durch Riemen
verbundene Tiere, eingezäunte Weide);
die **Kopp|lung** (Verbindung)

ko|pu|lie|ren: (befruchten, Pflanzen
veredeln); die **Ko|pu|la** (lat. Band)

Ko|ral|le *griech.,* die: der -, die Korallen
(ein Nesseltier; aus seinem Skelett
gewonnener Schmuckstein)

Ko|ran *arab.,* der: des -s, die Korane
(heilige Schrift des Islams)

Korb, der: des -(e)s, die Körbe (geflochte-
ner Behälter); drei Körbe voll Birnen;
jemandem einen Korb geben (ablehnen)

Kord *engl.,* der: des -s, die Korde/Kords
(geripptes Gewebe); → Cord

Kor|del *franz.,* die: der -, die Kordeln
(gedrehte Schnur)

Ko|rin|the *griech.,* die: der -, die Korinthen
(kleine Rosinenart)

Kor|ken *span.,* der: des -s, die Korken;
der **Kork** (Rinde der Korkeiche);
ent|kor|ken (den Korken herauszie-
hen); **ver|kor|ken**

Kor|mo|ran, der: die Kormorane
(Schwimmvogel)

Korn, das: des -(e)s, die Körner (Getreide);
das Korn (Getreide) steht gut; der **Korn**
(Getreidebranntwein, Schnaps); die
Korn|blu|me; das Körn|chen; jeman-
den aufs Korn nehmen (sich mit ihm
beschäftigen wollen); Kimme und Korn
(beim Gewehr)

Kör|per *lat.,* der: des -s, die Körper
(menschlicher Körper, Körper eines
Würfels); der **Kör|per|bau;**
der **Kör|per|be|hin|der|te;**
die **Kör|per|ver|let|zung; kör|per|lich;**
die **Kör|per|schaft** (Verband)

kor|pu|lent *lat.:* (beleibt, dick);
die **Kor|pu|lenz**

kor|rekt *lat.:* (richtig, einwandfrei);
die **Kor|rek|tur; kor|ri|gie|ren** (berichtigen)

Kor|re|s|pon|dent *lat.,* der: des -en, die
Korrespondenten (Reporter, Berichter-
statter); die **Kor|re|s|pon|den|tin;**
die **Kor|re|s|pon|denz** (Briefwechsel);
kor|re|s|pon|die|ren (Briefe wechseln,
übereinstimmen)

Kor|ri|dor *ital.,* der: des -s, die Korridore
(Flur, Gang); der **Luft|kor|ri|dor** (enge
Flugschneise)

Kor|ro|si|on *lat.,* die: der -, die Korrosionen

(Zerstörung, Zersetzung)

kor|rupt *lat.:* (bestechlich); eine korrupte (schlechte) Gesellschaft; die **Kor|rup|ti|on; kor|rum|pie|ren** (bestechen)

Kor|sett *franz.,* das: des -s, die Korsetts/ Korsette (Mieder)

Ko|sak *russ.,* der: des -en, die Kosaken (früher bewaffneter Reiter aus Russland)

K.-o.-Schlag/Knock-out-Schlag, der: des -(e)s, die K.-o.-Schläge (Niederschlag beim Boxen); k. o. **schla|gen**

ko|sen: (schmusen, sich lieben); der **Ko|se|na|me**

Kos|me|tik *griech.,* die: der - (Schönheitspflege); **kos|me|tisch;** der **Kos|me|tik|kof|fer**

Kos|mos *griech.,* der: des - (Welt, Weltall); der **Kos|mo|naut;** der **Kos|mo|po|lit** (Weltbürger)

Kost, die: der - (Essen, Nahrung); das **Kost|geld;** die **Kost|pro|be; köst|lich; be|kös|ti|gen; kos|ten** (das Essen probieren)

Kos|ten, die: (Gegenwert, Ausgaben, Gebühren, Geld); die **Kos|ten|er|stat|tung; kost|bar; kost|spie|lig** (teuer); **kos|ten;** das kostet viel Geld; das kostet mich Kopf und Kragen; er lässt sich das etwas kosten; das kostet mich ein Vermögen

Kos|tüm *franz.,* das: des -s, die Kostüme (Rock und Jacke als ein Kleidungsstück für Frauen); **kos|tü|mie|ren**

Kot, der: des -(e)s (Schmutz); der **Kot|flü|gel** (Autoteil)

Ko|te|lett *franz.,* das: des -s, die Koteletts (Rippenstück); die **Ko|te|let|ten** (Backenbart)

Kö|ter, der: des -s, die Köter (abwertend für Hund)

kot|zen: (sich übergeben); kotzübel (schlecht gehen) sein

Krab|be, die: der -, die Krabben (Krebsart)

krab|beln: (auf Händen und Füßen kriechen); das **Krab|bel|al|ter** (bei Kindern)

Krach, der: des -es, die Kräche; **kra|chen** (Lärm erzeugen, streiten); sich **ver|kra|chen** (entzweien); mit Ach und Krach

kräch|zen: die Krähe krächzt

Kraft, die: der -, die Kräfte; ein Gesetz tritt in Kraft; zu Kräften kommen; mit allen Kräften; in Kraft (gültig sein); außer Kraft (ungültig) setzen; der **Kraft|auf|wand;** der **Kraft|fah|rer;** das **Kraft|fahr|zeug;** die **Kräf|ti|gung** (des Kranken); die **Kraft|lo|sig|keit; kraft** seines Amtes; **kräf|tig; Kraft spa|rend/kraft|spa|rend, kraft|strot|zend;** sich **kräf|ti|gen**

Kra|gen, der: des -s, die Kragen/Krägen; es geht ihm an den Kragen; die **Kra|gen|wei|te**

Krä|he, die: der -, die Krähen (Rabenvogel); das **Krä|hen|nest**

krä|hen: der Hahn kräht

kra|kee|len: (lärmen, schreien); der **Kra|keel** (Krach, Lärm); der **Kra|kee|ler**

Kral|le, die: der -, die Krallen; jemandem die Krallen zeigen; sich an etwas **kral|len**

Kram, der: des -(e)s (Gerümpel, altes Zeug); **kra|men;** das passt mir nicht in den Kram; alte Bücher aus dem Regal kramen (hervorholen)

Kram|pe, die: der -, die Krampen (gebogener Metallhaken)

Krampf, der: des -(e)s, die Krämpfe; einen Krampf in der Wade bekommen; **krampf|haft; ver|krampft;** sich **ver|kramp|fen;** krampfstillend, aber: den Krampf stillen

Kran, der: des -(e)s, die Kräne (Hebevorrichtung); der **Kran|füh|rer**

krank: kränker, am kränk(e)sten; krank sein; sich krank fühlen; krank werden; sich krank stellen; **krank|haft; kränk|lich;** der **Kran|ke;** das **Kran|ken|haus;** die **Krän|kung; er|kran|ken; krän|keln;** jemanden

krän|ken; sich **krank|la|chen;**
sich **krank|mel|den;**
jemanden **krank|schrei|ben;**
krank|ma|chen/krank ma|chen

Kranz, der: des -es, die Kränze (Gebinde);
be|krän|zen; das **Kaf|fee|kränz|chen**

Krap|fen, der: des -s, die Krapfen
(Gebäck)

krass: krasser, am krassesten (scharf,
auffallend); ein krasser Gegensatz

Kra|ter *griech.,* der: des -s, die Krater
(Überreste von Eruptionen);
die **Kra|ter|land|schaft;** der **Kra|ter|see**

Krät|ze, die: der - (juckende Hautkrank-
heit)

krat|zen: die Katze kratzt; der **Krat|zer;**
kratz|bürs|tig (widerspenstig)

krau|len: einem Kaninchen das Fell
kraulen; im Wasser kraulen (im Kraulstil
schwimmen); das **Kraul|schwim|men**

kraus: kraus|köp|fig; die **Krau|se;**
er redet krauses Zeug (Unsinn)

kräu|seln: die Haare kräuseln (ringeln)
sich; der Wind kräuselt die glatte Ober-
fläche des Wassers

Kraut, das: des -(e)s, die Kräuter (Pflanzen,
Gemüse); hier sieht es aus wie Kraut und
Rüben (alles liegt durcheinander, unor-
dentlich); dagegen ist kein Kraut gewach-
sen (kann man nichts machen);
der **Kräu|ter|tee;** das **Rot|kraut**
(Rotkohl); das **Un|kraut;**
der **Kraut|wi|ckel; krau|tig**

Kra|wall, der: des -s, die Krawalle (Auf-
ruhr, Streit, Lärm)

Kra|wat|te franz., die: der -, die Krawat-
ten (Schlips)

kra|xeln: (klettern); auf einen Berg
kraxeln; die **Kra|xe|lei**

kre|a|tiv *lat.*(schöpferisch, erfinderisch);
die **Kre|a|tur** (Geschöpf);
die **Kre|a|ti|on** (Modeschöpfung);
die **Kre|a|ti|vi|tät** (schöpferische Kraft)

Krebs, der: des -es, die Krebse (Krebstier,
bösartige Geschwulst, Wucherung);
krebs|ar|tig; her|um|kreb|sen;
krebs|krank; krebs|er|re|gend

Kre|dit *lat.,* der: des -(e)s, die Kredite;
einen Kredit aufnehmen (Geld leihen);
bei jemandem Kredit haben (Vertrauen
genießen)

Krei|de, die: der -, die Kreiden; mit Kreide
an die Tafel schreiben; **krei|de|bleich;** er
sitzt tief in der Kreide (viele Schulden
haben); jemandem etwas ankreiden (übel
nehmen); die **Krei|de|zeit**

Kreis, der: des -es, die Kreise; einen Kreis
bilden; im Kreise der Familie;
der **Krei|sel;** der **Kreis|lauf|kol|laps;**
die **Kreis|sä|ge;** der **Kreis|ver|kehr;**
krei|sen (im Kreis gehen, sich drehen,
fliegen, fahren); **um|krei|sen**

krei|schen: (laut, schrill schreien)

Kreiß|saal, der: des -s, die Kreißsäle
(Entbindungsraum im Krankenhaus)

Krem/Kre|me, die: der -, die Krems/
Kremes (Süßspeise, Salbe): → Creme

Kre|ma|to|ri|um *lat.,* das: des -s, die
Krematorien (Einäscherungshalle)

Kreml *russ.,* der: des -(s) (Stadtburg von
Moskau, Sitz der Regierung)

Krem|pe, die: der -, die Krempen
(Hutrand)

Krem|pel, der: des -s (wertloser Kram,
Trödel)

krem|peln: (umschlagen); die Ärmel
hoch|krem|peln; etwas **um|krem|peln**

kre|pie|ren *ital.:* eine Granate krepiert
(explodiert); ein Tier krepiert (verendet,
stirbt)

Krepp *franz.,* der: des -s, die Krepps/
Kreppe (krauses Gewebe);
das **Krepp|pa|pier**

Kres|se, die: (Salat- und Gewürzpflanze)

Kreuz *lat.,* das: des -es, die Kreuze; zum
Kreuz (Kruzifix) hinschauen; das Deut-
sche Rote Kreuz; Schmerzen im Kreuz
(Rücken) haben; zu Kreuze kriechen
(klein beigeben); die **Kreu|zi|gung;**
die **Kreuz|ot|ter;** die **Kreu|zung;**
das **Kreuz|wort|rät|sel; kreuz und
quer** ging es durch die Heide;
kreuz|wei|se; kreu|zi|gen;
über|kreu|zen

krib|beln: (jucken); **krib|be|lig,** *auch*
kribb|lig (ungeduldig, gereizt)
krie|chen: du kriechst, du kröchest, er
kroch, sie ist gekrochen, kriech(e)!;
die **Kriech|spur, krie|che|risch** (unter-
würfig)
Krieg, der: des -(e)s, die Kriege; einen
Krieg (bewaffnete Auseinandersetzung
zweier Staaten) erklären; der **Krie|ger;**
der **Kriegs|dienst;**
der **Kriegs|dienst|ver|wei|ge|rer;**
krie|ge|risch; kriegs|be|schä|digt;
be|krie|gen; mit jemandem auf Kriegs-
fuß (dauernden Streit) stehen
krie|gen: (bekommen); ein Kind kriegen
(schwanger sein)
Kriek|en|te: *auch* **Krick|en|te,** die: (Wild-
ente)
Krill, der: (tierisches Plankton)
Kri|mi|nal|po|li|zei (Kripo), die: der -;
der **Kri|mi** (Kriminalroman, Krimifilm);
der **Kri|mi|nel|le** (Straffällige);
kri|mi|nell (strafbar, verbrecherisch)
Krims|krams, der: des -(es) (durcheinan-
derliegendes Zeug, Ramsch, Plunder)
Krin|gel, der: des -s, die Kringel (kleiner
Kreis); **krin|ge|lig,** *auch* **kring|lig;**
sich **krin|geln**
Krip|pe, die: der -, die Krippen (Futter-
trog); das Kind, der Heiland in der
Krippe; die **Kin|der|krip|pe;**
der **Krip|pen|platz;** das **Krip|pen|spiel**
(Weihnachtsspiel); die **Fut|ter|krip|pe**
Kri|se *griech.,* die: der -, die Krisen (ganz
schlimme Lage, schwierige Zeit, Zerstö-
rung) der **Kri|sen|herd** (Gefahrengebiet,
Mittelpunkt einer Störung); die **Kri|sis**
(Höhepunkt einer Krankheit);
kri|sen|an|fäl|lig; es **kri|selt**
Kris|tall *griech.,* der: des -s, die Kristalle
(Mineral, regelmäßiger, fester Körper);
das **Kris|tall** (geschliffenes Glas);
der **Kris|tall|leuch|ter;**
kris|tal|li|sie|ren (Kristalle bilden);
kris|tall|ar|tig; kris|tall|klar
Kri|te|ri|um *griech.,* das: des -s, die Kriteri-
en (Merkmal)

kri|tisch: (beurteilend, prüfend, an-
spruchsvoll, bedenklich); die **Kri|tik;** das
ist unter aller Kritik (schlecht);
der **Kri|ti|ker;** die **Kri|tik|lo|sig|keit;**
kri|ti|sie|ren
krit|zeln: (unleserlich schreiben);
die **Krit|ze|lei;** das **Ge|krit|zel**
Kro|a|ti|en: (Staat in Südosteuropa);
der **Kro|a|te;** die **Kro|a|tin; kro|a|tisch**
Kro|ko|dil, das: die Krokodile (Schuppen-
kriechtier)
Kro|ne, die: der -, die Kronen;
die **Krö|nung** (die Krone aufsetzen);
der **Kron|zeu|ge** (wichtiger Zeuge vor
Gericht); **krö|nen;** das setzt allem die
Krone auf (das ist doch die Höhe)
Kropf, der: des -es, die Kröpfe (Schlund
des Vogels, Wucherung am Hals eines
Menschen)
kross: (knusprig, scharf gebacken oder
gebraten); krosse Brötchen
Krö|te, die: der -, die Kröten (Froschlurch)
Krü|cke, die: der -, die Krücken (Stütze);
der **Krück|stock**
Krug, der: des -(e)s, die Krüge (Gefäß,
Gastwirtschaft)
Kru|me, die: der -, die Krumen
(Bröckelchen, Ackerkrume);
der **Krü|mel;** das **Krü|mel|chen;**
krü|me|lig, *auch* **krüm|lig; krü|meln**
krumm: krummer, am krummsten;
krumme Wege gehen (unaufrichtig sein);
krumm sitzen; krummnehmen;
ge|krümmt; krumm|bei|nig;
die **Krüm|mung; krüm|men;**
sich **krumm|la|chen; krum|ma|chen/**
krumm ma|chen
Krüp|pel, der: des -s, die Krüppel (Behin-
derter); **krüp|pe|lig; ver|krüp|pelt**
Krus|te *lat.,* die: der -, die Krusten (harte
Rinde); **krus|tig; ver|krus|ten**
Kru|zi|fix *lat.,* das: des -es, die Kruzifixe
(Darstellung Christi am Kreuz)
Kryp|ta *griech.,* die: der -, die Krypten
(unterirdischer Kirchenraum, Gruft)
Kü|bel, der: des -s, die Kübel (Behälter)
Ku|bik... das; **Kubus** *griech.,* der: des -

(Würfel); die **Ku|ben**; das **Ku|bik|maß;**
der **Ku|bik|me|ter** (1 m x 1 m x 1 m = 1 m³);
die **Ku|bik|wur|zel**

Kü|che, die: der -, die Küchen (Koch-
raum); das **Kü|chen|mes|ser;**
der **Kü|chen|tisch;** die **Kü|chen|waa|ge**

Ku|chen, der: des -s, die Kuchen (Gebäck)

Ku|ckuck, der: des -s, die Kuckucke
(Vogel)

Ku|fe, die: der -, die Kufen (Gleitschiene);
die Kufen eines Schlittens

Ku|gel, die: der -, die Kugeln (runder
Körper); eine ruhige Kugel schieben (sich
nicht mehr anstrengen);
der **Ku|gel|schrei|ber;**
das **Ku|gel|sto|ßen;** **ku|ge|lig;**
ku|gel|rund; sich **ku|geln** (sich krüm-
men) vor Lachen

Kuh, die: der -, die Kühe (weibliches
Rind); der **Kuh|han|del** (unehrliches
Geschäft); die **Kuh|haut;** kuhwarme
Milch

kühl: (mittelkalt); die **Küh|le;** der **Küh|ler;**
der **Kühl|schrank;** das **Kühl|was|ser;**
küh|len

Kuh|le, die: der -, die Kuhlen (Grube,
Loch)

kühn: (tapfer, todesmutig); **toll|kühn;**
die **Kühn|heit**

Kü|ken, das: des -s, die Küken (gerade
ausgeschlüpftes Huhn)

Ku|li *hindi.*, der: des -s, die Kulis (asiati-
scher Gelegenheitsarbeiter, Kugelschrei-
ber)

ku|li|na|risch *lat.:* (die Kochkunst betref-
fend, dem Genuss dienend)

Ku|lis|se *franz.*, die: der -, die Kulissen
(Bühnenwand, Dekoration im Theater);
die **Ge|räusch|ku|lis|se**

kul|lern: (rollen); die **Kul|ler|au|gen**
(große, runde Augen)

Kult *lat.*, der: des -s, die Kulte (Gottes-
dienst); die **Kult|fi|gur**

Kul|tur *lat.*, die: der -, die Kulturen (geisti-
ge und künstlerische Errungenschaft
eines Volkes); er hat Kultur (Bildung);
die **Gar|ten|kul|tur** (Pflanzenanbau);

das **Kul|tur|gut;**
die **Kul|tur|land|schaft;** **kul|ti|viert;**
kul|tu|rell; **kul|ti|vie|ren** (Land
bearbeiten)

Kum|mer, der: des -s, die kranke Mutter
machte ihr viel Kummer; **küm|mer|lich**
(schwach, zurückgeblieben); sich um
etwas **küm|mern;** **ver|küm|mern**

Kum|pan, der: des -s, die Kumpane
(Helfer, Gefährte); der **Kum|pel** (Berg-
mann, Arbeitskollege)

Kun|de, der: des -n, die Kunden (Käufer,
Auftraggeber); der **Kun|den|dienst;**
die **Kund|schaft** (Kundenkreis)

Kun|de, die: der -, die Kunden (Botschaft,
Nachricht); die **Kund|ge|bung;**
die **Kün|di|gung** (Entlassungsbescheid);
die **Kün|di|gungs|frist;**
der **Kün|di|gungs|schutz;**
der **Kund|schaf|ter;** **kun|dig** (erfahren,
gut unterrichtet); **er|kun|den;**
sich **er|kun|di|gen;** **ver|kün|den**

kün|di|gen: (entlassen); die **Kün|di|gung**

künf|tig: (in Zukunft, später)

Kunst, die: der -, die Künste; die Kunst
des Malens (Fertigkeit);
die **Kunst|er|zie|hung;**
das **Kunst|ge|wer|be;** der **Künst|ler;**
der **Kunst|stoff;** das **Kunst|stück;**
künst|le|risch; **kunst|voll**

kun|ter|bunt: (durcheinander);
das **Kun|ter|bunt**

Kup|fer, das: des -s (Metall)

Kup|pe, die: der -, die Kuppen (höchster
Punkt des Berges); die **Berg|kup|pe;**
die **Fin|ger|kup|pe**

Kup|pel, die: der -, die Kuppeln (Gewölbe,
Wölbung); der **Kup|pel|bau**

kup|peln: (verbinden, zusammenfügen);
die **Kup|pe|lei** (Zusammenführen von
Mann und Frau); die **Kupp|lung;**
die Kupplung im Auto treten

Kur *lat.*, die: der -, die Kuren (Heilbehand-
lung); das **Kur|haus;** der **Kur|ort;**
ku|rie|ren (heilen)

Kür, die: der -, die Küren (freie Wahlübung
beim Sport); das **Kür|lau|fen** (beim

Kur|bel, die: der -, die Kurbeln (Hebel);
die **Kur|bel|wel|le; kur|beln**

Kür|bis, der: des -ses, die Kürbisse
(Gemüse)

Ku|rier, der: des -s, die Kuriere (Eilbote);
der Kurier des Königs

ku|ri|os: (sonderbar, seltsam);
die **Ku|ri|o|si|tät**

Kurs, der: des -es, die Kurse (Fahrtrich-
tung, Preis von Währungen, Lehrgang);
das Flugzeug nimmt Kurs auf; der Kurs
fällt; Weiterbildung wird in Kursen
betrieben; das **Kurs|an|ge|bot;**
das **Kurs|buch;** einen Kursus besuchen;
der **Kurs|wa|gen;** der **Kurs|wert;**
der **Ski|kurs;** der **Wech|sel|kurs**
(Währung)

Kürsch|ner, der: des -s, die Kürschner
(Tierhautbearbeiter)

kur|siv: (schräg gestellte Schrift);
der **Kur|siv|druck**

Kur|ve, die: der -, die Kurven (Biegung,
Schleife); **kur|ven|reich;**
he|r|um|kur|ven; kur|vig

kurz: kürzer, am kürzesten; ein kurzer
Aufenthalt; kurz entschlossen; kurz
geschnittene Haare; ein kurz gefasster
Bericht; in kurzer Zeit; vor kurzem/
Kurzem; über kurz oder lang; er zieht
den Kürzeren (verliert); er ist dabei zu
kurz gekommen; **kurz|är|me|lig;**
kur|zer|hand; kürz|lich; kurz|sich|tig;
die **Kurz|ar|beit;** die **Kurz|wel|le;**
die **Ul|t|ra|kurz|wel|le;** wir müssen
kurz|tre|ten (uns einschränken);
jemanden **kurz|hal|ten** (wenig Geld
geben, einschränken); **kurz hal|ten** (für
kurze Zeit halten)

ku|scheln: (sich anschmiegen);
die **Ku|schel|de|cke;**
die **Ku|schel|ecke; ku|sche|lig**

Ku|si|ne/Cou|si|ne franz., die: der -, die
Kusinen (Base)

Kuss, der: des -es, die Küsse;
das **Küs|sen; kuss|echt; küs|sen;** du
küsst, du küssest, er küsste, sie hat
geküsst, küsse! (küsse mich bitte!)

Küs|te, die: der -, die Küsten (Landränder
am Meer); der **Küs|ten|fi|scher;**
die **Küs|ten|fi|sche|rei;**
die **Küs|ten|schiff|fahrt**

Küs|ter, der: des -s, die Küster (Kirchen-
diener)

Kut|sche, die: der -, die Kutschen (Pferde-
wagen mit Verdeck); der **Kut|scher;**
kut|schie|ren

Kut|te, die: der -, die Kutten (Mönchs-
gewand)

Kut|ter, der: des -s, die Kutter (Fischer-
boot mit Motor)

Ku|vert franz. [kuwär], das: des -s, die
Kuverts (Briefumschlag)

KW: Kilowatt

KWh: Kilowattstunde

KZ: Konzentrationslager

L

la|ben: sich laben (erfrischen, mit Genuss
essen); das/die Labsal (Erquickung)

La|bel engl. [lebel], das: des -s, die Labels
(Etikett für Schallplatten, Kassetten,
Disketten, Schallplattenfirma)

la|bern: (dummes Zeug reden)

la|bil lat.: (schwankend, unsicher); in
seinem Verhalten labil sein

La|bo|ra|to|ri|um lat., das: des -s, die
Laboratorien; Kurzw. Labor (wissen-
schaftliche Arbeits-, und Forschungsstät-
te); der **La|bo|rant;** die **La|bo|ran|tin;**
der **La|bor|be|fund;**
der **La|bor|ver|such; la|bo|rie|ren;** an
einer Krankheit laborieren (leiden, heilen)

La|by|rinth griech., das: des -(e)s, die
Labyrinthe (Irrgarten, Teil des inneren
Ohrs, Wirrwarr)

La|che, die: der -, die Lachen (Pfütze)

lä|cheln: das **Lä|cheln;**
die **Lä|cher|lich|keit; lä|cher|lich;**
jemanden lächerlich machen; etwas oder
jemanden ins Lächerliche ziehen; etwas

lächerlich (dumm, unsinnig) finden

la|chen: über einen Witz lachen; sich ins Fäustchen lachen (schadenfroh sein); wer zuletzt lacht, lacht am besten; Tränen lachen; das ist lachhaft (nicht ernst zu nehmen); **aus|la|chen;** das **Ge|läch|ter;** die **La|che;** das **La|chen;** der **La|cher;** das **Lach|gas** (Betäubungsmittel); die **Lach|fal|ten; lach|haft**

Lachs, der: des -es, die Lachse, **lachs|far|ben** (goldrosa)

Lack, der: des -es, die Lacke (glänzender Anstrich); der **Lack|af|fe** (geschniegelter Mann); **la|ckie|ren**

la|den: du lädst, du lüdest, er lud, sie hat geladen, lad(e)!; das Schiff hat Kohlen geladen; er lädt sein Gewehr; der Akku muss neu geladen werden; ich bin geladen (wütend); **ab|la|den; auf|la|den; be|la|den; ent|la|den; um|la|den;** die **La|dung;** das **La|de|ge|rät;** die **La|de|ram|pe**

la|den: (auffordern zu kommen); **ein|la|den; vor|la|den;** die **Ein|la|dung;** die **La|dung;** die **Vor|la|dung** (Aufforderung, vor Gericht zu erscheinen)

La|den, der: des -s, die Läden; einen Laden (Geschäft) eröffnen; der **La|den|hü|ter** (schlecht absetzbare Ware); die **La|den|pas|sa|ge**

La|dy *engl.* [le̞di], die: der -, die Ladys (Titel der engl. adeligen Frau); ladylike (vornehm damenhaft)

lag: → liegen

La|ge, die: der -, die Lagen; der Körper hat eine unbequeme Lage; die Lage des Hauses; ein Urlaubsort in ruhiger Lage; eine Lage (Runde) Bier; sich in einer schwierigen/günstigen Lage (Situation) befinden; nach Lage der Dinge; die **Stimm|la|ge;** die **Wohn|la|ge;** das **La|gen|schwim|men**

La|ger, das: des -s, die Läger/Lager; das **La|ger|feu|er;** das **Flücht|lings|la|ger;** das **Ku|gel|la|ger** (bei Maschinenteilen); das **Wa|ren|la|ger; la|gern**

La|gu|ne, die: der -, die Lagunen (vom Meer abgeschnürter flacher Meeresteil, Strandsee)

lahm: lahm|le|gen; ein Stau hat den Verkehr lahmgelegt; der **Ge|lähm|te;** ein lahmes Bein haben (hinken); der **Lah|me; lah|men;** er läuft wie eine lahme Ente (langsam und ungeschickt laufen); eine lahme Diskussion (uninteressant)

Laib, der: des -(e)s, die Laibe; der **Brot|laib**

Laich, der: des -(e)s, die Laiche (abgelegte Eier von Wassertieren); der **Frosch|laich;** der **Laich|platz; lai|chen**

Laie *griech.,* der: des -n, die Laien (Nichtfachmann, Nichtgeistlicher); die **Lai|en|büh|ne;** das **Lai|en|spiel; lai|en|haft**

La|kai *franz.,* der: des -en, die Lakaien (Diener, Kriecher); **la|kai|en|haft**

La|ken, das: des -s, die Laken (Betttuch)

la|ko|nisch *griech.:* (kurz, treffend)

La|krit|ze, *auch* **Lak|rit|ze** *griech.,* die: der -, die Lakritzen (eingedickter Süßholzsaft); das **La|k|ritz|bon|bon;** die **La|k|rit|zen|stan|ge**

lal|len: (unverständlich sprechen)

La|ma *peruan.,* das: des -s, die Lamas (südamerik. kleine Kamelart)

La|mel|le *franz.,* die: der -, die Lamellen (dünnes Plättchen);

la|men|tie|ren *lat.:* (jammern, wehklagen); das **La|men|to**

La|met|ta *ital.,* das: des -s (glänzende Metallfäden; Weihnachtsbaumschmuck)

Lamm, das: des -(e)s, die Lämmer (junges Schaf oder junge Ziege); das **Lamm|fell;** das **Lamm|fleisch; lamm|fromm**

Lam|pe *franz.,* die: der -, die Lampen; die Lampe einschalten (leuchten lassen); das **Lam|pen|fie|ber** (Angst des Künstlers vor dem Auftritt); das **Lämp|chen;** Meister Lampe (Kurzform von Lampert; der Hase in der Tierfabel)

Lam|pi|on *franz.* [lampio̞ng], der: des -s, die Lampions (bunte Papierlaterne)

Land, das: des -(e)s, die Länder (Grund-
stück, Erde, Staat); landauf und landab;
aus aller Herren Länder; andere Länder,
andere Sitten; Land und Leute; dortzu-
lande/dort zu Lande; hierzulande/hier zu
Lande; das **Aus|land;** das **Ge|län|de;**
das **Län|der|spiel;** die **Land|kar|te;**
die **Land|schaft;** die **Lands|leu|te;**
die **Land|wirt|schaft; land|ein|wärts;
länd|lich**

Lan|dau|er/Land|au|er, der: (Pferde-
kutsche)

lan|den: das Flugzeug landet;
die **Lan|dung**

Land|ro|ver, der: (Geländewagen)

lang: (Strecke); länger, am längsten; lange
Finger machen (stehlen); ein langes
Gesicht machen (enttäuscht aussehen);
lange Haare tragen; was fragst du noch
lange (noch viel); **ki|lo|me|ter|lang,**
aber: mehrere Kilometer lang; **läng|lich;**
die **Län|ge;** der **Län|gen|grad;**
das **Län|gen|maß;**
der **Lang|stre|cken|läu|fer; ver|län|gern;
lang zie|hen/lang|zie|hen**

lang: (Zeit); länger, am längsten;
jah|re|lang aber mehrere Jahre lang;
längs|tens (spätestens); **lang|at|mig;
lang|jäh|rig; längst** (seit langer Zeit);
seit lan|gem/seit Lan|gem;
der **Lang|schlä|fer;** eine lange Leitung
haben (nicht sofort verstehen)

lan|gen: der Mantel langt (reicht) bis zum
Boden; in die Tasche langen (fassen); das
langt mir (ich habe genug)

längs: längs der Autobahn; ein längs
gestreifter Stoff

lang|sam: die **Lang|sam|keit**

Lan|gus|te *franz.,* die: der -, die Langusten
(langschwänziger Krebs ohne Scheren)

lang|wei|lig: die **Lan|ge|wei|le**

Lan|ze *franz.,* die: der -, die Lanzen (Stab
mit Spitze); für jemanden eine Lanze
brechen (sich für jemanden oder eine
Sache einsetzen)

la|pi|dar *lat.:* (einfach, kurz und bündig)

Lap|pa|lie, die: der -, die Lappalien
(Kleinigkeit)

Lap|pen, der: des -s, die Lappen;
der **Putz|lap|pen; lap|pig** (weich)

läp|pern: es läppert sich zusammen
(kommt in kleinen Teilen langsam
zusammen)

Lapp|land: der **Lap|pe; lapp|län|disch**

Lap|top *engl.* [läptop], der: des -s, die
Laptops (tragbarer Personalcomputer)

Lär|che, die: der -, die Lärchen (Nadel-
baum)

La|ri|fa|ri, das: des -s (dummes Gerede)

Lärm, der: des -(e)s (Krach);
die **Lärm|be|läs|ti|gung;** ein ohrenbe-
täubender Lärm;
die **Lärm|be|kämp|fung;**
der **Lärm|schutz; lär|men;
lärm|emp|find|lich** sein

Lar|ve *lat.,* die: der -, die Larven (Insekten-
larve, Maske); jemanden **ent|lar|ven**
(enttarnen)

las: → lesen

lasch: lascher, am laschesten (matt, ohne
Schwung); die **Lasch|heit**

La|sche, die: der -, die Laschen (Verbin-
dungsstück)

La|ser *engl.* [leser], der: des -s, die Laser
(Gerät zur Lichtverstärkung);
der **La|ser|strahl;** der **La|ser|dru|cker;**
die **La|ser|tech|nik**

las|sen: du lässt, du ließest, er ließ, sie hat
gelassen, lass(e)!; sich Zeit lassen; sich
etwas gefallen lassen (zulassen); er lässt
sich gehen (er beherrscht sich nicht);
jemandem den Vortritt lassen (gewäh-
ren); **ab|las|sen; aus|las|sen;
ein|las|sen; nach|las|sen;** etwas,
jemanden **fal|len las|sen/
fal|len|las|sen** (nicht mehr unterstüt-
zen); etwas **ge|las|sen** (ruhig) angehen

läs|sig: sich lässig (zwanglos) geben;
nach|läs|sig;

Las|so *span.,* das/der: des -s, die Lassos
(Wurfschlinge)

Last, die: der -, die Lasten; schwere Last
(Gewicht) befördern; die Kosten gehen
zu meinen Lasten (muss ich bezahlen);

der **Las|ten|auf|zug;** der **Las|ter;**
der **Last|kraft|wa|gen** (LKW/Lkw);
läs|tig; be|las|ten; las|ten

Las|ter, das: des -s, die Laster (schlechte
Angewohnheit); das **Läs|ter|maul;**
las|ter|haft; läs|tern (spotten)

läs|tig werden: lästig fallen, *auch* lästig-
fallen

La|sur, die: der -, die Lasuren (durchsichti-
ge Farbschicht); **la|sie|ren**

la|tei|nisch: die lateinische Sprache
(Sprache der alten Römer); ich lerne
La|tein; La|tein|ame|ri|ka (Mittel- und
Südamerika); er ist mit seinem Latein am
Ende (weiß nicht mehr weiter)

la|tent: (versteckt vorhanden)

La|ter|ne, die: der -, die Laternen (Lam-
pe); der **La|ter|nen|pfahl**

La|tri|ne/Lat|ri|ne, die: der -, die Latrinen
(Abort)

lat|schen: (schlurfen); du latschst;
durch die Pfützen latschen;
der **Lat|schen** (alter Schuh)

Lat|te, die: der -, die Latten;
der **Lat|ten|zaun**

Latz, der: des -es, die Latze (Bruststück an
der Schürze); das **Lätz|chen;**
die **Latz|ho|se**

lau: lauer, am lau(e)sten; laues Wasser;
lau|warm (mäßig warm)

Laub, das: des -(e)s (Blätter eines Baumes);
der **Laub|frosch;** die **Laub|sä|ge;**
der **Laub|wald; Laub tra|gend/**
laub|tra|gend

Lau|be, die: der -, die Lauben;
die **Gar|ten|lau|be**

Lauch, der: des -(e)s, die Lauche (Gemüse-
pflanze); der **Knob|lauch;**
der **Schnitt|lauch**

lau|ern: (versteckt auf etwas warten);
jemandem auflauern; ein lauernder Blick;
auf der **Lau|er** liegen (auf einen bestimm-
ten Augenblick warten)

lau|fen: du läufst, du liefest, er lief, sie ist
gelaufen, lauf(e)!; sie läuft nach Hause;
das Schiff läuft aus; die Vorstellung läuft
bereits; jemanden auf dem Laufenden

halten (ständig benachrichtigen); einer
Sache ihren Lauf lassen; jemanden laufen
lassen/laufenlassen (freigeben, entkom-
men); **ab|lau|fen; an|lau|fen;**
ein|lau|fen; un|ter|lau|fen;
weg|lau|fen; sich **ver|lau|fen;**
der **Lauf;** der **Läu|fer;** das **Lauf|feu|er;**
der **Zu|lauf; ge|läu|fig** (bekannt);
lau|fend (unentwegt); **läu|fig** (brünstig)

Lau|ge, die: der -, die Laugen;
die **Lau|gen|bre|zel;** ein ausgelaugter
Boden

Lau|ne, die: der -, die Launen (Stimmung);
er hat eine gute Laune; **lau|nen|haft;**
lau|nisch; lau|nig (witzig)

Laus, die: der -, die Läuse (blutsaugendes
Insekt); der **Laus|bub; lau|sig;** jeman-
dem Läuse in den Pelz setzen (Schwierig-
keiten bereiten); es ist lausig kalt (sehr
kalt)

lau|schen: (zuhören); du lauschst;
der **Lau|scher;** der **Lausch|an|griff**
(heimliches Anbringen von Abhörgerä-
ten); ein **lau|schi|ger** (gemütlicher) Platz

laut: lauter, am lautesten; lautes Gelächter;
der **Laut;** der **Laut|spre|cher; lau|ten;**
die Antwort lautet nicht so, wie du
gedacht hast; **ver|lau|ten;** nichts verlau-
ten lassen; **laut wer|den/laut|wer|den**

laut: (gemäß); laut Übereinkunft

Lau|te, die: der -, die Lauten (Zupfinstru-
ment)

läu|ten: die Glocken läuten;
das **Ge|läu|te;** er hat etwas läuten gehört
(reden)

lau|ter: (rein, echt, aufrichtig); die lautere
Wahrheit; einen lauteren Charakter
haben; die **Er|läu|te|rung;**
die **Lau|ter|keit** (Ehrlichkeit); **läu|tern**
(innerlich reinigen)

La|va *ital.,* die: der -, die Laven (geschmol-
zenes, heißes Gestein aus Vulkanen)

La|ven|del, der: des -s, die Lavendel
(Gewürzpflanze); der **La|ven|del|duft**

la|vie|ren *niederl.:* sich bei Schwierigkeiten
geschickt hindurchwinden

La|wi|ne *lat.,* die: der -, die Lawinen

(Schneerutsch); die **La|wi|nen|ge|fahr;**
die **La|wi|nen|ka|ta|s|t|ro|phe;**
la|wi|nen|ar|tig; la|wi|nen|si|cher

lax: (schlapp, lässig); die **Lax|heit**

Lay-out/Lay|out *engl.* [le͟aut], das:
des -s, die Lay-outs (Entwurf zur Text-
und Bildgestaltung)

La|za|rett *franz.,* das: des -(e)s, die Lazaret-
te (Militärkrankenhaus)

Lea|der *engl.* [li͟der], der: des -s, die Leader
(Bandleader)

lea|sen *engl.* [li͟sen]: (mieten, pachten);
ein Auto leasen; das **Lea|sing**

Le|ben, das: des -s, die Leben; sich des
Lebens freuen; er hat seine Unachtsam-
keit mit dem Leben bezahlen müssen;
sein Leben aufs Spiel setzen; auf großem
Fuß leben (viel Geld ausgeben); eine
Sache ins Leben rufen (gründen); die
Leben spendende/lebenspendende Kraft
der Liebe; ein herzliches Lebewohl sagen;
das In-den-Tag-hinein-Leben;
die **Le|bens|ge|fahr;** der **Le|bens|lauf;**
der **Le|bens|stan|dard;**
das **Le|bens|zei|chen;**
das **Le|be|we|sen; le|ben|dig;**
le|bens|ge|fähr|lich; leb|haft; leb|los;
le|ben

Le|ber, die: der -, die Lebern (Organ);
der **Le|ber|fleck;** der **Le|ber|kä|se;**
die **Le|ber|wurst;** frisch/frei von der
Leber weg (offen) reden; ihm ist eine Laus
über die Leber gelaufen (er ist verärgert)

Leb|ku|chen, der: des -s, die Lebkuchen
(Pfefferkuchen); das **Leb|ku|chen|haus**

lech|zen: du lechzt; nach etwas lechzen
(dringend verlangen)

Leck, das: des -(e)s, die Lecks (undichte
Stelle); **leck** (ein leckes Boot); das Boot
leckt (Seemannssprache: leck sein);
leck|schla|gen/leck schla|gen

le|cken: (mit der Zunge berühren); Eis
lecken (lutschen); sich die Finger nach
etwas lecken (etwas unbedingt haben
wollen)

le|cker: lecker (appetitlich) aussehen; ein
leckeres Mahl (wohlschmeckend);

der **Le|cker|bis|sen;** das **Le|cker|maul**

Le|der, das: des -s, die Leder; Schuhe aus
Leder; der **Le|der|ball;**
die **Le|der|ho|se;** die **Le|der|wa|ren;**
le|dern (aus Leder bestehen); vom Leder
ziehen (deutlich, scharf werden)

le|dig: ledig (unverheiratet) sein; sich
ent|le|di|gen; er|le|di|gen; le|dig|lich
(nur)

Lee, das: des -s (dem Wind abgekehrte
Seite eines Schiffes); nach Lee

leer: (inhaltslos); ein leer stehendes/
leerstehendes Gebäude; ein leeres Gefäß;
mit leeren Händen kommen; die **Lee|re;**
der **Leer|lauf;** das **Leer|ge|wicht;**
lee|ren; den Mülleimer leeren;
leer es|sen/leer|es|sen

le|gal *lat.:* (gesetzlich); **le|gi|tim** (rechtmä-
ßig); die **Le|gi|ti|ma|ti|on** (Vollmacht);
le|gi|ti|mie|ren; ich legitimiere mich
(weise mich aus); **le|ga|li|sie|ren**

Le|gas|the|nie/Leg|as|the|nie (LRS)
griech., die: der -, die Legasthenien (Lese-
und Rechtschreibschwäche);
der **Le|g|as|the|ni|ker**

le|gen: er legt sich auf die Liege; Eier
legen; Karten legen; sich schlafen legen;
Wert auf etwas legen; sich ins Zeug legen
(anstrengen); jemandem das Handwerk
legen (dem Tun ein Ende bereiten);
ab|le|gen; an|le|gen; bei|le|gen (einen
Streit beenden, schlichten); **ver|le|gen**

Le|gen|de, die: der -, die Legenden
(Biografie berühmter Personen; erläu-
ternder Text); **le|gen|där** (berühmt,
sagenhaft)

le|ger *franz.* [leschär]: (ungezwungen,
lässig); sich leger kleiden

Leg|gins, *auch* **Leg|gings** *engl.,* die: der -
(lange, eng anliegende Damenhose)

Le|gie|rung, die: der -, die Legierungen
(Metallverschmelzung); **le|gie|ren**

Le|gi|on *lat.,* die: der -, die Legionen
(altrömische Heereseinheit);
die **Frem|den|le|gi|on** (Freiwilligen-
truppe); der **Le|gi|o|när**

le|gi|tim *lat.:* (rechtmäßig)

L
legi

Le|hen, das: des -s, die Lehen (erbliche Landleihgabe des Herrschers an seine Untertanen); das **Dar|le|hen** (Leihgabe von Geld gegen Zinsen)

Lehm, der: des -(e)s, die Lehme (schwere, wasserundurchlässige Erde); der **Lehm|bo|den; leh|mig**

leh|nen: sich an die Wand lehnen; sich **an|leh|nen;** sich **auf|leh|nen;** die **Leh|ne;** der **Lehn|stuhl**

Lehn|wort, das: des -(e)s, die Lehnwörter (eingedeutschtes Fremdwort)

leh|ren: am Gymnasium Mathematik lehren; ich lehre dich das Schreiben; eine Lehre aus etwas ziehen; lass dir das eine Lehre sein; ich lehre ihn lesen; der **Ge|lehr|te;** die **Leh|re** (Ausbildung); der **Leh|rer;** das **Lehr|buch;** der **Lehr|ling** (Auszubildender); die **Lehr|werk|statt; ge|leh|rig; ge|lehrt**

Leib, der: des -(e)s, die Leiber; wie er leibt und lebt; Leib und Seele wagen; für das leibliche Wohl sorgen; etwas am eigenen Leibe zu spüren bekommen; er zittert am ganzen Leibe; die **Leib|ei|gen|schaft** (totale Abhängigkeit vom Herrscher); das **Leib|ge|richt;** die **Leib|wa|che; leib|haf|tig**

Lei|che, die: der -, die Leichen (toter Körper); der **Leich|nam;** die **Lei|chen|hal|le; lei|chen|blass;** über Leichen gehen (rücksichtslos sein)

leicht: eine leichte (nicht so schwierige) Aufgabe; leichtes Gepäck; leichter Fehler; leichte (gut verdauliche) Speise; leichte (unterhaltende) Musik; das ist leicht (ohne Mühe) getan; etwas auf die leichte Schulter nehmen (nicht ernst nehmen); es ist mir ein Leichtes (fällt mir nicht schwer); **leicht ma|chen/ leicht|ma|chen; leicht|fer|tig; leicht|gläu|big; leicht|sin|nig;** die **Leicht|ath|le|tik;** das **Leicht|me|tall;** der **Leicht|sinn**

Leid, das: des -es, die Leiden; schweres, tiefes Leid; es tut mir leid/leidtun; jemandem etwas zuleide/zu Leide tun;

lei|den; du leidest, du littest, er litt, sie hat gelitten, leide!; an einer Krankheit leiden; ich kann ihn gut leiden; Freud und Leid miteinander teilen; geteiltes Leid ist halbes Leid, aber: ich bin es leid, das immer wieder zu hören; das **Au|gen|lei|den;** die **Lei|den|schaft** (Begehren); die **Leid|tra|gen|de**

Lei|er griech., die: der -, die Leiern (altes Saiteninstrument); der **Lei|er|kas|ten; lei|ern;** es ist immer die alte Leier (immer dasselbe)

lei|hen: du leihst, du liehest, er lieh, sie hat geliehen, leih(e)!; er leiht mir 100 Euro; **ver|lei|hen;** die **An|lei|he;** die **Aus|lei|he;** der **Au|to|ver|leih;** die **Leih|bü|che|rei;** das **Leih|haus;** die **Leih|mut|ter; leih|wei|se**

Leim, der: des -(e)s, die Leime (Klebstoff); **lei|men;** den Stuhl leimen (kleben); jemandem auf den Leim gehen (listig betrogen werden); er hat mich geleimt (betrogen)

Lei|ne, die: der -, die Leinen (dicke Schnur); **an|lei|nen;** jemanden an die Leine nehmen (führen, lenken); den Hund an der Leine führen

Lei|nen, das: des -s, die Leinen (Gewebeart); Bettwäsche, Kleider aus Leinen; die **Lein|wand;** das **Lein|öl;** das **Lin|nen; lei|nen,** auch **lin|nen** (aus Leinen)

Lein|sa|men, der: des -s, die Leinsamen (Samen der Flachskapsel); das **Lein|sa|men|brot;** das **Lein|sa|men|öl**

lei|se: ein leiser Motor; leise (nicht laut) reden; eine leise (schwache) Hoffnung; nicht die leiseste (keine) Ahnung haben

Leis|te, die: der -, die Leisten (schmales Holzbrett); der **Leis|ten** (Schuhspanner); die **Leis|ten|zer|rung** (Zerrung in der Leistengegend des Körpers); der **Leis|ten|bruch**

leis|ten: er leistet gute Arbeit; er leistet einen Eid; er leistet mir Gesellschaft; sich etwas leisten können; die **Leis|tung;**

die **Leis|tungs|fä|hig|keit;**
das **Leis|tungs|ver|mö|gen;**
leis|tungs|fä|hig
lei|ten: Wasser in den Kanal leiten; ein
Geschäft leiten; eine Diskussion leiten;
der Leiter der Schule; der **Strom|lei|ter;**
das **Leit|mo|tiv** (Grundgedanke in der
Musik oder Dichtung); die **Lei|tung;**
der **lei|ten|de** Angestellte;
das **Leit|werk; ab|lei|ten; ein|lei|ten;**
um|lei|ten; ver|lei|ten; zu|lei|ten;
der **Leit|ar|ti|kel;** das **Leit|bild** (Vorbild)
Lei|ter, die: der -, die Leitern;
die **Ton|lei|ter**
Lek|ti|on *lat.,* die: der -, die Lektionen
(Unterrichtsstunde, Abschnitt, Aufgabe);
jemandem eine Lektion (Lehre) erteilen
Lek|tü|re *franz.,* die: der-, die Lektüren
(Lesestoff, das Lesen)
Lem|ming, der: die Lemminge; (skandina-
vische Wühlmaus)
Len|de, die: der -, die Lenden (Gegend des
Körpers unterhalb des Hüftknochens);
der **Len|den|schutz;**
das **Len|den|stück** (ein Stück Fleisch);
der **Len|den|schurz** (Kleidungsstück)
len|ken: er lenkt das Auto; er lenkt die
Aufmerksamkeit auf sich; **ab|len|ken;**
ein|len|ken; auf etwas lenken;
um|len|ken; die **Lenk|ach|se;**
der **Len|ker;** die **Len|kung**
Lenz, der: des -es, die Lenze (Frühling)
Le|o|pard, der: des -en, die Leoparden
(Großkatze)
Le|po|rel|lo, das: des -s, die Leporellos
(harmonikaartig gefaltete Bilderreihe)
Le|pra/Lep|ra *griech.,* die: der - (Krank-
heit)
Ler|che, die: der -, die Lerchen (Singvogel)
ler|nen: Mathematik lernen; laufen lernen;
etwas auswendig lernen; Klavier spielen
lernen; gelernt ist gelernt; **ken|nen**
ler|nen/ken|nen|ler|nen;
der **Lern|be|hin|der|te;** der **Lern|ei|fer;**
das **Lern|mit|tel;** der **Lern|pro|zess;**
der **Lern|stoff; lern|bar**
les|bisch: lesbische Liebe (Frauen lieben

Frauen); die **Les|bi|e|rin**
le|sen: du liest, du läsest, er las, sie hat
gelesen, les(e)!; er liest ein Buch; der
Priester liest (zelebriert) die Messe; er
liest (erntet) die Trauben; in den Sternen
lesen; aus der Hand lesen (die Zukunft
voraussagen); zwischen den Zeilen lesen
(den wahren Inhalt herauslesen);
auf|le|sen; durch|le|sen; über|le|sen;
vor|le|sen; die **Le|se** (Weinernte);
das **Le|se|buch;** der **Le|ser;**
der **Le|se|stoff;** die **Le|sung** (aus dem
Evangelium); die **Vor|le|sung;**
le|sens|wert; le|ser|lich
Let|ter, die: der -, die Lettern (Einzel-
buchstabe für den Druck)
letz|ter: letz|te, letz|tes; der letzte
Mohikaner; zum letzten Mal(e); die
Letzten werden die Ersten sein; das letzte
Wort haben wollen; das Letzte hergeben;
die letzte Ruhe finden; bis zum Letzten
(Äußersten) gehen; der/die/das **Letz|te;**
bis ins Letzte (genau); **letzt|ma|lig;**
letz|ten Endes (schließlich); **letz|tens**
(kürzlich); **zu|letzt**
leuch|ten: (glänzen, strahlen);
der **Leuch|ter;** der **Leucht|kör|per;**
die **Leucht|ku|gel;** die **Leucht|schrift;**
der **Leucht|turm**
leug|nen: (abstreiten); eine Tat leugnen;
sich **ver|leug|nen** lassen (Abwesenheit
vortäuschen); die **Leug|nung**
Leu|kä|mie/Leuk|ä|mie *griech.,* die: der -,
die Leukämien (Blutkrankheit)
Leu|mund, der: des -(e)s; einen guten Leu-
mund (Ruf) haben; der **Ver|leum|der;**
das **Leu|munds|zeug|nis;**
die **Ver|leum|dung;**
ver|leum|de|risch; ver|leum|den (den
guten Ruf eines anderen zerstören)
Leu|te, die: der -; **leut|se|lig** (wohlwol-
lend, herablassend); Land und Leute
kennen lernen; etwas unter die Leute
bringen; wir sind geschiedene Leute
(gehen getrennte Wege)
Leut|nant, der: die Leutnants; (Offizier)
Le|vel *engl.* [lewel], der: des -s, die Levels

L
Leve

157

(Rang, Qualitätsstufe)

Le|xi|kon *griech.,* das: des -s, die Lexika/ Lexiken (Nachschlagewerk); das **Kon|ver|sa|ti̱ons|le|xi|kon; le|xi|ka̱|lisch**

Li|a̱|ne *franz.,* die: der -, die Lianen (Kletterpflanze)

Li|be̱l|le, die: der -, die Libellen (Insekt, das am Wasser lebt, Glasröhrchen in der Wasserwaage)

li|be|ra̱l *lat.:* (freiheitlich, aufgeschlossen, freisinnig); der **Li|be|ra|li̱s|mus;** der **Li̱|be̱|ro** *ital.* (freier Verteidiger ohne direkten Gegenspieler beim Fußball)

Li̱|bi|do, die: der - (Begierde, Geschlechtstrieb)

Li̱cht, das: des -(e)s, die Lichter (Helligkeit); das Haar lichtet sich (wird weniger); das Licht der Welt erblicken; jemanden hinters Licht führen (betrügen); etwas ins rechte Licht rücken; das **Licht|bild;** der **Licht|blick** (guter Augenblick); die **Licht|ge|schwin|dig|keit;** die **Licht|hu|pe;** die **Lich|tung** (im Wald); **licht;** es wird licht (hell); lichte Höhe/Weite (zwischen der inneren Begrenzung einer Öffnung gemessen); **licht|be|stän|dig; lich|ter|loh: licht|scheu; be|lich|ten; lich|ten:** den Wald lichten (ausdünnen)

lich|ten: die Anker des Schiffes lichten (heben)

Li̱d, das: des -(e)s, die Lider (Augendeckel); das **Au̱|gen|lid;** der **Lid|schat|ten**

Li̱e|be, die: der -; etwas mit Lust und Liebe tun; das ist verlorene Liebesmüh (vergeblich); Liebe macht blind; der **Lie|bes|brief;** der **Lie|bes|kum|mer;** der **Lieb|ha|ber;** der **Lieb|ling;** die **Liebs|te; lieb; lieb ha|ben/lieb|ha|ben; lieb ge|win|nen/ lieb|ge|win|nen; lie|bes|be|dürf|tig; lie|bens|wert; lie|bens|wür|dig; lie|be|voll; lieb|lich; lieb|los;** dir/mir **zu̱|lie|be; lieb|äu|geln; lie|ben; lieb|ko|sen;** sich **ver|lie|ben; lie̱|ben**

lernen

Li̱ed, das: des -(e)s, die Lieder; ein Lied singen; es ist immer das alte Lied; das Ende vom Lied; das **Volks|lied**

lie|der|lich: (faul, unordentlich, nachlässig); die **Lie|der|lich|keit**

lie̱f: → laufen

lie|fern: Waren liefern (bringen); Beweise liefern (erbringen); jemanden ans Messer liefern (zugrunde richten); der **Lie|fe|ra̱nt;** die **Lie|fer|be|din|gun|gen;** die **Lie|fer|frist;** die **Lie|fe|rung**

lie̱|gen: du liegst, du lägest, er lag, sie hat gelegen, lieg(e)!; sie liegt im Bett; das liegt mir schwer auf der Seele (bedrückt mich); mir liegt viel daran; das liegt mir am Herzen; Hamburg liegt an der Elbe; die **Lie̱|ge** (Couch, Sofa); der **Lie̱|ge|stuhl;** die **Lie̱|ge|stüt|ze; lie|gen blei|ben/lie|gen|blei|ben**

lie̱ß: → lassen

Li̱ft *engl.,* der: des -(e)s, die Lifte/Lifts (Fahrstuhl, Aufzug); der **Lift|boy; lif|ten** (heben); das Gesicht liften lassen (beim Schönheitschirurgen)

Li̱|ga *span.,* die: der -, die Ligen (Vereinigung); die **Bun|des|li|ga**

Li̱ght|show, die: die Lightshows; (Show mit Lichteffekten)

Li̱|gus|ter, der: (Pflanze)

Li|kö̱r *franz.,* der: des -s, die Liköre (süßer Branntwein)

li̱|la: (fliederfarben): **li|la|far|big;** das **Lila**

Li̱|lie *lat.,* die: der -, die Lilien (Zwiebelpflanze); das **Li|li|en|ge|wächs**

Li̱|li|put *engl.:* (Land der Zwerge); der **Li|li|pu|ta|ner** (sehr kleiner Mensch)

Li̱|me|rick *engl.,* der: des -s, die Limericks (fünfzeiliges Gedicht mit grotesk-komischem Inhalt)

Li̱|mes *lat.,* der: des - (römischer Grenzwall vom Rhein bis zur Donau)

Li̱|mit *engl.,* das: des -s, die Limits (Grenze, Preisbegrenzung); ein Limit setzen; **li|mi|tie|ren** (begrenzen); die Auflage (des Buches) ist limitiert

Li|mo|na|de *franz.,* die: der -, die Limona-
den (Getränk)

Li|mou|si|ne *franz.,* die: der -, die Limousi-
nen (geschlossener Pkw)

lind: (mild, sanft); die **Lin|de|rung;**
lin|dern (Schmerzen)

Lin|de, die: der -, die Linden (Laubbaum);
die **Lin|den|al|lee;** das **Lin|den|blatt;**
der **Lin|den|ho|nig; lind|grün**

Li|ne|al, das: des -s, die Lineale (Messlat-
te); wie mit dem Lineal gezogen (gerade)

Li|nie *lat.,* die: der -, die Linien; sie zieht
eine gerade Linie; sie fährt mit der
Straßenbahnlinie fünf, aber: sie fährt mit
der Fünf; auf die schlanke Linie achten;
sie hat auf der ganzen Linie (völlig)
versagt; der **Li|ni|en|flug;**
das **Li|ni|en|pa|pier;** der **Li|ni|en|rich|ter;**
das **Li|ni|en|schiff;** die **Li|nie|rung;**
grad|li|nig; li|nie|ren, *auch* **li|ni|ie|ren**

links: von links nach rechts arbeiten; etwas
links liegenlassen (nicht beachten); von
links kommen; **links|hän|dig;**
links|bün|dig; links|he|r|um; lin|kisch
(ungeschickt); die **Lin|ke;** zur **Lin|ken;**
die **Links|kur|ve**

Li|no|le|um/Lin|o|le|um *lat.,* das: des -s
(Bodenbelag); der **Li|n|ol|schnitt**

Lin|se, die: der -, die Linsen (Hülsen-
frucht, Teil des Auges, geschliffenes
Glas); die **Lin|sen|sup|pe;**
lin|sen|för|mig

Li|piz|za|ner, der: die Lippizzaner; (edles
Warmblutpferd)

Lip|pe, die: der -, die Lippen;
der **Lip|pen|blüt|ler;** der **Lip|pen|stift;**
eine Lippe riskieren (einen Widerspruch
wagen)

li|qui|die|ren: (auflösen, erschießen);
die **Li|qui|da|ti|on** (Auflösung)

lis|peln: (beim Sprechen mit der Zunge
anstoßen)

List, die: der -, die Listen (Täuschung);
lis|tig; mit List und Tücke

Lis|te, die: der -, die Listen (Verzeichnis);
auf der schwarzen Liste stehen (verboten,
anrüchig sein); die **Lis|ten|wahl**

Li|ta|nei *griech.,* die: der -, die Litaneien
(Wechselgebet, eintöniges Gerede)

Li|ter *griech.,* das/der: des -s, die Liter;
Abk. l; ein halber/halbes Liter;
das/der **Hek|to|li|ter;**
die **Li|ter|fla|sche; li|ter|wei|se**

Li|te|ra|tur *lat.,* die: der -, die Literaturen
(Dichtung, Schrifttum); der **Li|te|rat**
(Schriftsteller); die **Li|te|ra|tur|kri|tik;**
der **Li|te|ra|tur|preis;**
die **Li|te|ra|tur|wis|sen|schaft;**
li|te|ra|risch

Lit|faß|säu|le, die: der -, die Litfaßsäulen
(runde Anschlagsäule nach dem Erfinder
Litfaß)

Li|tho|gra|phie/Li|tho|gra|fie *griech.,* die:
der -, die Lithografien (Steindruck)

Li|tur|gie, die: (Gottesdienst)

Lit|ze, die: der -, die Litzen [Material für
elektrische Leitungen, Besatz an Stoffen,
Borte (Zierrand)]

live *engl.* [laif]: (direkt, original);
die **Live|mu|sik;** das **Live|kon|zert;**
die **Live|sen|dung** (unmittelbar übertra-
gen); die **Live|show**

Li|zenz *lat.,* die: der -, die Lizenzen (be-
hördliche Erlaubnis, Zulassung);
der **Li|zenz|spie|ler** (Fußball);
li|zen|zie|ren (Lizenz erteilen);
der **Li|zenz|ver|trag**

Lkw/LKW: Abk. Lastkraftwagen

Lob|by *engl.,* die: der -, die Lobbys (Wan-
delhalle im Parlament, Interessengruppe);
der **Lob|by|ist** (Interessenvertreter)

lo|ben: der Trainer lobt den guten Spieler;
das **Lob;** das **Lob|lied; lo|bens|wert;**
die **Lo|bes|hym|ne,** der **Lob|ge|sang,**
löb|lich

Loch, das: des -(e)s, die Löcher; in ein
tiefes Loch fallen; das **Knopf|loch;**
der **Lo|cher;** einen Papierbogen lochen;
das **Mau|se|loch; lö|che|rig; lo|chen;**
jemanden **lö|chern** (ständig fragen)

Lo|cke, die: der -, die Locken (kraus,
gewellt); das **Löck|chen;**
der **Lo|cken|kopf; lo|ckig**

lo|cken: (heranrufen, ködern); ein Tier

L

lock

159

locken; ein lockendes Angebot;

lo|cker: ein lockerer Lebenswandel (nicht geordnet); nicht lockerlassen (nicht nachgeben), aber: die Zügel nicht locker lassen; die Schrauben lockern; sich nach einer Anstrengung auflockern; die **Lo|cke|rung**

Lo|den, der: des -s, die Loden (Wollgewebe); der **Lo|den|man|tel**

lo|dern: die Flammen lodern empor

Löf|fel, der: des -s, die Löffel; der **Tee|löf|fel; löf|fel|wei|se; löf|feln**

Log|a|rith|mus/Lo|ga|rith|mus *griech.,* der: des -, die Logarithmen (math. Größe); die **Lo|g|a|rith|men|ta|fel; lo|g|a|rith|misch**

Log|buch, das: (Tagebuch, das der Kapitän eines Schiffes führt)

Lo|ge *franz.* [loschе], die: der -, die Logen (Theatersitz, Geheimbund); **lo|gie|ren** (wohnen); das Logis (einfache Unterkunft)

Log|ger *niederl.,* der: des -s, die Logger (Küstenfahrzeug)

Log|gia *ital.* [lodschja], die: der -, die Loggien (ins Haus eingezogener offener Raum)

lo|gisch: (folgerichtig, selbstverständlich, klar); **lo|gi|scher|wei|se;** die **Lo|gik** (Denklehre); die **Lo|gis|tik** (alle Maßnahmen zur Organisation eines Unternehmens, math. Logik)

Lo|go|pä|die *griech.,* die: der - (Sprachheilkunde); der **Lo|go|pä|de;** die **Lo|go|pä|din; lo|go|pä|disch**

Lo|he, die: der -, die Lohen (Flammen); **lich|ter|loh; lo|hen**

Lohn, der: des -es, die Löhne (Gehalt); seinen gerechten Lohn bekommen; der **Ar|beits|lohn;** die **Lohn|er|hö|hung;** die **Lohn|ar|beit;** die **Lohn|for|de|rung;** die **Lohn|steu|er; loh|nens|wert;** jemanden **be|loh|nen;** sich **loh|nen**

Loi|pe *norw.* [leupe], die: der -, die Loipen (Ski-Langlaufspur)

Lo|kal *franz.,* das: des -(e)s, die Lokale (Gastwirtschaft); die **Lo|kal|zei|tung** (Nachrichten aus dem Ort); der **Lo|kal|ter|min** (Gerichtsverhandlung am Tatort); das **Wahl|lo|kal; lo|kal** (örtlich); **lo|ka|li|sie|ren**

Lo|ko|mo|ti|ve *engl.,* die: der -, die Lokomotiven; Kurzw. **Lok**

Lo|kus *lat.,* der: des -/-ses, die Lokusse (Toilette)

Lol|li *engl.,* der: des -s, die Lollis (Lutscher)

Long Drink, der: *auch* Longdrink

Lon|ge *franz.* [longsche], die: der -, die Longen (Laufleine für Pferde, Sicherheitsleine); **lon|gie|ren**

Look *engl.* [luk], der: des -s, die Looks (Aussehen, das sich nach der Mode richtet); nach dem neuesten Look gekleidet sein

Loo|ping *engl.* [luping], der/das: des -s, die Loopings (Überschlag beim Kunstflug)

Lor|beer *lat.,* der: des -s, die Lorbeeren (Baum, Gewürz); das **Lor|beer|blatt;** der **Lor|beer|kranz** (Auszeichnung); Lorbeeren ernten (Erfolg einheimsen)

Lord *engl.* der: des -s, die Lords (engl. Adelstitel)

Lo|re *engl.,* die: der -, die Loren (offener Güterwagen)

Los, das: des -es, die Lose; das große Los gewinnen; das Los entscheiden lassen; die **Los|trom|mel;** die **Ver|lo|sung; aus|lo|sen; lo|sen; ver|lo|sen**

los: das Pferd ist los (frei); hier ist etwas los (geht etwas vor); er ist sein Geld los (ausgegeben); ich muss jetzt los; **los|bin|den; los|fah|ren; los|ge|hen; los|las|sen; los|ma|chen**

lö|schen: du löschst; das Feuer löschen (ausmachen); eine Schuld löschen (tilgen); eine Ladung löschen (ein Schiff ausladen); das **Lösch|blatt;** der **Lö|scher;** der **Lösch|zug** (Feuerwehr)

lo|se: loser, am losesten (nicht gebunden); ein loses (leichtsinniges) Mädchen; einen losen Mund haben (vorlaut sein); jemandem einen losen (neckischen) Streich spielen

lock

L

lö|sen: du löst; eine Aufgabe lösen;
jemanden **ab|lö|sen; auf|lö|sen;
ein|lö|sen;** die **Lös|bar|keit** einer
Aufgabe; die **Er|lö|sung;** die **Lö|sung;
lös|lich;** löslicher Kaffee

Löss, *auch* **Löß,** der: des -es, die Lösse
(Bodenart); der **Löss|bo|den**

Lo|sung, die: der -, die Losungen (Leit-
spruch, Kot von Wildtieren, Erkennungs-
wort)

Lot, das: des -(e)s, die Lote; ein Lot (eine
senkrechte Gerade); die Mauer steht
nicht im Lot (in der Senkrechten); mit
dem Lot (Senkblei) die Tiefe ausmessen;
lot|recht; aus|lo|ten; lo|ten; etwas
wieder ins Lot bringen (in Ordnung
bringen)

lö|ten: (Metallteile verbinden);
der **Löt|kol|ben;** die **Löt|stel|le;**
das **Löt|zinn**

Lo|ti|on *engl.* [loschen], die: der -, die
Lotionen, *auch* Lotions (flüssiges
Hautpflegemittel)

Lot|se, der: des -n, die Lotsen; **lot|sen;**
ein Schiff lotsen; jemanden mit ins Kino
lotsen (überreden mitzugehen)

Lot|te|rie, die: der -, die Lotterien (Glücks-
spiel); das **Lot|to;** die **Lot|to|zah|len**

Lot|to, das: (Glücksspiel)

Love|sto|ry *engl.* [lawstori], die: der -, die
Lovestorys (Liebesgeschichte)

Lö|we, der: des -n, die Löwen (Raubtier);
den **Lö|wen|an|teil** (Hauptanteil)
bekommen

lo|yal: (redlich verbunden sein);
die **Lo|ya|li|tät**

LP: Langspielplatte

LSD: ein Rauschgift

Luchs, der: des -es, die Luchse; **luch|sen;**
aufpassen wie ein Luchs; jemandem
etwas abluchsen (abnehmen, überreden
etwas abzugeben)

Lü|cke, die: der -, die Lücken;
die **Ge|set|zes|lü|cke;**
der **Lü|cken|bü|ßer;** die **Wis|sens|lü|cke**

Lu|der; das: des -s, die Luder; du Luder
(Schimpfwort); das ist ein gemeines

Luder; du armes Luder

Luft, die: der -, die Lüfte; jemanden an die
frische Luft setzen (hinauswerfen); in die
Luft gehen (wütend sein); hier ist dicke
Luft (Ärger, Gefahr drohen); ist die Luft
rein? (sind wir unbeobachtet?); sich in
Luft auflösen (spurlos verschwinden);
Luft holen; die **Luft|auf|nah|me;**
der **Luft|bal|lon;** das **Luft|bild;**
die **Luft|li|nie;** die **Luft|ma|t|rat|ze;**
die **Luft|röh|re;** die **Lüf|tung;**
die **Luft|ver|schmut|zung;** der **Luft|zug;
luft|dicht; luft|durch|läs|sig; luft|leer;
ent|lüf|ten; lüf|ten**

lü|gen: du lügst, du lögest, er log, sie hat
gelogen, lüg(e) nicht!; die **Lü|ge;**
der **Lüg|ner;** die **Lü|gen|kam|pag|ne**
(viele Lügen verbreiten); **lüg|ne|risch;
lü|gen|haft;** das Blaue vom Himmel
lügen; wie gedruckt lügen;
Lug und Trug

Lu|ke, die: der -, die Luken (kleine Öff-
nung); die **Dach|lu|ke;**
die **Schiffs|lu|ke**

luk|ra|tiv/lu|kra|tiv: (Gewinn bringend);
ein lukratives Geschäft (gutes)

lul|len: (leise in den Schlaf singen)

Lüm|mel, der: des -s, die Lümmel (Flegel,
frecher Junge); **lüm|mel|haft;**
sich **lüm|meln;** sich auf dem Sofa
lümmeln

Lump, der: des -en, die Lumpen (schlechter
Mensch); die **Lum|pe|rei; lum|pig;** sich
nicht **lum|pen las|sen** (freigebig sein)

Lum|pen, der: der -, die Lumpen (Lappen,
zerissene Kleidung);
der **Lum|pen|samm|ler**

Lun|ge, die: der -, die Lungen (Atmungs-
organ); die **Lun|gen|ent|zün|dung;**
der **Lun|gen|flü|gel;** sich die Lunge aus
dem Hals schreien (laut, vergeblich
rufen); **Lungen-Tbc**

lun|gern: herumlungern

Lun|te, die: der -, die Lunten (Zünd-
schnur)

Lu|pe, die: der -, die Lupen (Vergröße-
rungsglas); **lu|pen|rein** (einwandfrei)

lüp|fen: (etwas leicht anheben)

Lurch, der: des -(e)s, die Lurche (Amphibie, Land- und Wassertier)

Lust, die: der -, die Lüste (Verlangen); Lust auf etwas haben; das **Lust|spiel;**
der **Lüs|ter; lüs|tern; lus|tig; lust|los;** etwas mit Lust und Liebe tun; je nach Lust und Laune (wie es beliebt); sich über jemanden lustig machen (auslachen)

Luther (Martin Luther): (der Reformator); das **Lu|ther|tum;**
die **lu|the|ri|sche** Kirche

lut|schen: du lutschst; der **Dau|men|lut|scher;** der **Lut|scher**

Luv, das: (die dem Wind zugeneigte Seite)

Lu|xus *lat.,* der: des - (reiche Ausstattung, Prunk, Verschwendung);
der **Lu|xus|ar|ti|kel;** das **Lu|xus|ho|tel; lu|xu|ri|ös**

Lu|zer|ne, die: (Blume)

Lu|zi|fer, der: (Teufel)

Lym|phe, die: (Körperflüssigkeit); das **Lymph|ge|fäß**

lyn|chen *engl.:* (ohne Urteil richten und töten); die **Lynch|jus|tiz**

Ly|rik *griech.,* die: der - (Dichtung, Poesie); der **Ly|ri|ker; ly|risch**

Ly|ze|um, das: (höhere Schule)

M

Maar, das: die Maare; (Vulkankrater)

Maat, der: die Maate (Seemann)

ma|chen: seine Hausaufgaben machen (erledigen); er macht sich an seine Arbeit; die **Mach|art** (Ausführung, Beschaffenheit); die **Ma|chen|schaf|ten** (Ränke); der **Ma|cher;** das **Mach|werk** (minderwertiges Erzeugnis); ein gemachter Mann (wohlhabend) sein; etwas aus sich machen (etwas erreichen); glattmachen

Ma|cho *span.* [matscho], der: des -s, die Machos (sich betont männlich gebender Mann)

Macht, die: der -, die Mächte (Herrschaft,

Gewalt); die Macht der Gewohnheit; ein mächtiger Baum; seiner Sinne nicht mehr mächtig sein (die Herrschaft über sich verlieren); ein Machtwort sprechen; mit aller Macht (Gewalt);
der **Macht|ha|ber;** die **Mäch|tig|keit** (einer Gesteinsschicht);
der **Macht|kampf;**
der **Macht|miss|brauch;**
die **Macht|po|li|tik;** die **Ohn|macht;**
die **Über|macht; macht|hung|rig; mäch|tig; macht|los; macht|voll;** jemanden **er|mäch|ti|gen** (eine Vollmacht erteilen)

Ma|cke *hebr.,* die: der -, die Macken (Tick, Fehler); jemand hat eine Macke (leicht verrückt)

Mäd|chen, das: des -s, die Mädchen; **mäd|chen|haft;** das **Mä|del**

Ma|de, die: der -, die Maden (Larve); **ma|dig;** jemandem eine Sache madig machen (ihm ausreden)

made in Ger|ma|ny [med in dschörmeni]: (hergestellt in Deutschland)

Ma|don|na *ital.,* die: der -, die Madonnen (Mutter Jesu, Frau von zarter Schönheit); das **Ma|don|nen|bild; ma|don|nen|haft**

Ma|fia/Maf|fia *ital.,* die: der -, die Mafias (verbrecherischer Geheimbund); der **Ma|fi|o|so** (Mitglied der Mafia)

Ma|ga|zin *ital.,* das: des -s, die Magazine (Lagerraum, Illustrierte; Unterhaltungssendung im Fernsehen); das **Kin|der|ma|ga|zin;** das **Ma|ga|zin** im Gewehr (Patronenbehälter)

Magd, die: der -, die Mägde (Helferin)

Ma|gen, der: des -s, die Magen/Mägen (Körperorgan); die **Ma|gen|säu|re;** die **Ma|gen|ver|stim|mung;** die Sache liegt mir im Magen (bedrückt mich); magenleidend, aber: am Magen leidend

ma|ger: ein mageres (nicht gutes) Ergebnis; die **Ma|ger|keit;** die **Ma|ger|milch;** die **Ma|ger|sucht; ab|ma|gern**

Ma|gie *pers.,* die: der - (Zauberkunst, geheimnisvolle Kraft); der **Ma|gi|er; ma|gisch;** magische, übernatürliche

Kräfte haben

Ma|gis|ter, der: (Lehrer, Titel)

Ma|gis|trat/Ma|gist|rat *ital.,* der: des -(e)s, die Magistrate (Stadtverwaltung)

Mag|ma *griech.,* das: des -s, die Magmen (flüssiges Gestein im Erdinneren)

Mag|net/Ma|gnet *griech.,* der: des -en/-(e)s, die Magnete(n); (Eisen oder Stahlstück mit Anziehungskraft); der **Ma|g|ne|tis|mus;** die **Ma|g|net|na|del; ma|g|ne|tisch; ma|g|ne|ti|sie|ren**

Ma|ha|go|ni, das: des -s (Edelholz)

mä|hen: das Getreide wird gemäht; die **Mahd;** der **Mäh|dre|scher;** der **Ra|sen|mä|her**

Mahl, das: des -(e)s, die Mahle/Mähler (Essen); die **Mahl|zeit**

mah|len: du mahlst das Korn zu Mehl; er hat Mehl gemahlen

Mäh|ne, die: die Mähnen; die **Pfer|de|mäh|ne**

mah|nen: zur Eile mahnen; wegen einer Rechnung mahnen (auffordern zu zahlen); das **Mahn|mal;** die **Mah|nung**

Mai *lat.,* der: des -(e)s (Monatsname); der **Mai|baum;** der **Mai|kä|fer;** das **Mai|glöck|chen**

Maid, die: die Maiden; (scherzhaft für Mädchen)

Main, der: des -(e)s (Nebenfluss des Rheins)

Mais, der: des -es (Getreide); das **Mais|brot**

Ma|jes|tät *lat.,* die: der -, die Majestäten (Titel für Kaiser und Könige); **ma|jes|tä|tisch**

Ma|jo|nä|se/Ma|yon|nai|se *franz.,* die: der -, die Majonäsen (Soße aus Eigelb und Öl)

Ma|jo|ran, der: des -s, die Majorane (Gewürzkraut)

ma|ka|ber *franz.:* (unheimlich, abstoßend); eine makab(e)re Situation

Ma|kel, der: des -s, die Makel (Schandfleck); **ma|kel|los; ma|kel|haft**

mä|keln: (nörgeln, meckern)

Make-up *engl.* [meik-ap], das: des -s, die Make-ups (kosmetische Pflege, Tönungscreme)

Mak|ka|ro|ni *ital.,* die: (Röhrennudel)

Mak|ler, der: des -s, die Makler (Vermittler); der **Grund|stücks|mak|ler**

Ma|kre|le/Mak|re|le *niederl.,* die: der -, die Makrelen (Fisch)

Ma|kro|ne/Mak|ro|ne *ital.,* die: der -, die Makronen (Gebäck)

Ma|ku|la|tur *lat.,* die: der -, die Makulaturen (fehlerhafte Druckbogen, Altpapier)

mal: drei mal vier; allemal, aber: alle Male; **dies|mal; ein|mal;** auf einmal; **erst|mals; kein|mal; manch|mal; zwei|mal** so viel; **ein|ma|lig; mehr|mals;** tausendmal; **mal|neh|men;** ein andermal, aber: ein anderes Mal; einmal und nicht wieder; wenn das mal gut geht; **Mal,** das allererste Mal; das erste/zweite Mal; jedes Mal/jedesmal; zum letzten Mal; ein paar Mal/paarmal; von Mal zu Mal; ein für alle Mal(e); viele Dutzend Mal(e), aber: dutzendmal

Mal, das: des -(e)s, die Mäler/die Male (Zeichen, Kennzeichen); das **Brand|mal;** das **Merk|mal;** das **Denk|mal**

Ma|la|ria *ital.,* die: der - (Sumpffieber)

ma|len: er hat ein Bild gemalt; eine malerische Landschaft; das **Ge|mäl|de;** der **Ma|ler;** die **Ma|le|rei;** die **Ma|le|rin; ma|le|risch**

Mal|heur, das: die Malheure; (Unglück)

Mal|ve *ital.,* die: der -, die Malven (Heilpflanze)

Malz, das: des -es (angekeimte Gerste); das **Malz|bier;** das **Malz|bon|bon;** der **Malz|kaf|fee; mäl|zen** (Malz bereiten); an ihm ist Hopfen und Malz verloren (alles umsonst)

Ma|ma, *auch* **Ma|mi,** die: der -, die Mamas

Mam|mon, der: (Geld, Reichtum)

Mam|mut *franz.,* das: des -s, die Mammuts (ausgestorbene Elefantenart); das **Mam|mut|pro|gramm**

man: man kann nicht wissen; das tut man nicht!

Ma|na|ger *engl.* [mänedscher], der: des -s, die Manager (Leiter und Organisator eines Unternehmens, Betreuer eines Berufssportlers oder Künstlers);
das **Ma|nage|ment; ma|na|gen; ge|ma|nagt**

manch: manch einer; so mancher; manch böses Wort; in manchem hast du recht; **man|cher|lei**

manch|mal: aber: manches Mal

Man|dant *lat.,* der : des -en, die Mandanten (Kunde eines Rechtsanwaltes);
die **Man|dan|tin**

Man|da|ri|ne, die: der -, die Mandarinen (apfelsinenähnliche Frucht)

Man|dat *lat.,* das: des -(e)s, die Mandate (Auftrag der Wähler für einen Abgeordneten), ein Mandat ausüben;
das **Straf|man|dat** (Strafbefehl)

Man|del *griech.,* die: der -, die Mandeln (Frucht des Mandelbaumes, Organ im Rachen); der **Man|del|ku|chen;**
die **Man|del|ent|zün|dung;**
die **Man|del|ope|ra|ti|on**

Man|do|li|ne *franz.,* die: der -, die Mandolinen (Zupfinstrument)

Ma|ne|ge *franz.* [manesche], die: der -, die Manegen (Reitbahn; Zirkusarena)

Man|gel, der: des -s, die Mängel (Knappheit, Not, Fehler); er hat charakterliche Mängel; der **Was|ser|man|gel; man|gels;** er wurde mangels eindeutiger Beweise freigesprochen; **man|gel|haft** (schlecht, unzulänglich);
etwas **be|män|geln; man|geln;**
es mangelt mir an nichts

Man|go, die: die Mangos oder Mangonen (tropische Frucht)

Man|gold, der: (Gemüse)

Man|gro|ve/Mang|ro|ve, die: die Mangroven (Laubwald in flachen Küstengewässern tropischer Gebiete)

Ma|nie *griech.,* die: der -, die Manien (Sucht, Besessenheit);
die **Klep|to|ma|nie** (Stehlsucht); **ma|nisch**

Ma|nier *franz.,* die: der -, die Manieren (Art und Weise, Stil); er hat gute Manieren

(ein gutes Benehmen); **ma|nier|lich** (anständig)

Ma|ni|fest *lat.,* das: des -es, die Manifeste (öffentliche Erklärung, Kundgebung)

Ma|ni|kü|re *franz.,* die: der -, die Maniküren (Handpflege); **ma|ni|kü|ren**

Ma|ni|pu|la|ti|on *lat.,* die: der -, die Manipulationen (Betrug, Beeinflussung, Machenschaften); **ma|ni|pu|lie|ren**

Man|ko *ital.,* das: des -s, die Mankos (Fehlbetrag, Mängel)

Mann, der: des -es, die Männer; Manns genug sein; seinen Mann stehen (gute Arbeit leisten); Not am Mann sein; an den rechten Mann geraten; den starken Mann markieren (wichtig tun); von Mann zu Mann;
die **Män|ner|freund|schaft;**
die **Männ|lich|keit;** die **Mann|schaft; mann|haft; männ|lich; über|man|nen**

Man|ne|quin *franz.* [manekeng], das: des -s, die Mannequins (Frau, die Modellkleider u. Ä. vorführt)

Ma|no|me|ter, das: des -s, die Manometer (Druckmesser)

Ma|nö|ver, das: des -s, die Manöver (Truppenübung, Trick); ein Manöver abhalten; ein betrügerisches Manöver durchführen; **ma|nö|v|rie|ren** (geschickt steuern, lenken); sich in eine schwierige Lage hineinmanövrieren

Man|sar|de, die: der -, die Mansarden (Dachkammer);
die **Man|sar|den|woh|nung**

man|schen: du manschst (mischen, planschen); die **Man|sche|rei**

Man|schet|te *franz.,* die: der -, die Manschetten (Dichtungsring, Ärmelabschluss, Papierkrause); vor jemandem Manschetten (Angst) haben

Man|tel, der: des -s, die Mäntel;
der **Win|ter|man|tel;**
der **Fahr|rad|man|tel** (Fahrradreifen);
be|män|teln; sich einen warmen Mantel anziehen (mit dem Mantel eine Verfehlung zudecken); den Mantel nach dem

Wind hängen (sich der jeweiligen Situation anpassen)

ma|nu|ell: (mit der Hand)

Ma|nu|skript *lat.,* das: des -(e)s, die Manuskripte (mit Hand oder Maschine vom Autor geschriebene Erstfassung); ein Manuskript bearbeiten

Map|pe, die: der -, die Mappen; die **Schreib|map|pe**

Ma|ra|thon|lauf, der: des -(e)s, die Marathonläufe (Langstreckenlauf über eine Strecke von 42,2 km)

Mär|chen, das: des -s, die Märchen; erzähl mir doch keine Märchen (Lügen)!; das **Mär|chen|buch; mär|chen|haft**

Mar|der, der: des -s, die Marder (Raubtier); das **Mar|der|fell**

Mar|ga|ri|ne, die: der -, die Margarinen (Speisefett aus pflanzlichen und tierischen Fetten)

Mar|ge|ri|te, die: der -, die Margeriten (Wiesenblume)

Ma|ri|hu|a|na *mexik.,* das: des -s (Rauschgift)

Ma|ri|na|de, die: der -, die Marinaden (Soße aus Öl und Gewürz); **ma|ri|niert;** ein marinierter Hering

Ma|ri|ne, die: der -, die Marinen (Seeflotte); die **Han|dels|ma|ri|ne;** der **Ma|ri|ne|stütz|punkt; ma|ri|ne|blau** (dunkelblau)

Ma|ri|o|net|te *franz.,* die: der -, die Marionetten (Gliederpuppe an Fäden gezogen); das **Ma|ri|o|net|ten|the|a|ter**

Mark, das: des -(e)s (Gewebe in den Knochen); das **Kno|chen|mark;** das **Rü|cken|mark;** das geht mir durch Mark und Bein (durchdringen)

Mark, die: der -; die Markstücke (Währungseinheit); ab 1948 Deutsche Mark; Abk. DM; sie muss mit jeder Mark rechnen (muss sparen); die schnelle Mark machen (schnell verdienen)

Mark, die: der -, die Marken (früher für Grenzgebiet); die Mark Brandenburg; der **Mark|graf;** die **Mark|grä|fin;** der **Mark|stein** (wichtiger Punkt);

mär|kisch; märkische Heide

mar|kant: (hervorstehend, scharf ausgeprägt); markante Gesichtszüge (auffallend)

Mar|ke, die: der -, die Marken; der Hund trägt eine Marke (Erkennungszeichen) am Hals; den Weg markieren (kennzeichnen); den Ahnungslosen markieren (vortäuschen); du bist mir eine Marke (ulkig); der **Mar|ken|ar|ti|kel;** das **Mar|ken|zei|chen;** die **Au|to|mar|ke;** die **Brief|mar|ke;** die **Gar|de|ro|ben|mar|ke;** der **Mar|ker** (Stift zum Markieren); **mar|kie|ren**

Mar|ke|ting *engl.,* das: des -(s) (Marktforschung eines Unternehmens zur Förderung des Absatzes)

Mar|ki|se, die: der -, die Markisen (aufrollbares Sonnendach)

Markt, der: des -es, die Märkte; einen neuen Artikel auf den Markt bringen; seine Haut zu Markte tragen (ein Risiko eingehen); der **Floh|markt;** der **Markt|an|teil;** die **Markt|lü|cke;** der **Markt|platz;** die **Markt|wirt|schaft** (Wirtschaftssystem mit freiem Wettbewerb im Gegensatz zur Planwirtschaft); der **Welt|markt;** der **Woh|nungs|markt**

Mar|me|la|de, die: der -, die Marmeladen (Brotaufstrich aus Früchten); die **Erd|beer|mar|me|la|de;** das **Mar|me|la|den|glas**

Mar|mor, der: des -s, die Marmore (Gesteinsart)

ma|ro|de *franz.:* (ausgelaugt, erschöpft); eine marode Wirtschaft

Ma|ro|ne *franz.,* die: der -, die Maronen (Esskastanie, Pilzart)

Ma|rot|te *franz.,* die: der -, die Marotten (komische Eigenart)

Mars, der: des - (Planet, röm. Kriegsgott)

Marsch, der: des -es, die Märsche (Gangart, Musikstück); ein anstrengender Marsch; die Kapelle spielt einen flotten Marsch; das **Marsch|ge|päck;** die **Marsch|rou|te; mar|schie|ren**

Marsch; die: der -, die Marschen (fruchtbares Schwemmland); das **Marsch|land**

ma|tern: (foltern, quälen);
der **Mar|ter|pfahl;** der **Mär|ty|rer;**
das **Mar|ty|ri|um**

März *lat.*, der: des -(e)s, die Märze/Märzen
(Monatsname); der **Mär|zen|be|cher,**
auch **März|be|cher** (Blume)

Mar|zi|pan, das: (Süßigkeit)

Ma|sche, die: der -, die Maschen (Schlin-
ge, Trick); er hat die Masche raus (er
weiß, wie man es macht); er hat eine
neue Masche; eine Masche (Schlinge)
knüpfen; die **Lauf|ma|sche;**
der **Ma|schen|draht; weit|ma|schig**

Ma|schi|ne *franz.*, die: der -, die Maschi-
nen (Räderwerk); der **Ma|schi|nist;**
die **Schreib|ma|schi|ne; ma|schi|nell;**
Maschine schreiben

Ma|sern, die: der - (ansteckende Kinder-
krankheit)

Ma|se|rung, die: der -, die Maserungen
(Musterung im Holz)

Mas|ke *franz.*, die: der -, die Masken;
jemandem die Maske vom Gesicht reißen
(ihn entlarven); die Maske fallen lassen
(sein wahres Gesicht zeigen); eine Maske
vor dem Gesicht tragen;
der **Mas|ken|ball;** der **Mas|ken|bild|ner;**
die **Mas|kie|rung; mas|kie|ren**

Mas|kott|chen *franz.*, das: des -s, die
Maskottchen (Talismann, Glücksbringer)

mas|ku|lin *lat.*: (männlich);
das **Mas|ku|li|num** (männliches Haupt-
wort)

Maß, das: des -es, die Maße (Abmessung);
ein hohes Maß an Vertrauen; Maß
halten; Maß nehmen; mit zweierlei Maß
messen (ungerecht sein); das Maß ist voll
(die Geduld ist am Ende); in/mit Maßen
(maßvoll); ohne Maß und Ziel (unüber-
legt); der **Maß|an|zug;** das **Maß|band;**
die **Maß|ein|heit;** die **Maß|nah|me;**
das **Straf|maß;** der **Maß|krug;**
**ge|wis|ser|ma|ßen; maß|hal|ten/
Maß hal|ten; maß|stab(s)|ge|treu;
maß|voll**

Mas|sa|ge *franz.* [maßasche], die: der -, die
Massagen (Behandlung der Muskeln)

Mas|sa|ker *franz.*, das: des -s, die Massa-
ker (Gemetzel, Blutbad);
mas|sa|k|rie|ren

Mas|se, die: der -, die Massen; die dick-
flüssige, zähe Masse (Brei); die breite
Masse (Vielzahl von Menschen);
die **Mas|sen|ar|beits|lo|sig|keit;**
der **Mas|sen|ar|ti|kel;**
die **Mas|sen|me|di|en;**
der **Mas|sen|sport; mas|sen|wei|se;**
mas|sig (wuchtig, groß)

Mas|sel *hebr.*, der: des -s; Massel (Glück)
haben

Mas|seur, der: des -s, die Massöre;
die **Mas|seu|re/Mas|seu|se/
Mas|seu|rin; mas|sie|ren**

mä|ßig: (wenig); eine mäßige (keine gute)
Leistung; sich **mä|ßi|gen** (sich beherr-
schen); **mit|tel|mä|ßig; recht|mä|ßig;
re|gel|mä|ßig;** die **Mä|ßi|gung**

mas|siv *franz.*: (fest, stabil, wuchtig);
massives Gold; ein massiver Bau;
das **Ge|birgs|mas|siv;** das **Mas|siv**
(Bergkette)

Mast, der: des -es, die Masten (hohe
Stange); der **Drei|mas|ter** (Schiff);
der **Elek|t|ro|mast;** der **Mast|baum**
(Segelstange)

Mast, die: der -, die Masten (Fütterung);
die **Mäs|tung;** das **Mast|vieh;**
mäs|ten

Mas|tur|ba|ti|on *lat.*, die: der -, die
Masturbationen (Selbstbefriedigung);
mas|tur|bie|ren

Match *engl.* [mätsch], das: des -(e)s, die
Matchs/Matche (Wettkampf);
der **Match|ball**

Ma|te|ri|al, das: des -s, die Materialien
(Rohstoff, schriftliche Unterlagen);
das **Bau|ma|te|ri|al;**
das **Be|weis|ma|te|ri|al;**
der **Ma|te|ri|al|feh|ler**

Ma|te|rie *lat.*, die: der -, die Materien
(Urstoff, das Gegenständliche);
ma|te|ri|ell; die materiellen (stofflichen
oder finanziellen) Grundlagen

Ma|the|ma|tik *griech.*, die: der -; Kurzw.

Ma|the (Naturwissenschaft);
der **Ma|the|ma|ti|ker; ma|the|ma|tisch**

Mat|jes|he|ring, der: (junger Salzhering)

Ma|trat|ze/Mat|rat|ze, die: der -, die
Matratzen; die **Luft|ma|t|ra|t|ze**

Mat|ri|ze/Ma|tri|ze, die: der -, die
Matrizen (Druckstock für
Vervielfältigung)

Ma|tro|se/Mat|ro|se, der: des -n, die
Matrosen (Seemann);
der **Ma|t|ro|sen|an|zug;**
die **Ma|t|ro|sen|müt|ze**

Matsch, der: des -es (aufgeweichter
Boden); das **Matsch|wet|ter;**
mat|schig; mat|schen

matt *arab.:* (erschöpft, trübe, schlapp,
schwach); mit matter Stimme; das matte
Licht; die **Mat|tig|keit;**
die **Matt|schei|be** (Spottbezeichnung
für Fernsehen); **er|mat|ten;** jemanden
matt setzen (handlungsunfähig machen,
Spielzug beim Schach), *auch* mattsetzen

Mat|te, die: der -, die Matten (Unterlage);
die **Fuß|mat|te;** die **Mat|ten** (Wiese in
den Hochalpen); jemanden auf die Matte
legen (besiegen); auf der Matte stehen
(zur Stelle sein)

Mätz|chen Mz., die: der -; mach keine
Mätzchen (Unsinn, Ausflüchte, sträube
dich nicht)

Mau|er, die: der -, die Mauern; die Große
Mauer (in China); die Berliner Mauer;
das **Mau|er|werk;** der **Mau|rer;**
mau|ern; die Mannschaft hat nur
gemauert (das Spiel bestand nur in der
Abwehr)

Maul, das: des -(e)s, die Mäuler (Mund);
das Maul aufreißen (prahlen); jemandem
Honig ums Maul schmieren (schmei-
cheln); **mau|len** (murren, stänkern,
schmollen); der **Maul|korb;**
der **Maul|wurf; maul|faul**

Maul|esel, der: des -s, die Maulesel
(Kreuzung aus Pferdehengst und Esel-
stute)

Maus, die: der -, die Mäuse (Nagetier);
das **Mäus|chen;** die **Mau|se|fal|le;**

das **Mau|se|loch; mäus|chen|still;**
mucks|mäus|chen|still; mau|se|tot

mau|sen: (Mäuse fangen); die Katze lässt
das Mausen nicht (feste Gewohnheiten
bleiben); mit Speck fängt man Mäuse
(jemanden bestechen)

Mau|ser, die: der -; in der Mauser sein
(Federwechsel bei den Vögeln);
mau|sern (sich ändern, entwickeln);
der Vogel mausert sich (wechselt das
Federkleid); er mausert sich langsam
(wird erfolgreicher)

Mau|so|le|um *griech.,* das: des -s, die
Mausoleen (großes Grabmal)

Maut, die: (Gebühr zahlen, z. B. Auto-
bahn)

ma|xi: der Rock ist maxi; **Ma|xi** tragen
(knöchellange Kleidung)

Ma|xi|mum *lat.,* das: des -s, die Maxima
(das Höchste, Höchststand); ein Maxi-
mum an Arbeit leisten; **ma|xi|mal**

Mä|zen, der: (wohlhabender Spender),
die Mäzene

Ma|yon|nai|se: → Majonäse

m.E.: meines Erachtens

Me|cha|nik *griech.,* die: der -, die Mechani-
ken (Bewegung); der **Me|cha|ni|ker;**
der **Me|cha|nis|mus; me|cha|nisch;**
er antwortet mechanisch (ohne viel zu
überlegen)

me|ckern: (mit allem nicht einverstanden
sein); die Ziege meckert; die **Me|cke|rei**

Meck|len|burg-Vor|pom|mern (Land
der BRD);
der **Meck|len|burg-Vor|pom|mer;**
meck|len|burg-vor|pom|me|risch

Me|dail|le *franz.* [medalje], die: der -, die
Medaillen (Gedenkmünze, Orden);
der **Me|dail|len|ge|win|ner;**
die **Gold|me|dail|le;** das **Me|dail|lon**
[medaljong] (Bildkapsel, Schmuckan-
hänger); das **Schwei|ne|me|dail|lon**
(rundes Fleischstück vom Filet)

Me|di|um *lat.,* das: des -s, die Medien
(Mittler, Kommunikationsmittel wie
Fernsehen, Radio, Zeitung); die techni-
schen, audiovisuellen Medien;

M

Medi

die **Me|di|en|land|schaft;**

die **Me|di|ta|tion** (sich verinnerlichen)

Me|di|zin *lat.,* die: der -, die Medizinen (medizinische Wissenschaft, Arznei); der **Me|di|zin|ball;** der **Me|di|zi|ner;** die **Me|di|zi|ne|rin; me|di|zi|nisch;** das **Me|di|ka|ment**

Meer, das: des -(e)s, die Meere; das **Häu|ser|meer;** die **Meer|en|ge;** der **Mee|res|spie|gel;** das **Welt|meer** (Ozean); das **Wat|ten|meer**

Meer|ret|tich, der: des -s, die Meerretti- che (Heil- und Gewürzpflanze)

Meer|schwein|chen, das: des -s, die Meerschweinchen

Mee|ting *engl.* [m_iting], das: des -s, die Meetings (Treffen, Sportveranstaltung)

me|ga... *griech.:* (groß); der **Me|ga|hit;** das **Me|ga|fon;** das **Me|ga|watt** (MW)

Me|ga|lith, der: (großer Steinblock bei vorgeschichtlichen Grabanlagen)

Mehl, das: des -(e)s, die Mehle (gemahle- nes Korn); die **Mehl|spei|se;** der **Mehl|tau** (Pilzkrankheit); **meh|lig**

mehr: er weiß nicht mehr, als er sagt; mehr oder weniger; umso mehr; mehrere Besucher; **mehr|fach; mehr|mals;** aber: mehrere Male; **mehr|spra|chig; mehr|stim|mig;** das **Mehr|fa|mi|li|en|haus;** die **Mehr|heit;** die **Mehr|zahl; meh|ren;** die Stimmen mehren sich; **ver|meh|ren**

mei|den: du meidest, er meidet, er mied, er hat gemieden

Mei|le, die: der -, die Meilen (Längen- einheit unterschiedlicher Größe; die engl. Meile entspricht 1609,30 Metern); der **Mei|len|stein** (wichtiger Punkt); **mei|len|weit,** aber: zwei Meilen weit

mein: (Possessivpronomen); mein Auto; an meiner statt; er verwechselt Mein und Dein; **mei|ner|seits; mei|net|hal|ben; mei|net|we|gen; um mei|net|wil|len; mei|nes Er|ach|tens; mei|nes Wis|sens** (m. W.)

Mein|eid, der: des -(e)s, die Meineide

(falscher Eid); einen Meineid schwören

mei|nen: was meinst du zu der Sache?; er meint es gut mit mir; die **Mei|nung;** einer Meinung sein; jemandem seine Meinung sagen (offen aussprechen); die **Mei|nungs|frei|heit;** die **Mei|nungs|um|fra|ge;** die **Mei|nungs|ver|schie|den|heit**

Mei|se, die: der -, die Meisen (Vogel)

Mei|ßel, der: des -s, die Meißel (Werk- zeug); **mei|ßeln** (herausarbeiten)

meist: am meisten; am allermeisten; die **meis|ten**/die **Meis|ten;** das **meis|te**/das **Meis|te;** das **meist|ge|kauf|te** Auto; das **meist|ge|le|sene** Buch; etwas **meist|bie|tend** versteigern; **meis|tens**

Meis|ter, der: des -s, die Meister (ein geprüfter Könner); die **Meis|te|rin;** seinen Meister machen (Meisterprüfung); ein alter Meister (Künstler); der **Welt|meis|ter;** der **Hand|werks|meis|ter;** die **Meis|ter|schaft;** der **Meis|ter|ti|tel;** das **Meis|ter|werk; meis|ter|lich** (sehr gut); **meis|tern;** eine Arbeit meistern (bewältigen)

mel|den: (eine Nachricht geben); die **Mel|dung;**

mel|ken: du melkst, du melktest, er melkte/molk, sie hat gemolken, melk(e)!; die **Melk|an|la|ge;** der **Mel|ker;** die **Mel|ke|rin;** die **Mol|ke|rei**

Me|lo|die *griech.,* die: der -, die Melodien (Tonfolge); **me|lo|disch** (wohltönend)

Me|lo|ne *griech.,* die: der -, die Melonen (Kürbisfrucht); die **Ho|nig|me|lo|ne;** die **Was|ser|me|lo|ne**

Mem|bra|ne/Memb|ra|ne *lat.,* die: der -, die Membranen (schwingfähiges Metall- blättchen, dünnes Häutchen)

Mem|me, die: der -, die Memmen (Feigling)

Me|moire *franz.* [memo_are], das: des -s, die Memoirs; das Memorandum; die **Me|moi|ren** (Lebenserinnerungen)

Men|ge, die: der -, die Mengen;

die **Men|gen|an|ga|be;** die **Un|men|ge mẹn|gen:** (mischen); **ver|men|gen**

Me|nịs|kus *griech.,* der: des -, die Menis-ken (Knorpel im Kniegelenk);
der **Me|nis|kus|riss** (eine Sportverletzung)

Mẹn|sa *lat.,* die: der -, die Mensen/Mensas (Speisesaal für Studenten)

Mẹnsch, der: des -en, die Menschen;
das **Men|schen|al|ter;**
das **Men|schen|recht;**
die **Mensch|heit; mensch|lich;**
das Menschenmögliche tun; er ist auch nur ein Mensch (nicht ohne Fehler); er ist eine Seele von Mensch (ein guter Mensch)

Men|stru|a|ti|on/Mens|tru|a|ti|on *lat.,* die: der -, die Menstruationen (Monats-blutung, Regel)

Me|nü *franz.,* das: des -s, die Menüs (Speisefolge)

Me|nu|ẹtt *franz.,* das: des -(e)s, die Menu-ette/Menuetts (Tanz)

Me|ri|di|an *lat.,* der: des -s, die Meridiane (Längengrad)

mẹr|ken: (wahrnehmen, behalten); eine Gefahr bemerken; sich eine Bemerkung erlauben; **an|mer|ken; be|mer|ken; ver|mer|ken;** die **Be|mer|kung;**
das **Merk|mal;** der **Ver|merk;**
be|mer|kens|wert; merk|wür|dig; merk|wür|di|ger|wei|se

Mer|kur, der: des -s (ein Planet)

me|schụg|ge *hebr.:* (verrückt)

Mẹs|ner/Mess|ner; der: des -s (Kirchen-diener), *auch* Mesmer/Messmer

Mẹs|se *lat.,* die: der -, die Messen (Gottes-dienst, Industrieausstellung); die Heilige Messe; die **Herbst|mes|se;**
die **Mes|se|hal|le;** das **Mes|se|ge|län|de**

mẹs|sen: du misst, du mäßest, er maß, sie hat gemessen; miss!; das **Mess|ge|rät;**
die **Mes|sung;** der **Mess|wert;**
Länge/Fieber messen; sich mit jemandem messen (Kraft erproben); mit zweierlei Maß messen (unehrlich sein)

Mẹs|ser, das: des -s, die Messer; ein scharfes Messer; etwas steht auf des Messers Schneide (kurz vor der Entschei-dung); jemandem das Messer an die Kehle setzen (mit Gewalt zwingen); **mes|ser|scharf**

Mes|si|as, der: des - (Christus)

Mẹs|sing *griech.,* das: des -s (Legierung aus Kupfer und Zink); das **Mes|sing|schild**

Me|tạll *griech.,* das: des -s, die Metalle; der Metall verarbeitende/metallverarbeitende Betrieb; das **Edel|me|tall;**
die **Me|tall|in|dus|t|rie; me|tal|lisch**

Me|tạ|pher *griech.,* die: der -, die Meta-phern (Wort mit übertragener Bedeu-tung); sich in Metaphern ausdrücken (bildlich sprechen, z. B. „bevor das Kind in den Brunnen fällt")

Me|te|or *griech.,* der: des -s, die Meteore (Sternschnuppe); die **Me|te|o|ro|lo|gie** (Wetterkunde); der **Me|te|o|ro|lo|ge**

Me|ter *griech.,* das/der: des -s, die Meter (Längenmaß); Abk. m;
das **Me|ter|maß; me|ter|hoch;**
me|ter|lang, aber: einen Meter lang;
me|ter|wei|se

Me|tho|de *griech.,* die: der -, die Methoden (Art des Vorgehens, Verfahrensweise), **me|tho|disch** (planvoll)

Me|tro/Met|ro, die: der -, die Metros (U-Bahn)

Me|tro|po|le/Met|ro|po|le *griech.,* die: der -, die Metropolen (Hauptstadt, Mittelpunkt)

Mẹt|te, die: der -, die Metten (nächtlicher Gottesdienst); die **Christ|met|te**

mẹt|zeln: (töten, abschlachten);
nie|der|met|zeln; das **Ge|met|zel**

Mẹtz|ger, der: des -s, die Metzger (Flei-scher); die **Metz|ge|rei;**
die **Metz|ge|rin;** der **Metz|ger|meis|ter**

meu|tern: (sich auflehnen); die **Meu|te** (Bande, Anzahl von Jagdhunden);
die **Meu|te|rei**

MEZ: mitteleuropäische Zeit

mịch: (4. Fall, Akkusativ, Wenfall von **ich**)

mịck|rig: (klein, kümmerlich)

Mị|cky|maus, die: der -, die Mickymäuse (Comicfigur)

M

Mief, der: des -(e)s (schlechte Luft);
mie|fig

Mie|ne, die: dcr -, die Mienen (Gesichts-
ausdruck); das **Mie|nen|spiel**

mies *hebr.:* miese (schlechte) Laune haben;
jemanden miesmachen (schlechtmachen);
der **Mie|se|pe|ter** (unzufriedener
Mensch); der **Mies|ma|cher** (sieht alles
schwarz); die **Mies|mu|schel**

Mie|te *lat.,* die : der -, die Mieten (Bezah-
lung für Wohnung oder andere Gebäu-
de); der **Mie|ter;** das **Miet|recht;**
der **Miet|ver|trag;** der **Ver|mie|ter;**
der **Miet|zins; mie|ten; ver|mie|ten**

Mie|ze, die: der -, die Miezen (Katze,
Freundin); die **Mie|ze|kat|ze**

mi|kro/mik|ro *griech.:* (ein Millionstel)

Mi|kro|fon/Mik|ro|fon, *auch* **Mi|kro|phon/
Mik|ro|phon** *griech.,* das: des -(e)s, die
Mikrofone

Mi|kro|s|kop/Mik|ro|s|kop *griech.,* das:
des -s, die Mikroskope (optisches Vergrö-
ßerungsgerät); **mi|k|ro|s|ko|pisch** (ganz
klein); **mi|k|ro|s|ko|pie|ren**

Mi|lan, der: (Raubvogel)

Mil|be, die: die Milben; (Spinnentier);
mil|big

Milch, die: der -; der **Milch|kaf|fee;**
die **Milch|stra|ße;** die **Milch|wirt|schaft;**
die **Milch|zäh|ne; mil|chig:** (weißlich,
trübe); ein Gesicht wie Milch und Blut
(frisch und gesund)

mild: ein mildes Wetter; ein mildes (sanf-
tes) Wesen; eine milde (nicht strenge)
Strafe; Milde (Nachsicht) walten lassen;
mildernde Umstände (bei der Straf-
bemessung); **mild|tä|tig;** die **Mil|de;**
die **Mil|de|rung; mil|dern**

Mi|li|eu, das: (Umwelt); **mi|li|eu|be|dingt**

Mi|li|tär *franz.,* das: des -s, die Militärs
(Streitkräfte); der **Mi|li|tär|dienst;**
die **Mi|liz** (Polizeitruppe); **mi|li|tä|risch**

Mil|li|ar|de, die: der -, die Milliarden
(tausend Millionen = 1 000 000 000);
der **Mil|li|ar|där**

Mil|li|me|ter, der/das: des -s, die Millime-
ter (1/1000 Meter); Abk. mm;

das **Mil|li|me|ter|pa|pier**

Mil|li|on *ital.,* die: der -, die Millionen
(1 000 000); Abk. Mill/Mio;
der **Mil|li|o|när;** sechs Millionen Mal

Milz, die: der -, die Milzen (drüsenartiges
Organ)

Mi|mik *griech.,* die: der – (Gebärden- und
Mienenspiel); **mi|misch; mi|men;**
(nachahmen); er mimt den Kranken

Mi|na|rett *arab.,* das: des -s, die Minarette/
Minaretts (Turm einer Moschee)

min|der: (weniger, geringer);
min|der|be|gabt; min|der|be|mit|telt;
min|der|jäh|rig; min|der|wer|tig;
die **Min|der|heit**

min|des|te: das ist doch das Mindeste/
mindeste; nicht im Mindesten/mindesten;
die **Min|dest|ge|schwin|dig|keit;**
min|dern; min|des|tens: (wenigstens);
das ist mindestens fünf Euro wert; ich
bleibe mindestens über die Ferien

Mi|ne *franz.,* die: der -, die Minen (Berg-
werk, Sprengkörper, Schreibeinlage bei
Kugelschreibern und Bleistiften);
die **Blei|stift|mi|ne;** die **Gold|mi|ne;**
das **Mi|nen|feld** (versteckte Minen)

Mi|ne|ral *franz.,* das: des -s, die Minerale/
Mineralien (Gestein); das **Mi|ne|ral|öl;**
die **Mi|ne|ral|quel|le;**
das **Mi|ne|ral|was|ser**

mi|ni: (sehr klein, winzig, kurz);
der **Mi|ni|rock; Mi|ni** tragen (äußerst
kurze Röcke, Kleider)

Mi|ni|mum *lat.,* das: des -s, die Minima
(das Kleinste, Geringste); ein Minimum
an Material; **mi|ni|mal**

Mi|nis|ter, der: des -s, die Minister
(Regierungsmitglied);
das **Mi|nis|te|ri|um;**
der **Mi|nis|ter|prä|si|dent; mi|nis|te|ri|ell**

Min|ne, die: der - (im Mittelalter Vereh-
rung, Liebe zu einer Dame der höfischen
Gesellschaft); der **Min|ne|sän|ger**

mi|nus: (weniger); minus 3 Grad, *auch*
3 Grad unter null; das **Mi|nus** (Fehlbe-
trag, Nachteil); der **Mi|nus|punkt;**
das **Mi|nus|zei|chen;** der **Mi|nu|end**

Mi|nu|te, die: der -, die Minuten; in letzter
Minute; der **Mi|nu|ten|an|zei|ger;**
mi|nu|ten|lang, aber: zehn Minuten lang;
mi|nu|ti|ös/mi|nu|zi|ös (sehr genau)

Min|ze, die: der -, die Minzen (Heilpflan-
ze); die **Pfef|fer|min|ze**

mir: (3. Fall, Dativ, Wemfall von **ich**); gib
mir bitte die Urkunde; mir nichts, dir
nichts (einfach so, ohne Umstände)

Mi|ra|bel|le *franz.,* die: der -, die Mirabel-
len (Pflaumenart)

mi|schen: du mischst Flüssigkeiten
miteinander; ein gemischter Salat; Karten
mischen; sich in eine Angelegenheit
einmischen; **mit|mi|schen** (sich aktiv an
etwas beteiligen); der **Misch|ling;**
die **Mi|schung;** der **Misch|wald**

mi|se|ra|bel *franz.:* (erbärmlich); der
Zustand ist miserabel; die **Mi|se|re** (Not)

miss…: (schlecht, verfehlt);
miss|ach|ten; das Gesetz missachten
(nicht befolgen); **miss|bil|li|gen;**
miss|brau|chen; miss|fal|len;
miss|glü|cken; miss|gön|nen;
miss|han|deln; miss|lin|gen (eine
nicht gelungene Arbeit); **miss|trau|en;**
miss|ver|ste|hen; der **Miss|brauch;**
der **Miss|er|folg;** die **Miss|ge|burt;**
das **Miss|ge|schick;**
das **Miss|ver|ständ|nis; miss|güns|tig**
(neidisch); **miss|mu|tig**

Miss *engl.,* die: der -, die Misses (Fräulein);
die **Miss|wahl**

mis|sen: du misst, sie hat gemisst;
die Freiheit **ver|mis|sen**

Mis|se|tat, die: der -, die Missetaten
(Vergehen); der **Mis|se|tä|ter**

Mis|si|on *lat.,* die: der -, die Missionen
(Auftrag, Sendung, Verbreitung des
christlichen Glaubens); der **Mis|si|o|nar;**
die **Mis|si|o|na|rin; mis|si|o|nie|ren;** in
geheimer Mission

Mist, der: des -(e)s (Dünger);
das **Mist|beet; mis|tig; mis|ten;**
das ist nicht auf deinem Mist gewachsen
(ist nicht von dir)

Mis|tel, die: der -, die Misteln (immergrü-
ne Schmarotzerpflanze)

mit: mit dem Freund; mit Vergnügen; mit
Gewalt; **mit|un|ter** (manchmal);
das **Mit|ge|fühl;** der **Mit|laut;**
der **Mit|schü|ler; mit|kom|men;**
mit|ma|chen

mit|ein|an|der/mit|ei|nan|der: miteinan-
der (einer mit dem anderen) sprechen;
miteinander leben

mit|füh|len: mitfreuen (Anteil nehmen);
das **Mit|ge|fühl**

mit|ge|nom|men: er sieht mitgenommen
(erschöpft) aus; er hat das Geld mitge-
nommen; → nehmen

Mit|gift, die: der -, die Mitgiften
(Aussteuer)

Mit|glied, das: des -s, die Mitglieder;
die **Mit|glied|schaft**

mit|hil|fe/mit Hilfe: mithilfe meiner
Freunde

mit|hö|ren: → hören

mit|krie|gen: hast du das mitgekriegt?
(verstanden), → kriegen

mit|lau|fen: der **Mit|läu|fer**

Mit|laut, der: des -s, die Mitlaute (Konso-
nant)

Mit|leid, das: des -s; **mit|lei|dig;**
mit|leid(s)|los;
jemanden **be|mit|lei|den**

mit|neh|men: einen Freund mitnehmen;
die **Mit|nah|me**

mit|rei|ßen: (begeistern); → reißen

Mit|schü|ler, der: des -s, die Mitschüler;
die **Mit|schü|le|rin**

Mit|tag, der: des -s, die Mittage; gestern/
heute/morgen Mittag;
Diens|tag|mit|tag; diens|tag|mit|tags;
diens|tags mit|tags;
das **Mit|tag|es|sen,** aber: zu Mittag
essen; die **Mit|tags|pau|se; mit|tags**
wieder da sein

Mit|te, die: der -, die Mitten; Mitte März;
in der Mitte des Flusses; **mit|ten;** mitten
im Leben; mitten entzwei; **mit|ten|drin;**
einer aus unserer Mitte (einer von uns)

mit|tei|len: die **Mit|tei|lung;**
mit|tei|lens|wert

Mit|tel, das: des -s, die Mittel (Hilfsmittel);
einem Kranken ein Mittel (Arznei) geben;
mir fehlen die Mittel (Geld); **mit|tel|los;**
un|mit|tel|bar; jedes Mittel ist ihm
recht; als Mittel zum Zweck dienen
mit|tel: (auf die Mitte bezogen);
die mittlere Reife (Realschulabschluss);
mit|tel|mä|ßig (durchschnittlich);
das **Mit|tel|al|ter;** das **Mit|tel|ge|bir|ge;**
der **Mit|tel|punkt;** der **Mit|tel|stand;**
der **Mit|tel|wert**
mit|tels: (ein Mittel verwenden); mittels
(mithilfe) einer Leiter
mit|ten im Raum
Mit|ter|nacht, die: der -; um Mitternacht;
heute/gestern/morgen Mitternacht;
die **Mit|ter|nachts|mes|se;**
zu **mit|ter|nächt|li|cher** Stunde;
mit|ter|nachts; mit|ter|nachts|blau
mitt|ler|wei|le: (inzwischen)
Mitt|woch, der: des -s, die Mittwoche
(Wochentag); der **Mitt|woch|abend;**
→ Dienstag
mit|wir|ken: (mithelfen);
der/die **Mit|wir|ken|de;** die **Mit|wir|kung**
Mit|wis|ser; der: des -s, die Mitwisser;
die **Mit|wis|ser|schaft**
mi|xen: (durcheinander bringen); du mixt;
ein Getränk mixen; der **Mi|xer;**
die **Mix|tur;** die Mixedpickles/Mixed
Pickles
Mob engl., der: des -s (Gesindel, Pöbel);
mob|ben (Arbeitskollegen schikanie-
ren); das **Mob|bing**
Mö|bel lat., das: des -s, die Möbel (Ein-
richtungsgegenstände);
der **Mö|bel|wa|gen;** einen Menschen
wieder aufmöbeln (ihn aufmuntern);
ver|mö|beln; jemanden vermöbeln
(schlagen)
mo|bil: (beweglich, munter);
mo|bi|li|sie|ren: die letzten Kräfte
mobilisieren (aufbringen)
Mo|bi|li|ar, das: des -s, die Mobiliare
(bewegliche Einrichtung)
Mo|de, die: der -, die Moden (Zeit-
geschmack); die **Kin|der|mo|de;**

die **Mo|den|schau; mo|dern;**
mo|disch; aus der Mode kommen; mit
der Mode gehen
Mo|del engl., das: des -s, die Models
(Fotomodell)
Mo|dell franz., das: des -s, die Modelle
(Muster, Vorbild); jemandem Modell
stehen; das **Fo|to|mo|dell;**
das **Mo|dell|kleid;**
die **Mo|dell|zeich|nung;**
das **Schiffs|mo|dell; mo|dell|haft;**
mo|del|lie|ren (formen, nachbilden)
Mo|dem engl. das: des -s, die Modems
(Gerät zur Datenübertragung)
Mo|der, der: des -s; der **Mo|der|ge|ruch;**
mo|de|rig; mo|dern (faulen)
mo|de|rie|ren: (im Rundfunk oder
Fernsehen durch eine Sendung führen);
der **Mo|de|ra|tor;** die **Mo|de|ra|to|rin;**
die **Mo|de|ra|ti|on**
mo|dern: (der heutigen Zeit entspre-
chend); **mo|der|ni|sie|ren**
Mo|fa, das: des -s, die Mofas (Motor-
fahrrad)
mo|geln: (täuschen, betrügen);
die **Mo|ge|lei**
mö|gen: du magst, du möchtest, er
mochte, sie hat gemocht; ich mag meine
Eltern (liebe sie)
mög|lich: für möglich halten; etwas
möglich machen; so schnell wie möglich;
alles Mögliche tun; es ist mir nicht
möglich, aber: das Mögliche;
mög|li|cher|wei|se; möglichst schnell;
sein Möglichstes tun; **un|mög|lich;**
die **Mög|lich|keit**
Mo|hair, der: auch Mohär (Wolle der
Angoraziege)
Mo|ham|me|da|ner, der: des -s, die
Mohammedaner (Moslem, Anhänger der
Lehre Mohammeds);
mo|ham|me|da|nisch
Mohn, der: des -s (Pflanze);
die **Mohn|blu|me;** der **Mohn|ku|chen**
Möh|re, die: der -, die Möhren (Gemüse);
die **Mohr|rü|be**
Mo|kas|sin indian., der: des -s, die Mokas-

sins/Mokassine (leichter lederner Halb-schuh)

Mo|kick, das: des -s, die Mokicks (kleines Motorrad)

mo|kie|ren *franz.:* sich über alles mokieren (lustig machen)

Mok|ka *arab.,* der: des -s, die Mokkas (Kaffeesorte, sehr starker Kaffee)

Molch, der: des -(e)s, die Molche (Schwarzlurch)

Mo|le *ital.,* die: der -, die Molen (Hafen-damm)

Mol|ke, die: der - (Rückstand bei der Käsezubereitung); die **Mol|ke|rei** (Milch verarbeitender Betrieb)

Moll *lat.,* das: des -s (Tongeschlecht mit kleiner Terz, a-Moll); der **Moll|ak|kord;** die **Moll|ton|art**

mol|lig: ein molliger (weicher, warmer) Pullover; sie ist ganz schön mollig (rundlich, dick)

Mo|ment *lat.,* der: des -(e)s, die Momente (Augenblick, Zeitpunkt)

Mo|ment, das: des -(e)s (Gesichtspunkt)

Mo|narch *griech.,* der: des -en, die Monar-chen (gekröntes Staatsoberhaupt); die **Mo|nar|chie;** die **Mo|nar|chin**

Mo|nat, der: des -s, die Monate; die **Mo|nats|kar|te;** er ist **mo|na|te|lang** weg, aber: er ist sieben Monate lang weg; **mo|nat|lich**

Mönch *griech.,* der: des -(e)s, die Mönche (Angehöriger eines Männerordens); die **Mönchs|kut|te**

Mond, der: des -(e)s, die Monde (Him-melskörper); in den Mond gucken (nichts bekommen); die Uhr geht nach dem Mond (ungenau); die **Mond|fins|ter|nis;** der **Mon|den|schein; mond|süch|tig**

Mo|ne|ten, die: der - (Geld)

mo|nie|ren *lat.:* (beanstanden)

Mo|ni|tor *engl.,* der: des -s, die Monitoren (Kontrollgerät, Computerbildschirm)

Mo|no|gramm *griech.,* das: des -s, die Monogramme (Anfangsbuchstabe des Namens)

Mo|no|log *griech.,* der: des -s, die Monolo-ge (Selbstgespräch); **mo|no|lo|gisch**

Mo|no|pol *griech.,* das: des -s, die Monopo-le (das Recht auf Alleinherstellung oder Alleinverkauf)

mo|no|ton *griech.:* (eintönig, langweilig)

Mons|ter *engl.,* das: des -s, die Monster (Riese, Ungetüm)

Mons|tranz/Monst|ranz *lat.,* die: der -, die Monstranzen (heiliges Gefäß)

Mon|sun *arab.,* der: des -s, die Monsune (halbjährlich wechselnder Regenwind zwischen Asien und seinen Ozeanen)

Mon|tag, der: des -(e)s, die Montage (Wochentag); der **Mon|tag|abend; mon|tags;** → Dienstag

Mon|ta|ge *franz.* [montasche], die: der -, die Montagen (Aufbau, Zusammenbau von Maschinen und technischen Anla-gen); der **Mon|teur; mon|tie|ren**

Mon|tur *franz.,* die: der -, die Monturen (Arbeitskleidung)

Mo|nu|ment *lat.,* das: des -(e)s, die Monumente (großes Denkmal); **mo|nu|men|tal** (gewaltig, groß)

Moor, das: des -(e)s, die Moore; das **Moor|bad; moo|rig**

Moos, das: des -es, die Moose; **moos|grün**

Mo|ped, das: des -s, die Mopeds (leichtes Motorrad)

Mopp, der: des -s, die Mopps (Staubbesen)

Mo|ral *lat.,* die: der - (Sittenlehre, sittl. Verhalten); die Moral der Gruppe ist gut; **mo|ra|lisch**

Mo|rä|ne *franz.,* die: der -, die Moränen (von einem Gletscher mitgeführtes Geröll)

Mo|rast, der: des -(e)s, die Moraste/Moräste (sumpfiges Land, Schlamm); **mo|ras|tig**

Mord, der: des -es, die Morde (vorsätzliche Tötung); der **Mör|der;** der **Mord|fall;** die **Mord|kom|mis|si|on;** der **Mords|spaß** (großer Spaß); eine **mör|de|ri|sche** (furchtbare) Kälte; **er|mor|den; mor|den**

mor|gen: morgen Abend; heute/gestern Morgen; morgen früh/Früh; bis morgen/übermorgen; **mor|gend|lich; mor|gens;** der **mor|gi|ge** Tag

Mor|gen, der: des -s; das **Mor|gen|grau|en;** die **Mor|gen|luft;** der **Mor|gen|man|tel;** die **Mor|gen|zei|tung;** guten Morgen; gegen Morgen; am nächsten Morgen; eines Morgens; des Morgens

Mor|gen, der: des -s, die Morgen (Ackermaß = ein viertel Hektar)

Mo|ri|tat, die: der -, die Moritaten (gesungene Schauerballade)

morsch: (mürbe, zerfallen); der Steg ist morsch

Mör|ser, der: des -s, die Mörser (Gefäß zum Zerkleinern harter Stoffe mit dem Stößel; ein schweres Geschütz)

Mör|tel, der: des -s (Bindemittel für Steine)

Mo|sa|ik franz., das: des -s, die Mosaiken/ Mosaike (aus Steinchen zusammengesetztes Bildwerk); **mo|sa|ik|ar|tig;** die **Mo|sa|ik|stein|chen**

Mo|schee arab., die: der -, die Moscheen (mohammedanisches Gotteshaus)

mo|sern hebr.: (nörgeln, meckern)

Mos|ki|to span., der: des -s, die Moskitos (Stechmücke)

Mos|lem arab., der: des -s, die Moslems (Anhänger des islamischen Glaubens); **mos|le|misch**

Most, der: des -(e)s, die Moste (Fruchtsaft; Obstwein); **mos|ten**

Most|rich, der: des -s, die Mostriche (Senf)

Mo|tel amerik., das: des -s, die Motels (Hotel für Autoreisende)

Mo|tiv, das: des -s, die Motive (Beweggrund, Antrieb); ein beliebtes Motiv in der Malerei; die **Mo|ti|va|ti|on;** die **Mo|ti|vie|rung; mo|ti|vie|ren**

Mo|tor, der: des -s, die Motoren (Antrieb); das **Mo|tor|boot;** das **Mo|tor|rad**

Mot|te, die: der -, die Motten; das **Mot|ten|pul|ver; ein|mot|ten**

Mot|to ital., das: des -s, die Mottos (Leitspruch)

mot|zen: du motzt (schimpfen, nörgeln)

Moun|tain|bike engl. [mauntinbaik], das: des -s, die Mountainbikes (Fahrrad fürs Gelände)

Mö|we, die: der -, die Möwen (Wasservogel)

Mü|cke, die: der -, die Mücken (Insekt); der **Mü|cken|stich;** aus einer Mücke einen Elefanten machen (übertreiben)

muck|sen: sich nicht mucksen (still sein und keine Bewegung machen); keinen Mucks tun; **mucks|mäus|chen|still**

mü|de: (unausgeschlafen, schlapp); **über|mü|det; un|er|müd|lich;** die **Mü|dig|keit; er|mü|den;** einer Sache müde (überdrüssig) sein; zum Umfallen müde sein (sehr müde sein)

Muff niederl., der: des -(e)s, die Muffe (Handwärmer)

Muff niederl., der: des -(e)s (fauliger Geruch); der **Muf|fel** (mürrischer Mensch), das **Muf|fen|sau|sen** (Angst); **muf|fig** (schimmelig, mürrisch); **muf|fe|lig; muf|fen** (mürrisch agieren); **muf|feln**

Muff|lon franz., der: des -s, die Mufflons (Wildschaf)

Mü|he, die: der -, die Mühen; sich redlich Mühe geben; der Mühe wert sein; die **Mü|he|lo|sig|keit;** die **Müh|sal; mü|he|los; mü|he|voll; müh|sam; müh|se|lig;** sich **ab|mü|hen;** sich **mü|hen**

Müh|le, die: der -, die Mühlen (Mahlmaschine); die **Kaf|fee|müh|le;** die **Wind|müh|le;** das **Mühl|rad;** das ist Wasser auf meine Mühle (das unterstützt meine Meinung)

Mu|lat|te span., der: des -n, die Mulatten (Nachkomme eines weißen und schwarzen Elternteils); die **Mu|lat|tin**

Mul|de, die: der -, die Mulden (flache Grube)

Mull engl., der: des -(e)s, die Mulle (lockeres Baumwollgewebe); die **Mull|bin|de**

Müll, der: des -s; der **Atom|müll;**

der **Haus|müll;** die **Müll|ab|fuhr;**
die **Müll|ton|ne;**
die **Müll|ver|bren|nungs|an|la|ge**

Mül|ler *lat.,* der: des -s, die Müller (Betrei-
ber einer Mühle); die **Mül|le|rin**

mul|mig: (bedenklich, gefährlich); eine
mulmige Situation; der **Mulm** (zerbrö-
ckeltes Holz)

Mul|ti|p|le-Choice-Ver|fah|ren, das:
des -s, die Multiple-Choice-Verfahren
(Testverfahren mit Auswahlantworten)

mul|ti|pli|zie|ren: (vervielfältigen, malneh-
men); die **Mul|ti|pli|ka|ti|on**

Mumm, der: (Mut, Kraft)

Mumps, der: des -s (Entzündung der
Ohrspeicheldrüse, Ziegenpeter)

Mund, der: des -(e)s, die Münder; den
Mund halten; sich etwas vom Munde
absparen: den Mund voll nehmen
(angeben, übertreiben); jemandem das
Wort im Munde umdrehen (absichtlich
falsch wiedergeben); die **Mund|art;**
das **Mund|werk; mund|ge|recht**
(passend); **münd|lich; mun|den**

mün|den: ein|mün|den;
die **Ein|mün|dung**

mün|dig: (volljährig, rechtsfähig); sie ist
mündig; die **Mün|dig|keit**

Mu|ni|ti|on *franz.,* die: der -,
das **Mu|ni|ti|ons|la|ger**

mun|keln: (heimlich erzählen); man
munkelt so allerlei über jemanden

Müns|ter, das: des -s, die Münster (Dom-
kirche)

mun|ter: (lebhaft, heiter);
die **Mun|ter|keit;** jemanden
auf|mun|tern (heiter stimmen)

Mün|ze, die: der -, die Münzen (Geld-
stück); die **Ge|denk|mün|ze;**
der **Münz|fern|spre|cher;**
der **Münz|au|to|mat;**
die **Münz|samm|lung;**
die **Sil|ber|mün|ze; mün|zen;** das ist
auf mich gemünzt (das zielt auf mich, ich
bin gemeint); etwas für bare Münze
nehmen (ernsthaft glauben)

mür|be: zer|mür|ben; jemanden mürbe

machen/mürbemachen (ihn entnerven)

murk|sen: (pfuschen); du murkst; etwas
ver|murk|sen (verderben); der **Murks**
(schlechte Arbeit); **ab|murk|sen** (töten)

mur|meln: (leise und undeutlich spre-
chen); das **Ge|mur|mel**

Mur|mel|tier, das: des -s, die Murmeltiere
(Nagetier im Gebirge)

mur|ren: (sich beklagen); etwas ohne
Murren (Widerspruch) tun; **mür|risch**

Mus, das/der: des -(e)s, die Muse
(Gemüse, z. B. aus Grünkohl);
das/der **Ap|fel|mus**

Mu|schel, die: der -, die Muscheln (im
Wasser lebendes Weichtier mit harter
Schale); die **Mu|schel|bank;**
mu|schel|för|mig

Mu|se, die: der -, die Musen (Göttin der
Künste und Wissenschaft); die leichte
Muse; **mu|sisch** (künstlerisch)

Mu|se|um *griech.,* das: des -s, die Museen;
das **Hei|mat|mu|se|um;**
das **Mu|se|ums|stück;**
der **Mu|se|ums|wär|ter**

Mu|si|cal *amerik.* [mjusikel], das: des -s, die
Musicals (Sing- und Tanzspiel)

Mu|sik *griech.,* die: der - (Tonkunst); ein
musikliebender/Musik liebender
Mensch; Musik im Blut haben (musika-
lisch sein); der **Mu|si|kant;**
der **Mu|si|ker;** die **Mu|si|ke|rin;**
das **Mu|sik|in|s|t|ru|ment;**
die **Mu|sik|ka|pel|le;** die **Pop|mu|sik;**
mu|si|ka|lisch; mu|si|zie|ren

Mus|kat *franz.,* der: des -(e)s, die Muskate
(Gewürz); die **Mus|kat|nuss;**
der **Mus|ka|tel|ler** (süßer Wein)

Mus|kel, der: des -s, die Muskeln;
der **Mus|kel|ka|ter;** der **Mus|kel|protz;**
die **Mus|ku|la|tur; mus|ku|lös** (äußerst
kräftig)

Müs|li *schweiz.,* das: des -s, die Müslis
(Rohkostgericht)

Mu|ße, die: der -, die Mußen (freie Zeit,
Ruhezeit); die **Mu|ße|stun|de;**
der **Mü|ßig|gang; mü|ßig;** etwas mit
Muße (Ruhe) tun

müs|sen: du musst, du müsstest, er musste, sie hat gemusst; ich musste arbeiten; das **Muss** (Zwang)

mü|ßig sein: mü|ßig|gehen

Mus|ter, das: des -s, die Muster (Vorlage, Modell); sie ist ein Muster an Fleiß (vorbildlich, fleißig); das **Mus|ter|bei|spiel;** der **Mus|ter|kna|be;** die **Mus|te|rung; mus|ter|gül|tig; mus|ter|haft; mus|tern** (jemanden genau anschauen, auf Tauglichkeit überprüfen)

Mut, der: des -s (Tapferkeit); seinen Mut beweisen; jemandem Mut machen; ihm ist traurig zumute/zu Mute; er hat all seinen Mut zusammengenommen (wagt sich an eine Aufgabe heran)

Mu|ta|ti|on, die: (Veränderung im Erbgefüge); die Mutationen

Mut|ter, die: der -, die Mütter; der **Mut|ter|bo|den;** die **Müt|ter|lich|keit;** die **Mut|ter|spra|che; müt|ter|lich; mut|ter|see|len|al|lein; be|mut|tern**

Mut|ter, die: der -, die Muttern (Teil der Schraube)

Müt|ze, die: der -, die Mützen (Kopfbedeckung); die **Bas|ken|müt|ze;** die **Zip|fel|müt|ze**

Myr|rhe/Myr|re *griech.*, die: der -, die Myrrhen (aromatisches Harz)

My|thos *griech.*, der: des -, die Mythen (legendär gewordene Gestalt oder Begebenheit, Sagen von Göttern, Helden oder Geistern)

N

na: na ja!; na und?; na, wie geht's?; na bitte!

Na|be, die: der -, die Naben (Mittelteil des Rades)

Na|bel, der: des -s, die Nabel; der **Bauch|na|bel;** der **Na|bel|bruch**

nach: nach Maß; nach mir; nach dem Essen; nach Berlin fahren; nach und nach; nach wie vor; **nach|her; nach|ei|n|an|der**

nach|äf|fen: (spöttisch nachahmen)

nach|ah|men: ich ahme meine Schwester nach (nachmachen); die **Nach|ah|mung; nach|ah|mens|wert; un|nach|ahm|lich**

Nach|bar, der: des -n, die Nachbarn; die **Nach|bar|schaft; nach|bar|lich**

nach|be|stel|len: die **Nach|be|stel|lung**

nach|dem: nachdem er die Erklärung abgegeben hatte, setzte er sich wieder, aber: nach dem Vortrag setzte er sich wieder; je nachdem

nach|den|ken: nach|denk|lich

Nach|druck, der: des -(e)s, die Nachdrucke; etwas mit Nachdruck vertreten; **nach|drück|lich**

nach|ein|an|der/nach|ei|nan|der: nacheinander starten; nacheinander sprechen

nach|er|zäh|len: die **Nach|er|zäh|lung**

nach|fol|gen: der **Nach|fol|ger; nach|fol|gend**

nach|for|schen: die **Nach|for|schung**

nach|fra|gen: die **Nach|fra|ge**

nach|füh|len: (nachempfinden)

nach|ge|ben: nach|gie|big; un|nach|gie|big

Nach|ge|bühr, die: der -, die Nachgebühren (z. B. Nachentgelt)

nach Hau|se/nach|hau|se: der Weg führt nach Hause; der **Nach|hau|se|weg**

nach|her: (danach)

Nach|hil|fe, die: die Nachhilfen; der **Nach|hil|fe|un|ter|richt**

nach|hin|ein: im **Nach|hin|ein**

nach|ho|len: das **Nach|hol|spiel;** der **Nach|hol|be|darf**

Nach|kom|me, der: des -n, die Nachkommen; der **Nach|kömm|ling**

nach|las|sen: (abbauen); sein Eifer hat erheblich nachgelassen; der Schmerz lässt nach; der **Nach|lass; nach|läs|sig**

Nach|mit|tag, der: des -s, die Nachmitta-
ge; gestern Nachmittag; **nach|mit|tags**

Nach|nah|me, die: der -, die Nachnahmen
(Zahlung bei Empfang der Ware); mit
der Post etwas per Nachnahme senden

Nach|na|me, der: des -n, die Nachnamen
(Familienname)

nach|plap|pern: (immer das Gleiche wie
der Vorredner sagen)

nach|rech|nen: (prüfen);
die **Nach|rech|nung**

Nach|re|de, die: der -, die Nachreden
(Verleumdung)

Nach|richt, die: der -, die Nachrichten;
der **Nach|rich|ten|dienst;**
der **Nach|rich|ten|sa|tel|lit;**
die **Nach|rich|ten|sen|dung;**
jemanden **be|nach|rich|ti|gen**

Nach|ruf, der: des -(e)s, die Nachrufe
(Ehrung eines Verstorbenen)

nach|schla|gen: in einem Wörterbuch
nachschlagen; der **Nach|schlag** (zweite
Portion); das **Nach|schla|ge|werk**
(Lexikon)

Nach|schlüs|sel, der: des -s, die Nach-
schlüssel

nach|se|hen: (prüfen, nachschlagen,
verzeihen); das **Nach|se|hen;**
die **Nach|sicht;** Nachsicht üben;
nach|sich|tig sein

nach|sen|den: die Post nachsenden;
die **Nach|sen|dung**

Nach|spei|se, die: der -, die Nachspeisen

Nach|spiel, das: des -s, die Nachspiele

nach|spre|chen: das **Nach|spre|chen**

nächst: am nächsten; nächste Woche;
nächsten Monat; das nächste Mal; der
Nächste bitte; als Nächstes;
zum **nächst|mög|li|chen** Termin;
die **Nächs|ten|lie|be**

nach|stel|len: die Uhr nachstellen (die
Zeit verändern); jemandem nachstellen
(ihn verfolgen)

nach|su|chen: (intensiv suchen, in aller
Form beantragen)

Nacht, die: der -, die Nächte; die kalte
Nacht; in dunkler Nacht; bei Nacht und

Nebel; ein Unterschied wie Tag und
Nacht (sehr großer Unterschied); gute
Nacht sagen; die **Diens|tag|nacht;**
der **Nacht|dienst;** der **Nacht|frost;**
der **Nacht|wand|ler; nachts;** er ist
nachts unterwegs; aber: des **Nachts;**
er ist **näch|te|lang** unterwegs; **nächt|lich;**
nacht|wand|le|risch; näch|ti|gen

Nach|teil, der: des -s, die Nachteile
(Einbuße); **nach|tei|lig;** nichts Nachteili-
ges (Schlechtes) über jemanden wissen;
jemanden **be|nach|tei|li|gen** (schlechter
behandeln als andere)

Nach|ti|gall, die: der -, die Nachtigallen
(Vogel)

Nach|tisch, der: des -(e)s (Nachspeise)

Nach|trag, der: des -(e)s, die Nachträge;
nach|träg|lich; nach|tra|gen; die
Koffer nachtragen; jemandem etwas
nachtragen (längere Zeit verübeln)

nach|wei|sen: der **Nach|weis;**
nach|weis|bar

Nach|welt, die: der - (spätere Generation)

nach|wir|ken: die **Nach|wir|kung**

Nach|wort, das: des -(e)s, die Nachworte;
das Nachwort zu einem Buch schreiben

Nach|wuchs, der: des -es (die Nachkom-
men); der **Nach|wuchs|man|gel**

nach|zah|len: (nachträglich etwas zahlen);
nach|zäh|len; die **Nach|zah|lung**

Nach|züg|ler, der: des -s, die Nachzügler

Na|cken, der: des -s, die Nacken; den
Schelm im Nacken haben (gern Scherze
machen)

nackt: (ohne Bekleidung); auf der nackten
(bloßen) Erde schlafen; das nackte Leben
retten; nackte Tatsachen; **na|ckend;**
der **Na|cke|dei;** der **Nackt|ba|de|strand;**
die **Nackt|heit**

Na|del, die: der -, die Nadeln; die Tanne
nadelt; eine Nadel einfädeln; wie auf
Nadeln sitzen (ungeduldig warten);
die **Na|del|ar|beit;** der **Na|del|baum;**
das **Na|del|öhr; na|del|för|mig; na|deln**

Na|gel, der: des -s, die Nägel (Metallstift);
seinen Beruf an den Nagel hängen
(aufhören); den Nagel auf den Kopf

treffen (etwas genau kennzeichnen); niet- und nagelfest; der **Fin|ger|na|gel;** die **Na|gel|fei|le;** die **Na|gel|pro|be** (Prüfstein); **na|gel|neu; na|geln;** es brennt mir unter den Nägeln (ist eilig); Nägel mit Köpfen machen (etwas richtig bis zum Ende durchführen)

na|gen: der **Na|ger;** das **Na|ge|tier;** am Knochen nagen

na|he: näher, am nächsten; jemandem nahestehen (vertraut, befreundet sein); von nahem/Nahem; nahe dran sein; von nah und fern; nahebringen; nahelegen; nahe treten (näher rücken); nahetreten (sein Interesse zuwenden); **na|he|zu** (fast, beinahe); die **Nah|auf|nah|me;** die **Nä|he;** das **Nä|he|re; na|hen;** der Abend nahte; sich **nä|hern**

nä|hen: einen Anzug nähen (schneidern); die **Nä|he|rei;** die **Nä|he|rin;** die **Näh|ma|schi|ne;** die **Näh|na|del**

nahm: → nehmen

näh|ren: ein Kind mit Milch nähren; einen Verdacht nähren; der **Nähr|bo|den;** die **Nähr|stof|fe;** die **Nah|rung;** das **Nah|rungs|mit|tel; nahr|haft**

Naht, die: der -, die Nähte; die **Naht|stel|le; naht|los;** aus allen Nähten platzen (zu dick, zu umfangreich werden)

na|iv *franz.:* (natürlich, unbefangen, kindlich, treuherzig); naiv sein; naiv denken

Na|me, der: des -ns, die Namen (Bezeich- nung); der **Ei|gen|na|me;** die **Na|mens|än|de|rung;** der **Na|mens|tag; na|men|los;** namen- loses (unsagbares) Leid; **na|ment|lich; nam|haft;** ein namhafter (berühmter) Künstler

näm|lich: (kommt von Name); er kann nicht kommen, er ist nämlich krank; der/ die/das Nämliche

Napf, der: des -es, die Näpfe (kleine Schüssel); der **Fut|ter|napf;** der **Napf|ku|chen**

Nar|be, die: der -, die Narben (Spur einer verheilten Wunde); die **Gras|nar|be;**

nar|big; ver|nar|ben

Nar|ko|se *griech.,* die: der -, die Narkosen (Betäubung); der **Nar|ko|se|arzt; nar|ko|tisch** (berauschend, betäubend); **nar|ko|ti|sie|ren** (in Narkose versetzen)

Narr, der: des -en, die Narren (Dumm- kopf); jemanden zum Narren halten (verspotten); einen Narren an jemandem gefressen haben (eine große Vorliebe für jemanden haben); das **Nar|ren|fest;** die **Nar|ren|frei|heit;** die **Nar|ren|kap|pe;** die **Där|rin; nar|ren|si|cher; när|risch;** bist du närrisch? (was fällt dir ein); **nar|ren;** jemanden narren; **ver|narrt** (verliebt) sein

Nar|ziss, der: (nach Narzissus, dem schö- nen Jüngling der griechischen Sage); ein eitler, sich selber bewundernder Mensch

Nar|zis|se, die: der -, die Narzissen (Amaryllisgewächs)

na|sal: (durch die Nase sprechen)

na|schen: du naschst (Leckereien na- schen); die **Na|sche|rei;** die **Nasch|kat|ze; nasch|haft** (jemand, der gerne nascht)

Na|se, die: der -, die Nasen; die Nase über jemanden rümpfen (verächtlich herabse- hen); er hat die Nase voll (hört auf); jemandem auf der Nase herumtanzen (ohne Rücksicht machen, was man will); jemandem etwas auf die Nase binden (es ihm sagen); seine Nase in alles stecken (sich in fremde Angelegenheiten einmi- schen); jemandem um eine Nasenlänge voraus sein (einen kleinen Vorsprung haben); die Nase hoch tragen (eingebildet sein); das **Na|sen|blu|ten;** die **Na|sen|trop|fen;** das **Nas|horn; hoch|nä|sig; nä|seln**

nass: nasser/nässer, am nassesten/am nässesten, **nass|kalt;** das **Nass;** nasse Kleider tragen; ins kühle Nass (Wasser) springen; die **Näs|se; näs|sen;** nass geschwitzt; du nässest, er nässt, sie hat genässt; **nass sprit|zen/nass|sprit|zen**

Na|ti|on *lat.,* die: der -, die Nationen (Volk in einem Staat zusammengefasst, nach

Abstammung und Sprache zusammenge-
hörig); die **Na|ti|o|nal|flag|ge;**
die **Na|ti|o|nal|hym|ne;**
der **Na|ti|o|na|lis|mus** (übertriebenes
Nationalbewusstsein);
die **Na|ti|o|na|li|tät** (Staatsangehörig-
keit); die **Na|ti|o|nal|mann|schaft;**
die **Na|ti|o|nal|elf;**
der **Na|ti|o|nal|spie|ler; na|ti|o|nal**

NATO, die: (nordatlantischer Verteidi-
gungspakt)

Na|tron/Nat|ron, das: des -s (chem.
Grundstoff); das **Na|t|ri|um;**
die **Na|t|ron|lau|ge**

Nat|ter, die: der -, die Nattern;
die **Rin|gel|nat|ter**

Na|tur, die: der -, die Naturen (vom
Menschen unberührte Landschaft);
das **Na|tur|er|eig|nis;**
die **Na|tur|kun|de;**
der **Na|tur|schutz|park;**
die **Na|tur|wis|sen|schaft;**
na|tur|ge|mäß; na|tur|ge|treu;
na|tür|lich; über|na|tür|lich (von der
Natur aus nicht zu erklären);
un|na|tür|lich

Nau|tik, die: (Schifffahrtskunde)

Nau|ti|lus, der: die Nautilusse (Tinten-
fisch)

Na|vi|ga|ti|on, die: (Orts- und Kurs-
bestimmung)

Na|zi, der: des -s, die Nazis (Kurzw. für
Nationalsozialist)

n. Chr.: nach Christus/Christo

Ne|an|der|ta|ler, der: des -s, die Neander-
taler (vorgeschichtlicher Mensch)

Ne|bel, der: des -s, die Nebel (Wasser-
dampf); der **Bo|den|ne|bel;**
der **Ne|bel|schein|wer|fer;**
der **Ne|bel|schlei|er;**
die **Ne|bel|schwa|den; ne|bel|haft;**
ne|be|lig, *auch* **neb|lig; ein|ne|beln;**
er ging bei Nacht und Nebel (heimlich)

ne|ben: die Tasche neben (wohin?) die
Bank stellen; oder: die Tasche steht
neben (wo) der Bank;
die **Ne|ben|kos|ten;** der **Ne|ben|satz;**

die **Ne|ben|stra|ße; ne|ben|an;**
ne|ben|bei; ne|ben|ei|n|an|der|lie|gen;
ne|ben|her; ne|ben|säch|lich;
ne|ben|ste|hend

Ne|ces|saire/Nes|ses|är *franz.*
[neßäßär], das: des -s, die Necessaires
(Behältnis für Toilettengegenstände oder
Nähzeug); das **Rei|se|ne|ces|saire**

ne|cken: (foppen, auf den Arm nehmen);
die **Ne|cke|rei; ne|ckisch;** was sich
liebt, das neckt sich

Nef|fe, der: des -n, die Neffen (Sohn des
Bruders/der Schwester)

ne|ga|tiv *lat.:* (verneinend, ablehnend);
eine negative Antwort; die Sache ist
negativ entschieden; das **Ne|ga|tiv**
(Kehrbild einer Fotografie)

Ne|ger *lat.,* der: des -s, die Neger (abwer-
tend, Schimpfwort); der **Ne|ger|skla|ve**

Ne|g|li|gé/Ne|g|li|gee *franz.* [neglische],
das: des -s, die Negligees (Morgen-
kleidung)

neh|men: du nimmst, du nähmest, er
nahm, sie hat genommen, nimm!; etwas
in Empfang nehmen; **ab|neh|men;**
ver|neh|men (verhören); seinen Ab-
schied nehmen (aufhören)

Neid, der: des -(e)s (Missgunst);
die **Nei|der;** der **Neid|ham|mel** (neidi-
scher Mensch); **nei|disch; neid|los;**
be|nei|den; nei|den; vor Neid vergehen
(sehr neidisch sein)

nei|gen: (beugen); das Jahr geht zur Neige
(geht zu Ende); die **Nei|gung** (Gefälle,
Vorliebe); die **Zu|nei|gung;**
sich **ver|nei|gen**

nein: Nein/nein sagen; ja oder nein; mit
Nein stimmen; nicht Nein sagen können
(zu gutmütig sein); das **Nein;**
der **Nein|sa|ger; ver|nei|nen**

Nek|tar *griech.,* der: des -s, die Nektare
(Göttertrank, der ewige Jugend spendet,
zuckerhaltiger Saft der Blüten);
die **Nek|ta|ri|ne** (Pfirsichart)

Nel|ke, die: der -, die Nelken (Blume,
Gewürz)

nen|nen: du nennst, er nannte, sie hat

N

genannt, nenn(e)!; der **Nen|ner** (Zahl
unter dem Bruchstrich); die **Nen|nung;
nen|nens|wert;** etwas auf den gleichen
Nenner bringen (das gemeinsame Vielfa-
che hervorheben)

neo… *griech.:* (neu); das **Neo|li|thi|kum**
(Jungsteinzeit); der **Neo|na|zi**

Ne|on, das: (Edelgas); das **Ne|on|licht;**
die **Ne|on|röh|re**

Nepp, der: des -s; das ist Nepp (überhöh-
ter Preis)

Nep|tun, der: (Planet, Meeresgott)

Nerv *lat.,* der: des -s, die Nerven; er geht
mir auf die Nerven (er ist mir lästig); du
nervst (sehr aufregen); jemandem auf die
Nerven fallen (lästig fallen); die Nerven
(Beherrschung) verlieren; die Nerven
behalten (ruhig bleiben); nervös machen

Nerz, der: des -es, die Nerze (Pelztier)

Nes|sel, die: der -, die Nesseln (Pflanze mit
Brennhaaren); die **Brenn|nes|sel;** sich
in die Nesseln setzen (in eine unangeneh-
me Lage geraten)

Nes|ses|sär: → Necessaire

Nest, das: des -(e)s, die Nester; die Vögel
brüten im Nest; der **Nest|bau;**
das **Nest|häk|chen** (jüngstes Kind in
der Familie); die **Nest|wär|me**

nes|teln: (etwas ungeschickt oder unge-
duldig aufknüpfen)

nett: (niedlich, hübsch, freundlich,
liebenswürdig); **net|ter|wei|se;**
die **Net|tig|keit;** das kann ja nett werden
(zweifeln, ob es wirklich so ist)

net|to *ital.:* (reine Ware nach Abzug der
Verpackung oder der Unkosten);
der **Net|to|lohn;** der **Net|to|preis**

Netz, das: des -es, die Netze; ein Netz von
Lügen; er ist ins Netz gegangen; der Ball
ging nicht ins Netz; der **Netz|an|schluss;**
die **Netz|haut** (Teil des Auges);
das **Strom|netz;**
das **Te|le|fon|netz;** **netz|ar|tig**

neu: von neuem/Neuem; das neue Jahr; seit
neuestem/Neuestem; der neue Schüler,
aber: die/der Neue in der Klasse; ein
Geschäft neu eröffnen; aufs Neue; das

Neue Testament; etwas/nichts Neues;
das Alte und Neue;
die **Neu|an|schaf|fung;** der **Neu|bau;**
die **Neu|e|rung;** die **Neu|ig|keit;**
der **Neu|ling;** die **Neu|gier|de;**
neu|ar|tig; neu|er|dings; neu|lich;
neu|mo|disch; neu|ge|bo|ren; er|neu|ern

neun: alle neune; ach, du grüne Neune!;
neun|mal|klug (vorlaut);
neun|ein|halb; neun|fach; neunjährig;
9-jährig; **neun|hun|dert**

Neu|ro|chir|ur|gie/Neu|ro|chi|rur|gie,
die: (Chirurgie des Nervensystems);
die **Neu|ro|se; neu|ro|tisch**

neu|tral/neut|ral *lat.:* (unparteiisch);
die **Neu|t|ra|li|tät**

Neu|trum/Neut|rum, das: des –s, die
Neutra (sächliches Substantiv)

New Age (neues Zeitalter)

New|co|mer *engl.* [njukamer], der: des -s,
die Newcomer (Neuling)

New Deal, der: (Reformprogramm)

New|ton *engl.* [njuten], das: des -s, die
Newton (Maßeinheit der Kraft);
der **New|ton|me|ter**

nicht: er kommt nicht; nicht einmal; nicht
rostender Stahl; für null und nichtig
(ungültig) erklären; nicht wahr!; heute
nicht; gar nicht; die **Nicht|ach|tung;**
die **Nich|tig|keit** (unbedeutende Kleinig-
keit); der **Nicht|rau|cher;**
der **Nicht|schwim|mer;**
nicht|öf|fent|lich/nicht öf|fent|lich

Nich|te, die: der -, die Nichten (Tochter
des Bruders/der Schwester)

nichts: nichts hören; nichts and(e)res; zu
nichts kommen; nichts sagend/nichtssa-
gend; sich in nichts auflösen; mir nichts,
dir nichts (einfach so); das **Nichts;**
der **Nichts|kön|ner;** der **Nichts|nutz;**
das **Nichts|tun,** nichtsdestoweniger

Ni|ckel, das: des -s (chem. Grundstoff,
Metall)

ni|cken: mit dem Kopf nicken;
das **Ni|cker|chen** (kurzer Schlaf)

nie: nie mehr (nicht noch einmal); nie
wieder (zu keiner Zeit); nie und nimmer;

jetzt oder nie; **nie|mals; nie|mand**

nie|der: auf und nieder immer wieder, aber: das Auf und Nieder; Hoch und Nieder; **nie|der|deutsch; nie|der|drü|ckend;** der **Nie|der|gang;** die **Nie|der|la|ge; nie|der|bren|nen; nie|der|kni|en; nie|der|las|sen; nie|der|le|gen; nie|der|rei|ßen; nie|der|schla|gen; nie|der|wer|fen**

nie|der|län|disch: Niederländisch

Nie|der|sach|sen: (Land der BRD); der **Nie|der|sach|se; nie|der|säch|sisch**

nied|lich: (hübsch, einfältig); die **Nied|lich|keit**

nied|rig: ein niedriger Keller (nicht hoher); niedrige Absätze; niedriges Wasser; niedrig stehend/niedrigstehend

nie|mand anderes: ein **Nie|mand**

Nie|re, die: der -, die Nieren (inneres Organ von Mensch und Tier); der **Nie|ren|stein; nie|ren|för|mig; nie|ren|krank**

nie|seln: (fein regnen); der **Nie|sel|re|gen;** das **Nie|sel|wet|ter**

nie|sen: du niest, er niest, sie hat geniest; das **Nies|pul|ver**

Niet, der/das: des -(e)s, die Niete, *auch* die Nieten (Metallbolzen); der Nietnagel; **nie|ten; ver|nie|ten;** niet- und nagelfest (sehr fest)

Nie|te, die: der -, die Nieten (Los ohne Gewinn, Versager)

Ni|ko|laus *griech.,* der: des -, die Nikolause/Nikoläuse; der **Ni|ko|laus|tag** (6.12.)

Ni|ko|tin, das: (Tabakgift); der **Ni|ko|tin|ge|halt;** die **Ni|ko|tin|ver|gif|tung; ni|ko|tin|arm; ni|ko|tin|hal|tig**

Nil|pferd, das: des -(e)s, die Nilpferde (großes Tier)

nimm: → nehmen

nim|mer: nie und nimmer (niemals); **nim|mer|mü|de;** der **Nim|mer|satt;** das **Nim|mer|wie|der|se|hen; nim|mer|mehr**

Nip|pel, der: des -s, die Nippel (kurzes Stück Rohr mit Gewinde)

nip|pen: (einen sehr kleinen Schluck von etwas trinken); einen Schluck Wein nippen

nir|gend(s): nirgend(s)wo; an keinem Ort

Ni|sche *franz.,* die: der -, die Nischen (Mauervertiefung)

Nis|se, die: der -, die Nissen (Eier der Laus)

nis|ten: (ein Nest bauen); der **Nist|kas|ten;** sich irgendwo **ein|nis|ten** (festsetzen)

Ni|veau *franz.* [niwo], das: des -s, die Niveaus (Ebene, Rang, Bildungsstand); **ni|veau|voll** (geistig anspruchsvoll); der **Ni|veau|un|ter|schied**

Ni|xe, die: der -, die Nixen (Wasserjungfrau)

no|bel: (edel); der **No|bel|preis** (Auszeichnung für Wissenschaftler)

noch: noch einmal; noch nicht fertig; noch immer; noch einmal so viel; noch mehr; sie kommen noch heute; **noch|mals**

NOK: Nationales Olympisches Komitee

No|ma|de *griech.,* der: des -n, die Nomaden (Angehöriger eines nicht sesshaften Volkes); das **No|ma|den|le|ben**

No|men *lat.,* das: des -s, die Nomen/Nomina (Substantiv, Namenwort, Hauptwort)

No|mi|na|tiv *lat.,* der: des -s, die Nominative (Werfall, erster Fall)

Non|ne, die: der -, die Nonnen (Klosterfrau); das **Non|nen|klos|ter**

Non|sens *engl.,* der: des - (Unsinn, leeres Geschwätz)

non|stop *engl.:* (ohne Halt, Pause); nonstop fliegen; der **Non|stop-Flug/Non|stop|flug;** das **Non|stop-Kino/Non|stop|ki|no**

Nop|pe, die: der -, die Noppen (Knoten im Gewebe)

Nord: (Himmelsrichtung); Abk. N; Nord und Süd; der Wind kommt aus/von Nord; der **Nor|den;** der Sturm kommt aus dem Norden; der **Nord|pol;** die **Nord|see; nor|disch; nörd|lich**

Nor|dic Wal|king, das: des -, (sportliches Gehen mit Stöcken)

Nord|rhein-West|fa|len: (Land der BRD); der **Nord|rhein-West|fa|le;**

nord|rhein-west|fä|lisch

nör|geln: (meckern); die **Nör|ge|lei;** der **Nörg|ler**

Norm, die: der -, die Normen (Regel, Durchschnitt, Vorschrift); das Leben normalisiert sich wieder (wird wieder wie immer); **nor|mie|ren** (nach einer Norm einheitlich festsetzen); der **Norm|fall;** der **Nor|mal|ver|brau|cher;** die **Nor|mal|zeit** (Einheitszeit); **nor|mal**

Nor|we|gen, das: (Land in Nordeuropa); der **Nor|we|ger; nor|we|gisch**

Nos|t|al|gie *griech.,* die: der -, die Nostalgien (Sehnsucht nach Vergangenheit); **nos|t|al|gisch**

Not, die: der -, die Nöte (Armut, Elend); in Not; in Nöten sein; seine (liebe) Not haben; Not leiden; Not leidend/notleidend; nottun; Seefahrt tut not; da ist Not am Mann; der **Not|arzt;** der **Not|aus|gang;** der **Not|be|helf;** die **Not|brem|se;** der **Not|fall;** die **Not|lan|dung;** die **Not|wehr; not|dürf|tig; not|falls; not|wen|dig; be|nö|ti|gen; nö|ti|gen** (jemanden zu etwas zwingen)

No|te, die: der -, die Noten (Zensur, Geldschein; musikalisches Zeichen); die **Bank|no|te;** der **No|ten|stän|der;** etwas **be|no|ten**

no|tie|ren: die **No|tiz;** das **No|tiz|buch;** sie nahm keine Notiz von ihm (beachtete ihn nicht)

nö|tig: das **Nö|tigs|te;** es fehlte ihnen am **Nö|tigs|ten;** das ist am **nö|tigs|ten**

Nou|gat *franz.* [nu̱gat]; → Nugat

No|vel|le *lat.,* die: der -, die Novellen (kurz gefasste Erzählung)

No|vem|ber, der: des -(s), die November (Monatsname); der **No|vem|ber|ne|bel; no|vem|ber|lich**

Nr.: Nummer

N.T.: Neues Testament

Nu, der: er war im Nu (in kurzer Zeit) wieder da; in einem Nu

nüch|tern: (ohne Alkohol, klar sehend); eine nüchterne (realistische) Betrachtung

einer Sachlage; ein nüchterner (sachlicher) Mensch; auf nüchternen Magen (vor dem Frühstück); die **Nüch|tern|heit; er|nüch|ternd**

nu|ckeln: (saugen); der **Nu|ckel;** ein Baby nuckelt an der Brust

Nu|del, die: der -, die Nudeln; das **Nu|del|brett;** der **Nu|del|sa|lat; nu|del|dick** (sehr dick); **nu|deln** (mästen); ich bin wie genudelt (sehr satt)

Nu|gat/Nou|gat *franz.,* der/das: des -s, die Nugats (Süßware aus Kakao, Zucker, Mandeln oder anderen Nüssen); die **Nu|gat|scho|ko|la|de**

Nug|get *engl.* [na̱git], das: des -s, die Nuggets (Goldklumpen)

nu|kle|ar/nuk|le|ar *lat.:* (zum Atomkern gehörend); nukleare Waffen (Kernwaffen); die **Nu|k|le|ar|macht** (Staat, der über Kernwaffen verfügt)

null: zwei zu null; null Fehler machen; null und nichtig; null Uhr; die Temperatur sank unter null; das Ergebnis ist gleich null; durch null teilen geht nicht; das Spiel steht drei zu null; das schaffe ich in null Komma nichts (im Nu); die Null (Zahl, *auch* bedeutungsloser Mensch); die Stimmung sank auf den Nullpunkt; die **Null|li|nie;** der **Null|punkt;** das **Null|wachs|tum**

Nu|me|ra|le *lat.,* das: des -s, die Numeralien/Numeralia (Zahlwort); **nu|me|risch** (zahlenmäßig)

Num|mer, die: der -, die Nummern; Abk. Nr.; die **Num|me|rie|rung;** das **Num|mern|schild; num|me|rie|ren;** auf Nummer sicher gehen (ohne Risiko)

nun: (jetzt); nun gut; von nun an; nun, wird's bald?; ich muss nun gehen; **nun|mehr** (von nun an)

nur: nur eine ganz kurze Zeit; nur du; nur zu; nur Gutes/Schlechtes; nur das nicht; was hat er nur; wenn ich es nur könnte

nu|scheln: (undeutlich reden)

Nuss, die: der -, die Nüsse; eine harte Nuss knacken (ein schwieriges Problem lösen); der **Nuss|baum;**

der **Nuss|kna|cker**; die **Nuss|scha|le** (kleines Boot); die **Wal|nuss**

Nüs|ter, die: der -, die Nüstern (Nasenlöcher beim Pferd)

Nut, die: der -, die Nuten (Furche, Vertiefung); die **Nu|te**

Nu|tria/Nut|ria, die: (Biberratte)

Nut|te, die: der -, die Nutten (Prostituierte)

nüt|zen/nut|zen: den Garten nutzen; die Gelegenheit nutzen/Zeit nutzen; das nutzt/nützt (ihm) nichts; der **Nut|zen**; das kann noch einmal von Nutzen sein; die **Nutz|flä|che**; die **Nütz|lich|keit**; der **Nutz|nie|ßer** (jemand, der den Vorteil genießt); die **Nut|zung**; **nutz/ nüt|ze**; zu nichts nutz/nütze sein; sich etwas zunutze/zu Nutze machen; **nutz|bar**; **nutz|brin|gend**; **nütz|lich**; **nutz|los**

Ny|lon *engl.* [naịlon], die: der - (Kunstfaser); die **Ny|lon|strümp|fe**

Nym|phe *griech.*, die: der -, die Nymphen (weibliche Naturgottheit)

O

O!: (Ausruf, nur in Verbindung mit anderen Wörtern); o ja; o weh; oh (allein stehend)

O: (chem. Zeichen für Sauerstoff)

Oa|se, die: der -, die Oasen (fruchtbare Wasserstelle in der Wüste)

ob: ob er wohl kommt?; ob Arm; ob Reich; ich weiß nicht, ob sie kommt; so tun, als ob; **ob|gleich**; **ob|schon**; **ob|wohl**

Ob|acht, die: der -; Obacht geben/haben (aufpassen)

Ob|dach; das: des -(e)s (Unterkunft); jemandem Obdach gewähren; das **Ob|dach|lo|sen|heim**; **ob|dach|los**

O-Bei|ne, die: **o-bei|nig/O-bei|nig**

Obe|lisk, der: (Säule)

oben: oben stehen; oben bleiben; oben in der Wohnung; siehe oben; Abk. s. o.; bis oben; **oben|an** (ganz oben); **oben|auf** immer obenauf (munter, zuversichtlich) sein; alles Gute kommt von oben; jemanden von oben herab behandeln (hochmütig); jemanden von oben bis unten ansehen; die oben genannte/ obengenannte Zeichnung; das oben Genannte/das Obengenannte

ober: die oberen Zehntausend (höher, darüber stehend); das Oberste zuunterst kehren; das Unterste zuoberst (alles durchsuchen); das obere/oberste Stockwerk; oberhalb des Ortes; der **Ober|arm**; der **Ober|be|griff**; die **Ober|flä|che**; **ober|fläch|lich** (nicht gründlich)

Ober, der: des -s, die Ober (Kellner)

ob|gleich

Ob|hut, die: der - (Schutz); jemanden in seine Obhut nehmen

Ob|jekt *lat.*, das: des -s, die Objekte (Sache, Gegenstand, Satzergänzung); das **Ob|jek|tiv** (Fotolinse); **ob|jek|tiv** (ohne Vorurteil); eine Angelegenheit objektiv (genau) betrachten

Ob|la|te *lat.*, die: der -, die Oblaten (dünnes Gebäck)

ob|li|ga|to|risch: (verbindlich vorgeschrieben)

Ob|mann, der: des -s, die Obmänner (Vertrauensmann)

Oboe, die: der -, die Oboen (Musikinstrument); der **Obo|ist**; die **Obo|is|tin**

Ob|ser|va|to|ri|um *lat.*, das: des -s, die Observatorien (Stern- und Wetterwarte)

Obst, das: des -es; der **Obst|baum**; die **Obst|ern|te**; der **Obst|gar|ten**

obs|zön/ob|szön: (vulgär)

ob|wohl

Och|se, der: des -n, die Ochsen; **och|sen** (angestrengt arbeiten)

Öchs|le|grad, der: (Zuckergehalt des Weines)

Ocker *griech.*, das/der: des -s (Tonerde, gelbbraune Malerfarbe); **ocker|far|ben**; **ocker|gelb**

öde: öder, am ödesten; eine öde (einsame,

unbewohnte) Gegend; ein öder (langwei-
liger) Tag; die **Ein|öde;** sich **an|öden**
(sich nichts zu sagen haben)

Odys|see *griech.,* die: der -, die Odysseen
(Heldengedicht, Irrfahrt)

Ofen, der: des -s, die Öfen; das Öfchen;
der **Ka|chel|ofen;** die **Ofen|hei|zung;**
ofen|frisch; der Ofen ist aus (es ist
vorbei)

of|fen: das offene (freie) Feld; eine offene
(unverschlossene) Tür; die Tür muss
offen (geöffnet) bleiben/die Frage muss
offenbleiben; eine offene (ehrliche)
Aussprache; mit offenen Karten spielen
(ehrlich seine Absichten bekennen);
jemanden mit offenen Armen (herzlich)
empfangen; ein offenes Ohr haben
(Verständnis zeigen); **of|fen|bar;**
of|fen|sicht|lich; öf|fent|lich;
die **Of|fen|heit;** die **Öf|fent|lich|keit;**
of|fen|ba|ren (enthüllen, anvertrauen);
ver|öf|fent|li|chen

Of|fen|si|ve *lat.,* die: der -, die Offensiven
(Angriff); **of|fen|siv;** die Mannschaft
spielt offensiv (auf Angriff)

of|fi|zi|ell: (amtlich, förmlich); das offizielle
Schreiben

Of|fi|zier *franz.,* der: des -s, die Offiziere

öff|nen: das Tor öffnen (aufmachen); sich
öffnen; **er|öff|nen;** die **Er|öff|nung;**
der **Fla|schen|öff|ner;** die **Öff|nung**

Off|set|druck, der: (Flachdruck)

oft: öfter, am öftesten; öfter(s)/öfter als; des
Öfteren; **oft|mals; so oft/so|oft;** sooft
ich dort gewesen bin, war er nicht da,
aber: ich habe es so oft gesehen, dass …

oh!: (allein stehend); → o

oh|ne: ohne weiteres/ohne Weiteres (ohne
Schwierigkeiten); ohne dich; das ist nicht
ohne (hat seine Vorteile, ist gefährlich);
oh|ne dass; ohne Befund (o. B.); ohne
Geld; **oh|ne|dies** (sowieso)

Ohn|macht, die: der -, die Ohnmachten
(Bewusstlosigkeit); in Ohnmacht fallen;
ohn|mäch|tig

Ohr, das: des -(e)s, die Ohren; zu Ohren
kommen; schlechte Ohren haben; die

Ohren anlegen (ängstlich sein); sich aufs
Ohr legen (schlafen); jemandem in den
Ohren liegen (durch dauerndes Bitten
belästigen); jemanden übers Ohr hauen
(betrügen); die **Esels|oh|ren** (umge-
knickte Ecken einer Buchseite);
das **Öhr|chen;** der **Oh|ren|arzt;**
der **Oh|ren|klipp;** die **Ohr|fei|ge;**
der **Ohr|ring;** der **Ohr|wurm** (Schlager);
der **Oh|ren|zeu|ge;**
oh|ren|be|täu|ben|der Lärm;
jemanden **ohr|fei|gen**

okay *amerik.* [oukẹ]: (richtig in Ordnung);
Abk. o.k./O.K.; sein **Okay** geben

Öko|lo|gie *griech.,* die: der - (Wissenschaft
von den Beziehungen der Lebewesen zu
ihrer Umwelt); das **Öko|sys|tem;**
der **Öko|la|den;** der **Öko|lo|ge;**
die **Öko|lo|gin; öko|lo|gisch**

öko|no|misch *griech.:* (wirtschaftlich,
sparsam. überlegt vorgehen);
die **Öko|no|mie** (wirtschaftliche, sparsa-
me Lebensführung); der **Öko|nom**
(Landwirt)

Ok|ta|ve *lat.,* die: der -, die Oktaven
(Intervall, achter Ton der Tonleiter)

Ok|to|ber *lat.,* der: des -s, die Oktober
(Monatsname); das **Ok|to|ber|fest**

Öku|me|ne *griech.,* die: der -, die
Ökumenen (Gesamtheit der Christen);
öku|me|nisch; ökumenischer Gottes-
dienst (gemeinsamer Gottesdienst von
Katholiken und Protestanten)

Öl, das: des -(e)s, die Öle; der **Öl|baum;**
die **Öl|far|be;** das **Öl|ge|mäl|de;**
die **Öl|hei|zung;** das **Pflan|zen|öl;**
die Letzte Ölung (Kath. Kirche: Kranken-
salbung); **ölig; ölen;** den Motor ölen
(schmieren)

Ol|die, der: des -s, die Oldies (alter Schla-
ger, ältere Person)

Old|ti|mer *engl.* [ouldtaimer], der: des -s,
die Oldtimer (Auto, Eisenbahn, Flugzeu-
ge aus der Frühzeit der Entwicklung)

Oli|ve *griech.,* die: der -, die Oliven (Frucht
des Ölbaumes); der Olivenbaum;
das **Oli|ven|öl; oliv; oliv|grün**

Olymp *griech.*, der: des -s (Berg in Griechenland, Wohnsitz der Götter);
Olym|pia (altgriech. Nationalheiligtum);
die **Olym|pi|a|de** (alle vier Jahre stattfindender sportlicher Wettkampf);
die **Olym|pia|mann|schaft;**
das **Olym|pia|sta|di|on; olym|pisch;**
das olympische Feuer, aber: die Olympischen Spiele

Oma, die: der -, die Omas (Großmutter)

Ome|lett *franz.*, das: des -s, die Omelette/Omletts (Eierkuchen)

Om|ni|bus, der: des -es, die Omnibusse; Abk. Bus

Ona|nie, die: (geschlechtliche Selbstbefriedigung); **ona|nie|ren**

On|kel, der: des -s, die Onkel/Onkels

On|line *engl.* [onlain]: (direkte Computerverbindung)

Opa, der: des -s, die Opas (Großvater)

Open-Air-Fes|ti|val *engl.* [oupen-ärfäßtiwell], das: des -s, die Open-Air-Festivals (Musikveranstaltung im Freien)

Oper *ital.*, die: der -, die Opern (musikalisches Bühnenwerk); die **Ope|ret|te** (unterhaltsames, lustiges Bühnenstück mit Musik); das **Opern|haus;**
die **Opern|sän|ge|rin;** der **Opern|sän|ger**

Ope|ra|ti|on, die: der -, die Operationen (chirurgischer Eingriff, militärisches Unternehmen, Rechtsvorgang); sich einer Operation unterziehen; die Operation war gut vorbereitet;
der **Ope|ra|ti|ons|saal;** Abk. OP;
die **Ope|ra|ti|ons|schwes|ter;**
die **Not|ope|ra|ti|on; ope|ra|tiv;**
ein operativer Eingriff; **ope|rie|ren**

Op|fer, das: des -s, die Opfer; dem Gott ein Opfer darbringen; das Opfer eines Unfalls; die **Op|fer|be|reit|schaft;**
der **Op|fer|stock** (Behälter für Geldspenden in der Kirche);
sich **auf|op|fern** für jemanden; **op|fern:**
seine Zeit für jemanden opfern

Opi|um *griech.*, das: des -s (Rauschgift);
der **Opi|um|han|del;** die **Opi|um|sucht;**
die **Opi|a|te**

Op|po|si|ti|on, die: (Gegenseite)

Op|tik *griech.*, die: der - (Lehre vom Licht, die Linsen eines opt. Geräts);
der **Op|ti|ker;** die **Op|ti|ke|rin; op|tisch**

Op|ti|mis|mus *lat.*, der: des - (Zuversichtlichkeit in allen Dingen); der **Op|ti|mist;**
op|ti|mis|tisch

Ora|kel *lat.*, das: des -s, die Orakel (Weissagung); der **Ora|kel|spruch;**
ora|kel|haft; ora|keln

oral *lat.*: (in der Mundgegend, durch den Mund)

Oran|ge *franz.*, die: der -, die Orangen (Apfelsine); der **Oran|gen|saft;**
oran|ge (Farbe)

Orang-Utan *malaiisch.*, der: des -s, die Orang-Utans (Menschenaffe)

Or|bit *engl.*, der: des -s, die Orbits (Umlaufbahn im Weltall);
die **Or|bi|tal|sta|ti|on** (Weltraumstation)

Or|ches|ter *griech.* [orkäster], das: des -s, die Orchester (Musikkapelle)

Or|chi|dee *griech.* [orchide], die: der -, die Orchideen (exotische Zierblume)

Or|den *lat.*, der: des -s, die Orden (Mönchsgemeinschaft, Auszeichnung);
der **Or|dens|bru|der** (Mönch);
die **Or|dens|schwes|ter** (Nonne)

or|dent|lich: eine ordentliche (saubere)Handschrift; ein ordentlicher (anständiger)Mensch; er hat ganz ordentlich (gut) gearbeitet

Or|der *franz.*, die: der -, die Ordern/Orders (Anweisung, Befehl); **or|dern:** Ware ordern (bestellen)

Or|di|nal|zahl, die: der -, die Ordinalzahlen (Ordnungszahlen)

or|di|när *franz.*: (gewöhnlich, gemein)

ord|nen: in geordneten Verhältnissen leben; seine Gedanken ordnen;
an|ord|nen (befehlen); **ver|ord|nen;**
der **Ord|ner;** die **Ord|nung;**
ord|nungs|ge|mäß;
ord|nungs|lie|bend

Or|gan *griech.*, das: des -s, die Organe;
die inneren Organe (Körperteile);
der **Or|ga|nis|mus** (lebendiger Körper,

gegliedertes Ganzes);
der **Or|gan|spen|der;**
die **Or|gan|ver|pflan|zung;**
or|ga|nisch; organisch gesund
Or|ga|ni|sa|ti|on *franz.*, die: der -, die
Organisationen (planmäßige Gestaltung,
Einrichtung, Zusammenschluss von
Menschen mit bestimmten Zielen);
das **Or|ga|ni|sa|ti|ons|ta|lent;**
or|ga|ni|sa|to|risch; or|ga|ni|sie|ren
(planen, leiten, beschaffen)
Or|gas|mus *griech.*, der: des -, die Orgas-
men (Höhepunkt der geschlechtlichen
Erregung)
Or|gel *griech.*, die: der-, die Orgeln (großes
Tasteninstrument); der **Or|ga|nist**
(Orgelspieler); **or|geln**
ori|en|tie|ren: sich an den Hinweisschil-
dern orientieren (sich zurechtfinden);
der **Ori|en|tie|rungs|sinn;** die Orientie-
rung verlieren
Ori|gi|nal *lat.*, das: des -s, die Originale
(Urfassung, einmalig); das Original des
Bildes (Urbild); der Mann ist ein Origi-
nal (ein ganz besonderer Mensch);
ori|gi|nal; ori|gi|nal|ge|treu;
eine **ori|gi|nel|le** (einzigartige) Idee
Or|kan *karib.*, der: des -(e)s, die Orkane
(sehr heftiger Sturm);
die **Or|kan|stär|ke; or|kan|ar|tig**
Or|kus *lat.*, der: des - (in der römischen
Sage Beherrscher der Unterwelt)
Or|na|ment *lat.*, das: des -(e)s, die Orna-
mente (Verzierung, Schmuckform)
Or|nat *lat.*, das: des -(e)s, die Ornate
(feierliche Amtstracht)
Or|ni|tho|lo|gie, die: (Vogelkunde)
Ort, der: des -(e)s, die **Ört|lich|keit;**
die **Orts|an|ga|be;** die **Ort|schaft;**
ört|lich; orts|kun|dig; ein Flugzeug
or|ten (den augenblicklichen Standort
bestimmen); an Ort und Stelle den Fall
überprüfen
Or|tho|gra|phie, *auch* **Or|tho|gra|fie**
griech., die: der -, die Orthographien/
Orthografien (Rechtschreibung);
or|tho|gra|phisch/or|tho|gra|fisch

Or|tho|pä|de *griech.*, der: des -n, die
Orthopäden (Facharzt für Erkrankungen
der Bewegungsorgane);
die **Or|tho|pä|die; or|tho|pä|disch**
Öse, die: der -, die Ösen (Schlinge, kleine
Öffnung)
Os|ten, der: des –s; der Nahe Osten
(Vorderasien); gen Osten; die **Ost|see;**
der **Ost|wind;** der Wind kommt aus
Ost; **öst|lich; ost|wärts**
Os|tern, das: des -, die Ostern (Fest der
Auferstehung Christi); das **Os|ter|ei;**
der **Os|ter|ha|se;** das **Os|ter|lamm;**
die **Os|ter|mes|se; ös|ter|lich**
OSZE: Organisation für Sicherheit und
Zusammenarbeit in Europa
Ot|ter, der: des -s, die Otter (Marderart);
der **Fisch|ot|ter**
Ot|ter, die: der -, die Ottern (Schlange);
die **Kreuz|ot|ter**
out *engl.* [out]: das ist out (unmodern);
das **Out|fit** (Kleidung, Ausrüstung);
der **Out|si|der** [outßaider] (Außenseiter);
jemanden **ou|ten,** *auch* sich outen
(öffentlich bloßstellen)
Ou|ver|tü|re *franz.* [uwertüre], die: der -,
die Ouvertüren (musikal. Vorspiel)
oval *lat.*: (eirund); das **Oval**
Ova|ti|on *lat.*, die: der -, die Ovationen
(begeisterter Beifall, Huldigung)
Ove|r|all *engl.* [owerol], der: des -s, die
Overalls (einteiliger Schutzanzug)
Oxer *engl.*, der: des -s, die Oxer (Hindernis
beim Pferdespringen)
Oxid, *auch* **Oxyd,** das: des -s, die Oxide
(Sauerstoffverbindung); die **Oxi|da|ti|on;**
oxi|die|ren/oxy|die|ren
Oze|an, der: des -s, die Ozeane; der Stille
Ozean; der **Oze|an|damp|fer;**
oze|a|nisch
Ozon *griech.*, das/der: des -s (besondere
Form des Sauerstoffs); der **Ozon|alarm;**
der **Ozon|ge|halt;** das **Ozon|loch**
(Zerstörung der oberen Schichten der
Erdatmosphäre); die **Ozon|schicht;**
ozon|hal|tig; ozon|reich

P

paar: ein paar (einige, mehrere) Schüler;
mit ein paar Worten; ein paar Mal(e);
paarig (zu zweien; zueinander passen);
ein paar Dutzend Mal(e)

Paar, das: des -(e)s, die Paare (zusammenhängende Sachen oder Personen); ein
Paar Schuhe; das **Braut|paar;**
das **Ehe|paar;** der **Paar|lauf;**
die **Paa|rung;** das **Pär|chen;**
paar|wei|se (zu zweit); sich **paa|ren**

pach|ten: einen Bauernhof pachten;
die **Pacht;** der **Päch|ter**

Pack, das: des -(e)s, ein freches Pack (Pöbel,
Gesindel); der **Zei|tungs|pack** (Bündel)

pa|cken: du packst, du packtest, er packte,
sie hat gepackt, pack(e)!; eine packende
Erzählung; sein Päckchen zu tragen
haben (mit seinen Sorgen zurechtkommen); jetzt können wir einpacken (wir
haben verloren); er hat ausgepackt (beim
Verhör geredet); das **Ge|päck;**
das **Päck|chen,** aber: das Paket;
der **Pa|cken;** der **Pa|cker;**
der **Pack|esel** (jemand, dem alles
aufgebürdet wird); das **Pack|pa|pier;**
die **Pa|ckung** (eine Packung Pralinen);
die **Ver|pa|ckung; pa|ckend**

Pä|da|go|ge/Päd|a|go|ge *griech.,* der:
des -n, die Pädagogen (Lehrer, Erzieher);
die **Pä|d|a|go|gin** (Lehrerin, Erzieherin)

pad|deln: das **Pad|del|boot**

paf|fen: (hastig, stoßweise rauchen)

Pa|ge, der: die Pagen; (Hoteldiener)

Pa|go|de, die: (Tempel)

Pa|ket, das: des -(e)s, die Pakete;
die **Pa|ket|zu|stel|lung**

Pakt *lat.,* der: des -(e)s, die Pakte (Vertrag,
Bündnis); **pak|tie|ren** (sich verbünden)

Pa|lais *franz.* [palä], das: des -, die Palais
(Palast, Schloss)

Pa|läo|zo|i|kum, das: (erdgeschichtliches
Altertum)

Pa|last *lat.,* der: des -(e)s, die Paläste
(großes, schlossartiges Gebäude)

Pa|la|ver *lat.-port.,* das: des -s, die Palaver
(endloses Gerede und Verhandeln);
pa|la|vern

Pa|let|te *franz.,* die: der -, die Paletten
(Farbmischbrett, Untersatz für Stapelgüter); eine breite Palette (eine große
Auswahl)

pa|let|ti: alles paletti (in Ordnung)

Pa|li|sa|de *franz.,* die: der -, die Palisaden
(Hindernis, Schanzwand aus spitzen
Pfählen, Sichtschutzwand)

Pa|li|san|der *franz.,* der: des -s, die Palisander (Edelholz)

Pal|me, die: der -, die Palmen (tropischer
Baum); der **Pal|men|zweig;**
das **Palm|öl**

Pam|pe, die: der -, die Pampen (dicker
Brei, Schlamm); **pam|pig**

Pam|pel|mu|se *niederl.,* die: der -, die
Pampelmusen (Zitronenfrucht)

Pan|flö|te, die: der -, die Panflöten (Hirtenflöte aus aneinandergereihten Flöten)

pa|nie|ren: (in Ei und Semmelbrösel
wälzen); ein paniertes Schnitzel

Pa|nik *franz.,* die: der -, die Paniken
(plötzlicher Schrecken, Massenangst);
die **Pa|nik|ma|che; pa|nik|ar|tig;**
pa|nisch; eine panische (lähmende)
Angst

Pan|ne *franz.,* die: der -, die Pannen
(Unfall, Schaden, Störung);
der **Pan|nen|dienst; pan|nen|frei;** eine
Panne am Auto haben

Pa|no|ra|ma/Pan|o|ra|ma *griech.,* das:
des -s, die Panoramen (Rundblick);
der **Pa|n|o|ra|ma|spie|gel**

pan|schen/pant|schen: du pan(t)schst;
Wein panschen; die **Pan|sche|rei**

Pan|ther/Pan|ter, der: des -s, die Panther
(Leopard)

Pan|ti|ne *niederl.,* die: der -, die Pantinen
(Holzschuh)

Pan|tof|fel *franz.,* der: des -s, die Pantoffeln
(Schuh ohne Ferse); der **Pan|tof|fel|held**
(Ehemann, der zu Hause nicht viel zu
sagen hat)

Pan|to|mi|me *griech.,* die: der -, die

Pantomimen (Darstellung einer Szene nur mit Gebärden, stummes Gebärden- und Minenspiel); **pan|to|mi|misch**

Pan|zer, der: des -s, die Panzer (Schutzhül- le, Rüstung, Kampffahrzeug); der Panzer (harte Schutzhülle) der Schildkröte; der **Pan|zer|schrank**; das **Pan|zer|glas**; der **Pan|zer|wa|gen**; sich **pan|zern**

Pa|pa|gei, der: des -s, die Papagei(e)n

Pa|per|back [pepᵉrbäk], das: des -s, die Paperbacks (kartoniertes Taschenbuch)

Pa|pier *griech.,* das: des -s, die Papiere; der **Pa|pier|korb**; die **Pa|pier|sche|re**; das **Pa|pier|ma|ché** (Masse aus einge- weichtem Papier und Leim); ich habe meine Papiere (Ausweise) im Hotel liegen lassen; etwas zu Papier bringen (auf- schreiben)

Pap|pe, die: der -, die Pappen (fester Karton); der **Pap|pen|de|ckel**; das **Papp|pla|kat**; **pap|pig** (pappiger Schnee)

Pap|pel *lat.,* die: der -, die Pappeln (Laub- baum); die **Pap|pel|al|lee**

Pa|pri|ka/Pap|ri|ka *ungr.,* der: des -s, die Paprikas (Gewürz- und Gemüsepflanze); die **Pa|p|ri|ka|scho|te**

Papst, der: des -es, die Päpste (Oberhaupt der kath. Kirche); das **Papst|tum**; die **Papst|wahl**; **päpst|lich**

Pa|py|rus, der: (Papierstaude)

Pa|ra|bel *griech.,* die: der -, die Parabeln (Kegelschnitt, Gleichnis, Erzählung)

Pa|ra|bol|an|ten|ne, die: (Antenne in Form eines Parabolspiegels)

Pa|ra|de *franz.,* die: der -, die Paraden (Truppenschau, Abwehr); der **Pa|ra|de|marsch**; das **Pa|ra|de|bei|spiel** (sehr anschauli- ches Beispiel)

Pa|ra|dies *pers.,* das: des -es, die Paradiese; der **Pa|ra|dies|ap|fel** (Tomate); **pa|ra|die|sisch**

pa|ra|dox *griech.:* widersinnig, sonderbar

Par|af|fin *lat.,* das: des -e, die Paraffine (wachsähnlicher Stoff)

Pa|ra|graph/Pa|ra|graf *griech.,* der:

des -en, die Paragrafen (Abschnitt, Absatz); Zeichen §

pa|r|al|lel *griech.:* (im gleichen Abstand nebeneinander verlaufend); parallel (gleichzeitig) hierzu läuft eine andere Veranstaltung; parallellaufend/parallel laufend; die **Pa|r|al|le|le**; die **Pa|r|al|lel|stra|ße**; das **Pa|r|al|le|lo|gramm**

Pa|ra|sit *griech.,* der: des -en, die Parasiten (Schmarotzer, Schädling); er ist ein Parasit (er ist jemand, der auf Kosten anderer lebt)

pa|rat *lat.:* etwas schon parat haben (bereit, gebrauchsfertig)

Par|don *franz.* [pardong], der: des -s (Verzeihung, Entschuldigung)

Par|füm/Par|fum *franz.,* das: des -s, die Parfüms/Parfüme (wohlriechender Duftstoff); sich **par|fü|mie|ren**

pa|rie|ren *lat.:* (gehorchen, abwehren); einen Angriff parieren; ein Pferd parieren (zum Stehen bringen)

Park *franz.,* der: des -s, die Parks; die **Park|an|la|ge**; die **Park|bank**

Par|ka, der: des -s, die Parkas (langer, gefütterter Anorak)

par|ken: das Auto parken (abstellen); der **Park|platz**; die **Park|lü|cke**; das **Park-and-ride-Sys|tem** (Reisenden eine Möglichkeit geben, ihr Fahrzeug am Stadtrand abzustellen und mit öffentli- chen Verkehrsmitteln in die Stadt zu fahren)

Par|kett *franz.,* das: des -(e)s, die Parketts/ Parkette (getäfelter Fußboden, ebenerdi- ger Theaterplatz)

Par|la|ment *engl.,* das: des -(e)s, die Parlamente (gewählte Volksvertretung); der **Par|la|men|ta|ri|er**

Pa|ro|die *griech.,* die: der -, die Parodien (übertreibende Nachahmung); **pa|ro|die|ren** (durch Nachahmung lächerlich machen)

Pa|ro|don|to|se, *auch* **Pa|ra|den|to|se** *griech.,* die: der -, die Parodontosen (Zahnbetterkrankung)

Pa|ro|le *franz.,* die: der -, die Parolen
(Kennwort, Losung)

Par|tei *franz.,* die: der -, die Parteien;
das **Par|tei|pro|gramm; par|tei|isch**
(nicht neutral)

par|terre *franz.* [partär]: parterre (Erdge-
schoss) wohnen; das **Par|ter|re**

Par|tie *franz.,* die: der -, die Partien (Aus-
schnitt, Teil, Ausflug, ein Spiel); eine
Opernpartie; eine Partie Schach spielen;
er macht eine Landpartie

Par|ti|san *franz.,* der: des -s/-en, die Partisa-
nen (bewaffneter Widerstandskämpfer
hinter der Front)

Par|ti|tur, die: die Partituren (Zusammen-
stellung aller Noten für den Dirigenten)

Par|ti|zip *lat.,* das: des -s, die Partizipien
(Form des Verbs; Partizip Präsens/
Perfekt)

Part|ner *engl.,* der: des -s, die Partner;
die **Part|ne|rin;** der **Ehe|part|ner;**
der **Ge|sprächs|part|ner;**
die **Part|ner|schaft;** der **Part|ner|look;**
der **Tanz|part|ner;** der **Ver|trags|part|ner**

Par|ty *engl.,* die: der -, die Partys (Fest,
kleine Feier)

Pass, der: des -es, die Pässe (Personalaus-
weis, Bergübergang, genaue Ballabgabe
beim Fußball); das **Pass|bild**

Pas|sa|gier *franz.* [paßaschir], der: des -s,
die Passagiere (Fahrgast, Fluggast);
der **Pas|sa|gier|damp|fer**

Pas|sat *niederl.,* der: des -(e)s, die Passate
(Tropenwind)

pas|sen: die Jacke passt; der Termin passt
mir nicht; eine passende Antwort suchen;
sich **an|pas|sen; ver|pas|sen**

pas|sie|ren: es ist nichts passiert (nichts
geschehen); eine Grenze passieren
(überqueren); der **Pas|sier|schein;**
die Brücke ist wieder **pas|sier|bar**

Pas|si|on *lat.,* die: der -, die Passionen
(Leidensgeschichte Christi, Leiden-
schaft); die **Pas|si|ons|blu|me;** er hat
eine Passion fürs Segeln (starke Vorliebe,
Leidenschaft); **pas|si|o|niert** (begeister-
ter Jäger)

pas|siv *lat.:* (untätig, teilnahmslos); sich
passiv verhalten; das **Pas|siv** (Verb);
die **Pas|si|vi|tät**

Pas|ta, *auch* **Pas|te** *ital.,* die: der -, die
Pasten (streichbare Masse);
die **Zahn|pas|ta**

Pas|tell *ital.,* das: des -(e)s, die Pastelle (mit
Pastellfarbe gemaltes Bild);
pas|tell|far|ben

Pas|te|te *lat.,* die: der -, die Pasteten
(Fleisch-, Eierspeise in Teighülle)

Pas|til|le *lat.,* die: der -, die Pastillen
(Kügelchen, Plätzchen, Pille)

Pas|tor *lat.,* der: des -s, die Pastoren, *auch*
Pastore (Geistlicher, Pfarrer);
die **Pas|to|rin**

Patch|work *amerik.* [pätschwörk], das:
des -s, die Patchworks (aus bunten
Flicken zusammengesetzter Stoff)

Pa|te *lat.,* der: des -n, die Paten (Tauf- oder
Firmzeuge); das **Pa|ten|kind;**
die **Pa|ten|schaft** übernehmen;
die **Pa|ten|tan|te;** die **Pa|tin;**
die **Pa|ten|stadt**

Pa|tent *lat.,* das: des -(e)s, die Patente
(Schutzrecht für eine Erfindung);
das **Pa|tent|re|zept** (eine Methode zur
Lösung vieler Schwierigkeiten, die es
nicht gibt); **pa|tent** (angenehm, tüchtig);
ein patenter Kerl

Pa|ter *lat.,* der: des -s, die Patres (kath.
Ordensgeistlicher); das Paternoster
(Vaterunser); der **Pa|ter|nos|ter** (ständig
fahrender Aufzug ohne Tür)

Pa|ti|ent *lat.,* des -en, die Patienten (Kran-
ker in ärztlicher Behandlung);
die **Pa|ti|en|tin**

Pa|tri|ot/Pat|ri|ot *griech.,* der: des -en, die
Patrioten (jemand, der sein Vaterland
liebt); der **Pa|t|ri|o|tis|mus** (Vaterlands-
liebe); **pa|t|ri|o|tisch**

Pa|tro|ne/Pat|ro|ne *franz.,* die: der -, die
Patronen (Kugel, Tintenbehälter im
Füllfederhalter)

Pat|sche, die: der -, die Patschen (Be-
drängnis); in der Patsche (in Not sein)
stecken; jemandem aus der Patsche

helfen (ihn aus einer bedrohlichen Lage
befreien)

pat|zen: du patzt, er patzt (kleine Fehler
machen); der **Pat|zer; pat|zig** (frech)

Pau|ke, die: der -, die Pauken (Musikin-
strument); **pau|ken** (fleißig lernen); auf
die Pauke hauen (ausgelassen, leichtsin-
nig sein); mit Pauken und Trompeten
durchfallen (völlig versagen)

pau|schal: die Anschaffung kostet pau-
schal (alles in allem) 1000 €;
die **Pau|scha|le**

Pau|se *griech.,* die: der -, die Pausen;
das **Pau|sen|zei|chen; pau|sen|los**

pau|sen: du paust (durchzeichnen);
das **Paus|pa|pier**

Pa|vil|lon *franz.* [pawiljong], der: des -s, die
Pavillons (Ausstellungsgelände, Rund-
bau)

Pa|zi|fik *engl.,* der: des -s (Pazifischer
Ozean); **pa|zi|fisch:** die pazifischen
Inseln

PC: Personalcomputer

Pech, das: des -(e)s (schwarzer, klebriger
Rückstand beim Herstellen von Teer,
unglücklicher Zufall, Missgeschick);
die **Pech|sträh|ne** (viele unglückliche
Zufälle); der **Pech|vo|gel** (jemand, der
oft Pech hat); wie Pech und Schwefel
zusammenhalten; **pech|schwarz**

Pe|dal *lat.,* das: des -s, die Pedalen (Tret-
kurbel)

Pe|dant *griech.,* der: des -en, die Pedanten
(kleinlicher, genauer Mensch);
pe|dan|tisch (übertrieben genau)

Pe|di|kü|re *franz.,* die: der -, die Pediküren
(Fußpflege); **pe|di|kü|ren**

Pe|gel, der: des -s, die Pegel
(Wasserstandsmesser); der **Pe|gel|stand**

pei|len: (die Entfernung, die Richtung
bestimmen); die **Pei|lung;** die Lage
peilen (auskundschaften); etwas über den
Daumen peilen (ungefähr schätzen)

Pein, die: der - (Schmerz, Qual);
der **Pei|ni|ger; pein|lich;** ein peinliches
(beschämendes) Benehmen;
jemanden **pei|ni|gen** (quälen)

Peit|sche, die: der -, die Peitschen (Geißel,
Gerte); **peit|schen;** du peitschst;
aus|peit|schen

Pe|li|kan *griech.,* der: des -s, die Pelikane
(Vogelart)

Pel|le *lat.,* die: der -, die Pellen (dünne
Schale); die **Pell|kar|tof|fel; pel|len**
(schälen); bleib mir von der Pelle (komm
mir nicht zu nahe); jemandem auf die
Pelle rücken (ihn energisch angehen); wie
aus dem Ei gepellt (sehr sauber sein)

Pelz, der: des -es, die Pelze (Fell eines
Tieres); **pel|zig;** ein pelziges (raues,
trockenes) Gefühl im Mund haben;
jemandem Läuse in den Pelz setzen (ihn
belasten)

Pen|del *lat.,* das: des -s, die Pendel;
der **Pen|del|ver|kehr;** der **Pend|ler;**
das **Uhr|pen|del; pen|deln** (gleichmä-
ßig hin und her schwingen)

Pe|nis *lat.,* der: des -, die Penisse (männli-
ches Glied)

pen|nen: (schlafen); der **Pen|ner** (unauf-
merksamer Mensch, Obdachloser)

Pen|si|on *franz.* [pangsion], die: der -, die
Pensionen (Ruhestand, Ruhegehalt,
kleines Hotel, Gästehaus)

Pen|sum *lat.,* das: des -s, die Pensen/Pensa
(Lehrstoff, in einer bestimmten Zeit zu
erledigende Arbeit); sein Pensum erledi-
gen

per|fekt *lat.:* sie ist eine perfekte (ausge-
zeichnete) Sekretärin; perfekt (vollendet)
Englisch sprechen; der Vertrag ist perfekt
(vollkommen gültig); das **Per|fekt**
(Zeitform des Verbs)

Per|ga|ment *griech.,* das: des -(e)s, die
Pergamente (bearbeitete Tierhaut);
das **Per|ga|ment|pa|pier** (fettdichtes
Papier, Butterbrotspapier)

Pe|ri|o|de *griech.,* die: der -, die Perioden
(Zeitabschnitt); **pe|ri|o|disch** (regelmä-
ßig wiederkehrend)

Per|le *lat.,* die: der -, die Perlen;
die **Per|len|ket|te;**
das/die **Perl|mut|ter;** das **Perl|mutt**
(glänzende Innenschicht von Perlmu-

schel- oder Seeschneckenschalen);
der **Perl|mut|ter|knopf; perl|weiß;
per|len:** (Bläschen bilden); der Schweiß
perlt von der Stirn

per|plex *lat.:* perplex (verblüfft, erstaunt,
bestürzt sein)

Per|ser, der: die **Per|se|rin;** (Bewohner
Persiens)

Per|son *lat.,* die: der -, die Personen
(Mensch); das **Per|so|nal** (Belegschaft);
der **Per|so|nal|ab|bau;**
der **Per|so|nal|aus|weis;**
die **Per|so|na|li|en** (Angaben über
Name, Wohnung, Beruf, Personenstand
einer Person); der **Per|so|nal|lei|ter;**
das **Per|so|nal|pro|no|men** (ich, du, er
…); die **Per|sön|lich|keit; per|sön|lich;**
persönliches Eigentum; nimm es nicht
persönlich (beziehe es nicht auf dich)

Per|s|pek|ti|ve *lat.,* die: der -, die Perspek-
tiven (Blickwinkel);
die **Vo|gel|per|s|pek|ti|ve** (Sicht aus
großer Höhe, Draufsicht)

Pe|rü|cke *franz.,* die: der -, die Perücken
(Haarersatz)

per|vers *lat.:* (widernatürlich);
per|ver|tie|ren (von der Norm abwei-
chen)

Pes|si|mis|mus *lat.,* der: des - (Neigung
im Leben nur das Schlechte zu sehen);
der **Pes|si|mist; pes|si|mis|tisch**

Pest *lat.,* die: der - (Seuche);
die **Pest|beu|le;** das **Pes|ti|zid** (chem.
Gift)

Pe|ter|si|lie *griech.,* die: der -, die Petersili-
en (Küchenkraut)

Pe|t|ro|le|um/Pet|ro|le|um, das: des -s
(Ölerzeugnis); die **Pe|tro|le|um|lam|pe**

Pet|ting *engl.,* das: des -s, die Pettings
(erotisch-sexuelles Spiel ohne Ge-
schlechtsverkehr)

pet|zen: du petzt (etwas verraten);
die **Pet|ze|rin;** der **Pet|zer;** die **Pet|ze**

Pfad, der: des -(e)s, die Pfade;
der **Pfad|fin|der;** ein schmaler Pfad
(Weg) führt durch die Wiese

Pfaf|fe, der: des -n, die Pfaffen (abwertend
für einen Geistlichen)

Pfahl, der: des -(e)s, die Pfähle (Pfosten);
der **Mar|ter|pfahl**

Pfalz *lat.,* die: der -, die Pfalzen (Gebiet,
auch Burg eines Pfalzgrafen); die **Pfalz**
(Gebiet des Bundeslandes Rheinland-
Pfalz); der **Pfäl|zer;** die **Pfäl|ze|rin;**
pfäl|zisch

Pfand *lat.,* das: des -(e)s, die Pfänder
(Sicherheit); das **Fla|schen|pfand;**
das **Pfand|haus;** das **Pfän|der|spiel;**
die **Pfän|dung** (gerichtliche Beschlag-
nahme von Eigentum); **pfän|den**
(beschlagnahmen)

Pfan|ne, die: der -, die Pfannen (Küchen-
gerät); der **Pfann|ku|chen**

Pfar|rer *griech.,* der: des -s, die Pfarrer
(Geistlicher); das **Pfarr|amt;**
die **Pfar|re|rin;** die **Pfar|rei**

Pfau, der: des -(e)s, die Pfaue/Pfauen
(Fasanenvogel); das **Pfau|en|au|ge**
(Schmetterling)

Pfd.: Pfund; das Pfund

Pfef|fer *lat.,* der: des -s (scharfes Gewürz);
der **Pfef|fer|ku|chen;**
der **Pfef|fer|minz|tee; pfef|fern** (das
Essen mit Pfeffer würzen); er hat mir eine
gepfeffert (geschlagen); geh dahin, wo der
Pfeffer wächst (weit fort); das sind
gepfefferte (hohe) Preise

pfei|fen: du pfeifst; du pfiff(e)st; er pfiff,
sie hat gepfiffen, pfeif(e)!; die **Pfei|fe;**
eine Pfeife rauchen; das **Pfeif|kon|zert**
(Zeichen des Missfallens im Theater, bei
Wettkämpfen u. a.); der **Pfeif|ton;**
der **Pfiff;** auf etwas pfeifen (an etwas
nicht interessiert sein)

Pfeil, der: des -(e)s, die Pfeile (Geschoss);
das **Pfeil|gift; pfeil|ge|ra|de;
pfeil|schnell**

Pfei|ler, der: des -s, die Pfeiler (Stütze);
der **Brü|cken|pfei|ler**

Pfen|nig, der: des -s, die Pfennige (Pfennig-
stück, Münze); Abk. Pf.;
der **Pfen|nig|fuch|ser** (Geizhals);
das **Pfen|nig|stück;** er hat keinen
Pfennig mehr; dafür gebe ich keinen

Pfennig (gar nichts); auf Heller und Pfennig (alles) bezahlen; **pfen|nig|groß; pfen|nig|wei|se**

Pferd, das: des -(e)s, die Pferde (Reit- und Zugtier); zu Pferde; sein Pferd satteln; der **Pfer|de|fuß** (Nachteil, Haken); das **Pfer|de|fut|ter**; das **Pfer|de|ge|schirr**; der **Pfer|de|sat|tel**; der **Pfer|de|schwanz**; die **Pfer|de|stär|ke**; Abk. PS; er arbeitet wie ein Pferd (schwer); dazu bringen mich keine zehn Pferde (auf keinen Fall); mit dem kann man Pferde stehlen (er ist ein guter Freund); auf das falsche Pferd setzen (bei einer Sache falsch entscheiden)

Pfiff, der: des -(e)s, die Pfiffe; der Pfiff des Schiedsrichters; die **Pfif|fig|keit**; der **Pfif|fi|kus** (schlauer Mensch); **pfif|fig**

Pfif|fer|ling, der: des -s, die Pfifferlinge (essbarer Pilz); der ist keinen Pfifferling (nichts) wert

Pfings|ten *griech.*, das: des -, die Pfingsten (christl. Fest); das **Pfingst|fest**; die **Pfingst|ro|se**

Pfir|sich *lat.*, der: des -s, die Pfirsiche (Steinfrucht); die **Pfir|sich|haut**

Pflan|ze *lat.*, die: der -, die Pflanzen (Gewächs); das **Pflänz|chen**; die **Pflan|zung; pflanz|lich; pflan|zen**; du pflanzt (Blumen pflanzen)

Pflas|ter, das: des -s, die Pflaster (Wundverband, Straßenbelag); der **Pflas|ter|stein; pflas|tern**: hier ist ein teures Pflaster (es lebt sich hier teuer)

Pflau|me, die: der -, die Pflaumen (Steinfrucht); der **Pflau|men|ku|chen**; **pflau|men|weich**; du bist eine Pflaume (verspotten)

Pfle|ge, die: der -, die Pflegen (Betreuung); die **Pfle|ge|el|tern**; der **Pfle|ger**; die **Pfle|ge|rin**; die **Pfle|ge|ver|si|che|rung** (eine Versicherung für Pflegebedürftige); **pfle|ge|be|dürf|tig; pfle|ge|leicht; pfleg|lich; pfle|gen**; du pflegst, du pflegtest, er pflegte, sie hat gepflegt, pfleg(e)!

Pflicht, die: der -, die Pflichten; seine Pflicht tun; sich einer Pflicht entziehen; gleiche Rechte, gleiche Pflichten!; das **Pflicht|be|wusst|sein**; die **Pflicht|er|fül|lung**; die **Ver|pflich|tung; schul|pflich|tig; mel|de|pflich|tig; pflicht|ge|mäß; bei|pflich|ten; ver|pflich|ten; pflicht|ver|ges|sen**

Pflock, der: des -(e)s, die Pflöcke (Pfahl, Pfosten)

pflü|cken: der **Pflü|cker**; die **Pflü|cke|rin; pflück|reif**

Pflug, der: des -(e)s, die Pflüge (Gerät in der Landwirtschaft); die **Pflug|schar** (unterer Teil des Schneideblattes am Pflug); **pflü|gen**

Pfor|te *lat.*, die: der -, die Pforten (Eingang, kleine Tür); die Westfälische Pforte; der **Pfört|ner**; die **Pfört|ne|rin**

Pfos|ten, der: des -s, die Pfosten (Pfahl, Pfeiler); der **Pfos|ten|schuss**

Pfo|te, die: der -, die Pfoten; der Hund gibt die Pfote; jemandem auf die Pfoten klopfen; sich die Pfoten verbrennen (Schaden erleiden)

Pfrop|fen, der: des -s, die Pfropfen (Korken, Stöpsel); **pfrop|fen** (hineindrücken); Obstbäume pfropfen (einen Baum veredeln)

Pfuhl, der: des -(e)s, die Pfuhle (große Pfütze, Sumpf)

pfui: pfui, *auch* Pfui rufen (Ausruf des Missfallens); pfui Teufel; pfui, schäm dich; das **Pfui**; der **Pfui|ruf**

Pfund *lat.*, das: des -es, die Pfunde (Gewichtseinheit 500 g); Abk. Pfd.; ein **Acht|pfün|der/8-Pfün|der; zehn|pfün|dig/10-pfün|dig**; ein **Pfunds|kerl; pfund|wei|se**

pfu|schen: du pfuschst (eine nicht ordentliche Arbeit leisten); jemandem ins Handwerk pfuschen (sich ungefragt in fremde Angelegenheiten einmischen); der **Pfusch**; der **Pfu|scher**; die **Pfu|sche|rei; ver|pfu|schen**

Pfüt|ze, die: der -, die Pfützen (Wasserlache)

Phal|lus *griech.,* der: des -, die Phalli/
Phallen (männliches Glied)

Phä|no|men *griech.,* das: des -s, die Phäno-
mene (Naturerscheinung, Ereignis);
phä|no|me|nal (genial, erstaunlich)

Phan|ta|sie *griech.,* die: der -, die Phantasi-
en; → Fantasie

Phan|tom *griech.,* das: des -s, die Phantome
(Trugbild, Einbildung);
das **Phan|tom|bild** (nach Zeugenaussa-
gen gezeichnetes Porträt eines gesuchten
Täters)

Pha|rao, der: des -s, die Pharaonen
(ägyptischer König im Altertum);
das **Pha|ra|o|nen|grab**

Phar|ma|zeut *griech.,* der: des -en, die
Pharmazeuten (Arzneikundiger, Apothe-
ker); die **Phar|ma|zeu|tin**

Phar|ma|zie *griech.,* die: der -
(Arzneimittelkunde);
die **Phar|ma|in|dus|t|rie**

Pha|se *griech.,* die: der -, die Phasen
(Abschnitt, Stufe einer Entwicklung);
die **Mond|pha|sen**

Phil|har|mo|nie *griech.,* die: der -, die
Philharmonien (Gesellschaft und Gebäu-
de zur Pflege des Musiklebens, Spitzen-
orchester); die **Phil|har|mo|ni|ker**

Phi|lo|den|d|ron *griech.,* der: des -s, die
Philodendren (eine Blattpflanze)

Phi|lo|soph *griech.,* der: des -en; die
Philosophen (Denker, Weiser, der nach
Erkenntnis und Wahrheit strebt);
die **Phi|lo|so|phie; phi|lo|so|phisch;**
phi|lo|so|phie|ren

Phleg|ma *griech.,* das: des -s (Trägheit,
Gleichgültigkeit); der **Phleg|ma|ti|ker;**
phleg|ma|tisch (träge)

Phon/Fon *griech.,* das: des -s, die Phon
(Maßeinheit für Lautstärke);
die **Pho|ne|tik** (Lautbildungslehre)

Phos|phor *griech.,* der: des -s (chem.
Grundstoff, Leuchtstoff);
phos|pho|res|zie|ren (bei Licht-
bestrahlung leuchten); das Phosphat

Pho|to|gra|phie: → Fotografie

Phra|se *griech.,* die: der -, die Phrasen
(Redewendung, leere Redensart);
der **Phra|sen|dre|scher** (Schwätzer);
phra|sen|haft (inhaltslos, nichtssagend)

pH-Wert, der: des -(e)s, die pH-Werte
(Säuregrad einer Lösung)

Phy|sik *griech.,* die: der - (Lehre von den
Gesetzmäßigkeiten der unbelebten
Natur); der **Phy|si|ker;**
die **Phy|si|ke|rin; phy|si|ka|lisch;**
phy|sisch; physische (körperliche)
Schmerzen haben

Pi|a|no *ital.,* das: des -s, die Pianos (Kla-
vier); der **Pi|a|nist;** die **Pi|a|nis|tin;**
pi|a|no (leise); **pi|a|nis|si|mo** (sehr leise)

Pi|ckel, der: des -s, die Pickel (Spitzhacke,
Hautbläschen, Pustel); **pi|cke|lig;** eine
pick(e)lige Haut haben

pi|cken: (mit dem Schnabel schlagen oder
aufnehmen); der Vogel pickt

Pick|nick *franz.,* das: des -s, die Picknicks/
Picknicke (Mahlzeit im Freien);
der **Pick|nick|korb; pick|ni|cken**

Pief|ke, der: des -s, die Piefkes (Dumm-
kopf, eingebildeter Mensch)

pie|ken, *auch* **piek|sen:** (stechen)

piek|fein: (sehr fein); **piek|sau|ber** (sehr
sauber)

pie|pen: (pfeifen, zwitschern);
der **Piep|matz;** es ist zum Piepen (zum
Lachen)

piep|sen: (mit feiner, hoher Stimme
sprechen); du piepst; der **Pieps;** keinen
Pieps (Laut) von sich geben

Pier *engl.,* der: des -s, die Piere/Piers
(Anlegestelle, Hafendamm)

pie|sa|cken: (quälen, peinigen); du
piesackst

Pi|e|tät *lat.* [pietät], die: der - (Ehrfurcht,
Frömmigkeit); **pi|e|tät|los; pi|e|tät|voll;**
die **Pi|e|ta** (Darstellung Mariens mit dem
Leichnam Jesu)

Pig|ment, das: des -s, die Pigmente
(Farbstoff, Farbkörper)

Pik *franz.,* das: des -(s) (Spielkarte)

pi|kant: pikant gewürzt (scharf gewürzt);
eine pikante Speise; eine pikante (anzügli-
che) Bemerkung

pi|kiert: (etwas beleidigt, gekränkt); pikiert sein

Pik|ko|lo/Pic|co|lo *ital.,* der: des -s, die Pikkolos (Kellnerlehrling); das **Pik|ko|lo** (Pikkoloflöte)

pik|sen: *auch* **pi|ken** (stechen)

Pik|to|gramm *lat.,* das: des -s, die Piktogramme (Bildzeichen, z.B. in der Werbung)

Pil|ger, der: des -s, die Pilger (Wallfahrer); **pil|gern;** die **Pil|ger|fahrt**

Pil|le, die: der -, die Pillen (Arzneimittelkügelchen); die **An|ti|ba|by|pil|le;** der **Pil|len|dre|her;** die bittere Pille schlucken (das Unangenehme hinnehmen)

Pi|lot *franz.,* der: des -en, die Piloten (Flugzeugführer, Rennfahrer); der **Ko|pi|lot;** der **Pi|lo|ten|schein;** die **Pi|lo|tin;** die **Pi|lot|an|la|ge** (Versuchsanlage)

Pils, das: des -, die Pils (Biersorte)

Pilz, der: des -es, die Pilze (*auch* Schwammerl); der **Pilz|samm|ler;** der **Schim|mel|pilz;** die Häuser wuchsen wie Pilze aus der Erde (sehr schnell entstanden)

pin|ge|lig: (kleinlich, empfindsam, sehr gewissenhaft)

Pin|gu|in, der: des -s, die Pinguine (flugunfähiger Tauchvogel der Antarktis)

pink *engl.:* (rosa); das **Pink; pink|far|ben**

Pinn|wand, die: der -, die Pinnwände (Tafel, auf der Merkzettel befestigt werden können); **pin|nen**

Pin|scher, der: des -s, die Pinscher (Hunderasse)

Pin|sel, der: des -s, die Pinsel; der **Ein|falts|pin|sel** (dummer Mensch); **pin|seln** (malen)

Pin-up-Girl, das: (leicht bekleidetes Mädchen)

Pin|zet|te, die: der -, die Pinzetten (kleine Greifzange)

Pi|o|nier *franz.,* der: des -s, die Pioniere (Soldat der techn. Truppe, Wegbereiter, Vorkämpfer); der **Pi|o|nier|geist**

Pipe|line *engl.* [paiplain], die: der -, die Pipelines (Rohrleitung für Gas, Erdöl)

Pi|ran|ha, Pi|ra|ya, der: die Piranhas; (Raubfisch)

Pi|rat *griech.,* der: des -en, die Piraten (Seeräuber)

Pirsch, die: der -, die Pirschen (Schleichjagd); **pir|schen;** du pirschst (sich an ein Wild heranschleichen)

Pis|te, die: der -, die Pisten (Bahn zum Rodeln und Skifahren, Rollbahn von Flugzeugen)

Pis|to|le *tschech.,* die: der -, die Pistolen (Handfeuerwaffe); jemandem die Pistole auf die Brust setzen (ihn zur Entscheidung zwingen); wie aus der Pistole geschossen (sehr schnell, spontan); die **Pis|to|len|ku|gel**

Piz|za *ital.,* die: der -, die Pizzas/Pizzen (Gericht aus Hefeteig, mit Salami, Käse u. Ä. belegt); der **Piz|za|teig;** die **Piz|ze|ria**

Pkw, *auch* **PKW,** der: des -s, die Pkw(s); Abk. Personenkraftwagen

Pla|ge, die: der -, die Plagen; die **Pla|ge|rei; pla|gen** (sich mühen)

Pla|kat *niederl.,* das: des -(e)s, die Plakate; die **Pla|kat|kunst;** die **Pla|kat|säu|le;** die **Pla|kat|wer|bung; pla|ka|tiv** (sehr auffällig); **pla|ka|tie|ren** (ein Plakat ankleben)

Pla|ket|te, die: der -, die Plaketten (Abzeichen, Anstecknadel, Gedenkmünze)

Plan *lat.,* der: des -(e)s, die Pläne (Absicht, Entwurf, Karte); Pläne schmieden; ein kühner Plan; das **Plan|qua|drat;** das **Plan|spiel;** die **Pla|nung;** die **Plan|wirt|schaft; plan|mä|ßig; plan|los; pla|nen**

Pla|ne, die: der -, die Planen (bewegliches Schutzdach oder Schutzdecke aus wasserdichtem Stoff); der **Plan|wa|gen;** die **Zelt|pla|ne**

Pla|net *griech.,* der: des -en, die Planeten (Wandelstern); das **Pla|ne|ta|ri|um** (Instrument zur Darstellung der Größe, Lage und Bewegung der Gestirne, das

Gebäude dafür);

das **Pla|ne|ten|sys|tem; pla|ne|ta|risch**

pla|nie|ren: (einebnen); die **Pla|nier|rau|pe;**
die Fläche ist **plan** (eben)

Plan|ke, die: der -, die Planken (breites
Brett, Bohle)

plän|keln: (sich streiten im Scherz);
das **Ge|plän|kel;** die **Plän|ke|lei**

Plank|ton *griech.,* das: des -s (im Wasser
schwebende, niedrige Lebewesen)

plan|schen: du planschst/plantschst;
das **Plansch|be|cken/Plantsch|becken;**
die **Plan|sche|rei**

Plan|ta|ge *franz.* [plantasche], die: der -, die
Plantagen (große Pflanzung);
die **Kaf|fee|plan|ta|ge**

plap|pern: (gern und viel reden, schwat-
zen); das **Ge|plap|per**

plär|ren: (schreien, laut weinen);
das **Ge|plär|re**

Plas|ma *griech.,* das: des -s, die Plasmen
(flüssiger Bestandteil des Blutes, leuch-
tendes Gasgemisch)

Plas|tik, die: der -, die Plastiken (Bildwerk)

Plas|tik, das: (Kunststoff); des -s,
die **Plas|tik|fo|lie;** die **Plas|tik|ta|sche;**
auch die **Plas|te**

Plas|ti|lin, das: des -, die Plastiline (Knet-
masse)

Pla|ta|ne *griech.,* die: der -, die Platanen
(Laubbaum)

Pla|teau *franz.* [plato], das: des -s, die
Plateaus (Hochebene, Hochfläche)

Pla|tin *span.,* das: des -s (Edelmetall)

plät|schern: (fließen); der Bach plätschert
so dahin

platt: platter, am plattesten; sich die Nase
am Fenster platt drücken/plattdrücken;
da bist du platt (sehr erstaunt); sie hatte
einen Platten (Reifenpanne); das Platt;
das **Platt|deut|sche** (Niederdeutsch);
der **Platt|fisch;** der **Platt|fuß**

Plat|te, die: der -, die Platten (Holzplatte,
Stahlplatte); eine Platte aus Stein; die
Platte (Schallplatte) spielen; eine kalte
Platte (Teller mit Wurst oder Käse)
bestellen

plät|ten: (bügeln); das **Plätt|ei|sen**
(Bügeleisen)

Platz, der: des -es, die Plätze; Platz ma-
chen; Platz nehmen; freien Platz finden;
seinen Platz ausfüllen; Platz sparend
bauen; die **Platz|angst;** das **Plätz|chen**
(Gebäck); die **Plat|zie|rung** (beim
Pferderennen); der **Platz|man|gel,**
der **Platz|ver|weis**

Plätz|chen, das: des -s, die Plätzchen
(Kleingebäck)

plat|zen: du platzt; der Luftballon ist
geplatzt; gleich platze ich (ich bin außer
mir vor Wut); platzen lassen/platzen-
lassen

plat|zie|ren: (an einen bestimmten Platz
stellen); sich platzieren (im Sport einen
vorderen Platz erreichen)

plau|dern: (sich ungezwungen unter-
halten); die **Plau|de|rei;** aus der Schule
plaudern (interne Dinge verraten)

plau|si|bel *lat.:* (annehmbar, einleuch-
tend); plausible Gründe nennen; plau-
sible Ausrede

Play-back/Play|back *engl.* [plebäk], das:
des -s, die Play-backs (ton- und
bildtechnisches Verfahren)

Play|boy *engl.* [plebeu], der: des -s, die
Playboys (Lebemann, der nur dem
Vergnügen nachgeht); das **Play|girl**
[plegörl]

Play-off, das: Playoff; **Play-off-Run|de,**
Playoffrunde

Play|sta|tion, die: die Playstations (Spiel-
konsole mit CD-ROM-Laufwerk)

plei|te: (zahlungsunfähig); pleite sein;
pleitegehen; die **Plei|te;** Pleite machen;
das ist ja eine Pleite (Reinfall)

Ple|xi|glas, das: des -es (glasartiger,
splitterfreier Kunststoff)

Plom|be *franz.,* die: der -, die Plomben
(Zahnfüllung); **plom|bie|ren**

plötz|lich: (jetzt, sofort, im Augenblick)

plump: plumper, am plump(e)sten; sich
plump (ungeschickt) benehmen; eine
plumpe Gestalt; ein plumper Witz; die
Plump|heit; plump|sen; du plumpst;

plumps machen; der **Plumps** (der Fall)

Plun|der, der: des -s (altes, wertloses Zeug, Backwerk aus Teig)

plün|dern: (ausrauben); der **Plün|de|rer;** die **Plün|de|rung**

Plu|ral *lat.,* der: des -s, die Plurale (Mehrzahl)

plus *lat.:* (und, zusätzlich); Zeichen +; das **Plus** (Überschuss, Gewinn); der **Plus|pol** (positiver Pol beim Magneten); der **Plus|punkt;** das **Plus|zei|chen**

Plüsch *franz.,* der: des -(e)s, die Plüsche (Samtgewebe); die **Plüsch|de|cke;** das **Plüsch|so|fa;** das **Plüsch|tier**

Plus|quam|per|fekt, das: des -s, die Plusquamperfekte (Zeitform des Verbs)

plus|tern: (die Federn richten sich auf); sich **auf|plus|tern** (angeben)

Pö|bel *franz.,* der: des -s (Gesindel); **pö|bel|haft** (roh, flegelhaft); ein pöbelhaftes Benehmen; jemanden **an|pö|beln** (zudringlich werden)

po|chen: (klopfen); sein Herz pocht; er pocht an die Tür; er pocht auf seine Rechte (er besteht auf seine Rechte)

Po|cken, die: der -, die Pocken (Infektionskrankheit, Blattern); die **Po|cken|schutz|imp|fung;** po|cken|nar|big

Po|cket|ka|me|ra, die: (kleine Kamera)

Po|dest *lat.,* das: des -es, die Podeste (Treppenabsatz)

Po|di|um *griech.,* das: des -s, die Podien (Erhöhung des Fußbodens, Treppenabsatz); die **Po|di|ums|dis|kus|si|on**

Po|e|sie *griech.,* die: der -, die Poesien (Dichtung, Dichtkunst); das **Po|e|sie|al|bum;** der **Po|et** (Dichter); **po|e|tisch** (dichterisch)

Po|grom/Pog|rom *russ.,* das/der: des -s, die Pogrome (gewalttätige Verfolgung von Minderheiten)

Poin|te *franz.* [poängte], die: der -, die Pointen (springender Punkt, Hauptsache, der Gehalt eines Witzes); **poin|tiert** (betont, zugespitzt)

Po|kal *griech.,* der: des -s, die Pokale (Siegespreis, Trinkbecher); der **Po|kal|sieg;** das **Po|kal|spiel**

Pö|kel, der: des -s, die Pökel (Salzbrühe); das **Pö|kel|fleisch;** **pö|keln** (einsalzen)

po|kern: das **Po|ker** (Kartenglücksspiel); das **Po|ker|ge|sicht;** das **Po|ker|spiel**

Pol *griech.,* der: des -s, die Pole (Drehpunkt, Endpunkt der Erdachse, Aus- und Eintrittspunkt des elektr. Stromes, Ende eines Magneten); der **Nord|pol;** der **Süd|pol;** der **Plus|pol;** der **Po|lar|kreis;** das **Po|lar|meer;** **po|lar** (um einen Pol gelegen); polare Luftmassen; polare Kälte; **po|la|ri|sie|ren;** **po|len** (an einen elektr. Pol anschließen)

Po|la|ro|id|ka|me|ra, die: der -, die Polaroidkameras (Fotoapparat, der das Bild gleich nach der Aufnahme liefert)

Po|len: (Staat in Europa); der **Po|le;** die **Po|lin;** **pol|nisch**

po|lie|ren: (glänzend machen; glätten); die **Po|li|tur** (Flüssigkeit zum Polieren)

Po|lio, die: der -; Kurzw. für Poliomyelitis (Kinderlähmung); die **Po|lio|imp|fung**

Po|li|tes|se, die: der -, die Politessen (von Kommunen angestellte Hilfspolizistin)

Po|li|tik *griech.,* die: der - (zielgerichtetes Verhalten, Staatsführung); der **Po|li|ti|ker;** die **Po|li|ti|ke|rin;** **po|li|tisch;** **po|li|ti|sie|ren** (versuchen eine Meinung durchzusetzen)

Po|li|zei *griech.,* die: der -, die Polizeien; der **Po|li|zist;** die **Po|li|zis|tin;** **po|li|zei|lich**

Po|lo|nai|se, Po|lo|nä|se, die: die Polonaisen

Pols|ter, das: des -s, die Polster; der **Pols|te|rer;** die **Pols|te|rung;** **pols|tern**

pol|tern: der **Pol|ter|abend;** der **Pol|ter|geist**

Po|ly|es|ter *griech.,* der: des -s, die Polyester (Kunststoff)

Po|ly|ga|mie *griech.,* die: der - (Vielehe)

Po|lyp *griech.,* der: des -en, die Polypen (Wucherungen besonders im Nasenraum, Tintenfisch); die Polypen

Po|ly|tech|ni|kum *griech.*, das: des -s, die Polytechnika (technische Hochschule); **po|ly|tech|nisch**

Po|ma|de *franz.*, die: der -, die Pomaden (Haarfett); **po|ma|dig** (träge, schwerfällig, hochnäsig, fettig)

Pommes frites *franz.* [pomfrit], die: der - (in Fett gebackene Kartoffelstäbchen)

Pomp *franz.*, der: des -(e)s (übertriebene Pracht); **pom|pös**

Pon|cho *indian.*, der: des -s, die Ponchos (ärmelloser Überwurfmantel)

Po|ny *engl.*, das: des -s, die Ponys (kleinwüchsiges Pferd); der **Po|ny** (in die Stirn gekämmtes Haar)

Pop *engl.*, der: des -s, die **Pop|art;** das **Pop|fes|ti|val;** die **Pop|grup|pe;** die **Pop|mu|sik** (moderne Unterhaltungsmusik); der **Pop|star;** der **Pop|per; pop|pig**

Pop|corn *engl.*, das: des -s (gerösteter Mais, Puffmais)

po|pu|lär *lat.:* (beim Volk beliebt); eine populäre (volkstümliche) Sendung; ein populärer (beliebter) Sänger; die **Po|pu|la|ri|tät**

Po|re *griech.*, die: der -, die Poren (feine Hautöffnung); **po|rig; po|rös** (undicht, durchlässig)

Por|no, der: des -s, die Pornos (pornografischer Film, Foto, Roman); die **Por|no|gra|fie/Por|no|gra|phie** (aufreizende Darstellung von Sexualakten); **por|no|gra|fisch/por|no|gra|phisch**

Por|ree *franz.*, der: des -s, die Porrees (Gemüsepflanze)

Por|tal *lat.*, das: des -s, die Portale (Haupttor, Eingang)

Porte|mon|naie: → Portmonee

Por|ti|on *lat.*, die: der -, die Portionen (abgemessene Menge, Teil); eine Portion Salat; **por|ti|ons|wei|se; por|ti|o|nie|ren**

Port|mo|nee/Porte|mon|naie *franz.*, das: des -s, die Portmonees (Geldtasche)

Por|to *ital.*, das: des -s, die Portos/Porti (Postgebühr); **por|to|frei** (franko); **por|to|pflich|tig**

Port|rät/Por|trät *franz.* [porträ], das: des -s, die Porträts (Bildnis); **por|t|rä|tie|ren** (ein Bild vom Menschen anfertigen)

Por|tu|gal: (europäischer Staat); der **Por|tu|gie|se;** die **Por|tu|gie|sin; por|tu|gie|sisch**

Por|zel|lan, das: des -s, die Porzellane (gebrannter weißer Ton); echt Meißner Porzellan; chinesisches Porzellan; sich benehmen wie ein Elefant im Porzellanladen (durch Ungeschicklichkeit Unheil anrichten)

Po|sau|ne, die: der -, die Posaunen (Blasinstrument); **aus|po|sau|nen** (etwas verraten)

Po|se *franz.*, die: der -, die Posen (gekünstelte Stellung, Haltung); **po|sie|ren** (sich in Pose stellen, z. B. beim Fotografen)

Po|si|ti|on *franz.*, die: der -, die Positionen (der Standort) eines Schiffes oder Flugzeuges; eine führende Position (Stellung); er hat eine gute Position (Körperlage); die **Po|si|ti|ons|lich|ter**

po|si|tiv *lat.:* eine positive (bejahende) Antwort; das Ergebnis ist für dich positiv (sicher, gut, günstig); das **Po|si|tiv** (seitenrichtiges Foto); der **Po|si|tiv** (Grundform bei Adjektiven, keine Steigerung)

Po|si|tur *lat.*, die: der -, die Posituren (herausfordernde Haltung); sich in Positur stellen/setzen

Pos|se *franz.*, die: der -, die Possen (derbkomisches Bühnenstück, Schwank); die **Pos|sen** (Streich, Schabernack); jemandem Possen spielen; Possen reißen (Witze machen); der **Pos|sen|rei|ßer; pos|sen|haft** (spaßig); **pos|sier|lich** (drollig)

Pos|ses|siv|pro|no|men, das: des -s, die Possessivpronomen (besitzanzeigendes Fürwort)

Post *ital.*, die: der -; das **Post|amt;** das **Post|fach;** das **Post|ge|heim|nis;**

P
Post

die **Post|kar|te;** die **Post|leit|zahl;**
der **Post|scheck; pos|ta|lisch;**
post|la|gernd

Pos|ten *ital.,* der: des -s, die Posten; auf
Posten (Wache) stehen; ein Posten
(Warenmenge) Kleider; auf dem Posten
(gesund) sein; einen guten Posten (Stel-
lung) haben

Pos|ter *engl.,* [*auch* po̱ußter], der/das: des -s,
die Poster (Plakat, Wandbild)

po|tent *lat.:* (mächtig, leistungs-, zeugungs-
fähig); die **Po|tenz;** das **Po|ten|ti|al/**
Po|ten|zi|al; po|ten|ti|ell/po|ten|zi|ell
(denkbar, möglich); **po|ten|zie|ren**
(verstärken)

Po|w|er *engl.* [pa̱uer], die: der - (Stärke,
Leistung, Kraft); **po|w|ern** (hohen
Einsatz zeigen, schwer arbeiten)

PR: Publicrelation/Public Relation (Öffent-
lichkeitsarbeit)

Pracht, die: der - (Prunk, Glanz);
das **Pracht|ex|em|p|lar; präch|tig;**
pracht|voll

Prä|di|kat *lat.,* das: des -(e)s, die Prädikate
(Zensur, Satzaussage); mit Prädikat
(Auszeichnung) bestehen

Prä|fix *lat.,* das: des -es, die Präfixe (Wort-
baustein, Vorsilbe, z.B. „be" in bedienen)

prä|gen: eine Münze prägen (formen);
die **Prä|gung;** sich etwas **ein|prä|gen**

prä|gnant/präg|nant *lat.:* etwas prägnant
(knapp und treffend) darstellen;
die **Prä|g|nanz**

prah|len: (angeben, sich brüsten);
der **Prah|ler;** die **Prah|le|rei;**
der **Prahl|hans; prah|le|risch**

prak|tisch *griech.:* eine praktische (zweck-
mäßige) Einrichtung; der praktische Arzt;
etwas Praktisches (Brauchbares) schen-
ken; **prak|ti|ka|bel** (gut zu handhaben);
die **Prak|tik;** der **Prak|ti|ker;**
das **Prak|ti|kum** (Ausbildung als Vorbe-
reitung auf den Beruf); **prak|ti|zie|ren**
ein praktizierender Arzt

Pra|li|ne *franz.,* die: der -, die Pralinen
(Süßigkeit mit Schokolade)

prall: eine prall (voll) gefüllte Tasche;

der **Auf|prall;** der **Prall; pral|len;** der
Ball prallt vom Pfosten ab; in der prallen
Sonne liegen

Prä|lu|di|um *lat.,* das: des -s, die Präludien
(musikalisches Vorspiel)

Prä|mie *lat.,* die: der -, die Prämien
(Belohnung, Preis, regelmäßiger Beitrag);
das **Prä|mi|en|spa|ren; prä|mie|ren**
(auszeichnen, belohnen)

pran|gen: an der Hauswand prangt
(hängt) ein großes Schild; auf der Wiese
prangen bunte Blumen

Pran|ger, der: des -s, die Pranger (Schand-
pfahl); jemanden an den Pranger stellen
(ihn öffentlich bloßstellen)

Pran|ke, die: der -, die Pranken (Tatzen
von großen Raubtieren)

prä|pa|rie|ren *lat.:* sich präparieren
(vorbereiten) auf eine Prüfung/den
Unterricht; ein präparierter (ausgestopf-
ter) Vogel; das **Prä|pa|rat;**
die **Prä|pa|ra|ti|on**

Prä|po|si|ti|on *lat.,* die: der -, die Präposi-
tionen (Verhältniswort)

Prä|rie *franz.,* die: der -, die Prärien (Gras-
steppe Nordamerikas)

Prä|sens *lat.,* das: des - (Gegenwart,
Zeitform des Verbs); **prä|sent** (gegen-
wärtig, anwesend) sein

Prä|sent *franz.,* das: des -(e)s, die Präsente
(Geschenke, kleine Aufmerksamkeit);
der **Prä|sent|korb; prä|sen|tie|ren**
(überreichen, zeigen)

Prä|ser|va|tiv *lat.* [präserwati̱f], das: des -s,
die Präservative (Verhütungsmittel,
Kondom)

Prä|si|dent *lat.,* der: des -en, die Präsiden-
ten (Staatsoberhaupt einer Republik,
Vorsitzender); die **Prä|si|den|tin;**
die **Prä|si|dent|schaft;**
das **Prä|si|di|um**

pras|seln: der Regen prasselt (klatscht)

pras|sen: (schlemmen, im Überfluss
leben); die **Pras|se|rei**

Prä|te|ri|tum *lat.,* das: des -s, die Präterita
(Vergangenheitsform des Verbs)

Pra|xis *griech.,* die: der -, die Praxen

(Tätigkeit, Ausüben eines Berufes);
die **Arzt|pra|xis** (die Räume eines
Arztes); keinerlei Praxis haben (keine
Berufserfahrung)

prä|zi|se *lat.:* (genau); die **Prä|zi|si|on;**
die **Prä|zi|si|ons|ar|beit; prä|zi|sie|ren**

pre|di|gen: der **Pre|di|ger;**
die **Pre|di|ge|rin;** die **Pre|digt**

Preis, der: des -es, die Preise; die Preise
werden gesenkt; stabile Preise; um jeden
Preis; er erhielt den ersten Preis (Aus-
zeichnung); er verlangt einen hohen Preis
(eine hohe Summe); der **Preis|an|stieg;**
das **Preis|aus|schrei|ben;**
die **Preis|emp|feh|lung;** die **Preis|fra|ge;**
das **Preis|ge|fäl|le;** der **Preis|stopp;**
preis|ge|krönt; preis|güns|tig;
preis|wert

Prei|sel|bee|re, die: der -, die Preiselbee-
ren (Waldstrauch mit Beeren)

prei|sen: du preist, du priesest, er pries,
sie hat gepriesen, preis(e)! (loben); er
preist deine gute Arbeit

Preis|ga|be, die: der -, die Preisgaben;
preis|ge|ben; die Grundsätze preisgeben
(aufgeben); ein Geheimnis preisgeben
(verraten); der Witterung preisgeben
(ausgeliefert sein)

pre|kär *franz.:* (misslich, schwierig); in
einer prekären Lage sein

prel|len: den Arm geprellt (gestoßen); die
Zeche prellen (nicht bezahlen);
der **Prell|ball** (ein Ballspiel);
der **Prell|bock;** die **Prel|lung;**
der **Zech|prel|ler**

Pre|mi|e|re *franz.* [premjär], die: der -,
die Premieren (Erst- oder Uraufführung);
der **Pre|mi|er|mi|nis|ter** [premje…]:
(Ministerpräsident);
das **Pre|mi|er|mi|nis|te|ri|um**

Pres|by|ter, der: (Priester);
das **Pres|by|te|ri|um**

pre|schen: (jagen, fahren); das Auto
prescht vorbei

Pres|se, die: der -, die Pressen; frisch
gepresster Saft; die Obstpresse macht aus
Apfelsinen Apfelsinensaft; die Presse ist

die Gesamtheit des Zeitungs- und
Zeitschriftenwesens;
die **Pres|se|agen|tur;** die **Pres|se|frei|heit;**
der **Pres|se|kom|men|tar;**
die **Pres|se|kon|fe|renz;**
die **Pres|se|zen|sur;**
der **Press|luft|ham|mer; pres|sen:** du
presst, du presstest, er presste, sie hat
gepresst, press(e)!

Pres|ti|ge *franz.* [prestisch], das: des -s
(Ansehen, Geltung);
die **Pres|ti|ge|fra|ge**

Preu|ßen: (früheres Land des Deutschen
Reiches)

pri|ckeln: das **Pri|ckeln; pri|ckelnd**
(erregend); ein prickelndes Gefühl;
prickelnder (perlender) Sekt

Pries|ter *griech.,* der: des -s, die Priester
(Geistlicher); **pries|ter|lich**

pri|ma *lat.:* das macht er prima (erstklas-
sig, vorzüglich); ein prima Kerl; prima
(lecker) Essen; die **Pri|ma** (oberste
Schulklasse); der **Pri|ma|ner;**
der **Pri|mus** (erster in der Schulklasse);
die **Prim|zahl** (Zahl, die nur durch 1
oder sich selbst geteilt werden kann)

pri|mi|tiv: ein primitiver (ursprünglicher,
geistig unterentwickelter) Mensch; sie
wohnt sehr primitiv (ganz einfach)

Print|me|di|um *engl.,* das: des -s, die
Printmedien (Zeitung, Zeitschrift, Buch)

Prinz *lat.,* der: des -en, die Prinzen;
die **Prin|zes|sin**

Prin|zip *lat.,* das: des -s, die Prinzipien; ein
Mensch mit Prinzipien (Grundsätzen);
seinen Prinzipien (Richtschnur) treu
bleiben; **prin|zi|pi|ell;** prinzipiell bin ich
einverstanden; das tue ich prinzipiell
(grundsätzlich) nicht

Pri|o|ri|tät *franz.,* die: der -, die Prioritäten
(Vorrang)

Pri|se *franz.,* die: der -, die Prisen (kleine
Menge, zwischen zwei Fingern zu
greifen); eine Prise Salz

Pris|ma *griech.,* das: des -s, die Prismen
(Vieleck, lichtbrechende Kantensäule);
pris|men|för|mig

P

Pris

Prit|sche, die: der -, die Pritschen (einfache Lagerstatt, Ladefläche eines Lkws); **prit|schen;** du pritschst (den Volleyball mit den Fingern weiterspielen)

pri|vat *lat.:* private (persönlich) Meinung; private (nicht öffentlich) Ausgaben; privater (vertraulich) Eingang; der **Pri|vat|de|tek|tiv;** das **Pri|vat|ei|gen|tum;** das **Pri|vat|fern|se|hen;** der **Pri|vat|leh|rer;** die **Pri|vat|schu|le;** **pri|va|ti|sie|ren** (einen öffentlichen Betrieb in einen Privatbetrieb umwandeln)

Pri|vi|leg *lat.,* das: des -(e)s, die Privilegien (Vorrecht, Sonderstellung); **pri|vi|le|gie|ren;** jemandem ein Privileg (Sonderrecht) einräumen

pro *lat.:* pro (jedes) Stück; pro (je) Kopf; pro Tag; das **Pro und Kon|t|ra** (Für und Wider); pro forma (nur zum Schein)

Pro|be *lat.,* die: der -, die Proben; ein Auto Probe fahren; die Probe aufs Exempel machen; jemanden auf die Probe stellen; eine Probe (einen kleinen Teil) untersuchen; der **Pro|be|alarm;** die **Pro|be|auf|nah|me;** die **Pro|be|fahrt;** **pro|ben** (auf der Bühne proben)

pro|bie|ren: Probieren geht über Studieren; **aus|pro|bie|ren**

Pro|blem/Prob|lem *griech.,* das: des -s, die Probleme (schwierige, ungelöste Aufgabe); die **Pro|b|le|ma|tik;** **pro|b|le|ma|tisch; pro|b|lem|los**

Pro|dukt, das: des -(e)s, die Produkte (Erzeugnis, Ertrag, Ergebnis); die **Pro|duk|ti|on;** der **Pro|du|zent;** **pro|duk|tiv** (ergiebig, schöpferisch); **pro|du|zie|ren** (etwas anfertigen, durchführen)

pro|fan *lat.:* (weltlich, alltäglich)

Pro|fes|sor *lat.,* der: des -s, die Professoren (Hochschullehrer); die **Pro|fes|so|rin;** Abk. Prof.; die **Pro|fes|sur** (Lehramt)

Pro|fi, der: des -s, die Profis; die **Pro|fi|mann|schaft** (Mannschaft aus Berufsspielern); **pro|fes|si|o|nell**

Pro|fil *franz.,* das: des -s, die Profile; etwas im Profil (Seitenansicht, Längs- oder Querschnitt) darstellen; das Profil (Riffelung bei Gummireifen) ist abgefahren; **pro|fi|liert** (von ausgeprägter Art); sich **pro|fi|lie|ren** (hervortreten)

Pro|fit *franz.,* der: des -(e)s, die Profite (Nutzen, Gewinn); der **Pro|fit|ma|cher;** ein profitbringendes (gewinnbringend) Geschäft; **pro|fi|ta|bel; pro|fi|tie|ren** (Nutzen ziehen, Vorteil haben)

pro for|ma *lat.:* (der Form wegen, zum Schein)

pro|fund *lat.:* (tief, gründlich); profunde Kenntnisse

Pro|gno|se/Prog|no|se *griech.,* die: der -, die Prognosen (Vorhersage); die ärztliche Prognose; die **Wet|ter|pro|g|no|se**

Pro|gramm *griech.,* das: des -s, die Programme (Planung, Darbietungsfolge); das **Schalt|pro|gramm** (Aufeinanderfolge von Schaltvorgängen); **pro|gram|ma|tisch** (dem Programm gemäß, richtungsweisend); **pro|gramm|ge|mäß;** **pro|gram|mie|ren** (ein Programm erstellen und in den Computer eingeben)

pro|gres|siv *lat.:* (fortschreitend, sich entwickelnd); die **Pro|gres|si|on** (Steigerung, Zunahme)

Pro|jekt *lat.,* das: des -(e)s, die Projekte (Plan, Vorhaben); der **Pro|jek|tor** (Bildwerfer); der **Pro|jekt|un|ter|richt** (eine Aufgabe unter verschiedenen Sichtweisen angehen); **pro|ji|zie|ren** (mit dem Projektor ein Bild an die Wand werfen); **pro|jek|tie|ren** (planen)

Pro|ku|rist, der: des -en, die Prokuristen (Angestellter, der für die Firma verbindlich unterschreiben darf)

Pro|le|ta|ri|er *lat.,* der: des -s, die Proletarier (Arbeiter); der **Pro|let** (einfach denkender Mensch); das **Pro|le|ta|ri|at;** **pro|le|ta|risch**

Pro|log *griech.,* der: des -(e)s, die Prologe (Einleitung, Vorwort, Vorspiel)

Prit

P

Pro|me|na|de *franz.,* die: der -, die Promenaden (Spaziergang; Spazierweg); die **Pro|me|na|den|mi|schung** (nicht reinrassiger Hund); **pro|me|nie|ren** (spazieren gehen)

pro mil|le *lat.:* (von Tausend, ein Tausendstel); die **Pro|mil|le|gren|ze** (Grenze des Alkoholanteils im Blut)

pro|mi|nent *lat.:* (berühmt, allgemein bekannt); die **Pro|mi|nenz;** der/die **Pro|mi|nen|te**

pro|mo|vie|ren *lat.:* (die Doktorwürde erlangen); die **Pro|mo|ti|on**

prompt: eine prompte Bedienung (sofort, unverzüglich, rasch); sie wurde prompt beliefert

Pro|no|men *lat.,* das: des -s, die Pronomen/Pronomina (Fürwort)

Pro|pa|gan|da *lat.,* die: der - (Werbung, Verbreitung von Ideen); das **Pro|pa|gan|da|ma|te|ri|al; pro|pa|gan|dis|tisch; pro|pa|gie|ren**

Pro|pan *griech.,* das: des -s (Brenn- und Treibstoffgas); das **Pro|pan|gas**

Pro|pel|ler *engl.,* der: des -s, die Propeller (Antriebsschraube bei Schiffen und Flugzeugen)

pro|per *franz.:* ein properes (sauber, ordentlich) Mädchen

Pro|phet *griech.,* der: des -en, die Propheten (Weissager, Mahner), die **Pro|phe|zei|ung; pro|phe|tisch; pro|phe|zei|en**

Pro|por|ti|on *lat.,* die: der -, die Proportionen (Maß-, Größenverhältnis); **pro|por|ti|o|nal; pro|por|ti|o|niert;** gut/schlecht proportioniert

Pro|sa *lat.,* die: der - (rednerische, nicht durch Rhythmus oder Reim gebundene Erzählung); die **Pro|sa|dich|tung; pro|sa|isch** (in Prosa abgefasst); eine prosaische (einfache, nüchterne) Rede

Pro|spekt/Pros|pekt *lat.,* der: des -(e)s, die Prospekte (Werbeschrift)

prost, pro|sit *lat.:* wohl bekomm's!, Zum Wohl!; das **Pro|sit;** pros(i)t Neujahr!

Pro|sti|tu|ti|on/Pros|ti|tu|ti|on *franz.,* die:

der - (gewerbsmäßige Ausübung sexueller Handlung, Dirnenwesen); die **Pro|s|ti|tu|ier|te**

Pro|test *lat.,* der: des -es, die Proteste (Einspruch, Widerspruch); die **Pro|test|kund|ge|bung;** der **Pro|test|marsch; pro|tes|tie|ren**

Pro|tes|tant, der: des -en, die Protestanten; der **Pro|tes|tan|tis|mus** (Gesamtheit, der auf die Reformation zurückgehenden Kirchengemeinschaften, evangelische Glaubensbewegung)

Pro|the|se *griech.,* die: der -, die Prothesen (künstlich angefertigtes Körperteil, Zahnersatz)

Pro|to|koll, das: des -s, die Protokolle; das Protokoll (Niederschrift) führen; etwas zu Protokoll (Aussage urkundlich festlegen lassen) geben; der **Pro|to|kol|lant** (Schriftführer); **pro|to|kol|la|risch; pro|to|kol|lie|ren**

prot|zen: du protzt (angeben); der **Protz;** die **Prot|ze|rei; prot|zig** (Reichtum zeigend)

Pro|vi|ant *lat.,* der: des -s (Verpflegung, Vorrat an Lebensmitteln)

Pro|vinz *lat.,* die: der -, die Provinzen (Landesteil, Landschaft); der **Pro|vinz|ler** (Bewohner der Provinz, Mensch mit engem Horizont); **pro|vin|zi|ell** (kleinbürgerlich, engstirnig)

pro|vi|so|risch: (vorläufig, behelfsmäßig); das **Pro|vi|so|ri|um** (Übergangslösung)

Pro|vo|ka|ti|on *lat.,* die: der -, die Provokationen (Herausforderung); **pro|vo|zie|ren;** einen Streit provozieren (vom Zaune brechen)

Pro|zent *ital.,* das: des -(e)s, die Prozente; Abk. p.c., v.H.; Zeichen % (von Hundert ein Hundertstel); die **Pro|zent|rech|nung;** der **Pro|zent|satz; pro|zen|tu|al;** 2% Nachlass (im Preis) bekommen

Pro|zess *lat.,* der: des -es, die Prozesse (Gerichtsverfahren, Vorgang); **pro|zes|sie|ren;** jemandem den Prozess machen (ihn anklagen); kurzen Prozess machen (ernergisch vorgehen)

Pro|zes|si|on *lat.,* die: der -, die Prozessionen (feierlicher kirchlicher Umzug)

prü|de *franz.:* (in sexuellen Fragen übertrieben empfindlich, zimperlich, zickig); die **Prü|de|rie**

prü|fen: (genau fragen, testen); der **Prüf|ling;** die **Prü|fung;** die **Prü|fungs|ar|beit;** jemanden auf Herz und Nieren (gründlich) prüfen (im Allgemeinen oder in seiner gesundheitlichen Struktur); ein schwer geprüfter/ schwergeprüfter Mensch (hat Schicksalsschläge erlitten)

Prü|gel, der: des -s, die Prügel (Stock); Prügel beziehen (Schläge); die **Prü|ge|lei;** der **Prü|gel|kna|be** (den Falschen bestrafen); die **Prü|gel|stra|fe; prü|geln** (schlagen); sich prügeln

Prunk, der: des -(e)s; der **Prunk|bau;** die **Prunk|sucht; prunk|voll**

prus|ten: laut prusten (stark schnauben)

PS: Postskriptum (Ergänzung eines Briefes), Pferdestärke

Psalm *griech.,* der: des -s, die Psalmen (geistliches Lied)

Pseu|do|nym/Pseud|o|nym *griech.,* das: des -s, die Pseudonyme (Deckname, Künstlername); **pseu|d|o|nym** (unter einem Decknamen herausgeben)

Psy|che *griech.,* die: der -, die Psychen (Seele); die **Psy|cho|ana|ly|se** (Methode zur Erkennung und Heilung seelischer Störungen); der **Psy|cho|lo|ge;** die **Psy|cho|lo|gie** (Wissenschaft von der Seele, vom Seelenleben); die **Psy|cho|lo|gin;** der **Psy|cho|path** (seelisch gestörter Mensch); der **Psy|cho|the|ra|peut** (Fachmann zur Behandlung seelischer Leiden); die **Psy|cho|the|ra|pie** (Behandlung seelischer Störungen); **psy|chisch** (seelisch); eine psychische Krankheit; **psy|cho|lo|gisch**

Pub *engl.* [pap], der/das: des -s, die Pubs (Gaststätte im englischen Stil)

Pu|ber|tät *lat.,* die: der - (Zeit der beginnenden Geschlechtsreife); **pu|ber|tär; pu|ber|tie|ren** (sich in der Pubertät befinden)

pu|blik/pub|lik *franz.:* (öffentlich, allgemein bekannt); etwas publik machen (öffentlich machen); die **Pu|b|li|ka|ti|on** (Veröffentlichung); das **Pu|bli|kum/ Pub|li|kum** (Allgemeinheit, Zuschauer, Besucher); etwas **pu|b|li|zie|ren** (veröffentlichen)

Puck *engl.,* der: des -s, die Pucks (Hartgummischeibe beim Eishockey)

Pud|ding *engl.,* der: des -s, die Puddinge/ Puddings (Süßspeise); das **Pud|ding|pul|ver**

Pu|del, der: des -s, die Pudel (kleine Hunderasse); die **Pu|del|müt|ze; pu|del|nackt** (völlig nackt); **pu|del|nass** (durchnässt); sich **pu|del|wohl** (sehr wohl) fühlen; das ist des Pudels Kern (das Wesentliche der Sache)

Pu|der *franz.,* der: des -s, die Puder (feines Pulver); der **Pu|der|zu|cker; pu|dern** (Puder streuen)

Puf|fer, der: des -s, die Puffer (Stoßdämpfer an Fahrzeugen, Kartoffelpuffer); **puf|fen** (stoßen); **ver|puf|fen** (plötzlich, mit großem Druck herausplatzen); die **Ver|puf|fung**

Pulk, der: des -s, die Pulks (Schar, Verband von Fahrzeugen, Flugzeugen)

Pull|l|o|ver *engl.* [pullower], der: des -s, die Pullover; der **Pul|li**

Puls *lat.,* der: des -es, die Pulse (Herzschlag); die **Puls|ader;** der **Puls|schlag; pul|sen** (schlagen); **pul|sie|ren;** pulsierendes Leben in einer Stadt

Pult *lat.,* das: des -(e)s, die Pulte (Katheder); das **Steh|pult**

Pul|ver *lat.,* das: des -s, die Pulver; **pul|ve|ri|sie|ren** (zu Pulver zermahlen); **ver|pul|vern** (vergeuden); er hat sein Pulver zu früh verschossen (seine Kräfte zu früh und umsonst eingesetzt); auf einem Pulverfass sitzen (in einer gefährlichen Lage sein)

Pu|ma, der: des -s, die Pumas (Großkatze)

Pum|mel, der: des -s, die Pummels (rundliches Kind); **pum|me|lig** (dicklich)

Pum|pe, die: der -, die Pumpen (Gerät zum Bewegen von Flüssigkeiten); **pum|pen;** sich etwas pumpen (borgen); Wasser pumpen (an- bzw. absaugen)

Pum|per|ni|ckel, der: des -s, die Pumpernickel (Schwarzbrot)

Punk *engl.* [paŋk], der: des -s, die Punks (Art der Rockmusik), der **Pun|ker** (eigenwillig gekleideter Jugendlicher, der sich in seinem gesamten Äußeren und dem Verhalten bewusst von den Normen absetzt und dadurch gegen andere protestieren will); die **Pun|ke|rin**

Pu|pil|le *lat.,* die: der -, die Pupillen (Sehöffnung im Auge); die **Pu|pil|len|er|wei|te|rung**

Pup|pe *lat.,* die: der -, die Puppen (Spielzeug, Entwicklungsstufe des Insekts); das **Püpp|chen;** das **Pup|pen|spiel;** sich **ver|pup|pen** (Umwandlung der Insektenlarve in eine Puppe); bis in die Puppen (sehr lange) schlafen

pur *lat.:* die pure (unverfälschte) Wahrheit; purer (lauter) Unsinn; pures (reines) Gold; der pure Neid; der pure (unverdünnte) Alkohol

Pü|ree *franz.,* das: des -s (Brei); das **Kar|tof|fel|pü|ree, pü|rie|ren** (zu Brei machen)

Pur|pur *griech.,* das: des -s (dunkelroter Farbstoff); der **Pur|pur|man|tel; pur|pur|far|ben; pur|pur|rot**

pur|zeln: (fallen, stürzen); der **Pur|zel|baum;** einen Purzelbaum schlagen

pu|shen *engl.* [puschen]: (in Schwung bringen, stoßen), *auch* **pu|schen**

Pus|tel *lat.,* die; der -, die Pusteln (Bläschen, Pickel)

pus|ten: (blasen); die **Pus|te;** aus der Puste sein (außer Atem); Pustekuchen (jetzt gerade nicht); jemandem was pusten (den Wunsch nicht erfüllen)

Pu|te, die: der -, die Puten (Truthenne); der **Pu|ter** (Truthahn); die **Pu|ten|brust; pu|ter|rot**

Putsch, der: des -(e)s, die Putsche (politischer Umsturz, Handstreich); der **Put|schist; auf|put|schen; put|schen;** du putschst

Put|te *ital.,* die: der -, die Putten (kleine Kinderfigur)

put|zen: die Schuhe putzen (bürsten); der **Putz;** die **Putz|frau;** das **Putz|mit|tel; putz|süch|tig; putz|mun|ter**

put|zig: ein putziges (drollig, komisch) Kind

Puz|zle *engl.* [pasel], das: des -s, die Puzzles (Geduldsspiel); das **Puz|zle|spiel; puz|zeln**

Py|ja|ma *engl.* [pidschama], der: des -s, die Pyjamas (Schlafanzug); die **Py|ja|ma|ja|cke/-ho|se**

Py|ra|mi|de *ägypt.,* die: der -, die Pyramiden (Grabmal ägyptischer Könige, geometrischer Körper)

Py|thon, der: (Riesenschlange)

Q

Quad|del, die: der -, die Quaddeln (juckende Hautschwellung)

Qua|der *ital.,* der: des -s, die Quader (ein von drei Paar gleichen und parallelen Rechtecken begrenzter Körper, behauener Steinblock)

Qua|drat/Quad|rat *lat.,* das: des -(e)s, die Quadrate (Viereck mit vier rechten Winkeln und vier gleichen Seiten); der **Qua|d|rat|me|ter;** Abk. m^2; **qua|d|ra|tisch**

qua|ken: (Laute ausstoßen); der Frosch quakt; **quä|ken** (jammernde, schrille Töne von sich geben); eine quäkende Stimme

Quä|ker *engl.,* der: des -s, die Quäker (Angehöriger der Quäker-Sekte)

Qual, die: der -, die Qualen (Leid,
Schmerz); die **Quä|le|rei;**
der **Quäl|geist; qual|voll;** ein qualvoller
Tod; jemanden **quä|len;** sich **quä|len**
(sich sehr abmühen, Qualen bereiten)

Qua|li|fi|ka|ti|on *lat.,* die: der -, die
Qualifikationen (Eignungsnachweis,
Befähigungsnachweis);
das **Qua|li|fi|ka|ti|ons|spiel;**
sich **qua|li|fi|zie|ren** (sich eignen, zu
etwas qualifiziert sein, eine bestimmte
Leistung bringen); ein qualifizierter
Mitarbeiter

Qua|li|tät *lat.,* die: der -, die Qualitäten
(Beschaffenheit, Güte); ein Mann mit
Qualitäten (mit Fähigkeiten von hohem
Wert); die **Qua|li|täts|ar|beit;**
qua|li|ta|tiv

Qual|le, die: der -, die Quallen (Nessel-
tier); **qual|lig**

Qualm, der: des -(e)s (dicker Rauch,
Dampf); **qual|mig; qual|men**

Quan|ti|tät *lat.,* die: der -, die Quantitäten
(Menge, Anzahl, Größe);
das **Quänt|chen** (eine kleine Menge);
quänt|chen|wei|se; quan|ti|ta|tiv
(mengenmäßig)

Quan|tum *lat.,* das: des -s, die Quanten
(abgemessene Menge, Anzahl)

Qua|ran|tä|ne *franz.* [karantäne], die: der -,
die Quarantänen (vorübergehende
Absonderung, Isolierung Ansteckungs-
verdächtiger, Schutz gegen Ansteckung);
die **Qua|ran|tä|ne|sta|ti|on**

Quark, der: des -s (Käse, Unsinn);
die **Quark|spei|se;** sich über jeden
Quark aufregen; das geht dich einen
Quark an (nichts an)

Quar|tal *lat.,* das: des -s, die Quartale
(Vierteljahr); der **Quar|tals|ab|schluss**

Quar|tett *ital.,* das: des -s, die Quartette
(Musikstück für vier Singstimmen oder
Instrumente sowie die Aufführenden,
Kartenspiel); das **Streich|quar|tett**

Quar|tier *franz.,* das: des -s, die Quartiere
(Unterkunft); **ein|quar|tie|ren** (Soldaten
Unterkunft geben)

Quarz, der: des -es, die Quarze (Mineral);
quar|zig; quarz|hal|tig

qua|si *lat.:* (gewissermaßen, gleichsam, so
gut wie)

quas|seln: (dummes Zeug reden, schwat-
zen); die **Quas|se|lei;**
die **Quas|sel|strip|pe**

Quast, der: des -(e)s, die Quaste (breiter
Pinsel)

Quas|te, die: der -, die Quasten (Fransen-
büschel, Troddel); die **Pin|sel|quas|te**

Quatsch, der: des -(e)s; einen Quatsch
(Unsinn) reden; die **Quat|sche|rei;**
der **Quatsch|kopf; quat|schen**

Que|cke, die: der -, die Quecken
(Unkraut)

Queck|sil|ber, das: des -s (silbriges
Schwermetall); **queck|sil|ber|hal|tig;**
queck|silb|rig

Quel|le, die: der -, die Quellen (Wasser-
austritt aus der Erde); aus erster Quelle;
seine Geldquellen versiegen; neue
Quellen erschließen; das **Quell|was|ser;**
quel|len (herausfließen, sprudeln); du
quillst, du quöllest, es quoll, es ist
gequollen, quill!; **quel|len;** es quellt, es
ist gequellt; die Bohne quellt (wird im
Wasser weich); **auf|quel|len**

quen|geln: müde Kinder quengeln
(klagen, jammern); die **Quen|ge|lei;**
quen|ge|lig/queng|lig

quer: quer durch den Fluss; kreuz und
quer; uns ist alles quer gegangen (miss-
lungen); sie hat sich quergelegt (hat sich
widersetzt); quer gelegt (im Bett);
quer|durch; er rannte einfach
querdurch, aber: er rannte einfach quer
durch das Kornfeld; **quer|feld|ein;** ein
quer ge|streif|ter/quer|ge|streif|ter
Pullover; der **Quer|bal|ken;**
der **Quer|schlä|ger;** der **Quer|schnitt;**
die **Quer|sum|me;** der **Quer|trei|ber;**
du darfst mir nicht in die Quere kommen

Que|ru|lant *lat.,* der: des -en, die Queru-
lanten (Nörgler); die **Que|ru|lan|tin**

quet|schen: (klemmen, zwängen); du
quetschst; die **Quet|schung**

quick: (lebhaft, schnell, munter);
quick|le|ben|dig

quie|ken: (hohe, helle Töne ausstoßen,
wie ein Schwein quieken)

quiet|schen: du quietschst;
quietsch|fi|del; quietsch|ver|gnügt

Quin|tett *ital.,* das: des -s, die Quintette
(Musikstück für fünf Singstimmen oder
Instrumente und die Aufführenden)

Quirl, der: des -(e)s, die Quirle (Rührstab);
quir|lig; ein quirliges (sehr lebhaftes)
Kind

quitt: beide sind quitt (sie schulden sich
nichts mehr); mit jemandem quitt sein
(die Beziehung abbrechen)

Quit|te *griech.,* die: der -, die Quitten
(Obstbaum, Frucht); **quit|ten|gelb,** *auch*
quit|te|gelb

Quit|tung *franz.,* die: der -, die Quittungen
(Empfangsbescheinigung);
der **Quit|tungs|block; quit|tie|ren** (den
Empfang bestätigen)

Quiz *engl.* [kwiss], das: des -, die Quiz
(Unterhaltung, Frage- und Antwortspiel);
die **Quiz|fra|ge;** der **Quiz|mas|ter**

Quo|te *lat.,* die: der -, die Quoten (Einzel-
anteil am Ganzen, verhältnismäßiger
Anteil); die **Quo|ten|re|ge|lung;**
die **Quo|ten|frau** (in der Politik)

Quo|ti|ent *lat.,* der: des -en, die Quotien-
ten (Teilungsergebnis, Teilzahl)

quo va|dis? (wohin gehst du?, wohin
führt das?)

R

Ra|batt *ital.,* der: des -(e)s, die Rabatte
(Preisnachlass, Abzug); einen Rabatt
gewähren

Ra|batz, der: des -es; er machte Rabatz
(Lärm, Krach)

Rab|bi|ner *hebr.,* der: des -s, die Rabbiner
(jüdischer Gesetzeslehrer); der **Rab|bi**
(Ehrentitel jüdischer Gesetzeslehrer)

Ra|be, der: des -n, die Raben;

ra|ben|schwarz

ra|bi|at *lat.:* (wütend, grob, roh, hart)

Ra|che, die: der -; der **Rä|cher;**
rach|süch|tig; sich **rä|chen;** einen
Mord rächen; die **Blut|ra|che**

Ra|chen, der: des -s, die Rachen (hinterer
Mundraum, Schlund);
die **Ra|chen|ent|zün|dung;** jemandem
den Rachen stopfen (ihn zufrieden
stellen); er kann den Rachen nicht voll
genug kriegen (nicht genug bekommen)

Rad, das: des -(e)s, die Räder; Rad fahren;
ich fahre Rad; ich bin Rad gefahren; ein
Rad (im Turnen) schlagen;
der **Rad|fah|rer;** der **Rad|fahr|weg;**
ra|deln; unter die Räder kommen
(moralisch sinken); sich als fünftes Rad
am Wagen (überflüssig) fühlen

Ra|dar *engl.,* der/das: des -s, die Radare
(Funkmessgerät, Gerät und Verfahren
zur Ortung von Fahrzeugen, Schiffen und
Flugzeugen); die **Ra|dar|fal|le;**
der **Ra|dar|schirm;** die **Ra|dar|sta|ti|on**

Ra|dau, der: des -s (Lärm, Krach)

ra|de|bre|chen: (eine fremde Sprache nur
unvollkommen sprechen)

ra|die|ren *lat.:* er radierte im Heft;
der **Ra|dier|gum|mi;** die **Ra|die|rung**
(Bild, Ätzdruckzeichnung)

Ra|dies|chen *lat.,* das: des -s, die Radies-
chen (kleine, rote Rettichart)

ra|di|kal *lat.:* radikal (gründlich, rück-
sichtslos) durchgreifen; radikale Ansich-
ten vertreten; der **Ra|di|ka|lis|mus**

Ra|dio *lat.,* das: des -s, die Radios;
das **Ra|dio|pro|gramm**

ra|dio|ak|tiv *lat.:* radioaktiver Nieder-
schlag; die **Ra|dio|ak|ti|vi|tät** (Aussen-
dung von Strahlen bei Atomkernum-
wandlungen)

Ra|di|um *lat.,* das: des -s (Grundstoff,
radioaktives Schwermetall);
ra|di|um|hal|tig

Ra|di|us *lat.,* der: des -, die Radien (Halb-
messer eines Kreises)

raf|fen: Geld raffen (habgierig anhäufen);
die **Raff|gier;** der **Zeit|raf|fer** (beim

Film schnellerer Ablauf als unter natürlichen Umständen)

Raf|fi|na|de *franz.*, die: der - (gereinigter Zucker;); die **Raf|fi|ne|rie** (Anlage zum Reinigen von Zucker oder zur Verarbeitung von Rohöl); **raf|fi|nie|ren**

raf|fi|niert: (gereinigt, verfeinert); ein raffinierter (durchtrieben, schlau) Betrüger; ein raffinierter Plan

Ra|ge *franz.* [rasche], die: der -, die Ragen; jemanden in Rage (Wut, Aufregung) bringen

Ra|gout *franz.* [ragu], das: des -s, die Ragouts (Gericht aus klein geschnittenem Fleisch oder Fisch); das **Ra|gout fin** [fäng]; (feines Ragout aus Kalbfleisch)

Rahm, der: des -(e)s (Sahne); **rah|mig** (sahnig)

Rah|men, der: des -s, die Rahmen (Bildeinfassung); aus dem Rahmen fallen (vom Üblichen abweichen); die Kosten halten sich im Rahmen (sind erträglich)

Rain, der: des -(e)s, die Raine (Ackergrenze)

rä|keln/re|keln: (sich wohlig ausstrecken)

Ra|ke|te, die: der -, die Raketen (Feuerwerkskörper, Flugkörper mit Rückstoß); der **Ra|ke|ten|an|trieb;** die **Trä|ger|ra|ke|te**

Ral|lye *engl.* [räli], die: der -, die Rallyes (Autosternfahrt); die **Fahr|rad|ral|lye;** der **Ral|lye|fah|rer;** die **Ral|lye|fah|re|rin**

ram|men: einen Pflock in die Erde rammen (treiben, schlagen, gegen ein Hindernis prallen); der **Ramm|bock;** die **Ram|me**

Ram|pe *franz.*, die: der -, die Rampen; die **Ver|la|de|ram|pe** (erhöhte Ebene zum Anfahren von Gütern beim Verladen, beim Theater Bühnenrand); das **Ram|pen|licht;** im Rampenlicht stehen (die Aufmerksamkeit auf sich ziehen, im Mittelpunkt stehen)

ram|po|nie|ren *ital.*: das ramponierte Auto (stark beschädigt); der ramponierte Ruf

Ramsch, der: des -(e)s (minderwertige Ware); der **Ramsch|la|den; ram|schen** (billig kaufen); **ver|ram|schen**

ran: (heran, herbei)

Ranch *amerik.* [räntsch], die: der -, die Ranch(e)s (großer Bauernhof in Nordamerika); der **Ran|cher** (Viehzüchter)

Rand, der: des -(e)s, die Ränder; die **Rand|be|mer|kung;** sich am Rande des Krieges befinden; außer Rand und Band sein; am Rande des Abgrunds stehen; nicht zurande/zu Rande kommen (nicht fertig werden); seinen Rand halten (still sein)

ran|da|lie|ren: (lärmen, Unfug machen, mutwillig zerstören); der **Ran|da|lie|rer;** die **Ran|da|le;** Randale machen

Rang, der: des -(e)s, die Ränge; das **Rang|ab|zei|chen;** die **Rang|er|hö|hung;** die **Rang|fol|ge; erst|ran|gig; rang|hö|her;** jemandem den Rang ablaufen (zuvorkommen); Rang und Namen haben (bekannt sein); er rangiert (steht) auf Platz 1; er hat den Rang (die Rangstufe, die Stellung) eines Studiendirektors; der **Rang|un|ter|schied**

ran|geln: (sich balgen); die **Ran|ge|lei**

ran|gie|ren *franz.* [rangschiren]: (verschieben); der **Ran|gier|bahn|hof;** die **Ran|gier|lo|ko|mo|ti|ve**

Ran|ke, die: der -, die Ranken; das **Ran|ken|ge|wächs; rank** (hoch biegsam, gerade gewachsen); rank und schlank

Ran|zen, der: des -, die Ranzen

ran|zig: die Butter ist ranzig (verdorben)

ra|pi|de *lat.*: (sehr schnell)

Rap|pe, der: des -n, die Rappen (schwarzes Pferd); auf Schusters Rappen (zu Fuß) kommen

rap|pe|lig: (ungeduldig, wütend, verrückt); der **Rap|pel** (Wutausbruch); einen Rappel bekommen

Raps, der: des -es (Ölpflanze); die **Raps|blü|te;** das **Raps|feld**

rar *lat.*: eine rare (seltene) Ware; sich rar machen/rarmachen (selten kommen); die **Ra|ri|tät** (Seltenheit);

die **Ra|ri|tä|ten|samm|lung**

ra|sant *franz.:* ein rasantes (äußerst schnel-
les) Tempo; eine rasante Entwicklung;
die **Ra|sanz**

rasch: rascher, am raschesten (schnell,
geschwind)

ra|scheln: es raschelt das Laub

ra|sen: du rast, er raste (sehr schnell
fahren, rennen); die **Ra|se|rei;**
ra|send sein (wütend)

Ra|sen, der: des -s, die Rasen; der
Ra|sen|mä|her; der **Ra|sen|spren|ger**

ra|sie|ren: sich den Bart rasieren;
der **Ra|sier|ap|pa|rat;**
die **Ra|sier|klin|ge;** das **Ra|sier|mes|ser;**
das **Ra|sier|was|ser;** die **Ra|sur**

Ras|pel, die: der -, die Raspeln; grobe
Teile **ras|peln;** Süßholz raspeln (jeman-
dem schmeicheln)

Ras|se *franz.,* die: der -, die Rassen (Gat-
tung von Mensch und Tier mit charakte-
ristischen Merkmalen); die weiße, gelbe,
schwarze, rote Rasse;
die **Ras|sen|dis|kri|mi|nie|rung;**
der **Ras|sen|hass;** der **Ras|sis|mus**
(übersteigertes Rassenbewusstsein);
ras|sig (von edler Rasse); **ras|sisch**
(rassische Eigenarten); **ras|sis|tisch**
(kämpferisch auf der Vorherrschaft einer
Rasse bestehen)

Ras|sel, die: der -, die Rasseln (Kinder-
spielzeug, Klapper); die **Ras|sel|ban|de;**
ras|seln; mit dem Säbel rasseln (dro-
hen); durch eine Prüfung rasseln (durch-
fallen)

Rast, die: der -, die Rasten (Pause); ohne
Rast und Ruh (ohne Pause);
die **Rast|stät|te; rast|los; ras|ten**

Ras|ter *lat.,* der: des -s, die Raster (Linien-
netz oder Punktsystem, Muster, Schema);
das **Ras|ter** (aus Punkten bestehendes
Fernsehbild)

Rat, der: des -(e)s, die Räte; jemanden um
Rat fragen; sich Rat holen; ein Buch
zurate/zu Rate ziehen; Rat suchend/
ratsuchend; das **Rat|haus;**
der **Stadt|rat;** der **Rats|herr;**

der **Rats|kel|ler;** der **Rat|schlag;**
das **Ra|te|team; rat|los; rat|sam;**
ra|ten; du rätst, du riet(e)st, er riet, sie
hat geraten, rat(e)!

Ra|te, die: der -, die Raten (Teilzahlung);
der **Ra|ten|kauf;** die **Ra|ten|zah|lung;**
ra|ten|wei|se

Ra|ti|fi|ka|ti|on *lat.,* die: der -, die Ratifika-
tionen (Genehmigung, Bestätigung, bes.
von Staatsverträgen);
die **Ra|ti|fi|zie|rung; ra|ti|fi|zie|ren**

Ra|ti|on *franz.,* die: der -, die Rationen
(bestimmte, zugeteilte Menge);
die **Ra|ti|o|nie|rung; ra|ti|o|nie|ren**
(einteilen)

ra|ti|o|nal *lat.:* er hat rational (überlegt,
vernünftig) gehandelt;
ra|ti|o|na|li|sie|ren; einen Betrieb
rationalisieren (zweckmäßig und wirt-
schaftlich organisieren)

ra|ti|o|nell *lat.:* (zweckmäßig, sparsam)

Rät|sel, das: des -s, die Rätsel (Denkaufga-
be); in Rätseln (unklar) sprechen; vor
einem Rätsel stehen;
das **Kreuz|wort|rät|sel; rät|sel|haft;**
rät|seln

Rat|te, die: der -, die Ratten (Nagetier);
der **Rat|ten|fän|ger;**
ein **Rat|ten|schwanz** von Prozessen
(eine endlose Folge); die Ratten verlassen
das sinkende Schiff (die falschen Freunde
ziehen sich zurück)

rat|tern: der Wagen rattert (knattert) über
das Pflaster

rau: rauer, am rauesten; ein rauer Stoff; ein
rauer Hals; eine raue Witterung; die raue
Wirklichkeit; ein rauer, aber herzlicher
Ton; eine raue (aufgesprungene, rissige)
Haut; **rau|bei|nig;** das **Rau|bein** (ein
nach außen hin grob erscheinender
Mensch mit einem guten Kern);
die **Rau|fa|ser|ta|pe|te;** die **Rau|heit;**
der **Rau|reif** (gefrorener Tau)

Raub, der: des -es (gewaltsamer Dieb-
stahl); der **Raub|bau;** er treibt Raubbau
mit seinen Kräften (übernimmt sich);
der **Räu|ber;** die **Räu|ber|ban|de;**

der **Raub|mord;** das **Raub|tier;**
der **Raub|über|fall; räu|be|risch;**
rau|ben (das Eigentum eines anderen
gewaltsam wegnehmen)

Rauch, der: des -(e)s; eine Zigarette
rauchen; alles war Schall und Rauch
(ohne Bedeutung); ihm raucht der Kopf
(er arbeitet angestrengt); Rauchen wie ein
Schlot (sehr viel rauchen);
der **Räu|cher|aal;** die **Räu|cher|kam|mer;**
der **Rauch|fang;** die **Räu|cher|wa|ren**
(geräucherte Fleisch- und Wurstwaren);
rau|chig; rau|chen; räu|chern

Rauch|wa|re, die: der - (Pelzwaren)

Rauch|wa|ren, die: der - (Tabakwaren)

rauf: herauf, herab, herunter

rau|fen: die Jungen raufen (prügeln) sich;
sich die Haare raufen (vor Ärger);
der **Rauf|bold;** die **Rau|fe|rei;**
die **Rauf|lust; rauf|lus|tig**

Raum, der: des -es, die Räume; das Haus
hat viele Räume; eine Raum sparende/
raumsparende Lösung;
der **Raum|in|halt;** die **Raum|fahrt;**
die **Räum|lich|kei|ten;**
die **Raum|pfle|ge|rin;** der **Raum|pfle|ger;**
das **Raum|schiff;** die **Räu|mung;**
ge|räu|mig; räum|lich; räu|men; das
Geschirr vom Tisch räumen; die Woh-
nung räumen

rau|nen: (leise sprechen, zuflüstern);
das **Rau|nen** (im Saal)

Rau|pe, die: der -, die Raupen (Entwick-
lungsstadium der Schmetterlinge);
der **Rau|pen|fraß;** die **Pla|nier|rau|pe;**
der **Rau|pen|schlep|per** (schweres
Fahrzeug)

raus: heraus, hinaus; der **Raus|schmiss**
(an die Luft befördern); **raus|fah|ren**

Rausch, der: des -(e)s, die Räusche
(Hochgefühl); das **Rausch|gift;**
rausch|gift|süch|tig

rau|schen: das Rauschen der Bäume; du
rauschst; **rau|schend;** ein rauschendes
Fest; rauschender Beifall

räus|pern: (hüsteln); er räusperte sich

Rau|te, die: der -, die Rauten (schiefwink-

liges gleichseitiges Parallelogramm,
Rhombus); **rau|ten|för|mig**

Raz|zia *franz.,* die: der -, die Razzien; eine
Razzia (plötzliche polizeiliche Untersu-
chung) durchführen

Rea|der *engl.* [ri̯der], der: des -s, die
Reader (Buch mit Textauszügen)

Re|a|genz|glas, das: des -es, die Reagenz-
gläser (Prüfglas, Probierglas für chem.
Versuche)

re|agie|ren *lat.:* (auf eine Aktion einge-
hen); die **Re|ak|ti|on** (Gegenwirkung);
re|ak|ti|o|när (nicht fortschrittlich);
re|ak|ti|ons|schnell; re|ak|ti|vie|ren
(eine stillgelegte Anlage wieder anfahren,
Kräfte mobilisieren)

Re|ak|tor, der: des -s, die Reaktoren
(Anlage zur Umwandlung von Kernener-
gie in Wärmeenergie);
der **Re|ak|tor|un|fall**

re|al *lat.:* ein realer (wirklicher) Gegen-
stand; ein real (sachlich) denkender
Mensch; der **Re|a|lis|mus** (Wirklich-
keitssinn, Tatsachensinn); der **Re|a|list;**
die **Re|a|li|tät** (tatsächliche Lage);
die **Re|al|schu|le; re|a|li|sie|ren**

Re|be, die: der -, die Reben (Weinrebe);
die **Reb|laus** (Blattlaus am Weinstock);
der **Reb|stock**

Re|bell *franz.,* der: des -en, die Rebellen
(Aufrührer, Aufständischer);
die **Re|bel|li|on; re|bel|lisch;**
re|bel|lie|ren

Reb|huhn, das: die Rebhühner (Wildhuhn)

Re|chen, der: des -s, die Rechen (Harke);
re|chen (harken)

rech|nen: die Aufgabe rechnen; auf meine
Hilfe kannst du rechnen; ich muss
rechnen (sparsam sein); wir rechnen mit
dir; ich rechne es dir hoch an;
das **Re|chen|buch;** die **Rech|nung;**
Rechenschaft ablegen; zur Rechenschaft
(Verantwortung) ziehen; der **Rech|ner;**
rech|ne|risch; einen Strich durch die
Rechnung machen (einen Plan vereiteln)

Recht, das: des -es, die Rechte; du hast
Recht; du behältst Recht; Recht spre-

chen; Recht finden; im Recht sein; von Rechts wegen; die Forderung besteht zu Recht; das ist sein gutes Recht; mit Fug und Recht; Gnade vor Recht ergehen lassen; auf sein Recht pochen; das Recht auf seiner Seite haben; nach dem Rechten sehen; da bist du bei mir an den Rechten geraten; der **Rechts|an|walt;** die **Rechts|pfle|ge;** die **Recht|spre|chung;** die **Rechts|si|cher|heit;** der **Rechts|streit;** das **Recht|eck;** die **Recht|schrei|bung**

recht: rechtens; das ist recht so; das geschieht ihm recht; jemandem etwas recht machen; das ist mir recht; Recht/ recht haben (geben); ein rechter Winkel; das Herz auf dem rechten Fleck haben; **recht|lich; recht|los; rechts|kräf|tig; rechts|kun|dig; rechts|wid|rig; zu|recht|kom|men; recht|ha|be|risch; recht|schaf|fen; recht|wink|lig,** auch **recht|win|ke|lig; recht|zei|tig**

rechts: nach rechts gehen; von rechts; sich rechts halten; rechts stehen; rechts stehend/rechtsstehend; nicht mehr wissen, was rechts und links ist (sehr verwirrt sein); rechts abbiegend/rechtsabbiegend; der **Rechts|ab|bie|ger;** der **Rechts|au|ßen;** die **Rechts|kur|ve;** der **Rechts|ver|kehr; rechts|hän|dig; rechts|he|r|um; rechts|ra|di|kal**

Reck, das: des -(e)s, die Recks; die **Reck|stan|ge**

re|cken: sich recken; er reckt (streckt sich); der **Re|cke** (Held, bes. in der Sage)

Re|cor|der engl., der: des -s, die Recorder; → Rekorder

Re|cy|cling/Re|cyc|ling engl. [rißaikling], das: des -s (Wiederverwendung schon benutzter Rohstoffe); **re|cy|c|eln; re|cy|c|el|bar**

Re|dak|ti|on franz., die: der -, die Redaktionen (Gesamtheit der Redakteure einer Zeitung, Zeitschrift, Tätigkeit des Redak-

teurs); der **Re|dak|teur** [redaktör]; die **Re|dak|teu|rin; re|di|gie|ren** (ein Manuskript bearbeiten, druckfertig machen)

re|den: (seine Gedanken mündlich wiedergeben); deutlich reden (sprechen); mit sich reden lassen; jemandem gut zureden; Rede und Antwort stehen; jemanden zur Rede stellen; jemandem ins Gewissen reden; das ist nicht der Rede wert; gegen die Wand (ohne Wirkung) reden; die wörtliche Rede; es geht die Rede (man sagt, dass …); das **Ge|re|de;** die **Re|de;** die **Re|dens|art;** die **Re|de|wen|dung;** der **Red|ner; re|de|ge|wandt; red|se|lig**

red|lich: ein redlicher (ehrlicher, zuverlässiger) Mensch; die **Red|lich|keit**

re|du|zie|ren lat.: (einschränken, mindern); die **Re|duk|ti|on** (Zurückführung)

Ree|de, die: der -, die Reeden (Ankerplatz vor dem Hafen); der **Ree|der** (Schiffseigner); die **Ree|de|rei** (Schifffahrtsunternehmen)

re|ell franz.: ein reelles (vernünftiges) Angebot machen; er hat reelle (ehrliche) Absichten; ein reeller (zuverlässiger) Partner

Re|fe|rat lat., das: des -(e)s, die Referate (Vortrag, Arbeitsgebiet); der **Re|fe|rent** (Berichterstatter, Sachbearbeiter); **re|fe|rie|ren** (vortragen)

Re|fe|ren|dar lat., der: des -s, die Referendare (Beamtenanwärter); das **Re|fe|ren|da|ri|at** (Vorbereitungsdienst); die **Re|fe|ren|da|rin**

re|flek|tie|ren lat.: (zurückstrahlen, nachdenken); darauf reflektierte er (Absichten auf etwas haben); der **Re|flex;** die **Re|flex|hand|lung** (spontane Handlung); die **Re|fle|xi|on;** gute Reflexe haben (schnell reagieren); **re|fle|xiv** (rückbezüglich)

Re|fle|xiv|pro|no|men das: des -s, die Reflexivpronomen (rückbezügliches Fürwort)

Re|form *lat.,* die: der -, die Reformen
(Umgestaltung, Neuordnung);
die **Re|for|ma|ti|on;** der **Re|for|ma|tor**
(Martin Luther); der **Re|for|mer;**
re|for|mie|ren

Re|frain/Ref|rain *franz.* [refräng], der:
des -s, die Refrains (Kehrreim)

Re|gal, das: des -s, die Regale (Bücher-
oder Warengestell)

Re|gat|ta *ital.,* die: der -, die Regatten
(Bootswettfahrt)

re|ge: ein reger (arbeitsamer) Mensch;
reger (starker) Verkehr; rege (große)
Beteiligung; eine rege Fantasie;
die **Re|gung; reg|los; reg|sam;**
re|gungs|los; sich **re|gen** bringt Segen

Reg.-Bez.: Regierungsbezirk

Re|gel *lat.,* die: der -, die Regeln (Vor-
schriften) im Verkehr beachten; in der
Regel (meist, normalerweise); gegen eine
Regel (Übereinkunft) verstoßen;
die **Re|gel|mä|ßig|keit;**
die **Re|ge|lung;** der **Reg|ler; re|gel|bar;**
re|gel|mä|ßig; re|gel|recht;
re|gel|wid|rig; re|geln: etwas in Ord-
nung bringen

Re|gen, der: des -s; jemanden im Regen
stehen lassen (in einer schwierigen
Situation allein lassen); vom Regen in die
Traufe kommen (aus einer Notlage in
eine noch schlimmere kommen); es
regnet Bindfäden (viel und dauernd);
der **Re|gen|bo|gen;**
der **Re|gen|schirm;** der **Re|gen|wald;**
das **Re|gen|wet|ter; re|gen|arm;**
reg|ne|risch; reg|nen

re|ge|ne|rie|ren: (erneuern, neu beleben);
so langsam regeneriert er sich; sich
regenerieren; **re|ge|ne|ra|ti|ons|fä|hig**

Re|gent *lat.,* der: des -en, die Regenten
(Herrscher, Staatsoberhaupt);
die **Re|gen|tin**

Reg|gae *engl.* [räggi], der: des -(s) (Stil-
richtung der Popmusik aus Jamaika)

Re|gie *franz.* [reschi], die: der - (Spielleitung
bei Theater, Film, Fernsehen o. Ä.);
der **Re|gis|seur** [reschißör]

re|gie|ren: über ein Land regieren (herr-
schen, lenken, leiten), aber: der Regieren-
de Bürgermeister (Titel);
die **Re|gie|rung;** die **Re|gie|rungs|par|tei;**
die **Re|gie|rungs|um|bil|dung;**
der **Re|gie|rungs|wech|sel**

Re|gime *franz.* [reschim], das: des -(s), die
Regime/Regimes (diktatorische Regie-
rungsform)

Re|gi|ment *lat.,* das: des -(e)s, die Regi-
mente/Regimenter (größerer Truppenteil,
Regierung); ein strenges Regiment führen
(hart regieren)

Re|gi|on *lat.,* die: der -, die Regionen
(Bereich, Landschaft); in höheren
Regionen schweben (nicht in der Wirk-
lichkeit leben); **re|gi|o|nal** (zu einer
Region gehörig); die **Re|gi|o|nal|li|ga**

Re|gis|ter *lat.,* das: des -s, die Register
(Verzeichnis, Liste, Stimmenzug bei der
Orgel); alle Register ziehen (alle Möglich-
keiten nutzen); die **Re|gis|t|ra|tur**
(Aufbewahrungsstelle für Akten, Akten-
schrank); **re|gis|t|rie|ren** (in ein Register
eintragen, wahrnehmen, bemerken); das
habe ich registriert

re|gle|men|tie|ren/reg|le|men|tie|ren
franz.: (etwas durch Vorschriften festle-
gen, regeln); das **Re|g|le|ment**
[reglemang]

re|gu|lär *lat.:* eine reguläre Handlung (der
Regel entsprechend, vorschriftsmäßig);
die **Re|gu|lie|rung; re|gu|lie|ren**
(regeln, ordnen, bezahlen)

Reh, das: des -(e)s, die Rehe;
das **Reh|kitz; reh|braun**

Re|ha|bi|li|ta|ti|on *lat.,* die: der -, die
Rehabilitationen (Wiederherstellung des
Ansehens einer Person, Rückführung
von Kranken oder Behinderten zu seiner
Leistungsfähigkeit, Wiedereingliederung
ehemaliger Strafgefangener in die Gesell-
schaft); die **Re|ha|bi|li|tie|rung;**
re|ha|bi|li|tie|ren: er wurde rehabilitiert

rei|ben: du reibst, du rieb(e)st, er rieb, sie
hat gerieben, reib(e)!; die **Rei|be;**
der **Rei|be|ku|chen;** die **Reib|flä|che;**

die **Rei|bung; rei|bungs|los;** sich die Augen reiben; blank reiben (polieren); der Kragen reibt (scheuert) am Hals; sich an jemandem reiben (mit ihm streiten); jemandem etwas unter die Nase reiben (vorhalten)

Reich, das: des -es, die Reiche (Staatsgebilde, Gebiet); das Reich der Wissenschaft; das Reich der Träume; das Deutsche Reich; das Römische Reich; der **Reichs|prä|si|dent;** der **Reichs|tag**

reich: reich sein (viel Geld haben); reich an Erfahrung; in reichem Maße; jemanden reich belohnen; der Tisch ist reich gedeckt; Arm und Reich (jedermann); **reich|hal|tig; reich|lich;** der **Reich|tum**

rei|chen: jemandem die Hand reichen (geben); so weit das Auge reicht; die **Reich|wei|te;** außer Reichweite sein; das Wasser reicht ihm bis an den Hals

reif: reif (abgeklärt, besonnen genug) sein; reif werden; ein frühreifes (in einer höheren Entwicklungsstufe) Kind; **reif|lich;** nach reiflicher Überlegung; die **Rei|fe;** die **Rei|fung** (der Weintrauben); ein reifer Mann; unser Plan ist noch nicht reif genug (nicht genug durchdacht); die Tore fallen wie reife Früchte (als Ergebnis eines guten Spielablaufs)

Reif, der: des -(e)s (gefrorener Tau); die **Reif|glät|te**

Reif, der: des -(e)s, die Reife (ringförmiges Schmuckstück); der **Gold|reif**

Rei|fen, der: des -s, die Reifen; einen Reifen flicken; die **Rei|fen|pan|ne;** der **Rei|fen|scha|den;** der **Rei|fen|wech|sel**

Rei|gen, der: des -s, die Reigen (Tanz); den Reigen eröffnen (den Anfang machen)

Rei|he, die: der -, die Reihen; in einer Reihe stehen; an der Reihe sein; an die Reihe kommen; aus der Reihe tanzen; in Reih und Glied marschieren; eine Reihe (Anzahl) von Diebstählen; die **Rei|hen|fol|ge;** das **Rei|hen|haus;**

die **Rei|hen|un|ter|su|chung;** die **Rei|hung; rei|hen|wei|se; reih|um; auf|rei|hen;** sich **ein|rei|hen, rei|hen**

Rei|her, der: des -s, die Reiher (Schreitvogel)

Reim, der: des -(e)s, die Reime (gleichklingender Ausklang von Versen); **rei|men;** sich keinen Reim auf etwas machen (nicht verstehen können); wie reimt (passt das) sich das zusammen; ungereimtes Zeug (Unsinn) reden

rein: reiner (unverwässerter) Wein; reine Seide; reines Gold; ein reines (sauberes) Gewissen haben; etwas rein halten; reinmachen/rein machen; reinwaschen/rein waschen; eine reine Weste haben; jemandem reinen Wein einschenken (die Wahrheit sagen); die Luft ist rein (es besteht keine Gefahr mehr); etwas ins Reine bringen (aufklären); etwas ins Reine schreiben (eine Reinschrift anfertigen); mit sich oder jemandem im Reinen sein; **rein|lich; rein|ras|sig; rein|gol|den/rein|sei|den;** die **Rein|heit;** der **Rein|fall** (Fehlschlag, Enttäuschung); **rei|ni|gen**

rein: herein, hinein; **rein|fal|len; rein|las|sen; rein|le|gen**

Reis, der: des -es, die Reise (Getreideart); das **Reis|korn;** die **Reis|spei|se**

Rei|se, die: der -, die Reisen; der **Rei|se|be|glei|ter;** die **Rei|se|lek|tü|re;** der **Rei|sen|de; rei|se|lus|tig; rei|sen;** du reist; auf Reisen sein; der **Rei|se|pass**

Rei|sig, das: des -s, die Reisige (dürre Zweige); der **Rei|sig|be|sen;** das **Rei|sig|bün|del;** das **Reis** (dünner Zweig); die **Rei|ser;** der **Rei|ser|be|sen**

rei|ßen: du reißt, du rissest, er riss, sie hat gerissen, reiß(e)!; das Seil reißt; Papier in Stücke reißen; hin- und hergerissen sein; reißende (gefährliche) Tiere; ein reißender (schnell fließender) Strom; reißender Absatz; Witze reißen; die Führung an sich reißen; ihm riss die Geduld; sich um eine Sache reißen; sich etwas unter den

Nagel reißen (unrechtmäßig aneignen); alle Zuhörer waren hingerissen (begeistert); eine reißerische (auffallende, knallige) Überschrift; **ab|rei|ßen; aus|rei|ßen; Reiß|aus** nehmen; das **Reiß|brett** (Zeichenbrett); das **Rei|ßen** in den Gliedern (Rheumatismus); das ist ein **Rei|ßer** (Ware, die guten Absatz findet)

rei|ten: du reitest, du ritt(e)st, er ritt, sie hat geritten, reit(e)!; er reitet auf einem Pferd; der **Rei|ter;** die **Rei|te|rei;** die **Rei|te|rin;** der **Reit|un|ter|richt;** den reitet der Teufel (der wagt zu viel); auf einer Sache herumreiten (wiederholen)

Reiz, der: des -es, die Reize; der Reiz des Neuen; meine Augen sind vom Rauch gereizt; ein reizendes (liebes, schönes) Kind; er reizt mich zum Widerspruch; die Aufgabe reizt mich; jemanden reizen (ärgern, rasend machen); der **Reiz|hus|ten;** das **Reiz|kli|ma;** die **Rei|zung; reiz|bar; rei|zend** (niedlich, hübsch); **rei|zen**

re|keln: → räkeln

Re|kla|ma|ti|on *lat.,* die: der -, die Reklamationen (Beanstandung, Beschwerde, Einspruch); **re|kla|mie|ren** (Einspruch erheben, beanstanden)

Re|kla|me *lat.,* die: der -, die Reklamen (Werbung); die **Re|kla|me|trom|mel** rühren; der **Re|kla|me|film**

re|kon|s|tru|ie|ren: (wiederherstellen, nachbilden, Ablauf eines Vorganges wiedergeben); die **Re|kon|s|truk|ti|on**

Re|kord *engl.,* der: des -(e)s, die Rekorde (Höchstleistung); einen Rekord aufstellen, brechen, einstellen, verfehlen; der **Re|kord|be|such;** die **Re|kord|ern|te;** der **Re|kord|hal|ter;** der **Re|kord|ver|such**

Re|kor|der/Re|cor|der *engl.,* der: des -s, die Rekorder (Gerät zum Aufnehmen und Wiedergeben von Bild und Ton); → **Re|cor|der**

Rek|tor *lat.,* der: des -s, die Rektoren (Leiter einer Schule oder Hochschule);

das **Rek|to|rat** (Amt und Zimmer des Rektors); die **Rek|to|rin**

Re|lais *franz.* [relä], das: des -, die Relais (elektrische Schalteinrichtung); die **Re|lais|sta|ti|on**

re|la|tiv *lat.:* ein relativ (vergleichsweise) günstiger Preis; die **Re|la|ti|on;** der Preis des Autos steht in keiner Relation zu seinem wirklichen Wert; das **Re|la|tiv|pro|no|men** (bezügliches Fürwort); der **Re|la|tiv|satz**

re|le|vant *lat.:* (bedeutsam)

Re|li|ef *franz.,* das: des -s, die Reliefs/Reliefe (über eine Fläche hervorstehendes Bild, dreidimensional); die **Re|li|ef|kar|te** (Landkarte mit anschaulicher, plastisch wirkender Geländedarstellung); **re|li|ef|ar|tig**

Re|li|gi|on *lat.,* die: der -, die Religionen; die **Re|li|gi|ons|frei|heit;** der **Re|li|gi|ons|un|ter|richt; re|li|gi|ös**

Re|ling, die: der -, die Relings/Relinge (Schiffsgeländer)

re|mis *franz.* [remi]: (unentschieden, punktgleich); das **Re|mis**

Re|mou|la|de *franz.* [remulade], die: der -, die Remouladen (Kräutermajonäse/Kräutermayonnaise)

rem|peln: (absichtlich stoßen); die **Rem|pe|lei;** der **Rempp|ler; an|rem|peln**

Ren *skand.,* das: des -s, die Rens/Rene (Hirschart, Haustier der Lappen); das **Ren|tier**

Re|nais|sance *franz.* [renäßangß] die: der -, die Renaissancen (Erneuerung der Kunst durch Wiederaufleben der Antike)

Ren|dez|vous *franz.* [rangdewu], das: des -, die Rendezvous (Treffen, Stelldichein)

Ren|di|te, die (Zinsertrag)

ren|nen: du rennst, du rennest, du ranntest, er rannte, sie ist gerannt, renn(e)!; über die Straße rennen (laufen); mit dem Kopf gegen die Wand rennen; jemanden über den Haufen rennen (umstoßen); die **Renn|bahn;** das **Ren|nen;** das Rennen machen (gewinnen); das Rennen

aufgeben; der **Ren|ner;**
das **Wett|ren|nen;** der **Renn|steig**

re|nom|miert: ein renommierter (berühmt, angesehen, namhaft) Künstler;
das **Re|nom|mee** (guter Ruf)

re|no|vie|ren *lat.:* ein Gebäude renovieren (erneuern, neu herrichten);
die **Re|no|vie|rung**

ren|ta|bel: (vorteilhaft, Gewinn bringend) eine rentable Arbeit; die **Ren|ta|bi|li|tät;**
ren|tie|ren (Zins, Gewinn, Rente, Vermögen bringen); die Arbeit rentiert sich (lohnt sich)

Ren|te, die: der -, die Renten (Altersversorgung, dauernde Unterhaltszahlung);
der **Rent|ner;** die **Rent|ne|rin;**
die **Ren|ten|ver|si|che|rung**

re|pa|rie|ren *lat.:* (ausbessern, instand setzen); die **Re|pa|ra|tur; re|pa|ra|bel** (wiederherstellbar);
re|pa|ra|tur|an|fäl|lig

Re|per|toire *franz.* [repertoar], das: des -s, die Repertoires (Bestand an eingeübten Stücken bzw. Rollen bei Bühnen, Orchestern, Schauspielern, Musikern; Spielplan)

Re|port *franz.,* der: des -(e)s, die Reporte (Mitteilung, Bericht); die **Re|por|ta|ge** [reportasche]; der **Re|por|ter;**
die **Re|por|te|rin** (Zeitungs-, Fernseh-, Rundfunkberichterstatter)

Re|prä|sen|tant, der: des -en, die Repräsentanten (Vertreter, Abgeordneter);
das **Re|prä|sen|tan|ten|haus;**
die **Re|prä|sen|tanz; re|prä|sen|ta|tiv;**
eine repräsentative (für eine Gesamtmeinung stellvertretende) Umfrage;
re|prä|sen|tie|ren (etwas darstellen, standesgemäß auftreten)

Re|pres|sa|lie *lat.,* die: der -, die Repressalien (Vergeltung, Druckmittel);
die **Re|pres|si|on** (Unterdrückung);
re|pres|siv (unterdrückend)

Re|pro|duk|ti|on *lat.,* die: der -, die Reproduktionen (Nachbildung, Wiedergabe durch Druck oder Fotografie, Vervielfältigung); **re|pro|duk|tiv** (nach-

bildend); **re|pro|du|zie|ren:** etwas reproduzieren (nachbilden)

Rep|til, das: des -s, die Reptilien (Kriechtier)

Re|pu|blik/Re|pub|lik, die: der -, die Republiken (Volksstaat);
der **Re|pu|b|li|ka|ner; re|pu|b|li|ka|nisch**

Re|pu|ta|ti|on *lat.,* die: der - (Ruf, Ansehen); **re|pu|tier|lich** (achtbar, ordentlich)

Re|qui|sit *lat.,* das: des -(e)s, die Requisiten (Arbeitsgerät, Zubehör, Ausstattungsgegenstand für Bühnenstücke oder Filme)

re|ser|vie|ren *lat.:* ein Zimmer reservieren (freihalten, belegen); das **Re|ser|vat** (großes Freigehege für gefährdete Tierarten); die **Re|ser|va|ti|on** (Schutzgebiet für Indianer); die **Re|ser|ve** (Vorrat); etwas in Reserve (vorrätig) haben;
der **Re|ser|ve|rei|fen;** die **Re|ser|ve|bank;**
die **Re|ser|vie|rung; re|ser|viert**

Re|si|denz *lat.,* die: der -, die Residenzen (Wohnsitz eines Herrschers, des Staatsoberhauptes, Hauptstadt); **re|si|die|ren** (regieren und wohnen)

Re|si|g|na|ti|on *lat.,* die: der -, die Resignationen (Entsagung, Verzicht, Ergebung in das Schicksal); **re|si|g|nie|ren** (aufgeben)

re|sis|tent: (gegen eine Krankheit abgehärtet sein); die **Re|sis|tenz**

re|so|lut *lat.:* ein resoluter (entschlossener, tatkräftiger) Mensch; die **Re|so|lu|ti|on** (Entschließung, Beschluss)

Re|so|nanz *lat.,* die: der -, die Resonanzen (Widerhall, Anklang); sein Anliegen fand keine Resonanz (Zustimmung)

re|so|zi|a|li|sie|ren *lat.:* (in die Gemeinschaft wieder eingliedern);
die **Re|so|zi|a|li|sie|rung**

Re|s|pekt *franz.,* der: des -(e)s (Achtung, Ansehen); die **Re|s|pekts|per|son;**
re|s|pek|ta|bel; re|s|pekt|los;
re|s|pekt|voll; re|s|pek|tie|ren (achten, anerkennen); Respekt einflößend/ respekteinflößend

Res|sort *franz.* [reßor], das: des -s,

die Ressorts (Amts-, Geschäftsbereich);
der **Res|sort|chef;** der **Res|sort|lei|ter**

Res|sour|ce *franz.* [reßurße], die: der -, die
Ressourcen (Rohstoffvorrat)

Rest *lat.,* der: des -(e)s, die Reste (Über-
bleibsel); der **Rest|al|ko|hol;**
der **Rest|be|stand;** der **Rest|ur|laub;**
der **Res|te|ver|kauf; rest|lich;** das
restliche Geld schuldig bleiben; **rest|los;**
seine Schulden restlos begleichen; sich
den Rest holen (krank werden)

Re|s|tau|rant *franz.* [reßtorang], das: des -s,
die Restaurants (Gaststätte,
Speiselokal)

Re|s|tau|ra|ti|on *lat.,* die: der -, die
Restaurationen (Wiederherstellung);
re|s|tau|rie|ren; das Gebäude restaurie-
ren (wiederherstellen, erneuern)

Re|sul|tat *franz.,* das: des -s, die Resultate
(Ergebnis, Lösung); **re|sul|tie|ren** (sich
ergeben, die Folge von etwas sein)

Re|tor|te *franz.,* die: der -, die Retorten
(Destillationsgefäß);
das **Re|tor|ten|ba|by** (durch künstliche
Befruchtung außerhalb des Mutterleibes
gezeugtes Kind)

ret|ten: vor dem Ertrinken retten; du bist
meine letzte Rettung (Hoffnung);
der rettende Gedanke; der **Ret|ter;**
die **Ret|tung;** die **Ret|tungs|ak|ti|on;**
der **Ret|tungs|an|ker;**
das **Ret|tungs|boot; ret|tungs|los;** du
bist rettungslos (ohne Aussicht auf
Abhilfe) verliebt

Ret|tich *lat.,* der: des -s, die Rettiche
(Gemüse- und Futterpflanze)

Reue, die: der -, die Reuen; vor Gericht
Reue zeigen; **reue|voll; reu|ig;**
reu|mü|tig; etwas **be|reu|en; reu|en;** es
reut ihn

Reu|se, die: der -, die Reusen (Korb zum
Fischfang),

Re|van|che *franz.* [rewangsche], die: der -,
die Revanchen (Vergeltung, Rache);
Revanche geben (dem Verlierer die
Möglichkeit geben zu siegen);
sich **re|van|chie|ren** (danken, rächen)

Re|vier *niederl.,* das: des -s, die Reviere
(Bezirk, Gebiet); der **Re|vier|förs|ter;**
das **Po|li|zei|re|vier**

Re|vi|si|on *lat.,* die: der -, die Revisionen
(Prüfung, Änderung); der **Re|vi|sor**
(Prüfer); **re|vi|die|ren** (ändern); seine
Meinung revidieren

Re|vol|te *franz.,* die: der -, die Revolten
(Aufruhr, Aufstand); **re|vol|tie|ren:** die
revoltierende (aufbegehrende, protestie-
rende) Jugend

Re|vo|lu|ti|on *lat.,* die: die Revolutionen
(politischer Umsturz);
der **Re|vo|lu|ti|o|när** (Teilnehmer an
einer Revolution); **re|vo|lu|ti|o|när;** eine
revolutionäre (bahnbrechende)
Erfindung

Re|vol|ver *engl.,* der: des -s, die Revolver
(mehrschüssige Handfeuerwaffe)

Re|vue *franz.* [rewü], die: der -, die Revuen
(Bühnendarbietung mit Musik, Tanz und
großer Ausstattung); der **Re|vue|film;**
das **Re|vue|girl;** das **Re|vue|the|a|ter;**
etwas Revue passieren lassen (an seinem
geistigen Auge vorbeiziehen lassen)

Re|zen|si|on *lat.,* die: der -, die Rezensio-
nen (kritische Besprechung von neuen
Büchern, Theateraufführungen usw.);
der **Re|zen|sent** (Verfasser einer Rezen-
sion); die **Re|zen|sen|tin;**
re|zen|sie|ren: (eine Kritik schreiben)

Re|zept *lat.,* das: des -(e)s, die Rezepte
(Kochanleitung, ärztliche Verordnung);
die **Re|zep|ti|on** (Aufnahme, Empfangs-
raum im Hotel); **re|zept|pflich|tig**

Re|zes|si|on *lat.,* die: der -, die Rezessio-
nen (Rückgang oder Verminderung im
wirtschaftlichen Wachstum)

Rha|bar|ber *griech.,* der: des -s (Heil- und
Nutzpflanze); der **Rha|bar|ber|ku|chen**

Rhein|land-Pfalz: (Land der BRD);
der **Rhein|land-Pfäl|zer;**
rhein|land-pfäl|zisch

Rhe|to|rik *griech.,* die: der - (Redekunst);
rhe|to|risch (die Rede betreffend)

Rheu|ma|tis|mus *griech.,* der: des -, die
Rheumatismen; das **Rheu|ma** (schmerz-

hafte Entzündung der Gelenke und Muskeln); der **Rheu|ma|ti|ker; rheu|ma|tisch**

Rho|do|den|dron/Rho|do|dend|ron, der/das: des -s, die Rhododendren (Zierpflanze)

Rhom|bo|id *griech.,* das: des -s, die Rhomboide (Parallelogramm, Raute); **rhom|bisch** (rautenförmig)

Rhyth|mus *griech.,* der: des -, die Rhythmen (gleichmäßige Bewegung, geregelter Wechsel, Gliederung des Zeitmaßes in der Musik); die **Rhyth|mik; rhyth|misch; rhyth|mi|sie|ren**

rich|ten: den Blick auf die Straße richten (lenken); sich zum Richter aufschwingen; das Frühstück richten (herrichten); jemanden richten; sich nach etwas richten; der **Rich|ter;** die **Rich|te|rin;** der **Rich|ter|spruch;** das **Richt|fest;** die **Richt|li|nie;** die **Richt|schnur;** die **Richt|stät|te**

rich|tig: damit hat es seine Richtigkeit; er hat den Irrtum richtiggestellt; die **Rich|tig|keit;** die **Rich|tig|stel|lung;** eine Sache **rich|tig ma|chen; rich|tig stel|len** (Uhr); **rich|tig|stel|len** (etwas korrigieren); richtig gehend/ richtiggehend (Uhr); **rich|tig|lie|gen** (recht haben/Recht haben)

Rich|tung, die: der -, die Richtungen; **rich|tungs|los; rich|tung|wei|send;** in diese Richtung wandern

rie|chen: du riechst, du röchest, er roch, sie hat gerochen, riech(e)!; in der Küche riecht es gut; der **Rie|cher;** einen guten Riecher haben (einen guten Sinn für Tatsachen haben, etwas richtig einschätzen können); ich kann ihn nicht riechen (mag ihn nicht leiden)

Ried, das: des -(e)s, die Riede (Schilf)

Rie|ge, die: der -, die Riegen (Turnergruppe); das **Rie|gen|tur|nen**

Rie|gel, der: des -s, die Riegel; den Riegel (Verschluss) öffnen; ein eiserner Riegel; ein Riegel (ein Streifen) Schokolade;

einer Sache einen Riegel vorschieben (sie verhindern); hinter Schloss und Riegel (im Gefängnis) sitzen; **ab|rie|geln; rie|geln; ver|rie|geln**

Rie|men, der: des -s, die Riemen (Gürtel, Lederstreifen, Ruder); der **Rie|men|an|trieb** (bei alten Maschinen); den Riemen enger schnallen (sich einschränken); sich am Riemen reißen (besonders anstrengen); sich in die Riemen legen (schnell rudern)

Rie|se, der: des -n, die Riesen (ein besonders großer Mensch aus Märchen und Sagen); der **Rie|sen|sla|lom;** die **Rie|sen|wel|le; rie|sen|groß; rie|sen|haft; rie|sig;** eine **Rie|sen|dumm|heit** begehen

rie|seln: der Sand rieselt; es rieselt mir kalt über den Rücken (es schaudert mich); Wasser rieselt (fließt sacht)

Riff, das: des -(e)s, die Riffe (Felsenklippe im Strom, Meer)

ri|go|ros *lat.:* er greift rigoros (unerbittlich, streng, rücksichtslos) durch; die **Ri|go|ro|si|tät**

Ril|le, die: der -, die Rillen (lange, schmale Einkerbung)

Rind, das: des -(e)s, die Rinder (Nutztier); das **Rind|fleisch;** das **Rind|vieh;** der Rinderbraten, *auch* Rindsbraten; die Rinderseuche (BSE)

Rin|de, die: der -, die Rinden (Borke, Schale, Kruste)

Ring, der: des -(e)s, die Ringe; einen Ehering am Finger tragen; die **Rin|gel|nat|ter;** der **Ring|fin|ger; ring|för|mig; rings; rings|he|r|um;** Vögel **be|rin|gen;** sich **rin|geln** (Schlangen)

rin|gen: du ringst, du rängest, er rang, sie hat gerungen, ring(e)!; mit einem Gegner ringen (kämpfen, raufen); vor Verzweiflung die Hände ringen; mit dem Tode ringen; nach Luft ringen; nach Worten ringen; sich zu einem Entschluss durchringen; das **Rin|gen;** der **Rin|ger;** der **Ring|kampf;** der **Ring|rich|ter**

R

rings (um den Brunnen): **rings|um;**
rings|um|her

rin|nen: es rinnt, es ränne, es rann, es ist/
hat geronnen; das Geld rinnt ihm durch
die Finger; das Wasser rinnt über die
Steine; die Zeit **ver|rinnt;** die **Rin|ne**
(Furche, Vertiefung, Graben);
das **Rinn|sal;** der **Rinn|stein**

Rip|pe, die: der -, die Rippen (Knochen
zwischen Wirbelsäule und Brustbein);
das **Ripp|chen** (Schweinerippchen);
die **Rip|pen|fell|ent|zün|dung;**
der **Rip|pen|stoß;** jemandem einen
Rippenstoß geben (ihn ermutigen); nichts
auf den Rippen haben (mager sein)

Ri|si|ko ital., das: des -s, die Risikos/
Risiken (Gefahr, Unwägbarkeit, Wag-
nis); **ri|si|ko|los; ris|kant; ris|kie|ren;**
er geht das Risiko ein

Ri|sot|to ital., der: des -(s), die Risottos
(Reisspeise)

Ris|pe, die: der -, die Rispen (Blüten-
stand); das **Ris|pen|gras**

Riss, der: des -es, die Risse; **ris|sig;**
riss|fest

Ritt, der: des -(e)s, die Ritte; der **Rit|ter;**
rit|ter|lich (ein ritterlicher Gegner);
ritt|lings; etwas in einem Ritt (ohne
Unterbrechung) erledigen

Ri|tu|al lat., das: des -s, die Rituale/Riten
(religiöser Brauch, Zeremonie)

Ritz, der: des -es, die Ritze (Kerbe);
die **Rit|ze** (Spalt); **rit|zen;** du ritzt

Ri|va|le franz., der: des -n, die Rivalen
(Nebenbuhler, Konkurrent);
die **Ri|va|li|tät; ri|va|li|sie|ren**

Rob|be, die: der -, die Robben;
der **Rob|ben|fän|ger; rob|ben** (wie eine
Robbe über den Boden kriechen)

Ro|bo|ter tschech., der: des -s, die Roboter
(Maschinenmensch); **ro|bo|ten** (hart
arbeiten); **ro|bo|ter|haft**

ro|bust: ein robuster (derb, stämmig,
kräftig) Mann; die **Ro|bust|heit**

rö|cheln: (keuchend atmen)

Ro|chen, der: des -, die Rochen (Meeres-
fisch)

Rock, der: des -s, die Röcke (Kleidungs-
stück für Frauen); das **Röck|chen;** das
Hemd ist mir näher als der Rock (ich
sorge zuerst für mich); am Rockzipfel der
Mutter hängen (unselbstständig sein);
einen Rock nähen lassen

Rock amerik., der: des -s, die Rock(s)
(Stilrichtung der Popmusik); **Rock and
Roll/Rock'n'Roll** (amerikanischer
Tanz); die **Rock|mu|sik; ro|cken** (Rock
spielen, nach Rockmusik tanzen)

Ro|cker, der: des -s, die Rocker (motori-
sierter Jugendlicher in auffälliger Leder-
bekleidung); die **Ro|cker|ban|de**

Ro|del, der: des -s, die Rodel;
der **Ro|del|schlit|ten; ro|deln** (Schlitten
fahren)

ro|den: einen Wald roden; die **Ro|dung**

Ro|gen, der: des -s, die Rogen (Fischeier);
der **Ro|ge|ner/Rog|ner** (weiblicher
Fisch)

Rog|gen, der: des -s (Getreideart);
das **Rog|gen|brot**

roh: ein roher (unbehauener) Stein; rohes
Obst; ein roher (gefühllos, grob) Kerl;
die **Roh|heit;** der **Roh|stoff;** jemanden
wie ein rohes Ei behandeln; rohes
(ungekochtes) Fleisch essen

Rohr, das: des -(e)s, die Rohre (runder
Hohlkörper); der **Rohr|bruch;**
die **Röh|re** (walzenförmiger Hohlkör-
per); der **Rohr|zu|cker;**
das **Trink|röhr|chen;** in die Röhre
gucken (leer ausgehen); schimpfen wie
ein **Rohr|spatz** (laut schimpfen)

Ro|ko|ko, das: (Kunststil)

Rol|le, die: der -, die Rollen; die Rolle des
Schauspielers ist schwer;
das **Rol|len|ver|hal|ten;**
die **Rol|len|ver|tei|lung;** Geld spielt bei
ihm keine Rolle; aus der Rolle fallen
(sich ungehörig benehmen)

rol|len: der Ball rollt ins Tor; die Lawine
rollt ins Tal; er rollte das Fass über den
Hof; die Sache kommt ins Rollen; eine
Rolle rückwärts (Turnübung); das Seil
läuft über eine Rolle; die **Rol|le;**

der **Roll**|**la**|**den**; der **Rol**|**ler**; das **Rol**|**lo**;
der **Roll**|**schuh**; der **Roll**|**stuhl**;
die **Roll**|**trep**|**pe**

Ro|**man** *franz.*, der: des -s, die Romane;
der **Ro**|**man**|**held**; **ro**|**man**|**haft**

Ro|**ma**|**nik** *lat.*, die: der - (Baustil im
frühen Mittelalter); **ro**|**ma**|**nisch**

Ro|**man**|**tik** *lat.*, die: der - (Geistesepoche,
Kunst des 19. Jahrhunderts);
ro|**man**|**tisch** (stimmungsvoll, träume-
risch, märchenhaft)

Rö|**mer**, der: des -s, die Römer (Einwoh-
ner Roms, Angehöriger des Römischen
Reiches, Kelchglas für Wein);
das **Rö**|**mer**|**tum**; **rö**|**misch**

röm.-kath.: römisch-katholisch

Rom|**mee**/**Rom**|**mé** *franz.*, das: des -s, die
Rommees (Kartenspiel)

rönt|**gen:** du röntgst, du röntgtest, er
röntgte, sie hat geröntgt, röntge! (mit
Röntgenstrahlen durchleuchten);
die **Rönt**|**gen**|**auf**|**nah**|**me**;
die **Rönt**|**gen**|**be**|**strah**|**lung**;
der **Rönt**|**ge**|**no**|**lo**|**ge** (Röntgenfacharzt);
der **Rönt**|**gen**|**schirm**

ro|**sa:** ein rosafarbener (blassrot) Pulli;
ro|**sa**|**far**|**ben**; das **Ro**|**sa**; alles durch
eine rosarote Brille sehen (schöner, als es
ist)

rösch: röscher, am röschesten; ein rösches
(knuspriges) Brot; rösches (trockenes,
sprödes) Holz

Ro|**se** *lat.*, die: der -, die Rosen (Pflanze
mit intensivem Blütenduft);
das **Rös**|**chen**; **ro**|**sen**|**far**|**big**; **ro**|**sig**;
nicht auf Rosen gebettet sein (es nicht gut
haben); etwas in rosigem Licht sehen;
ro|**sé** (rosig, zartrosa); das **Rös**|**lein**

Ro|**set**|**te**, die: der -, die Rosetten (Verzie-
rung in Rosenform)

Ro|**si**|**ne**, die: der -, die Rosinen (getrock-
nete Weintraube); große Rosinen im
Kopf haben (nicht realisierbare Pläne
haben, hoch hinaus wollen);
der **Ro**|**si**|**nen**|**ku**|**chen**

Ross, das: des -es, die Rösser;
die **Ross**|**kas**|**ta**|**nie**; auf hohem Ross

sitzen (eingebildet, hochmütig sein);
das **Röss**|**lein**

Rost, der: des -(e)s (rötlich braune
Zersetzungsschicht auf Eisen);
der **Rost**|**schutz**; **rost**|**braun**; **rost**|**frei**;
ros|**ten**

Rost, der: des -(e)s, die Roste (Gitter aus
parallelen Stäben); die **Rost**|**brat**|**wurst**;
die **Röst**|**kar**|**tof**|**feln**; der **Rös**|**ter**;
rös|**ten**

ros|**ten:** (Eisen rostet)

rot: röter, am rötesten; ein rot gestreiftes/
rotgestreiftes Hemd; die rote Farbe; die
rote Grütze; die rote Karte; das Rote
Kreuz; das Rote Meer; das **Rot**;
die Ampel steht auf Rot; die **Rö**|**te**;
die **Rö**|**teln** (Kinderkrankheit);
die **Rö**|**tung**; sie ist für mich wie ein ro-
tes Tuch (sie ist für mich ein Ärgernis);
die rot glühende/rotglühende Sonne; rotblau

ro|**tie**|**ren** *lat.:* die Messer der Maschine
rotieren; (sich um die eigene Achse
drehen, umlaufen); die **Ro**|**ta**|**ti**|**on**
(Umdrehung, Umlauf);
die **Ro**|**ta**|**ti**|**ons**|**ma**|**schi**|**ne** (Walzen-
druckmaschine)

Rot|**te**, die: der -, die Rotten (Schar,
ungeordnete Gruppe von Menschen);
sich **zu**|**sam**|**men**|**rot**|**ten**

Rotz, der: des -es (Tierkrankheit),
die **Rot**|**ze** (Nasenschleim);
der **Rotz**|**jun**|**ge** (unverschämter Junge);
die **Rotz**|**fah**|**ne** (Taschentuch);
die **Rotz**|**na**|**se** (vorlautes Kind); **rot**|**zig**
(schnodderig); **rotz**|**frech** (sehr frech);
rot|**zen** (spucken)

Rouge *franz.* [rusch], das: des -s, die
Rouges (rote Schminke)

Rou|**la**|**de** *franz.* [rulade], die: der -, die
Rouladen (gefüllte, gerollte und gebrate-
ne Fleischscheibe)

Rou|**leau** *franz.* [rulo], das: des -s, die
Rouleaus (aufrollbarer Vorhang)

Rou|**lett(e)** *franz.* [rulet], das: des -s, die
Roulettes/Roulette (Glücksspiel)

Round Ta|**ble**, der: (Gespräch am runden
Tisch zwischen Gleichberechtigten);

Round-Tab|le-Kon|fe|renz

Rou|ti|ne *franz.* [rut<u>i</u>ne], die: der - (Gewandtheit; Erfahrung, Fertigkeit, dauernde Ausübung einer Tätigkeit);
der **Rou|ti|ni|er** (rutinj<u>e</u>); **rou|ti|ni<u>e</u>rt** (geschickt, eingeübt)

Row|dy *engl.* [r<u>au</u>di], der: des -s, die Rowdys (gewalttätiger Mensch, Strolch); sich **row|dy|haft** benehmen

r<u>u</u>b|beln: (kräftig reiben);
das **Rub|bel|spiel**

Rü|be, die: der -, die Rüben (Futterpflanze); das **Rü|ben|feld;** hier sieht es aus wie Kraut und Rüben (alles ist durcheinander); eins auf die Rübe (den Kopf) kriegen

rü|ber: herüber, hinüber

Ru|bin *lat.,* der: des -s, die Rubine (Edelstein); **ru|bin|rot** (dunkelrot);
ru|bin|far|ben; ru|bin|far|big

Ru|brik/Rub|rik *lat.,* die: der -, die Rubriken (Spalte, Abschnitt, Abteilung); in die richtige Rubrik eintragen

Ruck, der: des –(e)s, die Rucke (plötzliche, schnelle Bewegung aus dem Stand); **ruck|ar|tig; ru|cken;** mit einem Ruck (plötzlich) losfahren; sich einen Ruck geben (sich entschließen), hau ruck!

Rü|cken, der: des -s, die Rücken (Körperteil); die **Rück|blen|de;** der **Rück|blick;** die **Rü|cken|de|ckung;**
das **Rü|cken|schwim|men;**
die **Rück|er|stat|tung** (Rückzahlung); der **Rück|halt;** die **Rü|cken|la|ge;** die **Rü|cken|leh|ne;** das **Rück|grat;** die **Rück|sicht;** der **Rück|stand;** der **Rü|cken|wind;** der **Rück|zug;** jemandem den Rücken kehren; jemandem in den Rücken fallen; er hat hinter meinem Rücken eine Vereinbarung getroffen; es lief mir kalt den Rücken herunter; den Rückzug antreten; **rück|fäl|lig** werden; **rück|läu|fig; rück|lings; rü|cken:** den Stuhl an die Wand rücken; jemandem auf den Pelz rücken (zu nahe kommen); zur Seite rücken; du rückst, du rücktest, er rückte,

er ist/hat gerückt; **rück|sichts|los; rück|wärts; rück|wärts|ge|hen**

R<u>u</u>ck|sack, der: des -s, die Rucksäcke

rü|de *franz.:* ein rüdes (rohes, grobes, ungeschliffenes) Benehmen; ein rüder Mensch

Rü|de, der: des -n, die Rüden (männlicher Hund)

Ru|del, das: des -s, die Rudel; ein Rudel Rehe; **ru|del|wei|se**

Ru|der, das: des -s, die Ruder; **ru|dern;** über den Fluss rudern; ans Ruder (in eine leitende Stellung) kommen; am Ruder (am Steuerruder) sitzen; sich kräftig in die Ruder legen (mit großer Anstrengung arbeiten)

Ru|di|ment, das: des -s, die Rudimente (Überbleibsel); **ru|di|men|tär** (zurückgeblieben)

ru|fen: du rufst, du rief(e)st, er rief, sie hat gerufen, ruf(e)!; der **Ruf;** ein lauter Ruf (Schrei); der **Ruf|mord** (schwere Verleumdung); das **Ruf|zei|chen;** die **Ruf|num|mer;** einen guten/schlechten Ruf haben; seinen Ruf (sein Ansehen) aufs Spiel setzen; besser als sein Ruf; du kommst wie gerufen

Rüf|fel, der: des -s (Verweis, Vorwurf); **rüf|feln** (tadeln)

Rug|by *engl.* [r<u>a</u>gbi], das: des -s, die Rugbys (kampfbetontes Ballspiel)

Rü|ge, die: der -, die Rügen (ernster Tadel); **rü|gen** (zurechtweisen)

ru|hen: die Blicke der Eltern ruhten auf dem Kind; die ganze Verantwortung ruhte auf ihm; die Arbeit ruht; der Verkehr ruht; die Waffen ruhen; die **Ru|he;** die **Ru|he|pau|se;** die **Ru|he|stö|rung;** der **Ru|he|tag; ru|he|los; ru|hig;** ruhig bleiben; ruhig sein; nicht zur Ruhe kommen; sich zur Ruhe setzen; sich nicht aus der Ruhe bringen lassen; du kannst ruhig (ohne Bedenken) mitkommen; eine ruhige Kugel schieben (ohne Aufregung und Anstrengung leben); jemandem ruhig (unbesorgt) glauben können; ein ruhiges

Wetter; jemanden ruhig stellen/ruhig-
stellen; ein Verfahren ruhen lassen/
ruhenlassen

Ruhm, der: des -(e)s (Ansehen, Achtung,
Erfolg); **ruhm|be|deckt; rühm|lich;
rüh|men;** jemanden rühmen; er hat sich
nicht gerade mit Ruhm bekleckert (er hat
falsch gehandelt)

Ruhr, die: der - (Darmkrankheit, Fluss in
NRW); das **Ruhr|ge|biet**

rüh|ren: einen Kuchenteig rühren; sich
rühren; das **Rühr|ei;** die **Rüh|rung;
rüh|rend;** rührende Worte (am Grabe);
**rüh|rig; rühr|se|lig; an|rüh|ren;
be|rüh|ren; ver|rüh|ren;** keinen Finger
rühren (nichts tun); er stand wie vom
Donner gerührt (er war wie gelähmt)

Ru|in *franz.,* der: des -s, die Ruine (Zusam-
menbruch, Verfall, Verlust des Vermö-
gens); die **Ru|i|ne** (verfallenes Gebäude);
ru|i|nie|ren (zerstören, zugrunde rich-
ten); du bist noch mein Ruin (mein
Verderben); er ist nur noch eine Ruine
(sehr krank); **ru|i|nös;** das Haus ist in
einem ruinösen (baufälligen) Zustand

rülp|sen: (laut aufstoßen); du rülpst;
der **Rülp|ser**

Rum, der: des -s, die Rums (Branntwein
aus Zuckerrohr); die **Rum|ku|gel;**
der **Rum|topf** (Obst in Rum und Zucker
eingelegt)

rum: herum; herumlaufen; aber: herum
sein

Ru|mä|ni|en: (Staat in Südosteuropa);
der **Ru|mä|ne;** die **Ru|mä|nin;
ru|mä|nisch**

Rum|mel, der: des -s (Lärm, lautes
Treiben); der **Rum|mel|platz** (Jahr-
markt)

ru|mo|ren: (geräuschvoll hantieren,
Unruhe verbreiten); im Keller rumort es

rum|peln: der Wagen rumpelt (holpert)
über das Kopfsteinpflaster;
die **Rum|pel|kam|mer;**
das **Rum|pel|stilz|chen**

Rumpf, der: des -es, die Rümpfe (Haupt-
teil eines Körpers); den Rumpf beugen;

der **Schiffs|rumpf;**
das **Rumpf|krei|sen** (Gymnastikübung)

rümp|fen: die Nase rümpfen (verächtlich
hochziehen)

Rump|steak *engl.* [rumpßtek], das: des -s,
die Rumpsteaks (kurz gebratenes Stück
Rindfleisch)

Run *engl.* [ran], der: des -s, die Runs
(Ansturm auf Banken, Geschäfte)

rund: ein runder Geburtstag; das Ge-
spräch am runden Tisch (Gespräche
zwischen gleichberechtigten Partnern mit
verschiedenen Meinungen führen); es
soll rund (ungefähr) einhundert Euro
kosten; **rund|he|r|um; rund|lich;**
das **Rund** (in der Arena); die **Run|de;**
die Runde machen; in fröhlicher Runde
zusammensitzen; er gewann durch K.o.
in der dritten Runde; der **Rund|brief;**
der **Rund|funk;** eine Runde bestellen
(z.B. Bier); gerade so über die Runden
kommen (bis zur nächsten Gehaltszah-
lung mit Mühe und Not auskommen);
rund machen/rundmachen

Ru|ne, die: der -, die Runen (Schriftzei-
chen der Germanen); die **Ru|nen|schrift**

run|ter: herunter; **run|ter|kom|men**

Run|zel, die: der -, die Runzeln (Haut-
falte); **run|ze|lig,** *auch* **runz|lig; run|zeln;**
die Stirn runzeln (in Falten legen)

Rü|pel, der: des -s, die Rüpel (Flegel);
die **Rü|pe|lei; rü|pel|haft;** ein rüpelhaf-
tes Benehmen

rup|fen: Unkraut rupfen (ausreißen);
Geflügel rupfen (die Federn ausreißen);
ich habe noch ein Hühnchen mit dir zu
rupfen (ich werde mich mit dir auseinan-
dersetzen müssen); jemanden rupfen
(ihm Geld abnehmen)

rup|pig: ein ruppiger (grober, flegelhafter,
barscher) Kerl; die **Rup|pig|keit**

Rü|sche *franz.,* die: der -, die Rüschen (in
Falten gelegter Stoffbesatz)

Rush|hour *engl.* [raschauer], die: der -
(Hauptverkehrszeit)

Ruß, der: des -es (schwarzes Pulver aus
dem Rauch); **ru|ßig; ru|ßen;**

ruß|ge|schwärzt

Rüs|sel, der: des -s, die Rüssel (röhrenför-
mige, lange Nase); **rüs|sel|för|mig**

Russ|land: (Staat in Osteuropa und
Asien); der **Rus|se;** die **Rus|sin;**
rus|sisch; die russische Sprache; er lernt
Russisch

rüs|ten: sich rüsten (mit Waffen versehen);
für alles gerüstet sein; die **Ab|rüs|tung;**
die **Ent|rüs|tung;** das **Ge|rüst;**
die **Rüs|tung** (Bewaffnung, Panzerkleid,
Harnisch); die **Rüs|tungs|kon|trol|le;**
das **Rüst|zeug** (Werkzeug, Ausstattung);
rüs|tig; ein rüstiger (gesunder, aktiver)
Rentner

rus|ti|kal: der rustikale (ländlich, bäuer-
lich) Schrank; ein rustikales (einfach)
Essen

Ru|te, die: der -, die Ruten (Gerte, Tier-
schwanz); die **An|gel|ru|te;**
der **Ru|ten|gän|ger** (Wünschelruten-
gänger)

rut|schen: du rutschst; der **Rutsch;** einen
Rutsch in die Stadt machen;
die **Rutsch|bahn;** die **Rut|sche;**
die **Rutsch|par|tie; rutsch|fest;**
rut|schig

rüt|teln: der Wind rüttelt am Fenster
(bewegt es schnell hin und her);
das **Rüt|tel|sieb;** daran gibt es nichts zu
rütteln (es bleibt so); ein gerütteltes Maß
(eine Menge) an Sorgen

S

s: Sekunde

S: Süden

Saal, der: des -(e)s, die Säle;
das **Säl|chen;** die **Saal|schlacht;**
der **Saal|ord|ner**

Saa|le, die: der - (Nebenfluss der Elbe)

Saar|land: (Land in der BRD);
der **Saar|län|der;** die **Saar|län|de|rin;**
saar|län|disch

Saat, die: der -, die Saaten (Samen);

das **Saat|korn;** die **Saat|krä|he;**
die Saat ist aufgegangen → säen

Sab|bat *hebr.,* der: des -s, die Sabbate
(jüdischer Feiertag)

Sä|bel *ungar.,* der: des -s, die Säbel (Hieb-
waffe); **sä|bel|för|mig; sä|beln** (unge-
schickt schneiden); mit dem Säbel rasseln
(mit Gewalt, kriegerischen Maßnahmen
drohen)

Sa|bo|ta|ge *franz.* [sabotasche], die: der -,
die Sabotagen (geheime Störung, Beschä-
digung); **sa|bo|tie|ren:** (vorsätzlich,
geheim stören; beschädigen)

Sa|che, die: der -, die Sachen (Gegenstän-
de) wurden gefunden; eine gute Sache
vertreten; zur Sache kommen (den Inhalt
konkretisieren); das **Sach|buch;**
die **Sach|kennt|nis;**
der **Sach|scha|den;** der **Sach|ver|halt;**
der **Sach|ver|stän|di|ge;**
der **Sach|be|ar|bei|ter;**
sach|be|zo|gen; sach|dien|lich;
sach|ge|recht; sach|kun|dig;
sach|lich; eine sachliche Kritik; ein
sachlicher Ton; **säch|lich;** das sächliche
Geschlecht der Nomen; das tut nichts zur
Sache (ist unwichtig); eine Sache einfä-
deln (vorbereiten); gemeinsame Sache
machen (sich zusammentun); eine
abgekartete (vorher verabredete) Sache

Sach|sen: (Land der BRD); der **Sach|se;**
die **Säch|sin; säch|sisch; säch|seln**
(sächsisch sprechen)

Sach|sen-An|halt: (Land der BRD);
der **Sach|sen-An|hal|ti|ner;**
die **Sach|sen-An|hal|ti|ne|rin;**
sach|sen-an|hal|ti|nisch

sach|te, *auch* **sacht:** (leise, sanft, vorsich-
tig, behutsam)

Sack, der: des -(e)s, die Säcke (Behälter
aus Stoff); drei Sack Weizen; mit Sack
und Pack (mit allem, was man besitzt);
die Katze aus dem Sack lassen (etwas
bisher Verheimlichtes bekannt geben); er
steckt uns alle in den Sack (ist besser als
wir); der **Sack|bahn|hof;**
die **Sack|gas|se;** das **Sack|hüp|fen;**

das **Sack|kleid; sack|wei|se**

Sa|dis|mus *franz.*, der: des -, die Sadismen (Freude an Grausamkeiten); der **Sa|dist;** die **Sa|dis|tin; sa|dis|tisch**

sä|en: du säst, du sätest, er säte, sie hat gesät, säe!; der **Sä|er;** Getreide säen; Zwietracht säen unter den Menschen

Sa|fa|ri *arab.*, die: der -, die Safaris (Reise nach Afrika zum Jagen und Fotografieren); der **Sa|fa|ri|park** (Tierpark)

Safe *engl.* [ßef], der/das: des -s, die Safes (Geldschrank aus Stahl, Sicherheitsfach); **Sa|fer Sex** (Sexualverhalten, das die Aidsinfektion mindert)

Saf|ran/Sa|fran *pers.*, der: des -(e)s (Gewürz); **sa|f|ran|gelb**

Saft, der: des -(e)s, die Säfte; der **Hus|ten|saft;** der **Frucht|saft;** der **Obst|saft;** der **Saft|la|den** (schlecht funktionierender Betrieb); **saf|tig;** ohne Saft und Kraft (ohne Antrieb)

sa|gen: (sprechen); was sagst du dazu?; das **Sa|gen;** die **Sa|ge** (Gerüchte, literarisch gestaltete Erzählung); **sa|gen|haft;** das hat nichts zu sagen (ist unwichtig); das Gemälde sagt mir gar nichts (bedeutet mir nichts); sage und schreibe (tatsächlich wahr)

sä|gen: Holz sägen (zerschneiden); die **Sä|ge;** das **Sä|ge|mehl;** die **Sä|ge|spä|ne;** das **Sä|ge|werk**

sah: → sehen

Sa|ha|ra *arab.*, die: der - (große nordafrikanische Wüste)

Sah|ne, die: der -, die Sahnen (Rahm); die **Kaf|fee|sah|ne;** das **Sah|ne|eis;** die **Sah|ne|tor|te; sah|nig; ab|sah|nen** (etwas mitnehmen)

Sai|son *franz.* [säsong], die: der -, die Saisons (Hochbetrieb, Hauptreisezeit, Theaterspielzeit); die **Bun|des|li|ga|sai|son;** der **Sai|son|ar|bei|ter;** der **Sai|son|be|ginn;** die **Vor|sai|son; sai|son|be|dingt**

Sai|te, die: der -, die Saiten (Faden aus Tierdarm, Pflanzenfaser oder Metall);

das **Sai|ten|in|s|tru|ment;** andere Saiten aufziehen (energischer vorgehen)

Sak|ko, der/das: des -s, die Sakkos (Herrenjacke)

Sa|kra|ment/Sak|ra|ment *lat.*, das: des -(e)s, die Sakramente (gottesdienstliche Handlung, z. B. Taufe, Firmung, Abendmahl, Gnadenmittel der Kirche)

Sa|la|mi *ital.*, die: der -, die Salamis (Dauerwurst); die **Sa|la|mi|tak|tik** (schrittweises Erreichen eines Zieles)

Sa|lat, der: des -(e)s, die Salate (aus Obst, Gemüse usw. zubereitete Speise); das **Sa|lat|be|steck;** das **Sa|lat|büf|fet;** die **Sa|lat|pflan|ze;** da haben wir den Salat (das Durcheinander)

Sal|be, die: der -, die Salben (Creme, Paste)

Sal|do *ital.*, der: des -s, die Saldos/Salden/Saldi (Unterschied, Restbetrag)

Sa|li|ne *lat.*, die: der -, die Salinen (Anlage zur Salzgewinnung durch Sieden oder Verdunsten); das **Sa|li|nen|werk;** das **Sa|li|nen|salz**

Sal|mi|ak *lat.*, der/das: des -s (Ammoniakverbindung); der **Sal|mi|ak|geist** (Ammoniaklösung)

Sal|mo|nel|len Mz. die: der - (Bakterien, die Darmerkrankungen hervorrufen)

Sa|lon *franz.* [salong], der: des -s, die Salons (Empfangszimmer, Kosmetik- und Friseurgeschäft); der **Fri|seur|sa|lon;** der **Kunst|sa|lon; sa|lon|fä|hig** (vorzeigbar, gesellschaftsfähig)

sa|lopp *franz.:* saloppe (bequeme) Kleidung; saloppes (ungezwungenes, nachlässiges) Benehmen

Sal|pe|ter *lat.*, der: des -s (Salz der Salpetersäure)

Sal|to *ital.*, der: des -s, die Saltos/Salti (freier Überschlag, Luftrolle); der **Sal|to mor|ta|le** (Todessprung, mehrfacher Salto)

Sa|lut *franz.*, der: des -(e)s, die Salute (militärischer Ehrengruß); der **Sa|lut|schuss; sa|lu|tie|ren**

(militärisch grüßen)

Salz, das: des -es, die Salze;
das **Salz|berg|werk;** die **Salz|bre|zel;**
das **Salz|fass;** die **Salz|ge|win|nung;**
die **Salz|gur|ke;** der **Salz|he|ring;**
die **Salz|lö|sung;** die **Salz|stan|ge;**
der **Salz|streu|er; salz|hal|tig; sal|zig;**
salz|los; sal|zen; du salzt; die Suppe
versalzen; eine gesalzene (sehr hohe)
Rechnung; jemandem etwas versalzen
(verderben); jemandem nicht das Salz in
der Suppe gönnen (missgünstig sein)

Sa|ma|ri|ter *lat.,* der: des - s, die Samariter
(Bewohner von Samaria, freiwilliger
Krankenpfleger); der **Sa|ma|ri|ter|bund**

Sa|men, der: des -s, die Samen (Keim
einer Pflanze); das **Sa|men|korn;**
der **Säm|ling** (aus Samen gezogene
Pflanze); der **Sa|men|er|guss;**
die **Sa|men|bank**

sam|meln: er sammelt Briefmarken und
Münzen; Erfahrungen, Gedanken, Kräfte
sammeln; das **Sam|mel|al|bum;**
das **Sam|mel|su|ri|um** (Durcheinan-
der); der **Samm|ler;** die **Samm|lung;**
am Bahnhof sammeln (treffen)

Sams|tag *hebr.,* der: des -(e)s, die Samsta-
ge (Sonnabend); am **Sams|tag|abend;**
sams|tags abends/sams|tag abends
(immer), *auch* **sams|tags|abends**
→ Dienstag

samt: samt (mit) allem Zubehör kaufen;
samt und sonders (alles zusammen, ohne
Ausnahme)

Samt, *auch* **Sam|met,** der: des -(e)s, die
Samte (weiches Gewebe);
das **Samt|kleid;** das **Samt|pföt|chen;**
samt|ar|tig; samt|weich; eine Haut
wie Samt; sich in Samt und Seide (vor-
nehm) kleiden; jemanden mit Samthand-
schuhen (äußerst vorsichtig) behandeln

sämt|lich (alles); sämtliche neue Kleider

Sa|na|to|ri|um *lat.,* das: des -s, die Sanato-
rien (Heilanstalt, Genesungsheim,
Rehazentrum)

Sand, der: des -(e)s (feine Körner);
die **Sand|bank;** der **Sand|hau|fen;**

der **Sand|kas|ten;** der **Sand|mann;**
sand|far|ben; san|dig; Geld haben wie
Sand am Meer (sehr viel Geld); jeman-
dem Sand in die Augen streuen (täu-
schen); die Sache ist im Sande verlaufen
(daraus ist nichts geworden); den Kopf in
den Sand stecken (die Tatsachen nicht
sehen wollen)

San|da|le *griech.,* die: der -, die Sandalen
(leichte Fußbekleidung);
die **San|da|let|te** (leichte, elegante
Schuhe aus Riemen)

Sand|wich *engl.* [ßändwitsch], das:
des -es, die Sandwiches/Sandwichs
(belegte, doppelte Weißbrotschnitte)

sanft: sanfter, am sanftesten; sanft ruhen;
eine sanfte (geringe) Steigung;
mit sanfter (ruhiger) Stimme; die **Sänf|te**
(Tragestuhl); die **Sanft|mut;**
sanft|mü|tig; etwas auf die sanfte Tour
erreichen; **be|sänf|ti|gen** (beruhigen)

sang: → singen

Sän|ger, der: des -s, die Sänger;
die **Sän|ge|rin;** die **San|ges|lust;** sang-
und klanglos (unbemerkt) gehen; mit
Sang und Klang (mit Gesang und Musik)

sa|nie|ren *lat.:* (gesund machen, heilen);
die **Sa|nie|rung;** der **Sa|ni|tä|ter**
(Krankenpfleger); **sa|ni|tär;** sanitäre
Anlagen; ein saniertes (renoviertes und
modernisiertes) Gebäude

sank: → sinken

Sankt *(lat.)* (heilig); der **Sankt-**
Gott|hard-Tun|nel

Sank|ti|on *lat.,* die: der -, die Sanktionen
(Bestätigung, Zwangsmaßnahmen);
die **Sank|ti|o|nie|rung; sank|ti|o|nie|ren**
(bestätigen, Gesetzeskraft erteilen)

Sa|phir *griech.,* der: des -s, die Saphire
(Edelstein); die **Sa|phir|na|del** (Nadel
am Plattenspieler)

Sar|del|le *ital.,* die: der -, die Sardellen
(kleiner Heringsfisch)

Sar|di|ne *ital.,* die: der -, die Sardinen
(kleiner Heringsfisch);
die **Sar|di|nen|büch|se;** die **Öl|sar|di|ne**

Sarg, der: des -(e)s, die Särge (Toten-

schrein); der **Sarg|na|gel** (scherzhaft für
Zigarette)

sar|kas|tisch *griech.:* (gemein, spöttisch);
der **Sar|kas|mus** (beißender Spott)

saß: → sitzen

Sa|tan *hebr.,* der: des -s, die Satane (Teufel), der **Sa|tans|bra|ten** (scherzh. für
pfiffiger, durchtriebener Mensch);
sa|ta|nisch (teuflisch)

Sa|tel|lit *lat.,* der: des -en, die Satelliten
(Mond der Planeten, künstlicher Raumkörper, ergebener Gefolgsmann, ständiger Begleiter);
das **Sa|tel|li|ten|fern|se|hen;**
der **Sa|tel|li|ten|staat** (abhängiger
Staat); die **Sa|tel|li|ten|stadt;**
die **Sa|tel|li|ten|über|tra|gung**

Sa|tin *franz.* [satäng], der: des -s, die Satins
(glänzender Stoff)

Sa|ti|re *lat.,* die: der -, die Satiren (Dichtung, die mit Ironie und scharfem Spott
menschliche Schwächen und Ereignisse
kritisiert); der **Sa|ti|ri|ker; sa|ti|risch**
(spöttisch)

satt: satter, am sattesten; satte (kräftige)
Farben; sich satt essen; sich an einer
Sache sattsehen; etwas satt haben;
satt|sam (hinreichend bekannt);
die **Sät|ti|gung;** sich **sät|ti|gen; satt|grün**

Sat|tel, der: des -s, die Sättel (Sitz für den
Reiter); der **Satt|ler; sat|teln** (einem
Pferd den Sattel auflegen); fest im Sattel
sitzen (in seiner Stellung sicher); er ist
sattelfest (besitzt gründliche Kenntnisse
auf dem Gebiet);
der **Sat|tel|schlep|per**

Satz, der: des -es, die Sätze; in ganzen
Sätzen sprechen; einen Satz bilden; mit
einem großen Satz zur Seite springen; die
Sinfonie hat vier Sätze; der Satz des
Pythagoras; er gewann das Tennisspiel in
zwei Sätzen; einen Satz Briefmarken;
der **Kaf|fee|satz;** die **Satz|aus|sa|ge;**
der **Satz|bau;** die **Satz|er|gän|zung**
(Objekt); das **Satz|ge|fü|ge;**
der **Satz|ge|gen|stand;** das **Satz|glied;**
der **Satz|kern** (Prädikat);

die **Satz|rei|he;** die **Satz|ver|bin|dung;**
das **Satz|zei|chen**

Sat|zung, die: der -, die Satzungen (Vorschrift, Regelung eines Vereins);
sat|zungs|ge|mäß

Sau, die: der -, die Säue/Sauen (weibliches
Schwein); eine **Sau|ar|beit** (mühselige
Arbeit); das **Sau|wet|ter; sau|dumm**
(sehr dumm); **sau|mä|ßig; sau|stark**
(unwahrscheinlich stark); der ist unter
aller Sau (sehr schlecht); jemanden zur
Sau machen (ihn fertig machen)

sau|ber: saub(e)rer, am saubersten;
die **Sau|ber|keit;** die **Säu|be|rung;**
die **Säu|be|rungs|ak|ti|on; sau|ber
hal|ten; sau|ber ma|chen/
sau|ber|ma|chen; säu|bern;** du hast
eine saubere (ordentliche) Schrift; das ist
eine saubere (gute) Arbeit; ein sauberer
(ordentlicher) Bursche; der ist doch nicht
ganz sauber (redet Unsinn)

Sau|ce, die: → Soße

sau|er: saurer, am sauersten; die saure
(unreife) Weintraube;
der **Sau|er|amp|fer;** der **Sau|er|bra|ten;**
die **Sau|er|kir|sche;** der **Sau|er|stoff;
säu|er|lich;** in den sauren Apfel beißen
(etwas Unangenehmes hinnehmen); das
ist ein saures Brot (mühselige Arbeit); das
ist sauer (schwer) verdientes Geld; er ist
heute sauer (verärgert, verdrießlich); jetzt
ist saure Gurkenzeit (das Geschäft läuft
schlecht); die Milch ist sauer (dick
geronnen)

sau|fen: du säufst, du söffest, er soff, sie
hat gesoffen, sauf(e)!; das Pferd säuft
(trinkt); der **Säu|fer;** die **Säu|fe|rin;**
die **Sau|fe|rei; be|sof|fen** sein

sau|gen: du saugst, du sog(e)st/saugtest,
du sögest, er sog, sie hat gesogen/gesaugt,
saug(e)!; er saugt die Milch mit dem
Strohhalm aus der Flasche; **säu|gen;**
der **Sau|ger;** der **Säu|ger** (Säugetier);
der **Säug|ling;** der **Staub|sau|ger;**
das Wohnzimmer saugen; **saug|fä|hig;**
das Baby hat aus der Flasche gesaugt; das
hat sie sich alles aus den Fingern gesogen

S

saug

223

(ist gelogen)

Säu|le, die: der -, die Säulen (Stützen, geometrischer Körper);
die **Rauch|säu|le;** die **Säu|len|hal|le; säu|len|för|mig**

Saum, der: des -(e)s, die Säume (Stoffrand, Stoffbesatz, umgenähter Stoffrand);
säu|men (mit einem Saum versehen)

säu|men: (zögern, trödeln, sich Zeit lassen); etwas **ver|säu|men; saum|se|lig** (langsam)

Sau|na *finn.,* die: der -, die Saunas/Saunen (Dampfbad)

Säu|re, die: der -, die Säuren (chem. Verbindung); der **Säu|re|ge|halt;**
die **Zi|t|ro|nen|säu|re; säu|re|frei**

Sau|ri|er *griech.,* der: des -s, die Saurier (vorzeitliche Riesenechse)

sau|sen: du saust (dahinrasen); sausen lassen (darauf verzichten); **säu|seln;**
der Wind säuselt (rauscht) leise;
im **Sau|se|schritt** (sehr schnell) kommen; der **Sau|se|wind** (fröhliches, lebhaftes Kind); in Saus und Braus leben (verschwenderisch)

Sa|van|ne, die: der -, die Savannen (Graslandschaft mit Baum- und Strauchgruppen)

Sa|xo|phon/Sa|xo|fon, das: des -s, die Saxophone (Blasinstrument);
der **Sa|xo|fo|nist;** die **Sa|xo|fo|nis|tin**

SB: Selbstbedienung; die **SB-Tank|stel|le;**
der **SB-La|den**

S-Bahn, die: der -, die S-Bahnen (Stadtbahn, Schnellbahn); der **S-Bahn|hof;**
der **S-Bahn-Wa|gen**

Scan|ner *engl.* [skäner], der: des -s, die Scanner (elektro. Lesegerät zum Abtasten von Bildern, Texten o. Ä.); **scan|nen** (abtasten, lesen)

scha|ben: blank schaben/blankschaben (säubern); das **Schab|ei|sen;**
der **Scha|ber;** das **Schab|mes|ser**

Scha|ber|nack, der: des -s (übermütiger Streich); jemandem einen Schabernack spielen

schä|big: sich schäbig (schlecht) beneh-

men; die schäbige (abgetragene, ungepflegte) Hose; die **Schä|big|keit**

Scha|blo|ne/Schab|lo|ne *franz.,* die: der -, die Schablonen (ausgeschnittene Vorlage, Muster, Klischee);
scha|b|lo|nen|haft; das ist alles nur Schablone (nicht echt, nachgemacht)

Schach *pers.,* das: des -s, die Schachs (Brettspiel); jemanden in Schach halten (ihn nicht gefährlich werden lassen); ein geschickter Schachzug (kluge Maßnahme); jemanden schachmatt setzen (ihn erledigen, ihm keine Möglichkeit mehr lassen, ihn handlungsunfähig machen);
das **Schach|brett;**
der **Schach|com|pu|ter;**
die **Schach|fi|gur;** die **Schach|par|tie;**
das **Schach|spiel;** der **Schach|zug; schach|matt**

scha|chern *hebr.:* (feilschen, handeln); etwas **ver|scha|chern;** der **Scha|cher;**
der **Scha|che|rer**

Schacht, der: des -(e)s, die Schächte (tiefer, unbegrenzter Raum); sie ist in den Schacht gefallen; **aus|schach|ten**

Schach|tel, die: der -, die Schachteln (Behälter, Karton); der **Schach|tel|halm;**
der **Schach|tel|satz; ver|schach|teln**

scha|de: es ist schade (traurig); dazu bin ich mir zu schade (gebe ich mich nicht mehr her)

Schä|del, der: des -s, die Schädel; einen harten Schädel (Kopf) haben; er ist ein Dickschädel (eigensinnig, unbelehrbar); mir brummt der Schädel (Kopfschmerzen); der **Schä|del|bruch;**
die **Schä|del|de|cke**

Scha|den, der: des -s, die Schäden (Zerstörung, Verlust); Schaden anrichten; vor Schaden bewahren; das schadet nichts; jemandem schaden; sich selbst schaden; das schadet dir gar nichts (geschieht dir recht); der **Scha|dens|er|satz,** *auch* **Scha|den|er|satz;**
die **Scha|den|freu|de;**
der **Scha|dens|nach|weis;**
der **Schad|stoff; scha|den|froh;**

schad|haft; schad|los; scha|den

Schä|di|gung, die: der -, die Schädigungen; die **Schäd|lich|keit;**
der **Schäd|ling;**
die **Schäd|lings|be|kämp|fung;**
schäd|lich; schä|di|gen

Schaf, das: des -es, die Schafe (Nutztier);
der **Schä|fer;** sein Schäfchen ins Trockene bringen (einen Vorteil sichern)

schaf|fen: du schaffst, er schaffte, sie hat geschaffen, schaff(e)! (arbeiten, etwas vollbringen); er schaffte die Arbeit ganz allein; Ruhe schaffen; es macht mir viel zu schaffen (viel Kummer); eine Sache aus der Welt schaffen (beseitigen);
die **Schaf|fens|kraft;** die **Schaf|fung** neuer Arbeitsplätze

schaf|fen: du schaffst, du schuf(e)st, du schüfest, sie hat geschaffen/sie hat geschafft, schaff(e)! (schöpferisch tätig sein); er schuf ein Kunstwerk;
das künstlerische **Schaf|fen;**
der **Schaf|fens|drang**

Schaff|ner, der: des -s, die Schaffner;
die **Schaff|ne|rin**

Scha|fott *niederl.,* das: des -(e)s, die Schafotts (Gerüst für Hinrichtungen); er endete auf dem Schafott

Schaft, der: des -(e)s, die Schäfte;
die **Schaft|stie|fel;** der **Schaft** (Griff des Messers)

schä|kern: (neckisch scherzen);
der **Schä|ker;** die **Schä|ke|rin**

schal: ein schales (abgestandenes) Bier; ein schaler (alter, geistloser) Witz

Schal *engl.,* der: des -s, die Schale/Schals (ein langes, schmales Halstuch);
der **Schal|kra|gen**

Scha|le, die: der -, die Schalen (Hülle, Gefäß); die **Kris|tall|scha|le;**
die **Scha|lung** (Holzverkleidung);
die **Nuss|scha|le; schä|len;** sich in Schale werfen (sehr schick kleiden); in einer rauen Schale steckt oft ein guter Kern

Schalk, der: des -(e)s, die Schalke/Schälke;
schalk|haft; ihm sitzt der Schalk im Nacken (Spaßvogel)

Schall, der: des -(e)s, die Schalle/Schälle (nachhallendes Geräusch, Klang);
der **Schall|dämp|fer;**
die **Schall|ge|schwin|dig|keit;**
die **Schall|leh|re;** die **Schall|mau|er;**
die **Schall|plat|te;** die **Schall|wel|le;**
schall|dicht; schal|len; schallendes Gelächter; es ist alles Schall und Rauch (bedeutungslos, vergänglich sein)

schal|ten: er schaltet in den vierten Gang; schalten und walten lassen; die Ampel schaltet auf Rot; er schaltet langsam (er ist begriffsstutzig); **ab|schal|ten;**
ein|schal|ten; die **Schalt|an|la|ge;**
der **Schal|ter;** der **Schal|ter|be|am|te;**
der **Schalt|knüp|pel;** das **Schalt|jahr;**
die **Schal|tung**

Scham, die: (Gefühl des Bloßgestelltseins, äußere Geschlechtsteile beim Menschen);
das **Scham|ge|fühl;**
die **Scham|haa|re;**
die **Scham|lo|sig|keit; scham|haft;**
scham|los; scham|voll; schä|men;
sich wegen seines Betragens schämen; vor Scham vergehen (sich sehr schämen); sich in Grund und Boden schämen

Scha|mot|te *ital.,* die: der - (feuerfester Ton); der **Scha|mot|te|zie|gel**

scham|po|nie|ren/scham|pu|nie|ren: mit Shampoo waschen

Scham|pus, der: (Sekt)

Schan|de, die: der -; seinen Eltern keine Schande bereiten; der **Schand|fleck;**
das **Schand|maul;** der **Schand|pfahl** (Pranger); die **Schän|dung;**
schänd|lich; schän|den; ein Grab schänden; ein Mädchen schänden (vergewaltigen)

Schän|ke, *auch* **Schen|ke,** die: der -, die Schänken (Gastwirtschaft); → einschenken, *auch* einschänken

Schan|ze, die: der -, die Schanzen (Befestigung, Sprungschanze);
der **Schan|zen|re|kord;**
der **Schan|zen|tisch;** das **Schanz|zeug;**
schan|zen (Befestigungsanlagen bauen);
sich **ver|schan|zen** (sich verbergen)

Schar, die: der -, die Scharen (Anzahl, Gruppe); **scha|ren|wei|se; scha|ren;** sich um jemanden scharen

Schä|re, die: die Schären (kleine, der schwedischen Küste vorgelagerte Felsinseln)

scharf: schärfer, am schärfsten; ein scharfes (geschliffenes) Messer; scharfer (starker) Wind; scharfes (genaues) Gehör; scharfer (wacher) Verstand; scharfes (alkoholreiches) Getränk; scharfer (bissiger) Hund; eine scharfe (steile) Kurve; scharf nachdenken; schärfsten Widerstand leisten; scharf sehen; scharf machen/scharfmachen (Messer, Essen); der **Scharf|blick;** die **Schär|fe;** der **Scharf|rich|ter** (Henker); der **Scharf|sinn; scharf|sich|tig; schär|fen;** das stumpfe Messer schärfen; jemandem etwas einschärfen (einprägen)

Schar|lach lat., der: des -s (Infektionskrankheit, meist bei Kindern)

Schar|lach lat., der: des -s (leuchtendes Rot); **schar|lach|far|ben,** auch **schar|lach|far|big; schar|lach|rot**

Schar|la|tan franz., der: des -s, die Scharlatane (Schwindler)

Scharm/Charme franz., der: des -s; Vgl. schick, auch: chick; **schar|mant/char|mant**

Schar|nier franz., das: des -s, die Scharniere (Drehgelenk an Türen; Drehvorrichtung)

Schär|pe, die: der -, die Schärpen (um Schulter und Hüfte getragenes Band, Ordensband)

schar|ren: (reiben, kratzen, schaben); mit den Hufen scharren

Schar|te, die: der -, die Scharten (Einschnitt, Mauerlücke); die **Ha|sen|schar|te;** die **Schieß|schar|te; schar|tig** (voller Scharten); eine Scharte auswetzen (einen Fehler wieder gutmachen)

schar|wen|zeln: (übereifrig sein, einschmeicheln); um jemanden herumscharwenzeln (sich übereifrig um jeman-

den bemühen)

Schasch|lik russ., der/das: des -s, die Schaschliks (am Spieß gebratene Fleischstückchen mit Zwiebeln und Speck)

Schat|ten, der: des -s, die Schatten; ein großer Schatten spendender/schattenspendender Baum; die **Schat|ten|mo|rel|le** (Sauerkirsche); der **Schat|ten|riss;** die **Schat|ten|sei|te; schat|tig;** jemanden **be|schat|ten** (überwachen); **schat|tie|ren** (mit Farbabstufungen versehen); diese Leistung stellt alles in den Schatten (übertrifft alles); nicht über seinen Schatten springen können (nicht anders handeln können, als es seinem Wesen entspricht)

Scha|tul|le franz., die: der -, die Schatullen (Geld -, Schmuckkasten)

Schatz, der: des -es, die Schätze; der **Schätz|preis;** die **Schät|zung;** der **Schätz|wert;** etwas oder jemanden **ab|schät|zig** behandeln; **schät|zungs|wei|se; un|schätz|bar; schät|zen;** du schätzt, etwas oder jemanden schätzen; schätzen lernen; seine Kräfte **über|schät|zen;** sich **ver|schät|zen**

Schau, auch **Show** engl., die: der -, die Schauen/Shows (Ausstellung, Darbietung); die Bühnenshow; das **Schau|bild** (Diagramm); das **Schau|fens|ter;** der **Schau|kampf;** das **Schau|spiel;** der **Schau|stel|ler; schau!; schau|en;** er schaut auf die Uhr; eine Schau abziehen (etwas wirkungsvoll vorführen, angeben); jemandem die Schau stehlen (jemanden um die beabsichtigte Wirkung bringen)

Schau|der, der: des -s, die Schauder (Abscheu, Ekel); **schau|der|haft; schau|dern;** ich schaudere (frösteln)

Schau|er, der: des -s, die Schauer (kurzer Regenfall, Angstgefühl, Hagelschlag); wir wollen warten, bis der Schauer vorüber ist; ein Schauer lief mir über den Rücken; das **Schau|er|mär|chen;**

schau|er|lich; schau|rig; schau|ern

Schau|fel, die: der -, die Schaufeln (Schippe, Spaten); das **Schau|fel|rad;**
schau|feln

Schau|kel, die: der -, die Schaukeln;
das **Schau|kel|pferd;**
der **Schau|kel|stuhl; schau|ke|lig,** *auch*
schauk|lig; schau|keln (hin und her
schwingen); wir werden die Sache schon
schaukeln (in Ordnung bringen)

Schaum, der: des -s, die Schäume (Gischt
bei Wellen); der Schaum des Bieres;
Träume sind Schäume;
das **Schaum|bad;**
der **Schaum|schlä|ger** (Angeber);
schau|mig; schäu|men; er schäumt
(sich aufregen, rasen) vor Wut

Scheck *engl.,* der: des -s, die Schecks (eine
bargeldlose Zahlungsanweisung an Bank
oder Post); der **Scheck|fäl|scher;**
das **Scheck|heft;** die **Scheck|kar|te;**
der **Eu|ro|scheck**

sche|ckig: (gefleckt); eine bunt gescheckte
Katze; **bunt|sche|ckig;** die scheckige
Stute; scheckig braun

scheel: scheel blicken (missgünstig
blicken); ein scheel blickender Mensch,
auch scheelblickender Mensch

Schef|fel, der: des -s, die Scheffel (altes
Hohl- und Ackermaß); **schef|feln;** Geld
scheffeln; sein Licht nicht unter den
Scheffel stellen (seine Fähigkeiten zeigen)

Schei|be, die: der -, die Scheiben; eine
Scheibe (Schnitte) Brot; eine Fensterscheibe putzen; die **Glas|schei|be;**
die **Schei|ben|brem|se;**
die **Schei|ben|gar|di|ne;**
der **Schei|ben|wi|scher;**
scheib|chen|wei|se; von dem kannst
du dir eine Scheibe abschneiden (etwas
lernen)

Scheich *arab.,* der: des -s, die Scheiche/
Scheichs (Oberhaupt in arabischen
Ländern, Stammesfürst);
das **Scheich|tum**

schei|den: du scheidest, du schied(e)st, er
schied, sie ist geschieden, scheid(e)!; aus
dem Leben scheiden (sterben); sich
scheiden lassen (die Ehe auflösen);
die **Schei|de** (Teil des weiblichen
Geschlechtsorgans, Hülle für ein Messer); die **Schei|dung;**
der **Schei|dungs|grund;** die Spreu vom
Weizen scheiden (das Schlechte vom
Guten trennen)

schei|nen: du scheinst, du schien(e)st, sie
hat geschienen, schein(e)!; die Sonne
scheint; du scheinst die Wahrheit zu
sagen; das scheint richtig zu sein;
der **Geld|schein;** der **Licht|schein;**
der **Schein;** der Schein der Taschenlampe; der Schein trügt; **schein|bar** (nicht
wirklich, vielleicht); **schein|hei|lig**
(heuchlerisch, falsch); **schein|tot** (nicht
wirklich tot)

Schei|ße, die: (derber Ausdruck für Stuhl,
Kot, Schimpfwort); der **Klug|schei|ßer;**
der **Scheiß|dreck;**
das **Scheiß|wet|ter;** der **Schiss;**
scheiß|egal; scheiß|freund|lich;
schei|ßen; du scheißt, du schissest, er
schiss, sie hat geschissen, scheiß(e)!

Scheit, das: des -(e)s, die Scheite (großes
Holzstück); das **Holz|scheit;**
der **Schei|ter|hau|fen**

Schei|tel, der: des -s, die Scheitel (Kamm,
Gipfel, höchster Punkt);
der **Mit|tel|schei|tel;**
der **Schei|tel|punkt; schei|teln;** vom
Scheitel bis zur Sohle (von Kopf bis Fuß)
eine Dame

schei|tern: (Misserfolg haben);
das **Schei|tern**

Schelf, der und das: (Festlandsockel)

Schel|le, die: der -, die Schellen (ringförmige Klammer); die **Hand|schel|len;**
die **Maul|schel|le** (Ohrfeige); **schel|len**
(läuten, klingeln); die **Schel|le** (Glöckchen, Klingel); der **Schel|len|baum**

Schell|fisch, der: die Schellfische

Schelm, der: des -(e)s, die Schelme;
der **Schel|men|streich; schel|misch**

Schel|te, die: der -, die Schelten;
schel|ten; du schiltst, du schölt(e)st, er

S

Sche

schallt, sie hat gescholten, schilt!

Sche|ma *griech.,* das: des -s, die Schemas/
Schemata (Umriss, Verfahrensweise,
Muster, Plan, vereinfachte zeichnerische
Darstellung); der **Sche|ma|tis|mus**
(Gleichmacherei, Vereinfachung);
sche|ma|tisch; sche|ma|ti|sie|ren;
etwas nach dem Schema F behandeln
(ohne Neuerung auf die übliche Art)

Sche|mel, der: des -s, die Schemel
(Hocker)

Sche|men, der: des -s, die Schemen
(geisterhafter Schatten, Schattenbild);
sche|men|haft (undeutlich, verschleiert)

Schen|ke: → Schänke

Schen|kel, der: des -s, die Schenkel;
der **Schen|kel|bruch; schen|ke|lig,**
auch **schenk|lig;** (das gleichschenk(e)lige
Dreieck); sich auf die Schenkel (Ober-
schenkel) schlagen

schen|ken: das **Ge|schenk;**
die **Schen|kung;** jemandem Vertrauen
schenken; diesen Besuch kannst du dir
schenken (brauchst du nicht zu machen);
jemandem reinen Wein einschenken (die
Wahrheit sagen)

Scher|be, die: der -, die Scherben (Reste,
Bruchstücke)

Sche|re, die: der -, die Scheren;
der **Sche|ren|schlei|fer;**
der **Sche|ren|schnitt; sche|ren:** du
scherst, du schör(e)st, er schor, sie hat
geschoren, scher(e)!; sich die Haare
scheren (kürzen) lassen; Schafe scheren;
sie hat alle über einen Kamm geschoren
(einheitlich behandelt)

sche|ren: sich scheren, du scherst, sche-
rest, er scherte, sie hat geschert, scher(e)!;
scher dich raus (geh raus);
die **Sche|re|rei** (Unannehmlichkeit)

Scherz, der: des -es, die Scherze;
der **Scherz|ar|ti|kel;** die **Scherz|fra|ge;**
scherz|haft; scherz|haf|ter|wei|se;
scher|zen; du scherzt

Scheu, die: der -; er zeigte keine Scheu
(Furcht, Angst) vor mir; **scheu;** scheu
sein; er ist scheuer als sein Bruder;

scheuer, am scheu(e)sten; einen scheuen
Eindruck machen; **scheu|en;** das Pferd
scheut vor etwas; keine Mühe scheuen;
keine Ausgaben scheuen; scheu machen/
scheumachen (Pferde)

scheu|chen: jemanden oder etwas
ver|scheu|chen; die **Vo|gel|scheu|che**

Scheu|er, die: der -, die Scheuern (die
Scheunen)

scheu|ern: den Fußboden scheuern; sich
die Hände wund scheuern/wund-
scheuern; der **Scheu|er|be|sen;**
das **Scheu|er|tuch**

Scheu|ne, die: der -, die Scheunen (Getrei-
despeicher); essen wie ein Scheunendre-
scher (unmäßig viel);
der **Scheu|nen|dre|scher;**
das **Scheu|nen|tor;** dastehen wie der
Ochs vorm Scheunentor (verdutzt)

Scheu|sal, das: des -s, die Scheusale
(Ungeheuer)

scheuß|lich: ein scheußliches (unangeneh-
mes) Wetter; die **Scheuß|lich|keit**

Schi → Ski

Schicht, die: der -, die Schichten; eine
Schicht (Lage) Erde; in Schichten arbei-
ten; die höhere Gesellschaftsschicht;
die **Ge|sell|schafts|schicht;**
die **Ge|steins|schicht;**
die **Schicht|ar|beit;**
die **Schich|ten|fol|ge;**
der **Schicht|wech|sel;**
die **Wol|ken|schicht; schicht|wei|se;**
schich|ten (aufstapeln)

schick, *auch* **chic** *franz.:* eine schicke
(elegant, modisch gekleidete) Frau;
der **Schick;** die **Schi|cke|ria** (obere
Gesellschaftsschicht)

schi|cken: zum Einkaufen schicken; einen
Brief schicken; das Kind in den Kinder-
garten schicken; nach dem Arzt schicken;
das schickt sich nicht (das tut man nicht);
sich in etwas schicken (sich mit etwas
abfinden)

Schick|sal, das: des -s, die Schicksale
(Geschick, Los, Bestimmung); sein
Schicksal ist besiegelt;

der **Schick|sals|schlag** (Unglück); von einem Schicksalsschlag getroffen werden; das Schicksal des Nächsten mittragen; **schick|sal|haft**

schie|ben: du schiebst, du schöbest, er schob, sie hat geschoben, schieb(e)!; einen Termin **ver|schie|ben;** die Verantwortung **ab|schie|ben;** der **Schie|ber;** die **Schie|bung;** die Schuld auf jemanden schieben; jemandem etwas in die Schuhe schieben; etwas auf die lange Bank schieben; tausend Gründe vorschieben; Kohldampf schieben (Hunger haben); Wache schieben (Wache stehen)

Schieds|rich|ter, der: des -s, die Schiedsrichter; das **Schieds|ge|richt;** der **Schieds|spruch;** die **Schieds|rich|te|rin**

schief: (geneigt, schräg); die Sache wird schiefgehen (misslingen); er liegt schief (fehl, ungünstig); du bist schiefgewickelt (im Irrtum); schief gewickelter/schiefgewickelter Verband; auf die schiefe Bahn geraten (ohne inneren Halt, unehrlich werden); er sieht mich schief an (misstrauisch, argwöhnisch); in ein schiefes Licht geraten (falsch beurteilt werden); der schiefe Turm von Pisa

Schie|fer, der: des -s, die Schiefer (in dünne Platten zerbrechende Gesteinsart); das **Schie|fer|dach;** das **Schie|fer|ge|bir|ge;** die **Schie|fer|ta|fel**

schie|len: (nicht geradeaus sehen, Augenkrankheit); auf etwas schielen (unbemerkt blicken)

schien: → scheinen

Schie|ne, die: der -, die Schienen; das **Schien|bein;** das **Schie|nen|fahr|zeug;** der **Schie|nen|ver|kehr; schie|nen;** einen gebrochenen Arm schienen

schier: schieres (reines) Gold; das ist schier (fast) unmöglich

schie|ßen: du schießt, du schössest, er schoss, sie hat geschossen, schieß(e)!;

die **Schieß|bu|de;** der **Schieß|platz;** die **Schie|ße|rei;** die **Schieß|schar|te;** mit der Pistole schießen; es ist zum Schießen (Lachen); einen Bock schießen (Fehler machen); aufpassen wie ein Schießhund (genau aufpassen); → Schuss

Schiff, das: des -es, die Schiffe; das Schiff liegt vor Anker; die **Schiff|fahrt; Schiff|bruch** erleiden (scheitern); der **Schif|fer;** der **Schiffs|jun|ge; schiff|bar; schiff|brü|chig; schif|fen**

Schi|ka|ne *franz.,* die: der -, die Schikanen (Bosheit, Hinterhältigkeit); das ist reine Schikane; er hat ein Auto mit allen Schikanen (mit allem Zubehör); **schi|ka|nös** (boshaft); **schi|ka|nie|ren** (jemandem böswillig die Arbeit erschweren)

Schi|ko|ree, der: *auch* Chicorée; (Gemüse)

Schild, der: des -(e)s, die Schilde (am Arm getragene Platte als Schutz); der **Schild|bür|ger** (mit Schild bewaffneter Städter, töricht handelnder Mensch); der **Schild|bür|ger|streich;** die **Schild|drü|se;** das **Schild|drü|sen|hor|mon;** die **Schild|krö|te;** etwas im Schilde führen (insgeheim etwas beabsichtigen); jemanden auf den Schild heben (ihn ehren)

Schild, das: des -(e)s, die Schilder (Erkennungszeichen, Warntafel); das **Aus|hän|ge|schild;** das **Preis|schild;** das **Ver|kehrs|schild;** das **Schild|chen;** der **Schil|der|wald** (eine große Menge von Verkehrsschildern); **be|schil|dern** (Schilder aufstellen)

schil|dern: (beschreiben); die **Schil|de|rung**

Schilf, das: des -(e)s, die Schilfe (Röhricht am Uferrand); das **Schilf|dach;** das **Schilf|rohr; schilf|be|deckt**

Schil|ler|lo|cke, die: der -, die Schillerlocken (Gebäck, geräucherte Fischspezialität)

schil|lern: das Kleid schillert in verschiedenen Farben; ein schillernder (undurchsichtiger, wankelmütiger) Charakter

Schim|mel, der: des -s, die Schimmel (weißes Pferd)

Schim|mel, der: des -s (Pilzart); der **Schim|mel|pilz; schim|me|lig,** *auch* **schimm|lig; schim|meln;** das Brot schimmelt

schim|mern: das Licht schimmert durch die Blätter; der **Hoff|nungs|schim|mer;** der **Schim|mer;** keinen blassen Schimmer (keine Ahnung) haben

Schim|pan|se *afrik.,* der: des -n, die Schimpansen (Menschenaffe)

schimp|fen: (schelten, tadeln); er schimpft sie aus; der **Schimpf|na|me;** das **Schimpf|wort; schimpf|lich;** jemanden mit Schimpf und Schande davonjagen; schimpfen wie ein Rohrspatz (heftig schimpfen); Schimpfe (Schelte) bekommen; jemanden schimpflich (entwürdigend) behandeln

Schin|del, die: der -, die Schindeln (Platten); das **Schin|del|dach**

schin|den: du schindest, du schindetest, er schindete, sie hat geschunden, schind(e)! (sich quälen, schlecht behandeln); der **Schin|der** (jemand, der andere schindet); die **Schin|de|rei;** mit jemandem Schindluder treiben (jemanden schändlich behandeln); bei anderen Eindruck schinden

Schin|ken, der: des -s, die Schinken; das **Schin|ken|brot;** die **Schin|ken|wurst**

Schip|pe, die: der -, die Schippen (Schaufel); Schnee schippen; jemanden auf die Schippe nehmen (ihn verulken)

Schirm, der: des -(e)s, die Schirme; den **Son|nen|schirm** aufspannen; der **Lam|pen|schirm;** der **Re|gen|schirm;** der **Schirm|herr** (Schutzherr); die **Schirm|müt|ze;** sich **ab|schir|men;** jemanden **be|schir|men** (beschützen); die Sendung lief über den Bildschirm

Schi|zo|phre|nie *griech.,* die: der -, die Schizophrenien (Bewusstseinsspaltung); **schi|zo|phren**

Schlacht, die: der -, die Schlachten;

der **Schlach|ter/Schläch|ter;** die **Schlach|te|rei/Schläch|te|rei;** der **Schlach|ten|bumm|ler** (Fan einer Mannschaft); das **Schlacht|feld;** der **Schlacht|hof;** die **Schlach|tung; schlacht|reif; schlach|ten**

Schla|cke, die: der -, die Schlacken (Verbrennungsrückstand); **ent|schla|cken; schla|cken**

schla|ckern: mit den Ohren schlackern (äußerst überrascht sein); ihm schlackern die Knie (vor Angst)

Schlä|fe, die: der -, die Schläfen (oberer seitlicher Teil des Kopfes); das **Schlä|fen|bein**

schla|fen: du schläfst, du schlief(e)st, er schlief, sie hat geschlafen, schlaf(e)!; schlafen gehen, tief schlafen; die **Schla|fens|zeit; schlaf|wan|deln;** der **Schlaf;** das **Schlaf|zim|mer;** der **Schlä|fer;** die **Schlaf|ge|le|gen|heit** (Unterkunft); die **Schlaf|müt|ze;** der **Schlaf|sack; schläf|rig** (müde); **schlaf|trun|ken;** eine Sache noch einmal überschlafen; er schläft mit offenen Augen (passt nicht auf); die Sorgen rauben mir den Schlaf

schlaff: (matt, welk, müde); ein schlaffer Händedruck; die **Schlaff|heit**

Schlag, der: des -(e)s, die Schläge (Stoß, Hieb); die **Schlag|ader;** der **Schlag|an|fall;** der **Schlä|ger;** die **Schlä|ge|rei;** das **Schlag|wort;** die **Schlag|zei|le; schlag|ar|tig; schlag|fer|tig** (redegewandt, nicht auf den Mund gefallen); Schlag auf Schlag; ein Schlag ins Wasser; wie vom Schlag gerührt (vor Schreck sprachlos sein); das ist ein schwerer Schlag (Unglück) für ihn

schla|gen: du schlägst, du schlügest, er schlug, sie hat geschlagen, schlag(e)!; jemanden in die Flucht schlagen (ihn verjagen); sie schlägt ihn; Lärm schlagen; die Uhr schlug; den Takt schlagen; sich durchs Leben schlagen; etwas kurz und klein schlagen; zwei Fliegen mit einer Klappe schlagen; das hat wie eine Bombe eingeschlagen (kam völlig überraschend); die Zeit totschlagen (langweilen); Bäume schlagen (fällen)

Schla|ger, der: des -s, die Schlager (für eine bestimmte Zeit sehr beliebtes Lied, Hit); das **Schla|ger|fes|ti|val;** die **Schla|ger|sän|ge|rin;** der **Ver|kaufs|schla|ger** (gut zu verkaufende Ware)

Schlaks, der: des -es, die Schlakse (lang aufgeschossener, junger Mensch, der in den Bewegungen ungeschickt ist); **schlak|sig**

Schla|mas|sel *jidd.,* der: des -s (Durcheinander); da haben wir den Schlamassel

Schlamm, der: des -(e)s, die Schlamme/ Schlämme (Sumpf, aufgeweichter Boden); das **Schlamm|bad;** die **Schlämm|krei|de; schlam|mig; schläm|men** (von Schlamm reinigen); **schlam|men** (Schlamm absetzen)

schlam|pig: die **Schlam|pe** (unordentliche Frau); die **Schlam|pe|rei; schlam|pen** (unordentlich sein)

schlang: → schlingen

Schlan|ge, die: der -, die Schlangen (fußloses Kriechtier); Schlange stehen; die **Schlan|gen|brut;** das **Schlan|gen|gift;** die **Schlan|gen|li|nie;** sich **schlän|geln**

schlank: schlanker, am schlank(e)sten; rank und schlank; die **Schlank|heits|kur** (Abmagerungskur); **schlank|weg** (ohne zu zögern)

schlapp: sich müde und schlapp (erschöpft) fühlen; die **Schlap|pe;** eine Schlappe (Niederlage) erleiden; der **Schlapp|hut;** der **Schlapp|schwanz** (schwacher, energieloser Mensch); **schlapp|ma|chen** (zusammenbrechen)

Schla|raf|fen|land, das: (Märchenland für Faulenzer, die alles im Überfluss besitzen)

schlau: schlauer, am schlau(e)sten; der **Schlau|ber|ger;** die **Schläue;** die **Schlau|heit;** der **Schlau|kopf;** der **Schlau|mei|er**

Schlauch, der: des -(e)s, die Schläuche (biegsames Rohr, Luftreifen); das **Schlauch|boot; schlau|chen** (ermüden, anstrengen)

Schlau|fe, die: der -, die Schlaufen (Schleife, Schlinge, Bänder); eine Schlaufe binden

Schla|wi|ner, der: des -s, die Schlawiner (Taugenichts, übertriebener Mensch)

schlecht: schlechter, am schlechtesten; ein schlechter (böser) Mensch; eine schlechte Ware; ein schlechter Ruf; es geht ihm schlecht; schlecht gehen/schlechtgehen; schlecht und recht (so gut es geht, mittelmäßig); eine Aufgabe schlecht machen; jemanden schlechtmachen (abwerten); **schlecht|weg** (einfach); schlecht gelaunt/schlechtgelaunt; die **Schlecht|heit;** die **Schlech|tig|keit**

schle|cken: am Eis schlecken (lecken); die **Schle|cke|rei;** das **Schle|cker|mäul|chen**

Schle|he, die: (ein Strauch)

Schlei, der: *auch* Schleie, die: (ein Fisch);

Schlei, die: (Förde in Norddeutschland)

schlei|chen: du schleichst, du schlich(e)st, er schlich, sie ist geschlichen, schleich(e)!; eine schleichende Krankheit; der **Schlei|cher;** der **Schleich|weg;** die **Schleich|wer|bung**

Schleie, *auch* **Schlei,** die: der -, die Schleien (Fischart)

Schlei|er, der: des -s, die Schleier (Kopf umhüllendes, dünnes Gewebe); die **Schlei|er|eu|le; schlei|er|haft; ver|schlei|ern**

Schlei|fe, die: der -, die Schleifen

schlei|fen: du schleifst, du schliff(e)st, er schliff, sie hat geschliffen, schleif(e)!; das Messer wurde geschliffen (geschärft); die Fläche wurde geschliffen (geglättet); der **Schlei|fer;** die **Schlei|fe|rei;** das **Schleif|pa|pier;** der **Schleif|stein;** der **Sche|ren|schlei|fer**

schlei|fen: du schleifst, du schleiftest, du schleifest, er schleifte, sie hat geschleift, schleif(e)!; sie hat etwas hinter sich

hergeschleift (über den Boden gezogen);
schleifen lassen (Messer); schleifenlassen
(vernachlässigen)

Schleim, der: des -(e)s (zähflüssige Mas-
se); die **Schleim|haut;** der **Schlei|mer**
(Heuchler, Schmeichler); **schlei|mig;**
schlei|men (scheinheilig tun)

schlem|men: (üppig leben, genießen);
der **Schlem|mer;** die **Schlem|me|rei**

schlen|dern: (spazieren, vor sich hin
gehen); der **Schlen|d|ri|an** (langsames,
unordentliches Arbeiten, Schlamperei)

schlen|zen: du schlenzt (mit schräger
Schusslinie den Ball schlagen)

schlep|pen: er schleppte (trug) den
schweren Sack; der **Schlepp|damp|fer;**
die **Schlep|pe;** der **Schlep|per;** jeman-
den ins **Schlepp|tau** nehmen; die
Fahrgäste werden schleppend (langsam)
abgefertigt

Schles|wig-Hol|stein: (Land der BRD);
der **Schles|wig-Hol|stei|ner;**
die **Schles|wig-Hol|stei|ne|rin;**
schles|wig-hol|stei|nisch

Schleu|der, die: der -, die Schleudern;
der **Schleu|der|ball;**
der **Schleu|der|sitz; schleu|dern** (mit
Schwung wegwerfen); er hat sein Erbe
verschleudert

schleu|nig: (schnell); **schleu|nigst**
(sofort); nun steh aber schleunigst auf!

Schleu|se, die: der -, die Schleusen; ein
Schiff schleusen;
die **Schleu|sen|kam|mer;**
das **Schleu|sen|tor;**
der **Schleu|sen|wär|ter; schleu|sen;**
du schleust; jemanden über die Grenze
schleusen (heimlich bringen);
der **Schleu|ser**

schlich: → schleichen

schlicht: sich schlicht (einfach) kleiden;
schlichte Leute; der **Schlich|ter;**
die **Schlich|tung; schlich|ten;** einen
Streit schlichten (beenden)

Schlick, der: des -(e)s, die Schlicke
(Schlamm, Schwemmland); **schli|cke|rig,**
auch **schlick|rig**

schlief: → schlafen

schlie|ßen: du schließt, du schlössest, er
schloss, sie hat geschlossen, schließ(e)!;
die Tür schließen (zumachen); ein
Bündnis schließen; eine Ehe (den Bund
fürs Leben) schließen; einen Vertrag,
Frieden schließen; eine geschlossene
(nicht öffentliche) Gesellschaft;
das **Schließ|fach;** der **Schließ|mus|kel;**
ab|schlie|ßen; jemanden in sein Herz
schließen: → Schloss

schließ|lich: (endlich); schließlich (im
Grunde genommen) bin ich zu alt dafür

schliff: → schleifen

Schliff, der: des -(e)s, die Schliffe; das Glas
hat einen interessanten Schliff; ihm fehlt
jeglicher Schliff (gutes Benehmen); einer
Sache den letzten Schliff geben (sie
vollenden)

schlimm: schlimmer, am schlimmsten; ich
bin aufs Schlimmste gefasst;
schlimms|ten|falls; aber: im schlimms-
ten Falle; **ver|schlim|mern**

Schlin|gel, der: des -s, die Schlingel
(übermütiger, etwas frecher und viel
Unsinn treibender Junge)

schlin|gen: du schlingst, du schlängest, er
schlang, sie hat geschlungen, schling(e)!;
die **Schlin|ge** (Schlaufe, Schleife);
die **Schling|pflan|ze;** den Kopf aus der
Schlinge ziehen (der Gefahr entgehen)

schlin|gern: ein Schiff schlingert
(schwankt hin und her)

Schlips, der: des -es, die Schlipse (Krawat-
te); jemandem auf den Schlips treten
(kränken)

Schlit|ten, der: des -s, die Schlitten
(Rodel); Schlitten fahren;
die **Schlit|ten|fahrt; Schlitt|schuh**
laufen; **schlit|tern;** er ist mit ihm ganz
schön Schlitten gefahren (ist grob mit
ihm umgegangen); sie schlittert (rutscht,
gleitet) über das Eis

Schlitz, der: des -es, die Schlitze (schmale
Öffnung, Spalte); das **Schlitz|ohr**
(schlauer, durchtriebener Mensch);
schlitz|äu|gig; schlit|zen; du schlitzt

schloss: → schließen

Schloss, das: des -es, die Schlösser;
der **Schlos|ser** (Handwerker für Metall); die **Schlos|se|rei;**
das **Vor|hän|ge|schloss; schlos|sern;**
er sitzt hinter Schloss und Riegel

Schloss, das: des -es, die Schlösser
(prächtiges Gebäude); sie wohnt in einem
herrlichen Schloss; der **Schloss|herr;**
die **Schloss|ru|i|ne;** Luftschlösser bauen
(Pläne nur in der Fantasie haben, nicht
umsetzen können)

Schlot, der: des -(e)s, die Schlote/Schlöte
(Schornstein); er raucht wie ein Schlot
(sehr viel)

schlot|tern: die Hosen schlottern ihm um
die Beine (zu weit/groß sein); ihm
schlottern die Knie; **schlot|te|rig,** *auch*
schlott|rig

Schlucht, die: der -, die Schluchten
(Abgrund)

schluch|zen: sie schluchzt (stoßweise laut
weinen); du schluchzt; der **Schluch|zer**

Schluck, der: des -es, die Schlucke;
der **Schluck|auf;** das **Schlück|chen;**
der **Schlu|cker;** ein armer Schlucker;
die **Schluck|imp|fung;**
schluck|wei|se; schlu|cken: eine
bittere Pille schlucken (etwas Unangenehmes ertragen müssen); sich
ver|schlu|cken (Flüssigkeit oder feste
Nahrung in die Luftröhre bekommen)

schlu|dern: (pfuschen, nachlässig arbeiten); die **Schlu|de|rei; schlu|de|rig,**
auch **schlud|rig**

schlug: → schlagen

Schlum|mer, der: des -s (Halbschlaf);
die **Schlum|mer|rol|le; schlum|mern**

Schlumpf, der: des -(e)s, die Schlümpfe
(Comicfigur)

Schlund, der: des -(e)s, die Schlünde
(Rachen)

schlüp|fen: er schlüpfte (kroch) durch ein
Loch im Zaun; ins Haus schlüpfen; in
den Mantel schlüpfen; der Vogel schlüpft
aus dem Ei; der **Schlüp|fer** (Unterhose);
das **Schlupf|loch;** der **Schlupf|win|kel**
(Versteck), **schlüpf|rig** (anstößig,
zweideutig)

schlur|fen: er schlurft (schleppend, hörbar
gehen) durch das Haus

schlür|fen: die Suppe schlürfen (hörbar
trinken)

Schluss, der: des -es, die Schlüsse;
der Schluss (Ende) der Vorstellung;
der **Schluss|ball;** die **Schluss|fol|ge|rung;**
das **Schluss|licht;** der **Schluss|punkt;**
der **Schluss|strich; schlüs|sig;** ein
schlüssiger Beweis (folgerichtig); sich
über etwas schlüssig (klar) werden;
schluss|fol|gern; mit einem/r Freund/in
Schluss machen (die Beziehung auflösen)

Schlüs|sel, der: des -s, die Schlüssel; mit
dem Schlüssel das Schloss aufsperren;
das **Schlüs|sel|bein;**
die **Schlüs|sel|blu|me;**
der/das **Schlüs|sel|bund;**
das **Schlüs|sel|loch;**
das **Schlüs|sel|wort; schlüs|sel|fer|tig;**
das Haus ist schlüsselfertig (bezugsfertig);
ent|schlüs|seln; den Schlüssel (Code)
für die Geheimschrift haben

Schmach, die: der -; mit Schmach und
Schande; **schmach|voll;** eine Schmach
erleiden

schmäch|tig; ein schmächtiger (dünner,
schlecht genährter) Junge

schmack|haft: eine schmackhafte (köstlich zubereitete) Speise

Schmäh, der: (üble Nachrede);
die **Schmäh|re|de; schmä|hen**

schmal: schmaler/schmäler, am schmalsten/schmälsten; **schmal|spu|rig;**
die **Schmal|film|ka|me|ra;**
die **Schmal|spur; schmä|lern** (verringern, verkleinern); eine schmale (enge)
Treppe; er hat ein schmales (geringes)
Einkommen; bei uns ist Schmalhans
Küchenmeister (wir müssen sparsam sein)

Schmalz, das: des -es, die Schmalze
(ausgelassenes tierisches Fett);
das **Schmalz|brot;** das **Schmalz|fleisch;**
ein schmalziges (übertrieben gefühlvolles,
kitschiges) Lied

Schmand, der, *auch* Schmant (Fettschicht auf der Milch)

schma|rot|zen: du schmarotzt (auf Kosten anderer leben);
der **Schma|rot|zer;**
die **Schma|rot|zer|pflan|ze**

schmat|zen: du schmatzt (hörbar essen);
der **Schmatz** (Kuss)

Schmaus, der: des -es (reichhaltiges Mahl); **schmau|sen** (genussvoll essen und trinken)

schme|cken: das Essen schmeckt gut; die Arbeit schmeckt mir nicht; Speisen schmecken (kosten)

schmei|cheln: er schmeichelt mir (ist zärtlich); die **Schmei|che|lei;**
der **Schmeich|ler; schmei|chel|haft; schmeich|le|risch**

schmei|ßen: du schmeißt, du schmissest, er schmiss, sie hat geschmissen, schmeiß(e)!; die **Schmeiß|flie|ge;** eine Arbeit schmeißen (aufgeben); eine Sache schmeißen (eine Aufgabe nicht erfüllen); eine Runde schmeißen (ausgeben); jemanden aus dem Haus schmeißen (hinauswerfen)

schmel|zen: (flüssig werden); es schmilzt, es schmolz, es schmölze, es ist geschmolzen, schmilz!; **schmel|zen:** (flüssig machen); du schmilzt, du schmolzest, du schmölzest, er schmolz, sie hat geschmolzen, schmilz/schmelze!; der **Schmel|zer;**
der **Schmelz|punkt**

Schmerz, der: des -es, die Schmerzen (Qualen, Leid); das **Schmer|zens|geld; schmerz|emp|find|lich; schmerz|frei; schmerz|haft; schmerz|lich; schmerz|stil|lend; schmerz|voll; schmer|zen;** es schmerzt mich; den Schmerz stillen

Schmet|ter|ling, der: des -s, die Schmetterlinge (bunte Falter)

schmet|tern: (mit Wucht schleudern, schlagen); der **Schmet|ter|ball**

Schmied, der: des -es, die Schmiede;
die **Schmie|de; schmie|de|ei|sern; schmie|den;** ein Gartentor schmieden;

Pläne schmieden; man muss das Eisen schmieden, solange es heiß ist; jeder ist seines Glückes Schmied

schmie|gen: das Kind schmiegt sich an die Mutter (lehnt sich fest an); den Kopf ins Kissen schmiegen; sich an jemanden anschmiegen; **schmieg|sam** (weich, geschmeidig)

schmie|ren: sich ein Butterbrot schmieren (streichen); Salbe auf die Wunde schmieren (einreiben); jemanden schmieren (bestechen); die **Schmie|re;** Schmiere stehen; die **Schmie|re|rei;**
der **Schmier|fink; schmie|rig** (dreckig)

schmin|ken: sich die Lippen schminken;
die **Schmin|ke**

schmir|geln *ital.:* (schleifen, glätten);
der **Schmir|gel** (Schleifmittel);
das **Schmir|gel|pa|pier**

schmiss: → schmeißen

Schmiss, der: des -es, die Schmisse (Schwung, Hiebnarbe); **schmis|sig;** eine schmissige (flotte) Musik

Schmö|ker, der: des -s, die Schmöker (fesselndes, aber anspruchsloses Buch); **schmö|kern** (viel lesen)

schmol|len: (verärgert sein);
der **Schmoll|mund;**
im **Schmoll|win|kel** sitzen

schmo|ren: Fleisch schmoren (kurz anbraten und dann garen lassen);
der **Schmor|bra|ten;** jemanden im eigenen Saft schmoren lassen (jemanden in Angst und im Ungewissen lassen)

Schmuck, der: des -es; kostbaren Schmuck tragen; **schmuck** (hübsch, sauber); **schmuck|los; schmü|cken;** sich mit fremden Federn schmücken (Verdienste anderer als eigene ausgeben)

schmud|de|lig: (unsauber);
das **Schmud|del|wet|ter** (nasskaltes Wetter)

Schmug|gel, der: des -s,
die **Schmug|ge|lei;** der **Schmugg|ler; schmug|geln**

schmun|zeln: (verstohlen lächeln)

Schmus *jidd.*, der: (leeres Gerede,

Schmeichler); mach keinen Schmus;
die **Schmu|se|kat|ze**; der **Schmu|ser**;
die **Schmu|se|rin**; die **Schmu|se|rei**;
schmu|sen (zärtlich sein); du schmust

Schmutz, der: des -es (Dreck, Unsauberkeit); jemanden in den Schmutz ziehen
(verleumden); ein schmutzabweisender/
Schmutz abweisender Stoff;
der **Schmutz|fink**; das **Schmutz|was|ser**;
schmut|zig; schmutzige Kleidung;
schmutzige Redensarten

Schna|bel, der: des -s, die Schnäbel; die
jungen Vögel im Nest reißen weit ihre
Schnäbel auf; **schnä|beln**; Vögel
liebkosen sich mit den Schnäbeln; er
redet, wie ihm der Schnabel gewachsen
ist (ohne Scheu); **schna|bu|lie|ren** (mit
Behagen essen)

Schna|ke, die: der -, die Schnaken (Stechmücke)

Schnal|le, die: der -, die Schnallen (Verschluss an Schuhen, Taschen usw.);
schnal|len; den Rucksack auf den
Rücken schnallen (befestigen); er hat es
endlich geschnallt (verstanden); wir
müssen den Gürtel enger schnallen (uns
einschränken)

schnal|zen: du schnalzt; mit der Zunge
schnalzen (einen kurzen knalligen Laut
erzeugen)

schnap|pen: der Hund schnappt den
Knochen aus der Luft; er schnappte nach
Luft; sie schnappten den Dieb; die Tür
schnappte ins Schloss; etwas aufschnappen (plötzlich erfahren); eingeschnappt
sein (beleidigt); ein **Schnäpp|chen**
machen (billig einkaufen);
das **Schnapp|schloss**;
der **Schnapp|schuss** (Momentaufnahme)

Schnaps, der: des -es, die Schnäpse
(Branntwein); die **Schnaps|idee**
(verrückte Idee)

schnar|chen: er schnarcht laut im Schlaf;
der **Schnar|cher**; die **Schnar|che|rin**

schnat|tern: die **Schnat|ter|gans**

schnau|ben: du schnaubst; das Pferd
schnaubt; vor Wut schnauben

schnau|fen: (heftig atmen, keuchen);
der **Schnau|fer**

Schnau|ze, die: der -, die Schnauzen
(Hundeschnauze); der **Schnau|zer**;
jemanden **an|schnau|zen** (laut schimpfen); sich **schnäu|zen**; du schnäuzt dich;
etwas frei nach Schnauze (sofort, ohne
Vorbereitung) machen

Schne|cke, die: der -; die Schnecken
(Kriechtier); das **Schne|cken|haus**;
im **Schne|cken|tem|po**; jemanden zur
Schnecke machen (heftig ausschelten)

Schnee, der: des -s; der **Schnee|ball**;
das **Schnee|ge|stö|ber**;
die **Schnee|flo|cke**; der **Schnee|pflug**;
die **Schnee|schmel|ze**;
die **Schnee|ver|we|hung**;
das **Schnee|witt|chen**;
schnee|be|deckt; **schnee|weiß**; das
ist doch Schnee von gestern (heute schon
unwichtig); er freut sich wie ein Schneekönig (freut sich sehr); der **Schnee**
(Bezeichnung für Rauschgift)

Schneid, der: des -(e)s; (Mut); ihm fehlt
der Schneid; **schnei|dig** (mutig, tapfer,
forsch); **schnei|den**; du schneidest, du
schnitt(e)st, er schnitt, du hast geschnitten, schneid(e)!; pass auf, du schneidest
dir in den Finger!; sie wird geschnitten
(wird gemieden); schneidende Kälte;
schnei|dern; die **Schnei|de**;
der **Schnei|der**; die **Schnei|de|rin**;
der **Schnei|de|zahn**; die Sache steht auf
Messers Schneide (kann gut oder auch
schlecht enden); die beiden Straßen
schneiden (kreuzen) sich; eine Kurve
schneiden (nicht ausfahren)

schnei|en: es schneit (der Schnee fällt)

Schnei|se, die: der -, die Schneisen
(baumfreier Streifen im Wald)

schnell: schneller, am schnellsten;
schnell|le|big; **schnell|fü|ßig**;
der **Schnell|gang**; die **Schnel|lig|keit**;
der **Schnell|im|biss**;
der **Schnell|koch|topf**;
der **Schnell|zug**; **schnel|len**; die Preise
schnellen in die Höhe; das Fieber schnellt

S

schn

hoch; schnell machen/schnellmachen

Schnep|fe, die: (Vogel), die Schnepfen

schnet|zeln: (klein schneiden/klein-
schneiden); das **Ge|schnet|zel|te**

Schnick|schnack, der: des -(e)s (Ge-
schwätz, nutzloser Kleinkram)

schnie|fen: (hörbar durch die Nase
atmen)

schnip|peln: (in kleine Stücke schneiden);
der/das Schnippel (kleines Stück Fetzen)

schnip|pen: mit den Fingern schnippen
(schnalzen); **schnip|pisch** (keck, frech);
jemandem ein Schnippchen schlagen
(einen Streich spielen)

Schnip|sel, der/das: des -s, die Schnipsel;
schnip|seln (in kleine Stücke reißen,
schneiden)

schnitt: → schneiden

Schnitt, der: des -(e)s, die Schnitte;
die **Schnitt|blu|men;** die **Schnit|te**
(Brotscheibe); die **Schnitt|flä|che;**
der **Schnitt|lauch;**
das **Schnitt|mus|ter;**
der **Schnitt|punkt;**
die **Schnitt|wun|de; schnit|tig;** ein
schnittiges (elegantes) Auto; einen großen
Schnitt machen (Gewinn, Vorteil erzie-
len); im Schnitt (durchschnittlich)

Schnit|zel, das: des -s, die Schnitzel
(abgeschnittenes kleines Stück, gebratene
Scheibe vom Schwein oder Kalb);
das Wiener Schnitzel;
das **Holz|schnit|zel** (kleines Stück Holz)

schnit|zen: (Figuren oder Gegenstände
aus Holz schnitzen); du schnitzt;
schnit|zeln; der **Holz|schnit|zer;**
die **Schnitz|ar|beit;**
die **Schnit|zel|jagd;** der **Schnit|zer;**
einen Schnitzer (Fehler) machen

schnod|de|rig, auch **schnodd|rig:** eine
schnodderige (freche, unverschämte)
Bemerkung; die **Schnod|de|rig|keit**

schnö|de, auch schnöd (abwertend);
schnöder Gewinn

Schnor|chel, der: des -s, die Schnorchel
(Atemrohr beim Tauchen);
schnor|cheln (mit dem Schnorchel

tauchen)

Schnör|kel, der: des -s, die Schnörkel
(Verzierung); die **Schnör|kel|schrift;**
schnör|ke|lig, auch **schnörk|lig;**
ver|schnör|keln

schnor|ren: auf Kosten der Umgebung
leben (betteln); der **Schnor|rer**

Schnö|sel, der: des -s, die Schnösel
(frecher Kerl)

Schnu|cke, die: der -, die Schnucken
(Schaf, Heidschnucke); **schnu|cke|lig,**
auch **schnuck|lig** (lieb, niedlich, süß)

schnüf|feln: der Hund **schnüf|felt**
(schnuppert) an der Tür;
die **Schnüf|fe|lei;** der **Schnüff|ler**

Schnul|ler, der: des -s, die Schnuller
(Gummisauger für Babys)

Schnul|ze, die: der -, die Schnulzen
(rührseliges Lied, kitschiges Theater-,
Fernseh-, Kinostück); **schnul|zig;**
der **Schnul|zen|sän|ger**

schnup|fen: er schnupft (nimmt Schnupf-
tabak); der **Schnup|fen;**
das/der **Schnup|fen|spray**

schnup|pern: der Hund schnuppert
(riecht)

Schnur, die: der -, die Schnüre;
das **Schnür|chen;** der **Schnür|sen|kel;**
schnur|ge|ra|de; schnur|stracks
(unverzüglich, ohne Umweg); die Furcht
schnürt mir die Kehle zu; es läuft wie am
Schnürchen (völlig reibungslos)

schnur|ren: (ein leises summendes
Geräusch); die Katze schnurrt;
der **Schnurr|bart**

Schnu|te, die: der -, die Schnuten
(Schmollmund); eine Schnute ziehen
(Mund verdrießlich ziehen)

schob: → schieben

Schock, der: des -(e)s, die Schocks/
Schocke (Schreck, Nervenerschütterung);
scho|cken; schock|ge|frie|ren;
scho|ckie|ren; scho|cking/sho|cking
(anstößig, peinlich)

scho|fel: (gemein, geizig); **scho|fe|lig,** auch
schof|lig; er hat ihn schofel behandelt

Schöf|fe, der: des -n, die Schöffen (ehren-

Schn
S

amtlicher Beisitzer beim Gericht, Laien-
richter); die **Schöf|fin**

Scho|ko|la|de *mexik.*, die: der -, die
Schokoladen; das **Scho|ko|la|den|eis;**
der **Scho|ko|la|den|pud|ding;**
die **Scho|ko|la|den|tor|te;**
der **Scho|ko|rie|gel;**
scho|ko|la|den|far|big

Schol|le, die: der -, die Schollen (Fisch,
großes Eisstück, Heimaterde)

schon: ich war schon (bereits) vorher hier;
ich komme schon; es ist schon spät; es
wird schon gehen; das ist schon möglich;
was macht das schon?

schön: schöner, am schönsten; eine
schöne Figur haben; er hat die Ostereier
schön gefärbt, aber: er hat seine Taten
schöngefärbt (besser dargestellt, als es in
Wirklichkeit war); schönreden (beschöni-
gen), aber: schön reden (Ansprache);
die **Schön|heit;**
die **Schön|heits|pfle|ge;**
die **Schön|schrift;** schöne Worte
machen; das hat ein schönes Stück Geld
(viel) gekostet; da hast du etwas Schönes
angerichtet; er hat mir einen schönen
(großen) Schreck eingejagt; das wäre ja
noch schöner!, aber: sie ist die Schönste
von allen

scho|nen: seine Gesundheit schonen; den
Rasen schonen; die **Schon|frist;**
die **Schon|kost;** die **Scho|nung;**
die **Schon|zeit; scho|nungs|los** (ohne
Nachsicht, unbarmherzig)

Scho|ner, der: die Schoner (zweimastiges
Segelschiff)

Scho|nung, die: der -, die Schonungen
(jung angepflanztes Wäldchen, Stelle im
Wald mit jungem Baumbestand)

Schopf, der: des -(e)s, die Schöpfe (Haar-
büschel); der **Blond|schopf;**
der **Haar|schopf;** eine Gelegenheit beim
Schopfe fassen (sofort nutzen)

schöp|fen: (erschaffen, gestalten);
der **Schöp|fer;** die **Schöp|fer|kraft;**
die **Schöp|fungs|ge|schich|te** (die
Geschichte von der Erschaffung der

Erde); **schöp|fe|risch** tätig sein

schöp|fen: (Flüssigkeit entnehmen);
Wasser schöpfen; frische Luft schöpfen
(atmen); Verdacht schöpfen; aus dem
Vollen schöpfen (auf volle Lager zurück-
greifen können); der **Schöpf|löf|fel**

Schop|pen, der: des -s, die Schoppen
(1/4 l Wein); der **Früh|schop|pen;**
schop|pen|wei|se

Schorf, der: des -(e)s, die Schorfe (Kruste
auf der Wunde); **schor|fig**

Schor|le, die: der -, die Schorlen (Getränk
aus Wein oder Apfelsaft mit Mineralwas-
ser)

Schorn|stein, der: des -s, die Schornsteine
(Schlot, Kamin);
der **Schorn|stein|fe|ger;** etwas in den
Schornstein schreiben (verloren geben);
sein Geld zum Schornstein hinausjagen
(sinnlos ausgeben)

Schoß, der: des -es, die Schöße;
der **Schoß|hund;** das **Schoß|kind;**
die Hände in den Schoß legen (nichts
tun)

schoss: → schießen

Schöss|ling, der: des -s, die Schösslinge
(junger Trieb einer Pflanze), *auch*
der **Schoss** (junger Trieb)

Scho|te, die: der -, die Schoten (Hülse);
die **Erb|sen|scho|te**

Schott, das: des -(e)s, die Schotte (feuer-
feste und wasserdichte Wand in einem
Schiff)

Schot|ter, der: des -s, die Schotter (zer-
kleinerte Steine); das bringt viel Schotter
(Geld); der **Schot|ter|weg**

schraf|fie|ren: (eine Fläche mit parallelen
Strichen ausfüllen); die **Schraf|fur**

schräg: schräg gegenüber; eine schräge
(schiefe) Wand; schräg halten, stehen,
liegen; schrägstellen/schräg stellen;
schräge (wilde) Musik hören; ein schrä-
ger Vogel (merkwürdiger Mensch);
die **Schrä|ge;** die **Schräg|la|ge;**
die **Schrä|gung;** der **Schräg|schnitt;**
der **Schräg|strich**

Schram|me, die: der -, die Schrammen

(Riss, Kratzer in der Haut);
schram|men: über das Steinpflaster
schrammen (rutschen)

Schrank, der: des -(e)s, die Schränke;
die **Schrank|wand;** das **Schränk|chen**

Schran|ke, die: der -, die Schranken
(Schlagbaum, Sperre, Hindernis);
der **Schran|ken|wär|ter; schran|ken|los**
(keine Schranken kennen, der Fantasie
keine Schranken setzen)

Schrau|be, die: der -, die Schrauben;
das **Schräub|chen;**
die **Schrau|ben|mut|ter;**
der **Schrau|ben|schlüs|sel;**
der **Schrau|ben|zie|her;**
der **Schraub|stock;**
die **Schraub|zwin|ge; schrau|ben;**
Forderungen in die Höhe schrauben
(Ansprüche erhöhen); ein Brett an die
Wand schrauben (befestigen)

Schre|ber|gar|ten, der: des -s, die Schre-
bergärten (kleiner Garten in einer
Gartenkolonie)

Schreck, der: des -s, die Schrecke/Schre-
cken (plötzliche Angst, Furcht); eine
Schrecken erregende Nachricht;
der **Schre|cken;** die **Schreck|haf|tig|keit;**
die **Schre|ckens|nach|richt;**
die **Schre|ckens|tat;**
das **Schreck|ge|spenst;**
der **Schreck|schuss;**
die **Schreck|se|kun|de;**
schre|ckens|bleich; schreck|haft;
schreck|lich; sich **er|schre|cken** (in
Schrecken versetzen); **ab|schre|cken;**
die Eier abschrecken (kühlen); den
Einbrecher abschrecken

Schred|der, der: des -s, die Schredder
(Zerhacker, Reißwolf)

schrei|ben: du schreibst, du schrieb(e)st,
er schrieb, sie hat geschrieben,
schreib(e)!; du schreibst mir; du schreibst
an mich; das **Schrei|ben;**
der **Schrei|ber;** die **Schrei|be|rin;**
der **Schreib|feh|ler;** die **Schrei|bung;**
schreib|faul; schreib|ge|wandt; sich
etwas hinter die Ohren schreiben (mer-

ken); sage und schreibe (tatsächlich)

schrei|en: er schreit, du schriest, er schrie,
er hat geschrien, schrei(e); der **Schrei**

Schrein, der: des -s, die Schreine
(Schrank, der Sarg); der **Schrei|ner;**
die **Schrei|ne|rin; schrei|nern**

schrei|ten: du schreitest, du schritt(e)st, er
schritt, sie ist geschritten, schreit(e)!; er
schreitet durch den Raum

Schrift, die: der -, die Schriften; die
Heilige Schrift (Bibel); sie spricht nach
der Schrift (hochdeutsch);
das **Schrift|bild;** der **Schrift|füh|rer;**
der **Schrift|set|zer;**
die **Schrift|spra|che;** der **Schrift|stel|ler;**
die **Schrift|stel|le|rin;**
das **Schrift|stück;** der **Schrift|ver|kehr;**
schrift|lich

schrill: ein schriller (durchdringender)
Schrei; **schril|len**

Schritt, der: des -(e)s, die Schritte; er
macht große Schritte; das
Schritt|tem|po; schritt|wei|se; er
kann nicht Schritt halten (kommt mit den
anderen nicht mit); den ersten Schritt
tun; Schritte gegen jemanden unterneh-
men (Maßnahmen ergreifen); jemanden
auf Schritt und Tritt beobachten; Schritt
(sehr langsam) fahren

schroff: ein schroffes (unfreundliches,
abweisendes) Benehmen;
die **Schroff|heit;** ein schroffer
(steil aufragender) Felsen

schröp|fen: (Blut absaugen, Geld abneh-
men); er hat ihn tüchtig geschröpft

Schrot, der/das: des -(e)s, die Schrote;
das **Schrot|brot;** die **Schrot|flin|te;**
die **Schrot|ku|gel;** das **Schrot|mehl**

Schroth|kur, die: (Abmagerungs- und
Entschlackungskur)

Schrott, der: des -(e)s, die Schrotte
(Alteisen, Metallabfälle); er hat das Auto
zu Schrott gefahren;
der **Schrott|händ|ler;**
der **Schrott|hau|fen; schrott|reif;**
ver|schrot|ten (zu Alteisen machen)

Schrub|ber, der: des -s, die Schrubber;

schrub|ben; die Matrosen schrubben (scheuern) das Deck

Schrul|le, die: der -, die Schrullen (Laune, sonderbarer Einfall); **schrul|lig** (launisch)

Schrum|pel, die: der -, die Schrumpeln; **schrum|pe|lig,** *auch* **schrump|lig**

schrump|fen: der Pullover ist beim Waschen eingeschrumpft (eingelaufen); die **Schrump|fung;** der **Schrumpf|ger|ma|ne** (kleiner Mensch); die **Schrumpf|nie|re**

Schub, der: des -(e)s, die Schübe (Stoß); das **Schub|fach;** die **Schub|kar|re;** die **Schub|kraft;** das **Schub|schiff;** **schub|wei|se**

Schubs, der: des -es, die Schubse, siehe *auch* der **Schups**

schüch|tern: die **Schüch|tern|heit**

schuf: → schaffen

Schuft, der: des -(e)s, die Schufte (niederträchtiger Mensch); **schuf|tig**

schuf|ten: (hart arbeiten); die **Schuf|te|rei**

Schuh, der: des -(e)s, die Schuhe; der **Schuh|an|zie|her;** der **Schuh|ma|cher;** jemandem etwas in die Schuhe schieben (jemandem die Schuld für etwas geben); ich weiß, wo ihn der Schuh drückt (kenne seine Sorgen genau)

Schuld, die: der -, die Schulden; die Schuld tragen; es ist nicht meine Schuld; dir gebe ich keine Schuld; er hat Schuld; sich etwas zuschulden/zu Schulden kommen lassen; das **Schuld|be|kennt|nis;** das **Schuld|be|wusst|sein;** **Schul|den** machen; das **Schuld|ge|fühl;** die **Schul|dig|keit; schuld;** er ist schuld; **schul|den|frei; schuld|haft; schul|dig; schuld|los;** jemandem etwas **schul|den;** sich keiner Schuld bewusst sein; tief in Schulden stecken; ich schulde ihm Dank

Schu|le *lat.,* die: der -, die Schulen; die Schule (der Unterricht) ist heute ausgefallen; der **Schul|ab|schluss;** das **Schul|buch;** der **Schü|ler;**

die **Schü|le|rin;** das **Schul|heft;** der **Schul|lei|ter;** die **Schul|lei|te|rin;** die **Schul|ta|sche;** die **Schu|lung;** das **Schul|zeug|nis;** schulische Leistungen; **schul|pflich|tig; um|schu|len;** aus der Schule plaudern (Informationen ausplaudern); durch eine harte Schule gehen (streng erzogen werden); das wird Schule machen (nachgeahmt werden); dieses Beispiel machte Schule (wurde oft nachgeahmt)

Schul|ter, die: der -, die Schultern; das **Schul|ter|blatt;** das **Schul|ter|ge|lenk;** **breit|schult|rig; schul|ter|lan|ges** Haar; **schul|tern;** den Rucksack schultern; jemandem die kalte Schulter zeigen (abweisen, nicht beachten); etwas auf die leichte Schulter nehmen (nicht ernst nehmen)

schum|meln: (leicht betrügen, mogeln); die **Schum|me|lei;** der **Schumm|ler**

schum|me|rig, *auch* **schumm|rig:** (dämmrig); die **Schum|mer|stun|de** (Dämmerstunde)

Schund, der: des -(e)s (Wertloses, Minderwertiges, Ramsch); die **Schund|wa|re**

schun|keln: (sich hin und her wiegen); der **Schun|kel|wal|zer**

Schup|pe, die: der -, die Schuppen (Hautplättchen); die **Fisch|schup|pe;** die **Haar|schup|pe;** die **Schup|pen|flech|te** (Hautkrankheit); **schup|pig; schup|pen:** die Haut schuppt sich; der Fisch wird geschuppt; es fiel mir wie Schuppen von den Augen (ich erkannte plötzlich den wahren Sachverhalt)

Schup|pen; der: des -s, die Schuppen (einfacher Bau für Maschinen und Geräte); der **Ge|rä|te|schup|pen**

Schups/Schubs, der: des -es, die Schubse (Stoß); **schup|sen/schub|sen;** du schupst/schubst

Schur, die: (Schafschur), die Schuren

schü|ren: das Feuer schüren (entfachen); den Hass schüren; der **Schür|ha|ken**

schür|fen: (Bodenschätze suchen, abbau-
en); sich die Haut abschürfen (verletzen);
das **Schürf|recht;** die **Schürf|wun|de**

Schur|ke, der: des -n, die Schurken (böser
Mensch, Gauner); die **Schur|kin**

Schurz, der: des -es, die Schurze (um die
Hüfte geschlungenes Tuch);
der **Len|den|schurz;** die **Schür|ze**

Schuss, der: des -es, die Schüsse;
die **Schuss|fahrt;** die **Schuss|wun|de;**
schuss|be|reit; etwas in Schuss (Ord-
nung) halten; der Schuss traf ins Schwar-
ze; er ist weit vom Schuss (weit entfernt
in Sicherheit); → schießen

Schus|sel, der: des -s, die Schussels
(gedankenloser, zerstreuter Mensch);
schus|se|lig, *auch* **schuss|lig;**
schus|seln (unkonzentriert arbeiten)

Schüs|sel, die: der -, die Schüsseln
(Gefäß)

Schus|ter, der: des -s, die Schuster
(Schuhmacher); **schus|tern** (Schuhe
besohlen); auf Schusters Rappen (zu Fuß)
unterwegs sein; Schuster, bleib bei deinen
Leisten! (mach nur das, wovon du etwas
verstehst)

Schu|te, die: (Lastkahn), die Schuten

Schutt, der: des -(e)s (Geröll, Bau-
rückstände); der **Schutt|ab|la|de|platz;**
die **Schutt|hal|de;** etwas in Schutt und
Asche legen (völlig zerstören)

schüt|teln: (rütteln, hin und her bewe-
gen); der **Schüt|tel|frost;** er schüttelt
sich; das Korn wird abgeschüttelt (von
der Spreu getrennt); er schüttelt mir die
Hand; etwas aus dem Ärmel schütteln
(etwas ohne Vorbereitung können)

schüt|ten: ausschütten; Wasser in einen
Kessel schütten; es schüttet nur so (regnet
sehr stark)

Schüt|ze; der: des -n, die Schützen;
das **Schüt|zen|fest;** die **Schüt|zin**

schüt|zen: du schützt; er schützt sich
gegen Kälte; der **Schutz;** jemanden in
Schutz nehmen; die **Knie|schüt|zer,**
die **Oh|ren|schüt|zer;** das **Schutz|blech;**
der **Schutz|en|gel;** die **Schutz|far|be;**

die **Schutz|imp|fung;**
die **Schutz|klei|dung;** der **Schütz|ling;**
die **Schutz|schicht;** die **Schutz|trup|pe;**
schutz|los

schwab|beln: (wackeln, verschütten); ein
schwabb(e)liger Bauch; **schwab|be|lig,**
auch **schwabb|lig**

Schwa|be, der: des -n, die Schwaben
(Bewohner des Schwabenlandes);
die **Schwä|bin; schwä|bisch**

schwach: schwächer, am schwächsten;
die Veranstaltung war schwach (dürftig,
wenig) besucht; ein schwaches Herz; mit
schwacher Stimme; ein schwacher
Schüler; schwach werden/schwach-
werden; **schwäch|lich;**
die **Schwä|che;** der **Schwach|kopf;**
der **Schwäch|ling;** der **Schwach|strom;**
schwä|chen (den Gegner schwächen)

Schwa|den, der: des -, die Schwaden
(Reihe abgemähten Grases oder Getrei-
des, Dampf, Dunst, Rauch)

schwa|feln: (töricht reden);
die **Schwa|fe|lei**

Schwa|ger, der: des -s, die Schwäger
(Ehemann der Schwester);
die **Schwä|ge|rin**

Schwal|be, die: der -, die Schwalben
(Zugvogel, Singvogel);
das **Schwal|ben|nest;**
der **Schwal|ben|schwanz** (Schmetterling)

Schwall, der: des -(e)s, die Schwalle
(Welle, Guss, Flut); der **Re|de|schwall**

Schwamm, der: des -(e)s, die Schwämme;
schwam|mig; Schwamm drüber (die
Sache ist vergessen)

Schwan, der: des -(e)s, die Schwäne
(großer Schwimmvogel);
der **Schwa|nen|teich;**
schwa|nen|weiß

schwan|ger: eine schwangere Frau;
die **Schwan|ge|re;**
die **Schwan|ger|schaft;**
die **Schwan|ger|schafts|be|ra|tung;**
die **Schwan|ger|schafts|gym|nas|tik;**
die **Schwan|ger|schafts|ver|hü|tung;**
schwän|gern (zeugen)

Schwank, der: des -(e)s, die Schwänke (lustige Erzählung, Komödie, Bühnenstück)

schwan|ken: (hin und her bewegen); im Winde schwanken; ich schwanke noch in meinem Entschluss; schwankende Preise; die **Schwan|kung;** er schwankt wie ein Rohr im Winde; **schwan|kend** (unentschlossen)

Schwanz, der: des -es, die Schwänze; **schwän|zeln** (tänzeln, geziert herumgehen); das glaubt doch kein Schwanz mehr (niemand)

schwän|zen: du schwänzt; die Schule schwänzen (unentschuldigt fehlen); die Arbeit schwänzen (nicht zur Arbeit gehen); der **Schwän|zer**

schwap|pen: das Wasser schwappt über (ergießt sich über den Rand); der **Schwapp**

Schwarm, der: des -s, die Schwärme; der **Bie|nen|schwarm;** der **Schwär|mer;** die **Schwär|me|rin;** die **Schwär|me|rei; schwär|me|risch;** für jemanden/etwas **schwär|men; aus|schwär|men**

Schwar|te, die: der -, die Schwarten (Schweinehaut, dicke Haut, altes wertloses Buch); er muss zahlen, bis ihm die Schwarte kracht (viel zahlen)

schwarz: schwärzer, am schwärzesten; sie trägt ein schwarzes Kleid; die schwarze Farbe; die Annonce hing am schwarzen/ Schwarzen Brett; ein schwarzer Tag; schwarzer Tee; schwarzer Humor; schwarzer/Schwarzer Peter (Kartenspiel); das Schwarze Meer; der **Schwarz|wald;** das **Schwarz|brot;** das **Schwar|ze;** die **Schwär|ze;** der **Schwarz|fah|rer;** der **Schwarz|weiß|fern|se|her;** die **Schwarz|weiß|ma|le|rei** (grob vereinfachte Darstellung); **schwarz|haa|rig; schwärz|lich; schwarz|ar|bei|ten;** er arbeitet schwarz (verrichtet unerlaubte Lohnarbeit); sich **schwarz|är|gern; schwarz|fah|ren;** etwas **schwarz|se|hen,** aber: etwas zu schwarz sehen; **schwarzweiß,** auch: schwarz-weiß, ins Schwarze treffen; mir wird schwarz vor Augen; etwas schwarz auf weiß besitzen (etwas schriftlich haben); sich schwarz ärgern; etwas zu schwarz sehen; der **Schwar|ze Ho|lun|der;** die **Schwar|ze Jo|han|nis|bee|re;** sie geht in Schwarz (Trauerkleidung)

schwat|zen: (plaudern); du schwatzt; **schwät|zen;** der **Schwät|zer;** die **Schwät|ze|rei;** die **Schwatz|haf|tig|keit;** das **Schwatz|maul; schwatz|haft;** einen kleinen Schwatz über den Zaun

schwe|ben: die **Schwe|be;** die **Schwe|be|bahn;** der **Schwe|be|bal|ken;** die Sache ist noch in der Schwebe (noch nicht entschieden); in Gefahr schweben (gefährlich leben)

Schwe|den: (Staat in Nordeuropa); der **Schwe|de;** die **Schwe|din; schwe|disch**

Schwe|fel, der: des -(e)s (chem. Grundstoff); die **Schwe|fel|säu|re; schwe|fel|ar|tig; schwe|fel|hal|tig; schwe|feln;** wie Pech und Schwefel (ganz fest) zusammenhalten

Schweif, der: des -(e)s, die Schweife (buschiger Schwanz); der **Schweif|stern** (Komet); **schwei|fen; schweif|we|delnd**

schwei|gen: du schweigst, du schwieg(e)st, er schwieg, er hat geschwiegen, schweig(e)!; das **Schwei|gen;** der **Schwei|ge|marsch;** die **Schwei|ge|pflicht;** der **Schwei|ger; schweig|sam;** das Schweigen brechen; sich in Schweigen hüllen; jemanden zum Schweigen bringen; alles schweigt (ist still)

Schwein, das: des -(e)s, die Schweine; das **Schwei|ne|fleisch;** das **Schwei|ne|ko|te|lett;** die **Schwei|ne|rei;** das **Schweins|ohr** (Hundefutter, Gebäck); **schwei|nisch** (sich wie ein Schwein benehmen)

Schweiß, der: des -(e)s; in Schweiß (Hitze) geraten; eine schweißtreibende Arbeit; der **Schweiß|aus|bruch;** der **Schweiß|trop|fen;**

schweiß|trei|bend; aber: vor Schweiß triefend; das hat viel Schweiß gekostet; im Schweiße seines Angesichts arbeiten

schwei|ßen: du schweißt (Metalle oder Kunststoffe durch Druck, Hämmern oder Schmelzen miteinander verbinden); der **Schwei|ßer;** die **Schweiß|naht**

Schweiz, die: (Staat in Mitteleuropa); der **Schwei|zer;** die **Schwei|ze|rin; schwei|ze|risch**

schwe|len: (glimmen, langsam, flammenlos verbrennen); der **Schwel|brand**

schwel|gen: (üppig leben); der **Schwel|ger;** die **Schwel|ge|rei; schwel|ge|risch;** in Erinnerung schwelgen (sie noch einmal genießen)

Schwel|le, die: der -, die Schwellen; die **Tür|schwel|le;** ich werde nicht mehr über deine Schwelle treten (nicht mehr kommen)

schwel|len: (größer, stärker werden, sich ausdehnen); sein Hals ist geschwollen; die **Schwell|kör|per** (im Penis); die **Schwel|lung;** rede nicht so geschwollen (so unnatürlich, überheblich); der Wind schwellt die Segel; mit Stolz geschwellter Brust (voller Stolz)

schwem|men: das Hochwasser schwemmte (spülte) Unrat ans Ufer; die **Schwem|me;** die **Obst|schwem|me** (Überangebot an Obst); der **Schwemm|sand**

schwen|ken: (hin und her schwingen), der **Ka|me|ra|schwenk;** die **Schwen|kung;** der **Fah|nen|schwen|ker; schwenk|bar**

schwer: schwerer, am schwersten; schwere Arbeit; schwerer Boden; ein schwerer Gang; schweres Gewitter; eine schwere Pflicht; schwere Speisen; schwere Zeiten; schwer behindert/schwerbehindert; schwer verdaulich/schwerverdaulich; schwer verletzt/schwerverletzt; schwer verständlich/schwerverständlich; schwer verträglich/schwerverträglich; schwer wiegend/schwerwiegend; schwerfallen; schwerhalten; schwer machen/schwer-

machen; sich schwertun; da bist du schwer (sehr) im Irrtum; **schwer|fäl|lig; schwer|hö|rig; schwer|mü|tig;** er ist **schwer|reich** (sehr reich); **schwer|lich** (kaum); der **Schwer|ar|bei|ter;** die **Schwer|ath|le|tik;** die **Schwe|re|lo|sig|keit;** die **Schwer|mü|tig|keit;** der **Schwe|re|nö|ter;** das **Schwer|ge|wicht;** die **Schwer|in|dus|t|rie;** die **Schwer|mut;** der **Schwer|punkt;** der **Schwer|ver|bre|cher**

Schwert, das: des -(e)s, die Schwerter

Schwes|ter, die: der -, die Schwestern; **schwes|ter|lich**

Schwie|ger|el|tern, die: der -; die **Schwie|ger|mut|ter;** der **Schwie|ger|sohn;** die **Schwie|ger|toch|ter;** der **Schwie|ger|va|ter**

Schwie|le, die: der -, die Schwielen (Hornhaut, durch schwere Arbeit entstandene Verdickung auf den Handflächen); **schwie|lig**

schwie|rig: (kompliziert); die **Schwie|rig|keit;** der **Schwie|rig|keits|grad;** ein schwieriger Mensch; ein schwieriger Charakter; eine schwierige (komplizierte) Aufgabe; ein schwieriges Problem

schwim|men: du schwimmst, du schwämmest, er schwamm, sie ist/hat geschwommen, schwimm(e)!; der **Schwim|mer;** der **Schwimm|meis|ter;** der **Schwimm|vo|gel;** die **Schwimm|wes|te;** sie gehen schwimmen; mit dem Strom/gegen den Strom schwimmen; im Geld/Glück schwimmen; mir schwimmt es vor Augen; ins Schwimmen geraten (unkonzentriert werden)

Schwin|del, der: des -s, die Schwindel (Störung des Gleichgewichts, Lüge, Betrug); die Schwindel erregende Höhe;

er schwindelte (log) uns etwas vor;
die **Schwin|de|lei;**
das **Schwin|del|ge|fühl;**
der **Schwind|ler;** die **Schwind|le|rin;**
schwin|del|frei; schwin|del|haft;
schwin|de|lig, *auch* **schwind|lig;**
schwin|deln; ich schwindle (sage nicht
die Wahrheit); mir schwindelt (mir ist
übel)

schwin|den: du schwindest, du schwän-
dest, er schwand, er ist geschwunden,
schwind(e)!; meine Angst, meine Hoff-
nung, mein Vertrauen schwindet; seine
Gesundheit schwindet immer mehr;
die **Schwind|sucht** (Lungentuberkulo-
se); **schwind|süch|tig**

schwin|gen: du schwingst, du schwän-
gest, er hat geschwungen, schwing(e)!;
die **Schwin|ge;** der **Schwin|ger**
(Boxschlag); die **Schwing|tür;**
die **Schwin|gung**

Schwips, der: des -es, die Schwipse
(leichter Rausch); **be|schwipst**

schwir|ren: Mücken schwirren um den
Kopf; **ab|schwir|ren**

schwit|zen: du schwitzt;
das **Schwitz|bad;** der **Schwitz|kas|ten;**
die **Schwitz|kur;** etwas **ver|schwit|zen**
(vergessen); vor Angst schwitzen; ins
Schwitzen kommen; Blut und Wasser
schwitzen (große Angst haben)

Schwof, der: des -s, die Schwofe (Tanzver-
gnügen); **schwo|fen** (tanzen, lustig sein,
feiern)

schwö|ren: du schwörst, du schwürest, er
schwor, sie hat geschworen, schwör(e)!;
einen Eid schwören; auf jemanden, auf
eine Sache schwören (die Wahrheit
sagen); Stein und Bein schwören (fest
behaupten)

schwul: (gleichgeschlechtliche Liebe bei
Männern, homosexuell); der **Schwu|le;**
die **Schwu|len|be|we|gung**

schwül: ein schwüles Wetter (heiß und
feucht); die **Schwü|le**

Schwulst, der: des -(e)s, die Schwülste
(etwas, das überladen, bombastisch

wirkt); **schwuls|tig** (aufgeschwollen,
verdickt); **schwüls|tig** (hochtönend,
überschwänglich); eine schwülstige Rede

Schwund, der: des -es; → schwinden

Schwung, der: des -es, die Schwünge;
die **Schwung|fe|der;** die **Schwung|kraft;**
schwung|haft; schwung|los;
schwung|voll; mit viel Schwung
(Begeisterung) an die Arbeit gehen;
jemanden in Schwung bringen (mitrei-
ßen); einen ganzen Schwung (viele)
Akten tragen

Schwur, der: des -(e)s, die Schwüre (einen
Eid leisten/schwören);
das **Schwur|ge|richt;** → schwören

Sci|ence|fic|tion/Sci|ence-Fic|tion
amerik. [ßaienßfikschen], die: der -
(wissenschaftlich-utopische Literatur,
futuristische Filme);
der **Sci|ence|fic|tion|film/**
Sci|ence-Fic|tion-Film

Scrab|b|le *engl.* [skräbbel], das: des -s,
die Scrabbles (Gesellschaftsspiel)

sechs: um sechs Uhr; um sechs;
sechs|tens; sech|zehn; sech|zig;
die **Sechs;** das **Sechs|eck;**
das **Sechs|ta|ge|ren|nen;**
ein **Sechs|tel; sechs|stel|lig;** → acht

Se|cond|hand|shop, der: (Geschäft, in
dem gebrauchte Ware verkauft wird)

See, der: des -s, die Seen (Binnensee)

See, die: (Meer); das **See|bad;**
das **See|be|ben;** die **See|fahrt;**
der **See|hund;** der **See|igel;**
die **See|kuh; see|fest; see|krank;**
see|tüch|tig

See|le, die: der -, die Seelen (körperloser
Teil des Menschen, der in religiöser
Vorstellung nach dem Tode weiterlebt;
das Fühlen, Empfinden, Denken eines
Menschen); das **See|len|le|ben;**
die **See|len|ver|wandt|schaft;**
der **Seel|sor|ger; see|len|ru|hig;**
see|lisch; sie sind ein Herz und eine
Seele (verstehen sich ausgezeichnet); mit
Leib und Seele bei einer Sache sein; er ist
eine Seele von Mensch (herzensgut);

S

Seel

seine Seele aushauchen (sterben)

Se|gel, das: des -s, die Segel; das Segeltuch zur Bewegung des Schiffes; die Segel setzen, hissen; das **Se|gel|boot;** die **Se|gel|jacht/Se|gel|yacht; se|gel|flie|gen; se|geln;** jemandem den Wind aus den Segeln nehmen; die Segel streichen (aufgeben)

Se|gen, der: des -s, die Segen; der Priester spendet den Segen Gottes; der **Se|gens|wunsch;** die **Seg|nung; seg|nen;** zu etwas seinen Segen geben (Zustimmung)

Seg|ment *lat.,* das: des -(e)s, die Segmente (Abschnitt, Teilstück)

seg|nen: er segnet, er segnete, er hat gesegnet; die **Seg|nung;** gesegnete Mahlzeit

se|hen: du siehst, du sahst; du sähest, er sah, sie hat gesehen, sieh(e)!; ich sehe dich; das sieht dir ähnlich; ich sehe dir zu; das kann sich sehen lassen/sehen-lassen (ist ordentlich); **an|se|hen; weg|se|hen; zu|se|hen;** der/die **Seh|be|hin|der|te;** die **Se|hens|wür|dig|keit;** die **Se|he|rin;** der **Seh|feh|ler;** die **Seh|kraft; seh|be|hin|dert; se|hens|wert; se|hens|wür|dig;** dir wird Hören und Sehen vergehen, *auch* hören und sehen (die Sache steht schlimm für dich); ein gern gesehener/gerngesehener Gast; er lässt sich nicht in die Karten sehen (verrät seine Absicht nicht); ich kenne ihn vom Sehen; → Sicht

Seh|ne, die: der -, die Sehnen (Bindegewebe zwischen Muskeln und Knochen); der **Seh|nen|riss;** die **Seh|nen|zer|rung; seh|nig**

seh|nen: sich nach etwas oder jemandem sehnen (verlangen, herbeiwünschen); die **Sehn|sucht; sehn|lich; sehn|süch|tig; sehn|suchts|voll**

sehr: (Verstärkung für den folgenden Ausdruck); so sehr; zu sehr; sehr schön; sehr viel; sehr vieles; sehr bedauerlich; sehr freundlich

seicht: (nicht tief); ein seichtes (flaches) Gewässer; ein seichtes (oberflächliches) Gespräch

seid: ihr seid; → sein

Sei|de, die: der -, die Seiden (glänzendes Gewebe); das **Sei|den|pa|pier; sei|den; sei|den|weich; sei|dig;** in Samt und Seide gekleidet sein; sein Leben hing am seidenen Faden (war sehr gefährdet)

Sei|fe, die: der -, die Seifen (Waschmittel); die **Sei|fen|bla|se;** die **Sei|fen|oper** (rührselige Fernsehserie); **sei|fig; ein|sei|fen; sei|fen**

Seil, das: des -(e)s, die Seile (dicker Strick); die **Seil|bahn;** der **Sei|ler;** die **Seil|schaft** (Bergsteigergruppe am Seil, Gruppe mit gemeinsamen politischen Zielen); die **Seil|schwe|be|bahn;** die **Seil|win|de; ab|sei|len; an|sei|len; sei|len; seil|sprin|gen; seil|tan|zen**

Sein, das: (Dasein, Vorhandensein, Existenz); Sein und Schein (Wirklichkeit und Einbildung); das wahre Sein

sein: ich bin, du bist, er/sie/es ist, wir sind, ihr seid, sie sind, du warst, du wärest, du bist gewesen, sei!; **sein las|sen;** er will es sein lassen

sein: das ist sein Haus, seine Mutter; das sind seine Eltern; das Buch ist seins; er muss das Seine/seine dazu tun; er sorgt für die Seinen/seinen; **sei|ner|seits; sei|ner|zeit** (damals); **sei|net|we|gen;** um **sei|net|wil|len**

Seis|mo|graph/Seis|mo|graf *griech.,* der: des -en, die Seismographen (Gerät zum Aufzeichnen von Erdbeben); die **Seis|mo|lo|gie;** die **Seis|mo|lo|gin; seis|mo|lo|gisch**

seit: seit gestern; seit kurzem; seit einem halben Jahr; seit langem; seit damals; seit ich hier bin; **seit|ab** (abseits); **seit|dem;** er ist seitdem verschwunden, aber: seit dem Essen

Sei|te, die: der -, die Seiten; die linke Seite; auf der einen, auf der anderen Seite; von allen Seiten (aus jeder Richtung); zur Seite gehen; von zuständiger Seite;

Vorfahren mütterlicherseits, väterlicherseits; die **Sei|ten|an|sicht;**
der **Sei|ten|blick;** der **Sei|ten|hieb** (bissige Anspielung, spöttische Bemerkung); der **Sei|ten|sprung; sei|tens;** seitens des Angeklagten; **von|sei|ten/ von Sei|ten; all|seits; sei|ten|lang;** aber: vier Seiten lang; **sei|ten|ver|kehrt; seit|lich; seit|wärts;** etwas auf die Seite legen (sparen); sich von der besten Seite zeigen

Se|kret *lat.,* das: des -es, die Sekrete (Absonderung, Ausscheidung); die **Se|kre|ti|on**

Se|kre|tär *lat.,* der: des -s, die Sekretäre (Beamter, Schriftführer, Schreibschrank); das **Se|kre|ta|ri|at** (Geschäftsstelle); die **Se|kre|tä|rin**

Sekt *franz.,* der: des -(e)s, die Sekte (Schaumwein); die **Sekt|scha|le**

Sek|te *lat.,* die: der -, die Sekten (Glaubensgemeinschaft, die sich von einer anderen Religionsgemeinschaft abgespalten hat); das **Sek|ten|we|sen;** der **Sek|tie|rer** (Abweichler); **sek|tie|re|risch**

Sek|ti|on *lat.,* die: der -, die Sektionen (Abteilung, Leichenöffnung); der **Sek|ti|ons|be|fund;** der **Sek|ti|ons|chef** (Abteilungsleiter); → sezieren

Sek|tor *lat.,* der: des -s, die Sektoren (Sachgebiet, Bezirk, Kreis- oder Kugelausschnitt)

se|kun|där *lat.:* (in zweiter Linie, zweitrangig); der **Se|kun|där|stoff** (Altmaterial zur Wiederverwertung); die **Se|kun|dar|schu|le;** die **Se|kun|dar|stu|fe**

Se|kun|de *lat.,* die: der -, die Sekunden; in **Se|kun|den|schnel|le;** der **Se|kun|den|zei|ger; se|kun|den|lang;** aber: drei Sekunden lang; **se|kund|lich,** *auch* **se|künd|lich**

selbst/sel|ber: ich komme selbst zu dir; von selbst/selber; ich selbst/selber; selbst bei schlechtem Wetter; selbst gebackener/

selbstgebackener Kuchen; selbst verdientes/selbstverdientes Geld;
selbst|be|wusst; selbst|ge|fäl|lig; selbst|ge|recht; selbst|los; selbst|stän|dig/selb|stän|dig; selbst|süch|tig; selbst|tä|tig; selbst|ver|ständ|lich;
der **Selbst|aus|lö|ser;**
die **Selbst|be|die|nung;**
die **Selbst|be|frie|di|gung;**
die **Selbst|be|herr|schung;**
der **Selbst|laut;** der **Selbst|mord;**
das **Selbst|ver|trau|en;**
der **Selbst|zweck**

se|lig: (völlig beglückt); der **Se|li|ge;** die **Se|lig|spre|chung; se|lig|ma|chen/ selig ma|chen; se|lig|spre|chen**

Sel|le|rie *griech.,* der: des -s, die Sellerie(s); der **Sel|le|rie|sa|lat**

sel|ten: (nicht häufig vorkommend); seltene Pflanzen; ein selten schönes (sehr schönes) Haus; die **Sel|ten|heit;** der **Sel|ten|heits|wert;** das ist ein seltener Vogel (sonderbarer Mensch)

Sel|ter(s)|was|ser, das: des -s, die Selterswasser (Mineralwasser)

selt|sam: (merkwürdig, ungewöhnlich); **selt|sa|mer|wei|se;** die **Selt|sam|keit**

Se|man|tik *griech.,* die: der - (Wortbedeutungslehre); **se|man|tisch**

Se|mes|ter *lat.,* das: des -s, die Semester (Studienhalbjahr); die **Se|mes|ter|fe|ri|en; se|mes|trig;** ein sechssemestriges Studium

Se|mi…: (Halb…); das **Se|mi|fi|na|le** (Vorschlussrunde, Halbfinale: vier Mannschaften spielen noch gegeneinander)

Se|mi|ko|lon *lat.,* das : des -s, die Semikolons/Semikola (Strichpunkt)

Se|mi|nar *lat.,* das: des -s, die Seminare (Ausbildungsstätte, Lehrveranstaltung an Hochschulen)

Sem|mel, die: der -, die Semmeln (Brötchen, Kleingebäck); die **Sem|mel|brö|sel;** der **Sem|mel|knö|del; sem|mel|blond;**

die Ware geht weg wie warme Semmeln (verkauft sich gut)

Se|nat *lat.,* der: des -s, die Senate (Verwaltung einer Stadt, Regierungsbehörde, Verwaltungsbehörde an Hochschulen); der **Se|na|tor;** die **Se|na|to|rin** (Mitglied des Senats)

sen|den: du sendest, du sandtest, du sendetest, er sandte, sie hat gesandt/sie hat gesendet, send(e)!; er sandte mir ein Paket; die **Sen|de|an|la|ge;** das **Sen|de|ge|biet;** die **Sen|de|lei|te|rin;** die **Sen|de|pau|se;** der **Sen|der;** das **Sen|de|zei|chen;** die **Sen|de|zeit;** die **Sen|dung;** der Rundfunk sendete ein spannendes Hörspiel

Senf *griech.,* der: des -(e)s, die Senfe (Gewürzpaste); die **Senf|gur|ke;** die **Senf|so|ße; senf|far|ben/ senf|far|big;** überall seinen Senf dazugeben (sich in alles einmischen)

sen|gen: die Sonne sengt (brennt); **ver|sengt** (angebrannt, brenzlig); mit der Zigarette ein Loch in den Teppich gesengt

se|nil *lat.:* (greisenhaft, altersschwach); die **Se|ni|li|tät**

se|ni|or: (hinter dem Namen, Bezeichnung für Ältere); Abk. sen.; Paul Meier senior; der **Se|ni|or** (der Ältere, Altmeister, Angehöriger einer bestimmten Altersklasse beim Sport); die **Se|ni|o|ren|mann|schaft;** der **Se|ni|o|ren|pass**

Sen|kel, der: des -s, die Senkel (Schnürband)

sen|ken: er senkte die Preise (machte sie niedriger); den Blick, die Stimme senken; das **Senk|blei;** die **Sen|ke;** der **Senk|recht|star|ter;** die **Sen|kung; senk|recht**

Senn, der: des -(e)s, die Senne (Almhirt, Almwirt); die **Sen|ne|rin;** die **Senn|hüt|te**

Sen|sa|ti|on *franz.,* die: der -, die Sensationen (total unerwartetes Ereignis); das **Sen|sa|ti|ons|be|dürf|nis;**

die **Sen|sa|ti|ons|pres|se; sen|sa|ti|o|nell** (Aufsehen erregend)

Sen|se, die: der -, die Sensen; der **Sen|sen|mann** (Symbol für den Tod)

sen|si|bel *franz.:* (empfindsam, feinfühlig); die **Sen|si|bi|li|tät;** die **Sen|si|bi|li|sie|rung**

sen|ti|men|tal *franz.:* (gefühlvoll, rührselig); die **Sen|ti|men|ta|li|tät**

se|pa|rat *lat.:* er will separat (abgesondert, einzeln) wohnen; der **Se|pa|ra|tis|mus** (Streben nach Loslösung eines Gebietes aus dem Staatsganzen)

Sep|tem|ber, der: des -(s), die September (Monatsname)

ser|bisch: Serbisch; **Ser|bi|en** (Balkanstaat)

Se|re|na|de *franz.,* die: der -, die Serenaden (Abendmusik)

Se|rie *lat.,* die: der -, die Serien (Reihe, Aufeinanderfolge, gleichartige Gruppe); eine Serie von Unglücksfällen; eine **Film|se|rie;** die **Brief|mar|ken|se|rie;** die **Fern|seh|se|rie;** die **Se|ri|en|fer|ti|gung; se|ri|en|wei|se**

se|ri|ös *franz.:* (ernst, zuverlässig, anständig); ein seriöses Angebot; eine seriöse Firma

Ser|pen|ti|ne *lat.,* die: der -, die Serpentinen (Weg in Schlangenlinien den Berg hinauf); die **Ser|pen|ti|nen|stra|ße**

Se|rum *lat.,* das: des -s, die Seren/Sera (Bestandteil des Blutes)

Ser|ve|lat, Cervelat: die **Ser|ve|lat|wurst,** Zervelatwurst

Ser|vice *engl.* [ßörwiß], der: des -, die Services (Kundendienst, Aufschlag im Tennis); das **Ser|vice|netz; ser|vie|ren;** die **Ser|vie|re|rin;** die **Ser|vi|et|te;** das **Ser|vice|team**

Ser|vice *franz.* [ßerwiß], das: des -s, die Service (zusammengehöriges Tafelgeschirr)

Ser|vo|len|kung, die: der -, die Servolenkungen (Lenkung mit einer Vorrichtung zur leichteren Bedienung)

Ses|sel, der: des -s, die Sessel;

der **Ses|sel|lift;** die **Ses|sel|leh|ne**
sẹss|haft: (einen festen Wohnsitz haben);
   die **Sess|haf|tig|keit**
Sẹt *engl.,* das: des -s, die Sets (Satz, mehre-
   re zusammengehörige Gegenstände, z. B.
   Platzdeckchen)
sẹt|zen: auf den Stuhl setzen (niederlas-
   sen); ich setze mich; setz dich!; einen
   Motor in Gang setzen; sich etwas in den
   Kopf setzen; auf ein Pferd setzen (beim
   Wetten); der **Sẹt|zer;** die **Sẹt|ze|rei;**
   der **Sẹtz|ling** (junge Pflanzen zum
   Versetzen, Zuchtfisch); jemandem ein
   Denkmal setzen; ein Gerücht in die Welt
   setzen; jemanden auf freien Fuß setzen;
   sich zwischen zwei Stühle setzen (keinem
   wirklich gerecht werden); über einen
   Graben setzen (springen); jemanden matt
   setzen/mattsetzen (ihn ausschalten)
Seu|che, die: der -, die Seuchen (sich
   rasch verbreitende Infektionskrankheit);
   die **Seu|chen|ge|fahr;** ver|seu|chen**
seuf|zen: (stöhnen); du seufzt;
   der **Seuf|zer**
Sẹx *engl.,* der: des -(e)s; Abk. für Sexualität
   (Geschlechtlichkeit); der **Sẹx|film;**
   der **Sẹx|shop;** der **Se|xu|al|trieb;**
   das **Se|xu|al|ver|bre|chen; se|xu|ẹll;**
   sẹ|xy (geschlechtlich anziehend, reiz-
   voll); der **Sẹx|ap|peal/Sex-Ap|peal**
se|zie|ren *lat.:* (eine Leiche zerlegen);
   das **Se|zier|mes|ser**
s-för|mig, *auch* **S-för|mig**
Sham|poo, *auch* **Sham|poon** *engl.*
   [schampu], das: des -s (Haarwaschmit-
   tel); **sham|poo|nie|ren**
She|riff *engl.* [schärif], der: des -s, die
   Sheriffs (Polizeibeamter in den USA,
   früher: Held im Wilden Westen)
Shirt *engl.* [schört], das: des -s, die Shirts
   (Baumwollhemd); das **T-Shirt**
Shop *engl.* [schop], der: des -s, die Shops
   (Laden, Geschäft);
   das **Shop|ping|cen|ter/Shop|ping-
   Cen|ter** (Einkaufszentrum); **shop|pen**
   (einkaufen)
Shorts *engl.* [schorts], die: der -, die Shorts

(kurze Sommerhose)
Short|sto|ry/Short Sto|ry *engl.*
   [schortßtori], die: der -, die Shortstorys
   (eine Form der Kurzgeschichte)
Show *engl.* [schou], die: der -, die Shows
   (Schau, Darbietung, Vorführung);
   der **Show|mas|ter** (Unterhaltungs-
   künstler, der eine Show präsentiert)
sịch: (Reflexivpronomen, rückbezügliches
   Fürwort); sie freut sich; für sich allein
Sị|chel, die: der -, die Sicheln
   (Mähmesser); **si|chel|för|mig; si|cheln**
sị|cher: bist du sicher, dass er heute zum
   Unterricht erscheint?; sicher sein; ein
   sicheres Schloss; ein sicherer Schütze; aus
   sicherer Quelle; im Sicheren sein;
   si|cher|heits|hal|ber; si|cher|lich;
   die **Sị|cher|heit;**
   der **Sị|cher|heits|ab|stand;**
   der **Sị|cher|heits|gurt;**
   die **Sị|cher|heits|na|del;**
   das **Sị|cher|heits|schloss;**
   die **Sị|che|rung; si|chern; si|cher|ge|hen**
   (Gewissheit haben), aber: sicher gehen
   (ohne Gefahr gehen); auf vereister Straße
   kann man nicht sicher fahren;
   si|cher|stel|len (sichern, feststellen); das
   Motorrad wurde sichergestellt (beschlag-
   nahmt); mit tödlicher Sicherheit; auf
   Nummer sicher gehen (nichts wagen);
   sicherlich (gewiss) werden wir gewinnen
Sịcht, die: der -; Land in Sicht (Ausruf des
   Matrosen auf See); auf lange/kurze Sicht;
   außer Sicht; in Sicht kommen; schlechte
   Sicht; die **Sịch|tung;**
   die **Sịcht|ver|hält|nis|se;**
   die **Sịcht|wei|se;** die **Sịcht|wei|te;**
   sịcht|bar; sịcht|lich; sịch|ten; ein
   Schiff sichten (erblicken); Papiere sichten
   (durchsehen, prüfen); aus meiner Sicht
   (von meinem Standpunkt aus)
sị|ckern: (langsam in den Boden fließen);
   das Wasser **ver|si|ckert;**
   die **Sị|cker|gru|be**
sie: (Personalpronomen); sie kommt nach
   Hause; hast du sie gesehen?
Sie: (Anredefürwort, Personalpronomen);

247

geben Sie mir bitte Ihre Unterlagen; ich
bitte Sie, mir zu helfen

Sieb, das: des -(e)s, die Siebe (Filter);
der **Sieb|druck; sie|ben**

sie|ben: (Zahl); wir sind sieben; zu sieben
sein; zu siebent sein; zu siebt sein;
der **Sie|ben|schlä|fer** (Nagetier, Kalen-
dertag 27. Juni); die sieben Raben; die
sieben Weltwunder; der Siebenjährige
Krieg; die Zahl Sieben; **sie|ben|mal/
7-mal; sie|ben|ar|mig;** der siebenarmi-
ge Leuchter; **sie|ben|fach;
sie|ben|stel|lig; sieb|zehn;** seine
Siebensachen packen; → acht

siech: ein siecher (lange kranker, gebrech-
licher) Mensch; das **Siech|tum;
da|hin|sie|chen**

sie|deln: (sich ansässig machen);
an|sie|deln; der **Sied|ler;**
die **Sied|lung;** das **Sied|lungs|haus**

sie|den: (kochen, erhitzen); du siedest, du
söttest, er sott, er siedete, er hat gesiedet,
er hat gesotten, sied(e)!;
der **Sie|de|punkt;** der **Tauch|sie|der**

Sieg, der: des -(e)s, die Siege; der **Sie|ger;**
die **Sie|ger|eh|rung;** die **Sie|ge|rin;**
die **Sie|ges|fei|er;** die **Sie|ges|göt|tin;**
die **Sie|ges|säu|le; sie|ges|si|cher;
sieg|ge|wohnt; sieg|los; sieg|reich;
sie|gen** (im Kampf gewinnen)

Sie|gel, das: des -s, die Siegel (Stempel);
be|sie|geln; sie|geln; das ist mir ein
Buch mit sieben Siegeln (davon verstehe
ich nichts); der **Sie|gel|lack;**
der **Sie|gel|ring**

sie|he: siehe oben; Abk. s. o.

sieht: → sehen

sie|zen: du siezt; er siezt mich (redet mich
mit Sie an)

Sig|nal/Si|gnal *lat.,* das: des -s, die Signale
(Zeichen mit festgelegter Bedeutung,
Alarm); die **Si|g|nal|an|lage;**
die **Si|g|nal|far|be;** die **Si|g|nal|flag|ge;**
das **Si|g|nal|horn; si|g|na|li|sie|ren**

Sig|na|tur/Si|gna|tur *lat.,* die: der -, die
Signaturen (abgekürzter Namenszug als
Zeichen); **si|g|nie|ren**

Sil|be, die: der -, die Silben;
das **Sil|ben|rät|sel;**
die **Sil|ben|tren|nung; ein|sil|big;
mehr|sil|big;** er hat mit keiner Silbe
(überhaupt nicht) daran gedacht

Sil|ber, das: des -s (Edelmetall);
der **Sil|ber|blick** (leicht schielender
Blick); die **Sil|ber|me|dail|le;**
das **Sil|ber|pa|pier;** der **Sil|ber|schmied;**
die **Sil|ber|schmie|din;**
der **Sil|ber|schmuck; sil|ber|grau;
sil|bern;** die silberne Hochzeit;
ver|sil|bern (mit Silber überziehen,
etwas verkaufen)

Sil|hou|et|te *franz.* [silüäte], die: der -, die
Silhouetten (Schattenbild; Scherenschnitt-
profil)

Si|li|kon/Si|li|con *lat.,* das: des -s, die
Silikone (wärmebeständiger Kunststoff)

Si|lo *span.,* der/das: des -s, die Silos (Spei-
cher für Gärfutter oder Getreide);
si|lie|ren (im Silo einlagern);
das **Si|lo|fut|ter**

Sil|ves|ter, der/das: des -s, die Silvester
(letzter Tag im Jahr, 31. Dezember,
Vorname); die **Sil|ves|ter|fei|er**

sim|pel *franz.:* er löst eine simple (einfache)
Aufgabe; der **Sim|pel** (Dummkopf,
Einfallspinsel); eine simple Angelegen-
heit; **sim|pli|fi|zie|ren** (vereinfachen)

Sims *lat.,* das/der: des -es, die Simse
(vorspringender Rand, Leiste);
das **Ge|sims**

si|mu|lie|ren *lat.:* (heucheln, sich verstel-
len, eine Krankheit vortäuschen);
der **Si|mu|lant;** die **Si|mu|la|ti|on**

si|mul|tan *lat.:* (gleichzeitig, gemeinsam);
der **Si|mul|tan|dol|met|scher**

sind: (sie sind im Haus); → sein

Sin|fo|nie/Sym|pho|nie *griech.,* die: der -,
die Sinfonien (mehrsätziges Musikstück
für Orchester);
das **Sin|fo|nie|or|ches|ter; sin|fo|nisch**

sin|gen: du singst, du sängest, er sang, sie
hat gesungen, sing(e)!; er singt mir ein
Lied vor; der **Ge|sang;**
der **Sing|vo|gel;** singen und klingen; mit

Sang und Klang; davon weiß ich ein Lied zu singen (das kenne ich aus Erfahrung); der Dieb hat bei der Polizei gesungen (gestanden, seine Mittäter verraten)

Sin|g|le *engl.* [ßingel], der: des -s, die Singles (allein lebender Mensch)

Sin|gu|lar *lat.,* der: des -s, die Singulare (Einzahl); **sin|gu|lär** (vereinzelt)

sin|ken: du sinkst, du sank(e)st, du sänkest, er sank, er ist gesunken, sink(e)!; das Schiff versank in den Fluten; er sank in die Knie; in Ohnmacht sinken; sinkende Preise; sinkendes Vertrauen; er ist in meiner Achtung gesunken

sin|nen: (nachdenklich grübeln); du sinnst, du sann(e)st, du sännest, er sann, sie hat gesonnen, sinn(e)!; er sann auf Rache; er ist dir gut gesonnen; sich auf seine Stärke **be|sin|nen;** sich **ent|sin|nen;** der **Sinn;** das **Sinn|bild;** die **Sin|nes|art;** das **Sin|nes|or|gan;** die **Sin|nes|täu|schung;** der **Sin|nes|wan|del;** der **Un|sinn;** **sinn|bild|lich; sinn|fäl|lig; sin|nen|froh; sinn|ent|stel|lend; sinn|ge|mäß; sin|nig; sinn|voll;** ohne Sinn und Verstand; mir kommt etwas in den Sinn; mein Sinn steht mir nicht danach; nicht recht bei Sinnen sein; seine fünf Sinne nicht beieinander haben; seine fünf Sinne zusammennehmen (sich konzentrieren); das hat/macht keinen Sinn; Sinn stiftend/sinnstiftend

Sint|flut, die: der -, die Sintfluten (biblische Flut); **sint|flut|ar|tig**

Sin|to, der: des -s, die Sinti (deutschstämmiger Zigeuner)

Si|nus *lat.,* der: des -, die Sinus/Sinusse (Winkelfunktion im rechtwinkligen Dreieck)

Sip|pe, die: der -, die Sippen; die **Sip|pen|haft;** die **Sipp|schaft** (spöttisch für Verwandtschaft); **ver|sippt;** → verwandt

Si|re|ne *griech.,* die: der -, die Sirenen (Warnanlage und Alarmgerät, Meerjungfrau)

Si|rup *arab.,* der: des -s, die Sirupe (eingedickter Fruchtsaft)

Si|sal, der: des -s (Pflanzenfaser)

Sit-in *amerik.,* das: des -s, die Sit-ins (Sitzstreik, bes. von Studenten, um auf Missstände hinzuweisen)

Sit|te, die: der -, die Sitten (Moral, Anstand, Brauch); die **Sit|ten|po|li|zei;** der **Sit|ten|strolch** (Sittlichkeitsverbrecher); die **Sitt|lich|keit; sitt|lich; sitt|sam;** das ist bei uns so Sitte (üblich)

Sit|tich, der: des -s, die Sittiche (kleiner Papageienvogel)

Si|tu|a|ti|on *lat.,* die: der -, die Situationen; er befindet sich in einer unangenehmen Situation (Lage, Stellung, Zustand); **si|tu|a|tiv**

Sitz, der: des -es, die Sitze; einen Sitz im Theater reservieren; die **Sitz|ecke;** der **Sitz|platz;** der **Sitz|streik;** die **Sit|zung; sit|zen;** du saßest, du säßest, er saß, sie hat gesessen, sitz(e)!; **sit|zen blei|ben** (nicht aufstehen)/ **sit|zen|blei|ben** (nicht versetzt werden); **sit|zen las|sen** (auf einem Platz)/ **sit|zen|las|sen** (im Stich lassen); über den Büchern sitzen; wie auf glühenden Kohlen sitzen (ungeduldig sein); der Anzug sitzt (passt gut); er sitzt im Gefängnis (ist eingesperrt)

Ska|la *ital.,* die: der -, die Skalas/Skalen (Stufenfolge, Maßeinheit); der **Ska|len|zei|ger**

Skalp *engl.,* der: des -s, die Skalpe (abgezogene Kopfhaut); **skal|pie|ren**

Skal|pell *lat.,* das: des -s, die Skalpelle (kleines Messer des Chirurgen)

Skan|dal *griech.,* der: des -s, die Skandale (Schwank, Ärgernis); **skan|da|lös** (unerhört, anstößig)

Skan|di|na|vi|en: (Teil von Nordeuropa); der **Skan|di|na|vi|er;** die **Skan|di|na|vi|e|rin; skan|di|na|visch;** die skandinavische Halbinsel (Norwegen, Schweden, Finnland)

Skat, der: des -(e)s (Kartenspiel); **ska|ten;** die **Skat|run|de**

Skate|board *engl.* [ßkẹtbord], das: des -s, die Skateboards (Rollbrett);
der **Skate|boar|der**

Ske|lẹtt *griech.*, das: des -(e)s, die Skelette (Knochengerüst, Gerippe, Rahmen);
der **Ske|lett|bau**

Skẹp|sis *griech.*, die: der - (Zweifel, kritische Haltung); der **Skep|ti|ker;**
skep|tisch

Sketsch/Sketch *engl.* [ßkẹtsch], der: des - (es), die Sketche/Sketchs (kurze Bühnenszene mit meist witziger Pointe, z. B. im Kabarett)

Ski [Schi]**/Schi,** der: des -s, die Skier/Ski; Ski laufen; der **Ski|flie|ger;**
der **Ski|sprin|ger;** der **Ski|stock;**
der **Ski|pass**

Skin|head *engl.* [ßkịnhed], der: des -s, die Skinheads (Jugendlicher mit kahl geschorenem Kopf)

Skịz|ze *ital.*, die: der -, die Skizzen (Entwurf, flüchtige Zeichnung);
das **Skiz|zen|buch; skiz|zen|haft;**
skiz|zie|ren (kurz entwerfen)

Skla|ve *slaw.*, der: des -n, die Sklaven (Gefangener ohne Rechte);
der **Skla|ven|hal|ter;**
der **Skla|ven|han|del;** die **Skla|ve|rei;**
skla|visch

Skle|ro|se, die: (Verhärtung am Gewebe);
skle|ro|tisch

Skọn|to *ital.*, das/der: des -s, die Skontos/ Skonti (Preisnachlass)

Skoo|ter *engl.* [ßkụter], der: des -s, die Skooters (elektrisches Kleinauto auf Jahrmärkten)

Skor|pi|on *griech.*, der: des -s, die Skorpione (Spinnentier, Tierkreiszeichen)

Skru|pel *lat.*, der: des -s, die Skrupel (Gewissensbisse, Bedenken haben);
skru|pel|los (gewissenlos)

Skulp|tur, die: die Skulpturen (plastisches Bildwerk)

Sky|line *engl.* [ßkạilain], die: der -, die Skylines (Wolkenkratzer, Silhouette einer Stadt)

Sla|lom *norw.*, der: des -s, die Slaloms (Skilauf oder Kanufahrt durch abgesteckte Tore); der **Rie|sen|sla|lom;**
der **Sla|lom|lauf**

Slang *engl.* [ßläng], der: des -s, die Slangs (nachlässige Alltagssprache)

s-Laut, der: des -(e)s, die s-Laute

Sla|we, der: des -n, die Slawen (Angehöriger einer ost- oder südosteuropäischen Volksgruppe); **sla|wisch**

Slip *engl.*, der: des -s, die Slips (kurzes Unterhöschen, Schlüpfer)

Slip|per *engl.*, der: des -s, die Slipper(s) (Straßenschuhe ohne Schnürung)

Slo|gan *engl.* [ßlọgen], der: des -s, die Slogans (Werbeschlagwort, Motto)

Slo|wa|kei: (Staat in Osteuropa);
der **Slo|wa|ke;** die **Slo|wa|kin;**
slo|wa|kisch

Slo|we|ni|en: (Staat in Südosteuropa);
der **Slo|we|ni|er/Slo|we|ne;**
die **Slo|we|ni|e|rin/Slo|we|nin;**
slo|we|nisch

Slum *engl.* [ßlạm], der: des -s, die Slums (Elendsviertel in Städten)

Smalltalk/Small Talk, der: (Gespräch)

Sma|rạgd *griech.*, der: des -(e)s, die Smaragde (grüner Edelstein);
sma|ragd|grün

smạrt *engl.:* (elegant, gewandt, schneidig)

Smọg *engl.*, der: des -(s), die Smogs (dichter, schmutziger Nebelrauch über Industriestädten); der **Smog|alarm**

SMV: Schülermitverwaltung

Snọb *engl.* [ßnọb], der: des -s, die Snobs (eingebildeter, geltungssüchtiger Mensch)

Snow|board *engl.* [ßnọbord], das: des -s, die Snowboards (Brett zum Gleiten auf Schnee)

sọ: so (falls) ich dann …; so (auf diese Art) kannst du dein Ziel nicht erreichen; so sein; so einer; so etwas; so gut wie nie; **so|bạld** (Konjunktion); sobald er kommt, aber: so bald (Adverb) kommt er nicht; **so|dạnn; so|dạss/so dass; so|eben;** er ist soeben angekommen, aber: so eben (gerade) noch; **so|fẹrn;** sofern er heute noch kommt, aber: die

Reise liegt noch so fern; **so|fort;** er soll sofort kommen, aber: fahre immer so fort; **so|gar; so ge|nannt/so|ge|nannt;** der so genannte hohe Gewinn; **so|gleich; so|lan|ge;** solange du da bist, aber: er hat so lange Zeit; **so|mit** (folglich); **so|oft;** sooft du zu mir kommst, aber: ich habe es dir schon so oft gesagt; **so|sehr;** sosehr ich mich darüber freue, aber: es schneite so sehr, dass …; **so|viel;** soviel ich weiß?, aber: er musste so viel leiden; **so|weit/so weit** (Entfernung)**;** soweit ich ihn kenne, aber: wandere so weit du kannst!; **so|wie;** sowie ich fertig bin, aber: so wie ich über ihn denke; **so|wie|so; so|wohl;** sowohl der eine als auch der andere; **so|zu|sa|gen** (gewissermaßen)

So|cke, die: der -, die Socken (kurzer Strumpf); von den Socken (überrascht) sein; sich auf die Socken machen (losgehen, sich beeilen)

So|ckel, der: des -s, die Sockel (Unterbau)

So|da *span.,* die/das: des -s, das **So|da|was|ser** (kohlensäurehaltiges Mineralwasser)

So|fa *arab.,* das: des -s, die Sofas (Sitzmöbel); das **So|fa|kis|sen;** der **So|fa|mel|ker** (Bauer, der von der Milchsubvention lebt, den Hof aber nicht mehr bewirtschaftet)

Soft|eis *engl.,* das: des -es (sahniges Weicheis); der **Soft|drink/Soft Drink**

Soft|ware *engl.* [ßoftwär], die: der-, die Softwares (die Programme einer EDV-Anlage)

sog: → saugen

Sog, der: des -(e)s, die Soge (saugende Luft- oder Wasserströmung, starker Einflussbereich)

so|gar: aber: er hat so gar keine Lust

Soh|le, die: der -, die Sohlen; die **Fuß|soh|le;** die **Tal|soh|le;** auf leisen Sohlen kommen; die **Schuh|soh|le**

Sohn, der: des -(e)s, die Söhne (männlicher Nachkomme)

So|ja *niederl.,* die: der -, die Sojen (eiweiß- und fetthaltige Nutzpflanze); die **So|ja|boh|ne;** die **So|ja|so|ße**

so|lar: (von der Sonne kommend, auf die Sonne bezogen); das **So|lar|au|to;** das **So|lar|dach;** die **So|lar|ener|gie;** das **So|la|ri|um** (Sonnenstudio)

solch: solche, solcher, solches; solch ein Mensch; ein solcher Mensch; solche guten Menschen; solch gute Menschen; solch ein Pech; **sol|cher|art; sol|cher|lei; sol|cher|ma|ßen**

Sold, der: (Bezahlung), die Solde

Sol|dat, der: des -en, die Soldaten; der **Sold;** die **Sol|da|tin;** das **Sold|buch;** der **Söld|ner** (Soldat, der gegen Bezahlung Kriegsdienste leistet); **sol|da|tisch**

So|le, die: der -, die Solen (kochsalzhaltiges Wasser); das **Sol|bad;** das **Sol|ei; so|le|hal|tig**

so|li|da|risch *lat.:* (füreinander einstehend); die **So|li|da|ri|tät;** der **So|li|da|ri|täts|zu|schlag**

so|li|de, *auch* **so|lid** *lat.:* ein solides (haltbares) Auto; solide (zuverlässige) Arbeit leisten; eine solide Firma; ein solides Leben führen; sie lebt sehr solide (häuslich, charakterfest)

sol|len: du sollst; er hat sein Soll (seine Pflicht) erfüllt; sollte er abreisen, sind wir ihm nicht böse (falls er abreist), das **Soll**

So|lo *ital.,* das: des -s, die Solos/Soli (Einzelvortrag, Einzelstimme); ein Solo spielen; das Solo singen; der **So|list;** die **So|lis|tin; so|lo** (allein); er ist zur Zeit solo

Sol|venz, die: (Zahlungsfähigkeit)

Som|mer, der: des -s, die Sommer (Jahreszeit); der **Som|mer|abend;** der **Som|mer|an|fang;** die **Som|mer|fe|ri|en;** die **Som|mer|zeit; som|mer|lich**

So|na|te *ital.,* die: der -, die Sonaten (Musikstück)

Son|de *franz.,* die: der -, die Sonden (Instrument zum Einführen in kleine Öffnungen, Satellit); **son|die|ren** (untersuchen, ausforschen)

son|der: son|der|bar;
son|der|ba|rer|wei|se;
das **Son|der|an|ge|bot;** der **Son|der|fall;**
die **Son|der|fahrt;** der **Son|der|ling**
(komischer Einzelgänger)

son|dern: er sondert (trennen, beiseite
legen, auslesen) alle Arten von Müll aus;
sich **ab|son|dern**

son|dern: nicht du, sondern ich bin
schuld

Song *engl.,* der: des -s, die Songs (Schlager,
Lied); der **Ti|tel|song**

Sonn|abend, der: des -s, die Sonnabende
(Wochentag); **sonn|abends:** → Samstag

Son|ne, die: der -, die Sonnen (Himmels-
körper); der **Son|nen|auf|gang;**
das **Son|nen|bad;** die **Son|nen|bril|le;**
die **Son|nen|fins|ter|nis;**
der **Son|nen|schirm;**
der **Son|nen|strahl; son|nen|hell;**
son|nen|klar; son|nig; ein sonniges
Wesen; **son|nen|ba|den; son|nen;** sich
sonnen; einen Platz an der Sonne haben;
der glücklichste Mensch unter der Sonne
sein; einen Sonnenstich haben (krank
sein)

Sonn|tag, der: des -s, die Sonntage (der
letzte Tag in der Woche); **sonn|täg|lich;**
sonn|tags; → Dienstag

sonst: sonst (außerdem) keiner; sonst
noch etwas; sonst noch jemand; sonst
(andernfalls) wird es zu spät sein; wer
kommt sonst noch; **sons|tig; sonst
was; sonst wer; sonst wie; sonst
wo; sonst wo|hin;** das **Sons|ti|ge**

So|pran/Sop|ran *ital.,* der: des -s, die
Soprane (höchste Frauen- oder Knaben-
stimme); die **So|p|ra|nis|tin**

Sor|be, der: des -n, die Sorben (Angehöri-
ger einer westslawischen Volksgruppe
aus Sachsen und Brandenburg);
sor|bisch

Sor|ge, die: der -, die Sorgen (Kummer);
Sorge für etwas tragen; sich Sorgen
machen; das **Sor|gen|kind;**
das **Sor|ge|recht;** die **Sorg|falt;**
sor|gen|frei; sor|gen|schwer;

sorg|fäl|tig; sorg|los; sorg|sam;
vor|sorg|lich; sor|gen; sich um jeman-
den sorgen; er geht sorgsam (schonend,
gewissenhaft) mit seinem jüngeren
Bruder um

Sor|te *lat.,* die: der -, die Sorten (Art,
Gattung); das **Sor|ti|ment** (Gesamtheit
der vorhandenen Warensorten);
sor|tie|ren (ordnen)

SOS: (internationales Seenotzeichen);
Abk. save our souls;
das **SOS-Kin|der|dorf**

So|ße/Sau|ce *franz.,* die: der -, die Soßen
(Tunke)

Souf|fleur/Souff|leur *franz.* [suflör], der:
des -s, die Souffleure (Vorsager im
Theater zur Unterstützung der Schau-
spieler); die **Souf|f|leu|se; souf|f|lie|ren**

Soul *amerik.* [ßoul], der: des -s
(gefühlsbetonter Jazz oder Beat)

Sound *amerik.* [ßaunt], der: des -s, die
Sounds (Klang); der **Sound|track**

Sou|ta|ne/Su|ta|ne die (Priestergewand)

Sou|ter|rain, das: (Kellergeschoss)

Sou|ve|nir *franz.* [suwenir], das: des -s,
die Souvenirs (Andenken); der Souvenir-
laden

sou|ve|rän franz.; der **Sou|ve|rän** (Herr-
scher)

so|viel ich weiß, aber: **so viel** für heute;
so|weit ich es beurteilen kann, aber: ich
bin **so weit; so|wie|so; so|wohl;** das
Sowohl-als-auch; **so|zu|sa|gen**

so|zi|al *lat.:* die sozialen (gesellschaftlichen)
Verhältnisse; die sozial Benachteiligten;
er ist sozial (uneigennützig, wohltätig)
eingestellt; die soziale Marktwirtschaft;
der soziale Wohnungsbau;
die **So|zi|al|ar|beit;**
die **So|zi|al|de|mo|kra|tie;**
der **So|zi|al|hil|fe|emp|fän|ger;**
der **So|zi|a|lis|mus;** der **So|zi|a|list;**
der **So|zi|al|staat;**
die **So|zi|al|ver|si|che|rung;**
die **So|zio|lo|gie** (Gesellschaftslehre);
so|zi|a|lis|tisch

So|zi|us *lat.,* der : des -, die Soziusse

(Teilhaber, Beifahrer); der **So|zi|us|sitz**

Space|lab *engl.* [ßpeßlap], das: (Raumlabor)

Space|shut|tle *engl.* [ßpeßschạttel], der: des -s, die Spaceshuttles (wieder-verwendbare Raumfähre)

Spạch|tel, der: des -s, die Spachtel (Werkzeug); **spach|teln**

Spa|gạt *ital.,* der: des -(e)s, die Spagate (volles Spreizen der Beine)

Spa|ghẹt|ti/Spa|gẹt|ti *ital.,* die: der - (lange Fadennudeln)

spä|hen: (genau forschend hinsehen); der **Spä|her;** der **Späh|trupp**

Spa|lier *ital.,* das: des -s, die Spaliere (Lattengerüst, Doppelreihe von Personen als Ehrengasse); Spalier stehen; das **Spa|lier|obst**

spalt|breit, der Spaltbreit: (die Tür einen Spalt breit, *auch* Spaltbreit öffnen)

spạl|ten: der **Spalt;** die **Spạl|te;** die **Spạl|tung; spalt|bar**

Span, der: des -(e)s, die Späne (Splitter, Abfall); wo gehobelt wird, fallen Späne; das **Span|fer|kel** (junges Ferkel)

Spạn|ge, die: der -, die Spangen; die **Haar|spạn|ge**

Spa|ni|el, der: des -, die Spaniels (Hunde-rasse)

spa|nisch, das Spanisch; **Spa|ni|en**

spạn|nen: ein Seil zwischen zwei Pfosten spannen; ein Netz spannen; der **Spann** (oberer Teil des Fußes); die **Spạn|ne** (Unterschied, z.B. Zeitspanne, Verdienst-spanne, altes Längenmaß); das **Spann|bett|tuch;** die **Spann|kraft;** die **Spạn|nung;** das **Spạn|nungs|ge|biet; ge|spannt;** da bin ich aber gespannt; **spạn|nend;** eine spannende (fesselnde, mitreißende) Sendung; jemanden auf die Folter spannen (ihn warten lassen)

spạ|ren; Geld sparen (zurücklegen); der **Spạ|rer;** die **Spạr|kas|se;** die **Spạr|maß|nah|me;** die **Spạr|sam|keit;** das **Spạr|schwein; spär|lich** (wenig); **spạr|sam**

Spạr|gel, der: des -s, die Spargel (Gemüse-

pflanze); die **Spạr|gel|spit|zen;** die **Spạr|gel|creme|sup|pe**

Spạr|ring *engl.,* das: des -s (Boxtraining); der **Spạr|rings|kampf;** der **Spạr|rings|part|ner** (Übungspartner)

Spạr|te, die: der -, die Sparten (Abteilung, Fach, Wissenszweig, Geschäftszweig)

Spaß, der: des -es, die Späße (Witz, Humor); der **Spaß|ver|der|ber;** der **Spaß|vo|gel; spaß|es|hal|ber; spaß|haft; spa|ßig; spa|ßen**

Spạs|ti|ker *griech.,* der: des -s, die Spasti-ker (jemand, der an Krampf- oder Lähmungserscheinungen leidet); **spas|tisch** (verkrampft)

spät: er arbeitete bis spät am Abend; spät sein; spät werden; bis später; zu spät kommen; von früh bis spät; der **Spät|herbst; spät|abends; spä|tes|tens**

Spạ|ten, der: des -s, die Spaten; der **Spạ|ten|stich**

Spạtz, der: des -en/-es, die Spatzen (Vogel-art, Sperling); das **Spạt|zen|nest;** die Spatzen pfeifen es von den Dächern (das ist vielen bekannt)

Spạtz|le, die: (Nudelart), *auch* Spätzli

spa|zie|ren *lat.:* spazieren fahren; spazie-ren gehen; gemächlich durch den Park spazieren gehend/spazierengehend; die **Spa|zier|fahrt;** der **Spa|zier|gang;** der **Spa|zier|gän|ger**

SPD: Sozialdemokratische Partei Deutsch-lands

Spẹcht, der: des -(e)s, die Spechte

Spẹck, der: des -s; **spe|ckig;** mit Speck fängt man Mäuse (durch Geschenke erreicht man etwas)

Spe|di|ti|on *ital.,* die: der -, die Speditio-nen (Transportunternehmen); der **Spe|di|teur** (Transportunternehmer)

Speed *engl.* [ßpit], der: des -s, die Speeds (Geschwindigkeit); das **Speed|way|ren|nen/ Speed|way-Ren|nen**

Speer, der: des -(e)s, die Speere; der **Speer|wer|fer;** der **Speer|wurf**

Spei|che, die: der -, die Speichen;
der **Spei|chen|kranz**

Spei|chel, der: des -s;
die **Spei|chel|drü|se**

Spei|cher, der: des -s, die Speicher;
die **Spei|cher|ka|pa|zi|tät;**
die **Spei|che|rung; spei|chern**

spei|en: du speist, du spiest, er spie, sie hat
gespie(e)n, spei(e) nicht!;
mir ist **spei|übel** (sehr übel)

spei|sen: (vornehm essen); er hat gespeist;
die **Spei|se;** das **Spei|se|eis;**
die **Spei|se|röh|re;** der **Spei|se|saal**

Spek|ta|kel lat., der/das: des -s, die
Spektakel (Aufregung, Lärm);
spek|ta|ku|lär (Aufsehen erregend)

Spek|trum/Spekt|rum lat., das: des -s,
die Spektren/Spektra (durch Licht-
zerlegung entstehendes Farbenband,
Vielfalt); die **Spek|t|ral|far|be;**
spek|t|ral

Spe|ku|la|ti|us niederl., der: des -, die
Spekulatius (Gebäck, Plätzchen)

spe|ku|lie|ren lat.: (gewagte Geschäfte
machen, auf etwas hoffen); er spekuliert
an der Börse; der **Spe|ku|lant;**
die **Spe|ku|la|ti|on**

Spe|lun|ke griech., die: der -, die Spelun-
ken (schlecht ausgestattetes, verrufenes
Lokal)

spen|den: er spendet (gibt Geld) für die
Behinderten; Beifall spenden; Blut
spenden; **spen|die|ren** (großzügig für
jemanden bezahlen); die **Spen|de;**
der **Spen|der; spen|da|bel** (großzügig)

Sper|ling, der: des -s, die Sperlinge (Spatz)

Sper|ma griech., das: des -s, die Spermen/
Spermata (männliche Samenzellen)

sper|ren: die Straße sperren; sich sperren;
die **Sper|re;** das **Sperr|holz;**
der **Sperr|müll;** die **Sperr|stun|de;**
die **Sper|rung; sperr|an|gel|weit** offen;
sper|rig; ab|sper|ren; aus|sper|ren;
ein|sper|ren (wegschließen)

Spe|sen ital., die: der - (Auslagen, Kos-
ten); **spe|sen|frei;**
die **Spe|sen|ab|rech|nung**

spe|zi|al, auch **spe|zi|ell** lat.: eine spezielle
(besondere) Aufgabe; der **Spe|zi|al|fall;**
in diesem speziellen (einzelnen, besonde-
ren) Fall; **spe|zi|fisch** (eigentümlich,
kennzeichnend); das spezifische Gewicht;
der **Spe|zi|a|list** (Fachmann);
die **Spe|zi|a|li|tät** (Besonderheit);
sich **spe|zi|a|li|sie|ren** (auf ein Gebiet
beschränken)

Sphinx griech., die: der - (Fabelwesen,
geflügelter Löwe mit Frauenkopf)

spi|cken: das Fleisch spicken (Fleisch zum
Braten mit Speckstreifen durchziehen);
eine mit Fehlern gespickte (durchsetzte)
Arbeit; der **Spick|zet|tel** (Merkzettel,
Mogelzettel)

Spie|gel, der: des -s, die Spiegel;
das **Spie|gel|bild;** das **Spie|gel|ei;**
die **Spie|gel|fech|te|rei** (Täuschung,
Scheingefecht); die **Spie|gel|schrift;**
die **Spie|ge|lung,** auch **Spieg|lung;**
spie|gel|glatt; spie|geln;
wi|der|spie|geln; jemandem den Spiegel
vorhalten (ihm seine Fehler vorhalten)

Spiel, das: des -(e)s, die Spiele;
der **Spiel|au|to|mat;** der **Spie|ler;**
die **Spie|le|rei;** der **Spiel|film;**
der **Spiel|raum** (Bewegungsfreiheit);
die **Spiel|re|gel;** der **Spiel|ver|der|ber;**
die **Spiel|wa|ren; spie|le|risch; spie|len;**
jemandem einen Streich spielen; **spie|len**
las|sen/spie|len|las|sen; Kla|vier
spie|len; es spielt keine Rolle; falsch
spielen (Musik); falschspielen (betrügen);
seine Mannschaft spielt morgen

Spieß, der: des -es, die Spieße (Lanze,
Speer); die **Spieß|bür|ger;** der **Spie|ßer**
(engstirniger, kleinlicher Mensch);
Spieß|ru|ten laufen (sich dem Gespött
aussetzen müssen); **spie|ßig;**
auf|spie|ßen; den Spieß umdrehen (den
Vorwurf zurückgeben und angreifen); er
schrie wie am Spieß (sehr laut); einen
Ochsen am Spieß braten

Spike engl. [ßpaik], der: des -s, die Spikes
(Stahlnägel für Rennschuhe); die **Spikes**
(Rennschuhe, Autoreifen mit Stahl-

Spei
S

nägeln)

Spi|nat *arab.,* der: des -(e)s, die Spinate (Blattgemüse)

Spind, das/der: des -(e)s, die Spinde (schmaler Schrank)

Spin|del, die: der -, die Spindeln (Teil des Spinnrades, Stange); **spin|del|dürr** (sehr dünn)

Spi|nett *ital.,* das: des -(e)s, die Spinette (Tasteninstrument)

spin|nen: du spinnst, du spänn(e)st, er spann, sie hat gesponnen, spinn(e)!; die **Spin|ne;** der **Spin|ner;** die **Spin|ne|rei;** das **Spin|nen|ge|we|be;** das **Spin|nen|netz;** der **Spinn|fa|den;** Seemannsgarn spinnen (eine nicht ganz glaubwürdige Geschichte erzählen); **spin|ne|feind** sein; du spinnst ja

Spi|on *ital.,* der: des -s, die Spione (Agenten für Spionageringe); die **Spi|o|na|ge;** **spi|o|nie|ren** (auskundschaften)

Spi|ra|le *griech.,* die: der -, die Spiralen (Windungen um eine Achse); die **Spi|ral|fe|der;** **spi|ral|för|mig;** **spi|ra|lig**

Spi|ri|tu|al *amerik.* [spiritjuel], das/der: des -s, die Spirituals (das Geistige, geistliches Lied der Schwarzen in den USA)

Spi|ri|tus *lat.,* der: des - (Alkohol, Hauch, Lebensgeist); die **Spi|ri|tu|o|sen** (alkoholische Getränke); der **Spi|ri|tus|ko|cher**

Spi|tal *lat.,* das: des -s, die Spitäler (Altersheim, Krankenhaus)

spitz: ein spitzer Bleistift; eine spitze (scharfe) Zunge haben; einen Stock spitzen (spitz machen); ein spitzer Winkel; ein spitzes Gesicht; **spitz|fin|dig; spitz|wink|lig;** der **Spitz** (kleine Hunderasse); die **Spit|ze;** etwas auf die Spitze treiben (bis zum Äußersten gehen); das ist Spitze! (ausgezeichnet); der **Spitz|bu|be** (Gauner); die **Spit|zen|leis|tung;** der **Spit|zen|rei|ter;** der **Spit|zel;** der **Spitz|na|me; spit|zen;** den Bleistift spitzen; **spit|zeln** (etwas auskundschaf-

ten); die Ohren spitzen (gut aufpassen); **spitz|krie|gen;** eine Sache spitzkriegen (herausbekommen)

Spleen *engl.* [schplin], der: des -s, die Spleene/Spleens (verrückte Eigenart); **splee|nig**

Splitt, der: des -(e)s, die Splitte (kleines Gestein für den Straßenbau)

Split|ter, der: des -s, die Splitter (abgesprungenes Stück); der **Split|ter|bruch;** die **Split|ter|grup|pe;** der **Gra|nat|split|ter; split|ter|nackt; split|tern**

Spon|sor *engl.,* der: des -s, die Sponsoren (Förderer, Geldgeber); **Spon|so|ring; spon|sern** (einen Verein sponsern)

spon|tan *lat.:* er antwortete spontan (von selbst, von innen heraus, sofort); eine spontane Äußerung; spontanes Handeln; die **Spon|ta|ni|tät/Spon|ta|ne|i|tät**

spo|ra|disch: (vereinzelt, selten, gelegentlich)

Spo|re *griech.,* die: der -, die Sporen (Fortpflanzungszelle der Pflanzen); das **Spo|ren|tier|chen**

Sporn, der: des -(e)s, die Sporne (Rädchen am Absatz des Reitstiefels); **an|spor|nen;** sich die ersten Sporen verdienen (erste Erfolge aufweisen); spornstreichs

Sport *engl.,* der: des -(e)s; Sport treiben/sporttreiben; der **Sport|ler;** die **Sport|le|rin;** der **Sport|un|ter|richt;** das **Sport|ge|rät;** die **Sport|stät|te;** der **Sport|ver|ein;** Abk. SV; **sport|lich**

Spot *engl.,* der: des -s, die Spots (kurzer Werbetext, Werbefilm, -spruch); das **Spot|light** [spotlait]: (Punktlicht auf der Bühne)

spot|ten: der **Spott;** der **Spöt|ter;** das **Spott|bild** (Karikatur); ein **Spott|preis** (äußerst niedriger Preis); **spott|bil|lig** (sehr billig); das spottet jeder Beschreibung (ist unerhört)

Spra|che, die: der -, die Sprachen; die **Fremd|spra|che;** die **Mut|ter|spra|che;** das **Sprach|buch;**

der **Sprach|feh|ler;**
das **Sprach|ge|fühl;**
die **Sprach|ge|wandt|heit;**
der **Sprach|un|ter|richt;**
sprach|ge|wal|tig; sprach|lich;
sprach|los; etwas zur Sprache bringen;
er will nicht so recht mit der Sprache
heraus (will nicht darüber reden)

Spray *engl.* [schpre̲], der/das: des -s,
die Sprays (Sprühflüssigkeit);
das **Haar|spray;** das **Mund|spray;**
die **Spray|do|se;** die **Spray|er; spray|en**

spre̲|chen: du sprichst, du sprächest,
er sprach, sie hat gesprochen, sprich!;
die **Sprech|bla|se;** der **Spre|cher**
(Ansager, Redner, Wortführer);
die **Spre|che|rin;** die **Sprech|stun|de;**
sprechen lernen; sprechen lassen/
sprechenlassen; → Gespräch

sprei|zen: (auseinander strecken); du
spreizt; der **Spreiz|fuß; spreiz|bei|nig**

spren|gen: (mit Sprengmaterial zerstören);
eine Brücke sprengen; die Wäsche
sprengen (nass machen); die Sprengbom-
be; die **Spreng|kraft;** die **Spren|gung;**
der **Spreng|wa|gen** (Wasserwagen)

Spre̲u, die: der - (Dreschabfall); die Spreu
vom Weizen trennen (das Wertvolle vom
Unnützen)

Sprich|wort, das: des -s, die Sprichwör-
ter; **sprich|wört|lich**

sprie̲|ßen: es sprießt, es sprösse, er
sprosste, sie ist gesprossen/gesprießt,
sprieß(e)! (wachsen, keimen)

sprin|gen: du springst, du sprängest, er
sprang, sie ist gesprungen, spring(e)!;
der **Spring|brun|nen;** der **Sprin|ger;**
die **Sprin|ge|rin;** die **Spring|flut;**
das **Spring|pferd; spring|le|ben|dig;**
→ Sprung

Sprint *engl.,* der: des -s, die Sprints (Wett-
lauf über eine kurze Strecke);
der **Sprin|ter;** die **Sprin|te|rin; sprin|ten**

Sprit/Spi|ri|tus, der: des -(e)s (Alkohol,
Treibstoff)

sprit|zen: du spritzt; die **Sprit|ze;**
der **Sprit|zer;** das **Spritz|ge|bäck;**

die **Spritz|tour** (kurzer Ausflug);
sprit|zig (lustig, geistvoll, prickelnd); ein
spritziges (flottes) Mädchen

sprö|de: (brüchig, splitterig); sprödes
Glas; spröde Haut; die **Sprö|dig|keit**

Spross, der: des -es, die Sprosse/Sprossen
(Nachkomme, Pflanzentrieb, Querholz
einer Leiter); der **Spröss|ling** (Kind);
die **Spros|sen|wand;**
die **Spros|sen|lei|ter**

Spro̲t|te, die: der -, die Sprotten (kleiner
Fisch); Kieler Sprotten

Spru̲ch, der: des -(e)s, die Sprüche (Aussa-
ge, Sprichwort); der **Sprü|che|klop|fer**
(jemand, der nur leeres Gerede von sich
gibt); etwas ist **spruch|reif** (kann
bekannt gegeben werden)

Spru̲|del, der: des -s, die Sprudel;
das **Spru|del|was|ser; spru|deln;** eine
Quelle sprudelt

sprü̲|hen: die **Sprüh|do|se;**
der **Sprüh|re|gen; sprü|hend** (vor
Lebenslust)

Spru̲ng, der: des -(e)s, die Sprünge;
das **Sprung|be|cken;** das **Sprung|brett;**
das **Sprung|ge|lenk;** die **Sprung|kraft;**
die **Sprung|schan|ze; sprung|be|reit;**
sprung|haft (unruhig); jemanden auf
einen Sprung (kurz) besuchen; er kann
mit seinem Geld keine großen Sprünge
machen (kann sich nicht viel leisten);
jemandem auf die Sprünge helfen (unter-
stützen); → springen

spu̲|cken: die **Spu|cke;** große Töne
spucken (angeben)

spu̲|ken: der **Spuk;** des -s;
die **Spuk|ge|schich|te; spuk|haft;** im
Schloss spukt es

Spu̲|le, die: der -, die Spulen; **ab|spu|len;**
spu|len

spü̲|len: der **Ge|schirr|spü|ler;**
die **Spü|le;** das **Spül|be|cken;**
die **Spü|lung**

Spu̲nd *ital.,* der: des -(e)s, die Spunde/
Spünde (Fassverschluss);
das **Spund|loch**

Spu̲r, die: der -, die Spuren (Abdrücke im

Sand); die **Spur|brei|te;**
der **Spür|hund;** die **Spür|na|se;**
der **Spür|sinn;** **spür|bar;** **spur|los;**
auf|spü|ren; **spu|ren** (eine Spur ziehen,
gehorchen); **spü|ren;** etwas am eigenen
Leib spüren

Spurt *engl.,* der: des -(e)s, die Spurts
(Verstärkung der Geschwindigkeit);
der **End|spurt;** der **Zwi|schen|spurt;**
spurt|stark; **spur|ten**

spu|ten: sich sputen (beeilen)

Sput|nik *russ.,* der: des -s, die Sputniks
(erster russischer Erdsatellit)

Squash *engl.* [ßkwosch], das: des - (Ball-
spiel gegen die Wand)

Squaw *indian.-engl.* [ßkwo], die: der -, die
Squaws (Indianerfrau)

St.: Sankt (heilig); der Heilige; Stück

Staat *lat.,* der: des -(e)s, die Staaten;
die **Staats|an|ge|hö|rig|keit;**
der **Staats|an|walt;** der **Staats|bür|ger;**
die **Staats|bür|ge|rin;**
der **Staats|mann;** der **Staats|streich;**
staa|ten|los; **staat|lich;** einen Staat
(das Land) regieren

Stab, der: des -(e)s, die Stäbe;
das **Stäb|chen;** der **Stab|hoch|sprung;**
der **Stabs|of|fi|zier;**
die **Stab|ta|schen|lam|pe;** den Stab
über jemanden brechen (ihn verurteilen)

sta|bil *lat.:* (fest, beständig, haltbar);
der **Sta|bil|bau|kas|ten;**
die **Sta|bi|li|tät;** **sta|bi|li|sie|ren**

Stab|reim, der: des -(e)s, die Stabreime;
Anlautreim: Weite Wege Wandern

Sta|chel, der: des -s, die Stacheln (Spitze,
Dorn); die **Sta|chel|bee|re;**
der **Sta|chel|draht;** **sta|che|lig,** *auch*
stach|lig; **sta|cheln**

Sta|del, der: (Heuscheune), die Stadel,
auch Städel

Sta|di|on, das: (Fußballstadion), die
Stadien

Sta|di|um *griech.,* das: des -s, die Stadien
(Zustand, Entwicklungsstufe)

Stadt, die: der -, die Städte; in der Stadt
wohnen; der **Stadt|füh|rer;**

die **Städ|te|part|ner|schaft;**
der **Stadt|rat;** die **Stadt|vä|ter** (Stadt-
räte); das **Stadt|vier|tel;**
das **Stadt|zen|t|rum;** **stadt|aus|wärts;**
stadt|be|kannt; **stadt|ein|wärts;**
städ|tisch

Sta|fet|te *ital.,* die: der -, die Stafetten
(Personen, die schnell etwas übermitteln,
indem sie einander ablösen; Kurier);
der **Sta|fet|ten|lauf**

Staf|fel, die: der -, die Staffeln (Verband
von Flugzeugen, Läufer mit Stabwechsel
beim Staffellauf); der **Staf|fel|stab;**
staf|feln

Staf|fe|lei, die: der -, die Staffeleien
(Gestell für die Leinwand beim Malen)

sta|gnie|ren/stag|nie|ren: (nicht weiter-
kommen, stocken); die **Sta|g|na|ti|on**

Stahl, der: des -(e)s, die Stähle (schmied-
bares Eisen); der **Stahl|bau;**
die **Stahl|kam|mer;** das **Stahl|werk;**
stahl|blau; **stäh|lern;** **stahl|hart;**
stäh|len; seinen Körper stählen (abhär-
ten); Nerven aus Stahl (starke Nerven)
haben

stak|sen: (steifbeinig gehen); **stak|sig**
(steif, hölzern)

Sta|lag|mit *griech.,* der: des -s/-en, die
Stalagmite(n) (nach oben wachsender
Tropfstein); der **Sta|lak|tit** (nach unten
wachsender Tropfstein)

Stall, der: des -(e)s, die Ställe;
die **Stall|la|ter|ne;** der **Stall|jun|ge**

Stamm, der: des -es, die Stämme;
der **Baum|stamm;** der **Stamm|baum;**
die **Stamm|form;** der **Stamm|gast;**
der **Stamm|hal|ter;**
der **Stamm|kun|de;** der **Stamm|tisch;**
der **Stamm|vo|kal;** der **Wort|stamm;**
stäm|mig; **stamm|ver|wandt;**
ab|stam|men; sie **stam|men** aus
Ramsdorf

stam|meln: (stotternd sprechen);
der **Stamm|ler**

stamp|fen: der **Stamp|fer;** vor Wut mit
den Füßen auf die Erde stampfen;
Kartoffeln stampfen (zerkleinern)

Stand, der: des -(e)s, die Stände; aus dem Stand (ohne Anlauf) springen; bei jemandem einen guten Stand haben (angesehen sein); der **Hand|stand;** der **Klei|der|stän|der;** das **Stand|bild;** das **Ständ|chen** (Musikstück); das **Stan|des|amt;** das **Stand|licht;** der **Stand|ort;** die **Stand|pau|ke** (Strafpredigt); der **Stand|punkt;** er hat einen festen Standpunkt (eine feste Meinung); **stand|fest; stand|haft; stän|dig;** ständiger Aufenthalt; ständiges Mitglied; in Stand/instand (setzen), aber: jemanden in den Stand setzen, etwas zu tun; im Stande/imstande (sein); außer Stande/außerstande (sein); jemandem standhalten

Stan|dard *engl.,* der: des -s, die Standards (Richtmaß, Norm); der **Le|bens|stan|dard;** der **Stan|dard|brief;** das **Stan|dard|werk** (grundlegendes Werk)

Stand-by, das: *auch* Standby (Form der Flugreise ohne feste Platzbuchung)

Stand-by-Be|trieb, der: (Betriebsart eines elektrischen Gerätes)

Stan|ge, die: der -, die Stangen (Stecken, Stock); die **Gar|di|nen|stan|ge;** bei der Stange bleiben (eine Sache fortführen); jemandem die Stange halten (zu ihm halten)

Stän|gel, der: des -s, die Stängel (Stiel, Halm)

stän|kern: (Unfrieden stiften, Streit schüren); der **Stän|ke|rer**

Stan|ni|ol *lat.,* das: des -s, die Stanniole (dünne Zinn-, Aluminiumfolie); das **Stan|ni|ol|pa|pier**

stan|zen: du stanzt; die **Stan|ze;** der **Stan|zer;** die **Stan|ze|rei**

Sta|pel, der: des -s, die Stapel (aufgehäufte Waren, Schiffsbaugerüst); der **Ga|bel|stap|ler;** der **Sta|pel|lauf;** die **Sta|pe|lung;** die **Sta|pel|wa|re;** **sta|peln;** ein Schiff vom Stapel lassen

stap|fen: durch den hohen Schnee stapfen; der **Fuß|stap|fen** (Fußabdruck)

Star, der: des -s, die Stare (Augenkrank-heit, der graue, grüne, schwarze Star)

Star, der: des -s, die Stare (Vogelart); der **Sta|ren|kas|ten**

Star *engl.,* der: des -s, die Stars (berühmter Stern beim Film, Theater, Sport); die **Star|al|lü|ren** (eitles, launenhaftes Benehmen eines Stars); das **Star|lett/ Star|let** („Sternchen", Nachwuchs-schauspielerin beim Film)

stark: stärker, am stärksten; stark sein; starke Nerven haben; eine starke Brille; starkes Fieber; sich für etwas stark machen (es unterstützen); die **Stär|ke;** der **Stark|strom;** die **Stär|kung;** der **Ver|stär|ker;** sich **stär|ken;** das ist ja ein starkes Stück (das ist empörend); **stark be|sie|delt/stark|be|sie|delt; jemanden stark ma|chen;** *aber:* sich für etwas **stark|ma|chen**

starr: starr|sin|nig; die **Star|re;** die **Starr|heit;** der **Starr|kopf;** der **Starr|krampf;** der **Starr|sinn; star|ren;** jemandem ins Gesicht starren; vor Schmutz starren; starr vor Schreck (regungslos, fassungslos)

Start, der: des -(e)s, die Starts; die **Start|bahn;** der **Start|block;** der **Start|schuss;** das **Start|ver|bot; start|be|reit; star|ten**

Sta|ti|on *lat.,* die: der -, die Stationen (Haltestelle, Krankenhausabteilung); die **Sta|ti|o|nie|rung;** die **Sta|ti|ons|ärz|tin;** der **Sta|ti|ons|vor|ste|her; sta|ti|o|nie|ren**

Sta|tist *lat.,* der: des -en, die Statisten (Darsteller einer stummen Rolle); statisch (still stehen)

Sta|tis|tik *lat.,* die: der -, die Statistiken (Zusammenstellung von Ergebnissen, Auswertung); **sta|tis|tisch**

Sta|tiv *lat.,* das: des -s, die Stative (Gestell für Apparate)

statt: (an Stelle von); statt meines Bru-ders; statt einer Anzeige; statt herumzu-reden, sollst du mir lieber helfen; an Kindes statt; an Eides statt; **an|statt; statt|lich; statt|fin|den; statt|ge|ben;**

der **Statt|hal|ter**; stattdessen, aber: statt dessen war der … gekommen

Stät|te, die: der -, die Stätten (Ort, Stelle)

Sta|tue *lat.*, die: der -, die Statuen (Standbild, Bildsäule)

Sta|tur *lat.*, die: der -, die Staturen (Gestalt, Wuchs)

Sta|tus *lat.*, der: des - (Lage, Zustand)

Stau, der: des -(e)s, die Staus/Staue; das **Stau|be|cken**; der **Stau|damm**; die **Stau|ung**; der **Ver|kehrs|stau**

Staub, der: des -es; Staub sau|gen, *auch* staub|sau|gen; das **Stäub|chen**; der **Staub|sau|ger**; stau|big; be|stäu|ben; stau|ben; stäu|ben; der Vorfall hat viel Staub aufgewirbelt (Aufsehen erregt); sich aus dem Staube machen (fliehen, verschwinden)

stau|chen: (durch Druck etwas verkürzen); die **Ver|stau|chung**; er hat sich das Handgelenk verstaucht; er hat ihn zusammengestaucht (kräftig ausgeschimpft)

Stau|de, die: die Stauden (Pflanzen)

stau|nen: (sich wundern); das **Stau|nen**; stau|nens|wert

Steak *engl.* [stek], das: des -s, die Steaks (kurz gebratenes Fleischstück); das **Steak|haus**

Ste|a|rin, das: des -s, die Stearine (Rohstoff für Kerzen)

ste|chen: du stichst, du stächest, er stach, sie hat gestochen, stich!; er wurde von einer Biene gestochen; die Sonne sticht; eine Karte sticht; die Mücke sticht; das **Ste|chen** (letzter Ausscheidungskampf, Stichkampf); die **Stech|flie|ge**; die **Stech|uhr**; der **Stich**; ste|chend; ein stechender Schmerz; stechender Blick; ihn sticht der Hafer (er ist übermütig); in See stechen; ein Schiff sticht in See; er schreibt wie gestochen

ste|cken: du steckst, du stak(e)st, du stecktest, du stäkest, er steckte, sie hat gesteckt, stecke!; den Brief in den Kasten stecken; Bohnen in die Erde stecken; ste|cken blei|ben (im Schlamm); ste|cken|blei|ben (in der Rede);

ste|cken las|sen/ste|cken|las|sen; der **Steck|brief**; die **Steck|do|se**; der **Ste|cken** (Stock); das **Ste|cken|pferd**; der **Ste|cker**; die **Steck|na|del**; das kannst du dir an den Hut stecken (du kannst es behalten); sich ein Ziel stecken; mit jemandem unter einer Decke stecken (gemeinsame Sache machen); wo steckst (bist) du denn?

Steg, der: des -(e)s, die Stege (schmale Brücke)

Steg|reif, der: des -s; das **Steg|reif|spiel**; aus dem Stegreif (spontan, ohne Vorbereitung) reden

ste|hen: du stehst, du stündest, er stand, sie hat gestanden, steh(e)!; zur Verfügung stehen; stehendes (ruhiges) Wasser; ste|hen blei|ben/ste|hen|blei|ben; ste|hen las|sen/ste|hen|las|sen; das **Steh|auf|männ|chen**; die **Steh|lam|pe**; der **Steh|platz**; das **Steh|ver|mö|gen**; die Wohnung steht leer; er steht sich nicht schlecht (es geht ihm gut); das wird dich/dir teuer zu stehen kommen (das wirst du noch bereuen); sie steht auf dich (mag dich); jemandem Rede und Antwort stehen

steh|len: (unerlaubt wegnehmen); du stiehlst, du stählst, er stahl, sie hat gestohlen, stiehl!; mit ihm kann man Pferde stehlen (er ist ein guter Kumpel); jemandem die Zeit stehlen

steif: (hart, hartnäckig); eine steife Brise; ein steifer Hals; **steif|bei|nig**; halt die Ohren steif (lass dich nicht entmutigen); steif schlagen/steifschlagen (Sahne)

stei|gen: du steigst, du stiegest, er stieg, sie ist gestiegen, steig(e)!; auf den Berg steigen (klettern); die Preise steigen; der **Steig** (steiler, schmaler Weg); der **Steig|bü|gel**; die **Stei|gung**; der Erfolg ist ihr zu Kopf gestiegen (macht sie überheblich); steigen lassen (Drachen); steigenlassen (Party)

stei|gern: (die Geschwindigkeit steigern); die Leistung steigern; ein Adjektiv steigern; die **Stei|ge|rung**;

die **Stei|ge|rungs|stu|fe** (bei Adjektiven); **ver|stei|gern**

steil: der **Steil|hang;** die **Steil|küs|te** (ein steiler Felsen)

Stein, der: des -(e)s, die Steine; der **Back|stein;** der **Stein|bock;** der **Schorn|stein;** der **Stein|bruch; stein|alt; stei|nern; stein|hart; stei|nig; stein|reich;** einen kostbaren Stein (Edelstein) tragen; über Stock und Stein; den Stein ins Rollen bringen (die Sache beginnen); mir fällt ein Stein vom Herzen; jemandem Steine in den Weg legen (bewusst Schwierigkeiten machen); das ist doch nur ein Tropfen auf dem heißen Stein (zu wenig)

Steiß, der: des -es, die Steiße (Gesäß, unterster Teil der Wirbelsäule); das **Steiß|bein;** die **Steiß|la|ge**

stel|len: die Uhr stellen; jemandem ein Bein stellen (ihm schaden); der Verbrecher stellt sich; jemanden zur Rede stellen; jemanden auf die Probe stellen; die **Stel|lung;** zu einer Sache Stellung nehmen; eine Stellung behaupten; eine Stellung übernehmen; der **Stell|ver|tre|ter;** das **Stell|werk; stel|len|wei|se; stel|lungs|los;** an Stelle/anstelle

Stel|ze, die: der -, die Stelzen; über den Hof stelzen; Stelzen laufen; das **Stelz|bein; stel|zen:** du stelzt; wie auf Stelzen gehen

stem|men: ein Gewicht in die Höhe stemmen (heben); sich gegen etwas stemmen; der **Stemm|bo|gen;** das **Stemm|ei|sen**

Stem|pel, der: des -s, die Stempel (Zeichen); das **Stem|pel|kis|sen; stem|peln**

Ste|no|gra|fie/Ste|no|gra|phie *griech.,* die: der -, die Stenografien; Abk. Steno (Kurzschrift); der **Ste|no|graf;** das **Ste|no|gramm;** die **Ste|no|ty|pis|tin; ste|no|gra|fie|ren**

Stepp *engl.,* der: des -s, die Stepps (Tanzart); **step|pen** (tanzen)

Step|pe, die: der -, die Steppen (mit Gras und Sträuchern bewachsene wasserarme Ebene); der **Step|pen|fuchs**

step|pen: (Stofflagen zusammennähen); die **Stepp|de|cke;** die **Step|pe|rin**

ster|ben: du stirbst, du stürbest, er starb, sie ist gestorben, stirb bitte nicht!; der **Ster|be|fall;** das **Ster|ben;** die **Ster|bens|angst;** die **Sterb|lich|keit; ster|bens|krank; sterb|lich; un|sterb|lich;** kein Sterbenswörtchen sagen (nichts verraten); vor Neugierde sterben (sehr neugierig sein); einen qualvollen Tod sterben; im Sterben liegen; **ster|ben las|sen** (jemanden); **ster|ben|las|sen** (Projekt)

Ste|reo *griech.,* das: des -s (Schall mit räumlicher Wirkung, Raumton); **ste|reo|typ** (feststehend, unveränderlich); ein stereotypes Lächeln; die **Ste|reo|an|la|ge;** die **Ste|reo|pho|nie/Ste|reo|fo|nie;** Abk. das **Ste|reo** (räumliche Tonwiedergabe); das **Ste|reo|s|kop** (Vorrichtung, durch die man Bilder plastisch sieht)

ste|ril *lat.:* (unfruchtbar, keimfrei); die **Ste|ri|li|sa|ti|on;** die **Ste|ri|li|tät; ste|ri|li|sie|ren**

Stern, der: des -(e)s, die Sterne (Himmelskörper); das **Stern|bild;** die **Stern|fahrt;** die **Stern|schnup|pe;** die **Stern|stun|de** (glückliche Stunde); die **Stern|war|te; ster|nen|för|mig/ stern|för|mig; ster|nen|hell/ stern|hell; ster|nen|klar/stern|klar;** sein Leben steht unter einem guten Stern; das steht noch in den Sternen (ist noch unklar)

ste|tig: (beharrlich, dauernd, immer); stetiger Fleiß; **stets;** du bist mir stets (immer) treu geblieben; die **Ste|tig|keit**

Steu|er, die: der -, die Steuern (Abgabe an das Finanzamt); die **Ein|kom|men|steu|er;** die **Lohn|steu|er;** der **Steu|er|be|ra|ter;** die **Steu|er|er|klä|rung;** der **Steu|er|frei|be|trag;**

die **Steu|er|hin|ter|zie|hung;**
der **Steu|er|zah|ler; steu|er|frei;**
steu|er|lich; steu|er|pflich|tig;
ver|steu|ern (Einkommen versteuern
müssen)

Steu|er, das: des -s, die Steuer (Lenkvor-
richtung); das **Steu|er|bord** (rechte
Schiffsseite); der **Steu|er|knüp|pel;**
der **Steu|er|mann;** das **Steu|er|rad;**
die **Steu|e|rung; steu|er|bar;**
steu|er|los; steu|ern; ver|steu|ern (in
die falsche Richtung steuern)

Ste|ward *engl.* ['stju:ɐt], der: des -s, die
Stewards (Betreuer der Reisenden auf
Schiffen und in Flugzeugen);
die **Ste|war|dess**

StGB, das: Strafgesetzbuch

Stich, der: des -es, die Stiche;
die **Stich|flam|me;** die **Stich|pro|be;**
der **Stich|tag;** die **Stich|wahl;**
das **Stich|wort;**
das **Stich|wort|ver|zeich|nis;**
stich|hal|tig; stich|wort|ar|tig;
wurm|sti|chig; die Milch hat einen
Stich (ist nicht mehr frisch); jemanden im
Stich lassen; er verspürte plötzlich einen
Stich (Schmerz)

Sti|chel, der: des -s, die Stichel (Werk-
zeug); die **Sti|che|lei; sti|cheln** (boshaf-
te Anspielung machen);
der **Li|nol|sti|chel**

sti|cken: eine Decke sticken;
die **Sti|cke|rei;** die **Sti|cke|rin;**
das **Stick|garn**

Sti|cker *engl.,* der: des -s, die Sticker
(Aufkleber)

sti|ckig: stickige Luft; ein stickiger
(ungelüfteter, dumpfer) Raum

Stick|stoff, der: des -(e)s, die Stickstoffe
(chemischer Grundstoff);
stick|stoff|hal|tig; stick|stoff|frei

Stie|fel, der: des -s, die Stiefel; stiefeln (mit
weit ausgreifenden Schritten gehen)

Stief|el|tern, die: der -; das **Stief|kind;**
die **Stief|mut|ter;**
das **Stief|müt|ter|chen** (Blume);
der **Stief|va|ter**

stieg: → steigen

Stie|ge, die: der -, die Stiegen (schmale,
steile Treppe, Kiste); die **Obst|stie|ge;**
das **Stie|gen|ge|län|der**

Stiel, der: des -(e)s, die Stiele; der Stiel
(Griff) der Bratpfanne; der **Be|sen|stiel;**
mit Stumpf und Stiel (ganz und gar)
ausrotten; Stielaugen machen (neugierig,
verwundert ansehen)

Stier, der: des -(e)s, die Stiere (Bulle),
der **Stier|kampf; stier|na|ckig; stie|ren**
(starr blicken); den Stier bei den Hörnern
packen (eine Sache mutig angehen)

Stie|sel/Stie|ßel, der: des -s, die Stiesels
(unhöflicher, mürrischer Mensch);
stie|se|lig, *auch* **stieß|lig**

Stift, der: des -(e)s, die Stifte (kleiner
Nagel, Bleistift, Lehrling); der **Stift|zahn**

Stift, das: des -es, die Stifte (fromme
Stiftung, Kloster, Altersheim);
der **Stif|ter;** die **Stif|tung; stif|ten**
(schenken, spenden); Frieden stiften;
Unruhe stiften; stiften gehen (ausreißen,
weglaufen)

Stil *lat.,* der: des -(e)s, die Stile (Ausdrucks-
form, Darstellungsart); der **Bau|stil;**
der **Er|zähl|stil;** der **Schwimm|stil;**
die **Stil|blü|te** (sprachlicher Missgriff);
die **Sti|lis|tik** (Lehre vom Stil);
die **Stil|mö|bel; sti|lis|tisch; stil|los**

Sti|lett, das: (Messer), die Stilette

still: still (ruhig) sein; stillstehen (außer
Betrieb sein); still halten; du musst die
Kerze still halten, aber: du hast lange
genug stillgehalten (es lange genug
ertragen); stilles Wasser; die Stille Nacht;
der Stille Ozean; die **Stil|le;** im Stillen; in
aller Stille; das **Still|le|ben** (Darstellung
lebloser Gegenstände in der Malerei);
die **Still|le|gung;** das **Still|schwei|gen;**
der **Still|stand;** zum Stillstand kommen;
still|le|gen; einen Betrieb stilllegen;
still|len; den Durst stillen (löschen); ein
Baby stillen

Stim|me, die: der -, die Stimmen; mit
lauter Stimme sprechen; eine innere
Stimme; für oder gegen etwas stimmen;

ein Instrument stimmen;
die **Stimm|ab|ga|be;** der **Stimm|bruch;**
die **Stim|men|mehr|heit;**
die **Stimm|ent|hal|tung;**
die **Stimm|ga|bel;** die **Stim|mung;**
in guter Stimmung sein;
stimm|be|rech|tigt;
stimm|ge|wal|tig; stim|mungs|voll;
stim|men
sti|mu|**lie**|ren: (anregen, empfänglich
machen); die **Sti|mu|lie|rung**
stin|ken: du stinkst, du stänkest, er stank,
er hat gestunken, stink(e) ja nicht!;
der **Stink|stie|fel** (unangenehmer
Mensch); das **Stink|tier; stink|faul;**
stink|lang|wei|lig; stink|nor|mal;
stink|sau|er; es stinkt wie die Pest (übel
riechen); die Sache stinkt zum Himmel
(es ist eine Schande)
Sti|pen|di|um *lat.,* das: des -s, die Stipen-
diums/Stipendien (Geldunterstützung für
Schüler und Studenten);
der **Sti|pen|di|at;** die **Sti|pen|di|a|tin**
stip|pen: (tupfen, hineintauchen);
die **Stipp|vi|si|te** (kurzer Besuch)
Stirn, die: der -, die Stirnen; den Schweiß
von der Stirn wischen; die Stirn runzeln;
das **Stirn|band;** die **Stirn|höh|le;** sich
an die Stirn fassen; jemandem die Stirn
bieten (offen Widerstand leisten)
stö|bern: in einem Buch, in alten Akten
stöbern (suchen)
sto|chern: (hineinstechen); im Essen
stochern (nicht essen wollen)
stock: (sehr, völlig); **stock|dumm;**
stock|dun|kel; stock|sau|er
Stock, der: des -es, die Stöcke; mit dem
Stock (Stecken) schlagen; über Stock und
Stein; das **Stöck|chen;** der **Stock|hieb;**
er geht am Stock (in schlechter körperli-
cher Verfassung, krank sein)
Stock, der: des -es; die Stockwerke; ein
vierstöckiges Haus; er wohnt im dritten
Stock (Geschoss)
sto|cken: (nicht vorangehen); mit stocken-
der Stimme; stockender Verkehr;
die **Sto|ckung; ver|stockt**

Stoff, der: des -es, die Stoffe; ein Stoff aus
Baumwolle; der **Stoff|fet|zen;**
der **Stoff|rest;** der **Stoff|wech|sel**
(chemische Umwandlungsprozesse im
Organismus); **stoff|lich**
stöh|nen: (ächzen); das **Stöh|nen**
Sto|la *griech.,* die: der -, die Stolen (altrömi-
sches Ärmelgewand; langer, breiter
Schal)
Stol|len, der: des -s, die Stollen
(Weihnachtsgebäck, Zapfen am Hufeisen;
Zapfen an Fußballschuhen, waagerechter
Gang im Bergwerk)
stol|pern: (stürzen, straucheln);
der **Stol|per|stein**
Stolz, der: des -es; **stolz; stol|zie|ren**
(hochmütig umherschreiten)
stop *engl.:* (auf Verkehrszeichen mit einem
p), aber: **stopp!** (halt!); der **Stop-and-
go-Ver|kehr;** der **Stopp;**
der **Stopp|ball;** das **Stopp|licht;**
die **Stopp|stra|ße:** die **Stopp|uhr;**
stop|pen
stop|fen: das **Stopf|garn;**
die **Stopf|na|del;** Strümpfe stopfen
(ausbessern); jemandem das Maul
stopfen (zum Schweigen bringen)
Stop|pel, die: der -, die Stoppeln;
der **Stop|pel|bart;** das **Stop|pel|feld;**
stop|peln (Ähren auflesen)
Stöp|sel, der: des -s, die Stöpsel (Stopfen,
Korken); **stöp|seln**
Stör, der: (Fisch)
Storch, der: des -es, die Störche (Vogel);
das **Stor|chen|nest;** die **Stör|chin;** wie
ein Storch im Salat (unbeholfen, steif)
stehen
Store *franz.* [schtor], der: des -es, die Stores
(Fenstervorhang)
stö|ren: der **Stö|ren|fried;** die **Stö|rung;**
die **Stö|rungs|stel|le; stör|an|fäl|lig;**
stö|rungs|frei
stor|nie|ren *ital.:* eine Zahlung stornieren
(rückgängig machen); eine Buchung,
einen Auftrag stornieren;
die **Stor|nie|rung**
stör|risch: (widerspenstig); störrisch wie

ein Esel sein

Sto̱|ry *engl.,* die: der -, die Storys (Kurzge-schichte, Erzählung)

sto̱|ßen: du stößt, du stieß(e)st, er stieß, sie hat gestoßen, stoß(e)!; der **Stoß**; der **Stoß|dämp|fer**; der **Stoß|seuf|zer**; die **Stoß|stan|ge**; der **Stoß|zahn**; **stoß|si|cher**; **stoß|wei|se**; sich stoßen (verletzen); man muss ihn mit der Nase darauf stoßen; jemanden vor den Kopf stoßen (kränken); seinem Herzen einen Stoß geben (sich zu etwas durchringen); er wurde zu Boden gestoßen (geschubst)

sto̱t|tern: der **Stot|te|rer**; **stot|te|rig**, *auch* **stott|rig**; der Motor stottert (läuft unruhig); **ab|stot|tern** (einen Geld-betrag in kleinen Raten zurückzahlen)

Stra̱|fe, die: der -, die Strafen; die **Straf|ar|beit**; der **Straf|ge|fan|ge|ne**; das **Straf|ge|setz|buch**; Abk, StGB; der **Sträf|ling**; der **Straf|pro|zess**; der **Straf|raum**; der **Straf|stoß**; die **Vor|stra|fe**; die **Zeit|stra|fe**; **straf|bar**; **straf|fäl|lig** werden; **straf|frei** ausgehen; **sträf|lich**; sträfli-cher Leichtsinn; **straf|mil|dernd**; **stra|fen**; jemanden schwer bestrafen

stra̱ff: (stramm, fest gespannt); die **Straff|heit**; **straf|fen**; das Segel straffen

Strahl, der: des -(e)s, die Strahlen; der Strahl des Wassers; die Strahlen der Sonne; die **Strah|len|be|hand|lung**; der **Strah|len|schutz** (Maßnahme zur Vermeidung der Strahlenbelastung); der **Strah|ler** (Lampe); das **Strah|len|trieb|werk**; die **Strah|lung**; **strah|len|för|mig**; **strah|len**; ein strahlendes Gesicht machen; vor Freude strahlen; ein strahlender (sonniger) Tag

Strä̱h|ne, die: der -, die Strähnen; die **Haar|sträh|ne**; **sträh|nig**

stra̱mm: **stramm|ste|hen**; **stramm zie|hen/stramm|zie|hen** (Gurt, Hosenboden); **stram|mer Max** (Brot-scheibe mit Spiegelei und Schinken, Mahlzeit)

stra̱m|peln: das Kind strampelt (zappelt)

mit den Beinen; das **Stram|pel|hös|chen**; der **Stramp|ler**

Stra̱nd, der: des -(e)s, die Strände; das **Strand|bad**; die **Stran|dung**; **stran|den**

Stra̱ng, der: des -(e)s, die Stränge (dicker Strick); über die Stränge schlagen (leicht-sinnig sein); am gleichen Strang ziehen (gemeinsam vorgehen); **stran|gu|lie|ren**; ein **Strang** Wolle

Stra|pa̱|ze *ital.,* die: der -, die Strapazen (große Anstrengung); **stra|pa|zi|ös**; **stra|pa|zie|ren**

Stra̱ps *engl.,* der: des -es, die Strapse (Strumpfhalter)

Stra̱|ße, die: der -, die Straßen; die **Haupt|stra|ße**; die **Ne|ben|stra|ße**; die **Stra|ßen|bahn**; das **Stra|ßen|ren|nen**; die **Stra|ßen|sper|re**; die **Stra|ßen|ver|kehrs|ord|nung**; Abk. StVO; der **Stra|ßen|zu|stand**; jeman-den auf die Straße setzen (ihn entlassen)

Stra|te̱|gie *griech.,* die: der -, die Strategien (genau geplantes Vorgehen, Kriegskunst); der **Stra|te|ge** (Feldherr); **stra|te|gisch**

Stra|to|sphä̱|re *lat.,* die: der - (Teil der Lufthülle); der **Stra|to|sphä|ren|flug**; **stra|to|sphä|risch**

sträu̱|ben: sich sträuben (sich widerset-zen); mir sträuben sich die Haare (ich bin entsetzt); da hilft kein Sträuben

Stra̱uch, der: des -(e)s, die Sträucher; der **Strauch|dieb** (Straßenräuber); das **Strauch|werk**; **strau|chig**

strau̱|cheln: (stolpern)

Stra̱uß, der: des -es, die Strauße (Vogel); das **Strau|ßen|ei**; die **Strau|ßen|fe|der**; eine Vogel-Strauß-Politik betreiben (Tatsachen nicht sehen wollen, den Kopf wie der Vogel Strauß in den Sand stecken)

Stra̱uß, der: des -es, die Sträuße; der **Blu|men|strauß**

stre̱|ben: die **Stre|be** (schräge Stütze); der **Stre|ber**; **streb|sam**

Stre̱|cke, die: der -, die Strecken (Entfer-

S

Stre

nung, Abstand); das **Stre|cken|netz;**
die **Stre|ckung; stre|cken|wei|se;**
stre|cken: sich strecken; sich recken
und strecken; sich nach der Decke
strecken (sich anstrengen, anpassen); im
gestreckten Galopp; der Zug hält auf
offener Strecke (außerhalb des Bahnhofs)

strei|chen: du streichst, du strich(e)st, er
strich, sie hat gestrichen, streich(e)!; die
Wände streichen; die Segel streichen
(einholen); jemandem einen Streich
spielen; die Katze strich ums Haus;
der **Strich;** der **Strei|cher** (Spieler eines
Streichinstruments);
die **Streich|holz|schach|tel;**
der **Streich|kä|se;** die **Strei|chung;**
die **Streich|wurst; streich|fä|hig**

strei|fen: (wandern, berühren);
die **Strei|fe;** der **Strei|fen;**
der **Strei|fen|dienst;** das **Streif|licht;**
der **Streif|schuss;** der **Streif|zug;**
strei|fig

Streik, der: des -s, die Streiks (Arbeitsnie-
derlegung der Arbeitnehmer, um be-
stimmte Forderungen durchzusetzen, im
Ausstand sein); der **Streik|bre|cher;**
das **Streik|recht; strei|ken**

strei|ten: du streitest, du stritt(e)st, er
stritt, er hat gestritten, streit(e)!;
der **Streit;** die **Streit|axt;** der **Strei|ter;**
die **Streit|fra|ge;** das **Streit|ge|spräch;**
die **Streit|macht; streit|bar; strei|tig**
(strittig); **streit|lus|tig; streit|süch|tig;**
einen Streit vom Zaune brechen; jeman-
dem etwas streitig machen (ihm wegneh-
men wollen)

streng: strenger, am strengsten; streng
sein; streng genommen/strenggenommen;
streng|gläu|big sein; **strengs|tens;**
die **Stren|ge;** eine strenge (genaue)
Lehrerin; das ist strengstens verboten

Stress *engl.,* der: des -es, die Stresse
(körperliche oder seelische Überbelas-
tung); die **Stress|si|tu|a|ti|on; stres|sig**

Stret|ching *engl.* [strɛtsching], das: des -s
(aus Dehnungsübungen bestehende Form
der Gymnastik)

streu|en: der **Salz|streu|er;** die **Streu;**
das **Streu|fahr|zeug;**
der **Streu|sel|ku|chen;**
der **Streu|zu|cker; ver|streut; zer|streut**

streu|nen: (herumtreiben); ein streunen-
der Hund

Strich, der: des -(e)s, die Striche;
der **Strich|punkt** (Semikolon);
strich|wei|se (stellenweise); **stri|cheln**
(feine Striche machen); nach Strich und
Faden (kräftig, tüchtig); jemandem einen
dicken Strich durch die Rechnung
machen (den Plan durchkreuzen); auf
den Strich gehen (als Prostituierte
arbeiten)

stri|cken: der **Strick;** die **Stri|cke|rei;**
die **Stri|cke|rin;** das **Strick|garn;**
die **Strick|lei|ter;** das **Strick|mus|ter;**
die **Strick|na|del;** einen Pullover
stricken; wenn alle Stricke reißen (im
Notfall); jemandem einen Strick drehen
(bewusst schaden)

strie|geln *lat.:* ein Pferd striegeln;
der **Strie|gel** (Bürste)

Strie|me, die: der -, die Striemen, *auch*
der **Strie|men** (Streifen); **strie|mig**

strie|zen: (stehlen, quälen)

strikt *lat.:* (streng genau); ein striktes
Verbot

Strip|pe, die: der -, die Strippen (Schnur,
Fernsprechleitung); sich an die Strippe
hängen (telefonieren); Strippen ziehen
(Leitungen verlegen); strippen

stritt: → streiten

Stroh, das: des -(e)s (Halme von gedro-
schenem Getreide); das **Stroh|feu|er**
(rasch entflammende und wieder schnell
verlöschende Begeisterung);
der **Stroh|halm;** der **Stroh|kopf**
(Dummkopf); der **Stroh|mann** (vorge-
schobene Person); der **Stroh|wit|wer**
(ein Mann, dessen Frau verreist ist);
stroh|dumm (sehr dumm); **stro|hig;**
leeres Stroh dreschen (Unsinn reden);
sich an jeden Strohhalm klammern (auf
jede noch so geringe Chance hoffen)

Strolch, der: des -(e)s, die Strolche;

strol|chen (sich herumtreiben)

Strom, der: des -(e)s, die Ströme; ein breiter Strom (Fluss); der elektrische Strom; der Verkehrsstrom; es regnet in Strömen; der **Strom|kreis;** die **Strom|li|nie;** die **Strom|sper|re;** die **Strom|stär|ke;** die **Strö|mung; strom|ab|wärts; strom|auf|wärts;** aber: den Strom aufwärts; **strom|li|ni|en|för|mig; strö|men;** mit dem Strom schwimmen (sich der Mehrheit anschließen); gegen den Strom schwimmen (sich gegen die Mehrheit stellen); der Fluss strömt durch das Tal; die Menschen strömen in das Stadion; stromsparend/Strom sparend

stro|mern: (herumstreunen); der **Stro|mer** (Landstreicher)

Stro|phe *griech.,* die: der -, die Strophen (Gedicht-, Liedabschnitt)

strot|zen: (überlaufen, voll sein); du strotzt; vor Kraft strotzen

strub|be|lig: sie hat ein strubbeliges Haar (ungekämmt); **strubb|lig**

Stru|del, der: des -s, die Strudel (Wasserwirbel, Gebäck); der **Ap|fel|stru|del; stru|deln;** das Wasser strudelt; im Strudel der Ereignisse; in einen Strudel geraten

Struk|tur *lat.,* die: der -, die Strukturen (innerer Aufbau, Gliederung); die **Struk|tur|ana|ly|se;** die **Struk|tur|ta|pe|te;** der **Struk|tur|wan|del; struk|tu|rell; struk|tu|rie|ren**

Strumpf, der: des -(e)s, die Strümpfe; die **Strumpf|ho|se**

Strunk, der: des -(e)s, die Strünke (Baumstumpf mit Wurzeln, dicker Pflanzenstängel ohne Blätter)

strup|pig: (unordentlich, ungekämmt); die **Strup|pig|keit**

Struw|wel|pe|ter, der: des -s (Kinderbuchgestalt mit strubbeligem Haar und nicht geschnittenen Nägeln)

Stu|be, die: der -, die Stuben (Raum); der **Stu|ben|ar|rest;**

der **Stu|ben|ho|cker; stu|ben|rein**

Stuck *ital.,* der: des -(e)s (aus einer Gipsmischung hergestellte Ornamentik an Decke und Wand); die **Stuck|ar|beit;** der **Stu|cka|teur;** die **Stuck|de|cke**

Stück, das: des -(e)s, die Stücke; fünf Stücke Kuchen; ein Stück Schokolade; Käse am Stück; der **Stü|cke|schrei|ber** (Verfasser von Theaterstücken); das **Stück|gut;** das **Stück|werk** (unvollendete Arbeit); **stück|wei|se; stü|ckeln** (aus kleinen Teilen zusammensetzen); das ist ein starkes Stück (eine Frechheit, eine Zumutung); etwas aus freien Stücken (freiwillig) tun

Stu|dent *lat.,* der: des -en, die Studenten; die **Stu|den|tin;** das **Stu|di|um; stu|den|tisch; stu|die|ren**

Stu|die die: der -, die Studien (wissenschaftliche Arbeit zu einem Werk, Vorentwurf, Skizze zu einem Kunstwerk)

stu|die|ren: das **Stu|die|ren;** Probieren/ probieren geht über Studieren/studieren; der/die **Stu|die|ren|de**

Stu|dio, das: des -s, die Studios (Arbeitsraum von Künstlern, Sende-, Aufnahmeraum, Hotelzimmer)

Stu|fe, die: der -, die Stufen (Teil einer Treppe); der **Stu|fen|bar|ren;** die **Stu|fen|fol|ge; stu|fen|för|mig; stu|fen|wei|se; ein|stu|fen; her|ab|stu|fen; stu|fen** (einstufen); **stu|fig;** das Haar stufig geschnitten

Stuhl, der: des -(e)s, die Stühle; auf einem Stuhl sitzen; der **Stuhl|gang** (Entleerung des Darms); sich zwischen zwei Stühle setzen (in beiden Fällen in einer ungünstigen Lage sein); jemandem den Stuhl vor die Tür setzen (ihn hinauswerfen); fast vom Stuhl fallen (sehr überrascht sein)

Stul|le, die: der -, die Stullen (belegte Brotschnitten)

stumm: (einer, der nicht sprechen kann); der/die **Stum|me;** der **Stumm|film;** die **Stumm|heit; ver|stum|men**

Stum|mel, der: des -s, die Stummel

Stüm|per, der: des -s, die Stümper

(Nichtskönner; Pfuscher);
die **Stüm|pe|rei; stüm|per|haft;
stüm|per|mä|ßig; stüm|pern**

stumpf: stumpfer, am stumpfesten; das
stumpfe (unscharfe) Messer; der stumpfe
Winkel; **ab|ge|stumpft;
stumpf|sin|nig; stumpf|win|ke|lig,**
auch **stumpf|wink|lig;** der **Stumpf;**
die **Stumpf|heit;** der **Stumpf|sinn**

Stun|de, die: der -, die Stunden;
der **Stun|den|lohn;** der **Stun|den|plan;**
der **Stun|den|zei|ger;** die **Stun|dung;**
er hat **stun|den|lang** ferngesehen, aber:
er hat drei Stunden lang ferngesehen;
stünd|lich; stun|den (Frist zur Zahlung
geben); zu später Stunde (spät am
Abend)

Stunt|man *engl.-amerik.* [ßtạntmän], der:
des -s, die Stuntmen (Ersatzschauspieler,
der bei gefährlichen Filmszenen den
eigentlichen Darsteller vertritt);
das **Stunt|girl** [ßtạntgörl]; die **Stunt|frau**

Stups, der: des -es, die Stupse (leichter
Stoß, Puff, kleines Hefebrot);
die **Stups|na|se; stup|sen**

stur: (hartnäckig, an etwas festhalten
wider besseres Wissen); eine sture
Haltung einnehmen; auf stur schalten;
die **Stur|heit**

Sturm, der: des -es, die Stürme (sehr
heftiger Wind); Sturm laufen (heftig
gegen etwas ankämpfen); ein Sturm der
Entrüstung; die Ruhe vor dem Sturm;
der **Stür|mer;** die **Sturm|flut;**
der **Sturm|vo|gel;** die **Sturm|war|nung;**
stür|misch; stür|men

Sturz, der: des -es, die Stürze;
der **Sturz|bach;** der **Sturz|flug;**
der **Sturz|helm; stür|zen;** du stürzt;
sich in Unkosten stürzen; sich in ein
Abenteuer stürzen; jemanden ins Verder-
ben stürzen; sich in die Arbeit stürzen

Stuss *hebr.,* der: des -es (Unsinn, dummes
Zeug); Stuss (Ärger) machen; Stuss reden

Stu|te, die: der -, die Stuten (weibl. Pferd)

stut|zen: den Bart stutzen (kürzen); du
stutzt (erstaunt, verwirrt blicken, Ver-

dacht schöpfen); die Haare stutzen, die
Federn stutzen; der **Stut|zen** (Waden-
strumpf, kurzes Gewehr);
der **Stutz|flü|gel** (kleiner Flügel);
stut|zig (nachdenklich, misstrauisch
werden)

stüt|zen: sich auf den Stock stützen; du
stützt; die **Stüt|ze;** der **Stütz|pfei|ler;**
der **Stütz|punkt**

StVO: Straßenverkehrsordnung

sty|len *engl.* [stailen]: (gestalten, entwerfen)

Sty|ro|por *lat.,* das: des -s (ein Kunststoff)

Sub|jekt *lat.,* das: des -s, die Subjekte
(Satzgegenstand; Person); das ist nur
subjektiv (persönlich) gesehen;
die **Sub|jek|ti|vi|tät; sub|jek|tiv**

Sub|s|tan|tiv *lat.,* das: des -s, die Substan-
tive (Nomen, Namenwort);
sub|s|tan|ti|visch; sub|s|tan|ti|vie|ren

Sub|s|tanz *lat.,* die : der -, die Substanzen
(das Wesentliche, Stoff, Masse;
Bestandteil)

sub|til *lat.:* (fein, zart)

sub|tra|hie|ren *lat.:* (abziehen, vermin-
dern); die **Sub|trak|ti|on;** eine Zahl von
der anderen subtrahieren (abziehen)

Sub|ven|ti|on *lat.,* die: der -, die Subven-
tionen (Unterstützung aus öffentlichen
Mitteln); **sub|ven|ti|o|nie|ren**

su|chen: eine Wohnung suchen; den
Kummer zu vergessen suchen; ich suche
dich; ich suche mir Arbeit; Hilfe suchen;
die **Such|ak|ti|on;** der **Such|dienst;**
die **Su|che;** der **Su|cher;**
die **Su|che|rei;** der **Such|hund**

Sucht, die: der -, die Süchte/Suchten
(Verlangen, Gier, gesteigertes Bedürfnis);
der **Süch|ti|ge;** die **Sucht|krank|heit;**
süch|tig

Sud, der: des -(e)s; die Sude (Bratensaft;
Brühe); das **Sud|haus;** → sieden

Sü|den, der: des -s; der Wind kommt aus
dem Süden; **Süd|deutsch|land;**
die **Süd|frucht;** der **Süd|pol;**
der **Süd|wind; süd|deutsch; süd|lich;**
süd|öst|lich; süd|wärts;
süd|west|lich

Suff, der: des -(e)s (Betrunkenheit); **süf|fig**
(gut trinkbar, wohlschmeckend)

Suf|fix *lat.,* das : des -es, die Suffixe
(Nachsilbe)

sug|ge|rie|ren: (einreden, beeinflussen)

Süh|ne, die: der -, die Sühnen (Buße,
Wiedergutmachung); **süh|nen** (büßen,
sich bessern)

Sul|fo|na|mid/Sul|fon|a|mid, das:
(Arzneimittel gegen Infektion)

Sul|ky, das: (Trabrennwagen)

Sul|tan *arab.,* der: des -s, die Sultane
(islamischer Herrschertitel)

Sul|ta|ni|ne *arab.,* die: der -, die Sultaninen
(große, kernlose Rosine)

Sül|ze, die: der -, die Sülzen (Fleisch oder
Fisch in Aspik); das **Sülz|ko|te|lett;**
sül|zen (dummes Zeug reden, sich
einschmeicheln)

Sum|me, die: der -, die Summen (Ergeb-
nis, Betrag); der **Sum|mand;**
das **Sümm|chen; sum|ma|risch;**
sum|mie|ren (zusammenzählen)

sum|men: der **Sum|mer** (elektrisches
Signalgerät); der **Summ|ton**

Sumpf, der: des -(e)s, die Sümpfe; im
Sumpf (Moor, Schlamm) sitzen;
der **Sumpf|vo|gel; sump|fig;**
ver|sump|fen

Sün|de, die: der -, die Sünden (gegen
Gottes Gebot, Verstoß, Verbrechen);
der **Sün|den|bock;** der **Sün|den|fall;**
das **Sün|den|re|gis|ter;** der **Sün|der;**
die **Sünd|flut/Sint|flut; sünd|haft;**
sün|dig; sün|di|gen; das ist sündhaft
(sehr) teuer; ein sündhaftes (lasterhaftes)
Leben führen

su|per *lat.:* (sehr, hervorragend, ausge-
zeichnet, großartig); **su|per|fein;**
su|per|klug; su|per|leicht;
su|per|schlau; su|per|schnell;
das **Su|per** (Treibstoff);
der **Su|per|la|tiv** (2. Steigerungsstufe,
Höchststufe); der **Su|per|mann;**
der **Su|per|markt;** der **Su|per|star**

Sup|pe, die: der -, die Suppen;
das **Sup|pen|huhn;** der **Sup|pen|tel|ler;**

ein Teller heißer Suppe; jemandem die
Suppe versalzen (seine Pläne durchkreu-
zen); eine Suppe auslöffeln müssen (die
Folgen seines Tuns tragen); ein Haar in
der Suppe (etwas Störendes) finden

sur|fen *engl.* [ßörfen]: (auf einem Brett
segeln, gleiten); das **Surf|brett;**
der **Sur|fer;** das **Sur|fing;** im Internet
surfen

sur|ren: (summen, schnurren)

sus|pekt/su|spekt *lat.:* (verdächtig, nicht
geheuer)

sus|pen|die|ren: (eine Zeitlang vom
Dienst entlassen)

süß: süßer, am süßesten; die Trauben
schmecken süß; sie ist ein süßes (reizen-
des) Kind; die **Sü|ße;** das **Süß|holz;**
Süßholz raspeln (mit schönen Worten
schmeicheln); die **Sü|ßig|keit;**
die **Süß|spei|se;**
der **Süß|was|ser|fisch;** sü|ßen

SV: Sportverein

Swea|ter *engl.* [ßwe̱ter], der: des -s, die
Sweater (Pullover); das **Sweat|shirt**
[ßwätschört], (weitgeschnittener Pullover
aus Baumwolle)

Swim|ming|pool *engl.* [ßwimmingpu̱l],
der: des -s, die Swimmingpools
(Schwimmbecken)

Swing *engl.,* der: des -(s) (Stil der Jazz- und
Tanzmusik); **swin|gen**

Sym|bol *griech.,* das: des -s, die Symbole
(Sinnbild, bildhaftes Zeichen);
die **Sym|bo|lik; sym|bol|haft;**
sym|bo|lisch; sym|bo|li|sie|ren;
die Taube ist ein Symbol des Friedens

Sym|me|t|rie *griech.,* die: der -, die Sym-
metrien (spiegelbildliche Gleichheit);
die **Sym|me|t|rie|ach|se** (Spiegelachse);
sym|me|t|risch

Sym|pa|thie *griech.,* die: der -, die Sympa-
thien (Zuneigung, Wohlgefallen); meine
Sympathie gehört meinem Freund;
der **Sym|pa|thi|sant; sym|pa|thisch;**
sym|pa|thi|sie|ren

Sym|pho|nie: → Sinfonie

Sym|ptom/Symp|tom *griech.,* das: des -s,

S

die Symptome (Anzeichen, Merkmal);
sym|pto|ma|tisch/symp|to|ma|tisch
(typisch, bezeichnend)

Syn|a|go|ge/Sy|na|go|ge *griech.,* die:
der -, die Synagogen (Gotteshaus)

Syn|chro|ni|sa|ti|on *griech.,* die: der -, die
Synchronisationen (Übereinstimmung
von Bild, Sprechton und Musik im Film,
Übertragung in eine andere Sprache);
die **Syn|chro|ni|sie|rung;**
syn|chro|nisch (gleichzeitig, zeitgleich,
gleichlaufend); **syn|chro|ni|sie|ren**

Syn|drom *griech.,* das: des -s, die Syndro-
me (Krankheitsbild)

Syn|o|de/Sy|no|de *griech.,* die: der -, die
Synoden (Kirchenversammlung)

syn|o|nym/sy|no|nym *griech.:* (sinngleich,
sinnverwandt); synonyme Wörter;
das **Sy|n|o|nym** (sinnverwandtes Wort)

Syn|tax *griech.,* die: der -, die Syntaxen
(Satzlehre); **syn|tak|tisch** (Syntax
betreffend)

Syn|the|se *griech.,* die: der -, die Synthesen
(Zusammenfügung einzelner Teile zu
einem Ganzen); **syn|the|tisch** (künst-
lich hergestellt); synthetische Stoffe
(Kunststoff); der **Syn|the|si|zer**
[ßinteßaiser] (Klangerzeuger auf elektro-
nischem Wege)

Sy|phi|lis *griech.,* die: der - (Geschlechts-
krankheit)

Sys|tem *griech.,* das: des -s, die Systeme
(Aufbau, Gefüge, gegliedertes, geordnetes
Ganzes); der **Sys|tem|kri|ti|ker;**
sys|te|ma|tisch; sys|te|ma|ti|sie|ren;
das System einer Verwaltung; ohne
System arbeiten (ohne Ordnungsschemata)

Sze|ne *griech.,* die: der -, die Szenen
(Abschnitt eines Theaterstückes, Schau-
platz); die **Dro|gen|sze|ne;**
die **Mu|sik|sze|ne;** die **Sze|nen|fol|ge;**
der **Sze|nen|wech|sel;** die **Sze|ne|rie**
(Bühnenbild); **sze|nisch** (bühnenmä-
ßig); jemandem eine Szene machen
(Vorwürfe); die Szene beherrschen (im
Mittelpunkt stehen); Beifall auf offener
Szene (während des Spiels) erhalten

T

Ta|bak, der: des -s, die Tabake;
der **Ta|baks|beu|tel;**
die **Ta|baks|pfei|fe;** die **Ta|bak|wa|ren**

Ta|bel|le, die: der -, die Tabellen;
der **Ta|bel|len|ers|te;**
der **Ta|bel|len|stand** (Sport);
ta|bel|la|risch

Ta|blett/Tab|lett, das: des -s, die Tabletts/
Tablette (flaches Brett zum Auftragen von
Speisen und Getränken)

Ta|blet|te/Tab|let|te, die: der -, die
Tabletten;
der **Tab|let|ten|miss|brauch;**
ta|b|let|ten|ab|hän|gig;
ta|b|let|ten|süch|tig

ta|bu: (verboten, unantastbar); für mich ist
das tabu (darüber rede ich nicht);
das **Ta|bu** (Bereich, über den man lieber
schweigt); die **Ta|bu|i|sie|rung,** *auch*
Ta|bu|ie|rung

Ta|cho|me|ter, der: des -s, die Tachome-
ter (Geschwindigkeitsmesser); Abk.
Tacho

Ta|del, der: des -s, die Tadel; einen Tadel
(einen Verweis, eine Rüge) bekommen;
ta|del|los; ta|deln

Taek|won|do *korean.* [täkwondo], das:
des -s (Koreanische Form des Karate)

Ta|fel, die: der -, die Tafeln; an die Tafel
schreiben; die Tafel Schokolade;
die **Hoch|zeits|ta|fel** (festlich gedeckter
Tisch); der **Ta|fel|berg** (abgeflachter
Berg); die **Tä|fe|lung** (Holzverkleidung);
ta|fel|för|mig (flach); **ta|feln** (speisen);
das **Ta|fel|was|ser** (Mineralwasser in
kleinen Flaschen)

Taft, der: des -(e)s, die Tafte (glänzender
Seidenstoff, Haarspray)

Tag, der: des -(e)s, die Tage; der Tag hat
vierundzwanzig Stunden; Tag und
Nacht; unter Tage arbeiten (Bergbau);
der Jüngste Tag; alle acht Tage; am Tag;
bei Tage; eines schönen Tages
(irdendwann); der **Ta|ge|bau;**

das **Ta|ge|buch;** die **Ta|ges|ord|nung;** die **Ta|ges|zei|tung;** die **Ta|gung; heut|zu|ta|ge; tag|aus; tag|ein; ta|ge|lang;** tagelang arbeiten, aber: zwei Tage lang arbeiten; **täg|lich; tags|über; tags zu|vor; ta|gen;** es fängt an zu tagen (der Tag beginnt); etwas vertagen (verschieben); ans Tageslicht kommen (hervorkommen); zu Tage treten/zutage treten

Tai|fun *chines.,* der : des -s, die Taifune (asiatischer Wirbelsturm)

Tail|le *franz.* [talje], die: der -, die Taillen (Gürtelweite, schmalste Stelle des Rumpfes); **tail|liert**

Takt, der: des -(e)s, die Takte (Zeiteinheit in der Musik); im richtigen Takt singen; er hat keinen Takt (Feingefühl); die **Takt|lo|sig|keit;** der **Takt|strich; takt|los; takt|voll**

Tak|tik *griech.,* die: der -, die Taktiken (Kunst der Kampfführung); der **Tak|ti|ker; tak|tisch; tak|tie|ren** (klug, planvoll vorgehen)

Tal, das: des -es, die Täler (Bergeinschnitt, Vertiefung im Gelände); die **Tal|soh|le; tal|ab|wärts**

Ta|lar, der: des -s, die Talare (lange Amtstracht)

Ta|lent, das: des -(e)s, die Talente (Begabung, Fähigkeit); **ta|len|tiert** (begabt)

Ta|ler, der: des -s, die Taler (alte deutsche Münze)

Talg, der: des -(e)s, die Talge (starres Tierfett); die **Talg|drü|se; tal|gig**

Ta|lis|man *griech.,* der: des -s, die Talismane (Glücksbringer, Schutzmittel, Maskottchen)

Talk|show *engl.* [tokschou], die: der -, die Talkshows (Gesprächsrunde als Unterhaltungssendung im Fernsehen und Rundfunk); der **Talk|mas|ter**

Tal|kum *arab.,* das: des -s (weißes Streupulver, Puder)

Tal|mud *hebr.,* der: des -s, die Talmude (Sammlung der Überlieferung und Gesetzauslegung des Judentums)

Tam|pon *franz.* [tampong], der: des -s, die Tampons (Watte- oder Mullbausch)

Tam|tam *hindi.,* das: des -s, die Tamtams (chinesisches Becken, Klöppel mit einem Gong); mach nicht so viel Tamtam (Lärm, Geschrei) um die Sache!

Tand, der: des -s (wertloses Zeug, Ramsch); **tän|deln** (scherzen, flirten)

Tan|dem *lat.,* das: des -s, die Tandems (zweisitziges Fahrrad)

Tang *skand.,* der: des -(e)s, die Tange (Algenart)

Tan|ga, der: des -s, die Tangas (knapper Bikini oder Slip); der **Tan|ga|slip**

Tan|gen|te, die: der -, die Tangenten (Gerade, die einen Kreis berührt); **tan|gie|ren** (berühren)

Tan|go *span.,* der: des -s, die Tangos (Tanz)

Tank, der: des -s, die Tanks; der **Tan|ker** (Tankschiff); die **Tank|stel|le;** der **Tank|wart; tan|ken**

Tan|ne, die: der -, die Tannen (Nadelbaum); der **Tan|nen|baum;** der **Tan|nen|zap|fen**

Tan|te, die: der -, die Tanten; der **Tan|te- Em|ma-La|den** (kleiner Laden)

Tanz, der: des -es, die Tänze (sich nach Musik bewegen); die **Tanz|bar;** das **Tänz|chen;** der **Tän|zer;** die **Tanz|schu|le; tän|ze|risch; tan|zen; tän|zeln;** jemandem auf der Nase herumtanzen; nach meiner Pfeife tanzen; aus der Reihe tanzen; einen Tanz aufführen (sehr heftig reagieren; vorführen)

Ta|pe|te *lat.,* die: der -, die Tapeten (Wandbekleidung); der **Ta|pe|ten|wech|sel; ta|pe|zie|ren**

tap|fer: (mutig); die **Tap|fer|keit**

tap|pen: (unsicher gehen); im Dunkeln tappen (im Ungewissen sein)

tap|sen (plump auftreten); **tap|pisch,** *auch* **tapp|rig; tap|rig,** *auch* **ta|pe|rig** (ungeschickt, plump)

Ta|ra *ital.,* die: der -, die Taren (Verpackungsgewicht); **ta|rie|ren** (das Gewicht ausgleichen)

Ta|ran|tel, die: der -, die Taranteln (giftige

T

Tara

269

Spinne); wie von der Tarantel gestochen (erschreckt aufspringen, plötzlich)

Ta|rif *franz.,* der: des -s, die Tarife (Preisordnung, Lohnstufe, festgelegte Summe von Gebühren, Steuern);
der **Ta|rif|kon|flikt;** der **Ta|rif|lohn;** die **Ta|rif|ver|hand|lung;** der **Ta|rif|ver|trag**

tar|nen: (unsichtbar machen); die **Tarn|far|be;** die **Tarn|kap|pe;** die **Tar|nung**

Tar|tan, der: des -s (Kunststoffbelag für Laufbahnen); die **Tar|tan|bahn**

Tar|zan: (Dschungelheld)

Ta|sche, die: der -, die Taschen (Mappe, Beutel); das **Täsch|chen;** das **Ta|schen|buch;** das **Ta|schen|geld;** die **Ta|schen|lam|pe;** das **Ta|schen|mes|ser;** der **Ta|schen|rech|ner;** das **Ta|schen|tuch;** jemandem auf der Tasche liegen (sich alles von ihm bezahlen lassen); etwas aus eigener Tasche bezahlen (selbst bezahlen)

Tas|se, die: der -, die Tassen (Trinkgefäß); das **Täss|chen;** nicht alle Tassen im Schrank haben (nicht bei Verstand sein); eine trübe Tasse (ein langweiliger Mensch)

tas|ten: (fühlen, zu berühren suchen); etwas **ab|tas|ten;** sich **vor|tas|ten;** die **Tas|ta|tur** des Klaviers; die Tastatur des Computers; die **Tas|te;** das **Tas|ten|in|s|tru|ment;** der **Tast|sinn**

tat: → tun

Tat, die: der -, die Taten; der **Tä|ter;** die **Tä|tig|keit;** die **Tat|sa|che;** der **Tat|ort;** ta|ten|durs|tig; **tat|kräf|tig; tät|lich** werden (handgreiflich); **tat|säch|lich;** sich **be|tä|ti|gen**

Ta|tar, das: (gehacktes Fleisch)

tä|to|wie|ren: (Zeichnung in die Haut einritzen); die **Tä|to|wie|rung**

tät|scheln: (leicht berühren, streicheln); jemandem die Hand, die Wange tätscheln

tat|schen: (plump anfassen); ein Baby tatscht ins Gesicht

Tat|ze, die: der -, die Tatzen (Pfote, Pranke)

Tau, das: des -(e)s, die Taue (Seil); das **Tau|zie|hen;** ein Schiff **ver|täu|en** (durch Taue festmachen); das **Tau|en|de**

Tau, der: des -(e)s (Niederschlag auf der Wiese); der **Tau|trop|fen;** das **Tau|wet|ter; tau|frisch; tau|en;** der Schnee taut; es hat getaut

taub: taub sein (nicht hören können); ein taubes Gefühl; eine taube (leere) Nuss; auf beiden Ohren taub sein (etwas nicht zur Kenntnis nehmen wollen); **taub|stumm;** der **Tau|be;** die **Taub|heit;** die **Taub|nes|sel** (Heilpflanze)

Tau|be, die: der -, die Tauben (Vogel); das **Täub|chen;** die **Frie|dens|tau|be**

tau|chen: tief in den See hineintauchen; den Pinsel eintauchen; der **Tau|cher;** der **Tau|cher|an|zug;** die **Tau|cher|bril|le;** der **Tauch|sie|der**

tau|fen: ein Kind wird getauft; die **Tau|fe;** der **Täuf|ling;** der **Tauf|pa|te;** der **Tauf|schein**

tau|gen: das taugt nichts (ist wertlos); der **Tau|ge|nichts;** die **Taug|lich|keit** (für einen Beruf); **taug|lich**

tau|meln: (schwanken); **tau|me|lig,** *auch* **taum|lig** (torkelnd, schwindelig); der **Tau|mel;** taumeln vor Müdigkeit

tau|schen: Briefmarken tauschen; du tauschst; etwas **ein|tau|schen;** umtauschen; Geld tauschen; der **Tausch**

täu|schen: (betrügen); du täuschst; sich in jemandem getäuscht haben; jemanden täuschen; eine täuschende Ähnlichkeit; die **Täu|schung** (Irrtum, Betrug); das **Täu|schungs|ma|nö|ver**

tau|send: eintausend; mehrere tausend/ Tausend Menschen; einige tausende/ Tausende Menschen; Märchen aus Tausendundeiner Nacht; **tau|send|fach;** der **Tau|send|füß|ler;** der **Tau|send|sas|sa** (Alleskönner); **tau|sends|tel;** eine Tausendstelsekunde; eine 1000stel Sekunde; vom Hundertsten ins Tausendste kommen; → hundert

Ta|ver|ne *ital.*, die: der -, die Tavernen
(Wirtshaus)

Ta|xe, *auch* **Ta|xi** *lat.*, die/das: des -s, die
Taxis/Taxen (Mietauto mit Fahrer); sich
ein Taxi nehmen; der **Ta|xi|fah|rer**

Ta|xe *lat.*, die : der -, die Taxen;
die **Kur|ta|xe;** eine hohe Taxe (Gebühr)
zahlen; etwas **ta|xie|ren** (schätzen)

Tb/Tbc: Abk. für Tuberkulose (anstecken-
de Lungenkrankheit); Tbc-krank, *auch*
Tb-krank

Teach-in *amerik.* [titsch in], das: des -(s),
die Teach-ins (Zusammenkunft)

Teak *engl.* [tik], das: des -s (Holz eines
tropischen Baumes); die **Teak|höl|zer**

Team *engl.* [tim], das: des -s, die Teams
(Mannschaft, Gruppe); der **Team|geist;**
das **Team|work** (Gemeinschaftsarbeit)

Tea|room, der: (Teecafé), die Tearooms

Tech|nik *griech.*, die: der -, die Techniken;
der **Tech|ni|ker;** die **Tech|ni|sie|rung;**
die **Tech|no|lo|gie; tech|nisch;** eine
technische Zeichnung; die technische
Zeichnerin; die Technische Universität
Berlin, Abk. TU Berlin; der Technische
Überwachungsverein, Abk. TÜV

Ted|dy, der: des -s, die Teddys (Stofftier);
der **Ted|dy|bär;** der **Ted|dy|man|tel**

Tee *chines.*, der: des -s, die Tees; das Teeei;
die **Tee-Ern|te/Tee|ern|te;**
der **Tee|löf|fel;** die **Tee|do|se;**
tee|löf|fel|wei|se

Teen|ager *engl.* [tinedscher], der: des -s,
die Teenagers (Jugendliche zwischen 13
und 19 Jahren); Abk. **Teen; Tee|ny**

Teer, der: des -(e)s, die Teere (zähflüssige,
schwarze Masse); die **Teer|pap|pe**

Teich, der: des -(e)s, die Teiche (stehendes
Gewässer); das **Teich|huhn**

Teig, der: des -(e)s, die Teige (gemischte
Masse zum Backen); der **Brot|teig;**
die **Teig|wa|ren** (Nudeln); **tei|gig**

Teil, das/der: des -s, die Teile; zum Teil; ein
Teil davon; ich für meinen Teil; großen-
teils; sich seinen Teil denken; Anteil
haben; die **Teil|nah|me;**

der **Teil|neh|mer;** die **Tei|lung;**
die **Teil|zah|lung;** die **Teil|zeit|ar|beit;**
meis|ten|teils; teil|nahms|los; teils;
teil|wei|se; tei|len; teil|ha|ben (ich
habe teil); **teil|neh|men** (ich nehme
teil); **ver|tei|len**

Teil|chen, das: des -s, die Teilchen (Begriff
aus der Kernphysik, Gebäck)

Teil|zeit, die: in Teilzeit gehen; Teilzeit
arbeiten (ich arbeite in Teilzeit)

Teint *franz.* [täng], der: des -s, die Teints
(Gesichtsfarbe, Hauttönung)

te|le… *griech.*: (fern…);
das **Te|le|ob|jek|tiv** (Gerät zur Fernsicht)

Te|le|fax *griech.*, das: des -, die Telefaxe
(Fernkopie); **fa|xen**

Te|le|fon *griech.*, das: des -s, die Telefone;
der **Te|le|fon|an|ruf;** das **Te|le|fo|nat;**
die **Te|le|fo|nis|tin;**
die **Te|le|fon|seel|sor|ge;**
die **Te|le|fon|zel|le; te|le|fo|nisch;**
te|le|fo|nie|ren

Te|le|graf/Te|le|graph, der: des -en, die
Telegrafen (Fernschreiber);
te|le|gra|fie|ren/te|le|gra|phie|ren

Te|le|gramm, das: des -s, die Telegramme

Te|le|pa|thie *griech.*, die: der - (Gedanken-
übertragung)

Te|le|s|kop, das: des -s, die Teleskope
(Fernrohr); die **Te|le|s|kop|an|la|ge;**
te|le|s|ko|pisch

Te|le|vi|si|on *engl.*, die: der -, Abk. TV
(Fernsehen)

Tel|ler, der: des -s, die Teller;
der **Hand|tel|ler**

Tem|pel *lat.*, der : des -s, die Tempel
(Heiligtum); der **Tem|pel|bau**

Tem|pe|ra|far|be *ital.*, die: der -,
die Temperafarben (Deckfarbe);
die **Tem|pe|ra|ma|le|rei**

Tem|pe|ra|ment *lat.*, das: des -(e)s,
die Temperamente (Wesensart);
viel Temperament (Schwung) haben;
der **Tem|pe|ra|ments|aus|bruch;**
tem|pe|ra|ment|voll (lebhaft, feurig);
eine temperamentvolle Rede halten;
eine temperamentvolle Frau

T

Temp

271

Tem|po *ital.,* das: des -s, die Tempos/ Tempi; das Tempo (Zeitmaß) eines Musikstückes; mit hohem Tempo (Geschwindigkeit) fahren; das **Tem|po|li|mit** (Geschwindigkeitsbegrenzung)

Tem|pus *lat.,* das: des -, die Tempora (Zeitform des Verbs, Gegenwart, Vergangenheit)

Ten|denz *lat.,* die: der -, die Tendenzen (Neigung, Absicht); die Tendenzen, alles zu beschönigen; die Verkaufszahlen zeigen steigende Tendenz; **ten|den|zi|ös** (etwas Bestimmtes beabsichtigen); **ten|die|ren** (zu etwas neigen)

Ten|der *engl.,* der: des -s, die Tender (Kohlewagen hinter der Lokomotive)

Ten|ne, die: der -, die Tennen (Platz in der Scheune zum Dreschen des Getreides); der **Ten|nen|raum**

Ten|nis *engl.,* das: des -, Tennis spielen; der **Ten|nis|platz;** der **Ten|nis|schlä|ger;** das **Ten|nis|spiel;** das **Ten|nis|tur|nier**

Te|nor *ital.,* der: des -s, die Tenöre (hohe Männerstimme)

Tete-a-tete, Tête-à-tête, das: (zärtliches Beisammensein)

Tep|pich, der: des -s, die Teppiche; der **Tep|pich|bo|den;** auf dem Teppich bleiben (nicht übertreiben); etwas unter den Teppich kehren (vertuschen)

Ter|min, der: des -s, die Termine; einen Termin (eine Frist, einen bestimmten Zeitpunkt) einhalten; einen Termin auf dem Gericht haben (Gerichtsverhandlung); der **Ter|min|ka|len|der;** **ter|min|ge|mäß;** **ter|mi|nie|ren** (zeitlich festlegen)

Ter|mi|nal *engl.* [törminal], der: des -s, die Terminals (Datenendstation bei der EDV, Abfertigungshalle auf dem Flughafen)

Ter|mi|nus *lat.,* der : des -, die Termini (Fachausdruck); die **Ter|mi|no|lo|gie** (fachbezogener Wortschatz)

Ter|mi|te *lat.,* die: der -, die Termiten (tropische Ameisenart)

Ter|pen|tin, das: des -s (Harz, Lösungsmit-

tel für Farben); das **Ter|pen|tin|öl**

Ter|rain *franz.* [teräng], das: des -s, die Terrains (Gebiet, Grundstück, Gelände)

Ter|ra|ri|um, das: des -s, die Terrarien (Anlage oder Behälter zum Halten kleiner Reptilien u. Ä.)

Ter|ras|se *franz.,* die: der -, die Terrassen (Stufe, Absatz, Plattform, Veranda); **ter|ras|sen|för|mig**

Ter|ri|er *engl.,* der: des -s, die Terrier (Hunderasse)

Ter|ri|ne *franz.,* die: der -, die Terrinen (Suppenschüssel)

Ter|ri|to|ri|um *lat.,* das: des -s, die Territorien (Land, Staatsgebiet); **ter|ri|to|ri|al** (zu einem Gebiet gehörend)

Ter|ror, der: des -s (Schreckensherrschaft, rücksichtsloses Vorgehen); der **Ter|ro|ris|mus;** der **Ter|ro|rist** (Gewalttäter); **ter|ro|ris|tisch;** **ter|ro|ri|sie|ren**

Te|sa|film, der: des -(e)s (durchsichtiges Klebeband)

Test *engl.,* der: des -(e)s, die Tests/Teste (Probe, Experiment, Untersuchung); das **Test|ge|län|de;** **tes|ten**

Tes|ta|ment *lat.,* das: des -s, die Testamente; sein Testament machen (letztwillige, schriftliche Verfügung); das Alte Testament (AT); das Neue Testament (NT)

Te|ta|nus, der: des - (Wundstarrkrampf); die **Te|ta|nus|imp|fung;** das **Te|ta|nus|se|rum**

teu|er: teurer, am teuersten; ein teures Kleid (hat viel Geld gekostet); ein teurer (lieber, verehrter) Mensch; die **Teu|e|rung;** **ver|teu|ern;** das kommt dich teuer zu stehen; da ist guter Rat teuer (gefragt)

Teu|fel, der: des -s, die Teufel (Satan, Scheusal, das Böse); die **Teu|fe|lei** (Boshaftigkeit); der **Teu|fels|kreis** (Sackgasse, Ausweglosigkeit); **teuf|lisch;** ein teuflischer Plan; jemanden oder etwas **ver|teu|feln** (als böse, schlecht hinstellen); jemanden zum Teufel jagen; den

Teufel nicht an die Wand malen (beschwöre kein Unglück herauf); den Teufel im Leib haben (wild sein)

Text, der: des -(e)s, die Texte; der Text (Wortlaut) einer Rede; der **Tex|ter** (Verfasser von Werbe- und Liedtexten); die **Text|er|fas|sung;** das **Text|ver|ar|bei|tungs|pro|gramm; tex|ten**

T-för|mig: (Kunststoff oder Stahl in der Form eines T)

Tex|ti|li|en, die: der -; die **Tex|til|ge|stal|tung;** die **Tex|til|wa|ren**

The|a|ter *griech.,* das: des -s, die Theater; ins Theater gehen; viel Theater machen (Unruhe stiften); das ist nur Theater (eine Vortäuschung); **the|a|tra|lisch** (übertrieben schauspielerhaft)

The|ke. die: der -, die Theken (Laden- oder Schanktisch)

The|ma *griech.,* das: des -s, die Themen/ Themata; das Thema (Inhalt, Überschrift) eines Zeitungsartikels; das Thema (Grundgedanke) in einem Musikstück; die **The|ma|tik;** die **The|men|stel|lung; the|ma|tisch** (zum Thema gehörend); **the|ma|ti|sie|ren** (etwas zum Thema machen)

Theo|lo|gie *griech.,* die: der -, die Theologien (Wissenschaft vom Glauben an Gott); der **Theo|lo|ge** (Geistlicher); die **Theo|lo|gin; theo|lo|gisch**

The|o|rie *griech.,* die: der -, die Theorien (Lehre, gedankliche Betrachtungsweise); der **The|o|re|ti|ker; the|o|re|tisch; the|o|re|ti|sie|ren**

therm... *griech.:* (warm...); das **Ther|mal|bad** (Warmwasser, Heilbad); die **Ther|me** (warme Quelle); die **Ther|mik** (aufwärts strömende Warmluftbewegung); das **Ther|mo|me|ter** (Wärmemesser in Gradzahlen); die **Ther|mos|fla|sche;** der/das **Ther|mo|s|tat** (Temperaturregler)

The|se *griech.,* die: der -, die Thesen (Leitsatz, Behauptung); eine These aufstellen, beweisen

Thril|ler *amerik.* [thriler], der: des -s, die Thriller (spannender Film, Roman)

Thron *griech.,* der: des -(e)s, die Throne (Herrschersessel); **thro|nen** (auf dem Thron sitzen); der **Thron|fol|ger**

Thun|fisch *griech.,* der: des -(e)s, die Thunfische (Speisefisch); → Tunfisch

Thü|rin|gen: (Land der BRD); der **Thü|rin|ger;** die **Thü|rin|ge|rin; thü|rin|gisch**

Tick, der: des -(e)s, die Ticks (Fimmel, Stich, wunderliche Eigenart); einen Tick haben

ti|cken: (leise klopfen); **tick|tack;** der tickt doch nicht ganz richtig (ist nicht richtig bei Verstand); die Uhr tickt

Ti|cket *engl.,* das: des -s, die Tickets (Eintritts-, Fahrkarte)

Ti|de, die: der -, die Tiden (Ebbe und Flut); der **Ti|de(n)|hub** (Unterschied der Wasserstände)

Tie|break/Tie-Break *engl.* [taibrek], der: des -s, die Tiebreaks (Stand 6:6, Satzverkürzung beim Entscheidungsspiel im Tennis)

tief: ein tiefer Fluss; tiefe See; tiefer Schlaf; tief Luft holen; tief bewegt/tiefbewegte Stimme; tieferlegen (Auto); tief sitzen; zutiefst getroffen sein; **tief|ge|fro|ren; tief|grün|dig;** das **Tief;** der **Tief|aus|läu|fer;** der **Tief|bau;** das **Tief|kühl|fach;** der **Tief|la|der** (Wagen mit tiefliegender Ladefläche); das **Tief|land;** die **Ver|tie|fung;** sich in etwas **ver|tie|fen; tief|sin|nig** (durchdacht); **tief** atmen, tief empfinden, tief empfunden, *auch* tiefempfunden; tiefblau; tiefernst; tiefgefrieren; tiefkühlen; tiefgekühlt; tieffliegen (im Tiefflug fliegen); tiefstapeln

Tie|gel *griech.,* der: des -s, die Tiegel (Gefäß, flache Pfanne); der **Tie|gel|guss**

Tier, das: des -(e)s, die Tiere; die Tiere halten, füttern; der **Tier|arzt;** der **Tier|park** (Tiergarten);

die **Tier|quä|le|rei;**
der **Tier|schutz|ver|ein;**
der **Tier|ver|such; tie|risch; tier|lie|bend**

Ti|ger, der: des -s, die Tiger;
her|um|ti|gern/he|rum|ti|gern (unruhig herumlaufen)

til|gen: eine Schuld tilgen (den Betrag löschen, ausgleichen); die **Til|gung**

ti|men engl. [taimen]: (zeitlich abstimmen, die Zeit mit der Stoppuhr messen);
das **Ti|ming** (verschiedene Unternehmungen zeitlich aufeinander abstimmen)

tin|geln: (überall auf kleinen Bühnen auftreten); der/das **Tin|gel|tan|gel**

Tink|tur lat., die: der -, die Tinkturen (Auszug aus Pflanzenstoffen, Färbemittel)

Tin|nef, der: (Wertloses)

Tin|te, die: der -, die Tinten (farbige Flüssigkeit zum Schreiben);
der **Tin|ten|fisch;** der **Tin|ten|kil|ler;**
der **Tin|ten|klecks;**
die **Tin|ten|pa|t|ro|ne;** in der Tinte sitzen (in einer unangenehmen Lage sein)

Tipp engl., der: des -s, die Tipps (Andeutung, Rat); jemandem einen Tipp geben (Hinweis)

tip|peln: (wandern, mit kleinen Schritten laufen); der **Tip|pel|bru|der** (Landstreicher); die **Tip|pe|lei**

tip|pen: (wetten);
die **Tipp|ge|mein|schaft;**
der **Tipp|zet|tel**

tip|pen: (Maschine schreiben);
das **Tipp-Ex;** der **Tipp|feh|ler**

tipp|topp engl.: (tadellos)

Ti|ra|de franz., die: der -, die Tiraden (Schwall)

Ti|ra|mi|su, das: (Süßspeise aus Quark und Biskuits)

Tisch, der: des -(e)s, die Tische;
die **Tisch|de|cke;** der **Tisch|ler** (Schreiner); etwas **auf|ti|schen;** Speisen, Lügen auftischen; er macht reinen Tisch (stellt etwas klar, greift durch); das fällt unter den Tisch (wird nicht berücksichtigt); das ist am grünen Tisch geplant worden (ohne Bezug auf die Praxis); bei Tisch;

zu Tisch

Ti|tel lat., der: des -s, die Titel (Überschrift, Amtsbezeichnung);
das **Ti|tel|blatt;** der **Ti|tel|ge|winn;**
be|ti|teln; ti|tu|lie|ren**

Toast engl. [toßt], der: des -(e)s, die Toasts/Toaste; einen Toast essen, ausbringen (geröstete Weißbrotscheibe, Trinkspruch); der **Toas|ter; toas|ten**

to|ben: die **To|be|rei;** die **Tob|sucht;**
tob|süch|tig**

Toch|ter, die: der -, die Töchter;
das **Töch|ter|chen**

Tod, der: des -(e)s, die Tode (Lebensende); zu Tode kommen; auf Leben und Tod; zu Tode erschrecken; die **To|des|angst;**
der **Tod|feind;** die **Tod|kran|ke;** bei Adjektiven wird tod- immer mit d geschrieben: **tod; tod|brin|gend; tod|ernst;**
to|des|mu|tig; tod|krank; töd|lich;
tod|schick; tod|si|cher; tod|trau|rig;
tod|un|glück|lich; tod|wund**

To|fu, der: (quarkähnliches Produkt aus Sojabohnenmilch)

To|hu|wa|bo|hu hebr., das: des -s, die Tohuwabohus (wüstes Durcheinander)

Toi|let|te franz. [toalete], die: der -, die Toiletten; er geht auf die Toilette (das Klosett); sie macht Toilette (frisiert und schminkt sich); das **Toi|let|ten|pa|pier;**
der **Toi|let|ten|tisch**

To|le|ranz lat., die: der - (Duldsamkeit);
to|le|rant sein (großzügig, nachgiebig, duldsam); etwas **to|le|rie|ren** (zulassen)

toll: sich toll freuen; ein tolles Gefühl haben; die **Toll|heit;** die **Toll|kir|sche;**
die **Toll|wut; toll|kühn; tol|len**

Toll|patsch ungar., der: des -(e)s, die Tollpatsche (ungeschickter Mensch);
toll|pat|schig** (ungeschickt)

Töl|pel, der: des -s, die Tölpel (einfältiger, ungeschickter Mensch); **töl|pel|haft;**
jemanden **über|töl|peln** (benachteiligen)

To|ma|hawk indian. [tomahak], der: des -s, die Tomahawks (Streitaxt der nordamerikanischen Indianer)

To|ma|te mexik., die: der -, die Tomaten;

das/der **To|ma|ten|ket|schup/
To|ma|ten|ket|chup;** Tomaten auf den
Augen haben (etwas nicht sehen wollen);
du bist eine treulose Tomate (unzuverlässiger Mensch)

Tom|bo|la *ital.,* die: der -, die Tombolas/
Tombolen (Verlosung)

Ton, der: des -(e)s, die Töne (Laut, Klang);
keinen Ton sagen; hohe Töne singen;
die **Ton|art;** der **Ton|fall;** die **Ton|lei|ter;**
die **Ton|wie|der|ga|be; ein|tö|nig**
(langweilig); **ton|an|ge|bend; ton|los;**
tö|nen (Töne von sich geben);
ver|to|nen; das gehört zum guten Ton
(das ist vornehm); große Töne spucken
(prahlen, angeben); der Ton macht die
Musik; sich im Ton vergreifen

Ton, der: des -s (Erde, Bodenart); die Tone
tö|nen: (mit Farbe versehen);
die **Haar|tö|nung**

To|nic *engl.* [tonik], das: des -s, die Tonics
(Getränk, Stärkungsmittel);
das **To|nic|wa|ter**

Ton|ne *lat.,* die: der -, die Tonnen (Behälter, Fass); die **Müll|ton|ne;**
das **Ton|nen|ge|wöl|be**

Ton|ne *lat.,* die: der -, die Tonnen (Maßeinheit 1000 kg); Abk. t; drei Tonnen
schwer; die **Ton|na|ge** [tonasche] (Rauminhalt eines Schiffes);
der **Zwölf|ton|ner/12-Ton|ner** (Lastwagen); **ton|nen|wei|se**

top ... *engl.:* (sehr gut); das **Top** (ärmelloses Oberteil); die **Top|form;**
der **Top|star; top|fit**

To|pas *griech.,* der: des -es, die Topase
(Mineral, Schmuckstein)

Topf, der: des -(e)s, die Töpfe (Gefäß);
der **Koch|topf;** die **Topf|blu|me;**
der **Töp|fer;** die **Töp|fe|rei; töp|fern;**
eine Pflanze **um|top|fen;** er wirft alles in
einen Topf (behandelt alles gleich,
unterschiedslos); ein herrlicher Blumentopf

Tor, das: des -(e)s, die Tore (große Tür);
das **Fuß|ball|tor;** das **Hof|tor;**
das **Stadt|tor;** kurz vor Toresschluss

(kurz vor dem Ende)

Tor, der: des -en, die Toren; er ist ein
richtiger Tor (Tölpel, Dummkopf);
die **Tor|heit** (Dummheit); **tö|richt**
(unklug)

Torf, der: des -s, die Torfe (vermoderte
Pflanzenreste, als Dünger und Brennstoff
verwendbar); der **Torf|bal|len;**
das **Torf|moor;** das **Torf|ste|chen**

tor|keln: (schwanken)

Tor|na|do *engl.,* der: des -s, die Tornados
(Wirbelsturm in Nordamerika)

Tor|nis|ter *slaw.,* der: des -s, die Tornister
(Schulranzen, Rucksack)

Tor|pe|do, das: des -s, die Torpedos
(Unterwassergeschoss);
das **Tor|pe|do|boot; tor|pe|die|ren**
(mit einem Torpedo treffen)

Tor|so *ital.,* der: des -s, die Torsos/Torsi
(unvollendete Figur, Bruchstück)

Tor|te, die: der -, die Torten (kreisrunder
Kuchen); das **Tört|chen;**
der **Tor|ten|bo|den**

Tor|tel|li|ni *ital.,* die: des -s, die Tortellinis
(gefüllte, ringförmige Nudel)

to|sen: ein tosender Beifall; ein Wasserfall
tost; das **Ge|tö|se**

tot: eine tote (leblose) Frau; tot sein; ein
toter Mann; eine tote Farbe; das tote
Gleis; **to|ten|blass; to|ten|still;** der
To|te; der **To|ten|kopf;** der **Tot|schlag;**
bei Verben wird tot immer mit t geschrieben: sich **tot|ar|bei|ten; tö|ten;**
sich **tot|la|chen; tot|schla|gen;**
tot um|fal|len; tot ge|bo|ren/
tot|ge|bo|ren; tot|fah|ren;
tot|schwei|gen; er hat einen toten
Punkt (weiß nicht mehr weiter, ist
müde); er schlägt die Zeit tot; der Toten
gedenken; die Toten ruhen lassen (nichts
Nachteiliges über sie reden)

to|tal: (ganz und gar); er ist total verrückt;
die **To|tal|an|sicht;** der **To|tal|scha|den**

To|tem *indian.,* das: des -s, die Totems
(Stammeszeichen); der **To|tem|pfahl**

To|to der/das: des -s, die Totos;
der **To|to|ge|winn;** der **To|to|schein**

Tou|pet *franz.* [tupe̱], das: des -s, die
  Toupets (Haarersatz für Männer);
  tou|pie|ren (das Haar auflockern)
Tour *franz.* [tur], die: der -, die Touren; eine
  Tagestour machen; auf Tour gehen
  (verreisen, auf Geschäftsreise gehen); die
  Tour de France (Radrennen); der Wagen
  fährt auf vollen Touren (Umdrehung);
  der **Tou|ris|mus;** der **Tou|rist;**
  die **Tour|nee** (Gastspielreise); eine
  krumme Tour reiten (betrügen)
To|wer/Tow|er *engl.* [ta̱uer], der: des -s,
  die Towers (ehemalige Königsburg in
  London, Flughafenkontrollturm)
Tra|bant, der: des -en, die Trabanten
  (künstlicher Erdmond, Satellit);
  die **Tra|ban|ten|stadt** (Randsiedlung)
tra|ben: er trabt (reitet) mit dem Pferd
  nach Hause; der **Trab** (Pferdegangart);
  das **Trab|ren|nen**
Tracht, die: der -, die Trachten; eine
  festliche Tracht (festliche Kleidung einer
  bestimmten Volksgruppe) tragen; eine
  Tracht Prügel; die **Trach|ten|ja|cke;**
  trach|ten; jemandem nach dem Leben
  trachten
träch|tig: ein trächtiges (ein Junges
  tragendes) Kaninchen
Tra|di|ti|on *lat.,* die: der -, die Traditionen
  (Überlieferung, Brauch); **tra|di|ti|o|nell**
  (herkömmlich); **tra|di|ti|ons|be|wusst**
traf: → treffen
Tra|fo, der: des -s, die Trafos; Abk. für
  Transformator

trä|ge, *auch* träg: (langsam, schwerfällig);
  die **Träg|heit**
tra|gen: du trägst, du trugst, du trügest, er
  trug, sie hat getragen, trag(e)!; einen
  schweren Sack tragen (schleppen); sein
  Haar lang tragen; eine tragende (trächti-
  ge) Stute; sich mit dem Gedanken tragen;
  ein Kleid tragen; sein Schicksal tragen;
  etwas kommt zum Tragen (gewinnt
  Bedeutung); **ab|tra|gen; aus|tra|gen;**
  der **Ge|päck|trä|ger;** die **Tra|ge;**
  der **Trä|ger;** der Träger einer Brücke;
  die **Trag|flä|che; er|träg|lich; trag|bar;**

trag|fä|hig; eine tragfähige Fläche
tra|gisch: (schicksalhaft, erschütternd);
  die **Tra|gik;** die **Tra|gö|die** (Trauerspiel);
  ein tragischer Unfall
trai|nie|ren *engl.* [trä̱niren]: eine Mann-
  schaft trainieren; der **Trai|ner;**
  die **Trai|ne|rin;** das **Trai|ning;**
  der **Trai|nings|an|zug**
Trakt *lat.,* der: des -(e)s, die Trakte (Ge-
  bäudeteil)
trak|tie|ren: (quälen, schlecht behandeln);
  mit Schlägen traktieren
Trak|tor, der: des -s, die Traktoren (Zug-
  maschine); der **Trak|to|rist**
träl|lern: trallala (singen); ein Liedchen
  vor sich hin trällern (fröhlich singen)
Tram, die: der -, die Trams (Straßenbahn);
  die Trambahn
Tramp *engl.* [trämp], der: des -s,
  die Tramps (Landstreicher); **tram|pen**
  (per Anhalter fahren)
tram|peln: (heftig mit den Füßen stamp-
  fen); der/das **Tram|pel** (plumper
  Mensch); der **Tram|pel|pfad**
Tram|po|lin *ital.,* das: des -s, die Trampoli-
  ne (Sprunggerät)
Tran, der: des -(e)s, die Trane (Fett von
  Fischen, Robben und Walen);
  der **Le|ber|tran;** die **Tran|su|se** (lang-
  weiliger Mensch); **tra|nig;** er blickt
  tranig (schwerfällig)
Trä|ne, die: die Tränen; **Au|gen|trä|nen**
trank: → trinken
trans… *lat.:* (hinüber, jenseits von etwas);
  trans|fe|rie|ren (Geld überweisen,
  umgestalten)
Trans|for|ma|tor *lat.,* der: des -s, die
  Transformatoren (Umformer elektrischer
  Ströme); Abk. **Tra|fo**
Trans|fu|si|on *lat.,* die: der -, die Transfu-
  sionen (Blutübertragung)
Tran|sis|tor, der: des -s, die Transistoren
  (Halbleiterbauelement, Verstärker);
  das **Tran|sis|tor|ge|rät**
Tran|sit *lat.,* der: des -s, die Transite
  (Durchfuhr, Durchreise);
  das **Tran|sit|ab|kom|men;**

der **Tran|sit|ver|kehr** (Personen- und
Warenverkehr, Durchreise durch ein
Land)

tran|si|tiv: transitives (ein Akkusativob-
jekt forderndes) Verb

Trans|pa|rent, das: des -(e)s, die Transpa-
rente (durchscheinendes Bild, Spruch-
band); das **Trans|pa|rent|pa|pier**
(Pauspapier); etwas ist **trans|pa|rent**
(durchscheinend, durchsichtig);
die **Trans|pa|renz**

Trans|plan|ta|ti|on, die: der -, die Trans-
plantationen (Verpflanzung von Orga-
nen); die **Herz|trans|plan|ta|ti|on**

Trans|port, der: des -(e)s, die Transporte;
die Ware wurde von Wesel nach Offen-
burg transportiert;
der **Trans|port|ar|bei|ter;**
der **Trans|por|ter; trans|por|ta|bel**
(beweglich, beförderbar); **trans|por|tie|ren**

Trans|ves|tit, der: des -en, die Transvesti-
ten (Mann mit der Neigung, sich wie eine
Frau zu kleiden und zu benehmen)

Tra|pez griech., das: des -es, die Trapeze
(Viereck mit zwei parallelen, aber un-
gleich langen Seiten, Schaukelreck);
der **Tra|pez|künst|ler; tra|pez|för|mig**

trap|peln; das **Pfer|de|ge|trap|pel**

Trap|per engl., der: des -s, die Trapper
(Fallensteller, Pelzjäger in Nordamerika)

trap|sen: du trapst (schwerfällig und
geräuschvoll gehen)

Tra|ra, das: des -s, (Hornsignal); viel Lärm
um nichts machen

Tras|se, die: (abgegrenzter Verlauf eines
Verkehrsweges), die Trassen

trat: → treten

trat|schen: (über jemanden klatschen);
der **Tratsch**

Trau|be, die: der -, die Trauben;
der **Trau|ben|zu|cker;** die **Wein|trau|be**

trau|en: das Brautpaar lässt sich trauen;
jemandem oder einer Sache nicht recht
trauen (vertrauen, glauben); ich traue
mich nicht, das zu tun; ich traue mir das
nicht zu; die **Trau|ung;**
der **Trau|zeu|ge;** das **Ver|trau|en;**

trau|lich (gemütlich)

trau|ern: (seelischen Schmerz empfinden);
um einen lieben Menschen trauern;
die **Trau|er;** der **Trau|er|fall;**
der **Trau|er|kloß** (langweiliger, lustloser
Mensch)

Trau|fe, die: der -, die Traufen (untere
Kante des Daches); **träu|feln;** er kommt
vom Regen in die Traufe (von einer Not
in eine noch schlimmere)

Traum, der: des -es, die Träume;
der **Alp|traum/Alb|traum;**
der **Traum|be|ruf;** der **Träu|mer;**
träu|me|risch; traum|haft;
ver|träumt; träu|men; daran ist im
Traum nicht zu denken (unmöglich); das
hätte ich mir nicht träumen lassen (hätte
ich nie gedacht); mit offenen Augen träu-
men (mit seinen Gedanken woanders sein)

trau|rig: (traurig sein); die **Trau|rig|keit**

Treck, der: des -s, die Trecks (Zug, Aus-
wanderung); das **Tre|cking/**
Trek|king (Wanderung, Fahrt); **tre|cken/**
trek|ken

Tre|cker, der: des -s, die Trecker (Zugma-
schine, Traktor)

tref|fen: du triffst, du trafst, du träfest, er
traf, sie hat getroffen, triff!; das Ziel
treffen; jemanden treffen; sich mit
jemandem treffen; Vorbereitungen
treffen; ihn trifft (hat) keine Schuld; der
Tref|fer; das **Tref|fen;** der **Treff|punkt;**
tref|fend; treff|si|cher; vor|treff|lich

trei|ben: du treibst, du trieb(e)st, er trieb,
sie hat getrieben, treib(e)!; das Vieh
treiben; auf dem Fluss treiben; sich
treibenlassen/treiben lassen;
das **Treib|eis;** der **Trei|ber;**
die **Treib|jagd;** der **Treib|sand;**
der **Treib|stoff;** → Trieb

Trench|coat engl. [träntschkout], der:
des -s, die Trenchcoats (Wettermantel)

Trend engl., der: des -s, die Trends (Rich-
tung, Entwicklung, Tendenz); ein Trend
nach oben/unten; die **Trend|wen|de**

tren|nen: sie trennten sich (gingen ausein-
ander) auf dem Parkplatz; sich von

T

tren

jemandem trennen; zwei Dinge voneinander trennen; die **Tren|nung;**
der **Tren|nungs|schmerz;**
der **Tren|nungs|strich;**
die **Trenn|wand; trenn|bar**

Tren|se *niederl.,* die: der -, die Trensen (Pferdezaumzeug); der **Tren|sen|ring**

Trep|pe, die: der -, die Treppen;
die **Roll|trep|pe;** das **Trepp|chen;**
das **Trep|pen|haus; trepp|ab;**
trepp|auf

Tre|sen, der: des -s, die Tresen (Laden-, Schanktisch)

Tre|sor *franz.,* der: des -s, die Tresore (Sicherheitsschrank, Geldschrank)

Tres|se *franz.,* die: der -, die Tressen (Borte, Streifen an Uniformen)

tre|ten: du trittst, du trätest, du trat(e)st, er trat, sie hat getreten, tritt!; jemanden treten; er trat ihm auf den Fuß; jemandem zu nahe treten; die **Tre|ter** (alte Schuhe); das **Tret|boot;** die **Tret|müh|le** (immer gleiche, mühselige, alltägliche Arbeit); die **Tret|mi|ne**

treu: treuer, am treu(e)sten; die treu sorgenden/treusorgenden Eltern; der treu ergebene/treuergebene Freund; er ist ihm treu gesinnt; **treu|her|zig; treu|los;**
wort|ge|treu; die **Treue;** auf Treu und Glauben; die **Treu|lo|sig|keit;**
die **Treue|prä|mie;** jemanden
be|treu|en; etwas **ver|un|treu|en;** er blieb der Sache treu; die Treue brechen; treu (anhänglich) sein

Tri|an|gel *lat.,* der: des -s, die Triangel (Schlaginstrument aus Metall, Dreieck)

Tri|as, die: (erdgeschichtliche Zeit, unterste Formation des Mesozoikums)

Tri|ath|lon *griech.,* das: des -s, die Triathlons (Mehrkampf an einem Tag: Schwimmen, Radfahren, Laufen);
der **Tri|ath|let;** die **Tri|ath|le|tin**

Tri|bu|nal *lat.,* das: des -s, die Tribunale (Gerichtshof)

Tri|bü|ne *franz.,* die: der -, die Tribünen; die **Zu|schau|er|tri|bü|ne**

Tri|but *lat.,* der: des -(e)s, die Tribute

(Abgabe, Hochachtung);
tri|but|pflich|tig (abgabepflichtig);
die **Tri|but|zah|lung**

Tri|chi|ne, die: der -, die Trichinen (Fadenwurm, Schmarotzer);
die **Tri|chi|nen|schau** (bei Schweinen)

Trich|ter, der: des -s, die Trichter (Gefäß zum Füllen von Flaschen u. Ä.); jemandem etwas **ein|trich|tern** (mit Macht etwas beibringen); jetzt ist er endlich auf den Trichter gekommen (hat es begriffen, eingesehen); **trich|ter|för|mig**

Trick, der: des -s, die Tricks (Kunstgriff, List); der **Trick|film;** Trick siebzehn (der richtige Ansatz); **trick|reich;** jemanden **aus|trick|sen**

trieb: → treiben

Trieb, der: des -s, die Triebe; ein junger Trieb (Pflanzensporn, Schössling);
die **Trieb|haf|tig|keit** (starke Begierden);
die **Trieb|kraft;** der **Trieb|tä|ter** (triebhaft gesteuerter Verbrecher);
das **Trieb|werk; durch|trie|ben** (gerissen, schlau); **trieb|haft;** keinen Trieb (keine Lust, keine Energie) haben

trie|fen: du triefst, du triefest, du troffest, er troff, sie hat getrieft; du triefst ja vor Nässe; dir trieft die Nase;
schweiß|trie|fend; trief|äu|gig;
trief|nass

trie|zen: du triezt (quälen, plagen) mich ständig

trif|tig: (zutreffend, stichhaltig); ein triftiger Grund; die **Trif|tig|keit**

Tri|go|no|me|trie/Tri|go|no|met|rie
griech., die: der - (Dreiecksberechnung);
tri|go|no|me|t|risch; der trigonometrische Punkt

Tri|ko|lo|re *franz.,* die: der -, die Trikoloren (dreifarbige Fahne Frankreichs)

Tri|kot *franz.* [triko/triko], der/das: des -s, die Trikos (dehnbares Kleidungsstück);
die **Tri|ko|ta|gen;** die **Tri|kot|wer|bung**

Tril|ler, der: des -s, die Triller;
die **Tril|ler|pfei|fe; tril|lern;** ein Lied trillern

Tril|li|on, die: der -, die Trillionen (eine

Tril|li|ar|de, die: der -, die Trilliarden
(tausend Trillionen)

trim|men: (Hunden das Fell scheren,
etwas in einen gewünschten Zustand
bringen); sich durch Sport trimmen; ein
auf alt getrimmter Schrank; die Sträucher
trimmen; der **Trimm-dich-Pfad**

trin|ken: du trinkst, du tränkest, er trank,
sie hat getrunken, trink(e)!;
aus|**trin|ken;** er|**trin|ken;**
das **Ge|tränk;** die **Trän|ke;**
der **Trin|ker;** das **Trink|geld;**
der **Trink|spruch;** das **Trink|was|ser;**
trink|bar → Trunk

Trio *ital.,* das: des -s, die Trios (Musikstück
für drei Instrumente, Gruppe von drei
Aufführenden)

Trip *engl.,* der: des -s, die Trips (Ausflug,
Rauschzustand nach Drogeneinnahme);
einen kurzen Trip nach Italien planen; auf
dem Trip sein

trip|peln: (mit kleinen, schnellen Schritten
gehen, tänzeln); die **Trip|pe|lei**

Trip|per, der: des -s, die Tripper (Ge-
schlechtskrankheit)

trist *franz.:* (traurig, öde); eine triste
Umgebung; die **Tris|tesse** (Traurigkeit)

tritt: → treten

Tritt, der: des -(e)s, die Tritte;
der **Ein|tritt;** der **Zu|tritt; tritt|fest**

Tri|umph *lat.,* der: des -(e)s, die Triumphe
(Siegesfreude, Erfolg); **tri|um|phal;**
tri|um|phie|ren (den Sieg feiern)

tri|vi|al *lat.:* eine triviale (alltägliche,
abgedroschene) Redensart von dir;
die **Tri|vi|al|li|te|ra|tur** (Unterhaltungsli-
teratur, leichte Lektüre)

tro|cken: (frei von Nässe, Feuchtigkeit);
trockenes Brot; trockener (herber) Wein;
trockene Luft; **kno|chen|tro|cken;**
die **Tro|cken|heit; ab|trock|nen;**
trocken wischen/trockenwischen; ein
Baby **tro|cken|le|gen;** Wäsche in der
Maschine **tro|cken|schleu|dern/
tro|cken schleu|dern; trock|nen;** ein
Schäfchen im Trockenen haben (etwas in
Sicherheit haben); auf dem Trockenen
sitzen (in Verlegenheit sein); ins Trockene
bringen (in Sicherheit bringen)

Trod|del, die: der -, die Troddeln (Quaste,
Stoffanhängsel)

Trö|del, der: (wertlose Gegenstände);
der **Trö|del|markt**

trö|deln: (Zeit vertun, langsam sein,
schlendern)

Trog, der: des -(e)s, die Tröge (Gefäß,
meist länglich)

Troll, der: des -s, die Trolle (Kobold,
gespenstisches Wesen); sich **trol|len**
(sich davonmachen)

Trom|mel, die: der -, die Trommeln;
die Trommel schlagen;
das **Trom|mel|fell;** der **Tromm|ler;**
trom|meln; für jemanden oder etwas die
Trommel rühren (werben)

Trom|pe|te *franz.,* die: der -, die Trompe-
ten (Blasinstrument); der **Trom|pe|ter;**
trom|pe|ten

Tro|pen, die: der - (heiße Zone zwischen
den Wendekreisen); das **Tro|pen|kli|ma**
(heiß, schwül);
die **Tro|pen|taug|lich|keit; tro|pisch**

Tropf, der: des -(e)s, die Tröpfe; er ist ein
armer Tropf (ein bedauernswerter
Mensch)

Tropf, der: des -(e)s, die Tropfe; am Tropf
hängen (Med. Vorrichtung für die
Tropfinfusion); **tropf|bar**

Trop|fen, der: des -s, die Tropfen; ein
kleiner Tropfen Wasser; das **Tröpf|chen;**
der Wasserhahn tropft;
die **Tropf|stein|höh|le;**
trop|fen|wei|se; tröp|feln; das ist ein
Tropfen auf dem heißen Stein (sehr
wenig, so gut wie nichts)

Tro|phäe *griech.,* die: der -, die Trophäen
(Beute, Siegeszeichen)

Tross *franz.,* der: des -es, die Trosse
(Transportgruppe, Menge von Men-
schen)

Tros|se, die: der -, die Trossen (starkes
Seil, Drahtseil)

trös|ten: den Freund trösten; sich trösten;

T

trös

der **Trost;** Trost spenden; eine trostbringende Nachricht; der **Trös|ter;** das **Trost|pflas|ter; ge|trost** (ohne Bedenken); **tröst|lich; trost|los**

Trott, der: des -(e)s, die Trotte (langsamer, schwerfälliger Gang); das Pferd geht im ruhigen Trott; immer der gleiche Trott (Arbeitsweise, Gewohnheit, Art zu leben); der **Trot|tel** (Dummkopf); **trot|te|lig** (langweilig, vergesslich); **ver|trot|telt; trot|teln; trot|ten**

trotz: (Präposition); trotz des schlechten Wetters; trotz des nassen Mantels, *auch* trotz nassem Mantel; **trotz|dem**

Trotz, der: des -es; dir zum Trotz (um dich zu ärgern); etwas aus Trotz tun; der **Trotz|kopf; trot|zig;** jemandem **trot|zen** (sich widersetzen); das **Trotz|al|ter**

trüb/trü|be: (unsauber, bedeckt); trübes Wasser; trübes Wetter; trübe Stimmung; **be|trübt; trüb|se|lig; trüb|sin|nig; trü|ben;** er kann kein Wässerchen trüben; im Trüben fischen (eine unklare Situation zum eigenen Vorteil nutzen); eine trübe Tasse (langweilige Person)

Tru|bel *franz.,* der: des -s (Jubel, Trubel, Heiterkeit, Durcheinander)

Truck *engl.* [träck], der: des -s, die Trucks (Zugmaschine mit Aufleger); der **Tru|cker** (Fahrer eines großen Lkws)

tru|deln: (drehend niedergehen, abstürzen); das Flugzeug kommt ins Trudeln

Trüf|fel, die: die Trüffeln (ein Pilz, eine kugelige Praline); die **Trüf|fel|le|ber|pas|te|te**

trug: → tragen

trü|gen: etwas trügt, du trügst, er trog; das Wetter trügt; **be|trü|gen;** der **Be|trug;** der **Trug** (Täuschung); der **Trug|schluss; trü|ge|risch** (unsicher); Lug und Trug

Tru|he, die: der -, die Truhen (Kasten, Schrein)

Trüm|mer, die: der - (Überreste nach Zerstörung); etwas in Trümmer schlagen; der **Trüm|mer|hau|fen;** die **Trüm|mer|stät|te;** etwas **zer|trüm|mern**

Trumpf *lat.,* der: des -(e)s, die Trümpfe; das **Trumpf|ass; auf|trump|fen; trump|fen;** alle Trümpfe in der Hand halten (eine starke Stellung haben); seine Trümpfe ausspielen

Trunk, der: des -(e)s, die Trünke; sich dem Trunke hingeben (Alkoholiker werden); trunken sein vor Glück; der **Trun|ken|bold;** die **Trun|ken|heit;** die **Trunk|sucht;** der **Um|trunk; trunk|süch|tig** → trinken

Trupp, der: des -s, die Trupps; das **Trüpp|chen;** die Truppen; die **Trup|pe;** der **Trup|pen|übungs|platz; trupp|wei|se;** der **Trup|pen|ab|bau;** der **Trup|pen|auf|marsch**

Trut|hahn, der: des -s, die Truthähne; die **Trut|hen|ne**

tschau!, *auch* **ciao!** *ital.:* (Abschiedsgruß)

Tsche|chi|en: (Staat in Osteuropa); der **Tsche|che;** die **Tsche|chin; tsche|chisch**

tschüs!, *auch* **tschüss!:** (Abschiedsgruß)

Tse|tse|flie|ge/Tset|se|flie|ge, die: (gefährliche Stechfliege)

T-Shirt *engl.* [tischört], das: des -s, die T-Shirts (kurzärmeliges Hemd ohne Kragen)

T-Trä|ger, der: des -s, die T-Träger (Stahlträger in T-form)

TU: Technische Universität

Tu|ba *lat.,* die: der -, die Tuben (Blechblasinstrument)

Tu|be *lat.,* die: der -, die Tuben (röhrenförmiger Behälter); auf die Tube drücken (zur Eile drängen)

Tu|ber|ku|lo|se, die: der -, die Tuberkulosen; Abk. Tb, Tbc, Tbk (Lungenkrankheit); **tu|ber|ku|lös** (schwindsüchtig); **tu|ber|ku|lo|se|krank**

Tuch, das: des -(e)s, die Tücher/Tuche; ein Stück Tuch (Stoff); das **Bett|tuch;** das **Ge|schirr|tuch;** das **Tüch|lein;**

gut **be|tucht** sein (wohlhabend sein);
die **Tuch|fa|b|rik**

tüch|tig: tüchtig (geschickt, fähig) sein;
der **Tüch|ti|ge;** die **Tüch|tig|keit**

Tü|cke, die: der -, die Tücken (Hinterlist);
heim|tü|ckisch; tü|ckisch (hinterlistig,
arglistig); eine tückische (gefährliche)
Krankheit

tüf|teln: (mit Ausdauer und Sorgfalt
arbeiten, über etwas nachdenken);
aus|tüf|teln; die **Tüf|te|lei;** der **Tüft|ler**

Tu|gend, die: der -, die Tugenden (Sitten-
strenge); **tu|gend|haft;** aus der Not eine
Tugend machen (einen Nachteil in einen
Vorteil verwandeln); der **Tu|gend|bold**
(jemand, der sich besonders tugendhaft
verhält)

Tüll *franz.,* der: des -s, die Tülle (feines,
netzartiges Gewebe); die **Tüll|gar|di|ne**

Tül|le, die: der -, die Tüllen (Ausguss-
röhrchen, Schimpfwort)

Tul|pe *pers.,* die: der -, die Tulpen (Blume);
das **Tul|pen|beet;** die **Tul|pen|zwie|bel**

tum|meln: die Kinder tummeln sich
(toben) auf der Wiese; sich im Wasser
tummeln; das **Ge|tüm|mel;**
der **Tum|mel|platz**

Tümm|ler, der: (Delfin, eine Taube)

Tu|mor *lat.,* der: des -s, die Tumore
(Geschwulst)

Tüm|pel, der: des -s, die Tümpel (kleiner,
sumpfiger Teich)

Tu|mult *lat.,* der: des -(e)s, die Tumulte
(Lärm, Unruhe, Verwirrung, Aufruhr)

tun: du tust, du tatest, du tätest, er tat, sie
hat getan, tu(e)!; eine Arbeit tun; etwas
Gutes tun; so tun als ob; das Tun und
Lassen; mit jemandem zu tun bekommen
(von ihm zur Rechenschaft gezogen
werden); **tun|lichst;** etwas tunlichst
(möglichst) vermeiden; freundlich tun;
guttun; wohltun; **schön|tun;**
das **Ge|tue;** das **Tun;** der **Tu|nicht|gut;**
das **Tu(n)|wort** (Verb) → Tat

tün|chen: (weiß anstreichen);
über|tün|chen; die **Tün|che**

Tun|d|ra, die: (baumlose Kältesteppe)

Tu|ner *engl.* [tjuner], der: des -s, die Tuner
(Kanalwähler, Elektronik); das **Tu|ning**
(nachträgliche Erhöhung der Leistung
eines Kfz-Motors); **tu|nen**

Tun|fisch/Thun|fisch *griech.,* der:
des -(e)s, die Tunfische

Tun|ke, die: der -, die Tunken (Soße);
ein|tun|ken (eintauchen); **tun|ken;**
Brot in den Kaffee tunken (stippen)

Tun|nel *engl.,* der: des -s, die Tunnels/
Tunnel (unterirdischer Verkehrsweg)

Tup|fen, der: des -s, die Tupfen (kleiner,
rundlicher Fleck); das **i-Tüp|fel|chen;**
der **Tup|fer; ge|tupft;**
etwas **ab|tup|fen; tup|fen**

Tür, die: der -, die Türen; die **Haus|tür;**
die **Tür|klin|ke;** das **Tür|schloss;** von
Tür zu Tür gehen; hinter verschlossenen
Türen (geheim); offene Türen einrennen
(unnötig gegen etwas angehen); mit der
Tür ins Haus fallen (etwas ohne Um-
schweife vorbringen)

Tur|ban *pers.,* der: des -s, die Turbane
(Kopfbedeckung)

Tur|bi|ne *franz.,* die: der -, die Turbinen
(Drehkraftmaschine);
der **Tur|bi|nen|an|trieb;**
der **Tur|bo|mo|tor**

Tur|bu|lenz *lat.,* die: der -, die Turbulen-
zen (große Unruhe, ungeordnete Strö-
mung, Wirbel); **tur|bu|lent** (unruhig,
stürmisch); es geht sehr turbulent
(stürmisch) zu; eine turbulente Gesell-
schaft

Tür|kei, die: (Staat in Südosteuropa und
Kleinasien); der **Tür|ke;** die **Tür|kin;**
tür|kisch

tür|kis: (blaugrüne Farbe); der **Tür|kis**
(Edelstein)

Turm, der: des -(e)s, die Türme (hoch
gebautes Bauwerk); der **Kirch|turm;**
der **Turm|bau;** das **Türm|chen;**
er ist mir **turm|hoch** überlegen; etwas
auf|tür|men (aufeinander häufen)

tur|nen: (sportliche Betätigung);
das **Tur|nen;** der **Tur|ner;**
die **Tur|ne|rin;** die **Turn|hal|le;**

T
turn

die **Turn|ho|se;** der **Turn|ver|ein;**
tur|ne|risch

Tur|nier *franz.,* das: des -s, die Turniere
(Ritterspiel, Wettkampf); das **Reit-** und
Fahr|tur|nier; das **Spring|tur|nier**

Tur|nus *griech.,* der: des -, die Turnusse
(festgelegte Reihenfolge)

tur|teln: (Austausch von Zärtlichkeiten);
die **Tur|tel|tau|be**

Tusch, der: des -(e)s, die Tusche ; die
Musiker spielen einen Tusch (Hochruf
mit Musik)

Tu|sche *franz.,* die: der -, die Tuschen
(Zeichentinte); die **Tusch|far|be;**
der **Tusch|kas|ten;**
die **Wim|pern|tu|sche; tu|schen;** du
tuschst; etwas **ver|tu|schen** (verheimli-
chen)

tu|scheln: (heimlich miteinander flüstern,
jemandem etwas ins Ohr sagen);
das **Ge|tu|schel;** die **Tu|sche|lei**

Tü|te, die: der -, die Tüten (Papier- oder
Plastikbeutel); die **Plas|tik|tü|te;**
etwas **ein|tü|ten**

tu|ten: (trompeten, blasen); die **Tu|te**
(Hupe); von Tuten und Blasen keine
Ahnung haben (gar nichts verstehen)

Tut|ti|frut|ti, das: (alle Früchte, eine
Süßspeise)

TÜV: Abk. Technischer Überwachungs-
Verein

Tweed *engl.* [twid], der: des -s, die Tweeds/
Tweede (Gewebeart, Wollstoff)

Twen *engl.,* der: des -(s), die Twens (Ju-
gendliche um die zwanzig [twenty] Jahre)

Twin|set *engl.,* das/der: des -(s), die
Twinsets (Pullover und Jacke von
gleicher Art)

Twist *engl.,* der: des -(e)s, die Twiste (Garn)

Twist *amerik.,* der: des -s, die Twists
(Tanz); **twis|ten** (Twist tanzen)

Typ *griech.,* der: des -s, die Typen; das ist
ein Typ (Musterbeispiel) eines gutmüti-
gen Menschen; ein untersetzter Typ
(äußere Form); die **Ty|pe;** die Schriftty-
pen (Buchstaben) des Computers;
verschiedene Typen (Arten) von Mehl;

diese komische Type (Person); **ty|pisch**
(charakteristisch, kenn-, bezeichnend);
das ist typisch für dich

Ty|phus, der: des - (Infektionskrankheit)

Ty|rann *griech.,* der: des -en, die Tyrannen
(Gewaltherrscher); die **Ty|ran|nei;**
ty|ran|nisch; ty|ran|ni|sie|ren;
der **Ty|ran|no|sau|rus**

U

u. a.: (unter anderem, und andere)

u. Ä.: und Ähnliches

U-Bahn, die: die U-Bahnen; Kurzw. für
Untergrundbahn

übel: übler, am übelsten; er hat einen
üblen (schlechten) Ruf; mir wird übel;
das riecht übel; eine üble Nachrede; übel
gelaunt/übelgelaunt sein; jemandem
etwas übel nehmen/übelnehmen; übel-
wollen; das **Übel;** die **Übel|keit**

üben: Gerechtigkeit üben (gerecht sein);
ein Diktat üben; die **Übung**

über: über eine Brücke gehen; über
Weihnachten verreisen; die Lampe hängt
über dem Sofa; er hängt die Lampe über
den Tisch; über (mehr als) zwei Stunden;
es über sich bringen (sich dazu überwin-
den können)

über|all: von überall her; an allen Orten

über|al|tert: (zu alt sein);
die **Über|al|te|rung**

über|an|stren|gen:
die **Über|an|stren|gung** (zu hohe
Leistung bringen wollen)

über|be|wer|ten: (zu hoch einschätzen);
die **Über|be|wer|tung**

über|bie|ten: (ein höheres Angebot
machen); **über|biet|bar;**
die **Über|bie|tung**

Über|bleib|sel, das: des -s, die Überbleib-
sel (Rest); **über|blei|ben** (übrig bleiben)

Über|blick, der: des -s, die Überblicke;
etwas **über|bli|cken;** die Lage, Situation
überblicken

über|brin|gen: er hat die Nachricht überbracht; der **Über|brin|ger**

über|brü|cken: schlechte Zeiten überbrücken (eine Zeit aushalten); **über|brück|bar;** die **Über|brü|ckung**

über|dau|ern: (überstehen)

über|deh|nen: (zu stark dehnen); die **Über|deh|nung**

über|drüs|sig: (nicht mehr sehen und hören können/wollen); der **Über|druss** (Übersättigung)

über|ein|an|der/über|ei|nan|der: übereinander reden; etwas übereinander legen (stapeln); übereinanderschlagen (Beine)

Über|ein|kom|men, das: des -s, die Übereinkommen (Ausgleich, Vertrag, Abmachung); die **Über|ein|kunft; über|ein|kom|men**

über|fah|ren: das Stoppschild überfahren; er hat ein Reh überfahren (getötet); er ist über die Brücke gefahren; sie ist ihm über den Mund gefahren (hat ihn unhöflich unterbrochen); die **Über|fahrt**

über|fal|len: der **Über|fall;** der **Bank|über|fall; über|fäl|lig**

über|flie|gen: der **Über|flug** (einer Stadt); der **Über|flie|ger** (jemand, der extrem viel leistet)

über|flü|geln: (jemanden übertrumpfen, überholen); jemanden überflügeln in der Punktzahl

Über|fluss, der: des -es, (Übermaß, Fülle); **über|flüs|sig** (unnötig); **über|flüs|si|ger|wei|se; über|flie|ßen;** der Brei ist übergeflossen

über|for|dern: (es wird mehr gefordert, als man leisten kann); sich durch eine Aufgabe überfordert fühlen (überbeansprucht); die **Über|for|de|rung**

über|fra|gen: er ist überfragt (kann etwas nicht beantworten)

über|füh|ren: (eine Ware, einen Gefangenen von einem Ort zu einem anderen bringen); **über|füh|ren:** den Täter überführen (ihm eine Schuld nachweisen); die **Über|füh|rung**

Über|gang, der: des -s, die Übergänge; ein Übergang über eine Straße; die **Über|gangs|zeit;** der **Über|gangs|zu|stand**

über|ge|ben: die Leitung der Firma übergeben; eine Stadt kampflos übergeben; sich übergeben (erbrechen); die **Über|ga|be**

über|ge|hen: das Grundstück ist in andere Hände übergegangen; **über|ge|hen:** sie hat ihn übergangen (nicht beachtet)

Über|ge|päck, das: des -s (Übergewicht beim Gepäck)

Über|ge|wicht, das: des -s, die Übergewichte (ein zu großes Gewicht); **über|ge|wich|tig**

Über|griff, der: des -s, die Übergriffe; **über|grei|fen;** das Feuer griff auf die Scheune über

über|groß: die **Über|grö|ße** (bei der Kleidung)

über|hand: überhandnehmen (zu viel werden); die Überfälle dürfen nicht überhandnehmen

über|häu|fen: jemanden mit Vorwürfen überhäufen; die **Über|häu|fung**

über|haupt: das ist überhaupt (eigentlich) nicht richtig

über|heb|lich: (hochmütig, herablassend); die **Über|heb|lich|keit**

über|ho|len: ein anderes Auto überholen; den Motor überholen (ausbessern, erneuern) lassen; das ist längst überholt (unmodern); die **Über|hol|spur;** das **Über|hol|ver|bot; über|hö|ren:** er hat die Frage überhört; das möchte ich überhört haben (nicht wissen)

über|las|sen: er hat ihr alles überlassen; jemanden seinem Schicksal überlassen (sich nicht um ihn kümmern)

über|lau|fen: das Wasser ist übergelaufen; er ist zum Feind übergelaufen; **über|lau|fen:** der Ort ist sehr überlaufen; der **Über|lauf** (Ablauf für überschüssiges Wasser); der **Über|läu|fer** (Fahnenflüchtiger);

über|le|ben: die Über|le|ben|den;
die Über|le|bens|chan|cen;
das Über|le|bens|trai|ning

über|le|gen: sich etwas überlegen (nachdenken); jemandem überlegen sein;
die Über|le|gen|heit; die Über|le|gung

über|lei|ten: die Über|lei|tung (von
einem Thema zu einem anderen)

über|lie|fern: die Über|lie|fe|rung
(mündlich weiter gegebene Erzählung,
Sage)

über|lis|ten: (durch List täuschen);
die Über|lis|tung

Über|macht, die: der -, die Übermächte;
über|mäch|tig

über|mä|ßig: sich übermäßig (sehr)
anstrengen; das Über|maß

über|mit|teln: die Über|mitt|lung der
Nachricht

über|mor|gen: übermorgen Abend,
Mittag; → morgen

Über|mut, der: des -s; über|mü|tig

über|nach|ten: die Über|nach|tung;
über|näch|tigt (schlecht ausgeschlafen)

über|neh|men: eine Aufgabe übernehmen; er hat sich damit übernommen
(kann es nicht zu Ende bringen)

über|prü|fen: die Über|prü|fung;
über|prüf|bar

über|que|ren: die Über|que|rung der
Straße

über|ra|gen: der überragende Erfolg (über
den Durchschnitt)

über|ra|schen: die Über|ra|schung;
über|ra|schend (plötzlich)

über|re|den: die Über|re|dungs|kunst;
die Über|re|dung

über|rum|peln: der Gegner wurde
überrumpelt; die Über|rum|pe|lung,
auch Über|rump|lung

über|run|den: er hat alle überrundet;
die Über|run|dung

übers: übers (über das) Jahr

Über|schall|flug|zeug, das: des -s,
die Überschallflugzeuge;
die Über|schall|ge|schwin|dig|keit

über|schat|ten: das Rennen wurde von
einem Unfall überschattet (die Freude
gedämpft); die Über|schat|tung

über|schau|en: über|schau|bar;
die Über|schau

über|schla|gen: seine Stimme überschlägt
sich; er hat sich mit dem Auto überschlagen; der Über|schlag (ungefähre,
schnelle Berechnung); der Überschlag
am Reck; über|schlä|gig

über|schnap|pen: (durchdrehen); du bist
wohl übergeschnappt (nicht bei Trost)

Über|schrift, die: der -, die Überschriften

Über|schuss, der: des -es, die Überschüsse (Gewinn, Ertrag); über|schüs|sig

über|schüt|ten: er hat das Wasser
übergeschüttet; er hat ihn mit Worten
überschüttet

über|schwäng|lich: (übertrieben);
der Über|schwang;
die Über|schwäng|lich|keit

über|schwem|men:
die Über|schwem|mung;

über|se|hen: einen Fehler übersehen;
über|seh|bar

über|set|zen: (von einer Sprache in eine
andere übersetzen); über|set|zen (das
Auto wurde auf die Insel übergesetzt);
die Über|set|zung; die Übersetzung ins
Französische; das Fahrrad hat eine große
Übersetzung (Bewegungsübertragung);
über|setz|bar

Über|sicht, die: der -, die Übersichten;
über|sicht|lich (geordnet)

über|spannt: eine Brücke überspannt den
Fluss; den Bogen überspannen (eine
Sache zu weit treiben)

über|spie|len: sie überspielte die peinliche
Situation; eine Kassette überspielen;
die Über|spie|lung

über|spitzt: (übermäßig, übertrieben);
über|spit|zen (übertreiben)

über|sprin|gen: die Begeisterung ist
übergesprungen; sie hat eine Klasse
übersprungen; ein Hindernis überspringen

über|ste|hen: eine Gefahr überstehen;
eine Krankheit überstehen;

ein **über|ste|hen|der** Balken

über|stim|men: sie wurden von der Mehrheit überstimmt;

die **Über|stim|mung**

über|streu|en: mit Zucker überstreuen

Über|stun|de, die: der -, die Überstunden (Mehrarbeit);

der **Über|stun|den|zu|schlag**

über|stür|zen: eine überstürzte (hastige, unüberlegte, plötzliche) Abreise;

die **Über|stür|zung** (Übereilung)

über|tra|gen: eine Aufgabe übertragen; Zahlen übertragen; etwas in übertragener Bedeutung (nicht wörtlich) meinen; eine Krankheit übertragen (anstecken); ein Fußballspiel wird übertragen;

der **Über|trag;** die **Über|tra|gung; über|trag|bar;**

der **Über|tra|gungs|wa|gen**

über|tref|fen: jemanden übertreffen; sich selbst übertreffen; das übertrifft (übersteigt) alle Erwartungen

über|trei|ben: die **Über|trei|bung; über|trie|ben**

über|tre|ten: die **Über|tre|tung;** er hat das Gesetz übertreten; aber: er ist beim Weitsprung **über|ge|tre|ten;**

der **Über|tritt**

über|wa|chen: (beaufsichtigen);

die **Über|wa|chung**

über|wäl|ti|gen: über|wäl|ti|gend (ungeheuer beeindruckend);

die **Über|wäl|ti|gung**

Über|weg, der: des -s, die Überwege;

der **Fuß|gän|ger|über|weg**

über|wei|sen: Geld überweisen; jemanden ins Krankenhaus überweisen;

die **Über|wei|sung**

über|wer|fen: sie hat sich einen Mantel übergeworfen; **über|wer|fen:** wir haben uns mit ihm überworfen (verfeindet)

über|win|den: die **Über|win|dung; über|wind|bar; un|über|wind|bar; un|über|wind|lich**

über|win|tern: Vögel überwintern (bleiben hier); die **Über|win|te|rung**

über|zäh|lig: (übrig, zu viel);

über|zah|len (zu viel zahlen);

die **Über|zahl**

über|zeu|gen: er überzeugt (vergewisserte) sich; von etwas überzeugt sein;

die **Über|zeu|gung;**

die **Über|zeu|gungs|kraft**

über|zie|hen: (ein Kleidungsstück überziehen); sie hat einen Mantel übergezogen;

über|zie|hen: er hat sein Konto überzogen (zu viel Geld abgehoben);

der **Über|zie|her** (Mantel)

üb|lich: das ist nicht üblich (gebräuchlich, normal); es ist das Übliche;

üb|li|cher|wei|se

U-Boot, das: des -es, die U-Boote; Abk. für Unterseeboot

üb|rig: etwas übrig behalten; die übrigen (restlichen) Gegenstände; etwas übrig lassen; übrig bleiben/übrigbleiben; für jemanden etwas übrighaben;

im **Üb|ri|gen;** alles **Üb|ri|ge; üb|ri|gens**

Ufer, das: des -s, die Ufer (Rand eines Gewässers); **ufer|los** (allzu weit)

UFO, *auch* **Ufo,** das: die -s, die Ufos; Abk. für Unbekanntes Flugobjekt

Uhr, die: der -, die Uhren; es ist vier Uhr; die Uhr geht falsch; der **Uhr|ma|cher;** der **Uhr|zei|ger;** die **Uhr|zeit;** das **Ühr|chen**

Uhu, der: des -s, die Uhus (Nachtvogel, Marke für einen Klebstoff)

Uk|ra|i|ne, die: (Staat in Osteuropa);

der **Uk|ra|i|ner;** die **Uk|ra|i|ne|rin; uk|ra|i|nisch**

UKW: Ultrakurzwellen; der **UKW-Sen|der**

Ulk, der: des -(e)s, die Ulke (Spaß, Jux);

ul|kig; ul|ken; jemanden **ver|ul|ken;** die **Ul|ke|rei**

Ul|kus, das: (Geschwür)

Ul|me, die: (Baumart)

Ul|ti|ma|tum *lat.,* das: des -s, die Ultimaten (letzte Aufforderung); jemandem ein Ultimatum stellen; das Ultimatum läuft ab; **ul|ti|ma|tiv** (in Form einer letzten Aufforderung)

ul|tra/ult|ra: (jenseits, weit entfernt,

darüber hinaus); **ul|t|ra|vi|o|lett;**
der **Ul|t|ra|schall** (mit menschlichem
Gehör nicht mehr wahrnehmbarer
Schall); ultramarinblau

um: (Präposition); ich sorge mich um ihn;
um den Wagen herum; es waren um
(ungefähr) hundert Schüler; er kommt,
um zu helfen; sich um den Tisch setzen

um|ar|men: die **Um|ar|mung**

Um|bau, der: des -s, die Umbauten;
um|bau|en (anders bauen); **um|bau|en**
(mit Bauten oder einer Mauer umschließen)

um|blät|tern: eine Seite im Buch umblät-
tern; das **Um|blatt**

um|bli|cken: sich umblicken

um|brin|gen: jemanden umbringen (töten)

um|dre|hen: jeden Pfennig umdrehen
(sparsam sein); sie dreht sich um; um die
eigene Achse drehen; die **Um|dre|hung**

um|ein|an|der/um|ei|nan|der; sich
umeinander kümmern; umeinander
besorgt sein; **um|ei|n|an|der|dre|hen;**
um|ei|n|an|der|lau|fen

um|fah|ren: er hat den Zaun umgefahren;
fahr den Pfahl nicht um!; er hat die Insel
mit dem Boot **um|fah|ren** (ist um sie
herumgefahren)

um|fal|len: zum Umfallen müde sein;
der Baum fällt um

Um|fang, der: des -s, die Umfänge;
um|fang|reich; jemanden **um|fan|gen**
halten (umarmen)

um|fas|send: (ganz, völlig); er wurde
umfassend aufgeklärt

Um|feld, das: des -s, die Umfelder

Um|fra|ge, die: der -, die Umfragen;
eine Umfrage machen;
die **Mei|nungs|um|fra|ge**

Um|gang, der: des -s;
die **Um|gangs|for|men;**
die **Um|gangs|spra|che; um|gäng|lich**
(verträglich, gesellig); **un|um|gäng|lich**
(nicht zu vermeiden)

Um|ge|bung, die: der -, die Umgebungen;
die Umgebung des Stadions; **um|ge|ben**
von ihren Freundinnen

um|ge|hen: der Geist geht im Schloss um;

er ist gut mit dem Pferd umgegangen;
er hat das Gesetz umgangen;
die **Um|ge|hungs|stra|ße;**
um|ge|hend (gleich, sofort)

Um|hang, der: des -s, die Umhänge;
der **Re|gen|um|hang;**
sich ein Tuch **um|hän|gen**

um|her: er läuft unruhig umher (hin und
her); **um|her|ir|ren;** umherstrolchen;
umherwandern

um|keh|ren: auf halbem Weg umkehren;
er ist umgekehrt; die **Um|kehr;**
um|ge|kehrt (im Gegenteil)

um|klei|den: er hat sich für den Abend
umgekleidet, aber: ein Kästchen
um|klei|den (verkleiden, überziehen);
der **Um|klei|de|raum**

um|kom|men: (zu Tode kommen,
sterben)

Um|kreis, der: des -es, die Umkreise
(Geometrie); im Umkreis von 30 km
(Landschaft); **um|krei|sen**

um|la|gern: die Sopranistin war umlagert
von ihren Fans; er hat die Äpfel umgela-
gert (woanders gelagert); die Burg ist
umlagert (umzingelt); die **Um|la|ge|rung**

um|lau|fen: er hat den Schiedsrichter
umgelaufen; es läuft das Gerücht um;
um|lau|fen: ich habe die Bahn fünfmal
umlaufen; die Erde umläuft die Sonne in
einem Jahr; der **Geld|um|lauf;**
die **Um|lauf|bahn**

Um|laut, der: des -(e)s, die Umlaute;
z. B. ä, ö, ü

um|le|gen: jemanden umlegen
(erschießen); sich ein Halstuch umlegen;
die **Um|le|gung** (anteilmäßige
Verteilung)

um|lei|ten: der Fluss wird umgeleitet;
der Verkehr wird umgeleitet;
die **Um|lei|tung;**
das **Um|lei|tungs|schild**

um|lie|gend: die umliegenden Dörfer;
die umliegende Landschaft

um|pflan|zen: die **Um|pflan|zung**

Um|ran|dung, die: der -, die Umrandun-
gen; **um|rän|dert; um|ran|den** (mit

einem Rand versehen)

um|rei|ßen: den Plan umreißen (kurz beschreiben); die Situation umreißen, aber: den Zaun **um|rei|ßen**

um|rin|gen: **um|ringt** von Kindern

Um|riss, der: des -es, die Umrisse; die **Um|riss|zeich|nung**

ums: sie geht ums (um das) Haus; es geht ums Ganze

um|sat|teln: das Pferd umsatteln; im Beruf umsatteln (sich verändern)

Um|satz, der: des -es, die Umsätze (Verkauf); die **Um|satz|stei|ge|rung**

um|schal|ten: vom dritten in den vierten Gang umschalten; auf ein anderes Programm umschalten

Um|schau, die: Umschau halten; sich **um|schau|en**

um|schich|tig: (wechselweise); etwas **um|schich|ten**

Um|schlag, der: des -(e)s, die Umschläge; einen kalten Umschlag machen; der **Heft|um|schlag;** der **Wa|ren|um|schlag;** der **Wet|ter|um|schlag;** **um|schla|gen;** Bäume umschlagen (fällen)

um|schrei|ben: einen Aufsatz umschreiben (verändern, neu schreiben), aber: das Fremdwort **um|schrei|ben** (mit anderen Worten ausdrücken); die **Um|schrei|bung**

um|schu|len: (in eine andere Schule gehen, in einem anderen Beruf sich ausbilden lassen); die **Um|schu|lung**

Um|schwung, der: des -(e)s, die Umschwünge

Um|sicht, die: der -; **um|sich|tig** (besonnen, mit Weitblick)

um|so …: umso besser; umso mehr als; um so weniger; umso eher

um|sonst: etwas umsonst bekommen (ohne Geld); er ist umsonst (vergeblich) gekommen; nicht umsonst (aus gutem Grund) frage ich

um|span|nen: (neu spannen); das **Um|spann|werk** (Elektrizitätswerk);

der **Um|span|ner** (für Transformator)

Um|stand, der: des -(e)s, die Umstände; mit allen Umständen; unter bestimmten Umständen; mildernde Umstände; in anderen Umständen (schwanger) sein; das **Um|stands|kleid;** das **Um|stands|wort** (Adverb); **um|ständ|lich** (ungeschickt, langsam)

um|stei|gen: in einen anderen Zug umsteigen; auf eine andere Automarke umsteigen; der **Um|stei|ger**

um|stel|len: der Schrank wurde umgestellt, aber: **um|stel|len:** der Einbrecher wurde von der Polizei umstellt; die **Um|stel|lung; um|stell|bar**

um|stim|men: die **Um|stim|mung**

um|strit|ten: (zweifelhaft, ungeklärt); eine umstrittene Aussage

Um|sturz, der: des -es, die Umstürze; **um|stür|zen;** der **Um|sturz|ver|such**

um|tau|schen: der **Um|tausch;** das **Um|tausch|recht**

um|wäl|zen: die **Um|wälz|an|la|ge;** die **Um|wäl|zung; um|wäl|zend;** eine umwälzende (bahnbrechende) Erfindung

um|wan|deln: (ändern); die **Um|wand|lung**

Um|weg, der: des -(e)s, die Umwege; Umwege gehen

Um|welt, die: der -; der **Um|welt|schutz;** die **Um|welt|ver|schmut|zung; um|welt|freund|lich**

um|wer|fen: einen Eimer umwerfen; eine umwerfende (außergewöhnliche, verblüffende) Erfindung

um|zie|hen: die Familie ist umgezogen (die Wohnung gewechselt); sie hat sich umgezogen (die Kleidung gewechselt); der **Um|zug**

UN: United Nations (Vereinte Nationen)

un…: Vorsilbe für Verneinung: Glück → Unglück; Geduld → Ungeduld usw.

un|ab|än|der|lich: (nicht zu ändern, bleibt wie es ist); **un|ab|ding|bar**

un|ab|hän|gig: die **Un|ab|hän|gig|keit**

un|ab|läs|sig: (dauernd, immer wieder)

un|acht|sam: die **Un|acht|sam|keit**

un|an|ge|bracht: (unpassend, passte nicht in die Situation)

un|an|ge|mes|sen: der Preis war unangemessen hoch

un|an|ge|nehm: (unfreundlich, ungemütlich)

Un|an|nehm|lich|keit, die: der -, die Unannehmlichkeiten (Ärger, lästige Sache)

un|an|stän|dig: die **Un|an|stän|dig|keit**

un|an|tast|bar: die **Un|an|tast|bar|keit**

Un|art, die: der -, die Unarten; **un|ar|tig** (ungezogen, frech)

un|auf|halt|sam: (stetig); **un|auf|halt|bar;** die **Un|auf|halt|sam|keit**

un|auf|hör|lich: (ununterbrochen, dauernd)

un|auf|merk|sam: die **Un|auf|merk|sam|keit**

un|aus|steh|lich: (unleidlich, frech, gemein)

un|bän|dig: unbändige (sehr große) Freude; unbändige (wilde) Wut; einen unbändigen (wilden) Jungen erziehen

un|barm|her|zig: die **Un|barm|her|zig|keit**

un|be|dingt: unbedingtes (tiefes) Vertrauen; er will unbedingt (auf jeden Fall) gewinnen

un|be|fugt: Unbefugten (Personen, die keine Erlaubnis haben) ist der Zutritt verboten

un|be|greif|lich: (unerklärlich, unfassbar); **un|be|greif|li|cher|wei|se**

un|be|grenzt: (ohne Einschränkung); unbegrenztes Vertrauen; die **Un|be|grenzt|heit**

Un|be|ha|gen, das: des -s, **un|be|hag|lich**

un|be|hin|dert, *auch* **un|be|hel|ligt:** (unbelästigt, ohne Hindernis)

un|be|hol|fen: (ungeschickt, umständlich); die **Un|be|hol|fen|heit**

un|be|irrt: (beharrlich, zielstrebig); **un|be|irr|bar**

un|be|kannt: ein **Un|be|kann|ter;** eine Anzeige gegen unbekannt; nach unbekannt verzogen

un|be|küm|mert: (beharrlich); die **Un|be|küm|mert|heit**

un|be|schränkt: (unbegrenzte Möglichkeiten; ohne Grenzen)

un|be|schreib|lich: (nicht zu beschreiben)

un|be|son|nen: unbesonnen handeln (ohne Überlegung); die **Un|be|son|nen|heit**

un|be|sorgt: (mit einem guten Gewissen, beruhigt)

un|beug|sam: ein unbeugsamer (unbeeinflussbarer, unerbittlicher) Wille; **un|beug|bar**

un|be|wusst: das **Un|be|wuss|te**

und: Abk. & (in Firmennamen); + (in der Mathematik); und folgende Seiten u. ff.; und so weiter usw.; und Ähnliches u.Ä.

Un|dank, der: des -(e)s; **un|dank|bar;** die **Un|dank|bar|keit**

Un|der|dog, der: die Underdogs (Benachteiligter, sozial Schwächerer); der **Un|der|ground** (Untergrund); das **Un|der|state|ment** (Untertreibung)

un|durch|dring|lich: (unzugänglich, verschlossen); **un|durch|dring|bar**

un|eben: (nicht eben); die **Un|eben|heit**

un|ehe|lich: das nicht eheliche Kind; die **Un|ehe|lich|keit**

un|eins: uneins (nicht einig, Zwietracht) sein

un|end|lich: das **Un|end|li|che;** bis ins Unendliche (immerfort); unendliche Mal(e), aber: unendlichmal

un|ent|gelt|lich: (ohne zu bezahlen)

un|ent|schie|den: das **Un|ent|schie|den;** die **Un|ent|schie|den|heit**

un|ent|wegt: er arbeitete unentwegt (ununterbrochen); einige **Un|ent|weg|te** (Menschen, die sich nicht von einem einmal gesetzten Ziel abbringen lassen, unbeirrbar)

un|er|bitt|lich: (unnachgiebig, unbeugsam); die **Un|er|bitt|lich|keit**

un|er|hört: das ist unerhört (unglaublich, empörend)

un|er|läss|lich: (unbedingt notwendig)

un|er|mess|lich: das Unermessliche; ins Unermessliche steigern

un|er|müd|lich: (beharrlich, fleißig)

un|er|träg|lich: (schrecklich, nicht zum Aushalten); die **Un|er|träg|lich|keit**

un|er|war|tet: (plötzlich, nicht vorherseh-bar); das **Un|er|war|te|te**

UNESCO, die: United Nations Educational, Scientific and Cultural Organization (Organisation der Verein-ten Nationen für Erziehung, Wissenschaft und Kultur)

Un|fall, der: des -s, die Unfälle; die **Un|fall|ver|si|che|rung; un|fall|frei;** das **Un|fall|op|fer**

Un|fug, der: des -s, grober Unfug; Unfug treiben (Blödsinn machen)

Un|garn: (Staat in Südosteuropa); der **Un|gar;** die **Un|ga|rin; un|ga|risch**

un|ge|ach|tet: ungeachtet dessen; unge-achtet wiederholter Bitten

Un|ge|bühr|lich: (ungehörig, unzumutbar)

Un|ge|duld, die: der -, **un|ge|dul|dig**

un|ge|eig|net: (für eine bestimmte Aufga-be nicht geeignet sein)

un|ge|fähr: (etwa, nicht sehr genau)

un|ge|heu|er: ungeheuer (sehr) viel; er strengt sich ungeheuer (gewaltig) an; das ist ungeheuerlich (schlimm, unerhört); das **Un|ge|heu|er**

un|ge|hö|rig: ungehöriges (freches, unhöfliches, taktloses) Benehmen

un|ge|hor|sam: (nicht hören wollen); der **Un|ge|hor|sam**

un|ge|lernt: (ohne Ausbildung); der ungelernte Arbeiter

un|ge|niert [unschenirt]: (zwanglos, ohne Hemmungen); die **Un|ge|niert|heit;** → genieren

un|ge|nieß|bar: das Essen ist ungenießbar (schmeckt nicht); die **Un|ge|nieß|bar|keit**

un|ge|nü|gend: er ist mit der Note „ungenügend" beurteilt worden (es genügt nicht)

un|ge|ra|de: ungerade Zahlen: 1, 3, 5…

un|ge|recht: die **Un|ge|rech|tig|keit; un|ge|recht|fer|tigt; un|ge|rech|ter|wei|se**

un|ge|schminkt: (nicht geschminkt); jemandem ungeschminkt (deutlich und klar) die Wahrheit sagen

un|ge|scho|ren: er kam ungeschoren (unangetastet) davon

un|ge|stört: (in Ruhe); ungestört arbeiten können; die **Un|ge|stört|heit**

un|ge|stüm: (heftig, temperamentvoll) eine ungestüme Begrüßung

Un|ge|tüm, das: des -s, die Ungetüme (Ungeheuer, Monstrum)

un|ge|wiss: (zweifelhaft, offen, fraglich); jemanden im **Un|ge|wis|sen** lassen (ihm nichts Genaues sagen); die **Un|ge|wiss|heit**

un|ge|wöhn|lich: ein ungewöhnliches (ausgefallenes) Geschenk: **un|ge|wohnt**

un|ge|zählt: ungezählte Menschen kamen, aber: Ungezählte kamen

Un|ge|zie|fer, das: (Schmarotzer); z.B. Ratten, Mäuse, Läuse

un|ge|zo|gen: (nicht erzogen, frech, ungehorsam); die **Un|ge|zo|gen|heit**

Un|glück, das: des -s, die Unglücke; **un|glück|lich;** der **Un|glücks|ra|be;** der/die **Un|glück|li|che;** unglücklicherweise

Un|gunst, die: zu Ungunsten, *auch* zuun-gunsten

Un|heil, das: des -s (Unglück, Übel); **un|heil|bar; un|heil|voll;** Unheil bringen

un|heim|lich: ein unheimliches (schauerliches) Gefühl; die **Un|heim|lich|keit**

Un|hold, der: des -s, die Unholde (böser Geist, Wüstling, Monster)

UNICEF: United Nations International Children's Emergency Fund (Weltkinderhilfswerk der UNO)

Uni|form *franz.,* die: der -, die Uniformen (einheitliche Kleidung für den Dienst);

uni|for|mie|ren

Uni|kum *lat.,* das: des -s, die Unikums/
Unika (einmalig in seiner Art, origineller,
lustiger Mensch)

Uni|on *lat.,* die: der -, die Unionen (Bund,
Vereinigung)

Uni|on Jack, der: des -s, die Union Jacks
(britische Nationalflagge)

uni|ver|sal: (allgemein, umfassend);
die **Uni|ver|sa|li|en** (Allgemeinbegriffe)

Uni|ver|si|tät, die: der -, die Universitäten

Uni|ver|sum, das: des -s (Weltall)

un|ken: (Unglück, Böses voraussagen);
der **Un|ken|ruf;** die **Un|ke** (Froschlurch)

un|klar: unklar sein; im **Un|kla|ren**
bleiben; im Unklaren sein

Un|kos|ten, die: (Ausgaben); sich in
Unkosten stürzen (viel Geld ausgeben);
heute oft nur **Kos|ten**

Un|kraut, das: des -(e)s, die Unkräuter
(wildwachsende Pflanzen zwischen
Nutzpflanzen); Unkraut jäten

un|längst: (vor Kurzem)

un|lau|ter: (unehrlich); unlauterer Wettbe-
werb

Un|men|ge, die: der -, die Unmengen
(sehr große Menge)

un|mit|tel|bar: (sofort, direkt, gleich);
die **Un|mit|tel|bar|keit**

un|mög|lich: ich kann unmöglich (auf
keinen Fall) kommen;
das **Un|mög|li|che** versuchen

un|nah|bar: er wirkt unnahbar (verschlos-
sen, abweisend, zurückhaltend);
die **Un|nah|bar|keit**

un|nütz: sein Geld unnütz (nutzlos)
ausgeben; **un|nüt|zer|wei|se**

UNO, die: United Nations Organization
(Organisation der Vereinten Nationen)

un|par|tei|isch: (neutral, keiner Seite
zugehörig); der **Un|par|tei|i|sche**
(Schiedsrichter); **un|par|tei|lich**

Un|rat, der: (Dreck, Abfall); Unrat wittern
(Schlimmes ahnen)

Un|recht, das: des -(e)s (Vergehen,
Schuld); Unrecht begehen; im Unrecht
sein; zu Unrecht beschuldigt werden;

Unrecht haben; **un|recht;** sich unrecht
(nicht richtig) verhalten; zur unrechten
(falschen) Zeit kommen; jemandem
unrecht/Unrecht tun; **un|recht|mä|ßig;**
das **Un|rechts|be|wusst|sein**

uns: (Pronomen); wir sind doch unter uns
(im vertrauten Kreis); **un|ser; uns|re;**
un|ser|eins; unsereins (jemand wie wir)
hat es schwer; warum kommst du nicht
zu uns?

un|schein|bar: (nicht auffallend, nichts
sagend, einfach);
die **Un|schein|bar|keit**

Un|schuld, die: der -; **un|schul|dig;** seine
Hände in Unschuld waschen (sich nicht
verantwortlich fühlen); ich bin ohne
Schuld; der **Un|schul|di|ge;**
un|schul|di|ger|wei|se

Un|sinn, der: des -s (Blödsinn, Dummheit,
Quatsch); **un|sin|nig;** nichts als Unsinn
im Kopf haben; **un|sin|ni|ger|wei|se**

un|statt|haft: (verboten, gegen das
Gesetz)

un|sterb|lich: eine unsterbliche (ewige)
Seele; er hat sich unsterblich (sehr)
verliebt; die **Un|sterb|lich|keit**

un|tä|tig: (faul); die **Un|tä|tig|keit**

un|ten: unten drunter; bei jemandem
unten durch sein; im unten Stehenden/
Untenstehenden heißt es; **un|ten|an;**
un|ten|durch; un|ten|he|r|um

un|ter: (Präposition); die Katze liegt unter
dem Tisch; sie legt sich unter den Tisch;
die Sonne geht im Westen unter; Kinder
unter acht Jahren; unter Tage (Berg-
werk); 9° unter null; unter der Hand
(heimlich) verkaufen

u. a.: unter anderem

un|ter|bie|ten: sie hat den Rekord unter-
boten; den Preis unterbieten;
die **Un|ter|bie|tung**

un|ter|bin|den: (verhindern); ein Tuch
unterbinden; jede Diskussion unterbin-
den

un|ter|blei|ben: das Schneeballwerfen auf
dem Schulhof hat zu unterbleiben (das ist
verboten); eine Tätigkeit unterbleiben

lassen (nicht ausführen)

un|ter|bro|chen: die Eisenbahnlinie ist unterbrochen; die Verbindung ist unterbrochen; die **Un|ter|bre|chung**

un|ter|brei|ten: einen Vorschlag, ein Angebot unterbreiten

un|ter|brin|gen: die **Un|ter|brin|gung**

un|ter|des|(sen): (inzwischen)

un|ter|drü|cken: die **Un|ter|drü|ckung;** der **Un|ter|druck**

un|ter|ein|an|der/un|ter|ei|nan|der: Zahlen genau untereinander schreiben; den Text untereinanderschreiben; sie kennen sich gut untereinander

un|ter|er|nährt: (nicht ausreichend ernährt, Mangelerscheinungen zeigen); die **Un|ter|er|näh|rung**

un|ter|for|dert: er ist unterfordert (wird nicht genügend gefordert); die **Un|ter|for|de|rung**

Un|ter|füh|rung, die: der -, die Unterführungen (unterirdischer Weg)

Un|ter|gang, der: des -s, die Untergänge; der **Son|nen|un|ter|gang;** die **Un|ter|gangs|stim|mung;** **un|ter|ge|hen**

Un|ter|ge|be|ne, der/die: die Untergebenen

Un|ter|ge|schoss, das: des -es, die Untergeschosse (Kelleretage)

Un|ter|grund, der: des -s, die Untergründe; die **Un|ter|grund|bahn;** Abk. U-Bahn; die **Unter|grund|be|we|gung** (verbotene, geheime Widerstandsbewegung)

un|ter|halb: unterhalb des Ortes; unterhalb der Gürtellinie

Un|ter|halt, der: des -s; jemandem Unterhalt zahlen; der **Un|ter|halts|bei|trag;** **un|ter|halts|pflich|tig;** jemanden **un|ter|hal|ten** (unterstützen); er wird vom Staat unterhalten (Sozialhilfe beziehen)

Un|ter|hal|tung, die: der -, die **Un|ter|hal|tun|gen;** die **Un|ter|hal|tungs|elek|t|ro|nik;** die **Un|ter|hal|tungs|mu|sik;** **un|ter|halt|sam; un|ter|hal|ten;**

wir haben uns gut miteinander unterhalten (miteinander geredet, angenehm die Zeit verbracht); er unterhält (pflegt) Freundschaften

Un|ter|holz, das: des -es, die Unterhölzer (niedriges Gehölz, Gebüsch im Wald)

un|ter|ir|disch: ein unterirdischer (unter der Erde befindlicher) Gang; die Donau fließt streckenweise unterirdisch

un|ter|krie|gen: (bezwingen, entmutigen); lass dich nicht unterkriegen; er will dich unterkriegen

Un|ter|kunft, die: der -, die Unterkünfte (zeitweilige Wohnung)

un|ter|las|sen: (bleiben lassen, nicht tun); unterlass das in Zukunft; sie hat es unterlassen (versäumt), ihm zu helfen

un|ter|le|gen: sie hat ein Kissen untergelegt, aber: er ist ihm **un|ter|le|gen;** die **Un|ter|la|ge;** die **Un|ter|le|gen|heit** (geringere Kraft)

Un|ter|mie|te, die: der -; der **Un|ter|mie|ter;** die **Un|ter|mie|te|rin;** zur Untermiete wohnen

un|ter|neh|men: etwas unternehmen (tun, veranstalten); was hast du in den Ferien unternommen?; das **Un|ter|neh|men;** der **Un|ter|neh|mer;** **un|ter|neh|mungs|lus|tig**

un|ter|ord|nen: sich ihm unterordnen; die **Un|ter|ord|nung**

Un|ter|re|dung, die: der -, die Unterredungen (Besprechung); sich **un|ter|re|den**

Un|ter|richt, der: des -(e)s, die Unterrichte; der **Deutsch|un|ter|richt;** das **Un|ter|richts|fach;** die **Un|ter|richts|stun|de;** der **un|ter|richts|freie Tag;** **un|ter|richt|lich; un|ter|rich|ten;** jemanden von etwas unterrichten (benachrichtigen); eine Klasse unterrichten; er ist gut unterrichtet

un|ters: bis unters (unter das) Dach; unters Bett sehen

un|ter|sa|gen: (verbieten); das Rauchen

ist untersagt

Un|ter|satz, der: des -es, die Untersätze (Gestell, Stütze); der fahrbare Untersatz (Auto)

un|ter|schät|zen: du hast seine Stärke unterschätzt (nicht ernst nehmen, unterbewerten)

un|ter|schei|den: (auseinander halten); die **Un|ter|schei|dung;** **un|ter|scheid|bar;** der **Un|ter|schied;** **un|ter|schied|lich; un|ter|schieds|los**

un|ter|schla|gen: (veruntreuen); mit untergeschlagenen Armen; er hat Geld unterschlagen; eine Nachricht unterschlagen; die **Un|ter|schla|gung**

Un|ter|schlupf, der: des -(e)s, die Unterschlüpfe; einen Unterschlupf (Zufluchtsort, Unterkunft, Versteck) suchen; **un|ter|schlüp|fen** (verstecken)

Un|ter|see|boot, das: des -es, die Unterseeboote; Abk. U-Boot; **un|ter|see|isch**

Un|ter|sei|te, die: der -, die Unterseiten; **un|ter|seits**

Un|ter|set|zer, der: des -s, die Untersetzer (Gestell, Platte, Untertasse, Decke)

un|terst: die unterste Lade

un|ter|stel|len: er hat sich beim Gewitter untergestellt; sein Auto unterstellen, aber: **un|ter|stel|len:** er hat ihr etwas unterstellt (behauptet, was sie nicht gesagt hat); der **Un|ter|stand;** die **Un|ter|stel|lung** (böswillige, falsche Behauptung); das Unterstellen

un|ter|strei|chen: die **Un|ter|strei|chung;** das **Un|ter|stri|che|ne,** *auch:* **Un|ter|strich|ne**

un|ter|stüt|zen: die **Un|ter|stüt|zung; un|ter|stüt|zungs|be|dürf|tig**

un|ter|su|chen: einen Kranken untersuchen; einen Fall (bei der Polizei) untersuchen; die **Un|ter|su|chung;** das **Un|ter|su|chungs|er|geb|nis;** der **Un|ter|su|chungs|ge|fan|ge|ne**

Un|ter|tan: der: des -en, die Untertanen; die **Un|ter|ta|nin;** die **Un|ter|ta|nin|nen**

Un|ter|tas|se, die: der -, die Untertassen

(Teil des Kaffeegeschirrs); die fliegende Untertasse (außerirdischer Flugkörper)

Un|ter|teil, das/der: des -s, die Unterteile; die **Un|ter|tei|lung; un|ter|tei|len**

un|ter|trei|ben: er hat mächtig untertrieben; die **Un|ter|trei|bung**

Un|ter|wä|sche, die: der - (Kleidung, die direkt am Körper getragen wird)

un|ter|wegs: (auf dem Wege); er ist schon unterwegs

Un|ter|welt, die: der - (Totenreich, Verbrecherwelt)

un|ter|zeich|nen: (mit seinem Namen unterschreiben); die **Un|ter|zeich|nung** des Vertrages; der **Un|ter|zeich|ner**

Un|tie|fe, die: der -, die Untiefen (flache Stelle, aber auch sehr große Tiefe); **un|tief** (nicht tief, seicht)

Un|tier, das: des -(e)s, die Untiere (Ungeheuer, Scheusal)

un|über|legt: (ohne Überlegung, voreilig, leichtfertig); er hat unüberlegt gehandelt; die **Un|über|legt|heit**

un|über|seh|bar: (weit, fern, groß)

un|über|sicht|lich: (verworren, nicht überschaubar); eine unübersichtliche Kurve; die **Un|über|sicht|lich|keit**

un|über|wind|lich: (nicht zu bezwingen)

un|un|ter|bro|chen: (dauernd, immer, fortwährend)

un|ver|ant|wort|lich: (leichtsinnig); die **Un|ver|ant|wort|lich|keit**

un|ver|blümt: unverblümt (offen, freimütig) die Meinung sagen

un|ver|fro|ren: (frech, unverschämt); die **Un|ver|fro|ren|heit**

un|ver|hofft: (überraschend); ein unverhofftes Wiedersehen; ihr Sieg kam unverhofft

un|ver|meid|lich: das **Un|ver|meid|li|che** (was sich nicht vermeiden lässt); **un|ver|meid|bar** (unabwendbar, nötig)

un|ver|schämt: (schamlos, dreist); die **Un|ver|schämt|heit**

un|ver|ständ|lich: unverständliches (unklares) Zeug reden;

das **Un|ver|ständ|nis** (Mangel an Verständnis); der **Un|ver|stand** (Mangel an Einsicht); **un|ver|stan|den**

un|ver|wandt: sie starrte ihn unverwandt an (ununterbrochen, unaufhörlich)

un|ver|züg|lich: (ohne zu zögern, gleich, sofort)

un|voll|kom|men (mit Fehlern behaftet)

un|voll|stän|dig: (nicht beendet, nicht ganz fertig)

un|wahr|schein|lich: sie hatte unwahrscheinliches (sehr großes, unglaubliches) Pech; **un|wahr; un|wahr|haf|tig**

Un|we|sen, das: des -s; eine Gruppe Skinheads treibt ihr Unwesen (belästigt und schlägt andere); **un|we|sent|lich**

Un|wet|ter, das: des -s, die Unwetter (Sturm, Gewitter)

un|wich|tig: die **Un|wich|tig|keit**

un|wirsch: (böse, unfreundlich, kurz angebunden)

Un|wis|sen|heit, die: der -; **un|wis|send** (nicht wissend); **un|wis|sent|lich**

un|zäh|lig: (sehr viel); unzählige Male; unzählige Sterne, aber: Unzählige kamen zum Konzert; **un|zähl|bar**

un|zer|trenn|lich: die beiden sind unzertrennlich (halten zusammen); **un|zer|trenn|bar**

Un|zucht, die: der - (sexuelles Vergehen, unsittliche Handlung); **un|züch|tig** (anstößig)

un|zu|rech|nungs|fä|hig: (für etwas nicht verantwortlich gemacht werden können); die **Un|zu|rech|nungs|fä|hig|keit**

un|zu|ver|läs|sig: (pflichtvergessen); die **Un|zu|ver|läs|sig|keit** (Unsicherheit)

un|zwei|fel|haft

Up|per|class, die: (engl. Oberschicht)

üp|pig: eine üppige (reichhaltige) Vegetation; üppig (verschwenderisch) leben; die **Üp|pig|keit**

up to date *engl.* [aptudet]: auf der Höhe der Zeit sein, modern

Ur, der: die Ure (Auerochse)

Ur|ab|stim|mung, die: der -, die Urabstimmungen (geheime Abstimmung aller Gewerkschafts- oder Parteimitglieder)

Ur|adel, der; (alter Adel)

Ur|ahn, der: des -s, die Urahnen (Vorfahr, Urgroßvater); die **Ur|ah|ne** (Urgroßmutter)

ur|alt: eine uralte (sehr alte) Frau; von uralters her

Uran, das: (radioaktives chemisches Element); **uran|hal|tig;** Uran-238-haltig; das **Uran|berg|werk;** das **Uran|erz**

Ur|auf|füh|rung, die: der -, die Uraufführungen (erste Aufführung); **ur|auf|füh|ren**

ur|ban: (städtisch, gebildet)

ur|bar: das Land urbar (anbaufähig, für den Ackerbau nutzbar) machen; die **Ur|bar|ma|chung**

Ur|ein|woh|ner, der: des -s, die Ureinwohner (erste Bewohner)

ur|ge|müt|lich: (besonders gemütlich)

Ur|ge|schich|te, die: der - (Entstehungsgeschichte); **ur|ge|schicht|lich**

Ur|groß|el|tern, die: der - (die Eltern der Großeltern)

Ur|he|ber, der: die Urheber; die Urheberin; **ur|he|ber|recht|lich;** der **Ur|he|ber|schutz**

urig: (originell); ein uriger Typ (urwüchsig)

Urin, der: des -s, die Urine (Harn); **uri|nie|ren** (Wasser lassen, harnen)

ur|ko|misch: (komisch sein durch einfachste Bewegung und mit wenigen Worten)

Ur|kun|de, die: der -, die Urkunden (Vertrag, amtliche Bestätigung); **be|ur|kun|den** (bescheinigen); **ur|kund|lich**

Ur|laub, der: des -s, die Urlaube (Freizeit); im Urlaub sein; Urlaub machen; der **Ur|lau|ber;** die **Ur|lau|be|rin;** jemanden **be|ur|lau|ben** (ihm Freizeit geben); die **Ur|laubs|zeit**

Ur|mensch, der: des -en, die Urmenschen (die ersten Menschen); **ur|mensch|lich**

Ur|ne, die: der -, die Urnen (Behälter für

die Asche der Toten); die **Wahl|ur|ne**
(Behälter für Stimmzettel);
der **Ur|nen|gang;** das **Ur|nen|grab**

ur|plötz|lich: (ohne Vorwarnung, im
Augenblick, unerwartet)

Ur|sa|che, die: der -, die Ursachen (Grund
für ein Geschehen, Ursprung);
die **Un|fall|ur|sa|che; ver|ur|sa|chen**
(in Gang setzen); **ur|säch|lich**

Ur|sprung, der: des -s, die Ursprünge
(Anfang, Beginn, Ausgangspunkt);
ur|sprüng|lich (anfangs)

Ur|teil, das: des -s, die Urteile (Richter-
spruch); sich über jemanden ein Urteil
(Meinung) bilden; der Richter spricht das
Urteil mit Begründung;
die **Ur|teils|be|grün|dung;**
etwas **be|ur|tei|len; ver|ur|tei|len**
(schuldig sprechen)

ur|tüm|lich: die **Ur|tüm|lich|keit**

Ur|wald, der: des -(e)s, die Urwälder
(nicht beforstete Wälder);
das **Ur|wald|ge|biet**

ur|wüch|sig: (natürlich, einfach, von
Natur aus); die **Ur|wüch|sig|keit**

Ur|zeit, die: der -, die Urzeiten; seit
Urzeiten (solange man denken kann);
ur|zeit|lich

USA: Abk. für United States of America
(Vereinigte Staaten von Amerika)

usw.: Abk. für und so weiter

Uten|si|li|en *lat.,* die: der - (kleine notwendige
Geräte, Gebrauchsgegenstände);
die **Schreib|uten|si|li|en;** das Utensil
(Gerät)

Uto|pia: (erdachtes Land)

Uto|pie *griech.,* die: der -, die Utopien
(Schilderung eines künftigen Lebens,
Wunschvorstellung); **uto|pisch** (zukünf-
tig, als unausführbar gelten)

UV: Abk. für ultraviolett;
die **UV-Strah|lung** (Höhenstrahlung);
UV-strah|len|ge|fähr|det

u. v. a.: und viele(s) andere

V

V: Volt

Va|ga|bund [wagabunt], der: des -en, die
Vagabunden (Landstreicher);
va|ga|bun|die|ren (umherziehen, ohne
festen Wohnsitz, herumstrolchen)

va|ge *franz.* [wage]: (ungewiss, unbestimmt,
ungenau)

Va|gi|na *lat.,* die: der -, die Vaginen (Teil
der weiblichen Geschlechtsorgane,
Scheide)

va|kant *lat.* [wakant]: eine vakante (freie,
nicht besetzte) Stelle; die **Va|kanz**

Va|ku|um [wakuum], das: des -s, die
Vakuen/Vakua (fast luftleerer Raum,
Leere); die **Va|ku|um|ver|pa|ckung**

Vamp *engl.* [wämp], der: des -s, die Vamps
(verführerische, kalt berechnende Frau)

Vam|pir *engl.,* der: des -s, die Vampire
(Blut saugendes Gespenst, Wucherer,
Fledermausart)

Va|lu|ta *ital.* [waluta], die: der -, die
Valuten (ausländische Währung)

Van|da|le, *auch* **Wan|da|le,** der: des -n,
die Vandalen

Va|nil|le [wanilje], die: der - (Gewürz);
das **Va|nil|le|eis;** der **Va|nil|le|pud|ding**

va|ri|a|bel *franz.:* (veränderlich; wandel-
bar); die **Va|ri|a|b|le;** die **Va|ri|an|te**
(Abwandlung, veränderte Form);
va|ri|ie|ren (abweichen, verändern)

Va|se *franz.,* die: der -, die Vasen (Blumen-
gefäß)

Va|se|li|ne die: der -, *auch* das **Va|se|lin**
(Salbengrundlage)

Va|ter, der: des -s, die Väter;
das **Va|ter|land;** das **Va|ter|un|ser;**
der **Va|ti; vä|ter|lich;** die **Va|ter|schaft**

v. Chr.: vor Christo/vor Christus (ante
Cristum natum)

Va|ti|kan *lat.,* der: (päpstliche Residenz in
Rom; oberste Behörde der katholischen
Kirche); die **Va|ti|kan|stadt**

Ve|ge|ta|ti|on *lat.,* die: der -, die Vegetatio-
nen (Pflanzenwelt, Pflanzenwuchs);

der **Ve|ge|ta|ri|er** (jemand, der sich von Pflanzenkost, fleischlos ernährt); **ve|ge|tie|ren** (kümmerlich, ärmlich dahinleben)

Ve|hi|kel *lat.,* das: des -s, die Vehikel (schlechtes, altmodisches Fahrzeug, Hilfsmittel)

Veil|chen *lat.,* das: des -s, die Veilchen (Frühlingsblume); **veil|chen|blau** (Farbe, betrunken, blaues Auge nach Streit); der **Veil|chen|duft**

Vek|tor, der: die Vektoren (mathematische Größe, die durch Pfeil dargestellt wird)

Ven|det|ta, die: die Vendetten (ital. Blutrache)

Ve|ne *lat.,* die: der -, die Venen (Ader, die das Blut zum Herzen leitet)

Ven|til *lat.,* das: des -s, die Ventile (Gerät zum Absperren von Luft, Flüssigkeit, Gasen); die **Ven|ti|la|ti|on** (Lüftungsanlage); der **Ven|ti|la|tor**

Ve|nus, die: (Liebesgöttin bei den alten Römern, ein Planet); die **Ve|nus|son|de** (Raumsonde, mit der der Planet Venus erforscht werden soll)

ver|ab|re|den: sich mit der Freundin verabreden; die **Ver|ab|re|dung**

ver|ab|schie|den: ein Gesetz verabschieden; sich beim Gastgeber verabschieden; die **Ver|ab|schie|dung**

ver|ach|ten: den Intriganten (Lügner, der bewusst etwas Falsches über einen anderen Menschen sagt) verachten; die **Ver|ach|tung; ver|ächt|lich**

ver|al|tet: das Wort ist veraltet (wird nicht mehr gebraucht, nicht mehr zeitgemäß); **ver|al|ten**

Ve|ran|da *engl.,* die: der -, die Veranden (überdachter und an den Seiten verglaster Anbau); auf der Veranda sitzen

ver|än|dern: (sich wandeln); die **Ver|än|de|rung; ver|än|der|lich**

ver|an|stal|ten: (durchführen, organisieren); die **Ver|an|stal|tung;** der **Ver|an|stal|ter**

Ver|ant|wor|tung, die: der -; Verantwortung für einen Mitmenschen übernehmen; die Verantwortung tragen; zur Verantwortung gezogen werden; **ver|ant|wort|lich; ver|ant|wor|tungs|los;** etwas **ver|ant|wor|ten;** er kann das verantworten (vertreten, die Folgen dafür übernehmen); **ver|ant|wor|tungs|be|wusst**

Verb *lat.,* das: des -s, die Verben [Tätigkeitswort, Tu(n)wort]

Ver|band, der: des -es, die Verbände; einen Verband (Binde, Bandage) anlegen; einem Verband (Verein) beitreten; der **Ver|bands|lei|ter**

ver|ber|gen: sich vor der Polizei verbergen (verstecken)

ver|bes|sern: (berichtigen); die **Ver|bes|se|rung;** der **Ver|bes|se|rungs|vor|schlag**

ver|bie|ten: du verbietest, du verbotest, du verbötest, er verbot, sie hat verboten, verbiete!

ver|bin|den: die Wunde verbinden; der **Ver|band;** die **Ver|bin|dung; ver|bind|lich** (freundlich, dankbar); die **Ver|bin|dungs|tür**

ver|bis|sen: verbissen (hartnäckig, beharrlich) kämpfen; die **Ver|bis|sen|heit;** sieh das nicht so verbissen (verkrampft)!; der **Ver|biss** (Jägerspr: das Abbeißen von Trieben durch Wild)

ver|bläu|en: (z. B.: ein blaues Auge schlagen, verprügeln)

ver|blei|ben: (zurückbleiben, übrig bleiben); der **Ver|bleib** (Aufenthaltsort); so wollen wir verbleiben

ver|bli|chen: (gestorben)

ver|blüf|fen: ihre Antwort hat alle verblüfft (überrascht); verblüffende (erstaunliche) Erfolge erzielen; **ver|blüf|fend;** die **Ver|blüf|fung**

ver|bohrt: (falsch gebohrt, falsch denken, uneinsichtig, starrköpfig)

ver|bor|gen: das **Ver|bor|ge|ne;** im Verborgenen

Ver|bot, das: des -(e)s, die Verbote;

V
Verb

295

das **Ver|bots|schild; ver|bots|wid|rig**

ver|brau|chen: der **Ver|brauch;**
der **Ver|brau|cher;**
die **Ver|brau|cher|be|ra|tung;**
der **Ver|brau|cher|markt**

ver|bre|chen: etwas verbrechen (Schlimmes anrichten); das **Ver|bre|chen;**
der **Ver|bre|cher; ver|bre|che|risch;**
verbrochen

ver|brei|ten: ein Gerücht verbreiten;
die **Ver|brei|tung;** sich verbreiten (etwas ausführlich darstellen)

ver|brei|tern: einen Weg verbreitern;
die **Ver|brei|te|rung**

ver|bün|den: sich mit jemandem verbünden; der **Ver|bund;**
die **Ver|bun|den|heit;**
der/die **Ver|bün|de|te;**
das **Ver|bund|netz;** im Verbund/
Verband fahren; das **Ver|bund|glas**

ver|däch|tig: der **Ver|dacht;** Verdacht schöpfen, erregen, äußern;
der **Ver|däch|ti|ge;**
die **Ver|däch|ti|gung; ver|däch|tig;**
ver|däch|ti|gen; einen Verdacht gegen jemanden hegen (Argwohn, Zweifel haben)

ver|dam|men: verdammt noch mal (Fluch); sie ist verdammt (sehr) schnell; jemanden verdammen (verfluchen, verurteilen); die **Ver|damm|nis**

ver|dat|tert: völlig verdattert (erschrocken, verwirrt) sein

ver|dau|en: die **Ver|dau|ung;** etwas ist schwer/leicht zu **ver|dau|en;** er hat die schlechte Nachricht gut verdaut (geistig verarbeitet); das **Ver|dau|ungs|or|gan**

ver|de|cken: das **Ver|deck;**
ver|deck|ter|wei|se

ver|der|ben: du verdirbst, du verdarbst, du verdürbest, er verdarb, es ist verdorben, verdirb!; er hat mir den ganzen Abend verdorben (verleidet); das Fleisch verdirbt; er verdirbt sich seine guten Noten; sich den Magen verderben;
das **Ver|der|ben;** der Alkohol war sein Verderben (Untergang); auf Gedeih und

Verderb; **ver|derb|lich;** verderblicher (schlechter) Einfluss; schnell verderbliches Obst; die **Ver|derbt|heit**

ver|deut|li|chen: das Spiel an einem Beispiel verdeutlichen;
die **Ver|deut|li|chung**

ver|die|nen: seine Leistung verdient Anerkennung; Geld verdienen; Strafe verdienen; der **Ver|dienst; ver|dient;**
eine verdiente (angesehene) Persönlichkeit; er hat sich um seinen Freund verdient gemacht (ihm sehr geholfen);
ver|dien|ter|wei|se

ver|din|gen: sich verdingen; er verdingt sich; er verdingte sich; er verdinge sich, er hat sich verdungen, sich als Gehilfe verdingen (arbeiten)

ver|drän|gen: er ließ sich nicht verdrängen (auf die Seite schieben); jemanden von seinem Platz verdrängen; eine Idee verdrängen; die **Ver|drän|gung**

ver|drie|ßen: es verdrießt sie, es verdross sie, es hat sie verdrossen; der **Ver|druss**

ver|drü|cken: er kann vier Stücke Kuchen verdrücken (sehr viel essen); er hat sich verdrückt (ist heimlich gegangen)

ver|dutzt: verdutzt (verwirrt, sprachlos) sein; **ver|dut|zen**

Ver|ein, der: des -(e)s, die Vereine (Gruppe, Bund); der **Sport|ver|ein;**
sich mit anderen **ver|ei|nen;**
ver|ei|ni|gen (zusammenschließen)

ver|ein|ba|ren: die **Ver|ein|ba|rung;**
ver|ein|bar; ver|ein|ba|rungs|ge|mäß

ver|ein|fa|chen: die **Ver|ein|fa|chung**

ver|ei|ni|gen: die **Ver|ei|ni|gung**

ver|ein|zelt: vereinzelter Niederschlag; nur vereinzelt (gelegentlich) kamen Besucher, aber: Vereinzelte kamen;
ver|ein|zeln; die **Ver|ein|ze|lung**

ver|ei|teln: einen Plan vereiteln (verhindern); die **Ver|ei|te|lung/Ver|eit|lung**

Ver|er|bung, die: der -; **ver|erb|lich;**
ver|er|ben; ver|erb|bar

ver|fah|ren: er hat sich mit dem Fahrrad verfahren; das **Ver|fah|ren;** der Richter hat sein Gerichtsverfahren abgekürzt;

eine verfahrene Situation (ausweglos scheinend)

Ver|fall, der: des -s (Verschlimmerung, Abstieg); das Haus ist verfallen; das **Ver|falls|da|tum;** das Verfallsdatum ist überschritten; **ver|fal|len;** die Eintrittskarten sind verfallen (nicht mehr gültig)

ver|fas|sen: einen Zeitungsartikel verfassen (schreiben); einen Brief verfassen; der **Ver|fas|ser;** die **Ver|fas|sung;** in schlechter Verfassung sein; die Verfassung (Grundgesetzt) eines Staates; **ver|fas|sungs|wid|rig** (gegen die Verfassung); **ver|fas|sungs|ge|mäß**

ver|fil|men: die **Ver|fil|mung**

ver|flixt: verflixt und zugenäht!; das ist verflixt (sehr) schwer

ver|flu|chen: (verwünschen, zum Teufel schicken); jemanden verfluchen; **ver|flucht**

ver|fol|gen: die **Ver|fol|gung;** der **Ver|fol|ger**

ver|füh|ren: der **Ver|füh|rer;** die **Ver|füh|re|rin;** die **Ver|füh|rung;** **ver|füh|re|risch**

ver|gäl|len: (ungenießbar machen)

Ver|gan|gen|heit, die: die **Ver|gan|gen|heits|form** (Form des Verbs); **ver|gäng|lich;** die **Ver|gäng|lich|keit**

ver|gaß: → vergessen

Ver|ga|ser, der: des -s, die Vergaser (Teil des Motors); vergasen

ver|gat|tern: (mit einem Gatter versehen, jemanden zu etwas verpflichten)

ver|ge|ben: vergib mir bitte die Beleidigung!; einen Auftrag vergeben (verteilen); jemandem seine Schuld vergeben (verzeihen); die **Ver|ge|bung;** **ver|ge|bens** (umsonst); **ver|geb|lich;** es war vergebliche Mühe

ver|ge|hen: die Zeit vergeht (verstreicht) schnell; sich gegen das Gesetz vergehen (es brechen); dir wird das Lachen noch vergehen; vor Sehnsucht vergehen (leiden)

ver|gel|ten: sie vergilt, sie vergalt, sie hat vergolten

ver|ges|sen: du vergisst, du vergaßest, du vergäßest, er vergaß, sie hat vergessen, vergiss!; die **Ver|ges|sen|heit;** **ver|gess|lich;** das kannst du vergessen (daraus wird nichts); vergiss mich nicht!

ver|geu|den: Geld, Zeit, Kraft vergeuden (verschwenden, durchbringen, vertun)

ver|ge|wal|ti|gen: eine Frau vergewaltigen (ihr sexuelle Gewalt antun, gegen ihren Willen sexuell mit ihr verkehren); die **Ver|ge|wal|ti|gung**

ver|ge|wis|sern: sich vergewissern (Gewissheit verschaffen); die **Ver|ge|wis|se|rung**

Ver|giss|mein|nicht, das: des -(e)s, die Vergissmeinnicht(e) (kleine Blume)

ver|glei|chen: der **Ver|gleich;** die **Ver|gleichs|zahl;** **ver|gleich|bar;** **ver|gleichs|wei|se**

Ver|gnü|gen, das: des -s, die Vergnügen; sich **ver|gnü|gen;** **ver|gnüg|lich;** **ver|gnügt;** die **Ver|gnü|gungs|rei|se**

ver|grei|fen: er hat sich an einem Mädchen vergriffen (sie missbraucht, misshandelt); **ver|grif|fen;** das Buch ist vergriffen (nicht mehr lieferbar)

ver|grö|ßern: die **Ver|grö|ße|rung;** das **Ver|grö|ße|rungs|glas**

ver|haf|ten: der/die **Ver|haf|te|te;** die **Ver|haf|tung;** die **Ver|haf|tungs|wel|le**

ver|hal|ten: die Sache verhält sich (ist in Wahrheit) ganz anders; sich ruhig verhalten; mit verhaltener (gedämpfter) Kraft; das **Ver|hal|ten;** die **Ver|hal|tens|wei|se;** das **Ver|hält|nis;** in schlechten (armen) Verhältnissen leben; **ver|hält|nis|mä|ßig** (vergleichsweise, ziemlich)

ver|han|deln: die **Ver|hand|lung;** **ver|hand|lungs|be|reit**

ver|han|gen: ein verhangener (bedeckter, trüber) Himmel; **ver|häng|nis|voll;**

V
verh

das **Ver|häng|nis** (Schicksal, Unglück) nimmt seinen Lauf

ver|hasst: er ist bei allen verhasst (niemand kann ihn leiden); ein verhasster (unbeliebter) Mensch

Ver|hau, der, das: die Verhaue; (Absperrvorrichtung)

ver|hee|ren: (verwüsten); **ver|hee|rend** (furchtbar); das Unwetter hatte verheerende Folgen; ein Land verheeren (zerstören); die **Ver|hee|rung**

ver|heim|li|chen: er hat nichts zu verheimlichen (verbergen, geheim zu halten)

ver|hei|ra|ten: sich zu einem Paar zusammenschließen

ver|hei|ßen: er verheißt, er verheiße, er verhieß, er hat verheißen; das verheißt nichts Gutes; sie hat mir das verheißen

ver|heult: verheult aussehen; mit verheulten Augen

ver|hin|dern: er ist verhindert zu kommen (kann nicht kommen); etwas verhindern; die **Ver|hin|de|rung**

ver|hö|ren: jemanden verhören (befragen); sich verhören (falsch hören); ich habe mich verhört; das **Ver|hör**

ver|hun|gern: zu Tode hungern (sterben); vor dem Verhungern retten

ver|hü|ten: (verhindern, vermeiden); ein Unglück verhüten; das **Ver|hü|tungs|mit|tel;** eine Schwangerschaft verhüten

ver|ir|ren: sich verirren (vom Weg abkommen); die **Ver|ir|rung**

ver|ja|gen: (gewaltsam vertreiben); einen Dieb verjagen; Fliegen verjagen; Sorgen und Not verjagen

ver|jäh|ren: die **Ver|jäh|rung;** die **Ver|jäh|rungs|frist**

ver|ka|beln: die **Ver|ka|be|lung** (mit Kabeln anschließen)

ver|kal|ku|lie|ren, sich: (sich verrechnen, etwas falsch vorausgesagt haben)

ver|kau|fen: der **Ver|kauf;** die **Ver|käu|fe|rin; ver|käuf|lich;** der **Ver|kaufs|raum**

Ver|kehr, der: des -s;

der **Be|rufs|ver|kehr;**
die **Ver|kehrs|ader;**
das **Ver|kehrs|cha|os;**
die **Ver|kehrs|po|li|zei;**
der **Ver|kehrs|un|fall;**
das **Ver|kehrs|zei|chen**

ver|keh|ren: mit jemandem verkehren (häufig zusammen sein, Umgang haben); die Bahn verkehrt stündlich; etwas ins Gegenteil verkehren (umdrehen); **ver|kehrt;** du hast die verkehrte (falsche) Seite aufgeschlagen

ver|klap|pen: (Abfallstoffe im Meer versenken)

ver|klä|ren: die **Ver|klä|rung**

ver|klei|den: die **Ver|klei|dung**

ver|klei|nern: die **Ver|klei|ne|rung**

ver|knei|fen: sich das Lachen verkneifen müssen (nicht lachen dürfen); eine Bemerkung verkneifen (nicht aussprechen); **ver|knif|fen** (verbittert)

ver|kom|men: (verwahrlost); ein verkommenes (sehr ungepflegtes) Haus; die **Ver|kom|men|heit**

ver|kraf|ten: (bewältigen, aushalten); etwas gut verkraften (gut damit zurechtkommen)

ver|küm|mern: ver|küm|mert; die Pflanzen sind verkümmert (eingegangen); ihr Talent verkümmerte (blieb ungenutzt); die **Ver|küm|me|rung**

ver|kür|zen: die **Ver|kür|zung;** verkürzte Arbeitszeit

ver|la|den: die **Ver|la|de|ram|pe;** die **Ver|la|dung;** der **Ver|la|de|kran**

Ver|lag, der: des -(e)s, die Verlage; der **Buch|ver|lag;** der **Ver|le|ger;** Zeitschriften, Bücher, Musikliteratur **ver|le|gen** (herausgeben); das **Ver|lags|we|sen**

ver|lan|gen: das **Ver|lan|gen** (Sehnsucht, Wunsch, Begierde)

ver|län|gern: die **Ver|län|ge|rung;** die **Ver|län|ge|rungs|schnur**

ver|las|sen: sie fühlt sich verlassen (allein gelassen); sich auf jemanden verlassen; die **Ver|las|sen|heit; ver|läss|lich**

(zuverlässig); die **Ver|läss|lich|keit**

ver|lau|fen: ein gut verlaufenes Fest; sich im Walde verlaufen (verirren);
der **Ver|lauf;** im Verlauf (während) des Abends

ver|le|gen: seinen Wohnsitz verlegen (verändern); etwas verlegt haben (an eine falsche Stelle gelegt);
die **Ver|le|gen|heit; ver|le|gen** sein (unsicher, beschämt); sich aufs Bitten verlegen

ver|lei|hen: der **Ver|leih;** der **Ver|lei|her;**
die **Preis|ver|lei|hung**

ver|lei|ten: jemanden zum Diebstahl verleiten (anstiften, verführen)

ver|let|zen: jemanden verletzen; seine Pflicht verletzen; die **Ver|let|zung;**
ver|letzt (verwundet, beleidigt)

ver|lie|ben: sich in jemanden verlieben;
die **Ver|liebt|heit;** der/die **Ver|lieb|te**

ver|lie|ren: du verlierst, du verlor(e)st, du verlörest, er verlor, sie hat verloren, verlier(e)!; sein Geld verlieren; ein Spiel verlieren; die Geduld verlieren; die Arbeitsstelle verlieren; verloren gehen/verlorengehen; der **Ver|lie|rer;**
die **Ver|lo|ren|heit;** der **Ver|lust;**
die **Ver|lust|an|zei|ge; ver|lo|ren;**
er hat etwas verloren; sich verloren geben (sich aufgeben)

Ver|lies, das: des -es, die Verliese (unterirdischer Kerker)

ver|lo|ben: die **Ver|lob|ten;**
die **Ver|lo|bung**

ver|lo|ren geben/verlorengeben; verloren gehen/verlorengehen; verloren gegeben/verlorengegeben; verloren gegangen/verlorengegangen

ver|ma|chen: jemandem ein Haus vermachen (vererben, schenken);
das **Ver|mächt|nis**

ver|mäh|len, sich: (heiraten);
der/die **Ver|mähl|te;** die **Ver|mäh|lung**

ver|meh|ren: sein Vermögen vermehren (vergrößern); sich vermehren (fortpflanzen); die **Ver|meh|rung**

ver|mei|den: einen Fehler vermeiden;

ver|meid|bar; die **Ver|mei|dung**

Ver|merk, der: des -(e)s, die Vermerke (kurze Notiz)

ver|mie|sen: jemandem die gute Stimmung vermiesen (verderben, die Freude daran nehmen)

ver|mie|ten: der **Ver|mie|ter;**
die **Ver|mie|te|rin**

ver|mis|sen: ich habe dich sehr vermisst (du hast mir sehr gefehlt); Freundschaft vermissen; der **Ver|miss|te;**
die **Ver|miss|ten|an|zei|ge**

ver|mit|teln: (schlichtend tätig sein);
die **Te|le|fon|ver|mitt|lung;**
der **Ver|mitt|ler**

Ver|mö|gen, das: des -s, die Vermögen;
er ist **ver|mö|gend** (reich);
die **Ver|mö|gens|steu|er**

ver|mu|ten: die **Ver|mu|tung** (Annahme); **ver|mut|lich** (vielleicht, wahrscheinlich)

ver|nach|läs|si|gen: jemanden oder etwas vernachlässigen (nicht die nötige Aufmerksamkeit schenken); sich vernachlässigen (nicht mehr pflegen);
die **Ver|nach|läs|si|gung**

ver|neh|men: den Angeklagten vernehmen (befragen); die **Ver|neh|mung** (Verhör); laut **ver|nehm|bar** (laut hörbar); **ver|nehm|lich;**
ver|neh|mungs|fä|hig

ver|nich|ten: (zerstören);
die **Ver|nich|tung**

Ver|nis|sa|ge *franz.,* die: die Vernissagen (Ausstellungseröffnung)

ver|nünf|tig: (verständig, klug);
die **Ver|nunft**

ver|öf|fent|li|chen:
die **Ver|öf|fent|li|chung**

ver|ord|nen: die **Ver|ord|nung**

ver|pa|cken: die **Ver|pa|ckung**

ver|pas|sen: er hat den Bus verpasst;
er hat ihm eine Ohrfeige verpasst (ihn geschlagen); dem werde ich eins verpassen

ver|pet|zen: er verpetzte (verriet) seinen Freund nicht

V

ver|pfle|gen: die **Ver|pfle|gung;**
das **Ver|pfle|gungs|geld**

ver|ra|ten: ein Geheimnis verraten
(preisgeben); der **Ver|rat;**
der **Ver|rä|ter; ver|rä|te|risch**

ver|rech|nen: etwas verrechnen (abrech-
nen); sich verrechnen (falsch rechnen);
die **Ver|rech|nung**

ver|rei|sen: (unterwegs sein); er ist verreist

ver|ren|ken: sich den Arm verrenken (aus
dem Gelenk drehen); die **Ver|ren|kung**

ver|rie|geln: die **Ver|rie|ge|lung**

ver|rin|gern: die **Ver|rin|ge|rung**

ver|rot|ten: (verfaulen, vermodern);
die **Ver|rot|tung**

ver|rückt: (nicht normal); verrückt sein
vor Wut; nach jemandem verrückt sein;
der **Ver|rück|te;** die **Ver|rückt|heit**
(Unzurechnungsfähigkeit, Wildheit)

Vers *lat.,* der: des -es, die Verse (die Zeile
einer Strophe, eines Gedichtes);
das **Vers|maß**

ver|sa|gen: versagt (enttäuscht) haben;
der Motor versagt (springt nicht an, läuft
nicht mehr); die Stimme versagte ihm (er
konnte nicht mehr sprechen);
das **Ver|sa|gen;** der **Ver|sa|ger;**
die **Ver|sa|ge|rin;** die **Ver|sa|gung**

Ver|samm|lung, die: der -, die Versamm-
lungen; sich auf einem Platz zu einer
Kundgebung versammeln;
das **Ver|samm|lungs|recht**

Ver|sand, der: des -(e)s;
der **Ver|sand|han|del;**
das **Ver|sand|haus;**
die **Ver|sand|kos|ten;**
etwas **ver|sen|den;** der Brief wurde
versandt/versendet

ver|säu|men: das **Ver|säum|nis**

ver|schämt: (verlegen, schamhaft, schüch-
tern); die **Ver|schämt|heit**

ver|schät|zen: sich verschätzen; falsch
schätzen

ver|scher|zen: er hat es sich bei ihr
verscherzt (hat ihre Sympathie verloren)

ver|scheu|chen: (fortjagen, vertreiben)

ver|schie|ben: der Teppich hat sich

verschoben (verrückt); wir müssen den
Urlaub verschieben (aufschieben);
der **Ver|schie|be|bahn|hof** (Rangier-
bahnhof); die **Ver|schie|bung;**
ver|schieb|bar

ver|schie|den: verschiedene Male war er
hier; Verschiedene (Unterschiedliche)
kamen; Verschiedenes einkaufen; ver-
schiedene (unterschiedliche) Ansichten
haben; **Ver|schie|de|ne** behaupten es;
Ver|schie|de|nes (manches) ist mir
unklar; **ver|schie|den|ar|tig;**
ver|schie|de|ne Ma|le

ver|schla|gen: ein verschlagener (unauf-
richtiger, hinterhältiger) Mensch; das hat
ihr die Sprache verschlagen (verblüfft);
der **Ver|schlag** (Hütte, Schuppen);
die **Ver|schla|gen|heit** (Tücke)

ver|schlei|ern: das Gesicht verschleiern
(verhüllen); eine Sache verschleiern
(verdunkeln, verheimlichen, undurch-
sichtig machen); die **Ver|schlei|e|rung**

ver|schlei|ßen: es verschleißt, es ver-
schlisse, es verschliss, es ist verschlissen/
er hat es verschlissen

ver|schlim|mern: sich verschlimmern;
der Zustand verschlimmerte sich plötz-
lich

Ver|schluss, der: des -es, die Verschlüsse;
ver|schließ|bar; ver|schlos|sen; etwas
ver|schlie|ßen; den Schmuck in einem
Tresor verschließen;
die **Ver|schlos|sen|heit**

ver|schmitzt: (schlau, verschlagen);
die **Ver|schmitzt|heit**

ver|schmut|zen: die Wohnung ver-
schmutzen;
die **Um|welt|ver|schmut|zung**

ver|schnau|fen: ich muss einen Moment
verschnaufen (Pause machen);
die **Ver|schnauf|pau|se**

ver|schol|len: (vermisst, verschwunden,
als tot betrachten);
die **Ver|schol|len|heit**

ver|scho|nen: verschon(e) mich mit
deinen Ratschlägen

ver|schrei|ben: ein Medikament verschreiben (ein Rezept ausstellen); sich verschreiben (einen Fehler schreiben); **ver|schrei|bungs|pflich|tig**

ver|schwen|den: (leichtsinnig ausgeben, vergeuden); der **Ver|schwen|der;** die **Ver|schwen|dung;** **ver|schwen|de|risch**

ver|schwin|den: du verschwindest, du verschwandest, du verschwändest, er verschwand, sie ist verschwunden, verschwinde!

ver|schwom|men: die Umgebung ganz verschwommen (undeutlich, unklar) sehen

ver|se|hen: sich mit Nahrung versehen (versorgen); er hat sich versehen (getäuscht, geirrt); seine Arbeit versehen (gut ausführen); das **Ver|se|hen;** etwas aus Versehen (Irrtum) getan haben; **ver|se|hent|lich** (irrtümlich)

ver|sehrt: (beschädigt sein); die **Ver|sehrt|heit**

ver|set|zen: er ist in die Zehn versetzt worden; mein Vater ist beruflich nach Berlin versetzt worden (arbeitet jetzt dort); sich in die Lage eines anderen versetzen (ihn verstehen); die **Ver|set|zung**

ver|si|chern: er versichert (beteuert), das Geld zu haben; jemandem etwas versichern (versprechen); sich gegen Unfall, Brand versichern; die **Ver|si|che|rung**

ver|sie|gen: die Quelle versiegt (trocknet aus)

ver|siert: (erfahren sein)

ver|sin|ken: (untergehen); in Gedanken versunken sein; → sinken

ver|söh|nen: die **Ver|söh|nung;** **ver|söhn|lich**

ver|sor|gen: die **Ver|sor|gung**

ver|spä|ten: (unpünktlich sein); ich habe mich um zehn Minuten verspätet; der Bus hat **Ver|spä|tung**

ver|spre|chen: sie hat sich versprochen (beim Sprechen ein falsches Wort gesagt); jemandem etwas versprechen (jemandem etwas zusichern); das **Ver|spre|chen;**

der **Ver|spre|cher:** → sprechen

ver|stand: → verstehen

Ver|stand, der: des -(e)s (Geist, Intelligenz); die **Ver|stän|di|gung;** das **Ver|ständ|nis; ver|ständ|lich; ver|ständ|nis|voll;** sich **ver|stän|di|gen;** seinen Verstand gebrauchen; ohne Verstand (Überlegung) vorgehen

Ver|stär|ker, der: des -s, die Verstärker; die Band spielt ohne Verstärker; die **Ver|stär|kung;** etwas **ver|stär|ken;** die Stützen an der Brücke verstärken; den Sound verstärken

ver|stau|chen: das Handgelenk, den Fuß verstauchen (überdehnen, verzerren); die **Ver|stau|chung**

ver|ste|cken: sich verstecken; Versteck spielen; das **Ver|steck**

ver|ste|hen: du verstehst, du verstandest, du verstündest, er verstand, sie hat verstanden, versteh(e)!; das habe ich noch nicht verstanden (begriffen); sich auf etwas verstehen (sich auskennen); jetzt kann ich dich verstehen (mich in dich hineinversetzen); sie kann ihn gut verstehen (hören); sich mit jemandem verstehen (ihn leiden können); das **Ver|ste|hen**

ver|stei|gern: die **Ver|stei|ge|rung;** der **Ver|stei|ge|rer**

ver|stel|len: die Möbel verstellen (umräumen); die Uhr verstellen (umstellen); den Weg verstellen (versperren); sich verstellen (etwas vortäuschen); die **Ver|stel|lung; ver|stell|bar**

ver|stimmt: das Klavier ist verstimmt; verstimmt (schlecht gelaunt) sein; die **Ma|gen|ver|stim|mung** (Magenbeschwerden)

ver|stockt: (störrisch, trotzig, nicht einsichtig)

ver|stoh|len: (heimlich)

ver|stopft: der Abfluss ist verstopft; die **Ver|stop|fung** (Beschwerden beim Stuhlgang, Rohrdurchfluss gestört)

ver|sto|ßen: gegen das Gesetz verstoßen;

V

vers

301

jemanden verstoßen (abweisen, fortja-gen); der **Ver|stoß;** die **Ver|stö|ße**

ver|su|chen: der **Ver|such;**
die **Ver|su|che|rin;** der **Ver|su|cher**
die **Ver|suchs|stre|cke;**
die **Ver|su|chung;**
ver|suchs|wei|se; etwas ist einen Versuch wert

ver|tei|di|gen: er verteidigt, er verteidigte, er hat verteidigt; der **Ver|tei|di|ger**

ver|tei|len: der **Ver|tei|ler;**
die **Ver|tei|lung;**
der **Ver|tei|ler|kas|ten**

ver|ti|kal *lat.* [wertik<u>a</u>l]: (senkrecht, von oben nach unten); die **Ver|ti|ka|le;**
vier **Ver|ti|ka|le(n)**

ver|t<u>o</u>|nen: (Sprache in Musik umsetzen); das Gedicht wurde vertont;
die **Ver|to|nung**

Ver|tr<u>a</u>g, der: des -(e)s, die Verträge; einen Vertrag (Vereinbarung, Abmachung) unterzeichnen;
der **Ver|trags|ab|schluss;**
der **Ver|trags|part|ner; ver|trag|lich;**
ver|träg|lich (bekömmlich, umgäng-lich); sich mit jemandem vertragen;
der **Ver|trags|spie|ler;**
ver|trags|wid|rig

ver|tr<u>au</u>|en: einem Menschen vertrauen (sich auf ihn verlassen); das **Ver|trau|en;**
der **Ver|trau|te; ver|trau|ens|voll;**
ver|trau|ens|wür|dig;
eine **ver|trau|li|che** (persönliche) Mitteilung; **Ver|trau|en er|we|cken;**
Vertrauen erweckend/vertrauenerwe-ckend, aber: großes Vertrauen weckend, äußerst vertrauenerweckend; noch vertrauenerweckender;
ver|trau|ens|bil|dend

ver|tr<u>ei</u>|ben: Menschen aus ihrem Land vertreiben (verjagen); der Wind vertreibt die Wolken; Waren vertreiben (verkau-fen); sich die Zeit vertreiben (verkürzen); die **Ver|trei|bung;** der **Ver|trieb** (Verkauf); der **Ver|trie|be|ne**

ver|tr<u>ö</u>|deln: die Zeit vertrödeln (nutzlos verbringen, vertun)

ver|un|rei|ni|gen: (schmutzig machen);
die **Ver|un|rei|ni|gung**

ver|un|si|chern: die **Ver|un|si|che|rung** (unsicher machen)

ver|ur|tei|len: den Dieb verurteilen;
die **Ver|ur|tei|lung**

ver|viel|fäl|ti|gen:
die **Ver|viel|fäl|ti|gung** einer Textseite (Kopie)

ver|voll|stän|di|gen: (ergänzen);
die **Ver|voll|stän|di|gung**

verw.: verwitwet

ver|wa|ckeln: das Foto ist verwackelt (unscharf)

ver|w<u>ah</u>|ren: Wertsachen gut verwahren (aufheben, bewahren); **ver|wahr|lost** (heruntergekommen);
die **Ver|wahr|los|ten;**
die **Ver|wahr|lo|sung**

ver|w<u>ai</u>|sen: das verwaiste Kind

ver|wa|ten: der **Ver|wal|ter;**
die **Ver|wal|te|rin;** die **Ver|wal|tung**

ver|wan|deln: die **Ver|wand|lung;**
ver|wan|del|bar

ver|wandt: die **Ver|wand|ten;**
die/der **Ver|wand|te;**
ver|wandt|schaft|lich;
die **Ver|wandt|schaft**

ver|war|nen: die **Ver|war|nung**

ver|wech|seln: die **Ver|wechs|lung;**
ver|wech|sel|bar

ver|w<u>e</u>|gen: (wagemutig);
die **Ver|we|gen|heit**

ver|w<u>ei</u>|gern: die Aussage vor Gericht verweigern (ablehnen);
der **Ver|wei|ge|rer;**
die **Ver|wei|ge|rung**

Ver|w<u>ei</u>s, der: des -(e)s, die Verweise (Tadel, Hinweis); der **Platz|ver|weis;**
auf etwas **ver|wei|sen** (hinweisen, hindeuten)

ver|wel|ken: die Blumen sind verwelkt (abgestorben)

ver|wen|den: die **Ver|wen|dung;**
ver|wend|bar;
der **Ver|wen|dungs|zweck**

ver|w<u>e</u>|sen: (verfaulen, zersetzen);

etwas **ver|west;** die **Ver|we|sung**
(einer Leiche);
der **Ver|we|sungs|ge|ruch**

ver|win|den: er verwindet, er verwinde,
er verwand, er hat verwunden

ver|wirk|li|chen: (in die Tat umsetzen);
die **Ver|wirk|li|chung**

ver|wir|ren: verwirrt sein (durcheinander
sein); verworrenes (unklares) Zeug reden;
die **Ver|wir|rung** (Durcheinander)

ver|wöh|nen: sie verwöhnte, sie hat
verwöhnt

ver|wor|ren: (durcheinander) → verwirren

ver|wun|den: der/die **Ver|wun|de|te;**
die **Ver|wun|dung; ver|wund|bar**
(verletzlich)

ver|wüs|ten: (zerstören);
die **Ver|wüs|tung**

Ver|zeich|nis, das: des -ses, die Verzeich-
nisse (Liste, Aufstellung);
das **In|halts|ver|zeich|nis**

ver|zei|hen: du verzeihst, du verzeihest,
du verziehest, er verzieh, sie hat verzie-
hen, verzeih(e)!; dem Partner eine Schuld
verzeihen; um **Ver|zei|hung** (Entschuldi-
gung) bitten; **ver|zeih|lich**

ver|zich|ten: der **Ver|zicht**

ver|zie|hen: keine Mine verziehen (ruhig
bleiben); nach Berlin verziehen (die
Wohnung wechseln); die Eltern verzie-
hen ihr Kind (nicht richtig erziehen)

ver|zö|gern: die **Ver|zö|ge|rung**

Ver|zug, der: (Aufschub)

ver|zwei|feln: die **Ver|zweif|lung**

ver|zwickt: (schwierig)

Ves|per, die: (Zwischenmahlzeit, Abend-
mahl)

Ves|ti|bül, das: (Vorhalle), die Vestibüle

Ve|te|ran *lat.,* der: des -en, die Veteranen
(altgedienter Soldat);
der **Kriegs|ve|te|ran**

Ve|te|ri|när *franz.* [weterinär], der: des -s,
die Veterinäre (Tierarzt); die
Ve|te|ri|nä|rin; veterinär (tierärztlich)

Ve|to [weto], das: des -s, die Vetos (Ein-
spruch); sein Veto einlegen (die Zustim-
mung verweigern); das **Ve|to|recht**

Vet|ter, der: die Vettern (Sohn des Onkels
oder der Tante)

vgl.: vergleiche

Via|dukt *lat.* [wiadukt] das/der: des -(e)s,
die Viadukte (Talbrücke, Überführung)

vi|brie|ren/vib|rie|ren: (schwingen,
beben, zittern); das **Vi|b|ra|phon/**
Vi|b|ra|fon (Musikinstrument);
die **Vi|b|ra|ti|on**

Vi|deo|re|kor|der/Vi|deo|re|cor|der,
der: des -s, die Videorekorder;
die **Vi|deo|kas|set|te**

Vi|deo|spiel, das: des -s, die Videospiele

Vi|deo|text, der: des -(e)s, die Videotexte

Vi|deo|thek, die: der -, die Videotheken

Vieh, das: des -(e)s; die **Vieh|her|de;**
die **Vieh|zucht**

viel: mehr, am meisten; zu viel; zu viele;
zu viel Arbeit; viele Hausaufgaben; das
war zu viel; zu viele Besucher; eine viel
befahrene/vielbefahrene Straße;
vie|ler|lei; viel|fach; viel|fäl|tig;
viel|mals; das **Viel|eck;** die **Viel|falt;**
viele Wenig machen ein Viel; viele Male

viel|leicht: vielleicht (möglicherweise)
kann ich das schaffen; es waren vielleicht
(etwa) 100 Besucher da; das sah vielleicht
albern aus

viel|mals: aber: viele Male

vier: die vier Jahreszeiten; die vier Him-
melsrichtungen; alle viere von sich
strecken; auf allen vieren laufen; wir sind
zu viert; eine Vier würfeln; eine Vier
schreiben; der **Vier|bei|ner;**
vier|bei|nig/4-bei|nig; vier|ein|halb;
vier|fach; vier|jäh|rig/4-jäh|rig;
vier|mal/4-mal; vier|stel|lig/4-stel|lig;
das **Vier|tel;** eine viertel Stunde, *auch*
eine Viertelstunde; um viertel sechs,
aber: um Viertel vor sechs; ein Viertel
des Ganzen; **vier|tel|jähr|lich** (alle
Vierteljahre wiederkehrend);
vier|tel|jäh|rig (ein Vierteljahr alt);
vier|tens; das **Vier|eck;**
das **Vier|tel|fi|na|le; vier|teln** (in vier
Teile zerlegen); → acht

Vig|net|te/Vi|gnet|te, die: die Vignetten

(Plakette am Auto für bezahlte Gebühr)

Vi|kar *lat.*, der: des -s, die Vikare (Geistlicher); die **Vi|ka|rin**

Vil|la *lat.* [wila], die: der -, die Villen (Landhaus, großes Einfamilienhaus); **vil|len|ar|tig;** ein villenartiges Haus

vi|o|lett *franz.*: (veilchenblaue Farbe)

Vi|o|li|ne *ital.*, die: der -, die Violinen (Geige); der **Vi|o|li|nist;** die **Vi|o|li|nis|tin**

VIP: very important person (sehr wichtige Person)

VIP-Lounge, die: (Raum für very important persons, sehr wichtige Personen)

Vi|rus *lat.*, der: des -, die Viren (Krankheitserreger); das/der **Grip|pe|vi|rus;** die **Vi|rus|grip|pe**

Vi|sa|ge *franz.* [wisasche], die: der -, die Visagen (Gesicht, Fratze); der **Vi|sa|gist** (Maskenbildner)

vis-a-vis, vis-à-vis, (gegenüber)

Vi|sier *franz.*, das: des -s, die Visiere (Zielvorrichtung, Teil des Ritterhelmes); **an|vi|sie|ren** (zielen)

Vi|si|on *lat.*, die: der -, die Visionen (Erscheinung, Vorstellung, Trugbild); **vi|si|o|när** (in die Zukunft schauend); der **Vi|si|ons|ra|di|us** (Optik, Sehachse)

Vi|si|te *franz.* [wisite], die: der -, die Visiten (Besucher, Arztbesuch); die **Vi|si|ten|kar|te;** die **Vi|si|ta|ti|on** (Durchsuchung, Prüfungsbesuch)

Vi|sum *lat.*, das: des -s, die Visa/Visen (Einreiseerlaubnis, Vermerk im Pass); **vi|sum|frei**

Vi|ta|min/Vit|a|min *lat.* [witamin], das: des -s, die Vitamine (lebenswichtiger Wirkstoff); Vitamin C oder E usw.; der **Vi|t|a|min|man|gel; vi|t|a|min|reich;** vitaminreiche Kost; vitaminhaltig, aber: Vitamin-B-haltig

Vi|tri|ne/Vit|ri|ne [witrine], die: der -, die Vitrinen (Glasschrank, Schrankkasten)

Vlies, das: (Schaffell, das Goldene Vlies), die Vliese

Vo|gel, der: des -s, die Vögel; die **Vo|gel|bee|re;**

das **Vo|gel|häus|chen;** die **Vo|gel|scheu|che; vo|gel|frei** (rechtlos); Vögel füttern; er hat den Vogel abgeschossen (einen Erfolg gehabt, ist Schützenkönig); er ist ein lockerer Vogel (leichtsinnig); du hast wohl einen Vogel (du bist nicht bei Trost)

Vogt, der: die Vögte (Richter, Verwalter)

Vo|ka|bel *lat.*, die: der -, die Vokabeln (einzelnes Wort in der Sprache); Vokabeln lernen; das **Vo|ka|bel|heft;** das **Vo|ka|bu|lar** (Wortschatz, Wörterverzeichnis)

Vo|kal *lat.*, der: des -s, die Vokale (Selbstlaut); **vo|kal** (die Musik betreffend, gesangsmäßig); der **Vo|ka|list** (Sänger)

Vo|lant, der: (Besatz am Kleid, Lenkrad)

Vo|li|e|re/Vo|lie|re, die: die Volieren (Vogelhaus)

Volk, das: des -(e)s, die Völker (Nation, Bevölkerung); das **Volks|fest;** das **Volks|lied;** die **Volks|wirt|schaft; volks|tüm|lich;** das gemeine Volk (Pöbel)

voll: voll und ganz (uneingeschränkt); ein Blatt vollschreiben; voll zufrieden sein; brechend voll (überfüllt); aus dem Vollen schöpfen; jemanden nicht für voll (nicht ganz ernst) nehmen; ein Eimer voll Wasser; einen Eimer volllaufen lassen; ein volles Glas; **voll|auf; vol|lends** (ganz); **völ|lig; voll|jäh|rig; voll|kom|men; voll|stän|dig; voll|zäh|lig;** der **Voll|bart;** das **Voll|korn|brot;** die **Voll|macht;** die **Voll|milch;** der **Voll|mond;** der **Voll|tref|fer; voll|fül|len; voll|gie|ßen; voll|la|den; voll|pa|cken; voll|pum|pen; voll|tan|ken, voll|brin|gen; voll|en|den; voll|füh|ren; voll|stre|cken; voll|zie|hen**

Vol|ley|ball *engl.*, der: des -(e)s (Ballspiel); **vol|ley:** den Ball aus der Luft nehmen

Volt, das: des -(e)s (Einheit der elektrischen Spannung); die Spannung beträgt 220 Volt; Abk. **V**

Vo|lu|men, das: des –s, die Volumina
(Rauminhalt); **vo|lu|mi|nös** (sehr groß);
die **Vo|lu|me|t|rie** (Messung von
Rauminhalten)

vom: er kommt vom (von dem) Arzt

von: von Stuttgart aus; von großem
Interesse; von nah und fern; von heute
an; von mir aus; von weit her; von
wegen (auf keinen Fall); **von|ein|an|der/
von|ei|nan|der** lernen; voneinander-
gehen; **von|nö|ten** (erforderlich) sein;
von|stat|ten|ge|hen; von Nutzen sein;
von unten kommen; von neuem/Neuem

vor: vor dem Tor stehen; vor das Tor
gehen; vor Angst weinen; nicht vor dem
Abend kommen; vor allem; **vor|ab**
(zuerst); vor kurzem/Kurzem

vo|r|an: vo|r|an|ge|hen;
vo|r|an|kom|men; vo|r|an|stel|len

Vor|ar|bei|ter, der: des -s, die Vorarbeiter

vor|aus/vo|raus: vo|r|aus|sicht|lich;
die **Vo|r|aus|sa|ge;**
die **Vo|r|aus|set|zung;**
vo|r|aus|be|den|ken, aber: **im
Vo|r|aus** bedenken; **vo|r|aus|ge|hen;**
vo|r|aus|set|zen; vo|r|aus|zu|se|hen

vor|bei: (vergangen sein); es ist vorbei; sich
vor|bei|be|neh|men; vor|bei|brin|gen;
vor|bei|fah|ren; vor|bei|flie|gen;
vor|bei|füh|ren; vor|bei|ge|hen;
vor|bei|kom|men;
aneinander **vor|bei|re|den;**
vor|bei|schau|en

vor|be|stel|len: die **Vor|be|stel|lung**

vor|be|rei|ten: die **Vor|be|rei|tung**

vor|beu|gen: sich weit vorbeugen; einer
Gefahr vorbeugen;
die **Vor|beu|gungs|maß|nah|me**

Vor|bild, das: des -(e)s, die Vorbilder
(Ideal, Muster); **vor|bild|lich;**
die **Vor|bil|dung**

vor|brin|gen: (etwas zum Ausdruck
bringen); eine Beschwerde vorbringen
(sich beschweren)

Vor|dach, das: des -(e)s, die Vordächer

vor|drän|geln: sich vordrängeln (an
anderen vorbei); sich **vor|drän|gen;**

vor|drin|gen; vor|dring|lich

vor|ei|lig: voreilig (überstürzt ohne
Überlegung) handeln

vor|ein|an|der/vor|ei|nan|der: sich
voreinander fürchten, verstecken;
voreinander gehen

Vor|ent|schei|dung, die: der -, die
Vorentscheidungen

vor|fah|ren: den Wagen vorfahren;
vor|fahrts|be|rech|tigt;
die **Vor|fah|ren** (Vorväter);
die **Vor|fahrt;** das **Vor|fahrts|zei|chen**

Vor|fall, der: des -(e)s, die Vorfälle; ein
seltsamer Vorfall (Ereignis, Geschehen);
vor|fal|len; es ist nichts Besonderes
vorgefallen

Vor|film, der: des -s, die Vorfilme (kurzer
Film vor Beginn des Hauptfilms)

Vor|freu|de, die: der -, die Vorfreuden
(sich vorher auf etwas freuen); Vorfreude
ist die schönste Freude

vor|füh|ren: ein Programm vorführen; die
Filmvorführung; der **Vor|führ|wa|gen**

Vor|ga|be, die: der -, die Vorgaben; zehn
Meter Vorgabe (Vorsprung) erhalten;
die **Vor|ga|be|zeit**

Vor|gang, der: des -(e)s, die Vorgänge;
einen Vorgang (Ablauf) schildern;
der **Vor|gän|ger;** das **Vor|ge|hen**

Vor|ge|schich|te, die: der -;
vor|ge|schicht|lich;
die **Vor|ge|schichts|for|schung**

Vor|ge|setz|te, der/die: der/des -n, die
Vorgesetzten

vor|ges|tern: vorgestern Abend; vorges-
tern Morgen; **vor|gest|rig**

Vor|hand, die: der -; die Vorhand spielen
(beim Tennis/Tischtennis)

vor|han|den: (da sein); die Ware ist nicht
mehr vorhanden (am Ort, verfügbar)

Vor|hang, der: des -s, die Vorhänge;
das **Vor|hän|ge|schloss; vor|hän|gen**

vor|her: am vorhergehenden Tag, aber:
das Vorhergehende; im Vorhergehenden;
das hättest du uns vorher sagen müssen;
sie haben gutes Wetter vorhergesagt;
die **Wet|ter|vor|her|sa|ge; vor|he|rig**

(früher)

Vor|herr|schaft, die: der -, die Vorherrschaften; **vor|herr|schen**

vor|hin: ich habe sie vorhin (eben, kürzlich) gesehen; im **Vor|hin|ein**

vo|rig: (vergangen); im vorigen Jahr; vorigen Monats

Vor|keh|rung, die: (im Voraus getroffene Maßnahme), die Vorkehrungen

vor|kom|men: (vortreten); an die Tafel vorkommen; das soll nicht wieder vorkommen; das **Vor|kom|men** (Vorhandensein); Erzvorkommen; das **Vor|komm|nis** (Ereignis, Vorfall)

Vor|la|dung, die: der -, die Vorladungen; jemanden **vor|la|den** (er hat vor Gericht zu erscheinen)

Vor|la|ge, die: der -, die Vorlagen (Muster, Schablone); die **Ge|set|zes|vor|la|ge** (Gesetzentwurf)

Vor|lauf, der: des -(e)s, die Vorläufe; im ersten Vorlauf (Ausscheidungslauf); der **Vor|läu|fer; vor|läu|fig;** die **Vor|läu|fig|keit**

vor|laut: sei nicht immer so vorlaut! (keck)

vor|le|sen: die **Vor|le|sung; vor|le|sungs|frei**

vor|lieb: mit etwas **vor|lieb|neh|men** (sich begnügen)

vor|ma|chen: etwas noch einmal vormachen (zeigen); du brauchst mir nichts vorzumachen (jemanden täuschen)

Vor|mit|tag, der: des -(e)s, die Vormittage (Zeit vom Morgen bis zum Mittag); gestern Vormittag; **vor|mit|tags;** → Abend

Vor|mund, der: des -(e)s, die Vormunde/ Vormünder (amtliche Vertreter von Minderjährigen); die **Vor|mund|schaft;** jemanden **be|vor|mun|den** (nicht selbstständig handeln lassen, gängeln, gegen seinen Willen bestimmen)

vorn(e): von vorn(e) (neu beginnen)

Vor|nah|me, die: der -, die Vornahmen (Ausführung); **vor|neh|men**

Vor|na|me, der: des -ns, die Vornamen (pers. Name, Rufname)

vor|nehm: (fein); sie ist vornehm gekleidet

vorn|her|ein/vorn|he|rein: von vornherein etwas planen

vorn|über: er fiel vornüber vom Fahrrad; vornüberbeugen

Vor|ort, der: des -(e)s, die Vororte (Stadtteil); der **Vor|ort|zug**

Vor|rat, der: des -(e)s, die Vorräte; die **Vor|rats|kam|mer; vor|rä|tig**

Vor|rich|tung, die: der -, die Vorrichtungen

Vor|run|de, die: der -, die Vorrunden; das **Vor|run|den|spiel**

vors: (vor das Tor)

Vor|satz, der: des -es, die Vorsätze; einen Vorsatz fassen (die Absicht haben); **vor|sätz|lich** (bewusst und absichtlich)

Vor|schau, die: der -; die **Pro|gramm|vor|schau**

Vor|schein, der: er holt es wieder zum Vorschein (ist wieder da, wieder sichtbar); zum Vorschein kommen/bringen

Vor|schlag, der: des -(e)s, die Vorschläge; das **Vor|schlags|recht;** einen Vorschlag machen; etwas **vor|schla|gen**

vor|schnell: (voreilig); ein vorschnelles (wenig überlegtes) Urteil abgeben

vor|schrei|ben: (einen Brief vorher schreiben, etwas anordnen); die **Vor|schrift; vor|schrifts|mä|ßig; vor|schrifts|wid|rig**

Vor|schu|le, die: der -, die Vorschulen; das **Vor|schul|jahr;** das **Vor|schul|al|ter**

Vor|schuss, der: des -es, die Vorschüsse (Geldvorauszahlung); die **Vor|schuss|lor|bee|ren** (schon vor der Leistung loben)

vor|se|hen: der vorgesehene (geplante) Ausflug fiel aus; sieh dich vor! (pass auf!); die **Vor|se|hung** (Schicksal)

Vor|sicht, die: der -; **vor|sich|tig; vor|sichts|hal|ber;** die **Vor|sichts|maß|nah|me**

Vor|sil|be, die: der -, die Vorsilben (Präfix)

Vor|sitz, der: des -es; den Vorsitz führen; der/die **Vor|sit|zen|de**

Vor|sor|ge, die: der -; Vorsorge treffen (für etwas vorher sorgen, etwas zur eigenen Absicherung vorher tun);
die **Krebs|vor|sor|ge; vor|sorg|lich;**
für etwas **vor|sor|gen**

Vor|spiel, das: des -s, die Vorspiele;
vor|spie|len

Vor|sprung, der: des -(e)s, die Vorsprünge; beim Wettrennen einen Vorsprung haben; der **Fels|vor|sprung;**
der **Mau|er|vor|sprung; vor|sprin|gen**

Vor|stand, der: des -(e)s, die Vorstände (Leitung einer Gesellschaft, eines Vereins); das **Vor|stands|mit|glied**

vor|stel|len: sich bei der Firma vorstellen (sich bekannt machen); sich etwas vorstellen (ausdenken);
die **Vor|stel|lung;**
das **Vor|stel|lungs|ge|spräch;**
die **Vor|stel|lungs|kraft; vor|stell|bar;**
in einer Sache vorstellig werden

Vor|stra|fe, die: der -, die Vorstrafen;
vor|be|straft sein;
das **Vor|stra|fen|re|gis|ter**

Vor|teil, der: des -s, die Vorteile (Vorsprung, Überlegenheit); im Vorteil sein; seinen Vorteil nutzen; **vor|teil|haft**

Vor|trag, der: des -(e)s, die Vorträge; einen Vortrag halten; etwas **vor|tra|gen** (mitteilen, reden)

vor|treff|lich: (ausgezeichnet, hervorragend); die **Vor|treff|lich|keit**

vor|über/vo|rüber: (vorbei sein); es ist alles vorüber; er geht an mir vorüber (vorbei); **vo|r|über|ge|hend** (zeitweise)

Vor|ur|teil, das: des -s, die Vorurteile (vorgefasste, nicht überprüfte Meinung); ein Vorurteil gegen jemanden haben (ihn ohne Grund ablehnen); **vor|ur|teils|frei**

Vor|ver|kauf, der: des -(e)s, die Vorverkäufe; der **Kar|ten|vor|ver|kauf**

Vor|wahl, die: der -, die Vorwahlen;
die **Vor|wahl|num|mer/ Vor|wähl|num|mer**

Vor|wand, der: des -s, die Vorwände (Ausrede, vorgeschobener Grund); etwas als Vorwand nutzen

vor|wärts: vor- und rückwärts; vorwärtsgehen; vorwärtskommen (*auch* für Karriere machen); der **Vor|wärts|gang**

vor|weg: (vorher, im Voraus);
etwas **vor|weg|neh|men;**
etwas **vor|weg|sa|gen**

vor|wie|gend: (vor allem, meistens, oft)

Vor|wort, das: des -(e)s, die Vorworte (Vorrede, Einleitung in einem Buch)

Vor|wurf, der: des -s, die Vorwürfe; mir Vorwürfe machen; **vor|wurfs|voll;** ihm etwas **vor|wer|fen** (ihn für etwas tadeln); **vor|wurfs|frei**

vor|zei|tig: (früher als vorgesehen);
die **Vor|zeit** (vorgeschichtliche Zeit);
die **Vor|zen|sur**

vor|zie|hen: ein Buch vorziehen; jemanden vorziehen (bevorzugen); eine Beschäftigung vorziehen (lieber tun); der **Vor|zug; vor|züg|lich** (sehr gut)

Vo|tum, das: (Stimmabgabe)

Vo|yeur *franz.,* der: die **Vo|yeu|rin** (Zuschauer bei sexuellen Betätigungen)

vul|gär: (gemein, primitiv, gewöhnlich, derb); er gebraucht viele vulgäre Ausdrücke

Vul|kan, der: des -s, die Vulkane;
der **Vul|kan|aus|bruch;**
die **Vul|ka|ni|sa|ti|on** (Verarbeitung von Rohkautschuk zu Gummi); **vul|ka|nisch**

W

W: Watt, West(en)

Waa|ge, die: der -, die Waagen (Gerät zum Wiegen); etwas auf einer Waage wiegen; die **Brief|waa|ge;**
die **De|zi|mal|waa|ge;**
die **Waa|ge|rech|te,** *auch*
Waag|rech|te; waa|ge|recht, *auch*
waag|recht; das Zünglein an der Waage (ausschlaggebend) sein; jedes Wort auf die Goldwaage legen (ganz genau nehmen); einander die Waage halten (gleich sein)

wab|beln: wab|be|lig, *auch* **wabb|lig**
(unangenehm weich, Pudding)

Wa|be, die: der -, die Waben (Zellenbau
des Bienenstocks); der **Wa|ben|ho|nig**

wach: wach sein (wachen, aufpassen);
wach bleiben; sich wach halten, aber:
Erinnerungen wachhalten; wach liegen/
wachliegen; **wach|sam;** die **Wa|che;**
der **Wach|hund;** die **Wacht;**
der **Wäch|ter;** der **Wacht|meis|ter;**
auf|wa|chen; er|wa|chen;
wach|ru|fen; wach|rüt|teln/wach
rüt|teln; einen wachen (regen) Verstand
haben

Wa|chol|der, der: des -s, die Wacholder
(Pflanze); der **Wa|chol|der|strauch;**
die **Wa|chol|der|bee|re;**
der **Wa|chol|der|schnaps**

Wachs, das: des -es, die Wachse; eine
Kerze aus Wachs; das **Ski|wachs;**
das **Wachs|fi|gu|ren|ka|bi|nett;**
die **Wachs|ker|ze;** das **Wachs|tuch;**
wach|sen (mit Wachs einreiben); er hat
die Skier gewachst; den Boden wachsen;
der **Wachs|ab|guss**

wach|sen: du wächst, du wüchsest, du
wuchsest, er wuchs, du bist gewachsen,
wachs(e)! (größer werden);
der **Er|wach|se|ne;** das **Ge|wächs;**
das **Wachs|tum;** der **Wuchs;** jeman-
dem gewachsen (ebenbürtig) sein; er ist
mir über den Kopf gewachsen (ist mir
überlegen); die Schulden wachsen
(steigen) immer weiter; dagegen ist kein
Kraut gewachsen (es gibt kein wirksames
Mittel)

Wacht: die: (aufpassen); Wacht halten

Wach|tel, die: (Vogel); die **Wach|tel|ei|er**

wa|ckeln: der **Wa|ckel|kon|takt;**
wa|cke|lig, *auch* **wack|lig;**
die **Wa|cke|lei**

wa|cker: sich wacker (tüchtig) schlagen

Wa|de, die: der -, die Waden (Muskel-
bündel); das **Wa|den|bein;**
der **Wa|den|krampf; wa|den|lang**

Waf|fe, die: der -, die Waffen (Kriegsge-
rät); der **Waf|fen|schein;**

der **Waf|fen|still|stand;**
sich **be|waff|nen;**
den Gegner **ent|waff|nen;** mit seinen
eigenen Waffen schlagen

Waf|fel *niederl.,* die: der -, die Waffeln
(Gebäck); das **Waf|fel|ei|sen**

wa|gen: keiner wagte (traute) sich; ein
Spiel wagen (riskieren); das **Wag|nis;**
wag|hal|sig (mutig und leichtsinnig);
wer wagt gewinnt; frisch gewagt ist halb
gewonnen; der **Wa|ge|mut;**
wa|ge|mu|tig

Wa|gen, der: des -s, die Wagen;
das **Wä|gel|chen;** der **Wa|gen|he|ber**

wä|gen: er wägt, er erwäge, er wog, er hat
gewogen (prüfend bedenken)

Wag|gon/Wa|gon [wagong], der:
des -s, die Waggons (Eisenbahnwagen);
wag|gon|wei|se

Wahl, die: der -, die Wahlen; einen
Kandidaten zur Wahl stellen; in die
engere Wahl kommen; der **Wäh|ler;**
das **Wahl|fach;** das **Wahl|ge|heim|nis;**
der **Wahl|kampf;** die **Wahl|ur|ne;**
wahl|be|rech|tigt; wäh|le|risch;
wahl|los; aus|wäh|len; wäh|len;
einen Sprecher wählen; einen Beruf
wählen; **wähl|bar**

Wahn, der: des -(e)s (Einbildung, falsche
Annahme, Selbsttäuschung);
der **Wahn|sinn;**
die **Wahn|vor|stel|lung; wahn|sin|nig;**
die **Wahn|sinns|ar|beit; wäh|nen**

wahr: eine wahre (wirkliche) Begebenheit;
wahr bleiben; wahr werden (wird
eintreten); wahr machen/wahrmachen
(ausführen); sein wahres (echtes) Gesicht
zeigen; so wahr ich hier stehe!; im
wahrsten Sinne des Wortes;
wahr|haf|tig; wahr|heits|ge|mäß;
wahr|schein|lich; die **Wahr|heit;**
die **Wahr|neh|mung;**
das **Wahr|zei|chen;** etwas
wahr|neh|men (erkennen);
wahr|sa|gen (prophezeien)

wäh|ren: was lange währt (dauert), wird
endlich gut

wäh|rend: während (im Verlauf) der Schulzeit; während des Spiels; **wäh|rend|des|sen**

Wäh|rung, die: der -, die Währungen; die **Wäh|rungs|uni|on**

Wai|se, der/die: des/der -n, die Waisen (elternloses Kind); das **Wai|sen|haus;** das **Wai|sen|kind; ver|waist**

Wal, der: des -(e)s, die Wale (Meeressäugetier); der **Wal|fisch;** das **Wal|ross**

Wald, der: des -(e)s, die Wälder; der Thüringer Wald; der Bayerische Wald; der **Wald|brand;** der **Wald|meis|ter** (Pflanze); das **Wald|ster|ben; wald|reich;** wie man in den Wald ruft, so schallt es heraus

Wal|hall, Walhalla, die: (Ehrenhalle)

wal|ken: (Textiltechnik für verfilzen, *auch* kneten, prügeln)

Wal|kie-Tal|kie *engl.* [wokitoki], das: des -s, die Walkie-Talkies (tragbares Funksprechgerät)

Walk|man *engl.* [wokmän], der: des -s, die Walkmen (kleiner Kassettenrekorder)

Wal|kü|re, die: (die Botin Odins)

Wall *lat.,* der: des -(e)s, die Wälle; der **Erd|wall;** der **Wall|gra|ben**

Wal|lach, der: des -(e)s, die Wallache (kastrierter Hengst)

Wall|fahrt, die: der -, die Wallfahrten (Fahrt an einen heiligen Ort); der **Wall|fah|rer;** die **Wall|fahrts|kir|che;** der **Wall|fahrts|ort**

Wal|nuss, die: der -, die Walnüsse; der **Wal|nuss|baum**

Wal|ross, das: die Walrosse (große Robbe)

Wal|statt, die: (Kampfstätte)

wal|ten: hier walten (herrschen) überirdische Kräfte; jemanden schalten und walten lassen (so handeln lassen, wie er will); lass niemals rohe Kräfte sinnlos walten!

Wal|ze, die: der -, die Walzen (zylindrischer Körper); die **Dampf|wal|ze;** der **Wäl|zer** (dickes Buch); das **Walz|werk; wal|zen** (etwas glatt rollen); sich auf der Erde **wäl|zen** (rollen); auf der Walz sein (wandernder Handwerksgeselle)

Wal|zer, der: des -s, die Walzer (Tanz); Walzer tanzen

Wand, die: der -, die Wände (Seiten eines Raumes); in seinen vier Wänden (in der eigenen Wohnung); die **Wand|kar|te;** die **Wand|zei|tung;** mit dem Kopf durch die Wand gehen (etwas erzwingen wollen); jemanden an die Wand spielen (dessen Einfluss ausschalten)

Wan|da|lis|mus/Van|da|lis|mus, der: des -; der **Wan|da|le/Van|da|le;** gehaust wie die Wandalen (Angehörige eines ostgotischen Stammes, die alles zerstörten); **wan|da|lisch/van|da|lisch**

Wan|del, der: des –s; der **Le|bens|wan|del;** die **Wand|lung** (Veränderung); sich **wan|deln**

wan|dern: der **Wan|de|rer;** der **Wan|der|preis;** die **Wan|de|rung; wan|der|lus|tig;** die **Wan|der|schaft**

Wan|ge, die: der -, die Wangen (Backe); der **Wan|gen|kno|chen; rot|wan|gig**

wan|ken: (schwanken, sich hin- und herbewegen, unsicher gehen); etwas gerät ins **Wan|ken; wan|kel|mü|tig** (unbeständig) sein; der **Wan|kel|mut**

wann: (zu welcher Zeit); wann kommst du?; dann und wann (manchmal); wann immer du kannst

Wan|ne, die: der -, die Wannen; die **Ba|de|wan|ne;** das **Wänn|chen**

Wan|ze, die: der -, die Wanzen (Insekt, Abhörgerät)

Wap|pen, das: des -s, die Wappen (Erkennungszeichen); das Wappen (Zeichen) einer Stadt; das **Wap|pen|tier** (z.B. der Bär im Wappen der Hauptstadt Berlin); sich **wapp|nen** (sich auf schlimme Dinge einstellen)

war: → sein

warb: → werben

Wa|re, die: der -, die Waren; das **Wa|ren|haus;** das **Wa|ren|la|ger;**

die **Wa|ren|sen|dung;**
das **Wa|ren|zei|chen**

warf: → werfen

warm: wärmer, am wärmsten; ein warmer
Frühlingstag; das warme Wasser; ein
warmer (herzlicher) Empfang; den Tee
warm halten, aber: den Motor warm-
laufen lassen; warm laufen (beim Sport),
aber: warmlaufen (eingewöhnen);
lau|warm; die **Wär|me;**
die **Wärm|fla|sche;** sich **wär|men;**
die **Warm|luft**

war|nen: (aufmerksam machen); jeman-
den vor einer Gefahr warnen;
die **Warn|an|la|ge;** das **Warn|drei|eck;**
das **Warn|licht;** der **Warn|streik;**
die **War|nung;** das **Warn|zei|chen;**
der **Warn|schuss**

War|te, die: (hochgelegener Platz für
Beobachtungen); die **Stern|war|te**
(Stätte zur Beobachtung der Sterne)

war|ten: auf einen Besuch warten;
der **Wär|ter;** die **Wär|te|rin;**
der **War|te|saal;**
die **War|tung** (Pflege evtl. Reparatur,
z.B. einer Heizung); die **War|te|zeit;**
das **War|te|zim|mer** (beim Arzt)

war|um/wa|rum: (weshalb); warum gehst
du schon?; warum nicht?; nach dem
Warum fragen

War|ze, die: der -, die Warzen; die
Brust|war|ze; das **War|zen|schwein;**
war|zig

was: was machst du da?; was ist los?; ich
weiß was; was kostet das?; was (etwas)
Neues; was anderes, *auch* (et)was Anderes

wa|schen: du wäschst, du wüschest, du
wusch(e)st, er wusch, sie hat gewaschen,
wasch(e)!; **ab|wa|schen;**
auf|wa|schen; der **Wasch|au|to|mat;**
das **Wasch|be|cken;** die **Wä|sche;**
die **Wä|sche|rei;** der **Wasch|lap|pen;**
die **Wasch|ma|schi|ne;**
das **Wasch|zeug; wasch|echt;**
sich morgens waschen; die Kleidung
waschen (mit Wasser säubern); ein
waschechter Westfale; er wäscht seine

Hände in Unschuld (will unschuldig
sein); jemandem den Kopf waschen (ihn
ausschimpfen)

Was|ser, das: des -s, die Wasser/Wässer;
das **Ge|wäs|ser;** der **Was|ser|dampf;**
der **Was|ser|fall;** die **Was|ser|far|be;**
der **Was|ser|hahn;**
die **Was|ser|pflan|ze;**
der **Was|ser|rohr|bruch;**
die **Was|ser|spü|lung;**
der **Was|ser|stoff** (chemischer Grund-
stoff); der **Was|ser|zäh|ler;**
was|ser|dicht; was|ser|ge|kühlt;
wäs|se|rig, *auch* **wäss|rig;**
was|ser|scheu; wäs|sern; ins Wasser
fallen (plumpsen); etwas ist ins Wasser
gefallen (ausgefallen); er ist mit allen
Wassern gewaschen (durchtrieben); er
kann kein Wässerchen trüben (ist harm-
los); ein Wasser abweisender/wasserab-
weisender Stoff; sich über Wasser halten
(seine Existenz erhalten können); ihm
nicht das Wasser reichen können (der
andere ist besser); zu Wasser und zu
Lande; **was|sern** (auf dem Wasser
landen)

wa|ten: durch das Wasser waten (stapfen)

Wat|sche, die: der -, die Watschen
(Ohrfeige); eine watschen (eine Ohrfeige
geben)

wat|scheln: wie eine Ente watscheln
(schwerfällig gehen); **wat|sche|lig,** *auch*
watsch|lig

Watt, das: des -(e)s, die Watten (bei Ebbe
bloßgelegter Küstenstreifen der Nordsee
zwischen Küste und vorgelagerten
Inseln); das **Wat|ten|meer;**
die **Watt|wan|de|rung**

Watt, das: des -s, die Watt (Maßeinheit für
die Leistung des elektrischen Stroms); ein
Ki|lo|watt; Watt (Erfinder der verbes-
serten Dampfmaschine)

Wat|te, die: der -, die Watten;
der **Wat|te|bausch; wat|tie|ren**

WC *engl.* [water closet], **das:** Abk. für
Wasserklosett (Toilette)

we|ben: du webst, du wöbest, du webtest,

er webte, sie hat gewebt, web(e)!, *auch*
wob, gewoben; die **We|be|rei;**
der **Web|stuhl;** der **We|ber**

Wech|sel, der: des -s, die Wechsel; der
Wechsel (Wandel) der Jahreszeiten; einen
Wechsel (Geldgutschein) einlösen;
das **Wech|sel|geld;**
der **Wech|sel|strom; wech|sel|haft;**
wech|sel|sei|tig; sich **ab|wech|seln;**
wech|seln; er wechselte das Hemd; das
Geld wechseln (umtauschen); den
Arbeitsplatz wechseln

We|cke, die: der Weck, der Wecken,
das Weckerl (Brötchen aus Weizenmehl)

we|cken: auf|we|cken; der **We|cker;**
ein **auf|ge|weck|ter** (kluger) Junge;
jemandem auf den Wecker fallen (ihm
lästig fallen); der **Weck|ruf**

We|del, der: des -s, die Wedel (Schwanz);
we|deln

we|der: er kann weder lesen noch schrei-
ben; das Weder-noch

Week|end *engl.* [wikend], das: des -(s), die
Weekends (Wochenende)

weg: schon lange weg (fort) sein; weg da!;
er ist ganz weg (begeistert);
die **Weg|werf|fla|sche** (Einwegflasche);
die **Weg|werf|ge|sell|schaft** (alles, was
nicht mehr nützlich ist, wird weggewor-
fen); **weg|fah|ren; weg|neh|men;**
weg|rei|ßen; weg|wer|fen; sie ist
längst darüber weg (hinweg)

Weg, der: des -(e)s, die Wege; der Weg zur
Schule; er steht mir im Wege (er stört
mich); etwas zu Wege bringen, *auch*
zuwege bringen; auf dem Holzweg sein
(sich irren); jemandem Steine in den Weg
legen (an etwas hindern); ein schmaler
Weg; jemandem aus dem Weg gehen (ihn
nicht sehen wollen); auf dem Wege der
Besserung sein; der **We|ges|rand;**
der **Weg|wei|ser; kei|nes|wegs;**
un|ter|wegs; un|weg|sam

we|gen: wegen des hohen Preises; wegen
der vielen Hausarbeiten; meinetwegen;
von wegen (so ist das nicht); von Amts
wegen

weh, *auch* **we|he:** wehe dir!; jemandem
weh|tun/weh tun; weh|lei|dig;
die **We|he(n);** die **Weh|mut** (stiller
Schmerz); er hat einen wehen (verletzten)
Finger; weh ums Herz sein (traurig);
weh|mü|tig; weh|kla|gen

we|hen: der Wind weht; die Fahne weht
(flattert); die **Schnee|we|he**

Wehr, das: des -(e)s, die Wehre (Wasser-
stauwerk)

Wehr, die: der -, die Wehren; sich zur
Wehr setzen (verteidigen); sich gegen
ungerechte Vorwürfe wehren;
die **Bun|des|wehr;** die **Feu|er|wehr;**
das **Ge|wehr;** die **Not|wehr;**
der **Wehr|dienst;** die **Wehr|pflicht;**
wehr|los; wehr|pflich|tig;
sich **weh|ren**

Weib, das: des -(e)s, die Weiber (früher
Frau, Ehefrau, heute Schimpfwort);
das **Weib|chen; wei|bisch; weib|lich;**
die **Weib|lich|keit**

weich: weich (sanft) stürzen; ein weiches
Fell; ein weiches (sanftes) Herz haben;
ein weich gekochtes/weichgekochtes Ei;
win|del|weich; der **Weich|ma|cher;**
die **Weich|tei|le; ein|wei|chen;** sie
weichte die Wäsche ein; **er|wei|chen**
lassen; **weich|klop|fen/weich**
klop|fen; ver|weich|li|chen; weich
machen (Zustimmung erwirken)

Wei|che, die: der -, die Weichen (Teil einer
Gleisanlage); der Zug fährt über eine
Weiche; die Weiche wird vom Stellwerk
aus gestellt; die Weiche (Seite, Flanke,
z.B. des Pferdes)

wei|chen: du weichst, du wichest, er wich,
sie ist gewichen, weich(e)!; **ab|wei|chen;**
aus|wei|chen, zu|rück|wei|chen

wei|chen (weich machen/weichmachen,
weich werden/weichwerden); es weichte,
es hat geweicht

Wei|de, die: der -, die Weiden (Baum);
die **Trau|er|wei|de;**
die **Wei|den|kätz|chen;**
die **Wei|den|ru|te**

wei|den: die Kühe weiden (fressen) auf

der Wiese; die **Wei|de** (Grasfläche);
das **Wei|de|land; weid|ge|recht**
(jagdgerecht), *auch* **waid|ge|recht;**
der **Weid|mann**, *auch* **Waid|mann;**
der **Wei|de|platz**

wei|gern (sich entgegenstellen)

Wei|he, die: der -, die Weihen (Segnung);
die **Ju|gend|wei|he;**
die **Pries|ter|wei|he;** der **Weih|rauch;**
das **Weih|was|ser; wei|he|voll** (feier-
lich); eine neue Schule **ein|wei|hen;**
etwas **wei|hen** (segnen)

Weih|nach|ten, *auch* **Weih|nacht,** die:
der - (Heilig Abend, der Abend vor
Weihnacht); der **Weih|nachts|baum;**
das **Weih|nachts|ge|schenk;**
der **Weih|nachts|mann;**
weih|nacht|lich

weil: weil er krank war, konnte er nicht
kommen; weil er faul ist, will er nicht
mitspielen

Wei|le, die: der -; das dauert eine Weile
(Zeit); die **Lan|ge|wei|le;**
mitt|ler|wei|le (inzwischen);
ver|wei|len; wei|len (bleiben);
bis|wei|len; die **Kurz|weil**

Wein *lat.,* der: des -es, die Weine (alkoholi-
sches Getränk aus Weintrauben); eine
Flasche Wein; der **Wein|berg;**
die **Wein|le|se;** der **Wein|stock;**
die **Wein|trau|be;** jemandem reinen
Wein einschenken (die Wahrheit sagen);
im Wein ist Wahrheit

wei|nen: vor Freude weinen (Tränen
vergießen); sich die Augen **aus|wei|nen;**
wei|ner|lich: eine weinerliche Mine
machen; ihr war das Weinen näher als
das Lachen

wei|se: ein weiser (kluger, lebens-
erfahrener) Mann; **na|se|weis** (altklug);
der **Wei|se;** die sieben Weisen (intelli-
gente Sachberater); die **Weis|heit;**
der **Weis|heits|zahn;** jemandem etwas
weismachen (vormachen); **weis|sa|gen**
(vorhersagen)

Wei|se, die: der -, die Weisen; die Art und
Weise; auf diese Weise; sie singt eine
lustige Weise (Melodie);
aus|nahms|wei|se; dum|mer|wei|se;
glück|li|cher|wei|se; klu|ger|wei|se;
in kluger Weise sagte er nichts dazu;
pro|be|wei|se

wei|sen: du weist, du wiesest, er wies, sie
hat gewiesen, weis(e)!; jemandem den
Weg weisen (zeigen); **be|wei|sen;**
ver|wei|sen; die **An|wei|sung;**
der **Weg|wei|ser;** die **Wei|sung**
(Befehl)

weiß: → wissen

weiß: weißer, am weißesten; die weiße
Farbe; ein weißer Fleck auf der Landkar-
te (nicht erforschtes Gebiet); das Weiße
Haus (in Washington); **weiß|lich;**
das **Deck|weiß;** das **Weiß;** sie geht
ganz in Weiß gekleidet, aber: sie ist weiß
gekleidet/weißgekleidet; das **Weiß|brot;**
ein **Wei|ßer;** die Decke **wei|ßen;** etwas
schwarz auf weiß (schriftlich) haben; er
hat eine weiße Weste (ist unbescholten);
der weiße/Weiße Tod (erfrieren)

weit: ein weiter Strand; von weitem/
Weitem; von weit her; eine weit reichen-
de/weitreichende Änderung; weit und
breit; weit gereist; ein weiter (langer)
Weg; eine weitere (noch eine) Stunde;
sprich weiter!; es war weiter niemand da
(kein anderer); und so weiter; Abk. usw.;
weit|ge|hend; weit|schwei|fig
(umständlich); das **Wei|te;** die Weite des
Meeres; **aus|wei|ten; er|wei|tern;**
sich **wei|ter|bil|den;**
etwas **wei|ter|er|zäh|len;**
wei|ter|ge|ben; das Leben muss
weitergehen, aber: er ist noch ein paar
Meter weiter gegangen; der **Weit|blick**

Wei|zen, der: des -s (Getreideart);
das **Wei|zen|feld;** das **Wei|zen|mehl**

welch: welcher, welche, welches; welch
ein Wunder; es sind schon welche
(einige) da; welche von euch werden das
machen?

welk: (verblüht, abgestorben, vertrock-
net); **ver|wel|ken; wel|ken**

Wel|le, die: der -, die Wellen; die Wellen

(Wogen) des Meeres; die Welle eines Getriebes (Kurbelwelle);
die **Dau|er|wel|le;** das **Well|blech;**
das **Wel|len|bad;** die **Wel|len|län|ge** eines Senders; **wel|lig;** sie hat welliges Haar; das Papier wirft Wellen;
wel|len|för|mig

Wel|pe, der: des -n, die Welpen (Junges eines Hundes, Fuchses oder Wolfes);

Wels, der: des -es, die Welse (Speisefisch)

Welt, die: der -, die Welten; eine Reise um die Welt (Erde, den Erdball); auf die Welt kommen (geboren werden),
die sieben **Welt|wun|der** (im Altertum);
das **Welt|all;** der **Welt|markt;**
der **Welt|re|kord;**
die **Welt|wirt|schaft; welt|fremd; welt|weit;** die/der **Welt|bes|te;**
die **Welt|zeit|uhr**

wem: wem gehört das Buch?; mit wem hast du gesprochen?; der **Wem|fall** (3. Fall, Dativ)

wen: wen hast du gesehen?; ich weiß nicht, wen du damit meinst;
der **Wen|fall** (4. Fall, Akkusativ)

Wen|del|trep|pe, die: der -, die Wendeltreppen; die **Wen|del;** die **Wen|deln** (schraubenförmige Wicklung)

wen|den: du wendest, du wandtest und du wendetest, er wendete, er wandte, sie hat gewendet und sie hat gewandt, wend(e)!; den Wagen wenden (umkehren); sich an jemanden wenden (richten); er ist sehr gewandt (geschickt);
die **Wen|de;** der **Wen|de|punkt;**
die **Wen|dung; wen|dig;**
die **Wen|dig|keit**

we|nig: ein wenig (etwas, ein bisschen); wenige Menschen; wenig (nicht viel) verdienen; wenig Schönes; mit wenigem/ Wenigem auskommen; das wenigste, was du tun kannst; zu wenig Erfahrung haben; **we|nigs|tens**

wenn: wenn (sobald) du dich angezogen hast, fahren wir; wenn ich dich sehe; ich besuche dich, wenn der Frühling kommt; wenn (falls) du das getan hast, ist alles in

Ordnung; wennschon – dennschon; das Wenn und Aber; ohne Wenn und Aber; **wenn|gleich**

wer: wessen, wem, wen; wer ist da?; er ist wer (er wird geachtet); du weißt nicht, wer das war; der **Wer|fall** (1. Fall, Nominativ)

wer|ben: du wirbst, du würbest, du warb(e)st, er warb, sie hat geworben, wirb!; einen neuen Kunden werben; für einen Artikel werben; um eine Frau werben (sie zu gewinnen suchen); **ab|wer|ben;** sich **be|wer|ben;**
der **Wer|ber;** die **Wer|bung;**
das **Wer|be|fern|se|hen;**
der **Wer|be|slo|gan;**
wer|be|wirk|sam; für etwas oder jemanden die Werbetrommel rühren (Reklame machen); der **Wer|be|tex|ter** (jmd., der Werbetexte verfasst)

wer|den: du wirst, du wurdest, du würdest, er wurde, sie ist geworden, werde!; er will Kaufmann werden; er wird kommen; daraus wird nichts; er ist erster geworden; der **Wer|de|gang** (Entwicklung); **wer|dend:** eine werdende Mutter

wer|fen: du wirfst, du warfest, du würfest, er warf, sie hat geworfen, wirf!; einen Stein werfen; die Bäume werfen lange Schatten; jemandem Schimpfwörter an den Kopf werfen; die Hündin wirft drei Junge; die Flinte ins Korn werfen; das **Speer|wer|fen;** der **Weit|wurf;**
der **Wer|fer;** der **Wurf**

Werft *niederl.* die: der -, die Werften (Schiffsbauanlage); der **Werft|ar|bei|ter**

Werk, das: des -(e)s, die Werke;
das **Kraft|werk;** das **Kunst|werk;**
das **Schuh|werk;** das **Uhr|werk;**
die **Werk|statt;** der **Werk|stoff;**
der **Werk|tä|ti|ge;** das **Werk|zeug;**
der **Werk|zeug|kas|ten; werk|tags;**
werk|tä|tig; wer|ken; ein gutes Werk (eine gute Tat) tun; frisch ans Werk gehen; ein Werk (Arbeit) vollenden; an einem neuen Werk (Buch, Bild, Kunstwerk) arbeiten; der **Hand|wer|ker;**

W

Werk

der **Werk|tag**

Wer|mut, der: des -(e)s (Heilpflanze, bittersüßes, weinhaltiges Getränk); der **Wer|muts|trop|fen** (etwas Schmerzliches; Unangenehmes); der **Wer|mut|wein**

Wert, der: des -(e)s, die Werte; das ist nicht der Rede wert; im Wert steigen; der Schmuck ist von hohem Wert; die Mitteilung hat für uns keinen Wert (Bedeutung); die **Wert|ar|beit;** die **Wer|tung; wert** sein; **hoch|wer|tig; wert|los;** das Geld **ab|wer|ten; auf|wer|ten; be|wer|ten; wer|ten; wert|schät|zen; wert|be|stän|dig; wert|frei**

We|sen, das: des -s, die Wesen; ein freundliches (liebes) Wesen; ein angenehmes Wesen (Charakter); das arme Wesen (Mensch); nicht viel Wesens (Umstände) machen; die **We|sens|art;** der **We|sens|zug;** das **We|sent|li|che; ab|we|send; an|we|send; we|sent|lich;** im Wesentlichen hast du recht, aber: keine wesentlichen Fehler machen

wes|halb: weshalb (warum) bist du nicht gekommen?; weshalb weinst du?; ich weiß nicht, weshalb sie nicht mitfährt

We|sir, der: (Minister eines islamischen Herrschers), die Wesire

Wes|pe, die: der -, die Wespen (Insekt); das **Wes|pen|nest;** der **Wes|pen|stich;** die **Wes|pen|tail|le** (sehr schlanke Figur)

wes|sen: wessen Tasche ist das?; ich weiß nicht, wessen Tasche das ist; um **wes|sent|wil|len**

West: Ost und West; ein kühler Wind aus West; Autobahnausfahrt Dortmund West; der **Wes|ten;** der **Wes|tern** (Film über den Wilden Westen); die **West|küs|te; west|lich; west|wärts**

Wes|te *franz.*, die: der -, die Westen (Kleidungsstück ohne Kragen und

Ärmel); eine weiße Weste (ein reines Gewissen) haben; etwas wie seine Westentasche (genau) kennen

West|fa|len: (Teil des Bundeslandes Nordrhein-Westfalen); der **West|fa|le;** die **West|fä|lin; west|fä|lisch;** der westfälische Schinken, aber: die Westfälische Pforte; der Westfälische Frieden

wes|we|gen: (weshalb, warum)

Wet|te, die: der -, die Wetten; eine Wette gewinnen; um die Wette rennen; der **Wett|be|werb;** die **Wett|fahrt;** der **Wett|kampf;** der **Wett|streit; wett|ei|fern; wet|ten;** etwas **wett|ma|chen** (ausgleichen); **wett|ei|fern; wett|ren|nen**

Wet|ter, das: des -s, die Wetter; die **Wet|ter|aus|sich|ten;** der **Wet|ter|be|richt;** die **Wet|ter|fah|ne;** das **Wet|ter|häus|chen;** das **Wet|ter|leuch|ten;** der **Wet|ter|um|schwung;** die **Wet|ter|war|te; wet|ter|fest; wet|ter|emp|find|lich; wet|ter|wen|disch** (unbeständig, launenhaft); **wet|tern;** es wettert; (stürmt); er wettert (schimpft)

wet|zen: du wetzt, er hat ein Messer gewetzt (geschärft); zur Schule wetzen (rennen, laufen)

Whirl|pool *engl.* [wörlpul], der: des -s, die Whirlpools (Wasserbecken mit luftdurchwirktem Wasser)

Whis|ky, der: (Branntwein), aber: der Whiskey (irischer Whisky)

wich: → weichen

Wicht, der: des -(e)s, die Wichte (Geisterwesen); ein kleiner Wicht (Kobold, Zwerg); elender Wicht (Schuft); der **Bö|se|wicht;** das **Wich|tel|männ|chen** (Heinzelmännchen)

wich|tig: (bedeutend); etwas wichtig nehmen; wichtig sein (Bedeutung haben); ein wichtiger Tag; alles, nichts, etwas Wichtiges

Wi|ckel, der: des -s, die Wickel; sich in eine Decke wickeln; einen heißen Wickel (Umschlag) machen;
das **Wi|ckel|kis|sen;** die **Wick|lung; ein|wi|ckeln;** jemanden einwickeln (überlisten); **wi|ckeln;** da bist du aber schief gewickelt (irrst du dich aber gewaltig); ein Seil auf eine Rolle wickeln

Wid|der, der: des -s, die Widder (männliches Schaf, Sternenbild)

wi|der: (gegen); wider Erwarten; für und wider, aber: das Für und Wider;
wi|der|bors|tig; wi|der|lich; wi|der|sin|nig (unverständlich, abwegig); **wi|der|spens|tig; zu|wi|der** sein; der **Wi|der|ha|ken;** der **Wi|der|sa|cher** (Gegner); der **Wi|der|stand;** der **Wi|der|wil|le** (Abscheu), die **Wi|der|wor|te; er|wi|dern; wi|der|le|gen; wi|der|ru|fen** (zurücknehmen); **wi|der|spie|geln; wi|der|spre|chen;** der **Wi|der|ruf; wi|der|stre|ben**

wid|men: sich ganz seiner Arbeit widmen; jemandem ein Buch widmen (aus Verehrung zueignen); ich widme mich heute ganz dir; die **Wid|mung**

wid|rig: (unangenehm, unglücklich); widrige Straßenverhältnisse; die **Wid|rig|keit**

wie: wie alt bist du?; er macht es so gut wie du, aber: sowie (sobald) er gesättigt war…; wie lange bleibst du noch?; wie viele sind wir?; ich bin genau so groß wie du, aber: größer als du; **wie|so; wie|viel|mal; wie|weit; wie|wohl** (obgleich, obschon)

Wie|de|hopf, der: (Kuckucksvogel), die Wiedehopfe

wie|der: wieder (noch einmal) gehen; hin und wieder; er kommt wieder zurück; werde bald wieder gesund;
der **Wie|der|be|le|bungs|ver|such;** die **Wie|der|ga|be;** der **Wie|der|käu|er;** das **Wie|der|se|hen:** auf Wiedersehen; Auf/auf Wiedersehen sagen; die **Wie|der|wahl; wie|der**

be|kom|men/wie|der|be|kom|men; **wie|der be|le|ben/wie|der|be|le|ben; wie|der ent|de|cken/ wie|der|ent|de|cken; wie|der er|ken|nen/wie|der|er|ken|nen; wie|der fin|den/wie|der|fin|den; wie|der gut|ma|chen/ wie|der|gut|ma|chen; wie|der ver|wen|den/wie|der|ver|wen|den; wie|der|ho|len;** du musst das wiederholen (noch einmal tun), aber: du sollst den Ball wieder holen

Wie|der|se|hen, das: des -s; Auf/auf Wiedersehen sagen

Wie|ge, die: der -, die Wiegen (erstes Kinderbettchen); das **Wie|gen|lied; wie|gen;** du wiegst, du wiegest, er wiegte, sie hat gewiegt, wiege!; (schaukeln, schwingen)

wie|gen: (das Gewicht messen); du wiegst, du wogst, du wögest, er wog, sie hat gewogen, wiege!; das Mehl wiegen; er wog 60 kg; seine Worte wiegen schwer (sind sehr wichtig): → Waage, Gewicht

wie|hern: das Pferd wiehert; er wieherte vor Lachen; ein wieherndes Gelächter

wies: → weisen

Wie|se, die: der -, die Wiesen; die **Wie|sen|blu|me;** die **Wie|sen|grä|ser**

Wie|sel, das: des -s, die Wiesel (kleines Raubtier); flink wie ein Wiesel sein

Wig|wam indian.-engl., das: des -s, die Wigwams (Zelt nordamerikanischer Indianer)

wild: wilder, am wildesten; wild lebende/ wildlebende Tiere; wild wachsende/ wildwachsende Rosen; wilder Wein; ganz wild auf etwas sein (es unbedingt haben wollen); wild darauf losschlagen; **wild|fremd** (unbekannt) sein; das **Wild;** der **Wild|dieb;** der **Wil|de;** der **Wild|fang** (ausgelassenes Kind); die **Wild|gans;** das **Wild|gat|ter** (Zaun im Wildgehege); die **Wild|nis;** der **Wild|west|film;** der **Wil|de Wes|ten; wil|dern;** (ohne Erlaubnis jagen); das **Wild|bret**

Wil|le, der: des -ns, die Willen; der letzte Wille (Testament); einen eigenen Willen haben; um Himmels willen; seinen Willen (Vorsatz, festen Entschluss) durchsetzen; beim besten Willen nicht; wider Willen; um des lieben Friedens willen; die **Wil|lens|kraft; wil|lens|schwach; wil|lens|stark; wil|lig** (bereit); wo ein Wille ist, ist auch ein Weg; **wil|lent|lich** (mit voller Absicht); → wollen

will|kom|men: (begrüßen); jemanden willkommen heißen; das **Will|kom|men;** der **Will|kom|mens|gruß**

Will|kür, die: der - (Selbstherrlichkeit); der Willkür eines Menschen ausgesetzt sein; **will|kür|lich** (selbstherrlich, eigenmächtig, absichtlich)

wim|meln: es wimmelt von Ameisen

wim|mern: (leise weinen, jammern); ich wimmere; es ist zum Wimmern (das ist furchtbar, *auch* zum Lachen)

Wim|pel, der: des -s, die Wimpel (dreieckige Fahne); der **Fahr|rad|wim|pel**

Wim|per, die: der -, die Wimpern (Haar am Augenlid); ohne mit der Wimper zu zucken (ganz ruhig an eine Aufgabe herangehen); die **Wim|pern|tu|sche**

Wind, der: des -(e)s, die Winde; der Wind weht von Westen; der Wind weht aus Norden; in alle Winde (Gegenden) zerstreut; die **Wind|bö(e);** in **Win|des|ei|le** (sehr schnell); die **Wind|ho|se** (Wirbelsturm); die **Wind|ro|se** (Kompassscheibe); die **Wind|schutz|schei|be; win|dig; wind|still;** den Mantel nach dem Winde hängen (sich jeder Lage anpassen); Wind von einer Sache bekommen (etwas erfahren); etwas in den Wind schreiben (Verlust); Wind machen (prahlen); ein **Wind|beu|tel** (leichtfertiger Mensch, Gebäck)

Win|de, die: der -, die Winden (Hebe- und Senkvorrichtung, Pflanze); etwas mit einer Winde anheben oder senken; die **Win|dung**

Win|del, die: der -, die Windeln (Wickeltuch für Kleinkinder); ein Baby **win|deln; win|del|weich**

win|den: du windest, du wändest, er wand, sie hat gewunden, wind(e)!; ein Tuch um die Hüfte winden (wickeln); sich vor Schmerzen winden (krümmen); sich wie ein Aal winden (Ausflüchte suchen)

Win|kel, der: des -s, die Winkel; ein Winkel von 45 Grad; einen Winkel anlegen; der **Win|kel|mes|ser; win|ke|lig,** *auch* **wink|lig;** sich in einem stillen Winkel verkriechen (verbergen); im toten Winkel fahren (im nicht einsehbaren Bereich)

win|ken: jemanden zu sich winken; es winken wertvolle Preise; **ab|win|ken; zu|win|ken;** der **Wink;** ein Wink mit dem Zaunpfahl (allzu deutliche Anspielung); jemandem einen Wink (Hinweis) geben; der **Win|ker**

Win|ne|tou: (Indianergestalt bei Karl May)

win|seln: (leise weinen, jammern); der Hund winselt; um Gnade winseln (flehen)

Win|ter, der: des -s, die Winter; der **Win|ter|an|fang;** der **Win|ter|schlaf;** der **Win|ter|sport; win|ter|fest; win|ter|lich; über|win|tern;** die **Win|ter|zeit**

Win|zer, der: des -s, die Winzer (Weinbauer)

win|zig: das ist winzig (sehr klein); die **Win|zig|keit;** der **Winz|ling**

Wip|fel, der: des -s, die Wipfel; der **Baum|wip|fel; wipf|lig**

wip|pen: die **Wip|pe** (Schaukel)

wir: wir beide zusammen; wir Armen; wir armen Leute

Wir|bel, der: des -s, die Wirbel; die Wirbel in einem Fluss; der Wirbel in den Haaren; der **Trom|mel|wir|bel;** die **Wir|bel|säu|le;** das **Wir|bel|tier;** wie der **Wir|bel|wind** (so schnell); **wir|beln;** einen Wirbel veranstalten

(Unruhe bringen)

wir|ken: auf jemanden **ein|wir|ken;**
der **Wirk|stoff;** die **Wir|kung;**
**wirk|sam; wir|kungs|los;
wir|kungs|voll**

wirk|lich: die **Wirk|lich|keit**

wirr: der **Wirr|kopf;** das **Wirr|warr**
(großes Durcheinander); jemanden
ver|wir|ren; das **Wirr|sal**

Wir|sing|kohl, der: des -s (Kohlart)

Wirt, der: des -(e)s, die Wirte;
der **Gast|wirt;** das **Wirts|haus;**
die **Wir|tin;** jemanden **be|wir|ten;** er
hat die Rechnung ohne den Wirt ge-
macht (etwas tun, ohne sich vorher zu
erkundigen)

Wirt|schaft, die: der -, die Wirtschaften;
in eine Wirtschaft (Gasthaus) gehen; die
Wirtschaft eines Landes (Volkswirt-
schaft); das ist ja eine schöne Wirtschaft
(Unordnung); das **Wirt|schafts|geld**
(Geld für den Haushalt);
die **Wirt|schafts|kri|se;**
der **Wirt|schafts|zweig;**
wirt|schaft|lich; wirt|schaf|ten

wi|schen: du wischst; Staub wischen; sich
die Tränen aus den Augen wischen;
der **Schei|ben|wi|scher;** der **Wisch**
(unordentlich geschriebene Seite);
das **Wi|schi|wa|schi** (Unsinn);
der **Wisch|lap|pen**

Wi|sent, der: (Wildrind), die Wisente

wis|pern: (flüstern, leise sprechen);
ich **wis|pe|re**

wis|sen: du weißt, du wusstest, du
wüsstest, er wusste, sie hat gewusst,
wisse!; etwas wissen; den Weg wissen
(kennen); Bescheid wissen; es wissen
wollen (seine Fähigkeiten beweisen
wollen); er wüsste gern; wissen lassen/
wissenlassen (mitteilen); das **Wis|sen;**
die **Wis|sen|schaft;**
der **Wis|sen|schaft|ler;**
die **Wis|sen|schaft|le|rin;**
die **Wis|sens|lü|cke; wiss|be|gie|rig;**
wis|sens|wert; wis|sent|lich (absicht-
lich); nach bestem Wissen und Gewis-

sen; was ich nicht weiß, macht mich
nicht heiß

wit|tern: (riechen, wahrnehmen); der
Hund wittert den Hasen; eine Gefahr
wittern; **ver|wit|tern;** die **Wit|te|rung**
(Wahrnehmung, Wetter); der Hund
nahm die Witterung auf

Wit|we, die: der -, die Witwen;
der **Wit|wer; ver|wit|wet**

Witz, der: des -es, die Witze; einen guten
Witz erzählen; er hat viel Witz (Ver-
stand); der Witz (das Wesentliche) der
Sache; das **Witz|blatt;** der **Witz|bold;**
die **Witz|fi|gur; wit|zig; witz|los;**
wit|zeln

wo: (an welchem Ort); wo bist du?;
wo|an|ders; wo|bei; wo|durch;
wo|für; wo|ge|gen; wo|her; wo|mit;
wo|mög|lich; wo|ran/wor|an;
wor|auf/wo|rauf; wor|in/wo|rin;
wor|über/wo|rüber; wo|vor; wo|zu

Wo|che, die: der -, die Wochen; in dieser
Woche; die Grüne Woche;
das **Wo|chen|bett** (das Bett, in dem die
junge Mutter sich nach der Geburt des
Kindes erholt); die **Wöch|ne|rin;**
das **Wo|chen|en|de;**
die **Wo|chen|kar|te;**
der **Wo|chen|markt; vier|wö|chig/
4-wö|chig; wo|chen|lang,** aber: zwei
Wochen lang; **wo|chen|tags;**
wö|chent|lich; der **Wo|chen|tag**

Wod|ka, der: (russischer Schnaps)

wog: → wiegen

Wo|ge, die: der -, die Wogen; die Wogen
(Wellen) des Meeres; die Wogen der
Begeisterung; eine **wo|gen|de** Menge;
wo|gen

wohl: wohler, am wohlsten; er fühlt sich
wohl (gut, gesund); er ist wohl (wahr-
scheinlich) schon fort; wohl oder übel
(ob man will oder nicht);
**wohl|ha|bend; wohl|schme|ckend/
wohl schme|ckend; wohl|tu|end;
wohl be|kannt/wohl|be|kannt; wohl
durch|dacht/wohl|durch|dacht;
wohl ge|meint/wohl|ge|meint;**

W

wohl

woh|lig; wohl|ge|lit|ten;
wohl|ver|dient; auf dein **Wohl**;
das **Wohl**|be|fin|den; die **Wohl**|fahrt;
der **Wohl**|stand; die **Wohl**|tat

woh|nen: in der Stadt zur Miete wohnen;
der **Ein**|woh|ner; der **Wohn**|block;
der **Wohn**|sitz; die **Woh**|nung;
der **Wohn**|wa|gen;
das **Wohn**|zim|mer; wohn|haft;
wohn|lich (behaglich)

wöl|ben: die Brücke wölbt sich über den
Kanal; das **Ge**|wöl|be; die **Wöl**|bung

Wolf, der: des -(e)s, die Wölfe (in Rudeln
lebendes Raubtier); ihn durch den
(Fleisch-) Wolf drehen (ihm hart zuset-
zen); der **Wer**|wolf (Fabelwesen:
Mensch, der sich bei Vollmond in einen
Wolf verwandelt); die **Wöl**|fin;
die **Wolfs**|milch (Heilpflanze); mit den
Wölfen heulen (zum eigenen Vorteil sich
der Mehrheit anschließen);
die **Wolfs**|gru|be (überdeckte Grube
zum Fangen von Wölfen)

Wol|ke, die: der -, die Wolken;
das **Wölk**|chen; der **Wol**|ken|bruch;
der **Wol**|ken|krat|zer; be|wölkt;
wol|ken|los; wol|kig; er fällt aus allen
Wolken (ist völlig überrascht); in den
Wolken schweben (ein Träumer sein)

Wol|le, die: der -; der Pullover ist aus
reiner Wolle; der **Woll**|lap|pen;
die **Woll**|de|cke; das **Woll**|knäu|el;
wol|len (aus Wolle); das wollene Hemd;
wol|lig; sich in die Wolle geraten
(streiten)

wol|len: du willst, du wolltest, er wollte,
sie hat gewollt, wolle!; sein Recht wollen
(fordern); etwas sagen wollen; wir wollen
sehen (warten wir ab); ich habe dir helfen
wollen; das habe ich nicht gewollt

Wol|lust, die: der -, die Wollüste;
wol|lüs|tig (voll großer Lust, Begierde)

Won|ne, die: der -, die Wonnen (Vergnü-
gen, Genuss); der **Won**|ne|mo|nat Mai;
won|nig (hübsch, niedlich);
der **Won**|ne|prop|pen (niedliches,
wohlgenährtes Kind)

Worces|ter|so|ße/Worces|ter|sau|ce,
die: (engl.: süße Soße)

Work|aho|lic/Wor|ka|ho|lic, der: die
Workaholics (jemand, der zwanghaft
ständig arbeitet)

Work|shop *engl.* [wörkschop], der: des -s,
die Workshops (Seminar, Werkstatt,
Arbeitsgemeinschaft)

Wort, das: des -(e)s, die Wörter/Worte;
einzelne Wörter falsch schreiben; die
Wörter (einzelne Wörter) im Lexikon;
nicht viele Worte machen (knapp ohne
Umschweife reden); die **Wort**|art;
der **Wort**|bau|stein;
die **Wort**|be|deu|tung;
die **Wort**|bil|dung; das **Wör**|ter|buch;
die **Wort**|fa|mi|lie; das **Wort**|feld;
der **Wort**|schatz; der **Wort**|stamm;
wort|brü|chig; wort|karg (wenig
reden); wört|lich; wort|wört|lich
(Wort für Wort); der Hund gehorcht aufs
Wort; Wort halten (sein Versprechen
halten); du drehst einem das Wort im
Munde um (gibst ihnen eine ganz andere
Bedeutung); jemanden beim Wort
nehmen; jemandem das Wort abschnei-
den (ihn unterbrechen); immer das letzte
Wort haben wollen; jemandem sein Wort
geben (versprechen); mit jemandem noch
ein Wörtchen zu reden haben (ihn
ermahnen); jemandem ins Wort fallen
(ihn in seiner Rede unterbrechen)

Wrack, das: des -s, die Wracks (gestrande-
tes oder gesunkenes Schiff);
ab|wra|cken (ein Schiff verschrotten)

wrin|gen: du wringst, du wrang(e)st, er
wrang, sie hat gewrungen, wring(e)!;
nasse Wäsche auswringen (auspressen)

Wu|cher, der: des -s; das ist ja Wucher (zu
hoher Preis, zu hohe Zinsen);
der **Wu**|che|rer; die **Wu**|cher|mie|te;
die **Wu**|cher|zin|sen; wu|chern;
die **Wu**|che|rung

Wuchs, der: des -es; der Wuchs (das
Wachstum) der Bäume;
die **Aus**|wüch|se (Missstände);
der **Baum**|wuchs; halb|wüch|sig;

ur|wüch|sig; → wachsen

Wucht, die: der -; jemanden mit großer Wucht (Kraft) treffen; **wuch|tig;** die Räder des Autos **aus|wuch|ten** (gleichmäßig das Gewicht verteilen); **wuch|ten;** eine Kiste auf die Ladefläche wuchten; → Gewicht

wüh|len: er wühlt (gräbt) in der Erde; das **Ge|wühl;** die **Wüh|le|rei;** die **Wühl|maus**

Wulst, der/die: des -(e)s, der -, die Wülste (längliche Verdickung); **wuls|tig;** wulstige (aufgeworfene) Lippen

wund: die Haut ist wund (aufgescheuert, entzündet); sich die Finger wund schreiben/wundschreiben (unablässig schreiben); wundlaufen/wund laufen; wundliegen/wund liegen; das ist der wunde Punkt (die schwache Stelle); den Finger auf die offene Wunde legen (auf Missstände hinweisen); ein wunder Punkt (eine Sache, über die man nicht gerne spricht); die **Wun|de** (Verletzung); die **Platz|wun|de;** die **Biss|wun|de;** der **Wund|starr|krampf**

Wun|der, das: des -s, die Wunder; ein Wunder vollbringen; die Arznei tut Wunder (hilft sofort); wie durch ein Wunder wurde er gerettet; er glaubt, Wunder was (etwas ganz Besonderes) getan zu haben; du wirst noch dein blaues Wunder erleben; die **Wun|der|ker|ze;** das **Wun|der|kind; wun|der|bar; wun|der|lich** (sonderbar); **wun|der|schön; wun|der|ba|rer|wei|se; wun|der|voll; wun|der|sam**

Wunsch, der: des -(e)s, die Wünsche; einen Wunsch haben; jemandem Glück wünschen; herzliche Wünsche senden; der **Glück|wunsch;** die **Wün|schel|ru|te;** das **Wunsch|kon|zert;** der **Wunsch|traum; wunsch|ge|mäß; wunsch|los;** ich bin wunschlos glücklich; sich etwas **wün|schen;** ich wün-

sche, nicht gestört zu werden

Wür|de, die: der -, die Würden; die **Wür|de|lo|sig|keit;** die **Men|schen|wür|de;** der **Wür|den|trä|ger;** die **Wür|di|gung; wür|de|los; wür|dig; wür|di|gen** (anerkennen, schätzen, loben); das ist unter aller Würde (sehr schlecht); jemanden keines Blickes würdigen (nicht beachten); **wür|de|voll**

Wurf, der: des -(e)s, die Würfe; der **Weit|wurf;** einen Wurf junger Hunde; → werfen

Wür|fel, der: des -s, die Würfel (geometrischer Körper mit sechs gleichen, quadratischen Flächen); der **Wür|fel|be|cher; wür|feln;** die Würfel sind gefallen (es ist alles entschieden); eine Fünf würfeln; → werfen

wür|gen: jemanden würgen (ihm die Kehle zudrücken); an einem Bissen würgen (mühsam essen); **er|wür|gen;** der **Wür|ge|griff;** der **Wür|ger;** die **Wür|ge|ma|le;** mit Hängen und Würgen (mit knapper Not)

Wurm, der: des -(e)s, die Würmer (Tier ohne Gliedmaßen); das **Ge|würm;** der **Wurm|fort|satz** (Blinddarm); die **Wurm|krank|heit; wur|mig; wurm|sti|chig; wur|men;** es wurmt mich sehr (ärgert mich); jemandem die Würmer aus der Nase ziehen (Geheimnisse entlocken); da ist der Wurm drin (die Sache ist nicht in Ordnung); die armen Würmer (Kinder, Geschöpfe)

Wurst, die: der -, die Würste; Wurst essen; das **Würst|chen** (kleine Wurst, unbedeutender Mensch); vor sich **hin|wurs|teln;** es geht um die Wurst (Entscheidung); das ist mir Wurst/Wurscht (gleichgültig); **wurs|ten** (Wurst machen)

Würt|tem|berg: (Teil des Bundeslandes Baden-Württemberg); der **Würt|tem|ber|ger;** die **Würt|tem|ber|ge|rin; würt|tem|ber|gisch**

Wür|ze, die: der -, die Würzen;

W

Würz

319

das **Ge|würz; wür|zig;** etwas **wür|zen;**
du würzt; in der Kürze liegt die Würze;
eine Sache würzen (sie interessant, witzig
machen, mit Pep versehen)

Wur|zel, die: der -, die Wurzeln; die
Wurzeln eines Baumes; Wurzeln schla-
gen (sesshaft werden); willst du hier
Wurzeln schlagen (gar nicht gehen); wie
angewurzelt stehen; die Wurzel (Ursa-
che) allen Übels; die **Wur|zel** ziehen
(Mathematik);
die **Wur|zel|be|hand|lung;**
der **Wur|zel|stock; ver|wur|zelt;**
ent|wur|zeln; die Pflanzen **wur|zeln**
tief im Boden

wusch: → waschen

wuss|te: → wissen

Wust, der: (ungeordneter Haufen, wüstes
Durcheinander)

Wüs|te, die: der -, die Wüsten (trockenes
Gebiet); die Wüste Sahara; der
Wüs|ten|sand; der **Wüst|ling** (aus-
schweifend lebender Mensch); **wüst;**
eine wüste (trostlose) Landschaft; ein
wüstes (großes) Durcheinander; etwas
ver|wüs|ten; jemanden in die Wüste
schicken (wegschicken, entlassen ins
Ungewisse)

Wut, die: der -; in Wut (maßlosen Zorn)
geraten; der **Wut|an|fall; wü|tend;**
wut|ent|brannt; wut|schnau|bend;
wü|ten; die Seuche, das Feuer wütete
schrecklich; an jemandem seine Wut
auslassen; sie war rot vor Wut

X

X [ikß]: jemandem ein X für ein U vorma-
chen (täuschen); Mister X (Unbekannt);
die Stunde X, aber: das x in Hexe; x für
eine unbekannte Zahl in der Mathematik

X: (römisches Zahlzeichen für 10)

x-Ach|se, die: der -, die x-Achsen (waage-
rechte Achse im Koordinatensystem,
Abszissenachse)

Xan|thip|pe, die: (Frau des Sokrates,
zänkisches Weib)

X-Bei|ne, die: der -; **x-bei|nig/X-bei|nig**

x-be|lie|big: eine x-beliebige Zahl

X-Chro|mo|som, das: des -s, die
X-Chromosomen (geschlechts-
bestimmender Erbgutträger)

x-fach: das x-fache

x-för|mig, *auch* **X-för|mig**

x-mal: ich habe es dir x-mal gesagt; zum
x-ten Male

X-Strah|len, die: der - (Röntgenstrahlen)

Xy|lo|phon *griech.,* **Xy|lo|fon,** das: des -s,
die Xylophone (Musikinstrument)

Xy|lo|se, die: der - (Holzzucker)

Y

Y: [üpßilon]

y-Ach|se, die: der -, die y-Achsen (senk-
rechte Achse im Koordinatensystem;
Ordinatenachse)

Yacht, die: der -, die Yachten, *auch* Jacht

Yak, Jak, der: die Yaks (asiatisches Hoch-
gebirgsrind)

Yan|kee, der: die Yankees (Spitzname für
einen Nordamerikaner)

Yard *engl.* [jart], das: des -s, die Yards (engl.
und nordamerik. Längenmaß: 0,914 m)

Y-Chro|mo|som, das: des -s, die
Y-Chromosomen (geschlechts-
bestimmender Erbgutträger)

Yen *japan.,* der: des -(s), die Yen(s) (Wäh-
rungseinheit in Japan)

Yo|ga, *auch* **Jo|ga,** der/das: des -(s);
die **Yo|ga|übung**

Youngs|ter *engl.* [jangster], der: des -s,
die Youngsters (junger Sportler)

Yuc|ca, die: die Yuccas (Palmlilie)

Yup|pie *engl.* [jupi], der: des -s, die Yuppies
(junger, karrierebewusster Mensch)

Z

Za|cke, die: der -, *auch* der **Za|cken,** des -, die Zacken (Spitze); **ge|zackt; za|ckig; zack, zack!;** auf Zack (umsichtig) sein; jemanden oder etwas auf Zack (Schwung, Ordnung) bringen (beim Militär); die **Za|cken|li|nie**

za|gen: (zögern); die **Zag|heit; ver|zagt** (verzweifelt); **zag|haft** (schüchtern); mit Zittern und Zagen (voller Furcht)

zäh: zäh|flüs|sig; die **Zäh|heit;** die **Zä|hig|keit**

Zahl, die: der -, die Zahlen (Angabe über eine Menge oder eine Größe); die Zahl (Anzahl der Besucher); in großer Zahl; schwarze Zahlen schreiben (Gewinne machen); in die roten Zahlen kommen (Verluste machen); das **Zah|len|lot|to;** der **Zäh|ler;** die **Zahl|kar|te;** das **Zahl|wort; zahl|los; zahl|reich; zah|len;** das zahle ich dir heim (ich werde mich rächen); **zäh|len;** er kann nicht bis drei zählen (ist ein bisschen einfältig)

zahm: die **Zäh|mung; zäh|men;** er zähmt (bändigt) seinen Tatendrang; **zähm|bar**

Zahn, der: des -(e)s, die Zähne; der **Zahn|arzt;** die **Zahn|ärz|tin;** das **Zäh|ne|klap|pern;** das **Zahn|fleisch;** das **Zahn|rad;** die **Zahn|schmer|zen;** die **Zahn|span|ge; ge|zahnt; zahn|los; zah|nen** (Zähne bekommen); sich die Zähne täglich mehrmals putzen; die Zähne zusammenbeißen (tapfer sein); jemandem auf den Zahn fühlen (ihn prüfen); sich an etwas die Zähne ausbeißen (sich vergeblich mühen); jemandem die Zähne zeigen (ihm unerschrocken Widerstand leisten)

Zan|der *slaw.,* der: des -s, die Zander (Speisefisch)

Zan|ge, die: der -, die Zangen (Werkzeug); die **Kneif|zan|ge; zan|gen|för|mig;** jemanden in die Zange nehmen (ihm keinen Ausweg lassen, hart bedrängen)

Zank, der: des -(e)s; das **Ge|zänk** (Streit); der **Zank|ap|fel** (Gegenstand eines Streites); der **Zän|ker; zän|kisch; zank|süch|tig; zan|ken;** sich um das Erbe zanken

Zäpf|chen, das: des -s, die Zäpfchen (Teil des Gaumens, Form eines Arzneimittels)

Zap|fen, der: des -s, die Zapfen (Stöpsel, Verschluss); der **Zap|fen|streich** (militärisches Abendsignal zur Rückkehr in die Unterkunft); die **Zapf|säu|le;** Bier **zap|fen** (vom Fass in ein Bierglas füllen); der **Tan|nen|zap|fen**

zap|peln: (unruhig sein); der **Zap|pel|phi|lipp; zap|pe|lig,** *auch* **zapp|lig** (nicht ruhig sitzen können); jemanden zappeln (warten) lassen; der Fisch zappelt an der Angel

Zar *lat.,* der: des -en, die Zaren (früherer russischer Herrschertitel); das **Za|ren|tum**

zart: (weich); zart fühlend/zartfühlend; **zärt|lich;** die **Zart|heit;** die **Zärt|lich|keit; ver|zär|teln** (verweichlichen); eine zarte (schwächliche) Gesundheit haben; zart besaitet/zartbesaitet sein; zart fühlend/zartfühlend; zartblau

Zau|ber, der: des -s (etwas Unmögliches möglich machen); die **Zau|be|rei;** der **Zau|be|rer;** der **Zau|ber|spruch; zau|ber|haft;** jemanden **ver|zau|bern; zau|bern;** ein Kaninchen aus dem Hut zaubern; das ist fauler Zauber (Unsinn); den ganzen Zauber kennen (sich nicht täuschen lassen)

zau|dern: (zögern, sich nicht entscheiden); die **Zau|de|rei;** der **Zau|de|rer**

Zaum, der: des -(e)s, die Zäume (Lenkgeschirr des Pferdes); das **Zaum|zeug; zäu|men;** sich im Zaume halten (sich beherrschen); ein Pferd zäumen (ihm das Zaumzeug anlegen)

Zaun, der: des -(e)s, die Zäune (Gitter, Einzäunung); der **Zaun|gast** (Zuschauer); der **Zaun|pfahl; ein|zäu|nen; um|zäu|nen;** über den Zaun klettern;

einen Streit vom Zaune brechen (beginnen); ein Wink mit dem Zaunpfahl (überdeutlicher Hinweis)

zau|sen: der Wind zaust (zieht) an ihren Haaren; **zer|zaust** aussehen

Za|zi|ki *griech., das:* des -s, die Zazikis, *auch* **Tsa|tsi|ki** (Joghurt mit Gurkenstückchen und Knoblauch)

z. B.: zum Beispiel

ZDF: Zweites Deutsches Fernsehen

Ze|bra/Zeb|ra *afrik., das:* des -s, die Zebras (afrik. Wildpferd); der **Ze|b|ra|strei|fen**

Ze|che, die: der -, die Zechen (Bergwerk); die Zeche (Rechnung für Speisen und Getränke) bezahlen; in der Zeche (Bergbau) arbeiten; der **Zech|prel|ler** (einer, der die Rechnung von Speisen und Getränken nicht bezahlt); **ze|chen** (viel trinken); die **Ze|chen|still|le|gung;** das **Zech|ge|la|ge**

Ze|cke, die: der -, die Zecken (schmarotzerhaftes Insekt); der **Ze|cken|biss**

Ze|der *lat.,* die: der -, die Zedern (immergrüner Nadelbaum); das **Ze|dern|holz**

Ze|he, die: der -, die Zehen; der große Zeh; die **Ze|hen|spit|ze;** auf Zehenspitzen (ganz leise) gehen; der **Ze|hen|gän|ger** (Zool.: eine Gruppe der Säugetiere, z. B. Pferd)

zehn: zehn Äpfel; das zehnte Auto; die **Zehn;** der **Zeh|ner;** der **Zehn|kampf;** der **Zehn|mark|schein;** das **Zehn|tel; zehn|mal,** aber: das zehnte Mal; **zehn|tens;** → acht

zeh|ren: Sorgen und Ärger zehren an der Gesundheit; **ver|zeh|ren;** das **Zehr|geld**

Zei|chen, das: des -s, die Zeichen; ein Zeichen (Signal) geben; das ist kein gutes Zeichen; seines Zeichens (von Beruf) Arzt; das **Ab|zei|chen;** das **Satz|zei|chen;** der **Zei|chen|block;** das **Zei|chen|pa|pier;** die **Zei|chen|set|zung;** die **Zei|chen|spra|che;** der **Zei|chen|trick|film; be|zeich|nen;**

un|ter|zeich|nen (die Unterschrift geben); er ist von der Krankheit gezeichnet; **zeich|nen:** einen Bauplan zeichnen; die **Zeich|ne|rin;** die **Zeich|nung; zeich|ne|risch**

zei|gen: jemandem sein neues Fahrrad zeigen; Interesse an einer Sache zeigen; **an|zei|gen; vor|zei|gen;** der **Zei|ge|fin|ger;** der **Zei|ger** (Uhr)

Zei|le, die: der -, die Zeilen; die **Buch|zei|le;** die **Stra|ßen|zei|le;** der **Vier|zei|ler** (Strophe); **sechs|zei|lig; zei|len|wei|se;** zwischen den Zeilen lesen können (auch das nicht ausdrücklich Geschriebene sich denken können)

Zeit, die: der -, die Zeiten; jederzeit bin ich für dich da, aber: zu jeder Zeit bin ich für dich da; zu seiner Zeit, aber: seinerzeit (damals); zu Zeiten Goethes, aber: zuzeiten (manchmal); vor langer Zeit, aber: vorzeiten; zur rechten Zeit; zurzeit (jetzt); auf Zeit spielen; ein zeitraubendes Verfahren; keine Zeit haben; in kurzer Zeit; von Zeit zu Zeit; eine Zeit lang/ Zeitlang; die **Zeit|form** (Tempus); in **Zeit|lu|pe;** der **Zeit|raum;** die **Zeit|schrift;** der **Zeit|ver|treib;** die **Zeit|zo|ne;** der **Zeit|zün|der; zeit|ge|mäß; zeit|gleich; zei|tig; zeit|le|bens,** aber: Zeit seines Lebens; **zeit|lich** (vergänglich); **zeit|wei|lig; zeit|wei|se;** jemandem die Zeit stehlen; Zeit ist Geld; alles zu seiner Zeit

Zei|tung, die: der -, die Zeitungen; das **Zei|tungs|abon|ne|ment;** der **Zei|tungs|ar|ti|kel;** der **Zei|tungs|aus|schnitt;** das **Zei|tungs|pa|pier**

Zel|le *lat.,* die: der -, die Zellen; die **Ge|fäng|nis|zel|le;** die **Kör|per|zel|le;** das **Zell|ge|we|be;** der **Zell|kern;** das **Zel|lu|loid** (Kunststoff); die **Zel|lu|lo|se; zel|len|för|mig**

Zel|lo|phan, *auch* **Cel|lo|phan,** das: (Kunststoffglashaut)

Zelt, das: des -s, die Zelte; die **Zelt|pla|ne;** das **Him|mels|zelt;** das **Zelt|la|ger;**

der **Zelt|platz; zel|ten**

Ze|ment *lat.,* der: des -(e)s, die Zemente
(Baustoff); der **Ze|ment|mi|scher;
ze|men|tie|ren** (festigen, mit Zement
ausfüllen)

Ze|nit *arab.,* der: des -(e)s; die Sonne steht
im Zenit (Scheitelpunkt, am höchsten
Punkt); die **Ze|nit|hö|he**

Zen|sur, die: der -, die Zensuren; eine gute
Zensur (Note) im Zeugnis; die Zeitungen
unterliegen nicht der Zensur (behördlicher Prüfung); **zen|sie|ren:** prüfen,
beurteilen, überwachen); der **Zen|sor**

Zen|taur, Kentaur, der: (halb Mensch,
halb Tier), die Zentauren

Zen|ti… *lat.:* (Hundertstel);
der/das **Zen|ti|me|ter** (der hundertste
Teil eines Meters); Abk. cm;
das **Zen|ti|me|ter|maß**

Zent|ner *lat.,* der: des -s, die Zentner
(100 Pfd., 50 kg); **zent|ner|schwer;
zent|ner|wei|se**

zen|tral/zent|ral *griech.:* (in der Mitte,
wichtig, von der Mitte ausgehend);
die **Zen|t|ra|le;** die **Zen|t|ral|hei|zung;**
die **Zen|t|ri|fu|ge** (Schleudergerät zur
Trennung von Flüssigkeiten);
zen|t|ra|li|sie|ren (vereinigen, auf ein
Zentrum hin organisieren); **zen|t|rie|ren**
(auf die Mitte einstellen)

Zen|trum/Zent|rum *lat.,* das: des -s, die
Zentren (Mittelpunkt, Mitte)

Zep|pe|lin, der: des -s, die Zeppeline
(Luftschiff)

Zep|ter *griech.,* der/das: des -s, die Zepter
(Herrscherstab); er hat das Zepter fest in
der Hand (bestimmt alles); das Zepter
schwingen (herrschen); das Zepter
führen (das Sagen haben)

zer|bre|chen: zer|brech|lich;
die **Zer|brech|lich|keit**

zer|dep|pern: (zerschlagen, zu Boden
werfen); ich zerdeppere

Ze|re|mo|nie *lat.,* die: der -, die Zeremonien (feierlicher Akt, Handlung);
ze|re|mo|ni|ell (feierlich, förmlich)

zer|fah|ren: (verwirrt, gedankenlos,

zerstreut); die **Zer|fah|ren|heit**

Zer|fall, der: des -s (Zusammenbruch,
Niedergang);
die **Zer|falls|er|schei|nung; zer|fal|len**

zer|fled|dern, *auch* **zer|fle|dern:** das Buch
ist **zer|fled|dert** (abgenutzt, zerfetzt)

zer|kau|en: (gut kauen)

zer|klei|nern; (in kleine Stücke schneiden)

zer|knaut|schen: mein Kleid ist zerknautscht (ist voller Knitter)

zer|knirscht: (reuevoll, schuldbewusst)

zer|knül|len: (ein Papier zu einem Bällchen
knüllen); ein Papier zusammenknüllen

zer|krat|zen: (mit den Fingernägeln
kratzen)

zer|le|gen: zer|leg|bar (eine Sache in ihre
Bestandteile aufteilen); die **Zer|le|gung**

zer|lumpt: (abgerissene Kleidung tragen)

zer|plat|zen: zer|platzt (ein Ballon platzt
auseinander)

zer|rei|ßen: Papier einreißen; das Band
zerreißt; die **Zer|reiß|pro|be** (starke
Beanspruchung bis zum Reißen);
die **Zer|ris|sen|heit; zer|reiß|fest**

zer|ren: die **Zer|rung;**
die **Mus|kel|zer|rung; ver|zerrt**

zer|rüt|tet: (ruiniert, kaputt); eine zerrüttete (ruinierte) Ehe; die **Zer|rüt|tung;
zer|rüt|ten**

zer|schel|len: das Schiff ist an dem Felsen
zerschellt (zerbrochen)

zer|schla|gen: eine Vase zerschlagen; ich
bin ganz zerschlagen (abgearbeitet);
meine Pläne haben sich zerschlagen (sind
gescheitert)

zer|schmet|tern: (heftig zuschlagen,
zerstören); **zer|schmet|tert**

zer|schun|den: seine Haut ist ganz
zerschunden

zer|set|zen: der **Zer|set|zungs|pro|zess**
(in seine Bestandteile auflösen, Zerstörung); die **Zer|set|zung**

zer|stäu|ben: (sich in winzige Tropfen
auflösen); der **Zer|stäu|ber**

zer|stö|ren: die **Zer|stö|rung;**
die **Zer|stö|rungs|wut**

zer|streut: (durcheinander, unkonzen

Z

triert); die **Zer|streut|heit;**
zer|streu|en (sich leicht unterhalten, erholen, ablenken)
zer|tei|len: (in Stücke aufteilen);
das **Zer|tei|len;** die **Zer|tei|lung**
Zer|ti|fi|kat *lat.,* das: des -(e)s, die Zertifikate (amtl. Bescheinigung, Urkunde, Zeugnis)
zer|tram|peln: das frische Blumenbeet zertrampeln
zer|trüm|mern: die **Zer|trüm|me|rung**
Zer|ve|lat|wurst, die, *auch* Servelatwurst
zer|wüh|len: das Bett zerwühlen
zer|zaust: das zerzauste Haar;
zer|zau|sen
ze|tern: (jammern, schreien);
das **Ge|ze|ter;** das **Ze|ter|ge|schrei**
Zet|tel, der: des -s, die Zettel;
der **Zet|tel|kas|ten;** etwas **an|zet|teln** (anstellen); sich **ver|zet|teln** (mit unwichtigen Dingen die Zeit vergeuden, nicht richtig organisieren);
die **Zet|tel|wirt|schaft**
Zeug, das: des -(e)s; nasses Zeug (Kleidung) anhaben; eine Jacke aus festem Zeug (Material); sein Zeug aufräumen; sich ins Zeug legen (anstrengen); er hat das Zeug (Talent) zu einem guten Mathematiker; das ist doch dummes Zeug (Unsinn, hat keinen Wert)
Zeu|ge, der: des -n, die Zeugen; als Zeuge vor Gericht; der **Au|gen|zeu|ge;** etwas **be|zeu|gen** (das Geschehen oder Gesehene vor Gericht aussagen); **zeu|gen;** es zeugt von Fleiß (es beweist Fleiß)
Zeug|nis, das: des -ses, die Zeugnisse; ein Zeugnis ausstellen;
das **Ab|gangs|zeug|nis**
Zeu|gung, die: der -, die Zeugungen (geschlechtlicher Befruchtungsakt); **zeu|gungs|un|fä|hig; zeu|gen** (hervorbringen, erzeugen) ein Kind zeugen
z.H., *auch* **z.Hd.:** Abk. für zu Händen
Zi|cho|rie, die: die Zichorien (Kaffeezusatz)
zi|ckig: (launisch); mach keine Zicken (Dummheiten, Schwierigkeiten); die

Zi|cke
Zick|zack, der: des -(e)s, die Zickzacke (in Zacken verlaufende Linie);
der **Zick|zack|kurs;**
der **Zick|zack|stich** (auf der Nähmaschine)
Zie|ge, die: der -, die Ziegen;
der **Zie|gen|pe|ter** (Mumps, Drüsenentzündung); der **Zie|gen|stall**
Zie|gel, der: des -s, die Ziegel (gebrannter Stein); die **Zie|ge|lei;** der **Zie|gel|stein**
zie|hen: du ziehst, du zogst, du zögest, er zog, sie hat gezogen, zieh(e)!; einen Wagen ziehen; nach Frankfurt ziehen; jemanden zur Verantwortung ziehen; den Kürzeren ziehen; **ab|zie|hen;** **auf|zie|hen; um|zie|hen;** die **Lot|to|zie|hung;** die **Zieh|har|mo|ni|ka**
Ziel, das: des -(e)s, die Ziele;
das **Ziel|fern|rohr;** die **Ziel|ge|ra|de;** die **Ziel|rich|tung;** die **Ziel|stre|big|keit; ziel|be|wusst; ziel|ge|rich|tet; ziel|los; ziel|stre|big; zie|len;** übers Ziel hinausschießen (zu weit gehen); ein Ziel vor Augen haben
zie|men sich: es ziemt sich nicht (gehört sich nicht) Behinderte zu verspotten
ziem|lich: ein ziemliches (beträchtliches) Vermögen; das war eine ziemliche (recht große) Aufregung; du kommst ziemlich (recht) spät
Zier, die: der -; die **Zier|de;** die **Zier|pflan|ze;** der **Zier|rat** (Schmuck); **zier|lich** (zart, anmutig); etwas **ver|zie|ren;** sich **zie|ren** (sich verschämt zurückhalten, zimperlich sein)
Zif|fer *arab.,* die: der -, die Ziffern; arabische Ziffern; römische Ziffern; die Ziffer Eins; das **Zif|fer|blatt;** etwas **ent|zif|fern**
zig: du kennst sicher zig (sehr viele) Besucher; zigfach, aber: das **Zig|fa|che; zig|tau|sen|de,** *auch* **Zig|tau|sende**
Zi|ga|ret|te *franz.,* die: der -, die Zigaretten; die **Zi|gar|re;** der/das **Zi|ga|ril|lo**
Zi|geu|ner, der; die Zigeunerin; die Zigeuner (fahrendes Volk)

Zi|ka|de, die: (Insekt), die Zikaden

Zim|bel, die: die Zimbeln (Musikinstrument, kleines Becken)

Zim|mer, das: des -s, die Zimmer (Raum); der **Zim|mer|mann;** etwas **zim|mern** (zusammenbauen); das Zimmer hüten müssen (wegen Krankheit nicht ins Freie gehen können); das **Zim|mer|mäd|chen**

zim|per|lich: (prüde, wehleidig, ängstlich); die **Zim|per|lich|keit**

Zimt, der: des -(e)s, die Zimte (Gewürz); die **Zimt|stan|ge; zimt|far|ben;** der **Zimt|stern**

Zink, das: des -(e)s (Metall, chem. Stoff); das **Zink|ei|sen; ver|zin|ken**

Zin|ke, die: der -, die Zinken (Haken, Spitze, Zacken); der **Zin|ker** (Falschspieler, Spitzel); der **Zin|ken** (spöttisch für große Nase); mit **ge|zink|ten** (gekennzeichneten) Karten spielen

Zinn, das: des -(e)s (Metall, chem. Stoff); der **Zinn|be|cher;** der **Zinn|sol|dat; zin|nern**

Zin|ne, die: der -, die Zinnen; die Zinnen (rechteckige, zackenförmige Mauerabschlüsse einer Burg)

zin|no|ber|rot: (rotfarben); der/das **Zin|no|ber** (rotfarbenes Mineral, Unsinn)

Zins *lat.,* der: des -es, die Zinsen (Ertrag, Miete, Abgabe); Zinsen bezahlen, erhalten; von seinen Zinsen leben; der **Zin|ses|zins** (Zinsen von Zinsen); **zins|los; zins|pflich|tig; ver|zin|sen;** die **Zins|sen|kung**

Zip|fel, der: des -s, die Zipfel (Endstück); die **Zip|fel|müt|ze; zip|fe|lig,** *auch* **zipf|lig**

zir|ka/cir|ka: (ungefähr); Abk. ca.

Zir|kel *griech.,* der: des -s, die Zirkel (Gerät zum Zeichnen von Kreisen; Kreis von Menschen); der **Le|se|zir|kel;** der **Zir|kel|kas|ten; zir|keln** (einen Kreis ziehen, genau messen, tüfteln)

Zir|kus *lat.,* der: des -, die Zirkusse; das **Zir|kus|zelt;** macht doch keinen Zirkus (Lärm, Wirbel)

zir|pen: die Grille zirpt (hohe, schrille Laute erzeugen)

zi|schen: du zischst; das Wasser zischt; die Schlange zischt; während der Vorstellung hat das Publikum gezischt (sein Missfallen zum Ausdruck gebracht); **zi|scheln** (tuscheln); der **Zisch|laut**

Zis|ter|ne, die: (Behälter für Regenwasser), die Zisternen

Zi|ta|del|le *franz.,* die: der -, die Zitadellen (Befestigungsanlage innerhalb einer Stadt oder einer Festung)

Zi|tat *lat.,* das: des -(e)s, die Zitate (wörtlich angeführte Stelle aus einem Buch, bekannter Ausspruch); **zi|tie|ren** (einen Text wörtlich anführen, vorlesen, vorladen)

Zi|ther, die: der -, die Zithern (Saiteninstrument); das **Zi|ther|spiel**

Zi|tro|ne/Zit|ro|ne *ital.,* die: der -, die Zitronen (Südfrucht)

zit|tern: vor Angst zittern; mit jemandem **mit|zit|tern; zit|te|rig,** *auch* **zitt|rig;** die **Zit|ter|par|tie**

Zit|ze, die: der -, die Zitzen (Saugwarze weiblicher Säugetiere)

zi|vil *lat.* [ziwil]: (bürgerlich); zivile (nicht militärische) Anlagen; der **Zi|vi** (Abk. für Zivildienstleistender); er trägt **Zi|vil** (ist nicht in Uniform); die **Zi|vi|li|sa|ti|on** (durch Technik verbesserte Lebensbedingungen); der **Zi|vi|list; zi|vi|li|sie|ren**

Zo|bel *slaw.,* der: des -s, die Zobel (Edelmarder, *auch* Pelz des Marders); der **Zo|bel|pelz**

Zo|cker, der: des -s, die Zocker (Glücksspieler); jemanden **ab|zo|cken** (ihm auf unehrliche Weise Geld abnehmen)

Zo|fe, die: der -, die Zofen (früher für Zimmermädchen)

Zoff, der: des -s; mach keinen Zoff (Ärger, Lärm, Streit)

zö|gern: (zaudern, schwanken, sich Zeit lassen); **ver|zö|gern;** die **Ver|zö|ge|rung; zö|ger|lich** (zögernd); nach anfänglichem Zögern;

Z

zöge

ohne Zögern helfen

Zög|ling, der: des -s, die Zöglinge (Kind, Schüler in einem Heim)

Zö|li|bat *lat.,* das/der: des -(e)s (Gelöbnis zur Ehelosigkeit der katholischen Geistlichen)

Zoll, der: des -(e)s, die Zölle (Abgabe); der **Zoll|be|am|te;** die **Zoll|kon|trol|le; zoll|frei; zoll|pflich|tig;** etwas **ver|zol|len;** jemandem Bewunderung **zol|len**

zoll|breit, der Zoll breit, *auch* der Zollbreit; keinen Zollbreit/Zoll breit zurückweichen; ein zollbreites Bett, aber: das Bett ist einen Zoll breit

Zo|ne, die: der -, die Zonen (Teil eines Gebietes); die heißen Zonen der Erde; die Zone (früher Bezeichnung für die ehemalige DDR)

Zoo *griech.,* der: des -s, die Zoos; Kurzw. für Zoologischer Garten; der **Zoo|lo|ge** (Tierforscher); die **Zoo|lo|gie** (Tierkunde); **zoo|lo|gisch;** die **Zoo|hand|lung**

Zoom *engl.* [sum], des -s, die Zooms (Fotoobjektiv mit veränderlicher Brennweite)

Zopf, der: des -(e)s, die Zöpfe; einen Zopf flechten; das Mädchen hat lange Zöpfe; die **Zöpf|chen;** der **Zopf|hal|ter;** das ist ein alter Zopf (überholte Sache von früher)

Zorn, der: des -(e)s; der **Jäh|zorn; zorn|ent|brannt; zor|nig; zür|nen;** seinem Zorn Luft machen; er gerät leicht in Zorn (Wut); die **Zor|nes|rö|te**

Zo|te, die: der -, die Zoten (unanständiger Witz); **zo|tig** (unanständig); eine zotige (anstößige) Bemerkung; der **Zo|ten|rei|ßer**

zot|te|lig, *auch* **zott|lig** (büschelig, struppig); **zot|teln** (langsam gehen); **zot|tig;** der **Zot|tel|bär**

z. T.: zum Teil

zu: zu Hause, aber: das Zuhause; zu Bett gehen; zu meinen Zeiten, zuzeiten, aber: zu Zeiten (Goethes); zum Mond fliegen; zu den Kindern gehen; zu Hause/zuhause

sein; zu Hilfe kommen; ich habe zu tun; zu groß; zu wenig; zu viel(e); ab und zu; mach zu; nur zu; zu viel des Guten, aber: ein Zuviel an Wohlwollen; zu weit; hier zu Lande/hierzulande

Zu|be|hör, das: des -s, die Zubehöre; das **Zu|be|hör|teil**

zu|bei|ßen: (kräftig beißen); der **Zu|biss**

zu|be|rei|ten: die **Zu|be|rei|tung**

zu|bin|den: den Sack zubinden

Zu|brin|ger, der: des -s, die Zubringer; der **Zu|brin|ger|bus;** die Ferien auf dem Bauernhof zubringen (verleben)

Zucht, die: der - (strenge Ordnung); die Aufzucht von Pflanzen und Tieren; der **Züch|ter;** der **Zucht|bul|le;** das **Zucht|haus;** der **Zucht|hengst;** die **Züch|tung; züch|tig** (sittsam, anständig); **züch|ten** (Pferde züchten); jemanden **züch|ti|gen** (durch Schläge bestrafen)

zu|ckeln: (langsam gehen, fahren); im **Zu|ckel|trab** fahren; nach Hause zuckeln

zu|cken: der Blitz zuckte; die **Zu|ckun|gen;** ohne mit der Wimper zu zucken (ohne sichtbare Regung); **zü|cken;** das Portemonnaie zücken (schnell herausziehen)

Zu|cker, der: des -s; die **Zu|cker|krank|heit;** das **Zu|cker|rohr;** die **Zu|cker|rü|be;** die **Zu|cker|wat|te; zu|cker|süß; zu|cke|rig; zu|ckern;** das ist kein Zuckerlecken (anstrengend, unangenehm); den Kaffee mit Zucker trinken; süß wie Zucker

zu|de|cken: die **Zu|de|cke;** sich warm zudecken

zu|dring|lich: (lästig); die **Zu|dring|lich|keit**

zu|drü|cken: den Deckel zudrücken

zu|ein|an|der/zu|ei|nan|der: zueinander finden/zueinanderfinden; zueinander passen/zueinanderpassen; nett zueinander sein

zu En|de: → Ende

zu|erst: zuerst einmal, aber: zu zweit; der zuerst genannte Bruder

Zu|fahrt, die: der -, die Zufahrten; die **Zu|fahrts|stra|ße;** der **Zu|fahrts|weg**

Zu|fall, der: des -(e)s, die Zufälle; ein **Zu|falls|tref|fer; zu|fäl|lig; zu|fäl|li|ger|wei|se; zu|fal|len:** die Tür fällt zu (ins Schloss)

zu|fas|sen: zupacken (anfassen)

Zu|flucht, die: der -, die Zufluchten (Obhut, Obdach, Schutz); Zuflucht gewähren; der **Zu|fluchts|ort;** die **Zu|fluchts|stät|te**

Zu|fluss, der: des -es, die Zuflüsse (Zustrom, Verstärkung)

zu|flüs|tern: ins Ohr sagen

zu|fol|ge: demzufolge; einer Sage zufolge; dem Gesetz zufolge

zu|frie|den: zufriedenlassen (in Ruhe); zufrieden sein; zufriedengeben; jemanden zufrieden stellen/zufriedenstellen; die **Zu|frie|den|heit**

zu|frie|ren: der See friert zu; zugefroren

zu|fü|gen: ein Unrecht zufügen; einen Schaden zufügen; die **Zu|fü|gung**

Zu|fuhr, die: der -, die Zufuhren; **zu|füh|ren** (heranschaffen)

Zug, der: des -es, die Züge; mit dem ersten Zug abfahren; in einem Zug fahren (Eisenbahn); in einem Zuge durcharbeiten (ohne Pause); in einem Zug das Glas leeren; ein Erlebnis in großen Zügen (Umrissen) erzählen; einen Zug aus der Zigarette; endlich kam er zum Zuge (zur Wirkung); das **Zug|ab|teil;** die **Zug|kraft;** die **Zug|ver|bin|dung;** der **Zug|vo|gel;** es ist **zu|gig** (es zieht); **zü|gig** (schnell, ohne Stockung) arbeiten; in den letzten Zügen liegen (sterben)

Zu|ga|be, die: der -, die Zugaben

zu|ge|ben: seine Schuld zugeben (eingestehen); er hat seine Schuld zugegeben; zugegebenermaßen

zu|ge|knöpft: (verschlossen, wortkarg); die **Zu|ge|knöpft|heit**

Zü|gel, der: des -s, die Zügel (Ledergeschirr zum Lenken von Zug- und Reittieren); **un|ge|zü|gelt; zü|gel|los** (unbeherrscht)

zü|geln: (zähmen, den Zaum anlegen); ein Pferd zügeln; sich selber zügeln (beherrschen); die Zügel fest in die Hand nehmen (energisch handeln); die Zügel schleifen lassen (nachlässig sein); die **Züg|lung,** *auch* **Zü|ge|lung**

Zu|ge|ständ|nis, das: des -ses, die Zugeständnisse; **zu|ge|ste|hen;** zugestehen, dass er die Verantwortung trägt

zu|grun|de, *auch* **zu Grun|de:** zugrunde legen; zugrunde gehen; zugrunde richten; das **Zu|grun|de|ge|hen;** die **Zu|grun|de|le|gung**

zu|gu|cken: beim Zugucken; **zu|ge|guckt**

zu|guns|ten, *auch* **zu Guns|ten:** zugunsten des Schülers (bei Vorstellung mit Gen.); dem Freund zugunsten (bei Nachstellung mit Dat.)

zu|gu|te: jemandem etwas zugutehalten; zugutekommen lassen; **zu gu|ter Letzt**

Zu|häl|ter, der: des -s, die Zuhälter (jemand, der von Einkünften aus der Prostitution lebt)

zu|hau|en: zuschlagen; kräftig schlagen

zu Hau|se/zu|hau|se: ich bin heute nicht zu Hause; das **Zu|hau|se;** sich wie zu Hause fühlen (es sich bequem machen); etwas für zu Hause mitnehmen

zu|ju|beln: zugejubelt

zu|klap|pen: zugeklappt

zu|kle|ben: zugeklebt

Zu|kunft, die: der -; die **Zu|kunfts|plä|ne; zu|künf|tig**

Zu|la|ge, die: der -, die Zulagen; die **Ge|halts|zu|la|ge**

zu|lan|gen: zugelangt; lang zu und iss!

Zu|läs|sig|keit, die: der -; die **Zu|las|sungs|stel|le; un|zu|läs|sig; zu|läs|sig** (erlaubt)

zu|las|ten/zu Las|ten: das geht zulasten der Schüler (zu ihrem Nachteil)

Zu|lauf, der: des -s, die Zuläufe; **zu|lau|fen**

zu|lei|de/zu Lei|de: jemandem etwas zuleide/zu Leide tun (antun, kränken)

327

Zu|lei|tung, die: der -, die Zuleitungen; **zu|lei|ten;** das **Zu|lei|tungs|rohr**

zu|letzt: aber: zu guter Letzt; zuletzt (am Schluss) kam er

zu|lie|be: ihr zuliebe (ihr zu Gefallen, ihretwegen) kam er

zum: er geht zum (zu dem) Bäcker; von einem zum (zu dem) anderen; zum ersten Mal(e)

zu|ma|chen: ein Geschäft zumachen (schließen), aber: mit ihm ist kein Geschäft zu machen

zu|meist: (meistens, meist)

zu|min|dest: (wenigstens), aber: zum Mindesten

zu|mu|te/zu Mu|te; mir ist nicht danach zumute (ich fühle mich traurig); mir ist gut zumute (zu Mute)

zu|nächst: (zuerst, als Erstes); zunächst dem Ort (in der Nähe des Ortes)

Zu|nah|me, die: der -, die Zunahmen; **zu|neh|men** (mehr werden)

Zu|na|me, der: des -ns, die Zunamen (Familienname)

zün|den: ein Triebwerk zünden; **an|zün|den; zün|deln** (mit Feuer spielen); das **Zünd|blätt|chen,** *auch* **Zünd|plätt|chen;** der **Zun|der** (leicht brennbare Masse); der **Zün|der;** das **Zünd|holz;** die **Zünd|ker|ze;** der **Zünd|schlüs|sel** (im Auto); die **Zün|dung;** eine zündende Rede halten

Zu|nei|gung, die: der -, die Zuneigungen (Liebe, Wohlwollen); sich jemandem zuneigen (ihn verstehen wollen)

Zunft, die: der -, die Zünfte (Berufsvereinigung der Handwerker); **zünf|tig** (fachmännisch, sachgemäß, tüchtig)

Zun|ge, die: der -, die Zungen; eine belegte Zunge haben; die Zunge herausstrecken; der **Zun|gen|bre|cher;** der **Zun|gen|schlag; zun|gen|fer|tig;** mit doppelter Zunge reden (falsch sein); eine lose Zunge haben (spitze, freche Bemerkungen machen); das Zünglein an der Waage sein (die entscheidende Stimme haben)

zu|nich|te: zunichtemachen (vernichten); zunichtewerden

zu|nut|ze/zu Nut|ze: sich etwas zunutze machen (etwas ausnutzen, verwerten)

zu|pa|cken: eine Fläche zupacken; er hat gut zugepackt (kräftig hingelangt)

zup|fen: das **Zupf|in|stru|ment** (z. B. Gitarre, Zither)

zur: er geht zur (zu der) Post; zur Folge haben; zur Zeit Goethes, aber: zurzeit bin ich …

zu|ran|de/zu Ran|de: zurande kommen (zurechtkommen)

zu|ra|te/zu Ra|te; zurate ziehen

zu|ra|ten: zugeraten

zu|rech|nungs|fä|hig: er ist noch voll zurechnungsfähig (bei klarem Verstand); die **Zu|rech|nungs|fä|hig|keit**

zu|recht: (richtig, in Ordnung); er kommt gut zurecht, aber: er sagte das ganz zu Recht; die **Zu|recht|wei|sung** (Tadel, Verweis); **zu|recht|bie|gen;** sich **zu|recht|fin|den; zu|recht|rü|cken**

zu|re|den: (raten); jemandem gut zureden; auf gutes Zureden; trotz allen Zuredens

zür|nen: sie zürnt mir (ist ärgerlich über mich); → Zorn

zu|rück: **zu|rück|blei|ben; zu|rück|fal|len; zu|rück|ge|ben; zu|rück|fa|hren; zu|rück|set|zen; zu|rück|ste|cken** (nachgeben); **zu|rück|wei|sen;** die **Zu|rück|hal|tung;** zurück sein

zu|ru|fen: zugerufen; der **Zu|ruf**

zur|zeit: sie ist zurzeit krank, aber: sie lebte zur Zeit des 2. Weltkrieges (Abk. zz., zzt.)

Zu|sa|ge, die: der -, die Zusagen; **zu|sa|gen** (versprechen); das sagt mir zu (gefällt mir)

zu|sam|men: wir haben den Feind zusammen geschlagen (gemeinsam), aber: er hat jemanden zusammengeschlagen (niedergeschlagen); **zu|sam|men sein; zu|sam|men ge|we|sen; zu|sam|men|ge|bun|den,** aber: wir beide haben die Säcke zusammen (gemeinsam) gebunden

Zu|sam|men|ar|beit, die: der -;
zu|sam|men|ar|bei|ten/zu|sam|men ar|bei|ten (gemeinsam);
zu|sam|men|ge|ar|bei|tet

zu|sam|men|bre|chen: die Brücke ist zusammengebrochen;
der **Zu|sam|men|bruch**

zu|sam|men|fah|ren: zwei Autos sind zusammengefahren (ineinander), aber: wir beide sind im Auto zusammen gefahren (miteinander); er ist bei dem Knall zusammengefahren (hat sich erschrocken)

zu|sam|men|fas|sen: zusammengefasst; die **Zu|sam|men|fas|sung;** den Inhalt eines Buches zusammenfassen, aber: sie haben den Einbrecher zusammen gefasst

Zu|sam|men|hang, der: die Zusammenhänge; im Zusammenhang oder in Zusammenhang stehen;
zu|sam|men|hän|gen: ich weiß, dass die beiden Freunde zusammenhängen wie die Kletten (unzertrennlich sind)

zu|sam|men|hal|ten:
der **Zu|sam|men|halt**

zu|sam|men|kle|ben: er hat das Modellflugzeug zusammengeklebt, aber: wir beide haben das Modellflugzeug zusammen geklebt

zu|sam|men|kom|men:
die **Zu|sam|men|kunft**

Zu|sam|men|le|ben, das: des -s; das Zusammenleben ist oft nicht leicht; sie haben sich gut zusammengelebt (sich aufeinander eingestellt)

zu|sam|men|neh|men: nimm dich zusammen! (beherrsch dich!)

Zu|sam|men|prall, der: des -s, die Zusammenpralle; **zu|sam|men|pral|len;** zwei Radfahrer sind zusammengeprallt

zu|sam|men|rech|nen: Zahlen zusammenrechnen; Kosten zusammenrechnen; zusammen rechnen (gemeinsam)

zu|sam|men|rot|ten:
die **Zu|sam|men|rot|tung** (gewalttätige, gefährliche Versammlung)

Zu|sam|men|schluss, der: des -es, die Zusammenschlüsse;
sich **zu|sam|men|schlie|ßen**

zu|sam|men|schrei|ben: dieses Wort muss man zusammenschreiben (in einem Wort), aber: wir müssen noch eine Postkarte zusammen (gemeinsam) schreiben; er hat die Reisebeschreibung aus mehreren Texten zusammengeschrieben

zu|sam|men sein:
das **Zu|sam|men|sein**

zu|sam|men|set|zen:
die **Zu|sam|men|set|zung**

Zu|sam|men|spiel, das: des -s;
zu|sam|men|spie|len; die Mannschaft hat gut zusammengespielt (aufeinander abgestimmt), aber: die Kinder haben schön zusammen (gemeinsam) gespielt

Zu|sam|men|stoß, der: des -es, die Zusammenstöße; **zu|sam|men|sto|ßen**

zu|sam|men|stür|zen: (einstürzen); das Gerüst ist zusammengestürzt;
der **Zu|sam|men|sturz**

zu|sam|men|su|chen: er muss erst sein Schulzeug zusammensuchen, aber: wir haben das Wörterbuch zusammen (gemeinsam) gesucht

zu|sam|men|zäh|len: mehrere Zahlen zusammenzählen, aber: wir wollen zusammen (gemeinsam) zählen

zu|sam|men|zu|cken: bei dem Knall sind wir zusammengezuckt

Zu|satz, der: des -es, die Zusätze;
zu|sätz|lich; die **Zu|satz|zahl**

zu|schan|den/zu Schan|den: etwas zuschanden machen (zerstören); ein Auto zuschanden fahren

Zu|schau|er, der: des -s, die Zuschauer;
der **Zu|schau|er|raum; zu|schau|en**

zu|schi|cken: zugeschickt

Zu|schlag, der: des -(e)s, die Zuschläge;
zu|schlag|frei

zu|schnei|den: ein Kleid zuschneiden; zugeschnitten

zu|schul|den/zu Schul|den: sich etwas zuschulden kommen lassen

Z

ZUSC

Zu|schuss, der: des -es, die Zuschüsse;
einen Gehaltszuschuss erhalten

zu|se|hen: sie wollen dem Spiel zusehen;
zu|se|hends (rasch)

zu|spit|zen: die Situation hat sich zuge-
spitzt (hat sich verschlimmert)

Zu|spruch, der: des -(e)s, die Zusprüche;
die Aufführung fand großen Zuspruch
(Anklang)

Zu|stand, der: des -(e)s, die Zustände; in
gutem Zustand sein; **zu|stän|dig** sein;
zu|stan|de/zu Stan|de; zustande
kommen, aber: das Zustandekommen;
zustande/zu Stande bringen

zu|stat|ten|kom|men: (dir); deine
Geschicklichkeit wird dir zustatten-
kommen

zu|stei|gen: zugestiegen

zu|stel|len: die **Zu|stell|ge|bühr** (bei der
Post); die **Zu|stel|lung;** der **Zu|stel|ler;**
zugestellt

zu|stim|men: die **Zu|stim|mung**

zu|ta|ge/zu Ta|ge: etwas zu Tage bringen
(hervorbringen, entdecken)

Zu|tat, die: der -, die Zutaten; die Zutaten
für einen Kuchen

zu|tei|len: die **Zu|tei|lung;**
zu|teil|wer|den

Zu|trau|en, das: des -s;
die **Zu|trau|lich|keit; zu|trau|lich** (ohne
Scheu); jemandem etwas **zu|trau|en**

zu|tref|fen: zu|tref|fend;
das **Zu|tref|fen|de** ankreuzen

Zu|tritt, der: Zutritt verboten

Zu|tun, das: des -s (Hilfe, Unterstützung);
ohne sein Zutun; zutun (für hinzufügen,
schließen)

zu|un|guns|ten/zu Un|guns|ten: (zum
Nachteil); zuungunsten (zu Ungunsten)
des Mieters (Gen. bei Voranstellung)

zu|ver|läs|sig: die **Zu|ver|läs|sig|keit**

Zu|ver|sicht, die: der -; (Hoffnung,
Gewissheit); **zu|ver|sicht|lich**

zu|vor: zu|vor|kom|mend; jemandem
zu|vor|kom|men; er ist mir zuvorge-
kommen, aber: alles, was zuvor gekom-
men war

Zu|wachs, der: des -es, die Zuwächse; die
Familie hat Zuwachs (ein Kind) bekom-
men; die **Zu|wachs|ra|te** (in der
Einwohnerzahl); **zu|wach|sen** (größer
werden)

zu|we|ge/zu We|ge: etwas zuwege
bringen (schaffen); gut zuwege sein
(wohlauf sein)

zuwei|len (manchmal); zuweilen schaut
die alte Frau aus dem Fenster

zu|wei|sen: die **Zu|wei|sung**

zu we|nig: zu wenig essen; es gab zu
wenig Schnee

zu|wi|der: das ist mir zuwider (ich verab-
scheue es; sehr unangenehm);
zu|wi|der|han|deln

zu|zie|hen: die Vorhänge werden zugezo-
gen; sich eine Krankheit zuziehen;
zugezogen sein; der **Zu|zug; zu|züg|lich**
(einschließlich)

Zwang, der: des -(e)s, die Zwänge (Druck
ausüben); die **Zwangs|ja|cke;**
die **Zwangs|maß|nah|me; zwang|los;**
zwangs|läu|fig; etwas **ein|zwän|gen;**
sich **zwän|gen** (hineinpressen); tu dir
keinen Zwang an (sei locker); → zwingen

zwan|zig: wir sind zwanzig Schüler;
der **Zwan|zig|mark|schein; zwan|zigs|te**

zwar: er ist zwar groß, aber schwach; ich
habe mir das Bein gebrochen, und zwar
(nämlich) das linke

Zweck, der: des -(e)s, die Zwecke;
die **Reiß|zwe|cke;**
zweck|ent|frem|den; zweck|ge|mäß

zwei: wir zwei (beide); zwei Kinder; die
Zwei; **zwei|deu|tig; zwei|er|lei;**
zwei|fach/2-fach; zwei|mal;
zwei|spu|rig; zwei|tens;
das **Zwei|fa|mi|li|en|haus;**
der **Zwei|sit|zer:** → acht

zwei|fach (2-fach); zweimal;
der **Zwei|pfün|der; zweit|letz|ter**

Zwei|fel, der: des -s, die Zweifel;
der **Zweif|ler;** im **Zwei|fels|fall;**
zwei|fel|los; zwei|feln; eine Aussage
an|zwei|feln; da kamen Zweifel auf;
zwei|fel|haft; zwei|fels|oh|ne

Zweig, der: des -es, die Zweige (Baum-
zweig); die **Zweig|stel|le; ver|zweigt;
ab|zwei|gen;** auf keinen grünen Zweig
kommen (nicht viel erreichen)

Zwerch|fell, das: des -(e)s, die Zwerchfelle
(Scheidewand zwischen Brust- und
Bauchhöhle); die **Zwerch|fell|at|mung**

Zwerg, der: des -es, die Zwerge;
das **Zwerg|huhn; zwerg|wüch|sig**

Zwet|sche, *auch* **Zwetsch|ge,** die: der -,
die Zwetschen (Pflaumenart);
das **Zwet|schen|mus/
Zwetsch|gen|mus**

zwi|cken: (kneifen); der **Zwi|ckel** (keil-
förmiger Stoffeinsatz); in einer
Zwick|müh|le (unangenehme, tragische
Lage) sein; der **Zwi|cker** (Klemme,
Kneifer)

Zwie|back, der: des -(e)s, die Zwiebacke/
Zwiebäcke

Zwie|bel, die: der -, die Zwiebeln (Ge-
würz- und Gemüsepflanze);
der **Zwie|bel|ring;** der **Zwie|bel|turm;**
jemanden **zwie|beln** (quälen, plagen);
das **Zwie|bel|mus|ter**

Zwie|ge|spräch, das: des -s, die Zwiege-
spräche (Gespräch zwischen zwei Perso-
nen); **Zwie|spra|che** halten; **zwie|fach;**
der **Zwie|laut** (für Diphthong)

Zwie|licht, das: des -(e)s, die Zwielichter
(Licht, das von zwei Lichtquellen
stammt); **zwie|lich|tig;** ein zwielichtiger
Mensch (zweifelhafter Typ); ins Zwie-
licht geraten (in eine zwielichtige, frag-
würdige Situation geraten)

Zwie|spalt, der: des -(e)s, die Zwiespälte/
Zwiespalte; **zwie|späl|tig**

Zwie|tracht, die: der - (Uneinigkeit,
Streit); Zwietracht säen (Streit verursa-
chen)

Zwil|ling, der: des -s, die Zwillinge;
das **Zwil|lings|paar;**
die **Zwil|lings|schwes|ter**

zwin|gen: du zwingst, du zwangst, du
zwängest, er zwang, sie hat gezwungen,
zwing(e)!; jemanden zum Arbeiten
zwingen (nötigen); ein zwingender

(stichhaltiger) Grund; **be|zwin|gen;**
der **Zwin|ger** (Käfig für Tiere); → Zwang

zwin|kern: mit den Augen zwinkern
(blinzeln)

zwir|beln: (etwas kreisförmig drehen);
ich zwirbele, *auch* ich zwirble

Zwirn, der: des -s, die Zwirne;
der **Zwirns|fa|den; zwir|nen** (Garne
zusammendrehen)

zwi|schen: zwischen den Stühlen sitzen;
sich zwischen zwei Stühle setzen;
**zwi|schen|durch;
zwi|schen|mensch|lich;
zwi|schen|zeit|lich;**
die **Zwi|schen|lan|dung;**
der **Zwi|schen|lauf;** der **Zwi|schen|raum;**
das **Zwi|schen|spiel;**
die **Zwi|schen|tür**

Zwist, der: des -es, die Zwiste (Streit);
die **Zwis|tig|keit; zwis|tig**

zwit|schern: die Vögel zwitschern
(singen) in den Zweigen

Zwit|ter, der: des -s, die Zwitter (zwei-
geschlechtliches Lebewesen);
das **Zwit|ter|we|sen**

zwölf: wir sind zu zwölft, *auch* zu zwölfen;
die zwölf Apostel, aber: die Zwölf Nächte
(nach Weihnachten); → acht

Zy|an|ka|li, das: (giftiges Salz der Blausäu-
re)

Zy|klon/Zyk|lon *griech.-engl.,* der: des -s,
die Zyklone (Wirbelsturm)

Zy|klus/Zyk|lus, der: des -, die Zyklen
(Kreislauf); der **Lie|der|zy|k|lus** (Reihe
von Liedern)

Zy|lin|der *griech.,* der: des -s, die Zylinder
(röhrenförmiger Hohlkörper, Hut);
der **Zwei|zy|lin|der; zy|lin|d|risch**

zy|nisch *griech.:* (auf verletzende Art
spöttisch); der **Zy|ni|ker**

Zy|pres|se/Zyp|res|se *griech.,* die: der -,
die Zypressen (Nadelbaum);
der **Zy|p|res|sen|hain**

Zys|te, die: die Zysten (mit Flüssigkeit
gefüllte Geschwulst); **zys|tisch** (blasen-
artig)

z. Z., *auch* **z. Zt.:** zur Zeit

Z

Hinweise zu Teil II bis IX

Kleines Lexikon: Computer, Geldverkehr, Telekommunikation

Da der Umgang mit dem Computer, dem Geldverkehr und der Telekommunikation einen immer größer werdenden Raum in der Erlernung und Anwendung unserer Sprache einnimmt – das geschieht in Freizeit *und* Schule – werden auch die geläufigsten Begriffe aus diesen Bereichen in diesem Werk als Hilfe für die Schüler aufgeführt. Die Auswahl der Stichwörter wurde so getroffen, dass die Schüler erste Erkenntnisse durch die Erklärungen zu den Abkürzungen und Begriffen gewinnen können. Vorauszusehen ist, dass auf diesen Gebieten immer wieder neue Wörter hinzukommen werden. Darum wird dieses Stichwortverzeichnis von Zeit zu Zeit ergänzt und verändert werden.

Der Autor ist für Anregungen dankbar.

Wortfelder

In diesem Kapitel werden eine Reihe von Wörtern aufgeführt. Zu jedem dieser Wörter besteht eine Wortsammlung aus Wörtern mit ähnlicher Bedeutung. Diese Wörter, mit denen man Ähnliches bezeichnen kann, gehören einem *Wortfeld* an. Ein Wortfeld lässt sich zu jeder Wortart finden.

> **Krach** – Geräusch – Gepolter – Geschrei – Unruhe – …

Durch die regelmäßige Arbeit an den Wortfeldern kann der Schüler seinen Wortschatz erweitern. Er bekommt ein Gespür für die feinen Unterschiede, die es zwischen den Bedeutungen einzelner Wörter gibt. Auf diese Weise wird ihm das Erschließen fremder Texte erleichtert. Beim Abfassen eigener Texte wird er treffendere Wörter gebrauchen, sodass ihm anschauliche Texte gelingen können.

Im Anhang dieses Wörterbuches werden in vier Kapiteln die *Wortlehre,* die *Satzlehre,* die *Zeichensetzung* und die *Rechtschreibung* in ihren Grundzügen schülergemäß erläutert. Sie sind mit Aufgabenstellungen versehen, um den Schüler zum selbstständigen Arbeiten anzuregen. Die Schüler sollten den Tipp beherzigen, jeweils ein Kapitel insgesamt zu lesen und zu bearbeiten, weil jedes Kapitel so angelegt ist, dass eine Erkenntnis auf der anderen aufbaut.

Grammatik

Im *grammatischen Teil* wird zwischen *Wortarten* und *Satzgliedern* unterschieden.

In der *Wortlehre* werden die *Wortarten* vorgestellt. Sie werden mit dem lateinischen Begriff und der deutschen Bezeichnung benannt.

Folgende Wortarten werden aufgeführt:

Substantiv (Hauptwort), Verb (Tätigkeitswort), Adjektiv (Eigenschaftswort), Artikel (Geschlechtswort), Pronomen (Fürwort), Adverb (Umstandswort), Konjunktion (Bindewort), Präposition (Verhältniswort) und Interjektion (Empfindungswort).

In der *Satzlehre* werden die *Satzglieder* vorgestellt, sowie das *Attribut,* das eine Erweiterung für jedes Satzglied sein kann. Auch in diesem Kapitel werden die lateinischen und die deutschen Begriffe verwendet.

Unterschieden werden die folgenden Satzglieder:

Subjekt (Satzgegenstand), Prädikat (Satzaussage), Objekt (Ergänzung), Adverbial (Umstandsbestimmung). Das Attribut (Beifügung), das der Erweiterung der einzelnen Satzglieder dient, wird in seinen verschiedenen Varianten vorgestellt.

Dieses Kapitel beinhaltet auch Ausführungen zu den *Satzarten* (Satzgefüge, Satzreihe, Satzkette). Wenn lateinische Ausdrücke dem Schüler nicht geläufig sind, kann er auch im Wörterverzeichnis nachschlagen, wo hinter dem lateinischen Stichwort jeweils auch die deutsche Bezeichnung zu finden ist.

Regelteil

Im Kapitel, das die *Zeichensetzung* erläutert, werden die Satzzeichen und deren Anwendungsmöglichkeiten dargestellt. Die Ausführungen unterscheiden zwischen Satzschlusszeichen, den Zeichen, die der Gliederung im Satz dienen und den Anführungszeichen. Die Anwendungsbereiche für die Satzschlusszeichen (Punkt, Fragezeichen und Ausrufezeichen) werden in Beispielen und Erläuterungen abgegrenzt. Ebenso werden die Satzzeichen Komma, Semikolon, Doppelpunkt, Gedankenstrich und Klammer erläutert. Sie dienen insbesondere dazu, einen Text bzw. Satz übersichtlich zu gestalten und ihn dadurch lesbarer zu machen. Die Ausführungen zeigen außerdem auf, wann Anführungszeichen gesetzt werden. Die Anführungszeichen schließen vor allem die wörtliche Rede ein und heben auch wörtliche Wiedergaben (Zitate, Buchtitel, Überschriften usw.) hervor.

Damit das Lesen leichter wird und Verständigungsprobleme vermieden werden, gibt es einheitliche *Rechtschreibregeln.* Ohne einheitliche Festlegungen über die Schreibung wüsste man z. B. nicht, wo man im Wörterbuch ein Wort finden könnte. Feste Wortbilder prägen sich ein und wir erkennen sie leichter beim Lesen. Die deutsche Rechtschreibung ist schwierig; wer aber die Regeln versteht und sie sich merken kann, vermeidet Fehler.

Die Rechtschreibung beruht auf zwei vernünftigen Prinzipien, nämlich dem *Lautprinzip* und dem *Stammprinzip.* Das Lautprinzip besagt, dass für die meisten Laute immer wieder die gleichen Buchstaben oder Buchstabengruppen geschrieben werden. Man muss also genau in das Wort hinein-

hören. Das Stammprinzip besagt, dass man gleiche Wortstämme auch gleich schreiben muss, auch wenn sie manchmal verschieden ausgesprochen werden. Schwierigkeiten ergeben sich dadurch, dass ein einziger Laut durch verschiedene Buchstaben dargestellt wird, dass aber auch ein einziger Buchstabe für verschiedene Laute stehen kann. Vokale können lang oder kurz sein und auch Konsonanten werden unterschiedlich ausgesprochen. Diesen Schwierigkeiten soll mit den einheitlichen Festlegungen begegnet werden. Im Kapitel *„Rechtschreibregeln"* werden diese Regelungen aufgezeigt, möglichst logisch entwickelt, an Beispielen verdeutlicht und in Aufgabenstellungen zur Anwendung gebracht. Die Schüler können, wenn sie sich die Ausführungen verinnerlicht haben, selbstständig die Arbeitsaufgaben bearbeiten. Rechtschreibschwierigkeiten bereiten vor allem die Groß- und Kleinschreibung sowie die Getrennt- und Zusammenschreibung. Diese beiden Bereiche werden daher im Kapitel „Rechtschreibregeln" besonders ausführlich behandelt. Zum Schluss werden die einheitlich geregelten Möglichkeiten der Silben- und Worttrennung aufgezeigt.

Beugung starker und unregelmäßiger Verben

Da die Beugung der starken und unregelmäßigen Verben eine besondere Schwierigkeit in der deutschen Sprache darstellt, erscheinen diese Verben in einer Tabelle gesondert aufgelistet. Hier können Schüler(innen) auch diejenigen Verbformen finden, die nicht im Wörterverzeichnis vermerkt sind. Außerdem erhält der Interessierte einen umfassenden Überblick über die starken und unregelmäßigen Verben.

Schülerselbstkontrolle

In dem letzten Teil des Wörterbuches sind die Lösungen oder Lösungsvorschläge der Aufgaben von Seite 358 bis 449 angegeben.

Teil II
Kleines Lexikon

zu den Themen

Computer

Geldverkehr

Telekommunikation

Kleines Lexikon zum Thema Computer

@ Fester Bestandteil von E-Mail-Adressen, welcher den Benutzernamen und die Domain-Adresse miteinander verbindet. @ wird wie das englische Wort „at" ausgesprochen.

Absturz: Wenn nichts mehr geht, d. h. wenn während der Arbeit mit einem Programm dieses unerwartet beendet wird. Dann spricht man von einem Absturz des Programmes.

Adapter: Damit sind Zwischenstecker gemeint, die unterschiedliche Geräte oder Teile derselben mit verschiedenen Anschlussformen verbinden.

analog: Gemeint sind Eigenschaften von Signalen, die Veränderungen zulassen, ohne dabei festgelegte Stufen durchlaufen zu müssen. Früher wurden akustische Signale nur analog aufgezeichnet, also in elektrische Spannung umgewandelt und dann entweder auf einem Tonband oder einer Schallplatte gespeichert. Die Form der aufgezeichneten Signale entsprach dabei genau der Form des ursprünglichen Schalls. Analoge Informationen sind nicht an Messraster oder Stufen wie Bits oder Bytes gebunden. Während beispielsweise eine Spannung aus der Steckdose in beliebig kleinen Schritten etwa zwischen 210 und 230 Volt schwanken kann und deshalb ein analoges Signal darstellt, sind die Informationen im Computer digital, d. h. bitweise und damit exakt bestimmt. Wird z. B. die Taste „a" gedrückt, „versteht" der Computer die Bitfolge „1000001".

Arbeitsspeicher: In diesem Speicher findet die Datenverarbeitung des Computers statt. Deshalb nennt man ihn auch das Kurzzeitgedächtnis des PCs. Der Arbeitsspeicher verfügt über alle Programme, die während der Arbeit am Computer benötigt werden. Die Daten bleiben nach dem Abschalten nicht erhalten, weshalb sie vorher gespeichert werden müssen. Der Arbeitsspeicher enthält das Betriebssystem mit allen Treibern, z. B. Bildschirm, Tastatur, Maus, Drucker und Scanner. Ebenso werden alle Programme, mit denen gearbeitet wird, von der Festplatte in den Arbeitsspeicher geladen und erst dann vom Prozessor abgearbeitet.

Assistent: Assistenten geben dem Benutzer durch Dialogfenster Hilfestellungen, z. B. bei Problemen während der Textverarbeitung oder der Installation von Programmen.

Backup ist eine Sicherheitskopie wichtiger Daten, z. B. auf eine externe Festplatte. Statt Backup nennt man das Sichern der Daten auch „Archivieren". Die Datensicherung ist sehr wichtig, z. B. bei Stromausfall oder wenn jemand aus Versehen deine Festplatte löscht oder das Notebook verloren geht.

Betriebssystem: Das Betriebssystem ist das zentrale Programm, das in jedem Computer enthalten ist und diesen überhaupt erst nutzbar macht. Das Betriebssystem stellt die Verbindung zwischen den verschiedenen, angeschlossenen Geräten her, z. B. Scanner, Drucker, Tastatur und Bildschirm.

BIOS steht für „Basic Input/Output System" und ist das Grundprogramm eines Computers. Es ist ein Baustein und auf der Hauptplatine gespeichert. Nach dem Start des Computers führt das BIOS einen Hardwaretest durch und lädt das Betriebssystem. Es stellt die Routinen für den Datentransfer zwischen den Hardwarekomponenten zur Verfügung.

Bit ist die kleinste Informationseinheit, die der Computer verarbeiten kann. Ihr Wert kann nur 0 oder 1 sein (0 = Strom aus, 1 = Strom an).

Bit pro Sekunde (bps): Die Geschwindigkeit, in der Daten übertragen werden, wird in Bit pro Sekunde gemessen. Je höher dieser Wert ist, desto schneller arbeitet der Computer und werden die Daten übertragen.

Booten: Gemeint ist das Hochfahren des Rechners nach dem Einschalten. Es beginnt mit dem Starten des Betriebssystems.

Browser: Hiermit kann das weltweite Datennetz Internet durchforstet und Texte, Grafiken und Musik abgerufen werden. Der Internet Explorer sowie der Mozilla Firefox sind die gängigsten Browser.

Bug heißt wörtlich übersetzt „Wanze". Ein Software- oder Programmfehler.

Bus: Ein Bus ist ein System, das Daten transportiert – entweder innerhalb eines Computers oder zwischen verschiedenen Computern. Es gibt unterschiedliche Busbreiten (8-, 16-, 32-, 64-Bit-Bus). Auf einem Bus ist für entsprechend viele Bits Platz an Informationen. Je höher die Busbreite, um so höher ist die Leistungsfähigkeit. Je nach Bedarf ergibt sich eine Einteilung nach Adressen-, Daten- und Steuerbus.

Byte: Das Byte [bait] ist eine Mengeneinheit, die aus 8 Bits besteht. Das Byte basiert auf dem Dualsystem (Darstellung von Zahlen durch nur zwei Ziffern, z. B. 0 und 1). So lassen sich in einem Byte 256 Werte (Zustände, Zeichen usw.) speichern, weil 2 hoch 8 gleich 256 ist.

chatten kommt aus dem Englischen und bedeutet soviel wie „plaudern". Chatten hat sich als Begriff für die schriftliche Unterhaltung im Internet eingebürgert. Ein „Chat" ist eine Plauderei, ein „Chat-Room" eine Plauderecke.

Cd-Key ist ein Code, der eingegeben werden muss, wenn man ein Programm zum ersten Mal nutzt. Nur wer diesen Code kennt, kann das Programm benutzen. Damit wird verhindert, dass die Programme illegal kopiert werden.

CD-R nennt man eine beschreibbare CD (Rohling = leer). Das „R" steht für „recordable" auf deutsch „beschreibbar". Der auf einer CD-R geschriebene Inhalt kann nicht mehr verändert werden. Das Beschreiben mit z. B. Fotos, Videos, Musik oder Daten erfolgt durch einen sogenannten Brenner. Die CD-R kann dann mit einem CD-Laufwerk abgespielt werden.

CD-ROM ist eine metallbeschichtete Kunststoffscheibe, auf der Daten, Töne, Bilder, Videos oder Programme gespeichert werden können. Die Abkürzung „ROM" steht für „Read Only Memory" (Nur-Lese-Speicher). Die hier verewigten Daten können also nicht verändert werden.

Computer ist prinzipiell eine elektronische Rechenanlage, die Informationen jedweder Art verarbeiten und weitergeben kann. Der Begriff kommt aus dem Lateinischen von „computare", das heißt „berechnen".

CPU steht für „Central Processing Unit" – Zentralprozessor, der alle Rechen- und Steuerungsoperationen ausführt.

Cyberspace meint eine virtuelle Welt, die durch Computersimulation geschaffen wird und ein ursprüngliches Raumerlebnis vermittelt.

Datei ist eine Sammlung von zusammengehörigen Daten, die unter einem beliebigen Begriff, wie z. B. Briefe oder Adressen, gespeichert werden können.

Datenbank ist eine Sammlung von Daten, die logisch zusammengehören und strukturiert sind. Ein Datenbanksystem bietet meist auch Möglichkeiten z. B. zum Suchen, Sortieren und zum Bilden neuer Kombinationen.

defragmentieren: Wenn Teile einer Datei kreuz und quer auf der Festplatte verteilt sind, werden sie beim defragmentieren wieder in einem zusammenhängenden Bereich gespeichert. Dadurch werden viele kleine Lücken zwischen den Daten geschlossen und neuer Platz für Daten geschaffen.

Desktop ist die Arbeitsoberfläche, die nach dem Hochfahren des Computers erscheint. Das Wort „Desktop" kommt aus dem Englischen und bedeutet „Schreibtischoberfläche". Auf dem Desktop können wie auf einem Schreibtisch Programme, Ordner und alle Arten von Daten abgelegt werden.

digital: In der Digitaltechnik werden die übertragenen Signale als Zahlenfolge verschlüsselt. Sie werden in eine sehr lange Reihe von Nullen und Einsen umgesetzt. Das Signal wird in kleinste Bestandteile zerlegt und liefert in der Audiotechnik deshalb ausgezeichnete Klangqualität. Es gibt Computer, die digitale Signale in analoge umwandeln (D/A-Wandler).

Diskette: Auf einer Diskette lassen sich Dateien abspeichern und weitergeben.

Domain: Eine Domain, auch Internetadresse genannt, ist eine persönliche Adresse im Internet. Sie besteht aus drei Teilen, die ganz genau angegeben werden müssen, z. B. www.derstundenplan.de oder www.zdf.de für das Zweite Deutsche Fernsehen.

DOS (Disk Operating System): So nennt man das zentrale Betriebssystem eines Computers, das für den Betrieb mit Disketten ausgelegt ist.

Download bezeichnet einen Datentransfer aus dem Internet auf den eigenen Computer. Auf deutsch sagt man, etwas wird heruntergeladen.

dpi: „dots per inch" beschreibt die Punktdichte von Bildern. Je höher die Auflösung ist, desto feiner ist die Ansicht oder das Druckergebnis.

Drag and Drop: „Ziehen und Fallenlassen" bezeichnet eine Arbeitsweise mit der Maus, bei der z. B. eine Datei mit gedrückter linker Maustaste an einen anderen Ort verschoben werden kann.

DSL ist eine Internetverbindung, die eine sehr rasche Übertragung von Daten im Internet ermöglicht.

DTP: „Desktop Publishing" bedeutet so viel wie „Veröffentlichung vom Schreibtisch aus". So nennt man das Herstellen von hochwertigen Druckerzeugnissen mit Hilfe eines Computers für z. B. Magazine, Bücher, Kataloge usw.

Editor: Der Editor ist ein Programm, mit dem vorhandene Dateien geändert und neue erstellt werden können. Ein Programm, mit dem sich Texte bearbeiten lassen, nennt man z. B. Texteditor.

E-Mail ist die Abkürzung für „Electronic Mail" und bedeutet elektronische Post. Ein solcher elektronischer Brief wird von einem Computer zum anderen geschickt und erreicht seinen Empfänger innerhalb weniger Sekunden.

Festplatte: Sie ist das Langzeitgedächtnis des Computers (Massenspeicher) und fest eingebaut. Hier werden alle Dateien, Bilder oder Programme gespeichert. Nach dem Abschalten des Gerätes bleiben die Daten erhalten.

Firewall: Sie schützt die Informationen auf einem Computer vor Missbrauch. Sie überwacht den Datenverkehr zwischen Computern. Sie entscheidet, ob Datenpakete durchgelassen werden.

Flatrate, die: Wer mit einer Flatrate ins Internet geht, bezahlt eine Pauschale für seinen Internet-Zugang.

Flatscreen, der: Ein Flatscreen ist ein Flachbildschirm.

formatieren bezeichnet einen Vorgang, bei dem man in einem Dokument z. B. bei einem geschriebenen Text die Schriften, Farben, Platzierungen usw. verändert. Bei der Formatierung von Speichermedien wird der Datenträger neu geordnet. Dabei gehen die bisher aufgezeichneten Daten verloren.

Freeware: So werden Programme bezeichnet, die unentgeltlich verwendet, kopiert und weitergegeben werden dürfen.

FTP: Das „File-Transfer-Protokoll" dient zur Übertragung von Dateien zwischen zwei Computern oder zwischen Servern und Computern.

Gateway: Über ein Gateway können Netzwerke miteinander kommunizieren. Das kann z. B.

von E-mail zu SMS oder von Fax zu E-Mail usw. sein.

Gigabyte ist eine Maßeinheit für Datenmengen (1 Gigabyte = 1.073.741.824 Byte).

Hardware ist alles, was man am Computer anfassen kann, z. B. Tastatur, Bildschirm, Kabel etc.

Homebanking (auch Online-Banking) ist die Bezeichnung für elektronische Bankdienstleistungen, die mit dem Computer online durchgeführt werden. Zu den Dienstleistungen zählen u. a. die Abfrage des Kontostandes oder die Durchführung von Buchungen und Überweisungen.

Homepage nennt man die Startseite jeder Website im Internet. Jeder Internetbenutzer kann seine eigene Homepage anlegen. Viele Zugangs-Dienstleister (Provider) bieten den dafür benötigten Speicherplatz gegen eine geringe Gebühr oder sogar kostenlos an.

HTTPS, das: Das HTTPS zeigt mir an, dass meine Informationen verschlüsselt übermittelt werden.

Hypertext, der: Im Hypertext kann man sich Erklärungen und Verweise geben lassen.

Interface ist eine Schnittstelle, die als Verbindungselement zwischen verschiedenen Komponenten dient. Das kann z. B. eine Hardware-Schnittstelle, eine Software-Schnittstelle, eine Netzwerk-Schnittstelle oder eine allgemeine Schnittstelle sein.

Internet: Internet ist ein Netz (Verbund) von miteinander verbundenen Computern weltweit. Über Standleitungen und Telefonleitungen können unterschiedliche Informationen ausgetauscht und E-Mails verschickt werden. Um Zugang zum Internet zu bekommen, muss man bei einem Provider (Zugangsanbieter) eine Gebühr bezahlen.

ISDN: „Integrated Services Digital Network" (Dienste integrierendes digitales Netzwerk) ist ein digitales Netz für alle Telekommunikationsdienste wie Telefon, Fax oder den Zugang zum Internet. Die Übertragung erfolgt grundsätzlich digital. Der Computer wird über ISDN-Steckkarten angeschlossen.

Keyboard (Tastatur): Gemeint ist eine Zusammenfassung von Tasten zur Wiedergabe von Zeichen und Befehlen für den Rechner. Es ermöglicht die Eingabe von Anweisungen an den Rechner.

Künstliche Intelligenz: Die Struktur und der Ablauf des menschlichen Denkens soll auf Hard- und Software von Computern übertragen werden. Inzwischen können schon Systeme für Simulationen in Wirtschaft und Technik eingesetzt werden. Ähnliche Systeme für Medizin und Psychologie werden noch erforscht. Der Computer kann aber nicht „denken". Er muss immer programmiert werden.

Laptop ist ein vom Stromnetz unabhängiger, tragbarer Computer, der mit Batterien betrieben werden kann.

Laufwerk: Das Laufwerk ist eine Gerät des Computers, das Speichermedien, z. B. CD-ROMs aufnimmt und das Abspielen oder Abspeichern der Daten des Speichermediums auf dem Computer möglich macht.

Link (Hyperlink): Die Verbindung zwischen einem Wort, Satz, Symbol, Bild o. Ä. zu einem anderen dieser Elemente oder einer anderen Datei. Im Internet auch die Verbindung zu einer anderen Stelle auf der Website oder einer anderen Internetadresse.

Mainboard meint die Hauptplatine. Nur mit ihr funktioniert der Rechner. Auf der Hauptplatine befinden sich z. B. Prozessor und Hauptspeicher.

Makro: So bezeichnet man ein Programm zur automatischen Ausführung einer bestimmten Abfolge von Aktionen. So müssen nicht mehr alle Befehle einzeln eingegeben werden, es genügt die Eingabe des Makros.

Megabyte ist eine Maßeinheit/Größe, die auch zur Angabe der Speicherkapazität bei Festplatten, DVD-Rohlingen und anderen Speichermedien genutzt wird. Alles, was der Computer verarbeiten soll, wird in Bit gemessen. Bit: Zeichen 0 oder 1; Byte = 8 Bit; Kilobyte = 1024 Byte; Megabyte = 1024 Kilobyte; Gigabyte = 1024 Megabyte.

Menü meint eine Befehlssammlung, die dem Benutzer in Form einer Übersicht zur Verfügung steht.

Modem Das Modem stellt die Verbindung zwischen Computer zum Telefonnetz oder zwischen zwei Computern her. Dabei wandelt es die ana-

logen Signale des Telefonnetzes in digitale Signale des Computers um und umgekehrt.

Modul: Ein Modul ist in der Hardware ein genau bezeichnetes Bauteil für eine ganz bestimmte Aufgabe, z. B. eine Steckkarte oder ein Speicherbaustein. In der Software ist ein Modul eine Ansammlung von Daten, die eine genau festgelegte Aufgabe haben.

MP3 ist ein Verkleinerungsverfahren (Kompressionsverfahren), mit dem sich Audiodateien bei minimalem Qualitätsverlust bis auf ein Zwölftel ihrer ursprünglichen Größe verkleinern lassen.

Multimedia steht für die Ansammlung verschiedener digitaler Inhalte in einem Werk, z. B. Ton, Text, Grafik, Video, Animation usw. Die Anwendung wird dadurch anschaulicher. Ein weiterer wichtiger Punkt ist die Interaktion, d. h. die Möglichkeit, aktiv mitwirken und eingreifen zu können.

Netzwerk: In einem Netzwerk werden mehrere Computer miteinander verbunden. Hierbei entsteht eine Struktur aus Hard- und Software, die den Verbund räumlich entfernter Computer ermöglicht. Dies geschieht in der Praxis durch Kabel, Karten und entsprechende Programme. So können an allen Arbeitsplätzen die gleichen Dateien zur Verfügung stehen.

Notebook ist ein vom Stromnetz unabhängiger, tragbarer Computer, der mit Batterien betrieben werden kann.

Online-Dienst: Online- oder Datendienste stellen eine breite Palette online abrufbarer Dienstleistungen in einem Computernetz zur Verfügung.

PC: Personal Computer

Passwort: Mithilfe von Passwörtern erhalten Benutzer Zugang zu Systemen. Das Passwort ist ein Code mit dem man sich im Internet eindeutig identifizieren kann.

PIN, die: Die PIN (Persönliche Identifikationsnummer) ist eine Geheimzahl, mit der man sich gegenüber einer Maschine identifizieren und authentifizieren kann, wie z. B. beim Online-Banking.

Provider: Der Provider ist eine Firma oder Institution, die Anwendern den Zugang zum

Internet ermöglicht. Der Anwender muss dafür in der Regel eine monatliche Gebühr entrichten.

Prozessor: Der Prozessor ist die zentrale Recheneinheit, die andere Einheiten des Computers steuert oder selbstständig Aufgaben ausführt.

Quellcode ist der Text, der hinter einem Computerprogramm steht. Er wird meist von Hand in Programmiersprache geschrieben und macht das Programm für Menschen lesbar. Der Quellcode kann in verschiedenen Programmiersprachen geschrieben sein, z. B. HTML, PHP, JavaScript usw.

Scanner: Der Scanner tastet Dokumente oder Bilder ähnlich wie ein Fotokopierer Punkt für Punkt ab. Die so von ihm erfassten Daten überträgt er in eine für den Computer verständliche Form.

Server: Ein Server kann ein Programm (Software) sein, oder ein Computer/Hardware). Als Software kommuniziert der Server mit Computern und ermöglicht ihnen den Zugang zu verschiedenen Dienstleistungen. Diese Software läuft auf einem Server-Computer (Hardware).

Shareware ist eine Bezeichnung für Programme, die vor dem Kauf vom Benutzer ausprobiert werden können.

Software: Als Software bezeichnet man alles, was am Computer während der Tätigkeit nicht angefasst werden kann, wie Betriebssysteme, Anwendungsprogramme, Treiber, Spiele usw.

Soundkarte: Die Soundkarte ist Teil der Hardware eines Computers und ermöglicht es, mit dem Computer Tonsignale, also Musik, Sprache oder Geräusche wiederzugeben. Die Soundkarte ist heute standardmäßig in jedem PC zu finden.

surfen: „Entdeckungsreise" auf der Suche nach interessanten Informationen im Internet.

Treiber sind kleine Programme, die das Zusammenspiel von Hardware und Software sicherstellen. Sie sorgen z. B. dafür, dass Drucker und Programm die gleiche Sprache sprechen, sich verstehen und dadurch Kompatibilität zwischen Rechner und Drucker besteht.

Update ist die Aktualisierung eines vorhandenen Softwareprodukts. Ein Update fügt dem bisherigen Programm in der Regel neue Funktionen hinzu oder korrigiert Fehler (Bugs).

USB ist eine Anschlusstechnik mit einem besonderen Stecker. Jedes mit USB ausgestattete Gerät oder Speichermedium kann mit einem Computer verbunden werden, wie z. B. Mäuse, Telefone, Speichersticks, Monitore usw.

Verknüpfung: Anstatt eine Datei mehrmals auf dem Computer zu speichern, kann man Verknüpfungen zu einer Datei herstellen. Die Verknüpfung ist dann mit der Originaldatei verbunden. Alle Änderungen, die man in dieser Datei vornimmt, finden sich auch in der Verknüpfung wieder.

Virus (lateinisch „Gift"): Virus ist ein Computerprogramm, das erstellt worden ist, um sich über E-Mail oder das Internet selbstständig auf anderen Computern zu verbreiten und zu vermehren. Der Virus kann daraufhin Softwares, das Betriebssystem und sogar Hardware schädigen, ohne dass der Anwender etwas dagegen tun kann. Spezielle Anti-Virenprogramme können Computerviren ausfindig gemacht und fernhalten oder bekämpfen.

Webseite: → Homepage

WWW: Abkürzung für „World Wide Web" (Weltweites Netz). Das ist ein System aus elektronischen Dokumenten, die miteinander verlinkt sind und ermöglicht es, über www-Adressen, wie z. B. www.der-stundenplan.de, Seiten im Internet aufzurufen. Zur Nutzung braucht man einen Browser.

Kleines Lexikon zum Thema Geldverkehr

Aktie ist ein an der Börse zum Kurswert gehandeltes Wertpapier über einen Besitzanteil am Grundkapital einer Aktiengesellschaft.

Aktiengesellschaft (AG) ist eine Unternehmensform. Das Kapital wird durch den Verkauf von Aktien aufgebracht.

Aktienkapital: Bei der Gründung einer Aktiengesellschaft wird in der Satzung festgelegt, wie hoch das Grundkapital (Aktienkapital) sein soll. Da jede Aktie einen Nennwert von mindestens 1 Euro hat, wird mit der Höhe des Aktienkapitals auch die Anzahl der Aktien bestimmt.

Aktionär ist der Besitzer (Inhaber) einer Aktie und somit Teilhaber am Aktienkapital einer Aktiengesellschaft.

Anleihe ist eine Sammelbezeichnung für alle verzinslichen Schuldverschreibungen mit vereinbarter Laufzeit. Sie dienen der Beschaffung von langfristigen Finanzierungsmitteln und können z. B. vom Bund, der Bahn, Post oder öffentlichen Kreditanstalten aufgelegt (emittiert) werden.

Annuität (lat. annus = Jahr) ist die Summe, die pro Jahr zur Tilgung und zur Verzinsung einer Kapitalschuld (Darlehen) zu zahlen ist. Verzinst wird immer das Restdarlehen, das durch Tilgung immer verringert wird. Der Zinsanteil an der Annuität wird ebenfalls während der Darlehenslaufzeit immer kleiner und der Tilgungsanteil wächst entsprechend.

Bank ist die übliche Bezeichnung für ein Kreditinstitut.

Bankgeheimnis nennt man die Verschwiegenheitspflicht der Kreditinstitute, um die Vertraulichkeit zwischen Kunden und Kreditinstitut sicherzustellen. Es wird nur bei strafrechtlichen Ermittlungen aufgehoben.

Bankleitzahl (BLZ) ist eine 8-stellige Schlüsselzahl zur Kennzeichnung der Bankstellen im bargeldlosen Zahlungsverkehr zwischen den inländischen Banken und der Deutschen Bundesbank.

Banknote ist die Bezeichnung für das von der Notenbank herausgegebene Papiergeld, das uneingeschränkt gesetzliches Zahlungsmittel ist, z. B. der Euro ab 2002.

Bargeld ist das gesetzliche Zahlungsmittel in Form von Banknoten und Scheidemünzen. Beim Kaufen oder Verkaufen wird häufig mit Bargeld gezahlt.

bargeldlos: Beim bargeldlosen Zahlungsverkehr erfolgt die Zahlung von Geldschulden durch Überweisung des geschuldeten Betrags vom Konto des Schuldners auf das Konto des Gläubigers.

Barscheck ist ein Scheck, der dem Vorleger (Besitzer) ohne Legitimationsprüfung eingelöst (ausgezahlt) werden kann.

Bausparvertrag ist ein kombinierter Spar- und Darlehensvertrag, der zwischen einer Bausparkasse und einem Bausparer ab dem 16. Lebensjahr abgeschlossen werden kann mit dem Ziel, ein Darlehen für wohnungswirtschaftliche Zwecke zu erlangen. Das Ansparen eines Bausparguthabens ist Voraussetzung für die Inanspruchnahme eines Baudarlehens. Der Bausparvertrag wird über eine Bausparsumme abgeschlossen, die das Bausparguthaben und das Bauspardarlehen umfasst.

Beleihungsgrenze: Wer einen höheren Kredit aufnehmen will, muss seinem Geldgeber entsprechende Sicherheiten bieten, z. B. Gebäude, Grundstücke oder Wertpapiere. Die Beleihungsgrenze liegt im Durchschnitt bei 60 % des Beleihungswertes.

Beschränkte Geschäftsfähigkeit gilt für Minderjährige vom vollendeten 7. bis vollendeten 18. Lebensjahr, d. h. Minderjährige können rechtswirksame Willenserklärungen abgeben ohne ihre gesetzlichen Vertreter (Eltern), wenn sie ihnen rechtliche Vorteile bringen, z. B. eine größere Schenkung. Weiterhin können sie Verträge abschließen ohne Zustimmung der Eltern (gesetzliche Vertreter), wenn die vertragsmäßige Leistung mit Mitteln bewirkt wird, die dem Jugendlichen zur freien Verfügung überlassen worden sind, z. B. Taschengeld. Ansonsten bedarf es der Zustimmung der gesetzlichen Vertreter (Eltern).

Bilanz meint eine Gegenüberstellung des Vermögens und der Verbindlichkeiten eines Unternehmens zu einem bestimmten Stichtag. Der Unterschied oder Saldo von Vermögen und Verbindlichkeiten ergibt das Eigenkapital.

Blue Chip ist die Bezeichnung für Aktien erster Qualität. Der Begriff kommt aus den USA, wo er für die Aktien, die im Dow-Jones-Index enthalten sind, verwendet wird. In Deutschland bezeichnet man die 30 Aktien, die dem Dax zugrunde liegen, als Blue Chips.

Bonus: 1. Zinszuschlag für Spareinlagen auf dem Sparbuch über den Normalzins hinaus. 2. Gewinnausschüttung seitens der Aktiengesellschaft je Aktie zusätzlich zur Dividende, z. B. infolge der Erzielung eines außergewöhnlich hohen Gewinns oder aus anderem Anlass, z. B. Firmenjubiläum.

Börse ist ein organisierter Markt, an dem sich regelmäßig Makler, Händler und Kaufleute treffen, um Geschäfte in Wertpapieren, Währungen oder in bestimmten fungiblen (vertretbaren) Waren abzuschließen.

Börsennotierung: Die Festsetzung der amtlichen Kurse für jedes an der Börse zugelassene Wertpapier (auch Kursfeststellung genannt). Die Notierung der Kurse nimmt der Börsenvorstand unter Mitwirkung der vereidigten amtlichen Kursmakler vor.

Broker meint eine Person oder eine Institution, die als Mittler zwischen Käufer und Verkäufer, z. B. an Wertpapier- oder Devisenmärkten tätig wird. In Deutschland sind traditionell Börsenhändler und Börsenmakler getrennte Personen oder Institutionen.

Bundesschatzbrief ist ein Wertpapier des Bundes. Sein Mindestnennwert beträgt 50 €. Die Laufzeit unterscheidet sich in Typ A (normalverzinslich) 6 Jahre und Typ B (Aufzinsungspapier) 7 Jahre.

Bürgschaft: Mit einem Bürgschaftsvertrag verpflichtet sich der Bürge gegenüber dem Gläubiger eines Dritten für die Verbindlichkeit (Schulden) des Dritten einzustehen. Die Bürgschaft erfolgt schriftlich. Bei Kaufleuten gilt auch die mündliche Bürgschaft. Der Bürge hat die gleichen Leistungen wie der Schuldner zu erbringen. Kann der Schuldner seinen Verpflichtungen nicht mehr nachkommen, muss der Bürge dafür eintreten.

Datenfernübertragung: Elektronische Auftragserteilung, z. B. vom Kontoinhaber an sein Kreditinstitut. In der Regel vom Kunden-PC über das ISDN-Netz an das Kreditinstitut.

Dauerauftrag: Regelmäßige Zahlungen, die über eine lange Zeit die gleiche Summe (z. B. Miete) aufweisen, können mit einem Dauerauftrag erledigt werden. Die Bank überweist dann jeden Monat an dem angegebenen Tag die Summe auf das Konto des Empfängers. Ferner muss angegeben werden, ab wann der Betrag überwiesen werden muss und in welchen Zeitabschnitten.

Dax heißt Deutscher Aktienindex. Er ist eine Kennziffer, die Auskunft über die Entwicklung und den Stand der Aktienkurse gibt. Zur Berechnung werden die Kurse von 30 wichtigen deutschen Aktien aus den verschiedenen Wirtschaftsbereichen zugrunde gelegt. Der DAX wird an der Börse minütlich ermittelt und täglich bekannt gegeben.

Deflation: Gegenteil von Inflation. Anhaltendes Sinken des Preisniveaus für Endprodukte (Konsumgüter, Investitionsgüter) in einer Volkswirtschaft.

Depot ist die Bezeichnung für die bei einem Kreditinstitut verwahrten und verwalteten Wertpapiere eines Kunden.

Devisen: Im allgemeinen Sprachgebrauch alle ausländischen Zahlungsmittel. Im engeren Sinne: Ansprüche (Guthaben) auf Zahlungen in fremder Währung an einem Ort im Ausland, z. B. Schecks oder Wechsel in Dollar mit einem ausländischen Zahlungsort.

Disagio: Abgeld. Wenn z. B. ein Hypothekendarlehen zu 96 % der Darlehenssumme ausgezahlt wird, beträgt das Disagio (Damnum) 4 %.

Dispositions-Kredit: Ein Kredit, bei dem man mit der Bank vereinbaren kann, bis zur welcher Höhe man von einem Konto mehr Geld abholen kann, als man darauf hat. Zinsen fallen erst an, wenn man das Konto wirklich überzieht (entspricht einem Überziehungskredit).

Dividende: Hat eine Aktiengesellschaft mit Gewinn gearbeitet, so schüttet sie einen Teil des Jahresüberschusses an die Aktionäre aus. Der dann auf die einzelne Aktie entfallende Gewinnanteil wird Dividende genannt. Sie setzt sich zusammen aus einem bar ausgezahlten Teil (Bardividende) und einer Steuergutschrift für die anrechenbare Körperschaftssteuer.

Dow-Jones-Index: Aktienindex der New Yorker Börse (Wallstreet), der aus 30 ausgewählten Aktien berechnet und täglich veröffentlicht wird.

Effekten ist ein Sammelbegriff für Wertpapiere.

Effektengeschäft meint die Anschaffung und Veräußerung von Wertpapieren für andere.

Einzelkonto ist ein Konto mit nur einem Kontoinhaber.

Einzugsermächtigung: Wenn unterschiedliche Beträge, z. B. Telefon-, Stromrechnung usw. bezahlt werden müssen, empfiehlt sich die Einzugsermächtigung zugunsten der Firma, die die Rechnung ausgestellt hat. Diese wird damit ermächtigt, den Rechnungsbetrag vom Konto des Schuldners abbuchen zu lassen. Die Einzugsermächtigung kann jederzeit wieder aufgehoben werden.

Electronic Banking ist die Sammelbezeichnung für den elektronischen Zahlungsverkehr zwischen Kreditinstituten und Firmenkunden sowie Privatkunden. Dazu zählen Datenträgeraustausch, Datenfernübertragung und Datenbereitstellung für Firmenkunden, Online-Banking (Home-Banking), Direct Banking, Telefonbanking, SB-Banking sowie Zahlen am Point of sale.

Euro: Der Euro (€) ist ab 1. Januar 1999 Währungseinheit in der Europäischen Wirtschafts- und Währungsunion im bargeldlosen Zahlungsverkehr. Ab 1. Januar 2002 gibt die Europäische Zentralbank Euro-Noten und Münzen heraus (1 Euro = 100 Cent).

Eurocard ist eine Kreditkarte, die fast alle deutschen Kreditinstitute ausgeben. Im Verbund mit MasterCard ist sie weltweit einsetzbar.

Festverzinsliches Wertpapier: Alle Wertpapiere, die während ihrer gesamten Laufzeit zu einem vereinbarten festen (unveränderlichen) Satz verzinst werden, z. B. Anleihen, Kommunalobligationen, Pfandbriefe und Rentenwerte. Im Unterschied dazu variabel verzinsliche Anleihen; Dividendenwerte, also Aktien, deren Erträge von Jahr zu Jahr je nach Ertragslage der Aktiengesellschaften schwanken können oder Investmentzertifikate, deren Ertrag ebenfalls Schwankungen unterworfen ist.

Floating: Freies Schwanken der Wechselkurse einer Währung am Markt.

Fonds (Geldreserve): 1. **Aktienfonds** sind Gesellschaften, bei denen man sich mit einem bestimmten Kapital einkaufen kann, um dann an dem Gewinn oder Verlust dieser Gesellschaft teilzuhaben. Sie sind Investmentfonds, die überwiegend das Geld in Aktien anlegen. 2. **Investmentfonds** sind das Sondervermögen einer Kapitalgesellschaft. Die Investmentfonds verbriefen ein Miteigentumsrecht zu Bruchteilen am Sondervermögen. 3. **Immobilienfonds:** Besondere Art von Investmentfonds, bei denen das Fondsvermögen in Immobilien angelegt ist.

Freistellungsauftrag: Auftrag an ein Kreditinstitut seitens eines Privatkunden (nach amtlichem Muster), Zinseinnahmen bis zu jährlich 1 601 € (bei Ledigen) und 3 202 € (bei Verheirateten) vom 30 -%-Zinsabschlag freizustellen.

Führerscheinkonto ist ein Sparkonto mit Zinsen, zum Beispiel für das Ansparen eines Führerscheins von Jugendlichen im Alter von 12 bis einschließlich 18 Jahren.

Fusion ist der Zusammenschluss von zwei oder mehr Unternehmungen zu einer Unternehmung (Verschmelzung).

Geldwäsche: Die Rückführung rechtswidrig erworbener Geldmittel in den legalen Geldkreislauf, insbesondere „Wäsche" von Geldern, die aus organisierter Kriminalität stammen.

Gemeinschaftskonto: Ein Konto mit mindestens zwei Kontoinhabern. Zu unterscheiden sind Und-Konten, bei denen die Inhaber gemeinschaftlich verfügungsberechtigt sind, und Oder-Konten, bei denen die Kontoinhaber je einzeln verfügungsberechtigt sind.

Geschäftsfähigkeit ist die Fähigkeit, ein Rechtsgeschäft wirksam vornehmen zu können. Unbeschränkte Geschäftsfähigkeit wird mit Vollendung des 18. Lebensjahres erlangt.

Geschäftsunfähigkeit: Geschäftsunfähige können keine Rechtsgeschäfte abschließen. Als geschäftsunfähig gelten Kinder bis zum vollendeten 7. Lebensjahr sowie Personen, die sich im Dauerzustand schwerer Störungen ihrer Geistestätigkeit befinden. Ihre Willenserklärungen sind ungültig. Im Rechtsverkehr handeln für sie die gesetzlichen Vertreter.

Hypothek: Grundpfandrecht, das dem Gläubiger zur Sicherung einer Geldforderung gestellt und im Grundbuch eingetragen wird. Im Gegensatz zur Grundschuld stehen dem Gläubiger die Rechte aus der Hypothek nur zu, wenn die sichernde Forderung wirksam entstanden ist. Mit Rückzahlung der Forderung entfallen auch die Rechte aus der Hypothek. Die Hypothek ist also stets an bestimmte Forderungen gebunden.

Inflation: Geldentwertung (Sinken des Geldwertes), die sich durch ständiges Steigen des Preisniveaus für Endprodukte (Konsumgüter, Investitionsgüter) ausdrückt. Nach klassischer Theorie entsteht eine Inflation durch anhaltende überhöhte Güternachfrage über das gesamtwirtschaftliche Güterangebot hinaus.

Internet-Aktien: Aktien, die im Internet gehandelt werden, bzw. Aktien über Objekte des Internets oder von Firmen, die im oder für das Internet tätig sind.

Internet-Banking: Abwicklung des elektronischen Zahlungsverkehrs und weiterer Finanzdienstleistungen über das Internet.

Konto: Bei jedem Geldinstitut kann ein Konto eingerichtet werden. Der Personalausweis muss vorgelegt werden, damit niemand ein Konto unter falschem Namen einrichten kann. Über das Konto kann der Kontoinhaber allein verfügen. Er kann aber auch festlegen, dass mehrere Personen über das Konto verfügen können. Von jedem braucht das Geldinstitut eine Unterschriftsprobe, damit sich später prüfen lässt, ob eine Verfügung, z. B. ein Überweisungsauftrag, in Ordnung ist. Damit das Konto „genutzt" werden kann, muss Geld darauf sein.

Kontoauszug ist die schriftliche Mitteilung über die auf einem Girokonto in einem Zeitraum getätigten Umsätze mit Buchungstag, Wertstellung, Verwendungszweck und Betrag sowie dem alten und dem neuen Kontostand (Saldo).

Kredit: Jede leihweise Überlassung von Geld an einen anderen unter der Vereinbarung, dass nach einer bestimmten Zeit (Laufzeit) eine gleichhohe Summe zurückgezahlt werden muss, außerdem wird gewöhnlich eine laufende oder einmalige Zinszahlung vereinbart. Nach ihrer Laufzeit unterscheidet man kurzfristige (bis 12 Monate), mittelfristige (1 bis 4 Jahre) und langfristige (4 Jahre und länger) Kredite.

Kreditinstitute: Sparkassen, Banken (Weltbank, Zentralbank, Notenbank, Handelsbank, Privatbank, Effektenbank, Postbank, …). Anstalten oder Unternehmen für Geldverkehr und Kreditvermittlung.

Kreditkarten: Zahlungskarten, die bei den Anschlussfirmen der Kreditgesellschaften, z. B. vielen Sparkassen und Banken, zur Zahlung von Forderungen verwendet werden können. Fast alle Geschäfte, Tankstellen usw. im In- und Ausland nehmen die Kreditkarte als Zahlungsmittel an. In Deutschland sind es vor allem die Eurocard und die VISA-Card. Daneben gibt es weltweit viele Arten von Kreditkarten. Es gibt Standardkarten und Goldkarten. Mit der Goldkarte kann ich höhere Beträge und mehr Leistungen (z. B. Versicherung) bezahlen.

Kurs: Im engeren Sinn: Der amtlich notierte (festgesetzte) Preis eines an der Börse eingeführten Wertpapiers. Er wird entweder in Prozent des Nennwerts oder in Euro pro Stück (Aktie) ausgedrückt.

Kursindex: Gibt die Veränderung von Kursdurchschnitten an, bezogen auf einen Stichtag, an dem der Kursdurchschnitt = 100 gesetzt wurde.

Lastschrift ist ein Einzugspapier. Der Zahlungsempfänger erteilt einem Kreditinstitut den Auftrag, den Lastschriftbetrag beim Kreditinstitut des Zahlungspflichtigen zu Lasten eines genannten Girokontos einzuziehen und seinem Girokonto gutzuschreiben. Man unterscheidet zwei Lastschriftverfahren: die Einzugsermächtigung und den Abbuchungsauftrag.

Lebenshaltungskostenindex: Preisindex für die Lebenshaltung.

Markt: Ort des Aufeinandertreffens von Angebot und Nachfrage, an dem sich ein Preis bildet und ein Tausch vollzieht.

Normalzins: Der vertraglich zugesicherte, auf den Nennwert (Nominalwert) einer Schuldverschreibung bezogene Zinssatz.

Online-Banking: → Electronic-Banking

Order-Scheck: Verrechnungsscheck mit der Order „nur zur Verrechnung". Der Betrag muss einem Konto des Empfängers gutgeschrieben werden. Wenn der Scheck einem anderen Empfänger gutgeschrieben werden soll, muss der

Aussteller durch seine Unterschrift das auf der Rückseite des Schecks bestätigen.

Pfandbrief (auch Hypotheken-Pfandbrief): Von Spezialkreditinstituten ausgegebenes Gläubigerpapier, das der Refinanzierung von grundpfandlich gesicherten Krediten dient.

Quellensteuer: Eine Form des Steuereinzugs „an der Quelle", d. h. dort, wo zeitlich die Steuerpflicht beginnt, z. B. bei der Auszahlung von Einkünften. Bekannte Arten von Quellensteuern sind die Lohnsteuer und die Kapitalertragssteuer für Dividenden.

Scheck: Der Scheck ist eine Urkunde, die eine Zahlungsanweisung an eine Bank enthält. Er dient dem Aussteller dazu, bargeldlos aus seinem Bankkonto Zahlungen zu leisten. Die Bank des Ausstellers verpflichtet sich zur Einlösung eines ihr vorgelegten Schecks bis zum jeweiligen Betrag seines Bankguthabens. Er ist bei Vorlage bei der bezogenen Bank zahlbar.

Schließfach im Tresor eines Kreditinstitutes oder einer Bankgeschäftsstelle, das die Kunden zur Aufbewahrung von Wertgegenständen mieten können und das unter Doppelverschluss (Kunde und Bank haben je einen Schlüssel) steht.

Schufa, Abk. für „Schutzgemeinschaft für allgemeine Kreditsicherung". Sie ist eine Gemeinschaftseinrichtung der kreditgebenden deutschen Wirtschaft. Vertragspartner sind Kreditinstitute, Kaufhäuser, Versandhäuser, Kreditkartengesellschaften und Leasinggesellschaften. Aufgabe der Schufa: Informationen über Kunden mit dem Ziel, Verluste im Privatgeschäft zu verringern. Die Zusammenarbeit der Schufa unterliegt dem Bundesdatenschutzgesetz.

Schülerkonto (Taschengeldkonto) wird wie ein normales Konto geführt. Die Konditionen sind bei Sparkassen und Banken verschieden.

Skonto: Abzug für Barzahlung oder zeitnahe (sofort oder innerhalb von 2 – 3 Tagen) Zahlung bei der Begleichung von Rechnungen.

Solidaritätszuschlag: Bundessteuer in der Höhe von z. Zt. 5,5 % der festgesetzten Einkommensteuer, die als Ergänzungsabgabe erhoben wird. Er dient dem West-Ost-Transfer zur Förderung der neuen Bundesländer.

Sparbuch ist eine übliche Form der Sparurkunde, auf der jede „Ein- und Auszahlung" eingetragen ist. Für das ersparte Geld bekommt man Zinsen, die am Ende des Jahres auf dem Sparkonto gutgeschrieben werden. Jedes Geldinstitut hat seine eigenen Sparbücher. Bei den Zinsen kann man über die Höhe mit der Bank verhandeln.

Spar-Dauerauftrag aufgrund dessen, z. B. monatlich, ein gleichbleibender Betrag vom Girokonto auf ein Sparkonto umgebucht wird.

Startkonto: Kostenfreies Girokonto für Schüler und Jugendliche oder auch darüber hinaus bis zum 21. bzw. 30. Lebensjahr. Die Sparkassen und Banken haben unterschiedliche, günstige Angebote.

Termingeld sind befristete Einlagen, die als Festgeld (überwiegend) oder als Kündigungsgeld (selten) gehalten werden.

Tilgung ist die Rückzahlung einer Schuld an den Kreditgeber (Gläubiger).

Überweisung ist eine bargeldlose Zahlung von einem Konto (Auftraggeber / Zahlungspflichtiger) auf ein anderes Konto (Zahlungsempfänger / Begünstigter).

Verrechnungsscheck: Beim Verrechnungsscheck wird das Geld nicht bar ausgezahlt, sondern nur der Betrag auf dem Konto des Empfängers gutgeschrieben.

Vorschusszinsen sind Zinsen, die vom Kreditinstitut bei vorzeitiger Verfügung eines Sparers über seine Spareinlage in Rechnung gestellt werden. Überwiegend liegen die Vorschusszinsen ein Viertel (25 %) über dem vergüteten Habenzinssatz (Vorfälligkeitsentgelt).

Wechsel: Wechsel sind heute wichtige Finanzierungs- und Kreditmittel im Handelsverkehr. Dienen sie der kurzfristigen Finanzierung von Warengeschäften, handelt es sich um Warenwechsel, fehlt ein Warengeschäft, um Finanzwechsel. Der Wechsel ist eine Urkunde, worin der Aussteller (Gläubiger) den Bezogenen (Schuldner) auffordert, einen bestimmten Betrag an einem ganz bestimmten Tag entweder an den Aussteller oder einen Dritten (Wechselnehmer) zu zahlen. Durch seine Unterschrift (Akzept) verpflichtet sich der Bezogene zur

Zahlung der Wechselsumme in einer bestimmten Zeit (meist 3 Monate).

Wechselkurs ist das Umrechnungsverhältnis einer Währungseinheit in eine andere.

Wertpapier ist eine Urkunde, die ein privates Vermögensrecht verbrieft. Das Recht kann nur geltend machen, wer im Besitz der Urkunde ist; → Effekten.

Zinsen sind die Vergütung für die Überlassung von Kapital. Sollzinsen sind Zinsen, die für einen Bankkredit an ein Kreditinstitut zu zahlen sind (Gegenteil: Habenzinsen).

Kleines Lexikon zum Thema Telekommunikation

Anbieter: Anbieter sind Firmen, die einzelne oder alle Gespräche für einen eigenen Tarif anbieten. Durch die Konkurrenz verschiedener Anbieter kann der Telefonkunde Telefonkosten einsparen. Die Anbieter bieten verschiedene Tarife für die Gesprächslänge und die Entfernung zwischen den Gesprächsteilnehmern an. Die Tarife wechseln ständig, weshalb ein Vergleich zu empfehlen ist.

a/b-Terminaladapter: Wandelt die analogen Schwingungen in digitale Informationen um. So können analoge Endgeräte wie Fax und Modem am ISDN-Anschluss arbeiten.

Analoge Endgeräte übertragen die Sprache oder andere Informationen analog ins Telefon oder Faxgerät, in den Anrufbeantworter oder das Modem.

Analoge Sprachübertragung: Für die Übermittlung von Sprache über das Telefon werden akustische Schwingungen in kontinuierliche elektrische Signale umgewandelt, die über ein Leitungsnetz übertragen werden (→ digitale Sprachübertragung).

anklopfen: Ein Signalton meldet während eines Gespräches, wenn ein weiterer Gesprächspartner anruft. ISDN-Telefone signalisieren dies zusätzlich mit einer Displaynachricht. Zur Gesprächsannahme muss das Endgerät mit Tonwahl und Hook-Flash-Funktion ausgerüstet sein.

Anlagenanschluss: ISDN-Basisanschluss in Point-to-Point-Konfiguration. An den Anlagenanschluss kann nur eine ISDN-TK-Anlage angeschaltet werden. Endgeräte werden dann direkt an der ISDN-TK-Anlage angeschlossen. Wichtiges Leistungsmerkmal ist die Durchwahl, sie bietet die Möglichkeit, gezielt eine Nebenstelle von außen anzuwählen.

Anruffilter ist ein Leistungsmerkmal von z. B. Komforttelefonen und Anrufbeantwortern. Es kann individuell festgelegt werden, welche Anrufe signalisiert bzw. nicht signalisiert werden oder welche Anrufer die Ansage des Anrufbeantworters abhören bzw. eine Nachricht aufsprechen können. Voraussetzungen sind die Übermittlung der Rufnummer des Anrufenden und die Anzeige der Rufnummer. Ausgeschlossen werden können auch alle Anrufer, deren Rufnummer nicht übermittelt wird.

Anrufsperre: Es können Rufnummern festgelegt werden, zu denen Anrufe nicht möglich sind.

Anzeige der Rufnummer auf dem Display: Komfortable Telefone und die Rufnummernbox zeigen die Rufnummern des Anrufers im Display an, sofern er die Übermittlung der Rufnummern aktiviert und nicht unterdrückt hat.

Aufmerksamkeitston: Einblenden eines akustischen Signals in laufende Telefongespräche, z. B. beim Anklopfen.

Basisanschluss umfasst zwei Nutzkanäle und einen Steuerungskanal. Die beiden Nutzkanäle können unabhängig voneinander für jeden im ISDN angebotenen Dienst genutzt werden. Sie können also telefonieren und zur gleichen Zeit faxen.

bildtelefonieren: Ist eine Kommunikationsart, bei der die Teilnehmer nicht nur akustisch miteinander kommunizieren, sondern auch in direktem Blickkontakt miteinander stehen.

Chipkarte ist eine kreditkartengroße Speicherkarte, die als intelligente SmartCard mit Rechnersystem für Funktionen im Rahmen der Autorisierung ausgestattet ist.

Call-by-Call bedeutet, dass bei jedem Anruf ein anderer Anbieter genutzt werden kann. Die Netzkennzahl muss dann vor dessen Rufnummer gewählt werden.

Digitale Sprachübertragung: Durch die international genormte Pulse Code Modulation (PCM) werden analoge Sprachsignale in einen digitalen Impulsstrom umgewandelt. Vorteile: bessere Sprachqualität und geringere Störanfälligkeit bei der Übertragung (→ analoge Sprachübertragung).

Direktruf sperrt das Telefon für alle Rufnummern außer für eine individuell eingegebene Nummer. Nach Abnehmen des Hörers und Betätigen einer beliebigen Taste wird automatisch die Verbindung zu der gespeicherten Rufnummer hergestellt. Ideal für Kinder, die noch keine Rufnummern wählen können.

D-Netz ist die Bezeichnung für die beiden GSM-Funktelefone in Deutschland.

Durchwahl: Ein Leistungsmerkmal von größeren TK-Anlagen am Anlagenanschluss. Die Nebenstellen können gezielt angerufen werden.

Einzelverbindungsübersicht: Auf Wunsch erhält der Kunde zusätzlich zu seiner Rechnung eine Einzelverbindungsübersicht. Sie enthält alle Gespräche einschließlich Datum, Uhrzeit, Beginn, Dauer, Gebühr, Betrag, Zielrufnummer und Ortsnetz.

Electronic Cash: Konzept der deutschen Kreditwirtschaft für den bargeldlosen Zahlungsverkehr im Online-Betrieb.

Elektronisches Codeschloss (→ PIN): Persönliche Kennziffer, mit der z. B. ein Telefon gegen unberechtigtes Telefonieren gesichert werden kann. Ankommende Gespräche können angenommen werden. Der Notruf bleibt wählbar.

Erweiterte Wahlwiederholung: Eine gewählte Rufnummer wird in einem Speicher des Telefons „geparkt". Sie kann später durch Tastendruck wieder gewählt werden, auch wenn zwischendurch mit anderen Rufnummern telefoniert worden ist.

Euro-ISDN: Harmonisiertes, in Europa standardisiertes ISDN, beruhend auf dem Signalisierungsprotokoll DSS1, zu dessen Einführung sich Netzbetreiber in über 20 europäischen Staaten verpflichtet haben. In Deutschland stellt das Euro-ISDN inzwischen die Regeltechnik dar.

Fax ist die Kurzform für Telefax. Es überträgt Texte, Grafiken und Dokumente über das Telefonnetz. Faxgeräte sind entweder für das analoge Netz ausgelegt oder arbeiten im ISDN. Es gibt auch Faxgeräte, die nur über einen Terminaladapter oder über eine TK-Anlage an das ISDN angeschlossen werden können.

Faxweiche ist erforderlich beim Betrieb von Fax und Anrufbeantwortern / Telefon an einem Telefonanschluss. Aktive Weichen nehmen den Anruf entgegen und erkennen ein Fax am Faxton. Passive Weichen treten erst in Aktion, wenn ein Anrufbeantworter oder Telefon die Verbindung übernommen hat. Erkennen sie dann den Faxton, wird der Anruf vom Faxgerät aufgenommen.

Fernschalten, das: Du kannst von jedem Telefon aus die Heizung, die Gartenbeleuchtung oder die Rollläden in dem Ferienhaus steuern. Du kannst dafür jedes MFV-Telefon (= Tastentelefon mit Tonwahl) benutzen. Der Schutz vor Missbrauch wird durch dein persönliches Passwort sichergestellt.

Feststation (Basisstation) ist die Zentraleinheit von schnurlosen Systemen. Es gibt zwei verschiedene Ausführungen: Die einfache Feststation dient zum Aufladen der Handgeräte, bei den so genannten Komforttelefonen ist die Feststation gleichzeitig als Telefon nutzbar, die Handgeräte werden über separate Ladestationen aufgeladen.

freisprechen: Gemeint ist telefonieren bei aufliegendem Hörer. Dies ist möglich bei Telefonen mit eingebautem Mikrofon und Lautsprecher. Weitere Personen im Raum können so am Gespräch teilnehmen.

GAP Abk. für Generic Access Profile. Funkprotokoll, über das schnurlose Telefone in DECT-Systemen mit der Basisstation Kontakt halten. Handgeräte in GAP-Technologie können herstellerunabhängig an allen Feststationen mit GAP-Schnittstelle betrieben werden.

GSM Abk. für Global System for Mobile Communications. Internationaler Standard für den digitalen Mobilfunk, auf dem auch T-D1 von T-Mobil und D2 von Mannesmann basiert.

Der GSM-Standard ist ein Mobilfunk-Standard, auf den sich z. Zt. über 100 Staaten geeinigt haben. Das heißt, weltweit entsteht inzwischen eine Vielzahl kompatibler, also zusammenpassender Mobilfunknetze. Der GSM-Standard ermöglicht allen Kunden über die Grenzen Deutschlands hinaus bereits in 70 Ländern auf fünf Kontinenten zu telefonieren. Für die Kunden bedeutet das: Sie sind in Deutschland und weiteren Ländern unter ihrer Nummer erreichbar und können mit jedem Telefonanschluss weltweit telefonieren.

Handy: Tragbares Telefon, mit dem man im ISDN und im Mobilfunk telefonieren kann. Das PCS-Handy z. B. dient zu Hause als Haus- und in der näheren Umgebung als ISDN-Telefon und funkt weiter draußen auf dem Mobilfunknetz.

HeadSet ist eine Kombination aus Kopfhörer und Mikrofon als nützliche Hilfe für alle, die viel telefonieren müssen und dabei die Hände für Notizen frei haben wollen.

Hook-Flash ist die Nutzung der Komfortleistungen am Telefon. Rückfragen, Makeln, Dreierkonferenzen im T-Net und bestimmte Leistungsmerkmale einiger TK-Anlagen sind nur mit der Hook-Flash-Funktion (langer Flash) der Signaltaste am Telefon möglich. Bei modernen Telefonen ist dies mit „R" bezeichnet.

IAE Abk. für ISDN-Anschlusseinheit. Standardisierte Steckdose, an der ISDN-Endgeräte angeschlossen werden.

InfoBox ein Produkt von Telefax 400 Services für den Informationsabruf aus einer Faxdatenbank (Fax-on-demand).

ISDN Abk. für Integrated Services Digital Network, übersetzt: Dienste integrierendes digitales Netzwerk. ISDN integriert Telekommunikation in einem Netz. Die Digitalisierung verbessert die Übertragungsqualität und erhöht die Übertragungsgeschwindigkeit gegenüber der herkömmlichen analogen Übertragung.

ISDN-Intern/Extern: Alternative Bezeichnung für den S0-Bus.

ISDN-Karte: Adapter für den Anschluss vom PC an den ISDN-Basisanschluss. Technisch unterscheidet man passive und aktive Karten. Aktive Karten verfügen über einen eigenen Prozessor, der Kommunikationsvorgänge unabhängig vom PC-Prozessor abwickelt und somit keine Ressourcen benötigt. Eine passive ISDN-Karte hingegen nutzt Ressourcen des PCs und arbeitet, je nach Leistungsfähigkeit des PCs, unter Umständen nur eingeschränkt im Hintergrund.

Kabelanschluss bietet fast alle PAL-Fernsehprogramme und fast alle UKW-Hörfunkprogramme.

KIT Abk. für Kernsoftware für intelligente Terminals. Multimedia-Standard in T-Online. KIT unterstützt durch die grafische Oberfläche die Einbindung von Grafiken, Fotos und Videosequenzen. Vorteilhaft ist, dass grafische Elemente nur einmal übertragen werden müssen und dann als KIT-Objekte auf der Festplatte des PCs vorliegen. Dadurch verkürzen sich die Übertragungszeiten erheblich.

Konferenzschaltung ist ein Leistungsmerkmal von TK-Anlagen. Mehrere interne oder externe Gesprächsteilnehmer können gleichzeitig telefonieren.

Kurzwahlspeicher ist ein Speicher für häufig benutzte Rufnummern.

Lauthören ist bei Telefonen mit eingebautem Lautsprecher möglich, sodass anwesende Personen im Raum mithören können.

Mailbox ist eine Möglichkeit zum Speichern von Nachrichten, beispielsweise bei Anrufbeantwortern als „elektronisches Notizbuch". Es werden Mitteilungen festgehalten, die dann später abgerufen werden können.

makeln: Erlaubt es, zwischen zwei externen bzw. internen Gesprächspartnern hin- und herzuschalten, ohne dass der wartende Teilnehmer mithören kann. Unterstützung durch das Endgerät (R-Taste) erforderlich.

MFV, das: Das sind die Wähltöne von Tastentelefonen. Auch Fernschaltgeräte empfangen die Befehle in Form dieser Töne.

Mikrofonstummschaltung: Taste zum Abschalten des Mikrofons. Der Gesprächspartner kann dann die im Raum geführten Rückfragen nicht mithören.

Mitschneiden von Telefongesprächen: Mit Hilfe eines Anrufbeantworters ist die Aufzeichnung eines Gespräches auch während des Telefonats möglich.

Mobilfunk: Der Mobilfunk ist auf Stationen aufgebaut, die überall die vom Benutzer ausgehenden Gespräche empfangen und weitergeben können.

Das Mobilfunknetz von D1 und D2 ist als Kleinzellen-Netz konzipiert. Es besteht schon jetzt aus mehr als 10.000 Zellen mit Sende- und Empfangsstationen. Der Radius der Funkzellen schwankt zwischen 250 m und 35 km. Er richtet sich u. a. nach der Topographie und dem zu erwartenden Gesprächs-Aufkommen pro Stunde.
Die Topographie, also die Beschaffenheit und Bebauung der Erdoberfläche, spielt eine große Rolle, weil sich die Funkwellen, z. B. von D 2 privat quasi-optisch ausbreiten, also „soweit das Auge reicht". Deshalb sind die Zellen in Gebieten mit Bergen und Hügeln oder auch Hochhäusern, die die Funkwellen in ihrer Ausbreitung beschränken, kleiner. Im Flachland hingegen, wo nur wenige Hindernisse die Ausbreitung der Funkwellen beeinträchtigen, sind die Zellen dementsprechend größer.
Das Gesprächs-Aufkommen beeinflusst die Zellen-Konzeption so: Je mehr Gespräche geführt werden, desto kleiner sind die Zellen und desto dichter liegen ihre Zentren, die Sende- und Empfangsstationen (Basisstationen), beieinander, da diese nur über eine begrenzte Kapazität verfügen.

Den Wechsel von Zelle zu Zelle bemerkt der Nutzer nicht, die Steuerung wird vollständig vom System übernommen. Gespräche werden ohne Unterbrechung von Zelle zu Zelle weitergereicht.
Obwohl das Mobilnetz inzwischen flächendeckend mit Basisstationen ausgebaut ist, kann es unter bestimmten Bedingungen zu Beeinträchtigungen kommen – beispielsweise innerhalb von Gebäuden. So schwächen vor allem Stahlbetonbauten die Funkwellen besonders stark ab. Beim Telefonieren mit einem 2-Watt-Handy wird dann der Empfang u. U. stark beeinträchtigt.

Nebenstelle bezeichnet bei TK-Anlagen den mit der Anlage verbundenen Endgeräteanschluss (z. B. Telefon). Jede Nebenstelle kann auf die Anlageleistung zugreifen und mit anderen Nebenstellen kommunizieren.

Paging: 1. Bei schnurlosen Telefonen wird ein akustisches Signal von der Feststation zum Handgerät gesendet. Innerhalb der Reichweite der Telefone können mit dieser Funktion z. B. verlegte Geräte gesucht werden. 2. Übertragung von Informationen an einen Funkrufempfänger (Pager).

PIN Abk. für persönliche Identifikationsnummer. Sie dient als Schutz vor unberechtigter Benutzung.

Plug-in-SIM meint die Miniversion der Funktelefon-Berechtigungskarte (SmardCard) in Form einer steckbaren Chipkarte. Sie wird bei vielen Handys aus Platzgründen eingesetzt.

Preselection: Wenn Sie Ihre Ferngespräche grundsätzlich über ein anderes Telefonnetz als das der Deutschen Telekom führen wollen, entscheiden Sie sich für Preselection. Sie müssen sich dann bei einer Telefongesellschaft Ihrer Wahl anmelden und führen zukünftig alle Gespräche, für die Sie eine „0" vorweg wählen müssen, zu den Tarifen dieses Anbieters. Über eine kostenlose Telefonnummer können Sie abfragen, wann Ihr Anschluss auf das Telefonnetz des neuen Anbieters umgestellt ist.

Programmierung über PC: Du kannst deine Anlage nicht nur über ein Telefon, sondern auch mit deinem PC programmieren. So geht die Programmierung deines elektronischen Telefon-Systems besonders schnell. Die Software für DOS und WINDOWS gehört bei diesen Anlagen zum Lieferumfang.

Roaming: Leistungsmerkmal der Funknetze, das die Erreichbarkeit der Mobilstationen in allen Funkzellen des gesamten Versorgungsbereichs eines Netzes sicherstellt. Roaming kann sich auch über gleichartige Netze verschiedener Netzanbieter erstrecken wie beispielsweise beim Internationalen Roaming im europäischen GSM-System.

R-Taste: Telefone, die mit der R-Taste (Rückfragetaste) ausgestattet sind, eignen sich auch für den Anschluss an TK-Anlagen. Bei modernen Telefonen löst die R-Taste die Hook-Flash-Funktion aus. Sie ist für die Nutzung der Komfortleistungen im T-Net wie Rückfragen / Makeln und Dreierkonferenz erforderlich.

Rückruf bei besetzt: Leistungsmerkmal im T-Net und T-ISDN. Nach Freiwerden des angerufenen, besetzten Anschlusses erfolgt eine Signalisierung beim Anrufer. Sobald dieser dann den Hörer abhebt, wird die Verbindung automatisch hergestellt. Zuvor muss jedoch der Rückruf vom Anrufer an seinem Endgerät aktiviert werden.

S0-Bus: Werden an der S0-Schnittstelle des Mehrgeräteanschlusses mehrere IAE-Dosen parallel angeschlossen, nennt man diese Installation einen externen S0-Bus (ISDN Extern): Er stellt zwei B-Kanäle und einen D-Kanal zur Verfügung. Der S0-Bus wird vieradrig ausgeführt; an ihm lassen sich bis zu 12 IAE-Dosen installieren.

S0-Schnittstelle ist eine internationale standardisierte Schnittstelle für ISDN-Einrichtungen.

Scall: Funkrufdienst ohne monatlichen Grundpreis, bei dem in einem bestimmten PLZ-Bereich Nachrichten angezeigt werden.

Selektives Abhören: Bei Anrufbeantwortern können Nachrichten übersprungen, gezielt abgefragt oder gelöscht werden.

Set-top-Box: Decoder-Einheit für die Einbeziehung des Kabelanschlusses in ein interaktionsfähiges, multimediales Kommunikationskonzept.

SIM Abk. für Subscriber Identity Module. Chipkarte mit Prozessor und Speicher für

GSM-Telefone, auf der die vom Netzbetreiber vergebene Teilnehmernummer gespeichert ist.

Speichersendung: Sendemethode bei Faxgeräten, bei der das Dokument in den Speicher eingelesen und erst danach gesendet wird. Sie erhalten das Orginal unmittelbar nach dem Einlesen zurück und müssen den Sendevorgang nicht abwarten.

Sperrfunktion: Ein Code sichert ihr Telefon gegen unbefugte Benutzung. Durch die Eingabe von ein- oder mehrstelligen Sperrnummern kann die Wahl von bestimmten Rufnummern, bzw. Rufnummergruppen verhindert werden.

TAE Abk. für Telekommunikationsanschlusseinheit. In Deutschland übliche Steckdosen zum Anschluss analoger Telekommunikationsgeräte an das T-Net. Bei den TAE-Steckern und TAE-Steckdosen wird zwischen **F-Codierung** (**F** bedeutet Fernsprechen) und **N-Codierung** (**N** bedeutet nicht Fernsprechen) unterschieden. Bei der F-Codierung sind die Stecker am Telefon, bei der N-Codierung an Zusatzgeräten, wie z. B. Faxgeräten, Modems oder Anrufbeantwortern angebracht.

Tarifbereiche: Für Verbindungen, die aus den Netzen der Deutschen Telekom geführt werden, gibt es die Tarifbereiche City, Regional (nur im T-Net), Deutschland und Ausland. Dabei umfasst der City-Bereich den Bereich der eigenen Vorwahl und daran angrenzende Bereiche. Andere Anbieter haben ganz andere Tarife und Zeiteinheiten.

Telefonbuchfunktion: Bei einigen Telefonen mit Display kann eine bestimmte Anzahl von Telefonnummern mit Namen abgespeichert werden. Diese lassen sich alphabetisch aufrufen und anwählen.

Telefonkarte: Eintrittskarte für die Welt des digitalen Funknetzes. Sie aktiviert das digitale Telefon. Der Microchip der Karte enthält die Funktelefonnummer und auf Wunsch die PIN.

UMTS kann mit Handy oder Laptop zur schnelleren Datenübertragung im Mobilfunkbereich angemeldet werden.

VoiceBox: Der Anrufbeantworter von Scall. Die VoiceBox nimmt bis zu 20 Sprachnachrichten von max. 60 Sekunden entgegen und informiert sofort, wenn eine Nachricht vorliegt. Die Mitteilung ist telefonisch abhörbar.

Wahl bei aufliegendem Hörer: Komfortfunktion beim Telefonieren. Man nimmt erst den Hörer ab, wenn sich der Teilnehmer meldet.

Zentraler Kurzwahlspeicher: Leistungsmerkmal von TK-Anlagen. Abhängig von der Speichergröße können in der TK-Anlage Rufnummern gespeichert und dann mit einer Tastenkombination von jedem angeschlossenen Telefon aufgerufen werden.

Teil III
Wortfelder

Wortfelder

Die Wortfelder helfen dir, das treffende Wort zu finden und dich abwechslungsreich auszudrücken.

ablehnen: abschlagen, untersagen, verneinen, verweigern, zurückweisen, den Kopf schütteln, wegschicken

angeben: sich aufblasen, sich aufplustern, aufschneiden, aufspielen, dick auftragen, eingebildet sein, den großen Mann markieren, die große Frau spielen, groß tun, ein großes Maul haben, den Mund zu voll nehmen, auf die Pauke hauen, prahlen, protzen, sich rühmen, eine Schau abziehen, Sprüche klopfen, große Töne spucken, übertreiben, immer im Vordergrund stehen, sich wichtig nehmen, viel Wind um nichts machen, das Wort führen

anstrengen: abmühen, abplagen, abquälen, abrackern, ackern, aufreiben, bemühen, alle Hebel in Bewegung setzen, sich auf den Hosenboden setzen, alle Kraft aufwenden, alle Kräfte mobilisieren, sein Möglichstes tun, sich Mühe geben, plagen, quälen, sich in Schweiß bringen, schuften, nichts unversucht lassen, sich ins Zeug legen, sich zusammenreißen

arbeiten: abarbeiten, anfertigen, anstrengen, sich beschäftigen, einer Beschäftigung nachgehen, eine Tätigkeit ausüben, sich quälen, einen Beruf erlernen, ein Berufspraktikum absolvieren, berufstätig sein, schuften, den Tag über beschäftigt sein, viel zu tun haben, Geld verdienen, Gehalt bekommen, malochen, viel um die Ohren haben, etwas schaffen, Stress/Ärger haben, tätig sein, schnell arbeiten, schnellstens erledigen, langsamer arbeiten als ..., zügig arbeiten, gewissenhaft/oberflächlich arbeiten, arbeitslos sein, erwerbslos sein

auch: unter anderem, ansonsten, außerdem, daneben, darüber hinaus, dazu, desgleichen, ebenfalls, ebenso, ferner, genauso, gleichermaßen, gleichfalls, in demselben Maße, noch, sonst noch, sowie, überdies, im Übrigen, ungeachtet, und, des Weiteren, in gleicher Weise, weiter, weiterhin, zudem, zugleich, zusätzlich

außergewöhnlich: auffallend, Aufsehen erregend, ausgefallen, einmalig, erstklassig, außerordentlich, bahnbrechend, beeindruckend, beispiellos, bewundernswert, eindrucksvoll, einmalig, famos, fantastisch, genial, gewaltig, groß, großartig, hervorragend, ideal, imponierend, irre, mustergültig, prächtig, prima, richtungweisend, sagenhaft, sensationell, spitzenmäßig, super, toll, überwältigend, umwerfend, ungewöhnlich, unvergleichbar, zauberhaft

betrügen: anschmieren, aufsitzen lassen, belügen, schummeln, beschwindeln, bluffen, für dumm verkaufen, einwickeln, ergaunern, in eine Falle locken, eine Falle stellen, das Fell über die Ohren ziehen, fremdgehen, hereinlegen, hintergehen, mit falschen Karten spielen, aufs Kreuz legen, leimen, hinters Licht führen, mogeln, zum Narren halten, übers Ohr hauen, prellen, reinlegen, ein falsches Spiel spielen, ein Schnippchen schlagen, schummeln, täuschen, tricksen, eine krumme Sache drehen, überlisten, übervorteilen, unterschlagen, veräppeln, verschaukeln, etwas vormachen, vertuschen

bewältigen: eine Tat ausführen, bewerkstelligen, eine Sache durchführen, durchsetzen, erledigen, etwas erreichen, mit etwas fertig werden, Probleme in den Griff bekommen, einer Aufgabe gewachsen sein, sich zu helfen wissen, hinkriegen, eine Hürde nehmen, im Klaren damit sein, es schaffen, Schwierigkeiten überwinden, eine Sache schaukeln, mit etwas umgehen können, vollbringen, vollenden, ans Ziel kommen, zurechtfinden, zurechtkommen, zu Stande bringen, zu Ende bringen

dauernd: andauernd, am laufenden Band, beharrlich, beständig, von Dauer, durchgehend, ohne Ende, endlos, ewig, in einem fort, von früh bis spät, fortwährend, gleich bleibend, immer wieder, immer, jahraus/jahrein, jährlich, jederzeit, konstant, kontinuierlich, laufend, nach wie vor, pausenlos, regelmäßig, rund um die Uhr, ständig, stets, den ganzen Tag, die ganze Nacht, über Tage und Wochen hin, stündlich, täglich, tagelang, unentwegt, ohne Unterbrechung, ohne Unterlass, ununterbrochen, zu jeder Zeit

denken: abwägen, ausbrüten, ausdenken, ausklügeln, austüfteln, bedenken, Bedenken haben, begreifen, besinnen, in Betracht ziehen, beurteilen, bewusst werden, die Situation bewusst machen, darauf kommen, draufkommen, durchdenken, einschätzen, einsehen, erfassen, erkennen, folgern, fragen, Gedanken machen, seinen Geist anstrengen, grübeln, Ideen haben, den Kopf zerbrechen, auf dem Holzweg sein, etwas durch den Kopf gehen lassen, sich konzentrieren, den Kopf zerbrechen, meinen, eine Meinung haben, nachdenken, planen, prüfen, in sich gehen, raten, reflektieren, im Kopf haben, überdenken, überlegen, Überlegungen anstellen, den Verstand gebrauchen, den Verstand einsetzen, vorausdenken, vorstellen, Lösungen suchen, zweifeln, die grauen Zellen in Bewegung setzen

dick: aufgebläht, aufgedunsen, aufgeschwemmt, gut beieinander sein, beleibt, breit, dickleibig, drall, fett, fettleibig, füllig, gut im Futter sein, gut genährt, gut gepolstert, korpulent, kugelrund, mächtig, mollig, aus allen Nähten platzen, plump, prall, pummelig, rund, rundlich, schwabbelig, schwerfällig, Speck auf den Rippen haben, speckig, Babyspeck, stämmig, stattlich, Übergewicht haben, umfangreich sein, unförmig, untersetzt, vollschlank, zu viel wiegen, wohlbeleibt, wohlgenährt, aussehen wie ein Kleiderschrank, hinter ihm verstecken können, er hat zugenommen

dumm: begriffsstutzig, beschränkt, ein Brett vor dem Kopf haben, doof, nicht bis drei zählen können, dümmer, als die Polizei erlaubt, einfältig, geistesschwach, auf den Kopf gefallen sein, der Groschen fällt pfennigweise, schwer von Begriff, nicht alle Tassen im Schrank haben, unbedarft, unbegabt, unerfahren, unverständig, die Weisheit nicht mit Löffeln gegessen haben

essen: zu Abend essen, zu Mittag speisen, Appetit haben, auswärts essen, den Untermieter beköstigen, dinieren, sich ernähren, fressen, frühstücken, futtern, genießen, hineinstopfen, hineinhauen, den Hunger stillen, knabbern, kosten, löffeln, etwas zu sich nehmen, nippen, picknicken, probieren, reinhauen, sich sättigen, saufen, spachteln, wie ein Spatz essen, speisen, schlemmen, schlingen, schmatzen, schmausen, wie ein Scheunendrescher essen, schlucken, tafeln, trinken, verdrücken, verzehren, verschlingen, zulangen, zwischen die Zähne schieben

fleißig: arbeitsam sein, arbeitswillig, bestrebt, Bienenfleiß entwickeln, bienenfleißig, ehrgeizig, eifrig, emsig, freudig, geschäftig, produktiv, strebsam wie die Ameisen, tatkräftig, tüchtig, willig, zugreifen, zupackend

fortbewegen: davonpreschen, galoppieren, gleiten, fahren, fliegen, flitzen, hetzen, hoppeln, hüpfen, huschen, krabbeln, kriechen, laufen, rennen, reiten, robben, schleichen, schreiten, schweben, schwimmen, segeln, springen, stapfen, stolzieren, traben, trampeln, trippeln, watscheln

ganz: alles, von Anfang bis Ende, alles oder nichts, in jeder Art und Weise, durch und durch, ohne Einbuße, ganz oder gar nicht, gesamt, von Grund auf, bis auf den Grund, mit Haut und Haaren, insgesamt, im Ganzen gesehen, als Ganzes, komplett, lückenlos, mit Stumpf und Stiel, total, in vollem Umfang, vollständig

Gebäude: Anwesen, Bau, Bauwerk, Bauernhaus, Baracke, Blockhaus, Burg, Einfamilienhaus, Ferienwohnung, Ferienhaus, Garage, Haus, Heim, Hochhaus, Hütte, Landhaus, Mehrfamilienhaus, Mietskaserne, Mietwohnung, Reihenhaus, Schuppen, Stall, Scheune, Schloss, Turm, Villa, Wolkenkratzer, Zweifamilienhaus

gehen: aufbrechen, ausbüchsen, abhauen, ausgehen, ankommen, die Beine in die Hand nehmen, die Beine vertreten, bewegen, bummeln, davongehen, davonlaufen, sich davonstehlen, eilen, wie eine Ente watscheln, wie auf Eiern gehen, entkommen, flitzen, flüchten, die Füße vertreten, fortgehen, fortlaufen, hasten, herumtreiben, heimkehren, hetzen, hinken, humpeln, hüpfen, krabbeln, latschen, laufen, losziehen, marschieren, rasen, rennen, eine Runde drehen, pilgern, schleichen, schlendern, schreiten, schwanken, spazieren gehen, springen, stolpern, strolchen, sprinten, spurten, stapfen, stiefeln, stöckeln, straucheln, torkeln, trampeln, trippeln, trödeln, verdrücken, verschwinden, wandeln, wandern, weglaufen, das Weite suchen

gemein: böse, ehrlos, erbärmlich, frech, Frechheit, garstig, hinterlistig, lumpig, niederträchtig, schäbig, schadenfroh, schlecht, schuftig, teuflisch, unbarmherzig, unfair, verwerflich, widerlich

groß: ausgedehnt, bis in den Himmel, beachtlich im Ausmaß, mit ungeheurem Umfang, baumhoch, breit, endlos, riesig, enorm, gewaltig, gigantisch, groß gewachsen, groß geraten, hoch, immens, kolossal, lang wie eine Bohnenstange, mannshoch, maxi, unermesslich, unübersehbar, riesengroß, super,

weiträumig, wuchtig, unüberschaubar

klein: beengt, nicht geräumig, gering, nicht groß, klein gebaut, klein gewachsen, klein geraten, klitzeklein, knapp, kurz, mickrig, mini, winzig, zierlich, zwergenhaft

komisch: eigenartig, eigentümlich, lächerlich, lachhaft, lustig, merkwürdig, seltsam, sonderbar, ulkig

lachen: auflachen, belächeln, vor Lachen biegen, in ein Gelächter ausbrechen, gackern, grinsen, aus vollem Halse lachen, lächeln, jauchzen, jubeln, kaputtlachen, kichern, krank lachen, krumm und schief lachen, vor Lachen kugeln, einen Lachanfall bekommen, lächeln, vor Lachen den Bauch halten, loslachen, laut lachen, schieflachen, scherzen, schmunzeln, strahlen, totlachen, Tränen lachen

laut/leise: gellend, geräuschvoll, grunzen, laut rufen, laut schreien, krachend, schallend, schrill, ohrenbetäubend, ohne Geräusch, gedämpft, lautlos, flüstern, leise, still, stillschweigend, leise sprechen, wispern

lügen: anlügen, anschwindeln, einen Bären aufbinden, belügen, betrügen, erfinden, einschleimen, erlügen, bewusst falsch darstellen, bewusst die Tatsachen falsch wiedergeben, sich etwas aus den Fingern saugen, flunkern, heucheln, Lügen erzählen, Lügengeschichten, wie gedruckt lügen, das Blaue vom Himmel lügen, schwindeln, unaufrichtig sein, die Unwahrheit sagen, etwas Falsches erzählen, veräppeln, etwas verdrehen, nicht bei der Wahrheit bleiben, es mit der Wahrheit nicht so genau nehmen

müde: die Augen nicht mehr aufhalten können, sich nicht mehr auf den Beinen halten können, ermüdet, erschöpft, hundemüde, vor Müdigkeit umfallen, einen toten Punkt haben, schlafbedürftig sein, schlafen wollen, schläfrig, todmüde, übermüdet, überdreht, überspannt, zum Umfallen müde, unausgeschlafen, verschlafen

mutig: abenteuerlich, das Abenteuer lieben, keine Angst haben, angstfrei sein, beherzt, nicht feige sein, ohne Furcht, furchtlos, die Gefahr herausfordern, der Gefahr ins Auge sehen, sich ein Herz fassen, kühn, mutvoll, tapfer, todesmutig, unerschrocken, verwegen, wagemutig, waghalsig, die Zähne zusammenbeißen, nicht zurückschrecken

nachgeben: anpassen, aufgeben, ein Auge/beide Augen zudrücken, die Augen vor etwas verschließen, klein beigeben, einlenken, entgegenkommen, erweichen lassen, die Flinte ins Korn werfen, sich fügen, sich etwas gefallen lassen, sich alles gefallen lassen, die Fahne nach dem Wind richten, gehorchen, kapitulieren, Kompromisse eingehen, klein werden, klein beigeben, kleinlaut, kneifen, den Kopf hängen lassen, kuschen, parieren, resignieren, die Segel streichen, nicht standhalten, sich überreden lassen, unterliegen, unterordnen, unterwerfen, zurückhalten

Not: ärmlich, Armut, Ausweglosigkeit, Bedürftigkeit, Besitzlosigkeit, nicht ein noch aus wissen, Dilemma, Elend, Hilflosigkeit, Hoffnungslosigkeit, in der Klemme sitzen, Knappheit, Krise, unangenehme Lage, Leid, Misere, Mittellosigkeit, Notfall, Notlage, Notstand, Pech haben, Probleme wachsen über den Kopf hinaus, Ratlosigkeit, schwere Zeiten, in Schwierigkeiten sein, in der Tinte sitzen, Trostlosigkeit, Unglück, verzweifelt sein, Zwangslage, sich in der Zwickmühle befinden

Partner: Freund/Freundin, Gefährte/Gefährtin, Helfer/Helferin, Kamerad/Kameradin, Kollege/Kollegin, Komplize/Komplizin, Kumpel, Lebensgefährte/gefährtin, Mitarbeiter/Mitarbeiterin, Reisebegleiter/begleiterin, Schicksalsgefährte/gefährtin, Schul-

freund/freundin, Spielgefährte/gefährtin, Verbündeter/Verbündete, Vertrauter/Vertraute, Weggefährte/gefährtin

plötzlich: abrupt, in diesem Augenblick, von einem Augenblick zum anderen, blitzartig, blitzschnell, wie ein Blitz aus heiterem Himmel, auf einmal, Hals über Kopf, von heute auf morgen, jäh, jetzt, von Knall auf Fall, mit einem Mal, mir nichts dir nichts, bei Nacht und Nebel, nun, mit einem Schlag, schlagartig, sofort, ohne Übergang, ohne Vorwarnung, übrigens, überraschend, unerwartet, unvermutet, unversehens, unvorhergesehen, urplötzlich

reinigen: abbürsten, abfegen, abputzen, abreiben, abspülen, abstauben, abwaschen, abwischen, aufräumen, aufwaschen, aufwischen, ausbürsten, ausfegen, ausputzen, ausspülen, auswaschen, bürsten, fegen, Frühjahrsputz, die Wohnung in Ordnung bringen, putzen, reiben, rein machen, rein halten, sauber machen, ein Zimmer aufräumen, säubern, scheuern, schrubben, spülen, den Staub saugen, staubsaugen, den Staub wegwischen, waschen, wegräumen, wegwischen, wienern, wischen, entrümpeln

sagen: andeuten, anfragen, ansagen, antworten, sich anvertrauen, aufsagen, zum Ausdruck bringen, ausdrücken, ausfragen, ausplaudern, ausrufen, sich äußern, eine Ansprache halten, beantworten, befehlen, behaupten, bejahen, bekunden, bemerken, beleidigen, berichten, Bescheid geben, beschreiben, besprechen, bestätigen, betonen, bezeugen, bitten, kein Blatt vor den Mund nehmen, brüllen, brummen, darstellen, diskutieren, dolmetschen, drohen, einwenden, entgegnen, erklären, sich erkundigen, erwähnen, erwidern, erzählen, faseln, flüstern, fordern, formulieren, fragen, hauchen, hervorsprudeln, seinem Herzen Luft machen, hinzufügen, informieren, jammern, klagen, krächzen, kreischen, labern, lallen, lispeln, meinen, mitteilen, den Mund aufmachen, murmeln, nachfragen, nuscheln, palavern, petzen, Phrasen dreschen, plappern, plärren, plaudern, predigen, quasseln, quatschen, eine Rede halten, reden, referieren, rufen, schelten, schildern, schimpfen, schreien, schwätzen, zur Sprache bringen, sprechen, stammeln, stottern, telefonieren, toben, tönen, tuscheln, sich unterhalten, unterrichten, verkünden, verlauten lassen, verleugnen, verneinen, verraten, versichern, vorbringen, einen Vortrag halten, vortragen, widerrufen, widersprechen, in Worte fassen, dummes Zeug reden, zuflüstern, zustimmen

schimpfen: abkanzeln, anbrüllen, anfahren, anfauchen, anknurren, anschnauzen, anschreien, etwas auszusetzen haben, beanstanden, beklagen, bemängeln, beschweren, eins aufs Dach kriegen, jemandem aufs Dach steigen, donnern, ein Donnerwetter loslassen, es jemandem geben, ins Gewissen reden, kein gutes Haar an jemandem lassen, herummeckern, unzufrieden sein, mit jemandem ein Hühnchen rupfen, eine Standpauke halten, sich jemanden vornehmen, keifen wie eine Marktfrau, jemandem den Kopf waschen/geraderücken, Kritik üben, kritisieren, vom Leder ziehen, eine Lektion erteilen, sich Luft machen, seinem Ärger freien Lauf lassen, den Marsch blasen, maßregeln, maulen, meckern, die Meinung sagen, motzen, murren, nörgeln, zur Ordnung rufen, poltern, rügen, schelten, schimpfen wie ein Rohrspatz, schnauzen, stänkern, eine Strafpredigt halten, tadeln, toben, vorknöpfen, zanken, es jemandem zeigen, zurechtstauchen, zurechtweisen

schlau: aufgeweckt, ausgekocht, begabt, clever, auf Draht sein, nicht dumm, einfallsreich, einsichtig, erfahren, erfinderisch, findig, geistig beweglich, geistig wach, genial, gerissen, gescheit, helle, intelligent, nicht auf den Kopf

gefallen sein, Köpfchen haben, listig, pfiffig, raffiniert, scharfsinnig, talentiert, überlegt, vernünftig, verständig, vorausschauend, mit allen Wassern gewaschen sein, weit blickend, ein waches Kerlchen, wendig

schließen: abschließen, absperren, beenden, dicht machen, den Riegel vorschieben, die Tür ins Schloss fallen lassen, zumauern, verriegeln, verschließen, versperren, zubinden, zuklappen, zukleben, zuknallen, zuknöpfen, zumachen, zuschlagen, zuschließen, zuschmeißen, zuschnüren, zuschrauben, zusperren, zuwerfen, zuziehen

schnell/langsam: blitzschnell, eilig, wie die Feuerwehr, flink, flink wie ein Wiesel, flott, gemächlich, geschwind, hastig, Hals über Kopf, im Handumdrehen, in Kürze, binnen kurzem, wie ein Lauffeuer, so langsam wie möglich, im Nu, in null Komma nichts, wie eine Rakete, rasant, rasch, ruck zuck, in Ruhe angehen lassen, im Sauseschritt, Schlag auf Schlag, schleunigst, schnell wie der Blitz, so schnell wie möglich, wie eine Schnecke, im Schneckentempo, sofort, auf der Stelle, träge, wie der Teufel, überstürzt, umgehend, unverzüglich, vielleicht später, wie der Wind, in kurzer Zeit

schwer/leicht: einfach, erträglich, federleicht, gewichtig, leicht wie eine Feder, Fliegengewicht, kaum Gewicht haben, mühelos, mühevoll, Schwergewicht, unerträglich, leicht zu ertragen, viel wiegen, zu schwer

sehen: anblicken, angucken, anschauen, anstarren, mustern, nachsehen, prüfen, registrieren, schauen, schielen, spähen, starren, Stielaugen machen, überblicken, mit den Augen verfolgen, aus den Augenwinkeln sehen, gerade noch wahrnehmen, wegsehen, zuschauen, zwinkern

sehr: arg, ausgezeichnet, außergewöhnlich,

außerordentlich, beachtlich, bedeutend, bemerkenswert, besonders, bewundernswert, bitter, einzigartig, enorm, entsetzlich, erheblich, erstaunlich, furchtbar, gewaltig, grenzenlos, gröblichst, groß, heftig, hervorragend, herzlich, ideal, irre, irrsinnig, kolossal, kräftig, mächtig, über alle Maßen, maßlos, mordsmäßig, ordentlich, phänomenal, rasend, riesig, schauderhaft, schrecklich, schwer, aus tiefster Seele, stark, super, überaus, umwerfend, unaussprechlich, ungewöhnlich, unendlich, unermesslich, ungewöhnlich, unglaublich, unheimlich, unsagbar, unwahrscheinlich, vielmals, wahnsinnig, nicht wenig, zutiefst

sterben: abkratzen, ableben, die Augen für immer schließen, dahingehen, dahinscheiden, für immer einschlafen, erlöst werden, ersticken, ertrinken, den Flammentod sterben, von uns gehen, zu Gott gehen, aus dieser Welt gehen, ins Gras beißen, sich das Genick brechen, hinscheiden, hinüberschlummern, in den Himmel kommen, in die Hölle kommen, vor die Hunde gehen, an Hunger sterben, in die Jagdgründe eingehen, krepieren, im Krieg sterben, aus dem Leben gerissen werden, aus dem Leben scheiden, ums Leben kommen, die letzte Reise antreten, zur ewigen Ruhe kommen, im Sterben liegen, seine Tage beenden, zu Tode kommen, zu Tode stürzen, überfahren werden, tot umfallen, umkommen, verbluten, verbrennen, verdursten, verhungern, seinen Verletzungen erliegen, einer Krankheit erliegen, verrecken, versterben, tödlich verunglücken, das Zeitliche segnen, in den letzten Zügen liegen, zugrunde/zu Grunde gehen

streiten: aneinandergeraten, sich anlegen, auseinandersetzen müssen, aufeinanderprallen, sich nicht einigen können, entzweien, in den Haaren liegen, herumzanken, kebbeln, zusammenknallen, zusammenstoßen, Krach haben, unterschiedlicher Meinung sein, Meinungsverschiedenheiten haben, Meinungsverschiedenheiten austragen, schimpfen, mit jemandem streiten, Stunk machen, überwerfen, verfeinden, Feinde fürs Leben werden, in die Wolle kriegen, zanken

trotzig: aufmüpfig, aufsässig, beharrlich, bockig, blöde, dickköpfig, einen Dickkopf haben, eigensinnig, eigenwillig, engstirnig, empfindlich, hartnäckig, kompromisslos, kratzbürstig, rechthaberisch, starrköpfig, störrisch, stur, stur wie ein Esel, trotzköpfig, unerbittlich, ungehorsam sein, unnachgiebig, unversöhnlich, unzugänglich, verbohrt, verschlossen, verstockt, widerspenstig, zickig, zugeknöpft

weinen: aufschreien, heulen, jammern, jaulen, klagen, kreischen, schreien, schluchzen, wehklagen, winseln, wimmern

zerstören: abreißen, auseinanderreißen, kaputtmachen, sprengen, vernichten, zerbeißen, zerbeulen, zerbrechen, zerbomben, zerdeppern, zerdrücken, zerplatzen, zerschmettern

zustimmen: befürworten, beipflichten, bejahen, bekräftigen, einverstanden sein, sein Einverständnis geben, mit Ja stimmen, Ja sagen/ja sagen, unterstützen

Teil IV
Wortlehre

I Überblick über die Wortarten

In diesem Wörterbuch stehen viele tausend Wörter, von denen wir eine große Menge in unserem mündlichen und schriftlichen Sprachgebrauch zur Verständigung miteinander nutzen. Diese Wörter lassen sich in verschiedene Gruppen einteilen.
Man nennt sie die *Wortarten*.

Bevor die Wortarten im Einzelnen beschrieben werden, folgt zunächst ein kurzer Überblick. Wir unterscheiden *sechs Wortarten,* die zwei großen Gruppen angehören.

Gruppe 1:
Wörter, die flektiert (gebeugt) werden können, d.h. sie sind in der Form veränderbar.

Verben [Tu(n)wörter, Zeitwörter, Tätigkeitswörter] wie z. B.: schreiben, lesen, turnen
Substantive (Nomen, Namenwörter, Hauptwörter) wie z. B.: Kind, Haus, Auto
Adjektive (Wiewörter, Eigenschaftswörter) wie z. B.: bunt, schön, lieb
Artikel (Begleiter, Geschlechtswörter) wie z. B.: der, die, das
Pronomen (Fürwörter) wie z. B.: ich, du, mein

Gruppe 2:
Wörter, die nicht flektiert (gebeugt) werden können, d. h. sie sind in der Form nicht veränderbar.

Partikeln:
– Adverbien (Umstandswörter) wie z. B.: bald, gern, hier
– Konjunktionen (Bindewörter) wie z. B.: und, wie, dass
– Präpositionen (Verhältniswörter) wie z. B.: auf, über, wegen

Interjektionen (Ausdrucks- oder Empfindungswörter) wie z. B.: ah!, oh!, pfui!

Wortarten im Überblick:

Gruppe 1		
flektierbar (der Form nach veränderlich)	konjugierbar (z. B. Personal- oder Tempusformen)	Verben
	deklinierbar (z. B. Kasusformen)	Substantive Adjektive Artikel u. Pronomen
Gruppe 2 unflektierbar (der Form nach nicht veränderlich)		Partikeln – Adverbien – Konjunktionen – Präpositionen Interjektionen

> **Merke:** Die in dieser zusammenfassenden Darstellung gezogenen Grenzen sind nicht starr. Ausnahmen und Abweichungen gibt es bei allen Wortarten.

II Merkmale der Wortarten

> **Merke:** Wenn du ein Wort einer Wortart zuordnen willst, musst du verschiedene **Proben** anwenden. Eine wichtige Probe ist die **Plural-Probe**, mit der du die beiden großen Übergruppen unterscheiden kannst.

Beispiel: *Der junge Storch fliegt* – und zwar seit heute Morgen.
Die jungen Störche fliegen – und zwar seit heute Morgen.

Die unterschiedlichen Wörter der hervorgehobenen Gruppe können in den Plural (Mehrzahl) gesetzt werden. Die anderen Wörter lassen sich nicht in die Mehrzahl setzen, denn sie sind unveränderbar. Es gibt jedoch noch weitere Merkmale, um die einzelnen Wortarten voneinander unterscheiden zu können.

1 Flektierbare Wörter (Wörter, die gebeugt werden können)

1.1 Verb [Tu(n)wort, Zeitwort, Tätigkeitswort]

> **Merke:** Mit dem Verb wird das Prädikat des Satzes gebildet.

Beispiel: Das Kind *spielt* im Garten.

Die Veränderung der Form beim Verb wird **Konjugation (Beugung)** genannt. Nur Verben können konjugiert (gebeugt) werden.

1.1.1 Verben können in der Personalform und in der Zeitform verändert werden.

Beispiel: kommen – ich komme, ich kam, ich bin gekommen
du kommst, du kamst, du bist gekommen
er kommt, er kam, er ist gekommen

In dem Beispiel verändert sich das Verb in der Personalform und in der Zeitform. Das Verb „**kommen**" steht bei dem Beispiel:

- in der Grundform (Infinitiv)
- in der Gegenwart (Präsens)
- in der einfachen Vergangenheit (Präteritum)
- in der vollendeten Gegenwart (Perfekt)

Aufgabe:

Schreibe und verändere die folgenden Verben wie im vorangegangenen Beispiel:
lesen, lachen, rufen, schreiben, schlafen.

Übersicht über die Personalformen

Singular (Einzahl)
1. Person: ich fliege, träume, esse
2. Person: du fliegst, träumst, isst
3. Person: er ⎫
         sie ⎬ fliegt, träumt, isst
         es ⎭

Plural (Mehrzahl)
1. Person: wir fliegen, träumen, essen
2. Person: ihr fliegt, träumt, esst
3. Person: sie fliegen, träumen, essen

Aufgabe:

Schreibe von folgenden Verben die Personalformen in der Gegenwart wie in der Übersicht:
lachen, tanzen, glauben, grüßen, schlafen, laufen.

Die Personalform ist konjugierbar. Die Endung richtet sich nach dem Subjekt.

1.1.2 Verben haben einen Modus

Beispiel:

Indikativ (Wirklichkeitsform): Unsere Mannschaft gewinnt das Spiel.
Unsere Mannschaft gewann das Spiel.

Konjunktiv (Möglichkeitsform): Man sagt, unsere Mannschaft gewinne das Spiel.
Man sagt, unsere Mannschaft habe das Spiel gewonnen.

Imperativ (Aufforderungsform): Schau her! Pass auf! Komm her!
Schaut her! Passt auf! Kommt her!

Die beiden ersten Aussagen behandeln den gleichen Vorgang. Jedoch wird im Indikativ eine *Wirklichkeit* ausgedrückt und im Konjunktiv handelt es sich um eine *Möglichkeit*. In der ersten Aussage ist der Sieg *gewiss* und in der zweiten Aussage ist der Sieg *möglich*. In das Gebiet des Möglichen fällt alles Nichtwirkliche, alles, was gewünscht, gewollt oder gehofft wird.

> **Merke:** Die Aufforderungsform drückt einen Befehl, eine Aufforderung oder einen Wunsch aus. Nach dem Befehlssatz steht ein Ausrufezeichen.

Aufgabe:

Bilde die Befehlsform in der 2. Person Singular und Plural mit folgenden Wörtern:
reden, leben, hören, singen, spielen, nehmen, geben, sterben, sprechen, essen, verzeihen, laufen. Schreibe so: rede!, redet!

1.1.3   Finite und infinite Verbformen

Wenn man in dem Satz „*Ich lese ein Buch*" statt des Subjekts „*ich*" ein anderes Pronomen gebraucht, dann muss das Prädikat „*lesen*" geändert werden.

Beispiel: Du liest ein Buch.
Wir lesen ein Buch.

Steht das Subjekt im Singular, dann steht auch die Verbform im Singular. Steht das Subjekt im Plural, dann steht auch die Verbform im Plural.

> **Merke:** Die Verbformen, die in Person und Zahl bestimmt sind, heißen Personalformen oder bestimmte (finite) Verbformen.

Neben den finiten Verbformen gibt es Verbformen, die auch dann nicht verändert werden, wenn man das Subjekt in Person und Zahl ändert.

Beispiel: Ich habe das Meer **gesehen**. Du hast das Meer **gesehen**.
Er muss **arbeiten**. Wir müssen **arbeiten**.
Ich bin nach Köln **gefahren**. Ihr seid nach Köln **gefahren**.
Ich werde ins Kino **gehen**. Wir werden ins Kino **gehen**.

Diese Verbformen rechnet man zu den unbestimmten (infiniten) Verbformen.
Mit einer infiniten Verbform allein kann das Prädikat nicht gebildet werden. Sie kann allenfalls Teil eines Prädikats sein. Die infiniten Verbformen können allerdings auch außerhalb des Prädikates verwendet werden. Man nennt die infiniten Verbformen auch Nominalformen.

Man unterscheidet **drei infinite Verbformen.**

Infinite Verbformen

Infinitiv (Nennform, Grundform)	1. Partizip (1. Mittelwort) (Präsenspartizip)	2. Partizip (2. Mittelwort) (Perfektpartizip)
Er wird das Buch **lesen**.		Er hat das Buch **gelesen**.
	der **lesende** Junge	das **gelesene** Buch
Das **Lesen** des Buches fiel ihm schwer.	die **Lesenden**	Das **Gelesene** hat er schnell vergessen.

Der Infinitiv und das 2. Partizip können als Prädikatsteile gebraucht werden.
Das 1. und 2. Partizip vieler Verben kann wie ein Adjektiv gebraucht werden.
Die infiniten Verbformen (Infinitiv, 1. Partizip, 2. Partizip) können häufig substantiviert, d.h. wie ein Substantiv gebraucht werden.

Die Endung des Infinitivs ist *-en* wie bei schwimm*en*, les*en*, reit*en* oder auch *-n* wie bei kletter*n*, häkel*n*, klingel*n*.

Das 2. Partizip der schwachen Verben wird mit *-t* oder *-et* gebildet, das der starken Verben mit *-en*.

Beispiel: stark gebeugt: lesen, las, geles*en*
           schwach gebeugt: reden, redete, gered*et*
                               hören, hörte, gehör*t*

Bei beiden Gruppen wird in der Regel die Vorsilbe *ge-* gebraucht.

Das 1. Partizip (Präsenspartizip oder 1. Mittelwort) wird aus dem Infinitiv und *-d* gebildet, wie bei schreien-*d*, weinen-*d*, fliegen-*d*.

Im Unterschied zu den beiden anderen infiniten Formen kann das 1. Partizip nicht als Konjugationsform gebraucht werden.

Die Partizipien von bestimmten Verben können wie ein Adjektiv oder Adverb gebraucht werden. Wenn sie ein Attribut zum Substantiv sind, werden sie auch wie ein Adjektiv dekliniert.

Beispiel: Das *weinende* Kind. Ich fand meine Schwester *weinend*. Sie kam *weinend* ins Zimmer.

1.1.4   Bildung der Verbformen

> **Merke:** Wenn man von dem Infinitiv eines Verbs -en oder -n abstreicht, dann erhält man den Stamm des Verbs (Wortstamm).

Beispiel: schreiben – schreib-*en*

Wir können **drei Stammformen** unterscheiden.

Infinitiv	1. Stammform Präsens	2. Stammform Präteritum	3. Stammform Perfekt
schreiben	ich schreibe	ich schrieb	ich habe geschrieben
turnen	ich turne	ich turnte	ich habe geturnt
fahren	ich fahre	ich fuhr	ich bin gefahren

Die Änderungen im Wortstamm beziehen sich vor allem auf den Stammvokal.

Beispiel: *Mit Änderung des Stammvokals*:
           finden, ich finde, ich fand, ich habe gefunden
           Ohne Änderung des Stammvokals:
           turnen, ich turne, ich turnte, ich habe geturnt

1.1.5   Starke, schwache und unregelmäßige Verben

> **Merke:** Schwach nennt man ein Verb, das sich beim Konjugieren kaum verändert, d. h. der Stammvokal bleibt unverändert. Im Präteritum endet das Verb auf *-te* und als Partizip auf *-t*.

Beispiel: zeigen, ich zeige, ich zeigte, ich habe gezeigt
leben, ich lebe, ich lebte, ich habe gelebt

> **Merke:** Es gibt Verben, die sich beim Konjugieren stark verändern, d.h. der Stammvokal ändert sich. Im Präteritum endet das Verb unterschiedlich, aber **nicht** auf *-te*. Als Partizip endet es auf *-en*.

Beispiel: fahren, ich fahre, ich fuhr, ich bin gefahren
helfen, ich helfe, ich half, ich habe geholfen

Zu den Gruppen der **schwachen** und der **starken Verben** gibt es auch **Mischformen**, d. h., dass das Verb Formen der schwachen und der starken Beugung aufweist.

Beispiel: mahlen, ich mahle, ich mahl**te** (schwach), ich habe gemahl**en** (stark)

Verben, die sich weder den starken noch den schwachen Verben zuordnen lassen, rechnet man zu den **unregelmäßigen** Verben.

> **Merke:** Zur Gruppe der unregelmäßigen Verben zählt man die Verben, deren Stammvokal sich wie bei den starken Verben beim Konjugieren ändert, die aber wie die schwachen Verben im Präteritum auf *-te* und als Partizip auf *-t* enden.

Beispiel: nennen, ich nenne, ich nannte, ich habe genannt
brennen, es brennt, es brannte, es hat gebrannt

Außerdem gehören Verben zu dieser Gruppe, bei denen sich **ein Konsonant und der Stammvokal** ändern.

Beispiel: denken, ich denke, ich dachte, ich habe gedacht
stehen, ich stehe, ich stand, ich habe gestanden
ziehen, ich ziehe, ich zog, ich habe gezogen
schneiden, ich schneide, ich schnitt, ich habe geschnitten
essen, ich esse, ich aß, ich habe gegessen

Zur Gruppe der unregelmäßigen Verben gehören auch die Verben: *sein, werden, haben, tun, wissen* und die Hilfsverben *können, dürfen, sollen, wollen, müssen* und *mögen*.

1.1.6   Die Formen der Verben sein, haben und werden

Diese Verben haben z. T. unregelmäßige Formen. Darum folgt hier ein Überblick über die einfachen Personalformen.

Erste Stammform (Präsens)

sein	**haben**	**werden**
ich bin	ich habe	ich werde
du bist	du hast	du wirst
er, sie, es ist	er, sie, es hat	er, sie, es wird
wir sind	wir haben	wir werden
ihr seid	ihr habt	ihr werdet
sie sind	sie haben	sie werden

Zweite Stammform (Präteritum)

ich war	ich hatte	ich wurde
du warst	du hattest	du wurdest
er, sie es war	er, sie, es hatte	er, sie, es wurde
wir waren	wir hatten	wir wurden
ihr wart	ihr hattet	ihr wurdet
sie waren	sie hatten	sie wurden

Dritte Stammform (Perfekt)

ich bin gewesen	ich habe gehabt	ich bin geworden
du bist gewesen	du hast gehabt	du bist geworden
er, sie, es ist gewesen	er, sie, es hat gehabt	er, sie es ist geworden
wir sind gewesen	wir haben gehabt	wir sind geworden
ihr seid gewesen	ihr habt gehabt	ihr seid geworden
sie sind gewesen	sie haben gehabt	sie sind geworden

1.2   Substantiv
(Nomen, Namenwort, Nennwort, Dingwort, Hauptwort)

1.2.1   Bedeutungsgruppen des Substantivs

Wörter wie *Hund, Blume, Kind, Wut, Tisch* sind Substantive.
Sie bezeichnen:

Lebewesen (Menschen, Tiere)	– Mann, Frau, Kind, Karl, Uta, Hund, Katze, Vogel, Fisch
Pflanzen	– Blume, Baum, Gras
Dinge (Gegenstände, Sachen)	– Haus, Buch, Tisch, Möbel
Begriffe (Gefühle, Gedanken)	– Liebe, Treue, Wut, List

> **Merke:** Die Substantive sind die wichtigste Wortart in unserer Sprache. Die meisten Wörter im Deutschen sind Substantive. Substantive werden großgeschrieben.

1.2.2 Substantive haben ein Genus (grammatisches Geschlecht)

Wir unterscheiden bei den Substantiven *drei Gruppen*.
Die **Maskulina** sind die Substantive, die mit dem Artikel (Geschlechtswort) *der* verbunden sind.

Beispiel: der Wald, der Zaun, der Fuß (männliche Substantive)

Die **Feminina** sind die Substantive, die mit dem Artikel (Geschlechtswort) *die* verbunden sind.

Beispiel: die Kälte, die Sonne, die Frau (weibliche Substantive)

Die **Neutra** sind Substantive, die mit dem Artikel (Geschlechtswort) *das* verbunden sind.

Beispiel: das Buch, das Haus, das Kind (sächliche Substantive)

Merke: Wenn der Artikel, ein Adjektiv oder ein Pronomen bei dem Substantiv stehen, so werden von ihnen je nach Geschlecht des Substantivs die Form des Maskulinums, des Femininums oder des Neutrums gebraucht.

Beispiel:

der Mann	die Frau	das Kind
dieser Mann	diese Frau	dieses Kind
ein großer Mann	eine große Frau	ein großes Kind

Aufgabe:

Schreibe die folgenden Substantive mit ihrem Artikel (Geschlechtswort):
Aluminium, Anker, Boot, Chlor, Docht, Draht, Gas, Geschwulst, Grad, Gummi, Knäuel, Lack, Messing, Meter, Schilf, Speck, Stahl, Teer, Wachs, Zauber, Zehe, Zinn.

Schau im Zweifelsfalle im Wörterbuch nach.

1.2.3 Das Genus zusammengesetzter Substantive

(das grammatische Geschlecht zusammengesetzter Namenwörter)

Merke: Das Geschlecht eines *zusammengesetzten Substantivs* wird durch den 2. Bestandteil des Wortes bestimmt.

Beispiel: der Hausbau (weil: *der* Bau), die Zugbrücke (weil: *die* Brücke), das Gartentor (weil: *das* Tor)

Das **Grundwort** bestimmt das Geschlecht des zusammengesetzten Substantivs.
Das **Bestimmungswort** dagegen gibt eine genauere Bezeichnung.

Bestimmungswort	Grundwort	zusammengesetztes Substantiv
der Regen	das Wasser	das Regenwasser
der Brunnen	das Wasser	das Brunnenwasser
der Grund	das Wasser	das Grundwasser

Aufgabe:

Bilde zusammengesetzte Substantive mit den Grundwörtern: Käfig, Glas, Stuhl, Spiel.

1.2.4   Der Artikel und das Substantiv

> **Merke:** Man nennt *der, die, das* und *ein, eine, ein* den Artikel oder das Geschlechtswort. *Der, die, das* sind die **bestimmten Artikel. Ein, eine, ein** sind die **unbestimmten Artikel**. Die Artikel werden ausschließlich in Verbindung mit einem Substantiv gebraucht. Aus diesem Grunde werden die Artikel im Kapitel über das Substantiv behandelt.

1.2.4.1   Die Formen des Artikels

Der Artikel ist der Form nach veränderlich; er wird dekliniert. Seine Form hängt von dem Substantiv ab, und zwar von dem **Geschlecht** des Substantivs, seiner **Anzahl** (Einzahl oder Mehrzahl) und seinem **Kasus** (Nominativ, Genitiv, Dativ oder Akkusativ).

Bestimmte Artikel und die vier Fälle:

	Singular			Plural
	der	die	das	die
Nominativ	der Mann	die Tür	das Auto	die Männer, Türen, Autos
Genitiv	des Mannes	der Tür	des Autos	der Männer, Türen, Autos
Dativ	dem Mann	der Tür	dem Auto	den Männern, Türen, Autos
Akkusativ	den Mann	die Tür	das Auto	die Männer, Türen, Autos

Unbestimmte Artikel und die vier Fälle:

	Singular			Plural
Nominativ	ein Mann	eine Tür	ein Auto	– Männer, Türen, Autos
Genitiv	eines Mannes	einer Tür	eines Autos	– Männer, Türen, Autos
Dativ	einem Mann	einer Tür	einem Auto	– Männern, Türen, Autos
Akkusativ	einen Mann	eine Tür	ein Auto	– Männer, Türen, Autos

---

> **Merke:** Der unbestimmte Artikel hat keine Pluralform.

1.2.4.2 Verschmelzung des Artikels mit bestimmten Präpositionen

Wenn die Artikelformen *dem, den, das* und *der* nur schwach betont sind, können sie mit einigen Präpositionen verschmolzen werden.

Beispiel: Die Katze legt sich aufs Bett (auf das Bett). Er ging ans Tor (an das Tor).
Die Schaukel hing am Baum (an dem Baum).

Die Verschmelzung findet sich häufig in festen Redewendungen und ist in vielen Fällen nicht mehr auflösbar.

Beispiel: jemandem etwas ***ans Herz legen***, Hand ***aufs Herz***, ***hinterm Haus***, ***im*** Ernst, ***vom Acker*** kommen, das ist ***zum Lachen***, ***zur Sprache*** bringen, etwas ***zum Spaß*** machen

Aufgabe:

Bilde mit den folgenden Verbindungen Sätze. Lass den Artikel mit der Präposition verschmelzen:
auf das Fensterbrett, an dem Zaun, an dem Fenster, über das Dach, von dem Spielfeld, zu der Tür, zu dem Haus, über den Hof, hinter den Brunnen, zu der Freundin.

1.2.5 Der Numerus des Substantivs

> **Merke:** Der Numerus gibt an, ob das mit dem Sustantiv Genannte ***einmal*** oder ***mehrmals*** vorhanden ist.

Beispiel: Das Auto steht vor der Tür. „***Auto*** " steht im Singular. Drei Autos stehen auf der Straße. „***Autos***" steht im Plural.

Manche Substantive können allerdings ***nur*** im Singular oder ***nur*** im Plural gebraucht werden.

Substantive, die nur im Singular stehen:

Eigennamen (Klaus, Ute),
Gattungsbezeichnungen (das Erbe, der Ausguss, der Ruhm),
Stoffbezeichnungen (Milch, Gold, Fleisch, Butter).

Abstrakte Substantive stehen im allgemeinen ***nur im Singular*** (Kindheit, Treue, Leid, Nähe). Es gibt auch Substantive, die ***nur*** oder ***überwiegend*** in der ***Pluralform*** gebraucht werden.

Beispiel: die Kosten, die Ferien, die Graupen, die Möbel, die Leute, die Trümmer, die Spikes.

Aufgabe: Bilde mit den o. g. Substantiven Sätze.

1.2.6 Die Deklination des Substantivs

> **Merke:** Substantive können verschiedene Formen bilden. Die Veränderung ihrer Form nennt man Deklination. Neben den Substantiven werden auch Adjektive, Artikel und Pronomen dekliniert.

Beispiel: Adjektive: das schnelle Auto, des schnellen Autos
Artikel: der Mann, des Mannes, dem Manne
Pronomen: mein Bruder, meines Bruders, meine Brüder

Die Veränderung der Verben wird gegenüber der *Deklination* als *Konjugation* bezeichnet. Die Formveränderung überhaupt bezeichnet man als *Flexion* (Beugung).
Substantive werden auf zwei Arten dekliniert.

1.2.6.1 Substantive werden verändert, um den Plural gegenüber dem Singular zu kennzeichnen

Es gibt, wenn man vom Umlaut (*ä, ö, ü*) absieht, fünf verschiedene Möglichkeiten die Form des Plurals zu bilden.

– **ohne** Endung: der Löffel – die Löffel, die Mutter – die Mütter (mit Umlaut);
– mit der Endung **-en** o. **-n**: die Tür – die Tür**en**, die Glocke – Glocke**n**;
– mit der Endung **-e**:   das Schaf – die Schaf**e**, der Ball – die Bäll**e** (mit Umlaut);
– mit der Endung **-er**:   das Brett – die Brett**er**, das Korn – die Körn**er** (mit Umlaut);
– mit der Endung **-s**:   das Auto – die Auto**s**, das Skateboard – die Skateboard**s**

Bestimmte Substantive haben mehrere Pluralformen. Mit den verschiedenen Pluralformen werden häufig verschiedene Bedeutungen verbunden.

Beispiel: die Rosse (hochsprachlich) – die Rösser (Mundart)
die Kästen (hochsprachlich) – die Kasten (Mundart: Schrank)
die Blöcke (klotzige Gegenstände) –
die Blocks (zusammengeheftete, geschichtete Papiere)
die Banken (Geldinstitute) – die Bänke (Sitzgelegenheiten)

1.2.6.2 Substantive werden verändert, um die verschiedenen grammatischen Fälle zu kennzeichnen

Im Deutschen unterscheidet man *vier grammatische Fälle:* Nominativ, Genitiv, Dativ, Akkusativ.
Das Substantiv steht *als Subjekt im Nominativ. Als Objekt* steht es *im Akkusativ, Dativ oder Genitiv*. Dabei ist die Wahl des Genitivs, Dativs oder Akkusativs oft durch das Wort festgelegt, von dem das Substantiv abhängt.

Wortlehre

Es gibt Verben, Adjektive und Präpositionen, die den **Genitiv**, den **Dativ** oder den **Akkusativ** fordern. Man unterscheidet zwischen dem direkten (reinen, unmittelbaren) **Kasus** und dem durch eine Präposition veranlassten indirekten (mittelbaren) Kasus mit Präpositionsgefüge.

Beispiel:

direkter Kasus (Flexionskasus)	*indirekter Kasus (Präpositionsgefüge)*
Ich erinnere mich des Vorfalls.	Ich erinnere mich an den Vorfall.
Er ist des langen Wartens müde.	Er ist müde von dem langen Warten.
Wir streichen den Zaun.	Wir streichen lange an dem Zaun.

> **Merke:** *Der Nominativ* wird auch 1. Fall oder Werfall genannt. Das Substantiv wird in den Nominativ gesetzt, wenn es als **Subjekt**, als **Gleichsetzungsnominativ**, als **Anrede** oder **absoluter Nominativ** gebraucht wird.

Beispiel: *Die Bauern* bringen die Ernte ein. *Klaus* wird in diesem Dorf *Bürgermeister*. Hallo, *Klaus*!

> **Merke:** *Der Genitiv* wird auch 2. Fall oder Wesfall genannt.

Beispiel: Ich weiß, dass sie *der Lüge* überführt wurde. Ich hoffe, dass die Zeit *des Wartens* vorbei ist.

> **Merke:** Das Substantiv wird in den Genitiv gesetzt, wenn es als **Genitivobjekt**, als **adverbialer Genitiv** oder als **Attribut** gebraucht wird.

Beispiel: Hans nimmt sich *seiner kleinen Schwester* an.
Hans ist *frohen Mutes*.
Hans wartet auf den Anpfiff *des Spieles*.

> **Merke:** *Der Dativ* wird auch 3. Fall oder Wemfall genannt. Das Substantiv wird in den Dativ gesetzt, *wenn es als Dativobjekt* gebraucht wird.

Beispiel: Hans begegnet *seinem Bruder*.

> **Merke:** *Der Akkusativ* wird auch 4. Fall oder Wenfall genannt. Das Substantiv wird in den Akkusativ gesetzt, wenn es als **Akkusativobjekt**, als **Gleichsetzungsakkusativ** oder als **adverbialer Akkusativ** gebraucht wird.

Beispiel: Hans grüßt *seinen Lehrer*.
Ich nenne ihn *einen Freund*.
Das Gespräch dauerte *eine Stunde*.

> **Merke:** In einem *Präpositionsgefüge* hängt der Fall des Substantivs von der Präposition ab.

Beispiel: Der Ausflug fand *wegen des schlechten Wetters* nicht statt. Sie traten die Reise *mit dem Bus* an. Der Pokal ist *für den Sieger* bestimmt.

Aufgaben:

a) Bestimme in den folgenden Sätzen die Substantive und gib bei jedem Substantiv den Fall an.

Schreibe so: Dem Mutigen gehört die Welt.

Dativ   Nominativ

- Der Starke soll dem Schwachen helfen.
- Steter Tropfen höhlt den Stein.
- Wasser hat keine Balken.
- Mit Speck fängt man Mäuse.
- Die Nachtigall hat die ganze Nacht gesungen.
- Das Blatt fällt vom Baum.
- Glaube gibt dem Schwachen Kraft.
- Die Sonne geht im Osten auf.

b) Trage den richtige Fall ein.
- Ist die Polizei (der Bursche) habhaft geworden?
- Der Verhaftete war (die Tat) verdächtig.
- Er ist sich (der Fehler) bewusst geworden.
- Der Junge stand in (der Garten) und beobachtete (der Igel).
- Der Schüler schlief über (seine Bücher) ein.
- Alle Flüsse fließen (das Meer) entgegen.
- Die Nachbarn boten (ihre Hilfe) an.
- Dichter Nebel liegt über (die Stadt).

1.3 Adjektiv
(Eigenschaftswort, Wiewort, Artwort)

Wörter wie die folgenden nennt man Adjektive:

lustig, lieb, rot, hoch, verrückt, krank, schnell, alt, faul, traurig, hässlich.

Merke: Mit Adjektiven kann man Dinge oder Tätigkeiten bewerten oder genauer beschreiben. Man nennt sie auch Eigenschaftswörter, Wiewörter oder Artwörter.

Adjektive können wie folgt gebraucht werden:

– *flektiert als Attribut bei Substantiven*:
   An der Ampel hält ein *rotes* Auto.

– *unflektiert als Attribut beim Adjektiv oder Adverb*:
  Es war ein *abscheulich* kalter Tag.
  Die Wäsche riecht *herrlich* frisch.

– *unflektiert als selbstständiges Satzglied*:
  Der Schüler ist *fleißig*.
  Mutter kocht das Gemüse *bissfest*.

Merke: Das Adjektiv kann verändert (dekliniert) werden.

Beispiel: ein kariertes Hemd, das karierte Hemd, die karierten Hemden, karierte Hemden.

Aufgabe:

Setze die Adjektive in der richtigen Form ein.

• Ein (wild) Kirschbaum blühte am (sandig) Wegrand.
• Der (sandig) Weg führte durch ein (hügelig) Heidegebiet.
• Der (jung) Ritter saß auf einem (hoch) Ross.
• Auf dem (schroff) Felsen stand eine (einsam) Burg.
• Der (kalt) Wind rüttelte an den (kahl) Ästen.

Merke: Viele Adjektive kann man steigern.

Beispiel: schön, schöner, am schönsten;
schnell, schneller, am schnellsten

Zunächst steht das Adjektiv in seiner *Grundform*: hoch, groß, dumm.

Bei Adjektiven, die besondere Formen haben, folgt die *Steigerungsform* (Komparativ):
höher, größer, dümmer.

Schließlich lässt sich die *Höchstform* bilden (Superlativ):
am höchsten, am größten, am dümmsten.

Aufgabe:

Schreibe zu den folgenden Adjektiven die beiden Steigerungsformen:
schön, froh, alt, klug, gut, viel, stark, lang, grob.

1.4   Artikel und Pronomen
(Begleiter und Stellvertreter des Namenwortes)

Die Wörter, die zu dieser Wortgruppe gehören, werden in Verbindung mit einem Substantiv
(*die Mutter*) und/oder an Stelle eines Substantivs („*sie*" für „*die Mutter*") gebraucht.

1.4.1 Artikel des Substantivs (Begleiter des Namenwortes)

Ein Teil dieser Wörter kann in Verbindung mit Substantiven gebraucht werden. Das sind die bestimmten und unbestimmten Artikel.

Beispiel: Ich habe *die/diese/jene/keine/deine* Frau gesehen.

Werden diese Wörter als Begleiter des Substantivs gebraucht, sind sie Attribut und können nur mit dem Substantiv genannt und verschoben werden.

Die bestimmten Artikel im Singular

der –	männlich:	der Löwe
die –	weiblich:	die Maus
das –	sächlich:	das Schaf

Die bestimmten Artikel im Plural

die – männlich, weiblich, sächlich:
die Löwen, die Mäuse, die Schafe

Die unbestimmten Artikel im Singular

ein –	männlich:	ein Löwe
eine –	weiblich:	eine Maus
ein –	sächlich:	ein Schaf

Die unbestimmten Artikel im Plural

Diese gibt es nicht.
Wenn man im Plural von mehreren Tieren sprechen will, sagt man
einfach: Löwen, Mäuse, Schafe.

1.4.2 Pronomen eines Substantivs (Stellvertreter, Fürwörter)

Die Stellvertreter (Fürwörter) „vertreten" ein Substantiv; sie stehen an Stelle eines Substantivs.

Beispiel: die Katze – sie, der Kater – er, das Auto – es, die Häuser – sie

Die Pronomen sorgen dafür, dass ein Substantiv nicht immerzu wiederholt werden muss. Die Pronomen werden in *sieben Gruppen* unterteilt:

1. Personalpronomen (persönliche Fürwörter)
2. Reflexivpronomen (rückbezügliche Fürwörter)
3. Possessivpronomen (besitzanzeigende Fürwörter)
4. Demonstrativpronomen (hinweisende Fürwörter)
5. Interrogativpronomen (Fragefürwörter)
6. Relativpronomen (bezügliche Fürwörter)
7. Indefinitpronomen (Anzahlbegleiter)

1.4.2.1 Personalpronomen (persönliche Fürwörter)

Singular	1. Person Person, die von sich selbst spricht	2. Person Person, die ange- sprochen wird	3. Person Person oder Sache, von der gesprochen wird		
			Mask.	**Femi.**	**Neutr.**
Nominativ	ich	du	er	sie	es
Genitiv	meiner	deiner	seiner	ihrer	seiner
	(mein)	(dein)	(sein)		(sein)
Dativ	mir	dir	ihm	ihr	ihm
Akkusativ	mich	dich	ihn	sie	es

Plural	1. Person	2. Person	3. Person für alle drei Genera
Nominativ	wir	ihr	sie
Genitiv	unser	euer	ihrer (ihr)
Dativ	uns	euch	ihnen
Akkusativ	uns	euch	sie

Man gebraucht bei der **Anrede von wenig vertrauten Personen** die *Höflichkeitsform* (Sie, Ihrer, Ihnen), die immer großgeschrieben wird. Dabei ist es gleichgültig, ob man *eine* Person oder *mehrere* Personen anspricht.

1.4.2.2 Reflexivpronomen (rückbezügliche Fürwörter)

Das Reflexivpronomen stimmt im allgemeinen mit dem Subjekt des gleichen Satzes in Person und Numerus überein.

Beispiel: Ich wasche *mich*. Du wäschst *dich*. Er (sie, es) wäscht *sich*. Wir waschen *uns*. Ihr wascht *euch*. Sie waschen *sich*.

Das Reflexivpronomen ist als Bestandteil des Verbs anzusehen. (Ich *schäme mich*. – *sich schämen*) Im Nominativ kommt es nicht vor.

Singular	1. Person	2. Person	3. Person
Nominativ	–	–	–
Genitiv	meiner	deiner	seiner (Mask. u. Neutr.), ihrer (Femi.)
Dativ	mir	dir	sich
Akkusativ	mich	dich	sich

Plural	1. Person	2. Person	3. Person
Nominativ	–	–	–
Genitiv	unser	euer	ihrer
Dativ	uns	euch	sich
Akkusativ	uns	euch	sich

1.4.2.3 Possessivpronomen (besitzanzeigende Fürwörter)

Beispiel: Dort liegt *mein* Apfel. Dort steht *dein* Auto. Hans hat *sein* Buch vergessen.

Durch die Pronomen (*mein, unser, dein, sein, ihr usw.*) wird ein Besitzverhältnis oder allgemein eine Zugehörigkeit, Zuordnung, Verbundenheit oder Zusammengehörigkeit ausgedrückt.

1.4.2.4 Demonstrativpronomen (hinweisende Fürwörter)

Beispiel: Ich habe *diesen* Mann erkannt. Du hast *dem* doch nichts gesagt! *Dasselbe/das* habe ich auch festgestellt. *Diesen* Brief hat sie geschrieben, aber *jenen* nicht. *Derjenige,* der das Buch gefunden hat, soll sich melden.

Mit diesen Pronomen (*dieser, diese, dieses, der, die, das, jener, jenes* u.a.), die nur Pronomen der 3. Person sind, weist der Sprecher in besonderer Weise auf eine Person oder auf eine Sache hin. Die Demonstrativpronomen werden als Begleiter eines Substantivs gebraucht.

> **Merke:** Die neutralen Formen können auf einen ganzen Satz bezogen sein.

Beispiel: **Das** weiß ich nicht. **Das** hättest du mir sagen können.

1.4.2.5 Interrogativpronomen und Relativpronomen (Fragefürwörter und bezügliche Fürwörter)

Vor allem mit den Pronomen *der, die, das* oder auch mit *welcher, welche, welches* und *wer, was* werden Gliedsätze eingeleitet. Die Pronomen in diesem Gebrauch werden als Relativpronomen oder bezügliche Fürwörter bezeichnet. Die Sätze heißen Relativsätze. Die Pronomen *welcher, welche, welches* und *wer, was* werden auch interrogativ, d.h. in Fragesätzen (Interrogativsätzen) gebraucht. Man nennt sie in diesem Zusammenhang Interrogativpronomen, Fragepronomen oder fragende Fürwörter.

Beispiel: *Der* das Lied gesungen hat, soll erkrankt sein. *Was* auf dem Plakat steht, ist wahr. *Wer* hat da gelacht? *Welches* Spiel hast du gesehen? Die Melodie, *die* immer wieder im Film zu hören war, geht mir nicht aus dem Kopf.

1.4.2.6 Indefinitpronomen (Anzahlbegleiter)

Pronomen wie *jemand, etwas, alle, kein, man, sämtlich, nichts, niemand* haben eine allgemeine und unbestimmte Bedeutung. Sie werden als Stellvertreter von Substantiven, z.T. als Begleiter von Substantiven gebraucht. Man nennt sie *Indefinitpronomen*, unbestimmte Fürwörter oder auch unbestimmte Zahlwörter.

Aufgaben:

a) Ergänze in folgenden Sätzen die persönlichen Fürwörter in der Einzahl:

Kann ich bei … übernachten, wenn ich … besuche? Später, wenn du … besuchst, kannst du gern bei … übernachten. Ich bin stets … Freund. Ich hoffe, dass du dich … erinnerst. Ich habe … viel von … erzählt. Ich gedenke … gern. Ich habe … als zuverlässig erlebt. Du kannst … vertrauen. Bist du … böse? Kannst du … verstehen? Ich kann … gut verstehen.

b) Ergänze in folgenden Sätzen die besitzanzeigenden Fürwörter:

Vor einem Jahr besuchte ich … Geburtsort. Die Eltern begleiten … Sohn zur Schule. Das Kind sieht in den Augen … Mutter Tränen aufsteigen. Es legt … Arm um … Mutter und tröstet sie. „Auf dem Brief steht der Name … Vaters", sagt der Junge. Endlich erreicht mich die Nachricht … Vaters.

c) Wie heißen in den folgenden Sätzen die bezüglichen Fürwörter?

Ich meine die Bäume, … Zweige weit über unseren Zaun reichen. Wir dürfen die Früchte, … an diesen Zweigen hängen, ernten. Im Schatten dieser Bäume können wir unsere Bank aufstellen, für … wir schon lange ein schattiges Plätzchen gesucht haben. Die Bäume, … im Nachbargarten wachsen, wollen wir nicht beschädigen. Mein Vater, … ein kluger Mann war, hatte wenig Streit mit seinen Nachbarn.

d) Wie heißen in diesen Sätzen die rückbezüglichen Fürwörter?

Ich wasche … Du wäschst … Er wäscht … Wir waschen … Ihr wascht … Sie waschen … Wir gaben … Mühe. Du musst … schonen. Er drückt … vor der Arbeit. Sie ruhen … im Schatten der Eiche aus. Ich habe … sehr angestrengt, weil ich mein Ziel erreichen wollte. Wir lassen … fotografieren. Wir wollen … nicht entmutigen lassen. Du musst … in Sicherheit bringen. Er hat … das Fußballspiel angesehen. Das Kind hat … bei dem Sturz den Arm gebrochen.

2 Unflektierbare Wörter (Wörter, die nicht gebeugt werden können)

2.1 Partikeln (kleine Wörter, die nicht gebeugt werden)

Wörter wie **nachmittags, und, in, gegen, aus, zu, überall, als, fast, bis, auf, durch, zu** sind weder konjugierbar noch deklinierbar, sie sind ihrer Form nach unveränderbar. Man kann sie als Partikel in einer Gruppe, in einer Rest- und Sammelklasse zusammenfassen und dabei **drei Untergruppen** unterscheiden.

Die Wörter der ersten Untergruppe sind in der Regel Satzglied oder Attribut. Man nennt sie **Adverbien** (Umstandswörter).

Die Wörter der zweiten Untergruppe haben nur verbindende Funktion. Sie werden **Konjunktionen** (Bindewörter) genannt.

Die Wörter der dritten Untergruppe werden in Verbindung mit einem Substantiv u. a. gebraucht. Es sind die **Präpositionen** (Verhältniswörter).

2.1.1 Adverbien (Umstandswörter)

Wörter wie ***nachmittags, überall, fast, dort, gerne, sehr, darum*** usw. nennt man Adverbien. Adverbien werden gebraucht als Zustandsangaben in Verbindung mit einem Verb.

Beispiel: ***Dort*** liegt ein Apfel. Der Ferienbeginn ist ***morgen***. Er hat sich ***sehr*** über das Geschenk gefreut. Er legte das Besteck ***darauf*** (auf den Tisch).

Adverbien können gebraucht werden als Attribut beim Verb, beim Substantiv, beim Adjektiv oder Adverb.

Beispiel: Ich möchte, dass du die Zweige am Baum ***unten*** abschneidest. Das Buch ***dort*** gefällt mir. Vera singt ***besonders*** gern. Für die ***morgige*** feierliche Verabschiedung unseres Direktors werden viele Gäste erwartet.

Die Adverbien lassen sich wie folgt unterteilen:

lokal (Raum, Ort)	**temporal** (Zeit)	**modal** (Art u. Weise)	**kausal** (Begründung)
dort	bald	gerne	darum
da	gestern	eilends	warum?
wo?	nachmittags	sehr	deshalb
dorthin?	vorher	wie?	weshalb?
wohin?	nachher	außerdem	trotzdem
dorther usw.	danach usw.	dagegen usw.	dennoch usw.

> **Merke:** Das Adverb (Umstandswort) antwortet auf dieselben Fragen, mit denen wir die Umstandsbestimmung im Satz erfragen.

Beispiel: Wir reisen *heute*. Wann reisen wir? (temporal)

Aufgaben:

a) Ergänze die Umstandswörter in den folgenden Sätzen:

Übermut tut ___ gut. Die Sonne geht ___ im Osten auf. Sie geht ___ im Westen unter. ___ ist es so schön wie in meiner Heimatstadt. Wir wollen feiern, aber ___ müssen wir diese Arbeit beenden.

b) Bilde mit folgenden Umstandswörtern (Adverbien) Sätze:

nachher, mittags, dort, wohin, oben, draußen, nirgends, einmal, jetzt, früh, zuletzt, gerne.

2.1.2 Konjunktionen (Bindewörter)

Die Konjunktionen **und, oder, denn** werden gebraucht, um Wörter oder Wortgruppen einer Wortreihe miteinander zu verbinden.

Beispiel: Hans **und** Ute gehen ins Kino. Er reist nach Hamburg **oder** Bremen.

Konjunktionen können auch Teilsätze einer Satzreihe miteinander verbinden.
Diese Konjunktionen nennt man **nebenordnende Konjunktionen.**

kopulativ	disjunktiv	restruktiv	kausal
(Anreihung)	(Ausschluss)	(Einschränkung)	(Begründung)
und, sowohl,	oder	aber, nur,	denn
als, wie	entweder – oder	sondern, (je) doch	weil
usw.	usw.	usw.	usw.

Mit einigen Konjunktionen werden Satzteile (Satzglieder oder Attribute) in den Satz eingebaut und angeschlossen.
Die folgenden Wörter werden **Infinitivkonjunktionen** genannt, weil mit diesen Wörtern Infinitive angeschlossen werden: **zu, statt … zu, ohne … zu, um … zu, als … zu, außer … zu.**

Beispiel: Er scheiterte bei dem Versuch, durch den Fluss **zu** schwimmen.

> **Merke:** Vor den Wortgruppen (Infinitivkonjunktionen) mit **statt … zu, ohne … zu, um … zu, als … zu, außer … zu** steht immer ein Komma.

Aufgaben:

a) Bilde mit den folgenden Konjunktionen Sätze: und, oder, aber, denn, weil, nur.

b) Bilde mit den folgenden Infinitvkonjunktionen Sätze: zu, statt … zu, ohne … zu, um … zu, als … zu, außer … zu.

2.1.3 Präpositionen (Verhältniswörter)

2.1.3.1 Die Kennzeichnung der Verhältnisse durch die Präpositionen

> **Merke:** Wörter wie **auf, aus, in, um, von, wegen** nennt man Präpositionen oder auch Verhältniswörter oder Vorwörter.

Präpositionen sind unveränderlich. Sie sind weder Satzglied noch Attribut. Präpositionen werden immer in Verbindung mit einem anderen Wort gebraucht, dessen Kasus (Fall) in der Regel von ihnen bestimmt wird. Durch die Präposition wird das Verhältnis gekennzeichnet, das zwischen Wörtern besteht. Dabei treten dieselben Begriffe auf wie bei den Adverbien und Konjunktionen, nämlich lokal, temporal, modal und kausal.

> **Merke:** Präpositionen kennzeichnen den Raum oder Ort (lokal).

Beispiel: Das Buch liegt *auf* dem Tisch. Er nahm das Buch *aus* dem Regal. Er schob das Buch *unter* die Zeitung. Das Buch befindet sich *in* seiner Tasche. Das Buch liegt *neben* dem Teller.

Folgende Präpositionen kennzeichnen den Raum oder den Ort:

ab, abseits, an, auf, aus, außer, außerhalb, bei, bis, diesseits, durch, entlang, fern, gegen, gegenüber, hinter, in, inmitten, innerhalb, jenseits, längs, nach, nächst, nahe, neben, nördlich, oberhalb, seitlich, über, um, unten, unweit, von, vor, zu, zunächst, zwischen.

Aufgabe:

Schreibe mit einigen der o. a. Verhältniswörtern Sätze.

> **Merke:** Präpositionen kennzeichnen die Zeit (temporal).

Beispiel: Er ist *von* Montag *bis* Freitag krank gewesen. Er liegt *seit* einer Woche im Krankenhaus. *Während* des Vortrags darf nicht geraucht werden.

Folgende Präpositionen kennzeichnen die Zeit:

ab, an, auf, aus, außerhalb, bei, binnen, bis, für, gegen, in, innerhalb, mit, nach, pro, seit, über, um, unter, von, vor, während, zu, zwischen.

Aufgabe:

Schreibe mit einigen der o. a. Verhältniswörtern Sätze.

> **Merke:** Präpositionen kennzeichnen die Art und Weise (modal).

Beispiel: Er ist nicht *bei* Verstand. Der Ring ist *aus* Gold. Er ist ganz *außer* Atem. Er spricht *in* Rätseln. Er wurde *durch* einen Boten benachrichtigt. Er konnte *vor* Sorge nicht einschlafen.

Folgende Präpositionen kennzeichnen die Art und Weise:

abzüglich, auf, aus, ausschließlich, außer, bei, bis, bis auf, bis zu, einschließlich, entgegen, für, gegen, gegenüber, von, wider, zu, zuwider, zuzüglich.

Aufgabe:

Schreibe mit einigen der o. a. Verhältniswörtern Sätze.

> **Merke:** Präpositionen kennzeichnen eine Begründung oder einen Zweck (kausal).

Beispiel: Sie konnten *wegen* des Gewitters nicht ins Freibad gehen. Die Hütte wurde *durch* das Unwetter zerstört. *Unter* diesen Umständen kann ich nicht verreisen. *Trotz* der Kälte ging sie barfuß. Sie fuhren *zur* Erholung an die See.

Folgende Präpositionen kennzeichnen die Begründung:

angesichts, auf, aus, bei, dank, durch, für, gemäß, infolge, kraft, laut, mit, nach, ob, trotz, über, um, um - willen, unbeschadet, unter, vermöge, von, vor, wegen, zu, zufolge.

Viele Präpositionen kommen in den obigen Aufzeichnungen **mehrmals** vor.

Beispiel: aus – etwas *aus* der Tasche nehmen (lokal), ein Pullover *aus* Wolle (modal), etwas *aus* Mitleid tun (kausal)

Dieselbe Präposition kann also verschiedene Beziehungen und Verhältnisse kennzeichnen. Oft lässt sich der Gebrauch der Präpositionen auch *nicht* auf die vier Gruppen (lokal, temporal, modal und kausal) zurückführen.
Außerdem sind viele Verben, Substantive und Adjektive mit bestimmten Präpositionen fest verbunden.

Beispiel: *auf* jemanden hören, *auf* etwas achten, Rücksicht *auf* jemanden nehmen, froh *über* etwas sein, die Freude *an* etwas, zornig *über/auf* etwas sein

2.1.3.2 Die Rektion durch die Präpositionen (die Fallbestimmung durch die Verhältniswörter)

> **Merke:** Eine Präposition wird immer in Verbindung mit einem anderen Wort gebraucht.

Beispiel: für *die Eltern* (sie) sorgen (Akkusativ)
ein Buch aus *der Tasche* nehmen (Dativ)
wegen *des Unwetters* nicht stattfinden (Genitiv)

Wie im Beispiel gezeigt wird, hängt es von der Präposition ab, in welchen Fall das nachfolgende Substantiv (oder Pronomen) gesetzt wird. Nach *für* steht der Akkusativ, nach *aus* folgt der Dativ und nach *wegen* steht das Substantiv im Genitiv.

Präpositionen, die den Akkusativ fordern:

durch, für, ohne, um, sonder, gegen, wider.

Beispiel: **durch** die Stadt bummeln, **wider** den Verstand handeln, **für** eine Reise sparen

Präpositionen, die den Dativ fordern:

außer, aus, bei, entgegen, gegenüber, mit, nach, seit, von, zu.

Beispiel: ein Buch **aus** der Tasche nehmen, **bei** den Eltern wohnen, **nach** dem Rechten sehen

Präpositionen, die entweder den Dativ oder den Akkusativ fordern:

an, auf, hinter, neben, in, über, unter, vor, zwischen.

Den oben angeführten Präpositionen folgt der Dativ, wenn das Verbleiben in einem Raum gekennzeichnet wird. Dagegen wird der Akkusativ gebraucht, wenn eine Raum- oder Ortsveränderung gemeint ist.

Beispiel: Dativ: Lage - wo?

Die Leiter stand **an** dem Zaun.
Das Buch lag **auf** dem Tisch.
Sie stand **hinter** dem Baum.
Die Tasse stand **auf** dem Teller.

Akkusativ: Richtung - wohin?

Er stellte die Leiter **an** die Mauer.
Er legte das Buch **auf** den Tisch.
Sie stellte sich **hinter** den Baum.
Sie stellte die Tasse **auf** den Teller.

Präpositionen, die den Genitiv fordern:

abseits, abzüglich, anlässlich, außerhalb, innerhalb, mangels, oberhalb, trotz, während, wegen.

Beispiel: abseits des Weges, **abzüglich** der Unkosten, **mangels** Beweises, **während** der Ferien, **trotz** seiner Vorsichtsmaßnahmen

Präpositionen, die entweder den Genitiv, den Dativ oder den Akkusativ fordern:

außer, dank, entlang, längs, zufolge.

Beispiel: Dativ: Ich bin **außer** mir.
Akkusativ: **außer** allen Zweifel setzen
Genitiv: Sie musste **außer** Landes gehen.

Aufgaben:

a) Bilde mit den Verhältniswörtern **wegen** und **infolge** Sätze. Verbinde sie mit folgenden Wörtern: Auszug, Familienfest, Gewitter, Regen, Todesfall, Umbau, Versetzung.

b) Verbinde die Verhältniswörter jeweils mit den ihnen folgenden Wörtern und schreibe Sätze mit ihnen:
kraft – mein Amt, ihr Glaube, sein Wille
während – meine Schulzeit, die Untersuchung, mein Urlaub, ihre Ausbildung
innerhalb – unsere Stadt, die angesetzte Zeit, Deutschland
ungeachtet – meine müden Füße, die drohende Gefahr, alle Sorgen

c) Unterstreiche das Verhältniswort in folgenden Sätzen und schreibe den richtigen Fall. Benenne ihn:
Der Gärtner stand in (sein Garten). Er lehnte sich an (der Zaun). Er schaute nach (der Briefträger). Der Briefträger stieg von (sein Fahrrad). „Hast du einen Brief für (ich)?", fragte der Gärtner. „Ich habe keinen Brief an (du)", antwortete der Briefträger, „aber du hast etwas an (deine Jacke)." Er hatte Farbe an (seine Jacke). Der Zaun war nämlich mit (frische Farbe) gestrichen worden. Der Gärtner musste trotz (das Missgeschick) lachen. Nun waren grüne Streifen auf (seine braune Jacke). Kein Waschmittel würde diese Streifen aus (der Stoff) entfernen können. Also machte er gute Miene zu (das böse Spiel) und lachte über (seine Unachtsamkeit).

2.2   Interjektionen (Ausdrucks- oder Empfindungswörter)

> **Merke:** Wörter wie *au, ach, pfui, heda, wau, muh* nennt man Interjektionen, Ausrufe-
> wörter, Ausdruckswörter oder Empfindungswörter.

Diese Wörter sind Lautgebilde, mit denen Empfindungen nachgeahmt werden. Lautgebilde
werden vor allem in der affektreichen gesprochenen Sprache benutzt wie in der Mundart, im
Märchen, im Volkslied oder in Comics.

**Mit bestimmten Interjektionen drückt der Sprecher körperliche und seelische Emp-
findungen aus,** wie:

Schmerz (au, autsch, ach, o weh usw.)
Kältegefühl (hu, huch usw.)
Wohlbehagen (ah, oh usw.)
Ekel (brr, igitt usw.)
Freude (hurra, juchhei usw.)
Sehnsucht (ach, oh usw.)
Verwunderung (uff, ach usw.)
Furcht (uh, huhu usw.)
Nachdenken (hm, na na usw.)

Mit anderen Interjektionen ruft der Sprecher jemanden direkt an, wenn er:

Aufmerksamkeit erregen will (he, ahoi, hoppla);
jemanden **zum Ruhigsein** auffordert (pst, sch, pscht);
jemanden **auffordert, sich zu entfernen oder zu nähern** (vorwärts, husch, dalli, hü);
zum **Takthalten** bei der Arbeit auffordert (hau ruck, ho ruck).

**In einer dritten Gruppe von Interjektionen werden verschiedene Laute nachge-
ahmt:**

menschliche Laute (bäää = weinen, hi hi = lachen, hick = aufstoßen, hopsa = hüpfen,
trallala = trällern usw.);
tierische Laute (muh = Rind, mäh = Schaf, wau = Hund, iah = Esel, kikeriki = Hahn, quiek
= Ferkel usw.);
andere Laute (tick tack = Uhr, ritze ratze = Säge, Flupp = entkorken einer Flasche, husch,
hui = Geschwindigkeit usw.).

Teil V
Satzlehre

I   Der Satz in seiner einfachsten Form (der ergänzungslose Satz)

1   Der Ausdruckswert des Satzes

Wenn wir unseren Gedanken Ausdruck verleihen wollen, kleiden wir sie in **Sätze**, d.h. in **sprachliche Einheiten**. Diese Einheiten können von verschiedener Länge sein, je nach dem Inhalt, den wir zum Ausdruck bringen wollen. Ein Satz besteht nicht aus beliebig aneinandergereihten Wörtern, sondern seine Teile werden in einer bestimmten Folge angeordnet. Um diese Folge beschreiben zu können, ist es nötig, die Bestandteile des Satzes zu erkennen. An einem möglichst einfach gebauten Satz ist dieses leichter möglich als an einem längeren Satzgebilde. Wir beginnen also mit dem Satz in seiner einfachsten Form.

Beispiel: Die Sonne brennt. Der Bauer pflügt. Die Pferde dampfen.

Diese kurzen Sätze ähneln sich im Bau und in der Wortstellung. Jeder Satz besteht aus nur zwei Gliedern. Diese Sätze bilden jedoch zusammen ein Ganzes und geben ein anschauliches Bild. Das liegt an der scharfen Beobachtung und der Treffsicherheit der Sprache, denn die Ausdrücke „brennt", „pflügt" und „dampfen" sind **treffsicher** gewählt. Ein weniger wirkungsvolles Bild würde entstehen, wenn der Schreiber gleichgültig gegen den Ausdruck weniger treffsichere Wörter gebraucht hätte.

Beispiel: Die Sonne scheint. Der Bauer arbeitet. Die Pferde schwitzen.

Der Schreiber sollte sich also bemühen, einen anschaulichen, treffsicheren Ausdruck zu wählen, um dem Leser ein wirkungsvolles Bild zu vermitteln.

2   Die zwei Hauptglieder im Satz

Jeder der Beispielsätze besteht aus **zwei** Satzgliedern. Die Satzglieder werden als Subjekt (Satzgegenstand) und Prädikat (Satzaussage) bezeichnet.

2.1   Prädikat (Satzaussage, Satzkern)

Die treffend gewählten Ausdrücke machen den Satz lebendig (siehe Beispiele). Vom Bauern wird **ausgesagt**, dass er pflügt. Dieses Satzglied heißt **Satzaussage** (Prädikat).

Aufgaben:

a) Wie lautet die Satzaussage in den beiden anderen Sätzen des Beispiels?

b) Was könnte von dem Bauern noch ausgesagt werden?
    Bilde Sätze (säen, eggen, mähen, hacken, ernten usw.).

2.2 Subjekt (Satzgegenstand)

Jeder der kurzen Sätze enthält noch einen weiteren Ausdruck (die Sonne, der Bauer, das Pferd). Diese Ausdrücke sind der Gegenstand, zu dem die Satzaussage etwas aussagt. Die Satzaussage beschreibt nämlich einen Zustand oder ein Geschehen. Der Gegenstand, zu dem etwas ausgesagt wird, heißt **Satzgegenstand** (Subjekt). Der Satzgegenstand steht immer im Werfall (Nominativ) und kann mit Hilfe der Satzaussage erfragt werden.

Beispiel: Wer brennt? – Die Sonne
Wer pflügt? – Der Bauer
Wer dampft? – Das Pferd

Aufgaben:

Bestimme in folgenden Sätzen das Subjekt (Satzgegenstand). Erfrage das Subjekt mit Hilfe des Prädikats (Satzaussage) wie im Beispiel.

- Die Sonne blendet. Der Sand brennt. Die Kinder schwimmen. Das Wasser erfrischt.
- Die Morgenluft kühlt. Die Tautropfen funkeln. Die Vögel jubilieren. Der Hahn kräht.

Jede Wortart kann Subjekt sein, denn von allen Erscheinungen des Lebens lässt sich etwas aussagen. Subjekt und Prädikat sind diejenigen Satzglieder, die vorhanden sein müssen, wenn wir etwas in einem Satz ausdrücken wollen. Sie machen einen Satz aus; sie sind die beiden Hauptglieder im Satz.

Satzbild:

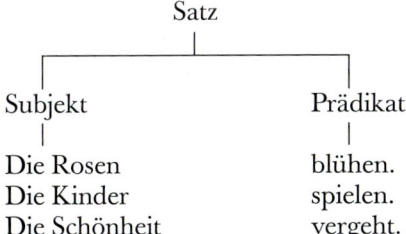

Diese kurzen Sätze benötigen keine Ergänzung, deshalb werden sie auch ergänzungslose Sätze genannt.

Aufgaben:

a) Bilde Sätze, die nur die beiden Hauptglieder enthalten.

b) Schreibe auf, aus welchen Wortarten diese Hauptglieder bestehen.

II Der Satz in seiner erweiterten Form

Sätze bestehen nicht immer nur aus den Hauptgliedern, denn häufig soll etwas sprachlich umfassender und vielseitiger ausgedrückt werden.

1 Sätze mit einem Objekt
(Sätze mit einer Ergänzung)

1.1 Akkusativobjekt (Ergänzung im Wenfall)

Was soll man mit folgenden Sätzen anfangen?

Beispiel: Der Gärtner bindet. – Die Kinder beobachten. – Vater traf. – Tim sucht.

Bei den Beispielen drängt sich die Frage nach einer Ergänzung des Ausdrucks auf. Der Leser möchte etwas genauer informiert werden, nämlich: Wen oder Was bindet der Gärtner? Wen oder Was beobachten die Kinder? Wen traf der Vater? Wen oder Was sucht Tim?

Beispiel: Der Gärtner bindet *die Blumensträuße*. Die Kinder beobachten *das Eichhörnchen*. Vater traf *seinen Nachbarn*. Tim sucht *seinen Bruder*.

Welches der beiden Hauptglieder bedarf einer Ergänzung?
Das Subjekt (Satzgegenstand) ist in allen Beispielen in seinem Ausdruck ausreichend, aber das Prädikat (Satzaussage) muss erweitert werden. Erst die Erweiterung macht den Satz zu einem gut verständlichen Ganzen. Die Erweiterung wird *Ergänzung* (Objekt) genannt.

Satzbild:

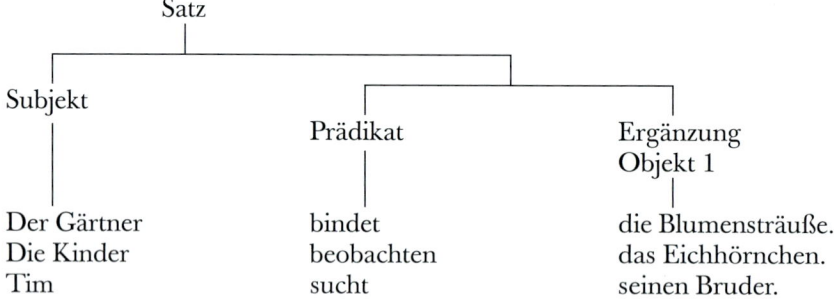

Ergänzungen, die auf die Frage *wen (was)?* antworten, sind Ergänzungen im Wenfall (Akkusativ). Sie werden auch als *Akkusativobjekt* (Objekt 1) bezeichnet.

> **Merke:** Erfragt werden die Ergänzungen mit dem Prädikat, denn das Objekt bildet die Erweiterung für das Prädikat.

Aufgaben:

a) Bilde Sätze mit folgenden Ergänzungen im Wenfall:

… die Eltern, … den Brief, … den Flugplatz, … den Zoo, … den Nebel, … das Haus, … den Garten, … das Meer, … die Mühle, … die Freundin, … die Feder, … die Feste, … die Gedanken, … Schiffe, … Bücher, … Lieder, … Bilder, … Zeit.

b) Bilde Sätze mit folgenden Satzaussagen und suche geeignete Ergänzungen:

singen, erwarten, fliegen, tragen, loben, werfen, schlagen, fühlen, lesen, schreiben, schätzen, errechnen, bauen, gewinnen, retten, begrüßen, trinken, ehren, ablehnen.

In manchen Sätzen bezieht sich das Objekt auch zurück auf das Subjekt wie in folgenden Beispielen:

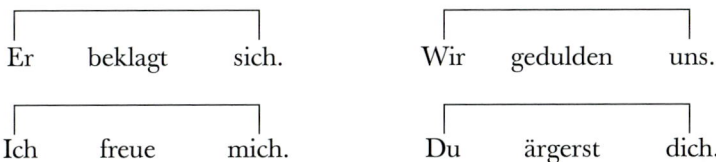

Aufgabe:

Suche ähnliche Verbindungen und bilde Sätze mit ihnen. Folgende Verben helfen dir:

sich verstecken, sich ankleiden, sich irren, sich langweilen, sich ängstigen, sich erfrischen, sich schämen, sich entschuldigen, sich setzen, sich verteidigen, sich bedanken.

1.2 Dativobjekt (Ergänzung im Wemfall)

Beispiel: Der Jäger folgt *der Fährte. Wem* folgt der Jäger?

Ergänzungen, die auf die Frage *wem?* antworten, sind Ergänzungen im Wemfall (Dativ). Sie werden auch als *Dativobjekt* (Objekt 2) bezeichnet.

Satzbild:

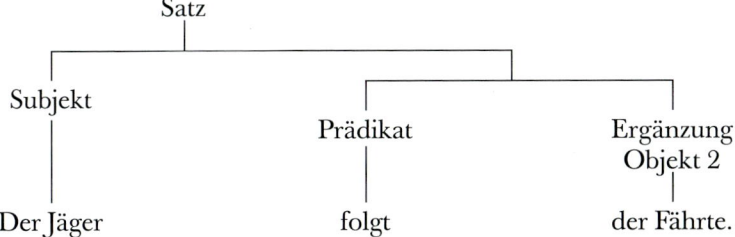

Auch in Sätzen dieser Art ist das im Prädikat ausgedrückte Verhalten auf ein Etwas außerhalb des Subjekts bezogen. Auffallend an diesem Etwas ist jedoch, dass es sich **überwiegend** um Personen handelt, wie die nachfolgende Aufgabenstellung zeigt.

Satzlehre

Aufgaben:

a) Ergänze folgende Sätze:

Der Schauspieler gefällt … Der Nachbar hilft … Der Zuhörer jubelt … zu. Der Einbrecher droht … Das Bild hat … gefallen. Habt ihr … vertraut? Der Wanderer folgt … Das Kind gleicht … Wir werden … gehorchen. Die Schüler hören … zu.

b) Bilde Sätze mit folgenden Prädikaten und wähle Ergänzungen:

entgehen, glücken, sich fügen, dienen, gefallen, vorausgehen, nachgeben, drohen, nützen, behagen, zürnen, widersprechen, begegnen, sich nähern, danken, entsagen, schmeicheln, entsprechen.

Das Prädikat kann auch aus zwei Teilen bestehen wie im folgenden Beispiel.

Beispiel: Der Jäger *ist* der Fährte *gefolgt*.

Satzbild:

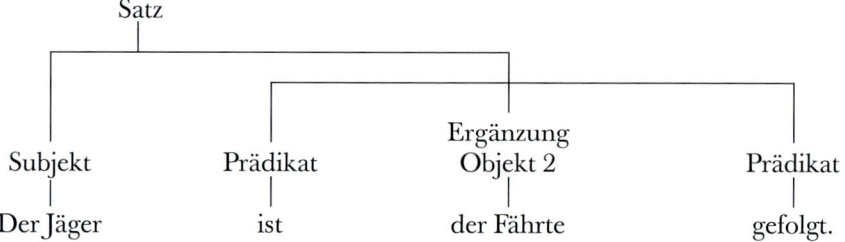

Aufgaben:

In folgenden Sätzen kannst du beweisen, ob du den Akkusativ und den Dativ sicher anzuwenden weißt.

a) Ergänze mit Substantiven (Namenwörtern) die folgenden Sätze. Schreibe sie in der Einzahl und in der Mehrzahl. Schreibe wie folgt:

Die Freude ist *dem Zuschauer* vergangen. Die Freude ist *den Zuschauern* vergangen.

Der Vater verzeiht … Die Polizei wird … finden. Wir haben … gratuliert. Wir haben … beglückwünscht. Der Fremde ist … aufgefallen. Du bist … ausgewichen. Das Kind läuft … weg. Der Staub bedeckt … Vater hat … verloren. Das Kind schaut … nach.

b) Setze in deinen Beispielen für die gefundenen Substantive die entsprechenden Pronomen (Fürwörter) ein. Schreibe wie folgt:

Die Freude ist *ihm* vergangen. Die Freude ist *ihnen* vergangen.

1.3 Genitivobjekt (Ergänzung im Wesfall)

Beispiel: Die Werbung bedient sich *des Fernsehens*. *Wessen* bedient sich die Werbung?

Ergänzungen, die auf die Frage *wessen?* antworten, sind Ergänzungen im Wesfall (Genitiv). Sie werden auch als Genitivobjekt (Objekt 3) bezeichnet.

Satzbild:

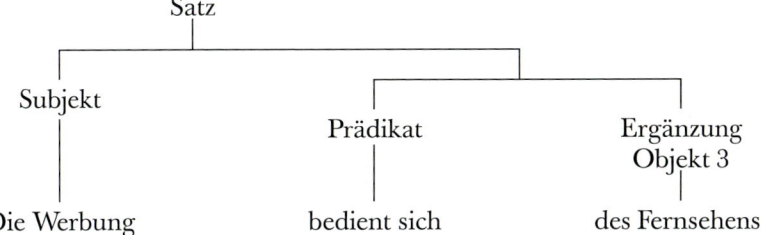

Sätze dieser Art werden in der Gegenwartssprache nur noch selten gebraucht. Es gibt nur wenige Verben, denen heute noch ein Genitivobjekt folgt. Die gebräuchlichsten sind:

> bedürfen, gedenken, sich bemächtigen, sich bedienen, sich schämen, sich entsinnen, harren, ermangeln, sich enthalten, sich erwehren, sich entledigen, sich befleißigen, sich rühmen.

Aufgabe:
Bilde mit den o. a. Verben Sätze und ergänze die Prädikate. Schreibe wie folgt:
Das Haus bedarf *der Renovierung*.

Außerdem ist das Genitivobjekt noch in einigen stehenden Redewendungen gebräuchlich:

> sich *eines Besseren* besinnen, *seines Amtes* walten, *der Ruhe* pflegen, das spottet *jeder Beschreibung*, das entbehrt *jeder Grundlage*, sich *seiner Haut* wehren.

1.4 Präpositionalobjekt (Ergänzung mit Verhältniswort)

Diese Ergänzung wird unter Zuhilfenahme eines Verhältniswortes (an, auf, über, nach, zu, von u. a.) gebildet. Verhältniswörter heißen Präpositionen.

Beispiel: Die Menschen hoffen *auf Frieden*.

Satzbild:

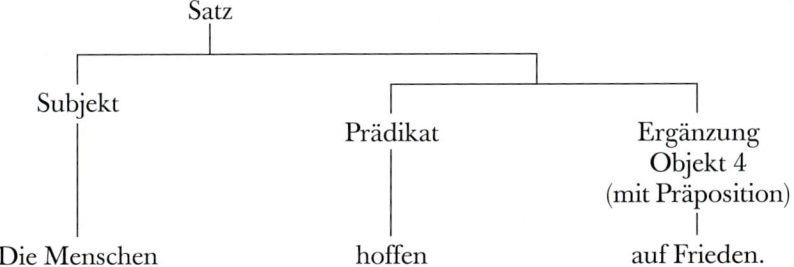

Zwischen diesem Satzbauplan und den vorangegangenen Satzbauplänen besteht ein wichtiger Unterschied. Während in den Sätzen mit einem „reinen Objekt" der Kasus (Fall) unmittelbar vom Verb gefordert wird, ist er in den Sätzen mit einem Präpositionalobjekt von der Präposition (Verhältniswort) abhängig, das zwischen dem Verb und dem Ergänzungssubstantiv steht.

Beispiel: Der Vater schreibt **seinem Sohn.**
Der Vater schreibt **an seinen Sohn.**

Wie das Beispiel zeigt, lässt sich das Präpositionalobjekt in vielen Fällen durch ein einfaches Objekt ersetzen.

Aufgabe:

Bilde Sätze mit folgenden Prädikaten. Verwende geeignete Präpositionalobjekte:

vertrauen, lachen, jubeln, warten, denken, abraten, glauben, sich freuen, schimpfen, nachdenken, hoffen, erinnern, hören, trauern, streben.

1.5 Gleichsetzungsnominativ (Subjekt und Objekt stehen im gleichen Fall – im Werfall)

Beispiel: Hans ist **mein Nachbar.**

Satzbild:

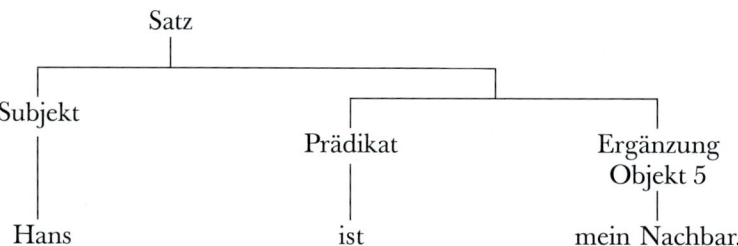

In diesem Satz drückt das im Prädikat stehende Verb ein Verhältnis aus, das zwischen den beiden Substantiven, die den gleichen Kasus (Fall) haben, besteht. Man kann dieses Verhältnis auch als Identifizierung (Gleichsetzung im weitesten Sinne) bezeichnen. Das Prädikat ist in diesem Satz neutralisiert. Es gibt nur wenige Verben, die diese Aufgabe übernehmen können. Sie werden jedoch häufig gebraucht. Es sind folgende Verben: **sein, werden, bleiben, heißen.**

Beispiel: Vater **ist Kaufmann.** Tim **wird Maurer.** Wasser **bleibt Wasser.** Mein Nachbar **heißt Hans.**

Mit Sätzen dieses Bauplans können aber auch einfache Feststellungen ausgedrückt werden.

Beispiel: Es ist **Sommer.** Es wird **Tag.**

Die traditionelle Grammatik erkannte den Verben dieses Satzbaus nur die Rolle eines Satzbandes (Kopula) zu und sah in dem ergänzenden zweiten Nominativ nicht ein selbstständiges Satzglied. Der zweite Nominativ bildet als Prädikativum in Verbindung mit dem Verb das Prädikat. Neuere Auffassungen stellen den ergänzenden Nominativ als selbstständiges Satzglied auch in die Reihe der übrigen Ergänzungen und bezeichnen ihn als ***Objekt im Gleichsetzungsnominativ*** (Objekt 5).

2 Sätze mit mehreren Objekten (Ergänzungen)

In vielen Sätzen reicht *ein* Objekt nicht aus. Deshalb sind häufig mehrere Objekte in einem Satz zu finden.

2.1 Sätze mit Dativobjekt und Akkusativobjekt (Sätze mit Wemfall- und Wenfallergänzung)

Beispiel: Hans schenkt *seiner Freundin Rosen.*

Satzbild:

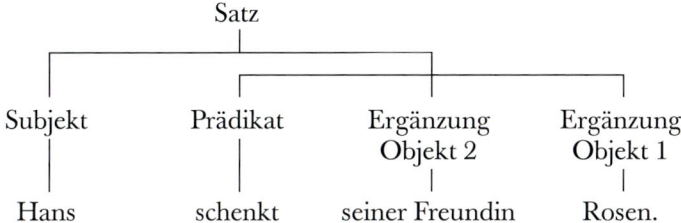

In den Sätzen dieses Satzbaues erfüllen Akkusativobjekt und Dativobjekt die gleichen Funktionen wie in den Sätzen, in denen nur eine einzige Ergänzung steht.

2.2 Sätze mit Akkusativobjekt und Genitivobjekt (Sätze mit Wenfall- und Wesfallergänzung)

Beispiel: Der Richter beschuldigt *den Angeklagten des Diebstahls.*

Satzbild:

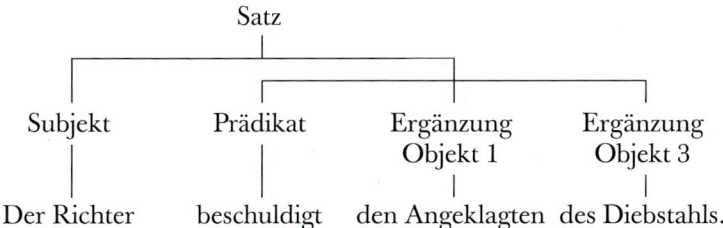

Diese Konstruktion mit dem Genitiv- neben dem Akkusativobjekt war zu früheren Zeiten im Sprachgebrauch weit verbreitet. Heute ist sie auf wenige Verben beschränkt, die meist mit dem gerichtlichen Bereich zu tun haben. Folgende Verben fordern den Genitiv:

> anklagen, anschuldigen, berauben, beschuldigen, überführen, belehren, versichern, würdigen.

2.3 Sätze mit Akkusativobjekt und Präpositionalobjekt (Sätze mit Wenfall- und Verhältniswortergänzung)

Beispiel: Er verriet *seinen Freund an seine Feinde*.

Satzbild:

```
                        Satz
        ┌───────────┬──────────────┬─────────────────────┐
     Subjekt     Prädikat      Ergänzung         Ergänzung mit Präposition
                                Objekt 1                 Objekt 4
        │            │             │                       │
       Er          verriet     seinen Freund          an seine Feinde.
```

Das Subjekt braucht nicht immer den Satz zu eröffnen. Jedes andere Satzglied kann den Satz beginnen. Mit welchem Satzglied der Satz beginnen soll, hängt von dem Zusammenhang des Textes ab.

Bei gerader Wortstellung zeigt ein Satz mit Ergänzungen folgende Reihenfolge:

Subjekt – Prädikat – Objekt

Bei mehreren Ergänzungen weist der Sprachgebrauch bestimmte Regelmäßigkeiten auf. So steht der Dativ vor dem Akkusativ und der Akkusativ steht vor dem Genitiv. Die Reihenfolge wird nur verändert, wenn eine bestimmte Ausdrucksabsicht vorliegt.

Beispiel: Der Bauer vererbt *seinem ältesten Sohn den Hof*. (Die Betonung liegt auf „Hof".)
Der Bauer vererbt *den Hof seinem ältesten Sohn*. (Die Betonung liegt auf „seinem ältesten Sohn".)

Hier wird die Verschiebung des Sinnes durch die veränderte Wortstellung deutlich.

Aufgaben:

a) Vervollständige die Sätze mit einer zweiten Ergänzung.

Der Arzt empfahl … einen Kuraufenthalt. Der Polizist belehrte … über die Verkehrsregeln. Der Freund hat … das Geheimnis anvertraut. Er beschimpft seinen Nachbarn … Das Gericht verurteilt den Verbrecher … Er klagte … den Kummer. Der Schüler flüsterte … einen Witz zu. Vater überbrachte … die gute Nachricht. Die Verkäuferin gab dem Kunden … heraus. Die Kinder meldeten … den Unfall.

b) Gib folgenden Sätzen dadurch einen sinnvollen Inhalt, indem du die Prädikate (Satzaussagen) mit zwei Ergänzungen erweiterst:

Die Reisenden haben … … erzählt. Das Bild erinnert … … Ich höre … … Der Freund schrieb … … Wir fühlen … … Vater las … … Er hat … … zugefügt. Er bindet … … um. Mutter schickt … … Der Abteilungsleiter gibt … … mit.

3 Sätze mit Adverbialen
(Sätze mit Umstandsbestimmungen)

Mit Ergänzungen allein kommt ein Satz nicht immer aus. Weitere Aussagen sind oft zur Vervollständigung des Satzinhaltes nötig.

Beispiel: Vater traf *seinen Nachbarn*.

Bei diesem Satz möchte der Leser mehr wissen, z.B. wann Vater den Nachbarn traf und wo er ihn traf. Jedes Geschehen und jeder Zustand sind von Umständen abhängig. So ist nichts möglich außerhalb von Raum und Zeit, nichts geschieht ohne Anlass oder Grund, alles löst eine Wirkung oder eine Folge aus, überall wirken Kräfte mit, alles zeigt sich in irgendwelchen Erscheinungsformen. Diese und andere *Umstände* müssen oft durch den Ausdruck näher bestimmt werden. Diese Satzglieder werden *Umstandsbestimmungen* (Adverbiale) genannt. Sie geben die näheren Umstände an.

Sie werden meistens durch Präpositionen eingeleitet und unterscheiden sich in ihrer Bedeutung. Man kann die Umstandsergänzungen ihrem Sachbezug nach in vier Gruppen einteilen.

3.1 Adverbial des Ortes (lokal)
(Umstandsbestimmung des Ortes)

Beispiel: Das Buch liegt *auf dem Tisch*.

Satzbild:

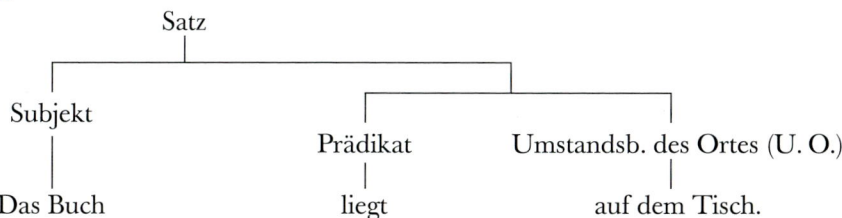

Die Umstandsbestimmung tritt in der Rolle der Ergänzung auf. Nach der Umstandsbestimmung des Ortes wird gefragt: *wo?, woher?, wohin?*

3.2 Adverbial der Zeit (temporal) (Umstandsbestimmung der Zeit)

Beispiel: Das Konzert dauerte *zwei Stunden*.

Satzbild:

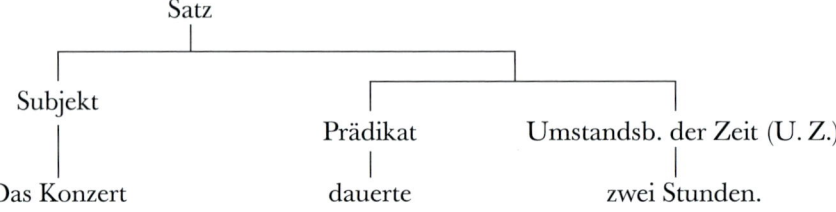

Nach der Umstandsbestimmung der Zeit wird gefragt: *wann?, wie lange?, wie oft?, seit wann?, bis wann?*

Im Gegensatz zu der größeren Zahl von Raumverben gibt es nur wenige Zeitverben. Zu den Zeitverben gehören:

> dauern, während, dehnen, hinziehen, verschieben, hinauszögern.

Hinzu kommen Sätze mit Bewegungsverben: Er kommt, fährt, geht *in zwei Stunden*

Aufgaben:

a) Bilde Sätze mit Umstandbestimmungen des Ortes (U. O.).
b) Bilde Sätze mit Umstandsbestimmungen der Zeit (U. Z.).

3.3 Adverbial der Art und Weise (modal) (Umstandsbestimmung der Art und Weise)

Beispiel: Die Blume duftet *süß*.

Satzbild:

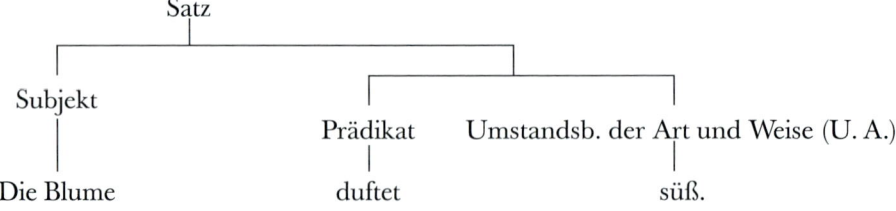

Nach der Umstandsbestimmung der Art und Weise wird gefragt: *wie?, wie sehr?*

Die Artergänzung folgt vor allem den Verben des Sichverhaltens:

> Er steht da wie … Er benimmt sich … Er führt sich … auf. Er stellt sich … an. Ihre Stimme trägt … Er freut sich wie … Er schläft sich … Er arbeitet sich … Er läuft sich … Er schläft … ein.

Aufgabe:

Ergänze in den Sätzen oben die Umstandsbestimmung der Art und Weise.

3.4 Adverbial des Zweckes oder des Grundes (kausal) (Umstandsbestimmung des Zweckes oder des Grundes)

Beispiel: Die Dorfbewohner schlossen sich *zur Verteidigung* zusammen.

Satzbild:

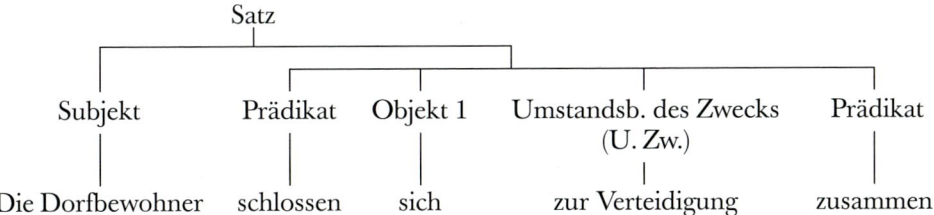

Subjekt	Prädikat	Objekt 1	Umstandsb. des Zwecks (U. Zw.)	Prädikat
Die Dorfbewohner	schlossen	sich	zur Verteidigung	zusammen.

Nach der Umstandsbestimmung des Zwecks (Grundes) wird gefragt: *wozu?, wofür?, zu welchem Zweck?, in welcher Absicht?, warum?, weshalb?, wieso?*

Auch Sätze dieses Bauplans sind selten:

Das Verbrechen geschah *aus Eifersucht*. Viele Unfälle im Straßenverkehr geschehen *infolge Übermüdung des Fahrers*. Der Brand entstand *aus Unachtsamkeit*. Wir lieben die Schweiz *wegen der Berge*.

Aufgabe:

Schreibe ähnliche Sätze. Gebrauche die Zweckbestimmungen:

> zur Verteidigung, aus Eifersucht, infolge Übermüdung, aus Unachtsamkeit, zur Abwehr, für die Befreiung.

Die Begründungsangaben bezeichnen:

- den Grund und die Ursache im engeren Sinne. – Frage: warum? (kausal)
  Der Junge zittert *vor Angst*.
- einen angenommenen Grund. – Frage: in welchem Falle? (konditional)
  Unter diesen Umständen werde ich nicht kommen.
- eine Folge. – Frage: warum? (konsekutiv)
  Infolge der hohen Geschwindigkeit rutschte er mit dem Fahrrad über das Kopfsteinpflaster.

- einen Zweck. – Frage: wozu? (final)
  Wir legen die Wäsche **zum Bleichen** in die Sonne.
- einen wirkungslosen Grund. – Frage: trotz welchen Umstandes? (konzessiv)
  Der Verbrecher floh **trotz der Bewachung** aus dem Gefängnis.
- ein Mittel oder Werkzeug. – Frage: womit? (instrumental)
  Er spaltet das Holz **mit der Axt**.

3.5 Mehrere Adverbiale in einem Satz (mehrere Umstandsbestimmungen in einem Satz)

In einem Satz können mehrere Adverbiale vorkommen.

Beispiel: **Trotz ihrer Übermacht** schlug Hannibal die Römer **entscheidend**.

Satzbild:

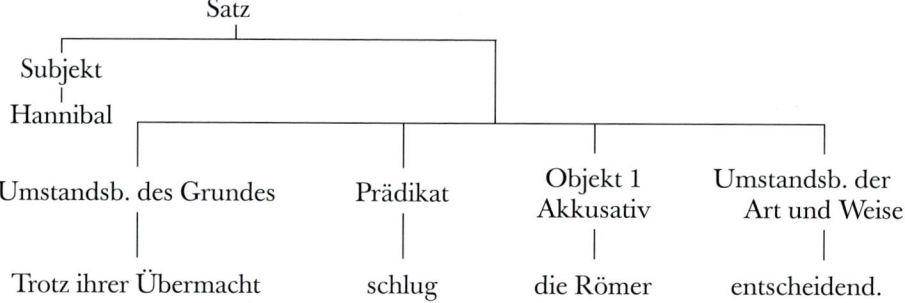

Aufgaben:

Erweitere folgende Sätze durch Umstandsbestimmungen, die auf die angegebenen Fragen antworten:

Der Sueskanal liegt … (wo?)
Er wurde … (wozu?) gebaut.
Er verbindet das Mittelmeer … (womit?)
Wir finden einen ähnlichen Kanal … (wo?)
Der Kanal heißt Nord-Ostsee-Kanal.
Er verbindet die Ostsee … (womit?)

3.6 Rückblick auf die Satzglieder

> Wir unterscheiden: zwei Hauptglieder im Satz – Subjekt, Prädikat
> zwei Satz-Erweiterungsglieder – Objekt, Adverbial

Aufgabe:

Stelle in folgenden Sätzen die Satzglieder fest. Schreibe wie folgt:

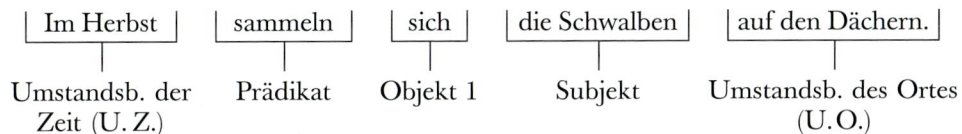

Im Herbst	sammeln	sich	die Schwalben	auf den Dächern.
Umstandsb. der Zeit (U. Z.)	Prädikat	Objekt 1	Subjekt	Umstandsb. des Ortes (U. O.)

Der Sturm schüttelte die Äpfel von den Bäumen. Ich machte am Abend einen Spaziergang. Ich betrachtete mir in Ruhe die Bilder. Ich beobachtete auf der Wiese einen Igel. Der Igel verkroch sich langsam unter dem Laub. Der Junge schoss den Ball geschickt ins Tor. Die Kinder rodelten den Berghang hinab. Die Pferde zogen den Schlitten durch den Wald. Am Gartenzaun blühten die letzten Sonnenblumen. Die Schwalben bauten ihre Nester unter dem Dach.

III   Attribut beim Satzglied (Beifügung beim Satzglied)

Die Ausführungen haben gezeigt, dass das Satzgeschehen, das in dem Prädikat zum Ausdruck kommt, vielfach einer Erweiterung durch Ergänzungen und Umstandsbestimmungen bedarf. Aber auch einem einzelnen Wort muss manchmal eine besondere Erweiterung beigefügt werden, um den Ausdrucksgehalt des Wortes zu erhöhen. Bei Austausch- und Verschiebeproben wird deutlich, dass es Satzglieder gibt, die aus einem oder mehreren Wörtern bestehen.

Beispiel: Die *blasse* Wintersonne fiel schräg über die *niedrigen* Häuser.

Umstellung:

Über die niedrigen Häuser	fiel	schräg	die blasse Wintersonne.
Umstandsb. des Ortes	Prädikat	Umstandsb. der Art u. Weise	Subjekt

Die beiden Substantive (Häuser, Wintersonne) erfahren durch das Hinzufügen der Adjektive (niedrig, blass) eine Erweiterung. Die Beifügungen bedeuten eine Wortarterweiterung.
Den Kern der mehrwortigen Glieder ermitteln wir, wenn wir die entbehrlichen Gliedteile wegstreichen.

Beispiel: Die Wintersonne fiel schräg über die Häuser.

Die weggestrichenen Gliedteile sind also dem Gliedkern nur beigefügt. Sie beziehen sich deshalb auch nicht unmittelbar auf den Satz, sondern nur mittelbar durch den Kern. Die Beifügung (Attribut) ermöglicht also, jedes zum Satz gehörige Substantiv, Adjektiv oder Adverb genauer zu charakterisieren, auszudeuten und zu bestimmen. **Attribute sind keine eigenen Satzglieder; sie sind nur Satzgliedteile.**

1 Das Attribut zum Substantiv
(Die Beifügung zum Namenwort)

Am häufigsten wird das **Substantiv** von Beifügungen begleitet. Da das Substantiv in allen Satzgliedern zu finden ist, können wir die Beifügung auch in allen Satzgliedern finden. Die Beifügung zum Substantiv kommt in verschiedenen Erscheinungsformen vor.

1.1 Das Attribut ist ein Adjektiv oder Partizip
(Die Beifügung ist ein Eigenschafts- oder Mittelwort)

1.1.1 Adjektiv (Eigenschaftswort)

Beispiel: Das *nasse* Holz brennt nicht. Der Lehrer war von der *flüchtigen* Arbeit des Schülers enttäuscht. Am Abend werden die *schwarzen* Schatten der Bäume länger.

Das adjektivische Attribut charakterisiert das Substantiv, bei dem es steht. Es antwortet deshalb auf die Frage: *was für ein?*

Das adjektivische Attribut beim Substantiv ist im Gegensatz zum selbstständigen Adjektiv in der Satzaussage in der Regel flektiert (gebeugt).

Beispiel: das *nasse* Holz, die *flüchtige* Arbeit, die *schwarzen* Schatten.

Um ein adjektivisches Attribut handelt es sich auch dann, wenn das flektierte Adjektiv auf sich allein gestellt ist, weil sein Substantiv in Gedanken ergänzt wird.

Beispiel: Er half allen Menschen, vor allem den armen und kranken (Menschen).

Aufgabe:

Ergänze folgende Ausdrücke durch sinnvolle Adjektive:
im … Wasser, im … Walde, bei … Sonnenschein, das … Pferd, die … Bäume, die … Häuser, im … Hause, die … Geschichte, aus … Armut, eine … Bekanntschaft, der … Nachbar, der … Freund, der … Kampf, durch … Erfahrung.

1.1.2 Partizip (Mittelwort)

Beispiel: Bei *strömendem* Regen wanderten wir durch die Berge. Die Jungen freuten sich über den *gelungenen* Streich. Das Schiff tanzte auf den *tobenden* Wellen.

Auch gewisse Formen des Verbs sind in ihrem Gebrauch als Adjektive anzusehen. Diese Formen heißen Mittelwörter (Partizipien), weil sie ihrer Herkunft nach Verben, ihrem Gebrauch nach aber Adjektive sind, also in der Mitte zwischen Verb und Adjektiv stehen, wie in den Beispielen oben.

Beispiel: strömend – vom Verb strömen
gelungen – vom Verb gelingen
tobend – vom Verb toben

Aufgaben:

a) Schreibe zu folgenden Substantiven Attribute. Gebrauche Adjektive und Partizipien:
die … Hoffnung, über die … Brücke, auf dem … Baum, nach … Pause, die … Fahrt, dem … Freunde, auf dem … Dach, das … Fest, die … Erinnerung, die … Kohlen, das … Feuer, die … Herbstblätter, die … Kinder, der … Wasserhahn, durch … Geräusche.

b) Bilde mit den Ausdrücken, die unter Aufgabe a) stehen, Sätze.

1.1.3 Die Ausdruckskraft von Adjektiven und Partizipien, wenn sie als Attribut (Beifügung) gebraucht werden

Das Adjektiv und das Partizip vermögen in besonderem Maße den Ausdruck zu beleben und die Anschaulichkeit zu steigern.

In der Dichtung Adalbert Stifters finden wir u.a. folgende Attribute: das **wunderschöne** Land, die **grünen** Wasser, der **dunkle** Blick, das **heitere** Bild, mit **süßer** Trauer, mit **stürmendem** Herzen, das **ahnungslose** Herz, ein **vereinsamter** Ort.

Merke: Achte beim Lesen auf solche Schönheiten des Ausdrucks. Lerne für deine eigene Sprache aus den Dichtungen. Hüte dich aber beim Sprechen und Schreiben vor Übertreibungen. Unsere Sprache kann auch ohne Beifügungen schon ausdrucksstark sein.

1.2 Das Attribut ist ein Substantiv im Genitiv (Die Beifügung ist ein Namenwort im Wesfall)

Beispiel: Er trägt den Koffer **des Freundes**. Das Licht **des Mondes** erhellt die Nacht.

Das durch ein **Substantiv im Genitiv** ausgedrückte **Attribut** ist vom **Genitivobjekt** leicht zu unterscheiden. Das Attribut im Genitiv ist nämlich eine nähere Bestimmung des Substantivs (der Wortart), wogegen das Genitivobjekt eine nähere Bestimmung des Prädikates (des Satzgliedes) ist.

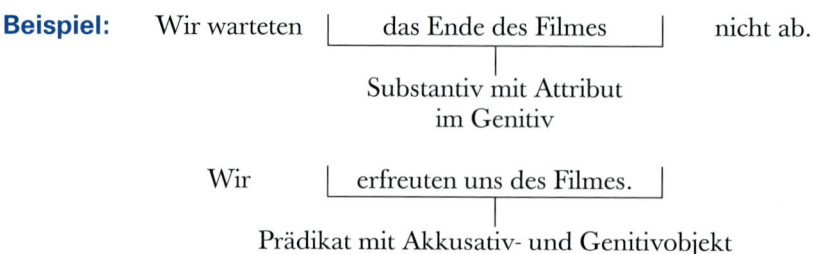

Beispiel: Wir warteten | das Ende des Filmes | nicht ab.

Substantiv mit Attribut
im Genitiv

Wir | erfreuten uns des Filmes. |

Prädikat mit Akkusativ- und Genitivobjekt

Aufgabe:

Ergänze folgende Ausdrücke durch Substantive im Genitiv:

> das Eigentum, zum Schutze, in Begleitung, mit Hilfe, die Arbeit, die Zukunft, den Kindern, die Lösung, das Ende, die Bitte, im Hause, das Leben.

1.3   Das Attribut ist ein Substantiv mit Präposition
(Die Beifügung ist ein Namenwort mit Verhältniswort)

Beispiel: Der Wille *zum Leben* fördert die Gesundung. Die Zeit *um Weihnachten* ist voller Heimlichkeiten.

Aufgabe:

Ergänze folgende Substantive durch ein Präpositionsattribut:

> die Hoffnung (auf), die Freude (an), der Drang (nach), der Wunsch (nach), die Erinnerung (an), die Teilnahme (an), die Übereinstimmung (mit), die Arbeit (für), der Streit (mit), der Stolz (auf).

1.4   Das Attribut ist ein Substantiv im gleichen Kasus
(Die Beifügung ist ein Namenwort im gleichen Fall)

Beispiel: Am Reformationstag gedenken wir *des Reformators Martin Luther*.

Aufgabe:

Bilde mit den folgenden Beispielen Sätze:
von dem Heidedichter Löns, der Schauspieler Heinz Rühmann, der Fußballtrainer …, der Sänger …, mein Freund …, die Stadt …, meinen Nachbarn …

2   Das Attribut zu anderen Wortarten
(Die Beifügung zu anderen Wortarten)

Auch andere Wortarten erhalten manchmal zur Steigerung der Ausdruckskraft eine Beifügung.

Beispiel: ein *außergewöhnlich* begabtes Kind, eine *extrem* leise Stimme, ein *treu* ergebener Diener, eine *gut* aussehende Frau, ein *vernünftig* denkender Mensch, ein *frisch* zubereiteter Salat.

Besonders das Adjektiv und das Partizip erfahren häufig durch ein Attribut eine genauere Kennzeichnung. Ähnlich nähere Bestimmungen treten als Beifügungen auch zu Adverbien auf, wie z. B.:

noch heute, *schon* morgen, *weit* hinten, *ganz* oben, *tief* unten, *recht* bald, *sehr* müde, *leicht* erkältet, *abscheulich* kalt.

Aufgabe:
Bilde Sätze mit den oben aufgezeigten Ausdrücken.

IV   Satzverbindungen

Texte bestehen nicht nur aus einfachen oder erweiterten Sätzen, sondern auch aus Satzverbindungen. Wir unterscheiden drei Arten von Satzverbindungen: **Satzgefüge, Satzreihe** und **Satzkette.**

1   Satzgefüge

Das **Satzgefüge** besteht aus Haupt- und Nebensatz. Der Hauptsatz ist dem Nebensatz übergeordnet; der Nebensatz ist dem Hauptsatz untergeordnet. Haupt- und Nebensatz werden durch ein Komma voneinander abgegrenzt.

> **Merke:** Der Nebensatz ist immer eine vom Ausdruck geforderte und deshalb wichtige Erweiterung des Hauptsatzes.

Beispiel: Die Vögel begannen in der Morgendämmerung zu zwitschern.
Die Vögel begannen zu zwitschern, als der Morgen dämmerte.

Der erste Satz klingt verständlich. Trotzdem werden die Lebendigkeit und Anschaulichkeit gesteigert, wenn das in der Umstandsbestimmung enthaltene Geschehen in einen besonderen Satz gefasst wird, wie dies in dem zweiten Satz geschieht.
Dieser zweite Satz hat sich aus einem Satzglied (*in der Morgendämmerung*) entwickelt. In dem obigen Beispiel vertritt der Nebensatz ein Adverbial (eine Umstandsbestimmung) der Zeit. Wenn der **Nebensatz ein Adverbial** vertritt, kann er mit *folgenden* Wörtern eingeleitet werden:

- temporal: als, da, nachdem, während …
- kausal: weil, da …
- konditional: wenn, falls, sofern …
- konzessiv: obwohl, obgleich …
- konsekutiv: sodass, dass …
- final: damit, dass …
- modal: indem, ohne dass, statt dass

> **Merke:** Die Wörter, die den Nebensatz einleiten, heißen **Subjunktionen** (unterordnende Konjunktionen = Bindewörter). Sie bezeichnen das logische Verständnis der beiden Sätze.

Der Nebensatz kann auch ein **Subjekt** oder ein **Objekt** vertreten.

Beispiel: Dass ich dich nicht vergessen werde, ist klar.
Ob der Besuch noch kommt, weiß keiner.

Im ersten Satz vertritt der Nebensatz das Subjekt. Ein Objekt wird im zweiten Satz vertreten. Die Satzfolge muss nicht immer den Hauptsatz voranstellen. Ebenso kann die Satzfolge zuerst den Nebensatz aufführen und dann den Hauptsatz folgen lassen.

Beispiel: *Wer ernten will,* muss säen.
Säen muss, *wer ernten will*.

In den folgenden Satzbildern wird der Hauptsatz durch eine Doppellinie und der Nebensatz durch eine einfache Linie dargestellt.

Satzbild:

Es gibt auch die Möglichkeit, den Nebensatz in den Hauptsatz hineinzuschieben.

Beispiel: Der Junge fuhr, *als er nicht aufpasste*, mitten durch die Pfütze.

Satzbild:

> **Merke:** Sei mit dem Einschieben von Nebensätzen vorsichtig. Leicht können sich am Schluss des Satzganzen die Verbformen häufen.

Beispiel: Die Arbeitslosigkeit muss, *wenn die Wirtschaft erstarken soll*, überwunden werden.

Besser klingt der Satz:
Die Arbeitslosigkeit muss überwunden werden, *wenn die Wirtschaft erstarken soll*.

Oft wird durch das Einschieben des Nebensatzes auch das Verständnis des Zusammenhangs erschwert.

Beispiel: Der Hund hat seinen Platz nur deshalb, weil er hungrig war, verlassen.

Das am Ende des Satzganzen stehende Wort „*verlassen*" gehört vor den Nebensatz, weil sonst der Sinnzusammenhang gestört ist.

> **Merke:** Bringe das zum Verständnis Notwendige so früh wie möglich. Reiße den Sinnzusammenhang nicht auseinander.

Aufgaben:

a) Beseitige in folgenden Sätzen das am Ende des Satzganzen stehende Wort.
   - Der Angeklagte zeigte sich, nachdem ihm seine Schuld so recht vor Augen geführt worden war, verstockt.
   - Ich traue dir solche Gemeinheit, wie man sie dir vorwirft, nicht zu.
   - Der Vortrag wirkte auf die Zuhörer, die in großer Zahl gekommen waren, ermüdend.
   - Wir wollen die Hoffnung, dass alle Völker in Frieden miteinander leben können, nicht aufgeben.

b) Die folgenden Sätze klingen unbeholfen und wenig lebendig.
   Ersetze die fett gedruckten Ausdrücke durch einen Nebensatz.
   - Die Arbeiten müssen *bis zum Anbruch der Dunkelheit* beendet sein.
   - *Infolge des Alkoholgenusses des Fahrers* geriet der Wagen von der Fahrbahn ab.
   - Regen und Sturm halten *entgegen der Voraussage einer baldigen Wetterbesserung* weiter an.
   - *Nach erfolgter Eröffnung des Tunnels* setzte sofort ein lebhafter Verkehr ein.

Der **Nebensatz** kann auch **ein Attribut** (Beifügung) vertreten.

Beispiel: Die Stadt, *die jeder Mensch am meisten liebt*, ist seine Heimatstadt.
Die Baugenehmigung, *auf die wir so lange gewartet haben*, ist nun endlich erteilt worden.

Hier steht der Nebensatz als Beifügung. Viele Beifügesätze werden durch ein bezügliches Fürwort (Relativpronomen) eingeleitet.

Aufgabe:

Fülle in folgenden Sätzen die Lücken mit einem Beifügungssatz aus.
- Lange schon hatten wir uns auf den Ausflug gefreut, _____.
- Am Vorabend packten wir die Vorräte ein, _____.
- Zur vereinbarten Zeit waren alle da, _____.
- Wir bestiegen den Zug, _____.
- Die Fahrt, _____, wurde uns nicht langweilig.
- Von unserem Zielbahnhof aus begannen wir mit unserer Wanderung, _____.

2 Satzreihe

Im Unterschied zum Satzgefüge, in dem der Nebensatz dem Hauptsatz untergeordnet ist, werden in der **Satzreihe** grammatisch gleichberechtigte Sätze miteinander verbunden.

Beispiel: Die Vögel zwitschern. Der Tag beginnt.
Die Vögel zwitschern und der Tag beginnt.

Kommst du mit der Bahn angereist? Fährst du mit dem Auto?
Kommst du mit der Bahn angereist oder fährst du mit dem Auto?

In den Beispielen gehören immer zwei Hauptsätze inhaltlich eng zusammen. Diese Zusammengehörigkeit der beiden Hauptsätze kann deutlich werden, wenn beide Sätze durch ein Bindewort aneinandergereiht sind. Die Wörter, die die Hauptsätze miteinander verbinden, heißen *Konjunktionen* (Bindewörter). Sie werden auch als **gleichordnende Konjunktionen** bezeichnet. Sie drücken das logische Verständnis der Sätze aus.

Gleichordnende Konjunktionen können folgende Wörter sein:
anreihend: und
disjunktiv: oder, sonst
adversativ: aber, doch
kausal: denn

Merke: In der Regel steht vor folgenden Konjunktionen kein Komma: und, oder, weder – noch, entweder – oder. Man darf aber zwischen Hauptsätzen, die mit diesen Bindewörtern verbunden sind, ein Komma setzen, wenn man die Gliederung des Ganzsatzes deutlich machen möchte.

3 Satzkette

Hauptsätze können in einem Text auch unverbunden nebeneinander stehen. Sie werden durch ein Komma oder ein Semikolon voneinander abgegrenzt, wenn sie inhaltlich eng zusammengehören.

Beispiel: Die Musik verstummt, die Zuschauer halten den Atem an, der Salto mortale beginnt.
Der Nebel steigt; es fällt das Laub; schenkt ein den Wein.

Merke: Das logische Verständnis wird in der Satzkette häufig durch Adverbien verdeutlicht.

Folgende Konjunktionaladverbien können Hauptsätze in der Satzkette verbinden:
deswegen, darum, nämlich, trotzdem, vielmehr, also, folglich.

Beispiel: Er hatte Hunger; er wollte in dem Gasthof einkehren.
Er hatte Hunger, deswegen wollte er in dem Gasthof einkehren.

Teil VI
Zeichensetzung

> **Merke:** Satzzeichen gliedern einen Text, machen ihn lesbarer, weil sie ihn übersichtlicher gestalten.

Wir unterscheiden verschiedene Satzzeichen:

1. Satzzeichen kennzeichnen den Schluss eines Satzes:
   Punkt, Fragezeichen, Ausrufezeichen.

2. Satzzeichen dienen der Gliederung innerhalb eines Satzes:
   Komma, Semikolon, Doppelpunkt, Gedankenstrich, Klammern.

3. Satzzeichen werden zur Anführung von Äußerungen oder Textstellen bzw. zur Hervorhebung von Wörtern oder Teilen des Textes gebraucht:
   Anführungszeichen.

1 Satzschlusszeichen

Mit dem Satzschlusszeichen gibt der Schreiber an, dass hier ein Gedanke zu Ende ist. Den Schluss eines Satzganzen kennzeichnet der Schreiber entweder durch einen Punkt, ein Fragezeichen oder ein Ausrufezeichen.

1.1 Der Punkt

Ein Satzganzes kann ein Hauptsatz, eine Satzreihe oder ein Satzgefüge sein.

Beispiel: *Hauptsatz*: Der Wind rüttelt an Fenstern und Türen.
Satzreihe: Die Sonne geht auf und die Vögel zwitschern.
Satzgefüge: Der Verletzte musste sofort ins Krankenhaus gefahren werden, weil seine Blutungen nicht aufhören wollten.

> **Merke:** Am Ende eines Satzganzen steht nur *ein* Punkt. Das bedeutet, dass nach Abkürzungen und Ordinalzahlen auch nur *ein* Punkt stehen darf.

Beispiel: Onkel Fritz ist Rektor a. D. Wir sprechen im Unterricht über Friedrich II.

> **Merke:** Beim Fragezeichen und Ausrufezeichen wird dagegen bei Abkürzungen und Ordinalzahlen auch ein Punkt gesetzt.

Beispiel: Was bedeutet Rektor a. D.? Wer war Friedrich II.?

1.2 Das Fragezeichen

> **Merke:** Nach Sätzen, in denen eine Frage zum Ausdruck kommt, steht ein Fragezeichen.

Beispiel: Ob er morgen kommt? Was hat er dir vom Ausflug erzählt? Hat er dir berichtet, wie der Unfall geschehen konnte? Ist sie freundlich, ist sie hilfsbereit?

1.3 Das Ausrufezeichen

> **Merke:** Nach Sätzen, in denen etwas mit besonderem Nachdruck geäußert wird, schreiben wir ein Ausrufezeichen. Nachdrückliche Äußerungen sind: Ausrufe, Behauptungen, Aufforderungen, Wünsche, Grüße.

Beispiel: Großartig! Weiter so! Gut gemacht! Bitte sofort Fenster und Türen schließen! Ich möchte, dass ihr genau zuhört! Viel Glück! Guten Tag!

Aufgaben:

Setze die richtigen Satzschlusszeichen ein.

a) Kannst du dich erinnern ☐ Das Auto kam schnell näher ☐ Warum bremste der Fahrer nicht ☐ Halt ☐ Halt ☐ Dann bemerkte er das Auto ☐ Aber es war zu spät ☐

b) Der Herbstwind weht ☐ Die Kinder lassen ihre Drachen steigen ☐ Großartig ☐ Die Drachen steigen hoch in den blauen Himmel ☐ Sie zerren an ihrer Schnur ☐ Was passiert denn da ☐ Kannst du deinen Drachen nicht besser lenken ☐ Lass ihn ein wenig höher steigen ☐ Oh, weh ☐ Gleich stößt er mit meinem Drachen zusammen ☐ Gut gemacht ☐ Du hast richtig reagiert ☐ Plötzlich entsteht eine Windstille und alle Drachen stürzen zur Erde ☐

2 Das Komma dient der Satzgliederung

2.1 Komma bei Aufzählungen gleicher Wörter oder Wortgruppen

> **Merke:** Zwischen gleichrangigen Wörtern oder Wortgruppen steht ein Komma, wenn sie nicht durch anreihende Bindewörter (Konjunktionen) verbunden sind.

Beispiel: Frühling, Sommer, Herbst und Winter heißen die vier Jahreszeiten.
Zum Frühstück esse ich gern Brot, Butter, Wurst und Käse.

> **Merke:** Das Komma steht vor entgegensetzenden Bindewörtern (Konjunktionen).

Zu den entgegensetzenden Bindewörtern gehören vor allem: aber, vielmehr, (je)doch, sondern. Vor *„und zwar"* steht immer ein Komma.

Beispiel: Unser Lehrer ist freundlich, verständnisvoll, *aber* auch gerecht. Die Medizin schmeckt nicht angenehm, *doch* sie ist gesund. Das war kein Flugzeug, *sondern* ein Donnerschlag. Wir konnten in Deutschland eine totale Sonnenfinsternis beobachten, *und zwar* am 11. August 1999.

Aufgaben:

a) Setze die Kommas an der richtigen Stelle ein.
An der Wasserstelle trafen sich Elefanten Giraffen Löwen und Tiger. Ich lese gerne Geschichten Erzählungen und Romane. In unserem Garten blühen schon Narzissen Hyazinthen Tulpen und Krokusse. Sie achtete nicht auf die lärmenden Kinder die lauten Nachbarn den tosenden Straßenlärm oder den Baulärm. Sie lauschte dem Gesang der Lärche dem Säuseln des Windes dem Zirpen der Grillen und dem Bellen eines Hundes in der Ferne. Von dem Aussichtspunkt konnte der Blick über das Land schweifen zu der dunklen Bergkette zu den sanften Hügeln des Bergvorlandes und in die weite Ebene. Der Schüler liest schreibt rechnet und musiziert am liebsten bei seiner Klassenlehrerin. Dichter Nebel eisglatte Straßen heftige Regengüsse oder starkes Schneetreiben behinderten den Straßenverkehr. Bücher und Hefte Zeitungen und Illustrierten Manuskripte und Notizzettel Buntstifte und Bleistifte häuften sich auf dem Schreibtisch.

b) Bestimme in jedem Satz, welches Satzglied aufgezählt wird. Schreibe wie folgt:

Mehrere Subjekte:	Auf dem Tisch stehen Teller, Tassen, Gläser und Schüsseln.
Mehrere Prädikate:	Während des Fußballspiels klatschten, pfiffen, sangen, schrien und tobten die Zuschauer.
Mehrere Objekte:	Mutter kaufte Brot, Butter, Gemüse und Obst im Supermarkt.
Mehrere Attribute:	Wir konnten gestreifte, gefleckte, getupfte und bunte Regenschirme auf der Straße bewundern.
Mehrere adverbiale Bestimmungen:	Wähend des Festzuges drängelten sich die Menschen an den Fenstern, auf den Balkonen, am Straßenrand und sogar auf den Zäunen.

> **Merke:** Zwischen eigenschaftswörtlichen Beifügungen, die nicht verbunden sind, steht ein Komma nur dann, wenn sich an Stelle des Kommas das Bindewort „**und**" einfügen lässt. Sind also zwei Adjektive nicht gleichrangig, so setzt man kein Komma.

Beispiel:

Gleichrangige Adjektive: Die Verbindung mit „**und**" ist möglich.	der kühne, wilde Seefahrer das unfreundliche, frostige Wetter eine erholsame, schöne Zeit
nicht gleichrangige Adjektive: Die Verbindung mit „**und**" ist nicht möglich.	in den letzten großen Ferien der kühne deutsche Seefahrer der frisch gefangene Fisch

Aufgaben:

a) Setze ein Komma ein und lass dann das „**und**" weg.
Wir wollen die großen **und** gelben Birnen auf das Regal legen. Die kleinen **und** braunen Birnen legen wir in den Korb. Die großen **und** nassen Schneeflocken blieben nicht liegen. Viele mutige **und** hilfsbereite Menschen eilten herbei.

b) Setze ein Komma zwischen die Adjektive, wenn sie gleichrangig sind.
In dem Geschäft finden wir ein reichhaltiges preiswertes Angebot. Ein stürmischer regnerischer Tag ging zu Ende. Der freundliche hilfsbereite Nachbar ist immer für uns da. Das neue rote Kleid steht ihr besonders gut. In den letzten großen Ferien konnten wir nicht verreisen. Er wanderte durch das abwechslungsreiche deutsche Land.

2.2 Komma bei Zusätzen und Nachträgen

Merke: Das Komma trennt Teile ab, die den Fluss eines Satzes hemmen oder unterbrechen.

Diese Zusätze oder Nachträge können sein: Appositionen, Titel oder Berufsbezeichnungen in Verbindung mit Namen, mehrteilige Orts-, Wohnungs- und Zeitangaben, sowie nachgestellte Erläuterungen.

Beispiel: Peter Henlein, *ein Nürnberger*, erfand die Taschenuhr. (Apposition) – Ich kenne Frau Meyer, *die Lehrerin meines Sohnes*, noch nicht. (Apposition) – Der Schriftsteller, *Erich Kästner*, hat viele bekannte Kinderbücher geschrieben. (Apposition) – Der Naturforscher, *Prof. Heinz Sielmann*, will einen natürlichen Lebensraum für den scheuen Fischotter erhalten. (Titel in Verbindung mit einem Namen) – Wir erwarten dich um 19.00 Uhr, *d. h. wenn es dir recht ist*. (nachgestellte Erläuterung) – August Lehmann, Lehmhausen, Eckweg 1(,) hat im Lotto gewonnen. (Mehrteilige Orts- und Wohnungsangaben) – Die Sonnenfinsternis fand am Mittwoch, dem 11. August 1999(,) statt. (Zeitangabe)

Aufgabe:

Setze das Komma an der richtigen Stelle ein.
Goethe hat alle Gattungen der Dichtung gepflegt besonders die Lyrik. Prof. Heinz Sielmann will Tiere vor dem Aussterben bewahren besonders den Fischotter. James Krüss ein deutscher Schriftsteller hat viele Kindergedichte geschrieben. Doch dann im Februar niemand hatte mehr damit gerechnet war der Winter plötzlich wieder da. Mein Freund ein begeisterter Segelflieger wird uns morgen besuchen. Das Buch es ist spannend und interessant habe ich an einem Tage gelesen.

Merke: Zwischen einer Reihung von Hauptsätzen kann vor *und/oder* ein Komma gesetzt werden, wenn die Gliederung des Satzganzen deutlich werden soll.

Beispiel: Wenn der Hahn kräht auf dem Mist, ändert sich das Wetter (,) oder es bleibt wie es ist.

Aufgaben:

a) Verbinde die Sätze durch ein Komma und durch das Bindewort (die Konjunktion) „und".
   • Der Vorhang hebt sich. Das Orchester spielt leise. Die Sänger treten auf.
   • Der Vorhang fällt. Die Schauspieler verneigen sich. Die Zuschauer klatschen Beifall. Einige werfen Blumen auf die Bühne.

- Die Sonne brennt. Kein Lüftchen regt sich.
- Dunkle Wolken jagen über den Himmel. Blitze zucken. Der Donner grollt.
- Die Regentropfen prasseln auf die Dächer. Der Sturm peitscht die Bäume.

b) Verbinde die Sätze durch ein Komma, indem du den Satzgegenstand in den anschließenden Sätzen weglässt. Die letzte Wortgruppe verbinde durch ein „und“.
Schreibe wie das Beispiel zeigt.
Die alte Stalltür klappert. Sie knarrt. Sie quietscht.
Die alte Stalltür klappert, knarrt und quietscht.

- Viele Menschen gehen gern im Wald spazieren. Sie genießen dort die Ruhe. Sie atmen die gute Luft. Sie erholen sich von dem Lärm in den Städten.
- Der Sturm biegt die Bäume. Er reißt die Ziegel von den Dächern. Er rüttelt an den Fenstern und Türen. Er zerrt an den Hosen und Jacken der Menschen.
- Der Wald gibt dem Boden Halt. Er verhindert das Abrutschen des Erdreichs. Er bremst die Kraft des Windes.
- Auf dem Bahnsteig stehen viele Menschen. Sie unterhalten sich. Sie schauen auf die Uhr. Sie freuen sich, wenn der Zug pünktlich ankommt.
- Die Reisenden steigen ein. Sie drängeln sich an den Türen. Sie schieben sich durch die Gänge. Sie suchen einen Sitzplatz.
- Die Schüler öffnen die Fenster. Sie winken. Sie rufen. Sie lachen fröhlich.

2.3 Komma im Satzgefüge

2.3.1 Komma zwischen Haupt- und Nebensatz

Merke: Haupt- und Nebensatz werden durch ein Komma voneinander abgegrenzt. Wenn der Nebensatz eingeschoben ist, wird er mit paarigem Komma eingeschlossen.

Beispiel: Als ich nach Hause kam, war das Essen schon fertig. Das Essen war schon fertig, als ich nach Hause kam. Das Essen war, als ich nach Hause kam, schon fertig.

Hauptsatz: Das Essen war schon fertig,
Nebensatz: als ich nach Hause kam.

Merke: Die Bindewörter *wenn, weil, als, dass* leiten immer Nebensätze (Gliedsätze) ein. Also muss auch immer ein Komma gesetzt werden.

Aufgabe:

Verbinde zwei Sätze zu einem Satzgefüge durch das Bindewort „weil“.
Schreibe wie folgt: Viele Vögel fliegen im Winter in wärmere Länder. Sie finden bei uns keine Nahrung mehr. Viele Vögel fliegen im Winter in wärmere Länder, weil sie bei uns keine Nahrung mehr finden.

- Ich kann leider nicht zu dir kommen. Ich bin krank.
- Wir müssen die Klassenfahrt verschieben. Die Busfahrer streiken.

- Im Gartenanbau hat sich in den letzten Jahren viel verändert. Die Menschen möchten das ganze Jahr über frisches Obst und Gemüse kaufen.
- Er knipste das Licht aus. Er wollte schlafen.
- Er bekam arge Magenschmerzen. Er hatte unreifes Obst gegessen.

2.3.2 Komma zwischen aufgezählten Nebensätzen

> **Merke:** Zwischen aufgezählten Nebensätzen steht ein Komma, wenn sie nicht durch **und/oder** verbunden sind.

Beispiel: **Hauptsatz**: Der Gärtner spritzt die Pflanzen mit chemischen Mitteln,
Nebensatz: weil er die Schädlinge vernichten will **und**
Nebensatz: weil er die Wildkräuter vertilgen möchte.

Aufgabe:

Verbinde die Sätze durch Bindewörter *(wenn, weil, dass, als, und, oder)* zu einem Satzgefüge.
- Vater schließt die Tür. Sie klappert. Es zieht.
- Vater spielt mit den Kindern Halma. Er hat Zeit. Er will den Kindern eine Freude machen.
- Der Ausflug wird nicht stattfinden. Es ist schlechtes Wetter. Die Teilnehmerzahl ist zu gering.
- Ich freue mich darüber. Die Teilnehmerzahl reicht aus. Der Ausflug kann stattfinden.
- Es war genau 9.00 Uhr. Die Türen des Zuges schlossen sich. Die Räder setzten sich in Bewegung.
- Die Menschen drängten ins Freie. Die Erde bebte. Sie wollten in ihren Häusern nicht verschüttet werden.
- Die Menschen erkannten. Ein Gewitter zog herauf.
- Ein wilder Sturm erhob sich. Hohe Wellen brachen sich am Deich.

2.3.3 Komma im Relativsatz

> **Merke:** Relativsätze sind eine Sonderform der Nebensätze. Der Relativsatz bezieht sich auf ein bestimmtes Satzglied im Hauptsatz. Relativsätze werden wie andere Nebensätze durch ein Komma abgetrennt oder in Kommas eingeschlossen.

Beispiel: Die Katze, **die immer auf der Fensterbank lag**, ist gestorben. Die Katze ist gestorben, **die immer auf der Fensterbank lag**.

Es kommt auf den Sinnzusammenhang an, ob der Relativsatz dem Hauptsatz nachgestellt ist oder ob er zwischen den Hauptsatz geschoben wird.

> **Merke:** Die Relativsätze beginnen mit einem Relativpronomen **(der, die, das)** oder mit einem Fall davon **(dem, den, deren, dessen)**. Vor dem Relativpronomen kann auch eine Präposition stehen **(z. B. mit, in, bei, von)**.

Aufgaben:

a) Der folgende Text enthält Satzgefüge, die aus Hauptsatz und Relativsatz bestehen. Trage die fehlenden Kommas an der richtigen Stelle ein. Unterstreiche den Relativsatz blau.
Der Waldboden der zum größten Teil aus Humus besteht ist leicht und locker.
Er ist mit einem Schwamm zu vergleichen der schnell auch große Wassermengen aufnehmen kann. Der Waldboden in dem das Wasser gespeichert wird gibt es nur langsam wieder ab. Grundwasser und Quellen die ständige Wasserzufuhr brauchen erhalten aus dem Waldboden die notwendige Feuchtigkeit. Ein großer Teil des Regenwassers das an der Oberfläche des Waldbodens steht verdunstet. So werden Überschwemmungen oder Dürre die stets eine Gefahr für den Menschen bedeuten durch die gleichmäßige Wasserführung des Waldbodens verhindert.

b) Bilde Satzgefüge aus Haupt- und Relativsatz. Schreibe wie folgt:
Die Wäsche hängt auf der Leine. Die Wäsche ist trocken. Die Wäsche, die auf der Leine hängt, ist trocken.

- Die Familie wohnte im Gartenhaus. Die Familie ist weggezogen.
- Der Schnee liegt vor der Garagentür. Der Schnee muss weggeräumt werden.
- Das Boot lag am Seeufer. Das Boot ist verschwunden.
- Der Zug ist verunglückt. Ich wollte eigentlich mit dem Zug verreisen.
- Der Nachbar ist gestorben. Ich konnte mich gut mit dem Nachbarn unterhalten.

2.3.4 Komma bei Infinitiv- und Partizipgruppen

> **Merke:** Infinitiv- und Partizipgruppen **kann** man durch ein Komma abtrennen, um Missverständnisse zu vermeiden oder die Gliederung des Satzes zu verdeutlichen.

Beispiel: *Infinitivgruppe*: Ich freue mich **mal wieder verreisen zu können**.
Er hofft **bald eine Arbeit zu finden**.
Partizipgruppe: **Leise weinend** kam uns das Kind entgegen.
Laut bellend zerrte der Hund an seiner Kette.

Missverständnisse werden durch Kommasetzung vermieden.
Mit Komma: Sie versprach, **ihren Eltern einen Brief zu schreiben**.
Sie versprach ihren Eltern, **einen Brief zu schreiben**.

> **Merke:** Ein einfaches oder paariges Komma **muss** jedoch gesetzt werden, wenn der Infinitivsatz mit *um … zu, ohne … zu, (an)statt … zu, als … zu oder außer … zu* angeschlossen wird, oder wenn der Infinitivsatz von einem Substantiv, einem Verweiswort oder einem Wort mit Platzhalterfunktion abhängig ist, das im übergeordneten Hauptsatz steht.

Beispiel: – Sie verließen die Vorstellung, **ohne** das Ende ab**zu**warten. Etwas Besseres, **als** beim Turnier mit**zu**machen, konnte mir nicht passieren.
– Mein größter **Wunsch** ist, wieder einmal mit dir zu verreisen.
– Sie erinnerte sich nicht **daran**, diesen Menschen zu kennen.
– Sänger zu werden, **das** hatte er sich schon immer gewünscht.
– Mich freut **es**, deine Eltern endlich kennenzulernen.

Aufgaben:

a) Unterstreiche das Verweiswort (hinweisende Wort). Trage in jedem Satz das fehlende Komma ein. Schreibe die Sätze in dein Heft.

Er dachte nicht daran sein Versprechen zu halten. Ihr größter Wunsch bestand darin einmal in den Süden zu verreisen. Er freute sich darauf nach Hause zu kommen. Er rechnete damit doch noch zu gewinnen.

b) Unterstreiche das Wort, das den nachträglichen Bezug herstellt. Schreibe in jeden Satz das fehlende Komma. Schreibe die Sätze in dein Heft.

Einmal in den Süden zu verreisen das war ihr sehnlichster Wunsch. Nach Hause zu kommen darauf freute er sich. Sein Versprechen zu halten daran dachte er nicht. Den Bogen nicht zu überspannen das riet uns Vater.

c) Unterstreiche das Wort mit der Platzhalterfunktion. Trage in jeden Satz das fehlende Komma ein. Schreibe die Sätze in dein Heft.

Edmund hat es nie bereut seinen Beruf gewechselt zu haben. Es gefällt mir nicht dich so traurig zu sehen. Anke liebt es lange zu schlafen. Das war sein größtes Anliegen ein Medikament gegen die Krankheit zu finden.

2.4 Anreden, Ausrufe und Ausdrücke einer Stellungnahme

> **Merke:** Besonders hervorgehobene Anreden, Ausrufe oder Ausdrücke
> einer Stellungnahme werden durch ein Komma abgegrenzt.

Beispiel: Das hat er mir mitgeteilt, *leider*. *Bitte*, kommt pünktlich. Hört auf meinen Rat, *Freunde*.

3 Das Semikolon (Strichpunkt) dient der Satzgliederung

> **Merke:** Das Semikolon drückt einen geringeren Grad der Abgrenzung aus als ein Punkt,
> aber einen höheren als ein Komma.

3.1 Das Semikolon kann zwischen gleichrangigen Teilsätzen stehen

Beispiel: Dichter Nebel verhüllte alle Gegenstände; alle Laute wurden verschluckt.
Die Ungewissheit war quälend; aber sie wagte nicht zu fragen.

3.2 Das Semikolon kann zwischen gleichrangigen Wortgruppen in Aufzählungen stehen

Beispiel: Bei der Auflösung des Haushaltes werden alle Gegenstände versteigert: Möbel, Gardinen, Teppiche; Geschirr, Vasen, Bestecke; Kleider, Wäsche und Schuhe; Fernseher, Radio, Rekorder und Kassetten.

4 Der Doppelpunkt dient der Satzgliederung

> **Merke:** Der Doppelpunkt zeigt etwas Weiterführendes an.

Zeichensetzung

4.1 Die wörtliche Rede

Beispiel: Der Lehrer fragt: „Hast du deine Hausaufgaben gemacht?"

4.2 Aufzählungen

Beispiel: Wir haben schon viele Länder Europas bereist: Norwegen, England, Frankreich, Italien und Deutschland.
Preiswerte Sonderangebote: Tischwäsche, Bettwäsche, Handtücher und Bademäntel.

4.3 Angaben, Erklärungen

Beispiel: Achten Sie auf die Durchsagen im Radio: Bei Glatteis ist die Schule geschlossen. Hinweis: Dienstag ist Ruhetag.

4.4 Zusammenfassung von vorher Gesagtem oder Schlussfolgerungen

Beispiel: Häuser, Straßen, Brücken, Eisenbahngleise: Alles hat das Erdbeben zerstört. Ich will meine Rede mit dem Satz beenden: Wir dürfen die Hoffnung nicht aufgeben.

> **Merke:** Folgt dem Doppelpunkt ein ganzer Satz, so wird das erste Wort nach dem Doppelpunkt großgeschrieben.

5 Anführungszeichen

> **Merke:** Mit Anführungszeichen schließt man etwas wörtlich Wiedergegebenes ein: wörtliche Rede, Zitate, Buchtitel, Überschriften und auch Wörter, die man hervorheben will.

5.1 Die wörtliche Rede

Beispiel: Der Schüler erklärte: „Entschuldigen Sie bitte, ich habe mein Heft vergessen."

> **Merke:** Vor der wörtlichen Rede setzen wir Anführungszeichen unten. Nach der wörtlichen Rede setzen wir Anführungszeichen oben. Zur wörtlichen Rede gehört ein Begleitsatz.

5.1.1 Der Begleitsatz steht vor der wörtlichen Rede

Beispiel: *Klaus sagte:* „*Ich fahre heute mit dem Fahrrad.*"
Mutter fragte: „*Willst du heute wirklich mit dem Fahrrad fahren?*"
Vater rief warnend: „*Fahr heute bloß nicht mit dem Fahrrad!*"

Satzbild:

_____ : „_ _ _ _ _ _ _ _.“

_____ : „_ _ _ _ _ _ _ _?“

_____ : „_ _ _ _ _ _ _ _!“

> **Merke:** Nach dem Begleitsatz steht ein Doppelpunkt. Der Redesatz selbst ist ein selbstständiger Satz mit einem Punkt am Ende. Natürlich gibt es auch Redesätze, die Fragen oder Ausrufe sind. Dann steht an ihrem Ende ein Frage- oder Ausrufezeichen.

Es gibt verschiedene Verben, die eine wörtliche Rede einleiten. Hier eine Auswahl: antworten, befehlen, behaupten, bemerken, bitten, brüllen, entgegnen, erwidern, erzählen, flüstern, fragen, hinzufügen, jammern, klagen, lachen, meinen, rufen, sagen, schimpfen, schreien, stammeln, versprechen, wiederholen, zugeben, zusagen, …

5.1.2 Der Begleitsatz kann hinter der wörtlichen Rede stehen

Beispiel: *„Ich fahre heute mit dem Fahrrad“*, **sagte Klaus.** (Aussagesatz)

„Willst du heute wirklich mit dem Fahrrad fahren?“, **fragte Mutter.** (Fragesatz)

„Fahr heute bloß nicht mit dem Fahrrad!“, **rief Vater warnend.** (Ausrufesatz)

Satzbild:

„_ _ _ _ _ _ _ _“, _____.

„_ _ _ _ _ _ _ _?“, _____.

„_ _ _ _ _ _ _ _!“, _____.

> **Merke:** Wenn der Begleitsatz nachgestellt ist, setzt man beim Aussagesatz nach der Rede das Anführungszeichen oben und dann ein Komma. ***Der Punkt fällt weg.***
> Wenn die wörtliche Rede ein Frage- oder Ausrufesatz ist, schreibt man ein Frage- oder Ausrufezeichen. Dann wird das Anführungszeichen oben gesetzt und danach folgt das Komma.

5.1.3 Der Begleitsatz kann zwischen der wörtlichen Rede stehen

Beispiel: *„Ich fahre heute“*, **sagte Klaus,** *„mit dem Fahrrad.“*

„Willst du wirklich“, **fragte die Mutter** , *„mit dem Fahrrad fahren?“*

„Fahr heute“, **rief Vater warnend,** *„bloß nicht mit dem Fahrrad!“*

Satzbild:

„_ _ _ _ _“, _____, „_ _ _ _ _.“

„_ _ _ _ _“, _____, „_ _ _ _ _?“

„_ _ _ _ _“, _____, „_ _ _ _ _!“

> **Merke:** Wenn die wörtliche Rede durch den Begleitsatz getrennt wird, setzt man beide Redeteile in Anführungszeichen. Der eingeschobene Begleitsatz wird in Kommas eingeschlossen.
>
> „Nein, mein lieber Freund", erwiderte der Junge, „ich werde dich nicht im Stich lassen."

Aufgaben:

a) Setze die fehlenden Anführungszeichen. Unterstreiche die Begleitsätze.
   - Das Kind sagt: Ich freue mich auf die Bahnfahrt.
   - Der Reisende fragt: Wann habe ich Anschluss nach Köln? Der Schaffner ruft: Bitte von der Bahnsteigkante zurücktreten!

b) Trage die fehlenden Satzzeichen und Anführungszeichen in die Sätze ein. Unterstreiche die Begleitsätze.
   - Der Schüler erklärte Ich habe mein Heft vergessen
   - Der Lehrer meinte Du bist sehr vergesslich
   - Darauf erwiderte der Schüler Ich weiß dass ich daran arbeiten muss

c) Trage die fehlenden Satzzeichen und Anführungszeichen in die Sätze ein. Unterstreiche die Begleitsätze.
   - Ich habe mein Heft vergessen erklärte der Schüler
   - Du bist sehr vergesslich meinte der Lehrer
   - Ich weiß dass ich meine Arbeit vernachlässigt habe erwiderte der Schüler

d) Trage die fehlenden Satzzeichen und Anführungszeichen in die Sätze ein. Unterstreiche die Begleitsätze.
   - Entschuldigen Sie erklärte der Schüler ich habe mein Heft vergessen
   - Ich habe bemerkt meinte der Lehrer dass du in den letzten Wochen sehr vergesslich gewesen bist
   - Ich weiß erwiderte der Schüler dass ich meine Arbeit vernachlässigt habe

5.2   Hervorheben von Wörtern und Textteilen

> **Merke:** Mit Anführungszeichen werden Wörter oder Textteile hervorgehoben.

Beispiel: Die Lehrerin las das Märchen „Der Wolf und die sieben Geißlein" vor.
Im Unterricht lesen wir den Roman „Der Hungerpastor" von Wilhelm Raabe.
Kennt ihr das Sprichwort „Wer selbst im Glashaus sitzt, soll nicht mit Steinen werfen!"?

6   Der Gedankenstrich dient der Satzgliederung

> **Merke:** Mit dem Gedankenstrich kann man etwas Nachfolgendes ankündigen, einen Wechsel kenntlich machen und Zusätze oder Nachträge abgrenzen.

6.1 Etwas Nachfolgendes ankündigen

Beispiel: Er tat schließlich das, worauf alle schon gewartet hatten – er gab eine Zugabe.
Er trat in den Raum – kein Laut war zu hören.
Plötzlich – Totenstille.

6.2 Wechsel des Themas oder des Gedankens

Beispiel: Das Fest am Sonntag war ein großer Erfolg. – Nun begann wieder der Alltag.
So endete der Streit. – Wochen später sprach niemand mehr von dem Vorfall.

6.3 Abgrenzung von Zusätzen oder Nachträgen

Beispiel: Sie betrat die Bühne – welch ein Augenblick! – und begann mit ihrer Arie.
Er behauptete – so eine Lüge! – , dass er heute noch nichts gegessen habe.

7 Die Klammern dienen der Satzgliederung

Merke: Erklärungen und Zusätze kann man in Klammern setzen.

Beispiel: Über den Unfall (wir hatten ihn beobachtet) wurde im Rundfunk berichtet.

Merke: Ausrufezeichen und Fragezeichen setzt man vor die Klammer. Der Schlusspunkt wird weggelassen.

Beispiel: Er hat uns doch (erinnerst du dich nicht mehr?) von dem Unfall erzählt. Wir waren in der Schule (es war während der Pause!), als es zu schneien begann.

Teil VII
Rechtschreibregeln

I   Vokale (Selbstlaute) und Konsonanten (Mitlaute)

In unserem Alphabet unterscheiden wir zwischen Vokalen (Selbstlauten) und Konsonanten (Mitlauten).

> **Merke:** Einfache Vokale (Selbstlaute) sind: *a, e, i, o, u, (y)*
> Umlaute sind: *ä, ü, ö*
> Diphthonge (Doppellaute) sind: *au, äu, eu, ei, ai*

1   Lang und betont gesprochene Vokale (Selbstlaute)

Die **Vokale** (Selbstlaute) können *lang und betont gesprochen* werden wie in den folgenden Wörtern: die Frage, der Regen, die Bibel, das Ruder.

Wörter mit langem Vokal (Selbstlaut):
die Sage, das Tal, der Magen, die Hose, die Made, die Regel, die Bibel, der Segen, der Pudel, das Ruder, das Brot, die Not, der Weg, die Frage, der Wagen, die Wade, der Wal, die Dose, das Segel, der Regen, der Bruder, der Steg, die Fibel, die Nudel, der Jubel, die Feder, der Trubel, das Leder …

Aufgaben:
a) Jeweils zwei Wörter reimen sich. Schreibe die beiden Reimwörter untereinander.
b) Schreibe zu jedem Reimpaar ein drittes Reimwort, das du selbst finden musst.
   Schreibe so: das Ruder, der Bruder, der Puder
c) Schreibe mit je einem Wort aus jeder Reimgruppe einen Satz.

2   Kurz und betont gesprochene Vokale (Selbstlaute)

Die **Vokale** (Selbstlaute) können aber auch *kurz und betont gesprochen* werden wie in folgenden Wörtern: die Hand, das Geld, der Schritt, das Holz, der Schutt.

> **Merke:** Wenn ein Vokal (Selbstlaut) kurz ist, folgt meistens eine Mitlauthäufung. Die Mitlauthäufung kann aus verschiedenen Konsonanten (Mitlauten) bestehen wie in dem Wort „Schuld". Sie kann aber auch aus gleichen Konsonanten (Mitlauten) bestehen wie in dem Wort „Bett".

Wörter mit kurzem Vokal (Selbstlaut):
der Teller, das Kind, der Fisch, die Tonne, die Wand, das Bett, das Geld, der Ball, der Stamm, der Kopf, der Keller, der Wind, der Tisch, die Sonne, die Hand, das Fett, das Feld, der Knall, der Kamm, der Topf, der Queller, der Wisch, das Rind, das Land, die Nonne, der Held, das Brett, der Knopf, das Lamm, der Fall …

Aufgaben:

a) Ordne die Wörter in zwei Gruppen. Schreibe so:
   Erste Gruppe: Wörter mit zwei gleichen Konsonanten (Mitlauten) nach dem kurzen Vokal (Selbstlaut)
   Zweite Gruppe: Wörter mit zwei verschiedenen Konsonanten (Mitlauten) nach dem kurzen Vokal (Selbstlaut)

b) Jeweils drei Wörter reimen sich. Schreibe die drei Reimwörter untereinander.

c) Schreibe nun die drei Reimwörter in der ABC-Folge daneben.

3   Diphthonge (Doppellaute)

Die Diphthonge (Doppellaute) sind immer *gedehnt* wie in folgenden Wörtern:
der Weizen, der Mais, der Laut, der Räuber, die Leute.

Aufgaben:

a) Schreibe zu jedem Diphthong (Doppellaut) fünf Wörter.
   Die Diphthonge heißen: *au, äu, eu, ei, ai.*

b) Ordne nun diese fünf Wörter nach dem Alphabet. Überprüfe deine Rechtschreibung mit dem Wörterbuch.

4   Lang und betont gesprochene Vokale (Selbstlaute), die mit einem Dehnungszeichen geschrieben werden

> **Merke:** In vielen Wörtern wird der lange Vokal (Selbstlaut) besonders gekennzeichnet, nämlich:
> – durch ein Dehnungs-*h* (Ohr, Uhr, mehr);
> – durch ein *ie* (Tier, fliehen, Fliege);
> – durch Verdoppelung des Vokals (Saat, Meer, Moos).

4.1   Das Dehnungs-*h* kennzeichnet den langen Vokal (Selbstlaut)

Das Dehnungs-h kennzeichnet den langen Vokal (Selbstlaut) in folgenden Wörtern:
die Kohle, der Lohn, der Zahn, das Rohr, die Bahn, der Mohr, die Sahne, der Schuh, die Sohle, die Kuh, die Zahl, der Pfahl, die Fahne, hohl, der Kohl, der Sohn, der Zeh, die Naht, nah, kahl, wahr, wohnen, bohren, zahlen, lehren, fahren, strahlen, froh, der Draht, das Reh.

Aufgaben:

a) Ordne die Wörter in drei Gruppen:
   Ordne so: Substantive (Namenwörter), Verben [Tu(n)wörter], Adjektive (Wiewörter)

b) Schreibe möglichst viele Reimpaare.

c) Schreibe die Verben [Tu(n)wörter] in der Grundform, der Du-Form und der Er-Form.
   Schreibe so: fahren – du fährst – er fährt

4.2 Das ie kennzeichnet den langen Vokal (Selbstlaut)

Das ie kennzeichnet den langen Vokal (Selbstlaut) in folgenden Wörtern:
die Fliege, der Sieg, der Dieb, das Bier, der Krieg, das Sieb, die Ziege, das Spiel, die Wiege, der Hieb, das Tier, die Wiese, das Ziel, der Riese, die Biene, die Schiene, schief, schwierig, tief, niedlich, lieb, frieren, spielen, fliegen, fließen, die Zwiebel, niedrig, wiegen, riechen, der Brief.

Aufgaben:

a) Schreibe fünf Sätze, in denen möglichst viele Wörter mit *ie* vorkommen.

b) Ordne die Wörter in drei Gruppen.
Ordne so: Substantive (Namenwörter), Verben [Tu(n)wörter], Adjektive (Wiewörter).

c) Schreibe so viele Reimpaare, wie du bilden kannst.

d) Ordne die Adjektive (Wiewörter) nach dem ABC.

e) Schreibe die Verben [Tu(n)wörter] in der Grundform, der Du-Form und der Er-Form.
Schreibe so: liegen – du liegst – er liegt

4.3 Verdoppelung des langen Vokals (Selbstlautes)

In folgenden Wörtern **wird der lange Vokal** (Selbstlaut) **durch Verdoppelung des Vokals gekennzeichnet**:
das Haar, der See, das Meer, der Schnee, der Teer, der Klee, das Paar, der Tee, der Zoo, das Boot, die Beere, das Beet, leer, die Leere, das Moos, die Saat, der Staat, die Fee.

Aufgaben:

a) Suche dir acht Wörter aus und schreibe mit jedem Wort einen Satz.

b) Schreibe die Wörter, die sich reimen, untereinander.

c) Diktiere einem Partner einen kurzen Satz, in dem eines der Wörter mit doppeltem Vokal (Selbstlaut) vorkommt. Lass aber nur dieses Wort schreiben. Wechsle dann vom Diktierer zum Schreiber.

5 Doppelkonsonanten nach kurzem Vokal (doppelte Mitlaute nach kurzem Selbstlaut)

Merke: Zwei gleiche Konsonanten (Mitlaute) können auf einen kurzen Vokal (Selbstlaut) folgen.

Die Regel gilt nicht, wenn auf den kurzen Vokal (Selbstlaut) mehrere verschiedene Konsonanten (Mitlaute) folgen.

5.1 Die Doppelkonsonanten *tt, ll, nn, pp* nach kurzem Vokal

Wörter, in denen nach kurzem Vokal (Selbstlaut) die

Doppelkonsonanten: *tt, ll, nn, pp*

geschrieben werden: satt, hell, dünn, schlapp, kaputt, die Ratte, die Quelle, die Kanne, der Lappen, fett, still, toll, nett, schrill, schnell, glatt, voll, prall, wetten, fallen, rennen, wippen, retten, knallen, kennen, klappen, kippen, schnappen, die Welle, die Wanne, die Watte, die Suppe, die Mutter, das Wetter, die Puppe, der Retter, der Stall, die Butter, der Schall, die Pappe, die Sonne, der Keller, die Tonne, der Teller, die Spinne, die Lippe, das Bett, die Rinne, die Rippe, das Kinn, die Treppe, der Gewinn, die Schleppe, knapp, das Brett.

Aufgaben:

a) Ordne die Wörter in vier Gruppen.
   Ordne so: Wörter mit *tt*, Wörter mit *ll*, Wörter mit *nn*, Wörter mit *pp*

b) Unterstreiche in allen vier Gruppen die Substantive (Namenwörter) blau, die Verben [Tu(n)wörter] rot und die Adjektive (Wiewörter) schwarz.

c) Schreibe die Wörter, die sich reimen, untereinander.

d) Schreibe die Wörter, in denen die Signalgruppe *all (ell, ett, inn, app)* vorkommt, untereinander.

5.2 Die Doppelkonsonanten *ff, mm* nach kurzem Vokal

Wörter, in denen nach kurzem Vokal die

Doppelkonsonanten: *ff, mm*

geschrieben werden: schlaff, grimmig, dumm, der Pfiff, die Waffe, der Schwamm, der Himmel, summen, gaffen, hoffen, der Hammer, schaffen, der Affe, das Schiff, fromm, krumm, die Kartoffel, der Koffer, schlimm, offen, schroff, der Kummer, der Büffel, der Schimmel, die Klammer, brummen, schwimmen, die Trüffel, der Kamm, die Nummer, glimmen, scheffeln.

Aufgaben:

a) Ordne die Wörter in zwei Gruppen.
   Ordne so: Wörter mit *ff*, Wörter mit *mm*

b) Unterstreiche in beiden Gruppen die Substantive (Namenwörter) blau, die Verben [Tu(n)wörter] rot und die Adjektive (Wiewörter) schwarz.

c) Schreibe die Wörter, die sich reimen, untereinander.
   Vielleicht fällt dir zu einem Reimpaar ein drittes Reimwort ein. Schreibe es unter das Reimpaar.

d) Schreibe alle Wörter, in denen die Signalgruppe *aff (off)* vorkommt, untereinander.

e) Schreibe alle Wörter, in denen die Signalgruppe *umm (imm)* vorkommt, untereinander.

5.3   Der Doppelkonsonant *ss* nach kurzem Vokal

Wörter, in denen nach kurzem Vokal (Selbstlaut) der

Doppelkonsonant: *ss*

geschrieben wird: der Fluss, das Schloss, der Rüssel, die Tasse, die Gasse, die Nuss, die Gosse, die Schüssel, die Flosse, der Hass, das Kissen, der Biss, das Fass, der Riss, der Bissen, das Ross, nass, küssen, blass, müssen, fressen, lassen, die Nessel, hassen, der Kessel, essen.

Aufgaben:

a) Ordne die Wörter in drei Gruppen.
   Ordne die Wörter so: Substantive (Namenwörter), Verben [Tu(n)wörter], Adjektive (Wiewörter).
b) Jeweils zwei Wörter reimen sich. Schreibe die Reimwörter untereinander.
c) Schreibe die Substantive (Namenwörter) im Singular (in der Einzahl) und im Plural (in der Mehrzahl). Schreibe so: der Fluss – die Flüsse
d) Schreibe die Verben [Tu(n)wörter] in der Grundform (im Infinitiv), der Du-Form, der Er-Form und der Ihr-Form. Schreibe so: fassen – du fasst – er fasst – ihr fasst

5.4   Doppelkonsonanten bleiben meistens in Wortfamilien erhalten

> **Merke:** Wörter, die mit Doppelkonsonanten (Mitlauten) geschrieben werden, behalten auch in allen anderen Formen die Doppelkonsonanten (Mitlaute), z.B. rennen – rennt – rannte – gerannt. Es gibt aber auch Verben [Tu(n)wörter], bei denen in einer Wortfamilie sowohl Wörter mit Doppelkonsonanten als auch Wörter mit nur einem Konsonanten (Mitlaut) vorkommen, wenn nämlich der vorausgegangene Vokal (Selbstlaut) lang ist.
>
> Beispiel: kommen – er kommt – er kam – sie kamen.

In einigen der folgenden Verben [Tu(n)wörter] kann der Doppelkonsonant (Mitlaut) wegfallen, wenn sich der Vokal im Wortstamm ändert:
fallen, treffen, bellen, brummen, schwimmen, rennen, lassen, vergessen, müssen, wissen.

Aufgaben:

a) Schreibe alle Wörter im Infinitiv (in der Grundform), der Ich-Form, der Er-Form und der Ihr-Form. Schreibe so: fallen – ich falle – er fällt – ihr fallt
b) Schreibe zu allen Formen die Vergangenheit.
   Schreibe so: fallen – ich fiel – er fiel – ihr fielt
c) Schreibe zu allen Verben [Tu(n)wörtern] das Perfekt (die vollendete Gegenwart) in der Er-Form. Schreibe so: fallen – er ist gefallen

d) Ordne die Verben in zwei Gruppen.
   Ordne so: Verben, die in all ihren Formen den Doppelkonsonanten (Mitlaut) beibehalten.
   Verben, die in manchen Formen den Doppelkonsonanten (Mitlaut) nicht beibehalten.

6 Doppelkonsonanten mit Ausnahmeregelung (doppelte Mitlaute mit Ausnahmeregelung)

> **Merke:** Zwei Konsonanten (Mitlaute) werden nicht verdoppelt, nämlich *z* und *k*. Sie bekommen ein besonderes Kennzeichen, nämlich *tz* und *ck*.
> Beispiel: setzen, locken.
>
> Nur in wenigen Fremdwörtern werden *z* und *k* verdoppelt.
> Beispiel: Skizze, Akkordeon.

6.1 Wörter mit *tz* nach kurzem Vokal (Selbstlaut)

Wörter, in denen nach kurzem Vokal (Selbstlaut) *tz* geschrieben wird:
der Blitz, der Platz, die Mütze, die Hitze, der Satz, die Pfütze, der Witz, die Katze, die Spritze, die Tatze, kratzen, schwitzen, platzen, setzen, sitzen, der Schutz, verletzen, der Schmutz.

Aufgaben:

a) Jeweils zwei Wörter reimen sich. Schreibe die Reimpaare untereinander.
   Vielleicht findest du zu einigen Reimpaaren noch ein drittes Reimwort.
   Schreibe so: der Blitz – der Witz – der Sitz

b) Partnerdiktat: Der eine schreibt alle Wörter mit *itz*, der andere alle Wörter mit *atz*. Jedes Wort soll mit einem kurzen Satz diktiert werden. Geschrieben wird aber nur das Wort mit *itz* oder *atz*.

c) Schreibe die Verben [Tu(n)wörter] in der Grundform, der Ich-Form und der Er-Form.
   Schreibe so: kratzen – ich kratze – er kratzt

6.2 Wörter mit *ck* nach kurzem Vokal (Selbstlaut)

Wörter, in denen nach kurzem Vokal (Selbstlaut) *ck* geschrieben wird:
die Brücke, die Decke, der Fleck, der Sack, der Trick, der Druck, der Speck, der Lack, die Mücke, die Schnecke, dick, schmecken, schlecken, der Rock, der Stock, das Glück, der Schluck, drucken, der Wecker, rücken, die Jacke, pflücken, das Stück, die Backe, der Trecker, spucken.

Aufgaben:

a) Jeweils zwei Wörter reimen sich. Schreibe die Reimpaare untereinander.
   Vielleicht findest du zu einigen Reimpaaren noch ein drittes Reimwort.
   Schreibe so: die Brücke – die Mücke – die Lücke

b) Schreibe die Substantive (Namenwörter) im Singular und im Plural. Trenne die Wörter in der Mehrzahl.
Schreibe so: die Brücke – die Brücken – die Brü-cken

c) Schreibe die Verben [Tu(n)wörter] in der Grundform, der Ich-Form und der Er-Form. Schreibe so: drucken – ich drucke – er druckt

6.3 Besonderheit

> **Merke:** Verdoppelt wird der Konsonant (Mitlaut) immer nur in betonten Silben.

Beispiel: Die letzte Silbe von „Schülerin" ist ***nicht*** betont. Deshalb verdoppelt sich das *n* am Ende nicht, obwohl der vorangehende Vokal (Selbstlaut) kurz ist.
Nur in der Mehrzahl (Plural) wird das *n* verdoppelt „Schülerinnen". Ebenso verhält es sich mit dem *s*, das nur in der Mehrzahl (Plural) verdoppelt wird wie z. B. „Zeugnisse".

Aufgaben:

a) Schreibe folgende Wörter im Singular und im Plural:

Lehrerin, Hindernis, Geheimnis, Freundin, Schülerin, Zeugnis, Gefängnis, Polizistin, Wagnis, Leserin, Ersparnis, Künstlerin.

b) Suche zu beiden Gruppen weitere Wörter hinzu. Benutze dein Wörterbuch, damit du die Rechtschreibung überprüfen kannst.

7 Umlaute und Diphthonge (Doppellaute)

> **Merke:** Die Umlaute *ä, ö, ü* stammen meistens von den Wörtern mit *a, o, u* ab. Die Umlaute ö und ü sind gut herauszuhören. Der Umlaut *ä* hört sich aber oft wie ein *e* an. Deshalb muss man herausbekommen, ob sich das Wort von einem Wortstamm mit *a* ableiten lässt.

7.1 Der Umlaut *ä*

> **Merke:** Viele Wörter, die mit *ä* geschrieben werden, lassen sich aber von keinem Wort mit *a* ableiten.

Aufgaben:

a) Folgende Wörter, die mit dem Umlaut *ä* geschrieben werden, lassen sich von einem Wort mit *a* ableiten:

mächtig, kränklich, jährlich, täglich, schwächlich, ärmlich, ängstlich, kräftig, nähen, gefährlich, glänzen, zählen, wählen, quälen, schälen, die Hälfte, der Jäger, der Bäcker, der Gärtner, schätzen, ärgern, wärmen, kämmen, der Ärmel, lächeln, die Länder, die Wälder, die Wäsche, die Schränke, der Stängel.

- Ordne die Wörter in drei Gruppen.
  Ordne so: Substantive (Namenwörter), Verben [Tu(n)wörter], Adjektive (Wiewörter).
- Schreibe neben jedes Wort ein verwandtes Wort, das mit *a* geschrieben wird.
  Schreibe so: mächtig – die Macht

b) Folgende Wörter, die mit *ä* geschrieben werden, lassen sich von **keinem** Wort mit *a* ableiten:

der Käfig, die Säge, der Käfer, der Käse, der Bär, das Märchen, der März, das Mädchen, der Lärm, hängen, spät, schräg, ätzen, dämmern, das Geländer, die Schärpe, die Lärche.

- Ordne diese Wörter nach dem ABC.
- Bilde mit jedem Wort ein zusammengesetztes Substantiv (Namenwort).
  Schreibe so: der Käfig – der Vogelkäfig, die Säge – die Bandsäge
- Arbeite mit einem Partner zusammen. Diktiert euch abwechselnd einen Satz, in dem eines der Wörter mit *ä* vorkommt. Geschrieben wird aber nur dieses bestimmte Wort.

7.2   Der Diphthong äu

Merke: Ähnlich wie bei den Wörtern mit *ä* ist es mit Wörtern, die mit *äu* geschrieben werden. Man kann nicht heraushören, ob das Wort mit *eu* oder *äu* geschrieben wird. Deshalb muss man herausbekommen, ob das Wort von einem Wortstamm, der mit *au* geschrieben wird, abgeleitet werden kann.

Aufgaben:

a) Folgende Wörter, die mit dem Umlaut *äu* geschrieben werden, lassen sich von einem Wort mit *au* ableiten:

die Träume, die Häuser, die Schläuche, die Läuse, die Bäuche, die Bäume, die Bräute, die Kräuter, die Gäule, die Mäuler.

- Schreibe diese Wörter im Singular und im Plural.
- Schreibe die Wörter, die sich reimen, untereinander. Vielleicht findest du zu einigen Reimpaaren noch ein drittes Reimwort.
  Schreibe so: der Traum – der Baum – der Saum
- Ordne die Wörter, von denen du den Singular gebildet hast, nach dem ABC.

b) Schreibe zu folgenden Wörtern ein verwandtes Wort mit *au*:

läuten, häufig, träumen, der Verkäufer, der Räuber, das Gebäude, das Geräusch, räumen, schäumen, der Läufer, säubern, räuchern, bläulich, die Fäulnis, die Bräune.
Schreibe so: läuten – laut

c) Folgende Wörter lassen sich **nicht** von einem verwandten Wort, das mit *au* geschrieben wird, ableiten und werden deshalb mit *eu* geschrieben:

die Beule, die Freude, das Heu, der Freund, das Feuer, die Eule, die Leute, die Schleuder, leuchten, heulen, freuen, schleudern, deuten, teuer, neu, scheu, treu, die Scheune, die Beute, feucht, die Keule, meutern, das Steuer.

- Ordne die Wörter in drei Gruppen.
  Ordne so: Substantive (Namenwörter), Verben [Tu(n)wörter], Adjektive (Wiewörter)
- Ordne die Substantive nach dem ABC.
- Schreibe mit jedem Adjektiv einen Satz.
- Schreibe die Verben in der Grundform, der Er-Form und der Ihr-Form.

d) In wenigen Wörtern schreibt man ausnahmsweise *äu*, obwohl sie sich von keinem Wort mit *au* ableiten lassen. Das betrifft folgende Wörter:

das Knäuel, die Räude, sich räuspern, die Säule, sich sträuben, täuschen.

Schreibe mit jedem dieser Wörter einen Satz.

7.3 Der Diphthong ai

Merke: In wenigen Fällen schreibt man den Diphthong *ai*.

Beispiel: der Hai, der Kaiser, der Mai, der Laib (Brot), der Hain, der Main, der Mais, der Kai.

Aufgabe:

Schreibe zu den oben aufgeführten Wörtern zusammengesetzte Substantive (Namenwörter). Schreibe so: das Haifischsteak, die Kaiserkrönung …

Die Wörter, die mit *ai* geschrieben werden, muss man auswendig lernen. Es sind nur sehr wenige. Zu unterscheiden sind aber gleich lautende, jedoch unterschiedlich geschriebene Wortstämme.

Beispiel: Laib – Leib; Laich – Leiche; Laie/Laien – leihen; Saite – Seite; Waise – Weise.

Aufgabe:

Schreibe mit jedem der o.a. Wörter einen Satz. Du kannst die Bedeutung der Wörter im Wörterbuch nachlesen.

8 Stimmhafte und stimmlose Konsonanten (Mitlaute)

Stimmhaft sind folgende Konsonanten (Mitlaute):
b, d, g, j, l, m, n, r, s, v, w.

Stimmlos sind folgende Konsonanten (Mitlaute):
c, ch, f, h, k, p, qu, s, ß, sch, t, v, x, z.

Einige der stimmhaften Konsonanten (Mitlaute) werden stimmlos gesprochen, wenn sie am Ende eines Wortes stehen: *b* - Trab , *d* - Hand, *g* - Berg, *s* - Haus, *v* - brav.
Bei Auslautverhärtungen muss man das Wort verlängern, um unterscheiden zu können, ob es sich um einen stimmhaften oder einen stimmlosen Konsonanten (Mitlaut) handelt.

8.1   Wörter, die mit stimmlosem *d* oder *t* gesprochen werden

Beispiel: die Han*d* – die Hän*d*e, das Hef*t* – die Hef*t*e

Wörter mit *d* oder *t* am Ende:
das Hemd, das Zelt, das Kleid, die Nacht, der Wald, das Beet, die Schuld, der Bart, fremd, breit, blind, bunt, rund, laut, gesund.

Aufgaben:

a) Schreibe alle Substantive (Namenwörter) im Singular und im Plural. Auf diese Weise kannst du sie verlängern.

b) Verlängere die Adjektive (Wiewörter), indem du sie als Attribut (Beifügung) gebrauchst. Schreibe so: fremd – das fremde Kind

8.2   Wörter, die mit stimmlosem *g* oder *k* gesprochen werden

Beispiel: der Klan*g* – die Klän*g*e, die Ban*k* – die Bän*k*e

Wörter mit *g* oder *k* am Ende:
schlank, mutig, flink, blank, schräg, klug, lang, krank, stark, jung, der Tank, der Dank, der Klang, der Gesang, der Abhang, der Gestank, der Fang, der Berg, das Werk, das Ding, die Bank, der Zwerg, der Schrank.

Aufgaben:

a) Verlängere die Substantive (Namenwörter), indem du entweder den Plural (Mehrzahl) bildest oder das verwandte Verb [Tu(n)wort] schreibst.
Schreibe so: der Tank – tanken

b) Schreibe die Adjektive (Wiewörter) mit ihrer Steigerungsform.
Schreibe so: schlank – schlanker

8.3   Wörter, die mit stimmlosem *b* oder *p* gesprochen werden

Beispiel: der Kor*b* – die Kör*b*e – das Hu*p*konzert

Wörter, die mit *b* oder *p* geschrieben werden:
schiebt, schreibt, hupt, hebt, glaubt, tobt, lebt, klebt, der Staub, das Laub, der Hieb, das Sieb, der Stab, das Grab, der Korb, der Dieb, das Lob.

Aufgaben:

a) Schreibe zu den Verben [Tu(n)wörtern] die Grundform.
Schreibe so: schiebt – schieben

b) Verlängere die Substantive (Namenwörter), indem du den Plural (Mehrzahl) bildest oder das verwandte Verb [Tu(n)wort] bzw. Adjektiv (Wiewort) schreibst.
Schreibe so: der Staub – stauben – staubig

8.4   Wörter, die mit stimmlosem *s* oder *z* gesprochen werden

Beispiel: die Gan**s** – die Gän**s**e, der Tan**z** – die Tän**z**e

Wörter mit *s* oder *z* am Ende:
die Gans, der Tanz, das Glas, das Herz, der Schmerz, das Gras, der Preis, der Pilz, das Gleis, der Kreis, der Hals, das Holz, das Gewürz, der Beweis, stolz, der Glanz, das Eis, kurz, schwarz.

Aufgaben:

a) Schreibe alle Substantive (Namenwörter) im Singular (Einzahl) und im Plural (Mehrzahl). Dann kannst du unterscheiden, ob der Endlaut stimmhaft oder stimmlos ist. Für zwei Substantive gibt es keinen Plural. Um das Wort zu verlängern, musst du ein verwandtes Verb [Tu(n)wort] oder ein verwandtes Adjektiv (Wiewort) finden.

b) Schreibe auch zu anderen Substantiven (Namenwörtern) das verwandte Verb [Tu(n)wort] oder/und Adjektiv (Wiewort).
Schreibe so: der Tanz - tanzen, das Glas – glasig – verglasen

c) Verlängere die Adjektive (Wiewörter), indem du sie als Attribut (Beifügung) gebrauchst.
Schreibe so: stolz – ein stolzer Mann

9   Der *s*-Laut

Für das Schreiben der *s*-Laute stehen uns zwei Buchstaben zur Verfügung, nämlich:
• der Buchstabe **s** und
• der Buchstabe **ß.**

Das *s* kannst du stimmhaft sprechen, wie in dem Wort „sausen". Du kannst es aber auch stimmlos sprechen, wie in dem Wort „Maus". Das *ß* wird immer stimmlos gesprochen, wie in den Wörtern „Gruß, Grüße".

> **Merke:** Wenn der *s*-Laut am Anfang einer Silbe steht, wird er stimmhaft gesprochen. Wenn der *s*-Laut am Ende eine Silbe vorkommt, wird er stimmlos gesprochen.

Beispiel: das Haus, der Fels, die Gans; der Saft, der Segen, der Sumpf.

Wenn das Wort verlängert wird, kann man den stimmhaften *s*-Laut hören.

Beispiel: die Häuser, die Felsen, die Gänse.

> **Merke:** In zweisilbigen Wörtern wird der *s*-Laut verdoppelt, wenn die erste Silbe einen kurzen Vokal (Selbstlaut) hat und auf *s* endet und die zweite Silbe mit dem *s*-Laut beginnt.

Beispiel: las-sen, müs-sen, has-sen, die Tas-se, die Gos-se, die Flüs-se.

In anderen Wortformen bleibt das *ss* dann erhalten, wenn diese Wortformen auch mit kurzem Vokal (Selbstlaut) gesprochen werden.

Beispiel: lassen – lässt; müssen – muss; hassen – hasst; Flüsse – Fluss.

> **Merke:** Ein *ß* wird bei zweisilbigen Wörtern immer dann geschrieben, wenn die erste Silbe mit einem langen Vokal (Selbstlaut), Umlaut oder Doppellaut (Diphthong) endet und die zweite Silbe mit einem stimmlosen *s*-Laut beginnt.

Beispiel: Grü-ße, Fü-ße

In allen anderen Wortformen dieser Wörter bleibt *ß* erhalten, wenn diese Wörter einen langen Vokal (Selbstlaut) haben.

Beispiel: Grüße – Gruß, Füße – Fuß

Folgende Wörter werden mit *ß* geschrieben:
der Gruß, das Maß, der Stoß, der Spaß, das Floß, der Schweiß, die Straße, süß, groß, fleißig, rußig, der Strauß, der Ruß, der Kloß, schießen, grüßen, beißen, stoßen, reißen, gießen, spaßen, fließen, süßen, der Fuß, der Fleiß, die Soße.

Aufgaben:

a) Ordne die Wörter in drei Gruppen.
   Ordne so: Substantive (Namenwörter), Verben [Tu(n)wörter], Adjektive (Wiewörter)
b) Schreibe die Substantive im Singular und im Plural.
c) Schreibe die Verben in der Grundform, der Ich-Form, der Er-Form und der Ihr-Form.
   Schreibe so: schießen – ich schieße – er schießt – ihr schießt
d) Schreibe die Wörter, die sich reimen, nebeneinander.
   Schreibe so: der Gruß – der Ruß – der Fuß

> **Merke:** In manchen Wortfamilien kommen Wörter mit *ss* und mit *ß* vor. Ist der Vokal (Selbstlaut) vor dem *s*-Laut kurz, so schreibt man *ss*. Ist der Vokal (Selbstlaut) vor dem *s*-Laut lang, so schreibt man *ß*.

Beispiel: reißen – er reißt – er riss – er hat gerissen.

Folgende Wörter zeigen in ihren Wortfamilien diesen Lautwechsel:
essen, fressen, messen, beißen, gießen, fließen.

Aufgaben:

a) Schreibe die Verben [Tu(n)wörter] in der Grundform, der Ich-Form, der Er-Form und der Ihr-Form. Schreibe so: essen – ich esse – er isst – ihr esst
b) Schreibe die Verben [Tu(n)wörter] in den folgenden Formen.
   Schreibe so: essen – er isst – er aß – er hat gegessen

c) Schreibe zu jedem Verb [Tu(n)wort] ein verwandtes Substantiv (Namenwort) oder/und ein Adjektiv (Wiewort). Schreibe so: essen – das Essbesteck – essbar

II Groß- und Kleinschreibung

Die Großschreibung, das heißt die Schreibung mit einem großen Anfangsbuchstaben, dient dazu, *Eigennamen*, *Substantive* und *Substantivierungen* zu kennzeichnen und für den Lesenden hervorzuheben.

Durch die Großschreibung werden auch *Satzanfänge* und *Anfänge von Überschriften* hervorgehoben. Die Grammatik kann dir helfen, wenn du nicht genau weißt, ob ein Wort groß- oder kleingeschrieben werden muss.

Du musst wissen,
– welche Merkmale Substantive haben;
– ob das Wort am Satzanfang steht;
– wann es sich um den Beginn einer wörtlichen Rede handelt;
– ob das Wort ein Eigenname oder der Teil eines Eigennamens ist.

1 Großschreibung am Satzanfang

> **Merke:** *Das erste Wort am Satzanfang* wird großgeschrieben, und zwar nach einem Punkt, einem Ausrufezeichen, einem Fragezeichen und einem Doppelpunkt.

Beispiel: *W*ir wollen einen Ausflug machen. *K*ennst du das Ziel unserer Wanderung? *L*asst euch überraschen! *I*ch sage euch: *I*hr werdet begeistert sein.

> **Merke:** Auch das erste Wort der wörtlichen Rede wird großgeschrieben.

Beispiel: Er verkündete: „*D*er Tanz kann beginnen!" „*W*ir wollen die Feste feiern, wie sie fallen", meinte sie. „*D*as Fest war ein großer Erfolg", erklärte er, „denn alle Gäste waren zufrieden."

2 Großschreibung am Anfang von Überschriften und bestimmten Texteinheiten

2.1 Das erste Wort bei Überschriften, Buchtiteln, Titeln von Fernsehsendungen und Theaterstücken wird großgeschrieben

Beispiel: Die totale Sonnenfinsternis Das doppelte Lottchen
Unsere Schulordnung Geheimnisse der Schwarzen Sieben
Neue Schülerzeitung Sieben auf einen Streich
Kleine Tipps für Flugreisende Unsere kleine Farm

2.2 Gesetze, Verträge und Veranstaltungen werden am Anfang großgeschrieben

Beispiel: Das Grundgesetz
Die Ferienordnung
Internationaler Musikwettbewerb

2.3 Anschriften, Grußformeln und Anreden werden großgeschrieben

Beispiel: *A*n den
Herrn Bürgermeister der Stadt
*S*ehr geehrter Herr Bürgermeister
*M*it bestem Dank

> **Merke:** Bei verändertem Artikel wird das nächstfolgende Wort großgeschrieben.

Beispiel: „*D*as doppelte Lottchen" ist ein beliebtes Kinderbuch. Auch Erwachsene lesen das Buch „*D*as doppelte Lottchen" gern. Erich Kästners „*D*oppeltes Lottchen" wird immer wieder gern gelesen. Ich lese gerade im „*D*oppelten Lottchen".

3 Großschreibung von Substantiven (Namenwörtern) und Eigennamen

3.1 Substantive werden mit großem Anfangsbuchstaben geschrieben

Substantive bezeichnen Lebewesen, Gegenstände oder abstrakte Begriffe.

Beispiel: Lebewesen: das Kind, der Vogel, die Blume
Gegenstände: der Teller, die Tasse, die Schüssel
Abstrakte Begriffe: der Verstand, die Freude, das Leben

3.2 Substantive, die in festen Verbindungen vorkommen, werden großgeschrieben

Substantiv und Verb: Recht haben oder recht haben, Recht behalten oder recht behalten, Angst haben, Diät halten, Unrecht tun, Auto fahren, Hof halten, Wert auf etwas legen, Schuld tragen, Folge leisten, Ernst nehmen, Not leiden, Maschine schreiben, Kegel schieben, Unkraut jäten, Acht geben, Gefahr laufen usw.

> **Aber** in Verbindung mit den Verben *sein*, *bleiben* oder *werden* gelten Wörter wie *Angst*, *Bange*, *Schuld* nicht mehr als Substantive und müssen deshalb kleingeschrieben werden: Mir ist angst und bange; du bleibst schuld daran; ihr wird angst u. a.

Substantiv und Präposition und Verb: außer Acht lassen, in Betracht ziehen, in Kauf nehmen, zu Hilfe eilen, zu Berge stehen, sich in Acht nehmen usw.

Aber bei folgenden Ausdrücken sind zwei Schreibungen möglich: in Stand (instand) setzen, zu Tage (zutage) treten, zu Grunde (zugrunde) gehen, zu Schulden (zuschulden) kommen lassen, zu Wege (zuwege) bringen, zu Rate (zurate) ziehen, zu Mute (zumute) sein, in Frage (infrage) stellen, mit Hilfe (mithilfe), zu Hause (zuhause), an Stelle (anstelle), jemandem etwas zu Leide (zuleide) tun.

Merke: a) Man schreibt ein (verblasstes) Substantiv mit einer Präposition zusammen und klein, wenn die Zusammenstellung zu einer neuen Präposition oder einem Adverb geworden ist. Beispiel: anstatt, inmitten, zuliebe usw.

b) In vielen Fällen kann die Zusammenstellung auch als Wortgruppe angesehen und getrennt geschrieben werden. Das Substantiv wird dann auch großgeschrieben. Beispiel: *infrage* oder in Frage, *zugrunde* oder zu Grunde, *aufseiten* oder auf Seiten.

Aber nur getrennt schreibt man: zu Fuß, zu Ende, von Sinnen.

3.3 Die Groß- und Kleinschreibung bei Zeitangaben

Folgende Zeitangaben werden großgeschrieben:

Wochentagsnamen:	Montag, Dienstag, …
Zusammengesetzte Zeitangaben:	Dienstagabend, Sonntagmorgen, …
Tageszeiten nach Adverbien:	heute Abend, morgen Mittag, gestern Morgen, übermorgen Abend, vorgestern Mittag, …

Folgende Zeitangaben werden kleingeschrieben:

Angaben zur Uhrzeit:	halb vier, um viertel acht, …
Zeitangaben mit -s:	morgens, abends, dienstags, …
Zeitadverbien:	gestern, heute, morgen, früh, spät, …

Aber großgeschrieben wird: eines Nachts, des Morgens, letzten Endes, …

3.4 Zahlsubstantive werden großgeschrieben

Beispiel: das Dutzend, das erste Hundert, eine Million …

Merke: Die Wörter „hundert", „tausend" oder „dutzend" können klein- oder großgeschrieben werden, wenn mit ihnen unbestimmte Mengen angegeben werden.
Beispiel: Auf dem Platz drängen sich **Hunderte** (*oder:* **hunderte**) von Menschen; **Tausende** (*oder:* **tausende**) Menschen besuchten die Ausstellung.
Es gab **Dutzende** (*oder:* **dutzende**) von Reklamationen.

Merke: a) **Grundzahlen**, die als Substantive gebraucht werden, schreibt man groß. Beispiel: eine Vier schreiben; eine Sechs würfeln; drei Zweien im Zeugnis haben

b) Sonst schreibt man **Grundzahlen unter einer Million** klein. Beispiel: Es hatten sich an die zwanzig gemeldet. Alle waren jünger als dreißig. Er fuhr über hundertzwanzig.

> **Merke:** a) ***Ordnungszahlen und Bruchzahlen***, die als Substantiv gebraucht werden,
> schreibt man groß. Beispiel: der Dritte im Bunde; ein Zehntel des Kuchens
> (aber: ein zehntel Liter); um Viertel nach zwei (aber: um viertel drei)
> b) Bei der Großschreibung von Ordnungszahlen, die eine Reihenfolge angeben
> und solchen, die eine Rangfolge angeben, muss man nicht unterscheiden.
> Beispiel: Er erreichte als ***Zweiter*** das Ziel. (Rangfolge) Jeder ***Vierte***, der sich
> angemeldet hatte, war sechzig. (Reihenfolge)

4 Substantivierung

> **Merke:** Wörter anderer Wortarten, die als Substantiv gebraucht werden, schreibt man
> groß.

Die Wörter aller anderen Wortarten können substantiviert werden. Sie werden dann wie
Substantive gebraucht. Es gibt mehrere Merkmale, an denen man sie im Text erkennen kann.

4.1 Substantivierte Wörter können an einem vorausgegangenen Artikel, Pronomen oder unbestimmten Numerale (Zahlwort) erkannt werden

Artikel: der, die, das, eine, ein, …

Beispiel: das Toben und Schreien, das Kommen und Gehen, das Dreifache, die Großen, das
Dunkel, das Neue, ein Lachen und Weinen, ein Für und Wider, eine Zwei.

Aufgabe: Bilde mit den o. g. Wörtern Sätze.

Pronomen: dieser, jener, welcher, mein, dein, unser …

Beispiel: meine Beste, dein Tanzen, unser Warten, euer Reden, dieses Warten, sein Denken
und Handeln, ihr Klagen.

Aufgabe: Schreibe mit den o. g. Wörtern Sätze.

Unbestimmte Zahlwörter: ein paar, genug, viel, wenig, etwas, alles, nichts, allerlei, eini-
ges, manches, mancherlei, etliches usw.

Beispiel: etwas Neues, wenig Interessantes, kein Zureden, manches Traurige

Aufgaben:

a) Schreibe mit folgenden Zusammensetzungen Sätze.

viel	– wichtig, unbekannt, merkwürdig
allerlei	– schrecklich, entsetzlich, gemein
manches	– traurig, schlimm, ernst
mancherlei	– wahr, richtig, zutreffend
genug	– nebensächlich, überflüssig, langweilig
einiges	– falsch, dumm, hässlich
etliches	– lehrreich, unterhaltend, kurzweilig

wenig   –   gut, schön, hübsch
nichts   –   erfreulich, erhebend, befriedigend
etwas   –   aufregend, nützlich, unterhaltsam

Schreibe so:
Aus der Zeitung erfahren wir viel Wichtiges, Unbekanntes und Merkwürdiges.
Aus der Zeitung erfahren wir allerlei …

b) Ergänze die Sätze durch passende Wörter.

Ich wünsche dir **alles** ___ . Sie hat schon **viel** ___ in ihrem Leben erlebt. Von uns gibt es **nichts** ___ zu berichten. Ich habe gestern **etwas** ___ erlebt. Die letzten Nachrichten brachten **wenig** ___ . In der Zeitschrift entdeckte ich **manches** ___ . In den Ferien erleben wir **genug** ___ . Auf der Kirmes ist **allerlei** ___ zu sehen. Leider geht **jedes** ___ einmal zu Ende. Ich wollte dir **etwas** ___ erzählen.

4.2   Der Artikel kann mit einer Präposition verbunden sein

> **Merke:** Der Artikel kann versteckt sein, wenn er mit einer Präposition verbunden ist.

Beispiel: im   –   in dem   Wir üben uns *im* **W**erfen und **L**aufen.
           am   –   an dem   Keiner soll mich *am* **S**prechen hindern.
           ans   –   an das   Ich denke *ans* **V**ersprechen.
           ums   –   um das   Alles dreht sich nur *ums* **V**erdienen des Geldes.
           beim   –   bei dem   Er wurde *beim* **L**ügen ertappt.
           ins   –   in das   Die Spielregeln gerieten *ins* **V**ergessen.
           vom   –   von dem   Ihm kamen die Tränen *vom* **L**achen.
           zum   –   zu dem   Mir ist nicht *zum* **L**achen.
           aufs   –   auf das   Sie hatte sich *aufs* **R**eiten gefreut.
           fürs   –   für das   Nun hat sie *fürs* **E**rste genug.

Aufgabe:

Schreibe mit den folgenden, häufig gebrauchten Ausdrücken Sätze:

im Allgemeinen, im Besonderen, im Wesentlichen, im Großen und Ganzen, im Einzelnen, im Folgenden, im Voraus, im Nachhinein, nicht im Entferntesten, im Verborgenen.

4.3   Der Artikel kann manchmal ergänzt werden

> **Merke:** Du kannst manchmal den Artikel ergänzen und so feststellen, ob das Wort ein Substantiv ist.

Beispiel: Horst lernt **L**esen. (das Lesen)
           Probieren geht über **S**tudieren. (das Probieren, das Studieren)
           nach langem **H**in und **H**er (ein Hin, ein Her)
           Jung und **A**lt (die Jungen, die Alten)

sich **F**ür oder **W**ider entscheiden (ein Für, ein Wider)
als **L**etzte ankommen (die Letzte)
Da ist **F**olgendes zu beachten. (das Folgende)
unterscheide **W**ichtiges und **U**nwichtiges (das Wichtige, das Unwichtige)
auf **L**achen folgte **W**einen (das Lachen, das Weinen)

4.4 Anstelle eines Artikels kann ein Attribut vor dem substantivierten Verb stehen

Merke: Wenn dem Verb ein Attribut vorausgeht, das mit einem Artikel verschmolzen ist, lässt sich der Artikel herauslösen.

Beispiel: **Lautes K**nurren ängstigte die Kinder.
Das Knurren ängstigte die Kinder.
Das laute **K**nurren ängstigte die Kinder.

Aufgabe:

Unterstreiche das Attribut (Beifügung). Schreibe dann den Satz, wie das Beispiel oben zeigt.
• Plötzliches Blinken erschreckte die Autofahrer.
• Heftiges Beben erschütterte die Erde.
• Großes Gähnen machte sich breit.
• Grässliches Lachen ertönte auf der Geisterbahn.
• Wimmerndes Heulen kam aus dem Stall.
• Buntes Treiben herrschte auf dem Weihnachtsmarkt.
• Zartes Flüstern drang an sein Ohr.
• Starkes Rauschen erfüllte die Luft.
• Leises Rascheln war im Unterholz zu hören.
• Stetiges Plätschern störte seine Nachtruhe.

5 Großschreibung von Adjektiven (Wiewörtern)

Merke: Adjektive können Bestandteil bestimmter Wortgruppen wie Titeln, geografischer Namen, Namen von verschiedenen Objekten, Namen von Institutionen, Organisationen, Einrichtungen usw. sein. In solchen Wortgruppen werden Adjektive großgeschrieben.

geografische Namen:

die **B**ritischen Inseln, die **N**eue Welt, die **F**reie Hansestadt Hamburg, der **S**chwarze Kontinent, der **T**hüringer Wald, der **B**ayerische Wald, die **H**ohen Tauern, der **H**amburger Hafen, die **T**hüringer Klöße, der **H**arzer Roller (Kanarienvogel), die **N**ürnberger Lebkuchen, …
das **R**ote Meer, der **S**tille Ozean, der **K**leine Belt, das Kap der **G**uten Hoffnung, …

Namen von verschiedenen Objekten:

der **G**roße Bär (Sternbild), das **H**eilige Land, das **W**eiße Haus, der **S**chiefe Turm (Pisa), der **E**iserne Vorhang (ehemalige Grenze nach Osten), das **S**chwarze oder **s**chwarze Brett (Anschlagbrett), der **W**eiße oder **w**eiße Tod (Erfrieren), der **H**ohe Priester (oberster Priester in Jerusalem), das **N**eue Testament, das **G**oldene Kalb, das **E**iserne Kreuz, der **G**roße Verdienstorden, das **S**ilberne Schwimmabzeichen, das **G**rüne Gewölbe (Dresden), …

Namen von Institutionen, Organisationen, Einrichtungen:

der **D**eutsche Bundestag, der **O**berste Gerichtshof, die **V**ereinten Nationen, das **D**eutsche Rote Kreuz, die **D**eutsche Bahn, Gasthaus zur **A**lten Post, das Hotel **V**ier Jahreszeiten, der **E**rste Mai, der **H**eilige Abend, das **Z**weite **D**eutsche Fernsehen, …

Merke: Adjektive auf *-sch* und *-isch*, die von Orts- oder Ländernamen abgeleitet sind, werden kleingeschrieben, wenn sie nicht Teil eines Eigennamens sind.

Beispiel: die **m**ecklenburgischen Seen,   aber: die **M**ecklenburgische Seenplatte
die **d**eutsche Hauptstadt,   aber: das **D**eutsche Rote Kreuz
das **b**öhmische Glas,   aber: die **B**öhmischen Brüder (Religionsgemeinschaft)
das **c**hinesische Porzellan,   aber: die **C**hinesische Mauer

---

Merke: Adjektive, die von Orts- oder Ländernamen abgeleitet sind und auf *-er* enden, werden großgeschrieben.

Beispiel: Frankfurt**er** Würstchen, Dinslaken**er** Landstraße, Wien**er** Sängerknaben

Aufgaben:

a) Bilde aus den Städtenamen Adjektive auf *-er*. Sie werden großgeschrieben.
Bilde aus den Ländernamen Adjektive auf *-isch*. Sie werden kleingeschrieben.
Schreibe so: der **E**mmental**er** Käse, die **h**olländ**isch**en Tomaten

- Edam – Käse, Holland – Tulpenzwiebeln, Magdeburg – Börde, Soest – Börde, Kanada – Weizen, Spanien – Apfelsinen, Dänemark – Butter, Belgien – Grenze, Aachen – Printen, Nürnberg – Lebkuchen, Lübeck – Marzipan, Norwegen – Fjord, Ulm – Münster, Köln – Dom, Schweden – Eisenerz, Griechenland – Rosinen, Portugal – Sardinen, Mainz – Karneval, Ägypten – Baumwolle, Frankreich – Rotwein, Persien – Teppiche.

b) Entscheide, ob das Adjektiv in dem Satz substantivisch gebraucht wird und großgeschrieben werden muss oder ob es ein Attribut ist und kleingeschrieben wird.

- Die WESTLICHEN Winde bringen uns häufig Regen.
- Friedrich II. von Preußen hieß im Volksmund der ALTE Fritz.
- Der STILLE Ozean ist das größte Weltmeer.
- Der DUISBURGER Hafen ist der größte Binnenhafen Europas.
- Das DEUTSCHE ROTE Kreuz ist eine Hilfsorganisation.
- Das GRÜNE Gewölbe in Dresden ist eine Kunstgalerie.
- Die NORDDEUTSCHEN Moore wurden zum größten Teil in Kulturland verwandelt.
- Mit der HEILIGEN Schrift ist die Bibel gemeint.
- Der STILLE See bietet Ruhe und Erholung.
- Ebbe und Flut folgen im EWIGEN Wechsel.

6 **Wörter mit der Endung *-ung, -heit, -keit, -nis, -schaft, -tum, -ling, -sal, -(er)ei* werden zu Substantiven (Namenwörtern)**

-ung:
Ahnung, Achtung, Belohnung, Berichtigung, Endung, Entschuldigung, Erfindung, Heizung, …

-heit:
Blindheit, Bosheit, Dummheit, Faulheit, Freiheit, Gesundheit, Klugheit, Krankheit, Mehrheit, …

-keit:
Dankbarkeit, Flüssigkeit, Geschwindigkeit, Sauberkeit, Tätigkeit, Übelkeit, …

-nis:
Ergebnis, Erlaubnis, Erlebnis, Gefängnis, Geheimnis, Hindernis, Verzeichnis, Wildnis, Zeugnis, …

-schaft:
Eigenschaft, Freundschaft, Feindschaft, Gesellschaft, Mannschaft, Wanderschaft, Wirtschaft, …

-tum:
Reichtum, Irrtum, Besitztum, Altertum, Siechtum, Schrifttum, Brauchtum, …

-ling:
Frühling, Jüngling, Säugling, Feigling, Schwächling, Täufling, Sperling, Däumling, Liebling, …

-sal:
Schicksal, Trübsal, Drangsal, Labsal, Scheusal, …

-(er)ei:
Faulenzerei, Lauferei, Schlägerei, Spielerei, Streiterei, Bücherei, …

Aufgaben:

a) Bilde aus folgenden Adjektiven Substantive, indem du eine der oben angeführten Endungen anhängst:

> klug, scheu, trübe, früh, reich, wild, frei, dankbar, frech, schön, falsch, sauber, sparsam, ähnlich, schwach, feige, faul, dumm, blind.

b) Bilde aus folgenden Verben Substantive, indem du eine der oben angeführten Endungen anhängst:

> taufen, lieben, saugen, drängen, laben, trüben, irren, besitzen, siechen, altern, brauchen, wandern, fangen, erleben, erlauben, ergeben, hindern, verzeichnen, bewegen, enden, heizen, erfinden, achten, lehren, ahnen.

7 **Desubstantivierungen**

> **Merke:** Desubstantivierungen sind Wörter, die ihre Merkmale als Substantiv verloren haben. Sie haben die Funktionen anderer Wortarten angenommen und werden deshalb kleingeschrieben.

Kleingeschrieben werden:

– Wörter, die in Verbindung mit den Verben *sein, bleiben, werden* als Adjektive gebraucht werden:
  angst und bange sein, gram sein, leid sein, pleite sein, schuld sein, ernst sein, recht sein, …

– Verben, deren erster Bestandteil unfest mit dem Verb verbunden ist:
  teilnehmen (Ich nehme an der Veranstaltung teil.), stattfinden (Der Vortrag findet heute statt.), preisgeben (Wir geben die Lösung nicht preis.).

– Adverbien, Präpositionen und Konjunktionen auf *-s* und *-ens*:
  abends, mittags, morgens, dienstags, hungers, willens, rechtens, mangels, abseits, …

– folgende Präpositionen: dank, kraft, laut, statt, trotz, um … willen, zeit, …

– unbestimmte Zahlwörter: ein bisschen, ein paar (einige), …

– Bruchzahlen auf *-tel* und *-stel* vor Maßangaben und in Uhrzeitangaben vor Zahlen:
  ein viertel Pfund, in zehn hundertstel Sekunden, um viertel acht, um viertel zehn, …

> **Aber großgeschrieben werden** Bruchzahlen in diesen Fügungen: ein Achtel, das erste Zehntel der Strecke, drei Viertel des Kuchens, ein Viertel vor zwei, das erste Drittel …

8 Anredepronomen (Anredefürwörter)

8.1 Die höfliche Anrede

> **Merke:** Formen der höflichen Anrede sind: Sie, Ihr, Ihre, Ihren, … Diese Anredefürwörter werden großgeschrieben. Sie werden auch in Briefen großgeschrieben.

Beispiel: Werden *Sie* uns morgen besuchen, Frau Nachbarin? Ich möchte *Ihre* Bitte gern erfüllen. Wie können wir *Sie* erreichen?

Liebe Frau Nachbarin,
ich schicke *Ihnen* diesen Blumenstrauß und wünsche *Ihnen*,
dass *Sie* bald wieder gesund sind.
Mit nachbarschaftlichem Gruß *Ihre* Emma Bach

8.2 Die vertrauliche Anrede

> **Merke:** Die vertraulichen Anredefürwörter schreibt man klein. Dies sind u. a.: du, dein, dich, dir, ihr, euer, euch, …

Beispiel: Für *dein* Geschenk möchte ich *dir* danken. Warum habt *ihr* so lange nichts von *euch* hören lassen?

> **Merke:** In Briefen dürfen die vertraulichen Anredefürwörter groß- oder kleingeschrieben werden.

Beispiel: Lieber Lorenz, ich danke *dir (Dir)* für *dein (Dein)* Geschenk.
Es grüßt *dich (Dich)* herzlich *dein (Dein)* Opa

III   Getrennt- und Zusammenschreibung

Dieser Bereich der Rechtschreibung befasst sich mit Wörtern, die unmittelbar nebeneinander-
stehen und sich aufeinander beziehen. Wir unterscheiden zwischen *zusammengesetzten Wörtern*,
die als *ein Wort* geschrieben werden und *Wortgruppen*, die aus *mehreren* Wörtern bestehen.

Beispiel:	**Wortgruppen:**	**Zusammensetzungen:**
	Auto fahren	Fußball
	Schlange stehen	fernsehen
	schreiben lernen	leidtun
	dünner besiedelt	dunkelblau

Für das richtige Schreiben gibt es Regeln, nach denen man sich richten kann.

1   Zusammensetzungen und Wortgruppen mit Verben

1.1   Zusammensetzungen und Wortgruppen aus Verb und Verb

> **Merke:** Wenn zwei *selbstständige infinite Verben* (Infinitiv, Partizip)
> aufeinanderstoßen, werden sie in der Regel getrennt geschrieben.

Beispiel: einkaufen gehen, getrennt schreiben, gefangen nehmen, rasend werden usw.

Danach werden also folgende Verbindungen **getrennt geschrieben**: arbeiten kommen,
spazieren gehen, baden gehen, lesen üben, schreiben lernen, tanzen lernen, schwimmen
gehen, spazieren fahren, geschenkt bekommen, singen können usw.

> **Merke:** Werden Verbindungen mit „bleiben" und „lassen" als zweiten Bestandteil
> gebraucht, dürfen sie bei *übertragener Bedeutung* auch zusammengeschrieben
> werden.

Beispiel: stecken bleiben *oder* steckenbleiben (in einer Rede stocken); liegen lassen *oder*
liegenlassen (unerledigt bleiben); haften bleiben *oder* haftenbleiben
(in der Erinnerung bleiben); laufen lassen *oder* laufenlassen (freilassen).

> **Merke:** Einen Sonderfall bildet die Verbindung *kennen lernen/kennenlernen*.
> Sie darf in jedem Fall getrennt oder zusammengeschrieben werden.

Beispiel: Wir haben uns beim Tanzen kennen gelernt *oder* kennengelernt.

Aufgabe:

Ergänze die Sätze mit folgenden Wortgruppen oder Zusammensetzungen:
Laufen lassen *oder* laufenlassen, liegen lassen *oder* liegenlassen,
stecken bleiben *oder* steckenbleiben, haften bleiben *oder* haftenbleiben.

- Wir können die Rechnungen ruhig noch etwas _____.
- Du sollst das Buch auf dem Tisch _____.

- Dein Hund sollte sich mehr bewegen, darum muss du ihn öfter _____.
- Der Polizist hat den Dieb _____.
- Die Vokabeln sollen im Gedächtnis _____, darum wiederholt der Schüler sie.
- Die Farbe will an der Wand nicht _____.
- Der Schlüssel soll im Schlüsselloch _____.
- Ich glaube, dass er bei seinem Gedichtvortrag _____ wird.

1.2 Zusammensetzungen und Wortgruppen aus Adjektiv und Verb

> **Merke:** Adjektiv und Verb können getrennt oder zusammengeschrieben werden, wenn der erste Bestandteil ein einfaches Adjektiv ist, mit dem das Ergebnis der von dem Verb angegebenen Tätigkeit bezeichnet wird.

Beispiel: Die Kartoffeln *klein schneiden* oder *kleinschneiden* (die Kartoffeln sind als Ergebnis der Tätigkeit klein);
das Essen *warm halten* oder *warmhalten* (das Essen ist als Ergebnis der Tätigkeit warm).

Aufgabe:

Schreibe mit den folgenden Wortgruppen Sätze und wende die Getrenntschreibung an:
ein Brett glatt hobeln; das Tuch blau färben; die Milch warm machen; den Draht gerade biegen; den Weg frei schaufeln; den Teller leer essen; die Bäume kahl fressen; den Rücken krumm machen.

> **Merke:** Nur getrennt schreibt man, wenn der erste Bestandteil gesteigert, erweitert, zusammengesetzt oder abgeleitet ist und bei Verben, die mit einem Partikel zusammengesetzt sind.

Beispiel: gesteigert → klein*er* schneiden, schwer*er* wiegend, *höchst* erfreulich, …
erweitert → *sehr* dünn besiedelt, *besonders* dunkel rot, *zu* warm machen, …
zusammengesetzt → *lau*warm machen, *eis*kalt stellen, …
abgeleitet → schmutz*ig* (von Schmutz) machen, freud*ig* (von Freude) begrüßen, …
Verb mit Partikel → das Fernglas scharf *ein*stellen, die Bank grün *an*streichen, …

Aufgabe:

Schreibe mit den Wortgruppen, die bei dem Beispiel stehen, Sätze.

> **Merke:** Ergibt die Verbindung von Adjektiv und Verb eine neue, verfestigte Gesamtbedeutung, so gilt Zusammenschreibung.

Beispiel: freihalten (für jemanden bezahlen), lahmlegen (den Verkehr), großschreiben, guttun.

> **Merke:** In einigen Fällen lässt sich keine eindeutige Entscheidung treffen, ob eine wörtliche oder eine übertragene Bedeutung vorliegt. In diesen Fällen darf der Schreibende entscheiden, ob getrennt oder zusammengeschrieben werden soll.

Beispiel: bekannt geben/bekanntgeben, frei bekommen/freibekommen, klar werden/klarwerden.

> **Merke:** Eine Sondergruppe bilden die Verbindungen mit *fest*, *voll* und *tot*. Da es sich um Adjektive handelt, die zahlreiche Verbindungen mit Verben eingehen (Reihenbildung), wird fast ausschließlich zusammengeschrieben.

Beispiel: festhalten, festbinden, totfahren, totschlagen, volllaufen, volltanken.

Aufgabe:

- Suche im Wörterverzeichnis Verbindungen mit *fest* und einem Verb und schreibe sie auf.
- Suche im Wörterverzeichnis Verbindungen mit *tot* und einem Verb und schreibe sie auf.
- Suche im Wörterverzeichnis Verbindungen mit *voll* und einem Verb und schreibe sie auf.

1.3   Getrenntschreibung bei allen Wortgruppen mit sein und gewesen

> **Merke:** Verbindungen mit *„sein"* und *„gewesen"* werden immer getrennt geschrieben.

Beispiel: da sein, da gewesen, beisammen sein, zurück sein, dabei sein, vorbei sein, pleite sein, außerstande sein (auch: außer Stande sein), vorhanden sein, froh sein, zufrieden sein, …

Aufgabe:

Welche der Wortgruppen bei den Beispielen können eingesetzt werden? Ergänze die Sätze.
- Er wird _____, den Ausflug mitzumachen, weil er sich das Fußgelenk gebrochen hat.
- In unserer Bücherei sollen mehrere Tierbücher _____.
- Wir wollen _____, wenn wir gesund bleiben.
- Meine Eltern werden früher als geplant von ihrer Reise _____.
- Du kannst _____, wenn in diesem Jahr wenigstens die Apfelbäume Früchte tragen.
- Wir hoffen, dass das Unwetter bald _____ wird.

1.4   Zusammensetzungen und Wortgruppen aus Partikel und Verb (z. B. Adverb und Verb oder Präposition und Verb)

> **Merke:** Bei Verbindungen aus Partikel und Verb kann in der Regel mit einer Betonungsprobe über Getrennt- oder Zusammenschreibung entschieden werden:
> Wenn die Betonung auf dem ersten Bestandteil liegt, wird zusammengeschrieben.
> Wenn die Betonung nicht auf dem ersten Bestandteil liegt, wird getrennt geschrieben.

Beispiele für Zusammenschreibung: aufmachen, dabeisitzen, daherkommen, darauflegen, darüberfahren, darunterstellen, davonjagen, dazuzählen, herabsehen, hereinkommen, hinterherlaufen, wiedersehen.

Beispiele für Getrenntschreibung: Er ist hinterher gelaufen (Weil der Abend nach dem Theaterbesuch noch so schön war, sind wir hinterher gelaufen und nicht mit dem Taxi gefahren); Sie wollte dabei sitzen (z. B. beim Bügeln); Er konnte nach der Operation wieder sehen.

Aufgabe:

Schreibe wenigstens eine Zusammensetzung mit jedem der folgenden Partikel:
ab-, an-, auf-, aus-, bei-, beisammen-, da-, dabei-, dafür-, dagegen-, daher-, dahin-, daneben-, darum-, davon-, dazu-, dazwischen-, durch-, ein-, empor-, gegenüber-, her-, herab-, heran-, heraus-, herbei-, herein-, herüber-, herum-, herunter-, hervor-, hin-, hinab-, hinauf-, hinzu-, um-, umher-, unter-, vor-, voran-, vorüber-, weg-, weiter-, wider-, wieder-, zu-, zurecht-, zurück-, zusammen-, zuvor-, zwischen-.

> **Merke:** Man schreibt Verbindungen mit ***aneinander*** in der Regel mit dem folgenden Verb zusammen, wenn ***aneinander*** in Verbindung mit dem Verb die Hauptbetonung trägt. In diesem Falle schreibt man auch das Partizip zusammen.

Beispiel: *aneinander*fügen, *aneinander*grenzen, *aneinander*geraten, *aneinander*legen usw. *aneinander*gefügte Textteile, *aneinander*gelegte Bausteine usw.

> **Aber:** Wenn die Betonung auf dem Verb liegt, schreibt man „aneinander" von dem Verb getrennt.

Beispiel: *aneinander* denken, sich *aneinander* freuen, *aneinander* vorbeigehen usw.

> **Merke:** Ebenso gelten diese Regeln für die anderen Zusammensetzungen mit *-einander*: aufeinander, auseinander, füreinander, miteinander, voneinander usw.

Beispiel: *aufeinander* hören, *auseinander* laufen, *durcheinander* reden, *füreinander* eintreten, *gegeneinander* spielen, *miteinander* sprechen, *voneinander* lernen usw.

> **Merke:** „***auf-*** *und* ***abwärts***" schreibt man in der Regel mit dem folgenden Verb zusammen.

Beispiel: aufwärtsschieben, aufwärtsfahren, aufwärtssteigen, abwärtsfließen, abwärtsgehen. Wir sind eine ganze Stunde lang aufwärtsgegangen.

> **Aber:** Wenn die Betonung auf dem Verb liegt, schreibt man „*aufwärts*" und „*abwärts*" immer getrennt von dem Verb.

Beispiel: aufwärts davonfliegen; aufwärts gehen, nicht fahren; abwärts dahinfließen; sich abwärts entwickeln; wir wollen abwärts gehen, nicht fahren.

> **Merke:** Verbindungen von „***zusammen***" mit einem Verb werden zusammengeschrieben. (zusammenballen, zusammenbinden, zusammenbeißen, zusammenkommen)
>
> **Aber:** Wortgruppen von „***zusammen***" mit einem folgenden Verb oder Partizip werden getrennt geschrieben, wenn die Wortgruppe *gemeinsam* oder *gleichzeitig* bedeutet. [Jetzt sollen alle zusammen singen. Sie können nicht zusammen (gleichzeitig in einem Raum) arbeiten.]

1.5 Zusammensetzungen und Wortgruppen aus Substantiv und Verb

> **Merke:** Ist der erste Bestandteil der Wortgruppe ein (nicht verblasstes) Substantiv, gilt die Getrenntschreibung.

Beispiel: Rad schlagen, Fuß fassen.

Wortgruppen: Angst haben, Feuer fangen, Auto fahren, Diät halten, Schlitten fahren, Maß halten, Not leiden, Kuchen backen, Rad fahren, Rat suchen, Schlange stehen, Schuld haben, Walzer tanzen, Schlittschuh laufen, Wasser speien, Klavier spielen.

Aufgabe:

Welche der o. a. Wortgruppen kannst du in die folgenden Sätze einfügen? Schreibe die Sätze.
- Man sagt, dass er an dem Unfall _____.
- Ich habe das Fahrrad repariert, damit ich wieder _____ kann.
- In den Winterferien wollen wir in den Bergen _____.
- Aus Gesundheitsgründen muss ich _____.
- In den Kriegsgebieten müssen die Menschen _____.
- Wir mussten wegen der Eintrittskarten an der Theaterkasse _____.

> **Merke:** Wenn das Substantiv verblasst ist oder in Verbindung mit dem Verb seine Eigenständigkeit verloren hat, wird die Verbindung aus Substantiv und Verb zusammen- und kleingeschrieben.

Beispiel: eislaufen, kopfstehen, leidtun, nachtwandeln, nottun usw.

> **Merke:** Mit folgenden Bestandteilen werden immer Zusammensetzungen geschrieben: brand-, fehl-, feil-, hand-, heim-, irre-, kund-, maß-, preis-, schluss-, stand-, statt-, teil-, wett-, wunder- usw.

Zusammensetzungen: brandmarken, fehlgehen, feilbieten, handhaben, heimkommen, irreführen, kundtun, maßregeln, preisgeben, schlussfolgern, standhalten, stattfinden, teilnehmen, wettmachen, wundernehmen.

Aufgabe:

Schreibe mit einigen der Zusammensetzungen Sätze.

> **Merke:** In vier weiteren Fällen ist sowohl Zusammen- als auch Getrenntschreibung möglich: achtgeben *oder* Acht geben (Sie gibt acht / Acht.), achthaben *oder* Acht haben (Er hat acht / Acht), haltmachen *oder* Halt machen (Er macht halt / Halt.), maßhalten *oder* Maß halten (Sie hält maß / Maß.).

Aufgepasst: Recht haben oder recht haben,
Recht behalten oder recht behalten, …

2 Zusammensetzungen und Wortgruppen aus anderen Wortarten

2.1 Zusammensetzungen und Wortgruppen aus Adjektiv und Adjektiv

> **Merke:** Zusammensetzungen können einfache und unflektierte Adjektive als bedeutungsverstärkende oder bedeutungsmindernde erste Bestandteile haben.

Beispiel: bitterernst, bitterkalt, brandaktuell, halbamtlich, ganzleinen, dunkelblau, hellgrün, tiefrot, lauwarm, minderwertig, todschick, hochgiftig, hyperaktiv, uralt, superschnell, ultraleicht, superbequem.

Aufgabe:

Schreibe mit einigen der Beispielwörter Sätze.

> **Merke:** Zusammensetzungen können aus gleichrangigen Adjektiven gebildet werden.

Beispiel: dummdreist, feuchtwarm, nasskalt, taubstumm, blaugrau, süßsauer, hellwach.

2.2 Zusammensetzungen und Wortgruppen aus Substantiv und Adjektiv / Partizip

> **Merke:** Verbindungen aus Substantiv und Adjektiv / Partizip schreibt man zusammen, wenn der erste Bestandteil für eine Wortgruppe steht.

Beispiel: angsterfüllt (von Angst erfüllt), butterweich (so weich wie Butter), freudestrahlend (vor Freude strahlend), fingerbreit (so breit wie ein Finger), pfeilschnell (so schnell wie ein Pfeil), spiegelglatt (so glatt wie ein Spiegel), eiskalt (so kalt wie Eis), meterdick (dick wie ein Meter), altersschwach (so schwach wie im Alter), tropfnass (nass wie ein Wassertropfen), jahrelang (mehrere Jahre lang).

Aufgabe:

Schreibe mit einigen der Beispielwörter Sätze.

> **Merke:** Zusammensetzungen mit einem Substantiv als erstem Bestandteil sind oft Verkürzungen von Wortgruppen. Es wird dabei ein Artikel oder eine Präposition (Verhältniswort) eingespart.

Beispiel: mondbeschienen (vom Mond beschienen), sagenumwoben (von Sagen umwoben), herzerquickend (das Herz erquickend), meterhoch (einen oder mehrere Meter hoch), hitzebeständig (gegen die Hitze beständig).

2.3 Wortgruppen aus Partizip und Adjektiv

> **Merke:** Verbindungen aus Partizip und Adjektiv werden getrennt geschrieben.

Beispiel: kochend heiß, siedend heiß, leuchtend rot, strahlend blau, blendend weiß, gestochen scharf, rasend eifersüchtig, abstoßend hässlich usw.

2.4   Wortgruppen aus Präposition und Substantiv

> **Merke:** Man schreibt ein (verblasstes) Substantiv mit einer Präposition zusammen, wenn die Fügung zu einer neuen Präposition oder einem Adverb geworden ist.
> In vielen Fällen kann die Fügung auch als Wortgruppe angesehen und getrennt geschrieben werden.

Beispiel: anstatt, inmitten, zuliebe,…
anstelle *oder* an Stelle, aufgrund *oder* auf Grund, infrage *oder* in Frage, zugrunde *oder* zu Grunde, aufseiten *oder* auf Seiten, mithilfe *oder* mit Hilfe, zugunsten *oder* zu Gunsten, zulasten *oder* zu Lasten, zuungunsten *oder* zu Ungunsten usw.

2.5   Zusammensetzungen und Wortgruppen aus mehrteiligen Adverbien, Konjunktionen, Präpositionen, Pronomen

> **Merke:** Mehrteilige Adverbien, Konjunktionen, Präpositionen und Pronomen sind aus Elementen verschiedener Wortarten entstanden.
> Man schreibt mehrteilige Adverbien, Konjunktionen, Präpositionen und Pronomen zusammen, wenn die Wortart, die Wortform oder die Bedeutung der einzelnen Bestandteile nicht mehr deutlich erkennbar ist.

Beispiel: Adverbien
allerdings, neuerdings, diesmal, keinmal, einmal, immerzu, beinahe usw.
Konjunktionen
anstatt (dass / zu), ohne dass, statt dass, außer dass, so dass (auch: sodass) usw.
Präpositionen
anhand, anstatt, infolge, inmitten, zufolge, zuliebe usw.
Pronomen
irgend-: irgendein, irgendetwas, irgendjemand, irgendwas, irgendwie, irgendwo, irgendwelcher, irgendwer usw.

> **Merke:** Das Pronomen „*selbst*" in Verbindung mit einem Adjektiv wird mit diesem zusammengeschrieben.

Beispiel: selbstständig (selbständig), selbsttätig, selbstbewusst, selbstgerecht, selbstsüchtig usw.

> **Merke:** Getrennt geschrieben wird das Pronomen „*selbst*", wenn der zweite Bestandteil ein Verb ist.
> In Verbindung mit einem adjektivisch gebrauchten Partizip kann getrennt oder zusammengeschrieben werden.

Beispiel: selbst backen, selbst machen, selbst schneidern, selbst verdienen usw.
selbst gebacken/selbstgebacken, selbst gemacht/selbstgemacht,
selbst geschneidert/selbstgeschneidert, selbst verdient/selbstverdient usw.

Verbindungen mit allzu, ebenso, genauso:
Beispiel: allzu oft, allzu sehr, allzu früh, allzu schwer,… **Aber:** allzumal
ebenso groß, ebenso viel, ebenso lang,…
genauso hoch, genauso groß, genauso weit,…

Verbindungen mit *gar, so, wie, zu*:

Getrenntschreibung:	*Zusammenschreibung:*
gar nicht, gar oft, gar kein, gar nichts, …	sogleich, sofort, sogar, …
so hoch, so breit, so oft, so viel, so viele, …	sowieso, ebenso, genauso, …
wie oft, wie gern, wie weit, wie viel, …	immerzu, hierzu, allzu, …
zu viel, zu sehr, zu gern, zu oft, zu teuer, …	zuerst, zuletzt, zuoberst, zutiefst, …

Verbindungen mit „so" werden je nach Betonung getrennt oder zusammengeschrieben.

Beispiel: Das setzt er stundenlang **so fort**.   Ich komme **sofort**.
Ich habe **so gar** keine Lust   Er war **sogar** schon im Rundfunk
zu hören.

Die Zwillinge sind sich **so gleich**, dass …   Er wird **sogleich** beginnen.
Das hast du schon **so oft** gesagt.   **Sooft** ich daran denke, …
Du hast doch **so viel** Zeit.   **Soviel** ich weiß, lebt er jetzt in
Amerika.

3   **Verbindungen, die immer zusammengeschrieben werden**

> **Merke**: Substantive, Adjektive, Verbstämme, Pronomen oder Partikeln können mit
> Substantiven Zusammensetzungen bilden

Zwei Substantive werden zusammengesetzt: die Haustür, das Türschild,
der Apfelkern, der Fußboden, der Schulhof, …

Das Erstglied ist ein Adjektiv: das Hochhaus, die Tiefgarage, die Schnellstraße,
die Kleingärtnerei, die Freileitung, …

Das Erstglied ist ein Verbstamm: die Nähnadel, die Backform, das Brennholz,
der Schmelzpunkt, der Schreibtisch, die Spülmaschine, …

Das Erstglied ist ein Pronomen: die Ichsucht, das Niemandsland, der Werfall, …

Das Erstglied ist eine unflektierte Wortart (Adverb, Partikel): der Nichtraucher,
die Jetztzeit, der Eigenbrötler, das Selbstverständnis, …

Substantivisch gebrauchte Zusammensetzungen: das Autofahren, das Skilaufen,
das Holzholen, der Kehraus, das Stelldichein, …

Zusammensetzungen mit Eigennamen: der Panamakanal, der Brennerpass,
der Bunsenbrenner, die Diesellokomotive, der Ottomotor, die Litfaßsäule, …

IV   Worttrennung am Zeilenende

Manchmal reicht eine Zeile nicht aus, um ein Wort ganz aufzuschreiben, sodass wir es trennen müssen. Trennen können wir nur Wörter, die aus mehr als einer Silbe bestehen. Beim langsamen Sprechen kann man die Wörter in Silben zerlegen.

> **Merke:** Steht zwischen zwei Vokalen ein einzelner Konsonant, so kommt dieser beim Trennen auf die neue Zeile.

Beispiel: Fa-mi-lie, sa-gen, ru-fen, Bre-men, …

> **Merke:** Stehen mehrere Konsonanten zwischen zwei Vokalen, so kommt nur der letzte Konsonant auf die nächste Zeile.

Beispiel: Kar-te, El-tern, En-gel, Nel-ke, …

> **Merke:** Doppellaute *(ei, ai, eu, au, äu)* werden nicht getrennt.

Beispiel: lei-der, trau-rig, bei-ßen, träu-men, …

> **Merke:** Buchstabenverbindungen, die für einen Konsonanten stehen, werden nicht getrennt *(ch, sch, ph, ck, rh, th)*.

Beispiel: Spra-che, Du-sche, Zu-cker, Sa-phir, Myr-rhe, Goe-the, …

Aufgaben:

Trenne die folgenden Wörter:

a)   Nebel, Nadel, Stiefel, Laden, Roman, Honig, Segen, Schere, Krümel, Laken.
b)   Birne, Wolke, Korken, Wärme, Balken, Schwalbe, Lampe, Amsel, Würfel, Zange.
c)   Leiter, Kaiser, Träume, Trauer, Scheune, Beule, Geigensaite, Traube, Glaube, Waisenkind.
d)   Deutscher, Bücher, Bäcker, Strophe, Mathematik, Zither, Wäsche, Dackel, Bäche, Stecker.

> **Merke:** Am Wortanfang oder am Wortende darf ein einzelner Vokal (Selbstlaut) **nicht** abgetrennt werden – **auch nicht** bei Wortzusammensetzungen.

Beispiel: Abend, Igel, Esel, Ele|fant, Ju|li|abend, Bio|müll, …

> **Merke:** Man darf aber Diphthonge (Doppellaute: au, eu, äu, ei) am Wortanfang abtrennen, wenn sie eine Silbe ausmachen.

Beispiel: Au|to, Eu|le, Ei|mer, Äu|ße|rung, …

> **Merke:** Wörter mit Doppelkonsonanten werden zwischen den Doppelkonsonanten getrennt, wenn zwischen ihnen die neue Silbe beginnt.

Beispiel: kom-men, Som-mer, Tan-ne, Kof-fer, Sup-pe, Eg-ge, Tel-ler, …

> **Merke:** Zusammensetzungen und Wörter mit Präfix (Vorsilbe) trennt man zwischen den einzelnen Bestandteilen.

Beispiel: Brot-krus-te, Stoff-fet-zen, Fell-kra-gen, Er-trag, ent-schla-fen, Dreh-stuhl, Wein-berg-schne-cke, Pro-gramm, Bio-müll, …

> **Merke:** Bei einigen Wörtern sind verschiedene Trennungen möglich. Entweder trennt man sie nach *Silben* oder nach *Wortbausteinen*.

Beispiel: Wenn man **her** mit **aus** zusammensetzt, ergibt sich **heraus**. Man kann nun auf zweierlei Weise trennen: he-raus (Silben) oder her-aus (Bausteine). Genauso ist dies bei folgenden Wörtern möglich: hinein, hinauf, herab, heran, darum, warum, einander, interessant.

> **Merke:** Die Buchstabenfolge **st** wird genauso wie **sp** und **pf** getrennt.

Beispiel: Kas|per, Karp|fen, Pfos|ten, …

> **Merke:** Zwischen Vokalbuchstaben, die zu verschiedenen Silben gehören, kann man ein Wort trennen.

Beispiel: Bau|er, Gei|er, Scheu|er|tuch, sä|en, …

Aufgaben:

a) Trenne die Wörter mit Doppellaut am Wortanfang:
Eisenstange, Außentür, Äugelein, Eulennest, Eier, Autobahn, Eidechse, Euro, Eiter, Eigentum.

b) Trenne die Wörter mit doppeltem Mitlaut:
Quelle, Ebbe, Paddel, Koffer, Bagger, Zimmer, Wanne, Pappel, Schlüssel, Butter.

c) Trenne die Wörter, die im Wortinnern mit st, sp oder pf geschrieben werden:
Knospe, Kupfer, Pfosten, Rispe, Wespe, Zapfen, Fenster, Tropfen, Schwester, Küste.

d) Trenne folgende Wörter, aber pass auf, denn nicht zwischen allen Vokalen lassen sich die Wörter trennen:
Feuer, Steuer, Sauerkraut, Feier, Bäuerlein, Mauer, Boote, Waage, Schauer, Seeigel, Beute, Trauung, Teeei, Beete, sauer, böig, lauern, Befreiung, Skier.

Teil VIII
Beugung starker und unregelmäßiger Verben

Infinitiv (Grundform)	Präsens (Gegenwart)				
	Indikativ (Wirklichkeitsform)			Konjunktiv (Möglich-keitsform)	
	ich	du	er, sie, es	ich, er, sie, es	
backen	backe	bäckst/backst	bäckt/backt	backe	
befehlen	befehle	befiehlst	befiehlt	befehle	
beginnen	beginne	beginnst	beginnt	beginne	
beißen	beiße	beißt	beißt	beiße	
bergen	berge	birgst	birgt	berge	
bersten	berste	birst	birst	berste	
bewegen					
(veranlassen)	bewege	bewegst	bewegt	bewege	
(etwas verändern)	bewege	bewegst	bewegt	bewege	
biegen	biege	biegst	biegt	biege	
bieten	biete	bietest/bietst	bietet	biete	
binden	binde	bindest	bindet	binde	
bitten	bitte	bittest	bittet	bitte	
blasen	blase	bläst	bläst	blase	
bleiben	bleibe	bleibst	bleibt	bleibe	
braten	brate	brätst	brät	brate	
brechen	breche	brichst	bricht	breche	
brennen	brenne	brennst	brennt	brenne	
bringen	bringe	bringst	bringt	bringe	
denken	denke	denkst	denkt	denke	
dreschen	dresche	drischst	drischt	dresche	
dringen	dringe	dringst	dringt	dringe	
dürfen	darf	darfst	darf	dürfe	
empfehlen	empfehle	empfiehlst	empfiehlt	empfehle	
erlöschen	erlösche	erlischst	erlischt	erlösche	
erschrecken					
(selbst erschrecken)	erschrecke	erschrickst	erschrickt	erschrecke	
(jemanden erschrecken)	erschrecke	erschreckst	erschreckt	erschrecke	
essen	esse	isst	isst	esse	
fahren	fahre	fährst	fährt	fahre	
fallen	falle	fällst	fällt	falle	
fangen	fange	fängst	fängt	fange	
fechten	fechte	fichtst	ficht	fechte	
finden	finde	findest	findet	finde	
flechten	flechte	flichtst	flicht	flechte	
fliegen	fliege	fliegst	fliegt	fliege	
fliehen	fliehe	fliehst	flieht	fliehe	
fließen	fließe	fließt	fließt	fließe	
fressen	fresse	frisst	frisst	fresse	
frieren	friere	frierst	friert	friere	
gären	gäre	gärst	gärt	gäre	
gebären	gebäre	gebärst/gebierst	gebärt	gebäre	
geben	gebe	gibst	gibt	gebe	

Imperativ (Befehlsform)		Präteritum (Vergangenheit)			Partizip Perfekt (Mittelwort der Vergangenheit)
		Indikativ (Wirklichkeitsform)		Konjunktiv (Möglichkeitsform)	
Singular	Plural	ich, er, sie, es	du	ich, er, sie, es	er, sie, es
backe!	backt!	**backte/buk**	backtest	backte/büke	hat **gebacken**
befiehl!	befehlt!	**befahl**	befahlst	befähle/beföhle	hat **befohlen**
beginn(e)!	beginnt!	**begann**	begannst	begänne/begönne	hat **begonnen**
beiß(e)!	beißt!	**biss**	bissest	bisse	hat **gebissen**
birg!	bergt!	**barg**	bargst	bärge	hat **geborgen**
birst!	berstet!	**barst**	barst	bärste	ist **geborsten**
bewege!	bewegt!	**bewog**	bewogst	bewöge	hat **bewogen**
bewege!	bewegt!	**bewegte**	bewegtest	bewegte	hat **bewegt**
bieg(e)!	biegt!	**bog**	bogst	böge	hat **gebogen**
biet(e)!	bietet!	**bot**	botest	böte	hat **geboten**
bind(e)!	bindet!	**band**	band(e)st	bände	hat **gebunden**
bitt(e)!	bittet!	**bat**	bat(e)st	bäte	hat **gebeten**
blas(e)!	blast!	**blies**	bliesest	bliese	hat **geblasen**
bleib(e)!	bleibt!	**blieb**	bliebest	bliebe	ist **geblieben**
brat(e)!	bratet!	**briet**	brietest	briete	hat **gebraten**
brich!	brecht!	**brach**	brachst	bräche	ist **gebrochen**
brenn(e)!	brennt!	**brannte**	branntest	brennte	hat **gebrannt**
bring(e)!	bringt!	**brachte**	brachtest	brächte	hat **gebracht**
denk(e)!	denkt!	**dachte**	dachtest	dächte	hat **gedacht**
drisch!	drescht!	**drosch**	droschest	drösche	hat **gedroschen**
dring(e)!	dringt!	**drang**	drangst	dränge	hat **gedrungen**
		durfte	durftest	dürfte	hat **gedurft**
empfiehl!	empfehlt!	**empfahl**	empfahlst	empföhle	hat **empfohlen**
erlisch!	erlöscht!	**erlosch**	erloschest	erlösche	ist **erloschen**
erschrick!	erschreckt!	**erschrak**	erschrakst	erschräke	ist **erschrocken**
erschreck(e)!	erschreckt!	**erschreckte**	erschrecktest	erschreckte	hat **erschreckt**
iss!	esst!	**aß**	aßest	äße	hat **gegessen**
fahr(e)!	fahrt!	**fuhr**	fuhrst	führe	ist **gefahren**
fall(e)!	fallt!	**fiel**	fielst	fiele	ist **gefallen**
fang(e)!	fangt!	**fing**	fingst	finge	hat **gefangen**
ficht!	fechtet!	**focht**	fochtest	föchte	hat **gefochten**
find(e)!	findet!	**fand**	fandst	fände	hat **gefunden**
flicht!	flechtet!	**flocht**	flochtest	flöchte	hat **geflochten**
flieg(e)!	fliegt!	**flog**	flogst	flöge	ist **geflogen**
fliehe!	flieht!	**floh**	flohst	flöhe	ist **geflohen**
fließ(e)!	fließt!	**floss**	flossest	flösse	ist **geflossen**
friss!	fresst!	**fraß**	fraßest	fräße	hat **gefressen**
frier(e)!	friert!	**fror**	frorst	fröre	hat **gefroren**
gär(e)!	gärt!	**gärte/gor**	gärtest/gorst	gärte/göre	hat **gegärt/gegoren**
gebäre!/gebier!	gebärt!/gebiert!	**gebar**	gebarst	gebäre	ist **geboren**
gib!	gebt!	**gab**	gabst	gäbe	hat **gegeben**

Beugung starker und unregelmäßiger Verben

Infinitiv (Grundform)	Präsens (Gegenwart)				
	Indikativ (Wirklichkeitsform)			Konjunktiv (Möglich-keitsform)	
	ich	du	er, sie, es	ich, er, sie, es	
gedeihen	gedeihe	gedeihst	gedeiht	gedeihe	
gehen	gehe	gehst	geht	gehe	
gelingen			gelingt	gelinge	
gelten	gelte	giltst	gilt	gelte	
genesen	genese	genest	genest	genese	
genießen	genieße	genießt	genießt	genieße	
geschehen			geschieht	geschehe	
gewinnen	gewinne	gewinnst	gewinnt	gewinne	
gießen	gieße	gießt	gießt	gieße	
gleichen	gleiche	gleichst	gleicht	gleiche	
gleiten	gleite	gleitest	gleitet	gleite	
glimmen	glimme	glimmst	glimmt	glimme	
graben	grabe	gräbst	gräbt	grabe	
greifen	greife	greifst	greift	greife	
haben	habe	hast	hat	habe	
halten	halte	hältst	hält	halte	
hängen					
(angehängt sein)	hänge	hängst	hängt	hänge	
(aufhängen)	hänge	hängst	hängt	hänge	
hauen	haue	haust	haut	haue	
heben	hebe	hebst	hebt	hebe	
heißen	heiße	heißt	heißt	heiße	
helfen	helfe	hilfst	hilft	helfe	
kennen	kenne	kennst	kennt	kenne	
klingen	klinge	klingst	klingt	klinge	
kneifen	kneife	kneifst	kneift	kneife	
kommen	komme	kommst	kommt	komme	
können	kann	kannst	kann	könne	
kriechen	krieche	kriechst	kriecht	krieche	
laden	lade	lädst	lädt	lade	
lassen	lasse	lässt	lässt	lasse	
laufen	laufe	läufst	läuft	laufe	
leiden	leide	leidest	leidet	leide	
leihen	leihe	leihst	leiht	leihe	
lesen	lese	liest	liest	lese	
liegen	liege	liegst	liegt	liege	
lügen	lüge	lügst	lügt	lüge	
meiden	meide	meidest	meidet	meide	
melken	melke	melkst/milkst	melkt/milkt	melke	
messen	messe	misst	misst	messe	
mögen	mag/möchte	magst/möchtest	mag/möchte	möge	
müssen	muss	musst	muss	müsse	
nehmen	nehme	nimmst	nimmt	nehme	
nennen	nenne	nennst	nennt	nenne	
pfeifen	pfeife	pfeifst	pfeift	pfeife	
preisen	preise	preist	preist	preise	
quellen					
(größer werden)	quelle	quillst	quillt	quelle	
(im Wasser weichen lassen)	quelle	quellst	quellt	quelle	
raten	rate	rätst	rät	rate	
reiben	reibe	reibst	reibt	reibe	

Imperativ (Befehlsform)		Präteritum (Vergangenheit)			Partizip Perfekt (Mittelwort der Vergangenheit)
		Indikativ (Wirklichkeitsform)		**Konjunktiv** (Möglichkeitsform)	
Singular	Plural	ich, er, sie, es	du	ich, er, sie, es	er, sie, es
gedeih(e)!	gedeiht!	**gedieh**	gediehst	gediehe	ist **gediehen**
geh(e)!	geht!	**ging**	gingst	ginge	ist **gegangen**
		gelang	gelangst	gelänge	ist **gelungen**
gilt!	geltet!	**galt**	galtest	gälte/gölte	hat **gegolten**
genese!	genest!	**genas**	genasest	genäse	ist **genesen**
genieß(e)!	genießt	**genoss**	genossest	genösse	hat **genossen**
		geschah		geschähe	ist **geschehen**
gewinn(e)!	gewinnt!	**gewann**	gewannst	gewönne/gewänne	hat **gewonnen**
gieß(e)!	gießt!	**goss**	gossest	gösse	hat **gegossen**
gleich(e)!	gleicht!	**glich**	glichst	gliche	hat **geglichen**
gleit(e)!	gleitet!	**glitt**	glittst	glitte	ist **geglitten**
glimm(e)!	glimmt!	**glomm/glimmte**	glommst/ glimmtest	glömme/glimmte	hat **geglommen/ geglimmt**
grab(e)!	grabt!	**grub**	grubst	grübe	hat **gegraben**
greif(e)!	greift!	**griff**	griffst	griffe	hat **gegriffen**
hab(e)!	habt!	**hatte**	hattest	hätte	hat **gehabt**
halt(e)!	haltet!	**hielt**	hieltest	hielte	hat **gehalten**
häng(e)!	hängt!	**hing**	hingst	hinge	hat **gehangen**
häng(e)!	hängt!	**hängte**	hängtest	hängte	hat **gehängt**
hau(e)!	haut!	**haute/hieb**	hautest/hiebst	haute	hat **gehauen**
heb(e)!	hebt!	**hob/hub**	hobst/hubst	höbe/hübe	hat **gehoben**
heiß(e)!	heißt!	**hieß**	hießest	hieße	hat **geheißen**
hilf!	helft!	**half**	halfst	hälfe/hülfe	hat **geholfen**
kenn(e)!	kennt!	**kannte**	kanntest	kennte	hat **gekannt**
kling(e)!	klingt!	**klang**	klangst	klänge	hat **geklungen**
kneif(e)!	kneift!	**kniff**	kniffst	kniffe	hat **gekniffen**
komm(e)!	kommt!	**kam**	kamst	käme	ist **gekommen**
		konnte	konntest	könnte	hat **gekonnt**
kriech(e)!	kriecht!	**kroch**	krochst	kröche	ist **gekrochen**
lad(e)!	ladet!	**lud**	ludst	lüde	hat **geladen**
lass(e)!	lasst!	**ließ**	ließest	ließe	hat **gelassen**
lauf(e)!	lauft!	**lief**	liefst	liefe	ist **gelaufen**
leid(e)!	leidet!	**litt**	littest	litte	hat **gelitten**
leih(e)!	leiht!	**lieh**	liehst	liehe	hat **geliehen**
lies!	lest!	**las**	lasest	läse	hat **gelesen**
lieg(e)!	liegt!	**lag**	lagst	läge	hat **gelegen**
lüg(e)!	lügt!	**log**	logst	löge	hat **gelogen**
meid(e)!	meidet!	**mied**	miedst	miede	hat **gemieden**
melk(e)/milk!	melkt!	**melkte/molk**	melktest/molkst	melkte/mölke	hat **gemolken**
miss!	messt!	**maß**	maßest	mäße	hat **gemessen**
		mochte	mochtest	möchte	hat **gemocht**
		musste	musstest	müsste	hat **gemusst**
nimm!	nehmt!	**nahm**	nahmst	nähme	hat **genommen**
nenn(e)!	nennt!	**nannte**	nanntest	nennte	hat **genannt**
pfeif(e)!	pfeift!	**pfiff**	pfiffst	pfiffe	hat **gepfiffen**
preis(e)!	preist!	**pries**	priesest	priese	hat **gepriesen**
quill!	quillt!	**quoll**	quollst	quölle	ist **gequollen**
quell(e)!	quellt!	**quellte**	quelltest	quellte	hat **gequellt**
rat(e)!	ratet!	**riet**	rietst	riete	hat **geraten**
reib(e)!	reibt!	**rieb**	riebst	riebe	hat **gerieben**

Beugung starker und unregelmäßiger Verben

Infinitiv (Grundform)	Präsens (Gegenwart)			
	Indikativ (Wirklichkeitsform)			Konjunktiv (Möglich-keitsform)
	ich	du	er, sie, es	ich, er, sie, es
reißen	reiße	reißt	reißt	reiße
reiten	reite	reitest	reitet	reite
rennen	renne	rennst	rennt	renne
riechen	rieche	riechst	riecht	rieche
ringen	ringe	ringst	ringt	ringe
rinnen	rinne	rinnst	rinnt	rinne
rufen	rufe	rufst	ruft	rufe
saufen	saufe	säufst	säuft	saufe
saugen	sauge	saugst	saugt	sauge
schaffen				
(erschaffen)	schaffe	schaffst	schafft	schaffe
(vollbringen)	schaffe	schaffst	schafft	schaffe
scheiden	scheide	scheidest	scheidet	scheide
scheinen	scheine	scheinst	scheint	scheine
schelten	schelte	schiltst	schilt	schelte
scheren	schere	scherst	schert	schere
schieben	schiebe	schiebst	schiebt	schiebe
schießen	schieße	schießt	schießt	schieße
schlafen	schlafe	schläfst	schläft	schlafe
schlagen	schlage	schlägst	schlägt	schlage
schleichen	schleiche	schleichst	schleicht	schleiche
schleifen				
(Messer schärfen)	schleife	schleifst	schleift	schleife
(über den Boden ziehen)	schleife	schleifst	schleift	schleife
schließen	schließe	schließt	schließt	schließe
schlingen	schlinge	schlingst	schlingt	schlinge
schmeißen	schmeiße	schmeißt	schmeißt	schmeiße
schmelzen	schmelze	schmilzt	schmilzt	schmelze
schneiden	schneide	schneidest	schneidet	schneide
schreiben	schreibe	schreibst	schreibt	schreibe
schreien	schreie	schreist	schreit	schreie
schreiten	schreite	schreitest	schreitet	schreite
schweigen	schweige	schweigst	schweigt	schweige
schwellen				
(größer werden)	schwelle	schwillst	schwillt	schwelle
(größer machen)	schwelle	schwellst	schwellt	schwelle
schwimmen	schwimme	schwimmst	schwimmt	schwimme
schwinden	schwinde	schwindest	schwindet	schwinde
schwingen	schwinge	schwingst	schwingt	schwinge
schwören	schwöre	schwörst	schwört	schwöre
sehen	sehe	siehst	sieht	sehe
sein	bin (wir sind)	bist (ihr seid)	ist (sie sind)	sei
senden	sende	sendest	sendet	sende
singen	singe	singst	singt	singe
sinken	sinke	sinkst	sinkt	sinke
sinnen	sinne	sinnst	sinnt	sinne
sitzen	sitze	sitzt	sitzt	sitze
sollen	soll	sollst	soll	solle
speien	speie	speist	speit	speie
spinnen	spinne	spinnst	spinnt	spinne
sprechen	spreche	sprichst	spricht	spreche

Imperativ (Befehlsform)		Präteritum (Vergangenheit)			Partizip Perfekt (Mittelwort der Vergangenheit)
		Indikativ (Wirklichkeitsform)		**Konjunktiv** (Möglichkeitsform)	
Singular	**Plural**	**ich, er, sie, es**	**du**	**ich, er, sie, es**	**er, sie, es**
reiß(e)!	reißt!	**riss**	rissest	risse	hat **gerissen**
reit(e)!	reitet!	**ritt**	ritt(e)st	ritte	ist **geritten**
renn(e)!	rennt!	**rannte**	ranntest	rennte	ist **gerannt**
riech(e)!	riecht!	**roch**	rochst	röche	hat **gerochen**
ring(e)!	ringt!	**rang**	rangst	ränge	hat **gerungen**
rinn(e)!	rinnt!	**rann**	rannst	ränne/rönne	ist **geronnen**
ruf(e)!	ruft!	**rief**	riefst	riefe	hat **gerufen**
sauf(e)!	sauft!	**soff**	soffst	söffe	hat **gesoffen**
saug(e)!	saugt!	**sog/saugte**	sogst/saugtest	söge	hat **gesaugt/gesogen**
schaff(e)!	schafft!	**schuf**	schufst	schüfe	hat **geschaffen**
schaff(e)!	schafft!	**schaffte**	schafftest	schaffte	hat **geschafft**
scheid(e)!	scheidet!	**schied**	schiedst	schiede	ist **geschieden**
schein(e)!	scheint!	**schien**	schienst	schiene	hat **geschienen**
schilt!	scheltet!	**schalt**	schaltst	schölte	hat **gescholten**
scher(e)!	schert!	**schor**	schorst	schöre	hat **geschoren**
schieb(e)!	schiebt!	**schob**	schobst	schöbe	hat **geschoben**
schieß(e)!	schießt!	**schoss**	schossest	schösse	hat **geschossen**
schlaf(e)!	schlaft!	**schlief**	schliefst	schliefe	hat **geschlafen**
schlag(e)!	schlagt!	**schlug**	schlugst	schlüge	hat **geschlagen**
schleich(e)!	schleicht!	**schlich**	schlichst	schliche	ist **geschlichen**
schleif(e)!	schleift!	**schliff**	schliffst	schliffe	hat **geschliffen**
schleif(e)!	schleift!	**schleifte**	schleiftest	schleifte	hat **geschleift**
schließ(e)!	schließt!	**schloss**	schlossest	schlösse	hat **geschlossen**
schling(e)!	schlingt!	**schlang**	schlangst	schlänge	hat **geschlungen**
schmeiß(e)!	schmeißt!	**schmiss**	schmissest	schmisse	hat **geschmissen**
schmilz!	schmelzt!	**schmolz**	schmolzest	schmölze	ist **geschmolzen**
schneid(e)!	schneidet!	**schnitt**	schnittest	schnitte	hat **geschnitten**
schreib(e)!	schreibt!	**schrieb**	schriebst	schriebe	hat **geschrieben**
schrei(e)!	schreit!	**schrie**	schriest	schriee	hat **geschrie(e)n**
schreit(e)!	schreitet!	**schritt**	schrittest	schritte	ist **geschritten**
schweig(e)!	schweigt!	**schwieg**	schwiegst	schwiege	hat **geschwiegen**
schwill!	schwellt!	**schwoll**	schwollst	schwölle	ist **geschwollen**
schwell(e)!	schwellt!	**schwellte**	schwelltest	schwellte	hat **geschwellt**
schwimm(e)!	schwimmt!	**schwamm**	schwammst	schwömme/schwämme	ist **geschwommen**
schwind(e)!	schwindet!	**schwand**	schwandest	schwände	ist **geschwunden**
schwing(e)!	schwingt!	**schwang**	schwangest	schwänge	hat **geschwungen**
schwör(e)!	schwört!	**schwor/schwur**	schworst/schwurst	schwöre/schwüre	hat **geschworen**
sieh(e)!	seht!	**sah**	sahst	sähe	hat **gesehen**
sei!	seid!	**war**	warst	wäre	ist **gewesen**
send(e)!	sendet!	**sandte/sendete**	sandtest/sendetest	sendete	hat **gesandt/**
sing(e)!	singt!	**sang**	sangst	sänge	hat **gesungen**
sink(e)!	sinkt!	**sank**	sankst	sänke	ist **gesunken**
sinn(e)!	sinnt!	**sann**	sannst	sänne/sönne	hat **gesonnen**
sitz(e)!	sitzt!	**saß**	saßest	säße	ist **gesessen**
		sollte	solltest	sollte	hat **gesollt**
spei(e)!	speit!	**spie**	spiest	spiee	hat **gespie(e)n**
spinn(e)!	spinnt!	**spann**	spannst	spänne/spönne	hat **gesponnen**
sprich!	sprecht!	**sprach**	sprachst	spräche	hat **gesprochen**

Beugung starker und unregelmäßiger Verben

Infinitiv (Grundform)	Präsens (Gegenwart)				
	Indikativ (Wirklichkeitsform)			Konjunktiv (Möglichkeitsform)	
	ich	du	er, sie, es	ich, er, sie, es	
sprießen	sprieße	sprießt	sprießt	sprieße	
springen	springe	springst	springt	springe	
stechen	steche	stichst	sticht	steche	
stehen	stehe	stehst	steht	stehe	
stehlen	stehle	stiehlst	stiehlt	stehle	
steigen	steige	steigst	steigt	steige	
sterben	sterbe	stirbst	stirbt	sterbe	
stieben	stiebe	stiebst	stiebt	stiebe	
stinken	stinke	stinkst	stinkt	stinke	
stoßen	stoße	stößt	stößt	stoße	
streichen	streiche	streichst	streicht	streiche	
streiten	streite	streitest	streitet	streite	
tragen	trage	trägst	trägt	trage	
treffen	treffe	triffst	trifft	treffe	
treiben	treibe	treibst	treibt	treibe	
treten	trete	trittst	tritt	trete	
triefen	triefe	triefst	trieft	triefe	
trinken	trinke	trinkst	trinkt	trinke	
trügen	trüge	trügst	trügt	trüge	
tun	tue/tu	tust	tut	tue	
verderben	verderbe	verdirbst	verdirbt	verderbe	
verdrießen	verdrieße	verdrießt	verdrießt	verdrieße	
vergessen	vergesse	vergisst	vergisst	vergesse	
verlieren	verliere	verlierst	verliert	verliere	
verschleißen	verschleiße	verschleißt	verschleißt	verschleiße	
verzeihen	verzeihe	verzeihst	verzeiht	verzeihe	
wachsen					
(größer werden)	wachse	wächst	wächst	wachse	
(mit Wachs glätten)	wachse	wachst	wachst	wachse	
wägen	wäge	wägst	wägt	wäge	
waschen	wasche	wäschst	wäscht	wasche	
weben	webe	webst	webt	webe	
weichen					
(zurückgehen)	weiche	weichst	weicht	weiche	
(einweichen)	weiche	weichst	weicht	weiche	
weisen	weise	weist	weist	weise	
wenden	wende	wendest	wendet	wende	
werben	werbe	wirbst	wirbt	werbe	
werden	werde	wirst	wird	werde	
werfen	werfe	wirfst	wirft	werfe	
wiegen					
(das Gewicht feststellen)	wiege	wiegst	wiegt	wiege	
(schaukeln)	wiege	wiegst	wiegt	wiege	
winden	winde	windest	windet	winde	
wissen	weiß	weißt	weiß	wisse	
wollen	will	willst	will	wolle	
wringen	wringe	wringst	wringt	wringe	
ziehen	ziehe	ziehst	zieht	ziehe	
zwingen	zwinge	zwingst	zwingt	zwinge	

Imperativ (Befehlsform)		Präteritum (Vergangenheit)			Partizip Perfekt (Mittelwort der Vergangenheit)
		Indikativ (Wirklichkeitsform)		Konjunktiv (Möglichkeitsform)	
Singular	Plural	ich, er, sie, es	du	ich, er, sie, es	er, sie, es
sprieß(e)!	sprießt!	**spross**	sprossest	sprösse	ist **gesprossen**
spring(e)!	springt!	**sprang**	sprangst	spränge	ist **gesprungen**
stich!	stecht!	**stach**	stachst	stäche	hat **gestochen**
steh(e)!	steht!	**stand**	standst	stände/stünde	hat **gestanden**
stiehl!	stehlt!	**stahl**	stahlst	stähle/stöhle	hat **gestohlen**
steig(e)!	steigt!	**stieg**	stiegst	stiege	ist **gestiegen**
stirb!	sterbt!	**starb**	starbst	stürbe	ist **gestorben**
stieb(e)!	stiebt!	**stob**	stobst	stöbe	ist **gestoben**
stink(e)!	stinkt!	**stank**	stankst	stänke	hat **gestunken**
stoß(e)!	stoßt!	**stieß**	stießest	stieße	hat **gestoßen**
streich(e)!	streicht!	**strich**	strichest	striche	hat/ist **gestrichen**
streit(e)!	streitet!	**stritt**	strittest	stritte	hat **gestritten**
trag(e)!	tragt!	**trug**	trugst	trüge	hat **getragen**
triff!	trefft!	**traf**	trafst	träfe	hat **getroffen**
treib(e)!	treibt!	**trieb**	triebst	triebe	hat **getrieben**
tritt!	tretet!	**trat**	tratst	träte	hat/ist **getreten**
trief(e)!	trieft!	**troff/triefte**	troffst/trieftest	tröffe/triefte	hat **getroffen/ getrieft**
trink(e)!	trinkt!	**trank**	trankst	tränke	hat **getrunken**
trüge!	trügt!	**trog**	trogst	tröge	hat **getrogen**
tu(e)!	tut!	**tat**	tatst	täte	hat **getan**
verdirb!	verderbt!	**verdarb**	verdarbst	verdürbe	hat **verdorben**
verdrieß(e)!	verdrießt!	**verdross**	verdrossest	verdrösse	hat **verdrossen**
vergiss!	vergesst!	**vergaß**	vergaßest	vergäße	hat **vergessen**
verliere!	verliert!	**verlor**	verlorst	verlöre	hat **verloren**
verschleiß(e)!	verschleißt!	**verschliss/ verschleißte**	verschlissest/ verschleißtest	verschlisse	hat **verschlissen/ verschleißt**
verzeih(e)!	verzeiht!	**verzieh**	verziehst	verziehe	hat **verziehen**
wachs(e)!	wachst!	**wuchs**	wuchsest	wüchse	ist **gewachsen**
wachs(e)!	wachst!	**wachste**	wachstest	wachste	hat **gewachst**
wäg(e)!	wägt!	**wog**	wogst	wöge	hat **gewogen**
wasch(e)!	wascht!	**wusch**	wuschest	wüsche	hat **gewaschen**
web(e)!	webt!	**webte/wob**	webtest/wobst	webte/wöbe	hat **gewebt/gewoben**
weich(e)!	weicht!	**wich**	wichest	wiche	ist **gewichen**
weich(e)!	weicht!	**weichte**	weichtest	weichte	hat **geweicht**
weis(e)!	weist!	**wies**	wiesest	wiese	hat **gewiesen**
wend(e)!	wendet!	**wandte/ wendete**	wandtest/ wendetest	wendete	hat **gewandt/ gewendet**
wirb!	werbt!	**warb**	warbst	würbe	hat **geworben**
werd(e)!	werdet!	**wurde**	wurdest	würde	ist **geworden/worden**
wirf!	werft!	**warf**	warfst	würfe	hat **geworfen**
wieg(e)!	wiegt!	**wog**	wogst	wöge	hat **gewogen**
wieg(e)!	wiegt!	**wiegte**	wiegtest	wiegte	hat **gewiegt**
wind(e)!	windet!	**wand**	wandest	wände	hat **gewunden**
wisse!	wisst!	**wusste**	wusstest	wüsste	hat **gewusst**
wolle!	wollt!	**wollte**	wolltest	wollte	hat **gewollt**
wring(e)!	wringt!	**wrang**	wrangst	wränge	hat **gewrungen**
zieh(e)!	zieht!	**zog**	zogst	zöge	hat **gezogen**
zwing(e)!	zwingt!	**zwang**	zwangst	zwänge	hat **gezwungen**

Teil IX
Schülerselbstkontrolle

Lösungen der Aufgaben
von Seite 358 bis Seite 449

Seite 361 – 1. Aufgabe

Ich lese, ich las, ich habe gelesen,
du liest, du lasest, du hast gelesen,
er, sie, es liest, las, hat gelesen,
wir lesen, wir lasen, wir haben gelesen,
ihr lest, ihr laset, ihr habt gelesen,
sie lesen, sie lasen, sie haben gelesen.
Ich lache, ich lachte, ich habe gelacht,
du lachst, du lachtest, du hast gelacht,
er, sie, es lacht, lachte, hat gelacht,
wir lachen, wir lachten, wir haben gelacht,
ihr lacht, ihr lachtet, ihr habt gelacht,
sie lachen, sie lachten, sie haben gelacht.
Ich rufe, ich rief, ich habe gerufen,
du rufst, du riefst, du hast gerufen,
er, sie, es ruft, rief, hat gerufen,
wir rufen, wir riefen, wir haben gerufen,
ihr ruft, ihr riefet, ihr habt gerufen,
sie rufen, sie riefen, sie haben gerufen.

Ich schreibe, ich schrieb, ich habe geschrieben,
du schreibst, du schriebest, du hast geschrieben,
er, sie, es schreibt, schrieb, hat geschrieben,
wir schreiben, wir schrieben, wir haben geschrieben,
ihr schreibt, ihr schriebet, ihr habt geschrieben,
sie schreiben, sie schrieben, sie haben geschrieben.
Ich schlafe, ich schlief, ich habe geschlafen,
du schläfst, du schliefest, du hast geschlafen,
er, sie, es schläft, schlief, hat geschlafen,
wir schlafen, wir schliefen, wir haben geschlafen,
ihr schlaft, ihr schliefet, ihr habt geschlafen,
sie schlafen, sie schliefen, sie haben geschlafen.

Seite 361 – 2. Aufgabe

Singular (Einzahl)
1. Pers. / E.: ich lache, tanze, glaube, grüße, schlafe, laufe
2. Pers. / E.: du lachst, tanzt, glaubst, grüßt, schläfst, läufst
3. Pers. / E.: er, sie es lacht, tanzt, glaubt, grüßt, schläft, läuft

Plural (Mehrzahl)
1. Pers. / M.: wir lachen, tanzen, glauben, grüßen, schlafen, laufen
2. Pers. / M.: ihr lacht, tanzt, glaubt, grüßt, schlaft, lauft
3. Pers. / M.: sie lachen, tanzen, glauben, grüßen, schlafen, laufen

Seite 361 – 3. Aufgabe

rede!, redet!, lebe!, lebt!, höre!, hört!, singe!, singt!, spiele!, spielt!, nimm!, nehmt!, gib!, gebt!, stirb!, sterbt!, sprich!, sprecht!, iss!, esst!, verzeih!, verzeiht!, lauf!, lauft!

Seite 366

das Aluminium, der Anker, das Boot, das Chlor, der Docht, der Draht, das Gas, die Geschwulst, der/das Grad, das/der Gummi, das/der Knäuel, der Lack, das Messing, das/der Meter, das Schilf, der Speck, der Stahl, der Teer, das Wachs, der Zauber, die Zehe, das Zinn

Seite 367

der Glaskäfig, der Vogelkäfig, das Wasserglas, das Reagenzglas, der Liegestuhl, der Schaukelstuhl, das Brettspiel, das Violinspiel

Seite 368 – 1. Aufgabe

Stelle die Vase aufs Fensterbrett. Das Fahrrad lehnt am Zaun. Die Gardine am Fenster ist schmutzig. Der Vogel flog übers Dach. Vom Spielfeld aus ging es direkt nach Hause. Ich begleite sie zur Tür. Wir fahren zum Haus meines Bruders. Das Kind rannte übern Hof. Die Eidechse huscht hintern Brunnen. Ich gehe zur Freundin.

Seite 368 – 2. Aufgabe

Die Kosten sind zu hoch. Die Ferien sind vorbei. Die Graupen schmecken mir nicht. Die neuen Möbel sind bestellt. Die Leute auf der Straße sind in Eile. Die Trümmer müssen fortgeräumt werden. Die Spikes sind hinüber.

Seite 371

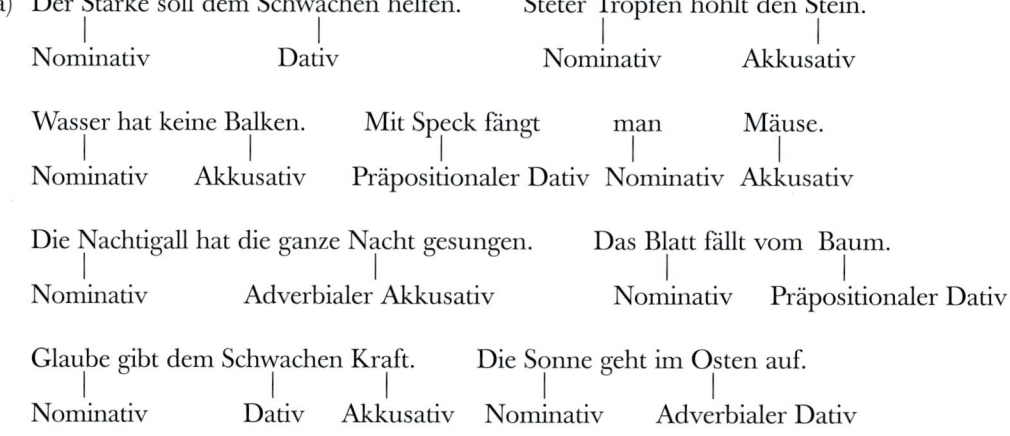

a) Der Starke soll dem Schwachen helfen.   Steter Tropfen höhlt den Stein.
Nominativ   Dativ   Nominativ   Akkusativ

Wasser hat keine Balken.   Mit Speck fängt   man   Mäuse.
Nominativ   Akkusativ   Präpositionaler Dativ   Nominativ   Akkusativ

Die Nachtigall hat die ganze Nacht gesungen.   Das Blatt fällt vom Baum.
Nominativ   Adverbialer Akkusativ   Nominativ   Präpositionaler Dativ

Glaube gibt dem Schwachen Kraft.   Die Sonne geht im Osten auf.
Nominativ   Dativ   Akkusativ   Nominativ   Adverbialer Dativ

b) Ist die Polizei **des Burschen** habhaft geworden? Der Verhaftete war **der Tat** verdächtig. Er ist sich **des Fehlers** bewusst geworden. Der Junge stand **im Garten** und beobachtete **den Igel**. Der Schüler schlief über **seinen Büchern** ein. Alle Flüsse fließen **dem Meer** entgegen. Die Nachbarn boten **ihre Hilfe** an. Dichter Nebel liegt über **der Stadt**.

Seite 372 – 1. Aufgabe

Ein **wilder** Kirschbaum blühte am **sandigen** Wegrand.
Der **sandige** Weg führte durch ein **hügeliges** Heidegebiet.
Der **junge** Ritter saß auf einem **hohen** Ross.
Auf dem **schroffen** Felsen stand eine **einsame** Burg.
Der **kalte** Wind rüttelte an den **kahlen** Ästen.

Seite 372 – 2. Aufgabe

schön, schöner, am schönsten,
froh, froher, am froh(e)sten,
alt, älter, am ältesten,
klug, klüger, am klügsten,
gut, besser, am besten,
viel, mehr, am meisten,
stark, stärker, am stärksten,
lang, länger, am längsten,
grob, gröber, am gröbsten

Seite 376

a) Kann ich bei **dir** übernachten, wenn ich **dich** besuche?
Später, wenn du **mich** besuchst, kannst du gern bei **mir** übernachten.
Ich bin stets **dein** Freund. Ich hoffe, dass du dich **meiner** erinnerst.
Ich habe **dir** viel von **mir** erzählt. Ich gedenke **deiner** gern. Ich habe **dich** als zuverlässig erlebt. Du kannst **mir** vertrauen. Bist du **mir** böse? Kannst du **mich** verstehen? Ich kann **dich** gut verstehen.

b) Vor einem Jahr besuchte ich **meinen** Geburtsort. Die Eltern begleiten **ihren** Sohn zur Schule. Das Kind sieht in den Augen **seiner** Mutter Tränen aufsteigen. Es legt **seinen** Arm um **seine** Mutter und tröstet sie. „Auf dem Brief steht der Name **meines** Vaters", sagt der Junge. Endlich erreicht mich die Nachricht **meines** Vaters.

c) Ich meine die Bäume, **deren** Zweige weit über unseren Zaun reichen. Wir dürfen die Früchte, **die** an diesen Zweigen hängen, ernten. Im Schatten dieser Bäume können wir unsere Bank aufstellen, für **die** wir schon lange ein schattiges Plätzchen gesucht haben. Die Bäume, **die** im Nachbargarten wachsen, wollen wir nicht beschädigen. Mein Vater, **der** ein kluger Mann war, hatte wenig Streit mit seinen Nachbarn.

d) Ich wasche **mich**. Du wäschst **dich**. Er wäscht **sich**. Wir waschen **uns**. Ihr wascht **euch**. Sie waschen **sich**. Wir gaben **uns** Mühe. Du musst **dich** schonen. Er drückt **sich** vor der Arbeit. Sie ruhen **sich** im Schatten der Eiche aus. Ich habe **mich** sehr angestrengt, weil ich mein Ziel erreichen wollte. Wir lassen **uns** fotografieren. Wir wollen **uns** nicht entmutigen lassen. Du musst **dich** in Sicherheit bringen. Er hat **sich** das Fußballspiel angesehen. Das Kind hat **sich** bei dem Sturz den Arm gebrochen.

Seite 377

a) Übermut tut **selten** gut. Die Sonne geht **morgens** im Osten auf. Sie geht **abends** im Westen unter. **Nirgendwo** ist es so schön wie in meiner Heimatstadt. Wir wollen feiern, aber **erst** müssen wir diese Arbeit beenden.

b) Erst wird die Arbeit getan, **nachher** sehen wir weiter.
In den Betrieben wird **mittags** eine Pause gemacht.
Wir warten in der Burg auf dich, **dort** machen wir eine Pause.
Wenn du nicht weißt, **wohin** du gehen musst, schau auf deine Karte.
Mein Zimmer liegt ganz **oben** im Haus.
Das Wetter war so schlecht, dass wir **draußen** nicht arbeiten konnten.
Einen günstigeren Preis wirst du **nirgends** erzielen.
Ich war bisher nur **einmal** an der See.
Du musst **jetzt** mit deinen Aufgaben anfangen, sonst wirst du nicht fertig.
Wir fuhren schon **früh** um fünf Uhr los.
Ich entsann mich, dass ich **zuletzt** in der Bücherei gewesen war.
Wir werden dich **gerne** bei uns aufnehmen.

Seite 378

a) Achim **und** Brigitte sind draußen.
Wir gehen spazieren **oder** fahren mit dem Rad.
So klappt das nie, **aber** probiere es doch mal so aus.
Ich mache das, **denn** ich kann es am besten.
Lilly jault, **weil** sie sich verletzt hat.
Du willst mich ärgern, **nur** wirst du das nicht schaffen.

b) Vergiss nicht, den Regenschirm **mitzunehmen.**
Dein Ziel müsste sein, das Geld zu sparen, **statt** es täglich am Kiosk aus**zu**geben.
Du hast die Straße überquert, **ohne** den ankommenden Bus **zu** beachten.
Ich kam mittags nach Hause, **um** die Post ab**zu**holen.
Es ist besser, dass der Architekt erst den Bauplan erstellt, **als** jetzt schon mit dem Ausschachten **zu** beginnen.
Während unseres Urlaubs wollten wir nichts anderes tun, **außer** uns **zu** erholen.

Seite 379 – 1. Aufgabe

Der Heuschober befindet sich **auf** der Wiese.
Das Kind steht **hinter** dem Auto.
Die Berghütte liegt **unweit** des Dorfes.
Die Alm befindet sich **außerhalb** des Tals.
Unser Kater Tapsy sitzt **unter** dem Tisch.
Der Campingplatz liegt **diesseits** des Flusses.
Wir wandern den Wald **entlang** zu unserer Ferienwohnung.
Oberhalb der Alb war der nackte Fels zu sehen.
Der andere Weg führte **zu** den Quellen.   usw.

Seite 379 – 2. Aufgabe

Die Zahlung ist **binnen** drei Tagen fällig.
Wir kennen uns **seit** 30 Jahren.
Sabrina läuft **um** 8 Uhr den Joggingpfad am See entlang.
Während des Spaziergangs am Nachmittag hat er ihr die Geschichte erzählt.
Das Torwart-Sondertraining findet **außerhalb** der allgemeinen Trainingszeiten statt.
Gegen 17 Uhr werden die ersten Gäste eintreffen.
Ihr könnt **zwischen** 15 Uhr und 18 Uhr die Ausstellung besuchen … usw.

Seite 379 – 3. Aufgabe

Wir überweisen ihnen den Betrag, **abzüglich** unserer Kosten.
Die Schlittschuhe gleiten besser **auf** schmelzendem Eis.
Die einzelnen Träger waren **aus** Stahl geformt.
Du wirst **ausschließlich** mit dieser Aufgabe betraut.
Sie waren bei der Feier **außer** Rand und Band.
Du hast **wider** meinen ausdrücklichen Wunsch gehandelt.
Der Motorradfahrer ist dem Gebot **zuwider** in die Einbahnstraße eingebogen.
Entgegen meinem Vorschlag hast du die Lehre abgebrochen.
Bis auf die Gestaltung der Gartenanlagen ist das Bauvorhaben abgeschlossen.
Deine Pläne waren **gegenüber** meinen Ausarbeitungen doch wohl teurer in der Ausführung.
Das Angebot gilt **zuzüglich** der Mehrwertsteuer … usw.

Seite 381

a) Der Auszug ist **infolge** meiner Krankheit verschoben.
   Ich kann nicht kommen **wegen** des Familienfestes.
   Infolge des Gewitters kam es zu Stromausfällen.
   Infolge des Regens kam es zu Überschwemmungen.
   Wegen des Todesfalls kam die Firma in finanzielle Bedrängnis.
   Wegen des Umbaus unseres Hauses konnten wir in diesem Jahr keinen Urlaub machen.
   Infolge der Versetzung muss ich umziehen.

b) **Kraft** meines Amtes ernenne ich Sie zum Direktor dieser Schule.
   Kraft ihres Glaubens nahmen sie selbst den Tod in Kauf.
   Kraft seines ungeheuren Willens konnte er diese große Aufgabe erledigen.
   Während meiner Schulzeit verzweifelten viele Lehrer an mir.
   Während der Untersuchung beim Arzt bekam ich einen Schwächeanfall.
   Während meines Urlaubs war ich für keinen zu sprechen.
   Während ihrer Ausbildung besuchte Brigitte noch die Abendschule.
   Innerhalb unserer Stadt wirst du viele interessante Gebäude kennen lernen.
   Der Auftrag muss **innerhalb** der angesetzten Zeit erledigt sein.
   Die Verkehrsregeln für den Kreisverkehr gelten nur **innerhalb** Deutschlands.
   Er schaffte noch den Aufstieg zur Berghütte **ungeachtet** seiner müden Füße.

Um sie zu retten stürzte er sich in den reißenden Fluss **ungeachtet** der drohenden Gefahr. **Ungeachtet** aller seiner eigenen Sorgen gab er ihr seine Ersparnisse.

c) Der Gärtner stand <u>in</u> seinem (Dativ) Garten. Er lehnte sich <u>an</u> den (Akkusativ) Zaun. Er schaute <u>nach</u> dem (Dativ) Briefträger. Der Briefträger stieg <u>von</u> seinem (Dativ) Fahrrad. „Hast du einen Brief <u>für</u> mich (Akkusativ)?", fragte der Gärtner. „Ich habe keinen Brief <u>für</u> dich (Akkusativ)", antwortete der Briefträger, „aber du hast etwas <u>an</u> deiner (Dativ) Jacke." Er hatte Farbe <u>an</u> seiner (Dativ) Jacke. Der Zaun war nämlich <u>mit</u> frischer (Dativ) Farbe gestrichen worden. Der Gärtner musste <u>trotz</u> des (Genitiv) Missgeschicks lachen. Nun waren grüne Streifen <u>auf</u> seiner (Dativ) braunen Jacke. Kein Waschmittel würde diese Streifen <u>aus</u> dem (Dativ) Stoff entfernen können. Also machte er gute Miene <u>zum</u> (Dativ) bösen Spiel und lachte <u>über</u> seine (Akkusativ) Unachtsamkeit.

Seite 384

a) brennt, dampfen

b) Der Bauer **sät**. Der Bauer **eggt**. Der Bauer **mäht**. Der Bauer **hack**t. Der Bauer **erntet**.

Seite 385 – 1. Aufgabe

Wer blendet? – Die Sonne
Wer brennt? – Der Sand
Wer schwimmt? – Die Kinder
Wer oder was erfrischt? – Das Wasser
Wer oder was kühlt? – Die Morgenluft
Wer oder was funkelt? – Die Tautropfen
Wer jubiliert? – Die Vögel
Wer kräht? – Der Hahn

Seite 385 – 2. Aufgabe

a) Die   Katze   miaut.   Das   Kind   weint.   Der   Ball   rollt.

b) Artikel Substantiv Verb   Artikel Substantiv Verb   Artikel Substantiv Verb

Seite 387 – 1. Aufgabe

a) Sie trafen die Eltern in der Stadt.
Den Brief habe ich nicht erhalten.
Wir können den Flugplatz nicht finden.
Bei einem Berlinbesuch darf man den Zoo nicht vergessen.
Das Tief bringt in der Nacht den Nebel mit.
Die Maler strichen das Haus am Ende der Straße.
Eine 100-jährige Eiche überschattet fast den ganzen Garten meines Bruders.

Ebbe und Flut bewegen das Meer.

Im Naturpark Salzwedel sehen wir noch alte Mühlen in Funktion.

Er sieht seine Freundin jeden Tag.

Er ließ die Feder durch die Luft wirbeln.

Man soll die Feste feiern wie sie fallen.

Er konnte die Gedanken seines Partners an dessen Gesichtsausdruck erkennen.

Schiffe versenken macht Spaß.

Ich lese gern Bücher.

Andreas hört gern Lieder, die aus dem Norden kommen.

Er sieht sich die Bilder immer wieder an.

Ich nehme mir gern die Zeit, mit dir in den Urlaub zu fahren.

b) Wir singen gern Wanderlieder am Lagerfeuer.

Ungeduldig erwartete er dich.

Wir fliegen den Hubschrauber von Stuttgart nach München.

Du sollst nicht so schwere Lasten tragen.

Er lobt selten die Schüler.

Wir werfen den Ball.

Beim Return schlägt er den Ball ins Netz.

Er fühlte sein Herz schlagen.

Ich lese das Buch schon zum zweiten Male.

Heute Morgen habe ich dir einen Brief geschrieben.

Ich lasse den Wert des Steins schätzen.

Er errechnet die monatlichen Kosten.

Wir bauen ein Haus.

Beim Ratespiel gewannen wir eine Weltreise.

Durch Blutspenden retten wir Leben.

Ich begrüße dich besonders herzlich.

Zur Erfrischung trinkt er gern Apfelsaft.

Du sollst deine Eltern ehren.

Dieses Angebot muss ich ablehnen.

Seite 387 – 2. Aufgabe

Ich verstecke mich im Keller.

Ich kleide mich nach dem Baden an.

Jeder Mensch kann sich irren.

Die Schüler langweilen sich manchmal im Unterricht.

Du ängstigst dich ohne Grund.

Ihr erfrischt euch nach der Reise.

Der Schüler schämt sich wegen seines ausfallenden Betragens.

Er entschuldigt sich beim Lehrer.

Wir setzen uns während des Vortrages.

Du verteidigst dich, wenn du angegriffen wirst.
Ihr bedankt euch am besten gleich für die Geschenke.

Seite 388 – 1. Aufgabe

a) Der Schauspieler gefällt **mir** nicht. Der Nachbar hilft **mir**. Der Zuhörer jubelt **ihm** begeistert zu. Der Einbrecher droht **mir**. Das Bild hat **mir** gefallen. Habt ihr **ihm** vertraut? Der Wanderer folgt **dem** Wegweiser. Das Kind gleicht **seinem** Vater. Wir werden **ihm** gehorchen. Die Schüler hören **dem** Lehrer zu.

b) Die Täter entgehen ihrer Strafe nicht.
Das wird dir nicht glücken.
Darin musst du dich fügen, weil es keine andere Möglichkeit für dich gibt.
Die Atome dienen dem Aufbau von Molekülen.
Die Bilder gefallen mir nicht.
Du musst mir mit der Taschenlampe vorausgehen, damit ich nicht hinfalle.
Du brauchst mir nicht immer nachzugeben.
Die Einbrecher drohen mir.
Das kann mir nicht nützen.
Das wird ihm nicht behagen.
Er kann dir nicht zürnen, weil du im guten Glauben gehandelt hast.
Die Kinder widersprechen dir ständig.
Du begegnest mir sicher noch einmal.
Die Hunde nähern sich ihm langsam.
Wir danken dir ganz herzlich.
Gönn' dir mal etwas, es verlangt keiner, dass du dem guten Essen entsagen musst.
Du schmeichelst mir, aber ich glaube dir nicht.
Die Unterlagen entsprechen nicht den Anforderungen für eine Bewerbung.

Seite 388 – 2. Aufgabe

a) Die Freude ist **dem Zuschauer** vergangen. Die Freude ist **den Zuschauern** vergangen.
Der Vater verzeiht **dem Sohn**. Der Vater verzeiht **den Söhnen**.
Die Polizei wird **den Einbrecher** finden. Die Polizei wird **die Einbrecher** finden.
Wir haben **dem Künstler** gratuliert. Wir haben **den Künstlern** gratuliert.
Wir haben **den Freund** beglückwünscht. Wir haben **die Freunde** beglückwünscht.
Der Fremde ist **dem Anwohner** aufgefallen. Der Fremde ist **den Anwohnern** aufgefallen.
Du bist **dem Hund** ausgewichen. Du bist **den Hunden** ausgewichen.
Das Kind läuft **der Mutter** weg. Das Kind läuft **den Müttern** weg.
Der Staub bedeckt **das Auto**. Der Staub bedeckt **die Autos**.
Vater hat **das Spiel** verloren. Vater hat **die Spiele** verloren.
Das Kind schaut **dem Drachen** nach. Das Kind schaut **den Drachen** nach.

b) Die Freude ist **ihm** vergangen. Die Freude ist **ihnen** vergangen.
Der Vater verzeiht **ihm.** Der Vater verzeiht **ihnen**.
Die Polizei wird **ihn** finden. Die Polizei wird **sie** finden.
Wir haben **ihm** gratuliert. Wir haben **ihnen** gratuliert.
Wir haben **ihn** beglückwünscht. Wir haben **sie** beglückwünscht.
Der Fremde ist **ihm** aufgefallen. Der Fremde ist **ihnen** aufgefallen.
Du bist **ihm** ausgewichen. Du bist **ihnen** ausgewichen.
Das Kind läuft **ihr** weg. Das Kind läuft **ihnen** weg.
Der Staub bedeckt **es**. Der Staub bedeckt **sie**.
Vater hat **es** verloren. Vater hat **sie** verloren.
Das Kind schaut **ihm** nach. Das Kind schaut **ihnen** nach.

Seite 389

Das Fahrrad **bedarf** der Überholung.
Wir **gedenken** der Toten.
Er **bemächtigte** sich des Autos seines Nachbarn.
Er **bediente** sich einer vulgären Ausdrucksweise.
Er **schämte** sich wegen seines Verhaltens.
Der Lehrer kann sich des Vorfalls nicht **entsinnen**.
Sie **harren** der Dinge, die da kommen werden.
Deine Vorschläge **ermangeln** eines jeglichen Sachverstandes.
Zehn Abgeordnete **enthalten** sich der Stimme.
Er musste sich des Angriffs **erwehren**.
Er konnte sich der Aufgabe nicht **entledigen**.
Er musste sich eines anderen Tones **befleißigen**.
Er konnte sich seines Erfolges nicht **rühmen**.

Seite 390

Ich vertraue auf deine Einsicht.
Wir lachen gern mit dir zusammen.
Die Zuschauer jubeln mit den Spielern.
Die Schüler warten auf das Austeilen der Arbeiten.
Weil du nicht hier bist, denke ich oft an dich in der Ferne.
Von diesem Freund willst du mir abraten?
Die Kinder glauben an Märchen.
Jeder Mensch sollte sich auf etwas freuen können.
Die Eltern schimpfen mit ihren Kindern.
Der Vater will noch mal über meinen Vorschlag nachdenken.
Die Schüler hoffen auf Hitzefrei.
Der Lehrer erinnert sich an die vielen guten Antworten, die ich gegeben habe.
Am frühen Morgen höre ich gern auf das Gezwitscher der Vögel.

Die Kinder trauern um ihren toten Hund.
Wir streben nach höheren Zielen.

Seite 392/393

a) Der Arzt empfahl **seinem Patienten** einen Kuraufenthalt.
Der Polizist belehrte **den Verkehrssünder** über die Verkehrsregeln.
Der Freund hat **seiner Frau** das Geheimnis anvertraut.
Er beschimpft seinen Nachbarn **eines Verbrechens**.
Das Gericht verurteilt den Verbrecher **zu einer Gefängnisstrafe**.
Er klagte **seinem Freund** den Kummer.
Der Schüler flüsterte **seinem Mitschüler** einen Witz zu.
Vater überbrachte **seinem Sohn** die gute Nachricht.
Die Verkäuferin gab dem Kunden **das Wechselgeld** heraus.
Die Kinder meldeten **der Polizei** den Unfall.

b) Die Reisenden haben **der Reiseleiterin eine Sage** aus dieser Gegend erzählt.
Das Bild erinnert **ihn an einen Vorfall** aus seiner Jugendzeit.
Ich höre **den schönen Klang deines Klaviers**.
Der Freund schrieb **mir einen ausführlichen Brief** aus seinem Urlaub.
Wir fühlen **uns durch deine Einladung** sehr geehrt.
Vater las **den Brief der Schulleitung** ärgerlich vor.
Er hat **mir schweres Unrecht** zugefügt.
Er bindet **mir seine Krawatte** um.
Mutter schickt **mir ein Paket**.
Der Abteilungsleiter gibt **mir die Unterlagen** mit.

Seite 394

a) Das Essen steht **auf dem Tisch**.
Die Kinder laufen **in den Wald**.
Die Katze macht es sich **im Sessel** bequem.
Die Besucher gehen **in den Konzertsaal**.
Viele bunte Blumen blühen **auf der Wiese**.

b) Wir treffen uns **in einer Stunde** am Freibad.
In vier Wochen fahre ich in Urlaub.
Wir gehen **gleich** in den Zoo.
Wir sind schon **ewig** befreundet.
Ich muss meinen Besuch **auf Morgen** verschieben.

Seite 395 – 1. Aufgabe

Er steht da **wie angewurzelt**.
Er benimmt sich **wie ein Anfänger**.

Er führt sich **wie wahnsinnig** auf.

Er stellt sich **nicht dumm** an.

Ihre Stimme trägt **gekonnt** das Lied vor.

Er freut sich **wie ein Schneekönig.**

Er schläft sich erst einmal **wie ein Murmeltier** aus.

Er arbeitet sich **zielgerichtet** auf der Erfolgsleiter hoch.

Er läuft sich **unter größter Anstrengung** seine Füße wund, weil er unbedingt siegen will.

Er schläft **ruhig** ein.

Seite 395 – 2. Aufgabe

Zur Verteidigung bedarf ich ihrer Mithilfe.

Aus Eifersucht erschlug Kain seinen Bruder Abel.

Der Unfall geschah **infolge Übermüdung**.

Aus Unachtsamkeit überfuhr er die durchgezogene Linie.

Zur Abwehr von Flöhen bei Katzen spritzen wir Flohvernichtungsmittel in der Wohnung.

Für die Befreiung der Geiseln wurde vieles unternommen.

Seite 396

Der Sueskanal liegt **in Ägypten**.

Er wurde als **verkürzter Seeweg** gebaut.

Er verbindet das Mittelmeer **mit dem Roten Meer**.

Wir finden einen ähnlichen Kanal **in Norddeutschland**.

Der Kanal heißt Nord-Ostsee-Kanal.

Er verbindet die Ostsee **mit der Nordsee**.

Seite 396/397

Objekt 1: Akkusativobjekt

Objekt 2: Dativobjekt

U.O.:   Umstandsbestimmung des Ortes

U.A.:   Umstandsbestimmung der Art und Weise

U.Z.:   Umstandsbestimmung der Zeit

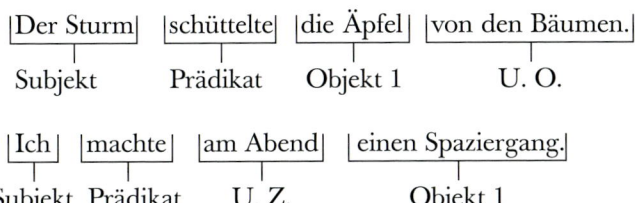

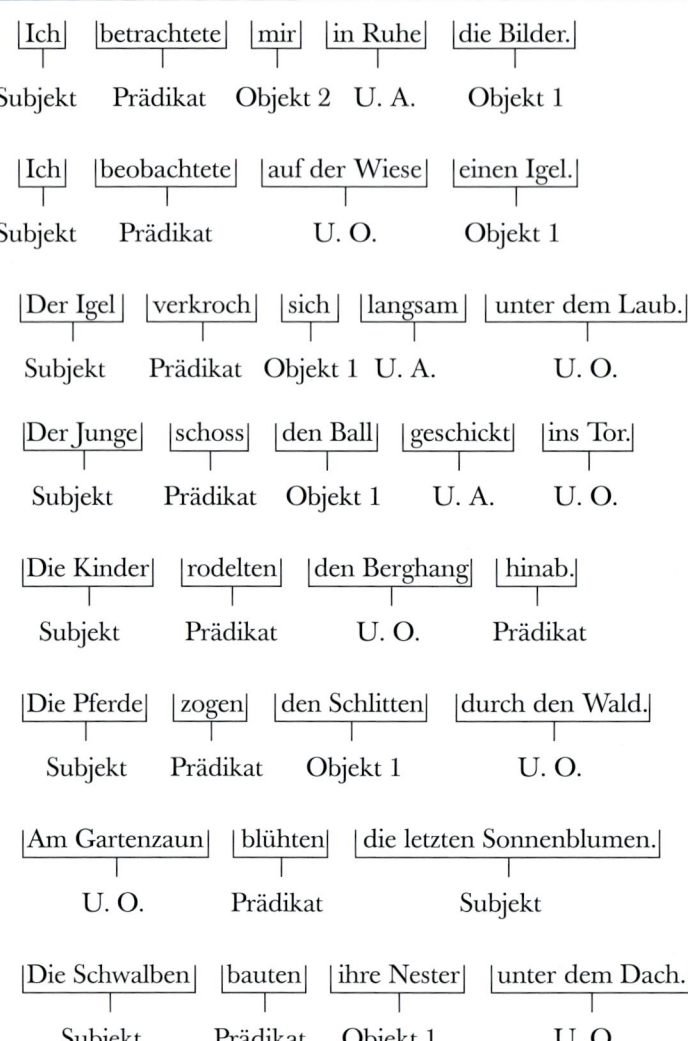

Ich	betrachtete	mir	in Ruhe	die Bilder.
Subjekt	Prädikat	Objekt 2	U. A.	Objekt 1

Ich	beobachtete	auf der Wiese	einen Igel.
Subjekt	Prädikat	U. O.	Objekt 1

Der Igel	verkroch	sich	langsam	unter dem Laub.
Subjekt	Prädikat	Objekt 1	U. A.	U. O.

Der Junge	schoss	den Ball	geschickt	ins Tor.
Subjekt	Prädikat	Objekt 1	U. A.	U. O.

Die Kinder	rodelten	den Berghang	hinab.
Subjekt	Prädikat	U. O.	Prädikat

Die Pferde	zogen	den Schlitten	durch den Wald.
Subjekt	Prädikat	Objekt 1	U. O.

Am Gartenzaun	blühten	die letzten Sonnenblumen.
U. O.	Prädikat	Subjekt

Die Schwalben	bauten	ihre Nester	unter dem Dach.
Subjekt	Prädikat	Objekt 1	U. O.

Seite 398

im **klaren** Wasser, im **dichten** Wald, bei **strahlendem** Sonnenschein, das **lahme** Pferd, die **kahlen** Bäume, die **kleinen** Häuser, im **lichtdurchfluteten** Haus, die **unendliche** Geschichte, aus **bitterer** Armut, eine **nette** Bekanntschaft, der **freundliche** Nachbar, der **gute** Freund, der **schwierige** Kampf, durch **bittere** Erfahrung

Seite 399

a) die **trügerische** Hoffnung, über die **schmale** Brücke, auf dem **hohen** Baum, nach **längerer** Pause, die **anstrengende** Fahrt, dem **strahlenden** Freund, auf dem **steilen** Dach, das **gelungene** Fest, die **grauenhafte** Erinnerung, die **glühenden** Kohlen, das **lodernde** Feuer, die **gefärbten** Herbstblätter, die **schreienden** Kinder, der **tropfende** Wasserhahn, durch **unheimliche** Geräusche

b) Die Schüler gaben sich der **trügerischen** Hoffnung hin, dass die Klassenarbeit verschoben wird.
Über die **schmale** Brücke müssen wir fahren.
Auf dem **hohen** Baum befinden sich viele Vogelnester.
Nach **längerer** Pause wanderten wir bis zum Gipfelkreuz.
Die **anstrengende** Fahrt ist endlich zu Ende.
Dem **strahlenden** Freunde laufe ich entgegen.
Auf dem **steilen** Dach liegen neue Ziegel.
Das **gelungene** Fest war der Höhepunkt dieses Tages.
Die **grauenhafte** Erinnerung wird mich mein Leben lang verfolgen.
Die **glühenden** Kohlen geben genug Wärme ab.
Das **lodernde** Feuer vernichtete alles.
Die **gefärbten** Herbstblätter leuchten wunderschön in der Sonne.
Die **schreienden** Kinder nerven mich.
Der **tropfende** Wasserhahn muss nicht sein.
In der Geisterbahn wurden die Kinder durch **unheimliche** Geräusche erschreckt.

Seite 400 – 1. Aufgabe

Das Eigentum **seines Freundes** ging verloren.
Zum Schutze **deines Lebens** versteckst du dich.
In Begleitung **seines Vaters** kam er zur Schule.
Mit Hilfe **seines Lehrers** fand er eine Lehrstelle.
Ich muss die Arbeiten **des Schülers** gerecht beurteilen.
Die Zukunft **meines Kindes** ist mir wichtig.
Mit den Kindern **meines Bruders** haben wir einen schönen Urlaub verlebt.
Die Lösung **des Silbenrätsels** konnte nicht so leicht gefunden werden.
Am Ende **des Open-Air-Events** trat die King-Thoma-Band auf.
Die Bitte **deiner Eltern** erfülle ich gern.
Im Hause **meines Freundes** brannte gestern die Küche aus.
Das Leben **der Indianer** wurde in vielen Filmen falsch wiedergegeben.

Seite 400 – 2. Aufgabe

Die Hoffnung **auf Besserung** meiner Krankheit gibt mir Kraft.
Die Freude **an schönen Dingen** berauscht mich.
Der Drang **nach Bewegung** im Freien ist groß.

Der Wunsch **nach mehr Freizeit** geht nicht immer in Erfüllung.

Die Erinnerung **an unseren gemeinsamen Urlaub** wird noch lange andauern.

Die Teilnahme **an den Meisterschaften** musste ich wegen Krankheit absagen.

Die Übereinstimmung **mit meiner Freundin** hält sich in Grenzen.

Die Arbeit **für dich** bereitet mir Freude.

Der Streit **mit meinem Vorgesetzten** verlief recht laut.

Der Stolz **auf deine Tochter** ist nicht zu übersehen.

Seite 400 – 3. Aufgabe

Es gibt **von dem Heidedichter Löns** viele Gedichte über die Schönheit und die Stimmungen der Heide.

Der Schauspieler Heinz Rühmann war ein kleiner Mann mit großer Ausstrahlung.

Der Fußballtrainer Rudi Völler trainierte die deutsche Nationalmannschaft.

Der Sänger Peter Maffei trat zu Gunsten Behinderter auf.

Mein Freund Achim Römer wird im August seine Lehre beginnen.

Die Stadt Wesel gedachte ihrer Toten aus dem letzten Krieg.

Meinen Nachbarn Ernst Zimmer habe ich schon lange Zeit nicht mehr gesehen.

Seite 401

Du kommst **noch heute** nach Hause.

Schon morgen fliegen wir nach Australien.

Ganz **weit hinten** in der Reihe stand mein Mann.

Ich habe dich in dem Haus **ganz oben** am Fenster gesehen.

Tief unten in der Schlucht schlängelt sich ein kleiner Bach.

Schon **recht bald** hörte ich von meiner Freundin.

Ich kam **sehr müde** vom Dienst nach Haus und legte mich sofort schlafen.

Peter war **leicht erkältet** und ging trotzdem zum Schwimmen.

Das Wetter ist heute wieder mal **abscheulich kalt**.

Seite 403 – 1. Aufgabe

a) Der Angeklagte zeigte sich **verstockt,** nachdem ihm seine Schuld so recht vor Augen geführt worden war.

Ich traue dir solche Gemeinheit **nicht zu,** wie man sie dir vorwirft.

Der Vortrag wirkte auf die Zuschauer **ermüdend,** die in großer Zahl gekommen waren.

Wir wollen die Hoffnung **nicht aufgeben,** dass alle Völker in Frieden miteinander leben können.

b) Die Arbeiten müssen beendet sein, **bis die Dunkelheit hereinbricht.**

Der Wagen geriet von der Fahrbahn ab, **weil der Fahrer zu viel Alkohol zu sich genommen hatte.**

Obwohl eine baldige Wetterbesserung vorausgesagt worden war, hielten Regen und Sturm weiter an.

Der lebhafte Verkehr setzte sofort ein, **als der Tunnel eröffnet worden war**.

Seite 403 – 2. Aufgabe

Lange schon hatten wir uns auf den Ausflug gefreut, **der uns nach Borkum bringen sollte**.

Am Vorabend packten wir die Vorräte ein, **die wir für ein ausgiebiges Picknick im Zug brauchten**.

Zur vereinbarten Zeit waren alle da, **die sich für die Fahrt angemeldet hatten**. Wir bestiegen den Zug, **der uns nach Emden bringen sollte**.

Die Fahrt, **die durch viele Städte und interessante Landschaften führte,** wurde uns nicht langweilig.

Von unserem Zielbahnhof aus begannen wir mit unserer Wanderung, **die uns zum Schluss zum Fährhafen führte**.

Seite 407

a) Kannst du dich erinnern? Das Auto kam schnell näher. Warum bremste der Fahrer nicht? Halt! Halt! Dann bemerkte er das Auto. Aber es war zu spät.

b) Der Herbstwind weht. Die Kinder lassen ihre Drachen steigen. Großartig! Die Drachen steigen hoch in den blauen Himmel. Sie zerren an ihrer Schnur. Was passiert denn da? Kannst du deinen Drachen nicht besser lenken? Lass ihn ein wenig höher steigen! Oh weh! Gleich stößt er mit meinem Drachen zusammen. Gut gemacht! Du hast richtig reagiert. Plötzlich entsteht eine Windstille und alle Drachen stürzen zur Erde.

Seite 408

a) An der Wasserstelle trafen sich Elefanten, Giraffen, Löwen und Tiger. Ich lese gerne Geschichten, Erzählungen und Romane. In unserem Garten blühen schon Narzissen, Hyazinthen, Tulpen und Krokusse. Sie achtete nicht auf die lärmenden Kinder, die lauten Nachbarn, den tosenden Straßenlärm oder den Baulärm. Sie lauschte dem Gesang der Lärche, dem Säuseln des Windes, dem Zirpen der Grillen und dem Bellen eines Hundes in der Ferne. Von dem Aussichtspunkt konnte der Blick über das Land schweifen zu der dunklen Bergkette, zu den sanften Hügeln des Bergvorlandes und in die weite Ebene. Der Schüler liest, schreibt, rechnet und musiziert am liebsten bei seiner Klassenlehrerin. Dichter Nebel, eisglatte Straßen, heftige Regengüsse oder starkes Schneetreiben behinderten den Straßenverkehr. Bücher und Hefte, Zeitungen und Illustrierten, Manuskripte und Notizzettel, Buntstifte und Bleistifte häuften sich auf dem Schreibtisch.

b) Mehrere Subjekte: An der Wasserstelle trafen sich Elefanten, Giraffen, Löwen und Tiger.

Mehrere Objekte: Ich lese gern Geschichten, Erzählungen und Romane.

Mehrere Subjekte:	In unserem Garten blühen schon Narzissen, Hyazinthen, Tulpen und Krokusse.
Mehrere Objekte:	Sie achtete nicht auf die lärmenden Kinder, die lauten Nachbarn, den tosenden Straßenlärm oder den Baulärm.
Mehrere Objekte:	Sie lauschte dem Gesang der Lärche, dem Säuseln des Windes, dem Zirpen der Grillen und dem Bellen eines Hundes in der Ferne.
Mehrere adverbiale Bestimmungen:	Von dem Aussichtspunkt konnte der Blick über das Land schweifen zu der dunklen Bergkette, zu den sanften Hügeln des Bergvorlandes und in die weite Ebene.
Mehrere Prädikate:	Der Schüler liest, schreibt, rechnet und musiziert am liebsten bei seiner Klassenlehrerin.
Mehrere Subjekte:	Dichter Nebel, eisglatte Straßen, heftige Regengüsse oder starkes Schneetreiben behinderten den Straßenverkehr.
Mehrere Subjekte:	Bücher und Hefte, Zeitungen und Illustrierten, Manuskripte und Notizzettel, Buntstifte und Bleistifte häuften sich auf dem Schreibtisch.

Seite 408/409

a) Wir wollen die großen, gelben Birnen auf das Regal legen.
Die kleinen, braunen Birnen legen wir in den Korb.
Die großen, nassen Schneeflocken blieben nicht liegen.
Viele mutige, hilfsbereite Menschen eilten herbei.

b) In dem Geschäft finden wir ein reichhaltiges, preiswertes Angebot.
Ein stürmischer, regnerischer Tag ging zu Ende.
Der freundliche, hilfsbereite Nachbar ist immer für uns da.
Das neue rote Kleid steht ihr besonders gut.
In den letzten großen Ferien konnten wir nicht verreisen.
Er wanderte durch das abwechslungsreiche deutsche Land.

Seite 409

Goethe hat alle Gattungen der Dichtung gepflegt, besonders die Lyrik. Prof. Heinz Sielmann will Tiere vor dem Aussterben bewahren, besonders den Fischotter. James Krüss, ein deutscher Schriftsteller, hat viele Kindergedichte geschrieben. Doch dann im Februar, niemand hatte mehr damit gerechnet, war der Winter plötzlich wieder da. Mein Freund, ein begeisterter Segelflieger, wird uns morgen besuchen. Das Buch, es ist spannend und interessant, habe ich an einem Tag gelesen.

Seite 409/410

a) Der Vorhang hebt sich, das Orchester spielt leise **und** die Sänger treten auf.

Der Vorhang fällt, die Schauspieler verneigen sich, die Zuschauer klatschen Beifall **und** einige werfen Blumen auf die Bühne.

Die Sonne brennt **und** kein Lüftchen regt sich.

Dunkle Wolken jagen über den Himmel, Blitze zucken **und** der Donner grollt.

Die Regentropfen prasseln auf die Dächer **und** der Sturm peitscht die Bäume.

b) Viele Menschen gehen gern im Wald spazieren, genießen dort die Ruhe, atmen die gute Luft **und** erholen sich vom Lärm in den Städten.

Der Sturm biegt die Bäume, reißt die Ziegel von den Dächern, rüttelt an den Fenstern und Türen **und** zerrt an den Hosen und Jacken der Menschen.

Der Wald gibt dem Boden Halt, verhindert das Abrutschen des Erdreichs **und** bremst die Kraft des Windes.

Auf dem Bahnsteig stehen viele Menschen, unterhalten sich, schauen auf die Uhr **und** freuen sich, wenn der Zug pünktlich ankommt.

Die Reisenden steigen ein, drängeln sich an den Türen, schieben sich durch die Gänge **und** suchen einen Sitzplatz.

Die Schüler öffnen die Fenster, winken, rufen **und** lachen fröhlich.

Seite 410/411

Ich kann leider nicht zu dir kommen, **weil** ich krank bin.

Wir müssen die Klassenfahrt verschieben, **weil** die Busfahrer streiken.

Im Gartenanbau hat sich in den letzten Jahren viel verändert, **weil** die Menschen das ganze Jahr über frisches Obst und Gemüse kaufen möchten.

Er knipste das Licht aus, **weil** er schlafen wollte.

Er bekam arge Magenschmerzen, **weil** er unreifes Obst gegessen hatte.

Seite 411

Vater schließt die Tür, **weil** sie klappert **und** es zieht.

Vater spielt mit den Kindern Halma, **weil** er Zeit hat **und** den Kindern eine Freude machen will.

Der Ausflug wird nicht stattfinden, **wenn** schlechtes Wetter ist **und** die Teilnehmerzahl zu gering ist.

Ich freue mich darüber, **dass** die Teilnehmerzahl ausreicht **und** der Ausflug stattfinden kann.

Es war genau 9.00 Uhr, **als** sich die Türen des Zuges schlossen **und** die Räder sich in Bewegung setzten.

Als die Erde bebte, drängten die Menschen ins Freie, **weil** sie nicht in ihren Häusern verschüttet werden wollten.

Die Menschen erkannten, **dass** ein Gewitter heraufzog.

Hohe Wellen brachen sich am Deich, **weil** sich ein wilder Sturm erhoben hatte.

Schülerselbstkontrolle

Seite 412

a) Der Waldboden, der zum größten Teil aus Humus besteht, ist leicht und locker.

Er ist mit einem Schwamm zu vergleichen, der schnell auch große Wassermengen aufnehmen kann.

Der Waldboden, in dem das Wasser gespeichert wird, gibt es nur langsam wieder ab.

Grundwasser und Quellen, die ständig Wasserzufuhr brauchen, erhalten aus dem Waldboden die notwendige Feuchtigkeit.

Ein großer Teil des Regenwassers, das an der Oberfläche des Waldbodens steht, verdunstet.

So werden Überschwemmungen oder Dürre, die stets eine Gefahr für den Menschen bedeuten, durch die gleichmäßige Wasserführung des Waldbodens verhindert.

b) Die Familie, die weggezogen ist, wohnte im Gartenhaus.

Der Schnee, der vor der Garagentür liegt, muss weggeräumt werden.

Das Boot, das am Seeufer lag, ist verschwunden.

Der Zug, mit dem ich eigentlich verreisen wollte, ist verunglückt.

Der Nachbar, mit dem ich mich gut unterhalten konnte, ist gestorben.

Seite 413

a) Er dachte nicht **daran**, sein Versprechen zu halten. Ihr größter Wunsch bestand **darin**, einmal in den Süden zu verreisen. Er freute sich **darauf**, nach Hause zu kommen. Er rechnete **damit**, doch noch zu gewinnen.

b) Einmal in den Süden zu verreisen, **das** war ihr sehnlichster Wunsch. Nach Hause zu kommen, **darauf** freute er sich. Sein Versprechen zu halten, **daran** dachte er nicht. Den Bogen nicht zu überspannen, **das** riet uns Vater.

c) Edmund hat **es** nie bereut, seinen Beruf zu wechseln. **Es** gefällt mir nicht, dich so traurig zu sehen. Anke liebt **es**, lange zu schlafen. **Das** war sein größtes Anliegen, ein Medikament gegen die Krankheit zu finden.

Seite 416

a) Das Kind sagt: „Ich freue mich auf die Bahnfahrt.“

Der Reisende fragt: „Wann habe ich Anschluss nach Köln?“

Der Schaffner ruft: „Bitte von der Bahnsteigkante zurücktreten!“

b) Der Schüler erklärte: „Ich habe mein Heft vergessen.“

Der Lehrer meinte: „Du bist sehr vergesslich.“

Darauf erwiderte der Schüler: „Ich weiß, dass ich daran arbeiten muss.“

c) „Ich habe mein Heft vergessen", erklärte der Schüler.
„Du bist sehr vergesslich", meinte der Lehrer.
„Ich weiß, dass ich meine Arbeit vernachlässigt habe", erwiderte der Schüler.

d) „Entschuldigen Sie", erklärte der Schüler, „ich habe mein Heft vergessen."
„Ich habe bemerkt", meinte mein Lehrer, „dass du in den letzten Wochen sehr vergesslich gewesen bist."
„Ich weiß", erwiderte der Schüler, „dass ich meine Arbeit vernachlässigt habe."

Seite 419

a)

die Sage	das Tal	der Magen	die Hose	die Made
die Frage	der Wal	der Wagen	die Dose	die Wade
die Regel	die Bibel	der Segen	der Pudel	das Ruder
das Segel	die Fibel	der Regen	die Nudel	der Bruder
das Brot	der Weg	der Jubel	die Feder,	
die Not	der Steg	der Trubel	das Leder	

b) die Sage, die Frage, die Klage
das Tal, der Wal, das Mal
der Magen, der Wagen, die Klagen
die Hose, die Dose, die Rose
die Made, die Wade, die Jade
die Regel, das Segel, der Pegel
die Bibel, die Fibel
der Segen, der Regen, der Degen
der Pudel, die Nudel, das Rudel
das Ruder, der Bruder, der Puder
das Brot, die Not, das Lot
der Weg, der Steg
der Jubel, der Trubel, der Rubel
die Feder, das Leder, die Zeder

c) Die **Sage** ist spannend geschrieben.
Der **Wal** verlor die Orientierung und strandete auf der Sandbank.
Am **Wagen** brachen die hinteren Achsen.
Die **Rose** duftet sehr gut.
Die **Made** im Speck ist ekelig.
Ausnahmen bestätigen die **Regel.**
Die **Fibel** war einmal das erste Lesebuch der Schüler.
Der **Regen** hört gar nicht mehr auf.
Der **Pudel** bellt ununterbrochen im Hausflur.
Mein **Bruder** fährt zur See.

Das **Brot** ist von gestern und schmeckt mir nicht mehr.
Der **Weg** in die Stadt ist weit.
Der **Trubel** muss ein Ende haben.
Früher schrieben die Menschen mit einer **Gänsefeder**.

Seite 420 – 1. Aufgabe

a) Erste Gruppe: Wörter mit zwei gleichen Konsonanten nach kurzem Vokal.
der Teller, die Tonne, das Bett, der Ball, der Stamm, die Sonne, der Keller, das Fett,
der Knall, der Kamm, der Queller, die Nonne, das Brett, das Lamm, der Fall.
Zweite Gruppe: Wörter mit zwei verschiedenen Konsonanten nach kurzem Vokal.
das Kind, der Fisch, die Wand, das Geld, der Kopf, der Wind, der Tisch, die Hand,
das Feld, der Topf, der Wisch, das Rind, das Land, der Held, der Knopf.

b)

der Teller	der Kopf	der Fisch	die Tonne	der Ball
der Keller	der Topf	der Wisch	die Sonne	der Fall
der Queller	der Knopf	der Tisch	die Nonne	der Knall

das Bett	der Stamm	das Kind	das Geld	die Wand
das Fett	der Kamm	das Rind	das Feld	die Hand
das Brett	das Lamm	der Wind	der Held	das Land

c)

der Keller	der Knopf	der Fisch	die Nonne	der Ball
der Queller	der Kopf	der Tisch	die Sonne	der Fall
der Teller	der Topf	der Wisch	die Tonne	der Knall

das Bett	der Kamm	das Kind	das Feld	die Hand
das Brett	das Lamm	das Rind	das Geld	das Land
das Fett	der Stamm	der Wind	der Held	die Wand

Seite 420 – 2. Aufgabe

a) das Haus, die Maus, die Laus, der Strauch, das Maul
die Häuser, die Mäuse, die Läuse, die Sträucher, die Mäuler
die Meute, das Steuer, die Beule, die Scheune, das Heu
der Wein, der Stein, der Leim, der Reim, der Reifen
die Maid, der Mai, der Main, der Kai, der Rain (Feldrain)

b) das Haus, die Laus, das Maul, die Maus, der Strauch,
die Häuser, die Läuse, die Mäuler, die Mäuse, die Sträucher
die Beule, das Heu, die Meute, die Scheune, das Steuer
der Leim, der Reifen, der Reim, der Stein, der Wein
der Kai, der Mai, die Maid, der Main, der Rain (Feldrain)

Seite 420 – 3. Aufgabe

a) **Substantive**: die Kohle, der Lohn, der Zahn, das Rohr, die Bahn, der Mohr, die Sahne, der Schuh, die Sohle, die Kuh, die Zahl, der Pfahl, die Fahne, der Kohl, der Sohn, der Zeh, die Naht, der Draht, das Reh

Verben: wohnen, bohren, zahlen, lehren, fahren, strahlen

Adjektive: hohl, nah, kahl, wahr, froh

b) die Kohle, die Sohle
das Rohr, der Mohr
der Kohl, hohl
der Zeh, das Reh
die Naht, der Draht
die Sahne, die Fahne
der Schuh, die Kuh
die Zahl, der Pfahl
der Lohn, der Sohn
der Zahn, die Bahn

c) wohnen – du wohnst – er, sie, es wohnt
bohren – du bohrst – er, sie, es bohrt
zahlen – du zahlst – er, sie, es zahlt
lehren – du lehrst – er, sie, es lehrt
fahren – du fährst – er, sie, es fährt
strahlen – du strahlst – er, sie, es strahlt

Seite 421 – 1. Aufgabe

a) Die Fliege hat unter dem Mikroskop riesengroße Augen.
Die Biene bestäubt auf der Sommerwiese viele Blumen.
Der Sieg der Mannschaft wurde im Bierzelt lange gefeiert.
Die Bergziege ist eine Tierart, die auf der „Roten Liste" steht.
Der Säugling spielt in der Wiege mit seinem Stofftier.

b) **Substantive**: die Fliege, der Sieg, der Dieb, das Bier, der Krieg, das Sieb, die Ziege, das Spiel, die Wiege, der Hieb, das Tier, die Wiese, das Ziel, der Riese, die Biene, die Schiene, die Zwiebel, der Brief

Verben: frieren, spielen, fliegen, fließen, wiegen, riechen

Adjektive: schief, schwierig, tief, niedlich, lieb, niedrig

c) die Fliege, die Ziege   der Sieg, der Krieg   der Dieb, das Sieb
die Fliege, die Wiege   die Biene, die Schiene   der Dieb, der Hieb
die Ziege, die Wiege   der Brief, schief   das Sieb, der Hieb
die Wiese, der Riese   das Tier, das Bier   das Spiel, das Ziel
fliegen, wiegen

d) lieb, niedlich, niedrig, schief, schwierig, tief

e) frieren – du frierst – er friert
spielen – du spielst – er spielt
fliegen – du fliegst – er fliegt
fließen – du fließt – er fließt
wiegen – du wiegst – er wiegt
riechen – du riechst – er riecht

Seite 421 – 2. Aufgabe

a) Das **Meer** ist wegen des Sturmes sehr aufgewühlt.
Der **Klee** schmeckt Hasen besonders gut.
Der **See** liegt hoch oben im Norden des Landes.
Der **Zoo** ist wegen Maul- und Klauenseuche bis auf weiteres geschlossen.
Die **Saat** ist wegen des vielen Regens nicht aufgegangen.
Die gute **Fee** gibt es nur im Märchen.
Das **Boot** ist in der Nacht gekentert.

b)

der See	die Beere	das Meer	die Saat
die Fee	die Leere	der Teer	der Staat
der Tee			
der Klee			
der Schnee			

Seite 422 – 1. Aufgabe

a) **Wörter mit tt**: satt, kaputt, die Ratte, fett, nett, glatt, wetten, retten, die Watte,
die Mutter, das Wetter, der Retter, die Butter, das Bett, das Brett

Wörter mit ll: hell, die Quelle, still, toll, schrill, schnell, voll, prall, fallen, knallen,
die Welle, der Stall, der Schall, der Keller, der Teller

Wörter mit nn: dünn, die Kanne, rennen, kennen, die Wanne, die Sonne, die Tonne,
die Spinne, die Rinne, das Kinn, der Gewinn

Wörter mit pp: schlapp, der Lappen, wippen, klappen, kippen, schnappen, die Suppe,
die Puppe, die Pappe, die Lippe, die Rippe, die Treppe, die Schleppe, knapp

c)

die Ratte	die Quelle	die Kanne	das Wetter	der Keller
die Watte	die Welle	die Wanne	der Retter	der Teller
die Mutter	das Brett	die Lippe	die Tonne	die Schleppe
die Butter	das Bett	die Rippe	die Sonne	die Treppe
das Kinn	die Rinne	die Puppe	der Stall	hell
der Gewinn	die Spinne	die Suppe	der Schall	schnell

satt		wetten		klappen			
glatt		retten		schnappen			

schlapp	fett	still	toll	fallen	rennen	wippen
knapp	nett	schrill	voll	knallen	kennen	kippen

d) **all:** fallen
      knallen
      prall
      der Schall
      der Stall

    inn: die Spinne
      die Rinne
      das Kinn
      der Gewinn

  ell: hell
      die Quelle
      schnell
      die Welle
      der Keller
      der Teller

    app: schlapp
      der Lappen
      klappen
      schnappen
      die Pappe
      knapp

  ett: fett
      nett
      wetten
      retten
      das Wetter
      der Retter
      das Bett
      das Brett

Seite 422 – 2. Aufgabe

ab) **Wörter mit ff**: schlaff, der Pfiff, die Waffe, gaffen, hoffen, schaffen, der Affe, das Schiff, die Kartoffel, der Koffer, offen, schroff, der Büffel, die Trüffel, scheffeln

Wörter mit mm: grimmig, dumm, der Schwamm, der Himmel, summen, der Hammer, fromm, krumm, schlimm, der Kummer, der Schimmel, die Klammer, brummen, schwimmen, der Kamm, die Nummer, glimmen

c)

gaffen	der Himmel	summen	schwimmen	der Büffel
schaffen	der Schimmel	brummen	glimmen	die Trüffel
raffen			trimmen	

offen	dumm	der Affe	der Kummer	der Hammer
hoffen	krumm	die Waffe	die Nummer	die Klammer
	stumm		der Brummer	die Kammer

der Kamm	der Pfiff
der Schwamm	das Schiff
das Lamm	das Riff

d) **Signalwörter mit aff**: schlaff, die Waffe, gaffen, schaffen, der Affe

   Signalwörter mit off: hoffen, die Kartoffel, der Koffer, offen, schroff

e) **Signalwörter mit umm**: dumm, summen, krumm, der Kummer, brummen, die Nummer

   Signalwörter mit imm: der Himmel, schlimm, der Schimmel, schwimmen, glimmen, grimmig

Seite 423

a) **Substantive**: der Fluss, das Schloss, der Rüssel, die Tasse, die Gasse, die Nuss, die Gosse, die Schüssel, die Flosse, der Hass, das Kissen, der Biss, das Fass, der Riss, der Bissen, das Ross, die Nessel, der Kessel

   Verben: küssen, müssen, fressen, lassen, hassen, essen

   Adjektive: nass, blass

b)

das Schloss	der Rüssel	die Tasse	die Nessel	das Kissen
das Ross	die Schüssel	die Gasse	der Kessel	der Bissen
der Hass	der Fluss	der Biss	die Flosse	küssen
das Fass	die Nuss	der Riss	die Gosse	müssen
nass	fressen	lassen		
blass	essen	hassen		

c)

der Fluss – die Flüsse	das Schloss – die Schlösser
der Rüssel – die Rüssel	die Tasse – die Tassen
die Gasse – die Gassen	die Nuss – die Nüsse
die Gosse – die Gossen	die Schüssel – die Schüsseln
die Flosse – die Flossen	der Hass –
das Kissen – die Kissen	der Biss – die Bisse
das Fass – die Fässer	der Riss – die Risse
der Bissen – die Bissen	das Ross – die Rösser
die Nessel – die Nesseln	der Kessel – die Kessel

d) küssen – du küsst – er küsst – ihr küsst

   müssen – du musst – er muss – ihr müsst

   fressen – du frisst – er frisst – ihr fresst

   lassen – du lässt – er lässt – ihr lasst

   hassen – du hasst – er hasst – ihr hasst

   essen – du isst – er isst – ihr esst

Seite 423/424

a) fallen – ich falle – er fällt – ihr fallt
treffen – ich treffe – er trifft – ihr trefft
bellen – ich belle – er bellt – ihr bellt
brummen – ich brumme – er brummt – ihr brummt
schwimmen – ich schwimme – er schwimmt – ihr schwimmt
rennen – ich renne – er rennt – ihr rennt
lassen – ich lasse – er lässt – ihr lasst
vergessen – ich vergesse – er vergisst – ihr vergesst
müssen – ich muss – er muss – ihr müsst
wissen – ich weiß – er weiß – ihr wisst

b) fallen – ich fiel – er fiel – ihr fielt
treffen – ich traf – er traf – ihr traft
bellen – ich bellte – er bellte – ihr belltet
brummen – ich brummte – er brummte – ihr brummtet
schwimmen – ich schwamm – er schwamm – ihr schwammt
rennen – ich rannte – er rannte – ihr ranntet
lassen – ich ließ – er ließ – ihr ließet
vergessen – ich vergaß – er vergaß – ihr vergaßet
müssen – ich musste – er musste – ihr musstet
wissen – ich wusste – er wusste – ihr wusstet

c) fallen – er ist gefallen
treffen – er hat getroffen
bellen – er hat gebellt
brummen – er hat gebrummt
schwimmen – er ist geschwommen
rennen – er ist gerannt
lassen – er hat gelassen
vergessen – er hat vergessen
müssen – er hat gemusst
wissen – er hat gewusst

d) **Gruppe 1**: bellen, brummen, schwimmen, rennen, müssen
Gruppe 2: fallen, treffen, lassen, vergessen, wissen

Seite 424

a) der Blitz – der Witz – der Sitz
der Platz – der Satz – der Schatz
die Mütze – die Pfütze – die Grütze
die Hitze – die Spritze – die Ritze
die Katze – die Tatze – die Fratze

c) kratzen – ich kratze – er kratzt
schwitzen – ich schwitze – er schwitzt
platzen – ich platze – er platzt
setzen – ich setze – er setzt
sitzen – ich sitze – er sitzt

der Schutz – der Schmutz – der Putz

schwitzen – sitzen – ritzen

setzen – verletzen – petzen

kratzen – platzen – schmatzen

verletzen – ich verletze – er verletzt

Seite 424/425

a) die Brücke – die Mücke – die Lücke

die Decke – die Schnecke – die Strecke

der Fleck – der Speck – der Dreck

der Sack – der Lack – der Geschmack

das Stück – das Glück

der Druck – der Schluck – der Schmuck

der Rock – der Stock – der Pflock

der Wecker – der Trecker – der Stecker

die Backe – die Jacke – die Hacke

der Trick – dick – der Blick

rücken – pflücken – bücken

drucken – spucken – ducken

schmecken – schlecken – necken

b) die Brücke – die Brücken – die Brü-cken

die Decke – die Decken – die De-cken

der Fleck – die Flecken – die Fle-cken

der Sack – die Säcke – die Sä-cke

der Trick – die Tricks

der Druck – die Drucke – die Dru-cke

der Speck –

der Lack – die Lacke – die La-cke

die Mücke – die Mücken – die Mü-cken

die Schnecke – die Schnecken – die Schne-cken

der Rock – die Röcke – die Rö-cke

der Stock – die Stöcke – die Stö-cke

das Glück –

der Schluck – die Schlucke – die Schlu-cke

der Wecker – die Wecker – die We-cker

die Jacke – die Jacken – die Ja-cken

das Stück – die Stücke – die Stü-cke

die Backe – die Backen – die Ba-cken

der Trecker – die Trecker – die Tre-cker

c) drucken – ich drucke – er druckt
schmecken – ich schmecke – er schmeckt
schlecken – ich schlecke – er schleckt
rücken – ich rücke – er rückt
pflücken – ich pflücke – er pflückt
spucken – ich spucke – er spuckt

Seite 425

a) die Lehrerin – die Lehrerinnen
das Hindernis – die Hindernisse
das Geheimnis – die Geheimnisse
die Freundin – die Freundinnen
die Schülerin – die Schülerinnen
das Zeugnis – die Zeugnisse
das Gefängnis – die Gefängnisse
die Polizistin – die Polizistinnen
das Wagnis – die Wagnisse
die Leserin – die Leserinnen
die Ersparnis – die Ersparnisse
die Künstlerin – die Künstlerinnen

b) die Schauspielerin – die Schauspielerinnen
die Fußballspielerin – die Fußballspielerinnen
die Bäuerin – die Bäuerinnen
das Glaubensbekenntnis – die Glaubensbekenntnisse
das Vermächtnis – die Vermächtnisse
das Ergebnis – die Ergebnisse

Seite 425/426

a) **Substantive**: die Hälfte, der Jäger, der Bäcker, der Gärtner, der Ärmel, die Länder, die Wälder, die Wäsche, die Schränke, der Stängel
Verben: nähen, zählen, wählen, quälen, schälen, schätzen, wärmen, ärgern, kämmen, glänzen, lächeln
Adjektive: mächtig, kränklich, jährlich, täglich, schwächlich, ärmlich, ängstlich, kräftig, gefährlich
verwandte Wörter: mächtig – die Macht, kränklich – die Krankheit
jährlich – das Jahr, täglich – der Tag
schwächlich – der Schwache, ärmlich – der Arme
ängstlich – die Angst, kräftig – die Kraft
nähen – die Naht, gefährlich – die Gefahr
glänzen – der Glanz, zählen – die Zahl

wählen – die Wahl, quälen – die Qual
schälen – die Schale, die Hälfte – das Halbe
der Jäger – jagen, der Bäcker – backen
der Gärtner – der Garten, schätzen – der Schatz
ärgern – arg, wärmen – warm
kämmen – der Kamm, der Ärmel – der Arm
lächeln – lachen, die Länder – das Land
die Wälder – der Wald, die Wäsche – waschen
die Schränke – der Schrank, der Stängel – die Stange

b) ABC: ätzen, Bär, dämmern, das Geländer, hängen, der Käfer, der Käfig, der Käse, die Lärche, der Lärm, das Mädchen, das Märchen, der März, die Säge, die Schärpe, spät, schräg

der Käfig – der Vogelkäfig, die Säge – die Bandsäge
der Käfer – der Nashornkäfer, der Käse – das Käsestück
der Bär – die Bärentatze, das Märchen – das Märchentheater
der März – der Märzbecher, das Mädchen – das Mädcheninternat
der Lärm – der Lärmpegel, hängen – die Hängematte
spät – der Spätschalter, schräg – der Schrägschnitt
ätzen – die Ätzflüssigkeit, dämmern – das Dämmerlicht
das Geländer – das Schiffsgeländer, die Schärpe – Bürgermeisterschärpe
die Lärche – das Lärchenholz

Seite 426/427

a) der Traum – die Träume, das Haus – die Häuser
der Schlauch – die Schläuche, die Laus – die Läuse
der Bauch – die Bäuche, der Baum – die Bäume
die Braut – die Bräute, das Kraut – die Kräuter
der Gaul – die Gäule, das Maul – die Mäuler

Reimwörter: der Traum – der Baum – der Saum
das Haus – die Laus – die Maus
der Schlauch – der Bauch – der Strauch
die Braut – das Kraut – der Laut
der Gaul – das Maul – faul

ABC: der Bauch, der Baum, die Braut, der Gaul, das Haus, das Kraut, die Laus, das Maul, der Schlauch, der Traum

b) läuten – laut, häufig – der Haufen
träumen – der Traum, der Verkäufer – der Verkauf
der Räuber – der Raub, das Gebäude – bauen
das Geräusch – rauschen, räumen – der Raum
schäumen – der Schaum, der Läufer – der Lauf

säubern – sauber, räuchern – der Rauch
bläulich – blau, die Fäulnis – faulen
die Bräune – braun

c) **Substantive**: die Beule, die Freude, das Heu, der Freund, das Feuer, die Eule, die Leute, die Schleuder, die Scheune, die Beute, die Keule, das Steuer

Verben: leuchten, heulen, schleudern, deuten, meutern, freuen

Adjektive: teuer, neu, scheu, treu, feucht

ABC: die Beule, die Beute, die Eule, das Feuer, die Freude, der Freund, das Heu, die Keule, die Leute, die Scheune, die Schleuder, das Steuer

Das neue Fahrrad war sehr **teuer.**
Das Kleid ist **neu.**
Unser Kanarienvogel ist noch sehr **scheu.**
„Ich will dir **treu** sein", gelobte der Bräutigam.
Weil der Keller **feucht** ist, können keine Bücher dort gelagert werden.

leuchten – er leuchtet – ihr leuchtet
heulen – er heult – ihr heult
freuen – er freut sich – ihr freut euch
schleudern – er schleudert – ihr schleudert
deuten – er deutet – ihr deutet
meutern – er meutert – ihr meutert

d) Ich brauche ein neues **Knäuel** Wolle.
Die **Räude** ist eine schlimme Hundekrankheit.
Er musste sich **räuspern**, weil er sich bemerkbar machen wollte.
Die **Säule** stürzte ein.
Obwohl er sich **sträubte**, musste er mitkommen.
Du hast dich **täuschen** lassen.

Seite 427 – 1. Aufgabe

das Haifischsteak, die Kaiserkrönung, der Mairegen, der Brotlaib, der Hainwald, das Mainufer, der Maiskolben, die Kaianlage

Seite 427 – 2. Aufgabe

In einer Familie mit vier Kindern werden am Tag zwei **Laibe** Brot gegessen.
Wegen starker **Leibschmerzen** konnte der Junge nicht am Unterricht teilnehmen.
Der **Laich** der Frösche wird an sumpfigen Bachufern abgelegt.
Die **Leiche** war vor dem Altar aufgebahrt.
Es gibt im PC-Bereich viel zu viele **Laien.**
Würdest du mir heute Nachmittag dein Fahrrad **leihen?**
Die **C-Saite** der Geige ist kaputt.

Schülerselbstkontrolle

Die Spannung im Buch hielt bis zur letzten **Seite** an.
Die **Waise** ist ein Kind, dessen Eltern gestorben sind.
Die Art und **Weise**, wie er das Problem gemeistert hat, zeugt von großer Klugheit.

Seite 428 – 1. Aufgabe

a) das Hemd – die Hemden, das Zelt – die Zelte, das Kleid – die Kleider,
die Nacht – die Nächte, der Wald – die Wälder, das Beet – die Beete,
die Schuld – die Schulden, der Bart – die Bärte

b) fremd – das fremde Kind, breit – die breite Straße, blind – der blinde Mann, bunt –
der bunte Ball, rund – die runde Hütte, laut – das laute Kind, gesund – der gesunde Mann

Seite 428 – 2. Aufgabe

a) der Tank – tanken, der Dank – danken, der Klang – die Klänge, der Gesang – die Gesänge,
der Abhang – die Abhänge, der Gestank – stinken, der Fang – fangen, der Berg – die Berge,
das Werk – die Werke, das Ding – die Dinge, die Bank – die Bänke, der Zwerg – die Zwerge,
der Schrank – die Schränke

b) schlank – schlanker, mutig – mutiger, flink – flinker, blank – blanker, schräg – schräger,
klug – klüger, lang – länger, krank – kränker, stark – stärker, jung – jünger

Seite 428 – 3. Aufgabe

a) schiebt – schieben, schreibt – schreiben
hupt – hupen, hebt – heben
glaubt – glauben, tobt – toben
lebt – leben, klebt – kleben

b) der Staub – stauben – staubig
das Laub – laubig
der Hieb – die Hiebe
das Sieb – die Siebe
der Stab – die Stäbe
das Grab – die Gräber
der Korb – die Körbe
der Dieb – die Diebe
das Lob – loben

Seite 429

a) die Gans – die Gänse, der Tanz – die Tänze
das Glas – die Gläser, das Herz – die Herzen
der Schmerz – die Schmerzen, das Gras – die Gräser
der Preis – die Preise, der Pilz – die Pilze

das Gleis – die Gleise, der Kreis – die Kreise
der Hals – die Hälse, das Holz – die Hölzer
das Gewürz – die Gewürze, der Beweis – die Beweise
der Glanz – glänzen
das Eis – eisig

b) der Tanz – tanzen
das Glas – glasig – verglasen
das Herz – herzig – herzen
der Schmerz – verschmerzen – schmerzhaft
das Gras – grasen – grasig
der Preis – preisen – preiswert
der Pilz – pilzig
das Gleis – entgleisen
der Kreis – kreisen – kreisförmig
der Hals – aufhalsen – halsfern
das Holz – abholzen – holzig
das Gewürz – würzen – würzig
der Beweis – beweisen – beweiskräftig
der Glanz – glänzen – glänzend
das Eis – vereisen – eisig

c) stolz – ein stolzer Mann
kurz – der kurze Rock
schwarz – das schwarze Gewand

Seite 430

a) **Substantive**: der Gruß, das Maß, der Stoß, der Spaß, das Floß, der Schweiß, die Straße, der Strauß, der Ruß, der Kloß, der Fuß, der Fleiß, die Soße

Verben: schießen, grüßen, beißen, stoßen, reißen, gießen, spaßen, fließen, süßen

Adjektive: süß, groß, fleißig, rußig

b) der Gruß – die Grüße, das Maß – die Maße
der Stoß – die Stöße, der Spaß – die Späße
das Floß – die Flöße, der Schweiß –
die Straße – die Straßen, der Strauß – die Sträuße
der Kloß – die Klöße, der Ruß –
der Fuß – die Füße, der Fleiß –
die Soße – die Soßen

c) schießen – ich schieße – er schießt – ihr schießt
grüßen – ich grüße – er grüßt – ihr grüßt
beißen – ich beiße – er beißt – ihr beißt
stoßen – ich stoße – er stößt – ihr stoßt

reißen – ich reiße – er reißt – ihr reißt
gießen – ich gieße – er gießt – ihr gießt
spaßen – ich spaße – er spaßt – ihr spaßt
fließen – ich fließe – er fließt – ihr fließt
süßen – ich süße – er süßt – ihr süßt

d) der Gruß – der Ruß – der Fuß
das Floß – der Kloß – der Stoß
das Maß – der Spaß
der Schweiß – der Fleiß
beißen – reißen
gießen – schießen – fließen
grüßen – süßen

Seite 430/431

a) essen – ich esse – er isst – ihr esst
fressen – ich fresse – er frisst – ihr fresst
messen – ich messe – er misst – ihr messt
beißen – ich beiße – er beißt – ihr beißt
gießen – ich gieße – er gießt – ihr gießt
fließen – ich fließe – er fließt – ihr fließt

b) essen – er isst – er aß – er hat gegessen
fressen – er frisst – er fraß – er hat gefressen
messen – er misst – er maß – er hat gemessen
beißen – er beißt – er biss – er hat gebissen
gießen – er gießt – er goss – er hat gegossen
fließen – er fließt – er floss – er ist geflossen

c) essen – das Essbesteck – essbar
fressen – der Fressnapf – fressbar
messen – die Messlatte – messbar
beißen – der Beißring – bissig
gießen – die Gießerei – gießfertig
fließen – die Fließgeschwindigkeit – fließend

Seite 434 – 1. Aufgabe

Das Toben und Schreien der Schüler auf dem Flur war nicht mehr zu ertragen.

Auf der Geburtstagsfeier meines Großvaters war es **ein** dauerndes **Kommen und Gehen** den ganzen Tag über.

Bei dem Benefizturnier hätten wir **das Dreifache** an Losen für die Tombola verkaufen können.

Ob es **die Großen** oder **Kleinen** aus der Dorfgemeinschaft sind, alle werden sie gleich und gerecht behandelt.

Bestimmte Zeiten ihres Lebenslaufes blieben **im Dunkeln** und konnten auch vor Gericht nicht geklärt werden.

Das Neue an seinem Vorschlag war, dass weniger Arbeitskräfte gebraucht wurden.

Nachdem das entscheidende Tor für die Fußballmeisterschaft gefallen war, brach ein ungeheurer Jubel los – **ein Lachen und Weinen** machte die Zuschauer trunken vor Freude.

Das Für und Wider wurde in einer heftigen Diskussion von den einzelnen Parteien erörtert.

Laura hat in der Mathe-Arbeit **eine Zwei** geschrieben.

Seite 434 – 2. Aufgabe

Meine Beste, du kannst dir die Worte sparen.

Ich freue mich darauf, dir bei **deinem Tanzen** zuschauen zu können.

Unser Warten hat sich gelohnt, wir haben noch Theaterkarten bekommen.

Euer Reden bringt uns nicht weiter, lasst uns handeln.

Dieses Warten macht mich nervös.

Sein Denken und Handeln beeindruckt mich.

Ihr Klagen hat uns alle erschüttert.

Seite 434/435

a) Aus der Zeitung erfahren wir **viel Wichtiges, Unbekanntes und Merkwürdiges.**

Aus der Zeitung erfahren wir **allerlei Schreckliches, Entsetzliches und Gemeines.**

Aus der Zeitung erfahren wir **manches Traurige, Schlimme und Ernste.**

Aus der Zeitung erfahren wir **mancherlei Wahres, Richtiges und Zutreffendes.**

Aus der Zeitung erfahren wir **genug Nebensächliches, Überflüssiges und Langweiliges.**

Aus der Zeitung erfahren wir **einiges Falsche, Dumme und Hässliche.**

Aus der Zeitung erfahren wir **etliches Lehrreiche, Unterhaltende und Kurzweilige.**

Aus der Zeitung erfahren wir **wenig Gutes, Schönes und Hübsches.**

Aus der Zeitung erfahren wir **nichts Erfreuliches, Erhebendes und Befriedigendes.**

Aus der Zeitung erfahren wir **etwas Aufregendes, Nützliches und Unterhaltsames.**

b) Ich wünsche dir **alles Gute**. Sie hat schon **viel Schlechtes** in ihrem Leben erlebt.
Von uns gibt es **nichts Neues** zu berichten. Ich habe gestern **etwas Schönes** erlebt.
Die letzten Nachrichten brachten **wenig Interessantes**. In der Zeitschrift
entdeckte ich **manches Unterhaltsame**. In den Ferien erlebten wir **genug Schönes**.
Auf der Kirmes ist **allerlei Aufregendes** zu sehen. Leider geht **jedes
Abenteuerliche** einmal zu Ende. Ich wollte dir **etwas Nettes** erzählen.

Seite 435

Im Allgemeinen stehen die Vertragsbedingungen im Kleingedruckten.
Falls du es nicht weißt, **im Besonderen** liegen die Feinheiten.
Der Vertrag enthält **im Wesentlichen** alles Besprochene.
Im Großen und Ganzen bin ich mit deiner Arbeit zufrieden.
Die Klauseln des Vertrags muss ich mir **im Einzelnen** noch genau ansehen.
Im Folgenden wäre noch zu klären, wie wir in der Angelegenheit weiter vorgehen.
Im Voraus vielen Dank für Ihre Mühe.
Wenn ich es genau überlege, hat der Vertrag **im Nachhinein** einen Haken.
Ich denke nicht **im Entferntesten** daran, dir in diesem Punkt zuzustimmen.
Weil seine Liebe **im Verborgenen** blieb, ahnte sie nichts davon und beachtete ihn nicht.

Seite 436

Plötzliches Blinken erschreckte die Autofahrer. **Das B**linken erschreckte die Autofahrer.
Das plötzliche Blinken erschreckte die Autofahrer.

Heftiges Beben erschütterte die Erde. **Das B**eben erschütterte die Erde. **Das** heftige Beben
erschütterte die Erde.

Großes Gähnen machte sich breit. **Das G**ähnen machte sich breit. **Das** große Gähnen machte
sich breit.

Grässliches Lachen ertönte auf der Geisterbahn. **Das L**achen ertönte auf der Geisterbahn.
Das grässliche Lachen ertönte auf der Geisterbahn.

Wimmerndes Heulen kam aus dem Stall. **Das H**eulen kam aus dem Stall. Das **wimmernde**
Heulen kam aus dem Stall.

Buntes Treiben herrschte auf dem Weihnachtsmarkt. **Das T**reiben herrschte auf dem
Weihnachtsmarkt. **Das** bunte Treiben herrschte auf dem Weihnachtsmarkt.

Zartes Flüstern drang an sein Ohr. **Das F**lüstern drang an sein Ohr. **Das** zarte Flüstern drang
an sein Ohr.

Starkes Rauschen erfüllte die Luft. **Das R**auschen erfüllte die Luft. **Das** starke Rauschen
erfüllte die Luft.

Leises **R**ascheln war im Unterholz zu hören. **Das** **R**ascheln war im Unterholz zu hören.

Das leise **R**ascheln war im Unterholz zu hören.

Stetiges **P**lätschern störte seine Nachtruhe. **Das** **P**lätschern störte seine Nachtruhe.

Das stetige **P**lätschern störte seine Nachtruhe.

Seite 437

a) der **Edamer** Käse, die **Magdeburger** Börde, die **Soester** Börde, die **Aachener** Printen, die **Nürnberger** Lebkuchen, das **Lübecker** Marzipan, das **Ulmer** Münster, der **Kölner** Dom, der **Mainzer** Karneval, die **holländischen** Tulpenzwiebeln, der **kanadische** Weizen, die **spanischen** Apfelsinen, die **dänische** Butter, die **belgische** Grenze, der **norwegische** Fjord, das **schwedische** Eisenerz, die **griechischen** Rosinen, die **portugisischen** Sardinen, die **ägyptische** Baumwolle, der **französische** Rotwein, die **persischen** Teppiche

b) Die **westlichen** Winde bringen uns häufig Regen.
   Friedrich II. von Preußen hieß im Volksmund der **Alte** Fritz.
   Der **Stille** Ozean ist das größte Weltmeer.
   Der **Duisburger** Hafen ist der größte Binnenhafen Europas.
   Das **Deutsche Rote** Kreuz ist eine Hilfsorganisation.
   Das **Grüne** Gewölbe in Dresden ist eine Kunstgalerie.
   Die **norddeutschen** Moore wurden zum größten Teil in Kulturland verwandelt.
   Mit der **Heiligen** Schrift ist die Bibel gemeint.
   Der **stille** See bietet Ruhe und Erholung.
   Ebbe und Flut folgen im **ewigen** Wechsel.

Seite 438

a) klug – Klugheit, scheu – Scheusal, trübe – Trübsal, früh – Frühling
   reich – Reichtum, wild – Wildnis, frei – Freiheit, dankbar – Dankbarkeit
   frech – Frechheit, schön – Schönheit, falsch – Falschheit, sauber – Sauberkeit
   sparsam – Sparsamkeit, ähnlich – Ähnlichkeit, schwach – Schwachheit
   feige – Feigheit, faul – Faulheit, dumm – Dummheit, blind – Blindheit

b) taufen – Täufling, lieben – Liebling, saugen – Säugling, drängen – Drängelei
   laben – Labsal, trüben – Trübung, irren – Irrtum, besitzen – Besitztum
   siechen – Siechtum, altern – Altertum, brauchen – Brauchtum
   wandern – Wanderung, fangen – Gefängnis
   erleben – Erlebnis, erlauben – Erlaubnis
   ergeben – Ergebnis, hindern – Hindernis, verzeichnen – Verzeichnis
   bewegen – Bewegung, enden – Endung, heizen – Heizung
   erfinden – Erfindung, achten – Achtung, lehren – Lehrling, ahnen – Ahnung

Schülerselbstkontrolle

Seite 440/441

Wie können die Rechnungen ruhig noch etwas **liegenlassen / liegen lassen**.

Du sollst das Buch auf dem Tisch **liegen lassen**.

Dein Hund sollte sich mehr bewegen, darum muss du ihn öfter **laufen lassen**.

Der Polizist hat den Dieb **laufenlassen / laufen lassen**.

Die Vokabeln sollen im Gedächtnis **haftenbleiben / haften bleiben**, darum wiederholt der Schüler sie.

Die Farbe will an der Wand nicht **haften bleiben**.

Der Schlüssel soll im Schlüsselloch **stecken bleiben**.

Ich glaube, dass er bei seinem Gedichtvortrag **steckenbleiben / stecken bleiben** wird.

Seite 442 – 1. Aufgabe

festbleiben, festlegen usw.

totarbeiten, totlachen usw.

vollgießen, vollladen usw.

Seite 442 – 2. Aufgabe

Er wird **außerstande sein / außer Stande sein**, den Ausflug mitzumachen, weil er sich das Fußgelenk gebrochen hat.

In unserer Bücherei sollen mehrere Tierbücher **vorhanden sein**.

Wir wollen **zufrieden sein**, wenn wir gesund bleiben.

Meine Eltern werden früher als geplant **zurück sein**.

Du kannst **froh sein**, wenn in diesem Jahr wenigstens die Apfelbäume Früchte tragen.

Wir hoffen, dass das Unwetter bald **vorbei sein** wird.

Seite 443

ablaufen, **an**kommen, **auf**brechen, **aus**brechen, **bei**behalten, **bei**sammenbleiben, **da**liegen, **dabei**bleiben, **dafür**stehen, **dagegen**halten, **daher**kommen, **dahin**laufen, **daneben**stehen, **darum**kommen, **davon**laufen, **dazu**kommen, **dazwischen**reden, **durch**einanderreden, **ein**treten, **empor**steigen, **gegenüber**stellen, **her**kommen, **herab**steigen, **heran**treten, **heraus**kommen, **herbei**laufen, **herein**kommen, **herüber**gehen, **herum**laufen, **herunter**steigen, **hervor**heben, **hin**laufen, **hinab**steigen, **hinauf**laufen, **hinzu**kommen, **um**bringen, **umher**schweifen, **unter**bringen, **vor**kommen, **voran**laufen, **vorüber**gehen, **weg**gehen, **weiter**sprechen, **wider**sprechen, **wieder**kommen, **zu**legen, **zurecht**finden, **zurück**kommen, **zusammen**bleiben, **zuvor**kommen, **zwischen**klemmen

Seite 444 – 1. Aufgabe

Man sagt, dass er an dem Unfall **Schuld hat**.
Ich habe das Fahrrad repariert, damit ich wieder **Rad fahren** kann.
In den Winterferien wollen wir in den Bergen **Schlitten fahren**.
Aus Gesundheitsgründen muss ich **Diät halten**.
In den Kriegsgebieten müssen die Menschen **Not leiden**.
Wir mussten wegen der Eintrittskarten an der Theaterkasse **Schlange stehen**.

Seite 444 – 2. Aufgabe

Du kannst deinen Nachbarn wegen des einen Vergehens nicht ständig **brandmarken**.
Folge meinem Rat, dann kannst du nicht **fehlgehen**.
Die Marktfrauen wollen ihre Waren **feilbieten**.
In der Anleitung kannst du nachlesen, wie du die Kamera **handhaben** musst.
Vergiss nicht, dass du heute beizeiten **heimkommen** musst.
Lass dich durch seine Sprüche nicht **irreführen**.
Er will sein Geheimnis nicht **preisgeben**.
Das Fußballspiel konnte wegen des anhaltenden Regens nicht **stattfinden**.

Seite 445 – 1. Aufgabe

Es ist ihm **bitterernst** mit seinem Entschluss.
Draußen ist es **bitterkalt**.
Die Nachricht ist **brandaktuell**.
Die Mitteilungen sind **halbamtlich**.
Der Stoff für das Kleid ist **ganzleinen**.
Der Himmel ist heute **dunkelblau**.
Das Wasser im Waldsee schimmert **hellgrün**.
Die Sonne ging **tiefrot** unter.

Seite 445 – 2. Aufgabe

Das Kind blickte mich **angsterfüllt** an.
Der Asphalt war durch die anhaltende Hitze **butterweich** geworden.
Er überbrachte **freudestrahlend** die Neuigkeit.
Ein Lichtstrahl fiel durch einen **fingerbreiten** Spalt in der Tür.
Das Rennauto sauste **pfeilschnell** an uns vorbei.
Die Straße war **spiegelglatt** gefroren.
Wir wuschen uns mit dem **eiskalten** Wasser aus dem Brunnen.
Am Straßenrand lag eine **meterdicke** Schneeschicht.

Schülerselbstkontrolle

Seite 448

a) Ne|bel, Na|del, Stie|fel, La|den, Ro|man, Ho|nig, Se|gen, Sche|re, Krü|mel, La|ken
b) Bir|ne, Wol|ke, Kor|ken, Wär|me, Bal|ken, Schwal|be, Lam|pe, Am|sel, Wür|fel, Zan|ge
c) Lei|ter, Kai|ser, Träu|me, Trau|er, Scheu|ne, Beu|le, Gei|gen|sai|te, Trau|be, Glau|be, Wai|sen|kind
d) Deut|scher, Bü|cher, Bä|cker, Stro|phe, Ma|the|ma|tik, Zi|ther, Wä|sche, Da|ckel, Bä|che, Ste|cker

Seite 449

a) Ei|sen|stan|ge, Au|ßen|tür, Äu|ge|lein, Eu|len|nest, Ei|er, Au|to|bahn, Ei|dech|se, Eu|ro, Ei|ter, Ei|gen|tum
b) Quel|le, Eb|be, Pad|del, Kof|fer, Bag|ger, Zim|mer, Wan|ne, Pap|pel, Schlüs|sel, But|ter
c) Knos|pe, Kup|fer, Pfos|ten, Ris|pe, Wes|pe, Zap|fen, Fens|ter, Trop|fen, Schwes|ter, Küs|te
d) Feu|er, Steu|er, Sau|er|kraut, Fei|er, Bäu|er|lein, Mau|er, Boo|te, Waa|ge, Schau|er, See|igel, Beu|te Trau|ung, Tee|ei, Bee|te, sau|er, bö|ig, lau|ern, Be|frei|ung, Ski|er